ପ୍ରବାସୀ ଓଡ଼ିଆ ସାହିତ୍ୟ:
ସୃଷ୍ଟି ଓ ସମୀକ୍ଷା

ପ୍ରବାସୀ ଓଡ଼ିଆ ସାହିତ୍ୟ:
ସୃଷ୍ଟି ଓ ସମୀକ୍ଷା

ସଂକଳନ ଓ ସଂପାଦନା:

ଡକ୍ଟର ସଂଘମିତ୍ରା ଭଞ୍ଜ

ବ୍ଲାକ୍ ଇଗଲ୍ ବୁକ୍ସ

ଭୁବନେଶ୍ୱର, ଓଡ଼ିଶା

BLACK EAGLE BOOKS
Dublin, USA

ପ୍ରବାସୀ ଓଡ଼ିଆ ସାହିତ୍ୟ: ସୃଷ୍ଟି ଓ ସମୀକ୍ଷା

ସଂକଳନ ଓ ସଂପାଦନା: **ଡକ୍ଟର ସଂଘମିତ୍ରା ଭଞ୍ଜ**

ବ୍ଲାକ୍ ଇଗଲ୍ ବୁକ୍ସ : ଭୁବନେଶ୍ୱର, ଓଡ଼ିଶା • ଡବ୍ଲିନ୍, ଯୁକ୍ତରାଷ୍ଟ୍ର ଆମେରିକା

BLACK EAGLE BOOKS

USA address:
7464 Wisdom Lane
Dublin, OH 43016

India address:
E/312, Trident Galaxy, Kalinga Nagar,
Bhubaneswar-751003, Odisha, India

E-mail: info@blackeaglebooks.org
Website: www.blackeaglebooks.org

First International Edition Published by
BLACK EAGLE BOOKS, 2023

PRABASI ODIA SAHITYA: SRUSTI O SAMIKSHYA
Compiled and Edited by **Sanghamitra Bhanja**

Cover & Interior Design: Ezy's Publication

ISBN- 978-1-64560-372-6 (Paperback)

Printed in the United States of America

ପ୍ରବାସୀ ଓଡ଼ିଆ ଭାଷା-ସାହିତ୍ୟର ସମର୍ଥ ସ୍ରଷ୍ଟାମାନଙ୍କ ହାତରେ।

ସଂଘମିତ୍ରା ଭଞ୍ଜ

ଅଭିନନ୍ଦନ

ପକ୍ଷୀ ଯେଉଁ ଦେଶକୁ ବି ଉଡ଼ିଯାଉ ତା'ର ଭାଷା ଭୁଲିଯାଏ ନାହିଁ। ସେଥିପାଇଁ ପକ୍ଷୀର ପରିଚିତି ହଜେନାହିଁ। ନଦୀ ଯେଉଁ ପଥଦେଇ ବହିଯାଉ ତା'ର ନାଦ ଭୁଲିଯାଏନାହିଁ। ଯେଉଁଠି ନଦୀର ନାଦ ଶୁଭେନାହିଁ ସେଠି ତା'ର ସ୍ରୋତ କ୍ଷୀଣ ହୋଇ ହଜିଯାଏ। ମଣିଷ ବିଦେଶରେ ରହି ଭାଷା ଭୁଲିଗଲେ ପରିଚିତି ସଂକଟର ସାମ୍ନା କରେ। ଓଡ଼ିଆ ସନ୍ତାନ ପୃଥିବୀର ବହୁ ଦେଶରେ ଅଛନ୍ତି ଓ ସେମାନେ ନିଜ ନିଜ କ୍ଷେତ୍ରରେ ସଫଳ ଓ ସମୃଦ୍ଧ। କର୍ମକ୍ଷେତ୍ରରେ ଓ ଦୈନନ୍ଦିନ ଜୀବନରେ ନିଜ ମାତୃଭାଷା ବ୍ୟବହାର କରିପାରନ୍ତି ନାହିଁ। କିନ୍ତୁ ପ୍ରଥମ ପିଢ଼ିର ପ୍ରବାସୀ ଓଡ଼ିଆମାନେ ସେମାନଙ୍କ ହୃଦୟର ନିକଟତମ ମାତୃଭାଷା ଓଡ଼ିଆକୁ ଭୁଲନ୍ତି ନାହିଁ। ସେମାନଙ୍କୁ ପଚାରିଲେ ସେମାନେ ନିଶ୍ଚୟ କହିବେ ସେମାନେ ସ୍ୱପ୍ନ ଦେଖନ୍ତି ମାଆର ଭାଷା ଓଡ଼ିଆରେ। ଆମେ ଓଡ଼ିଶାରେ ଥାଇ ଖବର ରଖୁ ବା ନ ରଖୁ କେତେ ପ୍ରବାସୀ ଓଡ଼ିଆ ବିଶେଷ କରି ଆମେରିକାରେ ଥିବା ପ୍ରଥମ ପିଢ଼ିର ସଫଳ ଓଡ଼ିଆ ମାତୃଭାଷାରେ ସାହିତ୍ୟ ରଚନା କରନ୍ତି। ମାଆ ଏବଂ ମାତୃଭାଷାର (ଲିପି) ମୁହଁ ସବୁଠୁ ସୁନ୍ଦର। ମାତୃଭାଷା ପୃଥିବୀର ମଧୁରତମ ସଂଗୀତ। ପ୍ରାଚୁର୍ଯ୍ୟ ଭିତରେ ଥାଇ ମଧ୍ୟ ଓଡ଼ିଆମାନେ ମାଆ ହାତରନ୍ଧା ଖାଦ୍ୟପେୟ ଏବଂ ମାତୃଭୂମିର ପର୍ବପର୍ବାଣି, ନୃତ୍ୟ-ଗୀତକୁ ଝୁରି ହୁଅନ୍ତି। ସେମାନେ ପ୍ରବାସୀ ଓଡ଼ିଆ ହେଲେ ମଧ୍ୟ ଛିନ୍ନମୂଳ ନୁହଁନ୍ତି। ଆପଣାର ଗାଁ, ଘର ଏବଂ ସଂସ୍କୃତି ପାଇଁ ସେମାନଙ୍କ ଭିତରେ ଉଛାଟ ଆବେଗ ସେମାନଙ୍କୁ ଲେଖାଏ। ଘର-ବାହାରେ ବେଶ୍ ପରିଶ୍ରମ କରନ୍ତି ସେମାନେ। ତା' ସତ୍ତ୍ୱେ ଯେଉଁ କେତେ ଜଣଙ୍କ ଭିତରେ ସୃଜନ ପ୍ରତିଭା ଅଛି, ସେମାନେ ଲେଖୁଛନ୍ତି। ଆମେ ସେମାନଙ୍କୁ କେତେ ପଢ଼ିଛୁ ଜାଣିଛୁ ସେଇଟା ସେମାନଙ୍କର ନୁହେଁ ଆମର ଦାୟିତ୍ୱ। ସାହିତ୍ୟ ଅନ୍ତଃପ୍ରେରଣାରୁ ସୃଷ୍ଟି ହେଲେ ମଧ୍ୟ ବାହ୍ୟ ପ୍ରେରଣାର ଭୂମି

ଲେଖକର ସାହିତ୍ୟ ସୃଷ୍ଟିପାଇଁ ବେଶ୍ ଗୁରୁତ୍ୱପୂର୍ଣ୍ଣ । ପ୍ରବାସୀ ସାହିତ୍ୟ ଆମ ସାହିତ୍ୟର ଏକ ଗୁରୁତ୍ୱପୂର୍ଣ୍ଣ ଅଭିବ୍ୟକ୍ତି ବୋଲି ଆମେ ଏ ପର୍ଯ୍ୟନ୍ତ ବିଚାରିନାହୁଁ । ସେମାନଙ୍କ ସାହିତ୍ୟ ଉପରେ ଆଲୋଚନା-ସମାଲୋଚନା କେତେ ହୁଏ ? ଉତ୍ତର ସମ୍ଭବତଃ ନା । ବିଳମ୍ବରେ ହେଲେ ମଧ୍ୟ ପ୍ରବାସୀ ସାହିତ୍ୟ ସୃଷ୍ଟି-ସମୀକ୍ଷାର ପ୍ରକାଶନ ସେମାନଙ୍କ ସାରସ୍ୱତ ସାଧନାକୁ ଗର୍ବିତ ସ୍ୱୀକୃତି ଦେବ । ସେମାନଙ୍କ ସୃଷ୍ଟିକୁ ସମ୍ମାନ ଦେବାର ଏହି ସାରସ୍ୱତ ପଦବୋଧ ଧନ୍ୟବାଦାର୍ହ ଓ ଅଭିନନ୍ଦନୀୟ ।

ପ୍ରତିଭା ରାୟ

ଜ୍ଞାନପୀଠ ପୁରସ୍କାର ପ୍ରାପ୍ତ ଲେଖିକା

ପ୍ରସ୍ତାବନା

ପରିଚିତ ବାସଭୂମି ମୂର୍ଚ୍ଛିବାର ତ୍ରାସ
ନିର୍ବାସନ ପରି ଦଗ୍ଧ କରେ ଯେ ପ୍ରବାସ
ମାଟିକୋଳେ ଫେରିବାର ଇଚ୍ଛା ସେ ଦୁର୍ବାର
ପ୍ରବାସୀ ସ୍ମୃତିରେ ସଦ୍ୟ ଚିତ୍ର ଅତୀତର ।

ଭିଟାମାଟି ପାଇଁ ଅସୀମ ଅନୁରାଗ ଓ ତନ୍ଦ୍ରାୟିତ-ନିଭୃତ ସ୍ୱପ୍ନଙ୍କୁ ସାଉଁଟି ଜୀବନଧାରଣର ପ୍ରୟାସ କରୁଥିବା ମଣିଷ ଯେବେ ପରିସ୍ଥିତି ଚକ୍ରରେ ପଡ଼ି ଅନିର୍ଦ୍ଦିଷ୍ଟ କାଳ ଦେଶଠାରୁ ଦୂରରେ ରହିଯାଏ ସେ ହୋଇଯାଏ 'ବିଦେଶୀ' ଏବଂ ନିଜ ଲୋକମାନଙ୍କ ପାଇଁ ହୋଇଯାଏ 'ପ୍ରବାସୀ'। ବ୍ୟକ୍ତିତ୍ୱର ସେଇ ପ୍ରଲମ୍ବିତ ଚେରଟି ଜନ୍ମମାଟିର ସ୍ତରୀଭୂତ ଗଭୀରତା କଥା ଭାଳି ଭାଳି ସାଙ୍କୁଡ଼ି ହୋଇପଡ଼ିଥାଏ । ଏକ ପାର୍ଶ୍ୱରେ ଆତ୍ମାର ଉଚ୍ଛ୍ୱାସ ଓ ଅପର ପାର୍ଶ୍ୱରେ ଜୀବନର ଆହ୍ୱାନ ମଧ୍ୟଦେଇ ପ୍ରବାସୀର ଦ୍ୱୈତ ଅଭିଯାନ । ପ୍ରବାସୀର ଜୀବନ ପାଇଁ ଅତୀତର ସ୍ମୃତିବିଜଡ଼ିତ ନକ୍ଷତ୍ର ଖଚିତ ଆକାଶର ଚାନ୍ଦୁଆ ତଳେ ଦେଶ ଏବଂ ବିଦେଶର ଦ୍ୱିବିଧ ରୂପଲୋକ । ଏକପାର୍ଶ୍ୱରେ ତନ୍ଦ୍ରାଳସୀ ଚାନ୍ଦିନୀର ଶୁଭ୍ରତା, ଅପର ପାର୍ଶ୍ୱରେ ତୀବ୍ର ଭାନୁ ଆଲୋକର ଉଷ୍ଣତା । ପ୍ରତି ମୁହୂର୍ତ୍ତରେ ନିଜ ଭିଟାମାଟିକୁ ପ୍ରତ୍ୟାବର୍ତ୍ତନର ମୋହମୟ ଆବେଗକୁ ଲାଳନପାଳନ କରୁଥିବା ମଣିଷଟି ପାଇଁ ବିଦେଶରୁ ଫେରି ନ ପାରିବାର ଅସହାୟତା ସତରେ କେତେ ଯନ୍ତ୍ରଣାଦାୟକ ! ପ୍ରବାସ ଶବ୍ଦରେ ସତେ ଯେମିତି କୌଣସି ଯୋଗୀର କେନ୍ଦରାରୁ 'ଆହା ବୋଲି ଗଲାପୁତ୍ର ବାହୁଡ଼ି ନଇଲା'ର କରୁଣାତ୍ମକ ବିରହ ମୂର୍ଚ୍ଛନା ଅନୁରଣିତ ହୁଏ । ପ୍ରବାସୀର ଜୀବନରେ ଥାଏ ଘର ବାହୁଡ଼ା ନିମନ୍ତେ ଦୀର୍ଘ ଅପେକ୍ଷା ପୁଣି ଦେଶ ଓ ବିଦେଶର ସାମାଜିକ-ସାଂସ୍କୃତିକ

ଜୀବନ ସହ ଛନ୍ଦିହେବାର ନିରବଚ୍ଛିନ୍ନ ଉଦ୍ୟମ। ମାଟି ପାଇଁ ଝୁରି ହେବାର ମର୍ମଦାହ (longingness) ଏବଂ ବିଦେଶରେ ବୃତ୍ତିରେ ନିଜକୁ ଉତ୍ସର୍ଗୀକୃତ (belongingness) କରିଦେବାର ଦୁର୍ବାର ଆବେଗ ହିଁ ପ୍ରବାସୀର ମର୍ମବାଣୀ। ଆନ୍ତଃସାଂସ୍କୃତିକ ଭାବ ବିନିମୟ ତଥା ବିଭିନ୍ନ ସାଂସ୍କୃତିକ କାର୍ଯ୍ୟକ୍ରମ ହିଁ ପ୍ରବାସୀ ଜୀବନଚର୍ଯ୍ୟାର ଅବଦାନ। ପ୍ରବାସରେ ଥିବା ଏହି ଜୀବନଚର୍ଯ୍ୟାକୁ ଶବ୍ଦରେ ପରିପ୍ରକାଶ କରିବା ପ୍ରବାସୀ ସାହିତ୍ୟର ଲକ୍ଷ୍ୟ।

ପ୍ରବାସ-ପ୍ରବାସୀ: ପରିଭାଷା ଓ ସ୍ୱରୂପ

'ବସ୍' ଧାତୁରୁ 'ବାସ' ଶବ୍ଦର ସୃଷ୍ଟି। ଯେଉଁଠି ସାଧାରଣ ଭାବରେ ଜୀବନଯାପନ କରାଯାଏ ତାହାହିଁ ବାସ। 'ବାସ' ସହିତ 'ପ୍ର' ଉପସର୍ଗ ଯୋଗରେ ନିଷ୍ପନ୍ନ ଶବ୍ଦ 'ପ୍ରବାସ'। 'ପ୍ରବସନ୍ତ୍ୟସ୍ମିନ୍ନିତି ଇତି ପ୍ରବାସଃ'। 'ପ୍ରବାସୀ' ପ୍ରକୃତରେ ସେହିମାନଙ୍କୁ କୁହାଯାଏ ଯେଉଁମାନେ ନିଜ ଜନ୍ମସ୍ଥାନ ଛାଡ଼ି ଅନ୍ୟ ଦେଶରେ ରହିଯାଇଛନ୍ତି। 'ପ୍ରବାସୀ' ନିମନ୍ତେ ଇଂରାଜୀରେ 'expatriate', 'emigrant', 'diaspora' ଇତ୍ୟାଦି ଶବ୍ଦର ବ୍ୟବହାର କରାଯାଇଥାଏ। 'ମାଇଗ୍ରେ' ମୂଳ ଶବ୍ଦ ଲାଟିନ୍ 'ମାଇଗ୍ରେଟ୍'ରୁ ଆସିଛି। ସ୍ଥାନାନ୍ତରିତ ଅର୍ଥରେ ଏହା ପ୍ରୟୋଗ ହୁଏ। 'Diaspora' ଏକ ଗ୍ରୀକ୍ ଶବ୍ଦ ଯାହାର ଅର୍ଥ ହଉଛି ମୂଳଠାରୁ ବିଚ୍ଛେଦ ହୋଇ ଖେଳେଇଯିବା। ବିଦେଶ ମନ୍ତ୍ରାଳୟ ଅନୁସାରେ ଭାରତରୁ ଯେଉଁ ବ୍ୟକ୍ତିବିଶେଷ ଅନ୍ୟ ଦେଶକୁ ଚାଲିଯାଇଛନ୍ତି ସେମାନେ ପ୍ରବାସୀ ଭାରତୀୟ।

ଜଣେ ବ୍ୟକ୍ତି ଯେତେବେଳେ ନିଜ ଜନ୍ମମାଟିର ଭୌଗୋଳିକ ସୀମା ଛାଡ଼ି ଦୂର ବିଦେଶରେ ଯାଇ ବସବାସ କରେ, ସେତେବେଳେ ସେ ତା'ର ନିଜ ମାତୃଭୂମି ପାଇଁ 'ପ୍ରବାସୀ' ହୋଇଯାଏ। ବିଶିଷ୍ଟ କବି ମାୟାଧର ମାନସିଂହ 'ପଶ୍ଚିମ ପଥିକ'ରେ ଉଲ୍ଲେଖ କରିଛନ୍ତି- "ପୁରୁଷର ଆଶ୍ରୟ ପାଇଁ ନାରୀ ଯେଉଁ ନୀଡ଼ ରଚନା କରେ ତା'ରି ନାମ ଘର। ସେହି ଆଶ୍ରୟର ଏରୁଣ୍ଡି ଡେଇଁଲେଇଁ ପ୍ରବାସ ଆରମ୍ଭ ଏବଂ ତା'ପରେ ପୁରୁଷ ନିଃସଙ୍ଗ ନିରାଶ୍ରିତ ହୋଇ ବିରାଟ ପୃଥିବୀର ସାଧାରଣ ରାଜପଥରେ ଠିଆହୁଏ।" ମହାକବି କାଳିଦାସଙ୍କ କବିତା ଏହିପରି ଗୃହ-ନିର୍ଗତ ପ୍ରବାସୀ ପଥିକମାନଙ୍କର ଓ ଗୃହସ୍ଥା ବିରହିଣୀ ପଥିକ-ବଧୂମାନଙ୍କର ଅନ୍ତର୍ବ୍ୟଥାରେ ସ୍ଥାନେ ସ୍ଥାନେ କରୁଣ ହୋଇ ଉଠିଛି। ଦେଶ ଓ କାଳ, ପଥିକ ଓ ତା'ର ପ୍ରିୟଜନମାନଙ୍କ ଭିତରେ ଯେଉଁ ବିଚ୍ଛେଦ ଘଟାଏ, ତାହା ମହାକବି ନିଜ ପ୍ରାଣରେ ଅନୁଭବ କରିଥିବେ। ନଚେତ୍ ତାଙ୍କ ବୀଣାତାରକୁ ପଥିକ-ବଧୂର ବିଳାପ ବାରମ୍ବାର ଆଘାତ କରନ୍ତା କାହିଁକି ? ଆଧୁନିକ ୟୁରୋପ, ଦକ୍ଷିଣ ପୂର୍ବ ଏସିଆ ଏବଂ ଆମେରିକାର ବିଗତ ଅର୍ଦ୍ଧଶତାବ୍ଦୀ ଧରି ବିଭିନ୍ନ

କାରଣବଶତଃ ବସବାସ କରୁଥିବା ପ୍ରବାସୀମାନଙ୍କ ସଂପର୍କରେ ଲଣ୍ଡନର ଜଣେ ବରିଷ୍ଠ ଲେଖକ ଡକ୍ଟର ରାକେଶ ବି. ଦୁବେ 'ହିନ୍ଦୀ ଔର ପ୍ରବାସୀ ଭାରତୀୟ' ଲେଖାରେ 'ପ୍ରବାସୀ'ର ପରିଭାଷା ପ୍ରଦାନ କରି କହିଛନ୍ତି- "ଏମାନଙ୍କର ଭାରତ ସହିତ ନିବିଡ଼ ସମ୍ବନ୍ଧକୁ ଦେଖି ଏହା କୁହାଯାଇପାରିବ ଯେ ପ୍ରବାସୀ ଭାରତୀୟମାନଙ୍କୁ ନେଇ ଆମର ସଂକଳ୍ପନା ସେଇ ଭାରତବଂଶଜମାନଙ୍କର ଅଟେ ଯେଉଁମାନେ କୌଣସି କାରଣ ହେତୁ ବିଦେଶରେ କିଛି କାଳ ପାଇଁ କିମ୍ବା ପୁଣି ସବୁଦିନ ପାଇଁ ରହି ତ ଯାଇଛନ୍ତି ମାତ୍ର ସେମାନଙ୍କର ଭାରତ ସହିତ ସଂପର୍କ ଶେଷ ହୋଇନାହିଁ।" ପ୍ରବାସୀ ଓ ପ୍ରବାସର ପ୍ରକୃଷ୍ଟ ସଂଜ୍ଞା ପ୍ରଦାନ କରି ହିନ୍ଦୀ ସମାଲୋଚିକା ସ୍ୱର୍ଣ୍ଣଲତା ଠନ୍ନା ତାଙ୍କର 'ହିନ୍ଦୀ ପ୍ରବାସୀ ସାହିତ୍ୟିକ ପରମ୍ପରା'ରେ କହନ୍ତି- "ପ୍ରବାସ ଶବ୍ଦ ସେହିମାନଙ୍କ ପାଇଁ ପ୍ରୟୋଗ ହୋଇଛି ଯେଉଁମାନେ ନିଜର ଖୁସି କିମ୍ବା ଅସହାୟତାବଶତଃ ଦୂର ଦେଶରେ ରହିଯାଇଥିଲେ କିମ୍ବା ସେମାନେ ସ୍ୱୟଂ ରୋଜଗାରର ସନ୍ଧାନରେ ଅନ୍ୟ ଦେଶକୁ ଯାତ୍ରା ଉଦ୍ଦେଶ୍ୟରେ ଚାଲିଯାଇଛନ୍ତି ଏବଂ ସେହିଠାରେ ହିଁ ରହିଯାଇଛନ୍ତି। ଏହିମାନେ ନିଜର ପରିଶ୍ରମ ଦ୍ୱାରା ସେଠାକାର ଜନସଂଖ୍ୟାରେ ନିଜର ଉପସ୍ଥିତିକୁ ସାବ୍ୟସ୍ତ କରିପାରିଛନ୍ତି ଏବଂ ନିଜର ଆବଶ୍ୟକତାର ପୂର୍ତ୍ତି ନିମନ୍ତେ ନିଜକୁ ସକ୍ଷମ କରିପାରିଛନ୍ତି। ଏହି ସକ୍ଷମତା ଅର୍ଜନ ପୂର୍ବରୁ ପ୍ରବାସୀଙ୍କୁ ଅନେକ ବାଧାବିଘ୍ନର ସମ୍ମୁଖୀନ ହେବାକୁ ପଡ଼ିଥାଏ। ନିଜ ମାତୃଭୂମି, ଘର-ପରିବାଠାରୁ ଦୂରରେ, ଶାରୀରିକ ଏବଂ ମାନସିକ ଯନ୍ତ୍ରଣା ତଥା ଅପରିଚିତ ପରିବେଶରେ ବଞ୍ଚିବାକୁ ହୁଏ। ସେହିମାନଙ୍କ ମଧ୍ୟରୁ କିଛି ବ୍ୟକ୍ତିବିଶେଷ ନିଜର ବ୍ୟଥା କଥାକୁ ଲେଖନୀବଦ୍ଧ କରି ପ୍ରବାସୀ ସାହିତ୍ୟର ମୂଳଦୁଆ ପ୍ରତିଷ୍ଠା କରିବାର କାର୍ଯ୍ୟ କରିଛନ୍ତି।"

ପ୍ରବାସୀ କବି ସତ୍ୟ ପଟ୍ଟନାୟକଙ୍କର ଇମିଗ୍ରାଣ୍ଟ ସାହିତ୍ୟ ସଂପର୍କିତ ଏକ ସ୍ପଷ୍ଟୋକ୍ତି ରହିଛି - ଇମିଗ୍ରେସନ ଅନୁଭୂତି, ନୂତନ ସଂସ୍କୃତିର ବିଭିନ୍ନ ସ୍ୱରୂପ ତଥା ଶୈଳୀ ଆଦିକୁ ଆପଣେଇବାର ଅସ୍ୱାଭାବିକତା ଇତ୍ୟାଦିକୁ ନେଇ 'ଇମିଗ୍ରାଣ୍ଟ ସାହିତ୍ୟର' ସୃଷ୍ଟି। 'ଇମିଗ୍ରାଣ୍ଟ ସାହିତ୍ୟ'କୁ ପ୍ରକଟିତ ହେଉଥିବା ଚିତ୍ର ସଂକଳ୍ପ, ସଫଳତା, ବିଜନତା, ପରିତ୍ୟକ୍ତତାର ସମ୍ମିଶ୍ରଣ। ମାତୃଭୂମି ପ୍ରତି ଅନୁରକ୍ତିର ତୀବ୍ର ଇଚ୍ଛା ସାଙ୍ଗକୁ ନୂତନତାକୁ ସ୍ୱୀକାର କରିବା ସମ୍ପର୍କରେ ଅନିଶ୍ଚିତତା ମଧ୍ୟରେ ଥିବା ଅନ୍ତର୍ନିହିତ ଦ୍ୱନ୍ଦ୍ୱ 'ଇମିଗ୍ରାଣ୍ଟ ସାହିତ୍ୟ'ର ବିଷୟବସ୍ତୁ। ସାଂସ୍କୃତିକ ରୂପାନ୍ତରଣର ଜଟିଳତାରୁ ସୃଷ୍ଟି ହେଉଥିବା ପରିଚୟ ସଙ୍କଟ ମଧ୍ୟରେ ଇମିଗ୍ରାଣ୍ଟ ଲଗାତାର ଯୁଝୁଥାଏ ଓ ତାହା 'ଇମିଗ୍ରାଣ୍ଟ ସାହିତ୍ୟ'ର ଏକ ଦୃଢ଼ ବିଷୟବସ୍ତୁ। ଇମିଗ୍ରାଣ୍ଟ ସାହିତ୍ୟର ଅନ୍ୟ ଏକ ବିଷୟ ହେଲା ଭାଷା। ଭାଷାକୁ ନେଇ ଅନେକ ପ୍ରକାରର ଦ୍ୱନ୍ଦ୍ୱ ଉପୁଜି ଥାଏ ଇମିଗ୍ରାଣ୍ଟର ଜୀବନରେ। ଅନେକ ସମୟରେ

ଦେଖାଯାଏ ଯେ ପିଲାମାନେ ବାପା ମା'ଙ୍କ ଠାରୁ ବେଶ୍ ଭଲ ଭାବରେ ସ୍ଥାନୀୟ ଭାଷାକୁ ଆପଣେଇଛନ୍ତି। ପିଲାମାନେ ଯଦିଓ ସବୁଠୁ ବେଶୀ ଦ୍ୱନ୍ଦ୍ୱ ଭିତରେ ଜୀବନ କାଟନ୍ତି, ଘରେ ଏକପ୍ରକାରର ସଂସ୍କୃତି ଓ ବାହାରେ ଅନ୍ୟପ୍ରକାରର, ସେମାନେ ଅନେକ ସମୟରେ ଭାବିପାରନ୍ତିନି ଯେ କେଉଁ ସଂସ୍କୃତିକୁ ଆପଣେଇବେ ଅଥବା ଦୁଇ ସଂସ୍କୃତି ମଧ୍ୟରେ ତାଳମେଳ କେମିତି ରଖିବେ।

ଏଥିମଧ୍ୟରେ ଅନେକ ଭାରତୀୟ ବଂଶୋଦ୍ଭବ ଲେଖକ ଆମେରିକୀୟ ସାହିତ୍ୟର ମୁଖ୍ୟସ୍ରୋତ ଭିତରେ ନିଜର ସ୍ଥାନ ସୁଦୃଢ଼ କରିସାରିଲେଣି। ସେମାନଙ୍କର ଏବଂ ଅନ୍ୟ ଦେଶର ଇମିଗ୍ରାଣ୍ଟ ଲେଖକଙ୍କର ଲେଖା ମାଧ୍ୟମରେ ଆମେରିକୀୟ ସାହିତ୍ୟରେ 'ଇମିଗ୍ରାଣ୍ଟ ସାହିତ୍ୟ' ଏକ ଦିଗ ବା ଅବଧାରଣା ଭାବେ ପରିଗଣିତ ହୋଇ ସାରିଛି। ସମକାଳର ବିଶ୍ୱ ସାହିତ୍ୟରେ ଯେଉଁ କେତେଜଣ ଭାରତୀୟ ବଂଶୋଦ୍ଭବ ଆମେରିକୀୟ ସାହିତ୍ୟର ମୁଖ୍ୟଧାରାରେ ଚର୍ଚ୍ଚାରେ ଅଛନ୍ତି ସେମାନଙ୍କ ମଧ୍ୟରେ ରଟଗର୍ସ ବିଶ୍ୱବିଦ୍ୟାଳୟର ସହକାରୀ ପ୍ରଫେସର ତଥା ଇମିଗ୍ରାଣ୍ଟ - ଯୁବ ଔପନ୍ୟାସିକ ଅଖିଳ ଶର୍ମା ଅନ୍ୟତମ। ଭାରତୀୟ-ଆମେରିକୀୟ ପ୍ରଫେସର ଅଖିଳ ଶର୍ମାଙ୍କ ଆତ୍ମକଥାଭିତ୍ତିକ ଉପନ୍ୟାସ 'ଫାମିଲି ଲାଇଫ୍' (୨୦୧୬ ଇମ୍ପାକ୍ ପୁରସ୍କାର ପ୍ରାପ୍ତ) 'ଇମିଗ୍ରାଣ୍ଟ ସାହିତ୍ୟ'ର ଏକ ସଫଳ କାହାଣୀ। ଅନ୍ୟ ଏକ ସଫଳତମ ଉପନ୍ୟାସ ହେଲା- ଝୁମ୍ପା ଲାହିରୀଙ୍କ ପୁଲିଜର ପୁରସ୍କାର ପ୍ରାପ୍ତ 'ଇଣ୍ଟରପ୍ରିଟର୍ସ ଅଫ୍ ମାଲାଡିଜ୍' ଯାହା ପ୍ରବାସୀର ଅବଧାରଣାକୁ ଆଧାର କରି ସେମାନଙ୍କ ସଂପର୍କିତ ସାହିତ୍ୟକୁ ଏକ ସ୍ୱତନ୍ତ୍ର ପରିଚିତି ଦେଇଛି। ଏହି ପରିପ୍ରେକ୍ଷୀରେ ବେଦ ପ୍ରସାଦ ଗିରିଙ୍କ 'ଦ ଲିଟରେଚର ଅଫ୍ ଦ ଇଣ୍ଡିୟନ୍ ଡାୟସ୍ପୋରା: ବିଟୁଇନ୍ ଥ୍ୟୋରୀ ଆଣ୍ଡ୍ ଅର୍କାଇଭ୍', ଅମିତ ଶଙ୍କର ଶାହାଙ୍କ ଦ୍ୱାରା ଲିଖିତ 'ଏକ୍ସାଇଲ୍ ଲିଟରେଜର ଆଣ୍ଡ୍ ଦ ଡାୟସ୍ପୋରିକ ଇଣ୍ଡିୟନ୍ ରାଇଟର୍' ଇତ୍ୟାଦିରେ ପ୍ରବାସୀ ସାହିତ୍ୟକୁ ଏକ ସିଦ୍ଧାନ୍ତ ଏବଂ ନିର୍ବାସିତ ସାହିତ୍ୟ (Exile Literature) ଭାବରେ ଆଲୋଚନା କରାଯାଇଛି। ଓଡ଼ିଆ ଭାଷା ସାହିତ୍ୟରେ ମାୟାଧର ମାନସିଂହଙ୍କ 'ପଶ୍ଚିମ ପଥିକ', ଅକ୍ଷୟ ମହାନ୍ତିଙ୍କ 'ବାଃ ବାଃ ରେ ଆମେରିକା', ଶ୍ରୀହର୍ଷ ମିଶ୍ରଙ୍କ 'ପଶ୍ଚିମ ଦିଗନ୍ତ', ଚିତ୍ତରଞ୍ଜନ ଦାସଙ୍କ 'ଆମେରିକାରୁ ଆସିଲି', କିଶୋରୀ ଚରଣ ଦାସଙ୍କ 'ଚେନାଏ ପୃଥିବୀ ଚିରୁଡ଼ାଏ ଘର', ଅଖିଳ ମୋହନ ପଟ୍ଟନାୟକଙ୍କ 'ଅନ୍ୟ ଦେଶ', ଶ୍ରୀମତୀ ଆଦରମଣି ଦାସଙ୍କ 'ମୋ ବିଲାତ ଅନୁଭୂତି', ବାରିଷ୍ଟର ଗୋବିନ୍ଦ ଦାସଙ୍କ 'ଦେଶେ ଦେଶେ', ମନୋଜ ଦାସଙ୍କ 'ଅଦୂର ବିଦେଶ', 'ଦୂରଦୂରାନ୍ତର', ସୀତାକାନ୍ତ ମହାପାତ୍ରଙ୍କ 'ଅନେକ ଶରତ', 'ଶାଣିତ ତରବାରି', ପ୍ରତିଭା ରାୟଙ୍କ 'ନ୍ୟୁୟର୍କରୁ ନାଗାସାକି', ଗୌରହରି ଦାସଙ୍କ 'ପ୍ରଥମ ପ୍ରବାସ' ଇତ୍ୟାଦି

ଭ୍ରମଣ ସାହିତ୍ୟରେ ପ୍ରବାସୀଙ୍କ ଅନୁଭୂତି ସଂପର୍କରେ ବାସ୍ତବ ଚିତ୍ର ରହିଛି। ବସ୍ତୁତଃ ବିଦେଶରେ ଥାଇ ପରଦେଶୀ ହେବାର ଅନୁଭୂତି, ସଂଘର୍ଷ, ସଫଳତା-ବିଫଳତାର ବିଭିନ୍ନ ପର୍ଯ୍ୟାୟ, ଅତୀତୋନ୍ମୁଖତା ହିଁ ସେମାନଙ୍କର ସାହିତ୍ୟର ଆଧାର।

ପ୍ରବାସୀ ସାହିତ୍ୟରେ ପୁରୁଣାଦିନର ସ୍ମୃତି (Nostalgia)ର ପ୍ରାଧାନ୍ୟ ଅଧିକ। ନିଜ ଜନ୍ମମାଟିକୁ ସ୍ମରଣ କରି ଅତୀତ ପରିବେଶରେ ବିଚରଣ କରିବା ହିଁ ଅତୀତଆମୁଖତା ବା ନଷ୍ଟାଲଜିଆ।

ପ୍ରବାସୀ ଓଡ଼ିଆ ସାହିତ୍ୟିକଙ୍କ ସର୍ଜନାତ୍ମକ ଯାତ୍ରାର ଚାରିଗୋଟି ଭାବବିନ୍ଦୁ ବିଚାର୍ଯ୍ୟ:

(୧) ଅତୀତ ସ୍ମୃତିର ରୋମନ୍ଥନ
(୨) ସଂଘର୍ଷ ଓ ମନନ
(୩) ଆତ୍ମ-ପ୍ରତିଷ୍ଠାର ଚିନ୍ତନ
(୪) ସାଂସ୍କୃତିକ ମୂଲ୍ୟବୋଧର ସ୍ଥାପନା

ଏହି ଚାରିଟି ବିଚାରବିନ୍ଦୁକୁ ଆଧାର କରି ପ୍ରବାସୀ ଓଡ଼ିଆଙ୍କ ସାମାଜିକ, ସାଂସ୍କୃତିକ ଏବଂ ଆର୍ଥିକ ପରିସ୍ଥିତିର ଚିତ୍ରଣ ହୋଇଥାଏ। ସେମାନଙ୍କ କଥାବାର୍ତ୍ତା, ରହଣି-ଚଳଣି, ବେଶ-ପରିଧାନ, ପର୍ବ-ପର୍ବାଣିର ମଧ୍ୟ ଏଥିରେ ଚିତ୍ର ଥାଏ। ପ୍ରବାସୀ ସାହିତ୍ୟରେ କବିତା, କାହାଣୀ, ଉପନ୍ୟାସ, ଭ୍ରମଣ ବୃତ୍ତାନ୍ତ, ଆତ୍ମଜୀବନୀ ଇତ୍ୟାଦି ଲେଖାଯାଉଛି। ବିଦେଶରେ ଥାଇ ବିଭିନ୍ନ ବୃତ୍ତିଗତ ଜୀବନଚର୍ଯ୍ୟା ଭିତରେ ଓଡ଼ିଆ ଭାଷା-ସାହିତ୍ୟ ମାଧ୍ୟମରେ ନିଜକୁ ଅଭିବ୍ୟକ୍ତ କରୁଥିବା ସେହି ପ୍ରବାସୀ ଲେଖକଲେଖିକାମାନଙ୍କ ପ୍ରତି ହୃଦୟ ଗର୍ବ ଓ ସ୍ୱାଭିମାନରେ ପୂରି ଉଠେ, ଯେତେବେଳେ ଓଡ଼ିଶାରେ ଏବଂ ଭାରତବର୍ଷରେ ଥିବା ଅନ୍ୟ ଓଡ଼ିଆମାନଙ୍କ ଭାଷା-ଆଚରଣ ଓ ଲିଖନରେ ଆମେ ଭାଷା ଅପମିଶ୍ରଣକୁ ଲକ୍ଷ୍ୟ କରୁ। ଆଜିର ସମୟରେ ଯେ ପ୍ରବାସୀ ଓଡ଼ିଆ ସାହିତ୍ୟିକଙ୍କ ସାରସ୍ୱତ କର୍ମ ଏକ ଗୁରୁତ୍ୱପୂର୍ଣ୍ଣ ଭୂମିକା ବହନ କରେ ଏହା ନିଃସନ୍ଦେହ।

ପୃଥିବୀର ବିଭିନ୍ନ ଦେଶରେ ବହୁ ସଂଖ୍ୟକ ଓଡ଼ିଆମାନେ ଦୀର୍ଘବର୍ଷ ଧରି ରହିଆସୁଛନ୍ତି। ଓଡ଼ିଶାର ବିଭିନ୍ନ ଅଞ୍ଚଳରୁ ଯାଇ ସେଠାର ଭିନ୍ନ ଭିନ୍ନ କ୍ଷେତ୍ରରେ ନିଜର ଶୈକ୍ଷିକ-କଳାତ୍ମକ ତଥା ସାଂସ୍କୃତିକ ସାମର୍ଥ୍ୟ ପ୍ରତିପାଦନ କରିଥିବା ସେହି ଓଡ଼ିଆ ପ୍ରବାସୀଙ୍କ ସାରସ୍ୱତ ସାଧନାର ପଟାନ୍ତର ନାହିଁ। ନିଜ ବୃତ୍ତିଗତ ଜୀବନର ପରିଚିତି ଊର୍ଦ୍ଧ୍ୱରେ ମାତୃଭାଷାର ପ୍ରତିନିଧିତ୍ୱ କରିବା ହୋଇଛି ସେମାନଙ୍କ ପ୍ରବୃତ୍ତିଗତ ଉଚ୍ଛ୍ୱାସ।

ସାଂପ୍ରତିକ ସାହିତ୍ୟ କ୍ଷେତ୍ରରେ ବହୁ ବିଶେଷ ଚେତନାକୁ ଗୁରୁତ୍ୱ ଦିଆଯାଉଛି।

ସ୍ତ୍ରୀ ବିମର୍ଶ, ଦଳିତ ବିମର୍ଶ ଭଳି 'ପ୍ରବାସୀ ସାହିତ୍ୟ ବିମର୍ଶ' ମଧ୍ୟ ଏକ ସ୍ୱତନ୍ତ୍ର କଳାତ୍ମକ ରୂପ। ଓଡ଼ିଶାରେ ନ ଥାଇ ବିଦେଶର ଅପ୍ରବାସୀଙ୍କ (immigrant) ନିରବଚ୍ଛିନ୍ନ ସାହିତ୍ୟକର୍ମ ଯେ କୌଣସି ଉଦ୍ଦେଶ୍ୟ ପ୍ରଣୋଦିତ ନୁହେଁ ତାହା ସେମାନଙ୍କ ସୃଷ୍ଟି ମଧ୍ୟରୁ ହୃଦ୍ୟ ହୁଏ। ଯେହେତୁ ସେମାନଙ୍କ ଲେଖନୀରେ ରୂପାୟିତ କଥାବସ୍ତୁ, ବ୍ୟବହୃତ ଶବ୍ଦାବଳୀ, ଲିଖନଶୈଳୀ, ଶିଳ୍ପ ଇତ୍ୟାଦି ସ୍ୱତନ୍ତ୍ର, ସେଥି ହେତୁ ସେମାନଙ୍କ ସାହିତ୍ୟର ସ୍ୱରୂପ, ବିଶେଷତ୍ୱ ଓ ସୌନ୍ଦର୍ଯ୍ୟ ଆକଳନ ନିଶ୍ଚିତ ଭାବରେ ଏକ ଆହ୍ୱାନ। ଏଠାରେ ପ୍ରବାସୀ ଓଡ଼ିଆଙ୍କ ବିଶେଷତ୍ୱ ହେଲା-

୧ - ଓଡ଼ିଆ ଭାଷା-ସାହିତ୍ୟରେ ଧାରାବାହିକ ଅଧ୍ୟୟନ ନକରି ମଧ୍ୟ ଓଡ଼ିଆରେ ଲେଖିବା ଓ ପ୍ରକାଶ କରିବା।

୨ - ଓଡ଼ିଶାର ବିଭିନ୍ନ ପାରମ୍ପରିକ-ସାଂସ୍କୃତିକ-ଧାର୍ମିକ ମୂଲ୍ୟବୋଧର ପାଳନ ଓ ସ୍ଥାପନା କରିବା।

ପ୍ରବାସୀ ଓଡ଼ିଆଙ୍କ ସାହିତ୍ୟକର୍ମ ଏକ ପ୍ରକାର ଗୃହପ୍ରବେଶ ଭଳି। ବିଦେଶରେ ଯେତେ ପ୍ରବାସୀ ଅଛନ୍ତି ସେମାନେ ନିଜ ସହିତ ନିଜର ସଂସ୍କୃତି, ମାତୃଭାଷା, ନିଜର ଅଭିବ୍ୟକ୍ତିକୁ ପହଞ୍ଚାଇବା ଦ୍ୱାରା ପ୍ରବାସୀ ସାହିତ୍ୟ ଜନ୍ମଲାଭ କରିଛି।

ଭାରତର ସ୍ୱାଧୀନତା ପରେ ବିସ୍ଥାପିତ ହୋଇଥିବା ଭାରତୀୟମାନେ ମଧ୍ୟ ପ୍ରବାସୀ ହୋଇଥିଲେ। ସ୍ୱାଧୀନତା ପରବର୍ତ୍ତୀ ସମୟରେ ଭାରତରୁ ଆମେରିକା, ବ୍ରିଟେନ୍ ଏବଂ ଅନ୍ୟାନ୍ୟ ୟୁରୋପୀୟ ଦେଶକୁ ଭାରତୀୟମାନେ ଯାଇ ବସବାସ କରିଥିଲେ। ୧୯୯୦ର ଦ୍ୱିତୀୟ ଦଶକ ବେଳକୁ ଇମେଲ୍‌ର ପ୍ରଚଳନ ଆରମ୍ଭ ହୋଇଥିଲା। ଏହାଫଳରେ ପାରସ୍ପରିକ ଭାବ ଆଦାନପ୍ରଦାନର ସ୍ଥିତିରେ ନୂତନ ଅଧ୍ୟାୟ ସୃଷ୍ଟି ହୋଇଥିଲା। ୧୯୯୬ ମସିହା ବେଳକୁ ଇଲେକ୍ଟ୍ରୋନିକ୍ ବା କଂପ୍ୟୁଟର ପତ୍ରିକାର ପ୍ରକାଶନ ମାଧ୍ୟମରେ ଆମେରିକା, ଭାରତ କିମ୍ବା ୟୁରୋପରୁ ଲେଖୁଥିବା ଲେଖକମାନଙ୍କ ସାହିତ୍ୟ ପ୍ରକାଶନ ରୂପଲାଭ କରିଥିଲା। ରଶ୍‌ଦୀଙ୍କ 'ମିଡ୍‌ନାଇଟ୍ ଚିଲ୍‌ଡ୍ରେନ୍' (୧୯୮୧) ପ୍ରକାଶ ପାଇଲା ପରେ ଭାରତୀୟ ପ୍ରବାସୀମାନେ ଲୋକଲୋଚନକୁ ଆସିଥିଲେ। ବିଶେଷ ଭାବରେ କାନାଡାରୁ ରୋହିଣ୍ଟନ୍ ମିସ୍ତ୍ରୀ, ଆମେରିକାରୁ ଭାରତୀ ମୁଖର୍ଜୀ, ଅମିତାଭ ଘୋଷ, ବିକ୍ରମ ସେଠ, ରୀତିକା ୱାଜିରାନି, ଝୁମ୍ପା ଲାହିରୀ, ବିଜୟ ଶେଷାଦ୍ରୀ, ମିନା ଆଲେକ୍‌ଜାଣ୍ଡର, ଆଗା ସାହିଦ ଅଲ୍ଲୀ, ଚିତ୍ରା ବାନାର୍ଜି ଦିବାକାରୁଣୀ, କିରନ ଦେଶାଇ ଏବଂ ଇଂଲଣ୍ଡରୁ ସଲ୍‌ମାନ୍ ରଶ୍‌ଦି, ହନିଫ୍ କୁରୈଶି, ଅନିତା ଦେଶାଇ, ଅମିତ୍ ଚୌଧୁରୀ ପ୍ରମୁଖ ସାହିତ୍ୟିକମାନେ ତାଙ୍କ କୃତି ଭିତରେ ପ୍ରବାସୀଙ୍କ ମାନସିକ ସଂଘର୍ଷ, ଅନ୍ତର୍ଦ୍ୱନ୍ଦ୍ୱ, ଅସହାୟତାକୁ ସାହିତ୍ୟରେ ରୂପାୟିତ କରିବାର ବେଶ୍ ସଫଳ। ନବେ ଦଶକ ବେଳକୁ ପ୍ରବାସୀ ସାହିତ୍ୟକୁ ମହତ୍ତ୍ୱ ମିଳିଲା ଏବଂ ବିଶ୍ୱବିଦ୍ୟାଳୟ ସ୍ତରୀୟ

ପାଠ୍ୟକ୍ରମରେ ଏହାକୁ ସାମିଲ୍ କରାଗଲା।

ପ୍ରବାସୀ ସାହିତ୍ୟିକମାନଙ୍କ ମଧ୍ୟରେ ଦ୍ୱିବିଧ ମାନସିକତା ରହିଥାଏ। ସେମାନଙ୍କ ଲେଖାଗୁଡ଼ିକରେ ପରିଚିତ-ଅପରିଚିତ ଭାବକୁ ନେଇ ଦେଶ ଓ ବିଦେଶର ତୁଳନାତ୍ମକ ଅନୁଭବ ଥାଏ। ଆତ୍ମଦହନରୁ ମୁକ୍ତିର ପ୍ରୟାସ ଏବଂ ନିଜର ପ୍ରତ୍ୟେକ ଆବେଗକୁ ଅଭିବ୍ୟକ୍ତ କରିବାର ପ୍ରୟାସରୁ ଆମେରିକୀୟ ଓଡ଼ିଆ ପତ୍ରପତ୍ରିକାର ଅଭ୍ୟୁଦୟ ସମ୍ଭବ ହୋଇଛି। ବିଦେଶ ଗମନ କରି ସାହିତ୍ୟର ସ୍ରୋତକୁ ଚିର ସତେଜ ରଖିଥିବା ପ୍ରବାସୀ ଓଡ଼ିଆ ସାହିତ୍ୟିକମାନଙ୍କ ଅବଦାନ ଅଭିନନ୍ଦନୀୟ।

ଓଡ଼ିଆ ପ୍ରବାସୀଙ୍କ ସାରସ୍ୱତ କର୍ମାନୁଷ୍ଠାନ:

ମଣିଷ ଯାହା ଚାହେଁ ସବୁ ପାଇପାରେ ନାହିଁ ଏବଂ ତା'ରି ପାଇଁ ସେ ବ୍ୟାକୁଳ ହେବା ସ୍ୱାଭାବିକ। ବିଦେଶରେ ଥିବା ପ୍ରବାସୀ ଓଡ଼ିଆମାନେ ନିଜ ବାସଭୂମିରୁ ଖୁବ୍ ଦୂରରେ ରହୁଥିବା ହେତୁ ସେମାନଙ୍କ ଭିତରେ ନିଜ ଜନ୍ମମାଟିକୁ ନେଇ ଆବେଗ ସୃଷ୍ଟି ହେବା ସ୍ୱାଭାବିକ। ତେଣୁ ସେମାନଙ୍କର ଭାଷା-ସାହିତ୍ୟ, କଳା-ସଂସ୍କୃତି ଏବଂ ଓଡ଼ିଆଙ୍କ ଜାତୀୟ ସ୍ୱାଭିମାନକୁ ନେଇ ଖୁବ୍ ବେଶି ଆନ୍ତରିକତା। ଏହି କ୍ଷେତ୍ରରେ ଆମେରିକାରେ ଯେଉଁସବୁ କାର୍ଯ୍ୟକ୍ରମ ଗତିଶୀଳ ହୋଇଛି ସେଥିରେ ରହିଛି-

(କ) ପ୍ରବାସରୁ ପ୍ରକାଶିତ ପତ୍ରପତ୍ରିକା:

(୧) 'ଓସା'ର ବାର୍ଷିକ ମୁଖପତ୍ର 'ଊର୍ମି'
(୨) 'ଓସା'ର ତ୍ରୈମାସିକ ମୁଖପତ୍ର 'ଉତ୍କର୍ଷ'
(୩) ଇଂଲଣ୍ଡରୁ ପ୍ରକାଶିତ ଇ-ପତ୍ରିକା 'ସୃଜନୀ'
(୪) ଆମେରିକାରୁ ପ୍ରକାଶିତ ସାହିତ୍ୟ ପତ୍ରିକା 'ପ୍ରତିଶ୍ରୁତି'

(ଖ) ପ୍ରବାସରେ ଓଡ଼ିଆ ପ୍ରକାଶନ ସଂସ୍ଥା:

(୧) ଆମେରିକାରୁ 'ବ୍ଲାକ୍ ଈଗଲ୍ ବୁକ୍ସ'
(୨) କାନାଡାରୁ 'ବିଦ୍ୟା ପବ୍ଲିସିଙ୍ଗ୍'
(୩) କାନାଡାରୁ 'ପ୍ରଭୂ ପବ୍ଲିକେଶନ'

(ଗ) ଆମେରିକାର ରେଡିଓ କାର୍ଯ୍ୟକ୍ରମ:

(୧) ନ୍ୟୁୟର୍କରୁ 'ଉତ୍କଳପ୍ରଭା'

(୨) କାଲିଫର୍ଣ୍ଣିଆରୁ 'ଆମେ ଓଡ଼ିଆ'

(ଘ) ସାହିତ୍ୟଚର୍ଚ୍ଚା / କବିତାପାଠ କାର୍ଯ୍ୟକ୍ରମ:

(୧) 'ଓସା' ବାର୍ଷିକ ଉତ୍ସବରେ କବିତାପାଠ କାର୍ଯ୍ୟକ୍ରମ

(୨) ୱାଶିଂଟନ୍ ଡି.ସି.ରୁ JOGA ଆନୁକୂଲ୍ୟରେ କବିତାପାଠ କାର୍ଯ୍ୟକ୍ରମ

(୩) ସସ୍ମିତା ଶତପଥୀଙ୍କ ଦ୍ୱାରା ଆୟୋଜିତ ମାସିକ କବିତାପାଠ ଓ ବହିଚର୍ଚ୍ଚା

(୪) ଟରୋଣ୍ଟୋରେ ଆୟୋଜିତ ବାର୍ଷିକ ସାହିତ୍ୟ ପାଠଚକ୍ର

(ଙ) ଓଡ଼ିଆ ଭାଷା ଶିକ୍ଷାଦାନ:

(୧) କାଲିଫର୍ଣ୍ଣିଆରୁ ଆଇ-ଗୁରୁକୁଳ

(୨) ଅନ୍ୟାନ୍ୟ ରାଜ୍ୟମାନଙ୍କରେ ସ୍ୱେଚ୍ଛାସେବୀଙ୍କ ଦ୍ୱାରା ପରିଚାଳିତ ଓଡ଼ିଆ ଶିକ୍ଷା କାର୍ଯ୍ୟକ୍ରମ

ଓଡ଼ିଆ ପ୍ରବାସୀଙ୍କ ସାଂସ୍କୃତିକ ମଞ୍ଚ : 'ଓସା'

ପ୍ରତ୍ୟେକ ଜାତି, ଗୋଷ୍ଠୀ, ସଂପ୍ରଦାୟ ନିଜର ବିକାଶ ଓ ସ୍ୱୀକୃତି ପାଇଁ ଏକ ପୃଷ୍ଠଭୂମି ଆବଶ୍ୟକ କରେ। ପ୍ରବାସୀ ଓଡ଼ିଆମାନଙ୍କ କଳା, ସଂସ୍କୃତି, ସାହିତ୍ୟ ଓ ଚେତନାକୁ ଆଧାର ଦେବା କ୍ଷେତ୍ରରେ ଏକ ବଳିଷ୍ଠ ଆଧାରଭୂମି ହେଉଛି 'ଓଡ଼ିଶା ସୋସାଇଟି ଅଫ୍ ଦି ଆମେରିକାଜ୍' (OSA)। ଆମେରିକା ଓ କାନାଡାରେ ବସବାସ କରୁଥିବା ଓଡ଼ିଆମାନଙ୍କୁ ନେଇ ଗଠିତ ଏହା ଏକ ପ୍ରତିଷ୍ଠିତ ସାଂସ୍କୃତିକ ମଞ୍ଚ। ଏହା ଏକ ଅଣରାଜନୈତିକ ତଥା ଅଣଲାଭଜନକ ସ୍ୱେଚ୍ଛାସେବୀ ସଂଗଠନ ଭାବରେ ଓଡ଼ିଶାର କଳା, ସଂସ୍କୃତି, ଐତିହ୍ୟ ଓ ପରଂପରାର ପ୍ରଚାର-ପ୍ରସାର କରି ଆସୁଛି। ବିଦେଶର ମାଟି ପ୍ରବାସୀଙ୍କ କଠିନ ପରିଶ୍ରମକୁ ସ୍ୱୀକୃତି ପ୍ରଦାନ କରେ ଓ ସେମାନଙ୍କୁ ସ୍ୱାବଲମ୍ବୀ କରେ। ପ୍ରବାସୀଙ୍କ ଗୋଟିଏ ପାଦ ବିଦେଶରେ ଥାଏ ତ ଅନ୍ୟ ପାଦଟି ଓଡ଼ିଶାରେ। ବିଦେଶରେ ସେମାନଙ୍କ ଶରୀର ଥାଏ ସତ ଓଡ଼ିଶାର ଐତିହ୍ୟ, ସଂସ୍କୃତି ଓ ପରିବେଶ ମଧ୍ୟରେ ସେମାନଙ୍କ ଆତ୍ମା ନିବିଷ୍ଟ ଥାଏ। ବିଦେଶରେ ଥାଇ ନିଜ ମାଟିର ଭାଷା, ସାହିତ୍ୟ-ସଂସ୍କୃତିର ସଂରକ୍ଷଣ, କଳା-ସଂଗୀତର ପ୍ରଚଳନ ନିମନ୍ତେ ପାରଂପରିକ ପର୍ବ-ପର୍ବାଣି-ଉତ୍ସବାଦିର ପାଳନ ସେମାନଙ୍କର ଲକ୍ଷ୍ୟ।

୧୪ ଡିସେମ୍ବର ୧୯୬୯, ରବିବାର ଅପରାହ୍ନରେ ପ୍ରଶାନ୍ତ ପଟ୍ଟନାୟକଙ୍କ ଆପାର୍ଟମେଣ୍ଟରେ ମଧ୍ୟାହ୍ନ ଭୋଜନ ପରେ ଯୋଗେଶ୍ୱର ରଥ କହିଲେ ଯେ, "ନିଉ ଇଂଲଣ୍ଡ (ବୋଷ୍ଟନ) ଅଞ୍ଚଳର ଓଡ଼ିଆମାନଙ୍କୁ ନେଇ ଏକ ଅନୁଷ୍ଠାନ ତିଆରି କରାଯାଉ।"

ସେହି ସମୟରେ ସେହି ଅଞ୍ଚଳରେ ମାତ୍ର ସାତଟି ଓଡ଼ିଆ ପରିବାର ଥିଲେ। ସେଥିରୁ ସୃଷ୍ଟି ହେଲା 'ନିଉ ଇଂଲଣ୍ଡ ଉତ୍କଳ ସମାଜ'। ଗୌରୀ ଚରଣ ଦାସ ସଭାପତି ଭାବେ ନିର୍ବାଚିତ ହେଲେ। ଏହାର ମୁଖ୍ୟତଃ ତିନୋଟି ଲକ୍ଷ୍ୟ ଥିଲା। ୧) ଆମେରିକା ଓ କାନାଡ଼ାରେ ବସବାସ କରୁଥିବା ଓଡ଼ିଆମାନଙ୍କ ମଧ୍ୟରେ ସାମାଜିକ ସମ୍ପର୍କ ତିଆରି କରିବା। ୨- ଆମେରିକାରେ ଓଡ଼ିଆ ସଂସ୍କୃତି ଓ ସାହିତ୍ୟର ପ୍ରସାର କରିବା। ୩- ଓଡ଼ିଶାର ମେଧାବୀ ଛାତ୍ରଛାତ୍ରୀମାନଙ୍କୁ ଆମେରିକା ଓ କାନାଡ଼ା ଆଣିବାରେ ସାହାଯ୍ୟ କରିବା। ୧୯୭୦ ଲେବର୍ ଡେ ସପ୍ତାହନ୍ତରେ ଆମ୍‌ରେସ୍ ମାସାଚୁସେଟ୍‌ରେ ଦୁର୍ଯ୍ୟୋଧନ ମଙ୍ଗରାଜଙ୍କ ଘରେ ସମସ୍ତେ ଏକାଠି ହେଲେ ଓ ଆମେରିକା ଓ କାନାଡ଼ାରେ ବସବାସ କରୁଥିବା ଓଡ଼ିଆମାନଙ୍କର ଗୋଟିଏ ଡାଇରେକ୍ଟୋରୀ ହେବା ଉଚିତ ବୋଲି ସ୍ଥିର କଲେ। ମନୋମହନ ସୁବୁଦ୍ଧି ଓ ନାଗଭୂଷଣ ସେନାପତିଙ୍କ ତତ୍ତ୍ୱାବଧାନରେ ଆମେରିକା ଓ କାନାଡ଼ାରେ ଥିବା ଜଣାଶୁଣା ଓଡ଼ିଆମାନଙ୍କୁ ଚିଠି ଲେଖାଗଲା ଏବଂ ପରେ ଡାଇରେକ୍ଟୋରୀ ତିଆରି କରାଗଲା।

ଅକ୍ଟୋବର ୫ରେ ସମସ୍ତ ଓଡ଼ିଆମାନଙ୍କୁ ପ୍ରଥମ ଓଡ଼ିଆ ସମାବେଶ ପାଇଁ ନିମନ୍ତ୍ରଣ ପଠାଗଲା। ୧୭ ଅକ୍ଟୋବର ୧୯୭୦ ସନ୍ଧ୍ୟା ୫ଟାରେ ହାର୍ଟଫୋର୍ଡର ହଜମର୍ ଅଡିଟୋରିୟମ୍‌ରେ ଉତ୍ତର ଆମେରିକାର ବିଭିନ୍ନ ଭାଗରୁ ୫୫ ଓଡ଼ିଆ ପରିବାର ଆସି ପହଞ୍ଚିଲେ। ସର୍ବସମ୍ମତିକ୍ରମେ ଆସୋସିଏସନ୍‌ର ନାମ ଦିଆଗଲା 'ଦ ଓଡ଼ିଶା ସୋସାଇଟି ଅଫ୍ ଦି ଆମେରିକାଜ୍'।

ଏହି ସଂସ୍ଥାର ସଭାପତି ଭାବେ ଗୌରୀ ଚରଣ ଦାସ, ଉପସଭାପତି ଭାବେ ଅମୀୟ ପଟ୍ଟନାୟକ, ସେକ୍ରେଟାରୀ ଭାବେ ଭାବଗ୍ରାହୀ ମିଶ୍ର ଓ ଟ୍ରେଜରର୍ ଭାବରେ ନାଗଭୂଷଣ ସେନାପତି ଦାୟିତ୍ୱ ଗ୍ରହଣ କଲେ। ତ୍ରୈମାସିକ ମୁଖପତ୍ର 'ଉତ୍କଳ ସମାଚାର'ର ପ୍ରକାଶ ପାଇଁ ସ୍ଥିର କରାଗଲା ଓ ୨୦ ଅକ୍ଟୋବର ୧୯୭୦ରେ ଏହାର ପ୍ରଥମ ସଂଖ୍ୟା ପ୍ରକାଶ ପାଇଲା। ବାର୍ଷିକ ସଭ୍ୟଚାନ୍ଦା ପରିବାର ପାଇଁ ତିନି ଡଲାର ଓ ବ୍ୟକ୍ତି ବିଶେଷ ପାଇଁ ଦୁଇ ଡଲାର ରଖାଗଲା।

'ଓସା' ଏବେ ବେଶ୍ ପ୍ରତିଷ୍ଠିତ ଅନୁଷ୍ଠାନ। ଅନେକ ଓଡ଼ିଆ ପରିବାର ଏହାର ସଭ୍ୟ ତାଲିକାଭୁକ୍ତ ହୋଇଛନ୍ତି। ଓଡ଼ିଶାରୁ ଯାଉଥିବା ଛାତ୍ରଛାତ୍ରୀମାନଙ୍କୁ ଆମେରିକାରେ ପ୍ରତିଷ୍ଠିତ ହେବା ଦିଗରେ ସାହାଯ୍ୟ କରିବାଠାରୁ ଆରମ୍ଭ କରି ଓଡ଼ିଶାର ସାଂସ୍କୃତିକ ବୈଶିଷ୍ଟ୍ୟରେ ପ୍ରଚାର-ପ୍ରସାର ଏବଂ ଓଡ଼ିଶାର ବିଭିନ୍ନ ଅନୁଷ୍ଠାନକୁ ସାହାଯ୍ୟ ପରି ନାନା ପ୍ରକାର କାମ 'ଓସା' କରୁଛି। ଓଡ଼ିଆ ଲେଖକମାନଙ୍କୁ ସୃଜନଶୀଳ କରିବା କ୍ଷେତ୍ରରେ 'ଓସା'ର 'ଉତ୍କର୍ଷ', 'ଊର୍ମି' ଭଳି ପତ୍ରପତ୍ରିକାଙ୍କ ଭୂମିକା ଅନବଦ୍ୟ।

ପୃଷ୍ଠପୋଷକତା, ପ୍ରକାଶନ:

ଓଡ଼ିଆ ସାହିତ୍ୟକୁ ପ୍ରବାସରେ ରହୁଥିବା ଓଡ଼ିଆ ସାହିତ୍ୟାନୁରାଗୀ ବିଭିନ୍ନ ଭାବରେ ପ୍ରୋତ୍ସାହିତ କରି ଆସିଛନ୍ତି। ବହି, ପତ୍ରପତ୍ରିକା ପ୍ରକାଶନ ପୂର୍ବରୁ ଅନେକ ଧନାଢ଼୍ୟ ପ୍ରବାସୀ ଅବଦାନ ଯୋଗାଇ ଆସିଛନ୍ତି। ଏମାନଙ୍କ ମଧ୍ୟରୁ ଡାକ୍ତର ଦେବୀପ୍ରସାଦ ମିଶ୍ର ଓ ଶ୍ରୀମତୀ ସରୋଜିନୀ ମିଶ୍ରଙ୍କ ନାମ ପ୍ରଫେସର ଯତୀନ୍ଦ୍ର ମୋହନ ମହାନ୍ତି ତାଙ୍କର 'ପ୍ରାଚୀନ ଓଡ଼ିଆ ନାଟକ' ଓ 'ଆଧୁନିକ ଓଡ଼ିଆ କବିତା ସମ୍ଭାର' ପରି ବିରାଟ ବିରାଟ ଗ୍ରନ୍ଥରେ ଉଲ୍ଲେଖ କରିଛନ୍ତି। ପ୍ରଫେସର ମହାନ୍ତି ଏହିଭଳି ପ୍ରବାସୀ ଓଡ଼ିଆଙ୍କ ଆର୍ଥିକ ସାହାଯ୍ୟରେ ଦଶରୁ ଉର୍ଦ୍ଧ୍ୱ ଗ୍ରନ୍ଥ ପ୍ରକାଶ କରିଛନ୍ତି। ଅନ୍ୟାନ୍ୟ ପୃଷ୍ଠପୋଷକମାନଙ୍କ ମଧ୍ୟରେ ଉମାବଲ୍ଲଭ ମିଶ୍ର, ବ୍ରଜେନ୍ଦ୍ର ସାହୁ, ଜୟନାରାୟଣ ଭୂୟାଁ, ଦିଗମ୍ବର ମିଶ୍ର, ତପନ ପାଢ଼ି, ସୂର୍ଯ୍ୟ ପଟ୍ଟନାୟକ, ସୋମଦତ୍ତ ବେହୁରା, ଅଶୋକ ପାଣିଗ୍ରାହୀ, ସସ୍ମିତା ଶତପଥୀ, ସୁନିଲ ସାବତ, ସଂଯୁକ୍ତା ଶତପଥୀ, ଲଲାଟେନ୍ଦୁ ମହାନ୍ତି, ନିରଞ୍ଜନ ତ୍ରିପାଠୀ ପ୍ରମୁଖ ଉଲ୍ଲେଖଯୋଗ୍ୟ।

ପ୍ରକାଶନ କ୍ଷେତ୍ରରେ ମଧ୍ୟ ପ୍ରବାସୀ ଓଡ଼ିଆମାନଙ୍କର ଅବଦାନ ଉଲ୍ଲେଖନୀୟ। ଗତ ଦଶନ୍ଧିରେ 'ବିଦ୍ୟା ପ୍ରକାଶନୀ', 'ପ୍ରଭୂ ପବ୍ଲିକେଶନ୍' ଏବଂ ବିଶେଷତଃ 'ବ୍ଲାକ୍ ଈଗଲ୍ ବୁକ୍ସ'ର ଅଭ୍ୟୁଦୟ ଅତ୍ୟନ୍ତ ଉତ୍ସାହଜନକ। ମଣିଷର ଆବଶ୍ୟକତାରୁ ହିଁ ଜୀବନର ବିବିଧ ଦିଗ ଉନ୍ମୋଚନ ହୁଏ। 'ବ୍ଲାକ୍ ଈଗଲ୍ ବୁକ୍ସ' ସତ୍ୟ ପଟ୍ଟନାୟକଙ୍କ ଜୀବିକାପୋର୍ଜନର ପନ୍ଥା ନୁହେଁ ବରଂ ଭାଷା-ସାହିତ୍ୟ ସଂରକ୍ଷଣର ଏକ ପଥ। ବିଦେଶରେ ବୃତ୍ତିଗତ ଜୀବନର ବ୍ୟସ୍ତତା ଭିତରେ ମଧ୍ୟ ଓଡ଼ିଆ ଭାଷା-ସାହିତ୍ୟ ପ୍ରତି ତାଙ୍କର ଏକାଗ୍ର ସମର୍ପଣକୁ ପ୍ରତ୍ୟକ୍ଷ ଭାବରେ ନ ଦେଖିଲେ ବିଶ୍ୱାସ କରି ହେବନି। ଆମେରିକା ଲାଇବ୍ରେରୀରେ କୃତବିଦ୍ୟ ଓଡ଼ିଆ ସାହିତ୍ୟସାଧକମାନଙ୍କ ପୁସ୍ତକକୁ ସ୍ଥାନିତ କରିବାର ଦୁର୍ବାର ଇଚ୍ଛା ତାଙ୍କର ତୀବ୍ର ସାହିତ୍ୟାନୁରାଗକୁ ସାବ୍ୟସ୍ତ କରେ। ଅସଂଖ୍ୟ ପ୍ରବାସୀ ସାହିତ୍ୟିକଙ୍କ କୃତି ଓଡ଼ିଆରେ ମୁଦ୍ରିତ ରୂପ ଲାଭ କରିବା ପଛରେ ସତ୍ୟ ପଟ୍ଟନାୟକଙ୍କ ପ୍ରକାଶନୀ ସଂସ୍ଥାର ଭୂମିକା ଅନବଦ୍ୟ। ପ୍ରବାସୀ ଓଡ଼ିଆମାନଙ୍କ ମଧ୍ୟରେ ସାହିତ୍ୟିକ ବିଜୟ ମିଶ୍ର, ଅନାଦି ନାୟକ, ଗଗନ ବିହାରୀ ପାଣିଗ୍ରାହୀ, ଜ୍ଞାନରଞ୍ଜନ ଦାଶ, ବିଜ୍ଞାନୀ ଦାସ, ମଞ୍ଜୁ ମହାପାତ୍ର, ପ୍ରଶାନ୍ତ ବେହେରା, ସୁମେଧା ଜେନା, ଲିପିକା ମହାପାତ୍ର, ବନ୍ଦିତା ନାୟକ, ସାନ୍ତ୍ୱନା ଦାଶ ଏବଂ ଅପର୍ଣ୍ଣା ଗୁରୁ ପ୍ରମୁଖଙ୍କ ପୁସ୍ତକଗୁଡ଼ିକର ପ୍ରକାଶନ କ୍ଷେତ୍ରରେ 'ବ୍ଲାକ୍ ଈଗଲ୍ ବୁକ୍ସ'ର ମହତ୍ତ୍ୱପୂର୍ଣ୍ଣ ଭୂମିକା ରହିଛି।

ପ୍ରବାସୀ ଓଡ଼ିଆ ସାହିତ୍ୟିକ ଓ ସାହିତ୍ୟାନୁରାଗୀ :

ଅନେକ ପ୍ରବାସୀ ସାହିତ୍ୟିକ ସେମାନଙ୍କ ସୃଜନରେ ଓଡ଼ିଆ ସାହିତ୍ୟକୁ ଋଦ୍ଧିମନ୍ତ କରିଛନ୍ତି। ସେମାନଙ୍କ ମଧ୍ୟରେ ଯୁକ୍ତରାଷ୍ଟ୍ର ଆମେରିକାରୁ- ବିଜୟ ମିଶ୍ର, ଅନାଦି ନାୟକ, ଜ୍ଞାନରଞ୍ଜନ ଦାଶ, ନିରୋଦ ମହାନ୍ତି, ସତ୍ୟ ମହାନ୍ତି, ବିଜ୍ଞାନୀ ଦାସ, ସତ୍ୟ ପଟ୍ଟନାୟକ, ସୁଲୋଚନା ପଟ୍ଟନାୟକ, ସ୍ୱପ୍ନଲତା ମିଶ୍ର, ଶାନ୍ତିଲତା ମିଶ୍ର, କଳ୍ପନାମୟୀ ଦାଶ, ଶଶିଶେଖର ଶତପଥୀ, ଶିଖଣ୍ଡ ଶତପଥୀ, ଶଶଧର ମହାପାତ୍ର, ବିଷ୍ଣୁପ୍ରିୟା ମିଶ୍ର, ଶ୍ୱେତପଦ୍ମା ଦାଶ, ପ୍ରଭାତ ନଳିନୀ ପଟ୍ଟନାୟକ, ଦେବରାଜ ସାହୁ, ଝିନୁ ଛୋଟରାୟ, ସ୍ନେହ ମହାନ୍ତି, ମମତା ମିଶ୍ର, ରଘୁନାଥ ଦାସ, କନକ ହୋତା, ଧୀରେନ୍ଦ୍ର କର, ବିଜୟା ପରିଡ଼ା, ମନୋରମା ଚୌଧୁରୀ, କୁକୁ ଦାଶ, ଶୁଭଶ୍ରୀ ଦାସ, ଶାନ୍ତିଲତା ସାହୁ, ତାପସ ସାହୁ, ସବିତାରାଣୀ ସାମଲ, ସୂର୍ଯ୍ୟ ନାୟକ, ବଭ୍ରୁବାହନ ସାମଲ, ମଞ୍ଜୁ ମହାପାତ୍ର, ବନ୍ଦିତା ନାୟକ, ତାପସୀ ମହାପାତ୍ର, ଜୟଗୋପାଳ ମହାନ୍ତି, ସ୍ନିଗ୍ଧା ହୋତା, ଦେବୁ ପଣ୍ଡା, ଜୁଲି ଆଚାର୍ଯ୍ୟ ରାୟ, ସୁଲକ୍ଷଣା ପଟ୍ଟନାୟକ, ଦେବଯାନୀ ତ୍ରିପାଠୀ, ସସ୍ମିତା ମହାନ୍ତି, ଆରତୀ ନନ୍ଦ ପତି, ମିତା ମହାରଣା, ସୁରଥ ରଥ, ସଲୋନୀ ମହାନ୍ତି, ସୂର୍ଯ୍ୟସ୍ନାତା ରଥ, ରଞ୍ଜିତ କୁମାର ସାହୁ, ପ୍ରତାପ କୁମାର ପଣ୍ଡା, ସନ୍ତ୍ୱନା ଦାଶ, ସତ୍ୟବ୍ରତ ଆଚାର୍ଯ୍ୟ, ଜୟସ୍ମିତା ମିଶ୍ର।

କାନାଡ଼ାରୁ- ଶ୍ରୀଗୋପାଳ ମହାନ୍ତି, ଲଲାଟେନ୍ଦୁ ମାନସିଂହ, ନିରଞ୍ଜନ ମିଶ୍ର, ସୁମିତ୍ରା ପାଢ଼ୀ, ପରାଶର ମିଶ୍ର, ଗଗନ ପାଣିଗ୍ରାହୀ, ବିଶ୍ୱଜିତ୍ ମିଶ୍ର, ତନ୍ମୟ ପଣ୍ଡା, ସୁନନ୍ଦା ପଣ୍ଡା, ପ୍ରଶାନ୍ତ ଭୂୟାଁ, ସତ୍ୟଜିତ୍ ପଟ୍ଟନାୟକ, ଆର୍ଯ୍ୟବେଳା ନାୟକ।

ୟୁରୋପରୁ - ରାଜେନ୍ଦ୍ର ନାରାୟଣ ଦାସ, ସହଦେବ ସ୍ୱାଇଁ, ଅଜୟ ଉପାଧ୍ୟାୟ, ନୀଳମାଧବ କର।

ଏହି ପରିପ୍ରେକ୍ଷୀରେ ଆମେରିକାର ତିନିଜଣ ବ୍ୟକ୍ତିବିଶେଷ ଆମର ଚିର ସ୍ମରଣୀୟ ହୋଇ ରହିବେ। ବରୁଣ ପାଣି (୧୬ ଜାନୁଆରୀ ୧୯୫୬-୧୦ ଅକ୍ଟୋବର ୨୦୧୯) ଥିଲେ ଜଣେ ପ୍ରବାସୀ କବି। ତାଙ୍କର କବିତା ସବୁ ନିୟମିତ ଭାବରେ ବିଭିନ୍ନ ପତ୍ରପତ୍ରିକାରେ ପ୍ରକାଶିତ ହେଉଥିଲା। ଡାକ୍ତର ପ୍ରସନ୍ନ ପତି (୨୫ ଅଗଷ୍ଟ ୧୯୨୫-୨୭ ସେପ୍ଟେମ୍ବର ୨୦୨୧) ଥିଲେ ଜଣେ ଗାଳ୍ପିକ। ତାଙ୍କର ଗଳ୍ପ ଝଙ୍କାର ଓ ଅନ୍ୟାନ୍ୟ ପତ୍ରପତ୍ରିକାରେ ପ୍ରକାଶିତ। ପ୍ରଫେସର ଜିତେନ୍ଦ୍ର ନାଥ ମହାନ୍ତି (୧୯୨୮-୭ ମାର୍ଚ୍ଚ ୨୦୨୩) ଥିଲେ ଜଣେ ବିଶ୍ୱ ପ୍ରସିଦ୍ଧ ଦାର୍ଶନିକ। ତାଙ୍କର ଆତ୍ମଜୀବନୀ 'ବିଟୁଇନ୍ ଟୁ ୱାର୍ଲଡ୍ସ : ଇଷ୍ଟ୍ ଆଣ୍ଡ ୱେଷ୍ଟ୍' ୨୦୦୧ରେ ଅକ୍ସଫୋର୍ଡ ଦ୍ୱାରା ପ୍ରକାଶିତ ହୋଇଥିଲା।

ଉପସଂହାର:

ଭିଟାମାଟିର ପ୍ରଲୋଭନ ଓ ମାୟାରୁ କୌଣସି ମଣିଷ ମୁକ୍ତ ନୁହେଁ। ମୂଳରୁ

ଦୂରେଇ ରହିବା 'ପ୍ରବାସ'ର ଏକ ଅବସ୍ଥାକୁ ସୂଚିତ କରେ, ଯେଉଁଠି ନିଜ ମାଟିକୁ ଫେରିବାର ଉଚ୍ଚାଟ ସହିତ ନ ଫେରି ପାରିବାର ଅସହାୟତା ସମାନ୍ତରାଳ ଭାବରେ ଗତି କରୁଥାଏ। ଜନ୍ମମାଟିରେ ଭୋଗବିଳାସର ପ୍ରାଚୁର୍ଯ୍ୟ ନ ଥାଉ ପଛେ, ସେଇ ପୁରୁଣା ମାଟିଡିହ ହିଁ ମଣିଷକୁ ନିଜ ଆଡ଼କୁ ଟାଣେ। ସେଇଥିପାଇଁ ତ ଯୁଗେ ଯୁଗେ ଭାଇଭାଗ, ରକ୍ତପାତ ଓ ସଂଘର୍ଷର ସୂତ୍ରପାତ। ମଣିଷକୁ ବେଳେବେଳେ ବାସଚ୍ୟୁତ ହେବାର ଅନନ୍ୟୋପାୟ ତା ମଧ୍ୟ ଦେଇ ବଞ୍ଚିବାକୁ ହୁଏ। ଯେମିତି ବଞ୍ଚିଥାନ୍ତି ବିଦେଶକୁ ଯାଇ ନିଜ ଅସ୍ମିତାର ଅନ୍ୱେଷଣ କରୁଥିବା ମଣିଷମାନେ। ସେମାନେ ଦୂରରେ ଥାନ୍ତି ସିନା ମୂଳପିଣ୍ଡରୁ ବିଚ୍ଛିନ୍ନ ନ ଥାନ୍ତି। ମୂଳପିଣ୍ଡର ଚେର ତାଙ୍କ ଅସ୍ତିତ୍ୱକୁ ଅଦୃଶ୍ୟ ରଜ୍ଜୁରେ ଶକ୍ତ ଭାବରେ ବାନ୍ଧି ରଖିଥାଏ। ପ୍ରବାସୀ ହୋଇ ଯେତେ ଦୂରକୁ ଚାଲିଯାଇଥିଲେ ମଧ୍ୟ ସେମାନଙ୍କ ସହିତ ଯାଇଥାଏ ଆମ ମାଟିର ମୂଳଭୂତ ତତ୍ତ୍ୱ, ସଂସ୍କାର, ପରମ୍ପରା, ଆଦର୍ଶ ଓ ମୂଲ୍ୟବୋଧ। ସେମାନଙ୍କୁ ନିଜ ଦେଶର ମାଟି ହାତଠାରି ଫେରିଆସିବାକୁ ଆହ୍ୱାନ କରୁଥିବା ମନେହୁଏ। ହୁଏତ ସେମାନେ ସାମୟିକ ମୁହୂର୍ତ୍ତ ପାଇଁ ଫେରନ୍ତି କିନ୍ତୁ ପ୍ରକୃତରେ ସେମାନଙ୍କ ଫେରି ଆସିବା ସମ୍ଭବ ହୁଏ। ଦୂର ବିଦେଶରେ ଥାଇ ସେମାନେ ତେଣୁ ମାଟିର ମହତ୍ତ୍ୱ ରୋମନ୍ଥନ କରନ୍ତି ଓ ନିଜ ମାଟିର ସାଂସ୍କୃତିକ ବୀଜକୁ ପରଦେଶରେ ରୋପଣ କରନ୍ତି।

ଓଡ଼ିଆ ପ୍ରବାସୀମାନେ ଆମରି ସଂସ୍କୃତିର ନାଭିପଦ୍ମରୁ କିଞ୍ଚିତ୍ ଦୂରରେ ଥିବା ଆମରି ସହୋଦର। ସେମାନଙ୍କ ଜୀବନର ସଂଘାତ-ସଂଘର୍ଷ, ଅସହାୟତା-ଆବେଗ ତଥା ଜୀବନୋପଲବ୍ଧିର ପ୍ରତିଟି ସ୍ଥିତି ଆମ ପାଇଁ ମହତ୍ତ୍ୱ ରଖେ। ସେହିମାନଙ୍କ ଯୋଗୁଁ ହିଁ ଆମ ଜାତିର-ଦେଶର ଗରିମା ବିଦେଶରେ ପ୍ରତିଷ୍ଠିତ ହେବା ନିଶ୍ଚିତ ରୂପେ ଗୌରବର କଥା। 'ପ୍ରବାସୀ ଓଡ଼ିଆ ସାହିତ୍ୟ : ସୃଷ୍ଟି ଓ ସମୀକ୍ଷା'ର ପ୍ରକାଶନ ସେହିମାନଙ୍କ ସାରସ୍ୱତ ସାଧନାକୁ ସମ୍ମାନ ଦେବା ପାଇଁ ଏକ ବିନମ୍ର ସାରସ୍ୱତ ପଦକ୍ଷେପ।

ପ୍ରବାସୀ ସାହିତ୍ୟ ଏକ ସ୍ୱତନ୍ତ୍ର ଦୃଷ୍ଟିକୋଣର ଉଦ୍‌ଭୂତ ସାହିତ୍ୟ ଏବଂ ସାହିତ୍ୟିକମାନେ ମଧ୍ୟ ବ୍ୟତିକ୍ରମ ବ୍ୟକ୍ତିସତ୍ତା। ସେମାନଙ୍କ ସାହିତ୍ୟକର୍ମ କୌଣସି ବିଳାସପୂର୍ଣ୍ଣ ଅନୁଭୂତି-ଅଭିଜ୍ଞତାର ସ୍ମାରକୀ ନୁହେଁ ବରଂ ନିର୍ବାସିତ ଆତ୍ମଦହନର ମାର୍ମିକ ସ୍ୱରଲିପି ଓ ସ୍ୱପ୍ନର ପାଣ୍ଡୁଲିପି। ଦୁର୍ଭାଗ୍ୟପୂର୍ଣ୍ଣ କଥା ଏହି ଯେ, ଓଡ଼ିଶାର ଅନେକ ସାହିତ୍ୟିକଙ୍କ ଜୀବନ ବଣମଲ୍ଲୀର ଦଶା ଭୋଗୁଥିବାବେଳେ ଭୂଗୋଳ ସୀମାନ୍ତ ଅତିକ୍ରମ କରି ସାହିତ୍ୟ ସାଧନାରେ ଅନୁବ୍ରତୀ ଥିବା ଅପରିଚିତ ସ୍ରଷ୍ଟାମାନଙ୍କ ସାଧନାକୁ ଅବା କିଏ ସ୍ୱୀକୃତିରେ ଅଭିଷିକ୍ତ କରାଇବ? ଯେଉଁଠି ସାହିତ୍ୟ ସାଧନା କେବଳ ପୁରସ୍କାର

ଲାଭର ଆଗ୍ରହ ଭିତରେ ଅବରୁଦ୍ଧ, ସେଇଠି ସେମାନଙ୍କ ସାହିତ୍ୟ ଦେଶ-କାଳ-ପାତ୍ର-ଉଦ୍ଦେଶ୍ୟର ବିବିଧ ସୋପାନ ଅତିକ୍ରମ କରି କେତେ ଯେ ଉର୍ଦ୍ଧ୍ୱାୟିତ ତାହା କିଏ ମୂଲ୍ୟାୟନ କରିବ ? ପ୍ରବାସୀଙ୍କ ସାହିତ୍ୟ ଭିତରେ ବିନ୍ଦୁ ବିନ୍ଦୁ ଭରି ରହିଥିବା ନିଜ ବାସଭୂମି ପ୍ରତି ମମତ୍ୱବୋଧ, ତା'ର ମୂଳରୁ ବିଚ୍ୟୁତ ରହିବାର ଅବ୍ୟକ୍ତ ସନ୍ତାପ, ଫେରିଆସି ଆଉ ନ ଯିବାର ନିଷ୍ଫଳ ଇଚ୍ଛା, ଏପଟ ପ୍ରାନ୍ତରେ କିଛି ବିପର୍ଯ୍ୟୟ ଘଟିଗଲେ ସେପଟ ପାର୍ଶ୍ୱରେ ଯମଜ ସନ୍ତାନକୁ ଆଘାତ ମିଳିଲା ପରି ସେମାନଙ୍କର ଛଟପଟ ଭାବକୁ ଆକଳନ କରିବାର ସମୟ ଏବେ ଉପନୀତ । ସେମାନେ ଆମ ପାଇଁ ଅଦେଖା ଜଗତର ଅଜ୍ଞାତ ନାୟକ । ପ୍ରବାସୀ ସାହିତ୍ୟ ଦେଶ-ଦେଶ, ଦେଶ-ବିଦେଶ ତଥା ଚିହ୍ନା-ଅଚିହ୍ନା ମଣିଷମାନଙ୍କ ଦୂରତାକୁ ହ୍ରାସ କରି ସଂଯୋଗ କରେ । ଯେଉଁଠି ଭାରତବର୍ଷ ବିଭିନ୍ନ ପ୍ରାନ୍ତୀୟ ଭାଷା-ସାହିତ୍ୟ କ୍ଷେତ୍ରରେ ପରମ୍ପରା-ସଂସ୍କୃତି-ନୀତି-ଆଦର୍ଶ ତଥା ମୂଲ୍ୟବୋଧର ଅବକ୍ଷୟମାଣ ସ୍ଥିତିକୁ ନେଇ ସମୟ ଓ ବୁଦ୍ଧିଜୀବୀ ଆଶଙ୍କିତ ସେଇଠି ପ୍ରବାସୀ ସାହିତ୍ୟ ମୂଲ୍ୟବୋଧର ପ୍ରତିଷ୍ଠା କ୍ଷେତ୍ରରେ ନୂତନ ସମ୍ଭାବନା ସୃଷ୍ଟି କରିବାରେ ସମର୍ଥ ହେବା ଆମମାନଙ୍କଠାରୁ ଅଦୃଶ୍ୟ ଭାବରେ ଦୂର ଜଗତରେ ଥିବା ଗୌରବର କଥା ସାହିତ୍ୟର ଶବ୍ଦସନ୍ଧାନୀ ସେହି ସାହିତ୍ୟିକମାନଙ୍କର ଯେ ମହତ୍ ବିଚାର, ନିର୍ଦ୍ଧିଷ୍ଟ ଭାବବିନ୍ଦୁ, ସୌନ୍ଦର୍ଯ୍ୟପୂର୍ଣ୍ଣ ବିଷୟବସ୍ତୁ ଓ ସ୍ୱତନ୍ତ୍ର ଶବ୍ଦଶିଳ୍ପ ରହିଛି ଏହାକୁ ଅଗ୍ରାହ୍ୟ କରାଯାଇ ନ ପାରେ ।

ପ୍ରବାସୀ ସାହିତ୍ୟିକଙ୍କ ସହିତ ଯୋଗାଯୋଗ କ୍ଷେତ୍ରରେ ବିଶ୍ୱ ଜଗତୀକରଣରୁ ସଂଭୂତ ଇ-ମେଲ୍ ବ୍ୟବସ୍ଥା ଅତ୍ୟନ୍ତ ଉପଯୋଗୀ ସାବ୍ୟସ୍ତ ହୋଇଛି । ନଚେତ୍ ଯେଉଁଠି ଓଡ଼ିଶାର ଜଣେ ବ୍ୟକ୍ତି ତା'ର ପାଖ ପଡ଼ୋଶୀକୁ ସୁଦ୍ଧା ଜାଣେ ନାହିଁ ସେଇଠି ହଜାର ହଜାର ମାଇଲ୍ ଦୂରରେ ଥିବା ବିଦେଶୀ ଓଡ଼ିଆଙ୍କୁ ଅବା କେମିତି ଜାଣି ହୋଇଥା'ନ୍ତା ! ଯେଉଁମାନେ ନେପଥ୍ୟରେ ରହି ମୋତେ ଏ ପୁସ୍ତକଟିକୁ ପ୍ରସ୍ତୁତ କରିବାରେ ସହାୟତା କରିଛନ୍ତି ସେମାନଙ୍କ ନିକଟରେ ମୁଁ କୃତଜ୍ଞ । ଉଚିତ ସମୟରେ ପ୍ରବାସୀଙ୍କୁ ନେଇ ଲେଖାଗୁଡ଼ିକର ମୁଦ୍ରିତ ରୂପ ଦେବାରେ ସହାୟତା କରିଥିବା ଅନୁଜ ପ୍ରତିମ ପ୍ରତାପ ସାହୁଙ୍କ ପାଖରେ ମୋର ଋଣ ସ୍ୱୀକାର କରୁଛି । ସବୁଠାରୁ ଅଧିକ କୃତଜ୍ଞ ମୁଁ ଓଡ଼ିଶାର ସେଇ ପ୍ରଥିତଯଶା ସାହିତ୍ୟିକ ଓ ଗବେଷକମାନଙ୍କ ପାଖରେ ଯେଉଁମାନେ ସେମାନଙ୍କର ବହୁମୂଲ୍ୟ ଶ୍ରମ ଦେଇ ପ୍ରବାସୀ ଓଡ଼ିଆଙ୍କ ସୃଷ୍ଟିଗୁଡ଼ିକର ସାରସ୍ୱତ ଆକଳନ କରିଛନ୍ତି ।

ଇମିଗ୍ରାଣ୍ଟମାନଙ୍କୁ ଶକ୍ତିଶାଳୀ କରିବା ସମୟରେ ସେମାନଙ୍କ ସାହିତ୍ୟ ସେମାନଙ୍କ ସାଂସ୍କୃତିକ ଅଂଶଗ୍ରହଣ, ଗୋଷ୍ଠୀଗତ ସଂପର୍କ (Community Connection) ଏବଂ ସେମାନଙ୍କ ଜୀବନଚର୍ଯ୍ୟାର ଆଲୋଚନା ପ୍ରବାସୀ ସାହିତ୍ୟକୁ ନ୍ୟାୟ ପ୍ରଦାନ କରିବ ।

ଜୀବନର ପ୍ରକୃତ ଅର୍ଥ ସ୍ଥିରତା ନୁହେଁ ବରଂ ଗତିଶୀଳତା। ଆଜିର ବିଶ୍ୱ ଜଗତୀକରଣ ସମୟରେ ମଣିଷ ଜୀବନର ବାହ୍ୟ ତଥା ଅନ୍ତଃ ପ୍ରୟୋଜନର ମୂକସାକ୍ଷୀ ହୋଇଛି ଆଜିର ସାହିତ୍ୟ। କୌଣସି ପ୍ରାନ୍ତ, ରାଜ୍ୟ, ବିଦେଶ ଆଉ ଦୂରନ୍ତ ବା ଅପହଞ୍ଚ ହୋଇ ନାହିଁ। କେବଳ ନିଜର ବୋଲି ଭାବିବାର ମାନସିକତାଟି ଉଚ୍ଛ୍ୱସିତ ତଥା ନିଷ୍କପଟ ହେବା ଆବଶ୍ୟକ। ଏହି ପୁସ୍ତକଟିକୁ ପ୍ରସ୍ତୁତ କରିବା ସମୟରେ କିଛି ପ୍ରବାସୀ ସାହିତ୍ୟିକମାନଙ୍କୁ ଯୋଗାଯୋଗ କରିପାରିଛି, କିଛି ଜଣଙ୍କୁ କରିପାରି ନ ଥିବାରୁ ବା ସେମାନଙ୍କ ତରଫରୁ କୌଣସି ଉତ୍ତର ମିଳି ନ ପାରିଥିବାରୁ ସେମାନଙ୍କୁ ନେଇ ଆଲୋଚନାକୁ ସୀମିତ ରଖିବାକୁ ବାଧ୍ୟ ହୋଇଛି। ଆଶା କରୁଛି, ମୋର ଏହି ପରିସ୍ଥିତିକୁ ସେମାନେ ହୃଦ୍‌ବୋଧ କରିପାରିବେ।

ପରିଶେଷରେ ମୁଁ ଶ୍ରଦ୍ଧା ନିବେଦନ କରିବାକୁ ଚାହିଁଛି ଦୂର ବିଦେଶର ସେହି କୃତବିଦ୍ୟ ସାହିତ୍ୟିକମାନଙ୍କ ନିକଟରେ ଯେଉଁମାନେ ସେମାନଙ୍କ ବ୍ୟସ୍ତବହୁଳ ଜୀବନରୁ ସମୟ ବାହାର କରି ମୋତେ ଇମେଲ୍ ଓ ଦୂରଭାଷ ଦ୍ୱାରା ସେମାନଙ୍କ ସାହିତ୍ୟ ସଂପର୍କରେ ତଥ୍ୟ ଅବଗତ କରାଇଛନ୍ତି। ସେମାନଙ୍କ ଅକୁଣ୍ଠ ସହଯୋଗ ବଳରେ ଏହି ପୁସ୍ତକଟି ସମ୍ଭବ ହୋଇପାରିଲା। ଆଶା କରୁଛି, ଦୂର ପ୍ରବାସୀ ତଥା ଓଡ଼ିଶାର ପାଠକ ଓ ସାହିତ୍ୟିକମାନେ ଏହି ପ୍ରୟାସକୁ ସାଦରେ ଗ୍ରହଣ କରିବେ। ଗବେଷଣା କ୍ଷେତ୍ରରେ ଏହି ପୁସ୍ତକଟି ଭବିଷ୍ୟତର ଗବେଷକମାନଙ୍କୁ ଯଥେଷ୍ଟ ସହାୟତା ଯୋଗାଇବ ବୋଲି ମୋର ବିଶ୍ୱାସ। ଉଲ୍ଲେଖ ନିଷ୍ପ୍ରୟୋଜନ ଯେ ପ୍ରବାସୀ ସାହିତ୍ୟିକଙ୍କ ସୃଷ୍ଟି ସମୀକ୍ଷା ଦିଗରେ ଏହି ପ୍ରଥମ ପୁସ୍ତକ ଏକ ଆରମ୍ଭ ମାତ୍ର, ଶେଷ ନୁହେଁ।

ଡକ୍ଟର ସଂଘମିତ୍ରା ଭଞ୍ଜ

ଓଡ଼ିଆ ଭାଷା-ସାହିତ୍ୟ ବିଭାଗ ମୁଖ୍ୟ
ରମାଦେବୀ ମହିଳା ବିଶ୍ୱବିଦ୍ୟାଳୟ
ଭୁବନେଶ୍ୱର, ଭାରତ
ମାର୍ଚ୍ଚ ୨୦୨୩

ସୂଚୀ

- **ପ୍ରଫୁଲ୍ଲ ମହାନ୍ତି** ୨୭

  ଆତ୍ମୋପଲବ୍ଧିର ପ୍ରକ୍ରିୟାରେ ଆତ୍ମସ୍ଥ : ଶିଳ୍ପୀ ପ୍ରଫୁଲ୍ଲ ମହାନ୍ତି / **ମମତା ଦାଶ**

  ଭାରତୀୟ ସଂସ୍କୃତି ଓ ଐତିହ୍ୟର ସୁଯୋଗ୍ୟ ପ୍ରତିନିଧି: ପ୍ରଫୁଲ୍ଲ ମହାନ୍ତି / **ବିଜୟାନନ୍ଦ ସିଂହ**

  ଶବ୍ଦ ଓ ତୂଳୀର ଅସାମାନ୍ୟ ରୂପକାର : ପ୍ରଫୁଲ୍ଲ ମହାନ୍ତି / **ଶୁଭେନ୍ଦୁ କୁମାର ଭୂୟାଁ**

- **ଅନାଦି ନାୟକ** ୫୫

  'ସାବିତ୍ରୀ' ସଂପର୍କରେ ସଫେଇ / **ରମେଶଚନ୍ଦ୍ର ମଲ୍ଲିକ**

- **ରାଜେନ୍ଦ୍ର ନାରାୟଣ ଦାସ** ୬୧

  ରାଜେନ୍ଦ୍ର ନାରାୟଣ ଦାସ : ସମୟ ଓ ସାହିତ୍ୟ / **ଗୌରହରି ଦାସ**

  ଜର୍ମାନୀରେ ଶରୀର, ଓଡ଼ିଶାରେ ହୃଦୟ / **ଦେବାଶିଷ ମହାପାତ୍ର**

- **ବନ୍ଦିତା ନାୟକ** ୯୧

  ବନ୍ଦିତାଙ୍କ ସୃଷ୍ଟିରେ 'ବିଶ୍ୱ ଦେଖ ମଧୁମୟରେ ଜୀବନ' / **ଚିତ୍ତରଞ୍ଜନ ଚିରଞ୍ଜିତ**

  ପାଶ୍ଚାତ୍ୟ ଜଗତର ଭ୍ରମଣ ବୃତ୍ତାନ୍ତ : ବନ୍ଦିତା ନାୟକଙ୍କ
  'ଦେଶ ବିଦେଶର ପଥପ୍ରାନ୍ତେ' / **ଅପରାଜିତା ମହାରଣା**

- **ଜ୍ଞାନରଞ୍ଜନ ଦାଶ** ୧୧୧

  ଅଙ୍ଗେନିଭା ଅନୁଭୂତି : ଜ୍ଞାନରଞ୍ଜନ ଦାଶଙ୍କ
  'ଆମେରିକା ଚିଠି' / **ସଂଘମିତ୍ରା ଭଞ୍ଜ**

- **ସୁଲୋଚନା ପଟ୍ଟନାୟକ** ୧୨୧
  ସୁଲୋଚନା ପଟ୍ଟନାୟକଙ୍କ 'ତୁମ କଥା ମୋ କାହାଣୀ'
  ଏକ ପର୍ଯ୍ୟାଲୋଚନା / **ରେବତୀ ମୁଦୁଲି**
  ପୂର୍ଣ୍ଣତାର ପରିପାଟୀରେ ଶୂନ୍ୟତାର ପରିଭାଷା / **ରୁକ୍ମିଣୀ ସମର୍ଥା**

- **ଚନ୍ଦ୍ରା ମିଶ୍ର** ୧୪୩
  ପଥୁରିଆ ସାହିର ଝିଅ ଚନ୍ଦ୍ରା / **ସଂଘମିତ୍ରା ମିଶ୍ର**
  ଝିଅଟେ ପଥୁରିଆସାହିରୁ / **ସଂଜିତା ମିଶ୍ର**

- **ଶଶଧର ମହାପାତ୍ର** ୧୭୭
  କାବ୍ୟ ପଂକ୍ତିରେ ଆତ୍ମସମୀକ୍ଷା : ପ୍ରବାସୀର ଆତ୍ମଲିପି / **ବସନ୍ତ କୁମାର ପଣ୍ଡା**
  ପ୍ରବାସୀର ଆତ୍ମଲିପି : ଏକ ନିଆରା ସ୍ୱର / **ବିଷ୍ଣୁପ୍ରିୟା ଓତା**
  ମଧୁର ଶାବ୍ଦିକ ଆଳାପ ଓ କବି ଶଶଧରଙ୍କ କାବ୍ୟଦିଗନ୍ତ / **ବିରଂଚି କୁମାର ସାହୁ**
  ବିଦେଶରେ ଛଟା ଓଡ଼ିଆର : ଛାତି ତଳର ଅନ୍ଧାର / **ଶୁଭଲକ୍ଷ୍ମୀ ବେହେରା**

- **ଗଗନ ବିହାରୀ ପାଣିଗ୍ରାହୀ** ୨୦୩
  ଧ୍ରୁବ ସତ୍ୟର ରହସ୍ୟ : 'ପ୍ରତିଛବି' / **ଜ୍ୟୋତି ସାହୁ**
  ଅନନ୍ୟ ଅନୁଭୂତିର ପ୍ରତିଧ୍ୱନି : 'ପ୍ରତିଛବି' / **ସସ୍ମିତା କର**
  ଗଗନ ବିହାରୀ ପାଣିଗ୍ରାହୀଙ୍କ କବିତା : ଏକ ଆକଳନ / **ସୁନିତା ଦାଶ**
  ବାସ୍ନାୟିତ ଫୁଲ ଓ ବିଭୋର କବି : ଗଗନ ବିହାରୀ / **ବିରଂଚି କୁମାର ସାହୁ**
  'ଯାହା କଲି, ଯାହା ପାଇଲି' : ବୃତ୍ତି ଓ ପ୍ରବୃତ୍ତିର ସୁନ୍ଦର ସିମିଳି / **ଦେବାଶିଷ ମହାପାତ୍ର**
  ବ୍ୟକ୍ତିକ ଭାବପକ୍ଷର ମହନୀୟ ମହକ : 'ଫୁଲ ବଗିଚା' / **ଦୀପ୍ତିମୟୀ ସାହୁ**

- **ପରାଶର ମିଶ୍ର** ୨୬୧
  'ଶୂନ୍ୟତାର ଶେଷକଥା'ରେ ସ୍ଥାନୀୟତାର ଚିତ୍ର / **ଅମ୍ବରୀଶ ଶତପଥୀ**
  ବିପନ୍ନ ବ୍ୟାକୁଳତା ଓ ଅସୀମିତ ଶୂନ୍ୟତା : କବି ପରାଶରଙ୍କ
  'ଶୂନ୍ୟତାର ଶେଷକଥା' / **ସଂଘମିତ୍ରା ଭଞ୍ଜ**

- **ସତ୍ୟ ପଟ୍ଟନାୟକ** ୨୭୭
  ସୃଜନ ଓ ସଂଗଠନର ପୃଥକ୍ ପରିଭାଷା ସତ୍ୟ ପଟ୍ଟନାୟକ / **ଗୌରହରି ଦାସ**
  ଡାଏସ୍‌ପୋରା କବି ଓ ପ୍ରକାଶକ ସତ୍ୟ ପଟ୍ଟନାୟକଙ୍କ କୃତିର ଦିଗନ୍ତ / **ଆଦ୍ୟାଶା ଦାସ**

ସତ୍ୟ ପଟ୍ଟନାୟକଙ୍କ ପ୍ରେମବିଧୁର ପ୍ରବାସ / **ରେବତୀ ମୁଦୁଲି**
ପ୍ରବାସରେ ଜାତୀୟତାର ବାହକ କବି ସତ୍ୟ ପଟ୍ଟନାୟକ / **ସଂଘମିତ୍ରା ଭଞ୍ଜ**
ଝୁରାପଣର ଅନ୍ୱେଷଣ : ସତ୍ୟ ପଟ୍ଟନାୟକଙ୍କ କାବ୍ୟଜଗତ / **ଦୀପ୍ତିମୟୀ ସାହୁ**

- **ବିଜ୍ଞାନୀ ଦାସ** ୩୪୫

ଜୀବନାନୁଭବର ସୁବାସିତ ଛବି : ବଦଳି ଯାଉଥିବା ପୃଥିବୀ / **ସଂଘମିତ୍ରା ମିଶ୍ର**
ଶାଶ୍ୱତ ପ୍ରେମର ଛବି : ଗାଳ୍ପିକା ବିଜ୍ଞାନୀ ଦାସଙ୍କ 'ବସନ୍ତ ପଲ୍ଲବୀ' / **ଶୁଭଲକ୍ଷ୍ମୀ ବେହେରା**
ମାନିଲେ ଦେବତା ଆଉ ନ ମାନିଲେ... / **ରଶ୍ମି ଦାସ**
'ବଦଳି ଯାଉଥିବା ପୃଥିବୀ'ର ମାନଚିତ୍ର / **ପ୍ରିୟଦର୍ଶିନୀ ସ୍ୱାଇଁ**
ବିଜ୍ଞାନୀ ଦାସଙ୍କ 'ମାନିଲେ ଦେବତା' : ଏକ ଦୃଷ୍ଟିପାତ / **ରେବତୀ ମୁଦୁଲି**

- **ଧୀରେନ୍ଦ୍ର କର** ୩୭୯

ପ୍ରଭୂ - ଏକ ଅନ୍ତର୍ଦୃଷ୍ଟି / **ପଣ୍ଡିତ ଅନ୍ତର୍ଯ୍ୟାମୀ ମିଶ୍ର**
ଧୀରେନ୍ଦ୍ରଙ୍କ ଓଡ଼ିଶା / **ଗୌରହରି ଦାସ**

- **ଲିପିକା ମହାପାତ୍ର** ୩୯୩

'ସ୍ପର୍ଶ' ଏକ ଅନୁଭବ / **ସସ୍ମିତା ପାଣି**
ଲିପିକା ମହାପାତ୍ରଙ୍କ 'କାଲିଫର୍ଣ୍ଣିଆରେ ସୂର୍ଯ୍ୟାସ୍ତ' : ଏକ ଆକଳନ / **ସୁନିତା ଦାଶ**
ଲିପିକା ମହାପାତ୍ରଙ୍କ 'କାଲିଫର୍ଣ୍ଣିଆରେ ସୂର୍ଯ୍ୟାସ୍ତ': ଏକ ଆଲୋକପାତ / **ରମେଶ ପ୍ରସାଦ ମହାନ୍ତି**
'କାଲିଫର୍ଣ୍ଣିଆରେ ସୂର୍ଯ୍ୟାସ୍ତ'ରେ ଲିପିକାଙ୍କ ମର୍ମବାଣୀ / **ଲିଜାରାଣୀ ପାଇଟାଳ**

- **ସାନ୍ତ୍ୱନା ଦାଶ** ୪୩୫

ସହଜ ଅକ୍ଷର ଶିକ୍ଷା : ମୋ ଓଡ଼ିଆ ବହି / **ହିମାଦ୍ରୀ ତନୟା ମିଶ୍ର**
ମୋ ଓଡ଼ିଆ ବହି : ସାନ୍ତ୍ୱନା ଦାଶ / **ଜ୍ୟୋତିପ୍ରଭା ମହାନ୍ତି**
ଓଡ଼ିଆ ବର୍ଣ୍ଣମାଳାକୁ ଜୀବିତ ରଖିବାରେ ପ୍ରୟାସୀ ସାନ୍ତ୍ୱନା ଦାଶ / **ରୁକ୍ମିଣୀ ସମର୍ଥା**

ପ୍ରଫୁଲ୍ଲ ମହାନ୍ତି

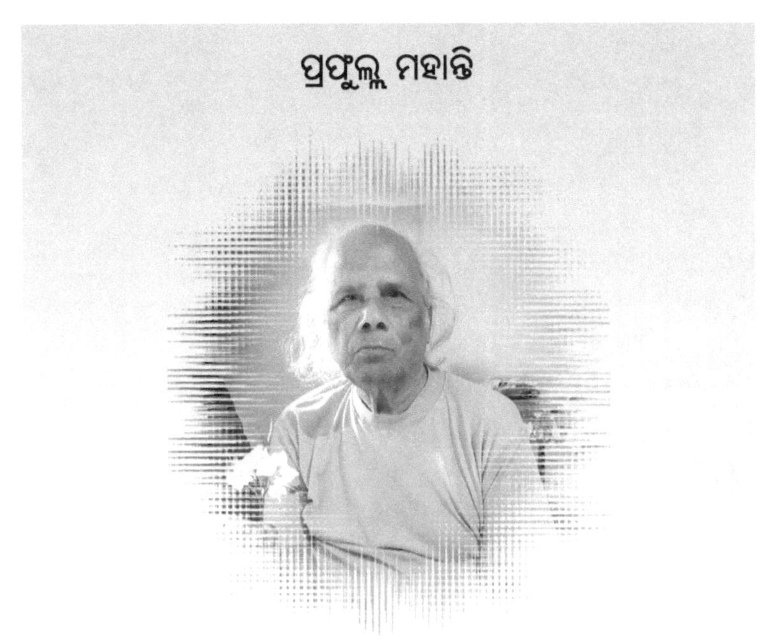

ପ୍ରଫୁଲ୍ଲ ମହାନ୍ତି (୧୯୩୪): ଓଡ଼ିଆ ସାହିତ୍ୟ କ୍ଷେତ୍ରରେ ପ୍ରଫୁଲ୍ଲ ମହାନ୍ତି ଜଣେ ଯଶସ୍ୱୀ ସାହିତ୍ୟିକ। ଦୀର୍ଘବର୍ଷର ବିଦେଶ ରହଣି ସତ୍ତ୍ୱେ ତାଙ୍କ ସାରସ୍ୱତ କର୍ମ ଅଦ୍ୱିତୀୟ। ଆଧୁନିକ କଳା-ସ୍ଥାପତ୍ୟକୁ ସେ ସ୍ୱତନ୍ତ୍ର ଉଚ୍ଚତା ଦେଇଥିବା ଜଣେ କୃତବିଦ୍ୟ ସ୍ଥପତି। ୧୯୩୪ ମସିହା ଜୁଲାଇ ୧୧ ତାରିଖରେ ଓଡ଼ିଶାର ଯାଜପୁର ଜିଲ୍ଲାସ୍ଥ ନାନପୁର ଅଞ୍ଚଳରେ ସେ ଜନ୍ମଗ୍ରହଣ କରିଥିଲେ। ପ୍ରବାସୀ ସାହିତ୍ୟିକ ଭାବରେ ଭାରତୀୟ ସାହିତ୍ୟକୁ ତାଙ୍କର ଅବଦାନ ଉଲ୍ଲେଖଯୋଗ୍ୟ। ବର୍ତ୍ତମାନ ସେ ଲଣ୍ଡନରେ ଅବସ୍ଥାନ କରୁଛନ୍ତି। ତାଙ୍କର ସୃଷ୍ଟିଗୁଡ଼ିକ ମଧ୍ୟରେ ରହିଛି **'Through Brown Eyes paperback', 'My Village, My Life', 'Indian Village Tales', 'Longing Poems'** ଇତ୍ୟାଦି ପ୍ରମୁଖ।

ଲଣ୍ଡନର ବ୍ରିଟିଶ ମ୍ୟୁଜିୟମ୍ ଲିଡ୍‌ସ ସିଟି ଆର୍ଟ ଗ୍ୟାଲେରୀ ୱେକ୍‌ଫିଲ୍‌ଡ ସିଟି ଆର୍ଟ ଗ୍ୟାଲେରୀ ଠାରୁ ଆରମ୍ଭ କରି ଦିଲ୍ଲୀର ନ୍ୟାସ୍‌ନାଲ୍ ଗ୍ୟାଲେରୀ ଅଫ୍ ମର୍ଡନ୍ ଆର୍ଟ, ଲଳିତ କଳା ଏକାଡେମୀ ପର୍ଯ୍ୟନ୍ତ ଶ୍ରୀ ମହାନ୍ତିଙ୍କ ଆଧୁନିକ କଳାତ୍ମକ ସିଦ୍ଧିର ସାକ୍ଷ୍ୟ ବହନ କରେ। ଶ୍ରୀ ମହାନ୍ତି ମର୍ଯ୍ୟାଦାଜନକ ସାହିତ୍ୟ ଏକାଡେମୀ ଫେଲୋସିପ୍ ଲାଭ କରିଛନ୍ତି।

ଆତ୍ମୋପଲବ୍ଧିର ପ୍ରକ୍ରିୟାରେ ଆତ୍ମସ୍ଥ : ଶିଳ୍ପୀ ପ୍ରଫୁଲ୍ଲ ମହାନ୍ତି

ମମତା ଦାଶ

ବିଗତ ପଚାଶବର୍ଷ ଧରି ଲଣ୍ଡନରେ ରହି, ୟୁରୋପର ବିଭିନ୍ନ ଦେଶରେ ନିଜର ପେଣ୍ଟିଂର ଏକ୍‌ଜିବିସନ୍ କରି, କଳା କ୍ଷେତ୍ରରେ ଏକ ବିଶେଷ ସ୍ଥାନ ହାସଲ କରିଥିବା ପ୍ରଫୁଲ୍ଲ ମହାନ୍ତି ଜଣେ ନିରହଂକାରୀ, ନମ୍ର ଓ ଭଦ୍ର ମଣିଷ। ଶ୍ରୀ ପ୍ରଫୁଲ୍ଲ ମହାନ୍ତି ଯାଜପୁରର ଏକ ନିପଟ ମଫସଲ, ନାନପୁର ଗାଁରେ ଜନ୍ମ ହୋଇଥିଲେ। ସେହି ସମୟରେ ତ ଆଧୁନିକ କଳା ବା ଚିତ୍ରାଙ୍କନ ସମ୍ବନ୍ଧରେ କାହାରି ଧାରଣା ନଥିଲା। ମାତ୍ର ଚିତ୍ରାଙ୍କନ କରିବାର ଆଗ୍ରହ ତାଙ୍କର ଅନ୍ତର୍ନିହିତ ଥିଲା। ସେ ଜନ୍ମରୁ ହିଁ କଳାକାର। ଚିତ୍ର ଆଙ୍କିବା ଓ ଡ୍ରଇଂ କରିବା, ସେ ତାଙ୍କର ମା'ଙ୍କ ଠାରୁ ଓ ଗାଁ ଠାରୁ ଶିଖିଥିଲେ। ସେ ବିଶ୍ୱାସ କରୁଥିଲେ, 'ଦେଖା ଶିଖା ଓଡ଼ିଶା'। ତାଙ୍କ ପିଲାଦିନେ ତାଙ୍କ ଗାଁରେ ଖୁବ୍ ଅଳ୍ପଲୋକ ଲେଖି ପଢ଼ି ଜାଣିଥିଲେ। ଲୋକମାନେ ଦେଖିକରି ଶିଖୁଥିଲେ, ଶୁଣି ମନେରଖୁଥିଲେ ଜୀବନ, କଳା ଓ ସଂସ୍କୃତି ବିଷୟରେ। ଗୁରୁଜନମାନେ ପିଲାଙ୍କୁ କହୁଥିଲେ, 'ଅନେଇଛୁ କ'ଣ ? ଦେଖ୍, ଭଲକରି ଟିକିନିଖି କରି ଦେଖ୍।' ଗାଁରେ ଦେଖିବା ଶକ୍ତିର ମୂଲ୍ୟ, ମନଦେଇ ଶୁଣିବାର ମୂଲ୍ୟ ସେ ବୁଝିଥିଲେ। ଯାହା ତାଙ୍କୁ ଜୀବନରେ ବହୁତ ସାହାଯ୍ୟ କରିଛି। ଓଡ଼ିଶାରେ ଗାଁର ସଂସ୍କୃତି ଓ ଜୀବନ କଳା ଓ ସୌନ୍ଦର୍ଯ୍ୟର ଜୀବନ। ଜନ୍ମଠାରୁ ମୃତ୍ୟୁ ପର୍ଯ୍ୟନ୍ତ, ଚିତ୍ର ରଂଗ ଓ ସଂଗୀତରେ ପରିପୂର୍ଣ୍ଣ ଗାଁର ଜୀବନ। ତାଙ୍କର ପିଲାଦିନର ଗାଁ ନାନ୍‌ପୁର, ବିରୂପା ନଈକୂଳରେ। ଚାରିପଟେ ଆମ୍ବତୋଟା, ତାଳବଣ, ଟିକେ

ଦୂରରେ ବହୁଢିଅ ପାହାଡ଼ ଓ ଲଳିତଗିରି, ଉଦୟଗିରି, ରତ୍ନଗିରି ଓ ବୌଦ୍ଧକୀର୍ତ୍ତି। ଧାନବିଲ, ନାଲି, ନୀଳ କଇଁରେ ଭରାପୋଖରୀ। ବୋଧହୁଏ ସେହି ସୌନ୍ଦର୍ଯ୍ୟମୟ ପରିବେଶ ତାଙ୍କର କଳାପ୍ରାଣକୁ ସମୃଦ୍ଧ କରିଥିଲା। ତାଙ୍କର ପ୍ରାଥମିକ ଶିକ୍ଷା ଗାଁ ସ୍କୁଲ୍‌ରୁ ଆରମ୍ଭ ହୋଇଥିଲା। ଏ ସଂପର୍କରେ ସେ ଏକଦା କହିଥିଲେ "ଆମ ଗାଁରେ ସ୍କୁଲ୍ ନଥିଲା। ଜଣେ ଅବଧାନ, ଆମ ସାହିରେ ଚାଟଶାଳୀ କରିଥିଲେ ଜଣକର ବାରଣ୍ଡାରେ। ସେହିଠାରେ ମୋର ଶିକ୍ଷାର ଆରମ୍ଭ। ତିନିବର୍ଷ ବୟସରେ। ତିନିଟି ୦ ମାଧ୍ୟମରେ, ବ୍ରହ୍ମା, ବିଷ୍ଣୁ, ମହେଶ୍ୱର। ତିନିବର୍ଷ ବୟସର ପିଲାଟି '୦' ମାଧ୍ୟମରେ ଭଗବାନଙ୍କର ରୂପ ଆଙ୍କିଛି। ଏହା ଅନ୍ୟ କୌଣସି ସଂସ୍କୃତିରେ ନାହିଁ। ପିଲାଟି '୦' ବୁଲାଇବା ସମୟରେ କହିଚାଲେ, ବ୍ରହ୍ମା, ବିଷ୍ଣୁ, ମହେଶ୍ୱର। ଏହା ଧ୍ୟାନରେ ସାହାଯ୍ୟ କରେ, ଓଡ଼ିଆ ଅକ୍ଷର ଲେଖିବାରେ ସାହାଯ୍ୟ କରେ, କାରଣ ଓଡ଼ିଆ ଅକ୍ଷରଗୁଡ଼ିକ ଗୋଲାକାର। ସେହି ବୃତ୍ତରୁ ମୋର କଳାର ଆରମ୍ଭ। ସେହି ବୃତ୍ତ ଥିଲା ମୋ ମା'ଙ୍କର ମଥାରେ ନାଲି ସିନ୍ଦୂର ବିନ୍ଦୁ, ସେହି ବୃତ୍ତ ଜଗନ୍ନାଥ, ଚକାଡୋଳା, ପଦ୍ମଫୁଲ। ସେମାନଙ୍କୁ ମୁଁ ପିଲାଦିନୁ ଆଙ୍କି ଚାଲିଛି। ଛ' ବର୍ଷ ବୟସରେ ଗାଁର କାନ୍ଥରେ, ବାରଣ୍ଡାରେ ଚିତା ଓ ମୁରୁଜ ପକାଉଥିଲି। ମୋତେ ଗାଁ ଲୋକମାନେ ପ୍ରଶଂସା କରୁଥିଲେ। ସେମାନଙ୍କର ଆଦର ମୋତେ କଳାକାର ହେବାରେ ସାହାଯ୍ୟ କରିଛି।

ସ୍କୁଲ୍ ଶେଷ ପରେ ସେ ବମ୍ବେରେ ଜେ.ଜେ. ସ୍କୁଲ ଅଫ୍ ଆର୍ଟସରେ ପଢ଼ିବାର ନିଷ୍ପତ୍ତି ନେଇଥିଲେ। ପଡ଼ୋଶୀ ଗାଁ କୁସୁପୁରରେ ମାଇନର ସ୍କୁଲ ଥିଲା। ପାଞ୍ଚବର୍ଷ ବୟସରେ ତାଙ୍କୁ ପ୍ରତିଦିନ ୩ ମାଇଲ୍ ବାଟ ଚାଲିବାକୁ ପଡୁଥିଲା ସ୍କୁଲରେ ପଢ଼ିବା ପାଇଁ, ସପ୍ତାହରେ ଥରେ ଡ୍ରଇଂ କ୍ଲାସ୍ ଥିଲା, ଅନ୍ୟ ପିଲାଙ୍କଠାରୁ ତାଙ୍କର ଡ୍ରଇଂ ଭଲ ହେଉଥିଲା ବୋଲି ସବୁ ପିଲା ଓ ଶିକ୍ଷକ ତାଙ୍କୁ ପ୍ରଶଂସା କରୁଥିଲେ। ସେଠାରେ ହାଇସ୍କୁଲ ନଥିଲା। ଗ୍ରାମବାସୀମାନେ ଚାନ୍ଦା ଆଦାୟ କରି ଦୁଇଜଣ ଶିକ୍ଷକଙ୍କ ସହିତ ସ୍କୁଲ ଆରମ୍ଭ କଲେ। ସେଠାରୁ ପାଠ ସାରି ସେ ରେଭେନ୍ସା କଲେଜରେ ସାଇନ୍‌ସ ପଢ଼ିଲେ। ଇଚ୍ଛା ଥିଲା, ଡାକ୍ତର ହୋଇ ଗାଁର ସେବା କରିବେ। କିନ୍ତୁ ସେ ବନ୍ଦୋବସ୍ତ ହୋଇ ପାରିଲା ନାହିଁ। ସେହି ସମୟରେ ଖବରକାଗଜରେ ଦେଖିଲେ ଏକ ବିଜ୍ଞାପନ, ବମ୍ବେରେ ଜେ.ଜେ. ସ୍କୁଲ ଅଫ୍ ଆର୍ଟସ୍‌ରେ ଆର୍କିଟେକ୍‌ଚର୍ ପଢ଼ିବା ପାଇଁ। ସ୍ଥାନ ମିଳିଲା। ସେଠାକୁ ଏକା ଗଲେ। କିନ୍ତୁ ସାଂଗରେ ନେଇଥିଲେ ମା'ଙ୍କ ସ୍ନେହ, ଗାଁର ସ୍ନେହ ଓ ଜଗନ୍ନାଥଙ୍କୁ।

ଆର୍କିଟେକ୍‌ଚର୍‌ର ପାଞ୍ଚବର୍ଷ କୋର୍ସ। ସେଠାରେ ପାଶ୍ଚାତ୍ୟ ପାଠର ଖୁବ୍ ଆଦର। ଯେଉଁ ଶିକ୍ଷକମାନେ ବିଲାତରେ ଶିକ୍ଷାଲାଭ କରିଥିଲେ, ସେମାନଙ୍କର

ବହୁତ ଚାହିଦା ଥିଲା। ତେଣୁ ଡିଗ୍ରୀ ପରେ, ଛାତ୍ରଛାତ୍ରୀମାନେ ଲଣ୍ଡନରେ ପାଠ ପଢ଼ିବାକୁ ଓ ଅନୁଭୂତି ପାଇଁ ଆସୁଥିଲେ। ତେଣୁ ସେ ୧୯୬୦ରେ ଲଣ୍ଡନ ଯାଇଥିଲେ। ସେତେବେଳେ ଭାରତୀୟମାନଙ୍କର ଭିସା ଦରକାର ନଥିଲା ଓ ଆର୍କିଟେକ୍ଟ ଅଫିସ୍‌ରେ କାମ ପାଇବା ସହଜ ଥିଲା। ଲଣ୍ଡନରେ ପହଞ୍ଚି ସେ ବୁଝିପାରିଛନ୍ତି ଯେ, ଲଣ୍ଡନ ସହରରେ ସେ ଏକା, ତାଙ୍କର କେହି ନିଜର ନାହାନ୍ତି। ପ୍ରଶ୍ନ ଆସିଲା, କିଏ ସେ? ସେ ଜଣେ କଳାକାର, ଓଡ଼ିଶାର, ଗାଁର ଲୋକ। ସେତେବେଳେ ବୁଝିଲେ ଆମ ସଂସ୍କୃତି ଓ ସଭ୍ୟତା କେତେ ଉଚ୍ଚକୋଟୀର। ଲିଡ୍‌ସ୍ ବିଦ୍ୟାଳୟରେ ଟାଉନ୍ ପ୍ଲାନିଂ ପଢ଼ିବା ବେଳେ ସ୍ଥିର କଲେ ଯେ, ଗାଁମାନଙ୍କୁ ନେଇ ଭାରତକୁ ଗଢ଼ିବା ଉଚିତ। ଭାରତ କୃଷିପ୍ରଧାନ ଦେଶ, କ୍ରାଫ୍‌ଟ୍ ଓ ଟେକ୍ସଟାଇଲ୍‌ର ଦେଶ। ତେଣୁ ଗାଁକୁ ଭିତ୍ତିକରି ଭାରତକୁ ଗଢ଼ିବା ଉଚିତ ବୋଲି ସ୍ଥିର କଲେ ଓ ଗାଁକୁ ନେଇ ଇକୋନୋମିକ୍, ସୋସିଆଲ୍ ଓ କଲ୍‌ଚରାଲ୍ ୟୁନିଟ୍ କରି ସେଠାରେ ସ୍କୁଲ, କଲେଜ, ହେଲ୍‌ଥ ସେଣ୍ଟର, ଲାଇବ୍ରେରି, ଥିଏଟର ଇତ୍ୟାଦି ରଖିବା, କୃଷିକୁ ସାହାଯ୍ୟ କରିବା ସମ୍ବନ୍ଧରେ ଗୋଟିଏ ପ୍ରୋଜେକ୍ଟ କରି ସେତେବେଳର ରାଷ୍ଟ୍ରପତି ରାଧାକୃଷ୍ଣନ୍‌ଙ୍କୁ ପଠାଇଥିଲେ। ସେ ତାଙ୍କର ପ୍ରୋଜେକ୍ଟକୁ ପ୍ଲାନିଂ କମିଶନଙ୍କୁ ପଠାଇଥିଲେ। ଦିଲ୍ଲୀ ଗଲେ, ଭୁବନେଶ୍ୱର ଗଲେ, ସରକାରୀ ମହଲରେ ଆଲୋଚନା କରିବା ପାଇଁ, କିନ୍ତୁ କାହାଠାରୁ ସହଯୋଗ ପାଇଲେ ନାହିଁ। ଲଣ୍ଡନ ଫେରି ଆସିଥିଲେ।

ଲଣ୍ଡନରେ ଜିଏଲ୍‌ସି ପାଇଁ ଆର୍କିଟେକ୍ଟ ପ୍ଲାନର୍ ଭାବରେ ଯୋଗ ଦେଇଥିଲେ। ତା'ପରେ ନ୍ୟାସନାଲ୍ ଗ୍ୟାଲେରି ଅଫ୍ ମଡର୍ଣ୍ଣ ଆର୍ଟସ ତାଙ୍କର ଚିତ୍ର କିଣିଲେ। ଲଣ୍ଡନର ବ୍ରିଟିଶ ମ୍ୟୁଜିଅମ୍ ଓ ଅନ୍ୟାନ୍ୟ ମ୍ୟୁଜିଅମ୍ ତାଙ୍କର ଚିତ୍ର କିଣି ସଂଗ୍ରହ କଲେ। ପୃଥବୀର ବିଭିନ୍ନ ସହରରେ ତାଙ୍କର ଚିତ୍ରର ପ୍ରଦର୍ଶନୀ ହେଲା। ଦର୍ଶକମାନେ ପ୍ରଶଂସା କଲେ। ଇଂରାଜୀ ଭାଷାରେ ବହି ଲେଖିଲେ। ପ୍ରଫୁଲ୍ଲ ମହାନ୍ତି କହନ୍ତି- "'ମାଇଁ ଭିଲେଜ - ମାଇଁ ଲାଇଫ୍'ରେ ଦେଖାଇବାକୁ ଚାହିଁଲି, ଆମ ଓଡ଼ିଶାର ଗାଁ ଓ ସଂସ୍କୃତି କେତେ ସୁନ୍ଦର। ପୃଥିବୀର ପ୍ରସିଦ୍ଧ ପ୍ରକାଶକମାନେ ମୋର ବହିଗୁଡ଼ିକ ପ୍ରକାଶ କଲେ। ସମାଲୋଚକମାନେ ମୋ' ଲେଖାକୁ ପ୍ରଶଂସା କଲେ ଓ ସୁନ୍ଦର ସାହିତ୍ୟ ବୋଲି କହିଲେ। ଓଡ଼ିଶାର ନିପଟ ମଫସଲ ଗାଁର ଲୋକଟିଏ ନିଜକୁ ଜଣେ ଆର୍କିଟେକ୍ଟ, ଟାଉନ୍‌ପ୍ଲାନର, ଲେଖକ ଓ କଳାକାର ଭାବରେ ପ୍ରତିଷ୍ଠିତ କରିପାରିଛି ଏହା ମୋ ପାଇଁ କେବଳ ନୁହେଁ ଓଡ଼ିଶାର ଗ୍ରାମବାସୀଙ୍କ ପାଇଁ ଗୌରବର ବିଷୟ। ଓଡ଼ିଶାର ଗାଁ ଜୀବନ, ସଂସ୍କୃତିର ମହତ୍ତ୍ୱ ମୋତେ ବିଲାତରେ ନିଜ ଗୋଡ଼ରେ ଠିଆ ହେବାକୁ ସାହାଯ୍ୟ

କରିଛି। ମୋ' ମା'ଙ୍କର ଓ ଗାଁର ସ୍ନେହ, କେତେକ ବନ୍ଧୁଙ୍କର ସହାନୁଭୂତି, ଆଦର ଓ ମମତା ଏବଂ ପ୍ରଭୁ ଜଗନ୍ନାଥଙ୍କର ଆଶୀର୍ବାଦ ମୋତେ ଆତ୍ମବିଶ୍ୱାସ ଦେଇଛି।"

ଶ୍ରୀ ମହାନ୍ତି ଗାଁର ଛୋଟ ପିଲାଙ୍କ ପାଇଁ ସ୍କୁଲଟିଏ କରିଛନ୍ତି। ନିଜର ଷ୍ଟୁଡିଓଟିଏ ମଧ୍ୟ ରହିଛି, ଯେଉଁଠାରେ ଅତିଥିମାନେ ରହିପାରିବେ। ପ୍ରତିବର୍ଷ ଗୋଟିଏ କଳାର ଉତ୍ସବ ଆୟୋଜନ କରନ୍ତି। ସେଥିରେ ଗାଁର ଓ ପାଖାପାଖି ଅଂଚଳର ଛୋଟପିଲା ଓ କଳାକାରମାନେ ଯୋଗ ଦିଅନ୍ତି। ପାଲା, ଯୋଗୀଗୀତ, କଣ୍ଢେଇ ନାଚ, ଘୋଡ଼ାନାଚ, ଚିତା ଓ ଝୋଟିର ପ୍ରଦର୍ଶନୀ କରାଯାଏ। ବିଦେଶୀ ବନ୍ଧୁମାନେ ଆସନ୍ତି, ଗାଁରେ ରହି ଗ୍ରାମ୍ୟଜୀବନ ଉପଭୋଗ କରନ୍ତି, ଭାରତର ବିଭିନ୍ନ ଜାଗାରୁ ମଧ୍ୟ ବନ୍ଧୁମାନେ ଆସନ୍ତି। ସମସ୍ତଙ୍କର ଆଦର ଗାଁର ପିଲାମାନଙ୍କୁ ଉତ୍ସାହ ଦିଏ। ଗାଁର ପରିବେଶ ନଷ୍ଟ ହୋଇଥିବା ଅନୁଭବ କରନ୍ତି। ସେ ଦେଖୁଛନ୍ତି, ଆଜିକାଲିର ଗାଁକୁ ଦେଖି ସେ ଅତୀତକୁ ଝୁରି ହୁଅନ୍ତି। ସାହି ସାହି ଭିତରେ କଳି ଲାଗୁଛି। ସବୁ ରାଜନୀତିକୁ ନେଇ। ଗଛକଟା ଚାଲିଛି, ପାହାଡ଼ ଖୋଳା ଚାଲିଛି। ଆମ ଗାଁର ଭିତର ଦେଇ ଏକ ରାଜପଥ ଯାଇଛି। ବିରୂପା ନଈ ପୋତି ହୋଇଗଲାଣି, ତା' ଉପରେ ଦୁଇଟା କଦର୍ଯ୍ୟ ପୋଲ, ରାସ୍ତାଟି ଉପରେ ଦିନରାତି ଟ୍ରକ୍ ଚାଲୁଛି ଖଣିଜ ପଦାର୍ଥ ଧରି ପାରାଦ୍ୱୀପ ବନ୍ଦରକୁ। ସେ ଗର୍ଜନ ଭିତରେ ଗାଁର ନୀରବ ସଂଗୀତ ସବୁଦିନ ପାଇଁ ଧ୍ୱଂସ ହୋଇଯାଇଛି।

ଭାରତ ସରକାର ହରିଦାସପୁରରୁ ପାରାଦ୍ୱୀପ ଯାଏଁ ଏକ ରେଳପଥ ଯୋଜନା କରିଛନ୍ତି ଯାହା ତାଙ୍କ ଗାଁ ଦେଇ ଯିବ। ଗ୍ରାମବାସୀମାନେ ପ୍ରଧାନମନ୍ତ୍ରୀ, ରାଷ୍ଟ୍ରପତି, ମୁଖ୍ୟମନ୍ତ୍ରୀ ପ୍ରଭୃତିଙ୍କୁ ଏହା ବିରୋଧରେ ଦରଖାସ୍ତ ଦେଇ କୌଣସି ଉତ୍ତର ପାଇନାହାନ୍ତି। ଭାରତ ସରକାର ଗୋଟିଏ ବି ସୁନ୍ଦର ଗାଁ ତିଆରି କରିନାହାନ୍ତି, ତେଣୁ ଗୋଟିଏ ସୁନ୍ଦର ଗାଁର ନଷ୍ଟ କରୁଛନ୍ତି କାହିଁକି ବୋଲି ଶ୍ରୀ ମହାନ୍ତି ପ୍ରଶ୍ନିଳ ହୋଇଉଠନ୍ତି। ସେ ଭାବପ୍ରବଣ ହୋଇ କହନ୍ତି- "ମୋ ମା' ବଂଚିଥିବା ବେଳେ ଚିଠି ଲେଖୁଥିଲେ- 'ତୁ କେବେ ଘରକୁ ଆସିବୁ?' ଏବେ କେହି ଲେଖନ୍ତି ନାହିଁ। ମା'ଙ୍କର ମୃତ୍ୟୁ ପରେ ମୋର 'ଘର' ଚାଲିଗଲା। ସାରା ଦୁନିଆଁ ହିଁ ହେଲା ମୋର ଘର। ବିନ୍ଦୁ, ବ୍ରହ୍ମାଣ୍ଡ ଓ ଶୂନ୍ୟତାର ମୂଲ୍ୟ ବୁଝିପାରିଲି। ସେହି ଭାବକୁ ଚିତ୍ରର ରଂଗ ମାଧ୍ୟମରେ ପ୍ରକାଶ କରୁଥିଲି। ମୋର ଆଇଡେଣ୍ଟି ହେଲା ମୁଁ ବିଶ୍ୱର ଜଣେ କଳାକାର। ଓଡ଼ିଆ ଗ୍ରାମ୍ୟ ସଂସ୍କୃତିରେ ରହିଛି ମୋର ମୂଳସତ୍ତା। ମୁଁ ଏକାଧାରରେ, ସ୍ଥାନୀୟ ଓ ଅନ୍ତର୍ଜାତିକ। ଜଣେ କଳାକାର ତ ସମଗ୍ର ବିଶ୍ୱର, ନୁହେଁ କି?"

ତାଙ୍କର ଚିତ୍ର ଓ ଧ୍ୟାନ ହିଁ ତାଙ୍କର ଆତ୍ମବଳ। ମା'ର ସିନ୍ଦୂର ବିନ୍ଦୁରୁ ତାଙ୍କର କଳାର ଆରମ୍ଭ। ବିନ୍ଦୁଟିଏ ବୃତ୍ତ ହୁଏ, ତା'ପରେ ବଢ଼ି ବଢ଼ି ବ୍ରହ୍ମାଣ୍ଡରେ ପରିଣତ

ହୁଏ। ସେହି ବିନ୍ଦୁରୁ ସୃଷ୍ଟି ଆରମ୍ଭ ହୁଏ। ସୂର୍ଯ୍ୟ, ଚନ୍ଦ୍ର, ନକ୍ଷତ୍ର, ସବୁ ଗୋଟିଏ ଗୋଟିଏ ବିନ୍ଦୁ। ବିନ୍ଦୁଟିଏ ପଦ୍ମଫୁଲ ହୁଏ ଓ ପଦ୍ମଫୁଲ ବି ଥ୍ରୋ ଆବଷ୍ଟ୍ରାକ୍‌ସନ୍ ବିନ୍ଦୁରେ ପରିଣତ ହୁଏ। ଆବଷ୍ଟ୍ରାଲେଟ୍ ଆବଷ୍ଟ୍ରାକ୍‌ସନ୍ ବିନ୍ଦୁକୁ ଶୂନ୍ୟରେ ପରିଣତ କରେ। ସେହି ବିନ୍ଦୁ ହିଁ ପିଣ୍ଡ। ବିନ୍ଦୁ ଭିତରେ ବ୍ରହ୍ମାଣ୍ଡ, ବ୍ରହ୍ମାଣ୍ଡ ଭିତରେ ବିନ୍ଦୁ- ସବୁଠି ଶୂନ୍ୟ। ଓଡ଼ିଶାର ଗ୍ରାମ୍ୟ ସଂସ୍କୃତି ତାଙ୍କୁ ସବୁ ଶିଖାଇଛି। ଏହା ହିଁ ତାଙ୍କର ଚିତ୍ରକଳାର ବିଶେଷତ୍ୱ। କେତେକ କହନ୍ତି, ତାଙ୍କ ଚିତ୍ରରେ ଅଛି ସୃଷ୍ଟି, କେତେକ କହନ୍ତି, ତାଙ୍କ ଚିତ୍ର ସେମାନଙ୍କୁ ଶକ୍ତି ଦିଏ। ଆଉ କେତେକ କହନ୍ତି ତାଙ୍କ ଚିତ୍ର ସେମାନଙ୍କୁ ଆଶା, ଶକ୍ତି ଓ ଧ୍ୟାନର ଅବବୋଧ ଦିଏ। ତାଙ୍କ ଚିତ୍ର ତାଙ୍କ ପାଇଁ ଆତ୍ମ ଆବିଷ୍କାରର ଏକ ପ୍ରକ୍ରିୟା ଓ ଆତ୍ମ ଉପଲବ୍ଧିର ଏକ ପ୍ରକ୍ରିୟା।

ଭାରତରେ ଜୀବନ ସହିତ କଳାର ସମ୍ପର୍କ ରହିଛି ବୋଲି ସେ ଅନୁଭବ କରନ୍ତି। ସେ ହୃଦ୍‌ବୋଧ କରିଛନ୍ତି ଯେ, ହିନ୍ଦୁ ଧର୍ମରେ କଳାର ସ୍ଥାନ ରହିଛି। ଯେ ପର୍ଯ୍ୟନ୍ତ ଭାରତରେ ହିନ୍ଦୁ ଧର୍ମ ବଂଚି ରହିଛି, ମଣିଷ ବଂଚି ରହିଛି, ସେ ପର୍ଯ୍ୟନ୍ତ ଭାରତରେ କଳା ବଂଚି ରହିଥିବ। କିନ୍ତୁ ଭାରତୀୟ କଳାକାରମାନେ ନିଜକୁ ଭାରତୀୟ ନ ଭାବି ହଠାତ୍ ଗ୍ଲୋବାଲ୍ ହୋଇ ଗଲେଣି। ବର୍ତ୍ତମାନର କେତେକ କଳାକାର କିଛି ଉଚ୍ଚକୋଟୀର ଚିତ୍ର ଆଙ୍କୁନାହାନ୍ତି, ଚଳାଇ ଦେଉଛନ୍ତି ଖାଲି। କଳାକାରମାନେ ସେଲ୍‌ସମ୍ୟାନ୍ ହୋଇଗଲେଣି। କଳା ନାହିଁ, ଖାଲି ଟଙ୍କା। ସାରା ପୃଥିବୀରେ ଏଭଳି ପରିସ୍ଥିତି।

ଏ ଦେଶର କଳାକାରମାନଙ୍କଠାରୁ ସେ ଅଲଗା। ତାଙ୍କ କଳାରେ ତାଙ୍କ ଗାଁ, ଓଡ଼ିଶା ଓ ଭାରତର ସ୍ମୃତିରେଖାର ଆଭାସ ନିଶ୍ଚୟ ଦେଖାଯିବ। ସେ ସବୁକିଛି ଆଙ୍କିପାରନ୍ତି। ତାଙ୍କ ଡ୍ରଇଂକୁ ବିଦେଶରେ ସମସ୍ତେ ଭଲ ପାଆନ୍ତି। ସେ ହ୍ୟାଣ୍ଡସ୍କେଚ୍ ଓ ମଣିଷର ଛବି ଆଙ୍କିପାରନ୍ତି। କିନ୍ତୁ ବିନ୍ଦୁ ଓ ବୃତ୍ତ ତାଙ୍କୁ ଏକ ଆଧ୍ୟାତ୍ମିକ ଜଗତକୁ ନେଇଯାଏ। ବୃତ୍ତ ଭିତରେ ସେ ଦେଖନ୍ତି ଜଗତ ଓ ଜଗନ୍ନାଥ। ଜଗନ୍ନାଥ ହିଁ ତାଙ୍କ ପିଲାଦିନର ବଂଧୁ। ଯାହାଙ୍କୁ ସେ ଆଗ୍ରହରେ ତାଙ୍କର ଚଉଁରା ପାଖରେ ଆଙ୍କିଥିଲେ। ତାଙ୍କ ଚିତ୍ର ବିଶ୍ୱଜନୀନ ଓ ଆଧ୍ୟାତ୍ମିକ ବୋଲି ତାଙ୍କ କଳାକାର ବଂଧୁମାନେ କହନ୍ତି। ବିଦେଶରେ ରହି ସେ ଭାରତୀୟ ଚିତ୍ରକଳାର ସମୃଦ୍ଧି ପାଇଁ ଚିତ୍ର ଆଙ୍କିଛନ୍ତି। ଦିଲ୍ଲୀର ନ୍ୟାସନାଲ୍ ଗ୍ୟାଲେରି ଅଫ୍ ମଡର୍ଣ୍ଣ ଆର୍ଟସ ତାଙ୍କ ଛବିକୁ ସ୍ଥାନ ଦେଇଛନ୍ତି 'ଇନ୍, ଦି ଡେଭଲପମେଣ୍ଟ ଅଫ୍ କଣ୍ଟେପୋରାରୀ ଆର୍ଟସ ଇନ୍ ଇଣ୍ଡିଆ'ରେ। ବିଦେଶରେ ତାଙ୍କ ଗଳ୍ପ, କବିତା, ଛପାଇବା ପାଇଁ ମାଗାଜିନ୍‌ର ଅଭାବ ଅନୁଭୂତ ହୁଏ। ପ୍ରକାଶକମାନେ କବିତା ବହି ଛାପିବାକୁ ଆଗ୍ରହୀ ନ ଥିବା ସେ ବୁଝିପାରନ୍ତି। ଭାରତରେ ବିଶେଷ କରି ଓଡ଼ିଶାରେ ପ୍ରତିବର୍ଷ

ବିରୂପା ନଈକୂଳରେ ପୁସ୍ତକମେଳା ହେଉଥିବା ସେ ଲକ୍ଷ୍ୟ କରିଛନ୍ତି। ତାଙ୍କ ମତରେ- "କବିତା ଆମର ପବନରେ, ମନ, ପ୍ରାଣରେ ଅଛି। ବିଲାତରେ ଆଉ କବିତା ନାହିଁ। ଅଧିକାଂଶ ଲୋକ ଧନ ଅର୍ଜନରେ ବ୍ୟସ୍ତ, ଅନ୍ୟାନ୍ୟ ଅନେକ କର୍ମରେ ବ୍ୟସ୍ତ- କବିତା ପାଇଁ ବିଶେଷ ସମୟ ଦିଅନ୍ତି ନାହିଁ।"

ସେ ପ୍ରାୟ ବହୁବର୍ଷ ଧରି ଲଣ୍ଡନରେ ରହିଛନ୍ତି। ୟୁରୋପ, ଫ୍ରାନ୍ସ, ରୋମ୍, ବେଲଜିଅମ୍, ସୁଇଜରଲ୍ୟାଣ୍ଡରେ ବୁଲିଛନ୍ତି। କେତେ ସୁନ୍ଦର ଏ ଦେଶ ସବୁ! ପରିଚ୍ଛନ୍ନ ରାସ୍ତାଘାଟ- ସବୁକିଛି ନିୟମବଦ୍ଧ, ପ୍ରାକୃତିକ ସୌନ୍ଦର୍ଯ୍ୟରେ ଭରା - କେତେ ପ୍ରାଚୁର୍ଯ୍ୟ ଓ ସୁବିଧା। ଏସବୁ ଦେଖିଲାବେଳେ ତାଙ୍କର ମନେପଡ଼େ ତାଙ୍କ ଦେଶ, ଭାରତରେ କେତେ ଅଶିକ୍ଷିତ ଲୋକ, ଦରିଦ୍ର ଲୋକ ରହିଛନ୍ତି। ଦାରିଦ୍ର୍ୟ, ଦୁର୍ନୀତି, ଲାଞ୍ଚ, ମିଛ, ଚୋରିରେ ପରିପୂର୍ଣ୍ଣ ଯୋଗୁ ଦେଶ- ଗୋଟିଏ ସାଧାରଣ ଲୋକଙ୍କୁ କେତେ ସଂଗ୍ରାମ କରିବାକୁ ହୁଏ ଜୀବନଧାରଣ କରିବାକୁ। ତାଙ୍କୁ ଖୁବ୍ ଦୁଃଖ ଲାଗେ- ସେ ଖୁବ୍ ବ୍ୟଥିତ ହୁଅନ୍ତି ଯେ ଏ ଦେଶରେ ଗରିବ ଲୋକ ଆଦୌ ନାହାନ୍ତି ତାହା ନୁହେଁ। ନର୍ଦନ୍ ଇଂଲଣ୍ଡକୁ ଗଲେ ଦେଖିବେ, ସେଠାରେ ପରିସ୍ଥିତି ଖୁବ୍ ଦୁଃସ୍ଥ ଥାଏ। ଇଷ୍ଟର୍ଣ୍ଣ ଲଣ୍ଡନ ଓ ସାଉଥ୍ ଇଷ୍ଟ ଲଣ୍ଡନରେ ବି ଗରିବ ଲୋକ ରହିଛନ୍ତି। ଅବଶ୍ୟ ଏ ଦେଶରେ ଗରିବ ଲୋକଙ୍କୁ ସରକାରୀ ସାହାଯ୍ୟ ମିଳେ। ସେ ଭାରତର ଧନୀ-ଗରିବ ଭେଦାଭେଦ ଦେଖି ଦୁଃଖ ପାଆନ୍ତି। ତାଙ୍କ ମତରେ- "ଭାରତରେ ସରକାର ଗରିବ ଲୋକଙ୍କୁ ମଣିଷ ଭାବେ ଦେଖନ୍ତି ନାହିଁ। ଦେଖନ୍ତି, ଭୋଟର ହିସାବରେ। ଭାରତର ୮୦୦ କୋଟି ଲୋକ ଯଦି ନିଜ ହାତରେ ଦିନକୁ ଚାରିଘଣ୍ଟା ବି ପରିଶ୍ରମ କରନ୍ତେ, ତେବେ ଦୁଃଖ, ଦାରିଦ୍ର୍ୟ ଦୂର ହୋଇଯାନ୍ତା। ଏକ ସୁନ୍ଦର ଭାରତ ତିଆରି ହୁଅନ୍ତା। ଗାଁର ଯୁବକ ଯୁବତୀମାନେ ଯଦି ମାଟିରେ ହାତ ଦିଅନ୍ତେ ଓ ଛୋଟ ବଗିଚାଟିଏ କରି ପନିପରିବା, ଫଳମୂଳ ଚାଷ କରିପାରନ୍ତେ ତେବେ ଓଡ଼ିଶାର ଆର୍ଥିକ ସ୍ଥିତି କାହାରିକୁ ବିପନ୍ନ କରନ୍ତା ନାହିଁ। ତାଙ୍କର ବିଶ୍ୱାସ ଯେ, ଭାରତର ନାରୀମାନେ ଭାରି ସମର୍ଥା ଓ ସ୍ୱୟଂସିଦ୍ଧା। ନାରୀମାନଙ୍କ ପାଇଁ ଅନେକ ଯୋଜନା ଅଛି ବୋଲି ସରକାର ମହଲରେ ସେ ଶୁଣନ୍ତି। କିନ୍ତୁ ସେସବୁ ଲୋକଙ୍କ ପାଖରେ ପହଂଚୁ ନ ଥିବାରୁ ସେ ଭାଙ୍ଗିପଡ଼ନ୍ତି।

ଶ୍ରୀ ପ୍ରଫୁଲ୍ଲ ମହାନ୍ତି ଏକ ଛୋଟ ଗାଁରୁ ବମ୍ବେ ଗଲେ, ତା'ପରେ ଲଣ୍ଡନରେ ଚାକିରି କରି, ନିଜକୁ ଏକ କଳାକାର ଓ ଲେଖକ ଭାବରେ ପ୍ରତିଷ୍ଠିତ କରିଛନ୍ତି। ତା' ପଛରେ ରହିଛି ତାଙ୍କର ପ୍ରଚୁର ଆତ୍ମବିଶ୍ୱାସ ଓ ପରିଶ୍ରମ। ସେ ନିଜକୁ ଭାଗ୍ୟବାନ ମନେ କରନ୍ତି ଯେ ଜେ.ଜେ. ସ୍କୁଲ୍ ଅଫ୍ ଆର୍ଟସ ୧୯୫୫ରେ ଆର୍କିଟେକ୍ଚର ତାଙ୍କୁ ପଢ଼ିବାକୁ ବାଛିଲା। ଗୋଟିଏ ଛୋଟ ଗାଁରୁ ବମ୍ବେ, ବମ୍ବେରୁ ଲଣ୍ଡନ, ତା'ପରେ

ବିଶ୍ୱର ବିଭିନ୍ନ ସହର। ଏ ଯାତ୍ରାଟି ପାଇଁ ଦରକାର ପ୍ରତିଭା, କଠିନ ପରିଶ୍ରମ, ନିଷ୍ଠା, ଅନ୍ୟମାନଙ୍କର ପ୍ରେରଣା ଓ ସାହାଯ୍ୟ। ଯେତେବେଳେ ୧୯୬୦ରେ ଲଣ୍ଡନ ଆସିଥିଲେ ସେ ଦେଶ ଥିଲା ତାଙ୍କ ପାଇଁ ସମ୍ପୂର୍ଣ୍ଣ ଅଜଣା। To make the unknown thy own was a challenge। କିନ୍ତୁ ତାଙ୍କ ଜୀବନର ମୂଳଦୁଆ ଥିଲା ତାଙ୍କ ଗାଁ ଓଡ଼ିଶାର ସଂସ୍କୃତି ଓ ଜଗନ୍ନାଥ। ଆଧୁନିକ ଭାରତୀୟ ସାହିତ୍ୟରେ ଓଡ଼ିଆ ପ୍ରବାସୀ ପ୍ରଫୁଲ୍ଲ ମହାନ୍ତି ଯେ ଜଣେ ଯଶସ୍ୱୀ ଶିଳ୍ପୀ ଏଥିରେ ଦ୍ୱିମତ ନାହିଁ।

■

ଓଡ଼ିଶା ସାହିତ୍ୟ ଏକାଡେମୀ ପୁରସ୍କାର ପ୍ରାପ୍ତ କବୀ

ଭାରତୀୟ ସଂସ୍କୃତି ଓ ଐତିହ୍ୟର ସୁଯୋଗ୍ୟ ପ୍ରତିନିଧି : ପ୍ରଫୁଲ୍ଲ ମହାନ୍ତି

ଡକ୍ଟର ବିଜୟାନନ୍ଦ ସିଂହ

କେନ୍ଦ୍ର ସାହିତ୍ୟ ଏକାଡେମୀର ଶ୍ରେଷ୍ଠ ସମ୍ମାନ, ଅନରାରୀ ଫେଲୋ (NRI)ରେ ସମ୍ମାନିତ ହୋଇଥିବା ଅନ୍ତର୍ଜାତୀୟ ଖ୍ୟାତିସଂପନ୍ନ ଲେଖକ ଓ ଚିତ୍ରକର ପ୍ରଫୁଲ୍ଲ ମହାନ୍ତି ଜଣେ ଅସାଧାରଣ ବର୍ଣ୍ଣିଳ ବ୍ୟକ୍ତିତ୍ୱ।

ଯାଜପୁର ଜିଲ୍ଲା ଅନ୍ତର୍ଗତ, ବିରୂପା ନଦୀର ଦକ୍ଷିଣ ପାର୍ଶ୍ୱରେ ଅବସ୍ଥିତ ବଡ଼ଚଣା ଥାନା ଅନ୍ତର୍ଗତ ନାନପୁର ନାମକ ଏକ ସୁନ୍ଦର ଗାଁରେ ପ୍ରଫୁଲ୍ଲ ମହାନ୍ତି ୧୧ ଜୁଲାଇ ୧୯୩୪ରେ ଜନ୍ମଗ୍ରହଣ କରିଥିଲେ। ପିତା ବିପ୍ର ଚରଣ ମହାନ୍ତି ଓ ମାତା ରମାଦେବୀ। ପ୍ରଫୁଲ୍ଲଙ୍କର ପ୍ରାରମ୍ଭିକ ଜୀବନ ଗାଁରେ ହିଁ କଟିଥିଲା। ଗାଁକୁ ଘେରି ରହିଥିଲା ସୁନ୍ଦର, ସବୁଜ ଧାନକ୍ଷେତ, ଆମ୍ବତୋଟା, ଡେଙ୍ଗା ଉଚ୍ଚାଙ୍ଗ ତାଳଗଛ, କଇଁ ଏବଂ ପଦ୍ମଫୁଲ ଭରା ପୋଖରୀ ସବୁ। ଗ୍ରାମର ଅନତି ଦୂରରେ ଶୋଭା ପାଉଛି ବୌଦ୍ଧ କୀର୍ତ୍ତି ବହନ କରୁଥିବା ଲଳିତଗିରି, ରତ୍ନଗିରି ଓ ଉଦୟଗିରି।

ସେ ସମୟରେ ବିଜୁଳି, ରାସ୍ତାଘାଟ ଓ ସ୍ୱାସ୍ଥ୍ୟସେବାର ସୁବିଧା ଗାଁରେ ନ ଥିଲା। ତଥାପି ଗାଁର ଲୋକମାନେ ପରମ ଆନନ୍ଦରେ ଜୀବନ ବିତାଉଥିଲେ। ପିଲାଦିନେ ଶ୍ରୀ ମହାନ୍ତି ନିଜ ଘରଠାରୁ ଦୁଇ ମାଇଲ ଦୂର ନନ୍ଦକିଶୋର ବିଦ୍ୟାମନ୍ଦିର କୁସୁପୁରରେ ଥିବା ସ୍କୁଲ୍‌କୁ ପଢ଼ିବା ପାଇଁ ଖାଲିପାଦରେ ଚାଲିଚାଲି ଯାଉଥିଲେ। ୧୯୪୯ ମସିହାରେ ସେ ମାଟ୍ରିକ୍ ପରୀକ୍ଷାରେ କୃତିତ୍ୱର ସହ ଉତ୍ତୀର୍ଣ୍ଣ ହୋଇଥିଲେ।

ସ୍କୁଲ୍ ପଢ଼ା ସରିବା ପରେ, ଶ୍ରୀ ମହାନ୍ତି ରେଭେନ୍‌ସା ମହାବିଦ୍ୟାଳୟରେ ଦୁଇବର୍ଷ ବିଜ୍ଞାନ ପଢ଼ିଥିଲେ ଓ ୧୯୫୧ରେ ସଫଳତାର ସହ ଉତ୍ତୀର୍ଣ୍ଣ ହୋଇଥିଲେ । ମେଧାବୀ ଛାତ୍ର ପ୍ରଫୁଲ୍ଲ ଡାକ୍ତରୀ ପଢ଼ନ୍ତୁ ବୋଲି ତାଙ୍କ ପରିବାର ବିଶେଷ କରି ପିତା ଚାହୁଁଥିଲେ । ବିଧିର ବିଧାନ ଭିନ୍ନ । ସେ ୧୯୫୫ରେ ସ୍ଥାପିତ ବିଜ୍ଞାନ (Architecture) ପଢ଼ିବା ପାଇଁ ବମ୍ବେ ଯାଇଥିଲେ । ବମ୍ବେର ବିଖ୍ୟାତ ଅନୁଷ୍ଠାନ ଜେ.ଜେ. ସ୍କୁଲ୍ ଅଫ୍ ଆର୍ଟରେ ପାଞ୍ଚବର୍ଷର ପଢ଼ା ପରେ ଜଣେ ସଫଳ ଓ କୃତୀ ସ୍ଥପତି (Architect) ଭାବେ ୧୯୬୦ ମସିହାରେ ଲଣ୍ଡନ ଯିବାପାଇଁ ବୃତ୍ତି (Scholarship) ଲାଭ କରିଥିଲେ । ଲଣ୍ଡନର ବିଖ୍ୟାତ ଲିଡସ୍ (Leeds) ବିଶ୍ୱବିଦ୍ୟାଳୟରୁ ୧୯୬୪ ମସିହାରେ ସଫଳ ଟାଉନ୍ ପ୍ଲାନର୍ (Town Planner)ର ଉପାଧି (Degree) ଲାଭ କରିବା ପରେ ଗ୍ରେଟର ଲଣ୍ଡନ କାଉନସିଲ୍ (GLC)ର ଜଣେ ଆର୍କିଟେକ୍‌ଟ ପ୍ଲାନର (Architect Planner) ଭାବେ କାର୍ଯ୍ୟରତ ହେଲେ । କିନ୍ତୁ ନିଜର ସମ୍ପୂର୍ଣ୍ଣ ସମୟ ଲେଖିବା ଓ ଚିତ୍ର ଆଙ୍କିବାପାଇଁ ଏପରି ଏକ ସମ୍ମାନଜନକ ଓ ଉଚ୍ଚବେତନଧାରୀ ଚାକିରିକୁ ୧୯୭୦ ମସିହାରେ ପ୍ରଫୁଲ୍ଲ ପରିତ୍ୟାଗ କରିଥିଲେ ।

ତୁଳସୀ ଦୁଇ ପତ୍ରରୁ ବାସେ । ପ୍ରଫୁଲ୍ଲ ମହାନ୍ତିଙ୍କ ଜୀବନରୁ ଏ କଥାଟି ପ୍ରମାଣ ମିଳେ । ଜୀବନର ପ୍ରାରମ୍ଭରୁ ସେ ତାଙ୍କର ସାହିତ୍ୟାନୁରାଗର ପ୍ରମାଣ ଦେଇଛନ୍ତି । ନନ୍ଦକିଶୋର ବିଦ୍ୟାମନ୍ଦିରରେ ପଢୁଥିବା ସମୟରୁ ସେ କବିତା ଓ ଗଳ୍ପ ଲେଖିବା ଆରମ୍ଭ କରିଥିଲେ । ବିଦ୍ୟାଳୟର ମୁଖପତ୍ର 'ସ୍ୱଚେଷ୍ଟା'ରେ ତାହା ପ୍ରକାଶ ପାଇଥିଲା । ସେ ସମୟରେ ଲେଖାଗୁଡ଼ିକୁ ଛାପିବାର ସୁଯୋଗ ନ ଥିବାରୁ ନିଜର ସୁନ୍ଦର ହସ୍ତାକ୍ଷରରେ ସବୁ ଲେଖାଗୁଡ଼ିକ ଲେଖୁଥିଲେ । ସେ ଏହାର ଦୁଇଟି ନକଲ କରୁଥିଲେ । ଗୋଟିଏ ବିଦ୍ୟାଳୟର ପାଠଗାରରେ ରହୁଥିଲା ଓ ଅନ୍ୟଟି ପିଲାମାନଙ୍କ ମଧ୍ୟରେ ପଢ଼ିବାପାଇଁ । ଏହା ବ୍ୟତୀତ ପ୍ରାୟ ପ୍ରତିଦିନ, ବିଦ୍ୟାଳୟ ସମୟ ପରେ ଓ ଛୁଟିଦିନମାନଙ୍କରେ ସେ ଓ ତାଙ୍କର ଅନ୍ୟ ତିନି ବନ୍ଧୁ, ବିଦ୍ୟାଳୟ ନିକଟରେ ଥିବା ଏକ ବହୁତ ପୁରୁଣା ବରଗଛ ତଳେ ଏକାଠି ହେଉଥିଲେ । ନିଜ ନିଜର କବିତା ସବୁ ଆବୃତ୍ତି କରୁଥିଲେ ଓ ସ୍ୱରଚିତ ଲେଖା, ଗପ, ପଢୁଥିଲେ । ସେ ମଧ୍ୟ କବିତା ଓ ଗପଗୁଡ଼ିକ ବିଷୟରେ ଆଲୋଚନା କରୁଥିଲେ । ଛାତ୍ରାବସ୍ଥାରୁ ଶ୍ରୀ ମହାନ୍ତିଙ୍କର ବହିପଢ଼ିବା ଓ ଲେଖିବା ପାଇଁ ଏକ ଆବେଗିକ ଅନୁରାଗ ଥିଲା । ବିଦ୍ୟାଳୟରେ ପଢୁଥିଲାବେଳେ ପ୍ରଫୁଲ୍ଲଙ୍କର ଘନିଷ୍ଠ ବନ୍ଧୁ ଥିଲେ ପ୍ରଦ୍ୟୁମ୍ନ କିଶୋର ବଳ । ପ୍ରଦ୍ୟୁମ୍ନ ବଳ ଥିଲେ ପଲ୍ଲୀକବି ନନ୍ଦକିଶୋର ବଳଙ୍କ ନାତି । ଉଭୟେ ଅନେକ ସମୟରେ ବିରୂପା କୂଳରେ ବସି କବିତା ପଢୁଥିଲେ ଓ ଆଲୋଚନା କରି ସାରସ୍ୱତ ଆନନ୍ଦ ଅନୁଭବ କରୁଥିଲେ ।

ଶ୍ରୀ ପ୍ରଫୁଲ୍ଲ ମହାନ୍ତି ଲେଖିଥିବା ବହିଗୁଡ଼ିକ ବିଶ୍ୱପ୍ରସିଦ୍ଧ । ତାଙ୍କ ରଚିତ ବହିସବୁ ଯଥା- "My Village, My Life", "Indian Village Tales", "Through Brown Eyes", "Changing Village Changing Life", "Longing" ଏବଂ "Sunya" ପାଇଁ ସେ ସମଗ୍ର ବିଶ୍ୱରେ ପରିଚିତ, ଆଲୋଚିତ ଓ ପ୍ରଶଂସିତ । ତାଙ୍କର ପ୍ରଥମ ପୁସ୍ତକ "My Village, My Life", ଲଣ୍ଡନର ପ୍ରଖ୍ୟାତ ପ୍ରକାଶନ ସଂସ୍ଥା Davis-Poynter, ୧୯୭୩ ମସିହାରେ ପ୍ରକାଶ କରିଥିଲା । ଏକା ସମୟରେ ମଧ୍ୟ ଆମେରିକାର Praeger ପ୍ରକାଶନ ସଂସ୍ଥା ଏହାକୁ ପ୍ରକାଶ କରିଥିଲା ଓ Corgi ପ୍ରକାଶନ ଏହାର ଏକ ପେପରବ୍ୟାକ୍ ସଂସ୍କରଣ ପ୍ରକାଶ କରିଥିଲା ।

ମାଇଁ ଭିଲେଜ୍, ମାଇଁ ଲାଇଫ୍ (My Village, My Life) ଏକ ଅନନ୍ୟ ବହି । ନିଜ ଗାଁ ଓ ଗ୍ରାମ୍ୟ ସଂସ୍କୃତି ବିଷୟରେ ଇଂରାଜୀ ଭାଷାରେ ଲେଖା ହୋଇଥିବା ପୁସ୍ତକ ଭାବରେ ଏହି କୃତିଟି ପ୍ରଥମ ଓ ଅଦ୍ୱିତୀୟ । ବହିଟି ଏତେ ଲୋକପ୍ରିୟ ହୋଇଥିଲା ଯେ ଏହା ପୃଥିବୀର ପ୍ରାୟ ଏଗାରଟି ଭାଷାରେ ଅନୂଦିତ ହୋଇଛି । ଲଣ୍ଡନର (BBC) ସଂସ୍ଥା ଏହି ବହି ଉପରେ ଏକ ବୃତ୍ତଚିତ୍ର (Documentary Film) ପ୍ରସ୍ତୁତ କରିଥିଲା ଓ ୧୯୮୨ ମସିହାରେ ଲଣ୍ଡନରେ ଅନୁଷ୍ଠିତ ହୋଇଥିବା ଫେଷ୍ଟିଭାଲ୍ ଅଫ୍ ଇଣ୍ଡିଆ (Festival of India)ରେ ପ୍ରଦର୍ଶିତ ହୋଇଥିଲା ।

ଏହା ସେତେବେଳେ ଉଚ୍ଚ ପ୍ରଶଂସିତ ହୋଇଥିଲା । ବି.ବି.ସି.ର କର୍ମକର୍ତ୍ତାମାନେ ଲଣ୍ଡନରୁ ନାନପୁର ଆସି ଫଟୋ ଉତ୍ତୋଳନ କରିଥିଲେ ଓ ବହିରେ ଥିବା ପ୍ରତ୍ୟେକ ଚରିତ୍ରଙ୍କୁ ଭେଟି ସେମାନଙ୍କ କଥାସବୁ ଲିପିବଦ୍ଧ କରୁଥିଲେ । ଇଂଲଣ୍ଡର ପ୍ରଖ୍ୟାତ ଲେଖକ ରୋନାଲଡ ବ୍ଲିଦ ଏ ବହି ବିଷୟରେ ଲେଖିଛନ୍ତି, "ମୁଁ ପଢ଼ିଥିବା ସମସ୍ତ ବହି ମଧ୍ୟରୁ "My Village, My Life" ହେଉଛି ସବୁଠାରୁ ସୁନ୍ଦର ବହି । ଏ ବହି ନାନପୁର ଗାଁର ଗଳିକନ୍ଦିକୁ ନେଇଥାଏ ଓ ଭାରତୀୟମାନଙ୍କ ହୃଦୟ ଓ ମନକୁ ବୁଝିବାକୁ ସାହାଯ୍ୟ କରିଥାଏ ।" ସେହିପରି Duff Hart-Davis ଲେଖିଛନ୍ତି, "My Village, My Life" ବହି ପଢ଼ିଲେ ଜଣେ ଭାରତର ହୃତ୍‌ସ୍ପନ୍ଦନ ଅନୁଭବ କରିବ । ଭାରତୀୟ ଗ୍ରାମ୍ୟ ଜୀବନର ଏକ ସୁନ୍ଦର, ସରଳ ଓ ପ୍ରାଞ୍ଜଳ ଚିତ୍ର ଏ ବହିରୁ ମିଳେ ।" Sunday Times ପତ୍ରିକାରେ John Morris ଲେଖିଛନ୍ତି, "ମୁଁ ଏ ପର୍ଯ୍ୟନ୍ତ ପଢ଼ିଥିବା ବହିଗୁଡ଼ିକ ଭିତରୁ ଏହି ବହିରେ ହିଁ ଭାରତୀୟ ଗ୍ରାମ୍ୟ ଜୀବନର ଏକ ଘନିଷ୍ଠ ଓ ପୁଙ୍ଖାନୁପୁଙ୍ଖ ଚିତ୍ର ମିଳିଥାଏ ଏବଂ ଏହା ପାଶ୍ଚାତ୍ୟ ଜୀବନରେ ଥିବା ଅଭାବଟିକୁ ଆମକୁ ମନେପକାଇଦିଏ ।"

ସେ ସମୟର ଭାରତୀୟ ଗ୍ରାମ୍ୟ ଜୀବନର ଏକ ପ୍ରାଞ୍ଜଳ ଓ ସୁସ୍ପଷ୍ଟ ଚିତ୍ର ଶ୍ରୀ ମହାନ୍ତି ଏହି ବହିରେ ସୁନ୍ଦର ଓ ସରଳ ଭାବରେ ବର୍ଣ୍ଣନା କରି ପ୍ରତ୍ୟେକ ପାଠକଙ୍କ

ହୃଦୟ ଜୟ କରିପାରିଛନ୍ତି। ବହିର ଚରିତ୍ରମାନେ ଗାଁର ଲୋକ। ସେମାନେ ସେମାନଙ୍କର ଆଶା, ହତାଶା, ଭୟ, ପ୍ରଥା ଓ ବିଶ୍ୱାସ ବିଷୟରେ ନିଜ ନିଜ ମୁହଁରେ ବର୍ଣ୍ଣନା କରି ବହିଟିକୁ ଆଦରଣୀୟ କରିଛନ୍ତି। ଭାରତୀୟ ଗ୍ରାମ୍ୟ ଜୀବନର ସୁନ୍ଦରତା, ସରସତା ଓ ଓଡ଼ିଆଙ୍କ ସରଳତା ବହିରେ ପ୍ରତିପାଦିତ ହୋଇଛି। ଓଡ଼ିଶାର ଉତ୍କଳ ବିଶ୍ୱବିଦ୍ୟାଳୟର ଇଂରାଜୀରେ ଏମ୍.ଏ. ପଢୁଥିବା ପିଲାଙ୍କ ପାଇଁ ସମ୍ପୂର୍ଣ୍ଣ ବହିଟି ଓ ବି.ଏ. ଛାତ୍ରଛାତ୍ରୀଙ୍କ ପାଇଁ ବହିର କେତୋଟି ଅଧ୍ୟାୟ ପାଠ୍ୟକ୍ରମରେ ଅନ୍ତର୍ଭୁକ୍ତ ହୋଇଥିଲା।

Davis-Poynter ପ୍ରକାଶନ ସଂସ୍ଥା ମଧ୍ୟ ଶ୍ରୀ ମହାନ୍ତିଙ୍କର ଦ୍ୱିତୀୟ ବହି "Indian Village Tales" ୧୯୭୫ ମସିହାରେ ପ୍ରକାଶ କରିଛି। ଏ ବହିଟିରେ ଲେଖକ କେତୋଟି କାଳଜୟୀ ଗପଗୁଡ଼ିକୁ ସ୍ଥାନିତ କରିଛନ୍ତି। ଏ ଗପଗୁଡ଼ିକ ସୁନ୍ଦର ଓ ସରଳ ଭାଷାରେ ଲେଖା ହୋଇଥିବାରୁ ଆବାଳବୃଦ୍ଧବନିତା ସମସ୍ତଙ୍କର ପ୍ରିୟ ହୋଇପାରିଛି। ଗପଗୁଡ଼ିକରେ ଭାରତର ଗାଁ ଲୋକମାନଙ୍କର ବଳିଷ୍ଠ କଳ୍ପନା ଶକ୍ତିର ପ୍ରମାଣ ମିଳେ।

ବାଲ୍ୟକାଳରେ ଶ୍ରୀ ମହାନ୍ତି ଏହି ଗପଗୁଡ଼ିକ ଓଡ଼ିଆ ଭାଷାରେ ମା' ଓ ଜେଜେମା'ଙ୍କ ଠାରୁ ଶୁଣିଥିଲେ। ପରବର୍ତ୍ତୀ ଜୀବନରେ ନିଜର ଲେଖନୀୟ କୌଶଳରେ ସେହି ଗପଗୁଡ଼ିକୁ ଏକାଠି କରି ଭାରତୀୟ ସଂସ୍କୃତି ଓ ପରମ୍ପରାକୁ ପରିପୁଷ୍ଟ କରିଛନ୍ତି।

ଶ୍ରୀ ପ୍ରଫୁଲ୍ଲ ମହାନ୍ତିଙ୍କର "Through Brown Eyes" ବହିଟି ଲଣ୍ଡନର ପ୍ରଖ୍ୟାତ Oxford University Press, ୧୯୮୫ ମସିହାରେ ପ୍ରକାଶ କରିଥିଲେ। ଏ ବହିର ଅନ୍ୟ ଏକ ସଂସ୍କରଣ ଭାରତରେ ପେଙ୍ଗୁଇନ ପ୍ରକାଶନ ସଂସ୍ଥା ମଧ୍ୟ ମୁଦ୍ରଣ କରିଥିଲା। ୧୯୬୦ ମସିହାରେ ଲଣ୍ଡନରେ ପହଞ୍ଚିବା ପରେ ନିଜେ ଅନୁଭବ କରିଥିବା ଦୁଃଖ, କଷ୍ଟ, ସୁଖ, ଜାତିଆଣ ତାରତମ୍ୟ ଇତ୍ୟାଦିର ପ୍ରାଞ୍ଜଳ ବର୍ଣ୍ଣନା ଏ ବହିଟିରେ ମିଳେ। ନିଜ ଅନୁଭୂତିର ବର୍ଣ୍ଣନା ବହିଟିକୁ ସୁଖପାଠ୍ୟ କରିଛି ଓ ପୃଥିବୀର କୋଣ ଅନୁକୋଣରେ ବହିଟି ପ୍ରଶଂସିତ ହୋଇଛି।

ଲଣ୍ଡନର ପ୍ରଖ୍ୟାତ ପ୍ରକାଶନ ସଂସ୍ଥା ପେଙ୍ଗୁଇନ ଭାଇକିଙ୍ଗ (Penguine Viking), ୧୯୯୦ ମସିହାରେ ମହାନ୍ତିଙ୍କର ପରବର୍ତ୍ତୀ ବହି "Changing Village, Changing Life" ପ୍ରକାଶ କରିଥିଲା। ଏହି ସଂସ୍ଥା ମଧ୍ୟ ୧୯୯୧ ମସିହାରେ ଏ ବହିର ଏକ ପେପରବ୍ୟାକ ସଂସ୍କରଣ ପ୍ରକାଶ କରିଥିଲେ। ଏ ବହିଟି ଜାପାନୀ ଓ ଅନ୍ୟ କେତୋଟି ଭାଷାରେ ମଧ୍ୟ ପ୍ରକାଶିତ ହୋଇଛି ଓ ସମଗ୍ର ପୃଥିବୀରେ ଉଚ୍ଚପ୍ରଶଂସିତ ହୋଇଛି। "My Village, My Life" ପରି ଏହି ବହିଟି ମଧ୍ୟ ଭାରତୀୟ ଗ୍ରାମ୍ୟ ଜୀବନର ଏକ ଜ୍ୱଳନ୍ତ ପ୍ରତିଛବି।

୨୦୦୪ ମସିହାରେ, ଓଡ଼ିଆ କବି ଓ ଲେଖକ ଶ୍ରୀ ଦେବଦାସ ଛୋଟରାୟଙ୍କର କେତୋଟି ଓଡ଼ିଆ କବିତାଗୁଡ଼ିକୁ ଇଂରାଜୀରେ ପୁନଃସର୍ଜନା କରି "Longing" ନାମରେ ଲଣ୍ଡନର "Pimlico Books" ସଂସ୍ଥା ଦ୍ୱାରା ପ୍ରକାଶିତ ହୋଇ କବିତାଗୁଡ଼ିକ କଳାତ୍ମକ ଓ ସୌନ୍ଦର୍ଯ୍ୟାତ୍ମକ ହୋଇଥିବା ସହିତ ବହିଟିରେ ଲେଖକଙ୍କର ନିଜସ୍ୱ ରେଖାଙ୍କିତ ଚିତ୍ର ସବୁ ଆଦରଣୀୟ କରିଛି।

ମା'ଙ୍କର ଦେହାବସାନ ଓ ୨୦୧୦ ମସିହାରେ ସବୁଠୁ ଅନ୍ତରଙ୍ଗ ସାଙ୍ଗ Derek Mooreଙ୍କ ମୃତ୍ୟୁ ତାଙ୍କୁ ଗଭୀର ଭାବେ ଆନ୍ଦୋଳିତ କରିଥିଲା। ସେମାନଙ୍କ ସ୍ମୃତିରେ ୨୦୧୨ ମସିହାରେ ଲଣ୍ଡନର Pimlico Books ଦ୍ୱାରା ପ୍ରକାଶିତ ହୋଇଥିଲା "Sunya" ଏଥିରେ ତାଙ୍କର କେତୋଟି ସୁନ୍ଦର ତାନ୍ତ୍ରିକ ଛବି ସହିତ ଏକ ଦୀର୍ଘ ମୁଖବନ୍ଧ ଛପାଯାଇଛି।

ଶ୍ରୀ ପ୍ରଫୁଲ୍ଲ ମହାନ୍ତିଙ୍କର ଅଗଣିତ ଲେଖା ଓ ପ୍ରବନ୍ଧ ଇଂରାଜୀ ଓ ଓଡ଼ିଆ ଭାଷାରେ ଦେଶ ଓ ଦେଶ ବାହାରେ ପ୍ରକାଶିତ ହୋଇଛି। ଶ୍ରୀ ମହାନ୍ତିଙ୍କର ସାହିତ୍ୟ ଓ ଚିତ୍ରକଳା ଉଲ୍ଲେଖନୀୟ ଅବଦାନ ପାଇଁ ରେଭେନ୍‌ସା ବିଶ୍ୱବିଦ୍ୟାଳୟ ଓ ଉତ୍କଳ ସଂସ୍କୃତି ବିଶ୍ୱବିଦ୍ୟାଳୟ ତାଙ୍କୁ ସମ୍ମାନଜନକ ଡି.ଲିଟ୍. ଉପାଧିରେ ଅଳଙ୍କୃତ କରିଛନ୍ତି। ଇମ୍ପା ସଂସ୍ଥା ପକ୍ଷରୁ ଚଳିତବର୍ଷ ଶ୍ରୀ ମହାନ୍ତିଙ୍କୁ ଇଲା-ବଂଶୀଧର ପଣ୍ଡା କଳାସମ୍ମାନ ୪୩ ତମ ଶାରଳା ପୁରସ୍କାର ଉତ୍ସବରେ ପ୍ରଦାନ କରାଯାଇଛି। ସୁଲେଖକ ଶ୍ରୀ ମହାନ୍ତି କେବଳ ଜଣେ ପ୍ରଖ୍ୟାତ ଲେଖକ ନୁହନ୍ତି, ସେ ମଧ୍ୟ ଜଣେ ଆନ୍ତର୍ଜାତୀୟ ଖ୍ୟାତିସଂପନ୍ନ ଚିତ୍ରକର। ତାଙ୍କର ଲେଖା ପରି ଚିତ୍ରଗୁଡ଼ିକ ମଧ୍ୟ ଗାଁ ସଂସ୍କୃତିକୁ ଭିତ୍ତିକରି ସୃଷ୍ଟି ହୋଇଛି। ଗାଁ ହିଁ ତାଙ୍କ ଚିତ୍ରକଳାର ଉତ୍ସ। ପୃଥିବୀର ବିଭିନ୍ନ ପ୍ରାନ୍ତରରେ ଯଥା- ଇଉରୋପ, ଆମେରିକା, ଜାପାନ, ପ୍ୟାରିସ୍, ଇଟାଲି, ଲଣ୍ଡନ ଓ ଭାରତରେ ସେ ନିଜସ୍ୱ ଏକକ ଚିତ୍ର ପ୍ରଦର୍ଶନୀ କରିପାରି ସଫଳତା ଅର୍ଜନ କରିଛନ୍ତି। ପୃଥିବୀର ପ୍ରଖ୍ୟାତ ମିଉଜିୟମ୍ ଓ ଗ୍ୟାଲେରୀମାନଙ୍କରେ ଯଥା, ବ୍ରିଟିସ ମିଉଜିଅମ୍, ନେସନାଲ ଗ୍ୟାଲେରୀ ଅଫ୍ ମଡର୍ଣ୍ଣ ଆର୍ଟ, ଲଳିତକଳା ଏକାଡେମୀ, ଲିଡସ୍ ସିଟି ଆର୍ଟ ଗ୍ୟାଲେରୀ, ୱାକଫିଲ୍‌ଡ ସିଟି ଆର୍ଟ ଗ୍ୟାଲେରୀ, ବ୍ରାଇଟନ ଆର୍ଟ ଗ୍ୟାଲେରୀ, ଲିଡସ୍ ବିଶ୍ୱବିଦ୍ୟାଳୟ, ସସେକ୍ସ ବିଶ୍ୱବିଦ୍ୟାଳୟ, କେଣ୍ଟ ବିଶ୍ୱବିଦ୍ୟାଳୟ, ମ୍ୟୁଜିୟମ୍ ଅଫ୍ ମଡର୍ଣ୍ଣ ଆର୍ଟ, ବରକେଲ୍ ଏକାଡେମୀ ଅଫ୍ ଫାଇନ୍ ଆର୍ଟ, ଏୟାର ଇଣ୍ଡିଆ, ନେସନାଲ୍ ସିଟି ବ୍ୟାଙ୍କ, ମାନିଲା, ଆଇ.ସି.ସି.ଆର୍ ଓ ଉଭୟ ଭାରତ ଓ ବିଦେଶରେ କଳାପିପାସୁ ବ୍ୟକ୍ତିଙ୍କ ବାସଭବନରେ ପ୍ରଫୁଲ୍ଲ ମହାନ୍ତିଙ୍କ ପ୍ରଖ୍ୟାତ ଚିତ୍ରଗୁଡ଼ିକ ସ୍ଥାନିତ ହୋଇଛି।

ଦୀର୍ଘ ଛଅ ଦଶନ୍ଧିରୁ ଊର୍ଦ୍ଧ୍ୱ ବର୍ଷ ଧରି ଲଣ୍ଡନରେ ରହି ଆସୁଥିଲେ ସୁଦ୍ଧା ଶ୍ରୀ ପ୍ରଫୁଲ୍ଲ ମହାନ୍ତି ତାଙ୍କ ଗାଁ, ଗାଁର ସଂସ୍କୃତି, ପ୍ରଥା ଓ ଭାଷା ସହିତ ଓତପ୍ରୋତ ଭାବେ ଜଡ଼ିତ। ନିଜର ଶାରୀରିକ ଅସୁସ୍ଥତା ସତ୍ତ୍ୱେ ପ୍ରତିବର୍ଷ ସେ ଅତିକମ୍‌ରେ ତିନିରୁ ଚାରିମାସ ପାଇଁ ଲଣ୍ଡନରୁ ଆସି ଗାଁରେ ରୁହନ୍ତି। ଗାଁର ପ୍ରତ୍ୟେକ ଲୋକଙ୍କର ସେ ଦୁଃଖ ସୁଖର ସାଥୀ। ସମୟ ଅସମୟରେ ଗାଁର ଲୋକମାନଙ୍କୁ ସବୁ ପ୍ରକାର ସହାୟତାର ହାତ ବଢ଼ାଇଥାନ୍ତି। ଗାଁ ଲୋକଙ୍କୁ ନେଇ ପ୍ରତିବର୍ଷ ସେ ଉତ୍ସବ ପାଳନ କରନ୍ତି ଓ ସେଥିରେ ପାରମ୍ପରିକ କଳା ଯଥା, ପାଲା, ଦାସକାଠିଆ, କଣ୍ଢେଇ ନାଚ ଇତ୍ୟାଦି ପ୍ରଦର୍ଶିତ କରାନ୍ତି। ଗାଁର ସ୍ତ୍ରୀ ଲୋକମାନଙ୍କୁ ଗୀତ ଗାଇବା ଓ ଚିତ୍ର ଆଙ୍କିବା ପାଇଁ ପ୍ରୋତ୍ସାହନ ଦିଅନ୍ତି। ଗାଁର ଗରିବ ଓ ଅଭାବୀ ପିଲାମାନଙ୍କ ପାଇଁ ୧୯୯୫ ମସିହାରୁ ଏକ ବିଦ୍ୟାଳୟ ସ୍ଥାପନ କରି ସମସ୍ତ ଖର୍ଚ୍ଚ ବହନ କରୁଛନ୍ତି। ଏହି ବିଦ୍ୟାଳୟରେ ପିଲାମାନେ ତାଙ୍କ ପାଠ ସହିତ ସଙ୍ଗୀତ, ନାଚ, ଚିତ୍ର ଆଙ୍କିବା ଓ କମ୍ପ୍ୟୁଟର ତାଲିମ ଆଦି ଶିକ୍ଷା ଲାଭ କରନ୍ତି। ଏପରିକି ଏବେ ବି ପରିଣତ ବୟସ ଓ ଖରାପ ସ୍ୱାସ୍ଥ୍ୟାବସ୍ଥା ସତ୍ତ୍ୱେ ଗାଁକୁ ଆସିବାକୁ ସେ ଭୁଲି ନାହାନ୍ତି। ଗାଁକୁ ସେ ନିବିଡ଼ ଭାବରେ ଭଲ ପା'ନ୍ତି ଓ ଗାଁର ଲୋକମାନେ ତାଙ୍କୁ ମଧ୍ୟ ସ୍ନେହଶ୍ରଦ୍ଧା ଅଜାଡ଼ିଦିଅନ୍ତି। ଗାଁ ଲୋକମାନଙ୍କର ଏହି ସ୍ନେହ, ଶ୍ରଦ୍ଧା, ଭଲ ପାଇବା; ଲେଖିବାକୁ ଓ ଚିତ୍ର ଆଙ୍କିବାକୁ ତାଙ୍କୁ ଶକ୍ତି ଯୋଗାଏ ଓ ଗାଁ ମାଟିକୁ ଟାଣିଆଣେ। ଲଣ୍ଡନର ସ୍ଥାୟୀ ବାସିନ୍ଦା ପ୍ରଫୁଲ୍ଲ ମହାନ୍ତି ଦ୍ୱୈତ ନାଗରିକ ଭାବରେ ଭାରତ ପ୍ରତିବର୍ଷ ଆସିଥାନ୍ତି। ସେ ଭାରତମାଟିରେ ପହଞ୍ଚିଲା ପରେ ଅପୂର୍ବ ଆନନ୍ଦ ଅନୁଭବ କରନ୍ତି। ତାଙ୍କ ଭାଷାରେ "ମୁଁ ପ୍ରତିବର୍ଷ ନିଶ୍ଚୟ ତିନି ଚାରିମାସ ପାଇଁ ଦେଶ ଭାରତକୁ ଆସେ। ସେହି ସମୟରେ ଗାଁରେ ପ୍ରାୟତଃ ସମୟ କଟାଏ। ଗାଁର କି ଅନନ୍ୟ ଅନୁଭୂତି ସତେ! ଲଣ୍ଡନରୁ ଆସେ ନିରୋଳା ସ୍ନେହ, ଶ୍ରଦ୍ଧା, ପ୍ରେମ ଓ ସୁନ୍ଦର ସୂର୍ଯ୍ୟ କିରଣ ପାଇଁ ଗାଁକୁ। ବୟସାଧିକ୍ୟ ହେତୁ ସମୟ ସମୟରେ ଅସୁସ୍ଥ ମୁଁ ହୋଇଥାଏ। କିନ୍ତୁ ମୁଁ ମୋ ଗାଁ ଜନ୍ମ ମାଟିରେ ପହଞ୍ଚିଗଲେ ସୁସ୍ଥ, ସତେଜ ହୋଇଉଠେ। ଶରୀରରେ ଖେଳିଯାଏ ଅପୂର୍ବ ଶିହରଣ- ଯାହା ଭାଷାରେ ପ୍ରକାଶ କରିହେବ ନାହିଁ। କିନ୍ତୁ ଗାଁରେ ଏବେ ଧୂଳି, ମାଟି ପରିବର୍ତ୍ତେ ଅଛି ସିମେଣ୍ଟ, କଂକ୍ରିଟର ରାସ୍ତା। ସୁନ୍ଦର କଇଁପୋଖରୀ ଓ ରୂପାଜହ୍ନ ପଡୁଥିବା ସ୍ୱଚ୍ଛ ପାଣିର ଘୋର ଅଭାବ ମୋତେ ବ୍ୟଥିତ କରୁଛି।" ଗାଁ ରକ୍ଷା ହେଲେ ଦେଶ ସର୍ବାଙ୍ଗ ସୁନ୍ଦର ହୋଇପାରିବ ବୋଲି ସେ କହନ୍ତି। ସବୁଠାରୁ ବିସ୍ମୟକର କଥା ହେଲା ଈଶ୍ୱର ଏକ ଦୃଢ଼ ମନୋବଳ ଓ ମୌଳିକ ସୃଜନଶୀଳ ଶକ୍ତି ତାଙ୍କୁ ଆଶୀର୍ବାଦ କରିଛନ୍ତି। ପ୍ରଫୁଲ୍ଲ ମହାନ୍ତିଙ୍କ କୃତି ଓ ସୃଷ୍ଟି ସମ୍ପୂର୍ଣ୍ଣ ଭାବେ

ମୌଳିକ ଓ ନୂତନ। ସେ ହିଁ ତାଙ୍କ ନିଜପରି। ଅନ୍ୟ କେହି ତାଙ୍କ ପରି ହୋଇ ପାରିବେ ନାହିଁ କିମ୍ବା ସେ ଅନ୍ୟ କାହାରି ପରି ହୋଇ ପାରିବେ ନାହିଁ।

ଏପରି ଜଣେ ଅନନ୍ୟ ଓ ଅସାଧାରଣ ପ୍ରତିଭାଙ୍କୁ କେନ୍ଦ୍ର ସାହିତ୍ୟ ଏକାଡେମୀ ଏହାର ସବୁଠାରୁ ଶ୍ରେଷ୍ଠ ସମ୍ମାନରେ ଭୂଷିତ କରିଥିବାରୁ ଓଡ଼ିଶା ପାଇଁ ଏକ ଗର୍ବ ଓ ଗୌରବର କଥା।

■

ପ୍ରଫେସର, କିସ୍ ବିଶ୍ୱବିଦ୍ୟାଳୟ, ଭୁବନେଶ୍ୱର

ଶବ୍ଦ ଓ ତୂଳୀର ଅସାମାନ୍ୟ ରୂପକାର: ପ୍ରଫୁଲ୍ଲ ମହାନ୍ତି

ଶୁଭେନ୍ଦୁ କୁମାର ଭୂୟାଁ

ନାନପୁରରୁ ଲଣ୍ଡନ।

ଭୌଗୋଳିକ ସୀମାରେଖାରେ ମାପିଲେ ଏଇ ଦୁଇଟି ଭିନ୍ନ ଉପମହାଦେଶ ଅଂଚଳର ଦୂରତା ହେବ ପ୍ରାୟ ସାତରୁ ଆଠ ହଜାର ମାଇଲ! କିନ୍ତୁ ଏଇ ଦୀର୍ଘତମ ଦୂରତା କେବେ ପୃଥିବୀର ଦୁଇଟି ପୃଥକ ଜନପଦକୁ ଆତ୍ମିକ ଦିଗରୁ ବିଛିନ୍ନ କରିପାରି ନାହିଁ। ନାନପୁର ହେଉଛି- ଭାରତବର୍ଷର ଏକ ନିପଟ ମଫସଲ ଗାଁ। ଓଡ଼ିଶାର ପଲ୍ଲୀଜନପଦର ସବୁତକ ବିଭୋର ସ୍ମୃତିରେ ଭରା ବହୁରୂପା ବିରୂପା ନଈକୂଳର ସ୍ମୃତିବିଜଡ଼ିତ ଏକ ଗାଁ। କିନ୍ତୁ ଲଣ୍ଡନ ହେଉଛି ବିଶ୍ୱର ଏକ ବିକଶିତ ରାଷ୍ଟ୍ରର ରାଜଧାନୀ। ହଜାର ହଜାର ମାଇଲ ଦୂରତାକୁ ଅତିକ୍ରମ କରୁଥିବା ଏହି ଦୁଇ ବିପରୀତମୁଖୀ ଜନପଦ ଭିତରୁ ଗୋଟିଏ ହେଉଛି ପୃଥିବୀର ପୂର୍ବ ଏବଂ ଅପରଟି ପଶ୍ଚିମ ଦିଗରେ। ଅଥଚ ସଭ୍ୟତା, ସଂସ୍କୃତି ଓ ଐତିହ୍ୟର ପରିଚୟରେ ବିକଶିତ ଦୁଇଟି ଭିନ୍ନ ଇଲାକା। ଦୀର୍ଘ ୬୩ ବର୍ଷ ଧରି ଏଇ ଦୁଇ ଇଲାକା ଭିତରେ ଭାଗବତ, ଆତ୍ମିକ, ସାମାଜିକ, ସାହିତ୍ୟିକ ଓ କଳାତ୍ମକ ଯୋଗସୂତ୍ରର ଯିଏ ସଫଳ ସୂକ୍ଷ୍ମ ସୂତ୍ରଟିଏ ବାନ୍ଧି ପାରିଛନ୍ତି - ସେ ହେଉଛନ୍ତି ପ୍ରଫୁଲ୍ଲ ମହାନ୍ତି। ଓଡ଼ିଶା ମାଟିରେ ପ୍ରଫୁଲ୍ଲ ମହାନ୍ତି ନାମଧାରୀ ବିଖ୍ୟାତ ମଣିଷମାନଙ୍କ ତାଲିକା ବେଶ୍ ଦୀର୍ଘ। କିନ୍ତୁ ଲଣ୍ଡନରେ ରହି ଚିରକାଳ ଓଡ଼ିଶାର ମାଟି, ପାଣି ଓ ପବନକୁ ଛୁଁରି ହେଉଥିବା ବିଖ୍ୟାତ ଲେଖକ, ଆନ୍ତର୍ଜାତିକ ଖ୍ୟାତିସଂପନ୍ନ ଚିତ୍ରଶିଳ୍ପୀ ଓ

ବିଶିଷ୍ଟ ସ୍ଥପତି ପ୍ରଫୁଲ୍ଲ ମହାନ୍ତିଙ୍କ ପରିଚୟ ସ୍ୱତନ୍ତ୍ର ଯାହା ଅନେକଙ୍କ ନିକଟରେ ଆଜି ବି ଅଜଣା ! ଏହାହିଁ ବିସ୍ମୟ।

ପୃଥିବୀର ଅନେକ ଲୋକ ନାମ, ଯଶ ଓ ଅର୍ଥ ଅର୍ଜନ ପାଇଁ ଆଜି ପ୍ରବାସରେ। ସେମାନଙ୍କ ଭିତରୁ ଅନେକ ବି ବିଦେଶ ମାଟିର ନାଗରିକତ୍ୱ ଗ୍ରହଣ କରିସାରିଛନ୍ତି। ସ୍ୱଦେଶରେ ସେମାନଙ୍କ ଜନ୍ମମାଟି, ପରିବାର ଓ ଆତ୍ମୀୟସ୍ୱଜନ ରହୁଥିଲେ ବି ପ୍ରବାସର ବର୍ଣ୍ଣାଢ଼୍ୟ ଓ ମହାର୍ଘ ସୁଖ ସେମାନଙ୍କୁ ଦେଶାନ୍ତରୀ କରିଛି। ନିଜ ଜନ୍ମଭୂମିର ମୋହ, ସ୍ନେହ ଓ ଆଦରକୁ ଭୁଲି ଅନେକ ଭାରତୀୟ ଆଜି ପାଶ୍ଚାତ୍ୟ ମୁହାଁ। ଯେଉଁ ଗାଁ ମାଟିର ମଧୁରିମା, ଯେଉଁ ଜନ୍ମଭୂମିର ବିସ୍ତୀର୍ଣ୍ଣ ପରିଚୟ ଏବଂ ଯେଉଁ ମାତୃଭାଷାର ପରିଚୟ ଆଜି ସେମାନଙ୍କୁ ଏତେବଡ଼ କରିଛି- ସେମାନଙ୍କ ଭିତରୁ ଆଜି ଅନେକ ବିଦେଶକୁ ନିଜର ସ୍ଥାୟୀ କର୍ମଭୂଇଁ କରି ସାରିଛନ୍ତି। ସେମାନଙ୍କ ଜୀବନର ଚଲାପଥରୁ କ୍ରମଶଃ ଦୂରେଇ ଯାଇଛି ସେମାନଙ୍କର ଗାଁ ମାଟି, ପିଲାଦିନର ପରିଚୟ ଓ ଆତ୍ମୀୟ-ସ୍ୱଜନ-ସୋଦରମାନଙ୍କ ସ୍ନେହ ଓ ପ୍ରେମର ପରିଭାଷା। କିନ୍ତୁ କର୍ମଦାୟରେ ପ୍ରବାସରେ ରହୁଥିବା ଅନେକ ବିଖ୍ୟାତ ମଣିଷ ଆଜି ବି ଝୁରି ହୁଅନ୍ତି ନିଜ ମାତୃଭୂମି ଓ ମାତୃଭାଷାକୁ। ଦୀର୍ଘ ଛଅ ଦଶନ୍ଧିରୁ ଊର୍ଦ୍ଧ୍ୱ ସମୟ ଧରି ଲଣ୍ଡନରେ ରହୁଥିବା ବିଶିଷ୍ଟ ସାହିତ୍ୟିକ ଓ ଚିତ୍ରଶିଳ୍ପୀ ପ୍ରଫୁଲ୍ଲ ମହାନ୍ତି ଏ ଦୃଷ୍ଟିରୁ ଜଣେ ନିଆରା ଓ ବ୍ୟତିକ୍ରମ ମଣିଷ ନିଶ୍ଚୟ। ଇଂଲଣ୍ଡର ନାଗରିକତ୍ୱ ଗ୍ରହଣ କରିଥିଲେ ମଧ୍ୟ ନିଜ ଗାଁକୁ କେବେ ଭୁଲି ନାହାନ୍ତି ସେ। ପ୍ରତିବର୍ଷ ଶୀତ ଆସିବା ବେଳକୁ ସେ ଓଡ଼ିଶା ଆସନ୍ତି। ଯାଜପୁର ଜିଲ୍ଲା ବଡ଼ଚଣା ନିର୍ବାଚନମଣ୍ଡଳୀର ବିରୂପା ନଈକୂଳର ତାଙ୍କ ଜନ୍ମମାଟି ନାନପୁର ଗାଁ ପାଲଟି ଯାଏ ତାଙ୍କ ପାଇଁ ଭିନ୍ନ ଏକ ସ୍ମୃତିର ନିବାସ। ସେଠି ତାଙ୍କର ମନେପଡ଼େନା ପ୍ରବାସର ଯାବତୀୟ ସୁଖ, ସ୍ୱାଚ୍ଛନ୍ଦ୍ୟ ଓ ଆଧୁନିକ ଜୀବନଚର୍ଯ୍ୟାର ସଙ୍ଗୀତ ସବୁ। ଗାଁର ପରିବେଶ, ବିସ୍ତୀର୍ଣ୍ଣ ପରିସର, ବିରୂପା ନଈର ଧାର, ପୂର୍ଣ୍ଣିମାର ତୋଫା ଜହ୍ନ, ନାନପୁର ହାଟପଡ଼ିଆ, ପୋଖରୀର କଇଁଫୁଲ, ଗାଁ ବଧୂର ଓଢ଼ଣୀ ଓ ମଥାର ଗୋଲ ଗୋଲ ସିନ୍ଦୁର ବିନ୍ଦୁ, ବୁଢ଼ା ବରଗଛ ଓ ତାଳଗଛ, ଗାଁ ପୋଖରୀରେ କାଚକେନ୍ଦୁ ଭଳି ପାଣି ଓ ମାଛମାନଙ୍କର ଖେଳ ଆଜି ସାତସପନ ହୋଇଯାଇଥିଲା ବେଳେ ଏସବୁ ମନେ ପକାଇ ଦୁଃଖରେ ଭାଙ୍ଗିପଡ଼ନ୍ତି ଏହି ପ୍ରବାସୀ ଲେଖକ। ଗାଁକୁ ଦୁଇଭାଗ କରି ହରିଦାସପୁର-ପାରାଦ୍ୱୀପ ରେଳଲାଇନରେ ଚଳାଚଳ କରୁଥିବା ଭୟଙ୍କର ଯନ୍ତ୍ର ଦାନବର କର୍କଶଧ୍ୱନି ତାଙ୍କର ନିଦ୍ରାଭଗ୍ନ ଓ ସ୍ୱପ୍ନଭଗ୍ନର କାରଣ ପାଲଟି ଯାଇଛ ଆଜିକାଲି। ଗାଁର ବିବର୍ଣ୍ଣ ଓ ଧୂସର ପରିବେଶ, ଗ୍ରାମ୍ୟ ଜୀବନରେ ଆଧୁନିକତାର ଅନୁପ୍ରବେଶ ଓ ଲୋକ ଚରିତ୍ରର ପରିବର୍ତ୍ତନ ତାଙ୍କୁ କେବଳ ଆଶ୍ଚର୍ଯ୍ୟ କରେନା, ଘୋର କଷ୍ଟ ଦିଏ ବୋଲି ସେ କହନ୍ତି।

ଷାଠିଏ ବର୍ଷ ତଳର ଅନେକ ଦୁଃଖଦ ସ୍ମୃତି ତାଙ୍କ ମନ ଆଇନାରେ ଉଦ୍‌ଭାସିତ ହୋଇଉଠେ। ୧୯୬୦ ମସିହାରେ ମୁମ୍ବାଇ ସହରରେ ପ୍ରସିଦ୍ଧ ଜେ.ଜେ.ଆର୍ଟସ୍ ସ୍କୁଲରୁ ସ୍ଥାପତ୍ୟ ବିଦ୍ୟାରେ ସ୍ନାତକ ପାଠ୍ୟକ୍ରମ ଶେଷ କରନ୍ତି ସେ । ଏହାପରେ ଉଚ୍ଚତର ଅଧ୍ୟୟନ ପାଇଁ ଯାଆନ୍ତି ଲଣ୍ଡନ। ତାଙ୍କର ସ୍ୱପ୍ନ ଥିଲା, ପାଠପଢ଼ା ଶେଷ ହେବାପରେ ସେ ଭାରତ ଫେରି ଆସିବେ ଏବଂ ଏଠାକାର ଗ୍ରାମଗୁଡ଼ିକୁ ସେ ବିକଶିତ ଢଙ୍ଗରେ ଗଢ଼ିବେ। ଏଇ ସ୍ୱପ୍ନକୁ ସାକାର କରିବା ପାଇଁ ସେ ଲଣ୍ଡନରୁ ସିଧା ତତ୍‌କାଳୀନ ଭାରତର ରାଷ୍ଟ୍ରପତି ସର୍ବପଲ୍ଲୀ ରାଧାକ୍ରିଷ୍ଣନଙ୍କ ପାଖକୁ ଖଣ୍ଡିଏ ଆବେଦନପତ୍ର ସଂବଳିତ ଚିଠି ଲେଖିଲେ। ରାଷ୍ଟ୍ରପତି ମହୋଦୟ ତାଙ୍କର ସେହି ପତ୍ରଟିକୁ ଭାରତର ଯୋଜନା କମିଶନ ଏବଂ ଲଣ୍ଡନସ୍ଥିତ ଭାରତୀୟ ହାଇକମିଶନରଙ୍କ କାର୍ଯ୍ୟାଳୟକୁ ପଠାଇ ଦେଇ ଶ୍ରୀ ମହାନ୍ତିଙ୍କୁ ସାକ୍ଷାତ୍‌କାର ପାଇଁ ଡକାଇବାକୁ ପରାମର୍ଶ ଦେଇଥିଲେ। ଭାରତୀୟ ହାଇକମିଶନର କର୍ତ୍ତୃପକ୍ଷ ଚିଠିଟି ପାଇ ତାଙ୍କୁ ଡକାଇଲେ। ଜଣେ ଅଧିକାରୀ ବେଶ୍ ତାଚ୍ଛଲ୍ୟଭରା ସ୍ୱରରେ ତାଙ୍କୁ କହିଲେ- 'ତୁମେ କ'ଣ ଜାଣିନ, ଆମେ ଏଠାରେ ଅଛୁ! ସିଧା ରାଷ୍ଟ୍ରପତିଙ୍କ ପାଖକୁ ଚିଠି ଲେଖିଦେଲ?' ଏହାପରେ ନିରାଶ କଲାଭଳି ଅନେକ କଥା କହିବା ପରେ ପଚାରିଲେ, ଲଣ୍ଡନରେ ତୁମ ଅଭିଜ୍ଞତା ଓ ଯୋଗ୍ୟତା ସଂପର୍କରେ କିଏ ପ୍ରମାଣ ପତ୍ର ଦେଇପାରିବେ କି? ପ୍ରଫୁଲ୍ଲ ବାବୁ ହାଇକମିଶନଙ୍କ କାର୍ଯ୍ୟାଳୟରୁ ଫେରି ଦଶ ପନ୍ଦର ଜଣ ବିଶିଷ୍ଟ ବ୍ୟକ୍ତିଙ୍କ ସୁପାରିଶ ପତ୍ର ଆଣି ସେମାନଙ୍କୁ ଦେଲାପରେ ଦିଲ୍ଲୀସ୍ଥିତ ଯୋଜନା କମିଶନରେ ତାଙ୍କୁ ନିଯୁକ୍ତି ଦିଆଯିବ ବୋଲି କହିଲେ। କିନ୍ତୁ ପ୍ରଫୁଲ୍ଲ ବାବୁ ଚାହୁଁଥିଲେ ତାଙ୍କୁ ଓଡ଼ିଶାରେ କିଛି କାର୍ଯ୍ୟ କରିବାକୁ ଦିଆଯାଉ। ତେଣୁ ସେ ଲଣ୍ଡନ ହାଇକମିଶନ କର୍ତ୍ତୃପକ୍ଷଙ୍କ କଥାରେ ବିଶେଷ ଆଗ୍ରହ ପ୍ରକାଶ କଲେ ନାହିଁ। ଏଥର ସେ ଓଡ଼ିଶା ଫେରିଆସି ଡକ୍ଟର ହରେକୃଷ୍ଣ ମହତାବଙ୍କୁ ଭେଟିଲେ। ତାଙ୍କର ଏଇ ଚିନ୍ତାଧାରାକୁ ମହତାବ ପ୍ରଶଂସା କରିବା ସହିତ ତତ୍‌କାଳୀନ ମୁଖ୍ୟମନ୍ତ୍ରୀଙ୍କୁ ଦେଖା କରିବାକୁ ପରାମର୍ଶ ଦେଲେ। ମୁଖ୍ୟମନ୍ତ୍ରୀଙ୍କୁ ଭେଟିବାକୁ ତାଙ୍କୁ ତିନିଦିନ ଲାଗିଲା। ଏହାପରେ ରାଜ୍ୟପାଳଙ୍କୁ ଭେଟିବାକୁ ଗଲେ। ସାକ୍ଷାତ ପାଇଁ ଯେଉଁ ପାଂଚମିନିଟ୍ ସମୟ ମିଳିଥିଲା, ରାଜ୍ୟପାଳ ମହୋଦୟ ଅନ୍ୟ କାହା ସହିତ କଥା ହେଉ ହେଉ ସେହି ସମୟ ଗଡ଼ିଗଲା। ଏଥିରେ ହତୋତ୍ସାହିତ ହୋଇ ପ୍ରଫୁଲ୍ଲ ବାବୁ ପୁଣି ଲଣ୍ଡନ ଫେରିବାକୁ ମନସ୍ଥ କଲେ। ସେ ଭାବିଲେ ଏଠାକାର ପରିବେଶ ଓ ପରିସରରେ ସେ ହୁଏତ ଠିକ୍ ଭାବେ କାର୍ଯ୍ୟ କରିପାରିବେ ନାହିଁ। ଜୀବନର ପ୍ରାରମ୍ଭରେ ଏଭଳି ତିକ୍ତ ଅନୁଭୂତି ଓ ଅଭିଜ୍ଞତା ତାଙ୍କୁ ଲଣ୍ଡନ ଫେରିଯିବାକୁ ବାଧ୍ୟ କରିଥିଲା! ଅନେକ ବର୍ଷ ଧରି ଓଡ଼ିଶାରେ ଦ୍ରୁତ ବୃଦ୍ଧି କରୁଥିବା ସହରଗୁଡ଼ିକର ବିକାଶ ପାଇଁ ସେ ଅନେକ

ଯୋଜନାବଦ୍ଧ ସୁପରାମର୍ଶ ଚିଠି ଦ୍ୱାରା ଜଣାଇଥିଲେ ମଧ୍ୟ କେହି ତାଙ୍କ କଥାକୁ କର୍ଣ୍ଣପାତ କରିନଥିଲେ। କଟକ ଓ ଭୁବନେଶ୍ୱର ଭଳି ରାଜ୍ୟର ଦୁଇଟି ପୁରାତନ ନଗରୀ ପରସ୍ପର ମିଶିଯିବାକୁ ବସିଥିଲା ବେଳେ ତା'ର ଉନ୍ନତି ବଦଳରେ କେବଳ ଗୁଡ଼ିଏ ବସ୍ତି ଗଢ଼ିବା ଦେଖି ସେ ଦୁଃଖ ପାଇଛନ୍ତି। ଚଣ୍ଡିଖୋଲ ଭଳି ରାଜ୍ୟର ଏକ ଗୁରୁତ୍ୱପୂର୍ଣ୍ଣ ଅଂଚଳ ବିକଶିତ ହେଉଥିଲା ବେଳେ ତା' ପାଇଁ ମଧ୍ୟ କିଛି ଯୋଜନାର ନକ୍ସା ତିଆରି ହୋଇନି। କଟକ ସହର ଏକ ଖୋଲା ନର୍ଦ୍ଦମାର ସହରରେ ପରିଣତ ହୋଇଛି। ଏସବୁର ଆଖିଦେଖା ଦୁଃଖ ତାଙ୍କ ଜୀବନକୁ ସବୁବେଳେ ଆନ୍ଦୋଳିତ କରି ଆସିଛି ବୋଲି ସେ କୁହନ୍ତି।

ଆଲୋଚନା ବେଳେ ପ୍ରଫୁଲ୍ଲବାବୁ କହନ୍ତି, ଗୋଟିଏ ଜନମଙ୍ଗଳ ରାଷ୍ଟ୍ରର କର୍ତ୍ତବ୍ୟ କ'ଣ, ତାହା ଇଂଲଣ୍ଡ ଦେଶରୁ ଶିଖିବାର ଅଛି। ସେ ଦେଶରେ ପିଲାର ଜନ୍ମଠାରୁ ମୃତ୍ୟୁ ପର୍ଯ୍ୟନ୍ତ ସ୍ୱାସ୍ଥ୍ୟର ଯତ୍ନ, ଖାଦ୍ୟ, ଘରଦ୍ୱାର ଏସବୁ ସରକାର ନିଅନ୍ତି, ଏପରିକି ୧୬ବର୍ଷ ପରେ କେହି ରୋଜଗାରକ୍ଷମ ନହେଲେ ସରକାର ଭତ୍ତା ଦିଅନ୍ତି। ମାଧ୍ୟମିକ ସ୍ତର ପର୍ଯ୍ୟନ୍ତ ପିଲାମାନଙ୍କୁ ବିନା ମୂଲ୍ୟରେ ଶିକ୍ଷା ଦିଆଯାଇଥାଏ। ବରିଷ୍ଠ ନାଗରିକମାନଙ୍କୁ ସକାଳ ନ'ଟାରୁ ରାତି ବାରଟା ପର୍ଯ୍ୟନ୍ତ ମାଗଣା ପରିବହନ, ବାର୍ଦ୍ଧକ୍ୟଭତ୍ତା ଇତ୍ୟାଦି ପ୍ରଦାନ କରାଯାଇଥାଏ। ସେ ପୁଣି କୁହନ୍ତି- ଗୋଟିଏ ଦେଶର ବିକାଶ ଏବଂ ଜାତିର ଉତ୍‌ଥାନ ପାଇଁ ସମସ୍ତଙ୍କର ସହଭାଗିତା ଜରୁରୀ। ମୋଟ ଉପରେ ସମସ୍ତେ କଠିନ ପରିଶ୍ରମୀ ଓ କର୍ତ୍ତବ୍ୟପରାୟଣ ହେବା ଉଚିତ।

ଜଣେ ସାରସ୍ୱତ ସ୍ରଷ୍ଟା ଓ ବିଶେଷକରି ସୃଜନଶୀଳ ମଣିଷ ଭାବରେ ତାଙ୍କର ରହିଛି ବିଶେଷ ପରିଚୟ। ଦୀର୍ଘକାଳ ଧରି ବିଲାତରେ ରହି ମଧ୍ୟ ନିଜ ଜନ୍ମଭୂମିକୁ ସେ ଭୁଲିପାରି ନାହାନ୍ତି। ଗ୍ରାମର ମହିଳା, ଯୁବକ ଓ ପିଲାମାନଙ୍କ ପାଇଁ କିଛି କରିବାର ସଂଭାବନା ତାଙ୍କ ପାଖରେ ସବୁବେଳେ ରହିଛି । ପ୍ରଫୁଲ୍ଲ ବାବୁଙ୍କ ପ୍ରଥମ ପୁସ୍ତକଟିର ନାଁ 'ମାଇଁ ଭିଲେଜ, ମାଇଁ ଲାଇଫ୍'। ଇଂରାଜୀ ଭାଷାରେ ଲିଖିତ ଏହି ପୁସ୍ତକଟି ଦେଶବିଦେଶର ପ୍ରଚୁର ପ୍ରଶଂସା ଓ ପ୍ରସିଦ୍ଧି ସାଉଁଟିଛି। ବିଶେଷକରି ଏହି ପୁସ୍ତକର ପ୍ରକାଶନ ପରେ ଇଂଲଣ୍ଡର ପ୍ରସିଦ୍ଧ ଗଣମାଧ୍ୟମ ସଂସ୍ଥା ବି.ବି.ସି. ଏହା ଉପରେ ଏକ ବୃତ୍ତଚିତ୍ର ନିର୍ମାଣ କରିବାପାଇଁ ନାନପୁର ଗାଁକୁ ଆସିଥିଲା। ଗାଁର ଜନଜୀବନ, ଗାଁ ମାଟିର ଚିତ୍ର, ଚରିତ୍ର ଓ ବିଭିନ୍ନ ଲୋକଙ୍କ ସାକ୍ଷାତ୍‌କାର ନେଇ ଏହି ଚଳଚ୍ଚିତ୍ର ପ୍ରସ୍ତୁତ ହୋଇଥିଲା ଏବଂ ବିଶ୍ୱସ୍ତରରେ ପ୍ରସାରିତ ହେବାପରେ ଏହା ଏକପ୍ରକାର ଚହଳ ସୃଷ୍ଟି କରିଥିଲା। ଯେଉଁ ଗ୍ରାମବାସୀମାନେ ବି.ବି.ସିର ଏହି ଚଳଚ୍ଚିତ୍ରରେ ସେମାନଙ୍କର ସାକ୍ଷାତ୍‌କାର ଦେଇଥିଲେ ସେମାନଙ୍କୁ ଚଳଚ୍ଚିତ୍ର ନିର୍ମାଣ ବାବଦରେ ଲୟାଇଟି ଦେବା

ଉଚିତ୍ ବୋଲି ପ୍ରଫୁଲ୍ଲ ବାବୁ କହିଥିଲେ। କିନ୍ତୁ ବି.ବି.ସି. ଏହା ପାଳନ କରିନଥିବାରୁ ସେମାନଙ୍କ ବିରୋଧରେ ସେ ମୋକଦ୍ଦମା ରୁଜୁ କରିଥିଲେ। ବି.ବି.ସି. ଇଂଲଣ୍ଡ ସରକାରଙ୍କ ଅଧୀନର ଏକ ଗଣମାଧମ ସଂସ୍ଥା ହୋଇଥିଲେ ମଧ୍ୟ ଲଣ୍ଡନରେ ରହି ପ୍ରଫୁଲ୍ଲବାବୁ ସାହସର ସହିତ ତାଙ୍କ ବିରୋଧରେ ମାମଲା ଦାଏର କରିଥିଲେ। ଏପରିକି ସେ ନିଜ ରୟାଲଟି ଅର୍ଥ ମଧ୍ୟ ବିବିସିକୁ ଫେରାଇ ଦେଇଥିଲେ।

ଗାଁର ଜନଜୀବନ ଓ ତା'ର ଛନ୍ଦପତନ ପ୍ରତି ସବୁବେଳେ ସଂବେଦନଶୀଳ ପ୍ରଫୁଲ୍ଲ ବାବୁଙ୍କ ଲଣ୍ଡନସ୍ଥିତ ୨୦, ସସେକ୍ସ ଷ୍ଟ୍ରୀଟ୍‌ରେ ଥିବା ଘରଟି ଏକ ଦର୍ଶନୀୟ ସ୍ଥାନ। ସେହି ଘରଟି ଏକ ଭାରତୀୟ ଗାଁର ଛବି ଭଳି ଦିଶେ। ଲେଖକ ତାଙ୍କର ପ୍ରତ୍ୟେକଟି ଲେଖାରେ ଓ ପୁସ୍ତକରେ ଭାରତବର୍ଷର ଗ୍ରାମ ସଭ୍ୟତା, ସଂସ୍କୃତି ଓ ପରିଚୟକୁ ସବୁବେଳେ ଖୋଜି ଆସିଛନ୍ତି। ତାଙ୍କ ଲେଖାର ସ୍ୱର ସବୁବେଳେ ଗ୍ରାମୀଣ ଜନଜୀବନର ଚିତ୍ର ଓ ଚରିତ୍ର ସବୁକୁ ନେଇ। ପଲ୍ଲୀ ଜୀବନର ଅନନ୍ୟ ପରିଚୟର ସ୍ୱାକ୍ଷର ତାଙ୍କ ଲେଖନୀକୁ କରିଛି ଅଧିକ ସମୃଦ୍ଧ ଓ ବିକଶିତ। ପରିବର୍ତ୍ତନ ଜୀବନଶୈଳୀ, ଆଧୁନିକତାର ଅନୁପ୍ରବେଶ କିଭଳି ସମୟ ସହିତ ଗାଁ ମାଟିର ଚିତ୍ରକୁ କରୁଣ ଓ ବିବର୍ଣ୍ଣ କରୁଛି- ସେସବୁକୁ ନେଇ ସେ ଲେଖିଛନ୍ତି ଆଉ ଏକ ସ୍ମରଣୀୟ ପୁସ୍ତକ 'ଚେଞ୍ଜିଂ ଲାଇଫ୍ ଚେଞ୍ଜିଂ ଭିଲେଜ୍'। ତାଙ୍କ ଦ୍ୱାରା ରଚିତ ପ୍ରସିଦ୍ଧ ପୁସ୍ତକଗୁଡ଼ିକ ଭିତରେ ରହିଛି 'ମାଇଁ ଭିଲେଜ ମାଇଁ ଲାଇଫ୍ (୧୯୭୩), 'ଇଣ୍ଡିଆନ ଭିଲେଜ ଟେଲସ୍' (୧୯୭୫), 'ଥ୍ରୀ ବ୍ରାଉନ ଆଇଜ୍' (୧୯୮୫), 'ଚେଞ୍ଜିଂ ଭିଲେଜ ଚେଞ୍ଜିଂ ଲାଇଫ୍' (୧୯୯୮) ଇତ୍ୟାଦି। 'ମାଇଁ ଭିଲେଜ, ମାଇଁ ଲାଇଫ୍' ପୁସ୍ତକଟି ମଧ୍ୟ ଆମେରିକା, ଜାପାନୀ ଓ ନରୱେଜିଆନ ଭାଷାରେ ଅନୁଦିତ ହୋଇଛି। ବିଶ୍ୱସ୍ତରରେ ବିଭିନ୍ନ ପୁସ୍ତକ ପ୍ରଦର୍ଶନୀ ଓ ପୁସ୍ତକ ମେଳାରେ ତାଙ୍କର ଏହି ଚର୍ଚ୍ଚିତ ପୁସ୍ତକଗୁଡ଼ିକ ସ୍ଥାନ ପାଇଛି। ଓଡ଼ିଶା ସମେତ କେତେକ ବିଶ୍ୱବିଦ୍ୟାଳୟ ପାଠ୍ୟକ୍ରମରେ ଏହା ମଧ୍ୟ ସ୍ଥାନିତ ହୋଇଛି। 'ମାଇଁ ଭିଲେଜ, ମାଇଁ ଲାଇଫ୍' ଓ 'ଚେଞ୍ଜିଂ ଭିଲେଜ, ଚେଞ୍ଜିଂ ଲାଇଫ୍' ପୁସ୍ତକ ଦୁଇଟିରେ ନାନପୁର ଗାଁର ସାଧାରଣ ଲୋକଙ୍କର ଜୀବନର ଅନେକ କଥା ଲେଖାଯାଇଛି । ନିଜ ଜନ୍ମମାଟି ପ୍ରତି ଆଦର, ସ୍ନେହ ଓ ଭଲପାଇବା, ନିଜ ଗାଁକୁ ଝୁରି ହେବା, ନିଜ ଗାଁ ମାଟିର ପ୍ରତିଟି କଥାକୁ ନିଖୁଣ ଭାବରେ ଦର୍ଶାଇଛନ୍ତି ଶ୍ରୀ ମହାନ୍ତି । ଭାରତର ଏକ ନିପଟ ଗାଁରୁ ଷାଠିଏ ବର୍ଷ ତଳେ ଲଣ୍ଡନ ଯାଇ ନିଜକୁ ପ୍ରତିଷ୍ଠିତ କରିବା ସେଠାରେ ଏକ ଛୋଟ କଥା ନଥିଲା। ସେତେବେଳେ ଧନୀଘରର ପିଲାମାନେ ଉଚ୍ଚଶିକ୍ଷା ପାଇଁ ବିଲାତ ଯାଉଥିଲେ। ତାଙ୍କ ଭଳି ଏକ ସାଧାରଣ ପରିବାରର ପିଲା ନିଜର ସାଧନା ଓ ନିଷ୍ଠା

ବଳରେ କିପରି ଇଂଲଣ୍ଡରେ ନିଜକୁ ପ୍ରତିଷ୍ଠିତ କରାଇ ପାରିଲା- ତାହାର କିୟଦଂଶ ପୁସ୍ତକ ଦୁଇଟିରେ ରହିଛି।

ଦେଶବିଦେଶର ଅନେକ ପ୍ରତିଷ୍ଠିତ ଲେଖକ, ଚିତ୍ରଶିଳ୍ପୀ, ସାମ୍ବାଦିକ ଓ ବିଭିନ୍ନ ବର୍ଗର ଲୋକ ଶ୍ରୀ ମହାନ୍ତିଙ୍କର ଏହି ପ୍ରସିଦ୍ଧ ପୁସ୍ତକ ପଢ଼ି ନାନପୁର ଗାଁକୁ ଆସିଛନ୍ତି। ଭାରତକୁ ଆସୁଥିବା ଅନେକ ବିଦେଶୀ ମଧ୍ୟ ବିରୂପା ନଈକୂଳର ଏଇ ନାନପୁର ଗାଁଟି କେମିତି- ତାହା ଦେଖିବାକୁ ଆସିଛନ୍ତି। ତାଙ୍କ ଲିଖିତ ଆଉ ଏକ ସୁପ୍ରସିଦ୍ଧ ପୁସ୍ତକ ହେଲା- 'ଇଣ୍ଡିଆନ ଭିଲେଜ ଟେଲସ୍'। ସେ ପିଲାଦିନେ ନିଜ ବୋଉ ଏବଂ ଗାଁର ବୟସ୍କା ଆତ୍ମୀୟମାନଙ୍କ ଠାରୁ ଶୁଣିଥିବା ଗାଉଁଲି ଗପ ସବୁକୁ କାହାଣୀ ଆକାରରେ ସଜାଇଛନ୍ତି ଏହି ପୁସ୍ତକରେ। ଗାଁର ଏଇସବୁ ଗପ ପଛରେ ଥିଲା ଅନେକ ମୂଲ୍ୟବୋଧର କାହାଣୀ, ଯାହାକି ଏକବିଂଶ ଶତାବ୍ଦୀରେ ଏବେ ବି ସମସ୍ତଙ୍କ ମନକୁ ଆଲୋଡ଼ିତ କରିଥାଏ। 'ଥ୍ରି ବ୍ରାଉନ ଆଇଜ୍'ରେ ଲେଖକ ତାଙ୍କ ଇଂଲଣ୍ଡ ଅନୁଭୂତି ସଂପର୍କରେ ଆଲୋକପାତ କରିଛନ୍ତି। ସେ ସବୁର ବିଷୟବସ୍ତୁ ଭିତରେ କେଉଁଠି ନା କେଉଁଠି ନାନପୁରର କଥା କାହାଣୀ ସବୁ ପଶି ଆସିଛନ୍ତି। ନାନପୁର ଓ ଲଣ୍ଡନର ସ୍ମୃତି, କାହାଣୀ, ଘଟଣା ପ୍ରବାହ ଓ ଚରିତ୍ରମାନେ ହିଁ ହୋଇଛନ୍ତି ଏହି ପୁସ୍ତକର ମୁଖ୍ୟ ଆଧାର।

ଜଣେ ପ୍ରସିଦ୍ଧ ଲେଖକ ଭିନ୍ନ ଅନ୍ୟ ଏକ ପରିଚୟର ବିପୁଳ ପରିଚିତ ଭିତରେ ପ୍ରଫୁଲ୍ଲ ମହାନ୍ତିଙ୍କ ସୃଜନ ସମ୍ଭାର ବେଶ୍ ଉଦ୍‌ଭାସିତ। ଦେଶ ବିଦେଶରେ ଜଣେ ପ୍ରସିଦ୍ଧ ଚିତ୍ରଶିଳ୍ପୀ ଭାବେ ମଧ୍ୟ ସେ ବେଶ୍ ପରିଚିତ। ତାଙ୍କ ସୁନ୍ଦର ଚିତ୍ରକଳାର ଆଦର ଦେଶ ବିଦେଶରେ ରହିଛି ଏବଂ ଅନେକ ଗୁଣମୁଗ୍ଧ ଗ୍ରାହକ ବହୁମୂଲ୍ୟ ଦେଇ ତାଙ୍କ ପେଣ୍ଟିଂ ସବୁ କିଣିଥାନ୍ତି, ତାଙ୍କ ଚିତ୍ରଗୁଡ଼ିକ ମୁଖ୍ୟତଃ ଗୋଲାକାର। ସେ କୁହନ୍ତି 'ବିନ୍ଦୁ'ରୁ ହିଁ ସବୁକିଛି ସୃଷ୍ଟିର ଆରମ୍ଭ ହୋଇଥାଏ। ମୋର ଚିତ୍ରକଳା ମଧ୍ୟ ସେଇ 'ବିନ୍ଦୁ'ରୁ ହିଁ ଆରମ୍ଭ। "ଅନେକ ବର୍ଷ ତଳେ କଲିକତାରେ ଗୋଟିଏ ଚିତ୍ରକଳା ଶିବିର ଆୟୋଜିତ ହୋଇଥିଲା ଏବଂ ସେଠାରେ ମୋର ଚିତ୍ର ମଧ୍ୟ ସ୍ଥାନ ପାଇଥିଲା। ଗୋଟିଏ କମ୍ ବୟସର ପିଲା ମୋର ଚିତ୍ର ଦେଖି- ଏହା କ'ଣ ବୋଲି ମୋତେ ପଚାରିଲା। ମୁଁ ପିଲାଟିକୁ ପଚାରିଲି- ସେ ନିଜେ ଚିତ୍ରଟି ଦେଖି- ଏହା କ'ଣ ବୋଲି ବୁଝୁଛି ? ପିଲାଟି କହିଲା- ଏହା ଗୋଟିଏ ଭ୍ରୁଣ ହୋଇଥିବ। ଅନ୍ୟ ଜଣେ ଏହି ଚିତ୍ରଟିକୁ ବର୍ଣ୍ଣନା କଲେ- ଏହା ଗୋଟିଏ ମାଆର ଗର୍ଭାଶୟ। ଆଉ ଜଣେ କହିଲେ ଏହା ଜହ୍ନମାମୁଁର ଛବି। ପ୍ରତ୍ୟେକ ବ୍ୟକ୍ତି ନିଜ ନିଜର ଦୃଷ୍ଟିଭଙ୍ଗୀ ଓ ଅନୁଭବରେ ଚିତ୍ରଟିର ରୂପ ବର୍ଣ୍ଣନା କରିଗଲେ। ଭିନ୍ନ ଭିନ୍ନ ଦୃଷ୍ଟିଭଙ୍ଗୀ ଓ ଦୃଷ୍ଟିକୋଣ ହିଁ ମୋ ଚିତ୍ରର ନିଖୁଣ ପରିଚୟ ବୋଲି କହିଥିଲେ ପ୍ରଫୁଲ୍ଲ ବାବୁ।" ଦୀର୍ଘବର୍ଷ ଧରି ବିଲାତରେ ରହି ମଧ୍ୟ

ସେ ପ୍ରାଞ୍ଜଳ ଭାବରେ ଓଡ଼ିଆ ଭାଷାରେ କୁହନ୍ତି ଓ ଲେଖନ୍ତି ମଧ୍ୟ। ମୁଖ୍ୟତଃ ତାଙ୍କ ପୁସ୍ତକଗୁଡ଼ିକ ଇଂରାଜୀ ଭାଷାରେ ହୋଇଥିଲେ ମଧ୍ୟ ସେ ଓଡ଼ିଆରେ କିଛି ପ୍ରବନ୍ଧ ଓ ଗପ ଲେଖିଛନ୍ତି।

୧୯୯୯ ମହାବାତ୍ୟା ପରେ ପରେ ଥରେ ଓଡ଼ିଶା ଆସିଥିଲେ ସେ। ମହାବାତ୍ୟାର ପ୍ରକୋପରେ ସବୁଠାରୁ ଭୟଙ୍କର କ୍ଷତିଗ୍ରସ୍ତ ହୋଇଥିବା ଏରସମା ଅଂଚଳର ଗୋଟିଏ ଗାଁକୁ ସାଇକେଲରେ ଯାଇ ସେଠାକାର ଅବସ୍ଥା ଦେଖିଥିଲେ। ନିଜର ସାଧ୍ୟମତେ ସେ ବିପନ୍ନ ଓ ଅସହାୟ ଲୋକଙ୍କୁ କିଛି ସାହାଯ୍ୟ ଦେଇଥିଲେ। ପ୍ରତିବର୍ଷ ଗାଁକୁ ଆସିଲେ ସେ ଗାଁର କିଛି ଗରିବ, ଅସହାୟ ଓ ଅସୁସ୍ଥ ଲୋକଙ୍କୁ ମେଡ଼ିକାଲ ପଠାଇ ସାହାଯ୍ୟ କରିଥାନ୍ତି ବୋଲି ତାଙ୍କର ବନ୍ଧୁ ତଥା ବିଖ୍ୟାତ ହୃଦରୋଗ ବିଶେଷଜ୍ଞ ଡାକ୍ତର ଜେ.ପି.ଦାସ କୁହନ୍ତି। ଗ୍ରାମର କିଛି ଗରିବ ଘରର ଝିଅମାନଙ୍କ ବିବାହ ଉତ୍ସବରେ ମଧ୍ୟ ସେ ଯଥାସମ୍ଭବ ସାହାଯ୍ୟ କରିଥାନ୍ତି। ମୋଟ ଉପରେ ପ୍ରଫୁଲ୍ଲ ବାବୁ ଜଣେ ଦରଦୀ ଓ ସଂବେଦନଶୀଳ ମଣିଷ। ସାଧାରଣ ମଣିଷର ଦୁଃଖ, ଶୋକ, ବିଷାଦ ଓ ଦୈନ୍ୟ ତାଙ୍କୁ ସର୍ବଦା ବ୍ୟଥିତ କରେ।

ପ୍ରଫୁଲ୍ଲ ବାବୁ ଅନ୍ୟମାନଙ୍କୁ ଆତିଥ୍ୟ ଦେବାରେ କେବେ ହେଳା କରନ୍ତି ନାହିଁ। ବିଭିନ୍ନ ସମୟରେ ଯେଉଁ ଓଡ଼ିଆମାନେ ଲଣ୍ଡନ ଯାଇଥାଆନ୍ତି- ସେମାନଙ୍କ ସହିତ ଯୋଗାଯୋଗ ହେଲେ ନିଶ୍ଚୟ ତାଙ୍କ ଘରକୁ ନିମନ୍ତ୍ରଣ କରିଥାଆନ୍ତି ସେ। ଓଡ଼ିଶାର ବହୁ ପ୍ରତିଷ୍ଠିତ ମଣିଷ, ସାହିତ୍ୟିକ, ସାମ୍ବାଦିକ, ପ୍ରଶାସକ ଏବଂ ସାଧାରଣ ମଣିଷ ମଧ୍ୟ ତାଙ୍କ ଲଣ୍ଡନ ଘରେ ରହିଛନ୍ତି ଓ ତାଙ୍କ ଆତିଥ୍ୟରେ ମୁଗ୍ଧ ହୋଇଛନ୍ତି। ବରିଷ୍ଠ ପ୍ରଶାସକ ତଥା ବର୍ତ୍ତମାନର କୃଷି ବିଭାଗର ପ୍ରମୁଖ ଶାସନ ସଚିବ ଡ. ଅରବିନ୍ଦ କୁମାର ପାଢ଼ୀ କୁହନ୍ତି, ପ୍ରଫୁଲ୍ଲ ବାବୁଙ୍କ ଭଳି ଜଣେ ପ୍ରସିଦ୍ଧ ଓଡ଼ିଆ ବିଦେଶ ମାଟିରେ ଓଡ଼ିଶାର ନାମକୁ ସାର୍ଥକ କରିଛନ୍ତି। ସେ କୁହନ୍ତି ପ୍ରଫୁଲ୍ଲ ବାବୁଙ୍କ ବିଲାତ ଘରଟି ଓଡ଼ିଆ କଳା-ସଂସ୍କୃତିର ଏକ ମନୋଜ୍ଞ ପରିପ୍ରକାଶ। ଲେଖକ, ଚିତ୍ରଶିଳ୍ପୀ ଓ ସ୍ଥପତି ଶ୍ରୀ ମହାନ୍ତି କୁହନ୍ତି- ଭଗବାନ ତାଙ୍କୁ ଧନସଂପତ୍ତି ବେଶି ଦେଇ ନାହାନ୍ତି କିନ୍ତୁ ଉତ୍ତମ ଓ ସହୃଦୟ ବନ୍ଧୁ ଗୁଡ଼ିଏ ଦେଇଛନ୍ତି। ସେଇ ବନ୍ଧୁମାନଙ୍କର ସାହଚର୍ଯ୍ୟ ଓ ବନ୍ଧୁତା ତାଙ୍କୁ ଲଣ୍ଡନର ନିସଙ୍ଗ ରହଣୀକୁ ବେଶ୍ ସ୍ମରଣୀୟ କରିଥାଏ।

ନିଜର ସୃଜନଶୀଳତା ସଂପର୍କରେ ସେ କୁହନ୍ତି- ମୁଁ ଯଦି ଓଡ଼ିଶା ମାଟିରେ ଜନ୍ମ ହୋଇନଥାନ୍ତି ତେବେ ଏଭଳି ଲେଖିପାରି ନଥାନ୍ତି କି ପେଣ୍ଟିଂ ମଧ୍ୟ କରିପାରି ନଥାନ୍ତି। ଚିତ୍ର କରିବା ହେଉଛି ମୋ ଜୀବନର ଧାରା, ମୋର ଆହାର ଏବଂ ଏହା ମୋର ରୁଚି। ନିଜର ଭାବନା ସବୁକୁ ପରିପ୍ରକାଶ କରିବାପାଇଁ ମୁଁ ଲେଖନୀ ଚାଳନା

କରିଥାଏ। ଗ୍ରାମ୍ୟ ଜନଜୀବନ ଉପରେ ରହିଥିବା ସଂକୀର୍ଣ୍ଣ ଧାରଣା ସବୁକୁ ମୁଁ ଦୂରେଇବା ପାଇଁ ହିଁ ଲେଖୁଛି। କିନ୍ତୁ ଦୁଃଖ ଓ ପରିତାପର ବିଷୟ ହେଲା, ଗାଁର ସଂସ୍କୃତି ଓ ପରମ୍ପରାରୁ କଳା, ସାହିତ୍ୟ ସବୁ କ୍ରମେ ଲିଭି ଲିଭି ଯାଉଛି। ଏହି ଧାରା ଦେଖି ତାଙ୍କ ବିଷାଦଗ୍ରସ୍ତ ମନ କହୁଛି ଯେ, ଏବେ ହୁଏତ କେବେ ସେ ଲେଖିବେ- 'ଡେଥ୍ ଅଫ୍ ଏ ଭିଲେଜ'!

ନିଜର ଚିତ୍ର କରିବା ପାଇଁ ପ୍ରେରଣା ପାଇବା ସଂପର୍କରେ କୁହନ୍ତି ଯେ, ପର୍ବପର୍ବାଣି ବେଳେ ଘରେ ବିଭିନ୍ନ ପ୍ରକାରର ଚିତା ପଡ଼େ। ଚଉଁରା ପାଖରେ ସୁନ୍ଦର ସୁନ୍ଦର ମୁରୁଜର ଝୋଟି ଓ ଚିତା ଅଙ୍କାଯାଏ। ପିଲାଦିନେ ଏଗୁଡ଼ିକ ତାଙ୍କୁ ଚିତ୍ର କରିବାକୁ ବେଶ୍ ପ୍ରେରଣା ଦେଇଥିଲା। ଗାଢ଼ ଲାଲ ରଙ୍ଗ ଥିଲା ତାଙ୍କର ବେଶ୍ ପ୍ରିୟ। ବୋଉର ମଥାରେ ଥିବା ଲାଲ ସିନ୍ଦୁର ବିନ୍ଦୁ, ସକାଳ ସୂର୍ଯ୍ୟର ରଂଗ ଓ ଲାଲ ରଂଗର ଫୁଲ ଥିଲା ତାଙ୍କ ପ୍ରେରଣାର ଉତ୍ସ।

ଅଣଷଠି ବର୍ଷ ତଳେ ୧୯୬୪ ମସିହାରେ ପ୍ରଫୁଲ୍ଲ ବାବୁଙ୍କ ଚିତ୍ରଗୁଡ଼ିକର ଏକ ପ୍ରଦର୍ଶନୀ ଆୟୋଜିତ ହୋଇଥିଲା ଲିଡ଼ସ୍ ବିଶ୍ୱବିଦ୍ୟାଳୟ ପରିସରରେ। ଏଥିରେ ସମସ୍ତେ ତାଙ୍କ ଚିତ୍ରକଳାର ପ୍ରଶଂସା କରିଥିଲେ। ନିଜ ଚିତ୍ରରେ ରଂଗର ସମନ୍ୱୟ ସଂପର୍କରେ ସେ କୁହନ୍ତି ଯେ, ଭାରତରେ ସେ ମୁଖ୍ୟତଃ ନାଲି ଓ ନୀଳ ରଂଗକୁ ପ୍ରକୃତ ରଂଗ ବୋଲି ଧରି ନେଇଥିଲେ। କିନ୍ତୁ ଇଂଲଣ୍ଡରେ ଆକାଶ କଳା ରଙ୍ଗର, କୋଠାବାଡ଼ି ଗେରୁଆ ରଙ୍ଗର, ସବୁଆଡ଼େ କଳକାରଖାନାର ଧୂଆଁ ରଂଗର। ସେଠି ପ୍ରକୃତ ବନ୍ଧୁତାର ରଂଗ ମଧ୍ୟ ମିଳିବା କଷ୍ଟକର। ଏଇସବୁ ରଙ୍ଗହୀନ ଜୀବନଯାତ୍ରା ଭିତରେ ଜୀବନକୁ ରଂଗାୟିତ କରିବାପାଇଁ ସେ ଆଙ୍କିଛନ୍ତି ଅନେକ ରଂଗର ଚିତ୍ରକଳା। ମୋ ଗାଁ ହିଁ ମୋତେ ସବୁକିଛି ଶିଖାଇଛି ଏବଂ ପ୍ରେରଣା ଦେଇଛି ବୋଲି କୁହନ୍ତି। ପରକୁ ଆପଣାର କରିବା, ସମସ୍ତଙ୍କ ପ୍ରତି ଉଦାର ଓ ସଂବେଦନଶୀଳ ହେବା ଏବଂ ଅସହାୟ ମଣିଷଟିକୁ ଯଥାସମ୍ଭବ ସାହାଯ୍ୟ କରିବା ହେଉଛି ପ୍ରକୃତ ମଣିଷପଣିଆର କଥା।

ସେ ଯେତେବେଳେ ବିଲାତ ଗଲେ- ଲୋକମାନେ ଆଶ୍ଚର୍ଯ୍ୟ ହୋଇ ଏ ଗାଁଟି କ'ଣ ବୋଲି ପଚାରୁଥିଲେ। ସେ କହିଥିଲେ ପ୍ରକୃତରେ ଗାଁ ହେଉଛି ମୋ ଦେଶର ସବୁଠାରୁ ବଡ଼ ପରିଚୟ। ବିଲାତ ସଂପର୍କରେ ସେ କୁହନ୍ତି- ଏ ଦେଶଟି ଏକ ବିସ୍ମୟକର ଓ ଅଦ୍‌ଭୁତ ଦେଶ। ଏହି ଦେଶ ସହିତ ମୋର କୌଣସି ସଂପର୍କ ନଥିଲା। ବିଲାତ ଲୋକଙ୍କ ଭାଷା, ରଂଗ, ଆଚରଣ ଓ ସଂସ୍କୃତି ଥିଲା ସଂପୂର୍ଣ୍ଣ ଭିନ୍ନ। ତାଙ୍କ ଦେଶରେ ହୁଏତ ମୋ ଭଳି ଲୋକଟିର ଆବଶ୍ୟକତା ନଥିଲା। କିନ୍ତୁ ସେଠାରେ ବଂଚି ରହିବାପାଇଁ ସେମାନଙ୍କର ସାହାଯ୍ୟ ମୋର ଆବଶ୍ୟକ ଥିଲା। ବିଲାତରେ ତିଷ୍ଠି

ରହିବାକୁ ହେଲେ- ତାଙ୍କ ପରି ମୋତେ ସେଠାରେ କାର୍ଯ୍ୟ କରିବା ଦରକାର ହେବ କିମ୍ବା ତାଙ୍କଠାରୁ ଅଧିକ ଉନ୍ନତମାନର କାମ କରିବା ଆବଶ୍ୟକ ହେବ। ଏପରିକି ସେମାନଙ୍କ ଠାରୁ କମ୍ ମୂଲ୍ୟରେ ବି ମୋତେ କାମ କରିବାକୁ ହେବ। ମୁଁ ଲକ୍ଷ୍ୟ କରିଥିଲି ଯେ, ବିଲାତରେ ଯେଉଁ ସ୍ଥପତିମାନେ ଅଛନ୍ତି, ସେମାନେ କାର୍ଯ୍ୟଦକ୍ଷତାରେ ମୋଠାରୁ କମ୍ ଦକ୍ଷ ଥିଲେ ବି ମୋଠାରୁ ଅଧିକ ବେତନ ପାଉଥିଲେ। କିନ୍ତୁ ମୋତେ ତିଷ୍ଠି ରହିବା ପାଇଁ ଏଭଳି ସ୍ଥିତିରେ କାମ କରିବାକୁ ପଡ଼ିଥିଲା। ମୁଁ ଅନୁଭବ କରିଥିଲି ଯେ, ମୋ ନିଜ ଦେଶରେ ମୋ ପାଇଁ କର୍ମସଂସ୍ଥାନର ସୁଯୋଗ ନଥିଲା। ତେଣୁ ମୋତେ ଏଇଭଳି ସ୍ଥିତିରେ ହିଁ କାମ କରିବାକୁ ପଡ଼ିବ।

ଶବ୍ଦ ଓ ତୁଳୀର ଏଇ ଅସାମାନ୍ୟ କାରିଗର, କିନ୍ତୁ ନିଜ ସାମାଜିକ ଜୀବନରେ ଜଣେ ନିସଙ୍ଗ ପଥିକ। ଅବିବାହିତ ମଣିଷ। ନିଜ ଜନ୍ମମାଟି ଠାରୁ ଏତେ ଦୂରରେ ଏକା ଏକା ରହିଥିଲେ ବି ଦୁନିଆରେ ତାଙ୍କର ବନ୍ଧୁମାନଙ୍କ ସଂଖ୍ୟା କିନ୍ତୁ ଅନେକ। ଏଇ ବନ୍ଧୁମାନଙ୍କର ସାହଚର୍ଯ୍ୟ ହିଁ ତାଙ୍କୁ ନିଃସଙ୍ଗତାରୁ ମୁକ୍ତି ଦେଇଥାଏ ବୋଲି ସେ କୁହନ୍ତି। କଳା ଓ ସାହିତ୍ୟ ପ୍ରତି ତାଙ୍କର ଗଭୀର ନିଷ୍ଠା, ସମର୍ପଣ ଓ ଅନୁରାଗ ହିଁ ଯଥାର୍ଥରେ ତାଙ୍କୁ ଜଣେ ସଫଳ ଓ ସାର୍ଥକ ମଣିଷର ଶ୍ରେଷ୍ଠ ପରିଚୟ ଦେଇଛି। ଓଡ଼ିଶା ମାଟିର ଉତ୍କଳୀୟ ପରମ୍ପରା ଓ ଗ୍ରାମ୍ୟ ଜୀବନର ଅସାମାନ୍ୟ ରୂପକଳ୍ପ ଗୁଡ଼ିକ ଚିରକାଳ ତାଙ୍କ ଅନବଦ୍ୟ ରଚନାର ମୂଳ ଉତ୍ସ ହୋଇ ରହିଛନ୍ତି। ଭାରତୀୟ ଲୋକକଥା ଓ ଲୋକସଂସ୍କୃତିକୁ ସମଗ୍ର ବିଶ୍ୱ ଦରବାରରେ ପହଂଚାଇବାରେ ତାଙ୍କର ସାଧନା ଓ ନିଷ୍ଠା ସତରେ ତୁଳନା ନାହିଁ। ଓଡ଼ିଶା ଓ ଓଡ଼ିଆମାନଙ୍କୁ ଭାରତ ବାହାରେ ଚିହ୍ନାଇବାରେ ତାଙ୍କ ଅବଦାନ ବି ଅତ୍ୟନ୍ତ ଅବିସ୍ମରଣୀୟ। ବିଶ୍ୱ ଦରବାରରେ ପରିଚିତ ଏହି ଅସାଧାରଣ ଓ ଆନ୍ତର୍ଜାତିକ ଖ୍ୟାତିସଂପନ୍ନ ପ୍ରତିଭା ଓଡ଼ିଶା ଏବଂ ଭାରତ ମାଟିରେ ଯେଭଳି ସ୍ୱୀକୃତି ଓ ସମ୍ମାନ ପାଇବା କଥା, ତାହା ହୁଏତ ତାଙ୍କୁ ମିଳିପାରି ନାହିଁ। କିନ୍ତୁ ସେଥିରେ ତାଙ୍କର କ୍ଷୋଭ ନାହିଁ।

ଗତବର୍ଷ କେନ୍ଦ୍ର ସାହିତ୍ୟ ଅକାଦମି ଲଣ୍ଡନ ନିବାସୀ ଏହି ବିଶିଷ୍ଟ ପ୍ରବାସୀ ଭାରତୀୟ ସାହିତ୍ୟିକ ଓ ଚିତ୍ରଶିଳ୍ପୀଙ୍କୁ ପ୍ରଦାନ କରିଥିଲେ ସମ୍ମାନଜନକ ଅନରାରି ଫେଲୋସିପ୍। ନୂଆଦିଲ୍ଲୀର ରବୀନ୍ଦ୍ର ଭବନ ଲନ୍‌ଠାରେ ଆୟୋଜିତ କାର୍ଯ୍ୟକ୍ରମରେ ପୁରସ୍କାର ଗ୍ରହଣ କରି ଲେଖକ ଶ୍ରୀ ମହାନ୍ତି କହିଥିଲେ ଯେ, ମୋ ପ୍ରିୟ ଗାଁ ପାଇଁ ମୁଁ ଏଇ ସମ୍ମାନ ପାଇଛି। ତେଣୁ ଏହି ସମ୍ମାନ ମୁଁ ମୋର ଗାଁ ଏବଂ ଭାରତବର୍ଷର ସବୁ ଗାଁ ପାଇଁ ଉତ୍ସର୍ଗ କରୁଛି। ଯାଜପୁର ଜିଲ୍ଲାର ନାନପୁର ଭଳି ଏକ ନିପଟ ମଫସଲ ଗାଁରୁ ଯାଇ ସୁଦୂର ଲଣ୍ଡନରେ ନିଜକୁ ପ୍ରତିଷ୍ଠିତ କରିବା ପଛରେ ରହିଛି ଅନେକ ସଂଘର୍ଷର କାହାଣୀ। ମୋ ଭଳି ଜଣେ ଗାଁର ପିଲା - ଭିଲେଜ ବୟକୁ ମୋ ଗାଁର ମାଟି, ପାଣି ଓ

ପବନ ଆଜି ଜଣେ ଲେଖକ ଓ ଚିତ୍ରଶିଳ୍ପୀ ଭାବେ ସାରା ପୃଥିବୀରେ ବଡ଼ ପରିଚୟ ଦେଇଛି। ଲେଖକ ନିଜ ପିଲାଦିନେ କାଟିଥିବା ଗାଁର ସ୍ମୃତି ବର୍ଣ୍ଣନା କରିଥିଲେ। ବଡ଼ଚଣା ବ୍ଲକର ବିରୂପା ନଈକୂଳର ନାନପୁର ଗାଁରେ ଜନ୍ମହୋଇ ବହୁତ ଉତ୍‌ଥାନ ପତନ ମଧ୍ୟରେ ସେ କିଭଳି ୧୯୬୦ ମସିହାରେ ଲଣ୍ଡନ ଯାଇ ସଫଳ ହୋଇଛନ୍ତି- ସେକଥା ଉଲ୍ଲେଖ କରିଥିଲେ। ସୂଚନାଯୋଗ୍ୟ ଯେ, ଯେଉଁ ଭାରତୀୟମାନେ ବିଦେଶରେ ରୁହନ୍ତି ଅଥଚ ସେମାନେ ଭାରତୀୟ ସାହିତ୍ୟ, ସଂସ୍କୃତି ଓ ଐତିହ୍ୟ ପାଇଁ ଲେଖନୀ ଚାଳନା କରି ସାହିତ୍ୟ ମାଧ୍ୟମରେ ନିଜର କର୍ତ୍ତବ୍ୟ ସଂପାଦନା କରନ୍ତି ସେମାନଙ୍କ ଭିତରେ ଥିବା ଶ୍ରେଷ୍ଠ ବ୍ୟକ୍ତିତ୍ୱମାନଙ୍କୁ ଅକାଦମୀ ଏହି ସର୍ବୋଚ୍ଚ ସମ୍ମାନ ଅନରାରି ଫେଲୋସିପ୍ ପ୍ରଦାନ କରିଥାଏ। ଓଡ଼ିଶାର ଅନେକ ବିଖ୍ୟାତ ସାରସ୍ୱତ ପ୍ରତିଭା ପୂର୍ବରୁ ଫେଲୋସିପ୍ ଲାଭ କରିଥିଲେ ମଧ୍ୟ ପ୍ରବାସୀ ଭାରତୀୟ ଲେଖକ ଭାବରେ ଅନରାରି ଫେଲୋସିପ୍ ପାଇବା କ୍ଷେତ୍ରରେ ଶ୍ରୀ ମହାନ୍ତି ହେଉଛନ୍ତି ଇଂରାଜୀରେ ଲେଖୁଥିବା ପ୍ରଥମ ଓଡ଼ିଆ ସାହିତ୍ୟିକ।

ଲେଖକ ଶ୍ରୀ ମହାନ୍ତି ଦୀର୍ଘ ୬୩ ବର୍ଷ ଧରି ସେ ରହିଆସୁଛନ୍ତି ସୁଦୂର ଲଣ୍ଡନରେ । ବୟସ ୮୯ ଛୁଇଁଲାଣି । ତଥାପି ପରିଣତ ବୟସରେ ନିଜ ଜନ୍ମମାଟିର ମୋହରେ ଆକର୍ଷିତ ହୋଇ ପ୍ରତିବର୍ଷ ସେ ଓଡ଼ିଶା ଆସନ୍ତି। ନିଜ ଗାଁର କଳା, ସଂସ୍କୃତି, ଧାର୍ମିକ ପରମ୍ପରା ଓ ଗ୍ରାମୀଣ ଜନଜୀବନ ତାଙ୍କୁ ବିଭୋର କରେ। ୮୯ ବର୍ଷ ବୟସ୍କ ଏହି ବିଶିଷ୍ଟ ଲେଖକ ଦୀର୍ଘ ୬୩ବର୍ଷ ହେଲା ଲଣ୍ଡନର ୨୦, ସସେକ୍ସ ଷ୍ଟ୍ରୀଟରେ ରହୁଥିଲେ ମଧ୍ୟ ପ୍ରତିବର୍ଷ ନିଜ ଗାଁର ଆକର୍ଷଣରେ ଟାଣି ହୋଇ ଓଡ଼ିଶା ଆସନ୍ତି ଏବଂ ୨୦୦୬ ମସିହାରୁ ନାନପୁର ଗାଁରେ ଆରମ୍ଭ କରି ଆସୁଛନ୍ତି ଗ୍ରାମୀଣ କଳା, ସଂସ୍କୃତି ଓ ସାହିତ୍ୟକୁ ନେଇ ନାନପୁର ଗ୍ରାମ୍ୟ ଉତ୍ସବ। ଲଣ୍ଡନରେ ରହୁଥିବା ଏହି ଆନ୍ତର୍ଜାତିକ ଖ୍ୟାତିସଂପନ୍ନ ଲେଖକଙ୍କର ସେଠାକାର ଜଣେ ବ୍ରିଟିଶ ବାରିଷ୍ଟର ଡେରିକ୍ ମୁରଙ୍କ ସହ ବନ୍ଧୁତା ସୃଷ୍ଟି ହୋଇଥିଲା। ୧୯୮୨ ମସିହାରୁ ୨୦୧୧ ମସିହା ପର୍ଯ୍ୟନ୍ତ ଉଭୟ ବନ୍ଧୁ ପ୍ରତିବର୍ଷ ଓଡ଼ିଶା ଆସି ନାନପୁର ଗାଁରେ ହିଁ ରହୁଥିଲେ। କିନ୍ତୁ ୨୦୧୧ ମସିହାରେ ଓଡ଼ିଶା ଆସିଥିବା ବେଳେ ରୋଗଗ୍ରସ୍ତ ହୋଇ ଫେବୃୟାରୀ ୧୫ ତାରିଖରେ ୮୮ ବର୍ଷ ବୟସରେ ମୁରଙ୍କର ପରଲୋକ ହେବାପରେ ତାଙ୍କ ସ୍ମୃତିରେ ପ୍ରଫୁଲ୍ଲ ମହାନ୍ତି ଏକ ସମାଧି ପ୍ରତିଷ୍ଠା କରିଛନ୍ତି ନାନପୁର ଗାଁରେ।

ଏଠାରେ ସୂଚନା ଯୋଗ୍ୟ ଯେ, ୧୯୩୪ ମସିହା ଜୁଲାଇ ୧୧ ତାରିଖରେ ନାନପୁର ଗାଁରେ ଜନ୍ମଗ୍ରହଣ କରିଥିବା ଏହି ଲେଖକ କୁସୁପୁରସ୍ଥିତ ନନ୍ଦକିଶୋର ବିଦ୍ୟାମନ୍ଦିରରେ ସ୍କୁଲ ଶିକ୍ଷା ଶେଷକରି ରେଭେନ୍‌ସା କଲେଜ ଓ ଖଲ୍ଲିକୋଟ କଲେଜରେ

ସ୍ନାତକ ଡିଗ୍ରୀ ହାସଲ ପରେ ସ୍ଥାପତ୍ୟ କଳା ପାଠ୍ୟକ୍ରମ ପଢ଼ିବାକୁ ବମ୍ବେ ଚାଲି ଯାଇଥିଲେ। ୧୯୬୦ ମସିହାରେ ସେ ଇଂଲଣ୍ଡ ଯିବାପରେ ନର୍ଥ ଇଂଲଣ୍ଡର ଲିଡସ୍ ସ୍କୁଲ୍ ଅଫ୍ ଟାଉନ ପ୍ଲାନିଂରେ ସ୍ଥାପତ୍ୟ ପାଠ୍ୟକ୍ରମରେ ଡିପ୍ଲୋମା ହାସଲ କରିଥିଲେ। ଲେଖକ ଭିନ୍ନ ଜଣେ ସ୍ଥପତି ଓ ଚିତ୍ରଶିଳ୍ପୀ ଭାବେ ତାଙ୍କର ଲଣ୍ଡନରେ ବେଶ୍ ପରିଚିତ ଥିଲାବେଳେ ସେ ଇଂରାଜୀ ଭାଷାରେ ମଧ୍ୟ ୬ ଖଣ୍ଡ ପୁସ୍ତକ ଲେଖିଛନ୍ତି। ତେବେ ୧୯୭୩ ମସିହାରେ ତାଙ୍କ ଦ୍ୱାରା ଲିଖିତ ବହୁଚର୍ଚ୍ଚିତ ପୁସ୍ତକ 'ମାଇଁ ଭିଲେଜ୍, ମାଇଁ ଲାଇଫ୍' ତାଙ୍କୁ ବିଶେଷ ପ୍ରସିଦ୍ଧି ଆଣିଦେଇଥିଲା। ଲଣ୍ଡନରୁ ପ୍ରକାଶିତ ଏହି ବହିଟିକୁ ଲେଖକ ନିଜର ପିତାମାତା ଓ ଗ୍ରାମବାସୀଙ୍କୁ ହିଁ ଉତ୍ସର୍ଗ କରିଛନ୍ତି। ଏହା ଇଂରାଜୀ ସମେତ ଜାପାନିଜ୍, ନରୱିଆନ ଓ ଡାନିସ୍ ଭାଷାରେ ମଧ୍ୟ ଅନୂଦିତ ହୋଇଛି। ଇଂଲଣ୍ଡର ପ୍ରସିଦ୍ଧ ଗଣମାଧ୍ୟମ ସଂସ୍ଥା ବିବିସି ଟେଲିଭିଜନ୍ ପକ୍ଷରୁ ଏହି ପୁସ୍ତକର ବିଷୟବସ୍ତୁକୁ ନେଇ ନାନପୁର ଗାଁ ଉପରେ ଏକ ଚଳଚ୍ଚିତ୍ର ପ୍ରସ୍ତୁତ ହୋଇ ବିଶ୍ୱସ୍ତରରେ ପ୍ରସାରିତ ହୋଇଥିଲା ଏବଂ ୧୯୮୨ ମସିହାରେ ଏହି ଚଳଚ୍ଚିତ୍ର 'ଫେଷ୍ଟିଭାଲ ଅଫ୍ ଇଣ୍ଡିଆ'ରେ ପ୍ରଦର୍ଶିତ ହୋଇଥିଲା।

ଚିତ୍ରଶିଳ୍ପୀ ପ୍ରଫୁଲ୍ଲ ମହାନ୍ତି ନିଜ ସାହିତ୍ୟରେ ଓଡ଼ିଶାର ଲୋକକଥାକୁ ଅଧିକ ପ୍ରାଧାନ୍ୟ ଦେଇଛନ୍ତି। ତାଙ୍କ ରଚନାଗୁଡ଼ିକ ସମାଜପାଇଁ ସୁନ୍ଦର ଅନୁଭବର ବାର୍ତ୍ତା ଦେଇଥାଏ। ଲେଖକଙ୍କ ଗାଁ ବିରୂପା ନଈକୂଳରେ। ଏହି ନଈକୂଳିଆ ଗାଁର ପ୍ରାକୃତିକ ପରିବେଶ ଏବଂ ପାରମ୍ପରିକ ଚଳଣୀ ତାଙ୍କ ସୃଜନକୁ ପ୍ରସ୍ଫୁଟିତ ଓ ପ୍ରଭାବିତ କରି ଆସିଅଛି। ପିଲାଦିନେ ବ୍ରହ୍ମା, ବିଷ୍ଣୁ ଓ ମହେଶ୍ୱର ଉଚ୍ଚାରଣରୁ ଖଡ଼ିପାଠ ସେ ଆରମ୍ଭ କରିଥିଲେ। ସେହି ଖଡ଼ିପାଠରେ ବୃତ୍ତାକାର ବିଭବକୁ ନିଜ ଚିତ୍ରରେ ସେ ପରିପ୍ରକାଶ କରିଥାଆନ୍ତି। ଓଡ଼ିଶାରେ ଆକାର ବା ବସ୍ତୁ, ଈଶ୍ୱର ଏବଂ କଳାର ରୂପ ନେଇଥାଏ। ଏହା ହେଉଛି ବିଶିଷ୍ଟ ଲେଖକ ତଥା ପ୍ରଖ୍ୟାତ ଚିତ୍ରଶିଳ୍ପୀ ପ୍ରଫୁଲ୍ଲ ମହାନ୍ତିଙ୍କ କଳାତ୍ମକ ଜୀବନର ଆଧାର। ନିଜ ସ୍କୁଲ ଜୀବନରେ ସୁନ୍ଦର ହସ୍ତାକ୍ଷର ପାଇଁ ପରିଚିତ ଥିବା ସେଦିନର ପ୍ରଫୁଲ୍ଲ ପରବର୍ତ୍ତୀ କାଳରେ ନିଜ କଳା ଓ ସୃଜନରେ ସାରା ପୃଥିବୀରେ ପରିଚିତ ହୋଇଛନ୍ତି। ତାଙ୍କର ଚିତ୍ରଗୁଡ଼ିକର ରଙ୍ଗବିନ୍ୟାସ ଖୁବ୍ ଉଜ୍ଜ୍ୱଳ। ଏହାର କାରଣ ହେଉଛି, ଗ୍ରାମୀଣ ପରିବେଶରେ ତାଙ୍କର ପିଲାଦିନ କଟିଛି ଏବଂ ଉଜ୍ଜ୍ୱଳ ରଙ୍ଗ ସମଗ୍ର ଗ୍ରାମୀଣ ପରିବେଶରେ ହିଁ ଅଧିକ ବିଚ୍ଛୁରିତ ହୋଇଥାଏ। ତାଙ୍କ ପିଲାଦିନେ ଚିତ୍ର କରିବାକୁ ଏତେ ସୁନ୍ଦର ସୁନ୍ଦର ତୂଳୀ ନଥିଲା। ତେଣୁ ସେ ଦାନ୍ତକାଠିକୁ ଛେଚି ତାକୁ ବ୍ରସ୍ ଭାବରେ ବ୍ୟବହାର କରୁଥିଲେ ଏବଂ ଜୈବିକ ରଙ୍ଗ ସଂଗ୍ରହ କରୁଥିଲେ। ନାନପୁର ଗାଁର ଯାନିଯାତରା ଏବେବି ତାଙ୍କ ଚିତ୍ର ଓ ସାହିତ୍ୟରେ ସାଂକେତିକ ଭାବରେ ଦେଖିବାକୁ ମିଳେ। ଶ୍ରୀ ମହାନ୍ତି ଇଉରୋପ, ଆମେରିକା, ଜାପାନ ଓ ଭାରତର ବିଭିନ୍ନ

ସ୍ଥାନରେ ନିଜ କଳାକୃତିକୁ ନେଇ ଚିତ୍ର ପ୍ରଦର୍ଶନୀ କରିଛନ୍ତି। ଏହି ବିଖ୍ୟାତ ଚିତ୍ରଶିଳ୍ପୀଙ୍କ ଚିତ୍ରଗୁଡ଼ିକ ମଧ୍ୟ ପ୍ରସିଦ୍ଧ ବ୍ରିଟିଶ ମ୍ୟୁଜିଅମ, ଦିଲ୍ଲୀର ନାସନାଲ ଗ୍ୟାଲେରୀ ଅଫ୍ ମଡର୍ଣ୍ଣ ଆର୍ଟ୍, କେନ୍ଦ୍ରୀୟ ଲଳିତ କଳା ଏକାଡେମୀ, ଲିଡସ୍ ସିଟି ଆର୍ଟ ଗ୍ୟାଲେରୀ, ବ୍ରିଗଟନ୍ ଆର୍ଟ୍ ଗ୍ୟାଲେରୀ, ଲିଡସ୍ ବିଶ୍ୱବିଦ୍ୟାଳୟ, ସସେକ୍ସ ବିଶ୍ୱବିଦ୍ୟାଳୟ, କେଂଟ ବିଶ୍ୱବିଦ୍ୟାଳୟ, ଆଇ.ସି.ସି.ଆର୍ ଭଳି ଅନେକ ସ୍ଥାନରେ ମଧ୍ୟ ପ୍ରଦର୍ଶିତ ହୋଇ ଉଚ୍ଚପ୍ରଶଂସିତ ହୋଇଛି। ଶ୍ରୀ ମହାନ୍ତି ହେଉଛନ୍ତି ପ୍ରଥମ ଭାରତୀୟ, ଯାହାଙ୍କୁ ଲଣ୍ଡନର ସ୍ୱନାମଧନ୍ୟ ୱାର୍ଲ୍ଡ୍ ଟାଉନ୍ ପ୍ଲାନର ଇନ୍‌ଷ୍ଟିଚ୍ୟୁଟର ସଭ୍ୟ ଭାବେ ମନୋନୀତ କରିଛନ୍ତି।

ଗାଁର ସ୍ମରଣୀୟ ସ୍ମୃତି ସଂପର୍କରେ ପଚାରିବା ବେଳେ ପ୍ରଫୁଲ୍ଲ ବାବୁ କହିଥିଲେ- "ମୋ ଗାଁ ନାନପୁର। ଯାଜପୁର ଜିଲ୍ଲାର ବିରୂପା ନଈକୂଳରେ ଗାଁର ଅବସ୍ଥିତି। ସେତେବେଳେ ଛୋଟ ପିଲା ଥିଲି । ଆମ ଗାଁ ନଈ କେତେ ପ୍ରଶସ୍ତ ଥିଲା। ନଈରେ ଥିଲା ଭରପୂର ପାଣି। ନଈ ସେପଟେ କିଛି ଦୂରରେ ପାହାଡ଼। ତାଳ ଗଛ। ଆମ୍ବ ତୋଟା, ଆମ୍ବଗଛରେ ପେନ୍ଥିପେନ୍ଥି ବଉଳ। ଧାନ ବିଲରେ ସବୁଜ ରଙ୍ଗର ସୁନ୍ଦର ଗାଲିଚା। ତଳିପକା, ଧାନରୁଆଠାରୁ ଆରମ୍ଭ କରି ଧାନ ଅମଳର ସେଇ ସବୁ ଦୃଶ୍ୟ ମନେପଡ଼େ। ମନେପଡ଼େ ଆମ୍ବଗଛ ଉହାଡ଼ରେ ଉଇଁ ଆସୁଥିବା ରୂପାଥାଳି ପରି ଏତେବଡ଼ ଜହ୍ନ। ଏବେ ଏଇସବୁ ଦୃଶ୍ୟ ଗଲାଣି ହଜି।

ସେତେବେଳର ଅନୁଭୂତିଟିଏ- ଏବେ ବି ମନେପଡ଼ିଲେ ଭୁଲିଯିବାକୁ ଭାରି କଷ୍ଟ ଲାଗେ। ମୋର ମାଟ୍ରିକ ପଢ଼ିବାର ବର୍ଷ। କୁସୁପୁରର ନନ୍ଦକିଶୋର ବିଦ୍ୟାମନ୍ଦିରରେ ପଢୁଥାଏ। ପ୍ରତିଦିନ ରାତିରେ ଆମ ଘର ଦାଣ୍ଡ ବାରଣ୍ଡାରେ ବସି ରାତି ଗୋଟାଏ, ଦି'ଟା ଯାଏ ମୁଁ ପଢ଼େ। ଆମ ଗାଁର ଚୌକିଦାରଟିଏ ପ୍ରତିଦିନ ରାତିରେ ବୁଲିବୁଲି ଆମଘର ପାଖକୁ ଆସେ। ଦେଖେ ଏତେ ରାତିଯାଏ ମୁଁ ପଢୁଛି। କିଛି ଦୂରରେ ସେ ତା'ର ଠେଙ୍ଗାଟି ଧରି ନୀରବରେ ବସି ରୁହେ। କିଛି କୁହେନି ମୋତେ। ଖାଲି ବସି ରୁହେ। ବୋଧହୁଏ ସେ ଚାହେଁ ଯେ- ମୋ ପଢ଼ାରେ ଯେମିତି କେହି ବାଧା ସୃଷ୍ଟି ନ କରନ୍ତୁ। ପ୍ରତିଦିନ ରାତିରେ ଘଣ୍ଟାଏ, ଅଧଘଣ୍ଟାଏ ପରେ ଆସି ସେ ତା' ଜାଗାରେ ବସେ। ମୋତେ ଲକ୍ଷ୍ୟ କରେ। ହୁଏତ ଭାବୁଥାଏ, ମୋ ପରି ବି ତା' ପିଲାମାନେ ଏମିତି ପଢୁଥାନ୍ତେ କି!!

■

ସଦସ୍ୟ, ଜିଲ୍ଲା ସଂସ୍କୃତି ପରିଷଦ, ଯାଜପୁର
ମୋ: ୯୪୩୭୨୨୬୭୯୭

ଅନାଦି ନାୟକ

ଅନାଦି ନାୟକ (୧୯୪୦): ଆଧୁନିକ ଓଡ଼ିଆ ସାହିତ୍ୟରେ ପ୍ରବାସୀ ସାହିତ୍ୟିକ ଅନାଦି ନାୟକ ଏକ ସ୍ୱର୍ଦ୍ଧିତ ଉଚ୍ଚାରଣ। ୧୯୪୦ ମସିହା ମାର୍ଚ୍ଚ ୩ ତାରିଖରେ ଅବିଭକ୍ତ କଟକ ଜିଲ୍ଲାସ୍ଥ ବରୀ ଅଞ୍ଚଳର ମଲିଆଘାଇ ଗ୍ରାମରେ ସେ ଭୂମିଷ୍ଠ ହୋଇଥିଲେ। ପିତା ବନମାଳୀ ନାୟକ ତାଙ୍କ ପାଇଁ ଗାନ୍ଧୀବାଦୀ ଆଦର୍ଶର ଆଦ୍ୟ ପ୍ରେରଣା ଥିଲେ। ରାମଚନ୍ଦ୍ରପୁର ମୌଳିକ ବିଦ୍ୟାଳୟ (ରାଷ୍ଟ୍ରୀୟ ବୁନିୟାଦୀ ଶାଳା)ରେ ଅଷ୍ଟମ ଶ୍ରେଣୀରେ ପଢୁଥିଲାବେଳେ ଆଚାର୍ଯ୍ୟ ହରିହର ଓ ପଣ୍ଡିତ କୃପାସିନ୍ଧୁଙ୍କ ସହ ଅଖଣ୍ଡ ପଦଯାତ୍ରାରେ ଯୋଗଦାନ କରି ପଢ଼ା ଛାଡ଼ିଥିଲେ। କୋରାପୁଟ, ବଡ଼ବିଲ ଇତ୍ୟାଦି ବିଭିନ୍ନ ଅଞ୍ଚଳରେ ସର୍ବୋଦୟ ଆନ୍ଦୋଳନ ପାଇଁ କାର୍ଯ୍ୟ ଏବଂ ସର୍ବୋଦୟ ପତ୍ରିକାର ସଂପାଦନା କରିଥିଲେ। ପରେ ଯୁକ୍ତରାଷ୍ଟ୍ର ଆମେରିକାରେ ରହି କେକର (**Quaker**) ଆନ୍ଦୋଳନ ସମ୍ବନ୍ଧରେ ଅଧ୍ୟୟନ କରିଥିଲେ। ସେଠାରୁ ଭାରତ ପ୍ରତ୍ୟାବର୍ତ୍ତନ ପରେ ୭୦ ଦଶକରେ ଇନ୍ଦିରା ଗାନ୍ଧୀଙ୍କ ଏକଛତ୍ରବାଦୀ ଶାସନ ବିରୁଦ୍ଧରେ ଯାଇ କାରାବରଣ କରିଥିଲେ। ବରୀ ଅଞ୍ଚଳରେ ସେ ଗ୍ରାମ-ଉନ୍ନୟନ କାର୍ଯ୍ୟ ଆରମ୍ଭ କରିଥିଲେ। ତା୨।୬।୧୯୭୫ରେ ଜରୁରୀ ପରିସ୍ଥିତି ବେଳେ ଗିରଫ ହୋଇ ବିନା ବିଚାରରେ ଜେଲ୍‌ଦଣ୍ଡ ଭୋଗିଥିଲେ। ପ୍ୟାରୋଲ୍‌ରେ ଆସି କୌଶଳକ୍ରମେ ୧୯୭୬ରେ ନେପାଳ ଦେଇ ସେ ଆମେରିକା ଚାଲିଗଲେ। ସେଠାରେ ସେ ସର୍ବୋଦୟ ଆନ୍ଦୋଳନ, ଯୁଦ୍ଧ ବିରୋଧୀ ଅନ୍ତଃରାଷ୍ଟ୍ରୀୟ ଆନ୍ଦୋଳନ ସହ ସଂପୃକ୍ତ ରହି ଅନେକ କାର୍ଯ୍ୟ କଲେ।

ଓଡ଼ିଆରେ 'ସର୍ବୋଦୟ' ପତ୍ରିକାର ସଂପାଦକ ଭାବରେ ସେ ଲୋକପ୍ରିୟତା ହାସଲ କରିଥିଲେ। ଜନ୍ମସ୍ଥାନ ବରୀ ଅଞ୍ଚଳରେ ସ୍ୱାଧୀନତା ପାଇଁ ଜେଲ୍‌ଦଣ୍ଡ ଭୋଗିଥିବା ଅନାଦି ନାୟକ ସଂପ୍ରତି ଆମେରିକାରେ ଅବସ୍ଥାନ କରୁଛନ୍ତି। ସେ ମେରିଲ୍ୟାଣ୍ଡର ଶିଶୁ କଲ୍ୟାଣ ବିଭାଗରେ କାର୍ଯ୍ୟରତ। ଶ୍ରୀ ନାୟକଙ୍କ ସୃଷ୍ଟିଗୁଡ଼ିକରେ ରହିଛି - 'ଓଡ଼ିଶାର ବ୍ୟାସଜୀ', 'ଜଣେ ଯାତ୍ରୀ', 'ମଣିଷ ପରି ମଣିଷ', 'ବିପ୍ଳବୀ ବିନୋବା', 'ଗାନ୍ଧୀଜୀ', 'ଲୋକଶକ୍ତିର ସନ୍ଧାନେ ନବକୃଷ୍ଣ ଚୌଧୁରୀ', 'ସେହି ଗାଁ ସେହି ମାଟି', 'ବରୀ', '**A Man of Humility**' ଇତ୍ୟାଦି।

'ସାବିତ୍ରୀ' ସଂପର୍କରେ ସଫେଇ

ରମେଶଚନ୍ଦ୍ର ମଲ୍ଲିକ

ପୁରାଣର 'ସାବିତ୍ରୀ' ଓ ଆଲୋଚିତ 'ସାବିତ୍ରୀ' ଏକଏକ ସମୟ ବା କାଳଖଣ୍ଡର ପ୍ରତିନିଧିତ୍ୱ କରୁଥିବା ଚେତନା। ଅନାଦି ନାୟକଙ୍କଦ୍ୱାରା ଲିଖିତ ଏଇ ଉପନ୍ୟାସଟି (୧୯୭୬) ଯୁଗନାରୀ ଚେତନାର ବାସ୍ତବ ପ୍ରତିଫଳନର ଜ୍ୱଳନ୍ତ ଉଦାହରଣ। ଏଇ ଉପନ୍ୟାସ 'ସାବିତ୍ରୀ'ର ଏହା ଏଭଳି ଏକ ଶକ୍ତ ଗଳ୍ପାଣୁ (Motif) ଯାହା ମାଧ୍ୟମରେ ଉପନ୍ୟାସର କଥାବସ୍ତୁ ଅଗ୍ରସର ହେବା ସହିତ ପାଠକୀୟ ଉତ୍କଣ୍ଠା, ଆବେଗ ଓ ସଂଭାବନାକୁ ମଧ୍ୟ ପ୍ରବାହିତ କରିବାପାଇଁ ପ୍ରସ୍ତୁତ।

ଆଧୁନିକ ଶିକ୍ଷା ଓ ପ୍ରବାସ ଜୀବନ ମଣିଷର ପରିବର୍ତ୍ତନ ଓ ବିବର୍ତ୍ତନ ପାଇଁ ବାତାବରଣ ସୃଷ୍ଟି କରୁଚି। ରକ୍ଷଣଶୀଳ ପରିବାରର ବାପମାଆମାନେ ନିଜନିଜ ପୁଅଝିଅମାନଙ୍କୁ ନେଇ ସ୍ୱପ୍ନ ଦେଖୁଚନ୍ତି ଏବଂ ତାହା ଏକ ଦ୍ୱନ୍ଦ୍ୱାତ୍ମକ ପରିସ୍ଥିତି ତିଆରି କରୁଚି। ଏଇ ଉପନ୍ୟାସର କଥାବସ୍ତୁ ଅତ୍ୟନ୍ତ ସୂକ୍ଷ୍ମ କାହାଣୀର ଧାରାବାହିକ ପ୍ରବାହ। ଭିନ୍ନଭିନ୍ନ ସ୍ଥାନରେ ତାତ୍ତ୍ୱିକ ଅବଧାରଣା ସ୍ପର୍ଶ କରି ଓଡ଼ିଆ ଉପନ୍ୟାସରେ ପ୍ରବାସୀ ଚେତନାର ଧାରା ନିର୍ମାଣ କରିବାର ପ୍ରଚେଷ୍ଟା ବା ଉଦ୍ୟମ ଏଇ 'ସାବିତ୍ରୀ' ଉପନ୍ୟାସରେ ପ୍ରତିଫଳିତ ଓ ପ୍ରତିଧ୍ୱନିତ।

'ସାବିତ୍ରୀ'ର କଥାବସ୍ତୁ ଦୁଇଟି ପିଢ଼ିକୁ ପ୍ରତିନିଧିତ୍ୱ କରୁଚି। ଗୋଟିଏ ପିଢ଼ିର ମଣିଷ ପ୍ରଭଞ୍ଜନ ମହାପାତ୍ର ଓ ହାରାମଣି ଦେବୀ। ଦ୍ୱିତୀୟ ପିଢ଼ିର ସୂତ୍ରଧାର ଗୁଣନିଧି, ସାବିତ୍ରୀ, ସ୍ୱରୂପା ଓ ନିଶିକାନ୍ତ। ଗୁଣନିଧି ଓ ସାବିତ୍ରୀ ସମକାଳକୁ ଭଲଭାବରେ ଅନୁଭବ କରିପାରୁଥିବା ଚରିତ୍ର। ସେମାନଙ୍କ ପାଖରେ ଭୌଗୋଳିକ ସୀମା-ସରହଦ, ଜାତି,

ଧର୍ମ ଏସବୁର ପ୍ରଭେଦ ଓ ଏସବୁ ବସ୍ତୁଭାବେ ଗ୍ରହଣ କରି ଜୀବନ ସହିତ ଅବିଚାର କରିବା ପ୍ରାସଙ୍ଗିକବୋଲି ବିଚାର କରନ୍ତି। କିନ୍ତୁ ଏମାନେ ନିଜ ଚାଲିଚଳଣି, ଧର୍ମ ଓ ଘରର ଆଦର୍ଶ ତଥା ମୁରବିମାନଙ୍କର ନିର୍ଦ୍ଦେଶ ଉପରେ ଆସ୍ଥା ଓ ବିଶ୍ୱାସ ରଖନ୍ତି। ଅନ୍ୟପକ୍ଷରେ ଦେଖିଲେ ସ୍ୱରୂପା ଓ ନିଶିକାନ୍ତ ଏମାନେ ରକ୍ଷଣଶୀଳ ବ୍ୟବସ୍ଥାର ଅନୁଗାମୀ ନୁହନ୍ତି। ଏମାନେ ସ୍ୱାଧୀନଭାବେ ଜୀବନ ବଞ୍ଚିବାପାଇଁ ଚାହାନ୍ତି ଓ ସେମାନଙ୍କର ନିଷ୍ପତ୍ତି ମଧ୍ୟ ନିଜସ୍ୱ। ସ୍ୱରୂପା ବାହା ହୋଇଚନ୍ତି ମଦନ ପଟେଲଙ୍କୁ। ସେ ଅକ୍ସଫୋର୍ଡ ଫେରନ୍ତା ଇଂରାଜୀ ଅଧ୍ୟାପକ। "ଗୁଜୁରାଟୀ ଘରର ପାଠୁଆ ପୁଅ। କେତେ ଆଡୁ ପ୍ରସ୍ତାବ ଆସିଲା। ହେଲେ ବାହା ହେବାପାଇଁ ଇଏ ମାଆଙ୍କୁ କହିପାରୁ ନ ଥାନ୍ତି। ଆଉ କାହାକୁ କହନ୍ତେ ଅବା କେମିତି ? ତାପରେ ମୁଁ ଆସିଲି କଲିକତା। ଆମ ହଷ୍ଟେଲ୍‌ର ଜୁଲିୟସ୍ ସିଜ୍‌ର ଅଭିନୟ ପରଠାରୁ ୟାଙ୍କର ମନର ଅବସ୍ଥା ଗୋଟିଏ ଅଲଗା ଦିଗରେ ଗତି କରେ।" (ପୃଷ୍ଠା-୯୧)। ଏକଥା ଚିଠିରେ ଲେଖିଥିଲେ ସ୍ୱରୂପା। ପୁଣି ନିଜ ବିବାହର କାହାଣୀଟିକୁ ସ୍ପଷ୍ଟ ଓ ସଂକ୍ଷିପ୍ତରେ ଉଲ୍ଲେଖ କରିଥିଲେ: "ତାଙ୍କ ମାଆଙ୍କର ଶେଷ ଇଚ୍ଛାଟିକୁ ପୂରଣ କରିବାପାଇଁ ସେ ମୋର ସାହାଯ୍ୟ ଲୋଡ଼ିଲେ। ମୁଁ ରାଜି ହେଲି। କାଳୀ ମନ୍ଦିର ଭିତରେ ମାଳା ବଦଳ କରି ଉତ୍ସବ ଶେଷ ହେଲା। ବାଜା ନାହିଁ, ଭୋଜି ନାହିଁ କି ହନିମୁନ୍ ମଧ୍ୟ ନାହିଁ। ଖାଲି ଉପସ୍ଥିତ ଅଳ୍ପ କେତେଜଣ ବନ୍ଧୁ ଓ ଗୁରୁଜନଙ୍କର ଶୁଭେଚ୍ଛା।" (ପୃଷ୍ଠା-୯୧)।

ଉପନ୍ୟାସର ଆଉ ଏକ ବିଶେଷତ୍ୱ ହେଉଛି ଗାଁ, ଋତୁ, ସହର ଏସବୁର ନିଖୁଣ ବର୍ଣ୍ଣନା। ଗାଁ ବର୍ଣ୍ଣନାରେ, ଗାଁ ଲୋକ ଓ ଗାଁ ସଂସ୍କୃତିର କଥା ବର୍ଣ୍ଣନା କରିବା ଏବଂ ଗାଁର ଭିନ୍ନଭିନ୍ନ ଜାତିର ଲୋକମାନଙ୍କୁ ଭିନ୍ନଭିନ୍ନ ପ୍ରସଙ୍ଗରେ ଅବତାରଣ କରିବା ମଧ୍ୟ ଲେଖକଙ୍କର ରଚନା ଚାତୁରିବୋଲି କୁହାଯାଇପାରିବ। ଜଗନ୍ନାଥପୁର ଗାଁ ବିଷୟରେ ବଖାଣିଲାବେଳେ 'ମଳିକ' ଘରର ବୋହୂ 'ଦୁଲୀ' ଓ 'କେଳା' ଘରର ଝିଅ 'ଓଷି' ବିଷୟରେ ସୂଚନା ମାତ୍ର ଦେବାପାଇଁ ଇଚ୍ଛା ପ୍ରକଟ କରିଛନ୍ତି ଲେଖକ।

- ଖ -

ଦ୍ୱିତୀୟ ପିଢ଼ିରେ ଅବତରଣ କରିଥିବା ପୁଅ ନିଶିକାନ୍ତ ମହାପାତ୍ର ପିଏଚ୍.ଡି. କରିବା ସମୟରେ ଖ୍ରୀଷ୍ଟିଆନ ଝିଅ 'ଲୁସି' ସହିତ ପ୍ରଣୟ ଏବଂ ବମ୍ବେରେ ଚାକିରି କଲା ପରେ ବିବାହ ମଧ୍ୟ ଆଉ ଏକ ଯୁଗଚେତନାର ବାର୍ତ୍ତା। ସମକାଳରେ ବିବାହ ଭୌଗୋଳିକ ସୀମା ଦେଖେ ନାହିଁ କି ଦେଖେ ନାହିଁ ଜାତି ଓ ଧର୍ମ। କିନ୍ତୁ ଗୋଟିଏ ରକ୍ଷଣଶୀଳ ଯୁଗଧାରାକୁ ପ୍ରଚଳିତ ଯୋଗଚେତନା ସହିତ ସଂପର୍କର ସେତୁ ପ୍ରସ୍ତୁତ କରିବାପାଇଁ ଯେଉଁମାନଙ୍କର ସହଯୋଗ ଓ ସମର୍ଥନ ଆବଶ୍ୟକ ସେଇ ଭୂମିକାରେ

ଅଭିନୟ କରିଚନ୍ତି 'ସାବିତ୍ରୀ'। ଏଇ ପ୍ରସଙ୍ଗରେ 'ସାବିତ୍ରୀ' ନିଜ ପରିବାରକୁ ସୁରକ୍ଷା ପାଇଁ ପ୍ରଚେଷ୍ଟା କରି ସଫଳତା ହାସଲ କରିବା ଯେଉଁଭଳି କଥାଦେବା ନିଜସ୍ୱ ତ୍ୟାଗ ଓ ଆଦର୍ଶରେ ଅନ୍ୟକୁ ପ୍ରଭାବିତ କରି ନିଜ ପରିବାରକୁ ସୁଖର ସଂସାରରେ ପରିଣତ କରାଇବା ମଧ୍ୟ ସେଇଭଳି ନୂତନ ନାରୀ ଚେତନାର ବାର୍ତ୍ତା, ଯେଉଁ ବାର୍ତ୍ତା ଊନବିଂଶ ଶତକର 'ନୂଆ ନାରୀ' (New Women)ମାନେ କରିବାପାଇଁ ଆଗଭର ହୋଇଥିଲେ। ସେମାନଙ୍କର ଅବଦାନ ଫଳରେ ବିଂଶ ଶତକର ଜଣେ ନାରୀ ରକ୍ଷଣଶୀଳତାକୁ ବିଶ୍ୱାସ ନ କରି ନିଜସ୍ୱ ଇଚ୍ଛା ଓ ଜୀବନ ସ୍ୱତନ୍ତ୍ରଭାବରେ ଅତିବାହିତ କରିବାପାଇଁ ନିଜକୁ ପ୍ରସ୍ତୁତ କରିଥିଲେ। ସେହିଭଳି 'ସାବିତ୍ରୀ' ଜଣେ 'ନୂଆ ନାରୀ' ଚେତନାରେ ସମର୍ପିତ।

'ସାବିତ୍ରୀ' ଉପନ୍ୟାସରେ ବ୍ୟବହୃତ ଶବ୍ଦ, ପଦ ଓ ବାକ୍ୟ ଓଡ଼ିଆ ଶାସ୍ତ୍ରୀୟ ଭାଷାର ଲକ୍ଷଣଗୁଡ଼ିକୁ ପୁଲକିତ କରେ ଏବଂ ଶାଣିତ ଭାଷା ପ୍ରୟୋଗ କଥାବସ୍ତୁରେ ଓଡ଼ିଆତ୍ୱକୁ ଆବିଷ୍କାର କରିଥାଏ। ଉପନ୍ୟାସରେ ବ୍ୟବହୃତ ଶବ୍ଦ- ସଣ୍ଟୁଣା, ମିହନ୍ତ, ଅବ୍ୟାହତ, ମାଇପେ, ଅଲିଅଳ ଓ ଖଞ୍ଜା। କ୍ରିୟାହୀନ ବାକ୍ୟ ଯଥା- (କ) କୂଅ ପାଣି ଥଣ୍ଡା। (ଖ) ଜହ୍ନ ଆଲୁଅ ସୁନ୍ଦର। (ଗ) ମୁଣ୍ଡରେ ଜୁଡ଼ା - ଏସବୁ ଉପନ୍ୟାସର କଥାବସ୍ତୁକୁ ଅଗ୍ରସର କରିବାରେ ସହାୟକ।

ପ୍ରବାସୀ ସାହିତ୍ୟର ଗୁଣ ଓ ଲକ୍ଷଣ ଦେଶ ସାହିତ୍ୟର ଗୁଣ ଓ ଲକ୍ଷଣଠାରୁ ସ୍ୱତନ୍ତ୍ର ହେବାକୁ ବାଧ୍ୟ। ନିଜ ଦେଶକୁ, ମୁଲକକୁ ପିଲାଦିନେ ଯେଉଁଭଳି ଦେଖିବାକୁ ହୋଇଥାଏ ତାହାର ପ୍ରତିଛବିର ଅଭିଜ୍ଞତାର ପ୍ରବାସରେ ଉପଲବ୍ଧି ହୋଇଥାଏ। କେବଳ ଭୌଗୋଳିକ, ସାମାଜିକ ତଥା ସାଂସ୍କୃତିକ ଦୂରତା ନୁହେଁ, ବରଂ ନିଜ ଅଭିଜ୍ଞତାରେ କେତେକ ସ୍ୱଷ୍ଟ ଚେତନା ଓ ଅଭିଜ୍ଞତା ଦର୍ପଣ ଆଗରେ ଛିଡ଼ା ହୋଇଚି। ସେସବୁ ସ୍ୱଷ୍ଟ ନ ଦିଶି ଟିକିଏ ଟିକିଏ ଝାପ୍ସା ଦିଶେ। ଏସବୁ ନଷ୍ଟାଲଜିୟା ଅବଧାରଣା। ପ୍ରବାସରେ ରହି ନିଜର ବିତିଯାଇଥିବା ଅତୀତକୁ ଖୋଜିବା ଓ ସେଥିରୁ ଜୀବନର ଓ ସମାଜର ପ୍ରମୁଖ ଘଟଣାଗୁଡ଼ିକ ସାହିତ୍ୟିକ ଭାଷାରେ ପରିପ୍ରକାଶ କରିବା ହେଉଛି ପ୍ରବାସୀ ସାହିତ୍ୟର ଲକ୍ଷ୍ୟ ଓ ଲକ୍ଷଣ।

ଯୁକ୍ତରାଷ୍ଟ୍ର ଆମେରିକାରେ ବସବାସ କରିଥିବା ଅନାଦି ନାୟକ ନିଜକୁ ଓ ନିଜ ଗାଁ, ନିଜ ସହର ଓ ନିଜ ପରିବେଶକୁ ଏତେ ଭଲପାଉଥିବା ମଣିଷ ବାସ୍ତବ ରୂପରେଖ ପ୍ରଦାନ କରିପାରିଚନ୍ତି। ଗାଁ ଓ ସହର ଭିତରେ ଥିବା ସାଂସ୍କୃତିକ ପ୍ରଭେଦକୁ ଦର୍ଶାଇବା ପାଇଁ ଆଗଭର ହେଇଚି।

"ସହରରେ ସ୍ଥାୟୀ ଭାବରେ ରହି ମଝି ମଝିରେ ଗାଆଁକୁ ଆସୁଥିଲେ ଗାଁଟା ଭଲ ଲାଗେ।" (ପୃଷ୍ଠା-୧) ସେଇମିତି ସହସା ନିର୍ଧୂମ୍ ଖରାବେଳେ ସହରର ପିଚୁରାସ୍ତା

ରାଜପଥ ତାତିରେ ପାଚିଯାଏ। (ପୃଷ୍ଠା-୧) ଠିକ୍ ଏଇ ନ୍ୟାୟରେ ଗାଁ ବର୍ଣ୍ଣିବା କଲାବେଳେ ଔପନ୍ୟାସିକ ଲେଖିପାରନ୍ତି: କେଳା ଘରର ଝିଅ ଓଷି ମୁଣ୍ଡରେ ଜୁଡ଼ା ଓ ହାତରେ କାଚ। ଦେହର ରଙ୍ଗ ତୋଫା। ତା' ମାଆ ସାଙ୍ଗରେ ବୁଲି ବୁଲି ସେ ଜିନିଷ ବିକେ। x x x (ପୃଷ୍ଠା-୭) କଥୋପକଥନ ଢଙ୍ଗରେ କେତୋଟି ଢଗଢମାଳି: ଯଥା: ଝିଅ ଜନମ ପର ଘରକୁ, ନିପଟ ଇଡ଼ିୟମ୍ ଇତ୍ୟାଦି ଉପନ୍ୟାସକୁ ଲୋକପ୍ରିୟ କରିପାରିଚି।

'ସାବିତ୍ରୀ' ଏକ ସାମାଜିକ ପରିବର୍ତ୍ତନର ମାଧ୍ୟମ। ଗାଁର ଭାଷା, ଗାଁର ପରିବେଶ ଓ ରକ୍ଷଣଶୀଳ ପରିବାରର ପରମ୍ପରା ଓ ପରିଣତି 'ସାବିତ୍ରୀ' ଉପନ୍ୟାସରେ ପ୍ରତିଫଳିତ। ବିଶେଷକରି ଆଞ୍ଚଳିକ ରଙ୍ଗଢଙ୍ଗ (local colour) ଓ ଜୀବନର ମୂଲ୍ୟବୋଧ ଏହି ଉପନ୍ୟାସର ବିଶେଷତ୍ୱ।

■

ରାଜେନ୍ଦ୍ର ନାରାୟଣ ଦାସ

ରାଜେନ୍ଦ୍ର ନାରାୟଣ ଦାସ (୧୯୪୦): ପ୍ରବାସୀ ଓଡ଼ିଆ-ବିଶିଷ୍ଟ ସ୍ତମ୍ଭକାର ରାଜେନ୍ଦ୍ର ଦାସ ଜଣେ କୃତବିଦ୍ୟ ସାହିତ୍ୟିକ। ୧୯୪୦ ମସିହା ଫେବ୍ରୁଆରି ୪ ତାରିଖରେ ଜଗତସିଂହପୁରରେ ସେ ଜନ୍ମଗ୍ରହଣ କରିଥିଲେ। ରାଣୀହାଟ ହାଇସ୍କୁଲ୍‌ରୁ ବିଦ୍ୟାଳୟ ଶିକ୍ଷା ସମାପ୍ତ କରି ଉତ୍କଳ ବିଶ୍ୱବିଦ୍ୟାଳୟରୁ ବିଜ୍ଞାନରେ ସ୍ନାତକ, ଜର୍ମାନ୍ ବିଶ୍ୱବିଦ୍ୟାଳୟରୁ ଇଞ୍ଜିନିୟରିଂ ସମାପ୍ତ ପରେ ଜର୍ମାନୀ ମେଟାଲର୍ଜି ଇଞ୍ଜିନିୟର ଭାବରେ ଅବସ୍ଥାପିତ। ଜଣେ ଯନ୍ତ୍ରୀ ଅପେକ୍ଷା ନିୟମିତ ସ୍ତମ୍ଭକାର ଭାବରେ ସେ ଓଡ଼ିଶା ରାଜନୈତିକ ତଥା ସାହିତ୍ୟିକ ମହଲରେ ବେଶ୍ ସୁପରିଚିତ। ତାଙ୍କର ସୃଷ୍ଟିଗୁଡ଼ିକ ମଧ୍ୟରେ ରହିଛି- 'ଓଡ଼ିଶାର ସଂସ୍କୃତି', 'କହିବସିଲେ ବହୁତ କଥା', 'ମନର କଥା', 'ମନର ଆଇନାରେ ଓଡ଼ିଶା', 'ସ୍ମୃତିରେ କଟକ', 'ସରିନାହିଁ ମନର କଥା', 'ନିଜ ମତ ନ କହିଲେ ଭଲ' ଏବଂ 'Whispers of a Teaming Heart' ଭଳି ଅନେକ କୃତି। ଡକ୍ଟର ଦାସ ତାଙ୍କର ସାହିତ୍ୟ ସାଧନା ନିମନ୍ତେ ଉତ୍କଳ ସଂସ୍କୃତି ସମ୍ମାନ, ପ୍ରବାସୀ ଓଡ଼ିଆ ସମ୍ମାନ ଏବଂ ଅନ୍ୟାନ୍ୟ ବହୁ ସମ୍ମାନରେ ସମ୍ମାନିତ ହୋଇଛନ୍ତି। ସଂପ୍ରତି ସେ ଜର୍ମାନୀରେ ଅବସ୍ଥାପିତ।

ରାଜେନ୍ଦ୍ର ନାରାୟଣ ଦାସ : ସମୟ ଓ ସାହିତ୍ୟ

ଡକ୍ଟର ଗୌରହରି ଦାସ

ଜଣେ ଲେଖକଙ୍କ ଲେଖାର ଅନାସକ୍ତ ମୂଲ୍ୟାୟନ ଲାଗି ସେ ଲେଖକଙ୍କ ଜୀବନ ଓ ସମୟ ଉଭୟକୁ ଜାଣିବା ପ୍ରୟୋଜନ। ଲେଖକଟିଏ ଯେଉଁ ସମୟରେ ବଞ୍ଚିଥାଏ ସେ ସେହି ସମୟର କଥା ଲେଖେ - ପ୍ରତ୍ୟକ୍ଷ ଭାବରେ ହେଉ ବା ପରୋକ୍ଷ ଭାବରେ ହେଉ। ସିଏ ଯେଉଁ ଭଳି ଜୀବନ ଜିଇଥାଏ ସେହିଭଳି ଭାବରେ ବା ତା ନିଜର ଦୃଷ୍ଟିଭଙ୍ଗୀର ଚଷମା ଦେଇ ସେ ଦେଖିଥିବା ଘଟଣାର ଚିତ୍ର ଉପସ୍ଥାପନ କରିଥାଏ। ରାଜେନ୍ଦ୍ର ନାରାୟଣ ଦାସଙ୍କ ସାହିତ୍ୟକୁ ବୁଝିବା ପାଇଁ ତାଙ୍କ ଜୀବନ ଏବଂ ତାଙ୍କ ସମୟ ଉଭୟକୁ ବୁଝିବା ଆବଶ୍ୟକ। ଜୀବନ ଓ ସମୟ ଭିନ୍ନ ଆଉ ଯେଉଁ କଥାଟି ଉଣାଅଧିକେ ତାତ୍ପର୍ଯ୍ୟପୂର୍ଣ୍ଣ ତାହା ହେଉଛି ସ୍ଥାନ ବା ଭୂଗୋଳ। ରାଜେନ୍ଦ୍ର ନାରାୟଣ ଭାରତର ଓଡ଼ିଶାରେ ଜନ୍ମ ନେଇଥିଲେ, ମାତ୍ର ଜୀବିକା ଦାୟରେ ଜୀବନର ଛଅ ଦଶନ୍ଧି ବା ଦୀର୍ଘ ଷାଠିଏ ବର୍ଷରୁ ଊର୍ଦ୍ଧ୍ୱ ସମୟ ଜର୍ମାନୀରେ ବିତେଇ ସାରିଲେଣି। ତାଙ୍କ ଲେଖାଗୁଡ଼ିକରେ ଆମେ ଉଭୟ ସ୍ଥାନର ଚିତ୍ର ଦେଖୁ, ଅଧିକାଂଶ କ୍ଷେତ୍ରରେ ତୁଳନାତ୍ମକ ଚିତ୍ର। ସେ ଜର୍ମାନୀରେ ଘଟୁଥିବା ଘଟଣାର ଫାଙ୍କଦେଇ ଓଡ଼ିଶାକୁ ଦେଖନ୍ତି ଏବଂ ଓଡ଼ିଶାରେ ଘଟୁଥିବା ନାନା ପ୍ରକାର ଅସଙ୍ଗତି-ବିସଙ୍ଗତି ଭିତରେ ଜର୍ମାନୀକୁ ଦେଖନ୍ତି। ଏକା ପ୍ରକାର ଘଟଣାରେ ଉଭୟ ସ୍ଥାନର ପ୍ରତିକ୍ରିୟା କିଭଳି ଭିନ୍ନ ହୋଇଥାନ୍ତା ସେହି କଥାଟି ରାଜେନ୍ଦ୍ର ନାରାୟଣଙ୍କ ଅଧିକାଂଶ ପ୍ରବନ୍ଧର ମୁଖ୍ୟ ପ୍ରତିପାଦ୍ୟ। ଏତଦ୍‌ଭିନ୍ନ ରାଜେନ୍ଦ୍ର ନାରାୟଣ ନିଜ ଜୀବନକାଳ

ମଧ୍ୟରେ ପୃଥିବୀର ବହୁ ଦେଶ ଭ୍ରମଣ କରି ଅନୁଭୂତି ସଂଗ୍ରହ କରିଛନ୍ତି, ଯାହାର ପ୍ରତିଫଳନ ତାଙ୍କ ପ୍ରବନ୍ଧମାନଙ୍କରେ କିଛି କିଛି ଦେଖିବାକୁ ମିଳେ।

ରାଜେନ୍ଦ୍ର ନାରାୟଣ ଦାସଙ୍କ ଲିଖିତ 'କହିବସିଲେ ବହୁତ କଥା' (୨୦୧୧), 'ମନର କଥା' (୨୦୧୫), 'ମନର ଆଇନାରେ ଓଡ଼ିଶା' (୨୦୧୬), 'ସରିନାହିଁ ମନର କଥା' (୨୦୧୯) ଏବଂ 'ନିଜ ମତ ନ କହିଲେ ଭଲ' (୨୦୨୧) - ଏହି ପାଞ୍ଚଟି ବହି ଏଠାରେ ଆଲୋଚ୍ୟ ପ୍ରସଙ୍ଗ। ଏହି ପାଞ୍ଚଟି ବହିରେ ଦୀର୍ଘ ଓ ନାତିଦୀର୍ଘ ହୋଇ ପ୍ରାୟ ୨୫୦ ପ୍ରବନ୍ଧ ସଂକଳିତ ହୋଇଅଛି। ଏହି ପ୍ରବନ୍ଧଗୁଡ଼ିକ ପ୍ରଥମେ କୌଣସି ନା କୌଣସି ସମ୍ବାଦପତ୍ରରେ ପ୍ରକାଶିତ ହୋଇ ପରେ ବହି ରୂପରେ ସଂକଳିତ ହୋଇଛି। ପ୍ରଥମ ବହିର ପ୍ରକାଶ କାଳ ୨୦୧୧ ଓ ପଞ୍ଚମ ବହିର ପ୍ରକାଶ କାଳ ୨୦୨୧। ଏହି ଆଲୋଚନା ଲେଖାଗଲା ବେଳକୁ ମସିହା ହେଉଛି ୨୦୨୩ ଏବଂ ରାଜେନ୍ଦ୍ର ନାରାୟଣ ଦଶବର୍ଷ ଭିତରେ ୨୪୦ ପ୍ରବନ୍ଧ ଲେଖିଥିବାରୁ ହାରାହାରି ହିସାବରେ ପ୍ରତି ମାସରେ ଦୁଇଟି ଲେଖାଏଁ ପ୍ରବନ୍ଧ ପ୍ରକାଶ କରିଛନ୍ତି।

ରାଜେନ୍ଦ୍ର ନାରାୟଣ ଦାସଙ୍କ ଜନ୍ମ ୪ ଫେବ୍ରୁଆରି ୧୯୪୦, ଓଡ଼ିଶାର ଅବିଭକ୍ତ କଟକ ଜିଲ୍ଲା ଜଗତସିଂହପୁରରେ। ତାଙ୍କ ବାପାଙ୍କ ନାମ ମାଧବ ଚନ୍ଦ୍ର ଦାସ, ଯିଏ ନିଜେ ସଂଘର୍ଷ କରି ନିଜକୁ ପ୍ରତିଷ୍ଠିତ କରିପାରିଥିଲେ। ମାଆଙ୍କ ନାମ ଯୋଷାମଣି ଦାସ। ତାଙ୍କର ପୂର୍ବସୂରୀମାନେ ଗଞ୍ଜାମର ପାରଳାଖେମୁଣ୍ଡିରୁ ଆସି ଉପକୂଳବର୍ତ୍ତୀ ଜଗତସିଂହପୁର ଜିଲ୍ଲାରେ ବସବାସ କରିଥିଲେ। ରାଜେନ୍ଦ୍ର ନାରାୟଣଙ୍କ ପ୍ରବନ୍ଧରେ ଦକ୍ଷିଣ ଓଡ଼ିଶା, ବିଶେଷ କରି ଭଂଜ ସାହିତ୍ୟ ପ୍ରତି ବିଶେଷ ଅନୁରାଗ ଲକ୍ଷ୍ୟ କରାଯିବାର ଗୋଟିଏ କାରଣ ହୋଇପାରେ ଯେ ସେ ପିଲାଦିନେ ନିଜ ପରିବାରର ବୟସ୍କମାନଙ୍କଠାରୁ ଏ ସମ୍ବନ୍ଧରେ ଉତ୍ସାହଜନକ କଥାଗୁଡ଼ିଏ ଶୁଣିଥିଲେ। ରାଜେନ୍ଦ୍ର ନାରାୟଣ ୨୦ ବର୍ଷ ବୟସରେ ଉଚ୍ଚଶିକ୍ଷା ପାଇଁ ଜର୍ମାନୀ ଗଲେ, ଯେଉଁ ବୟସରେ କ୍ୱଚିତ୍ ଓଡ଼ିଆ ଯୁବକ ପାଠ ପଢ଼ିବା ଲାଗି ଦୂର ରାଜ୍ୟ ନୁହେଁ, ଦୂର ବିଦେଶକୁ ଯାଉଥିଲେ। ତାଙ୍କ ବିଦେଶ ଯିବାର ତାରିଖ ସେ ନିଜେ ତାଙ୍କର ପ୍ରଥମ ବହିରେ ଲେଖିଛନ୍ତି - ୨୨ ନଭେମ୍ବର ୧୯୬୦। ଆଜି ପର୍ଯ୍ୟନ୍ତ ସେ ସେହି ଜର୍ମାନୀରେ ରହିଛନ୍ତି ଏବଂ ଏହା ଭିତରେ ସୁଦୀର୍ଘ ୬୩ ବର୍ଷ ବିତିଗଲାଣି। ଅଧିକାଂଶ ଲେଖକ ନିଜର ଲେଖାଗୁଡ଼ିକୁ ବୁଝିବା ପାଇଁ କିଛି ନା କିଛି ସୂତ୍ର ଆମକୁ ଦେଇଯାଇଥାଆନ୍ତି। ସେସବୁ ସୂତ୍ର ହୁଏତ ତାଙ୍କର ଜୀବନସ୍ମୃତି, ଆତ୍ମଚରିତ ବା ଅନ୍ୟ କୌଣସି ଗ୍ରନ୍ଥରେ ରହିଥାଏ। ଉଦାହରଣ ସ୍ୱରୂପ ସୁରେନ୍ଦ୍ର ମହାନ୍ତିଙ୍କ ସାହିତ୍ୟକୁ ବୁଝିବା ଲାଗି ତାଙ୍କର ଜୀବନସ୍ମୃତି 'ପଥ ଓ ପୃଥିବୀ' ଏବଂ ମନୋଜ ଦାସଙ୍କ ସାହିତ୍ୟ ବୁଝିବା ପାଇଁ ତାଙ୍କର 'ସମୁଦ୍ର କୂଳର ଗୋଟିଏ ଗାଁ' ବହି ସହାୟକ ହୋଇଥାଏ। ସେଥିରେ ସନ୍ନିବେଶିତ

ଘଟଣା-ଦୁର୍ଘଟଣା, ଚିତ୍ର ଓ ଚରିତ୍ର ଲେଖକଙ୍କ ସାହିତ୍ୟରେ ଭିନ୍ନ ଭିନ୍ନ ଭାବରେ ପ୍ରତିଭାତ ହୋଇଥାଆନ୍ତି। ସେହି ବହିଗୁଡ଼ିକ ସଂପୃକ୍ତ ଲେଖକମାନଙ୍କର ଜୀବନଦର୍ଶନ ସମ୍ବନ୍ଧରେ ମଧ୍ୟ ସମୟେ ସମୟେ ଆଭାସ ମିଳିଥାଏ। ରାଜେନ୍ଦ୍ର ନାରାୟଣ ଦାସଙ୍କ ଆଲୋଚନାଗୁଡ଼ିକର ମରମ କଥା ଜାଣିବା ଲାଗି ତାଙ୍କର ପ୍ରଥମ ବହି 'କହିବସିଲେ ବହୁତ କଥା' ପାଠକ - ଆଲୋଚକଙ୍କର ସହାୟକ ହୋଇଥାଏ।

ରାଜେନ୍ଦ୍ର ନାରାୟଣ ଦାସଙ୍କ ଜନ୍ମ ୧୯୪୦ରେ ଏବଂ ତାଙ୍କର ପ୍ରଥମ ଲେଖା ପ୍ରକାଶ ପାଏ ୨୦୦୧ରେ, ତାଙ୍କର ୬୧ ବର୍ଷ ବୟସରେ। ଏଥିରୁ ବୁଝାଯିବା ଉଚିତ ନୁହେଁ ଯେ ସେ ବିଳମ୍ବରେ ଲେଖା ଆରମ୍ଭ କରିଛନ୍ତି, ବରଂ ଏହା ବୁଝାଯିବା ଉଚିତ ହେବ ଯେ ସେ ପରିପକ୍ୱ ଅବସ୍ଥାରେ, କର୍ମମୟ ଜୀବନରୁ ଅବସର ନେବା ପରେ ଲେଖନୀ ଧରିଛନ୍ତି। ସେଥିପାଇଁ ତାଙ୍କ ଲେଖାରେ କିଶୋର ବା ଯୁବକ ସୁଲଭ ଚିତ୍ତଚାଞ୍ଚଲ୍ୟ, ଚପଳତା, ତୁଚ୍ଛା ଭାବପ୍ରବଣତା କିମ୍ବା ବାବଦୂକତା ପ୍ରାୟ ନାହିଁ କହିଲେ ଅତ୍ୟୁକ୍ତି ହେବ ନାହିଁ। ତାଙ୍କର ପ୍ରଥମ ପ୍ରବନ୍ଧ ୨୦୦୧ ମାର୍ଚ୍ଚ ୨୫ ତାରିଖରେ ଦୈନିକ 'ସମ୍ବାଦ'ରେ ପ୍ରକାଶ ପାଇଥିଲା ଏବଂ ସେଇଟିର ଶୀର୍ଷକ ଥିଲା 'ଉତ୍କଳ ଭ୍ରମଣଂର ଦୁର୍ଭାଗ୍ୟ'। ଉଲ୍ଲେଖ ନିଷ୍ପ୍ରୟୋଜନ 'ଉତ୍କଳ ଭ୍ରମଣଂ' ଓଡ଼ିଆ ସାହିତ୍ୟର ବ୍ୟାସକବି ଫକୀରମୋହନ ସେନାପତିଙ୍କ ଅନନ୍ୟ କାବ୍ୟଗ୍ରନ୍ଥ ଯାହା ଇତିହାସ, ଭୂଗୋଳ, ରାଜନୀତି ଓ ସାମାଜିକ ପାଠର ମିଶ୍ରିତ କାବ୍ୟରୂପ। ତାହା ପୁଣି ଭ୍ରମଣ ଅନୁଭୂତି ଏବଂ ଏକ ବିଶାଳ ଚରିତ୍ର-ଚିତ୍ରଶାଳା।

ରାଜେନ୍ଦ୍ର ନାରାୟଣ ଦାସ ବିଳମ୍ବରେ ଲେଖିବା ଆରମ୍ଭ କରିଛନ୍ତି ସତ; ମାତ୍ର ପଢ଼ିବା ନୁହେଁ। ଲେଖକଙ୍କ ପ୍ରବନ୍ଧଗୁଡ଼ିକରୁ ଓଡ଼ିଆ, ଇଂରାଜୀ ଏବଂ ଜର୍ମାନୀ ଭାଷା ଭିନ୍ନ ଅନ୍ୟ ଭାଷାର ସାହିତ୍ୟ ପଠନର ପ୍ରମାଣ ମିଳିଥାଏ। ପିଲାଦିନୁ ସେ ସାହିତ୍ୟ-ସଂଗୀତ ଅନୁରାଗୀ ଏବଂ ଅତ୍ୟନ୍ତ ଅଧ୍ୟବସାୟୀ। ଗ୍ରୀଷ୍ମପ୍ରଧାନ ଦେଶ ଭାରତର ଜଣେ ୨୦ ବର୍ଷର ଯୁବକ ଶୀତପ୍ରଧାନ ଜର୍ମାନୀ ଯାଇ ମାତ୍ର ଛଅମାସ ମଧ୍ୟରେ ଜର୍ମାନ ଭାଷା ଶିକ୍ଷା କରିବା ତାଙ୍କ ଅଧ୍ୟବସାୟୀ ଗୁଣର ଗୋଟିଏ ଉଦାହରଣ। ତେବେ ଲେଖନୀ ଚାଳନା କରିବା ପାଇଁ ଗୋଟିଏ ପ୍ରେରଣା ବା ଘଟଣାର ସୂତ୍ରପାତ ଆବଶ୍ୟକ ଥିଲା ଯାହା ଅଧ୍ୟବସାୟୀ ରାଜେନ୍ଦ୍ର ନାରାୟଣଙ୍କୁ ଫକୀରମୋହନଙ୍କ 'ଉତ୍କଳ ଭ୍ରମଣଂ' ଦେଇଥିଲା। ଏକଥା ଜଣାଶୁଣା ଯେ ମଣିଷ ଯାହା ପାଏ ନାହିଁ, ତାକୁ ହିଁ ବେଶି ଖୋଜେ। ଯେଉଁ ମଣିଷ ଜନ୍ମଭୂମି ଠାରୁ ଦୂରରେ ଥାଏ ସିଏ ଜନ୍ମଭୂମିକୁ ବେଶି ଝୁରେ। ଜନ୍ମଭୂମିର ମଣିଷ, ଭାଷା, ଖାଦ୍ୟ-ପୋଷାକ ସବୁକିଛି ତାର ସ୍ମୃତିରେ ଅହରହ ନାଚି ଉଠୁଥାଏ। ରାଜେନ୍ଦ୍ର ନାରାୟଣ ଦାସଙ୍କ କ୍ଷେତ୍ରରେ ତାହାହିଁ ଘଟିଛି। ଜର୍ମାନୀରେ

ସେ ଛଅ ଦଶନ୍ଧିରୁ ଊର୍ଦ୍ଧ୍ୱକାଳ ବସବାସ କରିବା ସତ୍ତ୍ୱେ ଏବେ ବି ସେ ଜଣେ ଓଡ଼ିଆ - ଯାହାଙ୍କର ଶରୀର ବିଦେଶରେ ଥିଲେ ମଧ୍ୟ ଆତ୍ମା ଓ ମନ ଉଭୟ ଓଡ଼ିଶାରେ ରହିଛି।

ରାଜେନ୍ଦ୍ର ନାରାୟଣ ସାହିତ୍ୟ କ୍ଷେତ୍ରକୁ କିଭଳି ପ୍ରବେଶ କଲେ ସେ ସଂପର୍କରେ ନିଜେ ତାଙ୍କର 'କହିବସିଲେ ବହୁତ କଥା'ରେ ଲେଖିଛନ୍ତି। ଏ ବହିଟିର ଅଧା ଭାଗରେ ତାଙ୍କର ଜୀବନସ୍ମୃତି ଏବଂ ଅଧାରେ ୪୬ଗୋଟି ନାତିଦୀର୍ଘ ଆଲୋଚନା ସ୍ଥାନୀତ ହୋଇଛି। ସେ ଲେଖିଛନ୍ତି, ''୧୯୮୦ ମସିହାଠାରୁ ସାହିତ୍ୟ ଉପରେ ମୋର ଆଗ୍ରହ ଜନ୍ମିଥିଲା। ଅବସର ପରେ ନିଜର ସମୟ କାଟିବାକୁ ସାହିତ୍ୟ ଭିତରକୁ ପଶିବା ପାଇଁ ଆହୁରି ଆଗ୍ରହ ବଢ଼ିଲା। ଓଡ଼ିଶା ଯାଉଥିବାବେଳେ ଅନେକ କିଛି ଓଡ଼ିଆ ବହି କିଣି ଜର୍ମାନୀକୁ ଆଣୁଥିଲି। ସେଗୁଡ଼ିକୁ ବଳକା ସମୟରେ ହାଲୁକାଭାବରେ ପଢୁଥିଲି, କିନ୍ତୁ ଏତେ ମନଦେଇ ପଢ଼ିବାକୁ ସମୟ ମିଳୁନଥିଲା। କାର୍ଯ୍ୟରୁ ଅବସର ନେଲାବେଳକୁ ମୋ ନିକଟରେ ଜର୍ମାନୀରେ ପ୍ରାୟ ୪୦୦ରୁ ଊର୍ଦ୍ଧ୍ୱ ଓଡ଼ିଆ ବହି ଥିଲା। ଓଡ଼ିଶାର ବହୁ ପ୍ରାତଃସ୍ମରଣୀୟ ବ୍ୟକ୍ତିମାନଙ୍କର ଆତ୍ମଜୀବନୀ ଓ ସ୍ମୃତିକଥା ସମେତ ଭଲଭଲ ବହି ଥିଲା। ପ୍ରତ୍ୟେକ ଦିନ ସକାଳେ ଓ ସନ୍ଧ୍ୟାରେ ଦୁଇଘଣ୍ଟା ଲେଖାଏ ଚାଲିକରି ଫେରିବା ପରେ ସେହିଗୁଡ଼ିକ ଅତି ନିବିଷ୍ଟ ଭାବରେ ପଢ଼ିବାକୁ ଆରମ୍ଭ କରିଦେଲି। ଯାହା କିଛି ସେଥିରୁ ଶିଖିବାର କଥା, ତାକୁ ସ୍ୱତନ୍ତ୍ର ଭାବରେ ଗୋଟିଏ ଗୋଟିଏ ଛୋଟ ଛୋଟ ଖାତାରେ ଟିପି ପକାଇଲି। ଏପରି କରିବା ଫଳରେ ଧୀରେ ଧୀରେ ଓଡ଼ିଆ ସାହିତ୍ୟ ଭିତରେ ପଶିଲି। ସାହିତ୍ୟ ପଢ଼ିବାରେ ମୋର ପ୍ରବଳ ଆଗ୍ରହ ଦିନକୁ ଦିନ ବଢ଼ିବାକୁ ଲାଗିଲା। ଏହାଦ୍ୱାରା ମଧ୍ୟ ମୋର ନିଜର ବକ୍ତବ୍ୟଗୁଡ଼ିକୁ ଓଡ଼ିଆରେ ଆଉ ଟିକିଏ ଅନ୍ୟ ଶୈଳୀରେ ଉପସ୍ଥାପନ କରିବାର ମାଧ୍ୟମ ସମ୍ବନ୍ଧରେ ଏହି ବହିପଢ଼ା ଅଭ୍ୟାସରୁ ହିଁ ମୋତେ ତାଲିମ୍ ମିଳିଗଲା। କ୍ରମେ କ୍ରମେ ସବୁକିଛି କହିବା ସକାଶେ ମୋର ନିଜର ଏକ ସ୍ୱତନ୍ତ୍ର ଶୈଳୀ ମଧ୍ୟ ଜନ୍ମ ହୋଇଗଲା। ଏହି ଶୈଳୀ ମାଧ୍ୟମରେ ନିଜେ ନିଜକୁ ଚିହ୍ନିବା ଓ ଅନ୍ୟମାନଙ୍କୁ ପରଖି ଦେଖିବା ପାଇଁ ମୋତେ ଆନନ୍ଦ ଦେବାକୁ ଆରମ୍ଭ କରିଦେଲା।

''ଧୀରେ ଧୀରେ ସାହିତ୍ୟ ଲେଖିବାକୁ ମନ ବଳାଇଲି। ଅବସର ନେବା ଆଗରୁ ସବୁବେଳେ ଓଡ଼ିଶାରେ ସାହିତ୍ୟିକମାନଙ୍କ ସାଙ୍ଗରେ ମିଶୁଥିଲି। ଏହି ନିଶାଟା ଅବସର ପରେ ଆହୁରି ବେଶୀ ଘାରିଲା। ଗତ କୋଡ଼ିଏ ବର୍ଷ ଭିତରେ ଓଡ଼ିଶାର କେତେ କେତେ ସାହିତ୍ୟିକ ମୋର ବନ୍ଧୁ ହୋଇଯାଇଛନ୍ତି, ସେମାନଙ୍କର ନାମର ତାଲିକା ଦେଲେ ତାଲିକାଟି ଅତ୍ୟନ୍ତ ଲମ୍ବା ହୋଇଯିବ। ନମ୍ରତାର ସହିତ ମୁଁ କହିବି ଯେ ସମସ୍ତଙ୍କଠାରୁ ମୁଁ କିଛି ନା କିଛି ଶିଖିଛି; ସେମାନେ ଅବା ମୋଠାରୁ ଶିଖିବେ କ'ଣ ?

ଓଡ଼ିଆ ସାହିତ୍ୟ ପଢ଼ିବା ପରଠାରୁ ଓଡ଼ିଶାର ସମସାମୟିକ ସମସ୍ୟା ମୋତେ ଆକୃଷ୍ଟ କରିଥିଲା। ଏହି ଦିଗରେ ପ୍ରଥମ ପଦକ୍ଷେପ ଭାବରେ ୧୮୯୨ ମସିହାରେ ବ୍ୟାସକବି ଫକୀରମୋହନଙ୍କ ଦ୍ୱାରା ରଚିତ 'ଉତ୍କଳ ଭ୍ରମଣଂ'ର ଗୋଟିଏ ଗୋଟିଏ ନକଲ (ଜେରକ୍ସ କପି) ଓଡ଼ିଶାର ୫୦୦ ଜଣ ବିଶିଷ୍ଟ ବ୍ୟକ୍ତି, ଗବେଷକ, ସାହିତ୍ୟିକ ତଥା ବିଭିନ୍ନ କ୍ଷେତ୍ରରେ କୃତିତ୍ୱ ଅର୍ଜନ କରିଥିବା ବିଦ୍ୱାନମାନଙ୍କ ନିକଟକୁ ପଠାଇଥିଲି। ଏହାର ଲକ୍ଷ୍ୟ ଥିଲା, ପାଠକମାନେ ଏହି ଗ୍ରନ୍ଥଟିକୁ (ଯଦି ନ ପଢ଼ିଥାନ୍ତି) ପୁଣିଥରେ ପଢ଼ିବାକୁ ସୁଯୋଗ ପାଇବେ। ଫଟକପି ସହିତ ଏଗାର ଟଙ୍କାର ଡାକଟିକଟ ସଂଲଗ୍ନ ଲଫାପାଟିଏ ପଠାଯାଇ ଦୁଇଟି ପ୍ରଶ୍ନର ଉତ୍ତର ଦେବା ପାଇଁ ଅନୁରୋଧ କରିଥିଲି। ପ୍ରଥମ ପ୍ରଶ୍ନ ହେଲା - ଗ୍ରନ୍ଥଟିରେ ଯେଉଁ ବ୍ୟକ୍ତିବିଶେଷଙ୍କ ନାମ ଉଲ୍ଲେଖ କରାଯାଇଛି, ସେମାନଙ୍କ ଦାୟାଦମାନଙ୍କ ମଧ୍ୟରୁ ଯେଉଁମାନେ ବଞ୍ଚିଛନ୍ତି ଓ ଓଡ଼ିଶାର ସଂପ୍ରତି ସୁପ୍ରତିଷ୍ଠିତ ବୋଲି ଯଦି ସେମାନେ ଜାଣିଛନ୍ତି, ତେବେ ଜଣାଇବେ। ଦ୍ୱିତୀୟ ପ୍ରଶ୍ନ ଥିଲା- ଯଦି 'ଉତ୍କଳ ଭ୍ରମଣଂ'ରେ ବର୍ଣ୍ଣିତ କୌଣସି ବ୍ୟକ୍ତିବିଶେଷଙ୍କ ଦାୟାଦମାନେ ସମ୍ପ୍ରତି ସମାଜରେ ଅବହେଳିତ ରହିଛନ୍ତି, ସେମାନଙ୍କ ସମ୍ପର୍କରେ ମଧ୍ୟ ଜଣାଇବେ।

''ଅନେକ ପ୍ରତୀକ୍ଷା ପରେ ୫୦୦ ଜଣଙ୍କ ମଧ୍ୟରୁ ମାତ୍ର ୩୬ ଜଣଙ୍କ ଠାରୁ ଉତ୍ତର ମିଳିଥିଲା। ବାକି ୪୬୪ ଜଣ ଉତ୍ତର ଦେବାକୁ ଭ୍ରୂକ୍ଷେପ ନ କରି ଏଗାର ଟଙ୍କାର ଡାକଟିକଟକୁ ନିଜର ଲାଭ ହେଲା ବୋଲି ଧରି ନେଇଥିଲେ। ଏଥିପାଇଁ ମୋ ମନରେ କୌଣସି ଅଭିମାନ ହୋଇନଥିଲା। ଏହି କାର୍ଯ୍ୟଟି ପାଇଁ ମୋର ସମୟକୁ ଛାଡ଼ିଦେଲେ ପ୍ରାୟ ସେ ସମୟରେ କୋଡ଼ିଏ ହଜାରରୁ ବେଶୀ ଟଙ୍କା ଖର୍ଚ୍ଚ କରିବାକୁ ପଡ଼ିଥିଲା। ଉତ୍ତର ଗୁଡ଼ିକ ଦ୍ୱିବିଧ ଥିଲା ଓ ଅତ୍ୟନ୍ତ ନୈରାଶ୍ୟଜନକ ଥିଲା। ମାସ ମାସ ଧରି ଭାବି ଭାବି ଏପରି ଏକ ଗବେଷଣାମୂଳକ ତଥ୍ୟ ଉପରେ ଭିତ୍ତିକରି ପ୍ରବନ୍ଧଟିଏ ଲେଖିଥିଲି। ଏକପ୍ରକାର ସଙ୍କୋଚ ଓ ଭୟଭୀତ ମନରେ ଏହି ଲେଖାଟିକୁ 'ସମ୍ବାଦ'ର ତତ୍କାଳୀନ ମହାପ୍ରବନ୍ଧକ ଶ୍ରୀଯୁକ୍ତ ଗୌରହରି ଦାସଙ୍କୁ ତାଙ୍କର ବରମୁଣ୍ଡା ବାସଭବନରେ ସାକ୍ଷାତ କରି ପ୍ରବନ୍ଧଟିକୁ ସଂଶୋଧନ କରିଦେବାକୁ ଅନୁରୋଧ କରିଥିଲି। ପ୍ରବନ୍ଧଟିର ନାମ ରଖିଥିଲି '୨୦୦୦ ମସିହାରେ 'ଉତ୍କଳ ଭ୍ରମଣଂ'ର ସମୀକ୍ଷା'। ଦୁଇ ତିନିଦିନ ପରେ ପ୍ରବନ୍ଧଟିକୁ ମୋତେ ଫେରାଇ ଦେବେ ବୋଲି କେଜାଣି କାହିଁକି ଗୌରହରିବାବୁ ପ୍ରତିଶ୍ରୁତି ଦେଇଥିଲେ। ଅଗଷ୍ଟ ୧୯୯୬ରେ ସେ ଆମେରିକାରୁ ଫେରିବା ପରେ ପରେ ଗୌରହରିବାବୁଙ୍କ ସହିତ ମୋର ବ୍ୟକ୍ତିଗତ ସମ୍ପର୍କ ଏଇ ୫ ବର୍ଷ ଭିତରେ ଅତ୍ୟନ୍ତ ଦୃଢ଼ ହୋଇଯାଇଥିଲା। ତେଣୁ ମୋର ପ୍ରଥମ ପ୍ରବନ୍ଧଟିକୁ ତାଙ୍କୁ ସଂଶୋଧନ ସକାଶେ ଦେବାପାଇଁ ମୋତେ କିଛି ସଂକୋଚ ଲାଗି ନ ଥିଲା। ମନେ ମନେ

ଭାବିଥିଲି, ଯଦି ପ୍ରବନ୍ଧଟି ତାଙ୍କୁ ଭଲ ଲାଗେ, ତେବେ ସଂଶୋଧନ ପରେ ପ୍ରବନ୍ଧଟିଙ୍କୁ ସମାଜରେ ନିତ୍ୟସ୍ମରଣୀୟ ରାଧାନାଥବାବୁଙ୍କୁ ପ୍ରକାଶନ ପାଇଁ ଦେଇଦେବି କାରଣ ରାଧାନାଥବାବୁଙ୍କର ଆମ ପରିବାର ସହିତ ଏକପ୍ରକାର ପାରିବାରିକ ସମ୍ପର୍କ ଥିଲା। କିନ୍ତୁ ଅତ୍ୟନ୍ତ ଅଭିଭୂତ ହୋଇଯାଇଥିଲି ଦୁଇଦିନ ପରେ, ୨୫ ମାର୍ଚ୍ଚ ୨୦୦୧ ଦିନ। ସେଦିନ କଟକରେ ଥିଲାବେଳେ ହଠାତ୍ ଆମ ଘରେ ପାଟରାସାହିକୁ ଘନ ଘନ ଫୋନ୍ ମୋ ପାଖକୁ ଆସିଲା, 'ମୋ ଲେଖାଟି ଭଲ ହୋଇଛି' ବୋଲି। ମୋତେ କିଛି ନ କହି ବନ୍ଧୁ ଗୌରହରି ଦାସ ପ୍ରବନ୍ଧଟିକୁ ୨୫ ମାର୍ଚ୍ଚ ୨୦୦୧ରେ 'ଉତ୍କଳ ଭ୍ରମଣଂର ଦୁର୍ଭାଗ୍ୟ' ନାମକରଣ କରି 'ସମ୍ବାଦ'ରେ ବ୍ୟାସକବି ଫକୀରମୋହନଙ୍କ ଫଟ ସହିତ ଛାପିଦେଲେ। ଏହି ପ୍ରଥମ ପ୍ରବନ୍ଧ ଯୋଗୁ ସେହିଦିନ ପାଇଥିବା ଅନେକ ଟେଲିଫୋନ୍ ଓ ପରେ ପରେ ଅନେକ ବନ୍ଧୁ ଓ ଶୁଭେଚ୍ଛୁମାନଙ୍କର ପ୍ରଶଂସା ମୋତେ କିଛି କିଛି ପ୍ରବନ୍ଧ ଲେଖିବାକୁ ନିଶ୍ଚିତ ଭାବରେ ଉତ୍ସାହିତ କରିଥିଲା।'' (କହିବସିଲେ ବହୁତ କଥା- କାହାଣୀ, କଟକ, ୨୦୧୧)

'ଉତ୍କଳ ଭ୍ରମଣଂ' ସମ୍ବନ୍ଧରେ ଏ ପ୍ରକାର ଏକ ମତାମତ ସଂଗ୍ରହର ଚିନ୍ତାଧାରା ପଛରେ ଆଉ ଏକ କାରଣ ରହିଛି। 'କହିବସିଲେ ବହୁତ କଥା' ବହିରେ ଡକ୍ଟର ରାଜେନ୍ଦ୍ର ନାରାୟଣ ଦାସ ନିଜେ ଲେଖିଛନ୍ତି, ''ଅନେକ ଓଡ଼ିଆ ସାହିତ୍ୟ ପୁସ୍ତକ ପାଠ କରିବା ପରେ 'ଓଡ଼ିଶା ଅଦ୍ୟାବଧି' (ଏକ ସମାଜ-ସାଂସ୍କୃତିକ ବିଶ୍ଳେଷଣ) ନାମକ ପୁସ୍ତକ ଗ୍ରନ୍ଥ ଆକାରରେ ପ୍ରକାଶ କରି ଓଡ଼ିଶାର ସର୍ବସାଧାରଣଙ୍କୁ ଦେବାପାଇଁ ମୋର ପ୍ରବଳ ଇଚ୍ଛା ହେଲା। ପରବର୍ତ୍ତୀ ସମୟରେ ବିଶ୍ୱବିଦ୍ୟାଳୟର ଏକ ଆନୁଷ୍ଠାନିକ ମୋହର ଥିଲେ ଏହାର ଗୁରୁତ୍ୱ ଅନେକ ବଢ଼ିବ ବୋଲି ମୋର ପରମ ହିତାକାଂକ୍ଷୀ ଚିନ୍ତାନାୟକ ଚିତ୍ତରଂଜନ ଦାସ ମତ ଦେବାରୁ ଏହି ପ୍ରକାର ନିବନ୍ଧଟିକୁ ବ୍ରହ୍ମପୁର ବିଶ୍ୱବିଦ୍ୟାଳୟରେ ଏ ସମ୍ପର୍କରେ ଗବେଷଣା ପାଇଁ ବିଧିବଦ୍ଧ ଭାବରେ ପଞ୍ଜୀକୃତ କରିଥିଲି। ମୋର ପୂଜ୍ୟପିତା ସ୍ୱର୍ଗତ ମାଧବଚନ୍ଦ୍ର ଦାସଙ୍କ ଜନ୍ମସ୍ଥାନ ପାରଳାଖେମୁଣ୍ଡି ହୋଇଥିବାରୁ ବ୍ରହ୍ମପୁର ବିଶ୍ୱବିଦ୍ୟାଳୟ ପ୍ରତି ଆବେଗଜନିତ ମନୋଭାବ ସୃଷ୍ଟି ହୋଇଥିଲା। ଯଦିଓ ବିଶ୍ୱବିଦ୍ୟାଳୟରେ ନିୟମାନୁଯାୟୀ ଓଡ଼ିଆରେ ଏମ୍.ଏ. ପାସ୍ ନ କରିଲେ ସେଠାରେ ଓଡ଼ିଆରେ ଗବେଷଣା କରିବାରେ ନିୟମ ନଥିଲା। ତଥାପି ବିଶ୍ୱବିଦ୍ୟାଳୟର ତତ୍କାଳୀନ କୁଳପତି ମୋର ପୂଜ୍ୟଗୁରୁ ପ୍ରଫେସର ମହମ୍ମଦ କମରୁଦ୍ଦିନ୍ ଖାନ୍ ଏଥିପାଇଁ ନୀତିଗତ ଭାବରେ ପଞ୍ଜୀକୃତ କରିବାରେ ସ୍ୱତଃ ଅନୁମତି ଦେଇଥିଲେ। ଏହି ନିବନ୍ଧରେ ଓଡ଼ିଆ ସାହିତ୍ୟ ପୃଷ୍ଠଭୂମିରେ ଓ ଜନମତ ସର୍ବେକ୍ଷଣ ଭିତ୍ତିରେ ସାଂପ୍ରତିକ ଓଡ଼ିଶାର ସାମାଜିକ ଓ ସାଂସ୍କୃତିକ ଅନୁଶୀଳନ କରାଯାଇଛି। ଓଡ଼ିଶାରେ ବାସ କରୁଥିବା ମଣିଷମାନଙ୍କ

ଜରିଆରେ ଆମର ସାମାଜିକ ଜୀବନଧାରା ଓ ସଂସ୍କୃତିର ସ୍ୱରୂପ ଆକଳନ କରାଯାଇଛି। ୧୯୯୮ ମସିହାରେ ଏହି ନିବନ୍ଧ ପାଇଁ କରାଯାଇଥିବା ଜନମତ ସର୍ବେକ୍ଷଣ ସକାଶେ ପ୍ରାୟ ୧୦ ହଜାରରୁ ଊର୍ଦ୍ଧ୍ୱ ଓଡ଼ିଆମାନଙ୍କୁ ଭିନ୍ନ ଭିନ୍ନ ପ୍ରଶ୍ନାବଳୀମାନ ପଠାଯାଇଥିଲା। ଏଥିମଧ୍ୟରୁ ସର୍ବମୋଟ ୪୪୧୧ ଜଣ ଏହି ଜନମତ ସର୍ବେକ୍ଷଣରେ ଭାଗ ନେଇଥିଲେ। ଏହା ଅତ୍ୟନ୍ତ ସନ୍ତୋଷଜନକ। ଉତ୍ତରଦାତା ଭାବରେ ଓଡ଼ିଶାରୁ ଓ କଲିକତାରୁ ଛାତ୍ରଛାତ୍ରୀ (ସ୍ନାତକ ଓ ସ୍ନାତକୋତ୍ତର), ଶିକ୍ଷକ/ଶିକ୍ଷୟିତ୍ରୀ, ଅଧ୍ୟାପକ ଓ ଅଧ୍ୟାପିକା, ଚିକିତ୍ସକ, ଆଇନଜୀବୀ, ଶ୍ରମିକ (ଓଡ଼ିଶାରେ ଓ ଓଡ଼ିଶା ବାହାରେ) ଓଡ଼ିଶା ବାହାରେ ଓଡ଼ିଆମାନେ, ଶିଳ୍ପଦ୍ୟୋଗୀ, ପ୍ରଶାସନିକ ଅଧିକାରୀ ଓ ପୋଲିସ୍ କର୍ମଚାରୀମାନେ ଭାଗ ନେଇଥିଲେ। ଏହି ଦୃଷ୍ଟିରୁ ଦେଖିଲେ ଏହି ନିବନ୍ଧଟି ଅନେକ ଦୃଷ୍ଟିରୁ ଭିନ୍ନ ଧରଣର ନିବନ୍ଧ ହୋଇଥିଲା କାରଣ ଏଥିରେ ଓଡ଼ିଆ ଜାତିର ଓ ଓଡ଼ିଶାର ବହୁବିଧ ଉନ୍ନତି ପାଇଁ ଆନ୍ତରିକତାର ସହିତ ଗଭୀର ଚିନ୍ତା କରାଯାଇଥିଲା। ନିବନ୍ଧଟି ପ୍ରସ୍ତୁତି ପାଇଁ ମୋତେ କଠିନ ପରିଶ୍ରମ କରିବାକୁ ପଡ଼ିଥିଲା ଯାହାକି ମୁଁ ଅତି ଶ୍ରଦ୍ଧାର ସହିତ ଆନନ୍ଦରେ କରିଥିଲି।''

ରାଜେନ୍ଦ୍ର ନାରାୟଣଙ୍କ 'ଉତ୍କଳ ଭ୍ରମଣଂର ଦୁର୍ଭାଗ୍ୟ' ଲେଖାଟି ଓଡ଼ିଆ ପ୍ରବନ୍ଧ ସାହିତ୍ୟ ପାଇଁ ଏକ ସୌଭାଗ୍ୟର ବାର୍ତ୍ତା ଧରି ଆସିଥିଲା। ସମ୍ବାଦପତ୍ରୀୟ ସାହିତ୍ୟରେ ଯେଉଁ ତୁଳନାତ୍ମକ ଅନୁଶୀଳନର ଅଭାବ ଥିଲା ତାହା ରାଜେନ୍ଦ୍ର ନାରାୟଣ ଭରଣା କରିଥିଲେ। ପୂର୍ବରୁ ଆମେରିକା ଓ ଲଣ୍ଡନରେ ରହୁଥିବା କିଛି ପ୍ରାବନ୍ଧିକ ଏ ପ୍ରକାର ତୁଳନାତ୍ମକ ପ୍ରବନ୍ଧ ରଚନା କରିଛନ୍ତି, ମାତ୍ର ସେମାନେ କେହି ଓଡ଼ିଶାର ଘଟଣାକ୍ରମ, ଲୋକଚରିତ୍ର, ରାଜନୀତି, ସାହିତ୍ୟ ଇତ୍ୟାଦି ସହ ଏତେ ଘନିଷ୍ଠ ଭାବରେ ଜଡ଼ିତ ନ ଥିଲେ। ରାଜେନ୍ଦ୍ର ନାରୟଣଙ୍କ ସଂପୃକ୍ତି ଏକାବେଳକେ ନିଘନ। ତାଙ୍କର ଲେଖାଗୁଡ଼ିକୁ ପଢ଼ିବାବେଳେ ଏବଂ ଲେଖା ଶେଷର ଠିକଣା ନ ପଢ଼ିବା ଯାଏଁ, କେହି ଭାବିବେ ନାହିଁ ଯେ ଏ ଲେଖାଟି ସୁଦୂର ଜର୍ମାନୀରେ ଥିବା ଜଣେ ବ୍ୟକ୍ତି ଲେଖିଛନ୍ତି ଯିଏ ୬୦ ବର୍ଷ ହେଲା ଯାଇ ବିଦେଶରେ। ଓଡ଼ିଶା ସହ ଏ ଧରଣର ସଂପୃକ୍ତି ଯେ ତାଙ୍କ ଅନ୍ତରଙ୍ଗ ଲୋକସଂପର୍କ ଏବଂ ଭାବଗତ ସଂପୃକ୍ତିର ଫଳଶ୍ରୁତି ଏ କଥା ବୁଝାଇ କହିବା ଅନାବଶ୍ୟକ।

ରାଜେନ୍ଦ୍ର ନାରାୟଣ ଦାସଙ୍କ ପ୍ରବନ୍ଧଗୁଡ଼ିକର ଆଲୋଚନା କରିବା ଆଗରୁ ସେଗୁଡ଼ିକ ସମ୍ବନ୍ଧରେ ଓଡ଼ିଶାର ବିଖ୍ୟାତ ବ୍ୟକ୍ତିମାନେ କି ପ୍ରକାର ଅଭିମତ ରଖିଛନ୍ତି ତାହା ଉପରେ ସାମାନ୍ୟ ଦୃଷ୍ଟି ଘୂରେଇ ନେବା ଅପ୍ରାସଙ୍ଗିକ ହେବ ନାହିଁ। ଏହି ବିଶିଷ୍ଟ ବ୍ୟକ୍ତିମାନେ ରାଜେନ୍ଦ୍ର ନାରାୟଣଙ୍କର ସାହିତ୍ୟ ସମ୍ବନ୍ଧରେ ମତ ଦେବା ବେଳେ ତାଙ୍କର ବ୍ୟକ୍ତିତ୍ୱ ସମ୍ବନ୍ଧରେ ଆଲୋଚନା କରିବାକୁ ଭୁଲିନାହାନ୍ତି। 'କହିବସିଲେ ବହୁତ କଥା'ର ଅଭିମତରେ ପଦ୍ମଭୂଷଣ ମନୋଜ ଦାସ ଲେଖିଛନ୍ତି, ''ଓଡ଼ିଶାର ଏକ ନିପଟ ପଲ୍ଲୀର

ମାତା, କନ୍ୟା ଓ ବନ୍ଧୁମାନଙ୍କୁ ପାନୀୟ ଜଳ ସଂଗ୍ରହ ସକାଶେ ପ୍ରତିଦିନ ଦୀର୍ଘପଥ ଅତିକ୍ରମ କରିବାକୁ ପଡ଼ିଥାଏ, ସମ୍ବାଦପତ୍ରରେ କୌଣସି ଦରଦୀ ସାମ୍ବାଦିକ ବା ସ୍ତମ୍ଭକାର ପରିବେଷିତ ଏହି ସମ୍ବାଦଟି ବହୁ ଚାଞ୍ଚଲ୍ୟକର ଓ ଗୁରୁତର ସମ୍ବାଦମଣ୍ଡିତ ପୃଷ୍ଠା ଭିତରେ କେତେ ପରିମାଣ ସ୍ଥାନ ବା ଦଖଲ କରିବ, କେତେଜଣଙ୍କ ଦୃଷ୍ଟି ବା ଆକର୍ଷଣ କରିଥିବ ! କିନ୍ତୁ ସାତସାଗର ସେପାରିରୁ ଯଦି ଏ ଖବରଟି ଜଣେ ମଣିଷର ଦୃଷ୍ଟି ମାତ୍ର ନୁହେଁ, ସମଗ୍ର ମଣିଷଟିକୁ ହିଁ ଆକର୍ଷଣ କରି ନେଇ ଆସି ପହଞ୍ଚାଇ ଦେବ ସେ ବିଜନ ପଲ୍ଲୀରେ - ସମସ୍ୟାଟିର ପର୍ଯ୍ୟବେକ୍ଷଣ ପାଇଁ ନୁହେଁ, ଅବିଳମ୍ବେ ତାର ନିରାକରଣ କରିଦେବା ପାଇଁ, ସେ ମଣିଷକୁ ଆପଣ କେଉଁ ପର୍ଯ୍ୟାୟରେ ନେବେ ? ଅନ୍ତତଃ ବିରଳ ପର୍ଯ୍ୟାୟରେ ତ !''

ପଦ୍ମଭୂଷଣ ମନୋଜ ଦାସ ଯେଉଁ ପ୍ରସଙ୍ଗଟି କଥା ଏଠାରେ ଦର୍ଶାଇଛନ୍ତି ତାହା ବାଲେଶ୍ୱର ଜିଲ୍ଲା ଜଳେଶ୍ୱର ନିର୍ବାଚନମଣ୍ଡଳୀର ଅଯୋଧ୍ୟା ପଞ୍ଚାୟତ ନୂଆସାହିର ଜଳକଷ୍ଟ ସମସ୍ୟାକୁ ନେଇ। 'ସମ୍ବାଦ'ର 'ଜୀବନର ଜଳଛବି' ସ୍ତମ୍ଭରେ ଏଇ ଲେଖକ ଦ୍ୱାରା ଲିଖିତ ଓ ୨୦୧୦ ମଇ ମାସ ୯ ତାରିଖରେ ପ୍ରକାଶିତ 'ଅଯୋଧ୍ୟାରେ ଜଳକଷ୍ଟ' ଶୀର୍ଷକ ଲେଖା ପଢ଼ି ଡକ୍ଟର ରାଜେନ୍ଦ୍ର ନାରାୟଣ ଦାସ ତାଙ୍କର ଲଣ୍ଡନରେ ଅବସ୍ଥାନ କରୁଥିବା ବନ୍ଧୁ ଡାକ୍ତର ନୀଳକଣ୍ଠ ମିଶ୍ରଙ୍କ ସହାୟତାରେ ଅଳ୍ପଦିନ (ଦୁଇମାସ) ମଧ୍ୟରେ ପ୍ରାୟ ଏକଲକ୍ଷ ଟଙ୍କା ବ୍ୟୟ କରି ସେ ଗାଁରେ ଏକ ଗଭୀର ନଳକୂପ ଖୋଳାଇଥିଲେ।

ପଦ୍ମଭୂଷଣ ମନୋଜ ଦାସ ଯଥାର୍ଥରେ ଲେଖିଛନ୍ତି, ''ଏମନ୍ତ ଜଣେ ମଣିଷ ଶ୍ରୀମାନ୍ ରାଜେନ୍ଦ୍ର ନାରାୟଣ ଦାସ - ମାନବିକତାର ଇସ୍ତାହାର ଉପରେ ଏକ ପରିଚ୍ଛନ୍ନ ମୋହର। ସେ ରହନ୍ତି ସୁଦୂର ଜର୍ମାନୀରେ, ଏକଥା ଅନେକଙ୍କ ପାଇଁ ଅବିଶ୍ୱାସ୍ୟ। ବିଜ୍ଞାନ ଓ ପ୍ରଯୁକ୍ତିବିଦ୍ୟାର ଯଥାର୍ଥ ଉପଯୋଗ କରିପାରିଲେ ଜଣେ ସ୍ୱଦେଶପ୍ରେମୀ ଦିଗ୍‌ବଳୟ ସେପାରିରେ ଥାଇ ମଧ୍ୟ ଆମ ମାଟିରେ ଦୈନନ୍ଦିନ ଚାଲବୁଲ କରୁଥିବାର ଧାରଣା ଉପୁଜାଇପାରେ, ରାଜେନ୍ଦ୍ର ନାରାୟଣ ବାବୁ ତାର ଠିକ୍ ଦୃଷ୍ଟାନ୍ତ।'' (କହିବସିଲେ ବହୁତ କଥା - କାହାଣୀ, କଲ୍ୟାଣୀ ନଗର, କଟକ, ୨୦୧୧)

ସେହି ବହିର ଅଭିମତ ଦେଇ 'ସମ୍ବାଦ'ର ସଂପାଦକ ତଥା ଜନନେତା ଶ୍ରୀ ସୌମ୍ୟରଂଜନ ପଟ୍ଟନାୟକ ଅତି ସ୍ୱଚ୍ଛ ଭାବରେ ରାଜେନ୍ଦ୍ର ନାରାୟଣଙ୍କ ମନର ମାନଚିତ୍ର ପାଠକମାନଙ୍କ ଆଗରେ ଥୋଇ ଦେଇଛନ୍ତି। ସେ ଲେଖିଛନ୍ତି, ''ଘଟଣାବହୁଳ ଜୀବନ ମଧ୍ୟରେ ସକଳ ବୃତ୍ତିଗତ ସଫଳତା ସତ୍ତ୍ୱେ ରାଜେନ୍ଦ୍ର ବାବୁ କ'ଣ ଗୋଟିଏ ଖୋଜିବାକୁ ବା ପାଇବାକୁ ଚେଷ୍ଟା କରୁଛନ୍ତି ବୋଲି ଏହି ଲେଖାଗୁଡ଼ିକରୁ ମନେହୁଏ। ମୋ ବିଚାରରେ, ଭଲ ଓଡ଼ିଆ ମଣିଷଟିଏ ସେ ସବୁବେଳେ ଖୋଜି ଆସିଛନ୍ତି।''

ରାଜେନ୍ଦ୍ର ନାରାୟଣଙ୍କ ଆଉ ଖଣ୍ଡିଏ ବହି 'ମନର କଥା'। ଏହି ବହିର

'ଅଭିମତ' ଲେଖିଛନ୍ତି ବିଶିଷ୍ଟ ଜନନେତା ଜାନକୀବଲ୍ଲଭ ପଟ୍ଟନାୟକ। ତାଙ୍କ ଭାଷାରେ- ''ଓଡ଼ିଶାର ଐତିହ୍ୟ, ଜାତୀୟତା, ସାହିତ୍ୟ, ସଂସ୍କୃତି, ରାଜନୀତି, ସାମାଜିକ ଜୀବନ, ସର୍ବୋପରି ଓଡ଼ିଆ ଭାଷାକୁ ନେଇ ତାଙ୍କ (ଡକ୍ଟର ରାଜେନ୍ଦ୍ର ନାରାୟଣ ଦାସ) ଭିତରେ ନିରନ୍ତର ଅନୁଚିନ୍ତନ ଲାଗି ରହିଛି। ସେ ସବୁକୁ ଆଧାର କରି ତାଙ୍କ ଭିତରେ ସୃଷ୍ଟି ହେଉଥିବା ଭାବ, ଆବେଗ ଓ ବେଳେବେଳେ ସନ୍ତାପ ଆଦିକୁ ନେଇ ସେ ନିୟମିତ ଭାବରେ ଗୁଡ଼ିଏ ସ୍ତମ୍ଭ ସମ୍ବାଦପତ୍ରଗୁଡ଼ିକରେ ଲେଖୁଛନ୍ତି। ସେଗୁଡ଼ିକ ବୃହତ୍ତର ପାଠକ ସମାଜରେ ବେଶ୍ ଆଦୃତ ହେଉଥିବା ମୁଁ ଜାଣେ।'' (ମନର କଥା - ବିଜୟିନୀ ପବ୍ଲିକେଶନ୍‌ସ, କଟକ-୨୦୧୫)

'ମନର ଆଇନାରେ ଓଡ଼ିଶା' ବହିର ଅର୍ଥପୂର୍ଣ୍ଣ 'ଅଭିମତ' ଲେଖି ବିଶିଷ୍ଟ ସାହିତ୍ୟିକ ଶ୍ରୀ ଶାନ୍ତନୁ କୁମାର ଆଚାର୍ଯ୍ୟ ଲେଖିଛନ୍ତି, ''ଏକବିଂଶ ଶତାବ୍ଦୀର ସାହିତ୍ୟର ଧର୍ମ କଅଣ ହେବ ? ବିଜ୍ଞ ସମାଲୋଚକମାନେ କହନ୍ତି, ଶତାବ୍ଦୀଟା ହେବ ଗଦ୍ୟମୟ ! କାରଣ, ଏ ଶତାବ୍ଦୀର ଜନ୍ମ ଗଦ୍ୟମୟତାରୁ ! ଜଗତୀକରଣ ବା 'ଗ୍ଲୋବାଲାଇଜେସନ୍'କୁ ସେମାନେ କହନ୍ତି ବିଶ୍ୱର ବାଣିଜ୍ୟକରଣ। ବିଜ୍ଞାନ, ବୈଷୟିକତା, ବାଣିଜ୍ୟ, ବ୍ୟବସାୟ, ଲିବରାଲାଇଜେସନ୍, ଡିମୋକ୍ରାଟାଇଜେସନ ଇତ୍ୟାଦି ଶବ୍ଦମାନେ ନିଶ୍ଚିତ ଭାବେ କଠୋର ଗଦ୍ୟମୟ ଚିନ୍ତାରୁ ଜନ୍ମ। ଏଣୁ ଏଇ ସବୁ ଚିନ୍ତାଧାରାରୁ ଜନ୍ମ ନେଇଥିବା ଶତାବ୍ଦୀଟାର ଚରିତ୍ର ଗଦ୍ୟମୟ ନହେବ ତ ଆଉ କ'ଣ ହେବ ପଦ୍ୟମୟ ନା କାବ୍ୟମୟ ?

କିନ୍ତୁ ଆଶ୍ଚର୍ଯ୍ୟ ହେବାକୁ ପଡ଼ିଲା- ପିଲାଦିନୁ ଓଡ଼ିଶା ଛାଡ଼ି, ଅର୍ଦ୍ଧଶତାବ୍ଦୀରୁ ଊର୍ଦ୍ଧ୍ୱକାଳ ଧରି ଜର୍ମାନୀରେ କଲେଜ ଶିକ୍ଷା ପାଇ, ସେଇ ବିଦେଶରେ ଉଚ୍ଚ ପଦବିଯୁକ୍ତ ଚାକିରି କ୍ଷେତ୍ରରେ ସୁନାମ ଅର୍ଜନ କରି, ସପରିବାର ସେଠାରେ ବସବାସ କରିଆସୁଥିବା ଜଣେ ଅବସରପ୍ରାପ୍ତ ଇଞ୍ଜିନିୟର ଡକ୍ଟର ରାଜେନ୍ଦ୍ର ନାରାୟଣ ଦାସଙ୍କ ଚଳନ୍ତି ଓଡ଼ିଆ ଭାଷାରେ ବ୍ୟୁତ୍ପତ୍ତି ସହିତ ପ୍ରାଚୀନ ଓଡ଼ିଆ କାବ୍ୟ କବିତାରୁ ଆହୃତ ପଦାବଳୀର ଔଚିତ୍ୟପୂର୍ଣ୍ଣ ପ୍ରୟୋଗଗୁଡ଼ିକୁ ଲକ୍ଷ୍ୟକରି। ପୁଣି ପ୍ରବନ୍ଧଗୁଡ଼ିକରେ ଆଲୋଚିତ ବିଷୟବସ୍ତୁର ସମୟୋଚିତ ଗୁରୁତ୍ୱକୁ ଲକ୍ଷ୍ୟ କଲେ ମନେହେବ, ଲେଖକ ସୁଦୂର ଜର୍ମାନୀରେ ଥାଇ ମଧ୍ୟ ଜଣେ ପ୍ରବୀଣ ସାମ୍ବାଦିକ ପରି, ମାତୃଭୂମି ଓଡ଼ିଶାର ସାଂପ୍ରତିକ ରାଜନୈତିକ, ଅର୍ଥନୈତିକ, ସାମାଜିକ, ସାଂସ୍କୃତିକ ସମସ୍ୟାବଳୀର ବୌଦ୍ଧିକ ଅନୁଶୀଳନ ସହିତ ସେସବୁର ସମାଧାନର ପନ୍ଥା ମଧ୍ୟ ଅତ୍ୟନ୍ତ ସାବଲୀଳ, ସରଳ, ଖାଣ୍ଟି ଓଡ଼ିଆ ଭାଷାରେ ଏବଂ ସଂକ୍ଷେପରେ ଲିପିବଦ୍ଧ କରିଛନ୍ତି।

''ଉଦାହରଣ ସ୍ୱରୂପ ଦେଖାଯାଉ ଆଜିର ଜଗତୀକରଣ ଯୁଗରେ ଭାରତ ଭଳି

ଏକ ବିକାଶୋନ୍ମୁଖୀ ଦେଶର ମୂଳ ସମସ୍ୟାଟିକୁ। ସେ ସମସ୍ୟାଟିକୁ ଦିନେ ମନେ କରାଯାଉଥିଲା ସଂପୂର୍ଣ୍ଣ ଅର୍ଥନୈତିକ; ଅର୍ଥାତ୍ ଧନୀ ହୋଇଗଲେ ଭାରତର ସବୁ ସମସ୍ୟା ସୁଧୁରି ଯାଆନ୍ତା। ସତକୁ ସତ ଜଗତୀକରଣ ପରେ ପରେ ଭାରତବର୍ଷ ଏକ ଧନୀ ଦେଶରେ ପରିଣତ ହୋଇଗଲା- ମାତ୍ର କୋଡ଼ିଏଟା ବର୍ଷ ଭିତରେ। କିନ୍ତୁ ସମସ୍ୟା ସୁଧୁରିଗଲା କି ? ନା- ଆଦୌ ନୁହେଁ। ବରଂ ପୂର୍ବାପେକ୍ଷା ଭାରତର ଦୁଃଖ, ଦୈନ୍ୟ ଆହୁରି ବହୁଗୁଣ ବଢ଼ିଗଲା। କାରଣ ଏକ ସୁସ୍ଥ ଅର୍ଥନୀତି ପରିଚାଳିତ ଧନୀ ଦେଶରେ ଯେଉଁମାନେ ପ୍ରକୃତରେ ଧନୀ ହୋଇଥାନ୍ତେ ସେମାନେ ହେଲେ ସର୍ବସ୍ୱାନ୍ତ, ନିଃସ୍ୱ ! କିଏ ସେମାନେ ? ସେମାନେ ହେଲେ ଉତ୍ପାଦକ। ଅର୍ଥାତ୍ ଶିକ୍ଷକ, କୃଷକ ଓ ଶ୍ରମିକ। ଯେଉଁ ଦେଶରେ ଏଇ ତିନିଶ୍ରେଣୀର ଲୋକେ ଅବହେଳିତ, ଶୋଷିତ, ନିର୍ଯାତିତ, ସେ ଦେଶ ବାହାରକୁ ଯେତେ ଉନ୍ନତ, ଯେତେ ଧନାଢ଼୍ୟ ଦେଖାଯାଉଥିଲେ ମଧ୍ୟ ସେ ଦେଶଠାରୁ ବଳି ଅଧିକ ହତଭାଗ୍ୟ ଆଉ କୋଉ ଦେଶ ଥାଇପାରେ ?

ଆଜିର ଭାରତବର୍ଷର ଠିକ୍ ଏଇ ସମସ୍ୟାଟିକୁ ସୁଦୂର ଜର୍ମାନୀରେ ଥାଇ ମଧ୍ୟ ଲକ୍ଷ୍ୟ କରିଛନ୍ତି ବିଜ୍ଞ ଲେଖକ। x x x 'ଶିକ୍ଷକ କୃଷକ ଓ ଶ୍ରମିକ- କିଛି ଅକୁହା କଥା'ରେ ସେ ଏହି ବିଷୟଟିକୁ ଗୁରୁତ୍ୱର ସହିତ ଆଲୋଚନା କରିଛନ୍ତି। ଏହା କେବଳ ଏକ ଖବରକାଗଜିଆ ଲେଖା ନୁହେଁ; ଏହା ଗୋଟିଏ ତୀବ୍ର ବ୍ୟଞ୍ଜନାମୂଳକ ଆଲୋଚନା - ଯେଉଁଥିରେ ଲେଖକ ଦାୟୀ କରିଛନ୍ତି ସିଧାସଳଖ ଏ ଦେଶର ଦାୟିତ୍ୱହୀନ ରାଜନୈତିକ ବ୍ୟବସ୍ଥାକୁ ଏବଂ ଏ ଦେଶର ଚରିତ୍ରହୀନ ତଥାକଥିତ ନିର୍ବାଚିତ ଲୋକପ୍ରତିନିଧିମାନଙ୍କୁ। ତାହା ପୁଣି କେଉଁ ଭାଷାରେ ? ସେଥିପାଇଁ ଲେଖକ ନିଜର ଭାଷା ବ୍ୟବହାର ନକରି କରିଛନ୍ତି ଇତିହାସର ଭାଷାକୁ- "Power will go to the hands of rascals, rogues, freebooters; all Indian leaders will be of low calibers and men of straw. They will have sweet tongues and silly hearts. They will fight amongst themselves for power and India will be lost in political squabbles. A day will come when air and water will be taxed in India."

ଏ ଭାଷା କାହାର ? ବିଜ୍ଞ ପାଠକର ବୁଝିବାରେ କଷ୍ଟ ହୁଏନା ଯେ ଏ ଭାଷା ସେହି ଲୋକର, ଯିଏ ଭାରତର ସ୍ୱାଧୀନତା ସଂଗ୍ରାମକୁ କେବଳ ନାପସନ୍ଦ କରୁନଥିଲେ; ଏ ସଂଗ୍ରାମର କର୍ଣ୍ଣଧାର ମହାତ୍ମା ଗାନ୍ଧିଙ୍କୁ ମଧ୍ୟ ନିହାତି ନିମ୍ନ ଦୃଷ୍ଟିରେ ଦେଖୁଥିଲେ ଓ ତାଙ୍କୁ ମୁହେଁ ମୁହେଁ 'ଲଙ୍ଗଳା ଫକିର' କହି ଗାଳିଦେବାକୁ ମଧ୍ୟ ପଛାଉ ନଥିଲେ। କିନ୍ତୁ ସ୍ୱାଧୀନତା ପ୍ରାପ୍ତି ପୂର୍ବରୁ ଚର୍ଚ୍ଚିଲ୍ ମହାତ୍ମା ଗାନ୍ଧୀଙ୍କୁ ତାଙ୍କ ସ୍ୱାଧୀନ ଭାରତ ବିଷୟରେ ଉପରଲିଖିତ ଯେଉଁ ଭବିଷ୍ୟବାଣୀ ଶୁଣାଇଥିଲେ, ତାହା ବର୍ତ୍ତମାନ ଅକ୍ଷରେ ଅକ୍ଷରେ ସତ୍ୟ ପ୍ରମାଣିତ ହୋଇଛି କି ନା ସେକଥା ପାଠକ ନିଜେ ବୁଝିପାରୁଥିବ। ଲେଖକଙ୍କର

ଏଇ ପ୍ରବନ୍ଧଟି ପ୍ରକାଶ ପାଇଥିଲା ୨୬ ମାର୍ଚ୍ଚ ୨୦୧୫ରେ, ଓଡ଼ିଶାର ଏକ ବିଖ୍ୟାତ ସମ୍ବାଦପତ୍ରରେ- ଯାହାର ନାମ 'ସମ୍ବାଦ'। ଏଇଟି ସଂକଳନର ସର୍ବପ୍ରଥମ ପ୍ରବନ୍ଧ। ଏହା ଏକ ଅତ୍ୟନ୍ତ ବିଚକ୍ଷଣ ସମାଲୋଚନାମୂଳକ ଲେଖା – ଯାହା ଆଜିର ଭାରତବର୍ଷର ମୂଳ ସମସ୍ୟାର ଅସଲ ନିଦାନ।

''ଏହିପରି ବୁଦ୍ଧିଦୀପ୍ତ, ଜ୍ଞାନୋଦ୍ଦୀପ୍ତ ଅଥଚ ଖୁବ୍ ସରଳ ଓଡ଼ିଆ ଭାଷାରେ ରୂପାୟିତ x x ପ୍ରାଣସ୍ପର୍ଶୀ ଆଲେଖ୍ୟଗୁଡ଼ିକ ଭିନ୍ନ ଭିନ୍ନ ଓଡ଼ିଆ ସମ୍ବାଦପତ୍ରରେ ବିଭିନ୍ନ ସମୟରେ ପ୍ରକାଶିତ ହୋଇଛି। ଲେଖାଗୁଡ଼ିକ ଭିତରେ ସେ ତାଙ୍କର ଜନ୍ମଭୂମି ଓଡ଼ିଶା ଓ ଭାରତବର୍ଷକୁ କିପରି ବୁଝିଛନ୍ତି ଏବଂ ପଞ୍ଚାବନ ବର୍ଷର କର୍ମଭୂମି ଜର୍ମାନୀ ତୁଳନାରେ ଓଡ଼ିଶା ମାଟିକୁ କେତେ ବେଶି ଭଲ ପାଇଆସିଛନ୍ତି, ସେସବୁର ସ୍ପଷ୍ଟ ଛବି ଲିପିବଦ୍ଧ ହୋଇଛି ପୁସ୍ତକ ସନ୍ନିବେଶିତ ଏକାଧିକ ଲେଖାରେ। ଏହିପରି ଏକ ପ୍ରାଣସ୍ପର୍ଶୀ ସୃଷ୍ଟି ହେଉଛି, 'ରାଜ୍ୟପାଳ ନିଯୁକ୍ତି: କିଛି ଅକୁହା କଥା' ଶୀର୍ଷକ ଏକ ଆଲେଖ୍ୟ। ଏହା ତାଙ୍କର ସୃଜନଶୀଳତାର ଉତ୍ତରିତ ପ୍ରତିଭାର ଏକ ଉଜ୍ଜ୍ୱଳ ଦୃଷ୍ଟାନ୍ତ। ଲେଖାଟି ଆଧାରିତ ହୋଇଛି ଓଡ଼ିଶାର ଜଣେ ଆଦିବାସୀ ମହିଳା ଶ୍ରୀମତୀ ଦ୍ରୌପଦୀ ମୁର୍ମୁ ଝାଡ଼ଖଣ୍ଡର ରାଜ୍ୟପାଳ ରୂପେ ନିଯୁକ୍ତି ପାଇବା ପରେ। ପ୍ରବାସୀ ରାଜେନ୍ଦ୍ରବାବୁଙ୍କର ବୌଦ୍ଧିକ ଚିନ୍ତା ଓ ଚେତନାର ଗାମ୍ଭୀର୍ଯ୍ୟକୁ ଆକଳନ କରିବା ସହିତ ତାଙ୍କ ହୃଦୟକୁ ଅଧିକାର କରିଥିବା ମାନବିକ ସୁଗୁଣଗୁଡ଼ିକର କୋମଳତାକୁ ମଧ୍ୟ ହୃଦୟଙ୍ଗମ କରିବା ଦିଗରେ ଏହି ଲେଖାଟି ଏକାନ୍ତ ଭାବେ ଉଲ୍ଲେଖନୀୟ। ଓଡ଼ିଆ ଝିଅ ଶ୍ରୀମତୀ ମୁର୍ମୁଙ୍କ ରାଜ୍ୟପାଳ ନିଯୁକ୍ତିକୁ ଭାରତ ସରକାରଙ୍କର ରାଜନୈତିକ ବିଜ୍ଞତାର ପରିଚୟ ରୂପେ ପ୍ରଶଂସା କରିବା ସହିତ ତାଙ୍କ ନିଯୁକ୍ତିକୁ ନେଇ ଓଡ଼ିଶାର ରାଜନୈତିକ ମହଲରେ ସୃଷ୍ଟି ହୋଇଥିବା ଚିରାଚରିତ ଈର୍ଷା, ଅସୂୟା ପ୍ରଭୃତି ମାତ୍ସର୍ଯ୍ୟ ଦୋଷକୁ କବିସୁଲଭ ଶୈଳୀରେ ସମାଲୋଚନା କରିବା ଲାଗି ସେ କୁଣ୍ଠିତ ହୋଇନାହାନ୍ତି। ସେଥିପାଇଁ ବହୁବର୍ଷ ତଳେ ସ୍କୁଲ୍ ବା କଲେଜ ଛାତ୍ର ଥିବା ବେଳେ ସେ ଓଡ଼ିଶାର ବିଖ୍ୟାତ କବି ଗୋଦାବରୀଶ ମହାପାତ୍ରଙ୍କ ସଂପାଦିତ ରାଜନୈତିକ ବ୍ୟଙ୍ଗ ପତ୍ରିକା 'ନିଆଁଖୁଣ୍ଟା'ରେ ପଢ଼ିଥିବା ଏକ ବିଦ୍ରୂପାତ୍ମକ କବିତାକୁ ମନେପକାଇଛନ୍ତି। ଏତେ ବର୍ଷ ପରେ ସେହି ବିଦ୍ରୂପାତ୍ମକ କବିତାଟିକୁ ଆମୂଳଚୂଳ ଉଦ୍ଧାର କରିପାରିବା କେବଳ ତାଙ୍କ ପ୍ରଖର ସ୍ମୃତିଶକ୍ତିର ପ୍ରମାଣ ନୁହେଁ; ଏହା ତାଙ୍କର ଉନ୍ନତ ସାହିତ୍ୟିକ ରସଜ୍ଞାନର ଅକାଟ୍ୟ ପ୍ରମାଣ। କବିତାର କେତୋଟି ଧାଡ଼ି ହେଲା ଏହିପରି-

''ଏ ପାଖ ନଈରେ ଧାର ଶୁଖିଗଲା/ ସେ ପାଖ ନଈରେ ବୋଇତ ଚାଲେ/ଏ ପାଖ ଗଛରୁ ଫୁଲ ଝରିଗଲା/ ସେ ପାଖ ଗଛରେ ମୁକୁଳ ଝରେ/ ...''

ଏଇଟି ଥିଲା ୧୯୬୧ ନିର୍ବାଚନରେ ଓଡ଼ିଶା କଂଗ୍ରେସ ଦଳର ଅନ୍ତଦ୍ୱର୍ନ୍ଦ୍ୱକୁ ନେଇ,

ଯେଉଁଥିରେ ଗୁରୁଦେବ ହରେକୃଷ୍ଣ ମହତାବଙ୍କୁ ପରାସ୍ତ କରି ପଟ୍ଟଶିଷ୍ୟ ବିଜୁ ପଟ୍ଟନାୟକ ହୋଇଥିଲେ ନିର୍ବାଚିତ। ଏ ଲେଖାଟି ପଢ଼ିଲା ବେଳେ ପାଠକେ ନିଶ୍ଚିତଭାବେ ଲେଖକଙ୍କ ଉଦାର ମାନବିକ ଗୁଣସମୂହର ପରିଚୟ ସହିତ ତାଙ୍କର ସ୍ୱଦେଶ ପ୍ରୀତିର ପ୍ରତ୍ୟକ୍ଷ ପ୍ରମାଣ ପାଇପାରିବେ।

ସଂକଳନରେ ଏପରି ଅନେକ ଲେଖାରେ ତାଙ୍କର ବିଚକ୍ଷଣ ସାହିତ୍ୟିକ ପ୍ରତିଭା ଓ ହାର୍ଦ୍ଦିକ ଦେଶପ୍ରୀତି ସହିତ ଓଡ଼ିଶାପ୍ରୀତିର ଭୂରିଭୂରି ଲକ୍ଷଣ ପାଠକ ଦେଖିବାକୁ ପାଇବେ। ତାହା ସହିତ ସାଂପ୍ରତିକ ବିଶ୍ୱର ଅର୍ଥନୈତିକ, ରାଜନୈତିକ ଓ ସାଂସ୍କୃତିକ ସ୍ଥିତି, ବିଶେଷକରି ଜର୍ମାନୀ ସମେତ ବିଶ୍ୱର ବହୁ ବିକଶିତ ଦେଶ ତୁଳନାରେ ବିକାଶାଭିମୁଖୀ ଭାରତବର୍ଷ ତଥା ଓଡ଼ିଶାର ସାଂପ୍ରତିକ ସ୍ଥିତି ଓ ରାଜନୈତିକ ଅପାରଗତାକୁ ମଧ୍ୟ ସେ ତାଙ୍କର ବୌଦ୍ଧିକ ମାନଦଣ୍ଡରେ ଖୁବ୍ ଭଲ ଭାବରେ ତଉଲି ପାରିବାର ଦକ୍ଷତା ପ୍ରଦର୍ଶନ କରିଛନ୍ତି।

କହିବା ବାହୁଲ୍ୟ, ଲେଖାଗୁଡ଼ିକୁ ମୁଁ ଏକ ନିଶ୍ୱାସରେ ପଢ଼ି ଶେଷ କରିଦେଲି। କାରଣ ଏ ସଂକଳନରେ ଏପରି ଅନେକ ଉଲ୍ଲେଖନୀୟ ଲେଖା ସ୍ଥାନିତ ହୋଇଛି, ଯାହାର ସାହିତ୍ୟିକ ମୂଲ୍ୟ ଅତୁଳନୀୟ। ସେପରି ଦୁଇଟି ପ୍ରାଣବନ୍ତ ଲେଖା ହେଉଛି- ''ମନେ ରହିବେ ହାନ୍‌ସ ରୋଡେ' ଏବଂ 'ଶୋକ ସମାବେଶ, ଶୋକସଭା ଓ ଶୋକ ଅନୁଭୂତି'। ଏପରି ହୃଦୟସ୍ପର୍ଶୀ ଲେଖା ସନ୍ନିବେଶିତ ହୋଇଥିବା କ୍ୱଚିତ୍ ବହିକୁ ଏକ ନିଶ୍ୱାସରେ ଶେଷ ପର୍ଯ୍ୟନ୍ତ ପଢ଼ିହୁଏ। ଏହି ଲେଖାଗୁଡ଼ିକୁ ପଢୁଥିଲା ବେଳେ ମୁଁ ବରାବର ସଚେତ ଥାଏ ଯେ ଲେଖକ ଜଣେ ଇଂଜିନିୟର, ଯିଏ ପଞ୍ଚାବନ ବର୍ଷ ତଳେ ଜ୍ଞାନାର୍ଜନ ପାଇଁ ଯାଇଥିଲେ ଦ୍ୱିତୀୟ ବିଶ୍ୱଯୁଦ୍ଧରେ ବିଧ୍ୱସ୍ତ ଏକ ପରାଜିତ ଦେଶ ଜର୍ମାନୀରେ ପାଠ ପଢ଼ିବାକୁ। ପିତୃପୁରୁଷର ଭିଟାମାଟି ଓଡ଼ିଶା ଛାଡ଼ି, ତରୁଣ ବୟସରେ ସୁଦୂର ଜର୍ମାନୀକୁ ଇଞ୍ଜିନିୟରିଂ ପଢ଼ିବାକୁ ଯାଇଥିବା ମଣିଷଟି ଯେ କଦାପି ତାର ମାତୃଭାଷାକୁ ଜିଭରେ ଉଚ୍ଚାରଣ କରିପାରୁଥିବ, ଏହାର ବାସ୍ତବତା ସଂପର୍କରେ ସନ୍ଦିହାନ ହେବାର ବହୁ କାରଣ ଅଛି। ତାହା ସତ୍ତ୍ୱେ ଏ ବହିଟି ପଢୁଥିଲା ବେଳେ ମୁଁ ତାଙ୍କର ଓଡ଼ିଆ ଭାଷାରେ ଅପୂର୍ବ ଦକ୍ଷତା ଓ ଓଡ଼ିଆ ସାହିତ୍ୟରେ ଆଶ୍ଚର୍ଯ୍ୟଜନକ ଭାବରେ ଗଭୀର ପ୍ରବେଶକୁ ମର୍ମେ ମର୍ମେ ଉପଭୋଗ କରୁଥିଲି।

ରାଜେନ୍ଦ୍ର ନାରାୟଣ ବାବୁ ସେ ମୋ ଠାରୁ ବୟସରେ ଯଥେଷ୍ଟ କନିଷ୍ଠ। କିନ୍ତୁ ଏ ଭଳି ଜଣେ ବିସ୍ମୟକର ପ୍ରତିଭାଧର ବ୍ୟକ୍ତିଙ୍କ ପାଖରେ ନତମସ୍ତକ ହେବାକୁ ମୁଁ ଆଦୌ କୁଣ୍ଠାବୋଧ କରୁନାହିଁ।''

ଲେଖକଙ୍କର 'ସରିନାହିଁ ମନର କଥା' ପ୍ରକାଶିତ ହୁଏ ୨୦୧୯ରେ। ଏହାର

'ଅଭିମତ'ରେ ପ୍ରସିଦ୍ଧ ସ୍ତମ୍ଭକାର ଡକ୍ଟର ଭଗବାନପ୍ରକାଶ ଲେଖନ୍ତି, ''ଗୌତମ ବୁଦ୍ଧଙ୍କ ମତରେ ପୃଥିବୀରେ ଦୁଇଜଣ ସର୍ବୋତ୍ତମ ଶିକ୍ଷକ ଅଛନ୍ତି। ଏମାନେ ହେଲେ ସମୟ ଓ ଜୀବନ। ସମୟ ଆମକୁ ଶିଖାଏ ଜୀବନର ମୂଲ୍ୟ ଏବଂ ଜୀବନ ଶିଖାଇଥାଏ ସମୟର ମୂଲ୍ୟ। ଏହି ଦୁଇଗୁରୁଙ୍କ ପଟ୍ଟଶିଷ୍ୟ ହେଲେ ଆମ ସମୟର ସ୍ୱନାମଧନ୍ୟ ପ୍ରବାସୀ ଓଡ଼ିଆ ଓ ଲୋକପ୍ରିୟ ସ୍ତମ୍ଭକାର ଡକ୍ଟର ରାଜେନ୍ଦ୍ର ନାରାୟଣ ଦାସ। ଜର୍ମାନୀରେ ଦୀର୍ଘ ୫୮ ବର୍ଷ ଧରି ବସବାସ କରୁଥିବା ଓଡ଼ିଆ ପ୍ରାଣ ଏହି ଧାତୁ ବିଜ୍ଞାନୀ ଏବେ ଜଣେ ଜୀବନ ବିଜ୍ଞାନୀ। ବିଦେଶରେ ଥାଇବି ମାତୃଭୂମି ଓ ମାତୃଭାଷାର ସମ୍ମାନ ସୁରକ୍ଷା ଓ ବିକାଶ ପାଇଁ ନିଜ କଲମକୁ ତରବାରି ଭାବରେ ବ୍ୟବହାର କରି ଆସୁଛନ୍ତି। ଏହି ସଙ୍କଳନରେ ତାଙ୍କର ପ୍ରତିଟି ଲେଖା ପଢ଼ିଲେ ସେପରି ଧାରଣା ହୁଏ। ଗାନ୍ଧି କହୁଥିଲେ, ଆପଣା ଉପରେ ହସିପାରିବା ଶକ୍ତି ନ ଥିଲେ ମୁଁ କେବେଠୁ ଆତ୍ମହତ୍ୟା କରିସାରନ୍ତିଣି। ରାଜେନ୍ଦ୍ର ନାରାୟଣ ଆତ୍ମସମୀକ୍ଷା ପାଇଁ କେବେହେଲେ କୁଣ୍ଠା କରିନାହାନ୍ତି, ଖଳନାୟକଙ୍କ ଉପରେ ଶକ୍ତ ପ୍ରହାର କରିବାକୁ କରି ନାହାନ୍ତି ଓ ଯୋଗ୍ୟ ବ୍ୟକ୍ତି ତଥା ଯଥାର୍ଥ କାର୍ଯ୍ୟ ଓ ନିଷ୍ପତ୍ତିକୁ ମୁକ୍ତକଣ୍ଠରେ ପ୍ରଶଂସା କରିବାରେ କାର୍ପଣ୍ୟ କରିନାହାନ୍ତି। ଲେଖାଗୁଡ଼ିକ ପଢ଼ିସାରିଲା ପରେ ଓଡ଼ିଶାର ସାମାଜିକ, ସାଂସ୍କୃତିକ, ଐତିହାସିକ ଓ ରାଜନୈତିକ ଇତିହାସର ଅନେକ ଅକୁହା କାହାଣୀ ସାମ୍ନାକୁ ଆସେ।''

ଏହି 'ଅଭିମତ'ରେ ଅନ୍ୟତ୍ର ଡକ୍ଟର ଭଗବାନପ୍ରକାଶ ଲେଖିଛନ୍ତି, ''ରାଜେନ୍ଦ୍ର ନାରାୟଣଙ୍କ ନିବନ୍ଧଗୁଡ଼ିକର ବିଷୟବସ୍ତୁ କେବଳ ଓଡ଼ିଶା କୈନ୍ଦ୍ରିକ ନୁହେଁ। ସେଥିରେ ବିଭିନ୍ନ ଦେଶର ସଂସ୍କୃତି, ପରଂପରା, ଲୋକକଥା ଓ ଆଚାର ବ୍ୟବହାରର ଝଲକ୍ ମିଳିଥାଏ। ଏହାଦ୍ୱାରା ପାଠକମାନେ ନିଜ ଗାଁ, ରାଜ୍ୟ, ଦେଶର ସୀମା ଡେଇଁଯିବାର ସୁଯୋଗ ପାଇଛନ୍ତି। ଲେଖକ ରାଜେନ୍ଦ୍ର ନାରାୟଣ ଦାସଙ୍କ ସମ୍ବନ୍ଧରେ ଡକ୍ଟର ଭଗବାନପ୍ରକାଶଙ୍କ ମତ ଅତ୍ୟନ୍ତ ଉତ୍ସାହପ୍ରଦ - ''ଓଡ଼ିଶା ଓ ଭାରତ ବାହାରେ ହାତଗଣତି ଯେଉଁ କେତେଜଣ ନିଜ ଜନ୍ମଭୂମିର ସମୃଦ୍ଧି, ସୁଖ, ଶାନ୍ତି ପାଇଁ ଉଦ୍‌ବିଗ୍ନ, ତା ମଧ୍ୟରେ ରାଜେନ୍ଦ୍ର ବାବୁ ପ୍ରଥମ ଧାଡ଼ିର ପ୍ରଥମ ବ୍ୟକ୍ତି।'' ସେହିପରି 'ନିଜ ମତ ନ କହିଲେ ଭଲ' ବହିର 'ଅଭିମତ'ରେ ରାଜ୍ୟପାଳ ବିଶ୍ୱଭୂଷଣ ହରିଚନ୍ଦନ ଲେଖିଛନ୍ତି, ''ଅତୀତର ସମୃଦ୍ଧ ଓଡ଼ିଶା, ତାର ଗର୍ବିତ ଇତିହାସ ଓ ସଂସ୍କୃତିର ଅବକ୍ଷୟକୁ ସେ (ରାଜେନ୍ଦ୍ର ନାରାୟଣ) ସହଜରେ ଗ୍ରହଣ କରିପାରୁନାହାନ୍ତି। ଓଡ଼ିଶାର ସାହିତ୍ୟ, ସଂସ୍କୃତି, ସାମାଜିକ, ରାଜନୀତିକ ବା ପ୍ରଶାସନିକ କ୍ଷେତ୍ରରେ କୌଣସି ତ୍ରୁଟି ବିଚ୍ୟୁତି ଦେଖିଲେ ସେ ତାଙ୍କର ନିଜସ୍ୱ ସ୍ୱାଧୀନ ଓ ନିର୍ଭୀକ ମତବ୍ୟକ୍ତ କରି ନିବନ୍ଧମାନ ଲେଖି

ଖବରକାଗଜରେ ପ୍ରକାଶ କରିଛନ୍ତି।'' (ନିଜ ମତ ନ କହିଲେ ଭଲ - ବିଜୟିନୀ ପବ୍ଲିକେଶନ୍‌ସ, କଟକ- ୨୦୨୧)

ରାଜେନ୍ଦ୍ର ନାରାୟଣଙ୍କ ପ୍ରଥମ ବହି 'କହିବସିଲେ ବହୁତ କଥା'କୁ ଛାଡ଼ିଦେଲେ ଅନ୍ୟ ଚାରିଟିଯାକ ବହିରେ ସ୍ଥାନୀତ ବିଷୟବସ୍ତୁ ସାମାଜିକ ଅନୁଶୀଳନ, ପ୍ରତିକ୍ରିୟା, ପ୍ରତିବାଦ ଏବଂ ପ୍ରତିବେଦନ। 'କହିବସିଲେ ବହୁତ କଥା'ର ପ୍ରଥମ ଭାଗରେ ସ୍ଥାନୀତ ଲେଖକଙ୍କର ସଂକ୍ଷିପ୍ତ ଆତ୍ମଜୀବନୀ ଯାହା ମାତ୍ର ୮୦ ପୃଷ୍ଠାରେ ଶେଷ ହୋଇଛି। ଏହି ସଂକ୍ଷିପ୍ତ ଜୀବନସ୍ମୃତିର ବିଷୟ, ବର୍ଣ୍ଣନାଭଙ୍ଗୀ ଏବଂ ଆବେଦନ ଏତେ ମର୍ମସ୍ପର୍ଶୀ ଯେ ପାଠକ କେହି ପଢ଼ିବାକୁ ଆରମ୍ଭ କଲେ ତାହା ଶେଷ ନ କରି ରହିପାରିବ ନାହିଁ। ସମୟେ ସମୟେ ଲାଗେ, ରାଜେନ୍ଦ୍ର ନାରାୟଣ ତାଙ୍କ ଘଟଣାବହୁଳ ଜୀବନକଥାକୁ ଏତେ ତରବରରେ ସାରିଦେବାର କାରଣ କଣ? ସେ ନିଜେ ଠାଏ ଲେଖିଛନ୍ତି ଯେ ଦାପ୍ତରିକ କାର୍ଯ୍ୟ ଉପଲକ୍ଷେ ସେ ପୃଥିବୀର ବହୁ ଦେଶ, ଯଥା: ଆଲ୍‌ଜେରିଆ, ଅଷ୍ଟ୍ରିୟା, ବାହାରାଇନ୍, ବାଂଲାଦେଶ, ବ୍ରାଜିଲ, କାନାଡା, ଇଜିପ୍ଟ, ଚାଇନା, କାନାଡା, ଫ୍ରାନ୍ସ, ପୂର୍ବ ଜର୍ମାନୀ, ବ୍ରିଟେନ୍, ଇଣ୍ଡୋନେସିଆ, ଇରାନ୍, ଜାପାନ, କୋରିଆ, କୁଏତ, ଲେବାନନ୍, ଲିବିୟା, ମାଲେସିୟା, ମାଲ୍‌ଟା, ମରୋକୋ, ନାଇଜେରିଆ, ଓମାନ୍, ଫିଲିପାଇନ୍‌ସ, ପର୍ତ୍ତୁଗାଲ, ଟ୍ୟୁନିସିଆ, ରୋମାନିଆ, ଋଷିଆ, ସାଉଦୀ ଆରବ, ସିଙ୍ଗାପୁର, ସିରିଆ, ଥାଇଲ୍ୟାଣ୍ଡ, ତୁର୍କୀ, ମିଳିତ ଆରବ ଏମିରେଟ୍‌ସ, ଯୁକ୍ତରାଷ୍ଟ୍ର ଆମେରିକା ଓ ଭେନେଜୁଏଲା ପ୍ରଭୃତି ଦେଶ ଗସ୍ତ କରିଛନ୍ତି। ଏଇ ସବୁ ଦେଶକୁ ସେ ଥରେ ନୁହେଁ, ଏକାଧିକ ବାର ଯାଇଥିବା କଥା ମଧ୍ୟ ଉଲ୍ଲେଖ କରିଛନ୍ତି। ଅଥଚ ଏଥିମଧ୍ୟରୁ ଗୋଟିଏ ଯୋଡ଼ିଏ ଦେଶକୁ ଛାଡ଼ିଦେଲେ ଅନ୍ୟ ଦେଶଗୁଡ଼ିକ ସଂପର୍କରେ ତାଙ୍କର ଅନୁଭୂତି ପ୍ରାୟତଃ ତାଙ୍କର ବହିରେ ପଢ଼ିବାକୁ ମିଳେ ନାହିଁ। ଏଇ ଆଲୋଚକର ମନେହୁଏ, ବହିଟି ତାଙ୍କର ପ୍ରଥମ ସୃଷ୍ଟି ହୋଇଥିବାରୁ ଏଥିପାଇଁ ସେ ଆବଶ୍ୟକ କୌଶଳ ଅବଲମ୍ବନ କରିନାହାନ୍ତି, ଏହାଛଡ଼ା ସେ ଡାଏରି ଲେଖୁ ନ ଥିବାରୁ ବିଭିନ୍ନ ଦେଶଗୁଡ଼ିକ ସମ୍ବନ୍ଧରେ ଅନୁଭୂତି କେବଳ ସ୍ମୃତିରୁ ସଂଗ୍ରହ କରିବା ତାଙ୍କ ପକ୍ଷେ ସମ୍ଭବ ହୋଇନାହିଁ। ହୁଏତ ଏ ବହିଟି ସେ ପାଞ୍ଚବର୍ଷ ପରେ, ସମ୍ବାଦପତ୍ରରେ ସ୍ତମ୍ଭକାର ଭାବେ ପ୍ରସିଦ୍ଧି ଅର୍ଜନ କରିବା ପରେ ଲେଖିଥିଲେ ତାର ରୂପରେଖ ଭିନ୍ନ ହୋଇଥାନ୍ତା। ରାଜେନ୍ଦ୍ର ନାରାୟଣ ଦାସଙ୍କ ଭଳି ଏତେ ଗୁଡ଼ିଏ ଦେଶ ଭ୍ରମଣ କରିଥିବା ଲେଖକ ଓଡ଼ିଆ ସାହିତ୍ୟରେ ବିରଳ ହୋଇଥିବାରୁ ତାଙ୍କର ଏ ସଂକ୍ଷିପ୍ତ ଜୀବନସ୍ମୃତି ଆମକୁ ଅନେକ କଥାରୁ ବଞ୍ଚିତ କରିଥିବାର ଅବସୋସ ଉପହାର ଦେଇଥାଏ। ମାତ୍ର ଏହା ସତ୍ତ୍ୱେ

ବହିଟି ରାଜେନ୍ଦ୍ର ନାରାୟଣଙ୍କ ମନ ସିନ୍ଦୁକ ଖୋଲିବା ଲାଗି ପ୍ରୟୋଜନ ଚାବିକାଠି ଧରେଇବାରେ ଯେ ସମର୍ଥ, ତହିଁରେ ଦ୍ୱିମତର ଅବକାଶ ନାହିଁ।

ଉପରେ ଯେଉଁ ବିଶିଷ୍ଟ ବ୍ୟକ୍ତିମାନଙ୍କ ଅଭିମତ ଉଦ୍ଧୃତ କରାଯାଇଛି ସେଥିରୁ ରାଜେନ୍ଦ୍ର ନାରାୟଣ ଦାସଙ୍କ ପ୍ରବନ୍ଧଗୁଡ଼ିକର ଅନ୍ତଃସ୍ୱର ଓ ରଚନା ଶୈଳୀର ସ୍ୱାତନ୍ତ୍ର୍ୟ ବୁଝାପଡ଼ିଥାଏ। କେହି ଯଦି ପ୍ରଶ୍ନ କରେ- ରାଜେନ୍ଦ୍ର ନାରାୟଣଙ୍କର ପ୍ରବନ୍ଧର ମୁଖ୍ୟ ସ୍ୱର କଣ ? ତାର ଉତ୍ତର ହେଉଛି ପରିବର୍ତ୍ତନର ଆଶା। ଆଉ ଟିକିଏ ସଂପ୍ରସାରିତ କଲେ ତାହା ହେବ ବର୍ତ୍ତମାନ ଓଡ଼ିଶାର ଯାହା ଅବସ୍ଥା ଅଛି ତହିଁରେ ପରିବର୍ତ୍ତନ ହେଉ – ଏହା ଲେଖକ ଚାହାନ୍ତି। ଏହି କଥାଟି କମ୍ ଗୁରୁତ୍ୱପୂର୍ଣ୍ଣ ନୁହେଁ। ଏଭଳି ଆଶା ସଭିଏଁ ପୋଷଣ କରନ୍ତି ନାହିଁ। ଉତ୍କଳମଣି ଗୋପବନ୍ଧୁ ଦାସ ଏବଂ ତାଙ୍କ ସଖାମାନଙ୍କୁ ଓଡ଼ିଆ ଜାତି ପୂଜା କରେ। ସେମାନେ ଆଶା ରଖିଥିଲେ, ଆମେ ଜନ୍ମ ହେବାବେଳେ ଓଡ଼ିଶାକୁ ଯେଉଁ ଅବସ୍ଥାରେ ଦେଖିଛୁ, ଏଠୁ ଗଲାବେଳେ ତାହାଠାରୁ ଟିକିଏ ଭଲ ଅବସ୍ଥାରେ ଦେଖିଯିବାକୁ ଚାହୁଁ। ଉତ୍କଳମଣି କେବଳ ସ୍ୱପ୍ନ ଦେଖି ନ ଥିଲେ ସେହି ସ୍ୱପ୍ନର ପରିପୂର୍ତ୍ତି ପାଇଁ ନିଜର ସର୍ବସ୍ୱ ଅଜାଡ଼ି ଦେଇଥିଲେ। ରାଜେନ୍ଦ୍ର ବାବୁ ସାଙ୍ଗସାଥୀମାନଙ୍କ ସହ ହସିଖେଳି ସମୟ ବିତେଇବାର ବୟସରେ ଘର ଛାଡ଼ିଛନ୍ତି। ସେ ଯେ ଘରଠାରୁ ଦୂରକୁ ଯାଇଛନ୍ତି, ରହିଯାଇଛନ୍ତି ଯାଇ ବିଦେଶରେ, ସାରା ଜୀବନ। ମଣିଷ କିଭଳି ଜୀବନ ଜିଏଁ ? କେଉଁଠି ଥାଏ ମଣିଷ ? ଦାର୍ଶନିକମାନେ କହନ୍ତି, ମଣିଷ ବଞ୍ଚିବାକୁ ଚାହୁଁଥିବା ଏବଂ ବାସ୍ତବରେ ବଞ୍ଚୁଥିବା ଜୀବନ ମଝାମଝିରେ ରହିଥାଏ। ରାଜେନ୍ଦ୍ର ବାବୁଙ୍କ ଅବସ୍ଥା ଊଣାଅଧିକେ ସେହିପରି। ସେ ଓଡ଼ିଶାଠାରୁ ଦୂରକୁ ଯାଇ ହିଁ ଓଡ଼ିଶାକୁ ବେଶି ପାଇଛନ୍ତି। ତାଙ୍କ ନିଜ ଶବ୍ଦରେ, ‘‘ଜର୍ମାନୀରେ ପହଞ୍ଚିବାର କିଛିଦିନ ଭିତରେ ମୁଁ ଓଡ଼ିଶାକୁ ବୋଧହୁଏ ନୂଆକରି ଆବିଷ୍କାର କଲି।’’ ଜର୍ମାନୀର ପ୍ରଥମ ଦର୍ଶନ ମୋତେ ପ୍ରକୃତରେ ଅଭିଭୂତ କରି ଦେଇଥିଲା। ଏଇ ଦେଶ ବିଷୟରେ ମୁଁ ଯେତିକି ବେଶୀ ବେଶୀ ଜାଣିଲି, ଆପଣାର ଦେଶ ବିଷୟରେ ମୋର ମନ ସେତିକି ସଜାଗ ହୋଇ ଉଠିଲା।’’ (କହିବସିଲେ ବହୁତ କଥା)। ସେହିପରି ଦାର୍ଶନିକମାନେ କହିଛନ୍ତି, ‘‘ମଣିଷ ଯୋଉଠି ଥାଏ, ସେ ସେଇଠି ନ ଥାଏ।’’ ଏହାର ଅର୍ଥ ତାର ଶରୀର ଗୋଟେ ଜାଗାରେ ଥିଲେ ମଧ୍ୟ ତାର ମନ ଅନ୍ୟ ଜାଗାରେ ଥାଏ। ରାଜେନ୍ଦ୍ର ନାରାୟଣ ଜର୍ମାନୀରେ ରହିଥିଲେ ମଧ୍ୟ ଓଡ଼ିଶାରେ ରହିବା ଭଳି ଅନୁଭବ କରନ୍ତି, ଓଡ଼ିଶାର ଭାଷା, ଖାଦ୍ୟ, ଚଳଣି, ପର୍ବପର୍ବାଣି କଥାକୁ ବେଶି ବେଶି ଝୁରନ୍ତି। ନିଜ ଜୀବନସ୍ମୃତିରେ, ଜନ୍ମଭୂମିରୁ ବିଦାୟର ମୁହୂର୍ତ୍ତଗୁଡ଼ିକୁ ଲେଖକ ଖୁବ୍ ମର୍ମସ୍ପର୍ଶୀ ଭାବରେ ଲିପିବଦ୍ଧ କରିଛନ୍ତି। କିଶୋର ରାଜେନ୍ଦ୍ର ଯେଉଁଦିନ ଘରୁ ବାହାରି ପ୍ରଥମେ ଷ୍ଟେସନକୁ ଟ୍ରେନ୍ ଧରିବାକୁ ଆସିବେ ସେହିଦିନ

ପ୍ରତ୍ୟୁଷରୁ ପରିବାର ଶୁଭେଚ୍ଛୁ କବିରାଜ ଅଗଣି ତ୍ରିପାଠୀ ପହଞ୍ଚି ଯାଇଛନ୍ତି। ''ଘରେ ପଶୁ ପଶୁ (ସେ) ଖୁବ୍ ଉଚ୍ଚସ୍ୱରରେ ''ଆରେ ବାବୁ ଶ୍ୟାମଘନ, ତୁ ଗଲେ ମଧୁଭୁବନ କାହା ମୁଖ ଅନାଇ ବଞ୍ଚିବି'' ଗୀତଟି ଗାଇବାକୁ ଲାଗିଲେ। ମୋ ବୋଉ ସେ ଗୀତଟି ଶୁଣି କାନ୍ଦି କାନ୍ଦି ତଳେ ଗଡ଼ିଗଲା।'' ନିଜ ମାଆଙ୍କ ସମ୍ବନ୍ଧରେ ଏହି ବାକ୍ୟ ଲେଖିଥିବା ରାଜେନ୍ଦ୍ର ନାରାୟଣ ତାଙ୍କ ପିତାଙ୍କ ସମ୍ବନ୍ଧରେ, ପିତାଙ୍କର ସଂଘର୍ଷପୂର୍ଣ୍ଣ ଜୀବନ ଓ ମୂଲ୍ୟବୋଧ ସଂପର୍କରେ ଲେଖିଛନ୍ତି, ''ଆମର ପୂର୍ବଜମାନେ ପାରଳାଖେମୁଣ୍ଡି ଅଧିବାସୀ ଥିଲେ। ସେମାନେ କୋରାପୁଟରୁ ପାରଳାଖେମୁଣ୍ଡି ଆସିଥିଲେ। ମୋର ଜେଜେ ରାମଚନ୍ଦ୍ର ଦାସ ପାରଳାଖେମୁଣ୍ଡିରେ ଶିକ୍ଷକତା କରୁଥିଲେ। ମୋର ଜେଜେ ଓ ଜେଜିମା ଦୁହିଁଙ୍କ ଏକାବର୍ଷରେ ଅକାଳ ମୃତ୍ୟୁଯୋଗୁଁ ମୋର ବାପା ୧୧ ବର୍ଷ ବୟସରେ ବାପମା ଛେଉଣ୍ଡ ହୋଇଯାଇଥିଲେ। ବାପା ଓ ବଡ଼ବାପା ଡାକ୍ତର ଲୋକନାଥ ଦାସ ଉଭୟେ ଅତ୍ୟନ୍ତ ଧୀଶକ୍ତିସମ୍ପନ୍ନ ଥିଲେ। ବଡ଼ବାପା ପାରଳା ମହାରାଜାଙ୍କ ପୃଷ୍ଠପୋଷକତା ପାଇ ମାଡ୍ରାସ ପ୍ରେସିଡେନ୍ସି କଲେଜରୁ ଡିଗ୍ରୀ ହାସଲ କରି ପଶୁଡାକ୍ତର ହେଲେ। ଶିକ୍ଷାଲାଭ କରିବାକୁ ପ୍ରବଳ ଇଚ୍ଛା ଥିବା ସତ୍ତ୍ୱେ ଉଚ୍ଚଶିକ୍ଷାର ସୁଯୋଗ ବାପାଙ୍କୁ ମିଳିନଥିଲା। କିନ୍ତୁ ବ୍ୟବସାୟିକ ବୁଦ୍ଧି ତାଙ୍କର ପ୍ରଖର ଥିଲା। ଜୀବନରେ ଅନେକ ସଂଘର୍ଷ କରି ନିଜ ସାଧନାରେ ସେ ଜଣେ ସଫଳ ମଣିଷ ହୋଇପାରିଥିଲେ। ଓଡ଼ିଶାରେ ଘରୋଇ ପରିବହନ ଶିଳ୍ପରେ ଜଣେ ସଫଳ ଅଗ୍ରଦୂତ ଭାବରେ ନିଜକୁ ସେ ପ୍ରତିଷ୍ଠିତ କରିପାରିଥିଲେ। ପାରଳାଖେମୁଣ୍ଡି ଭଳି ଓଡ଼ିଶାର ଅନୁନ୍ନତ ଜାଗାରେ ସେ ସମୟରେ ଜନ୍ମଗ୍ରହଣ କରିଥିବା ଏବଂ ନିଜ ଗୋଡ଼ରେ ଠିଆହେବାକୁ ସଂକଳ୍ପ କରି କଟକକୁ ଏକୁଟିଆ ଆସିଥିବା ଜଣେ ଏଗାର ବର୍ଷ ବୟସର ବାଳକ ନିଜକୁ କିପରି ପ୍ରତିଷ୍ଠିତ କରିପାରେ, ଏହା ଭାବିଲେ ମୋତେ ଆଜି ମଧ୍ୟ ଆଶ୍ଚର୍ଯ୍ୟ ଲାଗେ।

ବାପାଙ୍କ ଜୀବନଶୈଳୀ ମୋ ଜୀବନରେ ମୋତେ ଅନେକ ମାତ୍ରାରେ ପ୍ରଭାବିତ କରିଛି। ନିଜେ ଉଚ୍ଚଶିକ୍ଷା ଲାଭ କରିପାରିଲେ ନାହିଁ ବୋଲି ତାଙ୍କର ଅବସୋସ। ତାଙ୍କର ପିଲାମାନଙ୍କୁ ଉଚ୍ଚଶିକ୍ଷା ଦେବାରେ ଅଦମ୍ୟ ଅଭିଳାଷ ସେ କରିଥିଲେ। ଅର୍ଥ ଓ ଐଶ୍ୱର୍ଯ୍ୟ ଅପେକ୍ଷା ଜଣେ ଶିକ୍ଷିତ ବୁଦ୍ଧିଜୀବୀ ହିସାବରେ ମୋତେ ଓ ମୋର ଦୁଇଭାଇ ରବୀନ୍ଦ୍ର, ହେମେନ୍ଦ୍ରକୁ ଗଢ଼ିବାରେ ବାପାଙ୍କର ପ୍ରବଳ ଇଚ୍ଛା ହିଁ ତାଙ୍କର ତିନିପୁଅଙ୍କ ପାଇଁ ଶିକ୍ଷାର ମୂଳଦୂଆ ପକାଇଥିଲା। ଆଜି ମଧ୍ୟ ମୋର ଜ୍ଞାନରେ ବାପାଙ୍କର ସେଇ କେତୋଟି ଶବ୍ଦ ମୋତେ ଅନୁପ୍ରାଣିତ କରେ - ''ଯେତେ ପଢ଼ିବ ପଢ଼, ମୁଁ ଦରକାର ହେଲେ ରିକ୍ସା ଟାଣି ତୁମମାନଙ୍କୁ ପଇସା ଆଣି ଦେବି।'' (କହିବସିଲେ ବହୁତ କଥା - ପୃ: ୨୩) ସେଇ ବାପା ରାଜେନ୍ଦ୍ର ନାରାୟଣଙ୍କୁ ବିଦାୟ ଦେବା ବେଳେ ନିଜ ହାତର

ମୁଦିଟି ପୁଅ ହାତରେ ପିନ୍ଧେଇ ଦେଇ କହିଥିଲେ, 'ଭଲ ପିଲା ହୋଇ ପୁଣି ଘରକୁ ଫେରିବ।' ରାଜେନ୍ଦ୍ର ନାରାୟଣ ୬ ବର୍ଷ ପରେ ଜର୍ମାନୀରୁ ଆସି ବାପାଙ୍କୁ ମୁଦି ଫେରେଇଥିଲେ। ଲେଖକ ରାଜେନ୍ଦ୍ର ନାରାୟଣ ଜର୍ମାନୀରେ ପହଞ୍ଚିବା ପରେ ମଜୁରି ଲାଗି ଜର୍ମାନ ଭାଷା ଶିକ୍ଷା କରିଥିଲେ ଏବଂ କ୍ଲାଉସ୍ଥାଲ ବିଶ୍ୱବିଦ୍ୟାଳୟରେ ଆଡ୍‌ମିସନ୍ ପାଇଥିଲେ। କ୍ରମେ ସେ ଏତେ ଦକ୍ଷତାର ସହ ଜର୍ମାନ ଭାଷା ବ୍ୟବହାର କରିପାରିଥିଲେ ଯେ ତାହା ଦେଖି ସେଠାକାର ଲୋକେ ମୁଗ୍ଧ ହୋଇଥିଲେ। ସେଇ ଦେଶରେ ପହଞ୍ଚିବା ପରେ ଯେଉଁ କଥାଟି ତାଙ୍କୁ ଗଭୀର ଭାବେ ସ୍ପର୍ଶ କରିଛି ତାହା ହେଲା ପିତାମାତା-ପୁତ୍ରକନ୍ୟା ସମ୍ବନ୍ଧ। ଭାରତରେ ବାପାମାଆ ପିଲାଙ୍କୁ ସ୍ୱାଧୀନତା ଦିଅନ୍ତି ନାହିଁ, ପିଲାମାନେ ପରନିର୍ଭରଶୀଳ ହୋଇ ରହନ୍ତି। ଜର୍ମାନୀରେ ପିଲାମାନେ ବାପାମାଆଙ୍କ ଉପରେ ନିର୍ଭରଶୀଳ ହୁଅନ୍ତି ନାହିଁ କି ଜୀବନରେ ଦାୟିତ୍ୱହୀନ ହୁଅନ୍ତି ନାହିଁ। (ପୃଷ୍ଠା-୩୩) ବିଦେଶ ଭୂଇଁରେ ଯେଉଁ ଦ୍ୱିତୀୟ କଥାଟି ତାଙ୍କୁ ଭଲ ଲାଗିଛି ତାହା ହେଲା ସେଠାକାର କର୍ମ ସଂସ୍କୃତି। ଭାରତର ସାମନ୍ତବାଦୀ ବ୍ୟବସ୍ଥା ଜର୍ମାନୀରେ ଅନୁପସ୍ଥିତ। ଯିଏ ଯେଉଁ ପ୍ରକାର କାମ କଲେ ମଧ୍ୟ ସେଥିପାଇଁ ଗର୍ବ ବା ନ୍ୟୂନ ମନେ କରନ୍ତି ନାହିଁ। ସେ କଥାଟି ଲେଖକଙ୍କୁ ମୁଗ୍ଧ କରିଛି। ସେହି ସମୟର ଗୋଟିଏ ତିକ୍ତ ଅନୁଭୂତିକୁ ସେ ସୁନ୍ଦର ଭାବରେ ଲେଖିଛନ୍ତି। ଯେଉଁ ବ୍ୟକ୍ତି ନିଜକୁ ନିଜେ ବ୍ୟଙ୍ଗ କରିପାରେ, ସେ ଜୀବନଯୁଦ୍ଧରେ ସଫଳ ହୋଇଥାଏ। ଆତ୍ମବ୍ୟଙ୍ଗ ସହଜ କଥା ନୁହେଁ। ଜର୍ମାନୀର ଗୋରା ଲୋକଙ୍କ ମେଳରେ ରାଜେନ୍ଦ୍ର ନାରାୟଣ ଦାସ ଥିଲେ ଜଣେ କଳା ଭାରତୀୟ। ସେଥିପାଇଁ କିଛି ଲୋକ ଭାବୁଥିଲେ ସେ ବୋଧହୁଏ ଦେହରେ କଳା ରଙ୍ଗ ବୋଳିଛନ୍ତି। ସମୟେ ସମୟେ ଗୋରା ବୁଢ଼ାବୁଢ଼ୀ ଆସି ତାଙ୍କ ଗାଲକୁ ବା ହାତକୁ ଟିକେ ଆଉଁଶି ଦେଉଥିଲେ ଓ ତାପରେ ନିଜ ହାତକୁ ଦେଖି କହୁଥିଲେ, ''ଏଇଟା ତାର ତ ପ୍ରକୃତ ରଙ୍ଗ। ସେ କଳା ବୋଳି ହୋଇନାହିଁ।'' (ପୃ:୪୪) ଏହି ପରିବେଶରେ ରାଜେନ୍ଦ୍ର ନାରାୟଣ ଶିକ୍ଷା ଓ ଡକ୍ଟରେଟ୍ ଲାଭ କରି ଚାକିରି କଲେ ଏବଂ ମେଟାଲର୍ଜି ଇଞ୍ଜିନିୟର ଭାବରେ ପ୍ରସିଦ୍ଧି ଲାଭ କରିଥିଲେ। ନିଜ ଚାକିରି କାଳ ମଧ୍ୟରେ ସେ ଜର୍ମାନୀର ବଡ଼ ବଡ଼ ଷ୍ଟୀଲ କମ୍ପାନିରେ କାମ କରିଥିଲେ ଯାହା ଭିତରେ Korf Engineering, Mannesmann Demag ଅନ୍ତର୍ଭୁକ୍ତ। ଅବସର ନେବାବେଳକୁ ରାଜେନ୍ଦ୍ର ନାରାୟଣଙ୍କୁ ୫୮ ବର୍ଷ ବୟସ ହୋଇଥିଲା। ଏହି ଜୀବନ ପାଇଁ ସେ ଆଗରୁ ପ୍ରସ୍ତୁତ ଥିବାରୁ ମାନସିକ ସମସ୍ୟାର ସମ୍ମୁଖୀନ ହେଲେ ନାହିଁ।

ରାଜେନ୍ଦ୍ର ନାରାୟଣ ତାଙ୍କର ଏହି ବହିଟିରେ ଜର୍ମାନୀର ସାମାଜିକ ଜୀବନ ସମ୍ବନ୍ଧରେ କିଛି କଥା ଉଲ୍ଲେଖ କରିଛନ୍ତି। ଅଧିକାଂଶ ଭାରତୀୟ ପଡ଼ୋଶୀ ବା ପର

କଥାରେ ମୁଣ୍ଡ ଖେଳେଇବାକୁ, ପରଚର୍ଚ୍ଚା-ପରନିନ୍ଦାରେ ବ୍ୟସ୍ତ ରହିବାକୁ ସୁଖ ପାଇଥାଆନ୍ତି। ଏହି ବ୍ୟାଧିତ କୌତୂହଳ ଲେଖକ ରାଜେନ୍ଦ୍ର ନାରାୟଣଙ୍କୁ କ୍ଷୁବ୍ଧ କରିଛି ଏବଂ ସେ ସମ୍ବନ୍ଧରେ ତାଙ୍କର ମତ ଏହି ଜୀବନସ୍ମୃତିରେ ଉଲ୍ଲେଖ କରିଛନ୍ତି। ଆଉ ଗୋଟିଏ ଦିଗ ସମ୍ବନ୍ଧରେ ରାଜେନ୍ଦ୍ର ନାରାୟଣ ତାଙ୍କର 'କହିବସିଲେ ବହୁତ କଥା'ରେ ଉଲ୍ଲେଖ କରିଛନ୍ତି। ତାହା ହେଲା ଅଧ୍ୟାପକମାନଙ୍କର ଶିକ୍ଷାଦାନ ପଦ୍ଧତି ଓ ଶିକ୍ଷାୟତନର ପରିବେଶ। 'ଅଭାବ ଅସୁବିଧା ଦ୍ୱାରା ଜର୍ଜରିତ ହୋଇ ଆମ ଓଡ଼ିଶାରେ ଆମ୍ଭେମାନେ ଏକ ପ୍ରକାର ସ୍ୱାର୍ଥପର ଜୀବନଯାପନ କରି ସବୁ ପ୍ରକାର ମଣିଷପଣିଆ ହରେଇ ବସିଲେଣି ବୋଲି କହିଲେ ବୋଧହୁଏ ମୋର କିଛି ଅପରାଧ ହେବ ନାହିଁ' ବୋଲି ଲେଖକ ଠାଏ ଲେଖିଛନ୍ତି। (ପୃ-୭୩)। ଜର୍ମାନୀର ସାମାଜିକ ଜୀବନରେ ଭାଇ-ଭାଇ ସଂପର୍କରେ ବିଦ୍ୱେଷ ନ ଥିବା, ବାପାମାଆମାନେ ପିଲାଙ୍କ ରୋଜଗାରରେ ମୁଣ୍ଡ ଖେଳାଉ ନ ଥିବା ଆଦି ପ୍ରସଙ୍ଗ ଉଲ୍ଲେଖ କରି ସେ ଏକ ତୁଳନାତ୍ମକ ଚିତ୍ର ପ୍ରଦାନ କରିଛନ୍ତି।

ଏହି ବହିର ଦ୍ୱିତୀୟ ଭାଗରେ ଥିବା ଛୋଟ ଲେଖାଗୁଡ଼ିକ ସ୍ତମ୍ଭକାର ରାଜେନ୍ଦ୍ର ନାରାୟଣଙ୍କର ପ୍ରସ୍ତୁତିପର୍ବର ପ୍ରସ୍ତାବନା। ଲେଖକ ଓଡ଼ିଶାର ବିଶିଷ୍ଟ ଲେଖକ ଚିତ୍ତରଂଜନ ଦାସଙ୍କ ଦ୍ୱାରା ବହୁ ପରିମାଣରେ ପ୍ରଭାବିତ। ଅନ୍ୟ ଯେଉଁମାନେ ତାଙ୍କୁ ପ୍ରଭାବିତ କରିଛନ୍ତି ସେମାନଙ୍କ ଭିତରେ ଅଛନ୍ତି ଡକ୍ଟର ମାୟାଧର ମାନସିଂହ, ପଦ୍ମଭୂଷଣ ମନୋଜ ଦାସ, ଫକୀରମୋହନ ସେନାପତି, ଉତ୍କଳମଣି ଗୋପବନ୍ଧୁ ଦାସ ପ୍ରମୁଖ ଏବଂ ଏହା ସାଙ୍ଗକୁ ଓଡ଼ିଶାର ପ୍ରାଚୀନ-ମଧ୍ୟଯୁଗୀୟ କବିକୁଳ। ଚିତ୍ତରଂଜନ ଦାସଙ୍କ ପ୍ରଭାବ ଯୋଗୁଁ ରାଜେନ୍ଦ୍ର ନାରାୟଣଙ୍କ ଲେଖାରେ ନିର୍ଭୀକତା, ସଂସ୍କାରମୁଖୀ ଚିନ୍ତା ସହ ବିଷାଦବାଦୀ ଭାବନା ଦେଖିବାକୁ ମିଳେ। ସମୟେ ସମୟେ ଏହା ଏକ ପ୍ରକାର ନକାରାତ୍ମକ ଚିତ୍ର ଟେକି ଧରିଥାଏ। ତାଙ୍କର ଲେଖା 'ଖୋଇ', 'ଗଉଁ'ରେ ଚିତ୍ତରଂଜନୀୟ ସ୍ପର୍ଶ ଦେଖିବାକୁ ମିଳେ। ଭାରତର ରାଜନୈତିକ ବ୍ୟବସ୍ଥା ଏବଂ ରାଜନୀତି ଉପରେ ରାଜେନ୍ଦ୍ର ନାରାୟଣଙ୍କର ଯେପରି ଆସ୍ଥା ନାହିଁ ସେହିପରି ଶିକ୍ଷିତ ଏବଂ କ୍ଷମତାସୀନ ବ୍ୟକ୍ତିମାନଙ୍କ ଉପରେ ମଧ୍ୟ ଭରସା ନାହିଁ। ଭାରତର ରାଜନେତାମାନଙ୍କ ସଂପର୍କରେ ଯେଉଁ ଚିତ୍ରଟି ସାଧାରଣ ଲୋକଙ୍କ ଆଖି ଆଗରେ ଭାସିଉଠେ ସେଇକଥାକୁ ରାଜେନ୍ଦ୍ର ନାରାୟଣ କବି ମାୟାଧର ମାନସିଂହଙ୍କ "ମୋ ପିଲାଙ୍କ ଭବିଷ୍ୟତ" କବିତାରୁ ଦୁଇଧାଡ଼ି ଉଦ୍ଧାର କରିବା ମାଧ୍ୟମରେ ଜଣାଇଦେଇଛନ୍ତି।

"ବଡ଼ ବା ଯାହା ହେବ - ବେଳକ ଥାଉଁ
ସାନକୁ ଦେଖ ଭଲା, ଇସ୍କୁଲେ ଯାଉ।

କେବଳ ଫିସ୍ ଦିଆ ହେଉଛି ସାର,
ନାହିଁ ପଢୁଛି ପାଠ, ଖାଉଛି ମାଡ଼।
ଦିନକୁ ଦିନ ତାର ବଢ଼େ ବଜ୍ଜାତି
ବଢୁଛି ବଜାରୀଙ୍କ ସାଙ୍ଗରେ ମାତି।''
ପତ୍ନୀଙ୍କ ଉଦ୍‌ବେଗର ଉତ୍ତରରେ ମାନସିଂହ ଲେଖନ୍ତି-
''xxx ଦେଖୁଛି ତାର
ଲକ୍ଷଣ ଫୁଟି ଉଠେ ମନ୍ତ୍ରୀ ହେବାର!
ନ ପଢୁ ପାଠ, ମିନିଷ୍ଟର ସେ ହେବ
ନହେଲେ ହେବ ପବ୍ଲିସିଟି ସାହେବ।
ନିତାନ୍ତ ପକ୍ଷେ ହେବ ନେତା ସେ ଜଣେ।
ଦେଶ ସ୍ୱାଧୀନ ହେଲା କି ଶୁଭ କ୍ଷଣେ।'' (ପୃଷ୍ଠା- ୯୯)

ଭାରତୀୟ ସମାଜରେ 'ସ୍ମୃତିସଭା', 'ସ୍ମୃତିଚାରଣ' ଓ 'ଶୋକ ପାଳନ'ରେ ଆନ୍ତରିକତାଶୂନ୍ୟ ଭାବ ଲେଖକଙ୍କୁ ବିଚଳିତ କରିଛି। ସେ ଲେଖିଛନ୍ତି, ''ମୃତବ୍ୟକ୍ତିର ଫଟୋରେ ସତେ ଅବା ବାଧ୍ୟତାମୂଳକ ସେହିଦିନ ଫୁଲମାଳଟିଏ ପଡ଼ିଥାଏ, କିନ୍ତୁ ତା ଆଡ଼କୁ ପ୍ରାୟ କେହି ଅନାନ୍ତି ନାହିଁ। ସତେ ଯେମିତି ମୃତବ୍ୟକ୍ତି ଫଟୋରେ ବଲ ବଲ କରି ଅନେଇ ରହିଥାଏ।'' (ଆଧୁନିକ ସ୍ମୃତି ବିଳାପ - ପୃ:୧୦୫) ଏହି ସଂକଳନର ଆଉ ଏକ ଆବେଗଧର୍ମୀ ନିବନ୍ଧ 'ବୋଉର ବୈକୁଣ୍ଠଯାତ୍ରା'। ଜଣେ ହେତୁବାଦୀ ଭାବରେ ରାଜେନ୍ଦ୍ର ନାରାୟଣ ଦାସ ପ୍ରୟାଗ-ଗଙ୍ଗା-ବାରାଣାସୀରେ ଅସ୍ଥି ବିସର୍ଜନ, ପିଣ୍ଡଦାନ ଓ ପବିତ୍ର ସ୍ନାନ କଥାଗୁଡ଼ିକୁ ଅନୁମୋଦନ କରିପାରିନାହାନ୍ତି। ପରଂପରା ଦାୟରେ ନିଜ ମାଆଙ୍କର ଅସ୍ଥି ବିସର୍ଜନ ଲାଗି ସେ ଏହିସବୁ ସ୍ଥାନ ଭ୍ରମଣ କରିଥିଲେ ମଧ୍ୟ ତାଙ୍କ ପରିବାରର ପିଲାମାନେ ଯଦି ତାଙ୍କର ଚିତାଭସ୍ମକୁ ଚିରପରିଚିତ ମହାନଦୀ ଜଳରେ ଉଜେଇଁ ଦିଅନ୍ତି ସେଇଟି ଅଧିକ ଅର୍ଥପୂର୍ଣ୍ଣ ହେବ ବୋଲି ସେ ପରଂପରାର ପ୍ରତିବାଦ ସ୍ୱରୂପ ଉଲ୍ଲେଖ କରିଛନ୍ତି। କାରଣ ଭାରତରେ ତୀର୍ଥସ୍ଥାନ ଗୁଡ଼ିକର ଅପରିଷ୍କାର ପରିବେଶ, ପଣ୍ଡା ପୂଜାରୀମାନଙ୍କର ବେପାରୀସୁଲଭ ମୂଲଚାଲ, କପଟାଚାର ଏବଂ ଏସବୁ ଭିତରେ ଆନ୍ତରିକତାର ଅଭାବ ତାଙ୍କୁ କ୍ଷୁବ୍ଧ କରିଛି।

ଏ ବହିର ପ୍ରତିନିଧିସ୍ଥାନୀୟ ଏକ ନିବନ୍ଧ 'ଓଡ଼ିଆ ମାନସିକତା'। ବସ୍ତୁତଃ ଏହି କଥାଟି ଲେଖକଙ୍କର ଅଧିକାଂଶ ଲେଖାର ମରମ କଥା। ରାଜେନ୍ଦ୍ର ନାରାୟଣ ଲେଖିଛନ୍ତି- ''କେହି କାହାରିକୁ ଦେଖିନପାରିବା ଓଡ଼ିଶାର ଜାତୀୟ ଜୀବନରେ ଗୋଟିଏ ବ୍ୟାଧି ହୋଇଯାଇଛି। ପ୍ରାୟ ସ୍ନେହ ଓ ସୌହାର୍ଦ୍ଦ୍ୟ କାହାରି ଠାରୁ ମିଳୁନାହିଁ ଓ ଅନ୍ୟର ଦୋଷ

ବାଛିବା ଏକ ବିଶେଷ ପ୍ରକୃତିଗତ ଗୁଣ ହୋଇଯାଇଛି। ପ୍ରତ୍ୟେକ ପ୍ରତ୍ୟେକକୁ କ୍ଷୁଣ୍ଣ କରି ଆନନ୍ଦ ଅନୁଭବ କରୁଛି। ଅତୀତରେ ପରସ୍ପରକୁ ଯେପରି ଉତ୍ସାହପ୍ରଦାନ କରାଯାଉଥିଲା, ତାହା ସମ୍ପ୍ରତି ପ୍ରାୟ ଲୋପ ପାଇଯାଇଛି। ଅତୀତର ଉଦାର ଚିତ୍ତବୃତ୍ତି ଏକାବେଳକେ ଦୁର୍ଲଭ କହିଲେ ଚଳେ। ବର୍ତ୍ତମାନର ଯୁଗ ଅର୍ଥବାଦ ଓ ଭୋଗବାଦର ଯୁଗ। ଆଡ଼ମ୍ବର ଓ ଭୋଗବିଳାସ ମୁଖ୍ୟଭୂମିକା ନେଇଛି। ତାଳୁରୁ ତଳିପା ପର୍ଯ୍ୟନ୍ତ ପ୍ରାୟ ସମସ୍ତେ ଅସାଧୁତାର ଆଶ୍ରୟ ନେବାରେ ବ୍ୟସ୍ତ। ଓଡ଼ିଆ ମାନସିକତା ତା'ର ଜାତୀୟ ଗୁଣକୁ ହରାଇ ସମ୍ପ୍ରତି ଭୋଗ ଓ ଅର୍ଥର ବଶୀଭୂତ ହୋଇଯାଇଛି। ରାଜନୀତିକ ଜୀବନ ଏବେ ସମ୍ପୂର୍ଣ୍ଣ ଭାବେ ପଙ୍କିଳ ହୋଇଗଲାଣି। କଳେବଳେ କୌଶଳେ କ୍ଷମତାପ୍ରାପ୍ତି ଓ କ୍ଷମତା ବଜାୟ ରଖିବା ଆଜିକାଲିର ରାଜନୀତିର ମୁଖ୍ୟଲକ୍ଷ୍ୟ ହୋଇଯାଇଛି। ଅସତ୍‌କାର୍ଯ୍ୟ କରି ଧନ କମାଇବା ଓ ନିଜର ପ୍ରଭାବ ବିସ୍ତାର କରିବା ଏକ ସଫଳ କାର୍ଯ୍ୟ ରୂପେ ଗ୍ରହଣ କରାଯାଉଛି।'' (ପୃ - ୧୩୬)

ଏହାର ଅର୍ଥ ନୁହେଁ ଯେ ରାଜେନ୍ଦ୍ର ନାରାୟଣ ତାଙ୍କ ଲେଖାରେ ଆଦୌ ଆଶାବାଦର କଥା କହିନାହାନ୍ତି ବା ସର୍ବତ୍ର କେବଳ ନୈରାଶ୍ୟର କଥା କହିଛନ୍ତି। ମାତ୍ର ତାଙ୍କର ସେ ଆଶାବାଦର ଉପସ୍ଥିତି ମଧ୍ୟାହ୍ନର ଚେନାଏ ଚଇତାଳି, ଯାହା ମହାପ୍ରତାପୀ ଝାନ୍‌ଜିର ଆକ୍ରମଣ ଯୋଗୁଁ ଟିକିଏ ଦେଖା ଦେଇ କୁଆଡ଼େ ହଜି ଯାଇଛି, ଆଉ ତାର ଦେଖା ମିଳିନାହିଁ, ଅନେକ ବର୍ଷ ପର୍ଯ୍ୟନ୍ତ।

ଓଡ଼ିଶାର ଲକ୍ଷ ଲକ୍ଷ ଲୋକ ଆଜି ଦାଦନ ଶ୍ରମିକ ହୋଇ ଭାରତର ବିଭିନ୍ନ ରାଜ୍ୟରେ ଅତ୍ୟନ୍ତ ଦୟନୀୟ ଭାବରେ ଜୀବନ କାଟୁଛନ୍ତି। ଓଡ଼ିଶାର ସରକାରଗୁଡ଼ିକ ତାର ନାଗରିକମାନଙ୍କୁ ଶିକ୍ଷା, ସ୍ୱାସ୍ଥ୍ୟ ଏବଂ କର୍ମଯୋଗାଣରେ ସଫଳ ହୋଇପାରିନାହାନ୍ତି। ଏହାହିଁ ଭୟଙ୍କର ଦାଦନ ସମସ୍ୟାର ମୂଳ କାରଣ। ଏହା ଭିତରେ ଓଡ଼ିଶା ବାହାରେ ଯେଉଁ ଓଡ଼ିଆମାନେ ରହୁଛନ୍ତି ସେମାନେ କିଭଳି ବଞ୍ଚନ୍ତି ? ଜର୍ମାନୀରେ ରହୁଥିବା ତୁର୍କୀମାନଙ୍କ ସ୍ୱାଚ୍ଛନ୍ଦ୍ୟ ଓ ସମ୍ଭାବନା ପରିପୂର୍ଣ୍ଣ ଜୀବନ ସାଙ୍ଗରେ ଏହିମାନଙ୍କର ତୁଳନା କରି ରାଜେନ୍ଦ୍ର ନାରାୟଣ ଦୁଃଖ ଓ କ୍ଷୋଭ ପ୍ରକାଶ କରିଛନ୍ତି। ଜର୍ମାନୀରେ ପ୍ରାୟ ୯ କୋଟି ତୁର୍କୀ ରହୁଛନ୍ତି ଯାହାଙ୍କ ସଂଖ୍ୟା ଓଡ଼ିଶାର ମୋଟ ଲୋକସଂଖ୍ୟାର ଦୁଇଗୁଣ। ଏହା ସତ୍ତ୍ୱେ ସେମାନେ ସମସ୍ତେ ଭଲରେ ଜୀବନ ବିତାଇପାରୁଥିବାବେଳେ ଓଡ଼ିଆଏ କାହିଁକି ଏତେ ହନ୍ତସନ୍ତ ହେଉଛନ୍ତି - ଏହା ହିଁ ଲେଖକଙ୍କର ପ୍ରଶ୍ନ।

ରାଜେନ୍ଦ୍ର ନାରାୟଣ ଦାସଙ୍କ ନିବନ୍ଧଗୁଡ଼ିକୁ ପ୍ରସଙ୍ଗ କ୍ରମରେ ରାଜନୈତିକ, ସାମାଜିକ, ସାଂସ୍କୃତିକ ଏବଂ ଅର୍ଥନୈତିକ - ଏଭଳି ଚାରିଭାଗରେ ବିଭକ୍ତ କରାଯାଇପାରେ। ଏହାଛଡ଼ା ଆଉ ଦୁଇ ପ୍ରକାର ନିବନ୍ଧ ରହିଛି। ଗୋଟିଏ ହେଉଛି

ସ୍ମୃତି ଆଖ୍ୟାନ ମୂଳକ। ସେ ବିଭିନ୍ନ ସମୟରେ ବିଭିନ୍ନ ବିଶିଷ୍ଟ ବ୍ୟକ୍ତିଙ୍କ ସମ୍ବନ୍ଧରେ ନିବନ୍ଧମାନ ଲେଖିଛନ୍ତି। ତାହା ଏଥିରେ ସଂକଳିତ ହୋଇଛି। ଶେଷୋକ୍ତ ଭାଗଟି ହେଉଛି ବ୍ୟକ୍ତିଗତ / ପାରିବାରିକ - ଯେଉଁଠି ସେ ନିଜ ବାପା, ନିଜର ଘର, ନିଜର ସଂପର୍କୀୟ ସମ୍ବନ୍ଧରେ ଲେଖାମାନ ଲେଖିଛନ୍ତି। ଏସବୁ ମଧ୍ୟରୁ ଓଡ଼ିଶାର ବର୍ତ୍ତମାନ ପରିସ୍ଥିତିକୁ ନେଇ ତାଙ୍କର ମୋହଭଙ୍ଗର କଥା କହୁଥିବା ନିବନ୍ଧଗୁଡ଼ିକ ସଂଖ୍ୟା ଅଧିକ - ଯାହା ସମ୍ବନ୍ଧରେ ତାଙ୍କର ବିଭିନ୍ନ ବହିରେ 'ଅଭିମତ' ଲେଖିଥିବା ବିଶିଷ୍ଟ ବ୍ୟକ୍ତିମାନେ ଉଲ୍ଲେଖ କରିଛନ୍ତି।

ରାଜେନ୍ଦ୍ର ନାରାୟଣ ଦାସଙ୍କ 'ମନର କଥା', 'ମନର ଆଇନାରେ ଓଡ଼ିଶା', 'ସରିନାହିଁ ମନର କଥା' ଏବଂ 'ନିଜ ମତ ନ କହିଲେ ଭଲ' ବହିଗୁଡ଼ିକରେ ସଂକଳିତ ନିବନ୍ଧଗୁଡ଼ିକର ସ୍ୱର ସମପର୍ଯ୍ୟାୟର। ଲେଖକଙ୍କର ପ୍ରତିପାଦ୍ୟ ବିଷୟ ହେଲା- ସବୁ ପ୍ରକାର ପ୍ରାକୃତିକ ସୁଯୋଗ ସତ୍ତ୍ୱେ ଓଡ଼ିଶା ଦରିଦ୍ର ହୋଇ ରହିବାର କାରଣ ହେଉଛି ରାଜନୈତିକ ନେତୃତ୍ୱର ଅବକ୍ଷୟ ଏବଂ ଜନସାଧାରଣଙ୍କ ସାମୂହିକ ନିରବତା ତଥା ନିଷ୍କ୍ରିୟତା। ଯେଉଁ ରାଜ୍ୟର ଲୋକେ ନିରବତାକୁ ଅସ୍ତ୍ର ଭାବେ ବ୍ୟବହାର କରନ୍ତି ସେ ରାଜ୍ୟର ଭୌତିକ ବିକାଶ ହେବ କିପରି? ଭାରତୀୟ ସାମାଜିକ ଜୀବନରେ ଥିବା ଅନ୍ଧବିଶ୍ୱାସ, କୁସଂସ୍କାର, ଭାଗ୍ୟବାଦ ପ୍ରଭୃତି ଆମକୁ ଦିନୁଦିନ ପଛୁଆ-ଦୁର୍ବଳ କରୁଛି ଏହା ତାଙ୍କର ମତ। ତେବେ ଏଥିରୁ ନିଷ୍କୃତି ପାଇବାର ପନ୍ଥା କଣ? ସେ ସମ୍ବନ୍ଧୀୟ ଆଲୋଚନାରେ ସେ ଜର୍ମାନୀ ଓ ଆଉ କେତୋଟି ଦେଶର ଉଦାହରଣ ଦେଇଛନ୍ତି। ଶିକ୍ଷାର ବିକାଶ ଦେଶ ଉନ୍ନତିର ଚାବିକାଠି ବୋଲି ରାଜେନ୍ଦ୍ର ନାରାୟଣଙ୍କର ମତ। ଦାରିଦ୍ର୍ୟ ଦୂରୀକରଣ ଯୋଜନାଗୁଡ଼ିକ ଯଥାର୍ଥ ଢଙ୍ଗରେ କାର୍ଯ୍ୟକାରୀ ହେଉ ନ ଥିବାରୁ ଭାରତ ତଥା ଓଡ଼ିଶାର ଦାରିଦ୍ର୍ୟ ନ କମି ବଢ଼ି ଚାଲୁଛି ଏବଂ ପ୍ରକୃତ ଅଭାବୀ ଲୋକ ପାଖେ ସାହାଯ୍ୟ ପହଞ୍ଚୁନାହିଁ। ରାଜନୈତିକ କ୍ଷମତା ଦଖଲ କରିବାର ଦୁର୍ବାର ଲାଳସା ଭାରତୀୟ ସମାଜରେ କଳାଟଙ୍କାର ଯଥେଷ୍ଟ ବ୍ୟବହାର ଓ ବାହୁବଳୀମାନଙ୍କ ପ୍ରାଦୁର୍ଭାବ ବଢ଼େଇ ଚାଲିଛି ଏବଂ ନିକଟ ଭବିଷ୍ୟତରେ ଏହି ଉପସର୍ଗର ନିରାକରଣ ସମ୍ଭବ ନୁହେଁ - ଏହା କ୍ଷୋଭର ସହ ରାଜେନ୍ଦ୍ର ନାରାୟଣ ଦାସ କହିଛନ୍ତି। ସାମାଜିକ ସମସ୍ୟା ସଂପର୍କୀୟ ପ୍ରବନ୍ଧଗୁଡ଼ିକରେ ରାଜେନ୍ଦ୍ର ନାରାୟଣ ବେଶ୍ ଅନାସକ୍ତ ଏବଂ ସଂସ୍କାରମୁଖୀ। ପିଲାମାନଙ୍କୁ ଆତ୍ମନିର୍ଭରଶୀଳତା ଶିକ୍ଷା ନ ଦେବା ଭାରତୀୟ ସମାଜର ସବୁଠାରୁ ବଡ଼ ବିଲକ୍ଷଣ। ସେହିପରି ଶାଶୂ-ବୋହୂ ସଂପର୍କ, ଭାଇ-ଭାଇ ସଂପର୍କ ଏବଂ ସ୍ୱାମୀ-ସ୍ତ୍ରୀଙ୍କ ସଂପର୍କର ସୁସ୍ଥତା ପାଇଁ ଉଭୟ ପକ୍ଷର ବୁଝାମଣା ଜରୁରୀ - ଏସବୁ ରାଜେନ୍ଦ୍ରବାବୁଙ୍କ ଆଲୋଚନୀୟ ନିଷ୍କର୍ଷ।

ବିଶିଷ୍ଟ ବ୍ୟକ୍ତିମାନଙ୍କ ସମ୍ବନ୍ଧରେ ଲେଖକ ଲେଖିଥିବା ଆଲୋଚନାରେ 'ମନେ ରହିବେ ହାନ୍‌ସ ରୋଡେ' ଏକ ସ୍ମରଣୀୟ ଆଲୋଚନା ରାଜେନ୍ଦ୍ର ନାରାୟଣ ଏହି ହାନ୍‌ସ ରୋଡେଙ୍କ ସହ ୨୩ ବର୍ଷ କାମ କରିଥିଲେ। ଜଣେ ଭଲ ଉଚ୍ଚ ପଦାଧିକାରୀ ସଫଳତାର ଶ୍ରେୟ ସହଯୋଗୀଙ୍କୁ ଏବଂ ବିଫଳତାର ନିନ୍ଦା ନିଜ ମୁଣ୍ଡ ଉପରକୁ ନେଇଥାଆନ୍ତି। ହାନ୍‌ସ ରୋଡେ ଏହିପରି ଜଣେ ବିରଳ ଶିଳ୍ପ-ପ୍ରଶାସକ ଥିଲେ। ହାନ୍‌ସ ରୋଡେ ସହଯୋଗୀ ରାଜେନ୍ଦ୍ର ନାରାୟଣଙ୍କୁ କେବଳ ଦାପ୍ତରିକ ଶ୍ରେୟ ଦେଇ ନ ଥିଲେ, ଭାରତର କଟକ ଆସିଥିବାବେଳେ ଲେଖକଙ୍କର ଶିକ୍ଷକ ତଥା ବିଖ୍ୟାତ କବି ଜୟନ୍ତ ମହାପାତ୍ରଙ୍କୁ ଭେଟି ରାଜେନ୍ଦ୍ର ନାରାୟଣଙ୍କ ପରି ଜଣେ ଭଲ ଛାତ୍ର ଗଢ଼ିଥିବାରୁ ତାଙ୍କୁ କୃତଜ୍ଞତା ଜଣାଇଥିଲେ।

ରାଜେନ୍ଦ୍ର ନାରାୟଣ ଦାସଙ୍କ ପ୍ରବନ୍ଧଗୁଡ଼ିକ ପଢ଼ିବାବେଳେ ପାଠକ ତାଙ୍କର ଯେଉଁ କେତେକ ଗୁଣ ସହ ପରିଚିତ ହୁଏ ତାହା ମଧ୍ୟରୁ ଗୋଟିଏ ହେଲା ବହୁପାଠିତା। ଓଡ଼ିଆ ସାହିତ୍ୟର ସାରଳା ମହାଭାରତଠାରୁ ନେଇ ଆଧୁନିକ ଲେଖକ ଲେଖିକାଙ୍କ ରଚନା ପର୍ଯ୍ୟନ୍ତ ରାଜେନ୍ଦ୍ର ନାରାୟଣ ଅନେକ ପଢ଼ିଛନ୍ତି ଏବଂ ସେଗୁଡ଼ିକୁ ପ୍ରସଙ୍ଗକ୍ରମେ ବ୍ୟବହାର କରିଛନ୍ତି। ତାଙ୍କ ରଚନାଗୁଡ଼ିକରେ ସେ ବିଭିନ୍ନ ସମ୍ବାଦପତ୍ରରେ ଲେଖୁଥିବା ସମସାମୟିକ ସ୍ତମ୍ଭକାରଙ୍କ ଉଦ୍ଧୃତି ମଧ୍ୟ ବ୍ୟବହାର କରିଛନ୍ତି। ଯାହାକୁ ସେ ଭଲପାଇଛନ୍ତି ତାଙ୍କୁ ସେ ଅତ୍ୟନ୍ତ ଖୋଲା ମନରେ ଓ ଉଦାର ଶବ୍ଦାବଳୀରେ ପ୍ରଶଂସା କରିଛନ୍ତି। ବିଭିନ୍ନ ଦୃଷ୍ଟିରୁ ତାଙ୍କର ପ୍ରବନ୍ଧଗୁଡ଼ିକ ସମସାମୟିକ ଓଡ଼ିଶାର ସାମାଜିକ ଅବସ୍ଥାର ବିଶ୍ୱସ୍ତ ବ୍ୟବଚ୍ଛେଦ ରିପୋର୍ଟ। ତାଙ୍କର ସ୍ୱର ଅଧିକାଂଶ କ୍ଷେତ୍ରରେ ନକାରାତ୍ମକ ଓ ନୈରାଶ୍ୟସୂଚକ ହେଲେ ସୁଦ୍ଧା ତା ଭିତରେ ଓଡ଼ିଶା ପାଇଁ ଆନ୍ତରିକତା ସୁସ୍ପଷ୍ଟ। ଦେଶ ବାହାରେ ଥିବା ଓଡ଼ିଆ ସ୍ତମ୍ଭକାରମାନଙ୍କ ମଧ୍ୟରେ ତାଙ୍କର ସ୍ଥାନ ସ୍ୱତନ୍ତ୍ର, କାରଣ ଦୀର୍ଘ ୨୨ ବର୍ଷ ଧରି ସେ ନିରବଚ୍ଛିନ୍ନ ଭାବରେ ଏକାଧିକ ସମ୍ବାଦପତ୍ରରେ ନିଜର ଲେଖାମାନ ଲେଖି ଚାଲିଛନ୍ତି। ଉଭୟ ଗୁଣାତ୍ମକ ଏବଂ ପରିମାଣାତ୍ମକ ଦୃଷ୍ଟିରୁ ରାଜେନ୍ଦ୍ର ନାରାୟଣ ଦାସଙ୍କ ଅବଦାନ ଉଲ୍ଲେଖନୀୟ ଏବଂ ଏଥି ଯୋଗୁଁ ସେ ଓଡ଼ିଆ ସାହିତ୍ୟ ଇତିହାସରେ ସ୍ମରଣୀୟ ରହିବେ।

■

'ଅନୁଭବ'
୩୭୮ ବରମୁଣ୍ଡା ଗାଁ, ଭୁବନେଶ୍ୱର- ୭୫୧୦୦୩
ମୋ: ୯୪୩୭୦୭୭୨୮୮
gourahari60@gmail.com

ଜର୍ମାନୀରେ ଶରୀର, ଓଡ଼ିଶାରେ ହୃଦୟ

ଦେବାଶିଷ ମହାପାତ୍ର

ଅନୁଜା ସଂଘମିତ୍ରାଙ୍କ ସୌଜନ୍ୟରୁ ବିଶିଷ୍ଟ ପ୍ରବାସୀ ଭାରତୀୟ ଡକ୍ଟର ରାଜେନ୍ଦ୍ର ନାରାୟଣ ଦାସଙ୍କ ଗୋଟିଏ ଇଂରାଜୀ ବହି 'Whispers of a Teeming Heart' ପଢ଼ିବାର ସୁଯୋଗ ପାଇଲି। ଜଣେ ଭାଷା ଗବେଷକ ଭାବେ ଦେଶ ବିଦେଶର ବିଭିନ୍ନ ଭାଷା ଉପରେ ଅନୁଧ୍ୟାନ, ଅନୁଶୀଳନ, ଆଲୋଚନାରେ ରୁଚି ରଖୁଥିବାରୁ ଏହି ବହିଟି ସ୍ୱାଭାବିକ ଭାବେ ମୋତେ ଆକୃଷ୍ଟ କରିଥିଲା। ତେବେ ଏଠାରେ ସ୍ୱୀକାର କରିବାରେ ଆଦୌ କୁଣ୍ଠା ନାହିଁ ଯେ, ଅନେକ ବର୍ଷ ପରେ ଗୋଟିଏ ଇଂରାଜୀ ଭାଷାର ବହିକୁ ଆମୂଳଚୂଳ ଏକାଥରକେ ପଢ଼ିଲି। ଏହା ପୂର୍ବରୁ ଠିକ୍ ଏମିତି ଆମେରିକୀୟ ଭାଷାବିଜ୍ଞାନୀ Leonard Bloomfieldଙ୍କ ପ୍ରସିଦ୍ଧ ପୁସ୍ତକ Language (1933) ଓ ଭାଷା ବିଜ୍ଞାନର ସରଳ ପାଠ୍ୟପୁସ୍ତକ 'Modern Linguistics', ଯାହାର ସଂକଳକ ଥିଲେ ବର୍ମା ଓ କ୍ରିଷ୍ଣସ୍ୱାମୀ, ବହି ଦୁଇଟି ଭାଷା ଦୃଷ୍ଟିରୁ ମତେ ଏକାଥରକେ ଆରମ୍ଭରୁ ଶେଷର ସୁଯୋଗ ଦେଇଥିଲା। ପ୍ରଚ୍ଛଦରେ ଢେଉରେ ଭାସମାନ କାଗଜଡଙ୍ଗାରେ ହଳଦୀବସନ୍ତଟି ଦୋଳାୟମାନ ଅବସ୍ଥାରେ ଆକାଶର ଜହ୍ନକୁ ଅନେଇବାର ଦୃଶ୍ୟ ଖୁବ୍ ପ୍ରତୀକାତ୍ମକ ଭାବେ ସ୍ପଷ୍ଟ କରେ ଯେ, ଦୀର୍ଘବର୍ଷ ଧରି ସୁଦୂର ଜର୍ମାନୀରେ ଅବସ୍ଥାନ କରି ପୋଖତ ପ୍ରବାସୀ ହୋଇଥିଲେ ହେଁ ରାଜେନ୍ଦ୍ର ନାରାୟଣ ଆମ ମା'ର, ଆମ ମାଟିର, ଆମ ମାତୃଭାଷାର ଗର୍ବ ଓ ଗୌରବ। କଥାଟିକୁ ଆଉ ଟିକେ ବୁଝାଇ କହିରଖେ, ଆମ ଖବରକାଗଜ 'ସମାଜ' ଓ 'ସମ୍ବାଦ'ରେ ନିୟମିତ ବ୍ୟବଧାନରେ ନିଜ ଅନୁଭୂତି ଓ ଅଭିଜ୍ଞତା ଆଧାରରେ ଆମ ଭାଷା, ସାହିତ୍ୟ, ସମାଜ ଓ ସଂସ୍କୃତିର କେତେ କଥା

ଲେଖୁଥିବା ରାଜେନ୍ଦ୍ର ନାରାୟଣଙ୍କ ଶରୀର ଜର୍ମାନୀରେ ସତ, ହେଲେ ଓଡ଼ିଶାରେ ହୃଦୟ। ୧୯୬୦ ମସିହାରୁ ୨୦୧୨ ପର୍ଯ୍ୟନ୍ତ କେତେ କଥା, କେତେ ବ୍ୟଥାକୁ ନେଇ ସେ ଲେଖିଥିବା ଲେଖାକୁ ନେଇ ସଂକଳିତ ଏହି ଇଂରାଜୀ ବହି 'Whispers of a Teeming Heart' ସତରେ ସାଇତି ରଖିବା ଭଳି। ପନ୍ଦରଟି ପସନ୍ଦଯୋଗ୍ୟ ପ୍ରବନ୍ଧକୁ ନେଇ ପ୍ରକାଶିତ ବାସ୍ତରି ପୃଷ୍ଠାର ବହିରେ ରାଜେନ୍ଦ୍ର ନାରାୟଣଙ୍କ ବ୍ୟକ୍ତିତ୍ୱ ଓ କୃତିତ୍ୱ, ଅଭିଳାଷ ଓ ଆଭିମୁଖ୍ୟ, ସ୍ୱପ୍ନ ଓ ସଂକଳ୍ପ ସବୁ ଫେଣ୍ଟାଫେଣ୍ଟି ହୋଇ ପାଲଟି ଯାଇଛି ବର୍ଣ୍ଣିଳ ଇନ୍ଦ୍ରଧନୁ। ପିଲାଦିନୁ କିଭଳି ଦୃଢ଼ମନା ହୋଇ ସେ ନିଜ ମା', ମାଟି ଓ ମାତୃଭାଷାର ସେବାରେ ନିଜକୁ ନିୟୋଜିତ କରିଛନ୍ତି ତା'ର ଦୃଷ୍ଟାନ୍ତ ଏହି ବହି। କାହାଣୀ ପ୍ରକାଶରେ ବହିଟିର ଉତ୍ସର୍ଗଠୁ ଉପସଂହାର, ପ୍ରତି ପୃଷ୍ଠା ଆଖିରେ ଅଶ୍ରୁ ଆଣିଦିଏ। ଏ ଅଶ୍ରୁ କେତେବେଳେ ଆନନ୍ଦର, କେତେବେଳେ ଅବସୋସର। ବ୍ୟଥା ଓ ବେଦନାକୁ ବି ସୁନ୍ଦର ଭାବେ ଶବ୍ଦରେ ସଜାଡ଼ିଦେଇ ପାଠକଙ୍କୁ ଅଶ୍ରୁସଜଳ ଅଥଚ ସ୍ୱପ୍ନିଳ ପରିବେଶକୁ ନେଇ ଯାଇଛନ୍ତି ରାଜେନ୍ଦ୍ର ନାରାୟଣ। ତାଙ୍କ ବ୍ୟକ୍ତିତ୍ୱର ବିଶାଳତା ପଛରେ ଅଛି ତାଙ୍କ ଦିବଂଗତ ବାପା ଓ ବୋଉଙ୍କ ବଡ଼ ଅବଦାନ। ବାପା, କଟକରୁ ଜଗତସିଂହପୁର, ତାରାପୁର, ପାରାଦୀପ ଓ ପଟ୍ଟାମୁଣ୍ଡାଇକୁ ଯାତ୍ରୀ ପରିବହନ ପାଇଁ ଚାରିଟି ବସ୍‌ର ବ୍ୟବସ୍ଥା କରିଥିଲେ। ଏହି ଚାରିଟି ବସ୍ କଟକର ଜଗତତପୁର ବାଟ ଦେଇ ପ୍ରତିଦିନ ଯିବାଆସିବା କରୁଥିଲା। ଆଉ ଏହା ହିଁ ଥିଲା ତାଙ୍କର ଏକମାତ୍ର ରୋଜଗାର ମାଧମ। ତେବେ ଏଥିପାଇଁ ନିୟୋଜିତ ଚାରିଜଣ ବିଶ୍ୱସ୍ତ ବସ୍‌ଚାଳକ ଥିଲେ ଢେଙ୍କାନାଳର ବନମାଳୀ ସ୍ୱାଇଁ, ବାଗୁଲାର ଯୋଗେନ୍ଦ୍ର ସ୍ୱାଇଁ, ତେନ୍ତୁଳିପଦାର କେଲୁଚରଣ ମହାନ୍ତି ଓ ପ୍ରହରାଜପୁରର ମହମ୍ମଦ ରସିଦ୍ ଖାଁ। ଏମାନଙ୍କ ଭଲପାଇବା ଓ ବିଶ୍ୱସ୍ତତାକୁ ଆଜି ବି ଭୁଲିପାରିନାହାନ୍ତି ରାଜେନ୍ଦ୍ର ନାରାୟଣ। ସେମାନଙ୍କୁ 'Bread earner fathers' ଭାବେ ଅଭିହିତ କରି ଏ ବହିଟି ଉତ୍ସର୍ଗ କରିଛନ୍ତି ନିଜେ ଲେଖକ। ଓଡ଼ିଶାର ବିଶିଷ୍ଟ ସାହିତ୍ୟିକ ପ୍ରେମିକ କବି ଡକ୍ଟର ମାୟାଧର ମାନସିଂହଙ୍କ ସୁପୁତ୍ର ଭାରତୀୟ ବିଦେଶ ସେବାର ବରିଷ୍ଠ ପ୍ରଶାସକ, ଯୁକ୍ତରାଷ୍ଟ୍ର ଆମେରିକାର ପୂର୍ବତନ ରାଷ୍ଟ୍ରଦୂତ ଲଳିତ ମାନସିଂହ ବହିର ମୁଖବନ୍ଧରେ ଯଥାର୍ଥରେ ଲେଖିଛନ୍ତି ଯେ, ଏହା କେବଳ ଘର ପ୍ରିୟ ପ୍ରବାସୀ ଓଡ଼ିଆର ଗୋଟିଏ ଆତ୍ମଜୀବନୀ ନୁହେଁ, ବରଂ ବିଶ୍ୱନାଗରିକମାନଙ୍କର ଏକ ଆଲେଖ୍ୟ ଯେଉଁମାନେ ବିଶ୍ୱାସ କରନ୍ତି – ବସୁଧୈବ କୁଟୁମ୍ବକମ୍। ବହିରେ ଅଛି- ନିଜକଥା, ସ୍ୱୀକାରୋକ୍ତି, ଜନ୍ମଭୂମିରୁ ବିଦାୟ ଦିନ, ଜର୍ମାନୀରେ ପ୍ରବେଶ, ଜର୍ମାନୀରେ ଉଚ୍ଚଶିକ୍ଷା, କ୍ଲସ୍ଥାଲ ବିଶ୍ୱବିଦ୍ୟାଳୟରେ ପାଠପଢ଼ା, ବୃତ୍ତିଗତ ଜୀବନ, ଅବସର ଜୀବନ, ପାରିବାରିକ ଜୀବନ, ଉପସଂହାର ସହ ଓଡ଼ିଆରୁ

ଇଂରାଜୀକୁ ଅନୂଦିତ ଆଉ ଛ'ଟି ଆଲୋଚନା। ପ୍ରଥମ ଲେଖା - ନିଜକଥା, ସ୍ୱୀକାରୋକ୍ତିରୁ ଲେଖକଙ୍କ ସ୍ୱତନ୍ତ୍ର ସ୍ପଷ୍ଟ। ଲେଖାର ପ୍ରଥମ ଧାଡ଼ି ଗୋଟିଏ ଦାର୍ଶନିକ ସୁଲଭ ପ୍ରଶ୍ନ ଆଧାରିତ - ଆଉ କେତେ ବାକି? ଏ ପ୍ରଶ୍ନର ଉତ୍ତର ଖୋଜିବାକୁ ଯାଇ ସେ ନିଜକୁ, ନିଜ ଆଖପାଖକୁ, ନିଜ ଅତୀତ ଓ ଆଜିକୁ, ନିଜ ସ୍ୱପ୍ନ ଓ ସମ୍ଭାବନାକୁ, ନିଜ ଅଭିଳାଷ ଓ ଆଭିମୁଖ୍ୟକୁ ଆଲୋଚନା କରିଛନ୍ତି, ତର୍ଜମା କରିଛନ୍ତି।

'କହିବସିଲେ ବହୁତ କଥା' ମୂଳ ଓଡ଼ିଆ ବହି, ଯାହାକୁ ପ୍ରକାଶ କରିଛନ୍ତି 'କାହାଣୀ'। ଲେଖକ ରାଜେନ୍ଦ୍ର ନାରାୟଣ ବିଜ୍ଞାନରେ ଡକ୍ଟରେଟ୍ ଡିଗ୍ରୀ ପାଇଛନ୍ତି ହେଲେ ଓଡ଼ିଆ ଭାଷା ଓ ସାହିତ୍ୟ ପ୍ରତି ତାଙ୍କର ଅମଳିନ ଆଗ୍ରହ ହେତୁ ପୋଷ୍ଟ ଡକ୍ଟରେଟ୍ ଓଡ଼ିଆରେ କରିଛନ୍ତି। ଅନ୍ତର୍ଜାତୀୟ ଇସ୍ପାତ ଉଦ୍ୟୋଗରେ ଦୀର୍ଘବର୍ଷ କାର୍ଯ୍ୟ କରି ଅବସର ନେବା ପରେ ଅଧୁନା ସେ କିଛି ଜର୍ମାନ ଓ ଇଟାଲୀୟ ଉଦ୍ୟୋଗର ପରାମର୍ଶଦାତା ଭାବେ କାର୍ଯ୍ୟ କରୁଛନ୍ତି। ଓଡ଼ିଆ, ଇଂରାଜୀ ସହ ଜର୍ମାନ୍, ହିନ୍ଦୀ, ବଙ୍ଗଳା, ଆରବୀ ଆଦି ଅନେକ ଭାଷା ଜାଣିଥିବା ରାଜେନ୍ଦ୍ର ନାରାୟଣଙ୍କ ଏଇଟା ପ୍ରଥମ ଇଂରାଜୀ ବହି। ବହୁଭାଷୀ ପ୍ରସଙ୍ଗରେ ଏଠି ଗୋଟିଏ କଥା ଉଲ୍ଲେଖ କରିବାକୁ ଚାହେଁ। ଏହି କଥାଟି ଦେଶ ବିଦେଶରେ ଭାଷା-ବିଜ୍ଞାନ ପଢ଼ାଇବାବେଳେ ଦୃଷ୍ଟାନ୍ତ ଛଳରେ ଦେଇଛି। କଥାଟି ହେଉଛି- କୁକୁର। ଏହି ଓଡ଼ିଆ ଶବ୍ଦଟି ଇଂରାଜୀରେ ଡଗ୍, ଫରାସୀରେ ସିଏନ୍, ସ୍ପେନୀୟ ଭାଷାରେ ପେରୋ, ଜର୍ମାନରେ ହୁଣ୍ଡ, ଋଷୀୟ ଭାଷାରେ ସୋବାକା, ତାମିଲ୍‌ରେ ନେ, ତେଲୁଗୁରେ କୁକ୍କା ଓ ହିନ୍ଦୀରେ କୁତ୍ତା। ଏସବୁ ଶବ୍ଦ ଦେଖିବା ପରେ ପୁଣି ଥରେ ଫେରିଯିବା ଆମ ଓଡ଼ିଆ ଶବ୍ଦକୁ। ଓଡ଼ିଆ ଶବ୍ଦର ମିଠାପଣ ଅନୁଭବ କରିହୁଏ। ଏକଥା ଅନୁଭବ କରିଛନ୍ତି ବୋଲି ତ ରାଜେନ୍ଦ୍ର ନାରାୟଣ ଯେତେ ଭାଷା ଜାଣିଥିଲେ ବି ନିଜ ମାତୃଭାଷାକୁ ଅଧିକ ଆଦର କରନ୍ତି। ଯେଉଁଦିନ ଲେଖକ ନିଜ ମାତୃଭୂମି ଛାଡ଼ିଲେ ସେଦିନର ଦୃଶ୍ୟ ବର୍ଣ୍ଣନା ଯାହା ସେ କରିଛନ୍ତି ତାକୁ ପଢ଼ିଲେ ଆଖିରେ ସ୍ୱତଃ ଲୁହ ଆସିଯାଏ। ନିଜ ବୋଉ କେମିତି ପୁଅର ବିଦାୟ ବେଳାରେ ନିଜକୁ ସମ୍ଭାଳି ପାରି ନ ଥିଲେ ଆଉ କାନ୍ଦି କାନ୍ଦି ପରିବେଶକୁ ଅଶ୍ରୁମୟ କରିଥିଲେ ସେକଥା ଏତେ ବର୍ଷ ପରେ ଆଜି ବି ମନେପକାନ୍ତି ନିଜେ ଲେଖକ। ଏଠି ଯଶୋଦା ମା' ଓ ଶ୍ରୀକୃଷ୍ଣଙ୍କ ବାତ୍ସଲ୍ୟ ପ୍ରେମ ମନେପଡ଼ିଯାଏ। ବୋଉଙ୍କ କାନ୍ଦ ଆଉ ପ୍ରବାସରେ ପହଞ୍ଚିବା ପରେ ତାଙ୍କ ହାତଲେଖା ଚିଠି କେମିତି ତାଙ୍କୁ ଆହୁରି ହୃଦୟବାନ୍ ଓ ଉଦାର ହେବାରେ ଉତ୍ସାହିତ କରିଥିଲା ସେ କଥା ସ୍ୱୀକାର କରିଛନ୍ତି ଲେଖକ।

ଛୁଆବାବୁ, ଛୋଟେ ସର୍କାର, ଛୋଟେ ମାଲିକ, କିଡ୍ ବାବୁ ଏମିତି କେତେ ସମ୍ବୋଧନ ଭିତରେ ଲେଖକ 'ଲିଟିଲ୍ ମାଷ୍ଟର୍'ରେ କେମିତି ବିଭୋର ହୋଇଯାଆନ୍ତି ସେକଥା କହି ଦାରିଦ୍ର୍ୟ ଓ ଆଭିଜାତ୍ୟ ମଧ୍ୟରେ ଥିବା ଭାବଗତ ବ୍ୟବଧାନ ବୁଝାଇ

ଦେଇଛନ୍ତି। ଏହି କଥା ପ୍ରବନ୍ଧରେ ଲେଖକ ସୁନ୍ଦର ଭାବେ ତୁଳନାତ୍ମକ ଉପସ୍ଥାପନ କରି ଆମ ସଂସ୍କୃତି, ଆମ ପରଂପରା ଭିତରେ ବ୍ୟକ୍ତିତ୍ୱ ବିକାଶର ଛାପ କିଭଳି ଅଦୃଶ୍ୟ ଭାବେ ବିଦ୍ୟମାନ ଆମ ପରବର୍ତ୍ତୀ ପିଢ଼ିକୁ ଆଗକୁ ଅଗ୍ରସର କରାଇନିଏ ତାହା ଦୃଷ୍ଟାନ୍ତ ଦେଇ କହିଛନ୍ତି। ସେମିତି ଶୂନ୍ୟଘର ବା ଖାଲିଘର ଶୀର୍ଷକରେ ଗୋଟିଏ ଲେଖା ଲେଖି ଲେଖକ ଦାର୍ଶନିକ ସୁଲଭ ଭଙ୍ଗୀରେ ମଣିଷ ଘର ତିଆରି କରେ, ଆଉ ସେହି ଘରେ କେମିତି ଧୀରେ ଧୀରେ ନିଜେ ଅଣଦେଖା ହୋଇଯାଏ ତାହା ଖୁବ୍ ସୁନ୍ଦର ଭାବେ ବୁଝାଇ କହିଛନ୍ତି। ଜଣକର କୁଡ଼ିଆଘର ବି ବିଶାଳ ପ୍ରାସାଦଠାରୁ ବଡ଼ ହୋଇପାରେ ବୋଲି ଲେଖକ କହି 'ମୋ ଘର' କହିବାର ଆସ୍ପର୍ଦ୍ଧା ବ୍ୟକ୍ତିର ପାରିବାରିକ ଓ ମାନସିକ ଶାନ୍ତି ଉପରେ ନିର୍ଭରଶୀଳ, ଅନ୍ୟଥା ଧନସଂପଦର ଭାଗମାପରେ ଏହି ଘୋଷଣାର କିଛି ମୂଲ୍ୟ ନ ଥାଏ ବୋଲି ବୁଝାଇ ଦେଇଛନ୍ତି। କେମିତି ମାଇଲ୍ ମାଇଲ୍ ଦୂରରେ ଘର କରି ନିଜ ପ୍ରିୟ ପରିଜନଠୁ ଆମେ ଏବେ ଦୂରେଇ ଦୂରେଇ ନିଜକୁ ସ୍ୱାର୍ଥସର୍ବସ୍ୱ, ଅହଂକାରୀ କରିବାକୁ ଆଗଭର ସେକଥା ଲେଖକ କହିଛନ୍ତି। ବହିଟିର ପ୍ରତି ଲେଖା ଯେମିତିକି ଅବସର ଜୀବନ, ବୃତ୍ତିଗତ ଜୀବନ, ପାରିବାରିକ ଜୀବନ, ବଡ଼ଭାଇ, ଶୂନ୍ୟଘର, ସବୁଥିରେ ଅଛି ଅଶ୍ରୁର ଜୟଗାନ। ଏ ଅଶ୍ରୁ କେତେବେଳେ ଦୁଃଖ, ବିଷାଦର ଆଉ କେତେବେଳେ ଅଭିମାନ, ଆନନ୍ଦର ବାର୍ତ୍ତା ବହନ କରିଛି। ମାତୃଭୂମିରୁ ବିଦେଶକୁ ବିଦାୟ ଦିନ ଲେଖକ ପ୍ରଥମ ଥର ତାଙ୍କ ବାପାଙ୍କ ଗୋଡ଼ଛୁଇଁ ମୁଣ୍ଡିଆ ମାରିବା, ବାପା କେମିତି ତାଙ୍କୁ 'ଓମ୍' ଲେଖାଥିବା ସୁନାମୁଦି ଦେଇ 'ସୁନାପୁଅ ହେଇ ଘରକୁ ଫେରିବୁ' କହି ଆଶୀର୍ବାଦ ଦେବା ଘଟଣାକୁ ଲେଖକ ଯେମିତି ବର୍ଣ୍ଣନା କରିଛନ୍ତି ତାହା ପଢ଼ିଲେ ଆଖିରେ ଆନନ୍ଦାଶ୍ରୁ ଭରିଦିଏ। ବିଦେଶରୁ ଛ' ବର୍ଷ ପରେ କଟକକୁ ଫେରିବା, ଆଉ ବାପା ଦେଇଥିବା ସୁନାମୁଦିଟିକୁ ଫେରାଇ 'ଭଲ ନାଗରିକ' ହୋଇ ଫେରିଥିବା ସୂଚନା ଦେବା କଥାଟି ବି ଖୁବ୍ ଭାବୋଦ୍ଦୀପକ ଭାବପ୍ରବଣ ଭଙ୍ଗୀରେ ଲେଖକ ଏହି ଘଟଣାକୁ ବର୍ଣ୍ଣନା କରି ପିତା-ପୁତ୍ରର ଅତୁଟ ସଂପର୍କକୁ ପାଠକମାନଙ୍କ ପାଖରେ ପ୍ରାଞ୍ଜଳ ଭାବେ ସ୍ପଷ୍ଟ କରିଦେଇଛନ୍ତି।

ସୁଦୂର ଜର୍ମାନୀରେ ପ୍ରବାସୀ ଜୀବନ ବିତାଉଥିଲେ ବି ମାଟିର ଗନ୍ଧ ତାଙ୍କୁ ଆଜି ବି ବିଭୋର କରେ, ଭାବପ୍ରବଣ କରେ ସେ କାନ୍ଦ କାନ୍ଦ ହୋଇଯାନ୍ତି ବୋଲି ତାଙ୍କ ଲେଖାରୁ ପାଠକ ଅନୁଭବ କରିପାରେ। ବହିଟି ଦେଶୀବିଦେଶୀ ସମସ୍ତଙ୍କ ପାଇଁ ଉପାଦେୟ। ଲେଖକ, ଅବସର ଜୀବନ ପ୍ରସଙ୍ଗରେ ଲେଖିଛନ୍ତି ତାଙ୍କୁ ଓଡ଼ିଆ ବହି, ବିଶେଷ କରି ତରୁଣମାନଙ୍କର ଲେଖା ପଢ଼ିବାକୁ ପସନ୍ଦ ଲାଗେ। ଓଡ଼ିଆ ଭାଷା ଓ ସାହିତ୍ୟ ସହ ତାଙ୍କର ନିରବଛିନ୍ନତା ତାଙ୍କୁ ଏବେ ବି ସାହିତ୍ୟପ୍ରାଣ କରି ବଞ୍ଚାଇ ରଖିଛି

ବୋଲି ସେ ସ୍ୱୀକାର କରିଛନ୍ତି। କଥାଟି ଖୁବ୍ ମନଛୁଆଁ। ବାପଙ୍କଠୁ ଶିଖି ସକାଳୁ ଉଠିବା, ବହି ପଢ଼ିବା ଆଦି ଅନେକ ଅଭ୍ୟାସ ଅବସର ପରେ ବି ଅମିଳନ ହୋଇ ରହିଥିବା କଥା ପାଠକ ପଢ଼ିବାପରେ ବୁଝିପାରେ ଯେ, ବ୍ୟକ୍ତି ଯେତେ ବିଶାଳ, ପ୍ରତିଷ୍ଠିତ ହୋଇଥାଉନା କାହିଁକି ମାଟିଠୁ ଦୂରେଇଗଲେ ଅସ୍ମିତା ଅସ୍ତିତ୍ୱ ହରାଇବସେ। ଓଡ଼ିଶାର ଜଣେ ଜଣାଶୁଣା ପରିବାରର ପ୍ରତିଷ୍ଠିତ ବ୍ୟକ୍ତି ଚନ୍ଦ୍ର କିଶୋର ଦାସ (ବେଙ୍ଗବାବୁ)ଙ୍କ ସାନଝିଅ ଇତିଶ୍ରୀଙ୍କୁ ଜୀବନସାଥୀ କରିବା ପରେ କିଭଳି ଜର୍ମାନୀରେ ଜୀବନସାଥୀ ତାଙ୍କଠୁ ବି ଅଧିକ ଚଳାଇନେଇ ପଇଁଚାଳିଶ ବର୍ଷରୁ ଅଧିକ କାଳ ଅତିବାହିତ କରିବାକଥାକୁ ଲେଖକ ଯେମିତି କଥାକୁହା ଶୈଳୀରେ ବୁଝାଇ ଦେବାର ପ୍ରୟାସ କରିଛନ୍ତି ତାହା ସତରେ ପ୍ରଶଂସନୀୟ। ନିଜ ଶ୍ୱଶୁରଙ୍କ ଉଦାରତା ଓ ବିଶାଳ ହୃଦୟ କଥାକୁ ସେ ସ୍ୱୀକାର କରିବା ସହ ସେବା, ସାହାଯ୍ୟ, ସହଯୋଗ ବଦଳରେ ମଣିଷ ସ୍ୱତନ୍ତ୍ର ହୋଇପାରେ ବୋଲି କହିଛନ୍ତି। ବହିଟି ପଢ଼ିବା ପରେ ଦୁଇଟି ପ୍ରସିଦ୍ଧ ପଦ ମନେପଡ଼େ - ୧) ମାତୃଭୂମି, ମାତୃଭାଷାର ବନ୍ଦନ, ଦୀପ୍ତ କର ଦେଇ ଧନ, ଧ୍ୟାନ, ମନ ॥ ଓ ୨) ହେଉ ପଛକେ ସେ ନିକୃଷ୍ଟ, ମୋ' ମାତୃଭାଷା ମତେ ଶ୍ରେଷ୍ଠ ॥ ଏ ଦୁଇ ପଦ ପଛରେ ଯେଉଁ ମାତୃଭାଷା ପ୍ରୀତି ଅଛି ତାହା ଆମେ ଡକ୍ଟର ରାଜେନ୍ଦ୍ର ନାରାୟଣ ଦାସଙ୍କ କ୍ଷୁଦ୍ର ଅଥଚ ଭାବଗର୍ଭକ ବହି 'Whispers of a Teeming Heart' ପଢ଼ିବା ପରେ ଯେ ଅନୁଭବ କରିହୁଏ, ଏହା ନିଃସନ୍ଦେହ।

■

(ଲେଖକ ଭାରତ ସରକାରଙ୍କ ଶିକ୍ଷା ମନ୍ତ୍ରାଳୟ ଅନ୍ତର୍ଗତ ଭାରତୀୟ ଭାଷା ସଂସ୍ଥାନ, ମୈସୁରର ଶାସ୍ତ୍ରୀୟ ଓଡ଼ିଆ ଉତ୍କର୍ଷ ଅଧ୍ୟୟନ କେନ୍ଦ୍ରରେ ବରିଷ୍ଠ ଗବେଷକ ଭାବେ କାର୍ଯ୍ୟରତ)

ବିଜୟ ଭବନ, ୧୫୮୮, କେଉଟ ସାହି ଛକ, ଭୁବନେଶ୍ୱର- ୭୫୧୦୦୨
ମୋ: ୬୩୭୨୦୮୨୬୯୦

ବନ୍ଦିତା ନାୟକ

ବନ୍ଦିତା ନାୟକ (୧୯୪୬): ପ୍ରବାସୀ ସାହିତ୍ୟିକା ବନ୍ଦିତା ନାୟକ ଓଡ଼ିଆ ସାହିତ୍ୟର ଜଣେ ଏକନିଷ୍ଠ ଉପାସିକା। ସେ ୧୯୪୬ ମସିହା ଡିସେମ୍ବର ୧୮ ତାରିଖରେ କେଉଁଝର ସହରରେ ଜନ୍ମଗ୍ରହଣ କରିଥିଲେ। ଉତ୍କଳ ବିଶ୍ୱବିଦ୍ୟାଳୟରୁ 'ଆପ୍ଲାଏଡ୍ ଇକନମିକ୍ସ'ରେ ସ୍ନାତକୋତ୍ତର ଲାଭ କରିବା ପରେ ଆମେରିକା ଯାଇ ସେଠାରେ ଏଗ୍ରିକଲଚରାଲ୍ ଇକନମିକ୍ସରେ ମାଷ୍ଟର୍ସ କରି ଅଳ୍ପ ସମୟ ପାଇଁ 'Agency for International Development (AID)'ରେ କାମ କଲାପରେ 'Westat'ରେ କାର୍ଯ୍ୟକରି ୨୦୧୪ ମସିହାରେ ଅବସରପ୍ରାପ୍ତ ହୋଇଛନ୍ତି। ଦୀର୍ଘ ଚାରିବର୍ଷ ସେ ତାଙ୍କର ଭ୍ରମଣ ଅନୁଭୂତି ଉପରେ କାର୍ଯ୍ୟକରି 'ଦେଶ ବିଦେଶର ପଥପ୍ରାନ୍ତେ' (୨୦୨୨) ପୁସ୍ତକ ରଚନା କରିଛନ୍ତି। ସାହିତ୍ୟ ତାଙ୍କ ପାଇଁ ହୃଦୟର ଏକ ଉପଲବ୍ଧି। ବର୍ତ୍ତମାନ ଶ୍ରୀମତୀ ନାୟକ ୱାଶିଂଟନ୍ ଡି.ସି.ରେ ଅବସ୍ଥାନ କରୁଛନ୍ତି।

ବନ୍ଦିତାଙ୍କ ଦୃଷ୍ଟିରେ 'ବିଶ୍ୱ ଦେଖ ମଧୁମୟରେ ଜୀବନ'

ଚିତ୍ତରଞ୍ଜନ ଚିରଞ୍ଜୀତ

ଆମେ ଯେତେବେଳେ ପୃଥିବୀକୁ କେବଳ ଏକ ପରିକଳ୍ପନାରେ ଧରି ରଖିବୁ, ତାହା କେବଳ ଭୌଗୋଳିକ ଦୃଷ୍ଟିକୋଣରୁ ବେଶ୍ ବିଶାଳକାୟ ମନେହେବ। ମାତ୍ର ସେହି ପୃଥିବୀ ବା ବିଶ୍ୱକୁ ଆମେ ପ୍ରଦକ୍ଷିଣ କରିବା ସହ ନିବିଡ଼ ଚିତ୍ତରେ ଯଦି ଅବଲୋକନ କରିବୁ; ତା'ହେଲେ କେବଳ ତା'ର ସୌନ୍ଦର୍ଯ୍ୟବତ୍ତା ଉଦ୍‌ଭାସିତ ହେବନାହିଁ, ସଂସ୍କୃତି ଓ ସଭ୍ୟତା ତଥା ଐତିହାସିକ ଗାମ୍ଭୀର୍ଯ୍ୟ ଆମ ସାମ୍ନାରେ ଉନ୍ମୋଚିତ ହୋଇଯିବ। ଆମ ଜ୍ଞାନର ପରିସୀମା, ଦୃଷ୍ଟିକୋଣର ପରିସର ଏବଂ ସେକାଳ-ଏକାଳ ତୁଳନାଭିତ୍ତିକ ଚିନ୍ତାଧାରା ଆହୁରି ବ୍ୟାପକ ହୋଇଯିବ, ଗଭୀରତାର ଶିଖର ଛୁଇଁବ।

'ବ୍ଲାକ୍ ଇଗଲ୍ ବୁକ୍ସ' ଦ୍ୱାରା ପ୍ରକାଶିତ ବନ୍ଦିତା ନାୟକଙ୍କ 'ଦେଶ-ବିଦେଶର ପଥପ୍ରାନ୍ତେ' ପର୍ଯ୍ୟଟନ ପୁସ୍ତକ ପଠନ ଶେଷରେ ଏହିଭଳି ଏକ ସୂକ୍ଷ୍ମ ଭାବନାଟିଏ ମନ ମଧ୍ୟରେ ଜାଗରୂକ ହୁଏ। ଯେକୌଣସି ଭ୍ରମଣ କାହାଣୀ ଆମ ଭାଷା, ସାହିତ୍ୟର ଗୋଟିଏ ଅଙ୍ଗ ଓ ବିଭବ ମଧ୍ୟ। କିନ୍ତୁ ଏହାର ଅନ୍ୟ ଏକ ଗୁରୁତ୍ୱପୂର୍ଣ୍ଣ ବିଶେଷତ୍ୱ ହେଉଛି, ଏହା ଆମକୁ ଭିନ୍ନ ଏକ ଭୂଖଣ୍ଡ ସହିତ ଅତ୍ୟନ୍ତ ନିବିଡ଼ ଭାବରେ ପରିଚିତ କରାଏ। ବର୍ତ୍ତମାନର ସମୟ ପ୍ରତିଟି ସ୍ଥାନ ମଧ୍ୟରେ ରହିଥିବା ଦୂରତ୍ୱକୁ ହ୍ରାସ କରିଛି ସତ, ପ୍ରତଟି ସ୍ଥାନକୁ ପ୍ରଧାବନ କରିବା ପାଇଁ ସୁଯୋଗ ଆଣି ଦିଏ ନାହିଁ। ଏମିତିବି ହୁଏ, ଜୀବନକାଳ ପାପୁଲିରୁ ପାଣି ଖସିବା ଭଳି କେଉଁ ଛଟକରେ ସରିଯାଏ ପଛକେ,

ଆମେ ଆମକୁ ନିଜ ନିଜର ଚଉହଦିରୁ ମୁକୁଳାଇ ପାରୁନାହୁଁ। ବିଦେଶର କୌଣସି ରାଷ୍ଟ୍ରକୁ ବୁଲି ଦେଖିବା ତ ଖୁବ୍ ବଡ଼କଥା ହୋଇପଡ଼େ। ଏପରିସ୍ଥଳେ, ଗୋଟିଏ ଭ୍ରମଣ ପୁସ୍ତକ ପଢ଼ିଲେ ନିଜେ ସେହି ସ୍ଥାନ ବୁଲି ଦେଖିଲା ଭଳି ଲାଗେ। ବନ୍ଦିତା ନାୟକଙ୍କ ୨୩୬ ପୃଷ୍ଠା ବିଶିଷ୍ଟ ଏହି ପୁସ୍ତକର ବିଶେଷତ୍ୱ ବି ଠିକ୍ ସେଇଆ। ପୁସ୍ତକର ପ୍ରତିଟି ସୋପାନରେ, ପ୍ରତିଟି ବର୍ଣ୍ଣନାରେ, ପ୍ରତିଟି ଚିତ୍ରରେ ଓ ପ୍ରତିଟି ଧାଡ଼ିରେ ଗୋଟିଏ ସ୍ଥାନର ଜୀବନ୍ତ ରୂପକଳ୍ପକୁ ପ୍ରତ୍ୟକ୍ଷ ଓ ପ୍ରଦକ୍ଷିଣ କରିହୁଏ।

ଲେଖିକା ବନ୍ଦିତା ନାୟକ ୬ଟି ରାଷ୍ଟ୍ର ସଂପର୍କରେ ଏହି ପୁସ୍ତକରେ ଅବତାରଣା କରିଛନ୍ତି। ସେହିସବୁ ରାଷ୍ଟ୍ରଗୁଡ଼ିକ ହେଉଛି ଇଟାଲୀ, ପେରୁ, ପର୍ତ୍ତୁଗାଲ ଓ ସ୍ପେନ୍, ଚାଇନା ଓ ଶ୍ରୀଲଙ୍କା। ହେଲେ ପୁସ୍ତକ ପଢ଼ିଲା ପରେ ମନେହେବ ପର୍ଯ୍ୟଟନୀୟ ଦୃଷ୍ଟିର ଖୁବ୍ ଊର୍ଦ୍ଧ୍ୱକୁ ଯାଇ ସେ ସେହିସବୁ ଦେଶ ସହ ଓ ସେହି ଦେଶକୁ ମହିମାନ୍ୱିତ କରିଥିବା ସ୍ଥାନଗୁଡ଼ିକ ସହ ନିଜର ସୃଜନଶୀଳତାକୁ ସଂଲଗ୍ନ କରିଛନ୍ତି। ବେଶ୍ ଶୃଙ୍ଖଳିତ ଭାବେ ପରିବେଷିତ ଓ ପରିସ୍ଫୁଟିତ ହୋଇଛି ତମାମ ପୁସ୍ତକରେ।

ଯିଏ ଯେତିକି ସଂଖ୍ୟକ ରାଷ୍ଟ୍ର ବୁଲି ଦେଖିଲେ ବି ନିର୍ଦ୍ଦିଷ୍ଟ କିଛି ପ୍ରକରଣ ରହିଛି। ଯେଉଁଠି ଆପଣଛାଏଁ ସମାନତା ପ୍ରତିଫଳିତ ହୋଇଯାଏ। ଯେମିତିକି, ସେହି ରାଷ୍ଟ୍ରକୁ ଯିବା ପାଇଁ ପ୍ରଥମେ ମାନସିକ ପ୍ରସ୍ତୁତି କରିବାକୁ ପଡ଼େ। ନିର୍ଦ୍ଧାରିତ ଦିନ କେତେବେଳେ ଚାଲିଆସେ ତାହା ଜଣାପଡ଼େନି। ଯେତେବେଳେ ତାହା ନିକଟତର ହୋଇଯାଏ, ସ୍ପନ୍ଦାୟିତ ହେଇଯାଏ ମନ। ହୃଦୟ ଭିତରେ ତଲ୍ଲୀନତା ଖେଳିଯାଏ। ଉତ୍କଣ୍ଠା ଜାଗରୂକ ହୁଏ। ଶେଷରେ ସେହି ପ୍ରତୀକ୍ଷିତ ଦିନ ଆସେ। ପ୍ରଥମେ ବିଦେଶର ଭ୍ରମଣ କରୁଥିବା ରାଷ୍ଟ୍ରର ଜଳବାୟୁକୁ ଊର୍ଦ୍ଧ୍ୱକୁ ଅଣାଯାଏ। ଫଳରେ, ସାଙ୍ଗରେ ଆନୁଷଙ୍ଗିକ ଜିନିଷ ସହ ତଦନୁଯାୟୀ ପୁସ୍ତକର କଳେବର ବଢ଼େ। ଘରୁ ବିମାନବନ୍ଦରକୁ ବାହାରିବାକୁ ହୁଏ ବ୍ୟସ୍ତତାରେ। ପରିବାର ସଦସ୍ୟ ଓ ସହଯାତ୍ରୀଙ୍କ ମଧ୍ୟରେ ଏକ ଅପୂର୍ବ ସମନ୍ୱୟର ସଂକେତ ଦୃଶ୍ୟମାନ ହୁଏ। ତା'ପରେ ବିମାନ ଭିତରେ କେଇଘଣ୍ଟାର ଯାତ୍ରା। ସେହି ଯାତ୍ରାରେ ସାମାନ୍ୟ କ୍ଳାନ୍ତି। ତା'ରି ଭିତରେ ବାଇସ୍କୋପୀୟ ଚିତ୍ର ଭଳି ସେହିସବୁ ସ୍ଥାନର ପରିକଳ୍ପିତ ଚେହେରା ଝଲରମଲର ହୋଇଉଠେ। ବିମାନବନ୍ଦରରେ ଟୁର୍ ଅପରେଟଙ୍କ ପ୍ରତୀକ୍ଷା ଓ ସ୍ୱାଗତ। ହୋଟେଲ୍‌ର ବିଳାସପୂର୍ଣ୍ଣ ଚେହେରା ଏବଂ ସେଠି ମିଳୁଥିବା ସୁସ୍ୱାଦୁଯୁକ୍ତ ଖାଦ୍ୟର ତୃପ୍ତି ଏବଂ ଗସ୍ତ ଅବଧି ଭିତରେ ନିର୍ଦ୍ଧାରିତ ସ୍ଥାନକୁ କିଭଳି ଓ କେମିତି ବୁଲିଯିବାର ନକ୍ସା – ଏସବୁ ଅତ୍ୟନ୍ତ ସ୍ୱାଭାବିକ ଏବଂ ଅତ୍ୟନ୍ତ ଆବଶ୍ୟକ ମଧ୍ୟ ପ୍ରତିଟି ଗସ୍ତର ସମତାଳରେ। ମାତ୍ର ଲେଖିକା ଯେଉଁଭଳି ଚମତ୍କାର ଢଙ୍ଗରେ ଏବଂ ଭାଷା ଓ ଭାବ ସହ ଏହାର ବର୍ଣ୍ଣନା କରିଛନ୍ତି, ତାହା

ଯେକୌଣସି ପାଠକଙ୍କୁ ସେହି ସ୍ଥାନ ସହ ଓ ସେହି ସମୟ ସହ ନିଶ୍ଚିତ ଭାବେ ଯୋଡ଼ି ରଖିବ। ଆମ ଜୀବନ ଦୈନନ୍ଦିନୀରେ ଯେମିତି ଗୋଟିଏ ଗୋଟିଏ ପର୍ଯ୍ୟାୟ ରହିଥାଏ, ଠିକ୍ ସେହିଭଳି ପର୍ଯ୍ୟାୟ ସହିତ ସଂଶ୍ଲିଷ୍ଟ କରିଦେବ। ତଫାତ୍ ହେଉଛି ଆମ ଜୀବନ ଦୈନନ୍ଦିନୀର ପର୍ଯ୍ୟାୟରେ ଶୃଙ୍ଖଳାର ଉନ୍ମାଦନା ଥାଇପାରେ ନଚେତ୍ ବିଶୃଙ୍ଖଳାର ଆବରଣ। ମାତ୍ର ଏଠି କେବଳ ଶୃଙ୍ଖଳିତ ସୁଷମ୍ୟ ପଥଟିଏ ବାଟ କଢ଼ାଇ ନେବ। ଆଗକୁ, ବହୁ ଆଗକୁ, ଅନ୍ତରରୁ ଅନ୍ତରୀକ୍ଷ ଯାଏ। ଯାହାକି, ବନ୍ଦିତା ନାୟକଙ୍କ ପୁସ୍ତକର ଏକ ସାର୍ଥକ ରୂପ।

କେହି ଜଣେ କହିଥିଲେ, “ଯେ କୌଣସି ସ୍ଥାନର ଅପରୂପ ସୌନ୍ଦର୍ଯ୍ୟକୁ ଦେଖିବା ଅପେକ୍ଷା ଅନୁଭବ କଲେ ତମେ ନିଜକୁ ତତ୍‌କ୍ଷଣାତ୍ ସେହି ସ୍ଥାନର ଜଣେ ଅଧିବାସୀ ବୋଲି ମନେ କରିବ। ତା’ହେଲେ ତାହାର ଦୃଶ୍ୟବତ୍ତା ସାରା ଜୀବନ ତମ ସହ ସହଚର ହୋଇ ରହିଥିବ।” ଯେମିତି କହିଛନ୍ତି କବିବର ରାଧାନାଥ ରାୟ। ‘ସୁନ୍ଦରେ ତୃପ୍ତିର ଅବସାଦ ନାହିଁ, ଯେତେ ଦେଖୁଥିଲେ ନୂଆ ଦିଶୁଥାଇ।’ ଯୁକ୍ତରାଷ୍ଟ୍ର ଆମେରିକାରେ ଦୀର୍ଘବର୍ଷ ଧରି ରହିଥିଲେ ସୁଦ୍ଧା କବିବରଙ୍କ ଏହି କାଳଜୟୀ ପଙ୍‌କ୍ତିକୁ ଭୁଲିନାହାନ୍ତି ଲେଖିକା। ପୁସ୍ତକର ଅବତରଣିକାରେ ସେ ଉଲ୍ଲେଖ କରିଛନ୍ତି ଏ ସଂପର୍କରେ।

ଏହି ପୁସ୍ତକର ଆଉ ଏକ ବିଶେଷତ୍ୱ ହେଉଛି, ସେହିସବୁ ରାଷ୍ଟ୍ରର ଅସାଧାରଣ ଚିତ୍ରକୁ ସେ ଅତି ସାଧାରଣ ଭାବେ ଏବଂ ଅତ୍ୟନ୍ତ ତନ୍ମୟତାର ସହ ବର୍ଣ୍ଣନା କରିଛନ୍ତି। ବର୍ଣ୍ଣନା କଲାବେଳେ ଠାଏଁ ସେ ଲେଖିଛନ୍ତି, ‘ଆମେ ପଢୁ, ଦେଖିବାର ଆଗ୍ରହରେ, ଦେଖି ନ ପାରିବାର ନିଶ୍ଚିନ୍ତତାରେ’। ଏହାର ବ୍ୟାଖ୍ୟା କଲେ ବୋଧହୁଏ ଏମିତି ହେବ, ଏହି ବହି ପଢ଼ିଲେ ସେହିସବୁ ସ୍ଥାନ ଦେଖିବା ପାଇଁ ମନମଧ୍ୟରେ ନିଶ୍ଚୟ ଆଗ୍ରହ ଜନ୍ମିବ। ଏବଂ ନ ଦେଖିପାରିଲେ ବି କେବେହେଲେ ଅବସୋସ ରହିବ ନାହିଁ, ସେଗୁଡ଼ିକ ସଂପର୍କରେ ଜ୍ଞାତ ହୋଇଥିବା କାରଣରୁ। ମୋଟାମୋଟି କହିବାକୁ ଗଲେ, ବାସ୍ତବରେ ହେଉ କି ଭାବନାରେ ହେଉ, ସେହିସବୁ ସ୍ଥାନକୁ ଆପଣାଛାଏଁ ଟାଣି ହୋଇଯିବେ ପାଠକେ। ତାହାହିଁ ହେଉଛି ବନ୍ଦିତା ନାୟକଙ୍କ ‘ଦେଶ ବିଦେଶର ପଥପ୍ରାନ୍ତେ’ ପୁସ୍ତକର ପରିଭାଷା ଓ ଅନ୍ତଃସ୍ୱର ମଧ୍ୟ। ଜଣେ ଆଚ୍ଛନ୍ନ ହୋଇଯିବ, ପୁଲକିତ ହୋଇଉଠିବ ଓ ସର୍ବୋପରି ସ୍ମରଣୀୟ କରି ରଖିଦେବ ନିଜକୁ, ଏହି ପୁସ୍ତକର ଭାବଧାରାରେ ଓ ବାଚକବେଣୀରେ।

ଏହି ପୁସ୍ତକକୁ ବିସ୍ତୃତ ଭାବେ ବିଶ୍ଳେଷଣ କରିବା କଷ୍ଟ। ମାତ୍ର କେତେକ ନିର୍ଦ୍ଦିଷ୍ଟ ଦିଗ ପ୍ରତି ଦୃଷ୍ଟିନିବଦ୍ଧ କରିବା ସହଜ। ସେହି ସହଜସାଧ୍ୟ ଦୃଷ୍ଟିଭଙ୍ଗୀ ହିଁ ପୁସ୍ତକର

ମେରୁଦଣ୍ଡ। ପାଠକଙ୍କ ଅବଗତି ନିମନ୍ତେ ତମାମ ପୁସ୍ତକକୁ କେତେକ ନିର୍ଦ୍ଦିଷ୍ଟ ସୋପାନରେ ବିଭକ୍ତ କରାଯାଇପାରେ। ସେଗୁଡ଼ିକ ହେଉଛି :- ସଭ୍ୟତା ଓ ସଂସ୍କୃତି, ସଂସ୍କୃତି, ଉପନିବେଶ ଓ ଯୁଦ୍ଧ, ରୂପାନ୍ତରଣ, ବ୍ୟକ୍ତିତ୍ୱ।

ଯଦି କେହି ଗଭୀର ଭାବେ ଏହାକୁ ଅନୁଶୀଳନ କରନ୍ତି, ତା'ହେଲେ ଏହି ପୁସ୍ତକରୁ ବହୁ ଜ୍ଞାନ ଆହରଣ କରିପାରିବେ। ପର୍ଯ୍ୟଟନୀୟ ବିବିଧତା ଭିତରୁ ଏକ ରାଷ୍ଟ୍ରର ସାମଗ୍ରିକ ରୂପ ଐତିହାସିକ ପୃଷ୍ଠଭୂମିକୁ ସାମ୍ନା କରିପାରିବେ ଆଉ ଅନୁଭବ କରିପାରିବେ! କେତେକେତେ ବିଭବ ଲୁଚିରହିଛି ଗୋଟିଏ ରାଷ୍ଟ୍ରର ଅନ୍ତଃସ୍ଥଳରେ, ସମୟର ପ୍ରତିଟି ପରିବର୍ତ୍ତିତ ପରିଧିରେ!

ସଭ୍ୟତା ଓ ସଂସ୍କୃତି:

ଯେକୌଣସି ରାଷ୍ଟ୍ରର ଭିତ୍ତିଭୂମି ହେଉଛି ତା'ର ସଭ୍ୟତା। ଯାହାର ସଭ୍ୟତା ଯେତେ ମହୀୟାନ୍ ଓ ପ୍ରାଚୁର୍ଯ୍ୟମୟ, ପରବର୍ତ୍ତୀ ସମୟରେ ତାହା ସେତେ ବିକଶିତ ହୋଇଛି। କୌଣସି ଭୌଗୋଳିକ ସୀମା ସରହଦ ନୁହେଁ, ତା'ର ଅନ୍ତର୍ଚେତନାରେ ଛିଡ଼ା ହୋଇଥିବା କୀର୍ତ୍ତିରାଜି ହିଁ ସଭ୍ୟତାର ଅପୂର୍ବ ଅଂଶବିଶେଷ। ଆମେ ସମସ୍ତେ ଭାଟିକାନ୍ ସିଟି କଥା ଜାଣିଛେ। ସେଠି ପୋପ୍‌ଙ୍କ ବାସସ୍ଥଳୀ। ନିକଟରେ ଓଡ଼ିଶାର ମୁଖ୍ୟମନ୍ତ୍ରୀ ଯେତେବେଳେ ଇଟାଲୀର ଏହି ଧର୍ମୀୟ ସ୍ଥଳକୁ ଗସ୍ତ କରି ପୋପ୍‌ଙ୍କୁ ସାକ୍ଷାତ କରିଥିଲେ, ତାହା ଗଣମାଧ୍ୟମର ଖବର ଭାବେ ମଣ୍ଡନ କରିଥିଲା। ସେହି ଭାଟିକାନ୍ ସିଟି ଗଢ଼ିଉଠିବା ପଛରେ ଏକ ଐତିହାସିକ କାହାଣୀ ବି ରହିଛି। ୧୮୭୧ ମସିହା ବେଳକୁ ଇଟାଲୀର ଏକ ତୃତୀୟାଂଶ ପୋପ୍‌ଙ୍କ ଅଧୀନରେ ଥିଲା। ଯେତେବେଳେ ସବୁ ରାଜ୍ୟର ସମ୍ମିଶ୍ରଣରେ ଇଟାଲୀ ଗଠିତ ହେଲା, କର୍ତ୍ତୃତ୍ୱ ହରାଇଲେ ପୋପ୍। ଇଟାଲୀ ଓ କ୍ୟାଥୋଲିକ୍ ଚର୍ଚ୍ଚ ମଧ୍ୟରେ ଶୀତଳ ଯୁଦ୍ଧର ସୂତ୍ରପାତ ହେଲା। ଶେଷରେ ୧୯୨୯ ମସିହାରେ ଇଟାଲୀ ଓ ଭାଟିକାନ୍ ମଧ୍ୟରେ ସନ୍ଧି ହେଲା ଏବଂ ଦୁଇପକ୍ଷ ଏକ ଚୁକ୍ତିନାମାରେ ସ୍ୱାକ୍ଷର କଲେ। ଲାଟେରାନ୍ ଚୁକ୍ତି ଭାବେ କଥିତ ଏହି ଚୁକ୍ତି ବଳରେ ଭାଟିକାନ୍ ଏକ ସ୍ୱାଧୀନ ରାଷ୍ଟ୍ରରେ ପରିଣତ ହେଲା।

ପେରୁରେ ଅବଲୁପ୍ତ ହୋଇଛି ଇନ୍‌କାମାନଙ୍କ ସଭ୍ୟତା। ଇନ୍‌କା ସଭ୍ୟତା ପାଇଁ ଏହି ରାଷ୍ଟ୍ରର ସୁବିଖ୍ୟାତ ସ୍ଥାନ ମଚୁପିଚୁ ପ୍ରସିଦ୍ଧ ଇନ୍‌କାମାନେ ଥିଲେ ଦକ୍ଷିଣ ଆମେରିକାର ମୂଳ ବାସିନ୍ଦା। ସଂଖ୍ୟାରେ ଅଳ୍ପ ଥିଲେ ମଧ୍ୟ ସେମାନେ ପେରୁର ପାର୍ବତ୍ୟାଞ୍ଚଳକୁ ଅକ୍ତିଆର କରି ନେଇଥିଲେ। ସେତେବେଳେ କିନ୍ତୁ ଉପନିବେଶ ସ୍ଥାପନ ପାଇଁ ଫ୍ରାନ୍‌ସିସ୍କୋ ପିଜାରୋ ନାମକ ଜଣେ ଫିରିଙ୍ଗି (ସ୍ପେନବାସୀ) ୩୦୦ ସୈନ୍ୟଙ୍କୁ

ଧରି ପହଞ୍ଚି ଯାଇଥିଲେ ପେରୁରେ। ଧୀରେ ଧୀରେ ସେ ପ୍ରଭାବ ବିସ୍ତାର କରି ଇନ୍‌କା ଅଞ୍ଚଳର ଶାସକ ହୋଇଗଲେ। ଏହାପରେ ଇନ୍‌କାମାନେ ତିଆରି କରିଥିବା ବଡ଼ ବଡ଼ ପ୍ରାସାଦକୁ ଭାଙ୍ଗି ନିଜ ମନମୁତାବକ ପ୍ରାସାଦ ଓ ସାମ୍ରାଜ୍ୟ ପ୍ରତିଷ୍ଠା କରିଥିଲେ। ସ୍ପାନିସ୍‌ମାନଙ୍କ ସହ ଅନବରତ ଯୁଦ୍ଧ ପରେ ବହୁସଂଖ୍ୟାରେ ଇନ୍‌କାମାନେ ମରିଗଲେ। ଇନ୍‌କାମାନଙ୍କ ରାଜଧାନୀ କୁସ୍କୋରେ ଏବେ ବି ଇନ୍‌କା ସଭ୍ୟତାର ଧ୍ୱଂସାବଶେଷ ଭିତରେ ଫୁଟି ଦିଶୁଛି ସେ ସମୟର ପ୍ରତ୍ନତତ୍ତ୍ୱ ଓ କଳାକୃତି।

ସେଣ୍ଟ ଜର୍ଜ ଦୁର୍ଗଟି ଲିସବନ୍‌ର ସବୁଠୁ ଉଚ୍ଚା ପାହାଡ଼ ଉପରେ, ଆଲଫାମା ଗାଁରେ ଅବସ୍ଥିତ। ଭିଜିଗଥମାନେ ଜର୍ମାନ୍ ଟ୍ରାଇବର ଲୋକ। ସେମାନେ ପର୍ତ୍ତୁଗାଲକୁ ପଞ୍ଚଦଶ ଶତାବ୍ଦୀରେ ଶାସନ କରୁଥିଲେ। ସେହି ସମୟରେ ଦୁର୍ଗଟି ପ୍ରଥମେ ଛୋଟ ଆକାରରେ ନିର୍ମିତ ହୋଇଥିଲା। ୭୧୧ ଖ୍ରୀଷ୍ଟାବ୍ଦରେ ମୁର୍‌ମାନେ ଭିଜିଗଥମାନଙ୍କୁ ହରାଇ ଏହି ଦୁର୍ଗକୁ ଦଖଲ କରିଥିଲେ। ୧୧୪୭ ମସିହାରେ ପର୍ତ୍ତୁଗାଲ ପ୍ରଥମ ରାଜା ଆଫୋନ୍‌ସୋ ହେନରିକ୍ ମୁର୍‌ମାନଙ୍କୁ ପରାସ୍ତ କରି ଏହି ଦୁର୍ଗଟି ଅକ୍ତିଆର କରିଥିଲେ। ୧୨୫୫ ମସିହାରେ ଏହି ଦୁର୍ଗ ରାଜପ୍ରାସାଦ ଭାବେ ବ୍ୟବହୃତ ହେଲା।

୧୯୫୧ ମସିହାରେ ତିବ୍‌ବତୀୟମାନେ ପିପୁଲ୍‌ସ ରିପବ୍ଲିକ୍ ଅଫ୍ ଚାଇନା ଅଧୀନରେ ଏକ ସ୍ୱୟଂଶାସିତ ରାଜ୍ୟ ହେବା ପାଇଁ ୧୭ ଦଫା ସମ୍ବଳିତ ଏକ ରାଜିନାମା ସ୍ୱାକ୍ଷର କରିଥିଲେ। ଫଳରେ, ତିବ୍‌ବତ ଚୀନ୍ ପ୍ରଜାତନ୍ତ୍ର ଅଧୀନରେ ଏକ ସ୍ୱୟଂଶାସିତ ଅଞ୍ଚଳ ଭାବେ ପରିଗଣିତ ହେଲା। ସେତେବେଳେ ଦଲାଇ ଲାମା ତିବ୍‌ବତର ଶାସକ ଥିଲେ। ସେ ଥିଲେ ତିବ୍‌ବତର ଗୁରୁ, ରାଜନୈତିକ କର୍ଣ୍ଣଧାର। ୧୯୫୯ ମସିହାରେ ଚୀନ୍ ତିବ୍‌ବତକୁ ଏକ ଅବିଚ୍ଛେଦ୍ୟ ଅଙ୍ଗ ଭାବେ ଘୋଷଣା କରିବା ପରେ ଦଲାଇ ଲାମା ଭାରତରେ ରାଜନୈତିକ ଆଶ୍ରୟ ନେଲେ। ଚୀନ୍ ଓ ଭାରତ ମଧ୍ୟରେ ଗଢ଼ି ଉଠିଥିବା ଶତ୍ରୁତା ପାଇଁ ଏହାକୁ ଅନ୍ୟତମ କାରଣ ବୋଲି କୁହାଯାଏ। ଖ୍ରୀଷ୍ଟପୂର୍ବ ସପ୍ତମ ଶତାବ୍ଦୀରେ ଗ୍ରେଟ୍‌ୱାଲ୍ ନିର୍ମିତ ହୋଇଥିଲା।

କଳିଙ୍ଗ ଯୁଦ୍ଧ। ମଗଧର ମୌର୍ଯ୍ୟ ସମ୍ରାଟ ଅଶୋକ ସେତେବେଳର ସମୃଦ୍ଧଶାଳୀ କଳିଙ୍ଗ ସାମ୍ରାଜ୍ୟକୁ ନିଜ ଅଧୀନକୁ ନେବା ପାଇଁ ଯୁଦ୍ଧ ଆରମ୍ଭ କରିଥିଲେ। ଭୟଙ୍କର ଯୁଦ୍ଧ, ଯେଉଁଥିରେ ଏକଲକ୍ଷରୁ ଊର୍ଦ୍ଧ୍ୱ ସୈନ୍ୟଙ୍କ ପ୍ରାଣହାନି ଘଟିଥିଲା। ରକ୍ତରଞ୍ଜିତ ହୋଇଯାଇଥିଲା ଦୟାନଦୀର ପାଣି। ସେହି ବୀର ସୈନ୍ୟଙ୍କ ମୃତ୍ୟୁ ଦେଖିଲା ପରେ ଭାବାନ୍ତର ସୃଷ୍ଟି ହୋଇଥିଲା ସମ୍ରାଟ୍ ଅଶୋକଙ୍କ ମନରେ। ସେ ଯୁଦ୍ଧ ନ କରି ଶାନ୍ତିର ପଥ ଖୋଜିଲେ ଏବଂ ପ୍ରଖ୍ୟାତ ବୌଦ୍ଧ ସନ୍ନ୍ୟାସୀ ଉପଗୁପ୍ତଙ୍କ ଶରଣ ନେଲେ। ଏହାପରେ ସମ୍ରାଟ ଅଶୋକ ବୌଦ୍ଧଧର୍ମ ପ୍ରଚାର ପାଇଁ ନିଜ ପୁଅ ମହେନ୍ଦ୍ର ଓ ଝିଅ ସଂଘମିତ୍ରାଙ୍କୁ

ଶ୍ରୀଲଙ୍କା ପଠାଇଲେ। ଶ୍ରୀଲଙ୍କାରେ ମହେନ୍ଦ୍ରଙ୍କୁ 'ମହିନ୍ଦ' ଓ ସଂଘମିତ୍ରାଙ୍କୁ 'ସଂଘମିତ୍ତା' ଭାବେ ଜାଣନ୍ତି।

ଏସବୁ ଗୋଟିଏ ଗୋଟିଏ ଐତିହାସିକ ଘଟଣା ହୋଇପାରେ, ମାତ୍ର ଗୋଟିଏ ସଭ୍ୟତାର ପ୍ରତ୍ୟକ୍ଷ କିମ୍ବା ପରୋକ୍ଷ ଅଂଶବିଶେଷ, ଯାହାକୁ ଅତ୍ୟନ୍ତ ନିଖୁଣ ଭାବେ ସଚିତ୍ରିତ କରିଛନ୍ତି ଲେଖିକା ବନ୍ଦିତା ନାୟକ ନିଜର ଏହି ଭ୍ରମଣ ପୁସ୍ତକରେ।

ସଂସ୍କୃତି:

କୁହାଯାଏ, ସଂସ୍କୃତି ହେଉଛି ସଭ୍ୟତାର ଅଂଶବିଶେଷ। 'ଦେଶ ବିଦେଶର ପଥପ୍ରାନ୍ତେ' ପୁସ୍ତକରେ ଏହିସବୁ ରାଷ୍ଟ୍ରର ସଂସ୍କୃତି ସ୍ପଷ୍ଟ ଦିଶିଯାଏ, ଆପଣାଛାଏଁ ଅନୁରଣିତ ହୋଇଯାଏ। ପ୍ରସିଦ୍ଧ ଚିତ୍ରକର ଲିଓନାର୍ଡୋ ଦା' ଭିନ୍‌ସିଙ୍କ 'ମୋନାଲିସା' ହେଉ କି ମାଇକେଲ୍ ଆଞ୍ଜେଲାଙ୍କ ଡେଭିଡ୍ ପ୍ରତିମୂର୍ତ୍ତି, ଭିଭାଲଡୀଙ୍କ ଶାସ୍ତ୍ରୀୟ ସଂଗୀତ ଇଟାଲୀୟ ସଂସ୍କୃତିର ବହୁମୂଲ୍ୟ ଅଂଶବିଶେଷ। ଏହି ଦେଶର ଫ୍ଲରେନ୍‌ସ ସହରରେ ଦୃଶ୍ୟମାନ ହୁଏ ଚର୍ଚ୍ଚ ଓ ରେନେସାଁର ସ୍ଥାପତ୍ୟ କଳା। ଫ୍ଲରେନ୍‌ସଠାରେ ମେଡିଚି ପରିବାର ଆଧିପତ୍ୟ ସମୟରେ ଭାସ୍କର୍ଯ୍ୟ ଓ ଶିଳ୍ପ ଶୀର୍ଷ ଛୁଏଁ। ଇଟାଲୀର ରାଜଧାନୀ ରୋମ୍ ତ 'ସିଟ୍ ଅଫ୍ ଲଭ୍'। ପେରୁର କୁସ୍କୋ କ୍ୟାଥେଡ୍ରାଲ୍‌ରେ ଥିବା ୪୦୦ ପେଣ୍ଟିଂ ମଧ୍ୟରୁ ଶିଳ୍ପୀ ମାର୍କୋ ସପାଟାଙ୍କ 'ଦ ଲାଷ୍ଟ ସପର' ଚିତ୍ର ତ ସର୍ବୋତ୍ତମ। ଚିତ୍ରଟିରେ ଯିଶୁ କ୍ରୁଶବିଦ୍ଧ ହେବା ପୂର୍ବରୁ ନିଜ ଶିଷ୍ୟମାନଙ୍କ ସହ କରିଥିବା ଶେଷ ରାତ୍ରିଭୋଜନର ଚିତ୍ର ନିଖୁଣ ଭାବେ ଚିତ୍ରିତ କରାଯାଇଛି। ପେରୁର ପୁନୋ ତ 'ଲୋକ-ନୃତ୍ୟ'ର ସହର। ପର୍ତ୍ତୁଗାଲର ରାଜଧାନୀ ଲିସବନ ଐତିହାସିକ ଓ ଆଳଙ୍କାରିକ ଆର୍କିଟେକ୍‌ଚର ପାଇଁ ପ୍ରସିଦ୍ଧ। ବେଲେମ୍ ଟାୱାର୍ ଲିସବନର ସମ୍ଭ୍ରାନ୍ତ ଓ ମର୍ଯ୍ୟାଦାପୂର୍ଣ୍ଣ ଐତିହ୍ୟ ଭିତରୁ ଗୋଟିଏ। ଆବିଷ୍କାରର ସ୍ମାରକୀତ ଜାହାଜ ପରି, ଯାହାର ପରିକଳ୍ପନା କରିଥିଲେ ହୋଜେ ଆଞ୍ଜେଲୋ। ସେହିଭଳି ସେଭିଲ ହେଉଛି ସ୍ପେନ୍‌ର ହୃଦୟ। ଏଠାରେ ଥିବା ଅଲକାଜାର ଖ୍ରୀଷ୍ଟିଆନ ଓ ମୁରମାନଙ୍କ ସମ୍ମିଶ୍ରଣରେ ତିଆରି ଏକ ସୁନ୍ଦର ପ୍ରାସାଦ। ସ୍ପେନ୍‌ର ନିଜସ୍ୱ ତଥା ସୁପ୍ରସିଦ୍ଧ ନୃତ୍ୟକଳା ରହିଛି। ଇଉରୋପିଆନ୍ କଳାକୃତିର ଶ୍ରେଷ୍ଠ ସଂଗ୍ରହାଳୟ ଭାବରେ ପ୍ରାଦୋ ମ୍ୟୁଜିୟମ୍ ପ୍ରସିଦ୍ଧ। ଚୀନ୍‌ର ଖ୍ରୀ.ପୂ. ସପ୍ତମ ଶତାବ୍ଦୀରେ ନିର୍ମିତ ହୋଇଥିବା ଗ୍ରେଟ୍‌ୱାଲ୍, ଟାଙ୍ଗ ରାଜବଂଶର ରାଜାମାନଙ୍କ ସଂଗୀତ ଓ ନୃତ୍ୟ ପ୍ରତି ରହିଥିବା ଆଗ୍ରହର ନିଦର୍ଶନ, ଶିଳ୍ପ ଓ ବାଣିଜ୍ୟର ପ୍ରମୁଖ କେନ୍ଦ୍ର ସାଂଘାଇର ଆକ୍ରୋର୍ବାଟିକ୍ ସୋ' ଓ ସ୍ଥାପତୀୟ ମୂଲ୍ୟବୋଧ ଭିତରେ ସାଂସ୍କୃତିକ ଚେତନାର ପ୍ରାଣସ୍ପନ୍ଦନ କହିଲେ ଅତ୍ୟୁକ୍ତି ହେବନାହିଁ।

ସେହିଭଳି ଶ୍ରୀଲଙ୍କା ସହିତ ଦୁଇଟି ପ୍ରାଣସତ୍ତା ଯୋଡ଼ିହୋଇଛି। ଗୋଟିଏ ପୌରାଣିକ ଓ ଅନ୍ୟଟି ସାଂସ୍କୃତିକ। ପୌରାଣିକ କହିଲେ, ଆମ ରାମାୟଣ ଅନେକାଂଶରେ ଶ୍ରୀଲଙ୍କା ସହିତ ସମ୍ପନ୍ଧିତ। କୁହାଯାଏ ସିଗିରିଆ ଥିଲା ରାବଣର ରାଜ୍ୟ। ସେ ସୀତାଙ୍କୁ ନେଇ ସେଇ ପାଖ ଜଙ୍ଗଲରେ ଲୁଚାଇ ରଖିଥିଲା। ସୀତା ଏଲିଆଠାରେ ସୀତା ଆମ୍ମା ମନ୍ଦିର ଅଛି। ସେଠି ବି ରହିଛି ପ୍ରସିଦ୍ଧ ଅଶୋକବାଟିକା, ଯେଉଁଠି ସୀତାଙ୍କୁ ଅପହରଣ କରି ରାବଣ ସେଠାରେ ନେଇ ରଖିଥିଲେ। ରାବଣର ମୃତ୍ୟୁ ପରେ କୋଲାନିୟାଠାରେ ଲକ୍ଷ୍ମଣ ବିଭୀଷଣଙ୍କୁ ଲଙ୍କାଧିପତି ଭାବରେ ଅଭିଷେକ କରାଇଥିଲେ। ଆହୁରି ବି କୁହାଯାଏ ପ୍ରସିଦ୍ଧ କବି ଓ ମହାଭାରତର ରଚୟିତା ସାରଳା ଦାସ ତାଙ୍କ କବିତାରେ ଭାରତ ଓ ସିଂହଳ ରାଜପରିବାର ସଂପର୍କ ବିଷୟରେ ଉଲ୍ଲେଖ କରିଛନ୍ତି। ଶ୍ରୀଲଙ୍କାକୁ ତ ବୌଦ୍ଧଧର୍ମର ସୁବିସ୍ତୃତ ପଟ୍ଟଭୂମି କହିଲେ ଅତ୍ୟୁକ୍ତି ହେବନାହିଁ। ସିଂହଳର ପ୍ରଥମ ରାଜଧାନୀ କୁହାଯାଉଥିବା ଅନୁରାଧାପୁର ହେଉଛି ବୌଦ୍ଧ ସ୍ତୂପ ଓ ଧ୍ୱଂସାବଶେଷରେ ପରିପୂର୍ଣ୍ଣ ଏକ ପ୍ରାଚୀନ ସହର। ବୌଦ୍ଧମାନେ ବିଶ୍ୱାସ କରନ୍ତି ଯେ, ଜ୍ଞାନଲାଭ କରିବାର ଆଠବର୍ଷ ପରେ ବୁଦ୍ଧଦେବ କୋଲାନିୟା ମନ୍ଦିରକୁ ଆସିଥିଲେ, ଯେଉଁଠି ବୁଦ୍ଧଙ୍କର ଏକ ଅର୍ଦ୍ଧଶାୟିତ ପ୍ରତିମୂର୍ତ୍ତି ରହିଛି। ବୁଦ୍ଧଙ୍କ ଜୀବନୀ ଉପରେ ଆଧାରିତ ଚିତ୍ରଶିଳ୍ପୀ ସୋଲିଆସ୍ ମେଁଡିସ୍‌ଙ୍କ କିଛି ଚିତ୍ରକଳା ବି ରହିଛି।

ପ୍ରତ୍ୟେକ ଦେଶ ଭଳି ଏବେ ଏହି ଦେଶଗୁଡ଼ିକର ସଭ୍ୟତା ଓ ସଂସ୍କୃତି ଯେ ସମୃଦ୍ଧ, ବନ୍ଦିତା ନାୟକଙ୍କ ଏହି ପୁସ୍ତକ ପଢ଼ିଲେ ବେଶ୍ ବୁଝିହୁଏ। ଏହିସବୁ ତଥ୍ୟ ସେ କିଛି ପରୋକ୍ଷ ଓ କିଛି ପ୍ରତ୍ୟକ୍ଷଭାବେ ସଂଗ୍ରହ କରିଛନ୍ତି। ମୋଟାମୋଟି ଭାବେ ଏହାର କଥନ, ବର୍ଣ୍ଣନା ନିଜସ୍ୱ, ଯାହାଦ୍ୱାରା ପୁସ୍ତକଟି ବେଶ୍ ସମୃଦ୍ଧ ହୋଇପାରିଛି।

ଉପନିବେଶ ଓ ଯୁଦ୍ଧ:

ପୁସ୍ତକରେ ମଧ୍ୟ ଉପନିବେଶ ଓ ଯୁଦ୍ଧର କିଛି ସୂକ୍ଷ୍ମ ଓ ସ୍ଥୁଳ ଚିତ୍ର ରହିଛି। ସ୍ୱାଧୀନତାର ପ୍ରାକ୍ କାଳ ହେଉ କି ଉତ୍ତର କାଳ ପ୍ରତିଟି ମଣିଷ ଉପନିବେଶୀୟ ନିରନ୍ତର ପ୍ରକ୍ରିୟା ଦ୍ୱାରା ଆବଦ୍ଧ। କୌଣସି ସରକାରୀ ଯୋଜନା ଅନୁକୂଳ ନ ହେଲେ, ଉପନିବେଶବାଦ ଭିତରେ ରହିଥିବା ଭଳି ମନେହୁଏ। ଆଉ ଯୁଦ୍ଧ ତ କିଛି ଦୃଶ୍ୟ ଓ ଆଉ କିଛି ଅଦୃଶ୍ୟ। ଅନ୍ତଃଯୁଦ୍ଧ ତ ପ୍ରତିଟି ମଣିଷର ସହଚର। ସେହି ଦୃଷ୍ଟିରୁ ଉପନିବେଶବାଦ ହେଉ କି ଯୁଦ୍ଧ, ପ୍ରତ୍ୟେକଙ୍କର ଅନୁଭବରେ ରହିଛି। ତେବେ, ଲେଖିକା ବନ୍ଦିତା ନାୟକ ନିଜର ଏହି ପୁସ୍ତକରେ ଯୁଦ୍ଧ ଓ ଉପନିବେଶ ସଂପର୍କରେ କିଛି କିଛି କଥା ପ୍ରକାରାନ୍ତେ ଉଲ୍ଲେଖ କରିଛନ୍ତି।

ଇଟାଲୀର ଏକାଡେମିଆ ଗ୍ୟାଲେରୀରେ ରହିଛି 'ଡେଭିଡ୍ ପ୍ରତିମୂର୍ତ୍ତି'। ବାଇବଲ କାହାଣୀ ଅନୁସାରେ, ଗୋଲିଆଥ ନାମକ ଜଣେ ଖଳନାୟକ ଯାହାକୁ କେହି ମାରିପାରୁ ନ ଥିଲେ, ଡେଭିଡ୍ କୌଶଳ କରି ତାକୁ ମାରି ପ୍ରାଧାନ୍ୟ ବିସ୍ତାର କରିଥିଲେ। ବର୍ବରମାନଙ୍କ ଆକ୍ରମଣ ଯୋଗୁଁ ରୋମ୍ ସାମ୍ରାଜ୍ୟର ପତନ ହୋଇଥିଲା। ଆମ୍ଫି ଥିଏଟର ପୋଡିୟମ୍ ପାଖ ବକ୍ସରେ ବସି ରୋମ୍ ସମ୍ରାଟ ମଲ୍ଲଯୁଦ୍ଧ ଦେଖୁଥିଲେ। ପୂର୍ବରୁ ପେରୁ ଉପରେ ସ୍ପାନିସ୍‌ମାନଙ୍କ ଆକ୍ରମଣ ଓ ଉପନିବେଶ ସଂପର୍କରେ ବର୍ଣ୍ଣନା କରାଯାଇଛି। ଓଡୋଏସର ନାମକ ଜର୍ମାନ୍ ଅନାର୍ଯ୍ୟ, ଯିଏ କି ରୋମ୍ ସମ୍ରାଟଙ୍କ ମିଶନାରୀ ଭାବରେ କାମ କରୁଥିଲେ, ସେ ରମୁଲସ୍ ଅଗଷ୍ଟସ୍‌ଙ୍କୁ ପରାସ୍ତ କରି ନିଜକୁ ଇଟାଲୀର ରାଜା ଘୋଷଣା କରିଥିଲେ। ଚୀନ୍‌ର ଟିଆନାନ୍‌ମେନ୍ ସ୍କୋୟାର୍‌ରେ ୧୯୮୯ ମସିହାରେ ସଂଘଟିତ ସଂଘର୍ଷକୁ ସେହି ଦେଶର ଆଭ୍ୟନ୍ତରୀଣ ଯୁଦ୍ଧ କହିଲେ ଅତ୍ୟୁକ୍ତି ହେବ ନାହିଁ। ଗଣତନ୍ତ୍ରର ପ୍ରତିଷ୍ଠା ଦାବିରେ ହଜାର ହଜାର ଛାତ୍ର ସମ୍ମିଳିତ ହୋଇ ଏଠାରେ ଆନ୍ଦୋଳନ କରିଥିଲେ। ହେଲେ ଚୀନ୍ ସରକାରଙ୍କ ଦମନଲୀଳା ନୀତି ପାଇଁ ବହୁ ସଂଖ୍ୟାରେ ଛାତ୍ରମାନଙ୍କୁ ପ୍ରାଣ ବିସର୍ଜନ କରିବାକୁ ପଡ଼ିଥିଲା।

ଶ୍ରୀଲଙ୍କାରେ ଏକ ବଡ଼ ଯୁଦ୍ଧ ସଂପର୍କରେ ଅବତାରଣା କରାଯାଇଛି। ଶ୍ରୀଲଙ୍କାର ସିଗିରିଆ ଦୁର୍ଗ ନିର୍ମାଣ କରିଥିଲେ ରାଜା କାଶ୍ୟପ। ରାଜା ଧାତୁସେନଙ୍କ ଏକ ରକ୍ଷିତାଙ୍କ ଗର୍ଭରୁ କାଶ୍ୟପଙ୍କ ଜନ୍ମ। ସିଂହାସନ ଦଖଲ ପାଇଁ ସେ ନିଜ ପିତାଙ୍କୁ ହତ୍ୟା କରିଥିଲେ। ରାଣୀଙ୍କ ପୁତ୍ର ମୋଗଲାନା ଥିଲେ ରାଜା ଧାତୁସେନଙ୍କ ପ୍ରକୃତ ଅଧିକାରୀ। ଧାତୁସେନଙ୍କ ମୃତ୍ୟୁପରେ ମୋଗଲାନା ପ୍ରାଣଭୟରେ ଭାରତ ପଳାଇଥିଲେ। ପରେ ମୋଗଲାନା ଏକ ବିରାଟ ସୈନ୍ୟ ଧରି ଯୁଦ୍ଧ ଘୋଷଣା କରିଥିଲେ। ଯୁଦ୍ଧ ସମୟରେ ନିଜ ବିଶ୍ୱସ୍ତଙ୍କ ବିଶ୍ୱାସଘାତକତା ପାଇଁ ପରାଜୟ ଭୟରେ କାଶ୍ୟପ ଆତ୍ମହତ୍ୟା କରିଥିଲେ।

ବ୍ୟକ୍ତିତ୍ୱ:

ଆମେ ଐତିହାସିକ ପୃଷ୍ଠଭୂମିରେ ଅନେକ ବ୍ୟକ୍ତି ଓ ଚରିତ୍ରଙ୍କୁ ଜାଣୁ। ସେମାନଙ୍କୁ କୋଉଠି ନା କୋଉଠି ପଢ଼ିଛୁ। ତେବେ ଲେଖିକା ସେମାନଙ୍କ ସହ ସମ୍ପର୍କିତ ସ୍ଥାନ ଓ ସ୍ଥାପତ୍ୟକୁ ଦେଖିବା ଓ ସେ ସମ୍ପର୍କରେ ଉଲ୍ଲେଖ କରିବା, ଆମକୁ ପୁଣିଥରେ ସେହି ଇତିହାସ ସହିତ ନିକଟବର୍ତ୍ତୀ କରାଏ।

ଯେମିତିକି ଭେନିସ୍‌ର ପ୍ରଥମ ପବ୍ଲିକ୍ ସ୍କୋୟାର୍ ଏତେ ସୁନ୍ଦର ହୋଇଥିବାରୁ ନେପୋଲିଅନ୍ ତାକୁ ୟୁରୋପର 'ସୁନ୍ଦର ଡ୍ରଇଂରୁମ୍' ବୋଲି କହୁଥିଲେ। ପର୍ତ୍ତୁଗୀଜମାନେ ସମୁଦ୍ରକୁ ଭଲପାଆନ୍ତି। ସେମାନେ ବିଶ୍ୱାସ କରନ୍ତି ଯେ ସତେ ଯେମିତି

ସମୁଦ୍ରର ଜୀବନ ଅଛି ! ପଞ୍ଚଦଶ ଶତାବ୍ଦୀରେ ନାବିକ ପ୍ରିନ୍ସ ହେନ୍‌ରିଙ୍କ ନେତୃତ୍ୱରେ ପର୍ତ୍ତୁଗୀଜମାନେ ଆଫ୍ରିକା, ଏସିଆ, କାନାଡା ଓ ଦକ୍ଷିଣ ଆମେରିକା ପର୍ଯ୍ୟନ୍ତ ଯାଇପାରିଥିଲେ। ସେହିଭଳି ବିଖ୍ୟାତ ନାବିକ ଭାସ୍କୋଡାଗାମା ୧୭୦ ଜଣ ନାବିକଙ୍କୁ ଧରି କେରଳର ମାଲବାର ଉପକୂଳରେ ପହଞ୍ଚିଥିଲେ। ଭାସ୍କୋଡାଗାମା ପ୍ରଥମ ଭାରତ ଯାତ୍ରା ସମାପ୍ତ କରି ଫେରିଆସୁଥିବାରୁ ସେହି ସଫଳତାର ସ୍ମୃତିରକ୍ଷା ପାଇଁ ପର୍ତ୍ତୁଗାଲର ତତ୍କାଳୀନ ଆର୍ଟିଟେକ୍ଟ ଦିଏଗୋ ଦେ ବୋଇତାକା ଏକ ଅନନ୍ୟ ପ୍ରାସାଦର ଡିଜାଇନ୍ କରିଥିଲେ।

ଷୋଡ଼ଶ ଶତାବ୍ଦୀର କବି ଅଚ୍ୟୁତାନନ୍ଦ ଦାସ ତାଙ୍କ କବିତାରେ ସିଂହଳୀ ନାରୀମାନଙ୍କ ସୌନ୍ଦର୍ଯ୍ୟ ବର୍ଣ୍ଣନା କରିଥିବା ବେଳେ, ପ୍ରସିଦ୍ଧ କବି ଉପେନ୍ଦ୍ର ଭଞ୍ଜ ଭାରତୀୟ ରାଜକୁମାରଙ୍କର ସିଂହଳୀ ରାଜଜେମାଙ୍କ ପ୍ରଣୟ ପ୍ରାଞ୍ଜଳ ଭାବରେ ରୂପାୟିତ କରିଛନ୍ତି। ସିରିମାଭୋ ବନ୍ଦରନାଇକେ ୧୯୬୦-୨୦୦୦ ମଧ୍ୟରେ ତିନିଥର ପ୍ରଧାନମନ୍ତ୍ରୀ ହୋଇଥିଲେ। ସେ ଥିଲେ ବିଶ୍ୱର ପ୍ରଥମ ମହିଳା ପ୍ରଧାନମନ୍ତ୍ରୀ। ଖ୍ରୀ.ପୂ. ୩୭୭ ମସିହାରେ ରାଜା ପାଣ୍ଡୁକାଭୟ ଅନୁରାଧାପୁରକୁ ଏକ ସମୃଦ୍ଧ ନଗର ଭାବରେ ଗଢ଼ି ତୋଳିଥିଲେ।

ରୂପାନ୍ତରଣ:

ରୂପାନ୍ତରଣ ବି ହେଉଛି ଗୋଟିଏ ପ୍ରକ୍ରିୟା। ଆରମ୍ଭ ପରେ ପ୍ରତ୍ୟେକ ଘଟଣା ଓ ଚିତ୍ରବତ୍ତାର ସମୟାନୁକ୍ରମିକ ଉନ୍ମେଷ ଓ ଉତ୍ତରଣ ଘଟିଥାଏ। ଲେଖିକା ଏହିସବୁ ରାଷ୍ଟ୍ରକୁ ଗୋଟିଏ ବର୍ଷ ମଧ୍ୟରେ ଭ୍ରମଣ କରିବାକୁ ଯାଇନାହାନ୍ତି। ଏହା ଭିତରେ ସେହିସବୁ ସ୍ଥାନରେ ବି ଅନେକ କିଛି ପରିବର୍ତ୍ତନ ଘଟି ଥାଇପାରେ। ଏବେ ଦେଶ, ବିଦେଶର ସବୁଠି ଏହି ପରିବର୍ତ୍ତନର ପଦଧ୍ୱନି ପ୍ରତୀୟମାନ ହେଉଛି।

'ଦେଶ ବିଦେଶର ପଥପ୍ରାନ୍ତେ' ପୁସ୍ତକରେ ଏହି ପରିବର୍ତ୍ତନ ବା ରୂପାନ୍ତରଣର ଝଲକ ଦେଖିବାକୁ ମିଳିଥାଏ, ଯେମିତିକି ଇଟାଲୀର ସେଣ୍ଟ ମାର୍କ ବାସିଲିକା - ରୋମାନ୍‌ର କ୍ୟାଥୋଲିକ୍ ଚର୍ଚ୍ଚ। ୯୭୩ରେ ଏହି ଚର୍ଚ୍ଚ ତିଆରି ହୋଇଥିଲା। ସେହି ଚର୍ଚ୍ଚଟି ବାସିଲିକା ଭାବେ ୧୦୬୩ରେ ପୁଣି ନିର୍ମାଣ ହୋଇଥିଲା। ବେଲ୍ ଟାୱାର ଭେନିସ୍‌ର ପ୍ରସିଦ୍ଧ ସ୍ମାରକୀଙ୍କ ମଧ୍ୟରୁ ଅନ୍ୟତମ। ନବମ ଶତାବ୍ଦୀରେ ଗୋଟିଏ ବତିଘର ଭାବରେ ଏହା ନିର୍ମିତ ହୋଇଥିଲା। ପରବର୍ତ୍ତୀ ସମୟରେ ଏହା ପୁନଃନିର୍ମିତ ହୋଇଥିଲା। ୧୩୪୦ ମସିହାରେ ନିର୍ମିତ ହୋଇଥିବା ଡୋଜ୍‌ଙ୍କ ପ୍ୟାଲେସ୍ ପରବର୍ତ୍ତୀ ସମୟରେ ଅନେକଥର ପରିବର୍ତ୍ତିତ ହୋଇଛି। ୧୯୯୦ ମସିହାରେ ଆର୍ମି ଥିଏଟରରେ

କିଛି ପରିମାଣରେ ନବୀକରଣ କରାଯାଇଥିଲା । ଆମ୍ଫି ଥିଏଟରର ଭଗ୍ନାବଶେଷ ଏବେ ମଧ୍ୟ ପୃଥିବୀର ସବୁଦେଶର ପର୍ଯ୍ୟଟକଙ୍କୁ ଆକୃଷ୍ଟ କରୁଛି ।

ପେରୁର ପ୍ଲାଜାମେୟର । ୧୫ଶ ଶତାବ୍ଦୀରେ ପ୍ଲାଜା ମେୟର ଥିଲା ଲିମାର ମୁଖ୍ୟ ବଜାର । ପରେ ଏହି ଅଞ୍ଚଳର ପୁନଃବିନ୍ୟାସ କରାଯାଇଥିଲା । ଏବେ ଯେଉଁ ପ୍ଲାଜା ମେୟର ଅଛି, ତାହା ୧୬୧୯ ମସିହାରେ ନିର୍ମିତ ହୋଇଥିଲା । କ୍ୟାଥେଡ୍ରାଲ୍ ଅଫ୍ ଲିମାର ନବୀକରଣ କରାଯାଇଛି । ଭିଜିଗଥ୍‌ମାନେ ପର୍ତ୍ତୁଗାଲକୁ ପଞ୍ଚଦଶ ଶତାବ୍ଦୀରେ ଶାସନ କରୁଥିଲେ । ସେହି ସମୟରେ ଦୁର୍ଗଟି ପ୍ରଥମେ ଛୋଟ ଆକାରରେ ନିର୍ମାଣ କରାଯାଇଥିଲା । ୭୧୧ ଖ୍ରୀଷ୍ଟାବ୍ଦରେ ମୁର୍‌ମାନେ ଭିଜିଗଥମାନଙ୍କୁ ହରାଇ ଏହି ଦୁର୍ଗକୁ ଦଖଲ କରିବା ପରେ ଏହାର ପୁନଃନିର୍ମାଣ କରିଥିଲେ । ୧୨୫୫ରେ ଏହାକୁ ଦେଶର ରାଜଧାନୀ ଭାବେ ଘୋଷଣା କରାଯାଇଥିଲା ।

ଚୀନ୍‌ର ଟିଆନେନ୍‌ମେନ୍ ସ୍କୋୟାର ୧୪୧୫ ମସିହାରେ ମିଙ୍ଗ୍ ବଂଶର ରାଜତ୍ୱ କାଳରେ ଗଢ଼ି ଉଠିଥିବା ଇମ୍ପେରିଆଲ୍ ସିଟିର ପ୍ରବେଶ ଦ୍ୱାର ଭାବେ ଗଢ଼ା ହୋଇଥିଲା । ୧୬୫୧ ମସିହାରେ ଏହାକୁ ଭାଙ୍ଗି ପୁନଃନର୍ମାଣ କରାଯାଇଥିଲା । ୧୯୫୦ ମସିହାରେ ଏହାକୁ ପୁଣି ବଢ଼ାଯାଇ ମୂଳ ଆକାରରୁ ୬ ଗୁଣ ବଡ଼ କରାଯାଇଥିଲା । ଚୀନ୍‌ର ବିଭିନ୍ନ ବଂଶର ଶାସକମାନେ ଗ୍ରେଟ୍‌ୱାଲ୍ ପ୍ରାଚୀରକୁ ବଢ଼ାଇ ଏହାକୁ ବଡ଼ କରିଥିଲେ । ଯାଯାବରଙ୍କ ଆକ୍ରମଣରୁ ରକ୍ଷା ପାଇଁ ଏହା ନିର୍ମିତ ହୋଇଥିଲା ।

ଶ୍ରୀଲଙ୍କାର ଅନୁରାଧାପୁର ହେଉଛି ସିଂହଳର ପ୍ରଥମ ରାଜଧାନୀ । ଖ୍ରୀ.ପୂ. ୩୭୭ ମସିହାରେ ରାଜା ପାଣ୍ଡୁକାଭୟ ଅନୁରାଧାପୁରକୁ ଏକ ସମୃଦ୍ଧ ନଗର ଭାବରେ ପରିବର୍ତ୍ତିତ କରି ଏହାକୁ ସମଗ୍ର ଦେଶର ରାଜଧାନୀ ଭାବରେ ଘୋଷଣା କରିଥିଲେ । କିନ୍ତୁ ପରେ ଦକ୍ଷିଣ ଭାରତରୁ ବାରମ୍ବାର ଆକ୍ରମଣ ହେବା ଫଳରେ ରାଜଧାନୀ ଅନୁରାଧାପୁରରୁ ପୋଲୋନୋରୁୱାକୁ ସ୍ଥାନାନ୍ତରିତ କରିଥିଲେ । ସମୟକ୍ରମେ ଏହା ପରିତ୍ୟକ୍ତ ଅବସ୍ଥାରେ ପଡ଼ିଥିଲା । ଊନବିଂଶ ଶତାବ୍ଦୀରେ ଇଂରେଜମାନେ ଏହାକୁ ପୁନରୁଦ୍ଧାର କରିଥିଲେ । ପରେ ଏହା ବୌଦ୍ଧମାନଙ୍କର ତୀର୍ଥକ୍ଷେତ୍ର ପାଲଟିଲା ।

ଏହି ପୁସ୍ତକ ବିଭିନ୍ନ ବର୍ଣ୍ଣନା ଓ ତଥ୍ୟାବଳିରେ ଏତେ ପରିପୂର୍ଣ୍ଣ ହୋଇଯାଇଛି ଯେ, ଏହି ଆଲୋଚନାରେ ସବୁଦିଗକୁ ସ୍ପର୍ଶ କରିବା ସମ୍ଭବପର ନୁହେଁ । ଯେତିକି ବି ଅବତାରଣା କରାଯାଇଛି ଏବଂ ଏଥିରେ ଉଲ୍ଲେଖ କରାଯାଇଥିବା ସ୍ଥାନ ସଂପର୍କରେ ସୋପାନଭିତ୍ତିକ ବର୍ଣ୍ଣନା କରାଯାଇଛି, ତାହା ବି ଯଥେଷ୍ଟ ନୁହେଁ । ଏଥିରେ ସୌନ୍ଦର୍ଯ୍ୟବତ୍ତାକୁ ଅଧିକ ସଂଯୋଜିତ ନ କରିବା ପଛରେ ବଡ଼ କାରଣ ହେଉଛି,

ଏହାକୁ କେବଳ ଅନୁଭବ କଲେ ହିଁ ମହନୀୟ ଦିଶିବ। ତେଣୁ ଲେଖକଙ୍କ ପୁସ୍ତକକୁ ପଢ଼ିଲେ ହିଁ ପାଠକେ ଏହାକୁ ସାଉଁଟି ପାରିବେ।

ଶେଷରେ ଲେଖିକାଙ୍କ ଗୋଟିଏ ଉକ୍ତିକୁ ଉଲ୍ଲେଖ କରିବାକୁ ଚାହିଁବି – 'ଏହିସବୁ ଦୃଶ୍ୟ ଦେଖି ମୁଁ ଏମିତି ଏକ ମାନସିକ ଅବସ୍ଥାରେ ପହଞ୍ଚିଗଲି, ଭାବିଲି ମୋ ଜୀବନ ପରିପୂର୍ଣ୍ଣ ହୋଇଗଲା। ଏହି ଦୃଶ୍ୟ ଦେଖିବା ପାଇଁ ମୁଁ ବୋଧହୁଏ ଆଜି ପର୍ଯ୍ୟନ୍ତ ଅପେକ୍ଷାରେ ଥିଲି।'

ଏହି ପରିପ୍ରେକ୍ଷୀରେ ମନେପଡ଼ିଯାଏ ସ୍ୱଭାବକବି ଗଙ୍ଗାଧର ମେହେରଙ୍କ ଏକ ସୌରଭିତ ସୃଷ୍ଟିର ପଙ୍କ୍ତି 'ବିଶ୍ୱ ଦେଖ ମଧୁମୟ ରେ ଜୀବନ, ବିଶ୍ୱ ଦେଖ ମଧୁମୟ'। କେବଳ ଏହି ଧାଡ଼ି ଭିତରେ ସେହି ଉଚ୍ଛ୍ୱାସକୁ ଅନୁଭବ କରାଯାଉ। ଲେଖିକାଙ୍କ ପ୍ରତିଟି ସ୍ଥାନକୁ ଗସ୍ତ ସମୟର ଦୃଶ୍ୟବତ୍ତାକୁ ନିଜର ପରିକଳ୍ପନା ସହ ବାନ୍ଧି ଦିଆଯାଉ। ଏହାକୁ ଭ୍ରମଣ ପୁସ୍ତକ ବା ଟ୍ରାଭେଲୋଗ କହିଲେ ଯଥେଷ୍ଟ ହେବନାହିଁ। ତତ୍‌ଭିନ୍ନ ଅନ୍ୟକିଛି।

■

chittaranjanchiranjit@gmail.com

ପାଶ୍ଚାତ୍ୟ ଜଗତର ଭ୍ରମଣ ବୃତ୍ତାନ୍ତ : ବନ୍ଦିତା ନାୟକଙ୍କ 'ଦେଶ ବିଦେଶର ପଥପ୍ରାନ୍ତେ'

ଅପରାଜିତା ମହାରଣା

ଭ୍ରମଣ ପ୍ରବୃତ୍ତି ମାନବ ମସ୍ତିଷ୍କର ଏକ ସ୍ଫୂର୍ତ୍ତି, କ୍ରିୟା ପୁଣି ମଧ ଏକ ଅଭିଯାନ। ସମାଜରେ ସେ ଗୋଟେ ସ୍ଥାନରେ କଦାପି ସ୍ଥିର ହୋଇ ରହିପାରେନାହିଁ। ମଣିଷର ମନ ଗୋଟେ ସ୍ଥାନରେ ଥାଇ ମଧ ସୁଦୂର ସୂର୍ଯ୍ୟ, ଜହ୍ନ, ନକ୍ଷତ୍ର ପର୍ଯ୍ୟନ୍ତ ବି ବୁଲି ଆସିପାରେ, ଆଉ ତାହା ପୁଣି ଏଇ ମନେ ମନେ, କୌଣସି ବିନା ଯାନବାହନରେ, ସେଥିପାଇଁ ଓଡ଼ିଆ ଲୋକସାହିତ୍ୟରେ ଦୁଇଟି ମୋଟିଫ୍ ରହିଛି "ମନପବନ ଘୋଡ଼ା", "ମନପବନ କଠଉ", ମନ ଯେଉଁଆଡ଼େ ଚାହିଁବ ଏଇ ମନପବନ ଘୋଡ଼ାଟି ସେଇ ସ୍ଥାନରେ ପହଞ୍ଚେଇ ଦେଇ ପାରିବ, ଆଉ ମନପବନ କଠଉ ମଧ୍ୟ ସେହିପରି ମନ ଦ୍ଵାରା ପରିଚାଳିତ। ମନର କୌଣସି ସୀମା ନାହିଁ, ସେ ଯେଉଁଠି ଚାହିଁବ ସେଇଠି କ୍ଷଣିକ ମଧ୍ୟରେ ଅବଚେତନ ଅବସ୍ଥାରେ ପହଞ୍ଚିପାରିବ। ମଣିଷର ମନ ସଦାସର୍ବଦା ଚାହେଁ ନୂଆ ନୂଆ ଅଜଣା ଜାଗାକୁ ପରିଭ୍ରମଣ କରିବାକୁ। ନିଜର ଅବସର ସମୟକୁ ନିଜ ପ୍ରିୟଜନମାନଙ୍କ ସହିତ ଅଜଣା ରାଇଜରେ ବୁଲିଆସିବାକୁ। ସେହିପରି ଲେଖିକା ବନ୍ଦିତା ନାୟକଙ୍କର ସ୍ୱ-ଅନୁଭୂତିକୁ ରୂପାୟିତ ହୋଇଛି ତାଙ୍କର ଭ୍ରମଣ ବୃତ୍ତାନ୍ତ 'ଦେଶ ବିଦେଶର ପଥପ୍ରାନ୍ତେ'ରେ।

ଲେଖିକା ବିଦେଶରେ ରହୁଥିଲେ ମଧ୍ୟ ଭାରତ ତାଙ୍କର ପ୍ରାଣକେନ୍ଦ୍ର ଥିଲା। ପୃଥିବୀରୁ ଏକ ଚତୁର୍ଥାଂଶ ବୁଲି ଆସିବା ପରେ ସେ ଭାରତର ଚଳଣି, ଭାରତର ସଂସ୍କୃତି ସହିତ ବିଦେଶର ସଂସ୍କୃତି କିପରି ଭିନ୍ନ ତାହା ପାଠକମାନଙ୍କ ଆଗରେ ବଖାଣିଛନ୍ତି। ଲେଖିକା ଭାରତ ଓ ଓଡ଼ିଶା ଆସିବାକୁ ଚାହିଁଛନ୍ତି। ଲେଖିକା ବନ୍ଦିତା ନାୟକ ଆମେରିକାରେ ବସବାସ କରୁଥିଲେ। ପ୍ରତି ଦୁଇବର୍ଷରେ ଥରେ ଭାରତ ଯିବାଆସିବା ବେଳେ ସେ ମିଡିଲ୍ ଇଷ୍ଟ୍ର ସ୍ଥାନଗୁଡ଼ିକୁ ବୁଲିଯାଉଥିଲେ। ଆମେରିକାର ମାରିଲ୍ୟାଣ୍ଡ୍ ବିଶ୍ୱବିଦ୍ୟାଳୟର ଛାତ୍ରୀ ଥିଲେ। ବହୁତ ଦେଶର ଲୋକଙ୍କ ସହିତ ମିଳାମିଶା କରୁଥିଲେ, ଯାହାଦ୍ୱାରା ତାଙ୍କର ଜ୍ଞାନର ପ୍ରସାର ହେଉଥିବା ସେ ପୁସ୍ତକରେ ପ୍ରକାଶ କରିଛନ୍ତି। ଏହି ପୁସ୍ତକକୁ ସେ ପାଞ୍ଚୋଟି ଭାଗରେ ବିଭକ୍ତ କରି ରଚନା କରିଛନ୍ତି। ପ୍ରଥମ ଭାଗରେ "ଇଟାଲୀର କେତୋଟି ଅଭୁଲା ସ୍ମୃତି", ଦ୍ୱିତୀୟ ଭାଗରେ "ପର୍ତ୍ତୁଗାଲ୍ ଓ ସ୍ପେନ୍‌ରେ କିଛିଦିନ", ତୃତୀୟ ଭାଗରେ "ପେରୁ : ଇନକା ସଭ୍ୟତାର ପ୍ରତୀକ ମାଚୁପିଚୁ", ଚତୁର୍ଥ ଭାଗରେ "ଚାଇନା : "ବେଇଜିଂରୁ ଆରମ୍ଭ ସାଂଘାଇରେ ଶେଷ", ପଞ୍ଚମ ଭାଗରେ "ଶ୍ରୀଲଙ୍କାର ବୌଦ୍ଧିକ ସଭ୍ୟତା" ଇତ୍ୟାଦି।

ପାଶ୍ଚାତ୍ୟ ସହରର ପରିବେଶ, ବେଶଭୂଷା, ସଂସ୍କୃତି, ପାରମ୍ପରିକ ନୃତ୍ୟ, ଚାଲିଚଳଣ ଓ ଖାଦ୍ୟପେୟ, ରାଜନୀତିକ ଅବସ୍ଥା ଓ ଇତିହାସ କଥା ବର୍ଣ୍ଣନାକୁ ନେଇ ଲେଖିକାଙ୍କ ଭ୍ରମଣ ପୁସ୍ତକ ରଚିତ। ଲେଖିକା ପାଶ୍ଚାତ୍ୟ ଦେଶର ଏକ ଦିଗ୍‌ଦର୍ଶିକା ଭାବେ ଭ୍ରମଣକାଳୀନ ସ୍ୱ-ଅନୁଭୂତିକୁ ପାଠକ ସମ୍ମୁଖରେ ବ୍ୟକ୍ତ କରିଛନ୍ତି। ଦିଗ୍‌ଦର୍ଶିକା କହିବା ବାହୁଲ୍ୟ ଯେ ଏଥିରେ ତାଙ୍କର ଜୀବନର ଅବସର ସମୟ ଟିକକୁ ସେ ପୃଥିବୀର ସୁନ୍ଦର ସୁନ୍ଦର ସ୍ଥାନଗୁଡ଼ିକ ଭ୍ରମଣ କରିଛନ୍ତି ଓ ତାହା ସହିତ ପାଠକମାନଙ୍କୁ ମଧ୍ୟ ପ୍ରତି ଦେଶର ଭୌଗୋଳିକ ଅବସ୍ଥିତି ଟିପ୍ପଣୀ ପ୍ରଦାନ କରିଛନ୍ତି। ସେହି ଦେଶର ପାରମ୍ପରିକ ଖାଦ୍ୟ, ପୋଷାକ ପ୍ରତ୍ୟେକ ଗଳିକନ୍ଦିରେ ଅବସ୍ଥାପିତ ଥିବା ପାଣି ଫୁଟ୍ଥାର ହେଉଥିବା ଫୁଆରାକୁ ବାଦ୍ ଦେଇନାହାନ୍ତି। ପ୍ରଥମ ଭାଗରେ ଲେଖିକାଙ୍କର ପାସ୍‌ପୋର୍ଟ ହଜିବା ଘଟଣା ପାଠକଙ୍କ ମଧ୍ୟରେ କିଛିକ୍ଷଣ ପାଇଁ ଏକ ବିସ୍ମୟ ଭାବନା ସୃଷ୍ଟି କରୁଛି ଯାହାକି ଅତି ଚମତ୍କାର। ଲେଖିକା ବିଦେଶରେ କେବଳ ବଡ଼ ବଡ଼ ଅଟ୍ଟାଳିକା ଓ ସମ୍ଭ୍ରାନ୍ତମୟ ଜୀବନଯାପନକୁ ଲକ୍ଷ୍ୟ କରିନାହାନ୍ତି, ବରଂ ଅଟ୍ଟାଳିକାଟି କେତେ ବିଶିଷ୍ଟ ମହଲା ଓ ଏହି ଅଟ୍ଟାଳିକାର ନିର୍ମାତା, ଅଟ୍ଟାଳିକାଟି କେଉଁ ଯୁଗରୁ ଏଠାରେ ଦଣ୍ଡାୟମାନ ଓ କେଉଁ କାରଣରୁ ଦଣ୍ଡାୟମାନ ହୋଇଛି ତାହା ମଧ୍ୟ ପାଠକଙ୍କୁ ସୂଚନା ପ୍ରଦାନ କରିଅଛନ୍ତି। ସ୍ୱଦେଶ ଓ ବିଦେଶ ମଧ୍ୟରେ କେତେ ମାତ୍ରାରେ ତାରତମ୍ୟ ରହିଛି ତାହା ଦର୍ଶାଇଛନ୍ତି। ଭ୍ରମଣ ଦ୍ୱାରା ବିଭିନ୍ନ ଦେଶର ପାଣିପାଗ ଅବସ୍ଥା, ରାଜନୀତିକ ଅବସ୍ଥା ଓ ଦେଶ

ମଧ୍ୟରେ ପ୍ରବେଶ କରିବା ପୂର୍ବରୁ ଦେଶ ବିଷୟରେ ସବିଶେଷ ତଥ୍ୟ ସଂଗ୍ରହ କରି ଭ୍ରମଣ କରିବା ସାର୍ଥକ କରୁଥିଲେ। ସମସ୍ତ ଦେଶର ଚଳଣି ଓ ନିୟମ ବିଷୟରେ ମଧ୍ୟ ଲେଖିକା ପାଠକଙ୍କୁ ଜଣାଇଛନ୍ତି, ଯେମିତିକି ଚାଇନାରେ ହୋଟେଲ୍‌ରେ କର୍ମଚାରୀଙ୍କୁ ଟିପ୍ସ ଦେବା ନିଷେଧ ଅଟେ। ତାହା ଉଲ୍ଲେଖ କରିଛନ୍ତି ଭ୍ରମଣ ପୁସ୍ତକର ତୃତୀୟ ଭାଗରେ।

ଭ୍ରମଣ ସାହିତ୍ୟ ଦ୍ୱାରା ସ୍ୱଦେଶ ଓ ପାଶ୍ଚାତ୍ୟ ଦେଶ ମଧ୍ୟରେ ଥିବା ଅନ୍ତର ଜଣାପଡ଼ିଥାଏ। ଏତଦ୍‌ବ୍ୟତୀତ ପାଶ୍ଚାତ୍ୟ ସହରର ସଂସ୍କୃତିକୁ ଆହରଣ କରି ସ୍ୱଦେଶ କିପରି ଗତିଶୀଳ ହେଇଚାଲିଛି ତାହା ମଧ୍ୟ ଜଣାପଡ଼ିଥାଏ। ପୃଥିବୀର କୋଣ ଅନୁକୋଣରେ ରହିଥିବା ମଣିଷ ସମାନ ଭଳି ଦେଖାଯାଆନ୍ତି ନାହିଁ। ଏମାନଙ୍କର ଜୀବନଶୈଳୀ ମଧ୍ୟରେ ବହୁ ଅନ୍ତର ରହିଥାଏ। ଭାଷାର ପ୍ରଭେଦ, ପୋଷାକ ପିନ୍ଧିବା ଶୈଳୀ ଓ ଏପରିକି ଅଭିବାଦନ ଜଣେଇବା ଶୈଳୀ ମଧ୍ୟ ଭିନ୍ନ ଭିନ୍ନ ରହିଛି। କିନ୍ତୁ ସମଗ୍ର ବିଶ୍ୱରେ କିଛି କିଛି ଜିନିଷର ସମାନତା ଦେଖିବାକୁ ମିଳିଥାଏ। ଯେମିତିକି କିଛି ପନିପରିବା ସ୍ୱଦେଶରେ ଉତ୍ପାଦନ ହେଉଥିବା ବେଳେ ବିଦେଶରେ ମଧ୍ୟ ଦେଖିବାକୁ ମିଳେ। କିନ୍ତୁ କିଏ କେଉଁ ପ୍ରକାର ରନ୍ଧନ କରି ଖାଏ ତାହାହିଁ ପ୍ରଭେଦ ଦିଶେ। ଲେଖିକା "ଚାଇନା : ବେଇଜିଂଗରୁ ଆରମ୍ଭ ସାଙ୍ଘାଇରେ ଶେଷ !" ଭାଗରେ ଓଡ଼ିଆ ପାରମ୍ପରିକ ମଣ୍ଡା ପିଠା ଦେଖିବାକୁ ଯେପରି ଚାଇନାର ଡମ୍ପଲିଙ୍ଗ୍ ମଧ୍ୟ ଦେଖିବାକୁ ପ୍ରାୟତଃ ସେହିଭଳି ବୋଲି ସୂଚନା ପ୍ରଦାନ କରିଛନ୍ତି।

ଇଟାଲୀରେ ଭ୍ରମଣ ସମୟରେ ଲେଖିକା ଏକ ପ୍ରବାସୀ ଭାରତୀୟଙ୍କ ଗ୍ରୋସରୀ ଦୋକାନରୁ କିଛି ପାଣି ବୋତଲ ରିହାତିରେ କ୍ରୟ କରିନେଇଥିବା ଭାବିଥିଲେ ମଧ୍ୟ ପରବର୍ତ୍ତୀ ସମୟରେ ଜାଣିବାକୁ ପାଇଥିଲେ ଯେ ସେହି ଭାରତୀୟ ଦୋକାନୀ ଜଣଙ୍କ ଲେଖିକାଙ୍କୁ ଠକିଦେଇଥିଲେ। ରିହାତି ବଦଳରେ ଅଧିକ ପଇସା ନେଇଥିଲେ। ସ୍ୱଦେଶୀ ଲୋକଟିଏ ପାଶ୍ଚାତ୍ୟରେ ଯାଇ ସ୍ୱଦେଶର ଲୋକମାନଙ୍କୁ ଠକିବାର ଏହା ନିନ୍ଦନୀୟ ଘଟଣା ବର୍ଣ୍ଣିତ। ଏହି ଦେଶକୁ ଲେଖିକା ତିନିଥର ଗସ୍ତ କରି ମଧ୍ୟ ରୋମ୍, ଭେନିସ୍ ଫ୍ଲରେନ୍ସକୁ ଯାଇଥିଲେ। ଏ ସହର ଗ୍ରାଣ୍ଡ କେନାଲଟି ଲେଖିକାଙ୍କୁ ବେଶୀ ଆକର୍ଷଣ କରିଛି, କାରଣ ଏଥିରେ ସମସ୍ତ ପ୍ରକାର ସୁବିଧା ଉପଲବ୍ଧ ରହିଛି। ଏଠାରେ ରୋମ୍ ସହର ବା "ଦ ସିଟି ଅଫ୍ ଲଭ୍" ଦେଶ ବିଷୟରେ ବିଭିନ୍ନ ତଥ୍ୟ ପ୍ରଦାନ କରିଛନ୍ତି। ଭେନିସ୍ ସହରଟି ଦିନକୁ ଦିନ ପୂର୍ବଦିଗ ଆଡ଼କୁ ଢଳି ସମୁଦ୍ରପତ୍ତନ ଆଡ଼କୁ ଜଳମଗ୍ନ ହେଉଥିବା ସହରକୁ ଦେଖି ଲେଖିକା ଦୁଃଖ ପ୍ରକାଶ କରିଛନ୍ତି। ରୋମ୍‌ର ଶେଷ ସମ୍ରାଟ ରମୁଲସ୍ ଅଗଷ୍ଟସ୍‌ଙ୍କ ବିବରଣୀ, "ରିଆଲ୍ଟୋ" ପୋଲର ଇତିହାସ, "ଦା ପୋଣ୍ଟେ"

ପୋଲର ଡିଜାଇନର, ଭାଟିକାନ୍ ସିଟିର ଇତିହାସ ବର୍ଣ୍ଣନା ଲଟେରାନ୍ ଚୁକ୍ତି ଦ୍ୱାରା କିପରି ଭାଟିକାନ୍ ସିଟି ଏକ ସ୍ୱାଧୀନ ରାଷ୍ଟ୍ରରେ ପରିଣତ ହେଲା ତାହା ଉଲ୍ଲିଖିତ। କ୍ୟାଥୋଲିକ୍ ଧର୍ମର ମୁଖ୍ୟ ପୋପ୍ ରୋମ୍ ମଧ୍ୟରେ ଥିବା ଭାଟିକାନ୍ ସହରରେ ଅବସ୍ଥାନ କରନ୍ତି, ଇଟାଲୀର ପ୍ରସିଦ୍ଧ ଚିତ୍ରକାର ଲିଓନାର୍ଡ ଦା ଭିନ୍‌ଚିଙ୍କର ଜନ୍ମ ଓ ମାଇକେଲ୍ ଆଞ୍ଜେଲା, ଭିଭାଲଡୀ, ପୁଚିନି ଓ ପାଗନିନିଙ୍କର ଜନ୍ମ ଏହି ଦେଶରେ ହୋଇଥିଲା ବୋଲି ଲେଖିକା ମତବ୍ୟକ୍ତ କରିଛନ୍ତି। ଏହି ଦେଶର ପାରମ୍ପରିକ ଖାଦ୍ୟ ପାସ୍ତା, ଲଜାନିଆ, ପିଜ୍ଜା ଏସବୁ ଖାଦ୍ୟ ଖାଇ ଲେଖିକା ମୁଗ୍ଧ ହୋଇଛନ୍ତି।

ପର୍ତ୍ତୁଗାଲ୍‌ର ପଞ୍ଚଦଶ ଶତାବ୍ଦୀର ଇତିହାସ ବର୍ଣ୍ଣନା ରହିଛି ଏଥିରେ। ପ୍ରିନ୍‌ସ ହେନ୍‌ରି ଜଣେ ନାବିକ ଥିଲେ ଓ ତାଙ୍କ ନେତୃତ୍ୱରେ ପର୍ତ୍ତୁଗୀଜମାନେ ସମୁଦ୍ରରେ ଯାତାୟାତ କରିବା ଓ ଭାସ୍କୋଡାଗାମାଙ୍କ କେରଳର ମାଲାବାର ଉପକୂଳରେ ପହଞ୍ଚିବା, ମସଲା ଦ୍ରବ୍ୟ ଇତ୍ୟାଦି ଇତିହାସ ମଧ୍ୟ ବର୍ଣ୍ଣିତ। ଜେରନିମସ୍ ମଠ ଓ ବେଲମ୍ ଟାୱାର, ସେଣ୍ଟ ଜର୍ଜ ଦୁର୍ଗ ଓ କଲମ୍ବସ୍‌ଙ୍କ ଜନ୍ମ ଇଟାଲୀର ଜେନୋଆ ସହର ହୋଇଥିବାବେଳେ ପର୍ତ୍ତୁଗାଲ୍‌ରେ କଲମ୍ବସ୍‌ଙ୍କ କବରର ରହସ୍ୟ ମଧ୍ୟ ପାଠକଙ୍କୁ ପ୍ରଦାନ କରିଛନ୍ତି। ଏହି ମିଡିଲ୍ ଇଷ୍ଟ ଅଞ୍ଚଳର ପାରମ୍ପରିକ ଖାଦ୍ୟ "ଫଲାଫଲ୍" ଓ ପିଟା ବ୍ରେଡ୍‌ର ପ୍ରସ୍ତୁତି ମଧ୍ୟ ବର୍ଣ୍ଣନା କରାଯାଇଛି।

ପେରୁ ଦେଶ ଭ୍ରମଣ ସମୟରେ ଲେଖିକା ପାଠକଙ୍କୁ ପେରୁରେ ଥିବା ବିଭିନ୍ନ ପ୍ରାକୃତିକ ସମ୍ପଦ ଓ ଏଠାରେ ବିଭିନ୍ନ ପ୍ରକାର ବହୁମୂଲ୍ୟ ଖଣିଜ ପଦାର୍ଥ ବିଷୟରେ ତଥ୍ୟ ଦେବା ସହିତ ପେରୁ ହେଉଛି ଆଳୁର ଜନ୍ମସ୍ଥାନ ଓ ତିନିହଜାର ପ୍ରକାର ଆଳୁ ଉତ୍ପାଦନ ଏଠାରେ ହେଉଛି ସୂଚନା ଦେଇଛନ୍ତି। ପେରୁ ମଧ୍ୟରେ ଥିବା ମାଚୁ ପିଚୁ ସହରଟି ଇନକା ସଭ୍ୟତା ପାଇଁ ପ୍ରସିଦ୍ଧ। ମାଚୁ ପିଚୁ ଶବ୍ଦର ଅର୍ଥ "ବୃଦ୍ଧ ପର୍ବତ"। ଏମାନଙ୍କର ଭାଷା କେଚୁଆ ଥିଲା। ଇନକା ସଭ୍ୟତାର ଲୋକମାନଙ୍କର ପଥର କାର୍ଯ୍ୟର କୁଶଳତା ଓ ଏମାନଙ୍କର ସଂସ୍କୃତି, ଖାଦ୍ୟପେୟ ଏକ ପ୍ରକାର ଘାସ ଯାହାର ନାମ "ଟୋଟୋରା"ର ବ୍ୟବହାର, ଉପକାରିତା ଉପରେ ଟିକିନିଖି ତଥ୍ୟ ବର୍ଣ୍ଣନା କରିଛନ୍ତି। ପେରୁରେ ଏକ ସ୍ଥାନରେ ଲେଖିକା ଆଳୁପୋଡ଼ା ଖାଇଛନ୍ତି ଯାହାକି ତାଙ୍କୁ ଗ୍ରାମୀଣ ଅଞ୍ଚଳର ଓଡ଼ିଆ ଖାଦ୍ୟ କଥା ମନେ ପକାଇଦେଇଛି। ପେରୁବାସୀଙ୍କର ପୋଡ଼ା ଗିନିପିଗ୍ ଖାଦ୍ୟ ଥିଲା ଅତି ପ୍ରିୟ। ପେରୁବାସୀଙ୍କର ଶିଳ୍ପଯନ୍ତ୍ରୀ କାର୍ଯ୍ୟ ଉପରେ ଅଧିକ ଦକ୍ଷତା ହାସଲ କରିଥିବା ପୁସ୍ତକରେ ଉଲ୍ଲେଖ ରହିଛି।

ଲେଖିକା ସ୍ୱଚ୍ଛ ଭାବେ ଇଂରାଜୀ ଭାଷା ଜାଣିଥିବା ସତ୍ତ୍ୱେ ଚାଇନାରେ ଭାଷାଜନିତ ଅସୁବିଧାର ସମ୍ମୁଖୀନ ହେଇଛନ୍ତି। ଚାଇନାର ହୋଟେଲ୍‌ରେ ପୋର୍କ ମାଂସ

ବହୁଳ ଭାବରେ ମିଳୁଥିବା ବେଳେ ମାଛ ଗୋଟେ ଦିନ ପୂର୍ବରୁ ଅର୍ଡର କରିବାକୁ ପଡୁଥିଲା ଓ ହୋଟେଲ୍‌ରେ ଭାତ ପଛରେ ଆସୁଥିବା ବେଳେ ତରକାରୀ ପ୍ରଥମେ ଆସିଯାଉଥିଲା । ତେଣୁ ଲେଖିକା ଚାଇନାର ଖାଦ୍ୟ ଗ୍ରହଣ ବେଳେ ଏକ କାଗଜରେ ମନମୁତାବକ ଖାଦ୍ୟର ଅର୍ଡର ସୁରୁଖୁରୁରେ ଦେଇପାରିଥିଲେ । ଚାଇନାର ଐତିହାସିକ ସ୍ଥାନ ଭିତରୁ ଗ୍ରେଟ୍ ୱାଲ୍‌ର ଦୈର୍ଘ୍ୟ, ପ୍ରସ୍ଥ, ଉଚ୍ଚତା, ଲମ୍ବ ଇତ୍ୟାଦି ବର୍ଣ୍ଣିତ । ଏହାବ୍ୟତୀତ ଭ୍ରମଣରେ ତିବ୍‌ବତ ଓ ଦଲାଇଲାମାଙ୍କ ଉପରେ ବିବରଣୀ ଦେବା ସେ ଭୁଲି ନାହାଁନ୍ତି ।

ଶ୍ରୀଲଙ୍କା ଭ୍ରମଣ ବେଳେ ଲେଖିକା ଅଶୋକଙ୍କ କଥା ଲେଖିବାକୁ ଭୁଲିନାହାନ୍ତି । ଅଶୋକଙ୍କର ପୁତ୍ର ମହିନ୍ଦ୍ର ଓ କନ୍ୟା ସଂଘମିତ୍ରାଙ୍କ କାହାଣୀ ବର୍ଣ୍ଣନା କରିଛନ୍ତି । ସଂଘମିତ୍ରା ବୋଧିବୃକ୍ଷର ଚାରା ଶ୍ରୀଲଙ୍କାରେ ନେଇ ରୋପଣ କରିବା ଦ୍ୱାରା ଶ୍ରୀଲଙ୍କାରେ ବୋଧିବୃକ୍ଷ ରହିବାର କିମ୍ବଦନ୍ତୀ ବର୍ଣ୍ଣିତ । ଏହି ବୋଧିବୃକ୍ଷରେ ସଭିଏଁ ରଙ୍ଗିନ୍ କପଡ଼ା ବାନ୍ଧିବା ନୀତିକୁ ଶ୍ରୀମନ୍ଦିରର କଳ୍ପବଟ ସହିତ ତୁଳନା କରିଛନ୍ତି । ବୁଦ୍ଧଙ୍କର ଦନ୍ତ ସହ ପୁରୀ ଶ୍ରୀଜଗନ୍ନାଥଙ୍କର ଥିବା ସାମଞ୍ଜସ୍ୟକୁ ତୁଳନା କରିଛନ୍ତି । ବୌଦ୍ଧଧର୍ମର ସମାନତା ସିଧାସଳଖ ଭାବେ ହିନ୍ଦୁଧର୍ମ ସହିତ, ଶ୍ରୀଲଙ୍କାରେ ମିଳୁଥିବା ଡାଲଚିନି ଦ୍ୱୀପରୁ ମିଳୁଥିବା ଡାଲଚିନି ପ୍ରସ୍ତୁତି କଥା ପାଠକଙ୍କୁ ସୂଚନା ଦେଇଛନ୍ତି ।

ପରିଶେଷରେ ଏହା ମନ୍ତବ୍ୟ ଦେବାକୁ ଚାହୁଁଛି, ଲେଖିକା ବିଦେଶରେ ରହୁଥିଲେ ମଧ୍ୟ ଓଡ଼ିଆ ସାହିତ୍ୟ ପ୍ରତି ତାଙ୍କର ରୁଚି ଏବଂ ଆନ୍ତରିକତା ରହିଛି । ନିଜ ଭ୍ରମଣ ପୁସ୍ତକରେ ସାରଳା ଦାସ, ଅଚ୍ୟୁତାନନ୍ଦ ଦାସ ଏବଂ ଉପେନ୍ଦ୍ର ଭଞ୍ଜଙ୍କ ସାହିତ୍ୟ କୃତି ଉପରେ ଆଲୋକପାତ କରି ସିଂହଳୀ ରାଜଜେମାଙ୍କ ସୌନ୍ଦର୍ଯ୍ୟ ଓ ନାରୀମାନଙ୍କ ବର୍ଣ୍ଣନା "ଶ୍ରୀଲଙ୍କାର ବୌଦ୍ଧିକ ସଭ୍ୟତା" ଭାଗରେ ଜ୍ଞାତ କରାଇଛନ୍ତି ।

ଭ୍ରମଣ ସାହିତ୍ୟ ସଦାସର୍ବଦା ଶିକ୍ଷାପ୍ରଦ ଅଟେ । ଏହି ପୁସ୍ତକ ଗୁଡ଼ିକ ବିଦେଶର କିଛି ଅଜ୍ଞାତ ତଥ୍ୟକୁ ଜ୍ଞାତବ୍ୟ କରାଇବାରେ ସହାୟତା କରିଥାନ୍ତି । ଏହା ଲେଖିକାଙ୍କର ଏକ ନିଆରା ଭ୍ରମଣ ପୁସ୍ତକ ଅଟେ । କୌଣସି ଦେଶର କୋଣ ଅନୁକୋଣର ଟିକିନିଖି ସୂଚନା ପ୍ରଦାନ କରିବା ଆଦୌ ସହଜ କଥା ନୁହେଁ । ପୁସ୍ତକଟିକୁ ନିଆରା କହିବାର କାରଣ ଲେଖିକା ଭ୍ରମଣ କରିଥିବା ବିଦେଶ ଗୁଡ଼ିକର ସ୍ଥାନ ତାଲିକାମାନ ରହିଛି, କିନ୍ତୁ ଏହି ପୁସ୍ତକରେ କୌଣସି କାଳ୍ପନିକ କାହାଣୀ ରହିନାହିଁ । କାହାଣୀ କଳ୍ପନା, ପ୍ରକୃତି ବର୍ଣ୍ଣନା, ସସ୍‌ପେନ୍‌ସ ଯାହାକି ସାହିତ୍ୟର ସୌନ୍ଦର୍ଯ୍ୟ ବଢ଼ାଇଥାଏ ଓ ତାହା ସହିତ ପାଠକଙ୍କୁ ବାନ୍ଧି ରଖିବାର ଉତ୍କଣ୍ଠା ସୃଷ୍ଟି କରିଥାଏ, ତାହା ଏଥିରେ ଶୂନ୍ୟ । ଏହା ବ୍ୟତୀତ ସତ୍ୟ ଆଧାରିତ କିଛି କାହାଣୀ ରହିଥିଲେ ଅଧିକ ରୋମାଞ୍ଚକର ହୋଇପାରିଥାନ୍ତା । ଏହା ଏକ ଡକ୍ୟୁମେଣ୍ଟାରୀ ପୁସ୍ତକ କୁହାଯାଇପାରେ, ଯାହାକି

ଭବିଷ୍ୟତରେ କୌଣସି ସ୍ୱଦେଶରୁ ଏହି ବିଦେଶ (ଇଟାଲୀ, ପର୍ତ୍ତୁଗାଲ୍, ପେରୁ, ଚାଇନା, ଶ୍ରୀଲଙ୍କା ଇତ୍ୟାଦି) ଭ୍ରମଣ କରିବାକୁ ଚାହୁଁଥିବା ଯାତ୍ରୀଙ୍କ ପାଇଁ ସାହାଯ୍ୟକାରୀ ଗ୍ରନ୍ଥ ହୋଇପାରେ। ଏହି ପୁସ୍ତକଟି ଗାଇଡ୍ ଭଳି ସହାୟକ ହେବ।

■

ଅତିଥି ଅଧ୍ୟାପିକା, ପାରାଦୀପ କଲେଜ

ଜ୍ଞାନରଞ୍ଜନ ଦାଶ

ଜ୍ଞାନରଞ୍ଜନ ଦାଶ (୧୯୪୭): ବିଶିଷ୍ଟ ପ୍ରବାସୀ ସାହିତ୍ୟିକ ଜ୍ଞାନରଞ୍ଜନ ଦାଶ ଓଡ଼ିଆ ସାହିତ୍ୟର ଏକ ବିଶ୍ୱସ୍ତ ଉଚ୍ଚାରଣ। ୧୯୪୭ ମସିହା ଫେବ୍ରୁଆରି ୭ ତାରିଖରେ କଟକ ଜିଲ୍ଲାସ୍ଥ ଆଠଗଡ଼ରେ ସେ ଭୂମିଷ୍ଠ ହୋଇଥିଲେ। ଏନ୍.ଆଇ.ଟି. ରାଉରକେଲାରୁ ମେକାନିକାଲ୍ ଇଞ୍ଜିନିୟରିଂରେ କୃତିତ୍ୱର ସହ ଅଧ୍ୟୟନ କରି ବେଷ୍ଟ ଗ୍ରାଜୁଏଟ୍ ସ୍ୱର୍ଣ୍ଣପଦକ ଲାଭ କରିଥିଲେ। ୧୯୭୦ ମସିହାରେ କାନାଡାରୁ ପୂର୍ଣ୍ଣ ମେଧାବୃତ୍ତି ଲାଭ କରି ଓ୍ୱାଟରଲୁ ବିଶ୍ୱବିଦ୍ୟାଳୟରୁ ସ୍ନାତକୋତ୍ତର ଶିକ୍ଷା ସମାପ୍ତ କରିଥିଲେ। ୧୯୭୯ ମସିହାରେ କାଲିଫର୍ଣ୍ଣିଆ ଗସ୍ତ କରି ସେଇଠାରେ ହିଁ ନିବାସ କରୁଛନ୍ତି। ସେ ଏଣ୍ଟରପ୍ରାଇଜ୍ ସଫ୍ଟୱେର ଏବଂ ଡାଟାବେସ୍ ଟେକ୍ନୋଲୋଜିରେ ଆଇ.ବି.ଏମ୍ ଏବଂ ଅରାକଲ୍ କର୍ପୋରେସନ୍‌ରେ ଉଚ୍ଚ ପଦବିରେ ଦୀର୍ଘ ୩୦ ବର୍ଷ କାର୍ଯ୍ୟ କରିଥିଲେ। 'ଓସା'ର ଜଣେ ମୁଖ୍ୟ ସଦସ୍ୟ ଭାବରେ ଆମେରିକାରେ ଓଡ଼ିଆ ଭାଷା-ସାହିତ୍ୟ ସଂସ୍କୃତିର ସେ ପ୍ରତିନିଧିତ୍ୱ କରିଛନ୍ତି। 'ଆମେରିକା ଚିଠି' ଜ୍ଞାନରଞ୍ଜନ ଦାଶଙ୍କ ଏକ ଅନୁଭୂତି ମନୋଜ୍ଞ ଭ୍ରମଣ ବୃତ୍ତାନ୍ତ। ସଂପ୍ରତି ସେ କାଲିଫର୍ଣ୍ଣିଆରେ ଅବସ୍ଥାପିତ।

ଅଙ୍ଗେନିଭା ଅନୁଭୂତି : ଜ୍ଞାନରଞ୍ଜନ ଦାଶଙ୍କ 'ଆମେରିକା ଚିଠି'

ଡକ୍ଟର ସଂଘମିତ୍ରା ଭଞ୍ଜ

'ସାହିତ୍ୟ' ଆବଶ୍ୟକତାରୁ ସୃଷ୍ଟି ହେଲେ ତାହା ସମୟ-ସମାଜର ପ୍ରତିନିଧିତ୍ୱ କରେ। 'Demand and Supply'ର ଅବଧାରଣା ସାହିତ୍ୟ ସୃଷ୍ଟି କ୍ଷେତ୍ରରେ ନୂଆ କଥା ନୁହେଁ। ଗୁରୁତ୍ୱପୂର୍ଣ୍ଣ କଥା ହେଉଛି ଏ କଥାଟି କେତେ ପ୍ରାସଙ୍ଗିକ। ଯୁଗୀୟ ବିଚାରଧାରାରେ ପରିବର୍ତ୍ତନ ସହିତ ଓଡ଼ିଆ ଭାଷା-ସାହିତ୍ୟ ଓ ସଂସ୍କୃତିର ପରିବର୍ତ୍ତନ ଖୁବ୍ ସ୍ୱାଭାବିକ। କିନ୍ତୁ ଯେଉଁ ଭାଷା-ସାହିତ୍ୟ ଶାସ୍ତ୍ରୀୟ ମାନ୍ୟତା ଲାଭ କରି ଆଜି ସଗର୍ବେ ଦଣ୍ଡାୟମାନ ତା'ର ଭବିଷ୍ୟତକୁ ନେଇ ଆଶଙ୍କିତ ହେବା ପଛରେ ଅନେକ କାରଣ ରହିଛି। ଏଇ ଆଶଙ୍କା ପୂର୍ବରୁ ଥିଲା, ଆଜି ଅଛି ଏବଂ ଆଗାମୀ କାଲିକୁ ମଧ୍ୟ ଆଛନ୍ନ କରୁଥିବ। ଏମିତି ଆଶଙ୍କାରେ ବ୍ୟାକୁଳ ଜଣେ ସଚ୍ଚୋଟ ଓଡ଼ିଆ ପ୍ରବାସୀ ସାହିତ୍ୟ ସାଧକ ହେଉଛନ୍ତି ଶ୍ରୀ ଜ୍ଞାନରଞ୍ଜନ ଦାଶ। ସେ ବୃତ୍ତିରେ ଯନ୍ତ୍ରୀ କିନ୍ତୁ ପ୍ରବୃତ୍ତିରେ ସାହିତ୍ୟାନୁରାଗୀ। ସେ ଆମେରିକାରେ ରହୁଥାଇପାରନ୍ତି କିନ୍ତୁ ଓଡ଼ିଶାର ସାମାଜିକ, ରାଜନୈତିକ, ଅର୍ଥନୈତିକ ତଥା ସାଂସ୍କୃତିକ ପଟ୍ଟଭୂମି ଉପରେ ସେ ଦୃଷ୍ଟିବଦ୍ଧ। କାରଣ ସେ ଆତ୍ମାରୁ ଓଡ଼ିଶା ଓ ଓଡ଼ିଆମାନଙ୍କୁ ଭଲପାଆନ୍ତି। 'ଆମେରିକା ଚିଠି' ଶ୍ରୀ ଦାଶଙ୍କର ଏକ ବହୁଚର୍ଚ୍ଚିତ ଭ୍ରମଣ ବୃତ୍ତାନ୍ତ। ୧୯୮୫ ମସିହାରୁ ୨୦୦୫ ମସିହା ମଧ୍ୟରେ ଦୀର୍ଘ ଦୁଇ ଦଶନ୍ଧି ଧରି ନିୟମିତ ଭାବରେ ଲିଖିତ ଓ 'ସମାଜ' ଖବରକାଗଜରେ ପ୍ରକାଶିତ ଶ୍ରୀ ଦାଶଙ୍କ ଆମେରିକା ଭ୍ରମଣ ଏକ ମନୋଜ୍ଞ ଅଭିବ୍ୟକ୍ତି ହେଉଛି ତାଙ୍କର 'ଆମେରିକା ଚିଠି'। ଆଲୋଚ୍ୟ ପୁସ୍ତକ ସଂପର୍କରେ ଶ୍ରୀ ଦାଶ ଏହାର ମୁଖବନ୍ଧରେ ଉଲ୍ଲେଖ କରିଛନ୍ତି–

'ଆମେରିକା ଚିଠି' ପ୍ରାୟ ୨୦ ବର୍ଷ ଧରି (୧୯୮୫-୨୦୦୫) ଦୈନିକ ସମ୍ବାଦପତ୍ର 'ସମାଜ'ରେ ପ୍ରକାଶ ପାଉଥିଲା। ସେତେବେଳେ ମୋବାଇଲ୍ ଫୋନ୍ କିମ୍ବା ଇଣ୍ଟରନେଟ୍ ଆରମ୍ଭ ହୋଇ ନ ଥିଲା। ଆଜିର ସୋସିଆଲ୍ ମିଡିଆ, ଗୁଗୁଲ୍ କିମ୍ବା ହ୍ୱାଟ୍ସଆପ୍ ମଧ୍ୟ ନ ଥିଲା। ସୁତରାଂ ସମ୍ବାଦପତ୍ର (Print Media) ମାଧ୍ୟମରେ ଏହି ଚିଠି ସବୁ ଓଡ଼ିଶାବାସୀଙ୍କ ପାଖରେ ପହଞ୍ଚୁଥିଲା।" ଶ୍ରୀ ଜ୍ଞାନରଞ୍ଜନ ଦାଶ ଆମେରିକା ଓ କାନାଡାରେ ଦୀର୍ଘ ଛବିଶ ବର୍ଷର ରହଣିକାଳୀନ ଅନୁଭୂତିକୁ 'ଆମେରିକା ଚିଠି'ରେ ସ୍ଥାନିତ କରିବାର ପଶ୍ଚାତ୍ ଭାଗରେ 'ସମାଜ'ର ବରେଣ୍ୟ ସଂପାଦକ ତଥା ଓଡ଼ିଶାର ବରପୁତ୍ର ଶ୍ରୀଯୁକ୍ତ ରାଧାନାଥ ରଥଙ୍କ ଋଣ ସ୍ୱୀକାର କରନ୍ତି।

ଶ୍ରୀ ଦାଶଙ୍କ ଉଦ୍ଦେଶ୍ୟରେ ଶ୍ରୀଯୁକ୍ତ ରାଧାନାଥ ରଥଙ୍କ ନିର୍ଦ୍ଦେଶ ଥିଲା- "ବାହାରେ ଯେଉଁମାନେ ରହୁଛ ନିୟମିତ ଭାବେ କିଛି ଗୋଟାଏ ଲେଖ, ଯେପରିକି ଓଡ଼ିଶାର ଲୋକେ ତାକୁ ପଢ଼ିଲେ ବିଦେଶରେ ଜୀବନଯାପନର ପ୍ରକୃତ ରୂପରେଖ ପାଇବେ। ଏତଦ୍ଦ୍ୱାରା ସେମାନଙ୍କ ମନରେ ପୂର୍ବକଳ୍ପିତ ଭୁଲ୍ ଧାରଣା ସବୁ ଦୂର ହୋଇପାରିବ।" ଜ୍ଞାନରଞ୍ଜନ ଦାଶ ଆମେରିକାରେ କମ୍ପ୍ୟୁଟର ସଫ୍‌ଟୱେର ଭଳି କାର୍ଯ୍ୟରେ ବିଶେଷଜ୍ଞ ଥିଲେ। ତେଣୁ ଓଡ଼ିଆରେ ଲେଖିବା ତାଙ୍କ ପକ୍ଷେ କଷ୍ଟସାପେକ୍ଷ ଥିଲେ ହେଁ ଅଭ୍ୟାସ ଦ୍ୱାରା ତାହା ତାଙ୍କ ପକ୍ଷରେ ସହଜସାଧ୍ୟ ହୋଇପାରିଥିଲା। 'ଆମେରିକା ଚିଠି' ଲେଖିବା ପଛରେ ତାଙ୍କର ବିଭିନ୍ନ ଗସ୍ତଜନିତ ଅନୁଭୂତି, ବର୍ଣ୍ଣନାର ଇଚ୍ଛା ହିଁ ମୁଖ୍ୟ କାରଣ ଥିଲା। ଶ୍ରୀ ଦାଶ ଏଥିନେଇ ପୁସ୍ତକର ପୂର୍ବାଭାସରେ କହିଛନ୍ତି- "ଆମେରିକା ଚିଠି'ର ନିର୍ଦ୍ଦିଷ୍ଟ ଦିଗ କିଛି ନାହିଁ। ଯାହା ଲୋକମାନଙ୍କୁ ଜଣାଇବା ଉଚିତ ମନେହେଲା, ତାହାହିଁ ଲେଖାରେ ରୂପ ନେଲା। ଅନେକ ସମୟରେ ଉଡ଼ାଜାହାଜରେ ପୃଥିବୀର ବିଭିନ୍ନ ପ୍ରାନ୍ତକୁ ଯିବାଆସିବା ବେଳେ, ଓଡ଼ିଶା ଏବଂ ଗାଁ ମାଟି ମନେପଡ଼େ। ଲେଖିବାକୁ ମନହୁଏ। ଲେଖିଲେ ଲାଗେ ସତେ ଯେମିତି ଓଡ଼ିଶାରେ ଏସବୁ କଥା ପାଟିରେ କାହାକୁ ବର୍ଣ୍ଣନା କରୁଛି। x x x ଆମେ ସାଧାରଣ ଗାଁଗଣ୍ଡା ଏବଂ ସହରର ଓଡ଼ିଆମାନେ ଖୁବ୍ କମ୍ ଜାଣୁ ଅନ୍ୟାନ୍ୟ ଦେଶରେ କ'ଣ ହେଉଛି। ପିଲାଦିନେ ଭୂଗୋଳ ପଢ଼ିଲାବେଳେ ଏସବୁ କଥା ଅଦ୍ଭୁତ ଲାଗେ ଏବଂ ପରୀକ୍ଷାରେ ନମ୍ବର ରହିବା ପ୍ରଥମ କାରଣ ହୋଇଥିବାରୁ ତାକୁ ବୁଝି ହୃଦୟଙ୍ଗମ କରିବା ପରିବର୍ତ୍ତେ ଖାଲି ଘୋଷିବା ସାର ହୁଏ। ଦେଶ-ବିଦେଶ ଭ୍ରମଣ ଛଡ଼ା ଆମେରିକାରେ ଓଡ଼ିଆ ତଥା ଓଡ଼ିଶା ସଂପର୍କିତ କାର୍ଯ୍ୟକଳାପ ତଥା ସମ୍ବାଦ କଥା ମଧ୍ୟ ଲେଖାହୁଏ। x x x ଓଡ଼ିଆ ଜାତି ନିଜର ଭାଷାକୁ ପ୍ରକୃତ ସମ୍ମାନ ଦେଇନାହିଁ ଯେଉଁଭଳି ଭାରତର ଅନ୍ୟାନ୍ୟ ପ୍ରାଦେଶିକ ଭାଷା ପାଇଛନ୍ତି। ଏହା ପଛରେ ଭାଷାପ୍ରତି ଆମ ସ୍ୱାଭିମାନର ଘୋର ଅଭାବ। ଓଡ଼ିଶା ବାହାରେ ଭାରତରେ

ଯେଉଁମାନେ ଅଛନ୍ତି, ସେମାନେ ଅନ୍ୟାନ୍ୟ ଭାଷାରେ ନିଜର ପାରଙ୍ଗମତା ଦେଖାଇବାକୁ ଆଗଭର ହୋଇଥାନ୍ତି। ଆମେ 'ଓଡ଼ିଆ ଭୁଲିଗଲୁଣି' ବୋଲି କହି ଗର୍ବ କରିବାର ଦୃଷ୍ଟାନ୍ତ ଅନେକ।" ଶ୍ରୀ ଜ୍ଞାନରଞ୍ଜନ ଦାଶ ଦୀର୍ଘ ବାରବର୍ଷର ବିଦେଶ ଅଭିଜ୍ଞତାକୁ 'ଆମେରିକା ଚିଠି' ଶୀର୍ଷକରେ ପ୍ରକାଶନ କରି ଏହାକୁ ସାତଗୋଟି ପର୍ଯ୍ୟାୟରେ ବିଭାଜନ କରିଛନ୍ତି। ସେହି ପର୍ଯ୍ୟାୟଗୁଡ଼ିକ ହେଲା-

- ଆମେରିକାର ଓଡ଼ିଆମାନେ
- ଜ୍ଞାନ-ବିଜ୍ଞାନ
- ସ୍ୱଦେଶ ଚିନ୍ତା
- ପୃଥିବୀ ଭ୍ରମଣ (ପ୍ରଥମ ଭାଗ)
- ସାମାଜିକ ଓ ଜୀବନଦର୍ଶନ
- ଆନ୍ତର୍ଜାତିକ ଘଟଣାବଳୀ
- ପୃଥିବୀ ଭ୍ରମଣ (ଦ୍ୱିତୀୟ ଭାଗ)

'ଆମେରିକାର ଓଡ଼ିଆମାନେ' ପର୍ଯ୍ୟାୟରେ ଯୁକ୍ତରାଷ୍ଟ୍ର ଆମେରିକାର ବିଭିନ୍ନ ସ୍ଥାନରେ ବସବାସ କରୁଥିବା ୫୦୦ରୁ ଊର୍ଦ୍ଧ୍ୱ ଓଡ଼ିଆ ପରିବାର ସଂପର୍କରେ ବ୍ୟାପକ ଆଲୋଚନା ରହିଛି। ବିଗତ ଦୁଇ ଦଶନ୍ଧି ମଧ୍ୟରେ ଆମେରିକାର ଓଡ଼ିଆମାନଙ୍କ ସଂଖ୍ୟା ଦ୍ୱିଗୁଣିତ ହେବା, 'ଓଡ଼ିଶା ସୋସାଇଟି ଅଫ୍ ଆମେରିକାଜ୍' (OSA) ନାମକ ସଂସ୍ଥା ମାଧ୍ୟମରେ ଓଡ଼ିଆଙ୍କ ସଂପ୍ରୀତି ରକ୍ଷାର ଉଦ୍ୟମ, ଓଡ଼ିଶାର ବନ୍ୟା ପାଣ୍ଠି ପାଇଁ 'ଓସା'ର ସହାୟତା, ସାଂସ୍କୃତିକ କାର୍ଯ୍ୟକ୍ରମ, ଓଡ଼ିଆ କଳା-ଲିପିର ପ୍ରଦର୍ଶନୀ, ଫଟୋଚିତ୍ର (slide show) ମାଧ୍ୟମରେ ଓଡ଼ିଶାର ଭୌଗୋଳିକ ସ୍ଥିତି, ଶିଳ୍ପକଳାର ପ୍ରଚାର-ପ୍ରସାର, ପ୍ରତିବର୍ଷ ଜୁଲାଇ ମାସରେ 'ଓସା'ର ବାର୍ଷିକ ଅଧିବେଶ ପ୍ରସଙ୍ଗକୁ ଅତି ସ୍ୱଷ୍ଟ ଭାବରେ ଶ୍ରୀ ଦାଶ ଆଲୋଚନା କରିଛନ୍ତି। ପ୍ରସଙ୍ଗାନୁକ୍ରମେ ଏହି ପର୍ଯ୍ୟାୟରେ ଇନ୍ଦିରା ଗାନ୍ଧୀଙ୍କ ମୃତ୍ୟୁ ଖବର, ଓଡ଼ିଶା ସୋସାଇଟିର ବାର୍ଷିକ ଅଧିବେଶନ ୧୯୮୬, ବିଦେଶରେ ଓଡ଼ିଆ କଳାକାରଙ୍କ ମହତ୍ତ୍ୱ ସଂପର୍କରେ ମନୋଜ୍ଞ ବର୍ଣ୍ଣନା ଦେଇ ଶ୍ରୀ ଦାଶ ଉଲ୍ଲେଖ କରିଛନ୍ତି ଯେ "ଦେଶ ବିଦେଶରେ ଓଡ଼ିଆ ପିଲାଙ୍କର କୃତିତ୍ୱ ଉପରେ ଗର୍ବ କରିବା ସମସ୍ତ ଓଡ଼ିଶାବାସୀଙ୍କ କର୍ତ୍ତବ୍ୟ। ଆଜିର ଶିଶୁକୁ ଉପଯୁକ୍ତ ଶିକ୍ଷାଦେଇ ଭବିଷ୍ୟତରେ ବଡ଼ ମଣିଷ କରିବା ସମସ୍ତ ବାପ-ମାଆ, ଶିକ୍ଷକ ତଥା ବଡ଼ ବୋଲାଉଥିବା ରାଜନୀତିଜ୍ଞମାନଙ୍କର ପ୍ରଧାନ କର୍ତ୍ତବ୍ୟ।" (୧) ଶ୍ରୀ ଦାଶ ଜଣେ ବୁଦ୍ଧିଜୀବୀ-ଯନ୍ତ୍ରୀ ତଥା ଜଣେ ସଚେତନଶୀଳ ସାହିତ୍ୟିକ ଭାବରେ 'ଗଣତନ୍ତ୍ର'ର ମୂଲ୍ୟବୋଧକୁ ସ୍ୱତନ୍ତ୍ର ଭାବରେ ବିଚାର କରନ୍ତି। 'ଗଣତନ୍ତ୍ରରେ ସମ୍ବାଦପତ୍ର – ଶ୍ରୀ ରାଧାନାଥ ରଥ'

ଆଲୋଚନାରେ ନିକଟ ଅତୀତରେ ଓଡ଼ିଶାର ସ୍ୱନାମଧନ୍ୟ ସାମ୍ବାଦିକ, ଉତ୍କଳମଣି ଗୋପବନ୍ଧୁଙ୍କ ଉପଯୁକ୍ତ ଦାୟାଦ, ଓଡ଼ିଶାର ଦୀନଦୁଃଖୀଙ୍କ ଚିରସାଥୀ, ସର୍ବଭାରତୀୟ ଲୋକସେବକ ମଣ୍ଡଳର ସଭାପତି ଏବଂ 'ସମାଜ'ର ସଂପାଦକ ଶ୍ରୀଯୁକ୍ତ ରାଧାନାଥ ରଥଙ୍କ ଉପରେ ହୋଇଥିବା ବର୍ବରୋଚିତ ଆକ୍ରମଣକୁ ନିନ୍ଦା କରିଛନ୍ତି। କ୍ଷୋଭ ପ୍ରକାଶ କରି ଶ୍ରୀ ଦାଶ କହନ୍ତି- "ବର୍ତ୍ତମାନ ଭାରତର ସବୁଠାରୁ ବଡ଼ ସମସ୍ୟା ହେଲା 'ଦୁର୍ନୀତି' (corruption)। ଭାରତୀୟ ସମାଜରେ ସବୁ ସ୍ତରରେ ଯେଉଁ ପ୍ରକାର ଦୁର୍ନୀତି ଚାଲିଛି, କୌଣସି ଗଣତାନ୍ତ୍ରିକ ଦେଶରେ ଏଭଳି ନାହିଁ। କଳାଧନର ପରିମାଣ ଏତେ ବେଶି ଯେ ସେଥିରେ ଦେଶର ଅର୍ଥନୈତିକ ଉନ୍ନତି ବିଶେଷ ବାଧାପ୍ରାପ୍ତ ହେଉଛି। ଧନୀ ଓ ଦରିଦ୍ରଙ୍କ ମଧ୍ୟରେ ପାର୍ଥକ୍ୟ ବଢ଼ିବାରେ ଲାଗିଛି।" (୨) ଉତ୍କଳମଣି ଗୋପବନ୍ଧୁଙ୍କ ଦ୍ୱାରା ପ୍ରତିଷ୍ଠିତ 'ସମାଜ' ଏହି ସତ୍ୟ ପରିବେଷଣରୁ କ୍ଷାନ୍ତ ନ ହେବା ପାଇଁ ଶ୍ରୀ ଦାଶ ଆଶା ପୋଷଣ କରିଛନ୍ତି। ଜ୍ଞାନରଞ୍ଜନ ଦାଶ ଜଣେ ସମ୍ବେଦନଶୀଳ ଆଲୋଚକ। 'ସମାଜ' ଅନୁଷ୍ଠାନର ଅଙ୍ଗତୁଲ୍ୟ ଥିବା ପଦାରବିନ୍ଦ ମହାପାତ୍ରଙ୍କୁ ଶ୍ରୀ ଦାଶ ଜଣେ ମହାପୁରୁଷ ବୋଲି ଅଭିହିତ କରିବା ସହିତ ଆମେରିକାର ଅଢ଼େଇ ମାସର ଅବସ୍ଥାନରେ ତାଙ୍କ ସହିତ ଲେଖକଙ୍କ ସାକ୍ଷାତ, ଘନିଷ୍ଠତା ତଥା ତାଙ୍କ ଦେହତ୍ୟାଗ ଘଟଣାର ସ୍ମୃତିଚାରଣ କରିଛନ୍ତି। ପୁଣି ମଧ୍ୟ ଓଡ଼ିଶାର ବିଖ୍ୟାତ ସାହିତ୍ୟିକ ଜ୍ଞାନପୀଠ ବିଜେତା ଗୋପୀନାଥ ମହାନ୍ତିଙ୍କୁ ସ୍ମରଣ କରି 'ଶ୍ରୀ ଗୋପାନୀଥ ମହାନ୍ତି' ଆଲୋଚନାରେ ଶ୍ରୀ ଦାଶ ତାଙ୍କର ଗଭୀର ଶ୍ରଦ୍ଧା ନିବେଦନ କରିଛନ୍ତି। ଶ୍ରୀ ମହାନ୍ତିଙ୍କ ସହିତ ବିତେଇଥିବା ସୁନ୍ଦର ମୁହୂର୍ତ୍ତକକୁ ସ୍ମରଣ କରି ଶ୍ରୀ ଦାଶ ଉଲ୍ଲେଖ କରିଛନ୍ତି - "ଓଡ଼ିଶାର ପୁରପଲ୍ଲୀର ଜୀବନ, ଆଦିବାସୀମାନଙ୍କର ଜୀବନ ସଂଗ୍ରାମ, ସରଳ ବିଶ୍ୱାସ ସବୁ ତାଙ୍କ ପରି ବୋଧହୁଏ ଆଉ କେହି ଗଭୀର ଭାବେ ହୃଦୟଙ୍ଗମ କରିନାହାନ୍ତି। ସେସବୁ ତାଙ୍କର ଅମର ପୁସ୍ତକ 'ପରଜା', 'ମାଟିମଟାଳ', 'ଅମୃତର ସନ୍ତାନ' ଇତ୍ୟାଦିରେ ବର୍ଣ୍ଣିତ ହୋଇଛି। ଗାଉଁଲି ଭାଷାରେ ପ୍ରୟୋଗ ତଥା ବର୍ଣ୍ଣନା ମଧ୍ୟରେ ଗୂଢ଼ ତତ୍ତ୍ୱର ବିଚାର ତାଙ୍କ ଲେଖାର ବିଶେଷତ୍ୱ ଥିଲା। x x x ଲେଖିବା ଅର୍ଥ 'ନିଜକୁ ଆବିଷ୍କାର କରିବା' ବୋଲି ସେ ବୁଝାଉଥିଲେ। ଅନ୍ୟକୁ 'ସୁହାଇଲା ଭଳି' ନ ଲେଖି, ଯାହା ମନରେ ଆସୁଛି ତାକୁ ଲେଖିଚାଲ - ଏହା ଥିଲା ତାଙ୍କ ଲେଖକ ଜୀବନର ମୂଳମନ୍ତ୍ର। ଲେଖକର ସୃଜନଶକ୍ତି (creative force) ଆସେ ସବୁ ଜିନିଷ, ସବୁ ଲୋକଚରିତ୍ରକୁ ଗଭୀର ଭାବେ ନିରୀକ୍ଷଣ ତଥା ଅନୁଧ୍ୟାନ କରେ। ଲେଖାରେ କ୍ଲିଷ୍ଟତା ପ୍ରଦର୍ଶନ କରି ପାଠକଙ୍କୁ ଦୁର୍ବୋଧ୍ୟ ସାହିତ୍ୟ ବାଢ଼ିବାରେ କିଛି ବିଶେଷତ୍ୱ ନାହିଁ - ଏକଥା ତାଙ୍କ ଲେଖାରୁ ସ୍ପଷ୍ଟ ଜଣାପଡ଼େ। ତାଙ୍କ ମତରେ- "ପୃଥିବୀର ବଡ଼ ବଡ଼ ଲେଖକ ଯଥା- ମିଲ୍‌ଟନ୍, କୀଟ୍‌ସ,

ସେକ୍‌ସପିଅର କିମ୍ବା ରବୀନ୍ଦ୍ରନାଥ ଠାକୁରଙ୍କ ରଚନାଶୈଳୀ ଖୁବ୍ ସରଳ ଏବଂ ବୋଧଗମ୍ୟ। ସେଥିରେ ଭାବର ଜୁଆର ଉଠୁଥାଏ। ପଢ଼ିଲେ ମନହୁଏ ବାରମ୍ବାର ପଢ଼ିବାକୁ। କାରଣ ଲେଖକ ଲେଖିଲାବେଳେ ନିଜ ଭିତରେ ହଜିଯାଏ, ସେ ଏକ ଅନ୍ୟ ଦୁନିଆରେ ପହଞ୍ଚିଥାଏ। ଯାହା ବାବଦରେ ଲେଖା ଯାଉଛି, ସେଥିରେ ସେ ସଂପୂର୍ଣ୍ଣ ରୂପେ ମଜ୍ଜି ଯାଇଥାଏ। ସମସ୍ତ ବିଶିଷ୍ଟ କଳାକାର ଏହାହିଁ କରି ବଡ଼ ହୋଇଥାନ୍ତି। x x x ଗୋପୀନାଥ ବାବୁ ମୂଳରୁ ଚାହିଁଥିଲେ ସେ ଏଭଳି ସାହିତ୍ୟ ସୃଷ୍ଟି କରିବେ ଯେଉଁଥିରେ ଓଡ଼ିଆ ସାହିତ୍ୟ ପୃଥିବୀର ଯେକୌଣସି ଉଚ୍ଚକୋଟୀର ସାହିତ୍ୟ ସହ ସମାନ ହୋଇ ପାରିବ। ତାଙ୍କର ବିଶ୍ୱାସ ଥିଲା ଏଇ ଆମ ଓଡ଼ିଆ ଭାଷା ଭଳି ପ୍ରାଚୀନ ଏବଂ ସମୃଦ୍ଧ ସାହିତ୍ୟ ସାରା ଭାରତରେ ବିରଳ। ତାକୁ ସମ୍ମାନ ଦେବା ଲାଗି, ତା'ର ରୂପସଂଜ୍ଞା ନିର୍ଦ୍ଧାରଣ ପାଇଁ, ତା'ର ସମସ୍ତ ସୌନ୍ଦର୍ଯ୍ୟକୁ ପ୍ରକାଶ କରିବାକୁ ହେବ। ଏହା କମ୍ ବଡ଼ ଲକ୍ଷ୍ୟ ନୁହେଁ! ଏଭଳି ଚିନ୍ତାଧାରା ତଥା ଲକ୍ଷ୍ୟ ଓଡ଼ିଶାରେ କେତେଜଣ ସାହିତ୍ୟିକଙ୍କ ମୂଳମନ୍ତ୍ର ହୋଇପାରିଛି ?" (୩) ଗୋପୀନାଥ ମହାନ୍ତିଙ୍କ ଶବ୍ଦ ସଂଯୋଜନା, ସରଳ ଭାଷା ବିନ୍ୟାସ, ତାଙ୍କ ସୃଷ୍ଟିର ପ୍ରାକୃତ ସୌନ୍ଦର୍ଯ୍ୟ, ସ୍ଥାନୀୟତାର ଜୟଗାନକୁ ଜ୍ଞାନରଞ୍ଜନ ଦାଶ ଭୁରି ଭୁରି ପ୍ରଶଂସା କରିଛନ୍ତି। ଶ୍ରୀ ଦାଶ ତାଙ୍କ ବନ୍ଧୁମାନଙ୍କ ଉକ୍ତିକୁ ଉଦ୍ଧାର କରି ଉଲ୍ଲେଖ କରିଛନ୍ତି ଯେ- ''ଗୋପୀନାଥ ମହାନ୍ତି ଭଳି ଜଣେ ସାଧକ, ଦାର୍ଶନିକ ତଥା ସାହିତ୍ୟର ଉପାସକ ଯଦି ଓଡ଼ିଶା ବାହାରେ ଜନ୍ମ ହୋଇଥାନ୍ତେ, କାହିଁ କେତେ ଉପରକୁ ଯାଇଥାନ୍ତେ। ଗୋପୀନାଥ ବାବୁ କେବେ ଯଶ ଚାହିଁ ନ ଥିଲେ। ସେ ଥିଲେ ବିଜୟୀ। ତାଙ୍କର ମହାନତା ତାଙ୍କ ପୁସ୍ତକମାନଙ୍କୁ ସୁସ୍ପଷ୍ଟ। ସେ ପ୍ରଥମ ଓଡ଼ିଆ ଜ୍ଞାନପୀଠ ପୁରସ୍କାର ବିଜେତା। ଓଡ଼ିଶା ତଥା ଓଡ଼ିଆମାନଙ୍କର ସେ ଗର୍ବ।'' (୪)

ଓଡ଼ିଶାର ସୁପ୍ରସିଦ୍ଧ ଶାସ୍ତ୍ରୀୟ ସଂଗୀତଜ୍ଞା ସୁନନ୍ଦା ପଟ୍ଟନାୟକଙ୍କ ସଂପର୍କରେ ଶ୍ରୀ ଦାଶ ସୁନ୍ଦର ଆଲୋଚନାଟିଏ ଉପସ୍ଥାପିତ କରିଛନ୍ତି। ବିଦେଶୀ ଓଡ଼ିଆ ବନ୍ଧୁ ପ୍ରମୋଦ ପଟ୍ଟନାୟକଙ୍କ ଦେହାନ୍ତ ପ୍ରତି ଶ୍ରୀ ଦାଶ ନିଜର ଗଭୀର ଶୋକ ଅଭିବ୍ୟକ୍ତ କରିଛନ୍ତି। ଓଡ଼ିଶାରୁ ଚାରି ମାସ ଲାଗି ଆମେରିକା ଆସିଥିବା ଶ୍ରୀ ଦାଶଙ୍କ ନନା-ବୋଉଙ୍କ ରହଣି, ନିଉୟର୍କ, ବୋଷ୍ଟନ୍, କନେକ୍ଟିକଟ୍, ଫିଲାଡେଲ୍‌ଫିଆ, ନିଉଜର୍ସି ଆଦି ସ୍ଥାନମାନଙ୍କର ପରିଦର୍ଶନ ସଂପର୍କରେ ଖୁବ୍ ସୁନ୍ଦର ବର୍ଣ୍ଣନା ରହିଛି 'ଆମେରିକା ଚିଠି'ରେ। 'ଓଡ଼ିଶାରେ କମ୍ପ୍ୟୁଟର ସଂସ୍ଥା-୧୯୯୨', 'ଘଟଣାବହୁଳ ଆମେରିକା-୧୯୯୩', 'କାଲିଫର୍ଣ୍ଣିଆର ଓଡ଼ିଆ', 'ରାଉରକେଲାର ରିଜିଓନାଲ୍ ଇଞ୍ଜିନିୟରିଂ କଲେଜର ରଜତ ଜୟନ୍ତୀ' ଉପଲକ୍ଷେ ଶ୍ରୀ ଦାଶଙ୍କ, ସୁଦୂର ଆମେରିକାରୁ ଆସି ପୁରାତନ ବନ୍ଧୁବର୍ଗଙ୍କ ସହ ଦୁଇଦିନ

ବ୍ୟାପୀ ସାକ୍ଷାତ ଓ ବନ୍ଧୁମିଳନ ପର୍ବ ସଂପର୍କରେ ସୁନ୍ଦର ଆଲୋଚନା ରହିଛି। ଓଡ଼ିଶା ସୋସାଇଟିର ୨୬ତମ ବାର୍ଷିକ ଅଧିବେଶନରେ ଆୟୋଜିତ ସାଂସ୍କୃତିକ କାର୍ଯ୍ୟକ୍ରମ 'ଓଡ଼ିଶା ସୋସାଇଟିର ବାର୍ଷିକ ଅଧିବେଶନ-୧୯୯୬' ସଂପର୍କରେ ତଥ୍ୟଭିତ୍ତିକ ଆଲୋଚନା ଉପସ୍ଥାପିତ କରିଛନ୍ତି।

ଶ୍ରୀ ଜ୍ଞାନରଞ୍ଜନ ଦାଶ ଜଣେ ଯନ୍ତ୍ରୀ ଭାବରେ 'ଜ୍ଞାନ-ବିଜ୍ଞାନ'ର ବିବିଧ ରୂପରେଖକୁ ତାଙ୍କ ଲେଖନୀରେ ରୂପାୟିତ କରିଛନ୍ତି। କମ୍ପ୍ୟୁଟରର ପ୍ରସାର, ସୁପର୍ କଣ୍ଡକ୍‌ଟିଭିଟି, ବିଜ୍ଞାନବିତ୍ ଡକ୍ଟର ଷ୍ଟିଫେନ୍ ହକିଙ୍ଗ୍, ଲୋକସଂଖ୍ୟା ବୃଦ୍ଧି ହେତୁ ପୃଥିବୀର ଧ୍ୱଂସାଭିମୁଖୀ ଭବିଷ୍ୟତ, ମହାକାଶରେ ଉପଗ୍ରହ ମରାମତି କାର୍ଯ୍ୟ ସଂପର୍କରେ ଆଲୋଚନା କରିବା ସହିତ ଇନ୍‌ଫର୍ମେସନ୍ ଯୁଗରେ କ୍ରିଷ୍ଟୋଫର କଲମ୍ବସ୍ ନିଲ ଆର୍ମଷ୍ଟ୍ରଙ୍ଗଙ୍କ ଭଳି କୃତବିଦ୍ୟ ବୈଜ୍ଞାନିକ କୃତିତ୍ୱ, ବିଶ୍ୱବିଖ୍ୟାତ ଜ୍ୟୋତିପଦାର୍ଥ ବିଜ୍ଞାନବିତ୍ ଡକ୍ଟର ସୁବ୍ରମଣ୍ୟମ୍ ଚନ୍ଦ୍ରଶେଖର, ଗଣତିଜ୍ଞ ପଲ୍ ଏର୍ଡୋସ ପ୍ରମୁଖଙ୍କଙ୍କ ସଂପର୍କରେ ଖୁବ୍ ତାତ୍ତ୍ୱିକ ଆଲୋଚନା କରିଛନ୍ତି। ପ୍ରସଙ୍ଗାନୁକ୍ରମେ ଆମେରିକାର ପଶ୍ଚିମ ଦିଗରେ ପ୍ରଶାନ୍ତ ମହାସାଗରର ବେଳାଭୂମିରେ ଅବସ୍ଥିତ କାଲିଫର୍ଣ୍ଣିଆର ସୌନ୍ଦର୍ଯ୍ୟରେ ଅଭିଭୂତ ଶ୍ରୀ ଦାସ ଏହାକୁ ଆମେରିକାର 'ଭଣ୍ଡାରଘର' (Granary of America) ରୂପେ ଅଭିହିତ କରିଛନ୍ତି।

ଶ୍ରୀ ଦାଶଙ୍କ 'ଆମେରିକା ଚିଠି'ର ତୃତୀୟ ପର୍ଯ୍ୟାୟସ୍ଥ 'ସ୍ୱଦେଶ ଚିନ୍ତା' ଶୀର୍ଷକରେ ଭାରତୀୟ ଗଣତନ୍ତ୍ର, ଆମେରିକାରେ ଭାରତ ଉତ୍ସବ, ନୂଆବର୍ଷରେ ଭାରତ ଚିନ୍ତା-୧୯୮୫, ଆମେରିକାରେ ଭାରତ ଓ ଭାରତୀୟ ଇତ୍ୟାଦି ଅନେକ ଆଲୋଚନା ଅନ୍ତର୍ଭୁକ୍ତ। ଜଣେ ଓଡ଼ିଆ ଭାବରେ ଶ୍ରୀ ଦାଶଙ୍କ ପ୍ରଚଣ୍ଡ ସ୍ୱାଭିମାନର ରୂପକୁ ପାଠକ ଅନୁଭବ କରି ପାରିବେ ତାଙ୍କର 'ଭାରତ ଦର୍ଶନ - ଜୁଲାଇ ୧୯୯୫' ଆଲୋଚନାରେ। ଯେଉଁଠି ସେ ଭାରତର ବହୁବିଧ ସମସ୍ୟାକୁ ଉତ୍‌ଥାପିତ କରିବା ସହିତ ସରଳ ଏବଂ ନିରହଙ୍କାରୀ ଓଡ଼ିଆଙ୍କ ସଂସ୍କୃତିପ୍ରୀତି, ବୀରତ୍ୱର ପରାକାଷ୍ଠାକୁ ଗୁରୁତ୍ୱାରୋପ କରି ଲେଖିଛନ୍ତି- "ଭାରତରେ ଓଡ଼ିଶା କେବଳ ଦାରିଦ୍ର୍ୟର ଚରମ ମାପକାଠି ରୂପେ ଗଣାହେଉଛି। ସବୁ ନେତା କଥା କଥାକେ କଳାହାଣ୍ଡି ଏବଂ କୋରାପୁଟର ପିଲା ବିକିବା କଥା ଉଦ୍ଧାର କରୁଛନ୍ତି। କହୁନାହାନ୍ତି ଯେ ସର୍ବଭାରତରେ ଅତିବଡ଼ୀ ଜଗନ୍ନାଥ ଦାସ ସର୍ବପ୍ରଥମେ ଏକ ଆଞ୍ଚଳିକ ଭାଷାରେ ଭାଗବତ ଲେଖିଥିଲେ କିମ୍ବା ସାରଳା ଦାସ ମହାଭାରତ ଲେଖିଥିଲେ। କେହି କହୁନାହାନ୍ତି ଯେ ଷୋଡ଼ଶ ଶତାବ୍ଦୀରେ ଓଡ଼ିଶା କଳା, ସାହିତ୍ୟ ଓ ସଂସ୍କୃତିରେ ଶୀର୍ଷସ୍ଥାନ ଅଧିକାର କରିଥିଲା।" (୫)

ଓଡ଼ିଶାର ମାଟି, ପବନ, ସ୍ନେହପ୍ରବଣ ଓଡ଼ିଆ ପ୍ରାଣର ସାରଲ୍ୟ ଓ ତା'ର ଐତିହ୍ୟକୁ ହୃଦୟ ଦେଇ ଭଲପାଉଥିବା ଜ୍ଞାନରଞ୍ଜନ ଦାଶଙ୍କ 'ଆମେରିକା ଚିଠି' ଅନୁଭୂତି ବୃତ୍ତାନ୍ତରେ ବିଦେଶ ମଧ୍ୟ ଦେଇ ଦେଶ ଓ ଜନ୍ମମାଟିର ମହାନ୍ ଦିଗ ପ୍ରତି ଆବେଗିକ ବନ୍ଧନର ଅନୁଭବ ବେଶ୍ ହୃଦ୍ୟ ହୁଏ। ବିଭିନ୍ନ ନୈତିକତାରେ ଶ୍ରେଷ୍ଠ ଭାରତବର୍ଷ ଯେ ଏକଦା ସମଗ୍ର ପୃଥିବୀ ଦିଗ୍‌ଦର୍ଶନ ଦେଇଥିଲା ଏ ସତ୍ୟାସତ୍ୟ ଅପେକ୍ଷା ସାଂପ୍ରତିକ ନୀତିହୀନ ଅବସ୍ଥା ଶ୍ରୀ ଦାଶଙ୍କୁ ମର୍ମାହତ କରିଛି। ଟିଏନ୍. ଶେଷାନ୍, ମଦର ଟେରେସାଙ୍କ ଭଳି ବ୍ୟକ୍ତିତ୍ୱମାନଙ୍କ ମହାନ୍ ଉତ୍ସର୍ଗରେ ଦ୍ରବୀଭୂତ ଭାରତବର୍ଷର ଭୂୟୀୟସୀ ପ୍ରଶଂସାରେ ଶ୍ରୀ ଦାଶଙ୍କ 'ଆମେରିକା ଚିଠି' ଋଦ୍ଧିମନ୍ତ ହୋଇଛି।

ଓଡ଼ିଆ ଭାଷା-ସାହିତ୍ୟକୁ ନିଜ ସ୍ଥିତି, ଅନୁଭୂତି ସଂପର୍କରେ ଅବଗତ କରାଇ ଓଡ଼ିଶାର ଜନସମାଜକୁ ନିଜର କର୍ତ୍ତବ୍ୟନିଷ୍ଠା, ମହତ୍ ଚିନ୍ତନ ତଥା ଗରିମାମୟ ଐତିହ୍ୟ ସହିତ ସଂଶ୍ଳିଷ୍ଟ କରି ରଖିବାର ଆବଶ୍ୟକତାକୁ ଅନୁଭବ କରିଥିବା ଶ୍ରୀ ଦାଶଙ୍କ 'ଆମେରିକା ଚିଠି' ସାଂପ୍ରତିକ ଦେଶ-ବିଦେଶର ସମୟ-ସମାଜ, ଶିକ୍ଷା-ସଂସ୍କୃତି, ରାଜନୀତି-ଦର୍ଶନ ଓ ବ୍ୟକ୍ତିକ ପ୍ରାଣପ୍ରତିଷ୍ଠତାର ଏକ ଅଦ୍ୱିତୀୟ ଇସ୍ତାହାର। ଜଣେ ସମର୍ପିତ ଓଡ଼ିଆ ଭାବରେ ଶ୍ରୀ ଜ୍ଞାନରଞ୍ଜନ ଦାଶ ନିଜ ଲେଖନୀ ମାଧ୍ୟମରେ ଓଡ଼ିଆ ଭାଷା-ସାହିତ୍ୟକୁ ସୁରକ୍ଷିତ ତଥା ସଂରକ୍ଷିତ ରଖିବାର ଯେଉଁ ଆହ୍ୱାନ ଦେଇଛନ୍ତି ତାହା ସମଗ୍ର ଓଡ଼ିଆ ସମାଜ ପାଇଁ ଗର୍ବ ଗୌରବର ବିଷୟ। ଶ୍ରୀ ଦାଶ ଚଳନ୍ତି ସମୟ ଓ ଓଡ଼ିଆ ଭାଷା-ସାହିତ୍ୟର ଜଣେ ବିଶ୍ୱସ୍ତ ପ୍ରତିନିଧି।

ସହାୟକ ପ୍ରାନ୍ତଟୀକା:

୧. ଦାଶ ଜ୍ଞାନରଞ୍ଜନ - ଆମେରିକା ଚିଠି - ବ୍ଲାକ୍ ଈଗଲ ବୁକ୍-୨୦୨୦ - ପୃ:୩୦

୨. ତତ୍ରୈବ - ପୃ:୩୨

୩. ତତ୍ରୈବ - ପୃ:୩୮

୪. ତତ୍ରୈବ - ପୃ:୪୧

୫. ତତ୍ରୈବ - ପୃ:୧୩୩

■

ବିଭାଗ ମୁଖ୍ୟ, ଓଡ଼ିଆ ଭାଷା-ସାହିତ୍ୟ ବିଭାଗ

ରମାଦେବୀ ମହିଳା ବିଶ୍ୱବିଦ୍ୟାଳୟ, ଭୁବନେଶ୍ୱର

ସୁଲୋଚନା ପଟ୍ଟନାୟକ

ସୁଲୋଚନା ପଟ୍ଟନାୟକ (୧୯୫୦): ବିଶିଷ୍ଟ ପ୍ରବାସୀ ଓଡ଼ିଆ ସାହିତ୍ୟିକା ସୁଲୋଚନା ପଟ୍ଟନାୟକ ଜଣେ ସୁପରିଚିତ ଗାଳ୍ପିକା । ସେ ୧୯୫୦ ମସିହା ଜୁନ୍ ୧୪ ତାରିଖରେ ପିତା ଆଡ୍‌ଭୋକେଟ୍ ଶ୍ରୀ ଗଙ୍ଗାଧର ପଟ୍ଟନାୟକ ଏବଂ ମାତା ସୁଧାମୟୀଙ୍କ କୋଳମଣ୍ଡନ କରି ଖୋର୍ଦ୍ଧା ଜିଲ୍ଲାରେ ଭୂମିଷ୍ଠ ହୋଇଥିଲେ । ସେ ଉତ୍କଳ ବିଶ୍ୱବିଦ୍ୟାଳୟରୁ ଭାଷା-ସାହିତ୍ୟ ଓ ଶିକ୍ଷା ବିଭାଗରୁ ସ୍ନାତକୋତ୍ତର ଉପାଧିପ୍ରାପ୍ତ । ସମାଜରେ ଓଡ଼ିଆ ସାହିତ୍ୟର ପ୍ରଚାର ଓ ପ୍ରସାର ପାଇଁ ସେ ସଦା ତତ୍ପର । ୧୯୮୭ ମସିହାରେ ପ୍ରଥମେ କାନାଡା ଓ ତା'ର ପ୍ରାୟ ଦୁଇବର୍ଷ ପରେ ଯୁକ୍ତରାଷ୍ଟ୍ର ଆମେରିକାକୁ ଆସି, ଦୀର୍ଘ ତିନି ଦଶକରୁ ଅଧିକ ବର୍ଷ ବାସ କଲା ପରେ ମଧ୍ୟ ଓଡ଼ିଶା ଓ ଓଡ଼ିଆ ସାହିତ୍ୟକୁ ସେ ଭୁଲିନାହାନ୍ତି । ବରଂ ଆମେରିକାର ପ୍ରବାସୀ ଓଡ଼ିଆମାନଙ୍କ ମଧ୍ୟରେ ଓଡ଼ିଆପ୍ରୀତି ଜାଗ୍ରତ କରିବା ତାଙ୍କର ପରମ ଲକ୍ଷ୍ୟ । ତାଙ୍କର ପ୍ରକାଶିତ କାହାଣୀ ଗୁଚ୍ଛ 'ମୋ କଥା ତୁମ କାହାଣୀ'ର ଗଳ୍ପଗୁଡ଼ିକରୁ ଏହାର ଆଭାସ ମିଳିଥାଏ । 'ତୁମ କଥା ମୋ କାହାଣୀ' ସୁଲୋଚନା ପଟ୍ଟନାୟକଙ୍କ ଗଳ୍ପକାରିତାର ମନୋଜ୍ଞ ରୂପ । ଛୋଟ ଛୋଟ ଘଟଣାକୁ ନିଜର ଚମତ୍କାର କଥାକାରିତା ମାଧ୍ୟମରେ ସେ ଯେଉଁ ଗଳ୍ପ ସଂକଳନଟି ପ୍ରସ୍ତୁତ କରିଛନ୍ତି ତାହା ସମଗ୍ର ଓଡ଼ିଆ ଭାଷା-ସାହିତ୍ୟ ପାଇଁ ନିଶ୍ଚିତ ଭାବରେ ଏକ କଳାତ୍ମକ କୃତି । ପ୍ରବାସରେ ଥାଇ ବିଦେଶୀ ପରିବେଶ ମଧ୍ୟରେ ନିଜ ଓଡ଼ିଆତ୍ୱକୁ ସୁରକ୍ଷିତ କରି ରଖିବା ଏବଂ ତାକୁ ସାହିତ୍ୟିକ ରୂପ ଦେବା କ୍ଷେତ୍ରରେ ଗାଳ୍ପିକା ସୁଲୋଚନା ପଟ୍ଟନାୟକ ଧନ୍ୟବାଦାର୍ହ । ତାଙ୍କ କାର୍ଯ୍ୟକ୍ଷେତ୍ରରୁ ଅବସର ଗ୍ରହଣ ପରେ ସଂପ୍ରତି ସେ ଆମେରିକାର ଫ୍ଲୋରିଡ଼ା ପ୍ରଦେଶରେ ଅବସ୍ଥାନ କରୁଛନ୍ତି ।

ସୁଲୋଚନା ପଟ୍ଟନାୟକଙ୍କ 'ତୁମ କଥା ମୋ କାହାଣୀ' ଏକ ପର୍ଯ୍ୟାଲୋଚନା

ଡକ୍ଟର ରେବତୀ ମୁଦୁଲି

ସମାଜ ଓ ସମୟର ପ୍ରାଣସ୍ପନ୍ଦନକୁ ନିଜ ବକ୍ଷରେ ଟେକିଧରି ସାହିତ୍ୟ ହୁଏ ସମୃଦ୍ଧ ଓ ଋଦ୍ଧିମନ୍ତ। ବାସ୍ତବତାର ପଟ୍ଟଭୂମି ଉପରେ କଳ୍ପନାର ପୁଟ ଦେଇ ସ୍ୱୀୟ କଲମର ଆସାମାନ୍ୟ ଯାଦୁକରୀ ସ୍ପର୍ଶରେ ଶିଳ୍ପୀଟିଏ ସୃଜିପାରେ ଅନବଦ୍ୟ କଳାର କୋଣାର୍କ। କ୍ଷୁଦ୍ରଗଳ୍ପ ହେଉଛି ସେଇ କଳା କୋଣାର୍କର ଅନ୍ୟତମ ଆକାଂକ୍ଷିତ ବିଭବ, ଯାହା ସଂପ୍ରତି ବ୍ୟସ୍ତବହୁଳ ମଣିଷ ଜୀବନ ପାଇଁ ମନୋରଂଜନର ସର୍ବଶ୍ରେଷ୍ଠ ମାଧ୍ୟମ। ଅତର୍କିତ ଆରମ୍ଭ ଓ ନାଟକୀୟ ପରିସମାପ୍ତି ଯଦି କ୍ଷୁଦ୍ରଗଳ୍ପର ପ୍ରମୁଖ ବୈଶିଷ୍ଟ୍ୟ ହୁଏ ତେବେ ତାହା ସୃଜନଶିଳ୍ପୀ ସୁଲୋଚନା ପଟ୍ଟନାୟକଙ୍କ ଗଳ୍ପସମୂହରେ ଭାସ୍ୱର।

ସୁଲୋଚନା ପଟ୍ଟନାୟକ ସାଂପ୍ରତିକ ସମୟର ଜଣେ ଯଶସ୍ୱିନୀ କଥାକାର। ସେ ସଂପ୍ରତି ଆମେରିକାର ଫ୍ଲୋରିଡ଼ା ପ୍ରଦେଶରେ ଅବସ୍ଥାନ କରନ୍ତି। ଓଡ଼ିଆ ଭାଷା ଓ ସାହିତ୍ୟ ପ୍ରତି ପ୍ରଗାଢ଼ ଅନୁରାଗ ଓ ଅସୀମ ଅନୁରକ୍ତି ତାଙ୍କୁ ଜଣେ ପ୍ରତିଷ୍ଠିତ କଥାଶିଳ୍ପୀ ଭାବେ ସ୍ୱତନ୍ତ୍ର ପରିଚୟ ଆଣି ଦେଇଛି। ବିଭିନ୍ନ ସାହିତ୍ୟିକ ସଂସ୍ଥା ଦ୍ୱାରା ଆୟୋଜିତ ପ୍ରତିଯୋଗିତାରେ ଭାଗ ନେଇ ସେ ପୁରସ୍କୃତ ହୋଇଛନ୍ତି। ଆମେରିକାର ଜଗନ୍ନାଥ ଅର୍ଗାନାଇଜେସନ୍ ଫର୍ ଗ୍ଲୋବାଲ୍ ଆୱାରନେସ୍ (JOGA) ଏବଂ ଓଡ଼ିଶା ସୋସାଇଟି ଅଫ୍ ଦି ଆମେରିକାନ୍ (OSA) ସଂସ୍ଥାରୁ ପ୍ରକାଶିତ ପତ୍ରିକା 'ଚିରନ୍ତନ', 'ଉତ୍କର୍ଷ' ଓ 'ଉର୍ମି'ରେ ପ୍ରକାଶିତ ଗଳ୍ପ ଓ କବିତା ତାଙ୍କୁ ସାହିତ୍ୟାନୁରାଗୀ ହେବା ପାଇଁ ଅନୁପ୍ରେରିତ କରିଛି ବୋଲି ଗାଳ୍ପିକା ସୁଲୋଚନା ପଟ୍ଟନାୟକ ମତବ୍ୟକ୍ତ କରନ୍ତି। ଏତଦ୍ ଭିନ୍ନ ସତ୍ୟ

ପଟ୍ଟନାୟକଙ୍କ ପରିଚାଳିତ ପତ୍ରିକା 'ପ୍ରତିଶ୍ରୁତି' ଏବଂ ଅରବିନ୍ଦ ମିଶ୍ରଙ୍କ ପରିଚାଳିତ ମାସିକ ଇ-ପତ୍ରିକା 'ବେଦାନ୍ତି'ରେ ଲେଖିକାଙ୍କର ଅନେକ ଗଳ୍ପ ସ୍ଥାନ ପାଇଛି। 'ତୁମ କଥା ମୋ କାହାଣୀ' ସୁଲୋଚନା ପଟ୍ଟନାୟକଙ୍କ ବହୁର୍ଚ୍ଚିତ ଗଳ୍ପ ସଂକଳନ। ଏହି ଗଳ୍ପ ସଂକଳନଟି ପ୍ରଥମେ ୨୦୧୯ ମସିହାରେ ଫ୍ରେଣ୍ଡସ ପବ୍ଲିଶର୍ସ ଦ୍ୱାରା ପ୍ରକାଶିତ ହୋଇଥିଲା। ଗାଳ୍ପିକା ତାଙ୍କର ଏହି କୃତିଟିକୁ ଉତ୍କଳର ଆରାଧ୍ୟ ଦେବତା ମହାପ୍ରଭୁ ଜଗନ୍ନାଥଙ୍କ ପାଦପଦ୍ମରେ ଉତ୍ସର୍ଗ କରିଛନ୍ତି। ଏଥିରେ ସର୍ବମୋଟ ପଚିଶଟି ଗଳ୍ପ ସ୍ଥାନ ପାଇଛି।

ସାମଗ୍ରିକ ଦୃଷ୍ଟିକୋଣରୁ ଗଳ୍ପଗୁଡ଼ିକୁ ଆଲୋଚନା କରାଯାଇପାରେ। ଆଲୋଚ୍ୟ ଗଳ୍ପ ସଂକଳନସ୍ଥ ପ୍ରଥମ ଗଳ୍ପ ହେଉଛି 'ରୁମି'। ଏହି ଗଳ୍ପରେ ବିବାହିତ ହୋଇ ମଧ୍ୟ ନିଃସଙ୍ଗ ଜୀବନ ବିତାଉଥିବା ୪୧ ବର୍ଷୀୟା ରୁମିଙ୍କ ମାନସିକ ଭାବାବେଗ ବର୍ଣ୍ଣିତ। ରୁମି ବିବାହ କରିଥିଲେ ଅନୁପମଙ୍କୁ, ତାଙ୍କର ଏକମାତ୍ର ସଂତାନ, ନାଁ ତା'ର ଟୁକୁନା। ଅଥଚ ସ୍ୱାମୀ ଅନୁପମ, ରୁମିଙ୍କୁ ଡିଭୋର୍ସ ଦେଇ ଅନ୍ୟ ଜଣେ ନାରୀ ସହିତ ରହୁଛନ୍ତି ଆମେରିକାରେ। ସାଙ୍ଗସାଥୀ ମେଳରେ ଟୁକୁନାର ଦିନ ବିତିଯାଉଥିବା ବେଳେ ଘରେ ଏକାକୀ ସମୟ ଅତିବାହିତ କରନ୍ତି ରୁମି। ହଠାତ୍ ଦିନେ ଟୁକୁନା, ରୁମିଙ୍କୁ, ଅନୁପମ ପଠାଇଥିବା ଇ-ମେଲ୍‌ର କଥା ଜଣାଇଦିଏ। ଟୁକୁନା, ବୋଷ୍ଟନ୍ କଲେଜରେ ପାଠ ପଢ଼ିବ। ଏହା ଥିଲା ଇ-ମେଲ୍‌ରେ ଅନୁପମଙ୍କ ବାର୍ତ୍ତା। ଏହା ଜାଣିବା ପରେ ମାନସିକ ସ୍ତରରେ ଆଘାତ ପାଇଛନ୍ତି ରୁମି। ସ୍ୱାମୀ ପରିତ୍ୟକ୍ତା ହୋଇ ପୁଣି ପୁତ୍ରକୁ ପାଖରୁ ଦୂରେଇ ଦେବାର ଦୁଃଖରେ ସେ ମର୍ମାହତ। କିନ୍ତୁ ଶେଷରେ ଗୋଟିଏ ବୁଲା କୁକୁରକୁ ରୁମି ନିଜ ଅବଶିଷ୍ଟ ନିଃସଙ୍ଗ ଜୀବନର ସାଥୀ ଭାବେ ମାନି ନେଇଛନ୍ତି। ରୁମି ଚରିତ୍ର ମାଧ୍ୟମରେ ଗାଳ୍ପିକା ପ୍ରକୃତି, ପରିବେଶ ତଥା ଜୀବଜନ୍ତୁଙ୍କ ପ୍ରତି ଗଭୀର ସମ୍ବେଦନଶୀଳତାକୁ ପ୍ରକାଶ କରିଛନ୍ତି।

ବିବାହ କରି ମଧ୍ୟ ସ୍ୱାମୀଙ୍କ ଠାରୁ ଅଲଗା ହୋଇ ରହିବାର ଦୁଇ ବର୍ଷ ପରେ ସରୋଜିନୀ ଟାଉନ୍‌ହାଉସ୍‌ଟିଏ କିଣିଥିଲେ। ନିଃସଙ୍ଗତାବୋଧକୁ ଦୂର କରିବା ପାଇଁ ଶନିବାର, ରବିବାରରେ ସେ ସାଙ୍ଗମାନଙ୍କୁ ଆମନ୍ତ୍ରଣ କରନ୍ତି। ସାଙ୍ଗମାନଙ୍କ ସହିତ କଥାବାର୍ତ୍ତା କରି ଦିନ ସରିଯାଏ। ଏକାକୀ ରହିଲେ ପୁରୁଣା ସ୍ମୃତି ମନକୁ ଆସି ତାଙ୍କୁ ଦୁଃଖୀ କରିଦିଏ। କିନ୍ତୁ ଘରକୁ ଆସିଲେ ତାଙ୍କୁ ଶାନ୍ତି ମିଳେ। ଘରକୁ ନେଇ ସରୋଜିନୀଙ୍କ ଭାବନା - "ଏ ଘର ସହ ସରୋଜିନୀଙ୍କର ସଂପର୍କ ଖୁବ୍ ଘନିଷ୍ଠ। କେମିତି ଏକ ଅକୁହା ଶାନ୍ତି ମିଳେ ଘରକୁ ଆସିଲେ। ସାରାଦିନର ଖଟଣୀ ପରେ ଘର ବାହୁଡ଼ା ଗାଈଟିଏ ପରି ଘରକୁ ଫେରିଆସିଲେ ଭଲ ଲାଗେ। ସୁଖ ଦୁଃଖର ନିତିଦିନିଆ ଜୀବନରେ

ଏ ଅକୁହା ଶାନ୍ତିର ଆବଶ୍ୟକତା ନିଶ୍ଚୟ ସମସ୍ତେ ଅନୁଭବ କରୁଥିବେ। ସରୋଜିନୀ ସେଥିରୁ ବାଦ୍ ଯିବନି ନିଶ୍ଚୟ।" (୧) ଏମିତି ଦିନ ବିତିଯାଉଥିବା ବେଳେ ଦିନେ ଅଚାନକ ଫୋନ୍‌ରେ ସରୋଜିନୀଙ୍କ ପାଖକୁ ଏକ ମେସେଜ୍ ଥିଲା। ଜୀବନ ତାଙ୍କୁ ଶନିବାର ଦିନ ଦେଖା କରିବାକୁ ଚାହୁଁଥିବା କଥା ଭଏସ୍ ମେସେଜ୍‌ରେ ରେକର୍ଡ଼୍ ଥିଲା। ମେସେଜ୍‌ଟିକୁ ଶୁଣିବା ପୂର୍ବରୁ ସରୋଜିନୀଙ୍କ ମନରେ ସୃଷ୍ଟି ହୋଇଥିଲା ଏକ ପ୍ରକାର ଉଦ୍‌ବେଳନ। ସ୍ୱାମୀ ଜୀବନଙ୍କ ଠାରୁ ଅଲଗା ହେବା ପରେ ଏକ ପ୍ରୋଜେକ୍ଟରେ ଏକାସାଙ୍ଗରେ କାମ କରୁଥିବା ବ୍ରାୟାନ୍‌ର ନିକଟତର ହୋଇପଡ଼ିଥିଲା ସରୋଜିନୀ। ବ୍ରାୟାନ୍ ଥିଲେ ଯେମିତି ତାଙ୍କ ନିଃସଙ୍ଗ ଜୀବନର ସ୍ତମ୍ଭ ସଦୃଶ। ସବୁବେଳେ ସବୁ ସ୍ଥିତିରେ ବଢ଼ାଇ ଦେଇଛନ୍ତି ସହଯୋଗର ହାତ। ଗଲା ମାସ ତାଙ୍କ ଜନ୍ମଦିନରେ ଉପହାର ସ୍ୱରୂପ ବ୍ରାୟାନ୍ ଦେଇଥିଲେ ଗୋଲାପର ଫୁଲତୋଡ଼ା। କ୍ରମଶଃ ସରୋଜିନୀଙ୍କ ମନରେ ବ୍ରାୟାନ୍‌ଙ୍କ ପ୍ରତି ଆସିଯାଇଥିଲା ଭଲପାଇବା। ସେଦିନ ବ୍ରାୟାନ୍ ଆସି ନ ଥିଲେ। ବ୍ରାୟାନ୍‌ଙ୍କ ଅପେକ୍ଷାରେ ସରୋଜିନୀଙ୍କ ତମାମ ଦିନ ବିତିଯାଇଥିଲା। ବ୍ରାୟାନ୍‌ଙ୍କୁ ନେଇ ସରୋଜିନୀଙ୍କ ମନସ୍ତାତ୍ତ୍ୱିକ ଭାବନା ବେଶ୍ ଚମତ୍କାର ରୂପେ ବର୍ଣ୍ଣିତ। ସରୋଜିନୀ ଫୁଲ ପାଇ ବ୍ରାୟାନ୍‌ଙ୍କୁ କୋଳାଗ୍ରତ କଲେ। ଉଭୟେ ସାଙ୍ଗ ହୋଇ ଡିନରରେ ଯିବା ପାଇଁ ସ୍ଥିର କଲେ। ସରୋଜିନୀ ଯେତେବେଳେ ଲୁଗା ବଦଳାଇ ନିଜକୁ ସାଧାରଣ ପରିଛଦ, ମେକ୍‌ଅପ୍‌ରେ ସଜେଇ ହୋଇ ଆସିଲେ ସେତେବେଳେ ତାଙ୍କୁ ଦେଖି ବ୍ରାୟାନ୍‌ଙ୍କ ଆଖିରେ ପଲକ ପଡ଼ି ନ ଥିଲା। ଗାଳ୍ପିକାଙ୍କ ବର୍ଣ୍ଣନାରେ ଏହା ବେଶ୍ ହୃଦୟସ୍ପର୍ଶୀ। "ଅତି ସାଧାରଣ ବେଶରେ ବି ସିଏ ଭାରି ସୁନ୍ଦର ଦେଖାଯାଉଥାଏ। ସରୋଜିନୀର ବୟସ ଯେମିତି ହଠାତ୍ ଦଶବର୍ଷ କମିଗଲା ପରି ମନେହେଉଥାଏ ବ୍ରାୟାନ୍‌କୁ। କଲେଜ ପଢୁଆ ଝିଅଟିଏ ପରି ଆଖିରେ ସାମାନ୍ୟ ଚପଳତା ଚକ୍‌ମକ୍ କରୁଥାଏ। ବ୍ରାୟାନ୍ ଆଖିରେ ପଲକ ନାହିଁ। ଇଚ୍ଛା ହେଲା ଏମିତି ତାକୁ ଦେଖୁଥାନ୍ତା କି ଜୀବନ ଭରି। ଖୁସିରୁ ଆଞ୍ଜୁଳାଏ ଆଣି କିଏ ତା' ବନ୍ଦ ହାତମୁଠାକୁ ଖୋଲି ଭରିଦେଲା ଯେମିତି।" (୨) ଦୁହେଁ ହାତ ଧରାଧରି ହୋଇ ଖୁସିରେ ବୁଲି ବାହାରିଲା ବେଳେ ଜୀବନ ବାବୁ ଓ ତାଙ୍କ ମା' କୁମୁଦିନୀ ଆସି ପହଞ୍ଚିଗଲେ। ଶାଶୂ କୁମୁଦିନୀ ପୂର୍ବ କଥା ଭୁଲି ସରୋଜିନୀଙ୍କୁ ଘରକୁ ଫେରିବା ପାଇଁ ଅନୁରୋଧ କଲେ। କେବଳ ସିମେଣ୍ଟ, ବାଲି, ଗୋଡ଼ି, ଇଟାରେ ତିଆରି ହେଉଥିବା ଘର, ଘର ପଦବାଚ୍ୟ ନୁହେଁ। ବାହ୍ୟ ଆଡ଼ମ୍ବର ସୁଖ ସନ୍ତୋଷ ଆତ୍ମତୃପ୍ତିର ମାପକାଠି ନୁହେଁ। ସେହି ଘର ପ୍ରକୃତରେ ସ୍ୱର୍ଗ ଭଳି ମନେହୁଏ, ଯେଉଁଠି ସ୍ୱାମୀ, ସ୍ତ୍ରୀ ଓ ଆତ୍ମୀୟମାନଙ୍କ ମଧ୍ୟରେ ଗଭୀର ଭଲପାଇବା,

ଉତ୍ତମ ବୁଝାମଣା ତଥା ପରସ୍ପର ପ୍ରତି ଶ୍ରଦ୍ଧା ଓ ସମ୍ମାନ ଭରି ରହିଥାଏ। ଏହା ହିଁ ଆଲୋଚ୍ୟ ଗଳ୍ପର ଅନ୍ତଃସ୍ୱର।

ସ୍ୱାମୀ, ସନ୍ତାନର ଭରପୂର ସଂସାର ମଧ୍ୟରେ ବର୍ଷାରାତିର ସ୍ମୃତି ପ୍ରାଣରେ ପ୍ରେମର ଉତ୍ତାଳ ତରଙ୍ଗ ସୃଷ୍ଟି କରିପାରେ। ଆତ୍ମାକୁ ଅଭିଭୂତ କରିପାରେ ତା'ର ଚିତ୍ର 'ଏକ ବର୍ଷାରାତିର କଥା' ଗଳ୍ପରେ ଦେଖିବାକୁ ମିଳେ। ଏକ ବର୍ଷାରାତିରେ ବାଣୀବିହାରରୁ କଟକ ଫେରୁଥିଲା ଲିପିକା। ଏଭଳି ଏକ ଅସମୟରେ ଲିପିକାକୁ ସ୍କୁଟରରେ ଘରେ ଆଣି ଛାଡ଼ିଦେଇ ଯାଇଥିଲେ ରଜତ। ଯିଏକି ଲିପିକାର ଘର ପାଖାପାଖି ରହନ୍ତି ଅଥଚ ଲିପିକା ଦିନେ ହେଲେ ଦେଖି ନ ଥିଲା ରଜତଙ୍କୁ। ଫିଜିକ୍ସ ଅନର୍ସର ଛାତ୍ରୀ ସିଏ। ମା', କଟକ ବୋର୍ଡ ସ୍କୁଲ୍‌ର ଶିକ୍ଷୟିତ୍ରୀ, ବାପା ହାଇକୋର୍ଟର କିରାଣି। ଅନେକ ଥର ବର୍ଷାରେ ଘରକୁ ଫେରିଥିଲେ ବି ସେଦିନ ବର୍ଷାରାତିର ଅନୁଭୂତି ଥିଲା ନିଆରା। ଏ ଭିତରେ ରଜତ ସହିତ ଲିପିକାର ବହୁଥର ସାକ୍ଷାତ ହୋଇଛି। କିନ୍ତୁ ରଜତଙ୍କୁ ସାହସ କରି ସେ ଘରକୁ ଡାକି ପାରିନି କି ମାଆଙ୍କୁ ମନଖୋଲି ରଜତ ସଂପର୍କରେ କିଛି କହିପାରିନି। ପରୀକ୍ଷା ପରେ ଲିପିକାର ବାହାଘର ଠିକ୍ ହୋଇଯାଇଛି। ମନର ଇଚ୍ଛାକୁ ମନରେ ମାରି ସେ ବିବାହ କରିଛି। ତେବେ ବିବାହର ଦୀର୍ଘ ୧୫ ବର୍ଷ ବିତିଯାଇଥିଲେ ମଧ୍ୟ ସେ ରଜତଙ୍କୁ ଭୁଲିପାରିନି। ଏହାହିଁ ନାରୀର ବୈଶିଷ୍ଟ୍ୟ। ସବୁ ଭୁଲିଯାଇଛି କହି ନାରୀଟିଏ ସବୁକଥା ମନେ ରଖିଥାଏ। ନାରୀ ମନ ଗହନର କଥାକୁ ଅତି ସୁନ୍ଦର ଭାବରେ ଚିତ୍ରଣ କରିବାରେ ସମର୍ଥ ଗାଳ୍ପିକା ସୁଲୋଚନା ପଟ୍ଟନାୟକ। ତାଙ୍କ ଭାଷାରେ– "ବାହା ହୋଇ ପନ୍ଦର ବର୍ଷ କଟିଗଲାଣି ଏ ଭିତରେ। ପିଲାଛୁଆଙ୍କ ଜଞ୍ଜାଳ, ସ୍ତ୍ରୀର କର୍ତ୍ତବ୍ୟର ଦାବି ଭିତରେ ବି ରଜତ ମନକୁ ଆସନ୍ତି। ମନ ଭିତରେ ତାଙ୍କ ପ୍ରତି ଭଲପାଇବା ଆରମ୍ଭ ହୋଇଥିଲା ନିଶ୍ଚୟ। ସେ ଆରମ୍ଭର ଶେଷ ହୋଇନି ଏଯାଏ। ଭଲପାଇବାକୁ ଯେ ପିଲାଟିଏ ପରି ପାଳିବାକୁ ହୁଏ ଜାଣି ନ ଥିଲା ଲିପିକା। ଏବେ ବୁଝୁଛି। ଏବେ ବୁଝୁଛି ସିଏ ଥିଲା ଏକ ନୂତନ ସୃଷ୍ଟି। ସେ ସୃଷ୍ଟିକୁ ଲୋକମୁଖକୁ ଆଣିବାକୁ ତା'ର ସାହସ ନ ଥିଲା।" (୩) ସତରେ ପ୍ରେମର ଅନୁଭୂତି ଅନନ୍ୟ, ଅବର୍ଣ୍ଣନୀୟ। ପ୍ରେମ ତ ଆତ୍ମାର ଆହାର, ଅଫୁରନ୍ତ ଆନନ୍ଦର ଉତ୍ସ, ଏହାହିଁ ଉକ୍ତ ଗଳ୍ପର ପ୍ରତିପାଦ୍ୟ ବିଷୟବସ୍ତୁ।

ବିଦେଶରେ ଅବସ୍ଥାନ କରୁଥିଲେ ମଧ୍ୟ ନିଜ ଜନ୍ମଭୂମି, ଜନ୍ମମାଟି, ଗାଆଁ ପ୍ରତି ଯେଉଁ ଅକୃତ୍ରିମ ନିବିଡ଼ ଅନ୍ତରଙ୍ଗ ଭାବ ମନର ନିଭୃତ କୋଣରେ ଛପି ରହିଥାଏ ତାହାକୁ 'ଆକାଶ କଇଁଆ ଚିଲିକା ମାଛ' ଗଳ୍ପର ସୁଜାତା ଚରିତ୍ର ମାଧ୍ୟମରେ ଗାଳ୍ପିକା ଉପସ୍ଥାପିତ କରିଛନ୍ତି। ପୁଅ ଆକାଶକୁ ନିଜ ଗାଁ ତଥା ଗାଁର ଆତ୍ମୀୟମାନଙ୍କ ସହିତ ପରିଚିତ କରାଇବାର ଆଶା ସଂଚୟ କରିଛନ୍ତି ସୁଜାତା। ବୋଉର ସ୍ମୃତି ତାଙ୍କ ମନରେ

ଉଜ୍ଜୀବିତ ହୋଇଛି। ଆଖି ତାଙ୍କର ଅଶ୍ରୁସଜଳ ହୋଇ ଉଠିଛି। ଖୋର୍ଦ୍ଧାର ବରୁଣେଇ ପାହାଡ଼, ବରୁଣେଇ ମନ୍ଦିର, ଲୋକନାଥ ମନ୍ଦିର ଆଦି ନାନା ସ୍ଥାନ ଆକାଶକୁ ଦେଖାଇବାର ଯୋଜନା କରିଛନ୍ତି ସୁଜାତା। ଗାଆଁ ତଥା ଘରର ପରିବେଶ ଦେଖି ଆକାଶ ହତଚକିତ। ଅଥଚ ସ୍ମୃତିରେ ବିଭୋର ସୁଜାତା। ଅଗଣା ସାମ୍ନାରେ କୂଅ, କୂଅ ମୂଳର ବେଦୀ, ବେଦୀ କଡ଼ରେ ଚଉଁରା, ଚଉଁରାର ତୁଳସୀ, ଚଉଁରା ସେପଟକୁ ମାଡ଼ିଥିବା ମଧୁମାଳତୀର ସୁମଧୁର ବାସ୍ନା ସାଙ୍ଗକୁ ବୋଉର ସ୍ମୃତିବିଜଡ଼ିତ କାର୍ତ୍ତିକ ପୂଜା, ଚଉଁରା ମୂଳର ମୁରୁଜ ଚିତା ଆଦିକୁ ମନରେ ଆଣି ଆନମନା ହୋଇ ପଡ଼ିଛନ୍ତି ସୁଜାତା। ମାତ୍ର ପୁଅ ଆକାଶ ଉପରେ ତା'ର ବିଶେଷ କିଛି ପ୍ରଭାବ ପଡ଼ିନି। ଗାଳ୍ପିକାଙ୍କ ଭାଷାରେ - "ସେ ସବୁ ଦେଖି ସ୍ମୃତିରେ ବିଭୋର ସୁଜାତା। ଆକାଶ ମନକୁ ଯେମିତି କିଛି ଛୁଇଁଲା ଭଳି ମନେ ହେଲାନି। ଗାଁର ଧୂଳିଧୂସର ରାସ୍ତା, ଜେଜେବାପାଙ୍କ ପୈତୃକ ସଂପତ୍ତି, କିଛି ବି ପ୍ରଭାବ ପଡ଼ିଲାନି ଆକାଶ ଉପରେ। ଟୁପୁକୁ ଥରେ ଚାହିଁଲା ସୁଜାତା। ପୁଣି ଆକାଶକୁ ଆଉ ଥରେ। ମନକୁ ମନ କହିଲା ଏସବୁ ତାଙ୍କ ପାଇଁ ଆକାଶ କଇଁଆ ଚିଲିକା ମାଛ... କିନ୍ତୁ ତା' ପାଇଁ ଆଉ କିଛି ବର୍ଷ ସ୍ମୃତିରେ ବଞ୍ଚିବାର ପାଥେୟ।" (୪)

ପ୍ରେମର ପରାକାଷ୍ଠା, ପ୍ରେମର ଅପ୍ରକାଶ୍ୟ ଅବ୍ୟକ୍ତ ଅନୁଭବକୁ ଅତି ଚମତ୍କାର ଭାବେ ଗାଳ୍ପିକା ତୋଳି ଧରିଛନ୍ତି ତାଙ୍କ ରଚିତ 'ଖଟା ମିଠା' ଗଳ୍ପରେ। ପିତାମାତାଙ୍କର ଏକମାତ୍ର ସନ୍ତାନ ହେତୁ ଇଞ୍ଜିନିୟର ସୁବ୍ରତ ୪୦ ବର୍ଷରେ ପଦାର୍ପଣ କରି ବି ଏଯାଏଁ ବିବାହ କରିନାହାନ୍ତି। କିନ୍ତୁ ସୁଷମା ସହିତ ତାଙ୍କର ଦୀର୍ଘଦିନର ବନ୍ଧୁତା ରହିଛି। ଆମେରିକାରେ ରହୁଥିବା ସୁବ୍ରତ ପ୍ରତି ବର୍ଷ ଭାରତକୁ ବୁଲି ଆସନ୍ତି। ସୁବ୍ରତଙ୍କର ଭାରତରୁ ଆମେରିକା ଫେରିବା କଥା ଥିଲା ସେଦିନ। ସେଥିପାଇଁ ଅନ୍ୟମନସ୍କ ହୋଇପଡ଼ିଥିଲେ ସୁଷମା। ଗାଳ୍ପିକାଙ୍କ ବର୍ଣ୍ଣନାରେ- "ଆଜି ଲଞ୍ଚ୍ ନେବାକୁ ଇଚ୍ଛା ହେଲାନି। ରାତି ପାଇଁ ରୋଷେଇ କରି ରଖିବାକୁ ବି ଇଚ୍ଛା କଲାନି। ଖାଲି ଚଞ୍ଚଳିଆ ଲାଗୁଥାଏ। କେଉଁଥିରେ ମନ ଲାଗୁ ନ ଥାଏ। ଯେମିତି କିଏ ମନ୍ତ୍ର କରିଦେଇଛି ସୁଷମାକୁ। ଏ ପଇଁଚାଳିଶ ବର୍ଷ ଭିତରେ ଏଭଳି ଅନୁଭୂତି ହୋଇ ନ ଥିଲା ସୁଷମାର।" (୫) ଏହି ଆବେଗ ସଂଯତ, ସଂକୁଚିତ ହୋଇପଡ଼ିଛି ଯେତେବେଳେ ସୁବ୍ରତଙ୍କ ଜୀବନରେ ଆନୀ ଆସିଛି। ନିବିଡ଼ ଭାବେ ଭଲପାଉଥିବା ସୁବ୍ରତଙ୍କୁ ସୁଷମା ନିଜ ମନର ଭାବନା ଜଣାଇପାରିନି। ଏକଦା ନିଜ ବାପାଙ୍କ ବନ୍ଧୁଙ୍କ ପୁଅ ସନ୍ତୋଷକୁ ଭଲପାଉଥିଲେ ସୁଷମା। କିନ୍ତୁ ବଡ଼ ଭାଇ, ଭଉଣୀମାନଙ୍କର ବିବାହ ହୋଇ ନ ଥିବା କାରଣରୁ ତାଙ୍କର ଏହି ସ୍ୱପ୍ନ ଅଧା ଅଧୁରା ହୋଇ ରହିଯାଇଥିଲା। ପରବର୍ତ୍ତୀ ସମୟରେ ସନ୍ତୋଷ ବିବାହ କରି ସଂସାର କରିଥିଲେ ମାତ୍ର ସୁଷମା ରହିଯାଇଥିଲେ ସେମିତି

ଏକା, ଏକୁଟିଆ, ନିଃସଙ୍ଗ ହୋଇ। ବାନ୍ଧବୀ ଆନୀଙ୍କ ସହିତ ସୁଜାତାଙ୍କ ବିବାହ ସ୍ଥିରୀକୃତ ହେବା ପରେ ସୁଷମାଙ୍କୁ ନେଇ ଅନେକ ପ୍ରଶ୍ନ ଉଠାଇଥଇଲେ ଆନୀ। ଯେଉଁଥିପାଇଁ ସୁବ୍ରତ ଏବଂ ଆନୀଙ୍କ ମଧ୍ୟରେ ବଚସା ହୋଇଥିଲା। ଏକଥା ସତ କୌଣସି ନାରୀ ତା' ପ୍ରିୟ ମଣିଷ ସହିତ ଆଉ ଜଣେ ନାରୀର ଉପସ୍ଥିତି ସହ୍ୟ କରିପାରେନି। ଏ ପରିପ୍ରେକ୍ଷୀରେ ଗାଳ୍ପିକା stuti changleଙ୍କ ଏକ ଉଦ୍ଧୃତି ଏଠାରେ ପ୍ରାସଙ୍ଗିକ ମନେହୁଏ –

"No matter how hard you try, you can't ever tolerate the other person in the life of the person you love." (୬) ଆନୀ ପାଇଁ ଏହା ଥିଲା ସ୍ୱାଭାବିକ। କିନ୍ତୁ ଏଭଳି ପରିସ୍ଥିତି ସୁବ୍ରତଙ୍କୁ ଭଲ ଲାଗି ନ ଥିଲା। କାରଣ ସ୍ୱଭାବ, ଚିନ୍ତାଧାରରେ ସୁବ୍ରତ ଥିଲେ ସବୁଠୁ ଅଲଗା। ଯେମିତି – "ଏକୁଟିଆ ଜୀବନ ସମୟେ ସମୟେ ଦୁଃଖ ଦେଇଥାଏ, କିନ୍ତୁ ସ୍ୱାଧୀନତାର ଆନନ୍ଦ ଏକ ଭିନ୍ନ ଧରଣର ସ୍ୱାଦ ଦିଏ।" (୭) ଆନୀ ସହିତ ଯୁକ୍ତିତର୍କ ହେବା ପରେ ସୁବ୍ରତ ଆସିଛନ୍ତି ଏକାକୀ ସୁଷମାଙ୍କ ନିକଟକୁ। ସୁଷମା ସୁବ୍ରତଙ୍କୁ ତା' ନିଜ ଭିତରେ ଆନୀର ସତ୍ତା ଉପଲବ୍ଧି କରିବାକୁ ବୁଝାଇ ଆଶ୍ୱାସନା ଦେଇଛନ୍ତି ହେଲେ ମନ ଭିତରେ ଥିବା ସୁବ୍ରତଙ୍କ ପ୍ରତି ଦୁର୍ବଳତା ସୁଷମାଙ୍କୁ ନିସ୍ତେଜ କରିଦେଇଛି। ଗାଳ୍ପିକାଙ୍କ ବର୍ଣ୍ଣନାରେ – "ସୁବ୍ରତ ସୁଷମାର ହାତକୁ ହାତରେ ନେଲାବେଳେ କେହି କିଛି କହୁ ନ ଥାନ୍ତି। କିଛି ସମୟ ଚାଲିଗଲା ନିରବରେ। ସୁଷମା ଭାଙ୍ଗିପଡ଼ି ସୁବ୍ରତର କୋଳରେ ମୁଣ୍ଡ ନୁଆଁଇ ଚୁପ୍‌ଚାପ୍ ପଡ଼ିରହିଲା ଦେହରେ ବଳ ନାହିଁ। ଗୋଡ଼ ନିସ୍ତେଜ, ଆଖି ବୁଜି ହୋଇ ଆସୁଛି। ଏକ ନୂଆ ଅନୁଭୂତି ଦେହରେ ସଂଚରି ଯାଉଛି। ଭଲପାଇବାର ଆନନ୍ଦ ତା'ର ସତ୍ତାକୁ ଗ୍ରାସି ଯାଇଛି। ସେଇ ଅବସ୍ଥାରେ ଚିରନ୍ତନ ରହିବାକୁ ମନ କହୁଛି।" (୮)

ମାତୃ ହୃଦୟର ଅନାବଳି ଅପତ୍ୟ ସ୍ନେହକୁ ଗାଳ୍ପିକା ଅତି ନିଖୁଣ ଭାବରେ ବର୍ଣ୍ଣନା କରିଛନ୍ତି 'ଛାଇ ଏକ ମନର' ଗଳ୍ପରେ। ବାପା, ବୋଉ, ଭାଇ, ଭଉଣୀ ସମସ୍ତଙ୍କୁ ଛାଡ଼ି ଦୀର୍ଘ ୨୫ ବର୍ଷ ଧରି ଆମେରିକାରେ ରହିଆସୁଛନ୍ତି ଦିପିକା – ଏକମାତ୍ର ସନ୍ତାନ ସଚିନ୍ ଯିଏ କି ଚାକିରି କରି ଛ' ମାସ ହେବ ଟେକ୍ସାସରେ ରହୁଛି। ସଚିନ୍‌ର ଭବିଷ୍ୟତକୁ ନେଇ ଚିନ୍ତିତ ହୋଇପଡ଼ିଛନ୍ତି ଦିପିକା। ପୁଅ ପାଇଁ ଓଡ଼ିଆ ଘରର ଝିଅକୁ ବୋହୂ କରିବାର ସ୍ୱପ୍ନ ଦେଖନ୍ତି ମନେ ମନେ। ସଚିନ୍‌ର ଅନୁପସ୍ଥିତିରେ ତାଙ୍କ ମାତୃହୃଦୟ ଶୂନ୍ୟତାରେ ଭରିଯାଏ। ସେ ପୁଣିଥରେ ସଚିନ୍‌କୁ ସେଇ କୁନି ପିଲା ଭାବରେ ଦେଖିବାକୁ ଚାହାନ୍ତି, ଯାହା ଏବେ ଆଉ ସମ୍ଭବ ନୁହେଁ। ମନ ଅମାନିଆ। କିଛି ବି ବୁଝେନି। ଦିପିକାର ଭାବନାକୁ ଗାଳ୍ପିକା ଦାର୍ଶନିକ ସୁଲଭ ଦୃଷ୍ଟିଭଙ୍ଗୀରେ ରୂପ ଦେଇ କହନ୍ତି–

"ଜୀବନର ଗତି ବଡ଼ ବିଚିତ୍ର। ବିଚିତ୍ର ଏ ମଣିଷର ମନ। ମନକୁ ଯଦି ବୁଝି ହୁଅନ୍ତା, ତାହାହେଲେ ସଂପର୍କ ଗଢ଼ିବା ବା ସଂପର୍କକୁ ପରସ୍ପର ଭିତରେ ଗଭୀର କରିବା କେତେ ସହଜ ହୋଇଯାଆନ୍ତା।" (୯) ମା'ର ନିଃସ୍ୱାର୍ଥପର ଭଲପାଇବା ହିଁ ଏହି ଗଳ୍ପର ମୁଖ୍ୟ ଭାବବସ୍ତୁ।

ସମୟ ବଡ଼ ବିଚିତ୍ର। ସମସ୍ତେ ସମୟ ଦ୍ୱାରା ନିୟନ୍ତ୍ରିତ। ଏହି ସମୟ କେତେବେଳେ ଜୀବନରେ ଆଣିଥାଏ ଫୁଲଭର୍ତ୍ତି ଫଗୁଣ ତ ପୁଣି କେବେ ଲୁହର ଶ୍ରାବଣ। ଏକ ଅଭାବିତ ଘଟଣା ଘଟିଛି ଅମୀୟ ବାବୁଙ୍କ ସୁଶ୍ରୀ ସୁନ୍ଦରୀ ସାନଝିଅ ରିମ୍‌ଝିମ୍ ଜୀବନରେ। ଦୋଳି ଖେଳୁଥିବା ସମୟରେ ଦୋଳିରୁ ପଡ଼ି କ୍ଷତାକ୍ତ ହୋଇ ସେ ହସ୍‌ପିଟାଲ୍‌ରେ ଚିକିତ୍ସିତ ହୋଇଛି। ପରେ ସୁସ୍ଥ ହୋଇ ଘରକୁ ଫେରିଆସିଛି। ପ୍ରତ୍ୟେକ ମଣିଷ ସମୟର ଦୋଳିରେ ଝୁଲୁଥାନ୍ତି। ସମୟ ହିଁ ମଣିଷର ଅତୀତ ବର୍ତ୍ତମାନ ଭବିଷ୍ୟତକୁ ନିର୍ଦ୍ଧାରଣ କରିଥାଏ, ତାହାହିଁ ଗାଳ୍ପିକା 'ଦୋଳି' ଗଳ୍ପରେ କହିବାକୁ ଚାହିଁଛନ୍ତି।

ମାତୃତ୍ୱ ଏକ ଅଭିନବ ଅନୁଭବ, ଏକ ଅମୃତ ଆସ୍ୱାଦ। ସଂତାନକୁ ପାଳିପୋଷି ବଡ଼ କରି ଡାକ୍ତର ରୂପେ ଦେଖିବା ପାଇଁ ମା'ର ଆଖିରେ ଥାଏ ଅସୁମାରୀ ସ୍ୱପ୍ନ। ସେ ସ୍ୱପ୍ନ ସାକାର ହେଲେ ମାଆର ଖୁସିର କଳନା ନ ଥାଏ। ସମୟ ବଦଳିବା ସହିତ ସଂପର୍କର ସଂଜ୍ଞା ମଧ୍ୟ ବଦଳିଯାଏ। ମା' ଏବଂ ପୁଅ ଭିତରେ ବଢ଼ିଯାଏ ଦୂରତ୍ୱର ବ୍ୟବଧାନ। ଯାହା ଘଟିଛି ମମତାଙ୍କ ଜୀବନରେ। ସ୍ୱାମୀ, ଆନନ୍ଦ ତାଙ୍କଠାରୁ ଦୂରେଇ ଯାଇ ଆପଣେଇ ନିଅନ୍ତି ସହଚରୀ ଆନୀଙ୍କୁ। ପୁଅ ଅମିତ କାର୍‌ଲଙ୍କୁ ନିଜର ଗାର୍ଲଫ୍ରେଣ୍ଡ ଭାବେ ବାଛି ନିଏ। ମାତ୍ର ମମତା ଏକାକୀ, ନିଃସଙ୍ଗ। ସମସ୍ତେ ଥାଇ ମଧ୍ୟ କେହି ନାହାନ୍ତି। ନିଃସଙ୍ଗତା ହିଁ ତାଙ୍କ ଜୀବନର ଏକମାତ୍ର ସତ୍ୟ, ଏହା ସ୍ୱୀକାର୍ଯ୍ୟ। ଗାଳ୍ପିକାଙ୍କ ଭାଷାରେ- "ମାଆର ମମତା ତ କାନିରେ ବାନ୍ଧି ପାରିବନି ପୁଅକୁ ? ସର୍ବସଂହା ଧରିତ୍ରୀ ହୋଇ ନ ପାରିବାର ଦୁଃଖରେ ଭାଙ୍ଗିଗଲେ ଚଳିବ କେମିତି ? ଅତୀତକୁ ବିଦାୟ ଦେଇ ସିଏ ସ୍ୱାଗତ କରିବ ନୂଆ ଭବିଷ୍ୟତକୁ, ଅଦେଖା ଅଶୁଣା ନୂତନ ସମ୍ଭାବନାକୁ।" (୧୦)

ପ୍ରେମରେ ବୟସ ସୀମା ନ ଥାଏ। ବୟସର ଅପରାହ୍ନରେ ବି ପ୍ରେମ ପ୍ରାଣକୁ ବିମୋହିତ କରିପାରେ, ଆତ୍ମାକୁ ଅଭିଭୂତ କରିପାରେ ତା'ର ବର୍ଣ୍ଣନା 'ସ୍ମୃତିର ଶବ' ଗଳ୍ପରେ ଦେଖିବାକୁ ମିଳେ। କିଏ ଜଣେ କହିଥିଲେ- "ପ୍ରେମ ଏମିତି ଏକ ଫୁଲ ଯେଉଁ ଫୁଲ ଥରେ ଫୁଟିଲେ କେବେ ମଉଳି ଯାଏନି।" ଯୌବନର ପ୍ରେମ ବାର୍ଦ୍ଧକ୍ୟରେ ସ୍ମୃତିର ଶବ ପାଲଟିଇଛି। ଅବସରପ୍ରାପ୍ତ ଆର୍ମି ଜେନେରାଲ୍ ସଂଜୀବ ରାୟଙ୍କର

ଏପରି ଏକ ଅନୁଭବ ହୋଇଛି। ଏକଦା ଯିଏ ଦିନେ ଅରୁନ୍ଧତୀଙ୍କର ପ୍ରେମରେ ଅନନୁଭୂତ ଖୁସିର ମୁକ୍ତା ସାଉଁଟି ଥିଲେ ଏବେ ବି ପରିଣତ ବୟସରେ ସଂଜୀବ ରାୟ ପ୍ରେମିକା ଅରୁନ୍ଧତୀଙ୍କର ସାନ୍ନିଧ୍ୟ ଲୋଡ଼ନ୍ତି। ତାଙ୍କର ଏକାନ୍ତ ଇଚ୍ଛା- "ମୁଁ ଚାହେଁ ମୋର ସେ ସ୍ମୃତି ମୋ ସାଥିରେ ଥାଉ - ମୋ ସହ ମୋ ଶବ ଯାତ୍ରାରେ ଯାଇ ମୋ ଜୁଇରେ ଜଳି ଜଳି ପାଉଁଶ ହୋଇଯାଉ।" (୧୧)

'ଭିନ୍ନ ସଂପର୍କ' ଗଳ୍ପରେ ଗାଳ୍ପିକା ଭିନ୍ନ ସଂପର୍କର କଥା କହିଛନ୍ତି। ସମୟ ବଦଳିବା ସହିତ ମଣିଷର ମାନସିକ ଚିନ୍ତାଧାରା ମଧ୍ୟ ବଦଳିଯାଏ। ପୁରୁଷ ସହିତ ନାରୀର ସଂପର୍କ ହେଉଛି ପ୍ରାକୃତିକ। ବର୍ତ୍ତମାନ ନାରୀ ସହିତ ନାରୀ, ପୁରୁଷ ସହିତ ପୁରୁଷ ଏକତ୍ର ସହାବସ୍ଥାନ କରୁଛନ୍ତି। ସେଥିପାଇଁ କୌଣସି ସାମାଜିକ ପ୍ରତିବନ୍ଧକ ନାହିଁ। ଏପରି ସଂପର୍କକୁ ଲେସ୍‌ବିଆନ୍ ବା ଟ୍ରାନ୍‌ସଜେଣ୍ଡର ବୋଲି କୁହାଯାଉଛି। କିନ୍ତୁ ଏହା ଆମ ସମାଜ ପାଇଁ ଆଦୌ ଶୁଭକର ନୁହେଁ।

ଜହ୍ନର ସ୍ନିଗ୍ଧ ଶୀତଳ ଜ୍ୟୋସ୍ନା ଯେମିତି ପ୍ରାଣକୁ ଆହ୍ଲାଦିତ କରିଥାଏ, ପ୍ରେମ ସେମିତି ପ୍ରାଣକୁ ପରିତୃପ୍ତ କରେ। ୧୫ ବର୍ଷର ଝିଅ ସୂଚନା ଭଲପାଏ ତା'ଠାରୁ ଦୁଇବର୍ଷ ବଡ଼ ଅମିତକୁ। ହେଲେ ସେମାନଙ୍କ ଜୀବନରେ ଘଟେ ଦୁର୍ଘଟଣା। ସୂଚନା ହସ୍‌ପିଟାଲ୍‌ରୁ ଫେରିବା ପରେ ଅମିତ୍ ସଂପର୍କରେ ପଚାରି ବୁଝେ ସାନଭାଇ ବାବୁନିକୁ। ମାତ୍ର ସୂଚନାର ବାପା ବୁଝିପାରିଛନ୍ତି ସୂଚନାର ମନକଥା। ନିଜ ବାପାଙ୍କ ଆଶ୍ୱସନାରେ ସୂଚନା ଅନୁଭବ କରିଛି ସୁଶୀଳତ ଜୋଛନାର ଶୀତଳ ଆହ୍ଲାଦ। ସ୍ନେହ ସବୁବେଳେ ଶୀତଳ ଆମୋଦଦାୟକ ଏହାହିଁ 'ଶୀତଳ ସ୍ନେହ' ଗଳ୍ପର ମର୍ମକଥା।

ବାହା ହୋଇ ଆମେରିକାରେ ଯାଇ ରହିବାର ସ୍ୱପ୍ନ ଦେଖୁଥିବା ଖୁସି ଯେ କ୍ଷଣିକ ତା'ର ବର୍ଣ୍ଣନା 'କ୍ଷଣିକ ଖୁସି' ଗଳ୍ପରେ ପ୍ରଦତ୍ତ। ଅନୁରାଗଙ୍କୁ ବିବାହ କରି ଶାଶୂଘରକୁ ଗଲା ପରେ ସୁଚରିତା ଜାଣିବାକୁ ପାଇଥିଲା ତାକୁ ଗାଁରେ ଶାଶୂଙ୍କ ପାଖେ ରହିବାକୁ ହେବ। ତେଣୁ ତା' ମନ ଭିତରେ ଲହଡ଼ି ଭାଙ୍ଗୁଥିବା ଖୁସି ପାଣିଫୋଟକା ଭଳି ମିଳେଇ ଯାଇଥିଲା।

ସନ୍ଦେହର ବିଷ ଥରେ ମନକୁ ଆସିଗଲେ ସେଥିରୁ ମୁକୁଳିବା ଆଦୌ ସହଜ ନୁହେଁ। ଏହି ଭାବନାକୁ ନେଇ ଗଢ଼ି ଉଠିଛି 'ସନ୍ଦେହର ବିଷ' ଗଳ୍ପର କଥାବସ୍ତୁ। ସ୍ୱାଭାବିକ ଜୀବନଚର୍ଯ୍ୟାରେ ବ୍ୟତିକ୍ରମ ଘଟିଲେ ମନରେ ସନ୍ଦେହ ଜାତ ହେବା ସାଧାରଣ କଥା। ସ୍ୱାମୀ ରଜତ ବିଳମ୍ବରେ ଅଫିସ୍‌ରୁ ଫେରିବା, ଅଫିସ୍ କାମରେ ବାହାରକୁ ଯିବା, ଅନ୍ୟମନସ୍କ ରହିବା ଘଟଣା ଅନୁପମାଙ୍କ ମନରେ ସନ୍ଦେହ ସୃଷ୍ଟି କରିଛି। ମନରେ ଆଣିଛି ଅଶାନ୍ତି। ସେ ସନ୍ଦେହର ଅନ୍ତ ଘଟିନି। ଗାଳ୍ପିକାଙ୍କ ବର୍ଣ୍ଣନାରେ

- "ରଜତ ଆଉ ଅନୁପମା ପରସ୍ପରକୁ ଯେ ଦିନେ ଭଲପାଇଥିଲେ ତାହା ଏକ ପ୍ରଶ୍ନବାଚୀ ହୋଇ ରହିଯାଇଛି। ଏକା ଛାତ ତଳେ ରହିଲେ ବି ସେମାନେ ହୋଇଯାଇଛନ୍ତି ପରସ୍ପରର ଅଜଣା ଅବା ଅଳ୍ପ ଚିହ୍ନାଜଣା ମଣିଷ। ଅନୁପମାର ମନରେ ସହସ୍ର ପ୍ରଶ୍ନବାଚୀ, ଅହେତୁକ ଭୟ।" (୧୨)

ସନ୍ତାନର ଖୁସି ପାଇ ପିତାମାତା ମାନେ ସବୁକିଛି ନିଃସ୍ୱାର୍ଥପର ଭାବେ ତ୍ୟାଗ କରିଥାନ୍ତି। ମାତ୍ର ସନ୍ତାନଟି ସକ୍ଷମ ହେବା ପରେ ପିତାମାତାଙ୍କର ଭାବନାକୁ ବୁଝି ନ ପାରି ଦୂରେଇଯାନ୍ତି। ବାପା-ମାଆଙ୍କ ସୁଖଦୁଃଖରେ ସମଭାଗୀ ହେବାକୁ ସମୟ ମିଳେନି। ଏହିଭଳି ଘଟଣାର ଅବତାରଣା କରାଯାଇଛି 'ସମୟ କଥା କୁହେ' ଗଳ୍ପରେ। ଚାକିରି କରିବା ପରେ ଗାର୍ଲଫ୍ରେଣ୍ଡ୍ ଯାହାକୁ ନେଇ ବ୍ୟସ୍ତ ରହୁଥିଲେ ରୋଶନ୍। ମାତ୍ର ଗାଆଁକୁ ଫୋନ୍‌ରେ ଟିକେ ମେସେଜ୍ କରିବାକୁ ତର ପାଏନି। ରୋଶନ୍‌ର ଫୋନ୍‌କୁ ଅତି ଉତ୍କଣ୍ଠାର ସହିତ ଅପେକ୍ଷା କରିଥାଏ, କିନ୍ତୁ କେବେ ରୋଶନ୍‌ର ଫୋନ୍ ଆସେନି। ଅନିତା ଏଥିରେ ବ୍ୟଥିତ ନ ହୋଇ ସମୟ ଉପରେ ସବୁ ଛାଡ଼ିଦିଅନ୍ତି। ଗାଳ୍ପିକଙ୍କ ଭାଷାରେ ଅନିତାଙ୍କର ମାନସିକ ଭାବନା - "ଅନିତା ଚିନ୍ତା କଲା ସିଏ ଖୁସି ହେବ। ଆଖିରୁ ଝରିବ ତା'ର ଖୁସିର ଲୁହ। ଲୁହକୁ ଧରି ରଖିବାର ବୃଥା ପ୍ରୟାସର ଆବଶ୍ୟକତା ପଡ଼ିବନି। ସମୟ କଥା କହିବ, ମାଆର ମମତାର ଗୁଣ ଗାଇବ।" (୧୩)

ବଞ୍ଚିବାର ପାଥେୟ ପାଇଁ କେବେ କେବେ ମଣିଷକୁ 'ଦାସତ୍ୱର ବେଡ଼ି'ରେ ଆବଦ୍ଧ ହେବାକୁ ପଡ଼େ ଏହିଭଳି ଭାବନା ଉପରେ ପର୍ଯ୍ୟବସିତ ହୋଇଛି 'ଦାସତ୍ୱର ବେଡ଼ି' ଗଳ୍ପ। ମଣିଷର ଯୌନାକାଂକ୍ଷା ଯେ ସୁତୀବ୍ର, ତା'ର ବର୍ଣ୍ଣନା ଏଥିରେ ଦେଖିବାକୁ ମିଳେ। ଦାର୍ଶନିକ ଦୃଷ୍ଟିଭଙ୍ଗୀ ସୁଲଭ ଗାଳ୍ପିକା ସୁଲୋଚନା ପଟ୍ଟନାୟକ ଏହି ବର୍ଣ୍ଣନାଶୈଳୀ ଅତି ଉଚ୍ଚକୋଟୀର - ଯେମିତି - "ପାପ କରୁଥିବା ଲୋକ ପାପୀ, କିନ୍ତୁ ଜାଣିଶୁଣି ପାପକୁ ଘୋଡ଼ାଇ ରଖୁଥିବା ବ୍ୟକ୍ତି ମଧ୍ୟ କମ୍ ପାପୀ ନୁହନ୍ତି।" (୧୪)

ଚାକର ବି ପୁଅଠାରୁ ଅଧିକ ବିଶ୍ୱସ୍ତ, ଅନ୍ତରଙ୍ଗ, ନିର୍ଭରଯୋଗ୍ୟ, ଆପଣାର ହୋଇପାରେ, 'ଚାକର ପୁଅ' ଗଳ୍ପ ତା'ର ପ୍ରକୃଷ୍ଟ ଉଦାହରଣ। ଚାକର, ସୁବଳ, କେବଳ ଚାକର ନ ହୋଇ ପରିବାରର ଜଣେ ସଦସ୍ୟ ପାଲଟି ଯାଇଛି। ରସିକ ବାବୁ ଅସୁସ୍ଥ ହେବା ପରେ ପୁଅ ଭଳି ସମସ୍ତ ଦାୟିତ୍ୱ ତୁଲାଇଛି ସୁବଳ। ରସିକ ବାବୁଙ୍କ ଶେଷ ସମୟରେ ଗୀତା ପାଠ କରି ତାଙ୍କ ଯନ୍ତ୍ରଣାକୁ ଲାଘବ କରିଛି। କିନ୍ତୁ ନିଜ ପୁତ୍ର ତପନ ଘରେ ଥାଇ ମଧ୍ୟ କେବେ ବି ବାପାଙ୍କ ଖବର ବୁଝିନି। ଶାନ୍ତିଲତାଙ୍କ ବିଚାରରେ ସୁବଳ ତାଙ୍କର ପୁଅ ନୁହେଁ ପରନ୍ତୁ ତାଙ୍କର ବଳ ହୋଇଯାଇଛି।

ପୁଅକୁ ବିବାହ ଦେଇ ବୋହୂର ହାତପରଷା ଖାଇବାର ସ୍ୱପ୍ନ ଦେଖୁଥିବା ଉମା ଓଡ଼ିଶା ଛାଡ଼ି ଆମେରିକା ଆସିଛନ୍ତି। କିନ୍ତୁ ଆମେରିକା ଆସି ସେ ଲକ୍ଷ୍ୟ କରିଛନ୍ତି ଏକ ଭିନ୍ନ ଜୀବନଶୈଳୀକୁ। ସ୍ୱାମୀ-ସ୍ତ୍ରୀ, ପାଖରେ ସାଙ୍ଗ ହୋଇ ରହୁଛନ୍ତି ହେଲେ ସେହି ସଂପର୍କରେ ବିଶ୍ୱାସବୋଧ, ଆନ୍ତରିକତା ନାହିଁ। ବୋହୂ ଅନିତାର ଅଜବ ଆଚରଣ, ଯେମିତିକି ମଦ ପିଇବା, ଉମାଙ୍କୁ ଖରାପ ଲାଗିଛି। ଦିନେ ସେ ବୋହୂ ଥିଲେ, ବୋହୂର କର୍ତ୍ତବ୍ୟ ସଂପାଦନ କରିଥିଲେ। ଆଜି ସେ ବୋହୂର ଶାଶୂ ହୋଇଛନ୍ତି। କିନ୍ତୁ ବୋହୂର କର୍ତ୍ତବ୍ୟ ତାଙ୍କର ଶେଷ ହୋଇନାହିଁ ତଥାପି। ବିଦେଶରେ କେହି କାହା ଉପରେ ନିର୍ଭରଶୀଳ ନୁହନ୍ତି କି କେହି କାହାକୁ କୌଣସି କାର୍ଯ୍ୟରେ ଅପେକ୍ଷା କରନ୍ତି ନାହିଁ। ଏମିତି ସବୁ ଘଟଣାକୁ ସାଧାରଣ ମନେ କରି ଜୀବନ ବଞ୍ଚିବାକୁ ହୁଏ। ପୁଅ ରମେଶ ମାଆ ଉମାଙ୍କୁ ତାଙ୍କ ଜୀବନକୁ ନୂଆ ରୂପରେ ଗ୍ରହଣ କରିବା କଥା ସଂପର୍କରେ ଅବଗତ କରାଇ ଦେଇଛନ୍ତି।

'ଅଭିପ୍ରେରିତ' ଗଳ୍ପରେ କିଶୋରୀ ମାଳବିକାର ହୃଦୟରେ ଜାତ ହୋଇଥିବା ପ୍ରେମ ଭାବନାକୁ ଅତି ସୁନ୍ଦର ଭାବେ ରୂପ ଦେଇଛନ୍ତି ଗାଳ୍ପିକା। ବଡ଼ ଭଉଣୀର ଶାଶୂଘରକୁ ଯାଇ ସୁକୁମାର ଓରଫ୍ ବୁଲୁ ଭାଇଙ୍କ ସାନ୍ନିଧରେ ଆସିଛି ମାଳବିକା। ସେଇ ପ୍ରଥମ ଦେଖାରେ ସୁକୁମାରଙ୍କ ପ୍ରତି ଆକର୍ଷିତ ହୋଇଛି ମାଳବିକା। ଯେତେବେଳେ ଶେଷଥର ପାଇଁ ସୁକୁମାରଙ୍କ ସଂସ୍ପର୍ଶରେ ଆସିଛି ସେତେବେଳେ ମାଳବିକା ମନଦୁଃଖ କରିଛି। ଆଖିରୁ ବୋହିଯାଇଛି ଅମାନିଆ ଅଶ୍ରୁ। ନିଜର ଇପ୍‌ସିତ ପ୍ରିୟ ମଣିଷଠାରୁ ଦୂରେଇ ଯିବାର ଦୁଃଖ ତାକୁ କ୍ଷତାକ୍ତ କରିଛି। ବାସ୍ତବରେ ପ୍ରେମ ଏକ ଅଦ୍ଭୁତ ଅନୁଭବ। ପ୍ରିୟ ମଣିଷର ସାକ୍ଷାତ୍ ସାନ୍ନିଧ, ସଂସ୍ପର୍ଶ ସବୁକିଛି ପ୍ରାଣରେ ଭରିଦିଏ ଅପୂର୍ବ ପ୍ରଶାନ୍ତି। ପ୍ରେମ ପଢ଼ିପାରେ ହୃଦୟର ଭାଷା। ମାଳବିକାର ହୃଦୟର ଭାଷାକୁ ଅବିଳମ୍ବେ ପଢ଼ିପାରିଛନ୍ତି ସୁକୁମାର ଆଉ କହିଛନ୍ତି- "ଜାଣେନା କାହିଁକି ତୁମେ ଖୁବ୍ ଆପଣାର ମନେ ହେଉଛ। ଯେମିତି ଏ ଦେଖା ଆମର ଅଭିପ୍ରେରିତ। ମୋର ଦୃଢ଼ବିଶ୍ୱାସ ଆମର ନିଶ୍ଚୟ ଆଉ ଥରେ ଦେଖା ହେବ।" (୧୫) ପ୍ରେମର ଅମାପ ଶକ୍ତି, ଅସାଧାରଣ ପରାକାଷ୍ଠା ସଂପର୍କରେ ଏତିକି କୁହାଯାଇପାରେ- "Love makes you do things you never know you were capable of." (୧୬)

'ଅଦିନର ଡାକ' ଗଳ୍ପରେ ଅସମୟରେ ମୃତ୍ୟୁବରଣ କରିଥିବା ସନିଆ ଜୀବନର କାହାଣୀ ବର୍ଣ୍ଣିତ। ସନ୍ତାନଠାରୁ ଦୂରରେ ରହି ଜୀବନ ବଞ୍ଚିବାକୁ ସ୍ୱପ୍ନ ଦେଖିଛନ୍ତି ଅନୀତା। ଆମେରିକାରେ ବସବାସ କଲେ ବି ଜନ୍ମଭୂମିର ମାୟା ତାଙ୍କୁ ଦିଲ୍ଲୀ ଟାଣି ଆଣିଛି। ଦିଲ୍ଲୀ ଆସି ଆଗ୍ରାର ତାଜମହଲକୁ ଦେଖିବାର ଇଚ୍ଛା ପ୍ରକାଶ କରିଛି ସେ। ଅନୀତାର

ଭାବନା ଏହିଭଳି – "ଓଡ଼ିଶା ଯାଇ ପୁରୀ ନ ଯିବା ଯାହା ଦିଲ୍ଲୀ ଆସି ତାଜମହଲ ନ ଦେଖି ଫେରଯିବା ତାହା। ବାସ୍ତବରେ କଥାଟି ସତ। ଉତ୍କଳର ମଉଡ଼ମଣି ମହାପ୍ରଭୁ ଜଗନ୍ନାଥ ହେଉଛନ୍ତି ବିଶ୍ୱର ଦେବତା। ତାଙ୍କର ଦର୍ଶନ କିଏ ବା ନ ଚାହେଁ?

ସନ୍ତାନ ପାଇଁ ଯେଉଁ ମାଆ ଜୀବନ ଦେବାକୁ ପଛାଏ ନାହିଁ, ଭବିଷ୍ୟତରେ ସେ ସନ୍ତାନ ମାଆର ସାହାରା ନ ହୋଇ ତା'ଠାରୁ ଦୂରେଇଯାଏ। ମାଆର ଆକୁଳ କ୍ରନ୍ଦନ ତା' କାନରେ ପହଞ୍ଚି ନାହିଁ। ଇଂରାଜୀରେ ଥିବା ଏକ ଉକ୍ତି ଏଠାରେ ଉଲ୍ଲେଖଯୋଗ୍ୟ। "Parents sacrifice everything for their childs life; A child sacrifices parents for his life." ସୁମିତା ମାନସିକ ସ୍ତରରେ ଦୃଢ଼ ହୋଇଛନ୍ତି। ତାଙ୍କ ପାଇଁ ଏକ ସୁନ୍ଦର ଭବିଷ୍ୟତ ଅପେକ୍ଷା କରିଛି ଏଇ ଆଶାରେ ସେ ଆଗାମୀକୁ ଆଲିଙ୍ଗନ କରିଛନ୍ତି। ସୁଦୂର ବିଦେଶରୁ ନିଜ ଗାଆଁ ଗୋପାଳପୁରକୁ ଫେରିଥିବା ଜୀବନବାବୁ ଘରେ ପହଞ୍ଚି ତାଙ୍କ ପାଇଁ ଅପେକ୍ଷାମଣ ବୋଉକୁ ନିବିଡ଼ ଭାବେ ଜାବୁଡ଼ି ଧରି କାନ୍ଦି ପକାଇଥିଲେ। ବୋଉର ଅଭୟ ପଣତ ତଳେ ସବୁଦିନ ଆଶ୍ରୟ ନେବାକୁ ଚାହୁଁଥିଲା ତାଙ୍କ ମନ। ବୋଉର ଅନାବିଳ ବାତ୍ସଲ୍ୟ ମମତାରେ ସେ ଆତ୍ମହରା ହୋଇ ପଡ଼ିଥିଲେ। ଗାଳ୍ପିକାଙ୍କ ଭାଷାରେ ତାହାର ବର୍ଣ୍ଣନା ବେଶ୍ ମନୋମୁଗ୍ଧକର। "ମୁଁ ବୋଉ ମୁହଁକୁ ଅନାଇଲି। ଅନାବିଳ ସ୍ନେହ ଆଉ ଭଲପାଇବା ଫଲଗୁର ଏକ ନୂଆ ରଂଗ ତା' ମୁହଁରେ ମନେହେଲା ସୂର୍ଯ୍ୟାସ୍ତର ଲାଲିମାରୁ ଧାରଟିଏ ତା' ମୁହଁକୁ ଚହଟି ଯାଇଛି। ଶତସୂର୍ଯ୍ୟର ଆଭା ତା' ମୁହଁରେ।" (୧୭) ବୋଉର ଭଲପାଇବା ଅସ୍ତଗାମୀ ସୂର୍ଯ୍ୟଙ୍କର ରକ୍ତିମ ଆଭାଠାରୁ ଆହୁରି ଆକର୍ଷଣୀୟ, ମନୋଲୋଭା, ଏ କଥାକୁ ସ୍ମରଣ କରାଇଦିଏ 'ସୂର୍ଯ୍ୟାସ୍ତ' ଗଳ୍ପର ଭାବବସ୍ତୁ।

ଦୀର୍ଘ ୬୦ ବର୍ଷର ବ୍ୟବଧାନ ପରେ ସୁମିତା ଜୀବନବାବୁଙ୍କ ଦର୍ଶନ ଲାଭ କରିବାର ସୁଯୋଗ ପାଇଥିଲେ। ଜୀବନ ବାବୁଙ୍କୁ ଦେଖିବା ପରେ ଅତୀତର ସ୍ମୃତି ସହ ତାଙ୍କର ମନେପଡ଼ିଯାଉଥିଲା ମାତ୍ର ତାଙ୍କ ମୁହଁରେ ଫୁଟି ଉଠିଥିଲା ଫିକା ହସର ସରୁ ଧାରିଟିଏ। ଲୋକ ଦୃଷ୍ଟିରେ ଦେବତା ମନେ ହେଉଥିବା ନୀଳମାଧବ ବାବୁ ଯେ ଜଣେ ଯୌନପିପାସୁ, କାମୁକ, ଲମ୍ପଟ ବ୍ୟକ୍ତି ଏକଥା କୁମୁଦିନୀ ଭଲଭାବେ ଜାଣିଥିଲେ। ତେଣୁ ସେ ସୁଲି ଓ ସୁଲି ବୋଉର ଭବିଷ୍ୟତ କଥା ଚିନ୍ତା କରି ବ୍ୟଥିତ ହୋଇପଡ଼ିଥିଲେ। ସୁଲିର ପାଠପଢ଼ା ଦାୟିତ୍ୱ ନୀଳମାଧବ ବାବୁ ନେଇଛନ୍ତି ଜାଣିବା ପରେ ନୀଳମାଧବ ବାବୁଙ୍କ ମନ୍ଦ ଉଦ୍ଦେଶ୍ୟ ସଂପର୍କରେ ତାଙ୍କର ଧାରଣା ଦୃଢ଼ୀଭୂତ ହୋଇଥିଲା। କୁମୁଦିନୀଙ୍କ ମାନସିକ ଭାବାବେଗର ବର୍ଣ୍ଣନା କରିବାକୁ ଯାଇ ଗାଳ୍ପିକା କହନ୍ତି– "କିଛି ପାଇବାକୁ

ହେଲେ କିଛି ଦେବାକୁ ହୁଏ। କିନ୍ତୁ ପାଇବା ପାଇଁ ନିଜର ମାନ ସମ୍ମାନ ଓ ନିଜର ନିଜତ୍ୱ ହରାଇବାର ଦୁଃଖ କାହାର ନ ହେଉ। ସୁଲି ବୋଉ ବା ସୁଲୀ ନୀଳମାଧବଙ୍କର ପାଶବିକତାର ଶିକାର ନ ହୁଅନ୍ତୁ।" (୧୮) ଠିକ୍ ସେମିତି ସୁମିତା, ନୀଳମାଧବଙ୍କର ପାଶବିକ କ୍ଷୁଧାର 'ଯନ୍ତା'ରେ ପଡ଼ିଯାଇଥିଲେ। 'ଛାଇ' ଗଳ୍ପରେ ସୁମିତାର ମନସ୍ତାତ୍ତ୍ୱିକ ଭାବନା ବର୍ଣ୍ଣିତ।

ଈଶ୍ୱରଙ୍କ ସୃଷ୍ଟିରେ ଆବେଗପ୍ରବଣ ସ୍ନେହକାଙ୍ଗାଳ ପ୍ରାଣୀଟିଏ ହେଉଛି ମଣିଷ। ମଣିଷ ଅନ୍ୟ ହୃଦୟର ଭଲପାଇବା ନେଇ ବଞ୍ଚେ। ବଞ୍ଚିବା ପାଇଁ ସ୍ନେହ ଓ ପ୍ରେମର ଆବଶ୍ୟକତା ରହିଛି। ସେଥିପାଇଁ ତ କୁହାଯାଏ – "Thanks to human heart by which we live." ଯେତେବେଳେ ମଣିଷ ଅଲୋଡ଼ା ହୋଇପଡ଼େ, ସ୍ନେହ ଓ ପ୍ରେମରୁ ହୁଏ ବଞ୍ଚିତ, ସେତେବେଳେ ଜୀବନ ହୋଇପଡ଼େ ଦୁର୍ବିସହ। ଏକାକୀ ନିଃସଙ୍ଗ ରହିବାକୁ ରଜତ ମନେ କରେ। ଅପ୍ରାପ୍ତି ଅସନ୍ତୋଷ ଜନିତ ଆତ୍ମଦହନ ମଣିଷକୁ କରିଦିଏ ଲହୁଲୁହାଣ। ମନ ଭିତରେ ସୃଷ୍ଟି ହୁଏ ଝଡ଼, ଯେଉଁ ଝଡ଼ ଥରେ ସୃଷ୍ଟି ହେଲେ ଆଉ ଥମିବାର ନାଁ ଧରେ ନାହିଁ। ଚିରାଗ ଓ ସରୋଜିନୀଙ୍କ ଜୀବନରେ ସୃଷ୍ଟି ହୋଇଥିବା ଝଡ଼ ସେମିତି ପୂର୍ବ ପରି ବଳବତ୍ତର ରହିଛି। ତାହାର ସୂଚନା 'ଝଡ଼' ଗଳ୍ପରେ ଦେଖିବାକୁ ମିଳେ।

ସ୍ରଷ୍ଟାଟିଏ ତା'ର ଅନୁଭୂତି, ଅଭିଜ୍ଞତା ତଥା ପାରିପାର୍ଶ୍ୱିକ ପରିବେଶରୁ ଲାଭ କରିଥିବା ବିଭିନ୍ନ ଭାବ ଭାବନାକୁ ଆପଣାର ସୃଷ୍ଟିରେ ରୂପ ଦେବାକୁ ପ୍ରୟାସ କରିଥାନ୍ତି। ଉପସ୍ଥାପନା ଏବଂ ପ୍ରକାଶଭଙ୍ଗୀର କଳା କୁଶଳତା ଉପରେ ନିର୍ଭର କରିଥାଏ ସୃଷ୍ଟିର ସାର୍ଥକତା। ସୁଲୋଚନା ପଟ୍ଟନାୟକଙ୍କ ପ୍ରାୟ ଅଧିକାଂଶ ଗଳ୍ପର ସାମାଜିକ ଆବେଦନ ଅତି ଉଚ୍ଚକୋଟୀର। ନାରୀ ମନସ୍ତତ୍ତ୍ୱକୁ ନିଖୁଣ ଭାବରେ ରୂପ ଦେବାରେ ସେ ଜଣେ ସମର୍ଥ ସାହିତ୍ୟଶିଳ୍ପୀ। ସେହିଭଳି ଜନ୍ମମାଟି ପ୍ରତି ମୋହ, ବୃଦ୍ଧ ପିତାମାତାଙ୍କର ଅବହେଳିତ ଅବଶିଷ୍ଟ ଜୀବନ, ନିଃସଙ୍ଗତାବୋଧ, ବିବାହ-ବିଚ୍ଛେଦ, ପୁନର୍ବିବାହ ଆଦି ନାନା ପ୍ରକାରର ଚିନ୍ତା ଚେତନାରେ ଗଳ୍ପଗୁଡ଼ିକର କାହାଣୀ ଗତିଶୀଳ। ଚମତ୍କାର ବିଷୟ-ବିନ୍ୟାସ, ସହଜ-ସରଳ ପ୍ରକାଶଭଙ୍ଗୀ, ସମ୍ଭ୍ରାନ୍ତ ମାର୍ଜିତ ଭାଷାର ପ୍ରୟୋଗ, ରୂପକଳ୍ପ, ଚିତ୍ରକଳ୍ପ ପ୍ରୟୋଗରେ ଅସାଧାରଣ ଦକ୍ଷତା ଆଦି ଗଳ୍ପଗୁଡ଼ିକୁ ହୃଦୟସ୍ପର୍ଶୀ ତଥା ଆକର୍ଷଣୀୟ କରିପାରିଛି। ଏହି ସଂକଳନରେ ସ୍ଥାନିତ ଗଳ୍ପଗୁଡ଼ିକ ଯେ ବିଶେଷ ପାଠକୀୟ ଆଦୃତ ଲାଭ କରିବ ଏହା ନିଃସନ୍ଦେହ। ଆମେରିକାରେ ଥାଇ, ଓଡ଼ିଆରେ

ନିଜ ମାତୃଭାଷାରେ ଗଳ୍ପ ରଚନା କରିବା ପାଇଁ ଗାଳ୍ପିକା ଯେଉଁ ଆଗ୍ରହ ଓ ନିଷ୍ଠା ଦେଖାଇଛନ୍ତି ତାହା ନିଶ୍ଚୟ ସ୍ୱାଗତଯୋଗ୍ୟ ଓ ପ୍ରଶଂସନୀୟ ।

ପ୍ରାନ୍ତଟୀକା:

୧. ପଟ୍ଟନାୟକ, ସୁଲୋଚନା – ତୁମ କଥା ମୋ କାହାଣୀ, ଘର – ଫ୍ରେଣ୍ଡସ ପବ୍ଲିଶର୍ସ – ପ୍ରଥମ ସଂସ୍କରଣ-୨୦୧୯ – ISBN 81-7401-922-7 – ପୃ:୪

୨. ତତ୍ରୈବ, ଘର – ପୃ:୫

୩. ତତ୍ରୈବ, ଏକ ବର୍ଷା ରାତିର କଥା – ପୃ:୧୦

୪. ତତ୍ରୈବ, ଆକାଶ କଇଁୟା ଚିଲିକା ମାଛ – ପୃ:୧୬

୫. ତତ୍ରୈବ, ଖଟାମିଠା – ପୃ:୨୧

୬. changle stuti – you only live once – Pg-44

୭. ତତ୍ରୈବ, ଖଟାମିଠା – ପୃ:୨୧

୮. ତତ୍ରୈବ, ଦୋଳି – ପୃ:୩୮

୯. ତତ୍ରୈବ, ଛାଇ ଏକ ମନର – ପୃ:୩୩

୧୦. ତତ୍ରୈବ, ପ୍ରତୀକ୍ଷା – ପୃ:୪୩

୧୧. ତତ୍ରୈବ, ସ୍ମୃତିର ଶବ – ପୃ:୫୦

୧୨. ତତ୍ରୈବ, ସନ୍ଦେହର ବିଷ – ପୃ:୭୧

୧୩. ତତ୍ରୈବ, ସମୟ କଥା କୁହେ – ପୃ:୭୮

୧୪. ତତ୍ରୈବ, ଦାସତ୍ୱର ବେଡ଼ି – ପୃ:୮୩

୧୫. ତତ୍ରୈବ, ଅଭିପ୍ରେରିତ – ପୃ:୧୦୨

୧୬. Changle Stuti – you only live once – Pg-223

୧୭. ତତ୍ରୈବ, ସୂର୍ଯ୍ୟାସ୍ତ – ପୃ:୧୨୦

୧୮. ତତ୍ରୈବ, ଯନ୍ତା – ପୃ:୧୩୧

ପୂର୍ଣ୍ଣତାର ପରିପାଟୀରେ ଶୂନ୍ୟତାର ପରିଭାଷା

ରକ୍ମିଣୀ ସମର୍ଥା

ସମୟର ଅସରନ୍ତି ସ୍ରୋତରେ ମଣିଷ ଜୀବନର ଫଲ୍‌ଗୁ ପ୍ରବାହିତ। ସମୟ ହିଁ ମଣିଷକୁ ତା'ର ବାସ୍ତବ ସ୍ଥିତି ସହିତ ପରିଚିତ କରାଏ। ମଣିଷ ଜୀବନର ବିଚ୍ଛୁରିତ ଆକର୍ଷଣ ନୃତ୍ୟର ତାଳ ପରି ତାକୁ ପରିଚାଳିତ କରାଏ। ଏହି ଆକର୍ଷଣ ହିଁ ତା'ର ଦୁଃଖର କାରଣ ପାଲଟି ଯାଉଥିବାବେଳେ ପୁଣି କେତେବେଳେ ତା' ମଧ୍ୟରେ ଭରିଦିଏ ଅପୂର୍ବ ସହନଶୀଳତାର ଅମାପ ଶକ୍ତି, ଯାହା ପାଇଁ ସେ ପାଲଟିଯାଏ ପାଷାଣୀ ଅହଲ୍ୟା। ଅଭିଶାପଗ୍ରସ୍ତ ଜୀବନରୁ ନିଜକୁ ମୁକ୍ତିର ପୂର୍ଣ୍ଣତାରେ ପରିପୂର୍ଣ୍ଣ କରିବାର ରଙ୍ଗିନ ସ୍ୱପ୍ନ ଛବିଳ ହୋଇଉଠେ ତା'ର ନେତ୍ର ଯୁଗଳରେ। ସ୍ୱପ୍ନକୁ ଚରିତାର୍ଥ କରିବାର କାମନାରେ ପ୍ରମତ୍ତ ହୋଇଉଠେ ହୃଦୟର ପ୍ରତିଟି ସ୍ପନ୍ଦନ। ନବ ପଲ୍ଲବିତ ବୃକ୍ଷର ପତ୍ର ପରି ସଞ୍ଚାରିତ ହୁଏ ପ୍ରେମର ଚାରୁକଳାରେ ପୂର୍ଣ୍ଣ କୋଣାର୍କ।

ନାରୀର ଜୀବନ ବୈଚିତ୍ର୍ୟମୟ ବିଭବରେ ମଣ୍ଡିତ। ଯେଉଁ ନାରୀ ଜାୟା, ଜନନୀ, ଭଗିନୀ ରୂପରେ ସମାଜର ସକଳ ଦୁର୍ଦ୍ଦଶାକୁ ପରିସମାପ୍ତି କରିବାର ସାହସ ସଞ୍ଚାର କରିପାରେ, ସେ ପୁଣି କାତ୍ୟାୟିନୀ ରୂପ ଧାରଣ କରି ପୃଥିବୀକୁ ସଂହାର କରିବାର ଦୁଃସାହସ କରିପାରେ। ପୁରୁଷର ଅର୍ଦ୍ଧାଙ୍ଗିନୀ ଭାବରେ ସକଳ କର୍ମର ସୂତ୍ରଧାର ମଧ୍ୟ ସାଜିପାରେ। ନାରୀର ବିବିଧ ରୂପସମ୍ଭାର ପ୍ରତିଫଳିତ ହୋଇଛି ଗାଳ୍ପିକା ସୁଲୋଚନା ପଟ୍ଟନାୟକଙ୍କ 'ତୁମ କଥା ମୋ କାହାଣୀ' ଗଳ୍ପ ସଂକଳନରେ। ଜଣେ ନାରୀ ଭାବରେ ନାରୀର ସାମାଜିକ, ମାନସିକ, ପାରିବାରିକ ସ୍ଥିତିକୁ ଆକଳନ କରିବାର ସଚେତ

ପ୍ରଚେଷ୍ଟା ତାଙ୍କୁ ଶୀର୍ଷ ସ୍ଥାନର ଅଧିକାରିଣୀ କରିପାରିଛି। ତାଙ୍କ ଗଳ୍ପଗୁଡ଼ିକର ମର୍ମସ୍ୱର ମୁଖ୍ୟତଃ ନାରୀର ନିଃସଙ୍ଗତାବୋଧକୁ ଆଧାର କରି ଫୁଟି ଉଠିଛି ଅପୂର୍ବ ସୌନ୍ଦର୍ଯ୍ୟରେ। ନାରୀ ମନସ୍ତତ୍ତ୍ୱର ବିଭିନ୍ନ ଦିଗ ଉଦ୍‌ଭାସିତ ହୋଇଛି ବର୍ଷା ଆକାଶର ଘନଘୋଟା ସୌଦାମିନୀ ପରି। ପଙ୍କପୂର୍ଣ୍ଣ ପୁଷ୍କରିଣୀର ପଙ୍କଜ ପରି ତାଙ୍କ ଗଳ୍ପର ନାରୀ ଚରିତ୍ରଗୁଡ଼ିକ ହୋଇ ଉଠିଛନ୍ତି ସହନଶୀଳତାର ଅମୂର୍ତ୍ତ ପ୍ରତୀକ।

ସୁଲୋଚନା ପଟ୍ଟନାୟକଙ୍କ ଗଳ୍ପଗୁଡ଼ିକର ନାୟିକା ହେଉଛନ୍ତି ଗଳ୍ପର ମୁଖ୍ୟ ଆକର୍ଷଣ। ସମସ୍ତ ବାଧା ପ୍ରତିବନ୍ଧକକୁ ଅତିକ୍ରମ କରି ନିଜ ସହନଶୀଳତାର ପରୀକ୍ଷାରେ କୃତକାର୍ଯ୍ୟ ହେବାର ପ୍ରମାଣ ବାଢ଼ି ଦେଇଛନ୍ତି। ତାଙ୍କର 'ତୁମ କଥା ମୋ କାହାଣୀ' ସଂକଳନର ପ୍ରଥମ ଗଳ୍ପ 'ରୁମି'ରେ ନିର୍ଜନତା ମଧ୍ୟରେ ନିଜର ସତ୍ତାକୁ ସାଉଣ୍ଟିବାର ପ୍ରୟାସ କରିଛି। ନିର୍ଜନତା ଭିତରେ ଚତୁଃପାର୍ଶ୍ୱର ଅବୟବକୁ ହୃଦୟଙ୍ଗମ କରିବାର ପ୍ରୟାସ କରୁଛି ରୁମି। ପୃଥିବୀର ସମସ୍ତ ଶକ୍ତି ଯେପରି ତା ମଧ୍ୟରେ ସମାହିତ ହୋଇଛନ୍ତି। ଶୈଶବ କାଳୀନ ସ୍ମୃତି ତା' ମାନସପଟ୍ଟକୁ ଆନ୍ଦୋଳିତ କରିଛି। ବିଦ୍ୟାଳୟରେ ପଢ଼ିବା ସମୟରେ ରଚନା ଲେଖିବାର ଅସାମର୍ଥ୍ୟ ଯାହା ଭିତରେ ପ୍ରକାଶ ପାଉଥିଲା ସେ ଆଜି ସାମାନ୍ୟ ଏକ ବୁଲାକୁକୁର ବିଷୟରେ ରଚନା ଲେଖିବାର ଅଭିଳାଷ ପୋଷଣ କରୁଛି। ଯାହା ପାଇଁ ନା ତାକୁ ମିଳିବ ପରୀକ୍ଷାର ନମ୍ବର ନା କୌଣସି ପ୍ରତିଯୋଗିତା ମୂଳକ ପରିଚୟପତ୍ର। ନିଜର ନିର୍ଜନତାକୁ ଦୂର କରିବାର ଏ ଯେ ଏକ ପ୍ରୟାସ। ସ୍ୱାମୀଙ୍କ ଠାରୁ ଦୂରେଇ ରହିବାର ଦାରୁଣ ଦୁଃଖ, କଷ୍ଟ, ବେଦନାକୁ ଯେ ଛାତିରେ ଚାପି ଧରି ଦୃଢ଼ ସଂକଳ୍ପ କରିପାରେ ଜୀବନର କଣ୍ଟକିତ ପଥକୁ ଏକାକୀ ଅତିକ୍ରମ କରିବା ପାଇଁ। ପୁଅର ଖୁସି ପାଇଁ ସବୁକିଛି ବଳିଦାନ ଦେଇ ନିଜ ମାତୃତ୍ୱକୁ ଗୌରବାନ୍ୱିତ କରିଛି ରୁମି। ପତିଙ୍କ ଦ୍ୱିତୀୟ ବିବାହ ତାକୁ ମ୍ରିୟମାଣ କରିପାରିନି। ଧୈର୍ଯ୍ୟର ସହ ସମସ୍ତ ପରିସ୍ଥିତିକୁ ମୁକାବିଲା କରିବାର ସାହସ ରହିଛି ତା ମଧ୍ୟରେ। ସାଂସାରିକ ମୋହ ତୁଟି ଯାଇଥିଲେ ମଧ୍ୟ ପୁତ୍ରର ଖୁସି ପାଇଁ ସବୁକିଛି ଜଳାଞ୍ଜଳି ଦେଇ ଜଣେ ଆଦର୍ଶ ମାତାର କର୍ତ୍ତବ୍ୟ ପାଳନ କରିଛି। ସ୍ୱାମୀଙ୍କ ପରେ ଯେଉଁ ପୁଅ ତା'ର ଏକମାତ୍ର ବଞ୍ଚିବାର ସାହା ଥିଲା ସେ ମଧ୍ୟ ଆମେରିକାର ପ୍ରସିଦ୍ଧ ବୋଷ୍ଟନ୍ କଲେଜରେ ଆଡ୍‌ମିସନ୍ ପାଇ ତାଙ୍କଠାରୁ ଦୂରକୁ ଚାଲିଯାଇଛି। ନିଃସଙ୍ଗତାର ରୁଦ୍ଧ କୋଠରି ହିଁ ତା' ପାଇଁ ଏବେ ବନ୍ଦୀଖାନା ସଦୃଶ, ଯେଉଁଠି ନା କିଏ ଅଛି ତା'ର ସୁଖଦୁଃଖର ଭାଗୀଦାରୀ। ଏବେ କେବଳ ତା' ସ୍ଥିରୀକୃତ ରଚନାର ବିଷୟ 'ବୁଲାକୁକୁର' ହିଁ ତା' ଆଗାମୀ ଦିବସର ନିଃସଙ୍ଗତାର ପଥଚାରୀ। ଜୀବନର ସାୟାହ୍ନର ଏକମାତ୍ର ସହଚରୀ।

ତାଙ୍କର ଅନ୍ୟ ଏକ ଆକର୍ଷଣୀୟ ଗଳ୍ପ 'ଘର'। ଯାହାର ପରିସୀମା କେବଳ

ଏକ ନାମବାଚକ ବିଶେଷ୍ୟ ମଧ୍ୟରେ ସୀମିତ। ନା ଯାହାର ଅଛି କୌଣସି ଯଥାର୍ଥ ସଂଜ୍ଞା, ନା ଯଥାର୍ଥ ପରିଚୟ। ଘର ରୂପକ ସ୍ୱର୍ଗ ଏଠି ଯନ୍ତ୍ରଣାର ମରୁଭୂମି ପାଲଟି ଯାଇଛି। ଯେଉଁଠାରେ ନିଜକୁ ପ୍ରତି ମୁହୂର୍ତ୍ତରେ ତତଲା ବାଲିରେ ଦଗ୍ଧୀଭୂତ ହେବାକୁ ପଡ଼ିଛି। ସରୋଜିନୀ ପରି ଜଣେ ଆଧୁନିକା ଏବଂ ସ୍ୱୟଂ ପରିଚାଳିତା ନାରୀ ଜୀବନର ଶୂନ୍ୟତା ମଧ୍ୟରେ ଅତୀତର ପଦଚିହ୍ନକୁ ପଛରେ ପକାଇ ଆଗକୁ ବଢ଼ିବାକୁ ଚେଷ୍ଟା କରି ବିଫଳ ହୋଇଛି। ଯେଉଁ ଘର ତା' ପାଇଁ ଶୂନ୍ୟତାର ମରୁଭୂମି ପାଲଟିଯାଇଥିଲା ଆଜି ସେଠାରେ ଦଣ୍ଡାୟମାନ ହୋଇ ସେ ନିଜର ପରିଚୟ ଖୋଜୁଛି। ସ୍ୱାମୀଙ୍କୁ ତ୍ୟାଗ କରି ଏକାକୀ ବଞ୍ଚିବାର ଯେଉଁ ସଂକଳ୍ପ ନେଇଥିଲା ଆଜି ଦଶବର୍ଷ ପରେ କ୍ଷଣକେ ସବୁ ଓଲଟପାଲଟ ହେବାକୁ ଯାଉଛି ସାମାନ୍ୟ ଏକ ଭଏସ୍ ମେସେଜ ପାଇଁ। ମଣିଷ ସବୁବେଳେ ନିଜ ଲୋକଙ୍କଠାରୁ ହିଁ ଅଧିକ ଯନ୍ତ୍ରଣା ପାଇଥାଏ। ତେଣୁ ଜୀବନବାବୁଙ୍କ ମେସେଜ୍ ତାକୁ ଅତୀତର ସ୍ମୃତିକୁ ପୁନର୍ବାର ସ୍ମରଣ କରିଦେଇଥିଲା, ଯାହା ତା'ର ହୃଦୟର ଗଭୀର କୋଣରୁ ଦୁଃଖକୁ ସାଉଁଟି ଆଣି ଅଶ୍ରୁ ରୂପରେ ବାରିଧାରା ପ୍ରବାହିତ କରିଥିଲା। ତେଣୁ ଗାଳ୍ପିକା ଲେଖିଛନ୍ତି- "ସିଏ କ'ଣ କହିବାକୁ ଚାହୁଁଛନ୍ତି ? ଆଖିରେ କେଉଁଠୁ କେଜାଣି ଲୁହର ଧାରା ଛୁଟିବାକୁ ଲାଗିଲା। ସାମାନ୍ୟ ଭଏସ୍ ମେଲ୍‌ଟିଏ ବି ଶୁଣିବାକୁ କଷ୍ଟ ହେଲା।" ବ୍ରାୟାନ୍ ସହିତ ତା'ର ସଂପର୍କ ଖୁବ୍ ନିବିଡ଼ ହେବାକୁ ଲାଗିଥିଲେ ମଧ୍ୟ ଅତୀତର ଯନ୍ତ୍ରଣାଦାୟକ ସ୍ମୃତି ତାଙ୍କ ନବ୍ୟ ନିର୍ମିତ ପ୍ରେମର ସୌଧକୁ ସଂପୂର୍ଣ୍ଣ ହେବାରୁ ବଞ୍ଚିତ କରିଛି।

ସ୍ୱାମୀ ବାହାରକୁ ସିନ୍ଦୂର ରୂପେ ଶୋଭା ପାଉଥିଲେ ମଧ୍ୟ ପ୍ରେମିକ ଯେ ଗୋଲାପର ତୀକ୍ଷ୍ଣ କଣ୍ଟା ସାଜି ହୃଦୟକୁ ବିଦ୍ଧ କରି ରକ୍ତ ଜର୍ଜରିତ କରିଥାଏ ତାହା ତାଙ୍କର 'ଏକ ବର୍ଷା ରାତିର କଥା' ଗଳ୍ପର ସାରମର୍ମ। ପ୍ରଥମ ପ୍ରେମର ସ୍ପର୍ଶ ସମସ୍ତଙ୍କ ପାଇଁ ସ୍ୱତନ୍ତ୍ର ଅନୁଭୂତି ଭାବେ ସ୍ମରଣୀୟ ହୋଇଥାଏ। କଲେଜରୁ ଘରକୁ ଓଦା ହୋଇ ଫେରିବାବେଳେ ସେ ବର୍ଷା ରାତିର ଚିରସ୍ମରଣୀୟ ସ୍ମୃତି ଆଜି ଲିପିକାର ମାନସ-ପଟ୍ଟକୁ ଆନ୍ଦୋଳିତ କରୁଛି। ବସ୍‌ରେ ବସିଥିବା ଭଦ୍ରବ୍ୟକ୍ତି ଜଣଙ୍କୁ ନିଜ ଅଜାଣତରେ କେତେବେଳେ ଯେ ସେ ପ୍ରେମ କରିବସିଛି ସେ ମଧ୍ୟ ଜାଣିନି। ନିଜର ସୁନ୍ଦର ଶରୀର ଆଉ ମୁଖକାନ୍ତିର ତୁଳନା ସେ ରଜତର ଶାରୀରିକ ଗଠନ ସହିତ କରିବାକୁ ଲାଗିଛି। ସତେ ଯେପରି ପରସ୍ପର ପାଇଁ ସୃଷ୍ଟି ହୋଇଛନ୍ତି। ମୁହଁଖୋଲି ମନର ଅକୁହା କଥା ପ୍ରକାଶ କରିପାରିନି ଲିପିକା। ଜଣେ ଅସଂପୂର୍ଣ୍ଣ ପ୍ରେମିକାର ପ୍ରତିମୂର୍ତ୍ତି ପାଲଟି ଯାଇଛି।

ସବୁ ପ୍ରେମର ପରିଣତି ବିବାହ ହୋଇ ନ ଥାଏ। ବେଳେବେଳେ ଆମେ ପ୍ରେମ ନିକଟରେ ହାର୍ ମାନିଥାଉ। ଭଲପାଇବାକୁ ବଞ୍ଚାଇବା ପାଇଁ ଆପ୍ରାଣ ଚେଷ୍ଟା

କରି ମଧ୍ୟ ବିଫଳ ହୋଇଥାଉ। ପ୍ରେମର ଯନ୍ତ୍ରଣାକୁ ଛାତିତଳେ ଚାପିରଖି ନିଜ ଶୂନ୍ୟତାର ଅନ୍ଧାର କୋଠରି ମଧ୍ୟରେ ହଜେଇ ଦେଇଛି ସୁଷମା ନିଜକୁ। ମିଳନ-ବିଚ୍ଛେଦର ଖଟାମିଠା ସ୍ୱାଦକୁ ଅନୁଭବ କରିଛି। ନିଜ ଭିତରର ଶୂନ୍ୟତାକୁ ପରିପୂର୍ଣ୍ଣ କରିବାର ମୁହୂର୍ତ୍ତକୁ ଅପେକ୍ଷା କରିଛି। ସୁବ୍ରତଙ୍କ ପ୍ରତି ତାଙ୍କ ମନର ଦୁର୍ବଳତାକୁ ସେ ପ୍ରକାଶ କରିପାରିନାହିଁ। ଜଣେ ଆଦର୍ଶ ନାରୀ ଭାବରେ ସମସ୍ତ ଦୁଃଖ ଯନ୍ତ୍ରଣାକୁ ଛାତିତଳେ ଚାପିଧରି ବାହାରକୁ ଖୁସି ଥିବାର ଅଭିନୟ କରିଛି। ଏ ସମସ୍ତ ବିଡ଼ମ୍ବନା ମଧ୍ୟରେ ପ୍ରେମ କରୁଥିବା ଦୁଇ ପ୍ରାଣୀଙ୍କ ମଧ୍ୟରେ ନିଜ ଅଜାଣତରେ କେତେବେଳେ ସେ ତୃତୀୟ ବ୍ୟକ୍ତି ପାଲଟି ଯାଇଛି। ସୁବ୍ରତ ସହିତ ନିଜକୁ ସଂଯୋଜିତ କରି ଅପୂର୍ବ ଆନନ୍ଦ ଲାଭ କରିଛି।

"ସ୍ୱାମୀ ପୁତ୍ରର ସଂସାର ଥାଇ ବି ଏକ ଅଭାବର ସଂସାର"। ବାସ୍ତବରେ ନାରୀ ଜୀବନ କି ବିଚିତ୍ର ବିଡ଼ମ୍ବନାରେ ପୂର୍ଣ୍ଣ। ଶୂନ୍ୟତା ଭିତରେ ନିଜକୁ ଖୋଜୁ ଖୋଜୁ ମହାଶୂନ୍ୟ ଆଡ଼କୁ ପାଦ ଅଗ୍ରସର ହୋଇଯାଏ। ଛାଇ ଆଲୁଅର ଖେଳ ଭିତରେ ବିତିଯାଏ ତମାମ ଜୀବନ। 'ଛାଇ ଏକ ମନର' ଗଳ୍ପରେ ଛାଇ ସହିତ ଲୁଚକାଳି ଖେଳିବାକୁ ଅଭ୍ୟାସ କରିଛି ଦିପିକା। ସମୟର ସ୍ରୋତରେ ନିଜକୁ ବହୁ ଦୂରକୁ ଭସାଇ ନେବାର ବୃଥା ପ୍ରୟାସ କରିଛି। ପୁଅର ସ୍ୱଭାବକୁ ବଦଳାଇବାକୁ ଚେଷ୍ଟା କରିଛି। ମନ ମଧ୍ୟରେ ପୁଅର ଭବିଷ୍ୟତକୁ ଉଜ୍ଜ୍ୱଳ କରିବାର ଅନେକ ସ୍ୱପ୍ନକୁ ସାକାର କରିବାର ଅଭିଳାଷ ସୃଷ୍ଟି କରିଛି। ମଣିଷର ମନକୁ ବୁଝିବା ବଡ଼ କଷ୍ଟକର ବ୍ୟାପାର। ସମୟ ସ୍ରୋତରେ ବଦଳିଯାଏ ଜୀବନର ମାପଦଣ୍ଡ। ତେଣୁ ଗାଳ୍ପିକା ଲେଖିଛନ୍ତି- "ଜୀବନର ଗତି ବଡ଼ ବିଚିତ୍ର। ମନକୁ ଯଦି ବୁଝି ହୁଅନ୍ତା ତା'ହେଲେ ସଂପର୍କ ଗଢ଼ିବା ବା ସଂପର୍କକୁ ପରସ୍ପର ଭିତରେ ଗଭୀର କେତେ ସହଜ ହୋଇଯାଆନ୍ତା।"

ରିମ୍‌ଝିମ୍ ପରି ସରଳ, ନିରୀହ, ନିଷ୍ପାପ ଆତ୍ମା ପୃଥିବୀରେ ଜନ୍ମ ନେଇଥିଲା। ସାନଝିଅ ଭାବେ ଅତି ଅଲିଅଳି, ଗେହ୍ଲାରେ ବଡ଼ ହୋଇଛି। ବାପାଙ୍କର ନୟନର ପିତୁଳା। ତା'ର ଅନୁପସ୍ଥିତି ଯେପରି ଅନ୍ଧକାର ସୃଷ୍ଟି କରିଦିଏ ସାରା ପରିବାରରେ। ରଜରେ ରଜପାନ, ପୋଡ଼ପିଠା ଖାଇ ଦୋଳି ଖେଳିବାରେ ଅପୂର୍ବ ଆନନ୍ଦକୁ କେବଳ ଉପଭୋଗ କରାଯାଇପାରେ। ସେଭଳି ଏକ ଅପୂର୍ବ ମୁହୂର୍ତ୍ତରେ ଭେଟ ହୋଇଛି ତା'ର ରାଜା ସହିତ। ରାଜା ହାତର ଶୀତଳ ସ୍ପର୍ଶ ତାକୁ ଉଲ୍ଲସିତ କରିଛି। ମାତ୍ର ଏ ସ୍ପର୍ଶ କ୍ଷଣକେ ଘନ ଅନ୍ଧକାରକୁ ଆମନ୍ତ୍ରଣ କରିବ କେହି ପରିକଳ୍ପନା ମଧ୍ୟ କରି ନ ଥିଲେ। ଦୋଳି ଉପରେ ବସି ଝୁଲୁଝୁଲୁ ତା'ର ଚତୁଃପାର୍ଶ୍ୱ ଦୋହଲି ଯାଇଛି। ଦୋଳିରୁ ପଡ଼ି ମୁଣ୍ଡରେ ଆଘାତ ଲାଗି ନ ଥିଲା ଯେ ଅନେକ ହୃଦୟକୁ ତୀକ୍ଷ୍ଣ ତରବାରି ବିଦ୍ଧ

କରିଥିଲା। ଛଅମାସ ଡାକ୍ତରଖାନାରେ କଟିବା ପରେ ତା' ଦୁନିଆ ଏବେ ତା' ପାଇଁ ନୂଆ ପାଲଟି ଯାଇଛି। ତା' ଚତୁଃପାର୍ଶ୍ୱ ଦୋହଲି ଯାଇଛି ମାତ୍ର ତା' ମନ ଗୋଟିଏ ଜାଗାରେ ସ୍ଥିର ରହିଯାଇଛି। ରାଜାର ହୃଦୟ ସହିତ ତା' ହୃଦୟ ଏକ ନିବିଡ଼ ସଂପର୍କରେ ବାନ୍ଧି ହୋଇଯାଇଛି।

ନାରୀ ସହନଶୀଳତାର ଚରମ ସୀମାକୁ ଅତିକ୍ରମ କଲେ ପାଲଟିଯାଏ ଅନନ୍ୟ ମାତୃଶକ୍ତିର ଅଧିକାରିଣୀ। ମମତା ଠିକ୍ ସେହି ନାରୀ ଯିଏ ଜୀବନର ସମସ୍ତ ବାଧାବିଘ୍ନକୁ ଅତିକ୍ରମ କରି ଅଣ୍ଟା ଭିଡ଼ିଛି ପୁଣିଥରେ ଦଣ୍ଡାୟମାନ ହେବ ବହୁକାଳରୁ ଖରା ବର୍ଷାକୁ ଖାତିର ନ କରି ଠିଆ ହୋଇଥିବା ବରଗଛ ପରି। କେତେ ଯେ ଯାତ୍ରୀ ତା' ଛାଇରୁ ଉପଶମ ପାଇଛନ୍ତି, କେତେ ଜଣଙ୍କୁ ତା' ଶୀତଳ ଛାୟାରେ ପଲ୍ଲବିତ କରିଛି ହେଲେ ଭୁଲି ଯାଇଛି ନିଜ କଥା। ସମୟର ସ୍ରୋତରେ କ୍ରୀଡ଼ାୟିତ ପ୍ରାଣୀ ପରି ଭାସି ଚାଲିଛି ଆଗକୁ। ନା କିଛି ପାଇବାର ଆଶା ନା କିଛି ହରାଇବାର ଭୟ ରହିଛି ତା'ର। ସତେଇଶ ବର୍ଷ ତଳେ ନିଜ ଇଚ୍ଛାରେ ବିବାହ କରିବାର ସେ ପଦକ୍ଷେପ ତା' ଜୀବନପଥକୁ ବଦଳାଇ ଦେଇଛି। ଜୀବନ କାହାଣୀର ଅଧ୍ୟାୟ ପୃଷ୍ଠା ପରେ ପୃଷ୍ଠା ବଦଳିବାର ଲାଗିଛି। ସୁଖ, ଦୁଃଖ, ଝଡ଼, ଝଞ୍ଜା ମଧ୍ୟ ଦେଇ ନିଜକୁ ଦୃଢ଼ କରିଛି ମମତା। ସବୁ ସେ ନିରାକାରଙ୍କ ଇଚ୍ଛା ଭାବି ନିଜକୁ ସାନ୍ତ୍ୱନା ଦେଇଛି। ସମୟ ହେଉଛି ବଳବାନ୍। ତା'ର କରାଳ ଗତି କେତେବେଳେ କାହାକୁ କେଉଁ ପରିସ୍ଥିତିର ସମ୍ମୁଖୀନ କରିବ ତାହା ଆକଳନ କରିବା କଷ୍ଟ। ଧୈର୍ଯ୍ୟ ଓ ସହନଶୀଳତା ନାରୀକୁ ଦୃଢ଼ତର କରେ ତା'ର କର୍ତ୍ତବ୍ୟ ପଥରେ। ଅତୀତର କଳାଛାଇକୁ ଦୂରେଇ ଭବିଷ୍ୟତର ଉଜ୍ଜ୍ୱଳ ଆଲୋକର ଅପେକ୍ଷାରେ ମମତା।

ନାରୀ ସର୍ବଦା କଳଙ୍କିନୀ ନୁହେଁ। ପୁରୁଷ ତା' ମନର ଲାଳସାକୁ ସାର୍ଥକ କରିବା ପାଇଁ ନାରୀ ପ୍ରତି ଆକର୍ଷିତ ହୁଏ। ବିଭିନ୍ନ ପ୍ରଲୋଭନ ଦେଖାଇ ନିଜ ଆଡ଼କୁ ଆକର୍ଷିତ କରିବାର ପ୍ରୟାସ କରିଥାଏ। ଏହାର ପ୍ରତିଫଳ 'ଯନ୍ତା' ଗଳ୍ପରେ ଦେଖିବାକୁ ମିଳେ। ସୁମିତା ସାଦାସିଧା ସାଧାରଣ ନାରୀ। ବ୍ୟାଙ୍କରେ ଚାକିରି। ବେଶ୍ ଖୁସିରେ ଜୀବନଯାପନ କରୁଥିବା ବେଳେ ନୀଳମାଧବଙ୍କ ପରି ଖଳ ପୁରୁଷ ତା'ର ସାମର୍ଥ୍ୟର ଦୁରୂପଯୋଗ କରି ସୁମିତାକୁ ନିଜ ଆଡ଼କୁ ଆକର୍ଷିତ କରିବାକୁ ଚେଷ୍ଟା କରିଛି। ଭୁବନେଶ୍ୱର ବ୍ୟସ୍ତବହୁଳ ଜୀବନ ମଧ୍ୟରୁ କେହି କାହାକୁ ଚିହ୍ନୁ ନ ଥିବା ବେଳେ ନୀଳମାଧବ ନିଜ ଆଡୁ ପ୍ରସ୍ତାବ ଦେଉଛି ସୁମିତାକୁ ଭୁବନେଶ୍ୱରକୁ ଟ୍ରାନ୍ସଫର କରିବା ପାଇଁ। ମାତ୍ର ଏକଥା ପଛରେ ନୀଳମାଧବର ଅଲଗା କୌଣସି ମନ୍ଦ ଉଦ୍ଦେଶ୍ୟ ଚରିତାର୍ଥ ହେବାର ସ୍ୱପ୍ନ ଉଦ୍‌ଭାସିତ ହୋଇଛି। ଅସହାୟ ଭାବରେ ନିରୀହ ପ୍ରାଣୀଟିଏ ଭଳି

ସମସ୍ତଙ୍କ କଥାର ଲହରୀରେ ସୁମିତା ପ୍ରବେଶ କରିଛି ନୀଳମାଧବର ଅଦୃଶ୍ୟ ଷଡ଼ଯନ୍ତ୍ରକାରୀ ଯନ୍ତା ମଧ୍ୟକୁ ଯେଉଁଠି ମୁକ୍ତିର ପଥ ସୁଦୂରବ୍ୟାପୀ।

"ଭାରତୀୟ ନାରୀର ସହଜାତ ଧର୍ମ ହେଲା ସହିବା।" ଜୀବନଜଞ୍ଜାଳ ଭିତରେ ସେ ନିଜକୁ ଭୁଲିଯାଏ। ଅନ୍ୟର ଖୁସି ସାଉଁଟୁ ସାଉଁଟୁ ନିଜ ଖୁସିକୁ ବଳି ଦେଇଥାଏ। ଆଉ ପାଖରେ ପ୍ରିୟ ସାଥୀ ଥିଲେ ସମୟ ହାତମୁଠାରେ ଥିଲା ପରି ମନେହୁଏ। ହେଲେ କେହି ବୁଝନ୍ତି ନାହିଁ ନିରବତା ଯେ ଅନେକ ପ୍ରଶ୍ନର ଉତ୍ତରକୁ ଉହ୍ୟ ରଖିଥାଏ। ଜୀବନରେ ଅନେକ ପରିସ୍ଥିତିର ସମ୍ମୁଖୀନ କରି ସରୋଜିନୀ ଭାଙ୍ଗିପଡ଼ିନି ବରଂ ନିଜକୁ ଅଧିକ ମଜଭୁତ କରି ଗଢ଼ି ତୋଳିବାକୁ ଚେଷ୍ଟା କରିଛି। ଏକାକୀ ସେ ଅନେକ ଦିନ, ଅନେକ ରାତି ବିତାଇଛି। ପ୍ରତି ମୁହୂର୍ତ୍ତରେ ନାରୀ ଭାବରେ ଜନ୍ମ ନେଇଥିବାରୁ ଭଗବାନଙ୍କୁ ଗାଳି ଦେଇଛି। ଏକାକୀ ଜୀବନ କଟାଇବା ଯେ କେତେ କଷ୍ଟ ତାହା ସରୋଜିନୀ ବୁଝି ମଧ୍ୟ ନିଜକୁ ଜୀବନପଥର ଏକୁଟିଆ ଯାତ୍ରୀ ଭାବି ଆଗକୁ ଅଗ୍ରସର ହୋଇଛି। ସମାଜର କୁସାରଟନାକୁ ପଛରେ ପକାଇ ନିଜକୁ ପ୍ରସ୍ତୁତ କରିଛି ସବୁ ବାଧାବିଘ୍ନକୁ ଅତିକ୍ରମ କରିବା ପାଇଁ। ତେଣୁ ଗାଳ୍ପିକା 'ଝଡ଼' ଗଳ୍ପରେ ସରୋଜିନୀଙ୍କ ମୁଖରେ ଲେଖୁଛନ୍ତି- "ସମୟ ମୋତେ ଅନେକ ପରୀକ୍ଷାର ସମ୍ମୁଖୀନ କରାଇଛି। ମୁଁ ବାରବାର ଭାଙ୍ଗିପଡ଼ିଛି। କେହି ଆସି ନାହାନ୍ତି ଆହା ପଦେ କହିବାକୁ। କିନ୍ତୁ ମନର ବଳରେ ମୁଁ ଆଜି ବି ବଞ୍ଚିଚି। ନିଜ ଶିଂଘରେ ମାଟିତାଡ଼ି ଠିଆହେବା ଶିଖିଛି। କିଏ କ'ଣ କହିଲେ ଶୁଣିଛି, କିନ୍ତୁ ସେ ଚର୍ଚ୍ଚାରୁ ମୁଁ କ'ଣ ଗ୍ରହଣ କରିଛି ତା' କେବଳ ମୋ ଉପରେ ନିର୍ଭର କରେ।" ଅନ୍ୟକୁ ଆକ୍ଷେପ କରି କହିବା ଯେପରି ଲୋକଙ୍କର ସହଜାତ ପ୍ରବୃତ୍ତି। ସେଥିରୁ ନିଜକୁ ନିବୃତ୍ତ କରି ନିଜ କର୍ମକୁ ଆଦରି ନେବା ଉଚିତ। ନିଜ ଉପରେ ନିଜର ଭରସା ରହିବା ଏକାନ୍ତ କାମ୍ୟ।

ନାରୀର ସୃଷ୍ଟି ଜଗତ କଲ୍ୟାଣ ପାଇଁ ଉଦ୍ଦିଷ୍ଟ। ନାରୀ ବିନା ସୃଷ୍ଟି ଅଚଳ। ନାରୀ ମଧ୍ୟରେ ସମାହିତ ଅନନ୍ୟ ଦୈବୀ ଶକ୍ତି ତାକୁ ସମାଜରେ ପରିଚିତି କରାଏ। ସବୁ ନାରୀ ସମାନ ନୁହନ୍ତି। ନାରୀର ମନସ୍ତାତ୍ତ୍ୱିକ ଦିଗକୁ ବିଶ୍ଳେଷଣ କରିବା କଷ୍ଟକର ବ୍ୟାପାର। କେତେ ଆଶା-ନିରାଶା, ନିଃସଙ୍ଗତା, ପାପବୋଧ, ଦୁଃଖ-ଯନ୍ତ୍ରଣାକୁ ହୃଦୟରେ ଚାପିଧରି ଲାଗିପଡ଼େ ଅନ୍ୟକୁ ଖୁସି ଦେବା ପାଇଁ। କେହି ବୁଝିପାରନ୍ତି ନାହିଁ ତା' ଅନ୍ତରର କଥା। ନିଜକୁ ତିଳେ ତିଳେ ଦାହ କରି ପ୍ରତି ମୁହୂର୍ତ୍ତରେ ଚେଷ୍ଟା କରେ ଅନ୍ୟକୁ ନିଜେ ସମ୍ମୁଖୀନ ହୋଇଥିବା କଷ୍ଟରୁ ଦୂରେଇ ରଖିବା ପାଇଁ। ସମସ୍ତ ପରିପୂର୍ଣ୍ଣତା ମଧ୍ୟେ ତା' ମଧ୍ୟରେ କେଉଁଠି ନା କେଉଁଠି ଅପ୍ରକାଶ୍ୟ ଶୂନ୍ୟତା ଭରି ରହିଥାଏ। ଯାହା ସେ ଅନ୍ୟ ଆଗରେ ବାଢ଼ିପାରେନା। ଅନନ୍ୟ ସହନଶୀଳତାର ପ୍ରତିମୂର୍ତ୍ତି ହେଉଛି

ନାରୀ। କେବଳ ପୁରୁଷର ଅର୍ଦ୍ଧାଙ୍ଗିନୀ ନୁହେଁ ବରଂ ସୁଖଦୁଃଖର ସହଭାଗିନୀ। ସୁଲୋଚନା ପଟ୍ଟନାୟକଙ୍କ ପ୍ରତ୍ୟେକ ଗଳ୍ପରେ ନାରୀ ମଧ୍ୟରେ ନାରୀର ଅନନ୍ୟ ସତ୍ତା ସୃଷ୍ଟି ହୋଇଛି। ପ୍ରତ୍ୟେକ ଚରିତ୍ର ସ୍ୱତନ୍ତ୍ର ଭାବେ ଭିନ୍ନ ଭିନ୍ନ ସମସ୍ୟାର ସମ୍ମୁଖୀନ ହୋଇ ମଧ୍ୟ ନିଜକୁ ଦୃଢ଼ତର କରିବା ପାଇଁ ଆପ୍ରାଣ ଚେଷ୍ଟା କରିଛନ୍ତି। ସମସ୍ତ ସ୍ମୃତିକୁ ଅପସାରି ଦେଇ ନୂତନ ଜୀବନର ଧ୍ୱଜା ଧରି ଜୟଗାନ କରିଛନ୍ତି।

■

ଗବେଷିକା, ଓଡ଼ିଆ ଭାଷା-ସାହିତ୍ୟ ବିଭାଗ
ରମାଦେବୀ ମହିଳା ବିଶ୍ୱବିଦ୍ୟାଳୟ, ଭୁବନେଶ୍ୱର

ଚନ୍ଦ୍ରା ମିଶ୍ର

ଚନ୍ଦ୍ରା ମିଶ୍ର (୧୯୫୧): ପ୍ରବାସୀ ଓଡ଼ିଆ ସାହିତ୍ୟିକମାନଙ୍କ ମଧ୍ୟରେ ଚନ୍ଦ୍ରା ମିଶ୍ର ଏକ ସଶ୍ରଦ୍ଧ ଉଚ୍ଚାରଣ। ୧୯୫୧ ମସିହା ସେପ୍ଟେମ୍ବର ୧୫ ତାରିଖରେ ପୁରୀ ଜିଲ୍ଲାସ୍ଥ ପଥୁରିଆସାହିରେ ସେ ଜନ୍ମଗ୍ରହଣ କରିଥିଲେ। ପିଲାଦିନରୁ ଚନ୍ଦ୍ରା ମେଧାବୀ ଛାତ୍ରୀ ଥିଲେ ଆଉ ଡାକ୍ତରାଣୀ ହେବାର ସ୍ୱପ୍ନ ଦେଖୁଥିଲେ। ଘରର ପରିସ୍ଥିତି ଯୋଗୁ ସେ ମାତ୍ର ୧୮ ବର୍ଷ ବୟସରେ ବାହା ହେଲେ। ପରେ ସେ ତିନୋଟି ପିଲାଙ୍କ ମା' ହେଲା ପରେ ନର୍ସିଂ ପଢ଼ିଲେ ଆମେରିକାରେ। ସେ ଉତ୍ତର ଆମେରିକାର ପ୍ରଥମ ଓଡ଼ିଆ ନର୍ସ। ୧୯୬୯ ମସିହାରୁ ସେ ଓଡ଼ିଶାରୁ ବାହାରେ ଓ ୧୯୭୭ ମସିହାରୁ ଆମେରିକାରେ ଅଛନ୍ତି। ସିଏ ତାଙ୍କର ପ୍ରଥମ ଓଡ଼ିଆ ବହି 'ଝିଅଟେ ପଥୁରିଆ ସାହିରୁ' (୨୦୨୧) ସ୍ମୃତିଚାରଣଟିକୁ ପାଠକମାନଙ୍କୁ ଭେଟି ଦେଇଛନ୍ତି।

ପଥୁରିଆ ସାହିର ଝିଅ ଚନ୍ଦ୍ରା

ପ୍ରଫେସର ସଂଘମିତ୍ରା ମିଶ୍ର

'ଝିଅଟେ ପଥୁରିଆ ସାହିରୁ' ଆଗରୁ ପଢ଼ିଥିଲି ନିଜ ଆଗ୍ରହରେ। ଏବେ ପୁଣି ସେଇ ସ୍ମୃତିକଥାଟି ପଢୁଛି ସମାନ ଆଗ୍ରହ ନେଇ, କିଛି ଲେଖିବି ବୋଲି। ପୁରୀର ପଥୁରିଆ ସାହିର ଝିଅ ଚନ୍ଦ୍ରମଣି ଶତପଥୀ ଚନ୍ଦ୍ରା ମିଶ୍ର ହେବାର ଯାତ୍ରା ପଥର ଏହା ସ୍ମରଣୀୟ ଘଟଣାମାନଙ୍କର ଏକ ସୁବାସିତ ପୁଷ୍ପମାଳା, ଯାହାକୁ ଚନ୍ଦ୍ରାଦେବୀ ପଢୁଛନ୍ତି ଅନେକ ଭାବପ୍ରବଣତା ଦେଇ। ୩୦୮ ପୃଷ୍ଠାର ଏହି ପୁସ୍ତକର ପ୍ରକାଶକ 'କାହାଣୀ' ଓ ମୂଲ୍ୟ ୩୦୦ ଟଙ୍କା। ଏଠାରେ ପୃଷ୍ଠା ବା ମୂଲ୍ୟଠାରୁ ଯାହା ଗୁରୁତ୍ୱପୂର୍ଣ୍ଣ ତାହା ହେଉଛି ସେ ନିଜକୁ କହିଛନ୍ତି ଯେ ସେ ଟିକେ ଜିଦ୍‌ଖୋର। ସତରେ ଜିଦ୍ ନ ଥିଲେ ବିଦେଶ ମାଟିରେ ରହି ଏତେ ଛୋଟ ଛୋଟ ଅଥଚ ଆନନ୍ଦଦାୟକ ସ୍ମୃତିକୁ ମନେ ପକାଇବା କ'ଣ ସହଜ କଥା। 'ପ୍ରାରମ୍ଭ'ରେ 'ଆଭାଷ' ଶୀର୍ଷକ ଦୀର୍ଘ ମନ୍ତବ୍ୟରେ ଡକ୍ଟର ସଂଜିତା ମିଶ୍ର ସ୍ମୃତିକଥା ପୁଣି ଓଡ଼ିଆଣୀର ସ୍ମୃତି କଥା ସହିତ ଚନ୍ଦ୍ରାଚର୍ଯ୍ୟା ଲେଖି ପୁସ୍ତକଟିକୁ ପାଠ କରିବା ପାଇଁ ଏକ ଭବ୍ୟ ତୋରଣ ନିର୍ମାତା କରିଛନ୍ତି। ସଂଜିତାଙ୍କ ପୂର୍ବରୁ ଅଗ୍ରଭାଷ ଲେଖିଛନ୍ତି ଡକ୍ଟର ଲଲାଟେନ୍ଦୁ ମାନସିଂହ, ଯିଏ ପୂର୍ବତନ ଭୂପଦାର୍ଥବିଜ୍ଞାନ ଅଧ୍ୟାପକ। ଆମ ପାଠକମାନଙ୍କ ପାଖରେ ସେ ପ୍ରଣୟୀ କବି ମାନସିଂହଙ୍କ ସୁପୁତ୍ର, ଯେଉଁ କବିଙ୍କର 'ଧୂପ' ବହିଟି ପାଇବା ପାଇଁ ଷଷ୍ଠ ଶ୍ରେଣୀରେ ପଢୁଥିବା ଝିଅ ଚନ୍ଦ୍ରା ପ୍ରତିଦିନ ତିନିଗରା ପାଣି ବୋହି ବୋହି ଆଠଅଣା ପଇସା ପାଇଥିଲେ ଓ ବଡ଼ଦାଣ୍ଡ ଯାଇ 'ଧୂପ' କିଣି ଆଣି ପିଜୁଳି ଗଛରେ ବସି ପିଜୁଳି ଖାଉଖାଉ ପଢୁଥିଲେ 'ଏଇ ସହକାର ତଳେ'।

ଆବାଲ୍ୟରୁ ମାତୃହରା, ନଅ ଭାଇ ଭଉଣୀଙ୍କ ମେଳରେ ବଢୁଥିବା ଚନ୍ଦ୍ରୁ

ନିଅଣ୍ଟିଆ ପରିବାରରେ ବଢୁଥିଲେ। ଅଠରବର୍ଷରେ ବିବାହ କଲେ ବୈଜ୍ଞାନିକ ସୁଧାଂଶୁ ମିଶ୍ରଙ୍କୁ। ତାଙ୍କ ହାତଧରି ପୁରୀରୁ ମୁମ୍ବାଇ, ସେଠାରୁ ଆମେରିକାର ଚିକାଗୋ, ତା'ପରେ ଫିଲାଡ଼େଲଫିଆ ଆସିଲେ। ୨୧ ବର୍ଷ ବେଳକୁ ଦୁଇଟି ପିଲାଙ୍କ ମାଆ ହୋଇଥିବା ଚନ୍ଦ୍ରା ଥିଲେ ମେଧାବିନୀ। ତାଙ୍କ ଭିତରେ ଥିବା କିଛି ଜିଦ୍ ବିଶ୍ୱ ଅସନ୍ତୋଷ ଆଉ କିନ୍ତୁ ଦେଖାଇବାର ଇଚ୍ଛାକୁ ବୁଝିଥିଲେ ତାଙ୍କର ସ୍ୱାମୀ ସୁଧାଂଶୁ। ଏ ପ୍ରସ୍ତୁତ ସେହି ପ୍ରିୟପୁରୁଷ ସୁଧାଂଶୁଙ୍କୁ ସମର୍ପିତ। ବେଦୀରୁ ବିଦେଶ ଯାଏ ଯାହା ହାତ ଧରି ସେ ବାଉନ୍ ବର୍ଷର ଦୀର୍ଘ ପଥ ଅତିକ୍ରମ କରି ଆସିଛନ୍ତି। କଲେଜ ଜୀବନର ପ୍ରଥମ ବର୍ଷରେ ବାହାଘର ପାଇଁ ବାପା ପ୍ରସ୍ତୁତ ହେଲେ। ଆମେରିକାରେ ଥିବା ବର ଆସିବେ ତାଙ୍କୁ ଦେଖିବାକୁ ଶୁଣି କିଶୋରୀ ଚନ୍ଦ୍ରା ଭାବନ୍ତି ଯେ ଆମେରିକାରେ ଭଲ ଚକଲେଟ୍ ମିଳେ। ତେଣୁ ଆଜି ତାଙ୍କୁ ଭଲ ଭଲ ଚକଲେଟ୍ ମିଳିବ। ଅତିଥି କିନ୍ତୁ ଅଖା ଭର୍ତ୍ତି ନଡ଼ିଆ ଧରି ଝିଅ ଦେଖିଆସିଥିଲେ। ସେହି ଅତିଥି ହିଁ ପାଲଟିଗଲେ ଚନ୍ଦ୍ରାଙ୍କର ଜୀବନ ନାୟକ। ବାପା ଜୋଇଁଙ୍କ ହାତଧରି କହିଥିଲେ ମାଆ ଛେଉଣ୍ଡ ଝିଅଟାକୁ ନିହାତି ବି.ଏ. ପଢ଼ାଇଦେବ। ଚକୁଳିପିଠା ଲେଉଟାଇ ଝିଅ ବାପଘରୁ ବିଦାହୁଏ ମାତ୍ର ଚନ୍ଦ୍ରା ଆଉ ଶୀଘ୍ର ବାପଘରକୁ ଫେରିପାରି ନ ଥିଲେ। 'ଶିଳା ସୋପାନ' ତାଙ୍କ ପାଇଁ ଶଙ୍ଖ ସୋପାନ ଓ ସ୍ଫଟିକ ସୋପାନ ଆସିଥିଲା। ବୈବାହିକ ଜୀବନର ମୋଗଲର ପରଟା, ମାଟି କପ୍‌ରେ ଚହା, ତାଜମହଲ ଦର୍ଶନ ପ୍ରଭୃତିର ସୁନ୍ଦର ବର୍ଣ୍ଣନା ଏଥିରେ ରହିଛି।

ସ୍ୱାମୀଙ୍କ ସହିତ ଚକିରି ଜାଗାକୁ ଆସି ଘରକରଣା, ରସଗୋଲା ଖିଆ ଠାରୁ 'ତୁ' ସମ୍ବୋଧନ ଖଡ଼ଖଡ଼ିଆ ନୂଆ ଟଙ୍କା ପାଇଁ ଲୋଭ, ପୋଷାକ ପିନ୍ଧା, ନାମଫଳକ ଲଗାଇବା ପରର ସମସ୍ୟା ମା' ହେବାର ଅନୁଭବ ସବୁ ଗୋଟିଏ ପରେ ଗୋଟିଏ ଆସିଛନ୍ତି। ଝିଅଟିର ନାମ ରଖାଯାଇଛି ସୀମା ଓ ନୂଆ ମା' ହୋଇଥିବା ତରୁଣୀ ପାଲଟିଛନ୍ତି ସୀମାର ମାଆ। ତା'ପରେ ଆସିଲେ ସୁମନ୍ତ। ଦୁଇଟି ପିଲାର ମା' ପୁଣି ପାଠ ପଢୁଛନ୍ତି ଗଙ୍ଗୁବାଇ ଦାୟିତ୍ୱରେ ପିଲାଙ୍କୁ ଛାଡ଼ି। ପତି ସୁଧାଂଶୁ ମଧ୍ୟ ତାଙ୍କୁ ସାହାଯ୍ୟ କଲେ। ଶେଷ ପରୀକ୍ଷା ଦିନ ଅଧଘଣ୍ଟାଏ ବିଳମ୍ବରେ ଆସି ଜିଦ୍‌ରେ ସେ ପରୀକ୍ଷା ଦେଲେ ଓ ଅନର୍ସ ସହିତ ଚନ୍ଦ୍ରାଦେବୀ ବି.ଏ. ପାସ୍ କଲେ। ପଡ଼ୋଶୀଙ୍କ ହୃଦ୍‌ଘାତ ମୃତ୍ୟୁ ଦେଖିଲେ ଓ ଅନ୍ୟକୁ ସାହାଯ୍ୟ କରିବାର ମନୋଭାବ ନେଇ ଏକଦା ଡାକ୍ତରାଣୀ ହେବାକୁ ସ୍ୱପ୍ନ ଦେଖିଥିବା ଚନ୍ଦ୍ରା ପାଲଟିଲେ ତାଲିମ୍‌ପ୍ରାପ୍ତ ନର୍ସ, ଯିଏ ସେବାର ଆଦର୍ଶ ନେଇ ପରକୁ ଆପଣାର କରି ପାରିଥିଲେ।

ପୁରୀ ଆସି ଘରେ ସମସ୍ତଙ୍କୁ ସାକ୍ଷାତ୍ କରିବା ପରେ ସୁଧାଂଶୁ ଗଲେ ଚିକାଗୋ। ପରେ ଦୁଇଟି ଛୋଟ ପିଲା ଧରି ଗଲେ ଚନ୍ଦ୍ରା, ସେହି ବିମାନ ଭିତରେ ମଧ୍ୟ ସେ

ଅନେକ ବ୍ୟକ୍ତିଙ୍କ ସହିତ କଥାବାର୍ତ୍ତା କରିଛନ୍ତି ଓ ନାନାବିଧ ଅନୁଭୂତି ସଂଗ୍ରହ କରିଛନ୍ତି। ଚିକାଗୋର ପିଲାଏ ପଢ଼ା ଆରମ୍ଭ କଲେ। ଘର କିଣା ହେଲା। 'ୱେଲ୍‌କମ୍ ୱାଗନ୍'ରୁ ଆସି ରେବେକା ତାଙ୍କୁ କିଛି ଦରକାରୀ ଫୋନ୍ ନମ୍ବର ଦେଲେ। ଫୋନ୍‌ରେ ବନ୍ଧୁତ୍ୱ ହେଲା ମାତ୍ର ମନ ମିଳିଲା ନାହିଁ।

ଚନ୍ଦ୍ରା ଗାଡ଼ି ଶିଖିଲେ। ଏକାକୀ ଯାଇ ଘରପାଇଁ ପିଲାଙ୍କ ପାଇଁ ଜିନିଷ କିଣିଲେ। ମାରିଆ ଓ ଶାନ୍ତାଙ୍କ ସହିତ ବନ୍ଧୁତ୍ୱ କଲେ। କିନ୍ତୁ 'ଗପୁଡ଼ି ଓ ତରତରୀ ଗୁଣ' ପାଇଁ ଦୀର୍ଘଦିନ ଅଭ୍ୟାସ କରିପାରିଲେନି। ମୋଟୁ ପିଟରଙ୍କ ଠାରୁ ପତଳା ଜିମ୍ ତାଙ୍କୁ ସହଜରେ ଗାଡ଼ି ଶିଖାଇ ଦେଲେ। ବାସସ୍ଥାନ ବଦଳିଯାଇଛି ସତ କିନ୍ତୁ ଚନ୍ଦ୍ରା ମିଶ୍ର ରହିଯାଇଛନ୍ତି ସେହି ପଥୁରିଆ ସାହିର ଝିଅଟେ ହୋଇ। ବିଦେଶରେ ଥାଇ ଆପଣାର ମାଟିକୁ ଝୁରିବା, ଚିହ୍ନା ମୁହଁମାନଙ୍କୁ ମନେପକାଇବା, ଚିହ୍ନା ସ୍ଥାନମାନଙ୍କୁ ଅତୀତର ଆଖିରେ ଦେଖିବାରେ ଗୋଟାଏ ପ୍ରକାର ଅନନ୍ୟ ଆନନ୍ଦ ଅଛି। କାରଣ ହୁଏତ ପଥୁରିଆ ସାହିରେ ବା ଓଡ଼ିଶା ଭିତରେ ଥିଲେ ସେ ଆନନ୍ଦରେ କେତେ ଅଭିମାନ ଅପମାନ କ୍ରୋଧ ବା ବିବଶତା ମିଶିଯାଇ ସାରନ୍ତାଣି। ତେବେ କ'ଣ ହୋଇଥାନ୍ତା ସେକଥା କଳ୍ପନା ନ କରି ଏ ପୁସ୍ତକର ସୌନ୍ଦର୍ଯ୍ୟ ଆମଳନ ହିଁ ବଡ଼କଥା।

ଖୁଡ଼ୀମାଙ୍କ କଥା ଚନ୍ଦ୍ରଦେବୀ ବେଶ୍ ଆବେଗର ସହିତ ଲେଖିଛନ୍ତି। କିଭଳି ଅନ୍ୟଘରକୁ ଝିଅ ହୋଇ ଯିବେ ବୋଲି ବାପା ଠିକ୍ କରିସାରିଥିଲେ ସୁଦ୍ଧା ଖୁଡ଼ୀ ମା'ଙ୍କ ଜିଦ୍ ଯୋଗୁଁ ତାହା ସମ୍ଭବ ହୋଇ ନ ଥିଲା ତା'ର ବର୍ଣ୍ଣନା ବେଶ୍ ହୃଦ୍ୟ। ଟେଲିଭିଜନରୁ ରଥଯାତ୍ରା ଦେଖୁଥିବା ଚନ୍ଦ୍ରାଙ୍କର ମନେପଡ଼ିଛି ପୁରୀର ଚିତ୍ରକର ଗଳି, ମହାରଣା ସାହି ମଧୁଦରଜୀଙ୍କ କଥା। କିଭଳି ରଥ ତିଆରି ବେଳେ ପଡୁଥିବା ଛୋଟ କାଠ ସେମାନେ ଗୋଟାଇ ଘରକୁ ଆଣନ୍ତି ଓ ସେଥିପାଇଁ ଦୋପଇସି ପାଆନ୍ତି ତାହା ସେ ଲେଖିଛନ୍ତି। ରଥ ଆସିବା ବେଳର ଅନୁଭବ, ଅଣଓଡ଼ିଆ ଯାତ୍ରୀଙ୍କର ପୋଷାକ ତଥା କଥାବାର୍ତ୍ତାର ସ୍ମୃତି ମଧ ତାଙ୍କ ମନରେ ଜାଗରୁକ ରହିଛି, ହେରାପଞ୍ଚମୀ, ବିଭିନ୍ନ ମଠ, ରାମାୟଣ ପାଠ, ମଣିନାନୀ ସାଙ୍ଗରେ ରାଣୀମହଲ, ନାଲି ରିବନ, ମେକ୍‌ଅପ୍ କିଟ୍ ଭଳି ଛୋଟ ଛୋଟ ଅଧ୍ୟାୟରେ ଜୀବନର ଅନେକ ଅଭୁଲା ସ୍ମୃତି ରହିଛି। ଯେମିତି ମୋର ପ୍ରଥମ ସିଲ୍‌କ ଫ୍ରକ୍। ଆଜିର ପିଲାଏ ହୁଏତ ଏତେ ସିଲ୍‌କ୍ ଫ୍ରକ୍ ଭିତରେ ପ୍ରଥମ ଦ୍ୱିତୀୟ ପାଇଁ ଭାବପ୍ରବଣ ହେଉନଥିବେ ମାତ୍ର ସେ ସମୟ ଥିଲା ସହଜ। ପିଲାଟିଏ ଭାବୁଥିଲା ତା ଭିତରେ କମଳା ମଞ୍ଜିରୁ ଗଛ ବାହାରିବ। ଯିଏ ନିଜର ବାନ୍ଧବୀ ପାଇଁ ଭାବିପାରେ- "ତୁ ସିନା ନାହୁଁ ତୋର ସେ ହଜିଯାଇଥିବା ସୁନା କାନଫୁଲ ଦୁଇଟି, ମିଛ କହି ସନ୍ତାପିତ ହେବାର ଅନୁଭବ ଏବଂ ପୁନର୍ବାର ଋଣମୁକ୍ତ

ହେବାର କାହାଣୀ ସବୁ ଗୋଟିଏ ଗୋଟିଏ ଉଜ୍ଜ୍ୱଳ ତାରା ହୋଇ ମୋ ସ୍ମୃତି ଆକାଶରେ ସବୁବେଳେ ଦପ୍‌ଦପ୍ ହେଉଛି।" (ପୃ.-୧୧୫)

ରାସ୍ତାରେ ଗାଡ଼ି ନେଇ ଗଲାବେଳେ ତୁଷାରପାତ, ଅଜଣା ଲୋକଙ୍କଠାରୁ ସାହାଯ୍ୟ ସହାନୁଭୂତି, ସ୍ନୋବ୍ରସ୍ ଦେବା ପ୍ରଭୃତି ପ୍ରବାସୀ ଜୀବନର ମହାର୍ଘ ସ୍ମୃତି ପରା ସେ ମନେ ପକାଇଛନ୍ତି। ଲାଇବ୍ରେରୀ ଯିବାକୁ ଚନ୍ଦ୍ରା ଭାବନ୍ତି ଯେ ଏକାକୀ ଯିବାର ସାହସ କରି ପାରନ୍ତି ନାହିଁ। ଥରେ ଏକାକୀ ଯାଇ ଯେଉଁ ଅସୁବିଧାରେ ଘରକୁ ଫେରିଛନ୍ତି ତା'ର ବର୍ଣ୍ଣନା ସେ କରିଛନ୍ତି। ପାଖରେ ନକ୍‌ସା ନ ଥିଲେ କେତେ ଅସୁବିଧା ଭୋଗିବାକୁ ହୁଏ ତାହା ମଧ୍ୟ ସେ ସୂଚାଇଛନ୍ତି। ଏସବୁ ଲେଖି ସେ ନିଜର ଦୋଷଦୁର୍ବଳତା ସିଧାସଳଖ ପାଠକମାନଙ୍କ ନିକଟରେ ପହଞ୍ଚାଇଛନ୍ତି। ଥରକେ କୌଣସି କାର୍ଯ୍ୟ ସୁଚାରୁରୂପେ ସଂପାଦିତ ହୋଇପାରେ ନାହିଁ ବରଂ ସେଥିପାଇଁ ବାରମ୍ବାର ପ୍ରୟାସ କରିବାକୁ ପଡ଼େ। ଏହା ତାଙ୍କ ସ୍ମୃତିକଥାର ବକ୍ତବ୍ୟ। ଜଣେ ସବୁ ପରିସ୍ଥିତି ସହିତ ଖାପ୍ ଖୁଆଇ ଚାଲିବା ସହିତ ନିଜର ସ୍ୱପ୍ନ ପୂର୍ତ୍ତି ପାଇଁ କିଛି କଠିନ ଶ୍ରମ କରିପାରେ। ସବୁଠାରୁ ଗୁରୁତ୍ୱପୂର୍ଣ୍ଣ କଥାଟି ହେଉଛି ଯଦି ସେହି ବ୍ୟକ୍ତିଟି ନାରୀ ହୋଇଥାଏ ତେବେ ତା'ର ପରିବାର ପାଲଟିଯାଏ ତା'ର ଦୃଢ଼ ମେରୁଦଣ୍ଡ। ତାହା ନ ହେଲେ ବାଟ ଭୁଲିବାର ଆଶଙ୍କା ଥାଏ।

ତାଙ୍କର ତୃତୀୟ ସନ୍ତାନ ସଂଜୟ ଜନ୍ମ ହୋଇଛି ଫିଲାଡେଲ୍‌ଫିଆରେ। ପିଲାମାନଙ୍କ ବିଷୟ ଲେଖିବା ବେଳେ ସେ ଖୁବ୍ ଆବେଗପ୍ରବଣ ହୋଇଛନ୍ତି। ଆମେରିକାରେ 'ଧୂପ' ବହି ପାଇବାପରେ ପିଲାଦିନ ମନେପଡ଼ିଛି। ରସଗୋଲା ଜି ଆଇ ଟ୍ୟାଗ୍ ପାଇବା ପରେ ସେ ମନେ ପକାଇଛନ୍ତି ରସଗୋଲା ଖାଇବାର ଅନୁଭୂତିକୁ। ଭୟଙ୍କର କରୋନା କାଳ ବିଷୟ ମଧ୍ୟ ସେ ଲେଖିଛନ୍ତି। ସେବିକା ଭାବରେ ନିଜକୁ ପ୍ରତିପାଦିତ କରିବା ଭିତରେ ସେ ପାଲଟିଛନ୍ତି 'ଓଡ଼ିଶା ସୋସାଇଟି ଅଫ ଆମେରିକା'ର ଗୁରୁତ୍ୱପୂର୍ଣ୍ଣ ସଦସ୍ୟା। ବହୁ ଭାରତୀୟଙ୍କ ସହିତ ଯୋଡ଼ି ହୋଇଛନ୍ତି। ଏସବୁ ସତ୍ତ୍ୱେ ସେ ରହିଯାଇଛନ୍ତି ସେହି ଜିଦ୍‌ଖୋର ଆତ୍ମବିଶ୍ୱାସୀ ଚନ୍ଦ୍ରମଣି ହୋଇ, ଯାହା ନାମ ମଝିରୁ 'ମଣି' ଉଠିଯାଇଛି ମାତ୍ର ସେ ପାଲଟିଯାଇଛନ୍ତି ନିଜେ ସ୍ୱର୍ଣମଣି। ପିଲାଦିନେ ମୋଗଲ-ଇ-ଆଜମ୍ ଦେଖି ନିଜକୁ ନାୟିକା ବୋଲି ଭାବୁଥିବା ଝିଅଟି ସାଧନା ଭଳି କାନି ଉଡ଼େଇ କଲେଜ ଯିବ ବୋଲି ଭାବିଥିଲା। ଚିକାଗୋରେ ଥଣ୍ଡା ସମୟରେ ଖାଲି ପାଦରେ ଅଭିନେତ୍ରୀ ସାଧନାଙ୍କ ଭଳି ଚାଲି ନିମୋନିଆ ଭୋଗି ପତିଙ୍କଠାରୁ ଗାଳି ଶୁଣିଥିଲା। 'ଦିଲ ଅପନା ହୈ ପ୍ରୀତ ପରାଇ' ସିନେମା ଗୋପବନ୍ଧୁଙ୍କ 'ବନ୍ଦୀର ଆତ୍ମକଥା', ଗୋଦାବରୀଶ ମିଶ୍ରଙ୍କ 'କାଳିଜାଇ'ଠାରୁ ଅକ୍ଷୟ ମହାନ୍ତିଙ୍କ ଗୀତ 'ନଦୀର

ନାମ ଅଳସ କନ୍ୟା ପ୍ରିୟାର ନାମ ଚନ୍ଦ୍ରା' ପର୍ଯ୍ୟନ୍ତ ସେ ଓଡ଼ିଆ ସାହିତ୍ୟର ବିଭିନ୍ନ ଦିଗନ୍ତ ସମ୍ପର୍କରେ ଅବଗତ। ଦୀର୍ଘ ଦିନ ପରେ ଓଡ଼ିଆ ଲେଖିବା ବେଳକୁ କାଳେ ଭୁଲ୍ ହେବ ସେଥିପାଇଁ ତାଙ୍କର ସଂକୋଚ ମଧ ରହିଛି। କିନ୍ତୁ ଏ ପୁସ୍ତକର ଭାଷା ଚମତ୍କାର। ତାଙ୍କର ବନ୍ଧୁବାନ୍ଧବୀଙ୍କ କଥା, ଭାଉଜଙ୍କ କଥା, ଚିଠିବାକ୍ସ ପାଖରେ ଅପେକ୍ଷା କରିବା କଥା ସବୁ ଏହି ପୁସ୍ତକରେ ଗୁମ୍ଫିତ। ଆମେ କହୁ "ତଳ ବରଡ଼ା ଖସୁଛି, ଉପର ବରଡ଼ା ହସୁଛି, ମଝି ବରଡ଼ା ଥାଇ କହୁଛି ମୋ ଦିନ କାଳ ଆସୁଛି।" ବୟସ୍କା ଚନ୍ଦ୍ରା ମେପଲ ଗଛର ପତ୍ରଝଡ଼ାକୁ ଦେଖି ନିଜର ଅନୁଭୂତି ସମ୍ପନ୍ନ ଜୀବନ କଥା ମନେ ପକାନ୍ତି। ତାଙ୍କର ଜୀବନଦର୍ଶନ ହେଉଛି "ସ୍ୱପ୍ନର ସଂଜ୍ଞା ସେବା।" ପଞ୍ଜିକୃତ ନର୍ସ ଜୀବନ ଆରମ୍ଭ କରି ସେ ମେଡ଼ିକାଲ ରିସର୍ଚ୍ଚ ବୈଜ୍ଞାନିକ ପାଲଟିଛନ୍ତି। ଔଷଧ ପ୍ରସ୍ତୁତି ଉଦ୍ୟୋଗରେ କାମ କରିଛନ୍ତି। ସେଥିପାଇଁ ଆମେରିକା ନିକଟରେ ସେ କୃତଜ୍ଞ।

କୃତଜ୍ଞତା ପ୍ରକାଶ ଜୀବନରେ ଆଗକୁ ଯିବାକୁ ପଥ ପରିଷ୍କାର କରିଥାଏ। ପଥୁରିଆ ସାହିର ଝିଅ ଚନ୍ଦ୍ରମଣିରୁ ଚନ୍ଦ୍ରା ପାଲଟିବାର ଯେଉଁ ନିଷ୍ଠା ଓ ସାଧନା ସେ କରିଛନ୍ତି ତାହା ସହଜ ନ ଥିଲା। ପ୍ରତି ପଦକ୍ଷେପରେ ସେ ପାଇଛନ୍ତି ସ୍ୱାମୀଙ୍କ ସହଯୋଗ ଓ ବିଶ୍ୱାସ, ଯାହା କ୍ରମେ ଆମ ସମାଜ ଜୀବନରୁ ଅନ୍ତର୍ହିତ ହୋଇ ଯାଉଛି। ପୁସ୍ତକଟିରେ କେତେକ ସ୍ଥିର ଚିତ୍ର ରହିଛି, ଯାହା ପୁସ୍ତକର ମାନ ବୃଦ୍ଧି କରିଛି। ଚନ୍ଦ୍ରା ଏକ ଝିଅର ନାମ ନୁହେଁ ବରଂ ସେ ପାଲଟି ଯାଇଛନ୍ତି ପ୍ରୀତି ଓ ପ୍ରତ୍ୟହର ଛଳଛଳ ନଦୀଟିଏ ଯାହାର ଦୁଇ ତୀର ଫୁଲ ଫସଲରେ ଭରା। ଲେଖିକାଙ୍କ ପାଇଁ ଅନେକ ଶୁଭକାମନା।

■

ଅବସରପ୍ରାପ୍ତ ପ୍ରଫେସର, ଓଡ଼ିଆ ବିଭାଗ, ଉତ୍କଳ ବିଶ୍ୱବିଦ୍ୟାଳୟ
ପ୍ଲଟ୍-ବି-୩୫, ଶହୀଦ ନଗର, ଭୁବନେଶ୍ୱର-୭୫୧୦୦୭

ଝିଅଟେ ପଥୁରିଆ ସାହିରୁ

ଡକ୍ଟର ସଂଜିତା ମିଶ୍ର

ଶ୍ରୀମତୀ ଚଂଦ୍ରା ମିଶ୍ରଙ୍କ ଲିଖିତ ସ୍ମୃତିକଥନିକା 'ଝିଅଟେ ପଥୁରିଆ ସାହିରୁ'ର ଭୂମିକା ସଂପର୍କରେ ଉଲ୍ଲେଖ କରିବା ସମୟରେ ପ୍ରାରମ୍ଭରୁ ଯେଉଁ କଥାଟି ବାରବାର ମନକୁ ଆସୁଛି ତାହା ହେଉଛି 'ସ୍ମୃତିକଥା' କ'ଣ ଏବଂ ସ୍ମୃତିକଥା ଆତ୍ମକାହାଣୀଧର୍ମୀ ରଚନାଠାରୁ ଭିନ୍ନ କି? ନିଜ ଜୀବନକୁ ନିଜ ହାତରେ ବର୍ଣ୍ଣନା କଲେ ତାହା ଆତ୍ମଜୀବନୀ ବା ଆତ୍ମକାହାଣୀ ହୋଇଯାଏ। ଆତ୍ମଜୀବନୀ ମଧ୍ୟରେ ସ୍ମୃତି ନଥାଏ କି? ଘଟିସାରିଥିବା ଘଟଣାବଳୀ, ବଞ୍ଚିସାରିଥିବା ସମୟଖଣ୍ଡ, ଅଙ୍ଗେ ନିଭେଇ ସାରିଥିବା ସନ୍ତାପାନଳ, ଝରିସାରିଥିବା ସୁଖଶେଫାଳୀର ସ୍ମିତହାସ୍ୟ - ଏସବୁକୁ ସାଉଁଟିସାଉଁଟି ଏକତ୍ର କରି ବୟଃକ୍ରମରେ ସଜାଡ଼ିଆଣିଲେ ତାହା ହୁଏ ଆତ୍ମଜୀବନୀ। ଆତ୍ମାଭିବ୍ୟକ୍ତିର ବିବିଧ ଉପାୟ ମଧ୍ୟରୁ ଆତ୍ମଜୀବନୀ ରଚନା ଅନ୍ୟତମ ସଫଳ ମାର୍ଗ।

ଆତ୍ମକାହାଣୀ ବା ଆତ୍ମଜୀବନୀ ହେଉଛି ବାସ୍ତବରେ ସ୍ୱକୀୟ ଜୀବନର ଇତିହାସ। ଐତିହାସିକ ସ୍ମାରକୀମାନ ଭଗ୍ନ ହେଇପାରେ, ମୂକସାକ୍ଷୀ ହେଇପାରେ, କିନ୍ତୁ ସ୍ୱୟଂ ଇତିହାସ ଭାରି ଦୃଢ଼ ଏବଂ ମୁଖର। ତେଣୁ ଜଣେ ବ୍ୟକ୍ତି ଯେତେବେଳେ ନିଜ ଜୀବନର ଏକାନ୍ତ ଗୁରୁତ୍ୱପୂର୍ଣ୍ଣ ଘଟଣାବଳୀ, ଦେଶ ଓ ଜାତି ପ୍ରତି ଅଙ୍ଗୀକାରବଦ୍ଧ ଆତ୍ମବଳିଦାନ ଏସବୁ ଉଲ୍ଲେଖ କରନ୍ତି, ସେତେବେଳେ ବ୍ୟକ୍ତିର ଇତିହାସ ସହ ସଂଯୁକ୍ତ ସାମାଜିକ ଇତିହାସ ମଧ୍ୟ ସମତାଳରେ ଗତି କରୁଥାଏ। ଶିକ୍ଷା, ସାହିତ୍ୟ, ରାଜନୀତି, ବିଜ୍ଞାନ, ଚିତ୍ରକଳା, ଭାସ୍କର୍ଯ୍ୟ, ନୃତ୍ୟ, ବ୍ୟବସାୟ ଆଦି ବିବିଧ କ୍ଷେତ୍ରରେ ଉତ୍କର୍ଷ ଲାଭ କରିଥିବା ବ୍ୟକ୍ତି ନିଜର ଆତ୍ମକାହାଣୀ ବା ଆତ୍ମଜୀବନୀ ଲେଖିପାରିବେ। ସେଇନି

ନିଜର ଆତ୍ମଜୀବନୀ ପୁସ୍ତକର ପ୍ରାରମ୍ଭରେ ଗୋଟିଏ ଆବେଦନପତ୍ର ଲେଖିଥିଲେ। ଏହି ଆବେଦନପତ୍ର ମଧ୍ୟରୁ ନିମ୍ନୋକ୍ତ ଉଦ୍ଧୃତାଂଶଟି ଅବଶ୍ୟ ଗ୍ରହଣୀୟ।

"All men of whatsoever quality they be, who have done anything of excellence, which may properly resemble excellence, ought if they are persons of truth and honesty, to describe their life with their own hand...."

Benvenuto Celline (ଖ୍ରୀଷ୍ଟାବ୍ଦ ୧୫୪୪ରୁ ଖ୍ରୀଷ୍ଟାବ୍ଦ ୧୫୭୧) ଇଟାଲୀ ଦେଶର ଜଣେ ଭାସ୍କର୍ଯ୍ୟଶିଳ୍ପୀ, ସ୍ୱର୍ଣ୍ଣକାର ଏବଂ ଲେଖକ ଥିଲେ। ତାଙ୍କର ସମୟକାଳ ଥିଲା ଷୋଡ଼ଶ ଶତାବ୍ଦୀ? ୧୫୫୮ ଖ୍ରୀଷ୍ଟାବ୍ଦରେ ଅର୍ଥାତ୍ ତାଙ୍କୁ ଯେତେବେଳେ ଅଠାବନ ବର୍ଷ ବୟସ ହୋଇଥିଲା ସେ ନିଜର ଆତ୍ମଚରିତ ଲେଖିବା ନିମନ୍ତେ ଅନ୍ତଃପ୍ରେରଣା ଲାଭ କଲେ। ତାଙ୍କର ଆତ୍ମଚରିତଟି ପରବର୍ତ୍ତୀ ସମୟରେ ବିଶ୍ୱସାହିତ୍ୟ ନିମନ୍ତେ ଏକ ପ୍ରତିନିଧିସ୍ଥାନୀୟ ଆତ୍ମାଭିବ୍ୟକ୍ତି ଗ୍ରନ୍ଥରେ ପରିଣତ ହୋଇଥିଲା।

ସେଲିନିଙ୍କ କଥାରୁ ସ୍ପଷ୍ଟ ହେଲା ଯେ ବ୍ୟକ୍ତିର ବୃତ୍ତିଗତ କିଂବା ପ୍ରବୃତ୍ତିଗତ ଉତ୍କର୍ଷ ସହ ସତ୍ୟବାଦିତା ଓ ସାଧୁତାସଂପନ୍ନ ଆଚରଣ, ଏହି ତିନୋଟି ହେଉଛି ଉପାଦାନ ଯାହାକୁ ନେଇ ଆତ୍ମଜୀବନୀ ରଚନା କରାଯାଇପାରେ। କେବଳ ଆତ୍ମଜୀବନୀ ବା ସ୍ମୃତିକଥା ନୁହେଁ, ସାହିତ୍ୟ ସଦାସର୍ବଦା ସତ୍ୟପ୍ରିୟ। ସାହିତ୍ୟର ଗାଲୁଗଳ୍ପର ଅନ୍ତରାଳରେ ତ ଲୁଚିରହିଥାଏ ସତ୍ୟର ଶେଷହୀନ ସ୍ପର୍ଶ। ସାହିତ୍ୟକୁ ଆମେ କଳ୍ପନାନିର୍ଭର କହିପାରିବା, କିନ୍ତୁ ଏହା ଯେ ମିଥ୍ୟାଶ୍ରୟୀ ଏମିତି ଭାବିବା ସଂପୂର୍ଣ୍ଣ ଭୁଲ୍। ହେଲେ ନିଜ ବିଷୟରେ ଲେଖିଲାବେଳକୁ ପୁଣି ବନେଇଚୁନେଇ ଟିକିନିଖି କରି ଲେଖିଲାବେଳକୁ କେତେବେଳେ କେମିତି ତ ଓଲମବିଲମ ହେବାଟା ସ୍ୱାଭାବିକ। ତଥାପି ଆତ୍ମଜୀବନୀକାର ସ୍ୱଦୋଷଦୁର୍ବଳତା ପ୍ରକାଶ କରି ପାଠକ ନିକଟରେ ସତ୍ୟପାଠ କରିବାପରି ଜୀବନର ଘଟଣାଗୁଡ଼ିକ ପ୍ରକାଶ କରିଥାଏ। ଆତ୍ମଜୀବନୀ ମଧ୍ୟରେ ସ୍ମୃତିକଥା ସଂଗୋପିତ ଅବସ୍ଥାରେ ଥାଏ। କିନ୍ତୁ ଉଭୟ ସାହିତ୍ୟର ଦୁଇଗୋଟି ସ୍ୱତନ୍ତ୍ର ବିଭାଗ। ଆତ୍ମଜୀବନୀଧର୍ମୀ ରଚନା ଏବଂ ସ୍ମୃତିକଥାଧର୍ମୀ ରଚନା ଉଭୟ ସ୍ୱୀକୀୟ ଚାରିତ୍ରିକତାକୁ ନେଇ ପରସ୍ପରଠାରୁ ପୃଥକୀକୃତ।

ଚଂଦ୍ରା ମିଶ୍ରଙ୍କ ଜୀବନର ମୂର୍ତ୍ତ ମୁହୂର୍ତ୍ତ ରଖିଛନ୍ତି 'ଝିଅଟେ ପଥୁରିଆ ସାହିରୁ'। ସଂପ୍ରତି ଲେଖିକାଙ୍କର ବାସସ୍ଥାନ ଆମେରିକାର ଫିଲାଡେଲଫିଆ ମହାନଗରୀ ଉପକଣ୍ଠର ଏକ ଆଧୁନିକ ବସତି। ବୃତ୍ତିଗତ ଜୀବନରୁ ଅବସର ଗ୍ରହଣ କରିବା ପରେ ଲେଖିକା ଅଭୁଲା ସ୍ମୃତିକଥା କେତୋଟି ଲେଖିବା ନିମନ୍ତେ ପ୍ରୟାସୀ ହୋଇଛନ୍ତି। ତାଙ୍କର ଡାକଠିକଣା ବିଦେଶ ହେଲେହେଁ ମନର ଠିକଣା ପଥୁରିଆ ସାହି। କାରଣ ପୁରୀ

ପଥୁରିଆ ସାହିରେ ସେ କାଟିଥିଲେ ନିଜର ଜନ୍ମ, କୈଶୋର ଓ ଆଦ୍ୟଯୌବନର କେଇଟି ବର୍ଷ।

ପୁରୀ ପଥୁରିଆ ସାହିର ମାଆଛେଉଣ୍ଡୀ ଝିଅଟିଏ। ନଅଭାଇ-ଭଉଣୀଙ୍କ ମଧ୍ୟରେ କୋଡ଼ପୋଛୀ ଝିଅ। ନାଆଁଟି ତାର ଚଂଦ୍ରୁ। ଚଂଦ୍ରୁ ଓରଫ୍ ଚଂଦ୍ରମଣି ଶତପଥୀ। ପୁରୀ ପଥୁରିଆ ସାହିରୁ ଫିଲାଡେଲଫିଆ, ଚଂଦ୍ରମଣି ଶତପଥୀରୁ ଚଂଦ୍ରା ମିଶ୍ର, ବୈଜ୍ଞାନିକ ଡକ୍ଟର ସୁଧାଂଶୁ ମିଶ୍ରଙ୍କ ପତ୍ନୀରୁ ଆମେରିକାରେ ଜଣେ ପଂଜୀକୃତ ନର୍ସ, ସେବିକାବୃତ୍ତିରୁ ଔଷଧତିଆରି କାରଖାନାରେ ସ୍ୱାସ୍ଥ୍ୟବିଜ୍ଞାନୀ ଏମିତି ଦୀର୍ଘ ପ୍ରାୟ ସାତ ଦଶନ୍ଧିର ଉର୍ବର ଜୀବନଟିଏ ବଂଚିଛନ୍ତି ଲେଖିକା। ମନ ଭିତରେ ତାଙ୍କର ଭାରି ଆଣ୍ଟ। କଥାକଥାକେ ସେ କହନ୍ତି, 'ମୁଁ ଆମ ପୁରୀ ପଥୁରିଆ ସାହିର ଝିଅଟି' !

ଅଠର ବର୍ଷ ବୟସରେ ବାପାଙ୍କ କଥା ମାନି ବାହା ହୋଇଯାଇଥିଲେ। ବାହାଘର ପରେ ଗୋଟିଏ ବର୍ଷ ବିହାର ପ୍ରଦେଶର ଝରିଆରେ ଏବଂ ଛଅ-ସାତବର୍ଷ ମୁମ୍ବାଇ ମହାନଗରୀରେ କଟାଇ ସେ ଦେଶାନ୍ତରୀ ହୋଇଯାଇଛନ୍ତି। ରସାୟନ ଶାସ୍ତ୍ରରେ ପିଏଚ୍.ଡି. ଉପାଧି ଲାଭ କରିଥିବା ସ୍ୱାମୀଙ୍କ ସହ ପ୍ରଥମେ ଆମେରିକାର ଚିକାଗୋ ନଗରୀ ଅନ୍ତର୍ଗତ କୌଣସି ଉପାନ୍ତ ଅଞ୍ଚଳରେ ଏବଂ ପରବର୍ତ୍ତୀ ସମୟରେ ଫିଲାଡେଲଫିଆର ସେ ସ୍ଥାୟୀ ଅଧିବାସିନୀ। ୧୯୭୭ ମସିହାରେ ସେ ଚିକାଗୋ ଅଭିମୁଖେ ଯାତ୍ରା କରିଥିଲେ। ଦୀର୍ଘ ଚଉରାଳିଶ ବର୍ଷ ବିଦେଶରେ ରହିବା ପରେ ଲେଖିକା ନିଜର କିଛି ମରମଛୁଆଁ ସ୍ମୃତି ଲେଖିବାପାଇଁ ଇଚ୍ଛା ପ୍ରକାଶ କରିଛନ୍ତି। ସବୁଠାରୁ ବଡ଼ କଥା ହେଉଛି, ଏହି ସ୍ମୃତିକଥାଟି ସେ ତାଙ୍କ ମାତୃଭାଷାରେ ଲେଖିବା ପାଇଁ ପ୍ରୟାସ କରିଛନ୍ତି।

ଭଲପାଇବା ପାଇଁ ପାଖରେ ରହିବା ଦରକାର ହୁଏନାହିଁ। ସେଇଥିପାଇଁ ତ କବିସମ୍ରାଟ ଏଇ ଅମ୍ଳାନ ପଦଟି ପ୍ରେମସୁଧାନିଧିଙ୍କୁ ଚିଟାଉ ଲେଖୁଲେଖୁ ରାଜକୁମାରଙ୍କ ହସ୍ତରେ ଲେଖିଦେଇଥିଲେ, "ଯେତେଦୂର ଥିଲେ ଯିଏ ଯାହାର ସିଏ ତାହାର।" ଦୀର୍ଘ ପଚାଶବର୍ଷ ହେଲାଣି ଅର୍ଥାତ୍ ତାଙ୍କ ବାହାଘର ପରଠାରୁ ସେ ଓଡ଼ିଶା ବାହାରେ ରହିଛନ୍ତି। ତାଙ୍କ ସାମାଜିକ ଯୋଗାଯୋଗର ଭାଷା, ଜ୍ଞାନ ଆହରଣର ଭାଷା, କର୍ମକ୍ଷେତ୍ରର ଭାଷା ଓଡ଼ିଆ ନୁହେଁ। ଅଥଚ ଲେଖିକା ତାଙ୍କର ସ୍ମୃତିକଥା ସବୁକୁ ଓଡ଼ିଆରେ ଲେଖିବାକୁ ଚାହିଁଲେ। ଏହି ବହିର ଭୂମିକା ଲେଖିବାର ଭୂମିକାଟି ସ୍ୱୀକାର କରିବା ପରେ ଦିନେ ଫୋନ୍ ଯୋଗେ ତାଙ୍କ ସହ ଯୋଗାଯୋଗ କଲି। ମୋର ପ୍ରଥମ ପ୍ରଶ୍ନ ଥିଲା, "ଆପଣ ପଚାଶବର୍ଷ ପରେ ଓଡ଼ିଆରେ କେମିତି ଲେଖିଲେ ?"

ଲେଖିକାଙ୍କର ଉତ୍ତର ବହୁତ ସରଳ ଥିଲା। ସେ କହିଲେ, "ଆଜି ପର୍ଯ୍ୟନ୍ତ

ଆମେ ଘରେ ଓଡ଼ିଆରେ କଥାବାର୍ତ୍ତା ହେଉଛୁ। ମୋ ସ୍ୱାମୀଙ୍କ ସହ, ପିଲାମାନଙ୍କ ସହ ବିଶେଷ କରି ମୋ ଝିଅ ସହ ମୋର ଯୋଗାଯୋଗର ଭାଷା ଓଡ଼ିଆ। ଏଇ ଭାଷାରେ ମୋର ପ୍ରାଥମିକ ଶିକ୍ଷା ଆରମ୍ଭ ହୋଇଥିଲା। ଦଶମ ଶ୍ରେଣୀ ପର୍ଯ୍ୟନ୍ତ ମୁଁ ଓଡ଼ିଆ ମାଧ୍ୟମ ବିଦ୍ୟାଳୟରେ ପଢ଼ିଛି। ତେଣୁ ମୁଁ ଭାବିଲି, ମୋର ସ୍ମୃତିକଥାସବୁ ମୋ ମାତୃଭାଷାରେ ଲେଖିବି।" ତାପରେ ସେ କହିଲେ, "ହଁ, ମୁଁ ଲେଖିବା ସମୟରେ ମୋର ବହୁତ ଭୁଲ୍ ହେଉଛି। ବେଳେବେଳେ ଯୁକ୍ତାକ୍ଷରଗୁଡ଼ିକ ମନେପଡୁନି, କିନ୍ତୁ ମତେ ଓଡ଼ିଆରେ ଲେଖିବାକୁ ଭଲ ଲାଗୁଛି।"

ମୋର ଯେମିତି ମନେହେଲା, ତାଙ୍କ ପ୍ରବାସୀପ୍ରାଣର ଅନ୍ତର ତଳେ ତାଙ୍କ ଜନ୍ମମାଟି ଆଉ ମାତୃଭାଷା ପ୍ରତି ଅନୁରାଗ ସଦାସଂଚିତ ହୋଇ ରହିଯାଇଛି। ତେବେ ତାଙ୍କ ଜୀବନର କୌଣସି ବୈଶିଷ୍ଟ୍ୟକୁ, ତାଙ୍କର ପାରିବାରିକ ବା ସାମାଜିକ ଜୀବନର ଭୂମିକା ସବୁକୁ ପ୍ରଦର୍ଶିତ କରିବା ତାଙ୍କର ଉଦ୍ଦେଶ୍ୟ ନଥିଲା। ସେ ମୋତେ ବାରମ୍ବାର କହନ୍ତି, "ମୋ ଜୀବନର ବିଶେଷତ୍ୱ ଲେଖିବା ମୋର ଉଦ୍ଦେଶ୍ୟ ନୁହେଁ। ମୋର ବିଦେଶଯାତ୍ରା ପଛରେ କୌଣସି ବିଶେଷ କାରଣ ମଧ୍ୟ ନାହିଁ। ମୋ ସ୍ୱାମୀଙ୍କ ଅନୁଗାମିନୀ ହୋଇ ମୁଁ ଏଠିକି ଆସିଲି। କେବଳ ଏତିକି, ପଥୁରିଆ ସାହିରେ ଛାଡ଼ିଆସିଥିବା ସେ ଅଠରଟି ବର୍ଷ ସବୁବେଳେ ତୁହାଇ ତୁହାଇ ମନେପଡ଼େ। ଏମିତି ଗୋଟିଏ ଥଣ୍ଡା ରାଇଜରେ ରହିଛି, ହେଲେ ଆମ ପୁରୀର ସେ ସମୁଦ୍ରକୂଳିଆ ପବନ ଯେମିତି ଅତି ଧୀରେ ଧୀରେ ଆସି ମତେ ଛୁଇଁଦେଇଯାଉଛି। ମୋ ଜୀବନର କୌଣସି ଦୁଃଖଯନ୍ତ୍ରଣା, ସଂଘର୍ଷ ବା ସଂଘାତ ନୁହେଁ; ଖାଲି ମିଠା ମିଠା କଥା, କେତୋଟି ଅନୁଭୂତି ମୁଁ ମାତୃଭାଷାରେ ଲେଖିଦେବାକୁ ଚାହେଁ।"

ତାଙ୍କ କଥା ମୋ ହୃଦୟରେ ଗଭୀର ରେଖାପାତ କଲା। ମୋର ମନେପଡ଼ିଲା ଉତ୍କଳମଣି ଗୋପବନ୍ଧୁଙ୍କ 'ବନ୍ଦୀର ସ୍ୱଦେଶ ଚିନ୍ତା' କବିତାର କିୟଦଂଶ। ଏମିତି ଦିନେ ଅବରୁଦ୍ଧ କାରାଗାର ମଧ୍ୟରୁ ସୁଶୀତଳ ମଂଦମରୁତ ତାଙ୍କୁ ଛୁଇଁଦେଇଯାଇଥିଲା ଆଉ କବି ଗୋପବଂଧୁ ଭାବିଥିଲେ – ତାହା ଯେମିତି ଚୋରାପବନ ନୁହେଁ, ଗୁପ୍ତଚରର ଆଗମନ ! ତେଣୁ ଲେଖିଥିଲେ,

"କବାଟଫାଙ୍କରେ ଚାହିଁଲେ ବାଙ୍କରେ
ଥରେ ଥରେ ଆସେ ଚୋରାପବନ
ସେ କି ଗୁପ୍ତଚର, କାହାର ଖବର
ଦେଇ ଲୁଚି ଚାଲିଯାଏ ବହନ।
ସେ ସ୍ନିଗ୍ଧ ପରଶେ ନିମିଷ ସଂଭାଷେ

ତାପିତପ୍ରାଣ ମୋ ପୂରେ ପୁଲକେ
କେତେ ସୁଖସ୍ମୃତି ଜାଗେ ଏ ଅନ୍ତରେ
କେତେ ଚାରୁଚିତ୍ର ନାଚେ ପଲକେ।"

ଲେଖିକା ମିଶ୍ର ଓଡ଼ିଆ ବହି ବିଶେଷ କରି କବିତା ପଢ଼ିବାକୁ ବ୍ୟାକୁଳ ହୁଅନ୍ତି। ଏ ବ୍ୟାକୁଳତା ତାଙ୍କର ଆବାଲ୍ୟ। କିନ୍ତୁ ପରିସ୍ଥିତିର ଦାୟରେ ବେଶି ଓଡ଼ିଆବହି ପଢ଼ି ନଥିବେ। ଅଥଚ ଉତ୍କଳମଣି ଯେମିତି ପବନର ସ୍ପର୍ଶ ମାଧ୍ୟମରେ ମାତୃଭୂମିର ସୁଖସ୍ମୃତି ସବୁକୁ ଅନୁଭବ କରୁଥିଲେ ଲେଖିକା ଠିକ୍ ସେହି ଭାବ ଲାଭ କରିପାରନ୍ତି।

ଶ୍ରୀମତୀ ଚଂଦ୍ରା ମିଶ୍ରଙ୍କ ସ୍ମୃତିକଥନ ଅନେକ ଦୃଷ୍ଟିରୁ ସ୍ୱତନ୍ତ୍ର ମନେହେଲା। ଏହାର ଭୂମିକା ଲେଖିବାକୁ ଯାଇ ଚଂଦ୍ରା ମିଶ୍ରଙ୍କ ପୂର୍ବରୁ ଓଡ଼ିଆଣୀମାନେ କିପରି ନିଜର ସ୍ମୃତିଗାଥା ପ୍ରକାଶ କରିଥିଲେ - ସେ ସଂପର୍କରେ ସାମାନ୍ୟତମ ଅବଧାରଣା କରିବା ନିମନ୍ତେ ଉତ୍କଣ୍ଠା ଜାତ ହେଲା। ତେଣୁ ଏହି ଭୂମିକାଟିକୁ ଦୁଇଟି ଭାଗରେ ବିଭକ୍ତ କରିବା ନିତାନ୍ତ ସ୍ପୃହଣୀୟ ହେବ। ପ୍ରଥମ ଭାଗରେ ସ୍ମୃତିକଥାର ସ୍ୱରୂପ ଓ ଓଡ଼ିଆଣୀମାନଙ୍କର ସ୍ମୃତିକଥା ସଂପର୍କରେ ସମ୍ୟକ ଧାରଣା ଦେବା ପରେ ଦ୍ୱିତୀୟ ଭାଗରେ 'ଚଂଦ୍ରାଚର୍ଯ୍ୟା' ଶୀର୍ଷକରେ 'ଝିଅଟେ ପଥୁରିଆ ସାହିରୁ' ପୁସ୍ତକ ଉପରେ ଆଲୋକପାତ କରାଯିବ।

(୧) ଓଡ଼ିଆଣୀ ସ୍ମୃତିକଥାର ସ୍ୱରୂପ:

'ଆତ୍ମଜୀବନୀ' ଏବଂ 'ସ୍ମୃତିକଥା' ସାହିତ୍ୟର ଦୁଇଗୋଟି ସ୍ୱତନ୍ତ୍ର ବିଭାଗ। ଆତ୍ମଜୀବନୀ ନିମନ୍ତେ ଇଂରାଜୀ ଭାଷାରେ autobiography ଶବ୍ଦଟି ବ୍ୟବହାର କରାଯିବାବେଳେ ସ୍ମୃତିକଥା ନିମନ୍ତେ reminiscence ଶବ୍ଦଟି ବ୍ୟବହାର କରାଯାଇଥାଏ। ଏହି reminiscenceର ସମପର୍ଯ୍ୟାୟବାଚକ ଶବ୍ଦରୂପେ memoir ଶବ୍ଦଟି ମଧ୍ୟ ଗ୍ରହଣ କରାଯାଏ। ବ୍ୟକ୍ତିଗତ ଅନୁଭୂତି ଆଧାରିତ ଗଦ୍ୟାତ୍ମକ ଲେଖାଗୁଡ଼ିକ ସଂପ୍ରତି ଉପରୋକ୍ତ ଦୁଇଟି ଶବ୍ଦ ମାଧ୍ୟମରେ ଇଂରାଜୀ ଭାଷାରେ ବେଶ୍ ଆଦୃତି ଲାଭ କରିଛି। ଆମେ ଓଡ଼ିଆ ଭାଷାରେ 'ସ୍ମୃତିକଥା', 'ସ୍ମୃତିଲିପି', 'ଆତ୍ମାନୁଭୂତି' ଏହିପରି ଶବ୍ଦସବୁ ବ୍ୟବହାର କରିଆସିଛୁ ଏବଂ ଆତ୍ମଜୀବନୀଠାରୁ ଯେ ସ୍ମୃତିକଥା ସଂପୂର୍ଣ୍ଣ ଏକ ଭିନ୍ନ ଶୈଳୀର ରଚନା, ଏହା ଓଡ଼ିଆ ସାହିତ୍ୟର ଇତିହାସ ଗ୍ରନ୍ଥମାନଙ୍କରେ ପରିସ୍ପଷ୍ଟ କରିନାହୁଁ। ଏହି ପୁସ୍ତକର ଭୂମିକା ଲେଖିବା ଅବସରରେ ଓଡ଼ିଆ ସ୍ମୃତିକଥା ବିଶେଷ କରି ନାରୀସୃଷ୍ଟ ସ୍ମୃତିକଥାଗୁଡ଼ିକର ସ୍ୱରୂପ ଉଦ୍‌ଘାଟନ ନିମନ୍ତେ କୌତୂହଳ ଜାତ ହେଲା। ସ୍ୱନାମଧନ୍ୟ କବି ଗିରିଜାକୁମାର ବଳୀୟାରସିଂହଙ୍କ ନିକଟରୁ ଇଂରାଜୀ reminiscence

ଶବ୍ଦର ସମପର୍ଯ୍ୟାୟବାଚକ ଶବ୍ଦଟିଏ ଆଶା କରିବାରୁ କବି ଯେଉଁ ଉତ୍ତରଟି ଦେଇଥିଲେ ତାହାର ନକଲ ଏଠାରେ ପ୍ରଦାନ କରାଗଲା। "୧୯୮୦ ମସିହାର ଅଂତ ପରେ 'ସତୀର୍ଥ' ପତ୍ରିକା ସଂପାଦନା କାଳରେ ସ୍ମୃତିକଥନକୁ ନେଇ ଏକ ବିଭାଗ ରଖିଥିଲି 'ସ୍ମୃତିବିଚିତ୍ରା'। ଏବେ ଯଦି ମତେ କୁହାଯାଏ, ମୁଁ ତାହେଲେ ସେ ବିଭାଗଟିର ନାମାଙ୍କନ କରିବି 'ସ୍ୱକୀୟସମୟାଂତର' ନତୁବା 'ମୂର୍ତ୍ତମୁହୂର୍ତ୍ତ' - ଏଇଭଳି କିଛି। ଆମ ସମୟ ପୂର୍ବର ଓଡ଼ିଆଣୀଏ କ୍ୱଚିତ୍ ସ୍ମୃତିଲେଖ ଲେଖିଛଂତି ଯେମିତି ପହିଲେ ବିଲାତ ଯାଇଥିବା ଓଡ଼ିଆଣୀ ଡାକ୍ତରାଣୀ ବୀଣାଦେଈ ଲେଖିଛନ୍ତି 'ଅକିଂଚନାର ଜୀବନସ୍ମୃତି', କିଂବା ସୀତାଦେବୀ ଖାଡ଼ଂଗା 'ମୋ ଜୀବନସ୍ମୃତି' ଅଥବା ନୀଳକଣ୍ଠ ଦାସଙ୍କ କନ୍ୟା ରମାଦେବୀ ଲେଖିଛନ୍ତି 'ମୋ ଜୀବନ' ଇତ୍ୟାଦି।"

ଅତଏବ ଓଡ଼ିଆ ଆତ୍ମଜୀବନୀ ସ୍ମୃତିକଥା ନିମନ୍ତେ ଯଥାକ୍ରମେ 'ସ୍ୱକୀୟ ସମୟାଂତର' ଏବଂ 'ମୂର୍ତ୍ତମୁହୂର୍ତ୍ତ' ଶବ୍ଦଦ୍ୱୟ ଗ୍ରହଣ କରିବା ଏକାନ୍ତ ସମୀଚୀନ ମନେହୁଏ। ଜୀବନସ୍ମୃତି ବା ଆତ୍ମଚରିତଧର୍ମୀ ରଚନାକୁ ସ୍ୱକୀୟସମୟାଂତର କହିବାବେଳେ ସ୍ମୃତିକଥା ବା ଅନୁଭୂତିମାଳାକୁ ମୂର୍ତ୍ତମୁହୂର୍ତ୍ତ କୁହାଯାଇପାରିବ। କବି ଶ୍ରୀଯୁକ୍ତ ବଳୀୟାରସିଂହ ଏହି ନୂତନ ଶାବ୍ଦିକ ପରିଭାଷାଦ୍ୱୟ ପ୍ରଦାନ କରିବା ସଂଗେସଂଗେ ଏହାର ସ୍ୱରୂପାୟନ ମଧ୍ୟ କରିଦେଇଛନ୍ତି। କବିଙ୍କ ଚିନ୍ତାଚେତନା ସଂପୂର୍ଣ୍ଣ ସ୍ୱତନ୍ତ୍ର ତଥା ସ୍ୱକୀୟ। ଏହା ପ୍ରାଚ୍ୟପାଶ୍ଚାତ୍ୟ କୌଣସି ମନୀଷୀଙ୍କ ବିଚାର ଆଧାରରେ ଅନୁସରିତ ସ୍ୱରୂପାୟନ ନୁହେଁ। ତେଣୁ ଉତ୍କଳୀୟ ସାହିତ୍ୟ ନିମନ୍ତେ ଏତାଦୃଶ ନିଜସ୍ୱ ଦୃଷ୍ଟିଭଙ୍ଗୀ ଏକାନ୍ତ ଗ୍ରହଣୀୟ। ସ୍ୱକୀୟସମୟାନ୍ତରର ସ୍ୱରୂପୋଦ୍‌ଘାଟନ କରି କବି କୁହନ୍ତି, "ସେଇ ତ ବ୍ୟକ୍ତି ଯିଏ ବ୍ୟକ୍ତ କରିପାରେ ତା' ଭିନ୍ନ ଭିନ୍ନ ଜୀବନଯାପନର ଝଲକକୁ ନେଇ ନିଜସ୍ୱ ସମୟଖଂଡ଼ର ନାନା ବ୍ୟକ୍ତିକ/ ନୈର୍ବ୍ୟକ୍ତିକ/ ସାମାଜିକ/ ସାଂସ୍କୃତିକ/ ସାମୂହିକ ସ୍ମୃତିସୂତ୍ରାବଳୀ। ଆମେ ଏଇସବୁ ଅନୁଭୂତିସିଦ୍ଧ ଅଭିବ୍ୟକ୍ତିକୁ କେତେବେଳେ କହୁଁ ଜୀବନସ୍ମୃତି ତ ଆଉ କେତେବେଳେ ଆତ୍ମଚରିତ। ଏହା ଯେହେତୁ ସେ ଅଂଗେ ନିଭାଇଥିବା ଦୁଃଖସୁଖର ଦସ୍ତାବିଜ୍, ଅତଏବ ବହୁ ଚରିତ୍ର ଓ ଘଟନାର ଘୂର୍ଣ୍ଣିପାକ ଊର୍ଦ୍ଧ୍ୱରେ ଏକ ଅଦୃଶ୍ୟ ଚକ୍ର ଅନବରତ ଅନାପେକ୍ଷିକ ଭାବରେ ଘୂର୍ଣ୍ଣନରତ ଥାଏ, ଯେଉଁ ଚକ୍ର ତା' ନିଜକୁ ହିଁ କାଟୁଥାଏ ଖଣ୍ଡଖଣ୍ଡ କରି। ଏକୁ ଆମେ ଅଦୃଷ୍ଟ ବୋଲି ମାନିନେଇଥାଉ। ଯେ ଚକ୍ରଟି ସମୟାତାର ଅବଦାନ ହେଉଛି ପ୍ରତ୍ୟେକ ମଣିଷକୁ ଏକ ଏକ ପରିମିତ ପରମାୟୁ-ଦୈବାଧୀନ ଭାଗ୍ୟ ବିରୋଧରେ ଆତ୍ମସତ୍ତାଧୀନ ପୁରୁଷକାରର ଶେଷପର୍ଯ୍ୟନ୍ତ ବଜାୟ ରହିଥାଏ ଯେଉଁ ଅନବଚ୍ଛିନ୍ନ ସଂଘର୍ଷ, ତାରି ସାଫଲ୍ୟ ବୈଫଲ୍ୟର ସୁନିର୍ବାଚିତ ସତ୍ୟପାଠ ଓ ଶତଖଣ୍ଡିତ ସ୍ମୃତିଗୁଚ୍ଛର ସ୍ୱକୀୟ ସମୟନାମା - ପ୍ରତ୍ୟେକ

ଆତ୍ମଚରିତକାର ପକ୍ଷରେ। ଜଣକ ପାଇଁ ଜଣକର ଅତୀତ ହେଉଛି ଅନ୍ୟ ସମସ୍ତ ଯା' ସିଏ ଯାପିଆସିଛି ଆଉ ମାପିଆସିଛି ବି ବିତିଲା ଦିନର ଫି ସ୍ମୃତିର କୋଳକୁ ମନେମନେ ଚହଲୁଥିବାବେଳେ ନାନା ଚରିତ୍ର ଓ ଘଟନାର ଦ୍ୱଂଦ୍ୱମୂଳକ ବାସ୍ତବତାରୁ ଯେଉଁ ଜୀବନଶୈଳୀଟିଏ ସିଏ ହାସଲ କରିପାରିଛି, ତାହା ତାର ନିଜସ୍ୱ ବ୍ୟକ୍ତିତ୍ୱର ଭିତ୍ତିଭୂମିକାଟି ହେଲେ ହେଁ ସମୟ ହିଁ ତାର ଶିକ୍ଷକ ସେ ଦିଗରେ। ସ୍ମୃତିନାମା ଏଇ ବିଚାରରୁ ଅଂତତଃ ଅତୀତର ଅଭିବ୍ୟକ୍ତି ଭାବରେ ଅନ୍ୟାନ୍ୟ ଅଂତରିତ ସମୟନାମା ନୁହେଁ କି? ଏଥିପାଇଁ ଭାବେ - ଜୀବନଶୈଳୀକୁ ସ୍ମୃତିଗର୍ଭିତ ସୃଜନଶୈଳୀ ବା ସାହିତ୍ୟଶୈଳୀରେ ବିବର୍ତ୍ତିତ କରିପାରିଥିବା ସାର୍ଥକ ଆତ୍ମଚରିତସବୁ ଯଥାର୍ଥତଃ ସ୍ୱକୀୟ ସମୟାଂତର।"

ଆତ୍ମଚରିତ ବା ସ୍ୱକୀୟ ସମୟାଂତର ଯେ ପୂର୍ଣ୍ଣାଙ୍ଗ ଜୀବନର ରୂପାୟନ ଏବଂ ସ୍ମୃତିକଥା ଯେ ଖଣ୍ଡିତ - ଏପରି ବିଚାରକୁ କବି ଗିରିଜାକୁମାର ଅଗ୍ରାହ୍ୟ କରନ୍ତି। ପଣ୍ଡିତ ଜବାହାରଲାଲ ନେହରୁଙ୍କର ମୃଦୁଳୋକ୍ତିଟିକୁ ସ୍ମରଣ କରି କବି କୁହନ୍ତି ଯେ ପ୍ରତ୍ୟେକ ଆତ୍ମଚରିତ ଅସମାପ୍ତ। କେହି ବି ନିଜର ସ୍ୱରଚିତ ଚରିତ୍ରଲିପିରେ ନିଜର ପୂରା ଜୀବନଟାକୁ ଗୋଟାପଣେ ନେଇଆଣି ଥୋଇଦେଇପାରେ ନାହିଁ। ତେଣୁ କବି ସ୍ମୃତିକଥାକୁ କୁହନ୍ତି ମୂର୍ତ୍ତମୁହୂର୍ତ୍ତ। ସ୍ୱକୀୟ ସମୟାଂତର ବା ଆତ୍ମଚରିତ ବା ଆତ୍ମଜୀବନୀ ସମୟାଙ୍କନ କରିବାବେଳେ ସ୍ମୃତିକଥା ବା ମୂର୍ତ୍ତମୁହୂର୍ତ୍ତ କରିଥାଏ ମୁହୂର୍ତ୍ତାଙ୍କର। "ଆତ୍ମଚରିତର ବିସ୍ତାର ଏକ ଏକ ଖଣ୍ଡକାଳର ଅଖଣ୍ଡତାବୋଧ ଭିତ୍ତିରେ ଆପାତ - ସମଗ୍ର ଜୀବନଯାପନକୁ ନେଇ ବିଶାଳ ସମୟପ୍ରବାହର ବୃତ୍ତଚିତ୍ର ହୋଇଥିବାବେଳେ ମୂର୍ତ୍ତମୁହୂର୍ତ୍ତ ହେଉଛି କତିପୟ ସୁସଂଯୋଜିତ ସ୍ମୃତିବୃତ୍ତାଂତର ଭଗ୍ନାଂଶଭିତ୍ତିକ ବର୍ଣ୍ଣାଳିକାମାତ୍ର। ସଂକ୍ଷିପ୍ତ ଓ ବିକ୍ଷିପ୍ତ ସ୍ମୃତିକତିପୟର ଅକ୍ଷର ଆଭାସଚିତ୍ରରେ ଅମ୍ଳମଧୁର ଅନେକ ମୁହୂର୍ତ୍ତ ମରମୀ ମୁଦ୍ରାରେ ମୂର୍ତ୍ତ। ଇତସ୍ତତଃ ଅଥଚ କେତେ ଉତ୍ସରିତ ଅନ୍ତରୀଣ ସ୍ମୃତି-ଅର୍ଧସ୍ମୃତିର ହାର୍ଦ୍ଦିକ ହାଜିରାରେ ଏକାନ୍ତ ଆତ୍ମିକ।"

ଉଦ୍ଧୃତି ମଧ୍ୟରେ ଥିବା ସମସ୍ତ ବିଚାର କବି ଗିରିଜାକୁମାର ବଳୀୟାରସିଂହଙ୍କର। ଏହି ଲେଖିକାର ପ୍ରଶ୍ନର ଉତ୍ତରରେ କବି ଯେଉଁ ଲିଖିତ ମତ ପ୍ରଦାନ କରିଥିଲେ ତାହା ଏଠାରେ ସାଇତି ରଖିବା ଏକାନ୍ତ ଅପରିହାର୍ଯ୍ୟ ମନେହେଲା। ତେବେ କବିଙ୍କ ବିଚାରର ପୃଷ୍ଠଭୂମିରେ 'ସ୍ୱକୀୟ ସମୟାଂତର' ଓ 'ମୂର୍ତ୍ତମୁହୂର୍ତ୍ତ' ମଧ୍ୟରେ ଥିବା ସାମ୍ୟବୈଷମ୍ୟ ନିମ୍ନରେ ପ୍ରଦାନ କରାଗଲା। ଉଭୟ ଶୈଳୀର ରଚନାରେ ସ୍ୱୟଂ ଲେଖକ ବା ଲେଖିକା ନିଜ ହାତରେ ନିଜ କଥା ଅଭିବ୍ୟକ୍ତ କରିଥାଆନ୍ତି। ଉଭୟ ଆତ୍ମଚରିତ ଏବଂ ସ୍ମୃତିକଥା ଖଣ୍ଡିତ। ଆତ୍ମଚରିତ ଯେ ସଂପୂର୍ଣ୍ଣ ଜୀବନର ରୂପାୟନ, ଏପରି ଭାବିବା ନିଶ୍ଚୟ ଭ୍ରମାତ୍ମକ। ନିମ୍ନ ସାରଣୀରୁ ବୈଷମ୍ୟଗୁଡ଼ିକ ଗ୍ରହଣ କରାଯାଇପାରେ।

ସାରଣୀ-୧

ଆତ୍ମଜୀବନୀ (ସ୍ୱକୀୟ ସମୟାଂତର)	ସ୍ମୃତିକଥା (ମୂର୍ତ୍ତମୁହୂର୍ତ୍ତ)
(କ) ଖଣ୍ଡିତ କାଳର ଅଖଣ୍ଡବୋଧ ମଧ୍ୟରେ ଏଥିରେ ସମୟାଂକନକୁ ଗୁରୁତ୍ୱ ଦିଆଯାଏ।	(କ) ଜୀବନର କେତୋଟି ନିର୍ଦ୍ଦିଷ୍ଟ ଏବଂ ସ୍ୱତନ୍ତ୍ର ପର୍ଯ୍ୟାୟର ଭାବାବେଗ ରୂପାୟିତ ହୁଏ।
(ଖ) ଆତ୍ମଜୀବନୀ ବାଲ୍ୟ-କୈଶୋର-ଯୌବନ-ବାର୍ଦ୍ଧକ୍ୟ ଏହିପରି ଜୀବନର ଚତୁଃ ଅବସ୍ଥାନୁଯାୟୀ କାଳ ତଥା ଘଟଣାର କ୍ରମିକତା ଆଧାରରେ ସଜ୍ଜିତ ହୋଇଥାଏ।	(ଖ) ମୂର୍ତ୍ତମୁହୂର୍ତ୍ତଧର୍ମୀ ରଚନା କୌଣସି ନିର୍ଦ୍ଦିଷ୍ଟ କ୍ରମକୁ ମାନେ ନାହିଁ। ଏହାର ପ୍ରାରମ୍ଭ ଆକସ୍ମିକ।
(ଗ) ଆତ୍ମଜୀବନୀରେ କେବଳ କ୍ରମ ନୁହେଁ, ବର୍ଣ୍ଣିତ ଘଟଣାର ସମୟ ଓ ଘଟଣାବଳୀର ଯଥାଯଥ ପୃଷ୍ଠଭୂମି ପ୍ରଦାନ କରାଯିବା ବାଞ୍ଛନୀୟ। କାରଣ ସେହି ବ୍ୟକ୍ତିବିଶେଷଙ୍କର ଆତ୍ମଜୀବନୀ ମାଧ୍ୟମରେ ଇତିହାସର ଅଧ୍ୟୟନ ତଥା ସାମାଜିକ ପର୍ଯ୍ୟବେକ୍ଷଣ କରାଯାଇଥାଏ।	(ଗ) ମୂର୍ତ୍ତମୁହୂର୍ତ୍ତଧର୍ମୀ ରଚନାରେ ନିର୍ଦ୍ଦିଷ୍ଟ ତାରିଖ, ବର୍ଷ, ମାସ ଆଦି ଉଲ୍ଲେଖ କରିବା ନିମନ୍ତେ କୌଣସି ବାଧ୍ୟବାଧକତା ନାହିଁ। ଲେଖକ/ଲେଖିକାଙ୍କର ଇଚ୍ଛାନୁଯାୟୀ ତାହା ଅଭିବ୍ୟକ୍ତ ହୋଇଥାଏ। ଏତାଦୃଶ ରଚନାବଳୀ ମଧ୍ୟ ଅତୀତର ଅଇନା ସମ କାର୍ଯ୍ୟ କରିଥାଏ।
(ଘ) ଆତ୍ମଜୀବନୀ ସାଧାରଣତଃ କଳା, ବିଜ୍ଞାନ, ରାଜନୀତି, ସମାଜସେବା ତଥା ଅନ୍ୟାନ୍ୟ କ୍ଷେତ୍ରରେ ପ୍ରତିଷ୍ଠା ଲାଭ କରିଥିବା ବ୍ୟକ୍ତିବିଶେଷ ଲେଖିଥାଆନ୍ତି।	(ଘ) ଲେଖିବା ନିମନ୍ତେ ସମାଜରେ ପ୍ରତିଷ୍ଠା ପାଇବା ଆବଶ୍ୟକ ନୁହେଁ। ତେବେ ଉଭୟ ରଚନା ସତ୍ୟର ସରସୀରେ ପ୍ରସ୍ଫୁଟିତ ହେବା ସ୍ପୃହଣୀୟ।
(ଙ) ଆତ୍ମଜୀବନୀ ଅଧ୍ୟୟନକାଳରେ ପାଠକ ତଥ୍ୟପୂର୍ଣ୍ଣ ସତ୍ୟ ଉପରେ ଗୁରୁତ୍ୱ ପ୍ରଦାନ କରିଥାଏ।	(ଙ) ସ୍ମୃତିକଥାର ଅଧ୍ୟୟନକାଳରେ ଆବେଗିକ ସତ୍ୟ ହିଁ ପ୍ରମୁଖ ବିଶେଷତ୍ୱ ରୂପେ ଗୃହୀତ ହୋଇଥାଏ।

୧.୧ 'ଉତ୍କଳସାହିତ୍ୟ' ପୃଷ୍ଠାରେ ଅବନ୍ତୀ ଦେବୀଙ୍କ ମୁହୂର୍ତ୍ତାଙ୍କନ:

ଅବନ୍ତୀଦେବୀ ହେଉଛନ୍ତି ପରମ ବ୍ରହ୍ମଙ୍କ ଭକ୍ତକବି ମଧୁସୂଦନ ରାଓଙ୍କ କନ୍ୟା। 'ଉତ୍କଳ ସାହିତ୍ୟ' ପୃଷ୍ଠାର ସପ୍ତଦଶ ଭାଗ ଦ୍ୱିତୀୟ ଓ ଦ୍ୱାଦଶ ସଂଖ୍ୟାରେ 'ପିତୃସ୍ମୃତି' ଶୀର୍ଷକରେ ଗୋଟିଏ ଲେଖା ଏବଂ ଅଣଚାଳିଶ ଭାଗ ଏକାଦଶ ସଂଖ୍ୟାରେ 'ମାତୃସ୍ମୃତି' ଶୀର୍ଷକରେ ଗୋଟିଏ ଲେଖା ପ୍ରକାଶିତ। ୧୯୧୨ ମସିହାରେ ଅବନ୍ତୀ ଦେବୀଙ୍କ ଲିଖିତ ସ୍ମୃତିକଥାଟି ଓଡ଼ିଆଣୀ ମୁହୂର୍ତ୍ତାଙ୍କନର ପ୍ରଥମରୂପ କି ନାହିଁ ଏହା କହିବା ପରି ଆବଶ୍ୟକ ଅନ୍ୱେଷଣ ଏ ଭୂମିକା ଲେଖିକାଙ୍କ ନିକଟରେ ନାହିଁ। କିନ୍ତୁ ଅବନ୍ତୀଦେବୀଙ୍କ ରଚନାଶୈଳୀ କ୍ଷଣପ୍ରଭା ସମ ଉଜ୍ଜ୍ୱଳ। ଅବନ୍ତୀଦେବୀ ଏହି ସ୍ମୃତିକଥା ତିନୋଟି ବ୍ୟତୀତ ଆଉ କିଛି ଲେଖିଛନ୍ତି କି ନାହିଁ ଏ ସମ୍ବନ୍ଧରେ ମଧ ମୁଁ ଅନବଗତ। ତେବେ ଯେଉଁ କ୍ଷଣପ୍ରଭାସମଦ୍ୟୁତି ଦୃଷ୍ଟିଗୋଚର ହେଲା ତାହା ଚମକପ୍ରଦ। ବାପାଙ୍କୁ ହରାଇବା ପରେ ସ୍ମୃତିର ସ୍ୱରୂପକୁ ନେଇ ଭକ୍ତକବି ଯେଉଁ ଅମ୍ଳାନ ସନେଟ୍‌ଟି ରଚନା କରିଥିଲେ ତାହା ରିକ୍ତହୃଦୟା କନ୍ୟା ମର୍ମେ ମର୍ମେ ଉପଲବ୍ଧି କରିଛନ୍ତି। ଆପଣାର ମୂର୍ତ୍ତମୁହୂର୍ତ୍ତ ସହ 'ବିଚ୍ଛେଦେ' ସନେଟ୍‌ର ସମନ୍ୱୟ ପୂର୍ବକ ଲେଖିକାଙ୍କର ଅପୂର୍ବାଲେଖ୍ୟର କିୟଦଂଶ ଦୃଷ୍ଟାନ୍ତ ସ୍ୱରୂପ ଗ୍ରହଣୀୟ।

"ଯେତେବେଳେ ଏହି ପରିବର୍ତ୍ତନ ଆସିଲା, 'ବାବା ନାହାଁନ୍ତି' ଏହା ଚର୍ମଚକ୍ଷୁରେ ଦେଖି ସୁଦ୍ଧା ଅନ୍ତରରେ ଏ ଅବସ୍ଥା ସମ୍ୟକ୍ ଉପଲବ୍ଧି କରିପାରିଲି ନାହିଁ।

କ୍ରମଶଃ ଯେତେବେଳେ ଅନୁଭବ କରିପାରିଲି, ଜୀବନ ଶୂନ୍ୟବୋଧ ହେଲା। ଏ ଶୂନ୍ୟତା କାହିଁରେ ପୂର୍ଣ୍ଣ ହେବ? ଆକୁଳ ଅନ୍ତରରୁ ପ୍ରଶ୍ନ ଉଠିଲା, "କାହିଁରେ ପୂର୍ଣ୍ଣ ହେବ?" ପିତାଙ୍କ କବିତା ସ୍ମୃତିପଥାରୂଢ଼ ହେଲା।

"ହଜି ନାହିଁ କେବେ ଯାର କିଛି ହିଁ ରତନ,
ଏ ମର୍ତ୍ତ୍ୟଜଗତେ ସେହି ଦୀନ ଅକିଂଚନ।"

ଯାହାର ଶୂନ୍ୟତାବୋଧ ହୋଇନାହିଁ, ସେ ପୂର୍ଣ୍ଣତା ଲୋଡ଼େ ନାହିଁ। ଯେ ହରାଇ ନାହିଁ, ସେ ଖୋଜେ ନାହିଁ। ଶୂନ୍ୟ ନ ହେଲେ ପୂର୍ଣ୍ଣ ହେବ କିପରି ଘଟ? ବୁଝିଲି ମଙ୍ଗଳମୟଙ୍କର ଏହି ମଙ୍ଗଳବିଧାନ।"

ଏହି ଉଦ୍ଧୃତାଂଶ ପରେପରେ ଲେଖିକା ସ୍ମୃତିକୁ ଯେଉଁ ଉଚ୍ଚାସନ ପ୍ରଦାନ କରି ତାଙ୍କ ଜୀବନକୁ ପୂର୍ଣ୍ଣ କରିବା ନିମନ୍ତେ ଆକୁଳ ଆବାହନ କରିଛନ୍ତି ତାର ପଟାନ୍ତର ନାହିଁ। ସ୍ମୃତି ତାଙ୍କ ପାଇଁ ପ୍ରାଣାରାମ, ବିପଦର ବଂଧୁ, ଜୀବନର ସଙ୍ଗୀଳି। ଅବନ୍ତୀ ଦେବୀ ଅତ୍ୟନ୍ତ ଆତୁର ହେଇ କହିଛନ୍ତି, "ସ୍ମୃତି, ତେବେ ତୋର ଭଣ୍ଡାର ଖୋଲି

ଦେ ! କେତେ ଦିନରୁ କେତେ ଅମୂଲ୍ୟ ସଂପଦ ତୋ ଭଣ୍ଡାରରେ ରଖିଦେଇଛି। ସେ ଯେ ମୋର ଅକ୍ଷୟ ସଂପଦ। ସେ ଯେ ମୋର ପ୍ରାଣ-ଶୀତଳକାରୀ-ଅମୃତପ୍ରସ୍ରବଣ ! ଏ ଅକ୍ଷୟ, ଏ ଅମୃତ ପ୍ରସ୍ରବଣରୁ ତ ମତେ କେହି ବଂଚିତ କରିପାରିବେ ନାହିଁ। ତେବେ ଆଉ ଭୟ କ'ଣ ? ଆଉ ଭାବନା କ'ଣ ?

'ପିତୃସ୍ମୃତି' ଶୀର୍ଷକ ଏହି ଆଲେଖ୍ୟ ସହ ଭକ୍ତକବି ତାଙ୍କ ନିକଟକୁ ଦେଇଥିବା ଅମୃତ ପତ୍ରାବଳୀଗୁଡ଼ିକ ମଧ ସେ ଜାତିହସ୍ତରେ ଅର୍ପଣ କରିଛନ୍ତି। ଏହାପରେ ସେହି ସପ୍ତଦଶଭାଗ ଅଷ୍ଟମ ସଂଖ୍ୟାରେ ମଧ ଅଧିକ ପତ୍ରାବଳୀ ରହିଛି। ପୁନଶ୍ଚ ଦଶମ ସଂଖ୍ୟାରେ ମଧୁସୂଦନଙ୍କ ସାମ୍ବତ୍ସରିକ-ଶ୍ରାଦ୍ଧ-ଉପାସନା-ସଭାରେ ପଠିତ ଆଲେଖ୍ୟଟି 'ପିତୃସ୍ମୃତି' ଶୀର୍ଷକରେ ସ୍ଥାନ ପାଇଛି।

ଏହି ଦୁଇଗୋଟି ମୂର୍ତ୍ତମୁହୂର୍ତ୍ତ କଥନ ଅନୁରୂପ ମାତାଙ୍କ ବିୟୋଗରେ ଅବନ୍ତୀ ଦେବୀ ଯେଉଁ ଆଲେଖ୍ୟଟି ଲେଖିଛନ୍ତି ତାହା କେବଳ ମୁହୂର୍ତ୍ତାଙ୍କନ ନୁହେଁ, ସମୟାଙ୍କନର ପ୍ରତିଛବି ବହନ କରେ। କାରଣ ଏହି ଆଲେଖ୍ୟଟିରେ ତାଙ୍କ ମାଆଙ୍କର ପିତୃପରିଚୟ, ସୁଗୁଣାବଳୀ ତଥା ଊନବିଂଶ ଶତାବ୍ଦୀର ମଧ୍ୟଭାଗରୁ ବିଂଶ ଶତାବ୍ଦୀର ପ୍ରାରମ୍ଭକାଳ ପର୍ଯ୍ୟନ୍ତ ସ୍ତ୍ରୀ ଶିକ୍ଷା ସଂପର୍କରେ ଯେଉଁ ସାମାନ୍ୟତମ ସୂଚନା ରହିଛି ତାହା ମୂଲ୍ୟବାନ ମନେହୁଏ।

'ଉତ୍କଳସାହିତ୍ୟ' ପରବର୍ତ୍ତୀକାଳୀନ ସମସ୍ତ ପତ୍ରପତ୍ରିକା ମଧ୍ୟରେ ଓଡ଼ିଆଣୀମାନେ କିପରି ସ୍ୱ ସ୍ୱ ମୂର୍ତ୍ତମୁହୂର୍ତ୍ତ ସବୁକୁ ରୂପାୟିତ କରିଛନ୍ତି ତାହା ଅବଧାରଣା କରିବାର ସମୁଚିତ ଉଦ୍ୟମ ମୁଁ କରିପାରିନି। ତେବେ ନାରୀଭିତ୍ତିକ ପତ୍ରିକା 'ସୁଚରିତା' (୧୯୭୫)ର ସଂପାଦିକା ମହୋଦୟା ଏ କ୍ଷେତ୍ରରେ ପ୍ରଶଂସନୀୟ ଭୂମିକା ଗ୍ରହଣ କରିଥିଲେ।

୧.୨-ଓଡ଼ିଆଣୀ ସ୍ମୃତିକଥାକୁ "ସୁଚରିତା'ର ଅବଦାନ :

● ବାସ୍ତବରେ ଓଡ଼ିଆଣୀ ସ୍ମୃତିକଥାକୁ 'ସୁଚରିତା'ର ଅବଦାନ ଅତୁଳନୀୟ। ମାଆ ରମାଦେବୀ ଏବଂ ତାଙ୍କର ସୁଯୋଗ୍ୟ କନ୍ୟା ମାଆ ଅନ୍ନପୂର୍ଣ୍ଣାଙ୍କର ଜୀବନସ୍ମୃତିର ପବିତ୍ର ମୁହୂର୍ତ୍ତ ସବୁ ମୂର୍ତ୍ତ ହୋଇଛି 'ସୁଚରିତା' ପୃଷ୍ଠାରେ। 'ସୁଚରିତା'ର ପ୍ରଥମବର୍ଷ ପ୍ରଥମସଂଖ୍ୟାରେ ପ୍ରକାଶିତ ହୋଇଥିଲା ମାଆ ରମାଦେବୀଙ୍କ ସ୍ମୃତିରୁ ଖିଏ, 'କାଳବକ୍ଷରେ ସ୍ୱାକ୍ଷର' ଶୀର୍ଷକରେ। ମାଆ ରମାଦେବୀ 'ସୁଚରିତା' ପୃଷ୍ଠାରେ ସର୍ବମୋଟ ଏଗାରଗୋଟି ସ୍ମୃତିକଥା ଲେଖିଛନ୍ତି। ନିମ୍ନ ସାରଣୀରେ ତାହାର ସୂଚନା ପ୍ରଦାନ କରାଗଲା:

ସାରଣୀ-୨

କ୍ର.ସଂ.	ବର୍ଷ	ଭାଗ ଓ ସଂଖ୍ୟା	ଅନୁଭୂତି ଶୀର୍ଷକ
୧.	୧୯୭୫-୭୬	୦୧/୦୧	କାଳବନ୍ଧନରେ ସ୍ୱାକ୍ଷର
୨.	୧୯୭୫-୭୬	୦୧/୦୭	ସେଦିନ ଜାନୁୟାରୀ ଛବିଶ
୩.	୧୯୭୬-୭୭	୦୨/୧୦	ସେହି ଗାନ୍ଧୀକଥା ଭାବୁଛି
୪.	୧୯୭୮-୭୯	୦୪/୦୧	ପୁଣ୍ୟସ୍ମୃତି
୫.	୧୯୭୮-୭୯	୦୪/୦୮-୦୯	ପିଲାଦିନ କଥା
୬.	୧୯୭୯-୮୦	୦୫/୦୧	ପୁଣ୍ୟସ୍ମୃତି
୭.	୧୯୭୫-୭୬	୦୫/୦୪	ପୁଣ୍ୟସ୍ମୃତି
୮.	୧୯୮୦-୮୧	୦୬/୦୨-୦୩	ପ୍ରଥମ ଦର୍ଶନ
୯.	୧୯୮୩-୮୪	୦୯/୦୩	ଗୋପବାବୁଙ୍କ ମନୋମନ୍ଥନ
୧୦.	୧୯୮୩-୮୪	୦୯/୦୩	ହରିଜନ ସେବାକାର୍ଯ୍ୟ
୧୧.	୧୯୯୨-୯୩	୧୮/୦୮	ପୁଣ୍ୟସ୍ମୃତି

ଏଠାରେ ସ୍ପଷ୍ଟ କରିବା ଆବଶ୍ୟକ ଯେ ମାଆ ରମାଦେବୀ ଏହିପରି ପୁଣ୍ୟସ୍ମୃତିଚାରଣ ଆରମ୍ଭ କରିବାପରେ ପରବର୍ତ୍ତୀ ସମୟରେ ତାହା ଆତ୍ମଜୀବନୀ ଅର୍ଥାତ୍ ସ୍ୱକୀୟସମୟାଂତରର ରୂପଧାରଣ କରି ଏ ଜାତିର ଜୀବନପଥ ନିମନ୍ତେ ପଥପ୍ରଦର୍ଶକ ହୋଇପାରିଛି। 'ଜୀବନପଥେ' ଆତ୍ମପ୍ରକାଶ କରେ ୧୯୮୪ ମସିହା ଏପ୍ରିଲ୍ ମାସରେ। 'ପିଲାଦିନ କଥା' ସୁଚରିତା ପୃଷ୍ଠାରେ ଯେପରି ସ୍ଥାନିତ ହୋଇଛି ପୁସ୍ତକରେ ତା'ର ବର୍ଦ୍ଧିତରୂପ ଅଙ୍କନ କରାଯାଇଛି। 'ଜୀବନପଥେ' ପ୍ରକାଶିତ ହେବାର ନଅବର୍ଷ ପରେ ମାଆ ରମାଦେବୀ 'ସ୍ୱର୍ଗତ ଜୟପ୍ରକାଶଜୀଙ୍କ ସହ କେତୋଟି ଦିନ' ସ୍ମୃତିକଥାଟି ଲେଖିଛନ୍ତି। ମାଆ ରମାଦେବୀଙ୍କ ଏପରି କିଛି ପୁଣ୍ୟସ୍ମୃତି ଯଦି ଇତସ୍ତତଃ କେଉଁଠି ପତ୍ରପତ୍ରିକା ପୃଷ୍ଠାରେ ରହିଯାଇଥାଏ, ତେବେ ସେସବୁକୁ ସାଉଁଟିଆଣି ସାଇତି ରଖିବା ଏକାନ୍ତ ଜାତୀୟ କର୍ତ୍ତବ୍ୟ ହେବ।

● ମାଆ ଅନ୍ନପୂର୍ଣ୍ଣା ମହାରଣା 'ସୁଚରିତା'ର ଦଶମ ଭାଗ ପଞ୍ଚମ ସଂଖ୍ୟାରୁ ଜୀବନର ପୁଣ୍ୟ ମୁହୂର୍ତ୍ତସବୁ ମୂର୍ତ୍ତ କରିବା ନିମନ୍ତେ ପ୍ରୟାସୀ ହୁଅନ୍ତି। ପ୍ରଥମେ 'ବାରନମ୍ବର୍ ୱାର୍ଡ', ତାପରେ 'ଅମୃତ ଅନୁଭବ', 'କୁସୁମପରଶେ', 'ଆଳିମାଳିକା', 'ମୁଠାଏ ଲୁଣରୁ ମହାଭାରତ', 'ଦିବ୍ୟଦୀପାବଳି', 'ବିଦାୟୀଶତାବ୍ଦୀ ସୁଖଦୁଃଖର ସାଥୀ' ଆଦି ଶୀର୍ଷକ ବହନ କରି ଏଇ ସ୍ମୃତିରଚନା ଦୀର୍ଘ ଷୋହଳବର୍ଷ ପର୍ଯ୍ୟନ୍ତ ଧାରାବାହିକ ଭାବରେ

"ସୁଚରିତା' ପୃଷ୍ଠାରେ ପ୍ରକାଶିତ ହୁଏ। ୨୦୦୧-୨୦୦୨ ମସିହାରେ ଶେଷ ସ୍ମୃତିଲିପିଟି 'ସୁଚରିତା' ପୃଷ୍ଠାରେ ପ୍ରକାଶିତ ହୋଇଥିଲା। ଶ୍ରୀମତୀ ମହାରଣାଙ୍କର ଆତ୍ମଜୀବନୀ ୨୦୦୫ ମସିହାରେ ଓଡ଼ିଶା ସାହିତ୍ୟ ଏକାଡେମୀ ପୁରସ୍କାର ମଧ୍ୟ ଲାଭ କରିଛି।

● ଓଡ଼ିଆଣୀ ସ୍ମୃତିକଥାକୁ 'ସୁଚରିତା'ର ଅବଦାନ ପ୍ରସଙ୍ଗରେ ସାରସ୍ୱତ ସାଧିକା ଅପର୍ଣ୍ଣା ଦେବୀଙ୍କର ଅସମ୍ପୂର୍ଣ୍ଣ ମୂର୍ତ୍ତିମୁହୂର୍ତ୍ତାଙ୍କନର ମୂଲ୍ୟ ଅତୁଲ୍ୟ। ପ୍ରତିକୂଳ ପରିସ୍ଥିତି ମଧ୍ୟରେ ଏହି ମହୀୟସୀ ମହିଳା କିପରି ନିଜ ମଧ୍ୟରେ ଜ୍ଞାନାହରଣର ପ୍ରଦୀପଟିକୁ ନିର୍ବାପିତ ହେବାକୁ ଦେଇନାହାନ୍ତି ତାହା ତାଙ୍କର ଅସମ୍ପୂର୍ଣ୍ଣ ଆତ୍ମଜୀବନୀ ସୂଚିତ କରିଥାଏ। ୧୯୭୭ ମସିହା ଦ୍ୱିତୀୟବର୍ଷ ନବମସଂଖ୍ୟାରୁ ଏହି ଆତ୍ମଜୀବନୀଟି ପ୍ରକାଶିତ ହେବା ଆରମ୍ଭ କରେ ଏବଂ ମାତ୍ର ତିନୋଟି କିସ୍ତିରେ ତାହା ଶେଷ ହୁଏ। ସେହି ଦ୍ୱିତୀୟବର୍ଷର ଏକାଦଶ ସଂଖ୍ୟାରେ ସମ୍ପାଦିକା ମହୋଦୟ ଉଦ୍ଧୃତାଂଶ ମଧ୍ୟରେ ଥିବା ସୂଚନାଟି ପ୍ରଦାନ କରି କୁହନ୍ତି, "ପ୍ରାୟ ୧୫ରୁ ୧୬ ବର୍ଷ ତଳେ ଶ୍ରୀ ଦେବୀପ୍ରସନ୍ନ ପଟ୍ଟନାୟକ ନାରୀକବି ଅପର୍ଣ୍ଣାଙ୍କର ଏଇ ଆତ୍ମଜୀବନୀଟି 'ଝଙ୍କାର'ରେ ପ୍ରକାଶ ପାଇଁ ଦେଇଥିଲେ।" ପୂର୍ବ ଭାଗଗୁଡ଼ିକରେ ଶେଷରେ ଏହି ଦୁର୍ଲଭ ସ୍ମୃତିଲିପିଟି ଯେ ଝଙ୍କାର ସୌଜନ୍ୟରୁ ପ୍ରାପ୍ତ ତାହା ସୂଚିତ କରାଯାଇଥିଲା। ଏଠାରେ ଉଲ୍ଲେଖ କରିବା ଆବଶ୍ୟକ ଯେ ଏହି ପ୍ରତିଭାମୟୀ ସାରସ୍ୱତ ସାଧିକା ୧୮୯୯ ମସିହାରେ ଜନ୍ମଗ୍ରହଣ କରି ୧୯୩୬ ମସିହାରେ ଆମ୍ଭମାନଙ୍କ ନିକଟରୁ ବିଦାୟ ନେଇଥିଲେ। 'ଇନ୍ଦୁମତୀ' କାବ୍ୟ, 'ଚିନ୍ତା', 'ଦେବୀରାଣୀ', 'ଆର୍ଯ୍ୟଲଳନା', 'କବିତାଞ୍ଜଳି', 'ବାରମାସୀ' ଓ 'ଶତଦଳ' ପ୍ରଭୃତି କବିତା-ସଙ୍କଳନର ସେ ଯଶସ୍ୱିନୀ ରଚୟିତ୍ରୀ। ଛନ୍ଦ ଓ ସାଙ୍ଗୀତିକତାର ମାଧୁର୍ଯ୍ୟରେ ମଣ୍ଡିତ ତାଙ୍କର କବିତାବଳୀ ଆମ ଭାଷା-ସାହିତ୍ୟର ଅମୂଲ୍ୟ ସମ୍ପଦ। ହେଲେ ଏପରି ଜଣେ ମହୀୟସୀ ସ୍ରଷ୍ଟା କିପରି ପାଠପଢ଼ିବା ପାଇଁ ସଂଘର୍ଷ କରିଥିଲେ ତାହା ଉଲ୍ଲେଖ କରି କୁହନ୍ତି, "ତଥାପି କ୍ଷାନ୍ତ ହେଲିନି, ଆରଦିନ ଭୋର୍‌ରୁ ଉଠି ସ୍କୁଲକୁ ଚାଲେ। ପ୍ରାୟ ତିନିଦିନ ମାଡ଼ ଖାଏ। ଦିନେଦିନେ ଖାଇବାକୁ ଦିଅନ୍ତି ନାହିଁ। ଅଂଟିରେ ଚାଉଳମୁଠେ ଲୁଚାଇନେଇ ଅପରଘରେ ସେଥିରୁ କିଛି ଲାଂଚ ଦେଇ ବାକିତକ କରେଇରେ ଟିକେ ଖରଡ଼ି କଂଚା ଦୋଷ ଛଡେଇ ସେଥିରୁ ମୁଠେ ଗିଳିପକାଏ। ଭୋକ-ଶୋଷ, ମାନ-ଅପମାନ, ମାଡ଼-ଗାଳି ସବୁ ପିଠିରେ ପକାଇ ପଢ଼ିବାରେ ଝୁଙ୍କ ଲାଗିଯାଏ।

ଅପର୍ଣ୍ଣା ଦେବୀଙ୍କ କାବ୍ୟିକ ପ୍ରତିଭାର ଶତଦଳୀୟ ଶୋଭା ସଭିଙ୍କୁ ବିମଳାନନ୍ଦ ପ୍ରଦାନ କରିଥିଲା, କିନ୍ତୁ ଯେଉଁ ପଙ୍କିଳ ପରିବେଶ ଓ କଂଟକ ମୃଣାଳ ଏହି ପ୍ରତିଭାକୁ ଉତ୍ତୋଳିତ କରିଥିଲା ତାହା ଥିଲା ଜଣେ ଓଡ଼ିଆଣୀର ଝୁଙ୍କ। ଓଡ଼ିଆଣୀ ସ୍ମୃତଲିପିର ବିକାଶକ୍ରମରେ ଏହି କ୍ଷୁଦ୍ରାୟତନ ଆତ୍ମକଥନିକତାର ମୂଲ୍ୟ ଅମୂଲ୍ୟ।

● 'ସୁଚରିତା'ର ସମ୍ପାଦିକା ମହୋଦୟା ଛବିଶଭାଗ ପ୍ରଥମ ସଂଖ୍ୟାରୁ ସୁଚରିତାର ଆତ୍ମକଥା ଅଭିବ୍ୟକ୍ତ କରିବାକୁ ଯାଇ 'କିଛିକଥା କିଛିବ୍ୟଥା; 'ସୁଚରିତା ଗଳ୍ପ' ଶୀର୍ଷକରେ କୋଡ଼ିଏଟି କିସ୍ତିରେ ନିଜ ସମ୍ପାଦିକା ଜୀବନର ସୁଖଦୁଃଖଭରା ମୁହୂର୍ତ୍ତମାନର ମୂର୍ତ୍ତରୂପ ପ୍ରଦାନ କରନ୍ତି। ଏହି ସ୍ମୃତିକଥନିକାଟି ମଧ୍ୟରେ ଜଣେ ଓଡ଼ିଆଣୀ ଭାଷା-ସାହିତ୍ୟାଭିସାର ନିମନ୍ତେ ଯେଉଁ ସୁଗମ-ଦୁର୍ଗମପଥ ଅତିକ୍ରମ କରିଛନ୍ତି ତାର ସଚ୍ଚୋଟ ଉପସ୍ଥାପନ ଲିପିବଦ୍ଧ। ଏହି ଆତ୍ମକଥନିକାଟି ମଧ୍ୟ ପାଠକମାନଙ୍କୁ ବୀଣାଦେଈ, ଜ୍ୟୋସ୍ନାଦେଈ, ମାଆ ରମାଦେବୀ, ମାଆ ଅନ୍ନପୂର୍ଣ୍ଣା ଆଦି ବିବିଧ ମହୀୟସୀ ଚରିତ୍ରଙ୍କୁ ନିକଟରୁ ଅବଲୋକନ କରିବାର ସୁଯୋଗ ଦେଇପାରିବ।

'ସୁଚରିତା'ର ପ୍ରଥମ ବର୍ଷ ତୃତୀୟ ସଂଖ୍ୟା ଏବଂ ଦ୍ୱିତୀୟ ବର୍ଷ ପ୍ରଥମ ସଂଖ୍ୟାରେ ଜ୍ୟୋସ୍ନା ଦେଈ ସ୍ୱକୀୟ ଅନୁଭୂତି ରଚନା କରିଥିଲେ। ସମ୍ପାଦିକା ଶ୍ରୀମତୀ ପଣ୍ଡା ଆଲୋଚ୍ୟ ପତ୍ରିକାରେ 'ଆପଣଙ୍କ ଅନୁଭୂତିରୁ' ଶୀର୍ଷକରେ ଗୋଟିଏ ପୃଷ୍ଠା ରଖିଥିଲେ। ଏହି ପୃଷ୍ଠାର ପ୍ରଥମ ବର୍ଷ ପ୍ରଥମ ସଂଖ୍ୟାରେ ମାଆ ରମାଦେବୀ ସ୍ୱୀୟ ପୁଣ୍ୟସ୍ମୃତି ପ୍ରଦାନ କରିଥିବାବେଳେ ଦ୍ୱିତୀୟ ସଂଖ୍ୟାର ସ୍ମୃତିର ଶୀର୍ଷକ ଥିଲା 'ଫିକାପାହାନ୍ତିର ମଳିନ ତାରା ମୁଁ'। ଏଥିରେ ସାବିତ୍ରୀ ଆମ୍ମା ନାମକ ଘରକାମରେ ସହାୟତା କରୁଥିବା ଜଣେ କାମତୁଣୀଙ୍କ ସ୍ମୃତି ଲିପିବଦ୍ଧ। ଧୀରେ ଧୀରେ ସତାଇଶ ବର୍ଷର ଜୟଯାତ୍ରା ମଧ୍ୟରେ ଏହି ପୃଷ୍ଠାଟି ଓଡ଼ିଆଣୀ ସ୍ମୃତିକଥା ଧାରାକୁ ପରିପୁଷ୍ଟ କରିବାରେ ଗୁରୁତ୍ୱପୂର୍ଣ୍ଣ ଭୂମିକା ନିର୍ବାହ କରିଛି।

● ଏଠାରେ ସେହି ବିକ୍ଷିପ୍ତ ସ୍ମୃତିମୁକ୍ତାବଳୀ ମଧ୍ୟରୁ ନିର୍ମଳା ସାହୁଙ୍କ ଅନୁଭୂତି ସମ୍ପର୍କରେ ସମ୍ୟକ୍ ସୂଚନା ଦେବା ପ୍ରାସଙ୍ଗିକ ମନେହୁଏ। କାରଣ 'ଝିଅଟେ ପଥୁରିଆସାହିରୁ' ସ୍ମୃତିକଥନିକାର ଲେଖିକା ଆମେରିକାରେ ପଞ୍ଜୀକୃତ ନର୍ସ ଭାବରେ ସେବିକାବୃତ୍ତିରେ ଯୋଗଦାନ କରିଥିବା ପ୍ରଥମ ଓଡ଼ିଆଣୀ। ନୈଷ୍ଠିକ ବ୍ରାହ୍ମଣ ପରିବାରର କୁଳବଧୂଟିଏ ନର୍ସ ହେବା ଘଟଣାକୁ ଅଶୀଦଶକ ପରବର୍ତ୍ତୀ ଓଡ଼ିଆ ସମାଜ ଶ୍ରଦ୍ଧାମୟ ଦୃଷ୍ଟିରେ ଗ୍ରହଣ କରିପାରିନାହିଁ। 'ସୁଚରିତା'ର ତୃତୀୟବର୍ଷ ଦ୍ୱିତୀୟସଂଖ୍ୟାରେ ନିର୍ମଳା ସାହୁଙ୍କ 'ସେବା ଓ ସେବିକା' ଆତ୍ମାନୁଭୂତି ଏହି ଦୃଷ୍ଟିରୁ ତାତ୍ପର୍ଯ୍ୟପୂର୍ଣ୍ଣ ମନେହୁଏ। ୧୯୭୩ ମସିହା ଜୁନ୍ ମାସର ଘଟଣା। ସମ୍ବଲପୁରର ମୋଦିପଡ଼ାର ଝିଅଟିଏ ନର୍ସିଂ ପାଠ୍ୟକ୍ରମରେ ଯୋଗଦେବା ନିମନ୍ତେ ଗାଁରୁ ବ୍ରହ୍ମପୁର ଅଭିମୁଖେ ଆସିବାବେଳର ଅନୁଭୂତି ଏବଂ ଟ୍ରେନିଂ ନେଇ ଫେରିବା ପରର ହୃଦୟବିଦାରୀ କଟୂକ୍ତି ଓ କଟାକ୍ଷ ବିଷୟରେ ସୂଚନା ଦେଇ ଲେଖିକା କହନ୍ତି, "ସତରେ ଏ ନର୍ସିଂ ସମାଜଟା କଅଣ ଏତେ ନୀଚରେ? ଏମାନଙ୍କର କଅଣ କିଛି ନୈତିକତା ନାହିଁ? ସତରେ ଏମାନେ ସମସ୍ତେ

କଅଣ ବିବାହରୁ ବଂଚିତା ? ଏମାନଙ୍କ ପାଇଁ ଏ ସମାଜ ... ଏ ସରକାର କଅଣ କିଛି କରିପାରିବନି ? ନର୍ସିଂ ଜୀବନର ହା-ହତାଶ ଭିତରେ ସେମାନେ କଅଣ ଚାକିରି କରି କେବଳ ଆଶା କରନ୍ତି କେତୋଟି ଟଙ୍କା ?"

ଆଲୋଚନାକୁ ଅଧିକ ଦୀର୍ଘ ନକରି ଓଡ଼ିଆଣୀ ସ୍ମୃତିକଥାକୁ 'ସୁଚରିତା'ର ଅବଦାନ ଏଇଠି ଶେଷ କରିବା ସମୁଚିତ ହେବ । ଗବେଷିକା ସୀମା ପ୍ରତି ଅଷ୍ଟାଦଶବର୍ଷର ଷଷ୍ଠ ସଂଖ୍ୟାରେ ନିଷିଦ୍ଧ ଗଳିର କନ୍ୟାମାନଙ୍କ ସମ୍ପର୍କରେ ସ୍ୱ-ଅନୁଭୂତି ବର୍ଣ୍ଣନା କରିଛନ୍ତି ।

ଓଡ଼ିଆଣୀ ସ୍ମୃତିକଥାକୁ 'ସୁଚରିତା' ପତ୍ରିକାର ଅବଦାନ ଦୀର୍ଘ ଆଲୋଚନାର ଅପେକ୍ଷା ରଖେ । ଚିକିତ୍ସାଜଗତର ଦୁଇ ଶ୍ରେଷ୍ଠ ଡାକ୍ତରାଣୀ ବୀଣାଦେଈ, ଜ୍ୟୋସ୍ନା ଦେଈ, ମାୟାଧର ମାନସିଂହଙ୍କ ଧର୍ମପତ୍ନୀ ହେମଲତା ମାନସିଂହ, ସୁସାହିତ୍ୟିକା ପୁଣ୍ୟପ୍ରଭା ଦେବୀ, ବିଶିଷ୍ଟ ନୃତ୍ୟଶିଳ୍ପୀ ମିନତି ମିଶ୍ର ପ୍ରମୁଖ ସ୍ୱ ସ୍ୱ ଜୀବନର ସ୍ୱଚ୍ଛ ସ୍ୱପ୍ନିଳ ମୁହୂର୍ତ୍ତମାନ ଏହି ପତ୍ରିକା ପୃଷ୍ଠାରେ ମୂର୍ତ୍ତ କରିପାରିଛନ୍ତି ।

ସ୍ମୃତିକଥାର ଅନୁବାଦ କ୍ଷେତ୍ରରେ ମଧ୍ୟ 'ସୁଚରିତା'ର ଭୂମିକା ରହିଛି, ଯାହାର ସଂକ୍ଷିପ୍ତତମ ସୂଚନା ପରବର୍ତ୍ତୀ ପର୍ଯ୍ୟାୟରେ ପ୍ରଦତ୍ତ ।

୧.୩-ଓଡ଼ିଆଣୀ ସ୍ମୃତିକଥାକୁ 'ଇସ୍ତାହାର' ପତ୍ରିକାର ଦାନ :

ସୁସମାଲୋଚକ ପ୍ରଫେସର ନିତ୍ୟାନନ୍ଦ ଶତପଥୀଙ୍କ ସମ୍ପାଦନାରେ ୧୯୭୪ ମସିହାରେ ପ୍ରୟୋଗ ତଥା ପରୀକ୍ଷାଧର୍ମୀ ଆଧୁନିକ ଓଡ଼ିଆକବିତାର ମୂଲ୍ୟାୟନ ଲକ୍ଷ୍ୟରେ 'ଇସ୍ତାହାର' ପତ୍ରିକା ଆତ୍ମପ୍ରକାଶ କରିଥିଲା । ଦୀର୍ଘ ଚଉରାଳିଶ ବର୍ଷଧରି ପ୍ରଫେସର୍ ଶତପଥୀଙ୍କ ସମ୍ପାଦନାରେ ପ୍ରକାଶିତ ଏହି ପତ୍ରିକାଟି ଓଡ଼ିଆ ସମାଲୋଚନା ସାହିତ୍ୟ ନିମନ୍ତେ ଗୋଟିଏ ନିଶାଣ ହେଲେ ହେଁ ଓଡ଼ିଆଣୀ ସ୍ମୃତିକଥାକୁ ଏହାର ଅବଦାନ ଅତୁଳନୀୟ । ଏହି ତ୍ରୈମାସିକ ପତ୍ରିକାରେ ୧୯୯୬ ମସିହାର ଜାନୁଆରୀ-ଫେବୃଆରୀ-ମାର୍ଚ୍ଚ ସଂଖ୍ୟା ବା ୬୬ତମ ସଂଖ୍ୟାରୁ ପୀତାମ୍ବରୀ ଦେବୀଙ୍କର ମୂର୍ତ୍ତମୁହୂର୍ତ୍ତାଙ୍କନ ପ୍ରକାଶିତ ହୋଇ ନଅଟି କିସ୍ତିରେ ସମ୍ପୂର୍ଣ୍ଣ ହୋଇଛି । ଏହି ସ୍ମୃତିକଥନିକାର ଶୀର୍ଷକ 'ଦୁଃଖ କହିବି କି ସୁଖ କହିବି' । ପୂର୍ଣ୍ଣଚନ୍ଦ୍ର ଭାଷାକୋଷର ଏକକ ମହାରଣା ପଣ୍ଡିତ ଗୋପାଳଚନ୍ଦ୍ର ପ୍ରହରାଜଙ୍କର ଶାଳିକା ଥିଲେ ପୀତାମ୍ବରୀ ଦେବୀ । ପ୍ରହରାଜଙ୍କୁ ପଂଚାବନ ବର୍ଷ ହେବାବେଳକୁ ଏଇ ବିଧବା ବାଳିକାଟିର ବୟସ ମାତ୍ର ଚଉଦବର୍ଷ । ପ୍ରହରାଜଙ୍କୁ ସେ ଗୁରୁଜୀ ଜ୍ଞାନ କରନ୍ତି । ଏଗାରବର୍ଷ ବୟସରେ ସେ ଜଣେ ଜମିଦାରଙ୍କର ଏକମାତ୍ର ସନ୍ତାନକୁ ପତି ରୂପେ ଗ୍ରହଣ କରିଥିଲେ । ଘରଯୋଗ୍ୟ ହେବା ପରେ ଶାଶୂଘରକୁ ଯାଇଥାଆନ୍ତେ । ତେରବର୍ଷ ବୟସ ହେବାବେଳକୁ ତାଙ୍କର ସ୍ୱାମୀ ବସନ୍ତ ରୋଗରେ

ଆକ୍ରାନ୍ତ ହୋଇ ପରଲୋକ ଗମନ କରିଥିଲେ । ପୀତାମ୍ବରୀ ଦେବୀଙ୍କର ଏଇ ସ୍ମୃତିଲିପିଟି ସମ୍ପୂର୍ଣ୍ଣ ପ୍ରହରାଜକୈନ୍ଦ୍ରିକ । ପ୍ରହରାଜଙ୍କର ସାହିତ୍ୟସାଧନାକୁ ସେ ଅତି ନିକଟରୁ ଦେଖିଥିଲେ । ଏହି ସ୍ମୃତିଲିପିଟି ୧୯୯୬ ମସିହାରେ ଲୋକଲୋଚନକୁ ଆସିଥିଲେ ହେଁ ଏହାର ରଚନାକାଳ ୧୯୭୯ରୁ ୧୯୮୦ ମସିହା । ଲେଖିକାଙ୍କ ସହ ପ୍ରହରାଜଙ୍କ ପରିଚୟରୁ ସ୍ମୃତିଲିପିଟି ଆରମ୍ଭ ହୋଇଛି ଏବଂ ପ୍ରହରାଜଙ୍କ ମୃତ୍ୟୁରେ ସ୍ମୃତିକଥାଟି ଶେଷ ହୋଇଛି । ପ୍ରହରାଜଙ୍କ ମୃତ୍ୟୁ ନିମନ୍ତେ କିପରି ଷଡ୍‌ଯନ୍ତ୍ର କରି କ୍ଷୀରରେ ବିଷ ମିଶାଇ ପିଇବା ନିମନ୍ତେ ଦିଆଯାଇଥିଲା ଏବଂ ପରବର୍ତ୍ତୀ ସମୟରେ ଏହି ଘଟଣା ନିମନ୍ତେ ପୀତାମ୍ବରୀ ଦେବୀଙ୍କୁ ଜେଲ୍‌ଦଣ୍ଡ ଭୋଗିବାକୁ ହୋଇଥିଲା ସେସବୁ ବର୍ଣ୍ଣନା ସହିତ ଏହି ଅସମ୍ପୂର୍ଣ୍ଣ ସ୍ମୃତିଲିପିଟି ବହୁ ପ୍ରଶ୍ନବାଚୀ ମଧ୍ୟରେ ଶେଷ ହୋଇଛି ।

୧.୪-ଓଡ଼ିଆଣୀ ସ୍ମୃତିକଥାକୁ 'ପୌରୁଷ' ପତ୍ରିକାର ଦାନ :

୧୯୬୩ ମସିହା ଜୁଲାଇ ମାସରୁ କଟକରୁ ଆତ୍ମପ୍ରକାଶ କରୁଥିବା 'ପୌରୁଷ' ପ୍ରତିକା ଭାଷା-ସାହିତ୍ୟ, କଳା-ସଂସ୍କୃତି, କ୍ରୀଡ଼ା-ବିଜ୍ଞାନାଦି ପ୍ରତ୍ୟେକ ଦିଗକୁ ସ୍ପର୍ଶ କରିବା ସଙ୍ଗେ ସଙ୍ଗେ ଅନୁଭୂତି ବା ମୂର୍ତ୍ତିମୁହୂର୍ତ୍ତଧର୍ମୀ ରଚନାକୁ ମଧ୍ୟ ଗ୍ରହଣ କରିଆସିଛି । ଓଡ଼ିଶାର ବିଶିଷ୍ଟ ରାଜନେତା ତଥା ସାହିତ୍ୟପ୍ରେମୀ ପୂର୍ବତନ ମୁଖ୍ୟମନ୍ତ୍ରୀ ଶ୍ରୀଯୁକ୍ତ ଜାନକୀବଲ୍ଲଭ ପଟ୍ଟନାୟକ ଥିଲେ ଏହାର ପ୍ରତିଷ୍ଠାତା-ସମ୍ପାଦକ । ଏହି ପତ୍ରିକାଟିରେ ମହାବୀର ତ୍ୟାଗୀ ଓ ପ୍ରାଣକୃଷ୍ଣ ପରିଜାଙ୍କର ଜୀବନ ସ୍ମୃତିର କେତୋଟି ଭାଗ ପ୍ରକାଶିତ ହୋଇଛି । ଏତଦ୍‌ବ୍ୟତୀତ ସ୍ମୃତିଧର୍ମୀ କଥନିକତା ମଧ୍ୟ ରହିଛି । ତନ୍ମଧ୍ୟରୁ ଓଡ଼ିଆଣୀ ସ୍ମୃତିଲିପି ଦୃଷ୍ଟିରୁ ବିଚାର କଲେ ଶ୍ରୀମତୀ ଜୟନ୍ତୀ ପଟ୍ଟନାୟକଙ୍କର ଦୁଇଗୋଟି ସ୍ମୃତି, ବିଶିଷ୍ଟ ଓଡ଼ିଶୀ ନୃତ୍ୟଶିଳ୍ପୀ ତଥା ଶିକ୍ଷାବିତ୍ ପଦ୍ମଶ୍ରୀ ଡକ୍ଟର ପ୍ରିୟମ୍ବଦା ମହାନ୍ତିଙ୍କର ଗୋଟିଏ ସ୍ମୃତି ରହିଛି । ୧୯୮୪ ମସିହା ଅକ୍ଟୋବର ମାସ ୩୧ ତାରିଖରେ ଆତତାୟୀଙ୍କ ଗୁଳିରେ ତତ୍କାଳୀନ ପ୍ରଧାନମନ୍ତ୍ରୀ ଇନ୍ଦିରା ଗାନ୍ଧୀ ମୃତ୍ୟୁବରଣ କରିବା ପରେ ସେହି ବର୍ଷ ଅର୍ଥାତ୍ ପତ୍ରିକାର ଅଷ୍ଟାଦଶ ବର୍ଷ ପଂଚମ ଓ ଷଷ୍ଠ ସଂଖ୍ୟାରେ ଏହି ମୂଲ୍ୟବାନ୍ ସ୍ମୃତିଲିପି ସଂଯୋଜିତ । ୧୯୮୪ ମସିହା ଅକ୍ଟୋବର ୨୯ ଓ ୩୦ ତାରିଖ ଥିଲା ଇନ୍ଦିରା ଗାନ୍ଧୀଙ୍କର ଐତିହାସିକ ଓଡ଼ିଶାଗସ୍ତ । କାରଣ ଏହି ଭୂମିରେ ହିଁ ପ୍ରତିଧ୍ୱନିତ ହୋଇଥିଲା ତାଙ୍କର ଅନ୍ତିମ ଉଦ୍‌ବୋଧନ । ଏହି ଗସ୍ତ କାଳରେ ସେ ଆଠଗଡ଼ସ୍ଥ ଜଗନ୍ନାଥ ସୂତାକଳର ଉଦ୍‌ଘାଟନ ଉତ୍ସବରେ ଯୋଗଦେଇଥିଲେ । ସେହି ସମୟରେ ଆଠଗଡ଼ ଥିଲା ଶ୍ରୀମତୀ ପଟ୍ଟନାୟକଙ୍କର ନିର୍ବାଚନ ମଣ୍ଡଳୀ । ୧୯୭୮ ମସିହାର ପ୍ରଥମ ସାକ୍ଷାତ ଏବଂ ୧୯୮୪ ମସିହାର ଶେଷ ସାକ୍ଷାତ ଉଭୟର ସ୍ମୃତି ଏଥିରେ ଲିପିବଦ୍ଧ ।

ଶ୍ରୀମତୀ ପଟ୍ଟନାୟକଙ୍କର ସ୍ମୃତି ରାଜନୀତି ପର୍ଯ୍ୟବସିତ ହୋଇଥିବାବେଳେ ଡକ୍ଟର ମହାନ୍ତିଙ୍କ ସ୍ମୃତି ସାଂସ୍କୃତିକ। କାରଣ ୧୯୬୧ ମସିହାର ଗୋଟିଏ ଘଟଣା ଏଠାରେ ଉପସ୍ଥାପିତ। ଓଡ଼ିଶାସଙ୍ଗୀତକୁ ନ୍ୟାଯ୍ୟ ଆସନ ପ୍ରଦାନ କରିବା ନିମନ୍ତେ ଏହି ସମୟରେ ନୃତ୍ୟଶିଳ୍ପୀଙ୍କୁ ଆଉ କେତେଜଣ ସହଯୋଗୀଙ୍କ ସହ ମିଶି କଠୋର ଆନ୍ଦୋଳନ କରିବାକୁ ପଡ଼ିଛି। ଓଡ଼ିଶୀ ନୃତ୍ୟ କ୍ଷୁଦ୍ର କ୍ଷୁଦ୍ର ବିଭାଗରେ ବିଭାଜିତ ହୋଇ ପରିବେଷଣ କରାଯାଇଥିବା ଏକ ପୂର୍ଣ୍ଣାଙ୍ଗ ସାନ୍ଧ୍ୟ ପରିବେଷଣ ନିମନ୍ତେ ଏଥିରେ ଆବଶ୍ୟକୀୟ ଗଭୀରତାର ଅଭାବ ରହିଛି। ଏହିପରି ଏକ ସମାଲୋଚନାର ପ୍ରତିରୋଧ କରି ସ୍ୱନାମଧନ୍ୟ ନୃତ୍ୟକଳା ସମୀକ୍ଷକ ଡକ୍ଟର ଚାର୍ଲସ୍ ଫାବ୍ରିଙ୍କ ପ୍ରଚୋଦନାରେ ନୂଆଦିଲ୍ଲୀର ସାପ୍ରୁହାଉସ୍‌ଠାରେ ଏକ ପୂର୍ଣ୍ଣାଁଙ୍ଗ ସାଂଧ୍ୟ ଓଡ଼ିଶୀ କାର୍ଯ୍ୟକ୍ରମ ଥାଏ। ଏଥିରେ ନୃତ୍ୟକଳା ପ୍ରଦର୍ଶନ କରନ୍ତି ଡକ୍ଟର ମହାନ୍ତି। ୧୯୬୧ ମସିହା ଅକ୍ଟୋବର ମାସ ୬ ତାରିଖ ଏଇ ସଂଘର୍ଷରତା ଓଡ଼ିଶୀ ନୃତ୍ୟାଙ୍ଗନାକୁ ଉତ୍ସାହିତ କରିବା ନିମନ୍ତେ ପ୍ରେକ୍ଷାଳୟରେ ଉପସ୍ଥିତ ଥିଲେ ଶ୍ରୀମତୀ ଗାନ୍ଧୀ। କିନ୍ତୁ ସେଦିନ ତାଙ୍କ ପୁଅ ଅସୁସ୍ଥ ଥିବାରୁ କାର୍ଯ୍ୟକ୍ରମ ଶେଷହେବା ପର୍ଯ୍ୟନ୍ତ ଉପସ୍ଥିତ ରହିପାରିନଥିଲେ। ଏହି ଘଟଣାର କିଛିଦିନ ପରେ ଡକ୍ଟର ମହାନ୍ତି ଇନ୍ଦିରା ଗାନ୍ଧୀଙ୍କ ନିକଟରୁ ଗୋଟିଏ ପତ୍ର ପାଇଥିଲେ, ଯେଉଁ ପତ୍ରରେ ସେ ତାଙ୍କର ନୃତ୍ୟକଳାର ପ୍ରଶଂସା କରିଥିଲେ – ଯେଉଁ ଚିଠିକୁ ନୃତ୍ୟଶିଳ୍ପୀ ନିଜ ଜୀବନର ଅଲିଭା ସ୍ମୃତି ରୂପେ ଗ୍ରହଣ କରି କହିଛନ୍ତି, "ଏହା କେବଳ ମୋତେ ଯେ ଉତ୍ସାହିତ କରିଥିଲା ତାହା ନୁହେଁ, ମହାନ୍ ବ୍ୟକ୍ତିମାନଙ୍କର ବିନୟ ଓ ଲାଳିତ୍ୟ ଦେଖିବାପାଇଁ ମୋତେ ଦେଇଥିଲା ଏକ ଦୁର୍ଲଭ ଅନ୍ତର୍ଦୃଷ୍ଟି।" (ପୌରୁଷ- ୧୮/୫-୬)

ଦ୍ୱିତୀୟ ସ୍ମୃତିଟି ୧୯୭୭ ମସିହାରେ ଉତ୍କଳ ବିଶ୍ୱବିଦ୍ୟାଳୟ ପ୍ରାଙ୍ଗଣରେ ଅନୁଷ୍ଠିତ ବିଜ୍ଞାନ କଂଗ୍ରେସ ଅଧିବେଶନ ସମୟର ଘଟଣା।

'ପୌରୁଷ' ପତ୍ରିକାର ଅଷ୍ଟାଦଶ ବର୍ଷ ନବମ ସଂଖ୍ୟାରେ ସୁଜାତା ନାମ୍ନୀ ଜଣେ ଲେଖିକା 'ସୁଇଡେନ୍‌ରୁ ଲେଖୁଛି' ଶୀର୍ଷକରେ ଗୋଟିଏ ସ୍ମୃତିଲିପି ପ୍ରଦାନ କରନ୍ତି। ଏହି ନିଆରା କଥନିକତାଟିରେ ବନ୍ଧୁତ୍ୱ ଏବଂ ମାନବିକ ସମ୍ପର୍କର ମୂଲ୍ୟବାନ ଦିଗ ଅଙ୍କିତ। ସୁଇଡେନ୍‌ରେ ଲେଖିକା ଇଙ୍ଗର୍ ନାମ୍ନୀ ଜଣେ ପଂଚଷଠୀ ବର୍ଷୀୟା ଲେଖିକାଙ୍କ ସହ ତାଙ୍କର ସଖ୍ୟ ସ୍ଥାପନ ଏବଂ ତାଙ୍କ ଘରେ ଅନୁଷ୍ଠିତ ଗୋଟିଏ ସାଂଧଭୋଜିରେ ମିସ୍‌ମିଆ ବର୍ଣ୍ଣର ନାମକ ଆଉଜଣେ ମହିଳାଙ୍କ ସହ ପରିଚୟ ତଥା ଏହି ମହିଳାଙ୍କ ସହ ଫିନ୍‌ଲ୍ୟାଣ୍ଡ୍‌ର କବି ପେଣ୍ଟିଲ୍ ସାରିକେଶଙ୍କ ସମ୍ପର୍କ ବିଷୟ ଏଥିରେ ଲିପିବଦ୍ଧ।

ନାରୀ ଲେଖନୀ ନିଃସୃତ ସ୍ମୃତିକଥନିକା ଦୃଷ୍ଟିରୁ 'ପୌରୁଷ'ର ଅବଦାନ ଗୌଣ ହୋଇପାରେ, କିନ୍ତୁ ଉପେକ୍ଷଣୀୟ ନୁହେଁ।

୧.୫-ଓଡ଼ିଆଣୀ ସ୍ମୃତିକଥାକୁ 'ଚିତ୍ରଲେଖା' ପତ୍ରିକାର ଅବଦାନ :

୧୯୫୧ ମସିହାରୁ ଚଳଚ୍ଚିତ୍ର, ରଂଗମଂଚ ସହ ଜଡ଼ିତ ରଚନାବଳୀ ସହ ସାହିତ୍ୟର ଅନ୍ୟାନ୍ୟ ବିଭାଗକୁ ଏକତ୍ର କରି 'ଚିତ୍ରଲେଖା' ପତ୍ରିକା ଆତ୍ମପ୍ରକାଶ କଲା। ଏହି ପତ୍ରିକାର ପ୍ରଥମବର୍ଷ ଦ୍ୱିତୀୟସଂଖ୍ୟାରେ ମିସ୍ ଦୋରା ସାମୁଏଲ୍ ଓ ଗ୍ଲୋରିଆ ରାଉତ ଅଭିନେତ୍ରୀଦ୍ୱୟ ଯଥାକ୍ରମେ 'ମୁଁ କେମିତି ସିନେମା ଷ୍ଟାର୍ ହେଲି' ଓ 'ମୋର ଚିତ୍ରତାରକା ଜୀବନ' ଏହିପରି ଦୁଇଗୋଟି ସ୍ମୃତିକଥା ଲେଖନ୍ତି। କ୍ଷୁଦ୍ରାୟତନ ହେଲେ ହେଁ ଏହି ଦୁଇଟି ସ୍ମୃତିକଥାର ମୂଲ୍ୟ ଯଥେଷ୍ଟ ଅଧିକ। କାରଣ ମିସ୍ ଦୋରା ସାମୁଏଲ୍ ଆମ ପ୍ରଦେଶର ପରିଧି ଡେଇଁ କଲିକତା ଏବଂ ବମ୍ବେରେ ଅଭିନେତ୍ରୀ ରୂପେ ସଫଳ ଭୂମିକା ନିର୍ବାହ କରିଛନ୍ତି। କଲିକତାରେ ନିଉ ଥିଏଟରସ୍‌ରେ ତାଙ୍କର ଅଭିନୟ ଦେଖି ଅମର ମଲ୍ଲିକ ତାଙ୍କୁ ଦୁର୍ଗେଶନନ୍ଦିନୀରେ ଅଭିନୟ କରିବା ପାଇଁ ସୁଯୋଗ ଦେଉଥିଲେ, କିନ୍ତୁ ତାଙ୍କ ସହ ଗୋଟିଏ କୁତ୍ସିତ ସର୍ତ୍ତ ରଖି କହିଲେ ଯେ ତୁମେ ବଙ୍ଗାଳୀ ବୋଲି ପରିଚୟ ହେବ। ନିଜର ଅନୁଭବ ବ୍ୟକ୍ତ କରି ମିସ୍ ଦୋରା କୁହନ୍ତି, "ତାଙ୍କର ଏହି ଅସୁନ୍ଦର ନିର୍ଲଜ୍ଜ ପ୍ରସ୍ତାବ ଶୁଣି ମୋର ଦେହ ରାଗରେ ଜଳିଉଠିଲା। ମୁଁ ତାଙ୍କୁ ଅପମାନିତ କରିବାକୁ କୁଣ୍ଠାବୋଧ କଲି ନାହିଁ।"

ଏଠାରେ କହିରଖିବା ଆବଶ୍ୟକ ଯେ 'ପୌରୁଷ' ଏବଂ 'ଚିତ୍ରଲେଖା' ପତ୍ରିକାର ବି ସମସ୍ତ ସଂଖ୍ୟା ଅନ୍ୱେଷଣ କରିବାର ସୁଯୋଗ ମତେ ମିଳିନାହିଁ। ଓଡ଼ିଆ ବିଭବରେ ତାଲିକାଭୁକ୍ତ ସଂଖ୍ୟାଗୁଡ଼ିକୁ ହିଁ ଗ୍ରହଣ କରାଯାଇଛି।

ଉପରୋକ୍ତ ଆଲୋଚନାରୁ ସ୍ପଷ୍ଟ ପ୍ରତିପାଦିତ ହୁଏ ଯେ ଓଡ଼ିଆଣୀ ସ୍ମୃତିଲିପିର ବିକାଶଧାରାରେ ପତ୍ରପତ୍ରିକାମାନଙ୍କର ଯଥେଷ୍ଟ ଅବଦାନ ରହିଛି। ଏହି ଭୂମିକାର ଅବୟବ ମଧ୍ୟରେ ଯେଉଁ ସୂଚନା ପ୍ରଦତ୍ତ ତାହା ଅସମ୍ପୂର୍ଣ୍ଣ ତଥା ସୂଚନା ମାତ୍ର। ପରବର୍ତ୍ତୀ କାଳରେ ଏହି ଭୂମିକା ଲେଖିକାଙ୍କ ଦ୍ୱାରା କିଂବା କୌଣସି ଗବେଷକଙ୍କ ମାଧ୍ୟମରେ ଏହା ପୂର୍ଣ୍ଣାବୟବ ରୂପ ଉଦ୍‌ଘାଟିତ ହେବା ବାଞ୍ଛନୀୟ। ସମକାଳରେ ପ୍ରକାଶିତ ପତ୍ରିକା ତଥା ପତ୍ରିକାର ସମ୍ପାଦକ ଓ ସମ୍ପାଦିକା ମଧ୍ୟ ସ୍ମୃତିକଥନିକାକୁ ନେଇ ନିଶ୍ଚୟ ସଚେତନ ଥିବେ, କିନ୍ତୁ ସେସବୁର ଉପସ୍ଥାପନା ନିମନ୍ତେ ଆବଶ୍ୟକ ଅନୁସନ୍ଧାନ କରିପାରିନଥିବାରୁ ମୁଁ କ୍ଷମାପ୍ରାର୍ଥିନୀ।

(୨) ଓଡ଼ିଆଣୀ ସ୍ୱକୀୟ ସମୟାନ୍ତର ଓ ମୂର୍ତ୍ତମୁହୂର୍ତ୍ତଧର୍ମୀ ରଚନା:

ଅତୀତକୁ ନ ଦେଖିଲେ ବର୍ତ୍ତମାନକୁ ଦେଖିହୁଏ ନାହିଁ। ଓଡ଼ିଆଣୀ ସ୍ମୃତିଲିପିର ଅତୀତଆଡ଼େ ଆଖି ପକାଇଲେ ସିନା ତାର ବର୍ତ୍ତମାନ ବିଷୟରେ ତୁଣ୍ଡ ଖୋଲିପାରିବି। 'ଝିଅଟେ ପଥୁରିଆସାହିରୁ' ଭଲ କି ଭେଲ, ନିତି ନା ନିଆରା ଏତିକି କହିବା ପୂର୍ବରୁ ଆପଣା ଇଚ୍ଛାରେ ଯେଉଁ ସିଂହାବଲୋକନ କରିପାରିଲି ତାହା ଏହି ଭୂମିକା ଫର୍ଦ୍ଦରେ

ଲିପିବଦ୍ଧ କଲି। ଏଯାବତ୍ ଆମ ଭାଷାସାହିତ୍ୟର ଆଲୋଚନାଧାରାରେ କେଉଁଗୁଡ଼ିକ ସ୍ୱକୀୟ ସମୟାନ୍ତରଧର୍ମୀ ରଚନା ଏବଂ କେଉଁଗୁଡ଼ିକ ମୂର୍ତ୍ତମୁହୂର୍ତ୍ତଧର୍ମୀ ରଚନା ତା'ର ଯଥାର୍ଥ ଅଧ୍ୟୟନ ହୋଇନାହିଁ। ମୋର ଅନ୍ୱେଷଣ ତଥା ନିଷ୍ଠା ପରିପକ୍ୱ ହୋଇନଥିବାରୁ ଏଠାରେ ଉଭୟବିଧ ରଚନାର ଏକ ଅସମ୍ପୂର୍ଣ୍ଣ ତାଲିକା ପ୍ରଦାନ କରାଗଲା।

ସାରଣୀ-୩

କ୍ର.ସଂ.	ପ୍ରକାଶନ କାଳ	ପୁସ୍ତକର ନାମ	ଲେଖିକାଙ୍କ ନାମ
୧.	୧୯୭୮	ମୋ ଜୀବନସ୍ମୃତି	ସୀତାଦେବୀ ଖାଡ଼ଙ୍ଗା
୨.	୧୯୮୪	ଜୀବନପଥେ	ମାଆ ରମାଦେବୀ
୩.	୧୯୯୪	ପୁଣ୍ୟ ମନ୍ଦାକିନୀ	ଉତ୍କଳିକା ଦାସ
୪.	୧୯୯୭	୧୯୦୯ ମସିହାରୁ ଏପର୍ଯ୍ୟନ୍ତ	ରତ୍ନପ୍ରଭା ଦେବୀ
୫.	୧୯୯୮	ପରପଦାର୍ଥ	ରମାଦେବୀ
୬.	୨୦୦୦	ସବୁସ୍ମୃତି ମଧୁର	ଗୀତା ହୋତା
୭.	୨୦୦୧	ଅକିଂଚନାର ଜୀବନସ୍ମୃତି	ବୀଣାଦେଈ
୮.	୨୦୦୩	ମୋ କଥା	ଶାନ୍ତିପ୍ରିୟା ବେହେରା
୯.	୨୦୦୪	ପ୍ରିୟ ପରମ	ହେମଲତା ମାନସିଂହ
୧୦.	୨୦୦୫	ଅଲିଭା ସ୍ମୃତି ଅଭୁଲା ଅନୁଭୂତି	ନିରୁପମା ରଥ
୧୧.	୨୦୦୭	ମୋ ଜୀବନ ମୋ ସମୟ	ରାଧା ଦେବୀ
୧୨.	୨୦୦୮	ସୁନେଲୀ ସ୍ମୃତିର ସୁରଭି	ଦୁର୍ଗାବତୀ ତ୍ରିପାଠୀ
୧୩.	୨୦୦୮	ଶୈଶବରୁ ସଂସାର	ପ୍ରତିଭା ଶତପଥୀ
୧୪.	୨୦୦୮	ପିଲାଦିନ, ପାଠପଢ଼ା ଓ ଖେଳ	ସ୍ନେହଲତା ମହାପାତ୍ର ବାଉରୀବଂଧୁ ମହାପାତ୍ର
୧୫.	୨୦୧୪	ନିଜକଥା	ସୁରଙ୍ଗିଣୀ ମିଶ୍ର
୧୬.	୨୦୧୪	ପଦ୍ମପତ୍ରରେ ଜୀବନ	ପ୍ରତିଭା ରାୟ
୧୭.	୨୦୧୪	ମୋ ପିଲାଦିନ	ମଂଜୁବାଳା ଦାସ
୧୮.	୨୦୧୫	ସଦିଚ୍ଛାର ସହସ୍ରଧାରା	ସଂଘମିତ୍ରା ମିଶ୍ର
୧୯.	୨୦୧୫	ସ୍ମୃତିର ପାଖୁଡ଼ା	ପ୍ରେମଲତା ଦେବୀ
୨୦.	୨୦୧୬	ବିତିଯାଇଥିବା ଦିନ	ବୀଣାପାଣି ମହାନ୍ତି
୨୧.	୨୦୧୯	ଜୀବନ-ସରଣୀ	ଶାନ୍ତିଲତା କର
୨୨.	୨୦୧୯	ଭୁଜଛାଇ	ବୀଣାପାଣି ସିଂହ
୨୩.	୨୦୧୯	ଦିହକର କଥା	ରାସେଶ୍ୱରୀ ମିଶ୍ର

୧୯୭୮ ମସିହାରେ ପ୍ରଥମ ଓଡ଼ିଆଣୀ ସ୍ମୃତିକଥା ପ୍ରକାଶିତ ହୋଇଥିଲା। ଦୀର୍ଘ ତେୟାଳିଶ ବର୍ଷ ମଧ୍ୟରେ ପ୍ରକାଶିତ କେତୋଟି ସ୍ମୃତିଧର୍ମୀ ରଚନାର ଏହି ତାଲିକାଟି ଅସମ୍ପୂର୍ଣ୍ଣ ହେଲେ ହେଁ ଏତାଦୃଶ ରଚନାଧାରାର ବିକାଶକ୍ରମର ଅନ୍ୱେଷଣ କ୍ଷେତ୍ରରେ ସହାୟକ ହେବ ନିଶ୍ଚୟ। ଭୂମିକାଟିକୁ ଅଧିକ ଦୀର୍ଘ ନକରି ପରବର୍ତ୍ତୀ ପର୍ଯ୍ୟାୟ ପ୍ରତି ଦୃଷ୍ଟି ଦେବା ବିଧେୟ ମନେହେଲେ ହେଁ ଏଠାରେ ସ୍ଥାନିତ ସ୍ମୃତିଲିପିଗୁଡ଼ିକ ସମ୍ପର୍କରେ ସାମାନ୍ୟତମ ସୂଚନା ଗ୍ରହଣୀୟ।

ଓଡ଼ିଆଣୀ ଜୀବନସ୍ମୃତିର ଭିତ୍ତିପ୍ରସ୍ତର ସ୍ଥାପନ କରିଛନ୍ତି ଓଡ୍ରଜା ସୀତାଦେବୀ ଖାଡ଼୍‌ଗା। ଭସ୍ମସ୍ତୂପ ମଧ୍ୟରେ ଅଗ୍ନିକଣିକା ଆଚ୍ଛାଦିତ ହେବା ପରି ଜଣେ ଅସୂର୍ଯ୍ୟଂପଶ୍ୟା ପଲ୍ଲୀବଧୂଙ୍କ ମଧ୍ୟରେ ପ୍ରତିଭାର ପ୍ରଖର ଦ୍ୟୁତି ଆବିଷ୍କାର କରିଥିଲେ ବିଶିଷ୍ଟ ଲେଖକ ଶ୍ରୀଯୁକ୍ତ ଅନନ୍ତ ପ୍ରସାଦ ପଣ୍ଡା। ଗଳ୍ପ, ଉପନ୍ୟାସ, ନାଟକ ଓ ଅନୁବାଦ ଏପରି ସାହିତ୍ୟର ବିଭିନ୍ନ କ୍ଷେତ୍ରରେ ପ୍ରତିଷ୍ଠାର୍ଜନ କରିଥିବା ଏହି ଅନନ୍ୟା ଲେଖିକାଙ୍କ ମୂର୍ତ୍ତମୁହୂର୍ତ୍ତଧର୍ମୀ ରଚନା 'ମୋର ଜୀବନସ୍ମୃତି' ଗୋଟିଏ ଅନବଦ୍ୟ ଗ୍ରନ୍ଥ। ଅଷ୍ଟାଦଶ ଶତାବ୍ଦୀର ମଧ୍ୟଭାଗରୁ ଊନବିଂଶ ଶତାବ୍ଦୀ ପର୍ଯ୍ୟନ୍ତ ଓଡ଼ିଆଣୀମାନଙ୍କର ସାମାଜିକ ସ୍ଥିତି ଅଧ୍ୟୟନ କାଳରେ ଏହି ସ୍ମୃତିଲିପିଟି ବିଶେଷ ସହାୟକ ହୋଇଥାଏ। ନିଜ ପିତୃବଂଶର ପରିଚୟ ପ୍ରଦାନ କରିବାକୁ ଯାଇ ଲେଖିକା ତାଙ୍କ ବାପା ଶ୍ରୀଯୁକ୍ତ ହରିହର ପଣ୍ଡାଙ୍କର ବଡ଼ଭଉଣୀ ହୀରା ଦେବୀଙ୍କ ବିଷୟରେ ଉଲ୍ଲେଖ କରିଛନ୍ତି। ଏଇଠି ଲେଖିକା ସ୍ମୃତିଧର୍ମୀ ରଚନାର ଗୋଟିଏ ଭିନ୍ନ ଦିଗନ୍ତ ଖୋଲିଦେଇଛନ୍ତି – ଯାହା ତାଙ୍କ ଭାଷାରେ 'ପ୍ରତ୍ୟକ୍ଷ ଆଖ୍ୟାୟିକା'। 'ସୁଚରିତା' ପୃଷ୍ଠାରେ ଏମିତି କେତୋଟି ପ୍ରତ୍ୟକ୍ଷ ଆଖ୍ୟାୟିକା ସନ୍ନିବିଷ୍ଟ। ପୂର୍ବାଲୋଚିତ 'ଫିକା ପାହାନ୍ତିର ମଳିନ ତାରା ମୁଁ ସେହିପରି ଏକ ପ୍ରତ୍ୟକ୍ଷ ଆଖ୍ୟାୟିକା। ବୈଧବ୍ୟଦୁଃଖପୀଡ଼ିତା ଜ୍ୟେଷ୍ଠାଭଗ୍ନୀଙ୍କ ପ୍ରତି ଲେଖିକାଙ୍କ ପିତା ଯେଉଁ କଠୋର ବ୍ୟବହାର ପ୍ରଦର୍ଶନ କରନ୍ତି ସେସବୁ ଅବିଚାର ସମ୍ପର୍କରେ ସେ ନିଜ ଜୀବନସ୍ମୃତିରେ ସ୍ୱରୋତ୍ତୋଳନ କରିଛନ୍ତି।

ପୂର୍ବୋକ୍ତ ସାରଣୀରେ 'ପୁଣ୍ୟମନ୍ଦାକିନୀ', ୧୯୦୯ ମସିହାରୁ ଏପର୍ଯ୍ୟନ୍ତ 'ପ୍ରିୟପରମ', 'ଅଲିଭାସ୍ମୃତି ଅଭୁଲା ଅନୁଭୂତି', 'ସୁନେଲୀ ସ୍ମୃତିର ସୁରଭି', 'ଶୈଶବ ସଂସାର', 'ପିଲାଦିନ, ପାଠପଢ଼ା ଓ ଖେଳ', 'ମୋ ପିଲାଦିନ', 'ଜୀବନସରଣୀ', 'ଭୁଜଛାଇ' ମୂର୍ତ୍ତମୁହୂର୍ତ୍ତଧର୍ମୀ ରଚନା। ମୋର ସୀମିତ ଦୃଷ୍ଟିର ଅନ୍ତରାଳରେ ଆହୁରି ଅନେକ ସ୍ମୃତିକଥା ଗୋପ୍ୟ ରହିଯାଇଥିବ ନିଶ୍ଚୟ। ସେସବୁର ଯଥାଯଥ ଅନୁସନ୍ଧାନ ଏବଂ ଅଧ୍ୟୟନ ଏକାନ୍ତ ଆବଶ୍ୟକ।

(୩) ଓଡ଼ିଆଣୀ ସ୍ମୃତିକଥା ଓ ଓଡ଼ିଆ ଅନୁବାଦ :

କେତୋଟି ସ୍ମୃତିକଥନିକାଧର୍ମୀ ରଚନା ଇଂରାଜୀ ତଥା ଅନ୍ୟାନ୍ୟ ଭାଷାରକୁ ଓଡ଼ିଆଭାଷାକୁ ଅନୂଦିତ ହୋଇଛି। ସେପରି କେତୋଟି ଅନବଦ୍ୟ ଗ୍ରନ୍ଥର ସୂଚନା ଗ୍ରହଣ କରିବା ଆବଶ୍ୟକ ମନେହୁଏ।

୩.୧ ବ୍ୟାସକବି ଫକୀରମୋହନ ସେନାପତିଙ୍କର ଅଣନାତୁଣୀ ଡକ୍ଟର ମୋନିକା ଦାସ 'Memoirs and more of an insider' ଶୀର୍ଷକରେ ମୂର୍ତ୍ତମୁହୂର୍ତ୍ତଧର୍ମୀ ପୁସ୍ତକଟି ରଚନା କରନ୍ତି ତାହା ୨୦୧୯ ମସିହାରେ ପ୍ରକାଶିତ ହୁଏ। ଏହି ବହିଟିର ଓଡ଼ିଆ ଭାଷାନ୍ତର କରନ୍ତି ବିଶ୍ୱଜିତ ଆପଟ ଏବଂ ଡକ୍ଟର ରବୀନ୍ଦ୍ର କୁମାର ଦାସଙ୍କ ସମ୍ପାଦନାରେ ଏଇ ବହିଟି ୨୦୧୯ ମସିହାରେ 'ମୁଁ ଫକୀରମୋହନଙ୍କ ଆତ୍ମଜା କହୁଛି' ଶୀର୍ଷକରେ ପ୍ରକାଶିତ ହୁଏ।

୩.୨ ଡକ୍ଟର ସଂଗ୍ରାମ ଜେନାଙ୍କ ସମ୍ପାଦନାରେ 'ସ୍ମୃତିର ଶୀର୍ଷକ : କଟକ' ନାମରେ ଯେଉଁ ସଙ୍କଳିତ ଗ୍ରନ୍ଥଟି ପ୍ରକାଶିତ ହୁଏ ସେଥିରେ ଅନସୂୟା ପ୍ରସାଦ ପାଠକ, ଅନ୍ନପୂର୍ଣ୍ଣା ମହାରଣା ଏବଂ ସୋନାଲ୍ ମାନସିଂହ ଐତିହାସିକ କଟକ ସହରକୁ ନେଇ ଯେଉଁ ରଜତ ଅନୁଭୂତି ମୂର୍ତ୍ତ କରିଛନ୍ତି ତାହା ଅନ୍ୟାନ୍ୟ ବ୍ୟକ୍ତିବିଶେଷଙ୍କର ସ୍ମୃତିକଥା ସହ ଏକତ୍ର ଗ୍ରଥିତ ହୋଇଛି। ଏହି ଗ୍ରନ୍ଥରେ ଯଶସ୍ୱିନୀ ଓଡ଼ିଆ ନୃତ୍ୟାଙ୍ଗନା ତଥା ଓଡ଼ିଆ ବଧୂ ସୋନାଲ୍ ମାନସିଂହ କଟକ ସହର, ତାଙ୍କର ଶ୍ୱଶୁର ମାୟାଧର ମାନସିଂହ ଏବଂ ନୃତ୍ୟଗୁରୁ କେଳୁଚରଣ ମହାପାତ୍ରଙ୍କ ସ୍ମୃତିଚାରଣ କରି ଯେଉଁ ମୁହୂର୍ତ୍ତ ସବୁକୁ ମୂର୍ତ୍ତ କରିଛନ୍ତି ତାହା ଅତ୍ୟନ୍ତ ହୃଦ୍ୟ। ମୂଳ ଇଂରାଜୀ ଲେଖା 'ଆଇ ୱାଜ୍ ରିଟର୍ଣ୍ଣ ଆନ୍ ଓରିଆ'ର ସମ୍ପାଦିତ ରୂପ ଉପସ୍ଥାପନ କରିଛନ୍ତି ଶ୍ରୀ ଯଶୋବନ୍ତ ନାରାୟଣ ଧର। 'ଜନ୍ମାନ୍ତରରେ ଜଣେ ଓଡ଼ିଆଣୀ ମୁଁ' ଓଡ଼ିଆଣୀ ସ୍ମୃତିକଥାଧାରାରେ ଏକ ସୁଶୀଳ ସଂଯୋଗ।

୩.୩ ସୁଲେଖିକା ଅମୃତା ପ୍ରୀତମଙ୍କର ସ୍ମୃତିଲିପି 'ରସିଦ୍ ଟିକେଟ୍'ର ଅନୁବାଦ କରନ୍ତି ସ୍ୱନାମଧନ୍ୟା ନନ୍ଦିନୀ ଶତପଥୀ ଏବଂ ଏହା ମଧ୍ୟ ଧାରାବାହିକ ଭାବରେ 'ସୁଚରିତା' ପୃଷ୍ଠାରେ ଆତ୍ମପ୍ରକାଶ କରୁଥିଲା। ଏହି ପୁସ୍ତକଟି ବ୍ୟତୀତ 'ସାଇବେରିଆରେ ମୋର ପିଲାଦିନ', 'ବଂଚିବାର ଆନନ୍ଦ' ଆଦି କେତୋଟି ସ୍ମୃତିଚୂର୍ଣ୍ଣିକାର ଅନୁବାଦ ମଧ୍ୟ 'ସୁଚରିତା' ପୃଷ୍ଠାରେ ପ୍ରକାଶିତ ହୋଇଥିଲା।

୩.୪ ଉତ୍କଳଗୌରବ ମଧୁସୂଦନ ଦାସଙ୍କର ପାଳିତା କନ୍ୟା ମିସ୍ ଶୈଳବାଳା ଦାସଙ୍କର ଇଂରାଜୀରେ ଲିଖିତ ସ୍ମୃତିଲିପି 'Shailabala Das - A Look Before and After' ୧୯୫୬ ମସିହାରେ ଆତ୍ମପ୍ରକାଶ କରେ। ଏହିପରି କେତୋଟି ଓଡ଼ିଆଣୀ

ସ୍ମୃତିକଥା ମଧ୍ୟ ଇଂରାଜୀରେ ଲେଖାଯାଇଛି ଯାହାର ଅନୂଦିତ ରୂପ ଏକାନ୍ତ ଉପଲବ୍ଧ ହେବା ଆବଶ୍ୟକ।

(୪) ପ୍ରତ୍ୟକ୍ଷ ଆଖ୍ୟାୟିକାଧର୍ମୀ ସ୍ମୃତିଲିପି :

ପ୍ରଖ୍ୟାତ ଆଦିବାସୀ ନେତ୍ରୀ ବିପ୍ଳବିନୀ ସୁମନୀ ଝୋଡିଆଙ୍କ ନିକଟରୁ ତାଙ୍କର ଆଖ୍ୟାୟିକା ଶୁଣି ତାଙ୍କରି ଭାଷାରେ ଲିପିବଦ୍ଧ କରିଛନ୍ତି ଶ୍ରୀଯୁକ୍ତ ନୀଳକଣ୍ଠ ରଥ। ଏହା ଜୀବନୀ ନୁହେଁ କି ଆତ୍ମଜୀବନୀ ନୁହେଁ। ଏପରି ରଚନାର ନାମକରଣ ଆମେ ସୀତାଦେବୀ ଖାଡଙ୍ଗାଙ୍କ ସ୍ମୃତିକଥାରୁ ଗ୍ରହଣ କରି 'ପ୍ରତ୍ୟକ୍ଷ ଆଖ୍ୟାୟିକା' କହିବା ସମୀଚୀନ ହେବ। ସୁମନୀ ତାଙ୍କର ସ୍ମୃତିଲିପି ଟେପ୍‌ରେକର୍ଡ ସାମ୍ନାରେ କହିଛନ୍ତି - ଯାହାର ଅବିକଳ ନକଲ କରାଯାଇଛି। ଯେଉଁଠାରେ ଲେଖକ ତାଙ୍କ କଥାର ଅର୍ଥ ବୁଝିପାରିନାହାଁନ୍ତି ବା ଠିକଣା ଶବ୍ଦଟି ଲେଖିପାରିନାହାଁନ୍ତି, ସେସବୁ ଶୂନ୍ୟସ୍ଥାନ କୋରାପୁଟ ଆଦିବାସୀ ଗବେଷଣା ସଂସ୍ଥା ଓ ସୁମନୀଙ୍କ ସହାୟତାରେ କରାଯାଇଛି।

'ସୁଚରିତା' ପୃଷ୍ଠାରେ ଏକଦା ଏତାଦୃଶ୍ୟ ପ୍ରତ୍ୟକ୍ଷ ଆଖ୍ୟାୟିକାଧର୍ମୀ ଅନୁଭୂତି ଲିଖନ ମଧ୍ୟ ଆରମ୍ଭ କରାଯାଇଥିଲା।

(୫) ଅନ୍ତିମ ବିଦାୟକାଳୀନ ସ୍ମୃତିଚାରଣ ପୁସ୍ତକରେ ଓଡ଼ିଆଣୀ ସ୍ମୃତିଲିପି :

ଏତାଦୃଶ ସ୍ମୃତିଚାରଣଧର୍ମୀ ରଚନା ବହୁସଂଖ୍ୟାରେ ପ୍ରକାଶିତ ହେଲେ ହେଁ ଏଠାରେ ତିନୋଟିର ଉଲ୍ଲେଖ ଏକାନ୍ତ ଅପରିହାର୍ଯ୍ୟ ମନେହୁଏ।

୫.୧ 'କଳିଙ୍ଗ ଭାରତୀ' ସାହିତ୍ୟାନୁଷ୍ଠାନର ଜନକ, ଭଞ୍ଜସାହିତ୍ୟାନୁରାଗୀ ସଂଗଠକ ଶ୍ରୀଯୁକ୍ତ ବିଚ୍ଛନ୍ଦ ଚରଣ ପଟ୍ଟନାୟକଙ୍କ ଅବର୍ତ୍ତମାନରେ ତାଙ୍କର କନ୍ୟା ରାଜଲକ୍ଷ୍ମୀ ମହାନ୍ତି 'ମୋ ଦୃଷ୍ଟିରେ ବାପା ବିଚ୍ଛନ୍ଦ ଚରଣ ପଟ୍ଟନାୟକ' ଶୀର୍ଷକରେ ଯେଉଁ ପୁସ୍ତକଟି ରଚନା କରନ୍ତି ତାହା ମଧ୍ୟ ଏକ ମୂର୍ତ୍ତମୁହୂର୍ତ୍ତଧର୍ମୀ ରଚନା।

୫.୨ ବିଶିଷ୍ଟ ସମାଜବାଦୀ ନେତା କିଶନ୍ ପଟ୍ଟନାୟକଙ୍କ ତ୍ୟାଗପୂତ ଜୀବନୋଦ୍ଦେଶ୍ୟରେ 'ସ୍ମୃତିର ସୁନୀଳ ସରସୀ' ଶୀର୍ଷକରେ ଯେଉଁ ପୁସ୍ତକଟି ପ୍ରକାଶିତ ସେଥିରେ ତାଙ୍କର ଧର୍ମପତ୍ନୀ ତଥା ସୁଗାୟିକା ବାଣୀମଞ୍ଜରୀ ଦାସ 'ବିବାହର ଇତିବୃତ୍ତ ଓ ସହଜୀବନ' ଶିରୋନାମାରେ ଯେଉଁ ସ୍ପର୍ଶକାତର ସ୍ମୃତିଲିପିଟି ପ୍ରଦାନ କରିଛନ୍ତି ତାହା ଓଡ଼ିଆଣୀ ସ୍ମୃତିକଥାର ବିକାଶଧାରା ଦୃଷ୍ଟିରୁ ଅତ୍ୟନ୍ତ ତାତ୍ପର୍ଯ୍ୟପୂର୍ଣ୍ଣ ମନେହୁଏ କାରଣ ସ୍ୱାମୀଙ୍କ ମୃତ୍ୟୁ ପରେ କିଶନ ବାବୁଙ୍କ ସହ ତାଙ୍କର ଆନୁଷ୍ଠାନିକ ବିବାହ ସମ୍ପନ୍ନ ହୋଇଥିଲା ନା କେବଳ ଜଣେ ଅନୁରାଗମୟୀ ବାନ୍ଧବୀ ରୂପେ ସେମାନେ ଏକତ୍ର ଅବସ୍ଥାନ କରୁଥିଲେ। ଏହିପରି ଏକ ପ୍ରଶ୍ନ ବା ସନ୍ଦେହ ସୃଷ୍ଟି ହୋଇଛି -

ଯାହାର ଉତ୍ତରରେ ଯେଉଁ ସଂକ୍ଷିପ୍ତ ସ୍ମୃତିଲିପିଟି ରଚିତ ତାହା ବହୁ ଅମୂଲ୍ୟ ମୁହୂର୍ତ୍ତର ମୂର୍ତ୍ତମନନ ମାତ୍ର।

୫.୩ ଉତ୍କଳଭାରତୀ କୁନ୍ତଳାକୁମାରୀ ସାବତଙ୍କ ଅକାଳ ବିୟୋଗାନ୍ତେ ୧୯୪୦ ମସିହାରେ ଯେଉଁ କ୍ଷୁଦ୍ର ସ୍ମରଣିକା ପୁସ୍ତିକାଟି ପ୍ରକାଶିତ ହୋଇଥିଲା ବିଶିଷ୍ଟ ସ୍ୱାଧୀନତା ସଂଗ୍ରାମୀ ଜାହ୍ନବୀ ଦେବୀ 'କୁନ୍ତଳାର ପୂଜା' ଶୀର୍ଷକରେ ଯେଉଁ କ୍ଷୁଦ୍ର ସ୍ମୃତିଲିପିଟି ଲେଖିଛନ୍ତି ସେଥିରେ କୁନ୍ତଳାକୁମାରୀ କିପରି ଉତ୍କଳମଣିଙ୍କର ପୂଜା କରିଥିଲେ ସେହି ପୁଣ୍ୟମୁହୂର୍ତ୍ତ ମୂର୍ତ୍ତ ହୋଇପାରିଛି।

ଏହାହିଁ ଓଡ଼ିଆଣୀ ସ୍ମୃତିକଥାର ଇତସ୍ତତଃ ରୂପ।

ଅବନ୍ତୀ ଦେବୀଙ୍କ ଲିଖିତ 'ପିତୃସ୍ମୃତି'ଠାରୁ 'ଝିଅଟେ ପଥୁରିଆସାହିରୁ' ପର୍ଯ୍ୟନ୍ତ ଦୀର୍ଘ ଅଶୀଦଶନ୍ଧିରୁ ଊର୍ଦ୍ଧ୍ୱକାଳ ମଧ୍ୟରେ ଓଡ଼ିଆ ରମଣୀଗଣ କିପରି ନିଜର ପ୍ରତ୍ୟକ୍ଷାନୁଭୂତି ପ୍ରକାଶ କରିଛନ୍ତି ତାହାର ସମ୍ପୂର୍ଣ୍ଣ ଅଧ୍ୟୟନ ଏହି ଦୀନା ଭୂମିକା-ଲେଖିକା ଦ୍ୱାରା କରାଯାଇ ପାରିନାହିଁ। ତେବେ ଏଇ ସାମାନ୍ୟତମ ଅନ୍ୱେଷଣ କରିବା ପରେ ଶ୍ରୀମତୀ ଚନ୍ଦ୍ରା ମିଶ୍ରଙ୍କ ଲିଖିତ ସ୍ମୃତିଲିପି ଯେ କାହିଁକି ଓ କିପରି ଏକ ଅନନ୍ୟ କୃତି ତାହା ଆଲୋଚନାରେ ପରବର୍ତ୍ତୀ ଅଂଶରେ ସ୍ଥାନ ପାଇଛି।

ଚନ୍ଦ୍ରାଚର୍ଯ୍ୟା

ଆମ ଉତ୍କଳୀୟ ମନ୍ଦିରମାନଙ୍କ ସମ ଆମ ପୁସ୍ତକମାନଙ୍କର ମଧ୍ୟ ଗଠନକଳା ନିର୍ଦ୍ଧାରିତ ହୋଇଥାଏ। ଦିଅଁ ଦର୍ଶନ କରିବାପାଇଁ ଯେମିତି ମୁଖଶାଳା ଦେଇ ଯିବାକୁ ହୁଏ ସେମିତି ବହିର ପ୍ରାରମ୍ଭରେ ଥାଏ ଗୋଟିଏ ସୁଗମ ପ୍ରବେଶ ପଥ। ହେଲେ ମୁଖଶାଳା ଦେଇ ଦେଉଳ ମଧ୍ୟକୁ ପ୍ରବେଶ ଯେପରି ଏକ ଅଲଂଘନୀୟ ନିୟମ ସେମିତି ଭୂମିକା ବା ଅବତରଣିକା ବା ଆମୁଖ ବା ମୁଖବଂଧ ଦେଇ ବହି ଭିତରକୁ ପ୍ରବେଶ କରିବା ନିତାନ୍ତ ଜରୁରୀ ନୁହେଁ। କାରଣ ପାଠକଗଣ ସମ୍ପୂର୍ଣ୍ଣ ମୁକ୍ତ। ପାଠକ ଯେତିକି ମୁକ୍ତ, ପୁସ୍ତକର ପ୍ରତିଟି ପୃଷ୍ଠା ମଧ୍ୟ ସେତିକି ଉନ୍ମୁକ୍ତ। ବହିକୁ କିଏ କେମିତି ପଢ଼ିବ, କାହିଁକି ପଢ଼ିବ, ପଢ଼ିବା ଦ୍ୱାରା ଲାଭ ହେବ କି କ୍ଷତି ହେବ ଏସବୁ ବିଷୟରେ ପରାମର୍ଶ ଦେବାର ଧୃଷ୍ଟତା ଏହି ବିନୀତା ଭୂମିକା-ଲେଖିକା କରିବ ନାହିଁ। କାରଣ ଆପଣମାନେ ଯେମିତି ଏ ବହିର ପାଠକ, ମୁଁ ମଧ୍ୟ ସେମିତି ଏଇ ବହିର ପାଠକ। ଫରକ ଏତିକି - ପଥୁରିଆ ସାହିର ଏଇ ଅନନ୍ୟା ଝିଅଟିକୁ ଆପଣମାନେ ଦେଖିବା ପୂର୍ବରୁ ମୁଁ ଦେଖିବାର ସୁଯୋଗ ପାଇଲି।

'ଝିଅଟେ ପଥୁରିଆସାହିରୁ' ସ୍ମୃତିକଥନିକାଟି ଓଡ଼ିଆଣୀ ସ୍ମୃତିକଥା ପର୍ଯ୍ୟାୟରେ

ଗୋଟିଏ ମାଇଲଖୁଂଟ। ଏତିକି କହିବା ପୂର୍ବରୁ ବିଂଶଶତାବ୍ଦୀର ପ୍ରାରମ୍ଭରୁ ଏଯାବତ ଓଡ଼ିଆଣୀମାନଙ୍କ ଦ୍ୱାରା ଲେଖାଯାଇଥିବା କେତୋଟି ସ୍ୱକୀୟସମୟାଂତରଧର୍ମୀ ରଚନା ତଥା ମୂର୍ତମୁହୂର୍ତଧର୍ମୀ ରଚନା ଖୋଜିଲି, ପଢ଼ିଲି, ଅନୁଭବିଲି। ପ୍ରକୃତରେ ମୁଁ କାହାର, ମାନେ କୌଣସି ବ୍ୟକ୍ତିବିଶେଷଙ୍କର ଭାଟ ନୁହେଁ। କିନ୍ତୁ ଏ ଜାତିର ଭାଟ, ଏ ଭାଷାସାହିତ୍ୟର ଭାଟ। ସେଇଥିପାଇଁ ଏଇ ନିଆରା ବହି ଏବଂ ତାର ଲେଖିକାଙ୍କ ବିଷୟରେ ପଦେ କହିବି। ଆପଣମାନଙ୍କ ମଧ୍ୟରୁ ଜଣେ ହେଇକି କହିବି, ଗୋଠଖଣ୍ଡିଆ ହେଇକି ନୁହେଁ। କହନ୍ତି – ଗୋଠ ମାତିଲେ ଖଣ୍ଡିଆ ମାତେ। ମୋର ଯେତେଯେତେ ନିପାରିଲାପଣ ସେସବୁକୁ ଏକାଠି କରି ମତେ ଖଣ୍ଡିଆ କୁହାଯାଇପାରିବ, ହେଲେ ଗୋଠ ମାତିଲେ ମଧ୍ୟ ମୁଁ ମାତିବି ନାହିଁ। ମୁଁ ନିରବରେ ଠିଆ ହେବି, ଅନିଷା କରିବା, ନିରେଖିବି, ଆଡ଼େଇ ଆଡ଼େଇ ଦେଖିବି, ପୂର୍ବଇତିହାସକୁ ଖୋଜିବି। ଏମିତି ଏମିତି ମୋ ଖଣ୍ଡିଆପଣରେ ପରଖିବି। ତାପରେ ପଦେ କହିବି। ତେଣୁ କହୁଛି 'ଝିଅଟେ ପଥୁରିଆସାହିରୁ' ଆମ ଭାଷାସାହିତ୍ୟର ଭଲ ବହିଖଣ୍ଡେ।

ବହିର ଲେଖିକା ଚନ୍ଦ୍ରା ମିଶ୍ର ଆପଣମାନଙ୍କ ପରି ମୋ ପାଇଁ ମଧ୍ୟ ଅପରିଚିତା। କାରଣ ସେ ତ ଜଣେ ସୁନାମଧନ୍ୟ ଲେଖିକା ନୁହଁନ୍ତି, ନାୟିକା ନୁହଁନ୍ତି, ଦାତବ୍ୟ ପ୍ରଦାୟିନୀ ପ୍ରବାସିନୀ ଓଡ଼ିଆଣୀ ନୁହଁନ୍ତି, ନୁହଁନ୍ତି ମଧ୍ୟ ଖ୍ୟାତନାମା ବୈଜ୍ଞାନିକା, ଗାୟିକା, ନାୟିକା, ନର୍ତ୍ତକୀ, ଚିକିତ୍ସାବିତ୍, ଖେଳାଳୀ କି ଉଦ୍ୟୋଗୀ। ବିଭିନ୍ନ କିସମର ଲାଭଜନ, ଲୋଭଜନକ, ସଂସ୍କୃତିପରିପାଳକ, ଗୌରବରକ୍ଷକ, ଜୀବିକାପ୍ରଦାୟକ ଭୂମିକାରେ ନଥାଇ ମଧ୍ୟ ଆମ ପୁରୀର ପଥୁରିଆସାହିର ଏଇ ଝିଅଟି ସମସ୍ତଙ୍କଠାରୁ ଅଲଗା ମନେହେଲେ।

ହଁ, ଅଲଗା ଲାଗିଲା ତାଙ୍କର ସ୍ମୃତିର ଟୁକୁଡ଼ାସବୁ। ଜୀବନକାହାଣୀ ନୁହେଁ, ବରଂ ନିଜସ୍ୱ ସ୍ମୃତିଗୁଂଜର ଜୀବନଟିକୁ ଦେଖିବାର ଦୃଷ୍ଟିଭଙ୍ଗୀ। ସେ ଯେ ଦଶମାସରୁ ମାତୃହରା ହେଇଥିଲେ, ଅଠରବର୍ଷରେ ପରିବାରର ଚାପରେ ବିବାହ କଲେ, ଏକୋଇଶବର୍ଷ ବୟସ ହେଲାବେଳକୁ ଦୁଇଟି ପିଲାର ମାଆ ହେଇଯାଇଥିଲେ, ଦୁଇଟି ପିଲାର ମାଆ ହେବା ପରେ ଅର୍ଥଶାସ୍ତ୍ର ସମ୍ମାନରେ ସ୍ନାତକ ଉପାଧି ପାଇଲେ, ୧୯୭୭ ମସିହାରେ ଦୁଇଟି ପିଲାଙ୍କୁ ଧରି ଏକୁଟିଆ ବିଦେଶଯାତ୍ରା କଲେ, ବିଦେଶରେ ପୁଣି ପଢ଼ିଲେ, ପ୍ରଥମେ କିରାଣି ଓ ପରେ ନର୍ସ ହେଇ ନିଜର ସ୍ୱପ୍ନ ପୂର୍ଣ୍ଣ କଲେ – ଏସବୁ କାରଣ ନିମନ୍ତେ ପଥୁରିଆସାହିର ଏଇ ଝିଅଟିକୁ ମୁଁ ପ୍ରଦୀପ୍ତା ମନେ କରିନାହିଁ। ତାଙ୍କ ଜୀବନସ୍ମୃତିକୁ ଜାତୀୟକୃତି ମନେକରିବାର କେତୋଟି କାରଣ ଏଠାରେ ଉଲ୍ଲେଖ କରିବା ଆବଶ୍ୟକ ମଣୁଛି।

● ପ୍ରାଚୀନ ଏଇ ଭାରତବର୍ଷରେ ପୁନଃ ପୁନଃ ଅନେକ ଅଭିଷେକୋତ୍ସବ ଅନୁଷ୍ଠିତ ହୋଇଛି। ରାଜାଭିଷେକ ଏକ ଦେବାଭିଷେକ ଉଭୟ ମହାସମାରୋହରେ ପାଳିତ ହୋଇଛି। ଗଣତନ୍ତ୍ରର ପ୍ରଚଳନ ପରେ ରାଜାଭିଷେକ ରଦ୍ଦ ହେଇଛି ହେଲେ ଦେବାଭିଷେକ ବୃଦ୍ଧି ପାଇଛି। ରୁଦ୍ର ଏବଂ ଶନି ଏହି ଦୁଇ ଦେବତାଙ୍କୁ ଜଳାଭିଷେକ କରିବାର ଧାର୍ମିକ ପରମ୍ପରା ଅଦ୍ୟାବଧି ସୁପ୍ରଚଳିତ। ହେଲେ ପଥୁରିଆସାହିର ଏଇ ଝିଅଟିକୁ ଯେତେବେଳେ ମାତ୍ର ଦଶବର୍ଷ ବୟସ ହୋଇଥିଲା ସେତେବେଳେ ଚବିଶଗରା ପାଣିରେ ସେ ଖଣ୍ଡିଏ କବିତାବହିର ଯେଉଁ ଅନୁରାଗାଭିଷେକ କରିଥିଲା ତାହା ଅବଶ୍ୟ ପଠନୀୟ। ୧୯୩୧ ମସିହାରେ ପ୍ରେମ ଓ ପ୍ରଣୟର କବି ମାୟାଧର ମାନସିଂହଙ୍କର ପ୍ରଥମ କବିତା ସଂକଳନ 'ଧୂପ' ପ୍ରକାଶିତ ହୁଏ। ସେଇ କବିତା ସଙ୍କଳନଟିର ଦାମ୍ ଥିଲା ଆଠଣା। ଏ ବହି ଲେଖାଯିବା ଏବଂ ଛପାଯିବାର ତିନି ଦଶନ୍ଧିରୁ ଊର୍ଦ୍ଧ୍ୱ ସମୟ ଅତିବାହିତ ହେବା ପରେ ଦଶବର୍ଷର କିଶୋରୀଟିଏ ଆଠଦିନ ଧରି ତିନିଗରା ଲେଖାଏଁ ପାଣି ବୋହି ଅଧମାଇଲ ଦୂରରେ ଥିବା ଜଣେ ପଡ଼ୋଶିନୀଙ୍କୁ ଦେବା ଆଉ ଶେଷରେ ଆଠଣାଟିଏ ପାରିଶ୍ରମିକ ଆଣି 'ଧୂପ' ବହିଟି କିଣି ପଢ଼ିବା କ'ଣ 'ଧୂପ'ର ଅଭିଷେକ ନୁହେଁ? ସାମ୍ପ୍ରତିକ ସମୟର ପ୍ରସିଦ୍ଧ ସାହିତ୍ୟିକ ନାଇଜେରିଆର କୃତବିଦ୍ୟ କବି ଓ କଥାଶିଳ୍ପୀ ଜେନ୍ ଓଡ୍‌ରିଙ୍କ ଭାଷାରେ, "Stories are the secret reservoir of values, change the stories that individuals or nations live by and you change the individuals and nations themselves." (Birds of Heavens) ଧର୍ମପଦର ବଳିଦାନ, ମାଣିକ ଗଉଡୁଣୀର ବଳିଦାନ, ଚଣ୍ଡାଶୋକଙ୍କର ପଶୁପକ୍ଷୀଆ ବିସର୍ଜନ ଆଦି କାହାଣୀମାନଙ୍କ ସହ ଏହି ଧୂପାଭିଷେକ କାହାଣୀ ମଧ୍ୟ ଆମ ଜାତୀୟ କାହାଣୀସ୍ରୋତରେ ମିଶିଯିବା ଆବଶ୍ୟକ। ପିଢ଼ି ପରେ ପିଢ଼ି ଏ କାହାଣୀଟି ପରିବାରିତ ହୋଇ ଏ ଜାତିର ସ୍ମୃତିରେ ସଂଜୀବିତ ରହିବା ଏକାନ୍ତ ଜରୁରୀ।

● ଏଯାବତ୍ କୌଣସି ଓଡ଼ିଆଣୀ ସେବିକା ତାଙ୍କ ଆତ୍ମକଥା ଲେଖିଛନ୍ତି କି ନାହିଁ ତାହା ମୁଁ ଜାଣିନାହିଁ। ଲେଖିକା ମିଶ୍ର ଆଲୋଚ୍ୟ ସ୍ମୃତିକଥାଟିରେ ତାଙ୍କ ବୃତ୍ତିଗତ ଜୀବନର କୌଣସି ବଡ଼ତି ଦେଖାଇ ନାହାଁନ୍ତି। ବିଦେଶରେ କିପରି ତାଙ୍କ କୁଶଳୀ ହସ୍ତର ସ୍ପର୍ଶରେ ରୋଗୀମାନେ ଆରୋଗ୍ୟ ଲାଭ କରିଛନ୍ତି, ସେ ସମ୍ପର୍କରେ ସେ କୌଣସି ସ୍ମୃତିକଥନିକା ଲେଖିନାହାନ୍ତି। ଅଥଚ 'ଲୁସିର ସ୍ମୃତି' କଥନିକତାଟିରେ ଜଣେ କ୍ୟାନ୍‌ସର ରୋଗୀଙ୍କୁ ସେ କିପରି ମରିବାରେ ସାହାଯ୍ୟ କରିଛନ୍ତି ତାର ବର୍ଣ୍ଣନା ରହିଛି! ଜଣେ ଅଚିହ୍ନା ରୋଗୀ ଯିଏ କି ଇଂରାଜୀ ବୁଝିବାପାଇଁ ଅସମର୍ଥ ଥିଲେ ତାଙ୍କ ସହ ଲେଖିକା ମିଶ୍ର କିପରି ମାତୃଭାଷାରେ ଯୋଗାଯୋଗ ସ୍ଥାପନ କରି ତାଙ୍କ ଯନ୍ତ୍ରଣାର ଉପଶମ

ନିମନ୍ତେ ପ୍ରଚେଷ୍ଟା କରିଛନ୍ତି ତାହା ଏକାନ୍ତ ପଠନୀୟ। ମାତୃଭାଷାର ଉପଶମକାରୀ ଶକ୍ତିକୁ ନେଇ ଏଇ କାହାଣୀଟି ମଧ୍ୟ ଏ ଜାତିର ସ୍ମୃତିରେ ସାଇତା ହେଇ ରହିବା ଉଚିତ।

● ଲେଖିକା ଜଣେ ଉଚ୍ଚପଦସ୍ଥ ବୈଜ୍ଞାନିକଙ୍କର ପତ୍ନୀରୂପେ ଗୋଟିଏ ପ୍ରାଚୁର୍ଯ୍ୟମୟ ଦେଶରେ ଦୀର୍ଘ ଚଉରାଳିଶ ବର୍ଷ ଅତିବାହିତ କରିସାରିଛନ୍ତି। ଖାଦ୍ୟ, ବସ୍ତ୍ର, ପ୍ରସାଧନ ସାମଗ୍ରୀର ଆତିଶଯ୍ୟ ତଥା ମହାନଗରୀର ବସ୍ତୁସର୍ବସ୍ୱ ଜୀବନଶୈଳୀକୁ ସେ ଅବଶ୍ୟ ଆପଣେଇ ଥିବେ, କିନ୍ତୁ ସ୍ମୃତିରେ ଏସବୁ ବିଷୟରେ ପଦଟିଏ ବି ଲେଖିନାହାଁନ୍ତି। ସୁଂଦଦିଦୀଙ୍କୁ ମାଗିକି କେମିତି ସିଲ୍କ ଫ୍ରକ୍ ଖଣ୍ଡେ ପିନ୍ଧିଥିଲେ, ବୁଢ଼ିଆ ଭୋଗ ଲୋଭରେ ରାମାୟଣ ପଢୁଥିଲେ, ପୋଖରୀପଙ୍କ ବୋଳିକି ଗୋରୀ ହେବାପାଇଁ ଚେଷ୍ଟା କରିଥିଲେ, ଦୁର୍ଗାମାଉସୀ କେମିତି ପୁରୁଣା ରିବନକୁ ନୂଆ କରି ସଜେଇଦେଇଥିଲେ ଏସବୁ ହିଁ ତାଙ୍କ ପାଇଁ ଦରଦଭରା ଅପୂର୍ବ ଦରବ।

● ସାଙ୍ଗର କାନଫୁଲ ହଜେଇକି ମିଛକଥା କହିବା, ଅତିଥିମାନଙ୍କ ପାଇଁ ଆସିଥିବା ହାଣ୍ଡିକମିଠାରୁ ସତୁରିଭାଗ ଲୋଭରେ ଖାଇବା, ଚିକାଗୋ ଯିବା ସମୟରେ ମାଳତୀଦେବୀଙ୍କୁ ଅନ୍ତର ଭିତରେ ବିରକ୍ତିଭାବ ଥାଇ ସାହାଯ୍ୟ କରିବା ଘଟଣାସବୁକୁ ସେ ଅତ୍ୟନ୍ତ ଅକପଟ ଭାବରେ ପ୍ରକାଶ କରିଛନ୍ତି।

● ପ୍ରତ୍ୟେକ କ୍ଷୁଦ୍ରକ୍ଷୁଦ୍ର ସ୍ମୃତିକୁ ସେ ଗଳ୍ପାନୁଗ ରୂପ ଦିଅନ୍ତି ଅତ୍ୟନ୍ତ ରୋଚକ ଶୈଳୀରେ। ସେମିତି ଗୋଟିଏ ଗଳ୍ପୋପମ ସ୍ମୃତିଚିତ୍ର ହେଇଛି 'ତୁଷାରଦେଶର ଦେବଦୂତ'। ତୁଷାରପାତ ସମୟରେ ଗାଡ଼ିର କାଚ ସଫା କରିନପାରି ଏକାନ୍ତ ଅସହାୟ ଅବସ୍ଥାରେ ଆଗକାଚର ତୁଷାରପ୍ରଲେପ ସବୁକୁ ହାତରେ ଆମ୍ପୁଡ଼ିଆମ୍ପୁଡ଼ି ସଫା କରିବାବେଳେ ଜଣେ ଆମେରିକୀୟ ଭଦ୍ରବ୍ୟକ୍ତି ତାଙ୍କୁ ତୁଷାରସଫା କରିବା ବ୍ରଶ୍‌ଟିଏ ଉପହାର ଦେଇଛନ୍ତି। ଲେଖିକା ତାଙ୍କୁ ଧନ୍ୟବାଦ କହି ବାହୁଡ଼ିଆସିଛନ୍ତି କାରଣ ପିଲାମାନେ ସ୍କୁଲରୁ ଫେରିବାବେଳ ପାଖେଇ ଆସୁଥାଏ। କିନ୍ତୁ ମନରେ ଭାବିଛନ୍ତି - ଆହା, ହାତରେ ସମୟ ଥିଲେ ତାଙ୍କୁ ଟିକେ ଓଡ଼ିଶା ବିଷୟରେ କହିଥାଆନ୍ତି। କହିଥାଆନ୍ତି ଯେ ଆମ ଓଡ଼ିଶା କେମିତି ସୁନ୍ଦର। ସେଠି ଏମିତି ତୁଷାରପାତ ହୁଏନା। ସେଠି ସୂର୍ଯ୍ୟ, ସମୁଦ୍ର ଆଉ ସବୁଜ ଗଛସବୁ ଅଛି।

'ଝିଅଟେ ପଥୁରିଆସାହିରୁ' ମତେ ବହୁଭାବରେ ଆଚ୍ଛନ୍ନ କରି ରଖିଲା। ମନେ ହେଲା, ଯେମିତି ସୂତାଫ୍ରକ୍ ଖଣ୍ଡେ ପିନ୍ଧି ଦଶ-ଏଗାର ବର୍ଷର କିଶୋରୀଟିଏ ଏପଟ ସେପଟ ବୁଲୁଛି। ଆଖିରେ ଆଖିଏ ସ୍ୱପ୍ନ ନେଇ ବାଡ଼ିପଟର ପିଜୁଳି ଗଛରେ ଚଢ଼ି ପିଜୁଳି ଖାଉଛି, ଇଟା ଖଣ୍ଡେ ଖଣ୍ଡେ ବାପାଙ୍କ ହାତକୁ ବଢ଼ାଇଦେଉଛି। ଏ କିଶୋରୀଟି

ଭାରି ଅପୂର୍ବା। ତାର ସବୁଠାରୁ ବଡ଼ ବିଶେଷତ୍ୱ ହେଉଛି, ସେ ଆଦୌ ସ୍ୱପ୍ନବିଳାସୀ ନୁହେଁ; ସ୍ୱପ୍ନସଂଘର୍ଷୀ। ପୁରୀ ପଥୁରିଆସାହିରେ ଜନ୍ମ ହେଇଥିବା ଏଇ ଝିଅଟିର ଭାଗ୍ୟ ସତରେ ଅଦୃଷ୍ଟର ପଥର ତଳେ ଚାପି ହେଇଯାଇଥିଲା ଅଥଚ ସେଥିରୁ ନିଜକୁ ମୁକୁଳାଇ ଆଣିବାର ଲଳିତ କଳାକୌଶଳ ସେ ଝିଅଟି ନିଜପାଇଁ ତିଆରି କରିପାରିଥିଲା।

ଦୀର୍ଘ ପଚାଶବର୍ଷର ବ୍ୟବଧାନ ପରେ ମାତୃଭାଷାରେ ସ୍ମୃତିକଥନିକା ଅଭିବ୍ୟକ୍ତ କରୁଥିବା ଏଇ ମହନୀୟା ବ୍ୟକ୍ତିତ୍ୱଙ୍କ ପ୍ରତି ମର୍ଯ୍ୟାଦା ପ୍ରଦର୍ଶନ କରିବାକୁ ଯାଇ ମୋର ନୁଖୁରା ଶୈଳୀରେ ସନେଟ୍‌ଟିଏ ଲେଖି ଦିନେ କବି ଗିରିଜାକୁମାର ବଳୀୟାରସିଂହଙ୍କୁ ପଢ଼ିବାପାଇଁ ଦେଇଥିଲି। କବିଙ୍କ ଦିବ୍ୟହସ୍ତର ପରଶରେ ସେହି ନୁଖୁରାସନେଟ୍‌ଟି ରୂପାନ୍ତରିତ ହେବା ପରେ ଏଠାରେ ପ୍ରଦାନ କରିବା ସମୀଚୀନ ମନେ କରୁଅଛି :

ଚନ୍ଦ୍ରା ଗୋ ତୁମେ ମନ୍ଦ୍ରା ମଦିରା ମାନମୟୀ ମାନନୀୟା
ଶିରୀସାଗରର ସ୍ୱପ୍ନରେ ସେଇ ଶଶିଲେଖା ଶାରଦୀୟା
ଶିଳାର ସାହି ନା ଶିଳ୍ପୀର ସାହି ସୁମରେ କି ସତ ଶ୍ରିୟା ?
ପଥୁରିଆ ପାଶ ପଥଚଲାପ୍ରାସ ପାସୋରିଲ ପଥପ୍ରିୟା !

କ୍ଷେତ୍ରର କୃତି ନେତ୍ରର ସ୍ମୃତି କଇବଲ୍ୟ ମୋ ଖୁଦ
ଦେଖିଥିଲି ଭିଡ଼ ବଡ଼ଦାଣ୍ଡରେ, ଦେଖି ତ ନଥିଲି ହୃଦ !
ଓଡ଼ିଆଣୀ ପ୍ରାଣ ସତେ କେତେ ଟାଣ ପ୍ରାଞ୍ଜଳ ପ୍ରତି ପଦୁଁ
ସେଠି ବି ସେବାର ସୁଧାରେ ସିକ୍ତା - ତୁମେ ସୁଧାଂଶୁବଧୂ !

ତୁମରି କୋମଳ କରପଲ୍ଲବ ପଥରକୁ କରୁ ଫୁଲ
ତୁମେ ଝାମୁଚଲା ନୂଆ ବେଢ଼ାବୁଲା ନାୟିକା ତ ନିଆଁଝୁଲ !
ସ୍ମୃତି ସିନା ସଦା ତଅପୋଇ ଅଧା ସୁନାଚାଂଦଟି ତୁଲ
ହେଲେ ତୁମ ଶତ-ସ୍ମୃତିର ସ୍ପର୍ଶ ଆମକୁ ଅମୂଲ ମୂଲ !

ଫିଲାଡେଲଫିଆ ପରଦେଶିନୀ ଗୋ ଫିକା ଟିକେ ପଡ଼ିନାହଁ
ଶରଧାବାଲିରେ ଅଧାପକା ତୁମ ପାଦଚିହ୍ନକୁ ଚାହଁ !!

'ଝିଅଟେ ପଥୁରିଆସାହିରୁ' ସର୍ବମୋଟ ଏକାବନଗୋଟି ସ୍ମୃତିକଥନିକାର ସତେଜ ସ୍ତବକଟିଏ। ପୁରୀ ପଥୁରିଆସାହି, ବିହାରର ଝରିଆ, ମୁମ୍ବାଇ ମହାନଗରୀ ଓ ଚିକାଗୋ ମହାନଗରୀର କୌଣସି ଏକ ଉପକଣ୍ଠରେ ବିତିଥିବା ଜୀବନର କେତୋଟି

ଘଟଣାକୁ ଲେଖିକା ଏଥିରେ ସ୍ଥାନ ଦେଇଛନ୍ତି। ହେଲେ ପ୍ରତିଟି କାହାଣୀର ଗତି ସୁଦୂର ବିଦେଶରୁ ପଥୁରିଆସାହିର କମ୍ରକୋଳକୁ ଏକ ପ୍ରତ୍ୟାବର୍ତ୍ତନ। ସର୍ବପ୍ରଥମ ସ୍ମୃତିକଥନିକତାଟିର ପୃଷ୍ଠଭୂମିରେ ରହିଛି ଲେଖିକାଙ୍କ ପଥୁରିଆସାହି ବାଡ଼ିରେ ଥିବା ପିଜୁଳିଗଛଟି। ଶେଷ ସ୍ମୃତିକଥନୀର ପୃଷ୍ଠଭୂମିରେ ରହିଛି ଫିଲାଡେଲଫିଆରେ ଲେଖିକାଙ୍କ ବସତି ନିକଟର ବୃହତ ମେପଲ୍ ଗଛ। ଦୁଇଟି ଗଛ, ଦୁଇଟି ଦେଶ, କୈଶୋରରୁ ବାର୍ଦ୍ଧକ୍ୟ ଯାଏଁ ଜୀବନର କେଇଟି ପର୍ଯ୍ୟାୟ - ଏସବୁକୁ ଅତିକ୍ରମି ଲେଖିକା ବାରବାର ବାହୁଡ଼ିଛନ୍ତି ନିଜର ଜନ୍ମମାଟି ନିକଟକୁ। ପଥୁରିଆସାହିର ଏଇ ଝିଅଟି ମମତାର ମୟୂଖରେ ପ୍ରଦୀପ୍ତା, ଦୃଢ଼ସଙ୍କଳ୍ପା ଏବଂ ସତ୍ୟପରାୟଣା। ତାଙ୍କୁ ମୋର ଅଜସ୍ର ଅଭିନନ୍ଦନ।

■

ବିଭାଗୀୟ ମୁଖ୍ୟ, ଓଡ଼ିଆ ଭାଷା ସାହିତ୍ୟ ବିଭାଗ,
ଶୈଳବାଳା ମହିଳା ମହାବିଦ୍ୟାଳୟ, କଟକ

ଶଶଧର ମହାପାତ୍ର

ଶଶଧର ମହାପାତ୍ର (୧୯୫୫): ପ୍ରବାସୀ ଓଡ଼ିଆ ସାହିତ୍ୟିକ ଡକ୍ଟର ଶଶଧର ମେଦିନୀସିଂହ ମହାପାତ୍ର ଓଡ଼ିଆ କବିତା ଓ ଗଳ୍ପ ସାହିତ୍ୟର ଜଣେ ଏକନିଷ୍ଠ ସାଧକ। ୧୯୫୫ ମସିହା ମାର୍ଚ୍ଚ ୧୮ ତାରିଖରେ ଯାଜପୁରସ୍ଥ ବିରିପଟା ଅଞ୍ଚଳର ନାରୀଗାଁରେ ଭୂମିଷ୍ଠ ହୋଇଥିଲେ। ତାଙ୍କର ସାହିତ୍ୟକୃତି ସ୍ୱଳ୍ପସଂଖ୍ୟକ ହେଲେ ହେଁ ଏସବୁ ତାଙ୍କର ଉଚ୍ଚ ଚିନ୍ତନ, ଆଦର୍ଶ ଓ ଓଡ଼ିଶୀ ପରମ୍ପରାର ପ୍ରତିନିଧିତ୍ୱ କରେ। ପଦାର୍ଥ ବିଜ୍ଞାନରେ ଉଚ୍ଚତର ଗବେଷଣାପୂର୍ବକ ପ୍ରାରମ୍ଭିକ ପର୍ଯ୍ୟାୟରେ ଅନୁଗୁଳ ଓ ବି.ଜେ.ବି. ମହାବିଦ୍ୟାଳୟରେ ଅଧ୍ୟାପନା କରି ବର୍ତ୍ତମାନ ସେ ଆମେରିକାରେ ଜଣେ ରେଡିଏସନ୍ ଫିଜିସିଷ୍ଟ ଭାବରେ କାର୍ଯ୍ୟରତ। ତାଙ୍କର ସୃଷ୍ଟିଗୁଡ଼ିକ ମଧ୍ୟରେ ରହିଛି 'ପ୍ରବାସୀର ଆତ୍ମଲିପି', 'ସ୍ମୃତି ନୈବେଦ୍ୟ', 'ସ୍ୱପ୍ନର ଭଗ୍ନାଂଶ', 'ଚେତନାର ଅଭିବ୍ୟକ୍ତି', 'ନଇ ଆରପାରି ଜହ୍ନ' ଭଳି ପାଞ୍ଚଟି କବିତା ସଂକଳନ। 'ଛାତି ତଳର ଅନ୍ଧାର' ତାଙ୍କ ଦ୍ୱାରା ରଚିତ ଏକ କ୍ଷୁଦ୍ରଗଳ୍ପ ସଂକଳନ।

କାବ୍ୟ ପଂକ୍ତିରେ ଆତ୍ମସମୀକ୍ଷା : ପ୍ରବାସୀର ଆତ୍ମଲିପି

ପ୍ରଫେସର ବସନ୍ତ କୁମାର ପଣ୍ଡା

'ପ୍ରବାସୀର ଆତ୍ମଲିପି' କାବ୍ୟଗ୍ରନ୍ଥଟି ପ୍ରବାସୀ ଓଡ଼ିଆ ସାହିତ୍ୟର ଏକ ପ୍ରତିନିଧି। ଆମେରିକାନିବାସୀ ପଦାର୍ଥବିଜ୍ଞାନୀ ଶଶଧର ମହାପାତ୍ରଙ୍କର ଅଶୀଟି ଆତ୍ମନିଷ୍ଠ କବିତାର ଏକ ସଂକଳନ। ଯାଜପୁର ନାରୀଗାଁ'ର ମୂଳବାସିନ୍ଦା ଶଶଧର ବୃତ୍ତି ସୂତ୍ରରେ ଦୀର୍ଘକାଳ ଆମେରିକାରେ ବାସକରୁଥିବାବେଳେ ନିଜ ମା', ମାଟି ଓ ମାତୃଭାଷା ପ୍ରତି ତାଙ୍କର ଆବେଗପ୍ରବଣ ନୋସ୍ଟାଲଜିଆ ସ୍ୱତଃସ୍ଫୂର୍ତ୍ତ କବିତାର ଅବାରିତ ପଂକ୍ତି ହୋଇ ପ୍ରକାଶ ପାଇଛି। ମୁଖବନ୍ଧରେ କବି ଲେଖିଛନ୍ତି, "କବିତା ଲେଖିବା ମୋର ସଉକ, ପେଶା ନୁହେଁ। ମନ ଭିତରେ ବିଭିନ୍ନ ସମୟରେ ଯେଉଁ ଏଣୁତେଣୁ ଭାବନା ଜାଗ୍ରତ ହୁଏ ତାକୁ ଏଠିସେଠି ଛିଣ୍ଡା କାଗଜରେ ପ୍ରଥମେ ଲେଖୁଥିଲି। ଖାମଖିଆଲ ଯୋଗୁଁ ସେଥିରୁ କିଛି କାଳଗର୍ଭରେ ବିଲୀନ ହୋଇଯାଇଛି। କେବେ କଳ୍ପନାରେ ମୁଁ ଭାବିନଥିଲି ଯେ ଦିନେ ନା ଦିନେ ଏସବୁ ପ୍ରକାଶିତ ହେବ କି କେହି ପଢ଼ିବେ ଓ ଆଦର କରିବେ। ଯାହାକିଛି ଖୋଜି ଖୋଜି ମିଳିଛି ତାକୁ ଏ କବିତା ସଂକଳନରେ ସ୍ଥାନ ଦିଆଯାଇଛି।" କାବ୍ୟଗ୍ରନ୍ଥରେ ସଂକଳିତ ହୋଇଥିବା ଅଶୀଟି କବିତାକୁ ସମଗ୍ରିକ ଭାବେ ବିଷୟବିନ୍ୟାସ ଦୃଷ୍ଟିରୁ ଚାରିଭାଗରେ ବିଭକ୍ତ କରାଯାଇପାରେ। ପ୍ରଥମ ମହାପ୍ରଭୁ ଜଗନ୍ନାଥ ଓ ଶ୍ରୀକ୍ଷେତ୍ରକୈନ୍ଦ୍ରିକ କବିତା, ଦ୍ୱିତୀୟ ଭାଗରେ ମୋ ବୋଉ ଶୀର୍ଷକରେ ଏକ କବିତା ଗୁଚ୍ଛ, ଯେଉଁଥିରେ ପ୍ରକାଶ ପାଇଛି ମାତୃତ୍ୱର ସ୍ନେହ ଓ ଅଭୟଦାୟିନୀ ଚିତ୍ର। ନିଜକୁ

ନିଃସ୍ୱ କରି ସନ୍ତାନକୁ ସବୁ ଭାବରେ ସମର୍ଥ କରିବା ପାଇଁ ଅହରହ ଶ୍ରମ ଓ ତ୍ୟାଗ 'ମା' ଚରିତ୍ରଟିକୁ ମହୀୟାନ କରିଛି।

"ଏତେ ଅଭାବରେ ବି
ସ୍ୱଭାବ ନଷ୍ଟ କରିନି
କେବେ ପାଟି ଫିଟାଇ
ମାଗିନି କାହାକୁ
ଶାଢ଼ି ଖଣ୍ଡେ କି ଗହଣାଟିଏ
କି ତା' ପାଇଁ କିଛି
ଲୋଡ଼ା ଦରବଟିଏ।
ମୁହଁ ଖୋଲି ମାଗିବାକୁ
ଲାଜ ଲାଗିଥାନ୍ତା
ଡର କାଳେ ନାହିଁ କରିଦେଲେ
ମରଣଠାରୁ ଅଧିକ ବାଧିଥାନ୍ତା
ପରିସ୍ଥିତିକୁ ସେ ବେଶ୍ ବୁଝିଥିଲା
ସେ ସ୍ୱାଭିମାନୀ।
ସେ ଭୋଗୀ ନୁହେଁ, ସେ ତ୍ୟାଗୀ।
ସେ ବେଶ୍ ଅନୁଭବୀ।"

ଏହିପରି ଅନେକ ଆବେଗପ୍ରବଣ କବିତା ଭିତରେ ଫୁଟିଉଠିଛି ଜୀବନର ବହୁ ମୂଲ୍ୟବାନ ମୁହୂର୍ତ୍ତ ସବୁ। ଆଉ କେତେକ କବିତାରେ ସାମ୍ପ୍ରତିକ ସମୟରେ ଗ୍ରାମ୍ୟ ଜୀବନର ଅବକ୍ଷୟର ଚିତ୍ର ମାର୍ମିକ ଭାଷାରେ ପ୍ରକାଶିତ।

"କାଉ କା କଲେ ଲୋକେ କହୁଥିଲେ
କୁଣିଆ ଆସିବେ ଆଜି
ବଗ, ଚିଲ, ପାଣିକୁଆ, କୁମ୍ଭାଟୁଆ
ଗଲେଣି କୁଆଡ଼େ ହଜି
ଦଶହରା ଦିନେ ଭଦଭଦଳିଆ
ଦେଖିଲେ ହୁଅଇ ଶୁଭ
ହଳଦୀବସନ୍ତ ଦେଖିଦେଲେ ଥରେ
ମନରେ ଆସଇ ଭାବ
ଘରଚଟିଆଟି କିଚିରି ମିଚିରି

କରୁନାହିଁ ଚାଳେ ବସି
ବଇଶାଖ ମାସେ କୋଇଲିର ସ୍ୱର
ଆସୁନାହିଁ କାହିଁ ଭାସି
ଚିଲ, ଶାଗୁଣା ନ ଦିଶନ୍ତି ଆଉ
ମଡ଼ା ହୋଇଯାଏ ବାସି ।

ଏହିପରି ଶ୍ରୀଜଗନ୍ନାଥକୈନ୍ଦ୍ରିକ କବିତା 'ଚନ୍ଦନ ଶ୍ରୀକ୍ଷେତ୍ର', 'ମହାପ୍ରଭୁ ହେ', 'କାଳିଆକୁ ଏତିକି ମିନତି', 'ବ୍ରହ୍ମ ଦର୍ଶନ', 'ଜଗନ୍ନାଥ ହେ କିଛିଟା ହେଲେ କର', 'ହେ ପ୍ରଭୁ ତୁମେ ସେତେବେଳେ କେଉଁଠି ଥାଅ' ପ୍ରଭୃତି କବିତାରେ ଅକପଟ ଭକ୍ତିଭାବ ସହିତ ଆବେଗ ପ୍ରଣୋଦିତ କ୍ଷୋଭ ପ୍ରକାଶ ପାଇଛି । ଅନ୍ୟପକ୍ଷରେ ବାର୍ଦ୍ଧକ୍ୟର ସ୍ୱପ୍ନ, ଦୈବ ସାହା, ପ୍ରତାରଣା, ଛଦ୍ମବେଶୀ, ଏ କି ରାଜନୀତି, ଏ ହେଉଛି ଭୁବନେଶ୍ୱର, ପ୍ରତିମାକୁ ଚିଠି ଓ ଶେଷ ମୁହୂର୍ତ୍ତ ପ୍ରଭୃତି କବିତାରେ ବାସ୍ତବ ଜୀବନର ସମସ୍ୟାକ୍ଲିଷ୍ଟ ଅନୁଭୂତି ପାଠକକୁ ବିଘ୍ନିତ କରେ । ସଂକଳନରେ 'ପ୍ରବାସୀ ଜୀବନ' ଶୀର୍ଷକ ଏକ କବିତା ସ୍ଥାନ ପାଇଛି, ଯାହା ସଂକଳନର ଶୀର୍ଷକକୁ ପ୍ରତିଫଳିତ କରୁଛି ।

"ପ୍ରବାସୀ ଜୀବନ
କାହା ପାଇଁ ଅତି ମନୋହର
ଯେମିତି ଦୂର ପର୍ବତ
ଦୂରରୁ ଦିଶଇ ସୁନ୍ଦର ।"

ଏହି କ୍ଷୁଦ୍ର ପଂକ୍ତିଟି ଭିତରେ ଶଶଧରଙ୍କ କାବ୍ୟ ସଂକଳନ 'ପ୍ରବାସୀର ଆତ୍ମଲିପି' ପ୍ରତିକୀଭୂତ ହୋଇ ପ୍ରକାଶ ପାଇଛି । ଦୂର ପାହାଡ଼ ସୁନ୍ଦର ଭଳି ପ୍ରବାସୀ ଜୀବନ ଆମକୁ ଦୂରରୁ ପ୍ରଲୁବ୍ଧ କରେ କିନ୍ତୁ ଯିଏ ସେ ଜୀବନ କଟାନ୍ତି ତା'ର ନିଃସଙ୍ଗତା, ତା'ର ପ୍ରାଚୁର୍ଯ୍ୟ ଭିତରେ ଦାରିଦ୍ର୍ୟକୁ ସେ ବୁଝିପାରନ୍ତି । ଏହି ଶେଷକଥା ହିଁ କାବ୍ୟଗ୍ରନ୍ଥର ନିର୍ଯ୍ୟାସ ।

■

ପ୍ରକଳ୍ପ ନିର୍ଦ୍ଦେଶକ
ଶାସ୍ତ୍ରୀୟ ଓଡ଼ିଆ ଉତ୍କର୍ଷ ଅଧ୍ୟୟନ କେନ୍ଦ୍ର
ଭୁବନେଶ୍ୱର-୯

ପ୍ରବାସୀର ଆତ୍ମଲିପି : ଏକ ନିଆରା ସ୍ୱର

ପ୍ରଫେସର ବିଷ୍ଣୁପ୍ରିୟା ଓତା

ଡକ୍ଟର ଶଶଧର ମହାପାତ୍ରଙ୍କର 'ପ୍ରବାସୀର ଆତ୍ମଲିପି' ଏକ ଭିନ୍ନସ୍ୱାଦର କବିତା ସଂକଳନ। କବିତା କବି ମନର ଅନୁଭୂତି ଓ ସ୍ୱପ୍ନରୁ କିଛି। କବି ଶଶଧର ବର୍ତ୍ତମାନ ରହନ୍ତି ସୁଦୂର ଆମେରିକାରେ। ବୋଉର ସ୍ମୃତି, ଗାଆଁ ମାଟିର ମମତା, ଓଡ଼ିଶାର ଆରାଧ୍ୟ ଶ୍ରୀଜଗନ୍ନାଥଙ୍କ ପ୍ରତି ଅପାର ଭକ୍ତି ଆଦି ଭିନ୍ନ ଭିନ୍ନ ଅନୁଭବକୁ ନେଇ ସୃଷ୍ଟ ସେହି କବିତାସବୁ ଭିତରେ କବି ହୃଦୟର ଅଜସ୍ର ଭାବପ୍ରବଣତା ଅଜାଡ଼ି ହୋଇ ପଡ଼ିଛି।

ପ୍ରଥମ କବିତା ଆମ ଗାଁ ନାରୀ ଗାଁରୁ ହିଁ ଆରମ୍ଭ ହୋଇ ଶେଷ କବିତାଟି ମଧ୍ୟ 'ସେ ହେଉଛି ମୋ ଗାଁ ନାରୀ ଗାଁ' ସମୁଦାୟ ଅଶୀଟି କବିତାରେ ଋଦ୍ଧିମନ୍ତ ସଂକଳନଟି। ତାଙ୍କର 'ଆମ ଗାଁ' ଶବ୍ଦରେ ଭିଟାମାଟି ପାଇଁ ଗଭୀର ଆନ୍ତରିକତା ଓ ନିବିଡ଼ ଭଲପାଇବା ଝରିପଡୁଛି। କେତେ ପାରାବାର ଅତିକ୍ରମ କରି କବି ବିଦେଶରେ ପହଞ୍ଚିଛନ୍ତି ଆଜି ଫେରିବେ ଭାବୁ ଭାବୁ ବିତିଗଲାଣି ଅନେକ ବର୍ଷ। ନିଜ ଜନ୍ମମାଟିର ଗନ୍ଧ ତାଙ୍କୁ ଗ୍ରାସ କରି ବସିଛି। ସଦା ସର୍ବଦା ସେଇ ଜନ୍ମମାଟିକୁ ଝୁରୁଛନ୍ତି କବି। ବିଦେଶରେ ଦୀର୍ଘ ତିରିଶ ବର୍ଷ ରହିଥିଲେ ବି ନିଜ ମାଟି, ପାଣି, ପବନ ସବୁକୁ ଝୁରୁଛନ୍ତି। ଏସବୁ ଲକ୍ଷ୍ୟ କରି ସ୍ତ୍ରୀ ଓ ପିଲାଙ୍କର ଅଭିଯୋଗ ଯେଉଁଠି ରହିବ ତାହାହିଁ ନିଜର ତେଣୁ ବର୍ତ୍ତମାନ ଗାଁକୁ ଯିବା କଥା ଚିନ୍ତା କଲେ କବି ଏକୁଟିଆ ହିଁ ରହିବେ। ପରିବାର ତାଙ୍କ ସହ ରହିବେନି। ତଥାପି ମଧ୍ୟ ନିଜ ଗାଁର ନିଜ ମାତୃଭୂମିର ଆକର୍ଷଣ କବିଙ୍କୁ ଆକ୍ରାନ୍ତ କରୁଛି। କବି ବିସ୍ମୃତ ହେଇପାରୁନାହାନ୍ତି ଦୀର୍ଘ ତିରିଶ ବର୍ଷ କଟାଇଥିବା ସେହି ଗାଁକୁ, ନିଜର ମାଆଙ୍କୁ, ମାଆର ସ୍ନେହ, ବାପାଙ୍କ ଭରା ଆକଟ ଗାଆଁର ସରଳ ଜୀବନ ସବୁ

କିଛି ଏ ବାର୍ଦ୍ଧକ୍ୟ କାଳରେ ବେଶୀ ଆକର୍ଷିତ କରୁଛି। ସେ ଗାଆଁରେ ବିରାଜମାନ କରୁଥିବା ପ୍ରଭୁ ଶ୍ରୀଜଗନ୍ନାଥଙ୍କୁ ସ୍ମରଣ କରି ପ୍ରଭୁ କୃପା ଦୃଷ୍ଟିରେ ଗାଆଁଙ୍କୁ ଚାହିଁଥାନ୍ତୁ ଓ କବିଙ୍କର ଶେଷ ଜୀବନ ତାଙ୍କ ଗାଁ ମାଆ କୋଳରେ ହିଁ କଟୁ, ଏହା ଆଶା କରିଛନ୍ତି। କବିଙ୍କ ଭାଷାରେ–

"ଏତିକି ମିନତି ହେ ଜଗତ ପତି
ଏତିକି ସୁଦୟା ହେଉ
ଶେଷ ଜୀବନରେ ଯେଉଁଠି ଥିଲେ ବି
(ନାରୀ ଗାଁରେ) ତୁମ ପାଦେ ଜୀବ ଯାଉ।

କବିଙ୍କର ବହୁ କବିତାରେ ବଡ଼ ଦେଉଳ ଓ ବଡ଼ ଠାକୁରଙ୍କ ବିଷୟରେ ବର୍ଣ୍ଣନା କରାଯାଇଛି। ଚନ୍ଦନ ଶ୍ରୀକ୍ଷେତ୍ର, ଜଗନ୍ନାଥ ହେ କିଛିଟା ହେଲେ କର। ପ୍ରଥମ, ଦ୍ୱିତୀୟ ଭାଗରେ ଦେଶର ଅନ୍ୟାୟ, ଅତ୍ୟାଚାରକୁ ଦୂରେଇ ଦେଇ ନିଜ ମାତୃଭୂମିକୁ ଶୋଷଣମୁକ୍ତ କରି ଶାନ୍ତି ସ୍ଥାପନ ନିମନ୍ତେ ଜଗନ୍ନାଥଙ୍କୁ ଗୁହାରି କରିଛନ୍ତି। ପୁଣି କବିତା ଭିତରେ ବିଭିନ୍ନ ସ୍ମୃତି ପଖାଳି ଚନ୍ଦନ ଶ୍ରୀକ୍ଷେତ୍ର କିପରି ହେଲା କିଏ ତା ନାମକରଣ କଲେ ଇତ୍ୟାଦି ଅନେକ ତଥ୍ୟ ତାଙ୍କ କବିତାରୁ ମିଳେ। ଚକରା ନନା, ଶମ୍ଭୁଆ ନନା, ଭୋଇ, ଧରଣୀଧର, ମୁରଲୀ ଭାଇ ଆଦି ଚରିତ୍ରକୁ ନେଇ ଗାଁରେ ଘଟୁଥିବା ଘଟଣାବଳୀକୁ ନେଇ ବିଭିନ୍ନ ବ୍ୟକ୍ତିଙ୍କୁ ଅନୁଷ୍ଠାନକୁ ବ୍ୟଙ୍ଗ କରି ଲେଖିଛନ୍ତି। ନିଜ ପତ୍ନୀଙ୍କ ସହ ଭଲପାଇବାର ସଂପର୍କକୁ ମଧ୍ୟ ଏଭଳି ବର୍ଣ୍ଣନା କରିଛନ୍ତି ଯେ ତାହା ପାଠକ ମନରେ ହାସ୍ୟରୋଳ ସୃଷ୍ଟି କରେ। ଅନେକ ଗୁଡ଼ିଏ କବିତା ଜଗନ୍ନାଥ, ଯେ କି ପତିତପାବନ, ପୁରୁଷୋତ୍ତମ, ଶରଣରକ୍ଷକହରିଙ୍କ ଶରଣାଗତ ଭାବରେ ରଚନା କରାଯାଇଛି ଓ ନିଜ ଜୀବନର ଗତିମୁକ୍ତି ହିଁ ପ୍ରଭୁ ଶ୍ରୀଜଗନ୍ନାଥ ତାହା ଦର୍ଶାଯାଇଛି। ଆଜିକାଲିର ମୋବାଇଲ୍ ନେଟ୍ ଯୁଗରେ ଚିଠିର ବ୍ୟବହାର ବା ପ୍ରୟୋଗ ନାହିଁ। କବି ବିଦେଶରେ ଥାଇ ବୋଉଙ୍କ ପାଖରୁ ଯେଉଁ ଚିଠି ସବୁ ପାଇଥିଲେ ତାର ମର୍ମକୁ ମହାର୍ଘ ସ୍ମୃତି ଭାବରେ ଖୁବ୍ ସୁନ୍ଦର ଭାବରେ କବିତାରେ ରୂପ ଦେଇଛନ୍ତି। କିଭଳି ବୋଉର ଚିଠିରେ ପ୍ରଥମରୁ ଅଭିମାନ, କିଛି କିଛି ଉପଦେଶ, କିଛି ସ୍ନେହର ଆଦେଶ ଓ ଭଲପାଇବାର ସ୍ୱର ଉପଲବ୍ଧ ହୁଏ ପୁଣି ବୋଉର ମନ, ବୋଉର ଭାଷା, ବୁଝେନା ଖୋଲା ପୋଷ୍ଟକାର୍ଡରେ କ'ଣ ଲେଖାଯାଏ ବା ନ ଲେଖାଯାଏ ପୁଅର ଦୂରତ୍ୱ ସହି ନ ପାରି ଚିଠିରେ ଉଗାଳି ପକାଏ ନିଜ ମନର ଅଭିମାନିଆ କଥା ସବୁ। କବି ସ୍ମୃତିରେ ବୋଉର ସେ ସରଳ ଓ ନିଛକ, ସ୍ୱାର୍ଥହୀନ ଭଲପାଇବାର ସ୍ମୃତି ସଦା ସଜଳ। ଅନେକ ନିରୋଳା ମୁହୂର୍ତ୍ତରେ ସ୍ତ୍ରୀ ଓ ପିଲାଙ୍କୁ ଲୁଚେଇ ଲୁଚେଇ ବୋଉର ଚିଠି ପଢ଼ନ୍ତି। ଆଖି

ଲୁହରେ ଜକେଇ ଆସେ, ମନେହୁଏ ବୋଉ ଆସି ନିଜେ ଛିଡ଼ାହୋଇ ତାଙ୍କୁ ସବୁକଥା କହୁଛି। କବି ମନର ସ୍ୱପ୍ନରୁ କିଛି, ମାତ୍ର କବି ଶଶଧରଙ୍କର କବିତା ଅଭିମାନ, ଅହଂକାରଶୂନ୍ୟ ମଣିଷଟିଏର ହୃଦୟ ଖୋଲା ଆବେଗର ଆତ୍ମଲିପି ମଧ୍ୟରେ ପ୍ରତିଟି ପାଠକର ମନକୁ ଆକୃଷ୍ଟ ଓ ଆପ୍ଳୁତ କରେ। ସଂସାର ମାୟାମୋହକୁ ପରିତ୍ୟାଗ କରି ସହଳ ଫେରିଯିବାର ଅଭିଳାଷକୁ ନେଇ କବି ଲେଖିଛନ୍ତି -

"ମୋହମାୟା ସବୁ ତେଜି
ଫେରିଯିବି ଟିକିଏ ସଅଳ
କୁହ ତେବେ ?
କେତେ ଆଉ ଖେଳୁଥିବି ଖେଳ ?
ହେ ଜଗତ ଠାକୁର ?
ହେ କରୁଣା ସାଗର ?
ତୁମକୁ କ'ଣ ଲୁଚାଇବି ?
x x x
ତୁମେ ମୋର ଦାତା
ମୁଁ ତୁମ ଗ୍ରହୀତା
ତୁମ ବିନା ମୁଁ ଏକ ଦରିଦ୍ର ଭିକାରୀ
ତୁମ ବିନା କିଏ କରିବ ଭବୁ ପାରି ?

ସେହିଭଳି 'ବ୍ରହ୍ମଦର୍ଶନ' କବିତା ଓ 'ଜଗନ୍ନାଥ ହେ କିଛିଟା ହେଲେ କର' ଇତ୍ୟାଦି ମଧ୍ୟରେ ଭିନ୍ନ ଭିନ୍ନ ପ୍ରସଙ୍ଗ ଉପସ୍ଥାପନ ମାଧ୍ୟମରେ କବି ଦୁର୍ନୀତି ବିରୋଧରେ ସ୍ୱର ଉତ୍ତୋଳନ କରି ଲେଖିଛନ୍ତି-

"ଦେଶସାରା ଏବେ ଚହଳ ପଡ଼ିଛି
ଦୁର୍ନୀତି ବିରୋଧ ପାଇଁ
ନେତା ପ୍ରଶାସନ ସଚ୍ଚୋଟ ହୋଇଲେ
ଦୁର୍ନୀତି ରହିବ କାହିଁ
x x x
ଯେଝା ହାତରେ ତ ଯେଝା ଚଉଦପା
କାହାକୁ ନ ଥାଏ ଡର
ଠାକୁରଙ୍କୁ ଖାଇ ଖଟୁଲି ଖାଇଲେ
ହେ ପ୍ରଭୁ କିଛି ଗୋଟେ ତୁମେ କର।

ସୁଦୂର ଆମେରିକାନିବାସୀ ଶଶଧର ବାବୁଙ୍କ ପ୍ରବାସୀ ଜୀବନରେ ସ୍ମୃତିସବୁ ବାଣ୍ଟିହୋଇ ଶବ୍ଦରେ ବିନ୍ୟସ୍ତ ହୋଇଯାଇଛି । କେବେ ଗାଁର ପରିବେଶ ତାଙ୍କୁ ଆହ୍ଲାଦିତ କରିଛି ତ ପୁଣି କେବେ 'ବୋଉ' ଶବ୍ଦର ସମ୍ବୋଧନ ମଧ୍ୟରେ ଜନ୍ମଦାତ୍ରୀ ମା' ପ୍ରତି ଝରିପଡ଼ିଛି ତାଙ୍କ ହୃଦୟର ଗଭୀର ଶ୍ରଦ୍ଧା-ଅନୁରକ୍ତ । ନାରୀଗାଁରେ ରହିଯାଇଥିବା ତାଙ୍କ ପିଲାଦିନ, ବାପା, କୁନିନାନୀ, ମାମୁଁ ଘର ଗାଁ, ମଣ୍ଟୁଭାଇ, ମଉସା, କଇଁ ବୋଲି ଝିଅଟି ସହିତ ଅନେକ ଦିନର ପୁରୁଣା ସ୍ୱପ୍ନ ସବୁ ମନେପଡ଼ିଯାଇଛନ୍ତି । ସବୁ ସ୍ମୃତି ଓ ଅସୁମାରୀ ଇଚ୍ଛା ପ୍ରବାସର ନିଃସଙ୍ଗ ପରିବେଶରେ କେବଳ ଦୂରନ୍ତ ଭିଟାମାଟିକୁ ମନେପକାଇ ନିଭୃତରେ ଗୁମୁରି ଉଠିଛନ୍ତି । ସମୟର ଈଗଲ ଡେଣାରେ ବସିଥିବା କବିସତ୍ତା କେବଳ ଦିନରାତି ଧାଇଁବାର ବାସ୍ତବତାକୁ ନେଇ ବାକ୍‌ଶୂନ୍ୟ ! ପ୍ରବାସୀର ଆତ୍ମଲିପି : ଏକ ନିଆରା ସ୍ୱର !

■

କାନନ ବିହାର, ଫେଜ୍-୨, ପଟିଆ, ଭୁବନେଶ୍ୱର- ୭୫୧୦୩୧
ମୋ: ୭୭୯୦୦୭୨୯୦୦

ମଧୁର ଶାବ୍ଦିକ ଆଳାପ ଓ କବି ଶଶଧରଙ୍କ କାବ୍ୟଦିଗନ୍ତ

ଡକ୍ଟର ବିରଂଚି କୁମାର ସାହୁ

ସାହିତ୍ୟ କାନନରେ କବିତା ଏକ ସୁନ୍ଦର ସୁକୁମାର ପୁଷ୍ପ। ଏହା ଲଳିତ, କୋମଳ, ଭାବପୂର୍ଣ୍ଣ ପଦ ବିନ୍ୟାସର ସମାହାର। ବହୁବିଧ ରୂପକଳ୍ପରେ କବିତା ହୁଏ ରମଣୀୟ। ତା'ର ସେହି ରମଣୀୟ ଆଭାରେ ପାଠକଙ୍କ ହୃଦୟକୁ ଆଚ୍ଛନ୍ନ କରେ। ଆତ୍ମିକ ଅନୁଭବର ଶାବ୍ଦିକ, କଳାତ୍ମକ, ଛନ୍ଦୋବଦ୍ଧ ପରିପ୍ରକାଶ ହିଁ କବିତା। କବିତାର ଅଛି ଏକ ନିଜସ୍ୱ ବାସ୍ନା, ଯେଉଁ ବାସ୍ନାରେ ସେ ବାସ୍ନାୟିତ କରେ କବିଙ୍କୁ, ପାଠକ ବର୍ଗଙ୍କୁ। ଏହା ଅନନ୍ୟ ଆବେଗର ଶ୍ରଦ୍ଧାଶୀଳ ଉଚ୍ଚାରଣ। କବି, କବିତାର ଭାବରେ ବିଭୋର ହୁଏ। ସେହି ବିଭୋର ପଣରେ ସେ ମତୁଆଲା ହୋଇଉଠେ। ଭାବ ସଂଚରିତ ହୁଏ ମାଟିରୁ ଆକାଶ ଯାଏ। ଏକ ଅସ୍ପଷ୍ଟ ଯନ୍ତ୍ରଣାରେ କବି ଛଟପଟ ହେଉଥାଏ। ଭାବ ରସସିକ୍ତ ହୋଇ କଳାତ୍ମକ ରୂପ ନିଏ। କବିତାର ଏନ୍ତୁଡ଼ି ଜଳେ। ବସ୍ତୁତଃ କବିତାର ଏକ ନିଆରା ବାସ୍ନାରେ ଶବ୍ଦମାନେ ପ୍ରଜାପତି ପରି ଉଡ଼ିବୁଲନ୍ତି ଗୋଟିଏ ଡାଳରୁ ଆଉ ଏକ ଡାଳକୁ। କବି ବିଭୋରତାର ସ୍ନିଗ୍ଧ ପରଶରେ ହୋଇଯାଏ ଭିନ୍ନ ମଣିଷଟିଏ। କଳ୍ପନାର ରଂଗରେ ଅନୁଭବକୁ ରଂଗେଇ ଦେଇଥାଏ ସେ। କବିତାକୁ ନେଇ ସାରା ଜୀବନ ଯୁଝୁଥାଏ କବି। ତାକୁ ଝୁରି ହେଉଥାଏ ଆଉ ତା'ରି ଭିତରେ ସେ ବଞ୍ଚିରହେ ତମାମ୍ ଜୀବନ। କବିତା ଭିତରେ ଥାଏ ଗୋଟିଏ ଭାବ, ଥାଏ ବିମୁଗ୍ଧ ବାଙ୍ମୟତା। କବିଟିଏ ସମର୍ପିତ ସାଧକ। ସେ ଜାଗ୍ରତ ପ୍ରହରୀ ସମାଜର, ସେ ଧ୍ୟାନରତ ସନ୍ନ୍ୟାସୀ। ତା'

ଧ୍ୟାନରୁ ବିଚ୍ଛୁରିତ ହୁଏ ପୁଷ୍ପର ମହକ, ସୂର୍ଯ୍ୟର ପ୍ରଭା, ଜହ୍ନର ଜ୍ୟୋସ୍ନା, ଜଳର ମନ୍ଦାକିନୀ ଧାରା। ତା' ଭିତରେ ଗୋଟେ ସ୍ରଷ୍ଟାପଣ ବିରାଜମାନ ଥାଏ ସବୁବେଳେ। କବିତା, ସ୍ମୃତି ଓ ସ୍ୱପ୍ନର ଆତ୍ମିକ ପ୍ରତୀକଟିଏ। ପାଇବା, ହରେଇବାର ମଧୁର ଅନୁଭବଟିଏ। କବିତା କେତେବେଳେ ତା'ର ଭାବଭଙ୍ଗୀମାରେ ପ୍ରେମର ଅଜସ୍ର ଭଲପାଇବାକୁ ବିତରଣ କରିଚାଲେ ତ କେତେବେଳେ ଦୟାର୍ଦ୍ର ଚିତ୍ତରେ କରୁଣାର ବାରି ସିଂଚନ କରେ। ଏହା ଅତୀତର ଇତିହାସ, ବର୍ତ୍ତମାନର ସତ୍ୟ ଓ ଭବିଷ୍ୟତର ସ୍ୱପ୍ନକୁ ବି ରୂପାୟିତ କରେ। ଏମିତି କବିତା ଗୋଟିଏ ଗୋଟିଏ ସ୍ନିଗ୍ଧ ଅନୁଭବ। କବିତାର ପ୍ରବାହମାନ ଧାରାରେ ଆସିଛି ବାରଂବାର ପରିବର୍ତ୍ତନ।

ଉତ୍ତର ଅଶୀ ଓଡ଼ିଆ କାବ୍ୟଧାରାରେ ଆମେ ଅନେକ ପରିବର୍ତ୍ତନ ଲକ୍ଷ୍ୟ କରୁ। ଏହି ସମୟର କବିତାର ଆଙ୍ଗିକ ଓ ଆତ୍ମିକ କ୍ଷେତ୍ରରେ ବିବିଧ ପରିବର୍ତ୍ତନ ଘଟିଥିବା ଜଣାଯାଏ। ସବୁଠୁ ବଡ଼ କଥା ଲକ୍ଷ୍ୟ କରାଯାଏ ଗାଁର ସଜଳ ସ୍ମୃତି ଅନେକ କବିଙ୍କୁ ଆପ୍ଲୁତ କରିଛି। ଗାଁ ମାଟିର ବାସ୍ନାରେ ବିଭୋର କବି ନିଜ ଗାଁ ମାଟିର ଚିତ୍ରକୁ ଅତି ସାର୍ଥକ ଭାବେ ପ୍ରୟୋଗ କରିଛନ୍ତି। ନିଜ ପ୍ରିୟ ସଂସ୍କୃତି, ଐତିହ୍ୟ, ପରଂପରାର ଚିତ୍ର ଏହି ସମୟର କବିତାରେ ବାନ୍ଧି ରଖିବାର ପ୍ରୟାସ କରିଛନ୍ତି କବିଗଣ। ଏହି ସମୟର କବିଗଣ ନିଜ ମାଟିରେ ଛିଡ଼ାହୋଇ ଆକାଶକୁ ଚାହିଁବାର ଆସ୍ପର୍ଦ୍ଧା କରିଛନ୍ତି।

କବି ଶଶଧର ମହାପାତ୍ର ଓଡ଼ିଆ କବିତା ରାଜ୍ୟରେ ପାଦଦେଇ ପ୍ରାୟ ପାଞ୍ଚଟିରୁ ଊର୍ଦ୍ଧ୍ୱ କବିତା ଓ ଗୋଟିଏ ଗଳ୍ପ ସଂକଳନ ଭେଟି ଦେଇଛନ୍ତି ଓଡ଼ିଆ ପାଠକଙ୍କୁ। କବିଙ୍କ ଜନ୍ମ ଓଡ଼ିଶାର ଯାଜପୁର ଜିଲ୍ଲାରେ ମାତ୍ର କର୍ମକ୍ଷେତ୍ର ସୁଦୂର ଆମେରିକାରେ। ଆମେରିକାରୀ ପ୍ରବାସୀ ଭାରତୀୟ ଭାବେ ପ୍ରାୟ ୪୦ ବର୍ଷରୁ ଊର୍ଦ୍ଧ୍ୱ ସମୟ ଅତିବାହିତ କରିସାରିଲେଣି। ଜଣେ କବି ଭାବେ ନିଜର ପରିଚୟ ରଖିବାକୁ ସଦା ଉତ୍ସାହୀ ଶଶଧର କବିତା ମାଧ୍ୟମରେ ନିଜର ଭାବକୁ ବ୍ୟକ୍ତ କରିଛନ୍ତି। ଚେତନାର ଅଭିବ୍ୟକ୍ତି, ସ୍ମୃତି ନୈବେଦ୍ୟ, ସ୍ୱପ୍ନର ଭଗ୍ନାଂଶ, ନଈ ଆରପାରି ଜହ୍ନ - ଏହି ଚାରିଟି କବିତା ସଂକଳନରୁ ତାଙ୍କର କାବ୍ୟିକ ଆବେଗ, ସମାଜ ପ୍ରତି କେତେ ପ୍ରତିବଦ୍ଧତା ରହିଛି ତାହା ପାଠକ ଅନୁଭବି ପାରିବେ। ଚାରିଟି ସଂକଳନର ସମସ୍ତ କବିତାକୁ ମିଶାଇଲେ ପ୍ରାୟ ୨୩୭ରୁ ଊର୍ଦ୍ଧ୍ୱ କବିତା ସ୍ଥାନିତ ହୋଇଥିବା ଜଣାଯାଏ। ତେଣୁ ମୋର ଏ ଆଲୋଚନାଟି କବି ମହାପାତ୍ରଙ୍କ ଏହି ୪ଟି କବିତା ସଂକଳନକୁ ଆଧାର କରି।

ଚେତନାର ଅଭିବ୍ୟକ୍ତି (୨୦୧୭) କବିତା ସଂକଳନରେ ସ୍ଥାନ ପାଇଛି ସର୍ବମୋଟ ୬୦ଟି କବିତା। ଶଶଧର ଜଣେ ପଦାର୍ଥ ବିଜ୍ଞାନୀ ଭାବେ ସୁଦୂର ଆମେରିକା (ପ୍ରବାସୀ ଭାରତୀୟ)ରେ ପ୍ରାୟ ୪୦ ବର୍ଷରୁ ଊର୍ଦ୍ଧ୍ୱ ସମୟ ହେବ ରହି

ଆସୁଛନ୍ତି, ମାତ୍ର ଭୁଲିନାହାନ୍ତି ନିଜ ଜନ୍ମମାଟିକୁ। ନିଜ କର୍ମ ପ୍ରତି ନିଷ୍ଠା, ଏକାନ୍ତ ଆନୁଗତ୍ୟ ଥିବା ଜଣାଯାଏ। ଏଥି ସହିତ ସେ ଜଣେ ଏକନିଷ୍ଠ ଜଗନ୍ନାଥ ଭକ୍ତ। ମନ, ହୃଦୟ ଓ ପ୍ରାଣସତ୍ତାରେ ଜଣେ ଭଗବତ୍ ବିଶ୍ୱାସୀ। ଆମେରିକାର ସ୍ୱାଚ୍ଛନ୍ଦ୍ୟ ଚଳଣି ଭିତରେ ଥାଇ ବି କବି ମନ କିନ୍ତୁ ଗାଁରେ। ଗାଁର ସେହି ଅପାସୋରା ଦିନଗୁଡ଼ିକ ସତେ ଯେମିତି କବିଙ୍କୁ ହାତଠାରି ଡାକୁଥାନ୍ତି। ଗ୍ରାମ୍ୟ ଜୀବନ, ଗ୍ରାମ୍ୟ ସଂସ୍କୃତି, ଗ୍ରାମ୍ୟ ଚଳଣି, ଗ୍ରାମ୍ୟ ଖାଦ୍ୟପେୟ, ପୋଷାକ, ପର୍ବପର୍ବାଣି, ଆତିଥେୟତା ସବୁ ନିଆରା। ଏବେ ବଦଳି ଯାଇଛି ମୂଲ୍ୟବୋଧ। ଅବକ୍ଷୟ ସବୁଠି। ସଂସ୍କାର, ସଂସ୍କୃତିରେ ଆସିଛି ଅଧୋପତନ। ଏ ସଂକଳନର ପ୍ରଥମ କବିତା 'କାହିଁ କେତେ ଦୂରେ ଅଛି ଆମ ଟିକି ଗାଁ'ର ସ୍ମୃତିଚାରଣ କରିଛନ୍ତି କବି। ଆଗକାଳର ଗାଁ, ଆଜିକାଲି ଗାଁର ଦୃଶ୍ୟ ଦୁଇଟିରେ ପରିବର୍ତ୍ତିତ ମୂଲ୍ୟବୋଧର ଚିତ୍ର ପ୍ରତିଫଳିତ। ଆଗକାଳର ଗାଁର ଝିଅମାନେ କେତେ ଲାଜକୁଳୀ ଥିଲେ, ବର୍ତ୍ତମାନର ଝିଅମାନେ ତାକୁ ପୋଡ଼ି ଖାଇସାରିଲେଣି।

"ସେତେବେଳ ଲାଜକୁଳୀ ଥିଲେ ଝିଅମାନେ
ଛନକା ପଶେ ଛାତିରେ ବା'ଘର ଦିନେ
ଓହଳ ବିକଳ ହୋଇ କାନ୍ଦେ ସାଂଗ ମେଳେ
ଗାଁ ସାରା କାନ୍ଦୁ ଥିଲେ ଝିଅ ବିଦାବେଳେ
ପୁଆଣି କନିଆ ହୋଇ ଯେବେ ଫେରେ ଗାଁ
କଂପି ଉଠେ ଗାଁ ଦାଣ୍ଡ, ଶୁଭେ ଉଁ, ଆଁ।"

ଏସବୁ ଆଜି ନିରର୍ଥକ ମନେ ହୋଇଛି। ଗ୍ଲୋବାଲାଇଜେସନ୍, ସହରୀକରଣ, ଟେକ୍ନୋଲୋଜିର ବ୍ୟବହାର ଆଜି ମଣିଷଠୁ ସବୁ ଛଡ଼ାଇ ନେଇଛି। ଗ୍ଲୋବାଲ୍ ୱାର୍ମିଂରେ ମଣିଷ ହନ୍ତସନ୍ତ। ଧନ ଅଛି, ପ୍ରାଚୁର୍ଯ୍ୟ ଅଛି କିନ୍ତୁ ସ୍ନେହ, ଶ୍ରଦ୍ଧା, ଭଲପାଇବା ଆଉ ନାହିଁ। ସବୁଠି ଗୋଟେ ପ୍ରତିଯୋଗିତା, ହୀନମନ୍ୟତା ବେଶି। ଗାଁ ଆଉ ଗାଁ ହେଇ ନାହିଁ। ରାସ୍ତା-ଘାଟ, ସ୍କୁଲ-କଲେଜ, କୋଠାବାଡ଼ିରେ ପରିପୂର୍ଣ୍ଣ। କିନ୍ତୁ ଆନ୍ତିରକତା ହଜିଯାଇଛି, ହଜିଯାଇଛି ମୂଲ୍ୟବୋଧ। ଅପସଂସ୍କୃତି ବଢ଼ି ବଢ଼ି ଚାଲିଛି।

"ସ୍ୱପ୍ନ ସବୁ ସୀମାହୀନ, ସଂଖ୍ୟାରେ ଅନେକ
କିଏ ଚାହେଁ ରାତାରାତି ହେବ ବଡ଼ ଲୋକ
ଦିଗହରା ହୋଇଛନ୍ତି ଏବେ ଗାଁର ବୋହୂ
ରହିଛନ୍ତି ବିଦେଶରେ, ଭାରି ତାଙ୍କ ଭାଉ।"

ଏ ସବୁରେ କବି ଯେମିତି ଅଣନିଃଶ୍ୱାସୀ ହୋଇ ଉଠିଛନ୍ତି। ଆମେରିକା

ଭଳି ଦେଶ – ପ୍ରାଚୁର୍ଯ୍ୟର ଗନ୍ତାଘର – ତଥାପି ଗାଁକୁ ଝୁରିହେବା – ମାଟିମନସ୍କତାର ପ୍ରମାଣ ଦିଏ। ପାପ ପୁଣ୍ୟର ଖେଳ ଚାଲିଥାଏ ଜୀବନରେ। ମଣିଷ ଜାଣିପାରେନି ତା' ନିଜ ଜାଣତରେ ବା ଅଜାଣତରେ ସେ କରି ଚାଲିଥାଏ ପାପ। ବେଳ ଥାଉଁ ଥାଉଁ ଧରମ ଅର୍ଜନ କରି ପାପରୁ ଉଦ୍ଧାର ପାଇବା ପାଇଁ ପ୍ରଭୁଙ୍କୁ ଡାକିବା ଦରକାର। 'ହାଟକୁ ଆସିଛି ସଉଦା କରି' କବିତାଟି ଫକୀରମୋହନଙ୍କ ମୁଁ ହାଟ ବାହୁଡ଼ା କବିତା ଭଳି ଅନୁଭବ କରିହୁଏ। ହାଟସାରି ହାଟୁଆ ଶୀଘ୍ର ଘରକୁ ଫେରିବା ପରି ପ୍ରଭୁଙ୍କୁ ପ୍ରାର୍ଥନା ମଣିଷ ତା'ର ଶୀଘ୍ର କାମସାରି (ହାଟସାରି) ବାହୁଡ଼ିଯିବ ଭଲରେ ଭଲରେ। କାମ ସରିଗଲେ ଯିଏ ଯାହା ବାଟରେ ଚାଲିଯିବ।

"ହାଟ ସରିଗଲା, ସଉଦା ସରିଲା
ଯାଉଛି ଘର
ଆତୁରେ ଡାକୁଛି ପହଞ୍ଚାଇ ଦିଅ
କରୁଣାକର।"

କଥାରେ ଅଛି- 'ଦେଇଥିଲେ ପାଇ'। ତୁମେ ଯଦି କାହାକୁ କିଛି ଦେଇଥିବ ତାହାହେଲେ ତୁମେ ପ୍ରତିବଦଳରେ କିଛି ପାଇବ। ଏଇ ଭାବଧାରା ଉପରେ ପର୍ଯ୍ୟବସିତ କବିତା 'ପାଇବାକୁ ଇଚ୍ଛା ଯଦି'। ସନ୍ତାନ ହିସାବରେ ପ୍ରତ୍ୟେକଙ୍କ ତାଙ୍କ ପିତାମାତା, ଭାଇଭଉଣୀ, ପରିବାର ପ୍ରିୟଜନଙ୍କ ପ୍ରତି କିଛି ନା କିଛି କର୍ତ୍ତବ୍ୟ ଅଛି। ମାତ୍ର ଆଜିର ସମାଜରେ ଏହାକୁ ଅଣଦେଖା କରାଯାଉଛି। ପରସ୍ପରକୁ ସ୍ନେହ କରିବା, ଭଲପାଇବା, ସମ୍ମାନ ଦେବା, ଏସବୁ ମାନବୀୟ ଗୁଣ, ମୂଲ୍ୟବୋଧ ଆଜି କମି କମି ଯାଉଛି, ତାକୁ ସଚେତନ କରାଇ ଦେଇଛନ୍ତି କବି ଯେମିତି।

"ବିଶ୍ୱ ଏକ ପରିବାର ମନେ ତୁମେ ରଖ
ବଡ଼ ହେବାପାଇଁ ତୁମେ ବଡ଼ଙ୍କଠୁଁ ଶିଖ
ସ୍ନେହ ପ୍ରେମ ଭାଇଚାରା ଭାବ ମୂଲ୍ୟବାନ
ନିଜ ସ୍ୱାର୍ଥେ ଯୋଡ଼ା ହେଲେ ଯିବ ସନମାନ
ଧନ ଯଦି ଆଜି ଅଛି କାଲିକି ନ ଥିବ
ମଣିଷ ପଣିଆ ଯୁଗ ଯୁଗକୁ ରହିବ।"

ନିଜ ମା' କମଳା ଦେବୀଙ୍କ ମୃତ୍ୟୁରେ ମ୍ରିୟମାଣ ହୋଇ କବିତାଟି ରଚିତ ହୋଇଛି 'ଶେଷ ଦେଖା' ନାମରେ। ସାବିତ୍ରୀ ଅମାବାସ୍ୟା ତିଥିରେ ମା'ଙ୍କ ମୃତ୍ୟୁରେ ବ୍ୟଥିତ ପ୍ରାଣ, ବ୍ୟାକୁଳିତ ମନ ମା'କୁ ହିଁ ଝୁରିଛି। ସାଂପ୍ରତିକ ସମୟରେ ଆମର ଭାଇ-ଭଉଣୀ, ପାରିବାରିକ ସଂପର୍କ ଛିନ୍ନ ଭିନ୍ନ ହୋଇଯାଉଛି। ପରସ୍ପର ପ୍ରତି ସ୍ନେହ,

ସୋହାଗ ଆଉ ପୂର୍ବ ପରି ନାହିଁ। ସେ ସଂପର୍କର ଡୋରି ଯେମିତି ଛିଡ଼ି ଛିଡ଼ି ଯିବାରେ ଲାଗିଛି। ପୁଣି କେତେବେଳେ ଦୁନିଆର ବିଚିତ୍ର ଲୀଳାରେ ମୁହ୍ୟମାନ ହୋଇ ଉଠିଛନ୍ତି କବି। ଦୁନିଆ ରଙ୍ଗମଞ୍ଚ ଭଳି। ଏକଥା ବହୁତ ଆଗରୁ ସେକ୍ସପିୟର କହିଥିଲେ ଏକ ନାଟକରେ। 'World is a Stage' ଧନ, ସଂପତ୍ତି, ପ୍ରତିପତ୍ତି ଏସବୁ ମିଛ। ଆମେ ସମସ୍ତେ ଜଣେ ଜଣେ କଳାକାର। ବିଭିନ୍ନ ଚରିତ୍ରରେ ଅଭିନୟ କରିସାରିବା ପରେ ବାହୁଡ଼ିଯିବା। ଏକା ସେହି ପ୍ରଭୁ ହିଁ ସାହା। ମୃତ୍ୟୁ ନିକଟରେ ସବୁ ତୁଚ୍ଛ। ଧନ, ଯୌବନ, ଏସବୁ ଅଳୀକ।

"ରାଜା, ପ୍ରଜା, ଧନୀ, ଦରିଦ୍ର ସମାନ
ହୁଏ ମୃତ୍ୟୁ ସାମନାରେ
କିଏ ଯାଏ ଆଗେ କିଏ ଯାଏ ପଛେ
ଏ ତ ନୀତି ସଂସାରରେ।"

ସାଂପ୍ରତିକ ରାଜନୀତି ଓ ନିର୍ବାଚନର ଚିତ୍ର 'ପଞ୍ଚାୟତ ନିର୍ବାଚନ' କବିତାରେ ବର୍ଣ୍ଣିତ। ଏକ ବ୍ୟଙ୍ଗାତ୍ମକ ମୂଳକ କବିତା। ପଞ୍ଚାୟତ ନିର୍ବାଚନରେ କିପରି ଲକ୍ଷ ଲକ୍ଷ ଟଙ୍କା ଖର୍ଚ୍ଚ ହେଉଛି, ମନ୍ତ୍ରୀ-ଏମ୍.ଏଲ୍.ଏ ମାନେ ପ୍ରଚାର କରୁଛନ୍ତି ଏଥି ସହ ନିର୍ବାଚନ ହିଂସା କିପରି ଦେଶକୁ - ରାଜ୍ୟକୁ ନଷ୍ଟ କରି ଚାଲିଛି ତା'ର ଚିତ୍ର ଏଥିରେ ପ୍ରତିଫଳିତ। ନିର୍ବାଚନ ଆସିଗଲେ ଚାରିଆଡ଼େ ଗୋଟେ ଅଶାନ୍ତିର ବାତାବରଣ ସୃଷ୍ଟି ହେବା ସହିତ ମରାମରି, ହଣାହଣି, ବମିଂ, ସବୁ ଚାଲେ। ସାଧାରଣ ମଣିଷମାନେ ବିଚରା ଅସୁବିଧାରେ ପଡ଼ନ୍ତି। ସେହି ରାଜନେତାମାନେ ହିଁ ସବୁର ମୂଳ। ଦେଶସେବା କରିବା ନାଁରେ ସବୁ ପ୍ରକାର କୁକାର୍ଯ୍ୟରେ ଲିପ୍ତ ଥାନ୍ତି। ସମୟ ଏବେ ବଦଳିଯାଇଛି। ଚାରିଆଡ଼େ ଅନ୍ୟାୟ, ଅନୀତି, ଦୁର୍ନୀତିର ଚେର ଲମ୍ବି ଲମ୍ବି ଚାଲିଚି। କବିଙ୍କ ଭାଷାରେ-

"ଅନ୍ୟାୟ ଅନୀତି ଶୋଷଣ ଦୁର୍ନୀତି
ସାରା ବିଶ୍ୱେ ଆଜି କରୁଛି ରାଜୁତି
ନେତାଏ ମାତନ୍ତି ଲାଭ ହେଉ ପଛେ
ଭୁଲି ସ୍ନେହ ଶ୍ରଦ୍ଧା ଶାନ୍ତି ଓ ମୈତ୍ରୀ।"

ଅନେକ କବିତାରେ ଆମେ ସାମାଜିକ ଚେତନା, ସମାଜ ପ୍ରତି ତାଙ୍କର ପ୍ରତିବଦ୍ଧତା ଥିବା ଲକ୍ଷ୍ୟ କରାଯାଏ। ଗାଁଠୁ ସହର, ଦେଶରୁ ବିଦେଶ ପର୍ଯ୍ୟନ୍ତ ସବୁଠି ଯେପରି ଅନ୍ୟାୟ, ଅନୀତିର ଚେର ଲମ୍ବି ଲମ୍ବି ଯାଇଛି। ମୋଟ ଉପରେ କବିଙ୍କ ଗ୍ରାମ୍ୟମନସ୍କତା ବେଶି ବେଶି ତାଙ୍କ କବିତାରେ ପ୍ରତିଫଳିତ ହୋଇଛି। କବିତାଗୁଡ଼ିକ ସରଳ, ସୁବୋଧ ଓ ଛନ୍ଦୋବଦ୍ଧ। ଭାବ ଓ ଆବେଗ ରହିଛି। ଦୁର୍ବୋଧତା ଆଦୌ ନାହିଁ

କିମ୍ବା ଆଧୁନିକ ଯୁଗର କବିଙ୍କ ପରି କବିତାରେ ହଟଚମଟ ନାହିଁ। ସରଳ, ସାବଲୀଳ ଭାଷାରେ କବିଙ୍କ ମନ କଥା ଯେପରି ବର୍ଣ୍ଣିତ; ଅତ୍ୟନ୍ତ ହୃଦୟସ୍ପର୍ଶୀ ହୋଇପାରିଛି।

'ସ୍ମୃତି ନୈବେଦ୍ୟ' କବିତା ସଂକଳନଟି ପ୍ରକାଶିତ ହୁଏ ୨୦୧୭ ମସିହାରେ। ଏଥିରେ ମଧ୍ୟ ୬୦ଟି ବିବିଧ ଅନୁଭବ, ଅନୁଭୂତି, ଘଟଣାର ଚିତ୍ର ପ୍ରତିଫଳିତ। କବିର କଳ୍ପନା ଚମତ୍କାର। ଶବ୍ଦଗୁଡ଼ିକୁ ସଜେଇ ନିଜର ଭାବାବେଗକୁ ପରିପ୍ରକାଶ କରିବା ଏକ ନିଆରାପଣ। ସେହି ନିଆରାପଣରେ ବାରିହୋଇପଡ଼ନ୍ତି କବି ଶଶଧର। ସତରେ କବି କେତେ ଗ୍ରାମ୍ୟମନସ୍କ। ସୁଦୂର ଆମେରିକାରେ ଥାଇ ଗ୍ରାମ୍ୟମନସ୍କ ହୋଇ ଉଠିଛନ୍ତି କବି। ଏ ସଂକଳନରେ କବିଙ୍କର ପ୍ରାୟ ୬ଟି କବିତା ସ୍ଥାନିତ ଗ୍ରାମ୍ୟଚେତନାକୁ ନେଇ। ପୁଣି କେତୋଟି ସମାଜ ସଚେତନ କବିତା ଅଛି ଅର୍ଥାତ୍ ସାମାଜିକ ସମସ୍ୟା, ଅର୍ଥନୀତିକ ଦିଗ, କଳାଟଙ୍କାର ରାଜୁତି, ଭଣ୍ଡବାବାମାନଙ୍କ ଦୌରାତ୍ମ୍ୟ, ଦାନମାଝୀ ପରି ମଣିଷ ଯେ କି ନିଜ ସ୍ତ୍ରୀର ଶବକୁ କାନ୍ଧରେ ବୋହି ପୃଥିବୀ ଚର୍ଚ୍ଚିତ ହୋଇଗଲା, ନିଜ ସ୍ତ୍ରୀକୁ ନେଇ କବିତା ମୀରା, ରାଜନୀତିରେ ବୈଷମ୍ୟ, ନାରୀ ନିର୍ଯାତନାର ଚିତ୍ର ତାଙ୍କ କବିତାରେ ଦେଖିବାକୁ ମିଳେ। ଗ୍ରାମ୍ୟ ଜୀବନର ଅଭୁଲା ସ୍ମୃତିକୁ ସେ ମନେ ପକାଇ ଶିହରିତ ହୋଇ ଉଠିଛନ୍ତି।

"ତା' ନାଁ ଧରିଲେ ଜାଗେ ଶିହରଣ
ଖୋଜି ଆଣିଦିଏ ମୋର ପିଲାଦିନ
ମନେ ଭରିଦିଏ ସେ ମଧୁ ସପନ
ଉହଳ ବିକଳ ହୁଏ ମୋର ମନ
ଭୁଲି ନାହିଁ, ତିଳେ ଭୁଲିନାହିଁ।"

'ସମୟ ପାଖେଇ ଆସିଲାଣି'ରେ ମୃତ୍ୟୁଚେତନା ପ୍ରତିଫଳିତ ହୋଇଛି। ମୃତ୍ୟୁ ପ୍ରତ୍ୟେକ ପ୍ରାଣୀଙ୍କର ଶେଷ କଥା। ଯିଏ ଏ ସଂସାରକୁ ଆସିଛି ସିଏ ନିଶ୍ଚେ ତା'ର କବଳିତ ହେବ। ସେହି ମୃତ୍ୟୁକୁ ନେଇ କବିଙ୍କ ଭାବନା ଭିନ୍ନ। ମୃତ୍ୟୁ ପରେ ତାଙ୍କର ଇଚ୍ଛା ତାଙ୍କର ଶବ ଗାଁ ଶ୍ମଶାନରେ ଗାତ ଖୋଳି ପୂର୍ବଦିଗକୁ ମୁଣ୍ଡ ରଖି ଶୁଆଇ ପକାଇବେ ଯେମିତି ସେ ଚନ୍ଦନ ଶ୍ରୀକ୍ଷେତ୍ରର ନୀଳଚକ୍ରକୁ ସବୁବେଳେ ଦେଖିପାରୁଥିବେ।

"ଅତି ଆନନ୍ଦରେ ପଡ଼ିଥିବି ଶୋଇ
ଶ୍ମଶାନକୁ ନେବେ ମୋର ଗାଁ ଭାଇ
ମୁଣ୍ଡ ଦେବେ ଶୋଇ ପୂରୁବ ଦିଗକୁ
କରି ଦେବେ ମୋର ମୁହଁ ଉପରକୁ
ଏତିକି ମିନତି ମୋ ଗାଁ ଭାଇଙ୍କୁ
ଯେମିତି ଦେଖିବି ତୋ ନୀଳଚକ୍ରକୁ।"

ଦେଶରେ 'କଳାଟଙ୍କା'ର ପ୍ରୟୋଗ କରି ନିର୍ବାଚନ ବୈତରଣୀ ପାରିହେବା ପାଇଁ ଚେଷ୍ଟା କରନ୍ତି ଲୋକେ। କଳାଟଙ୍କାର ଦୁରୂପଯୋଗ କରି କଳାକୁ ଧଳା କରିବାର ଚକ୍ରାନ୍ତରେ ଥାନ୍ତି ଦେଶର ରାଜନେତାମାନେ। ଏହି କବିତା ମାଧ୍ୟମରେ କବି ତାଙ୍କ ମନର କ୍ଷୋଭକୁ ପ୍ରକାଶ କରିଛନ୍ତି। ସାଂପ୍ରତିକ ସମାଜରେ ଭଣ୍ଡବାବାମାନଙ୍କ ଦୌରାତ୍ମ୍ୟ ବଢ଼ି ବଢ଼ି ଚାଲିଛି। ମିଛର କୁହୁକ ମନ୍ତ୍ରରେ ସାଧାରଣ ମଣିଷଙ୍କୁ କିମିଆ କରି ଚାଲିଛନ୍ତି। ଆଉ ସାଧାରଣ ମଣିଷମାନେ ପାଗଳଙ୍କ ଭଳି, ଅନ୍ଧ ଭଳି ବିଶ୍ୱାସ କରିଚାଲିଛନ୍ତି। ଧର୍ମ ନାମରେ କେତେ ବ୍ୟଭିଚାର ଚାଲୁଛି ତା'ର ଚିତ୍ର 'ଭଣ୍ଡବାବା' କବିତାରେ ଦେଖିବାକୁ ମିଳେ।

"ଧର୍ମ ନାମେ ଚାଲୁଅଛି କେତେ ବ୍ୟଭିଚାର
ଗେରୁଆ ପିନ୍ଧି କହନ୍ତି କଥା ସେ ଧର୍ମର।

X X X

କଉପୁନି ପିନ୍ଧି କେତେ ବାବା ବୁଲୁଛନ୍ତି
ମଦ ମାଂସ ନାରୀ ସଂଗେ ଲୀଳା କରୁଛନ୍ତି।

X X X

ଅନନ୍ତ ଶୟନ ହୁଏ ଦାମୀ ପଲଙ୍କରେ
ସେବା କରୁଥାନ୍ତି ନାରୀ ତାଙ୍କରି ପୟରେ।

X X X

ନାବାଳିକା କନ୍ୟାମାନେ ବାବାଙ୍କର ପ୍ରିୟ
ଗୁପ୍ତ ସେବା କରୁଥାନ୍ତି ବିକି ତାଙ୍କ ଦେହ।

X X X

ରାଜ୍ୟର କଳଙ୍କ ସିଏ ଦେଶର କଳଙ୍କ
ସ୍ୱଚ୍ଛ ଭାରତ ଗଢ଼ି ରଖିବେ ଦେଶ ଟେକ ?
ସାବଧାନ ଥିବ ଭାଇ, ଦେଇ ହାତ ଟେକି
ଦୂରୁ ଜୁହାର କରିବ ନିଶ୍ଚେ ତାଙ୍କୁ ଦେଖି।"

ନିଜ ସ୍ତ୍ରୀଙ୍କୁ ନେଇ ଅନେକ ବ୍ୟଙ୍ଗାତ୍ମକ କବିତା ରଚନା କରିଛନ୍ତି ସେ ମୀରା ନାମରେ। ନିଜ ସ୍ତ୍ରୀଙ୍କ ସଂପର୍କରେ ଅତି ରୋଚକ, ହାସ୍ୟାତ୍ମକ ଭଙ୍ଗୀରେ କବିତାଟି ରଚନା କରିଛନ୍ତି ଯାହା ଆନନ୍ଦିତ କରିବ ପାଠକଙ୍କୁ।

"ସ୍ୱାସ୍ଥ୍ୟ ପ୍ରତି ଭାରି ନଜର
କିଛି ହେଲେ ଟିକେ ଦେଖେ ଡାକ୍ତର

ଜଗି ରଖି କରି ସେ ଖାଏ, ସେ ପିଏ
ଓଜନ ନ ବଢୁ ଚିନ୍ତା ତାହାର
ଆଣ୍ଠୁଗଣ୍ଠି ଧରୁଛି ଯେବେ
ଏକ୍‌ସରସାଇଜ୍ କରୁଛି ତେବେ
ହାଇପର ଆକ୍‌ଟିଭ୍ ପାଟିଟା ତାର।"

ସବୁଠି ଏବେ ବି ଦାରିଦ୍ର୍ୟର ଲୀଳାଖେଳା ଚାଲିଛି। ଆମ ଦେଶରେ ଏବେ ବି ଗରିବ, ଅନାଥ, ଭିକାରୀମାନେ ଅଛନ୍ତି, ଯିଏ ଅନ୍ୟ ଆଗରେ ହାତ ପତାଇ ବଞ୍ଚୁଛନ୍ତି। ବିଭିନ୍ନ ସ୍ଥାନରେ ଲେଖକ ତାକୁ ଆବିଷ୍କାର କରିଛନ୍ତି। ଏ ଦେଶରେ ଅଭାବ ଅଛି। ସେ ସବୁର ଚିତ୍ର ଦେଖିବାକୁ ମିଳେ ଟ୍ରେନ୍, ବସ୍, ଷ୍ଟେସନ୍‌ରେ, ସପିଙ୍ଗ୍‌ମଲ୍‌ରେ, ଟ୍ରାଫିକ୍ ଛକରେ କିନ୍ତୁ ଆମେରିକା ଭଳି ବିଶ୍ୱର ସବୁଠୁ ଧନୀ ରାଷ୍ଟ୍ରରେ ବି ଏମିତି ଅଘଟଣ ଘଟୁଛି। ସେଠି ବି ଦାରିଦ୍ର୍ୟ ନିପୀଡ଼ିତ ମଣିଷ ଅଛନ୍ତି ଯିଏ ମଧ୍ୟ ମାଗନ୍ତି - ପ୍ଲାକାର୍ଡ ଧରି।

"ବିଶ୍ୱର ସବୁଠୁ ଧନୀ ରାଷ୍ଟ୍ରରେ ବି
ଆଜି ଏମିତି ଅଘଟଣ ଘଟୁଛି
ସେମାନଙ୍କ ପୁରୁଣା ସ୍ୱପ୍ନ ସବୁ
ହଜିଯାଇଛି
ନୂଆ ସ୍ୱପ୍ନ ସବୁ ବାଟବଣା
ହେଇଯାଇଛି।

ଏ ସଂକଳନର ଏକ ହୃଦୟସ୍ପର୍ଶୀ କବିତା ହେଉଛି 'ଦାମିନୀ'। ଦାମିନୀ କିଛି ବର୍ଷ ତଳେ ସାରା ଭାରତରେ ହଇଚଇ ସୃଷ୍ଟି କରିଥିଲା। ତା'ର ମୃତ୍ୟୁ ଥିଲା କିଛି ଜହ୍ଲାଦଙ୍କ କଳାକାରର ଶିକାର ହୋଇ। ସାରା ଭାରତ ଏହି ଦୁଃଖଦ ମୃତ୍ୟୁରେ ସ୍ତମ୍ଭୀଭୂତ ହୋଇଥିଲା - ପୁଣି କିଛିଦିନ ପରେ ସବୁ ଠିକ୍‌ଠାକ୍ ଚାଲିଲା। ତା'ର କରୁଣ ମୃତ୍ୟୁ କବି ଶଶଧରଙ୍କୁ ଆପ୍ଲୁତ କରିଛି। ତା'ରି ସ୍ମୃତିରେ ଏ କବିତା ଦାମିନୀ।

"ତା' ପ୍ରେମ ଆଜି ଶାଶ୍ୱତ
ସେ ମରି ଆଜି ଜୀବିତ
ତା' ଭଲ ପାଇବା ଥିଲା ତା'ର ସ୍ୱପ୍ନର ପୁରୁଷକୁ
ତା' ପରିବାରକୁ, ଏ ଦୁନିଆକୁ
କେଉଁ ବ୍ୟଭିଚାରୀଙ୍କର ରୁଗ୍‌ଣ ମାନସିକତାର
ଶିକାର ହୋଇ ଛାଡ଼ି ଚାଲିଗଲା ଏ ଦୁନିଆରୁ।"

କବିଙ୍କ ରଚିତ 'ବାଇଶ ପାହାଚ', 'ମହତବାଣୀ', 'ନ ହୁଏ ମୁଁ ବାଇ',

'ମାଗୁନାହିଁ କେହି ସରଗ ସୁଖ' ପ୍ରଭୃତି କବିତାଗୁଡ଼ିକ ଆଧ୍ୟାତ୍ମିକ, ଜଗନ୍ନାଥକୈନ୍ଦ୍ରିକ ରଚନା। ନିଜର ଭକ୍ତି ନୈବେଦ୍ୟ ଏଥିରେ ବଢ଼ାଯାଇଛି। ପ୍ରଭୁଙ୍କ ଚରଣାରବିନ୍ଦରେ ଚିତ୍ତକୁ ସମର୍ପିତ କରି ଦେଇଛନ୍ତି। ପ୍ରଭୁଙ୍କ ବିନା କେହି ରକ୍ଷା କରିପାରିବେ ନାହିଁ। ସବୁ ଲୀଳାଖେଳା ପ୍ରଭୁଙ୍କର। କବିତାଗୁଡ଼ିକ ହୃଦୟକୁ ଛୁଇଁଗଲା ପରି ମନେହୁଏ। କବିତାଗୁଡ଼ିକର ଛନ୍ଦ ଓ ରଚନାଶୈଳୀ ଅତୀବ ମନୋମୁଗ୍ଧକର।

୫୪ଗୋଟି ବିବିଧ ଭାବ, ଭାବନା, ଚିନ୍ତନ, ଅନୁଭବ ରସାଣିତ ଇସ୍ତାହାର ହେଉଛି 'ସ୍ୱପ୍ନର ଭଗ୍ନାଂଶ'। ଜୀବନ ସହିତ ସାହିତ୍ୟର ଅଭେଦ ସଂପର୍କକୁ ଦୀର୍ଘ ଜୀବନର ଅନୁଭବକୁ ଶାବ୍ଦିକ ରୂପ ଦେବାରେ ସତତ ପ୍ରୟାସୀ ଶଶଧର ମହାପାତ୍ର। ଜୀବନର ତିକ୍ତ ମଧୁର ଅନୁଭୂତିକୁ ସାଉଁଟି ତାକୁ କାବ୍ୟିକ ଛଟାରେ ମହିମା ମଣ୍ଡିତ କରିବା ଉପଲକ୍ଷେ ଶଶଧର ଧରିଛନ୍ତି କଲମ। ଆଉ ସେହି କଲମ ମୁନରେ ଆଙ୍କିଛନ୍ତି ଜୀବନର କାନ୍‌ଭାସ୍। ବ୍ୟକ୍ତିଗତ କଥା, ଐଶ୍ୱରୀୟ ଚେତନା, ସାମାଜିକ ଦୃଷ୍ଟି ତାଙ୍କ କବିତାରେ ସ୍ତରେ ସ୍ତରେ ପ୍ରତିଫଳିତ। ଏ ସଂକଳନର ଅଧିକାଂଶ କବିତାରେ ଆମେ ଭେଟୁ କବିଙ୍କ ଐଶ୍ୱରୀୟ ଚେତନାକୁ ଜଗନ୍ନାଥୈକ ପ୍ରାଣତାକୁ। ସବୁଠୁ ଗୋଟେ ବଡ଼ ଆଶ୍ୱସ୍ତିର କଥା ହେଉଛି ଶଶଧର ବାବୁ ହେଉଛନ୍ତି ଏକନିଷ୍ଠ ଓଡ଼ିଆ। ସେ ପୂର୍ଣ୍ଣପ୍ରାଣରେ ନିଜକୁ ସମର୍ପିଛନ୍ତି ଶ୍ରୀଜଗନ୍ନାଥଙ୍କ ପାଖରେ। ତାଙ୍କର ଅନେକ କବିତାରେ ସେହି କୋଟି ହୃଦୟର ନାଥ ଜଗନ୍ନାଥଙ୍କ କଥା ରହିଛି। ତାଙ୍କ ଲୀଳା, ଖେଳା, ତାଙ୍କ ପ୍ରତି ଅଭିମାନ, କରୁଣା ସବୁର ବର୍ଣ୍ଣନା ଦେଖିବାକୁ ମିଳେ। ଏ ସଂକଳନର ପ୍ରଥମ କବିତା ସେହି ଜଗନ୍ନାଥଙ୍କ ଉଦ୍ଦେଶ୍ୟରେ। 'କୃପାକର ଭାବଗ୍ରାହୀ'। ଜଗନ୍ନାଥଙ୍କୁ ନିଜର ମନକଥା କହିଛନ୍ତି। ପ୍ରଭୁ ଶ୍ରୀଜଗନ୍ନାଥ ସବୁ ଜାଣନ୍ତି, ସେ ସବୁଥିରୁ ହିଁ ରକ୍ଷା କରିବେ।

"ଜୀବନର ଏହି ସାୟାହ୍ନ ବେଳାରେ
କରୁଅଛି ମୁଁ ଗୁହାରୀ
ଭାବର ଠାକୁର ଭାବ ବୁଝିପାର
କରିବ କି ଭବୁ ପାରି ?"

ବାପା ମା' ହିଁ ଚଳନ୍ତି ଠାକୁର। ତାଙ୍କ ଉଦ୍ଦେଶ୍ୟରେ ଗୋଟିଏ କବିତା ମଧ୍ୟ ରହିଛି ଯେଉଁଥିରେ ବାପା-ମା'ଙ୍କୁ ହିଁ ଭଗବାନଙ୍କ ରୂପ ବୋଲି ବିବେଚନା କରାଯାଇଛି। 'ପୁଲୱାମା' ଯୁଦ୍ଧରେ ଶହୀଦ ହୋଇଥିବା ଯବାନମାନଙ୍କ ଉଦ୍ଦେଶ୍ୟରେ ରହିଛି କବିଙ୍କ ଶ୍ରଦ୍ଧାଞ୍ଜଳି। ପୁଣି ରହିଛି ସାମାଜିକ ମନକୁ ବାର୍ତ୍ତା। ମିଠୁ - ସୋସିଆଲ୍ ମିଡିଆରେ କିମିଆ କରି ରଖିଥିଲା ଏ ଦେଶର ଯୁବକ ଯୁବତୀଙ୍କୁ। ତା'ର ମନ୍ଦ ଉଦ୍ଦେଶ୍ୟ ସଂପର୍କରେ କବି ସଚେତନ। ବାରମ୍ବାର ବିଭିନ୍ନ ପ୍ରାକୃତିକ ବିପର୍ଯ୍ୟୟ ଏ ମାଟିକୁ

ରସାତଳଗାମୀ କରି ଚାଲିଛି। ବିଭିନ୍ନ ସମୟରେ ବାତ୍ୟା ଆସିଛି ବିଭିନ୍ନ ନାମରେ। ତିତିଲି, ହୁଡ୍‌ହୁଡ୍, ଫାଇଲିନ୍, ଫନି ନାମରେ ନାମିତ ଏହି ବାତ୍ୟା ମଣିଷଙ୍କୁ କେତେ ଦୁଃଖ ଯାତନା ଦେଇ ଯାଇଛି। ଏହା ଦ୍ୱାରା ଅନେକ କ୍ଷତିଗ୍ରସ୍ତ ହୋଇଥିବା ବେଳେ କିଛି ଠକ, ଧପାବାଜମାନେ ଲାଲେ ଲାଲ। ମାତ୍ର ଅନେକ ଏଥିରେ ତହଳ ବିକଳ। ଏସବୁକୁ ଯେଉଁମାନେ ଅଂଗେ ନିଭେଇଛନ୍ତି ସେମାନେ ଜାଣିଛନ୍ତି ଏହା କେତେ କଷ୍ଟ ଦେଇଛି। ତଥାପି, ବିଦେଶରେ ରହି କବି ଏସବୁକୁ ଯେମିତି ମାନସ ଚକ୍ଷୁରେ ଦେଖିପାରିଛନ୍ତି। ଫନି ପର ଦୃଶ୍ୟ -

"ନ ମିଳଇ ପାଣି ଖାଦ୍ୟ ନାହିଁ ବାସସ୍ଥାନ
ଚାରିଆଡ଼େ ଦିଶୁଅଛି ସତେ କି ଶ୍ମଶାନ
ବାହୁଡ଼ିବାବେଳେ ତୁମ୍ଭେ ପଡ଼ିଲ କି ଥକି
ଯିବାବେଳେ ସାରିଦେଲ ଯାହା ଥିଲା ବାକି
ଅନେକ ପ୍ରଜାଙ୍କୁ ଦେଲ ଅଶେଷ ବେଦନା
ତୁମେ ଯିବା ପରେ ମିଳୁ ନାହିଁ ମୁଠେ ଦାନା।"

କବି ସମକାଳୀନ ସମୟର ବାର୍ତ୍ତାବହ। କବି ଚାହେଁ ସମାଜକୁ ସଜାଡ଼ିବାକୁ। ସେ ଜାଗ୍ରତ ପ୍ରହରୀ। ସମାଜର ଘଟୁଥିବା ଅନ୍ୟାୟ, ଅନୀତି, ଦୁର୍ନୀତି ବିରୋଧରେ ତା'ର କଲମ ଗର୍ଜିଉଠେ। ଭୋଟ୍ ପାଇଁ ସବୁ ନାଟ ଏଠି ଚାଲିଛି। ବିଭିନ୍ନ ପ୍ରହେଳିକା ଦେଖାଇ ଲୋକଙ୍କୁ ଲୁଟ୍ କରି ଚାଲିଛନ୍ତି ରାଜନେତାମାନେ।

"ଶାସନରେ ରହି ଅନ୍ଧ ହୋଇଯାଇ
ଭୁଲିଯାନ୍ତି ଜନସେବା
ଇଲେକ୍‌ସନ୍ ବେଳେ ହାତ ଯୋଡ଼ିଥାନ୍ତି
ଲକ୍ଷ୍ୟ ଭୋଟ୍ ହାତେଇବା।"

ସାମାଜିକ ସଚେତନତା, ସାମାଜିକ ପ୍ରତିବଦ୍ଧତାର ସ୍ୱର ତାଙ୍କ କବିତା 'କୁନ୍ଦୁଲି ପୀଡ଼ିତା'ରେ ଦେଖିବାକୁ ମିଳେ। କୁନ୍ଦୁଲି ପୀଡ଼ିତା ଝିଅର ମୃତ୍ୟୁରେ ସମବେଦନା ଜଣାଇ, ସମକାଳୀନ ସମୟର ରୁଗ୍ଣ ମାନସିକତା, ହୀନ ରାଜନୀତିକୁ, ଗୁଣ୍ଡାଗିରି, ଆଇନ, ପ୍ରଶାସନକୁ ଧିକ୍କାର କରିଛନ୍ତି। କାରଣ ଝିଅମାନେ ଏବେ ବି ନିରାପଦ ନୁହନ୍ତି - ତା'ର ପ୍ରମାଣ କୁନ୍ଦୁଲି ପୀଡ଼ିତା। ପୁଣି ଝିଅଟିଏ ଏକୁଟିଆ ଯିବାକୁ ମଧ୍ୟ ମନା ଥିଲା, କିନ୍ତୁ ସମୟ ବଦଳି ଯାଇଛି ଝିଅ ମା' ସବୁ କରିପାରୁଛନ୍ତି। ପୁଅ-ଝିଅ ସମାନ। ପୁଅ ଯାହା କରିବ ଝିଅଟିଏ ବି ତାହା କରିପାରିବ। ହେଲେ ଏ ଚିନ୍ତାଧାରା ବାସ୍ତବ ରୂପ ନେବାକୁ ଆହୁରି ସମୟ ଲାଗିବ। କେବେ କେବେ ସ୍ମୃତିକୁ ସାଉଁଟା ଯାଏ,

କାରଣ ସ୍ମୃତିକୁ କେହି ଫିଙ୍ଗି ପାରନ୍ତି ନାହିଁ। କବିଙ୍କର ଅତୀତ ସ୍ମୃତି ସଜୀବ ହୋଇ ଉଠିଛି। ସ୍ମୃତିକୁ ନେଇ ସୁନ୍ଦର ଅନୁଭବ କବିଙ୍କର।

"ସ୍ମୃତି !
କେବେ ସରସ, ସୁନ୍ଦର ସ୍ୱପ୍ନଟିଏ
କେବେ ନୀଡ଼ହରା ଏକ ପକ୍ଷୀଟିଏ
କେବେ ପଥହରା ଏକ ପାନ୍ଥଟିଏ
କେବେ ଦେଖାଦିଏ କେବେ ହଜିଯାଏ
କେବେ ମୁଗ୍ଧ ଭରା ଜହ୍ନରାତି
କେବେ ତିକ୍ତ ସେ ଅନୁଭୂତି।

ବାସ୍ତବିକ, ସ୍ମୃତି ହିଁ ଏହା। ସ୍ମୃତି କେବଳ ସ୍ମୃତି। ତାହା ସତେଜ ଅନୁଭବଟିଏ।

ପୁଲଓ୍ୱାମା ଘଟଣାର ଚାଳିଶରୁ ଊର୍ଦ୍ଧ୍ୱ ଯବାନ ଶହୀଦ ହୋଇଯାଇଥିଲେ ଆତଙ୍କବାଦୀଙ୍କ ଲ୍ୟାଣ୍ଡମାଇନ୍ ବିସ୍ଫୋରଣରେ, ଯାହା ଭାରତବାସୀଙ୍କୁ ସ୍ତବ୍ଧ, ଚକିତ କରିଦେଇଥିଲା। ଚାରିଆଡ଼େ ଯବାନ୍‌ଙ୍କ ଜୟଗାନ କରାଯାଇ ତାଙ୍କ ସ୍ମୃତିରେ ବିଭିନ୍ନ କୃତ୍ୟ କରାଯାଇଥିଲା। ସେହି ମର୍ମନ୍ତୁଦ ଘଟଣାରେ କବିଙ୍କ ଲେଖନୀରୁ ଝରିପଡ଼ିଛି 'କୋଇଲି, ଗଲା ପୁତ୍ର ବାହୁଡ଼ି ନଇଲା' କବିତା। ଯାହା କରୁଣ ରସରେ ପରିପୂର୍ଣ୍ଣ। ପ୍ରାଚୀନ କବିଙ୍କ କେଶବ କୋଇଲି ଆଧାରରେ ଏ କବିତାଟି ରଚନା ହୋଇଛି, ଏହା ମଧ୍ୟ ପାଠକଙ୍କ ହୃଦୟକୁ ଛୁଇଁଯିବାର ସମସ୍ତ କଳାକୁ ଆପଣେଇ ଦେଇଛି। ଦୁଇ ଶହୀଦ ଓଡ଼ିଶାର ମନୋଜ ଓ ପ୍ରସନ୍ନଙ୍କ ଅକାଳ ନିଧନରେ ମ୍ରିୟମାଣ ହୋଇ କବିଙ୍କ ଏ କବିତା ଅତୀବ ହୃଦୟସ୍ପର୍ଶୀ। କବି ଚାହିଁଛନ୍ତି ପୁଣି ଫେରି ଆସୁ ତାଙ୍କ ପିଲାଦିନ। ମାତ୍ର ତାହା କ'ଣ ସମ୍ଭବ? ମାଗିଥିଲି ସମୟକୁ ଫେରାଇଦେବ ମୋ ପିଲାଦିନ ଯେଉଁଥିରେ ଥିବ କଅଁଳିଆ ଡାକ, ଅଝଟପଣ, ଲୁଚକାଳି ଖେଳ, ରାଗ, ରୁଷା, ଅଭିମାନ ଏସବୁ ଆଉ ମିଳିବା ସାତ ସପନ, ଅସମ୍ଭବ, କିନ୍ତୁ ପିଲାଦିନର ସେହି ସ୍ମୃତି କବିଙ୍କୁ ବିହ୍ୱଳିତ କରିଛି।

"ଖେଳୁଥିଲି ଲୁଚକାଳି ମୋ ବୋଉର ପଣତ କାନିରେ
ଅସ୍ତବ୍ୟସ୍ତ କରୁଥିଲି ଦିନରାତି ତା' ଇଚ୍ଛା ବିରୁଦ୍ଧରେ।

ଏମିତି ବିବିଧ ଚିନ୍ତା, ଭାବନାର, ସାମାଜିକ ପ୍ରତିବଦ୍ଧତାର ସ୍ୱର ଫୁଟିଉଠିଛି କବି ଶଶଧରଙ୍କ କବିତା ପଙ୍‌କ୍ତିରେ। ସ୍ୱପ୍ନର ଭଗ୍ନାଂଶରେ ଅଛି ସମକାଳୀନ ସମାଜର ବାସ୍ତବ ଚିତ୍ର, ଅଙ୍ଗେନିଭା ଘଟଣା, ପୁଣି ଈଶ୍ୱରଙ୍କଠାରେ ସମର୍ପିତ ଭାବନା। କବିତାରେ ଅଛି ଛନ୍ଦ ଲାଳିତ୍ୟ। ସାଂଗୀତିକତାର ସ୍ୱର ପ୍ରତ୍ୟେକ କବିତାରେ ଅନୁଭବ କରିହୁଏ। କବିତାରେ ଅଛି ସ୍ୱର୍ଣ୍ଣ ଜୀବନବୋଧ।

'ନଈ ଆରପାରି ଜହ୍ନ' ୨୦୨୨ ମସିହାରେ ପଞ୍ଚମ କବିତା ସଂକଳନ ଭାବେ ଆତ୍ମପ୍ରକାଶ କରେ ୬୦ଟି କବିତାକୁ ନେଇ। କ୍ରମଶଃ କବିତାଗୁଡ଼ିକର ଭାବ, ଭାଷା, ଶୈଳୀରେ ଆସିଛି ପରିବର୍ତ୍ତନ। ଦୀର୍ଘ ଅନୁଭବ, ଶାଣିତ ଜୀବନବୋଧ କବିତାଗୁଡ଼ିକ ସାମାଜିକ ପରିବର୍ତ୍ତନର ସ୍ୱରରେ ଅନୁରଣିତ। ନିଜର ପ୍ରସାରିତ ଦୃଷ୍ଟି, ଅନ୍ତର୍ଚେତନାର ଏକ ଦିବ୍ୟ ଝଲକରେ କବିତାଗୁଡ଼ିକ ଉର୍ଜ୍ୱସ୍ୱଳ। କବିତାଗୁଡ଼ିକରେ ଅଛି ସାମାଜିକ ପ୍ରତିବଦ୍ଧତାର ସ୍ୱର। ସାଂପ୍ରତିକ ପରିବେଶ ଓ ପରିସ୍ଥିତିକୁ ଆଖି ଆଗରେ ରଖି ଜୀବନ ଜିଜ୍ଞାସାର ଜଟିଳ ଗଣିତ ସବୁ ଖୁବ୍ ସରଳ ଓ ସାବଲୀଳ ଭାବେ ଝରଣା ପରି ଝରି ଆସିଛି। ପୂର୍ବଭଳି ତାଙ୍କ କବିତାରେ ଈଶ୍ୱରୀୟ ଚେତନା, ସାମାଜିକ ସଚେତନତା, ସ୍ୱପ୍ନ ଓ ସଂଭାବନାର ମିଶ୍ରରାଗ କବିତାଗୁଡ଼ିକୁ ଅପୂର୍ବ ଶ୍ରୀ ମଣ୍ଡିତ କରି ଗଢ଼ି ତୋଳିଛି। ଗାଁର ପରିଚିତ ଦୃଶ୍ୟ, ସୁଖଦୁଃଖ, ମାଟି ପାଣି ପବନ, ଅଭାବ ଅନଟନ, ଲହୁଲୁହର ଅମ୍ଳାନ ସ୍ମୃତି ତାଙ୍କ କବିତାଗୁଡ଼ିକ ଆନମନା କରିଛି। ତାଙ୍କ କବିତା ସାଂପ୍ରତିକ ଘଟଣାବଳୀ, ଜୀବନର କିଛି ବାସ୍ତବ ଓ ରୋଚକ ଘଟଣାକୁ ନେଇ ପୁଣି ଅଧିକାଂଶ କବିତାରେ ଅଛନ୍ତି ପ୍ରଭୁ ଶ୍ରୀଜଗନ୍ନାଥ। ଜଗନ୍ନାଥଙ୍କୁ ଯେମିତି ଜାଣି ଜାଣି ଯୋଡ଼ି ଦିଆଯାଇଛି କାରଣ ଯେ ଜଗନ୍ନାଥୈକପ୍ରାଣା ସେ କେମିତି ବା ତାଙ୍କୁ ଛାଡ଼ି ରହିପାରିବେ! ପ୍ରତ୍ୟେକ କବିତା ସଂକଳନରେ ତାଙ୍କ ଗାଁର କଥା ରହିଛି। ଗାଁରେ ଯେମିତି ତାଙ୍କ ଆତ୍ମା ନିଜ ଦେଶରେ ଆଉ ବିଦେଶରେ ତାଙ୍କ ଶରୀର। ଯେଉଁ ଗାଆଁଟିରେ ସେ ଜନମ ନେଇଛନ୍ତି ତାକୁ ସେ ଭୁଲିପାରିନାହାନ୍ତି ଆଦୌ। ବିଶେଷ କରି ତାଙ୍କ ଓଡ଼ିଶା, ତାଙ୍କ ଗାଁ, ରାଜଧାନୀ, ଓଡ଼ିଶାର ବାତ୍ୟା ଇତ୍ୟାଦି ତାଙ୍କ ଚେତନାର କେନ୍ଦ୍ରବିନ୍ଦୁ। ପୁଣି ଓଡ଼ିଶାର ଆରାଧ୍ୟ ଜଗନ୍ନାଥ ତାଙ୍କ ପ୍ରାଣ। ନିଜ ଗାଁ ନାରୀ ଗାଁ, ଯେଉଁଠି ସେ ଜନ୍ମ ହୋଇଥିଲେ, ଯାଜପୁର ଜିଲ୍ଲାରେ ଅବସ୍ଥିତ। ସେହି ନାରୀ ଗାଁ ତାଙ୍କର ଜୀବନର ଯେମିତି ପ୍ରାଣକେନ୍ଦ୍ର, ସେହି ଗାଁରେ ତାଙ୍କ ଶେଷ ଜୀବନ କଟିବା ସହ ଗାଁ ଶ୍ମଶାନରେ ସେ ଦାହ ହେବେ ଏଇ କଥା ସେ ଚାହିଁଛନ୍ତି।

"ଯେଉଁ ମାଟିରେ ଜନମ ମୋର
ସେଇଠି ମରଣ ହେଉ
ହେ ମହାବାହୁ! ଏତିକି କରୁଣା ହେଉ
ନାରୀ ଗାଁରେ ଜୀବ ଯାଉ
ତା'ର ଶମଶାନ ମୋର ସ୍ୱର୍ଗଦ୍ୱାର
ତୋଳିନେଉ ମୋତେ କରି ଆପଣାର
ଏ ମରଣ ଶରୀର ସେହି ସ୍ୱର୍ଗଦ୍ୱାରେ
ତା ମାଟିରେ ମିଶିଯାଉ।"

ଜଗନ୍ନାଥଙ୍କୁ ନେଇ ଅଛି ତାଙ୍କର କେତୋଟି କବିତା, ଯେଉଁଥିରେ ଜଗନ୍ନାଥଙ୍କ ପ୍ରତି ଭକ୍ତି, ନୈବେଦ୍ୟ ଅର୍ପଣ କରିଛନ୍ତି। ଆହେ ଜଗନ୍ନାଥ, ଜୀବନ ଏକ ସାପଶିଡ଼ି ଲୁଡୁଖେଳ, କରୁଣାର ବାରି ସିଞ୍ଚିଦେଲେ ଟିକେ, ଦୁଆର ଅଛି ମେଲା, ବଢ଼ାଇ ଦେବ କି ହାତ ?, କବିତାଗୁଡ଼ିକ ଜଗନ୍ନାଥକୈନ୍ଦ୍ରିକ। କବିତାଗୁଡ଼ିକରେ କବିଙ୍କର ଭକ୍ତିଭାବ, ଭକ୍ତିନୈବେଦ୍ୟ ପ୍ରତିଫଳିତ ହୋଇଛି। ନିଜକୁ ପ୍ରଭୁଙ୍କୁ ପାଦତଳେ ସମର୍ପିତ କରିଦେଇ ତାଙ୍କରି ଇଚ୍ଛାରେ ବଞ୍ଚିବାକୁ ଚାହିଁଛନ୍ତି କବି।

୨୦୨୦ରୁ ୨୦୨୧ ଶେଷ ପର୍ଯ୍ୟନ୍ତ ପ୍ରାୟ ଦେଢ଼ବର୍ଷରୁ ଊର୍ଦ୍ଧ୍ୱ ସମଗ୍ର ବିଶ୍ୱ କରୋନା ମହାମାରୀର ଶିକାର ହେଲା ଆଉ ଅବିଳମ୍ବେ ଲକ୍ଷ ଲକ୍ଷ ଜୀବନ ଚାଲିଗଲା। ବର୍ଷାଧିକ ସମୟ ଗୃହବନ୍ଦୀ ହୋଇ ରହିଲେ ମଣିଷ। ଜୀବନ ହେଲା ଦୁର୍ବିସହ। ଲକ୍ଷ ଲକ୍ଷ ଲୋକ ନିଜର ଜୀବିକା ହରାଇଲେ। ଖାଇବାକୁ ମିଳିଲାନି। ସମସ୍ତେ ଯେମିତି ଗୋଟିଏ ଡଙ୍ଗାରେ ବସିଥିଲେ। ସେହି କରୋନା ମହାମାରୀ ଉପରେ ପ୍ରାୟ ୧୦ଟିରୁ ଊର୍ଦ୍ଧ୍ୱ କବିତା ଏ ସଂକଳନରେ ସ୍ଥାନିତ। 'କରୋନା ସୁନ୍ଦରୀ ୧-୫', 'କରୋନା ବନ୍ଦନା', 'କରୋନାର ତୃତୀୟ ଲହର', 'କରୋନା ଉବାଚ', 'ଜୀବନ ଏକ ସାପ ଶିଡ଼ି ଖେଳ'ରେ କରୋନାର ଭୟାବହତାର ଚିତ୍ର ବର୍ଣ୍ଣିତ।

"କରୋନା ଭୂତାଣୁ ସାରା ବିଶ୍ୱରେ
ସାଜିଅଛି ଆଜି ଭୂତ
ଲକ୍ଷ ଲକ୍ଷ ଲୋକ ତା' ପାଇଁ ଭୋଗନ୍ତି
କିଏ ଜୀବିତ କେ ମୃତ।"

'ଇସ୍, ଇଏ କି କବିତା'ରେ କବିଙ୍କ ବ୍ୟଙ୍ଗାତ୍ମକ ଦୃଷ୍ଟି ପ୍ରତିଫଳିତ ହୋଇଛି। ସମାଜରେ ଘଟୁଥିବା ପ୍ରତ୍ୟେକ ଘଟଣାର ଚିତ୍ର ଏଥିରେ ଅଛି। ଆମ ରାଜ୍ୟ ଓଡ଼ିଶାକୁ ନେଇ ରହିଛି କବିତା କେତୋଟି। 'ରାଜଧାନୀରେ ହଜିଗଲାଣି ବସନ୍ତ', 'ଓଡ଼ିଶାରେ ବାତ୍ୟା', 'ଆମ ରାଜ୍ୟ ଓଡ଼ିଶା' ପ୍ରଭୃତି। ଅତୀତର ଓଡ଼ିଶା ଓ ଏବର ଓଡ଼ିଶା ଭିତରେ ଅନେକ ପାର୍ଥକ୍ୟ ଦେଖିହୁଏ। ଓଡ଼ିଶା ସ୍ୱତନ୍ତ୍ର ପ୍ରଦେଶ ହୋଇଛି, ୩୦ଟି ଜିଲ୍ଲା ହୋଇଛି, ସ୍ମାର୍ଟସିଟି ହୋଇଛି କିନ୍ତୁ ମଦୁଆଙ୍କ ସଂଖ୍ୟା ବଢ଼ିଛି, ଭ୍ରୂଣହତ୍ୟା ବଢ଼ିଛି, ଓଡ଼ିଶା ଛାଡ଼ି ବାହାରକୁ ଯାଉଛି ଓଡ଼ିଆ ପୁଅ ଦାଦନ ଖଟିବାକୁ, ଚୋରି ଡକାୟତି ମରାମରି ବଢ଼ିଛି, ଏସବୁ ଓଡ଼ିଶାର ମାନଚିତ୍ରରେ ସ୍ଥାନ ପାଇଛି। ଓଡ଼ିଶାର ରାଜଧାନୀ ଭୁବନେଶ୍ୱର ସ୍ମାର୍ଟସିଟି ହୋଇଛି ମାତ୍ର ତାପମାତ୍ରାରେ ଘାରି ହେଉଛନ୍ତି ଲୋକେ।

"ଭୁବନେଶ୍ୱରଟି ହଟ୍‌ସ୍ପଟ୍ ଭାବେ
ହୋଇଅଛି ବିବେଚିତ

କେମିତି କାଟିବେ ଜୀବନ ଜନତା
ସେଥିପାଇଁ ଭୟଭୀତ।"

ପ୍ରଥମରୁ ସୂଚନା ଦେବା ପ୍ରସଙ୍ଗରେ ଉଲ୍ଲେଖ କରିଥିଲି କବି ଶଶଧରଙ୍କ ଏ କବିତା ସଂକଳନରେ ସ୍ଥାନ ପାଇଥିବା କବିତା ବିବିଧ ଚେତନାର। ତାଙ୍କର ସାମଗ୍ରିକ କୃତିକୁ ବିଚାର କଲେ ଗ୍ରାମ୍ୟ ଜୀବନ ଓ ସଂସ୍କୃତିବୋଧ ଯେତିକି ଶ୍ରୀଜଗନ୍ନାଥ ଚେତନା, ସାମାଜିକ ସଚେତନତା, ସାମାଜିକ ପ୍ରତିବଦ୍ଧତାର ସ୍ୱର ମଧ୍ୟ ଠିକ୍ ଅନୁରୂପ ଭାବେ ପ୍ରତିଫଳିତ ହୋଇଛି। ଓଡ଼ିଶାକୁ, ନିଜ ଜନ୍ମମାଟିକୁ, ଗାଁକୁ କେବେ ସେ ଭୁଲିପାରିନାହାନ୍ତି। ବିଦେଶରେ ରହି ସ୍ୱଦେଶ ଚିନ୍ତା ତାଙ୍କର ସବୁବେଳେ ରହିଛି। ସାମାଜିକ କ୍ଷେତ୍ରରେ ଘଟୁଥିବା ଅବକ୍ଷୟ ପ୍ରତି ଦୃଷ୍ଟିପାତ କରି ଯେମିତି ମ୍ରିୟମାଣ ହୋଇପଡ଼ିଛନ୍ତି। ଧନତାନ୍ତ୍ରିକ, ସୁଖ ସ୍ୱାଚ୍ଛନ୍ଦ୍ୟରେ ଭରପୂର ଆମେରିକାର ପାଣିପବନରେ ସେ ଆତ୍ମୀୟତାକୁ ସାଉଁଟିବାକୁ ଚେଷ୍ଟା କରିଛନ୍ତି କବିତା ମାଧ୍ୟମରେ। ତାଙ୍କର ପ୍ରତ୍ୟେକ କବିତାରେ ଭରି ରହିଛି ମଧୁର ଶାବ୍ଦିକ ଆଳାପ। କବିତାରେ ଅଛି ଛନ୍ଦ, ସାଂଗୀତିକତା। ତାଙ୍କ କବିତା ଅନୁଭୂତି ସ୍ନିଗ୍ଧ ବିଭୋରରେ ପରିପୂର୍ଣ୍ଣ। ସବୁଠି ଗୋଟେ ଓଡ଼ିଆତ୍ୱର ଅସ୍ମିତା ଯେମିତି ବାରି ହୋଇପଡ଼େ। ସୁଦୂରର ମୋହ ତାଙ୍କର କଟିଯାଇ ସତେ ଯେମିତି ମାଟିମନସ୍କତା ଭରି ଉଠିଛି। ଶଶଧରଙ୍କ କବିତା ଦିଗନ୍ତ ପ୍ରସାରିତ ହେଉ ଏହାହିଁ କାମନା।

■

ଅଧ୍ୟାପକ, ସ୍ନାତକୋତ୍ତର ଓଡ଼ିଆ ବିଭାଗ
ଉଦୟନାଥ ସ୍ୱୟଂଶାସିତ ମହାବିଦ୍ୟାଳୟ
ଅଡ଼ଶପୁର, କଟକ
ମୋ: ୯୯୩୭୧୯୯୮୦୦

ବିଦେଶରେ ଛଟା ଓଡ଼ିଆର : ଛାତି ତଳର ଅନ୍ଧାର

ଶୁଭଲକ୍ଷ୍ମୀ ବେହେରା

କାହାଣୀ, ଜଗତର ସେହି କୋଣକୁ ନେଇଯାଏ ଯେଉଁଠାରେ ମଣିଷର ଆଖି ପହଞ୍ଚିପାରେ ନାହିଁ। କହିବାର ତାତ୍ପର୍ଯ୍ୟ ଜଣେ ଦେଶ ଦୁନିଆର କୋଣ ଅନୁକୋଣକୁ ପୃଥିବୀର ସୀମାସରହଦକୁ ଆଖି ଲମ୍ବାଇ ପାରିବ କାହାଣୀ ମାଧ୍ୟମରେ। ଲେଖକ ଡକ୍ଟର ଶଶଧର ମହାପାତ୍ର ଜଣେ ଅନୁଭବୀ ସାହିତ୍ୟିକ। ଏକବିଂଶ ଶତକର Global Worldରେ ଯେତେବେଳେ ମଣିଷ ଆତ୍ମୀୟହୀନ ଏବଂ ଆତ୍ମାହୀନ ହୋଇଯାଉଛି ଶଶଧର ମହାପାତ୍ର ସେତେବେଳେ ଆତ୍ମୀୟ ପ୍ରତି ମୋହାଚ୍ଛନ୍ନ। ସେ ବଞ୍ଚିଥିବା ଜୀବନ ସେ ଅନୁଭବ କରିଥିବା ଅନୁଭୂତି ସବୁ ତାଙ୍କ ସାହିତ୍ୟର ଗୋଟିଏ ଗୋଟିଏ ଅଂଶ।

ଲେଖକ ଶ୍ରୀ ମହାପାତ୍ରଙ୍କ କାହାଣୀ ସଂକଳନ ଶୀର୍ଷକ ହେଉଛି "ଛାତି ତଳର ଅନ୍ଧାର"। ଲେଖକଙ୍କର ଏହି ସଂକଳନଟି ପ୍ରଥମ ଗଳ୍ପ ସଂକଳନ ଯାହାର ପ୍ରକାଶ କାଳ ୨୦୨୦ ମସିହା। ସଂକଳନସ୍ଥ ୨୯ଟି ଯାକ ଗଳ୍ପ ଗୋଟିଏ ନିର୍ଦ୍ଦିଷ୍ଟ ନିର୍ଦ୍ଦିଷ୍ଟ ଭାବାବେଗପୂର୍ଣ୍ଣ। ଲେଖକ ଅନୁଭବ କରିଥିବା ସବୁ ଅନ୍ଧାର ଆଲୁଅ ରାତିକୁ ସେ ଏଠାରେ ପରଷି ଦିଅନ୍ତି। ତାଙ୍କ ଛାତି ତଳେ ଚାପି ଧରିଥିବା ସବୁତକ ଅନୂଢ଼ା କାହାଣୀକୁ ବାଣ୍ଟି ଦିଅନ୍ତି। ଲେଖକ ଏକାବେଳକ ଅତୀତ ପ୍ରତି ମୋହାଚ୍ଛନ୍ନ। ଗାଁ, ମାଆକୁ ପ୍ରେମ କରନ୍ତି। ସେ ପ୍ରବାସରେ ରହୁଥିଲେ ମଧ୍ୟ ମାଟିମୋହ ତାଙ୍କୁ ଗ୍ରାସ କରିଛି। ଗାଁର ବାସ୍ନା ତାଙ୍କୁ ଅନ୍ଧ କରି ପକାଇଛି। ସେ ଅତୀତକୁ ମନେପକାନ୍ତି ଅତୀତଆମୁଖ ହୋଇ।

କାହାଣୀଗୁଡ଼ିକରେ ଭିନ୍ନ ଭିନ୍ନ ଶୀର୍ଷକରେ ସେ ମୁଖ୍ୟତଃ ଦୁଇଗୋଟି ବିଷୟକୁ ପରିବେଷଣ କରିବାର ସମ୍ଭବ ପ୍ରୟାସ କରିଛନ୍ତି। ଗୋଟିଏ ପଟେ ଗାଁ, ମା', ମାଟି, ପିଲାଦିନ। ଗାଁର ରହଣି, ଚଳଣି ଏବଂ ପର୍ବପର୍ବାଣି। ଆଉ ଗୋଟିଏ ଦିଗ ଠିକ୍ ତା'ର ବିପରୀତ ଯେଉଁଠି ତାଙ୍କର ଦ୍ୱିତୀୟ ଜୀବନ ପ୍ରବାସ ବା ଆମେରିକାର ରହଣି, ଚଳଣି ଏବଂ ସେଠାକାର ମଣିଷ, ଅନୁଭବ ଅନୁଭୂତି। ସେ ତାଙ୍କ ବିରାଟ ଜୀବନରେ ଦୁଇଗୋଟିକୁ ସମନ୍ୱୟ କରିବାର ପନ୍ଥାକୁ ଆପଣେଇ ନେଇଛନ୍ତି।

ଜଣେ ଓଡ଼ିଆ ଭାବେ ଓଡ଼ିଆ ପ୍ରତି ପ୍ରଗାଢ଼ ଭାବ ଏବଂ ନିଜ ପ୍ରଦେଶର ପ୍ରତୀକ ଶ୍ରୀଜଗନ୍ନାଥଙ୍କ ବର୍ଣ୍ଣନା କରି ଅନେକ କଥା ବଖାଣିଛନ୍ତି। ତାଙ୍କ ଜୀବନର ସ୍ୱପ୍ନ ସେ ନିଜ ଗ୍ରାମ ନିକଟରେ ଏକ ଜଗନ୍ନାଥ ମନ୍ଦିରର ପ୍ରତିଷ୍ଠା କରିଛନ୍ତି। ବାପାଙ୍କ ପ୍ରତି ଥିବା ଅନାବିଳ ପ୍ରେମର ଭାବୋଚ୍ଛ୍ୱାସ ହେଉଛି 'ମୁଁ ହରେଇଥିବା ଏକ ସୁବର୍ଣ୍ଣ ସୁଯୋଗ'। ବାପାଙ୍କ ସହିତ ସାକ୍ଷାତ ଏବଂ ତାଙ୍କୁ ଶେଷଥର ପାଇଁ ଆଲିଙ୍ଗନ କରିବାରୁ ବଞ୍ଚିତ ହୋଇଥିବା ତାଙ୍କ ପାଇଁ ସତତ ସୁବର୍ଣ୍ଣ ସୁଯୋଗକୁ ହରାଇବା ଭଳି। ବାପାଙ୍କ ସ୍ମୃତିରେ ସର୍ବଦା ଘାରି ହେଉଥାନ୍ତି। ପ୍ରଦେଶରେ ରହୁଥିବା ପୁତ୍ର, କନ୍ୟା ବା ଅନ୍ୟମାନେ ଯେତେବେଳେ ପରିସ୍ଥିତିର ବଶ ହୋଇ ନିଜ ଆତ୍ମୀୟମାନଙ୍କୁ ହରାଇ ମଧ୍ୟ ଦେଖିବାର ସୁଯୋଗରୁ ବଞ୍ଚିତ ହୋଇଥାନ୍ତି। ତାହା ତାଙ୍କ ପାଇଁ ଅଭିଶାପ ପାଲଟେ। ବୋଉର ଉଦାର ଗୁଣ, ଦାନ, ଦକ୍ଷିଣା ଲେଖକ ପ୍ରଗଲ୍ଭ ଭାବରେ ବଖାଣନ୍ତି।

ପିଲାଦିନେ ଗାଁରେ ବିତାଇଥିବା ଦିନଗୁଡ଼ିକ ତାଙ୍କ ମାନସପଟରେ ବାରମ୍ବାର ଗୁଞ୍ଜରଣ କରେ। ଦେଶୀ କୁକୁଡ଼ା ଝୋଳ ଖାଇବା ପାଇଁ ଯେଉଁ ଆଡ଼ମ୍ବର ଏବଂ ମାଂସ ଖାଇବା ପରେ ସେ ଅନୁତାପରେ ଦୁଃଖ ଭୋଗ କରିଛନ୍ତି। ଲେଖକ ନିଜ ପିଲାଦିନର ଶିକ୍ଷକ 'ଗୋପାଳସାର୍'ଙ୍କୁ ଭାରି ମନେପକାନ୍ତି। ସେ ଯେଭଳି ସରଳ, ନିରୀହ ଏବଂ ସାଦାସିଧା ଲୋକ ଥିଲେ ସେ ତାଙ୍କର କର୍ତ୍ତବ୍ୟ ପରାୟଣତାକୁ ଭୁରି ଭୁରି ପ୍ରଶଂସା କରନ୍ତି। ଦେଶ ଦେଶ ମଧ୍ୟରେ ହେଉଥିବା ଅମଙ୍ଗଳକର କାର୍ଯ୍ୟ, ଧ୍ୱଂସକର କାର୍ଯ୍ୟ ପାଇଁ ଯେଉଁ ଘଟଣା ଘଟୁଛି ତାକୁ ସେ ବିଶଦ ଭାବରେ ବର୍ଣ୍ଣନା କରି ଦୁଃଖୀ ହୁଅନ୍ତି। ସେ କୁହନ୍ତି- "ଦେଶ, ଦେଶ, ଜାତି, ଜାତି ଭିତରେ ଆଜି ଯୁଦ୍ଧ ଚାଲିଛି। ଜାତି, ଧର୍ମ, ବର୍ଣ୍ଣର ଦୋହି ଦେଇ ଆମେ ନିଜେ ନିଜକୁ, ଯାହା ଧ୍ୱଂସମୁଖକୁ ଟାଣି ନେଉଛନ୍ତି। କେବେ ଭୁଲ୍ କାମରୁ ଆମେ ନିବୃତ୍ତ ରହିବା ? ଧନ୍ୟ ଧନ୍ୟରେ ଏ ମଣିଷ ଜାତି। ପ୍ରଭୁ ଜଗନ୍ନାଥ ହିଁ କେବଳ ଭରସା। ଭୁବନେଶ୍ୱର ନିକଟସ୍ଥ ମନ୍ଦିର 'ରାମମନ୍ଦିର'ର ବର୍ଣ୍ଣନା କରିଛନ୍ତି। ମାଆର କଅଁଳ ସ୍ପର୍ଶର ଅନୁଭୂତି 'ବୋଉ' କାହାଣୀରେ। ଅନାବିଳ ପ୍ରେମ, ସ୍ନେହ ଓ ଶରଧା, ପିଲାର ମଙ୍ଗଳ କାମନା କରିବା ମା'ର ଗୋଟିଏ ସହଜାତ ଦିବ୍ୟଗୁଣ।

ପିଲାଦିନର ଦୁଷ୍ଟାମି, ଅଭିମାନ, ଅଭିଯୋଗ ପାଇଁ 'ମାଡ଼ଖିଆ' ଇତ୍ୟାଦି ଲେଖକ ବର୍ଣ୍ଣନା କରିଛନ୍ତି ଗଳ୍ପ ମଧ୍ୟରେ।

ସେହିଭଳି କାହାଣୀର କେତେଗୁଡ଼ିଏ ସତ୍ୟ କାହାଣୀର ଅବତାରଣା କରାଯାଇଛି। 'ଜଣେ ଫାୟାର ଫାଇଟରର କାହାଣୀ'ରେ ଆତଙ୍କବାଦୀଙ୍କର ଆକ୍ରମଣ ଆମେରିକୀୟ ଦେଶ ଉପରେ ଯେଉଁଥିରେ ଆତଙ୍କବାଦୀଙ୍କୁ ମିଶାଇ ୨ ହଜାର ୯ ଶହ ୯୭ ଲୋକ ପ୍ରାଣ ହରାଇଥିଲେ। ଏହାକୁ ସାରା ପୃଥିବୀ ନାଇନ୍ - ଇଲେଭେନ୍ ଭାବରେ ଜାଣିଛନ୍ତି। ଲେଖକ ଆମେରିକୀୟ ପ୍ରବାସୀମାନଙ୍କ ମନରେ ଥିବା ଦେଶପ୍ରେମକୁ ପ୍ରଶଂସା କରନ୍ତି - "ସେତେବେଳେ ଆମେରିକାର ଲୋକମାନଙ୍କ ଭଳି ଦେଶପ୍ରେମୀ ଲୋକ ଅନ୍ୟ କେଉଁ ଦେଶରେ ମୁଁ ଦେଖିନାହିଁ। କି ଡେମୋକ୍ରାଟ୍ କି ରିପବ୍ଲିକାନ୍, କି କଳା, କି ଧଳା ସମସ୍ତେ ଏକଜୁଟ ହୋଇ ରାସ୍ତାକୁ ଓହ୍ଲାଇ ଆସନ୍ତି।" ଆମେରିକାର ଗୋଟିଏ ଛୋଟ ଟାଉନ୍ ତଥା ଗୋଟିଏ ଆମେରିକୀୟ ପରିବାରର ସଂପୂର୍ଣ୍ଣ ବ୍ୟାଖ୍ୟା 'ରେସିପି ବହି ମିଳିଗଲା' କାହାଣୀରେ ଉପଜୀବ୍ୟ। ପରସ୍ପର ପ୍ରତି ଥିବା ସ୍ନେହ, ଶ୍ରଦ୍ଧା, ସୋହାଗ ସେଇ ପରିବାର ମାଧ୍ୟମରେ ଦେଖାଇ ଅଛନ୍ତି।

ଲେଖକଙ୍କ ନିଜ କନ୍ୟା ଜଣେ ଆର୍ମି ଅଫିସର। ସେଥିପାଇଁ ସେ ଖୁସିରେ ଆତ୍ମହରା ହୋଇ ପଡ଼ନ୍ତି। ନିଜ ପରିବାର ତଥା ଆମେରିକୀୟ ଚଳଣି 'କ୍ୟାପେଟେନ୍ ମୋ' କାହାଣୀରେ ଅବତାରଣା ହୋଇଛି। ତେବେ ମୋଟ ଉପରେ କହିବାକୁ ଗଲେ ଡକ୍ଟର ଶଶଧର ମହାପାତ୍ରଙ୍କ ଗଳ୍ପ ସଂକଳନ 'ଛାତି ତଳର ଅନ୍ଧାର' ଏକ ଚମତ୍କାର ମିଳନ ଆମେରିକୀୟ ପରିବେଶରେ ଓଡ଼ିଆ ଜୀବନର ବର୍ଣ୍ଣନା। ଲେଖକ ଯେତେବେଳେ ତାଙ୍କ ଜୀବନର ସବୁଯାକ ଅନୁଭୂତିକୁ ଜିଇଁ ସାରିଲେଣି ସେତେବେଳେ ସବୁ ତାଙ୍କ ମାନସପଟରେ ଉତ୍‌ଥାପିତ ହୋଇଛି। ଗୋଟିଏ ସ୍ମୃତି ସାହିତ୍ୟ ସଦୃଶ ଏହି ଗଳ୍ପ ସଂକଳନଟି ରଚନା କରାଯାଇଛି। ଲେଖକ ଦୁଇଗୋଟି ଜୀବନ ମଧ୍ୟରେ ସମନ୍ୱିତ ବା ସନ୍ତୁଳିତ ରୂପର ଦର୍ଶନ ହିଁ ଏହି କାହାଣୀର ପ୍ରତ୍ୟକ୍ଷ ପ୍ରମାଣ।

■

ଗବେଷିକା,
ରମାଦେବୀ ମହିଳା ବିଶ୍ୱବିଦ୍ୟାଳୟ, ଭୁବନେଶ୍ୱର

ଗଗନ ବିହାରୀ ପାଣିଗ୍ରାହୀ

ଗଗନ ବିହାରୀ ପାଣିଗ୍ରାହୀ (୧୯୫୬): ପ୍ରବାସୀ ଓଡ଼ିଆ ସାହିତ୍ୟିକ ଗଗନ ବିହାରୀ ପାଣିଗ୍ରାହୀ ଉତ୍କଳୀୟ କଳା-ସଂସ୍କୃତି ଓ ସାହିତ୍ୟ ପ୍ରତି ଜଣେ ସମର୍ପିତ ସ୍ରଷ୍ଟା। ପିତା ଗୋବିନ୍ଦ ଚନ୍ଦ୍ର ପାଣିଗ୍ରାହୀ ଓ ମାତା ମାଧବୀ ପାଣିଗ୍ରାହୀଙ୍କ କୋଳମଣ୍ଡନ କରି ୧୯୫୬ ମସିହା ଅକ୍ଟୋବର ୭ ତାରିଖରେ ସେ ବାଲେଶ୍ୱର ଜିଲ୍ଲାର ବରୁଣ ସିଂହ ଗ୍ରାମରେ ଭୂମିଷ୍ଠ ହୋଇଥିଲେ। ନୀଳଗିରି ରୋଡ୍ ହାଇସ୍କୁଲ୍‌ରୁ ମାଟ୍ରିକୁଲେସନ୍ ପାସ୍ କରିବା ପରେ ସେ ବାଲେଶ୍ୱର ଫକୀରମୋହନ ମହାବିଦ୍ୟାଳୟରୁ ପ୍ରାଣୀ ବିଜ୍ଞାନରେ ସମ୍ମାନର ସହ ସ୍ନାତକ ଓ ବାଣୀବିହାରରୁ ସ୍ନାତକୋତ୍ତର ତଥା ଦିଲ୍ଲୀସ୍ଥିତ ଜବାହରଲାଲ ନେହେରୁ ବିଶ୍ୱବିଦ୍ୟାଳୟରୁ ଜେନେଟିକ୍‌ରେ ଏମ୍.ଫିଲ୍ ଓ ପିଏଚ୍.ଡି. ଉପାଧି ହାସଲ କରି କାନାଡାକୁ ଉଚ୍ଚଶିକ୍ଷା ଲାଭ କରିବା ପାଇଁ ଯାଇଥିଲେ। ବୃତ୍ତିରେ ବୈଜ୍ଞାନିକ ହେଲେ ହେଁ ପ୍ରବୃତ୍ତିରେ ସେ ଜଣେ ଗୀତିକବି। 'ଫୁଲ ବଗିଚା' (୨୦୧୬) ଓ 'ପ୍ରତିଛବି' (୨୦୧୭) ତାଙ୍କର ଦୁଇଟି ସ୍ୱତନ୍ତ୍ର କବିତା ସଂକଳନ। 'ଯାହା କଲି ଯାହା ପାଇଲି' ପୁସ୍ତକ ହେଉଛି ତାଙ୍କର ଏକ ସଫଳ ସୃଷ୍ଟି। ସେଥିରେ ସନ୍ନିବେଶିତ ଗଳ୍ପଗୁଡ଼ିକ ତାଙ୍କ ନିଜ ଜୀବନରେ ଘଟିଥିବା ଘଟଣାବଳି ଉପରେ ଆଧାରିତ। ଆମେରିକା ଓ କାନାଡ଼ାରେ ଥିବା ଓଡ଼ିଆ ସଙ୍ଗଠନ 'ଓସା' ତରଫରୁ ସେ କଳାଶ୍ରୀ ଉପାଧିରେ ସମ୍ବର୍ଦ୍ଧିତ ହୋଇଛନ୍ତି। ସଂପ୍ରତି ସେ କାନାଡ଼ାର ଟରୋଣ୍ଟୋରେ ଅବସ୍ଥାପିତ।

ଧ୍ରୁବ ସତ୍ୟର ରହସ୍ୟ : 'ପ୍ରତିଚ୍ଛବି'

ଜ୍ୟୋତି ସାହୁ

ସାଲମନ୍ ରସ୍‌ଦି କବି କର୍ମର ବିଶେଷ ସ୍ତର ସଂପର୍କରେ ବାସ୍ତବ ଚିତ୍ର ଅଙ୍କନ କରିଛନ୍ତି। ଯାହା ପ୍ରାଚ୍ୟ-ପାଶ୍ଚାତ୍ୟ ଦର୍ଶନ ଓ ନିର୍ଣ୍ଣୟ ଠାରୁ ସ୍ୱତନ୍ତ୍ର ମନେହୁଏ। "A poet's work... to name the unnameable, to point at frauds, to take sides, start arguments, shape the world, and stop it from going to sleep." କବି ଗଗନ ବିହାରୀ ପାଣିଗ୍ରାହୀ ବ୍ୟାସକବିଙ୍କ ତପସ୍ୟା ଭୂମିରେ ସନ୍ତାନତ୍ୱ ଲାଭ କରିଥିଲେ। ରସ୍‌ଦିଙ୍କ ବିବେଚନା ଭଳି ତାଙ୍କ କବିତା ଆନନ୍ଦ, ଯନ୍ତ୍ରଣା ଏବଂ ଆଶ୍ଚର୍ଯ୍ୟର ଏକ ଚୁକ୍ତି କହିଲେ ଅତ୍ୟୁକ୍ତି ହେବ ନାହିଁ, ଯାହା ଜ୍ୟାମିତି ପରି ସଠିକ୍ ଏବଂ ନିର୍ଭୁଲ୍।

ଉତ୍ତର ଆଧୁନିକତା ନାମ ନେଇ ସଂପ୍ରତି କବିତାର ଯେଉଁ ଆବହାଓ୍ୱା ସମଗ୍ର ପୃଥିବୀ କବିତାରେ ଆଲୋଡ଼ିତ ହେଉଛି, ଏଥିରେ ରହିଛି ବୌଦ୍ଧିକ ଦ୍ୱନ୍ଦ୍ୱ ଓ କବି ପୁରୁଷର ଆତ୍ମ ସନନ୍ଦ। ଗଗନ ବିହାରୀ ପାଣିଗ୍ରାହୀଙ୍କ କବିତା ଏଥିରୁ ବିଚ୍ୟୁତ ଅର୍ଥାତ୍ ସାମାଜିକ ସଂଘର୍ଷ, ପ୍ରକୃତି ଓ ପ୍ରବୃତ୍ତି ତଥା ମାନବୀୟ ସତ୍ୟ ଦର୍ଶନ ଉପରେ ଆଧାରିତ। ଏଠି କବିତା କେବଳ ସ୍ୱପ୍ନ ଏବଂ ଦର୍ଶନ ନୁହେଁ, ଏହା ଜୀବନର କଙ୍କାଳ ସ୍ଥାପତ୍ୟ। ଏଥିରେ ପରିବର୍ତ୍ତନ ପାଇଁ, ଭବିଷ୍ୟତର ଭିତ୍ତିସ୍ଥାପନ ପାଇଁ ଉପଦେଶ ନ ଥିଲେ ମଧ୍ୟ, ଅତି ବାସ୍ତବ ଅସହାୟତାକୁ ପ୍ରତ୍ୟକ୍ଷ ନିର୍ଭୀକତା ସହ ପ୍ରକାଶ କରାଯାଇଛି।

ବିଶ୍ୱାସ ଓ ଅପେକ୍ଷା ଥିଲା କବିତା ପୁଣି ଫେରିବ ମାଟିକାନ୍ଥ ଓ ଭଙ୍ଗାମନର ଉପତ୍ୟକାକୁ। ଗଗନ ବିହାରୀଙ୍କ କବିତା ହେଉଛି ଏହାର ଆଦ୍ୟଭିତ୍ତି ଓ ନବସମ୍ଭାବନା। କବିଙ୍କ ସ୍ୱୀକାରୋକ୍ତି ଏତେ ନିଘଞ୍ଚ ଯେ, ଅନେକ ଆତ୍ମକଥାରେ ସ୍ୱରଲିପି ଲିପିବଦ୍ଧ

ହୋଇଛି 'ପ୍ରତିଛବି' କବିତା ପୁସ୍ତକରେ। କବି ଭଙ୍ଗା ବସନ୍ତର ଗୀତଟିଏ ଗାଇ ଦେଇଛନ୍ତି। ତାହା ଅନେକ ନିଷ୍ଠୁର ବୈଶାଖର ଉଦ୍‌ଭ୍ରାନ୍ତ ବିସ୍ତାର। 'ପ୍ରତିଛବି' କବିଙ୍କର ଦ୍ୱିତୀୟ କବିତା ପୁସ୍ତକ। ୨୧୦ ପୃଷ୍ଠା ଏବଂ ୬୩ଟି କବିତା ସମ୍ବଳିତ ଏହି ପୁସ୍ତକଟି ୨୦୧୭ ମସିହାରେ ପ୍ରକାଶିତ ହୋଇଛି। ଗବେଷଣା ଲେଖକଙ୍କର ବୃତ୍ତି। କିନ୍ତୁ ଅନ୍ତର ପ୍ରଦେଶରେ ସାହିତ୍ୟ ପ୍ରତି ଲୁଚିଛପି ରହିଛି ଚରମ ଦୁର୍ବଳତା। 'ବିଗ୍‌ବ୍ୟାଙ୍ଗ୍' ଶବ୍ଦର ସଂଯୋଜକ ତଥା ବ୍ରିଟିଶ ଜ୍ୟୋତିର୍ବିଦ ଓ ପଦାର୍ଥ ବିଜ୍ଞାନୀ ସାର୍ ଫ୍ରେଡ୍ ହୋଲିଙ୍କ 'A for Andromeda', ଅକ୍‌ସଫୋର୍ଡ ବିଶ୍ୱବିଦ୍ୟାଳୟର ଗଣିତଜ୍ଞ Lewis Carrollଙ୍କ 'Alice's Adventure in Wonderland', ଋଷରେ ଜନ୍ମିତ Vladimir Nabokovଙ୍କ 'Lolita', ଆମେରିକୀୟ ଲେଖକ David Brinଙ୍କ 'The Postman', Gregory Benfordଙ୍କ 'Time Scape and The martian', Carl Saganଙ୍କ 'Contact', Poul Andersonଙ୍କ 'The Zero' ଆଦି ପ୍ରକାଶିତ ହେବା ପରେ ବୈଜ୍ଞାନିକମାନେ ଯେ ଶ୍ରେଷ୍ଠ ସାହିତ୍ୟିକ ପ୍ରମାଣିତ ହୋଇଥିଲା। ବୈଜ୍ଞାନିକ ଗଗନ ବିହାରୀ ପାଣିଗ୍ରାହୀ ବିଜ୍ଞାନର ଆପେକ୍ଷିକ ସତ୍ୟକୁ ସାର୍ବଜନୀନ ସତ୍ୟରେ ପରିଣତ କରିବାର ଯେଉଁ ପ୍ରାକୃତିକ ବରପ୍ରାପ୍ତ ହୋଇଛନ୍ତି, ତାହା ନିଶ୍ଚିତ ଭାବେ କଳାଶକ୍ତି। ଯାହା ପରବର୍ତ୍ତୀ କାଳରେ ସର୍ଜନା କଳାକୁ ରୂପାନ୍ତରିତ ହେବାର ସଫଳତାରେ ଗତିଶୀଳ।

ପ୍ରବାସୀ ଗଗନ ବିହାରୀ ପାଣିଗ୍ରାହୀ ପରିବାର ସହ କାନାଡାର ଐତିହାସିକ ତଥା ପ୍ରସିଦ୍ଧ ସହର ଟରେଣ୍ଟୋରେ ବାସ କରନ୍ତି। ଗୋଟିଏ ପଟରେ କର୍ମବହୁଳ ବିଦେଶୀ ବ୍ୟସ୍ତତା, ଅନ୍ୟ ଦିଗରେ ଚକ୍ରବାଳ ବ୍ୟାପି ଫେନିଳ ମହୋଦଧି ଓ ଗଗନ ଚୁମ୍ବିତ ଉତ୍ତୁଙ୍ଗ ପର୍ବତମାଳା ବେଷ୍ଟିତ ଜନ୍ମଭୂମିର ମୋହ, କେଉଁଠି ଗତିଶୀଳ ପଥିକର ବିଭ୍ରାନ୍ତି ମଧ୍ୟରୁ ଅନ୍ୱେଷଣ କରିଛି ଜୀବନର ମୂଲ୍ୟବୋଧ।

'ପ୍ରତିଛବି' କବିତା ପୁସ୍ତକଟି ତିନି ଭାଗରେ ବିଭକ୍ତ। ୧ମ ଭାଗ 'ପ୍ରତିଛବି', ୧୨ଟି କବିତା ସମ୍ବଳିତ। ୨ୟ ଭାଗ 'ପ୍ରୀତିର ମହକ' ୨୫ଟି କବିତା ଆଧାରିତ। ୩ୟ ଭାଗ 'ପଲ୍ଲୀର କୁହୁକ' ୨୬ଟି କବିତାର ସମାହାର।

ପ୍ରଥମ ଭାଗ କବିତା 'ପ୍ରତିଛବି' ସଂପର୍କରେ କବିଙ୍କ ନିଜସ୍ୱ ସ୍ୱୀକାରୋକ୍ତି ହେଉଛି-

"'ସୋସିଆଲ୍ ମିଡିଆ' ମାଧ୍ୟମରେ ପାଠକପାଠିକାମାନଙ୍କର ମନ୍ତବ୍ୟ ମୋର ଉତ୍ସାହକୁ ଆହୁରି ଦ୍ୱିଗୁଣିତ କଲା, ଏପରି କବିତା ରଚନା କରିବା ଦିଗରେ। ଫଳସ୍ୱରୂପ ମୋର ଏହି ଦ୍ୱିତୀୟ କବିତା ସଂକଳନ 'ପ୍ରତିଛବି' ସମ୍ଭବ ହୋଇ ପାରିଲା। 'ପ୍ରତିଛବି' ଅନ୍ତର୍ଭୁକ୍ତ କବିତାଗୁଡ଼ିକ ତିନିଟି ବିଭାଗରେ ବିଭକ୍ତ କରାହୋଇଛି। ସାମାଜିକ

ଜୀବନଧାରାର ଅନ୍ତଃସ୍ୱରକୁ ପରିପ୍ରକାଶ କରୁଥିବା କବିତାଗୁଡ଼ିକ ପ୍ରଥମ ବିଭାଗ 'ପ୍ରତିଚ୍ଛବି'ରେ ସ୍ଥାନ ପାଇଛନ୍ତି।" (କେଇପଦ କଥା)

'ଧନ୍ୟ ପୁରୁଷ ତୋ ପୁରୁଷ ପଣିଆ', 'ସୁପ୍ରଭାର ଚିଠି' ଦୁଇଟି ଦୀର୍ଘ କବିତା। ବିପର୍ଯ୍ୟସ୍ତ ନାରୀତ୍ୱ ଓ ନାରୀ ଜୀବନର ଚରମ ଅସହାୟତା କବିତ୍ୱ ଶକ୍ତିରେ ଖୁବ୍ ମର୍ମସ୍ପର୍ଶୀ। ଦୁଇଟିଯାକ କବିତା ସ୍ୱାମୀଙ୍କ ଅକାଳ ଅନ୍ତ, ପରବର୍ତ୍ତୀ ମ୍ଳାନ ଜୀବନାଲେଖ୍ୟକୁ ନିଷ୍କପଟ ଭାବରେ ପ୍ରକାଶ କରିଛି। ପ୍ରଥମ କବିତାଟିରେ ସ୍ୱାମୀ ଅତିଶୟ ମଦ୍ୟପାନ ଜନିତ କାରଣରୁ ସଂଜ୍ଞାହୀନ ହେବା ଓ ବିଦାୟ ନେବା ବିବୃତ। ସ୍ୱାମୀଙ୍କ ଠାରୁ ମଦ୍ୟପାନ କୈନ୍ଦ୍ରିକ ଶାରୀରିକ ବ୍ୟଥା ପ୍ରାପ୍ତି ଓ ତାଙ୍କର ଦେହାବସାନର କିୟତ୍ କାଳର ବ୍ୟବଧାନ ପରେ, ବାଳୁତ ଭବିଷ୍ୟତ ଦ୍ୱୟଙ୍କୁ ଭାଗ୍ୟବାନ କରିବା ନିମନ୍ତେ ସଂଘର୍ଷ କରୁଥିବା ବେଳେ, ଦେଢ଼ଶୁରଙ୍କ ଦ୍ୱାରା ନିର୍ଯାତନାରୁ ଅବୈଧ ଗର୍ଭଧାରଣ ଓ ତଜ୍ଜନିତ ଆତ୍ମହତ୍ୟା କବିତାଟିକୁ ଆର୍ଦ୍ର କରିଛି।

"ନିଃସହାୟା ମୁହିଁ ସାହା କିଏ ମୋର
ନୁହେଁ ମୁଁ ପାଞ୍ଚାଳୀ ନାହିଁ ଭୀମସେନ
କୀଚକେ ମାରିବ ତାରିବ ଦ୍ରୌପଦୀ
ଛାର ବିଧବା ମୁଁ ଜିଉଛି ଜୀବନ।" (ଧନ୍ୟ ପୁରୁଷ ତୋ ପୁରୁଷ ପଣିଆ)

ସେଥିପାଇଁ Bette Davis ନାରୀର କାରୁଣ୍ୟ ଓ ନିଃସଙ୍ଗତା ସଂପର୍କରେ ଯୁକ୍ତି ବାଢ଼ି କହିଛନ୍ତି -

"When a man gives his opinion, he is a man; when
an woman gives her opinion she is a bitch."

'ଧନ୍ୟ ପୁରୁଷ ତୋ ପୁରୁଷ ପଣିଆ'ରେ ପ୍ରତିବାଦର ପ୍ରତିଧ୍ୱନି ନିସ୍ତବ୍ଧ। ଆତ୍ମଗାଥାର ବିଳାପ କାପୁରୁଷ ପଣିଆକୁ କେବଳ ଭର୍ତ୍ସନାରେ ସୀମାବଦ୍ଧ। ବଞ୍ଚିବାର କଳା ଫୁଲ୍କାର ତୋଳିବାକୁ ସାହସ ବାନ୍ଧିପାରି ନାହିଁ। ସୁ ନାରୀତ୍ୱ ପକ୍ଷେ ଏହା ମଧ୍ୟ ଅସମ୍ଭବ ମନେହୁଏ।

'ସୁପ୍ରଭାର ଚିଠି' ହତଭାଗ୍ୟ ନାରୀତ୍ୱର ଆର୍ତ୍ତନାଦ। ଦାରିଦ୍ର୍ୟର ଦାଉରୁ ଆଶାର କିରଣ - ପୁଣି ନିରବି ଯାଇଥିବା ସମସ୍ତ ସମ୍ଭାବନା କବିତାଟିର ମର୍ମକୁ ଭେଦ କରି ଦେବଯାନୀ ପର୍ଯ୍ୟନ୍ତ ବିସ୍ତୃତ। ଗୋଟିଏ ପଟରେ ଭାଗ୍ୟ, ଅନ୍ୟ ଗୋଟିଏ ପଟେ ପ୍ରତ୍ୟାଶାର ମୃତ୍ୟୁ, ଦୁଇଟି ନିଷ୍ପାପ ଆଖିର ନିରୀହତାକୁ ବୋହି ନେଇଯାଇଛି ଆମେରିକା ପର୍ଯ୍ୟନ୍ତ। ତରଙ୍ଗାୟିତ ବେଦନା ସବୁ କୋହ କୁଣ୍ଡଳୀ ହୋଇ ତୁହାକୁ ତୁହା ବର୍ଷିପଡ଼ିଛି କବିତାର ପଙ୍କ୍ତିରେ। 'ଦେବଯାନୀ' ସେହି ଚେତନା ଓ ବେଦନାର ମିଥ୍। ବିସ୍ମୃତର

ଅତଳ ଗହ୍ୱରରୁ ଦେବଯାନୀଙ୍କୁ ଦେଇଛି ନବଜନ୍ମ। ମେଟ୍ରୋପଲିଟାନ୍ ସିଟିର ଦେବଯାନୀର ବିସ୍ମରଣରେ ଜାଗ୍ରତ ହୋଇଛି ଏକାନ୍ତ ପଲ୍ଲୀର ନାୟିକା ସୁପ୍ରଭା। କବି ଏଠାରେ କୋମଳ ସୂର୍ଯ୍ୟର ନିଦାରୁଣ ଭାଷ୍ୟକାର।

"ଜୀବନର ପଥ ଅତୀବ ଦୁର୍ଗମ
କେତେବେଳେ ନେବ କେଉଁ ମୋଡ଼ କିଏ ?
କିଏ ଚାଲିଥାଏ କିଏ ଥକିଯାଏ
କିଏ ଆସେ ପାଶ କେ ଦୂରେଇ ଯାଏ।" (ସୁପ୍ରଭାର ଚିଠି)

'ଜେଏନ୍‌ୟୁ' କବି ଦୃଷ୍ଟିରେ ପ୍ରାଚ୍ୟର କେମ୍ବ୍ରିଜ, ନନ୍ଦନବନ। 'ନୋ ଇଙ୍ଗଲିସ୍ ଇଣ୍ଡିଆନ' ଭଦ୍ର ଓ ବିକାଶିତ ଦ୍ୱାହିତଳେ ଲୁଚିଥିବା ବଣ୍ୟ ପଶୁତ୍ୱ 'ବିନା ଅପରାଧେ ମୃତ୍ୟୁଦଣ୍ଡ' ନିରୀହ ଅସହାୟତାର ଅପମୃତ୍ୟ, 'ସ୍ମାର୍ଟସିଟି' କୃତ୍ରିମ ଓ ପ୍ରଚାର ସର୍ବସ୍ୱ ରାଜନୀତି, 'ହିମାଳୟ' ବିପୁଳାୟତନ ସଂପଦ ଆଧାର ଭୂମିରୂପେ କଳ୍ପିତ।

'ପ୍ରତିଚ୍ଛବି' କବିତା ପୁସ୍ତକରେ ୨୫ଟି କବିତାର ସମାହାର ହେଉଛି 'ପ୍ରୀତିର ମହକ'। ଏହି କବିତା ସମଗ୍ର ସଂପର୍କରେ କବି ଅଭିବ୍ୟକ୍ତି ହେଉଛି- "କ୍ଷୀର ଓ ନୀର ସଂପର୍କ ପରି ପ୍ରେମ ଓ ପ୍ରାଣର ସଂପର୍କ। ମଣିଷ ପ୍ରାଣରେ ପ୍ରେମ ସର୍ବଦା ଛନ୍ଦି ରହିଛି। ପ୍ରେମ ବିନା ଜୀବନ ବୃଥା ଏବଂ ବଞ୍ଚିବାର ମାନେ କିଛି ରହେନା। ପ୍ରେମ ସମ୍ବନ୍ଧୀୟ କବିତାଗୁଡ଼ିକ ଦ୍ୱିତୀୟ ବିଭାଗ 'ପ୍ରୀତିର ମହକ'ରେ ସନ୍ନିବେଶିତ।" (କେଇପଦ କଥା)

William Shakespeare ମଧ୍ୟ ଅନୁରୂପ ଭାବେ ପ୍ରେମର ସଂଜ୍ଞା ନିରୂପଣ କରିଛନ୍ତି- "Love all, trust a few, do wrong to none." କବି ଗଗନ ବିହାରୀ ପାଣିଗ୍ରାହୀ ମଧ୍ୟଯୁଗୀୟ କବିମାନଙ୍କ ପରି ପ୍ରେମ ଓ ପ୍ରୀତିର ନିଘଞ୍ଚ ସବୁଜିମା ମଧ୍ୟରେ ବିଚରଣ କରିଛନ୍ତି। ମନର ନିଥର ମରୁରେ ତୁହାକୁ ତୁହା ଶ୍ରାବଣ ସୃଷ୍ଟି କରିଛି ପୀୟୂଷ ପ୍ରସ୍ରବଣ। କବି ସମ୍ରାଟ ଉପେନ୍ଦ୍ର ଭଞ୍ଜ ଚନ୍ଦ୍ରମା ଓ କୁମୁଦିନୀର ପ୍ରୀତିରେ ମଧ୍ୟ ବାରମ୍ବାର ଅଦୃଶ୍ୟ ଶୂନ୍ୟତାକୁ ଉପଲବ୍ଧି କରିଛନ୍ତି।

"କେତେଦୂରେ ଚନ୍ଦ୍ର କେତେଦୂରେ କୁମୁଦିନୀ
ପ୍ରୀତି ଅଭେଦ୍ୟ ତାଙ୍କର
ଯେତେ ଦୂରେ ଥିଲେ ଯେ ଯାହାର ସେ ତାହାର।"

ଗଗନ ବିହାରୀଙ୍କ କବିତାରେ ନିର୍ବାଣ ନିଷ୍ପ୍ରୟୋଜନ। କାମନା ଅନ୍ତହୀନ ଆକାଶ ଗଙ୍ଗା। ସୂର୍ଯ୍ୟାସ୍ତର ବହଳିଆ ପରାଗ, ଭ୍ରାନ୍ତ ବିଷାଦକୁ ଅପହରଣ କରିନେଇ ପଞ୍ଚମ ସ୍ୱରରେ ନିମନ୍ତ୍ରଣ ଜଣାଇଛି। ଉଆଁସୀ ରାତିର ଜୋଛନା ହୋଇ ଧରାବତରଣ

କରିଛି ମାନସ କନ୍ୟା। 'ନରାଗେନ୍ସେ ବେ'ର ରାଶି ରାଶି ନିରୋଳା ବାଲୁକାରେ ଶୀତ୍କାର ତୋଳିଛି ପଦ୍ମତୋଳା ରାତି।

"ତୁମେ ଥିଲେ ପାଶେ ସିଙ୍ଗୁ ଫୁଲ ବାସେ
କେତକୀ କୁସୁମ ପରି,
ତୁମେ ଥିଲେ ପାଶେ କଲମୁ ସରସେ
କବିତା ଆସଇ ଝରି।"

କବିଙ୍କ ପ୍ରଣୟ ମୁଗ୍ଧ କବିତାଗୁଡ଼ିକ ଖୁବ୍ ଚମତ୍କାର। 'ଶଶାଂକ ଶର୍ବରୀ' ଗାଥା ଗୀତିକା ବିରହୀ-ବିରହିଣୀ ବଧୂର ଅନ୍ତରର ମୃଦୁ ମୂର୍ଚ୍ଛନା। ଐତିହ୍ୟ-ଇତିହାସ-ପ୍ରେମର ସମୟ ମୁକ୍ତ ଅବ୍ୟକ୍ତ ଯୌଗିକ। ଚକୁଆ-ଚକୋଇ ପରି ଜୀବନର ମୁଦ୍ରାକୁ ଏକାନ୍ତ ଗୋପନୀୟ ଭାବେ ଆତ୍ମସ୍ଥ କରିବାର ଉଚ୍ଛ୍ୱାସ ଫକୀରମୋହନଙ୍କୁ ସ୍ମରଣ କରାଇଦିଏ।

"ଚକୁଆ ଚକୋଇ ପରି ଥିଲୁ ଦୁଇଜଣ
ଏକକୁ ଆରେକ କରି ଆତ୍ମସମର୍ପଣ
ସୁଖେ ଦୁଃଖେ ହୋଇ ସାହା
ସ୍ୱର୍ଗ ସୁଖ ମଣି ଆହା
କୋଡ଼ିଏ ବରଷ କାଳ ଗଲା କାଲିପରି।" (ଚକୁଆ ଚକୋଇ)

କବି ଗଗନ ବିହାରୀଙ୍କ ଗୈରିକ ବାସନା ରଜନୀଗନ୍ଧାର ବାସ୍ନାରେ ମହମହ। ମାନବୀ ଓ ଐନ୍ଦ୍ରଜାଲିକ ମୋହ ଭୂମି ସ୍ପର୍ଶ କରିଛି ସେତେବେଳେ, ଯେତେବେଳେ ନାଏଗ୍ରାର ଗର୍ଜନ ସପ୍ତରଙ୍ଗର ଇନ୍ଦ୍ରଧନୁରେ ଆଳସ୍ୟ ଭରି ଦେଇଛି। ଉଷ୍ଣ ଶ୍ୱାସର ସାଏରି ଚକୋର ଚକୋରୀ ଡେଣାର ଆୱାଜରେ ବାରମ୍ବାର ପ୍ରତିଧ୍ୱନିତ ହୋଇଛି।

"ରଜନୀ ଗନ୍ଧାର ବାସ ମହମହ
ମହକିବ ଗଭାପରେ,
ରକ୍ତ ଜବା ଯାଇ ଗୋରା ଗୋରା ପାଦେ
ବୋଳି ଦେବ ଅଳତାରେ।"

'ପଲ୍ଲୀର କୁହୁକ' ପ୍ରତିଚ୍ଛବି କବିତା ପୁସ୍ତକର ଅନ୍ତିମ ସ୍ତବକ। ଏ ସଂପର୍କରେ କବିଙ୍କ ବକ୍ତବ୍ୟ ହେଉଛି –

"ମୋର ବାଲ୍ୟ ଓ ଶୈଶବ କାଳ ଗ୍ରାମ୍ୟ ପରିବେଶରେ ଅତିବାହିତ ହୋଇଥିଲା। ଯେତେବର୍ଷ ଗ୍ରାମ୍ୟ ବାହାରେ ବସବାସ କଲେ ସୁଦ୍ଧା ଗ୍ରାମର ପ୍ରାକୃତିକ ଦୃଶ୍ୟ, ସାମାଜିକ ଜୀବନଯାପନ ପ୍ରଣାଳୀ ଓ ଗ୍ରାମ୍ୟ ସ୍ମୃତିକୁ ଭୁଲିହୁଏ ନାହିଁ। ଗ୍ରାମ୍ୟ ଜୀବନଧାରା ଉପରେ

ଲିଖିତ କବିତାଗୁଡ଼ିକ ଶେଷଭାଗ 'ପଲ୍ଲୀକୁହୁକ'ରେ ସ୍ଥାନ ପାଇଛି।" (କେଇପଦ କଥା)

କବିଙ୍କ ଉକ୍ତି ଅନୁରୂପ Julius Caesar ଯଥାର୍ଥରେ କହିଛନ୍ତି -

"I had rather be first in a village
than second at Rome."

କବି ଗଗନ ବିହାରୀଙ୍କ ସ୍ଥୁଳ ଶରୀର ଚଳମାନ ଟରେଣ୍ଟୋରେ, ଆତ୍ମା ପଲ୍ଲୀବଧୂର କୋମଳାୟତନରେ। ଋତୁବୈଚିତ୍ର୍ୟ, ପୁନେଇଁ ପର୍ବ, ପିଠା-ପଖାଳ। ଗାଁ ଅବଧାନେ ସ୍ମୃତିର ଇନ୍ଦ୍ରଜାଲ ବୁଣି ଗୋଟିଏ ପରେ ଗୋଟିଏ ମନର ସ୍ଲେଟ୍‌ରେ ନେସି ହୋଇଯାଇଛନ୍ତି। ତାଙ୍କର ଭାବପ୍ରବଣ ସମ୍ମୋହନ ଏକାନ୍ତ ରୂପେ ରୂପାନ୍ତରିତ ହୋଇଯାଇଛି ରୋମାଣ୍ଟିକ୍ ଭାବବୋଧକୁ। କିନ୍ତୁ 'ଗାଁ ରେଳ ଷ୍ଟେସନ' ବେଳକୁ ଚହଲା ଅନ୍ତର୍ଦୃଷ୍ଟିର ଘଟିଛି ଭାବଗମ୍ଭୀର ଅବତରଣ।

"ଦେଖଇ ଷ୍ଟେସନ ମିଳନ - ବିଚ୍ଛେଦ
ଲାଗିଅଛି ଯା'ର ଦିନରାତି ଖେଳ
ସୁଖର ଜୀବନ ନନ୍ଦନ କାନନେ
ଭରି ଅଛି ପୁଣି ବିଷାଦ ଜଞ୍ଜାଳ।" (ଗାଁ ରେଳ ଷ୍ଟେସନ)

ମୃତ୍ୟୁ ପ୍ରତି କବିଙ୍କର ସନ୍ତାପ ନାହିଁ କିମ୍ବା ମୃତ୍ୟୁଚକ୍ରର ଆବର୍ତ୍ତନରେ ବିବ୍ରତ ନୁହନ୍ତି। କବି ଦୃଷ୍ଟିର ଅନ୍ତିମ ସିଦ୍ଧାନ୍ତ ଅପରାହ୍ଣର ଛାଇ ସନ୍ଦର୍ଶନ କରି ଭୀତତ୍ରସ୍ତ ନୁହେଁ; ବରଂ ନିୟତିର ଅନିର୍ବଚନୀୟ ସତ୍ୟ ସଂପର୍କରେ ସଚେତନ। ମୃତ୍ୟୁ ସଚେତନତା କବିତାକୁ ଭାରାକ୍ରାନ୍ତ କରି ନାହିଁ। 'ଶ୍ମଶାନ' ଫେରିବା ଦିନର ବନ୍ଧୁ ହୋଇ ଏବଂ ହେବା ପାଇଁ ପଡ଼ିରହିଛି ଧ୍ୟାନସ୍ଥ ସନ୍ନ୍ୟାସୀ ସମ। ଜୀବନର ଅଦ୍ଭୁତ ଅଭିନୟ ପରର ଶେଷ ରଙ୍ଗମଞ୍ଚ ହେଉଛି ଶ୍ମଶାନ। ମୃତ୍ୟୁ ସତ୍ୟ, ଶ୍ମଶାନ ଧ୍ରୁବସତ୍ୟ।

"ଦିନେ ନା ଦିନେ ହିଁ ସଭିଏଁ ହୋଇବେ
ଯାତ୍ରୀ, ଶମଶାନ ପଥେ
ଏ ତ ଧ୍ରୁବସତ୍ୟ ଚିରଦିନ କେହି
ରହିବେନି ଏ ଜଗତେ।"

■

ଚାନ୍ଦୋଟି, ବାଲେଶ୍ୱର
ମୋ: ୮୭୬୩୩୫୯୮୩୨

ଅନନ୍ୟ ଅନୁଭୂତିର ପ୍ରତିଧ୍ୱନି : 'ପ୍ରତିଚ୍ଛବି'

ଡକ୍ଟର ସସ୍ମିତା କର

ଜୀବନ ଜିଇଁବାର ପରିକଳ୍ପନା ପଛରେ କେତେ ଲହୁ, ଲୁହ, କେତେ ସଂଘର୍ଷ, କେତେ କୋହ। ଗୋଟିଏ ଗୋଟିଏ ଦିନ ଖାଲି ଖାଇପିଇ ରାତି ପୁହାଇଦେଲେ ତ ମଣିଷ ବଞ୍ଚିଯାଏ। କିନ୍ତୁ, ଜୀବନକୁ ଜିଇଁ ପାରେନି। ଅତିକ୍ରାନ୍ତ ହୋଇଯାଏ ସମୟ। ଧୀରେ ଧୀରେ ମଣିଷ ବୁଝିଯାଏ ସୃଷ୍ଟି ଓ ସ୍ରଷ୍ଟାଙ୍କୁ। ଉପଲବ୍ଧି କରେ ଜୀବନର ବାସ୍ତବତାକୁ। କିଏ ସେ କଥାକୁ ମୁହଁରେ କହିଦିଏ ତ ଆଉ କିଏ ତାକୁ ପ୍ରୀତିର ପାଟକନା ଗୁଡ଼େଇ ସାଇତି ରଖେ ମନଗହନର ସିନ୍ଦୂର ଫରୁଆ ଭିତରେ। ଫରୁଆ ଭିତରେ ସ୍ମୃତି ସବୁ ପାଲଟିଯାଆନ୍ତି ଶବ୍ଦ। ଥରେ ଖୋଲିଦେଲେ ଶବ୍ଦସବୁ ଆପେ ଘୋଡ଼ିହୋଇ ଗଢ଼ି ଦିଅନ୍ତି ଶବ୍ଦର କୋଣାର୍କ। ଚେନାଏ ସ୍ମୃତି, କାଣିଚାଏ ଆୟୁଷ - ସବୁକୁ ଶବ୍ଦରେ ସଜେଇ ଦେଇ ଉଦ୍‌ଭାସିତ ହୁଏ କବି ଗଗନ ବିହାରୀ ପାଣିଗ୍ରାହୀଙ୍କ କବିତା ସଂକଳନ 'ପ୍ରତିଚ୍ଛବି'।

ଅଢ଼େଇଦିନିଆ ଜୀବନର ରଙ୍ଗମଞ୍ଚରେ ଆମେ ସବୁ କଳାକାର। ଅଭିନୟ କରି ଚାଲିଛେ। ଜନ୍ମମରଣ ମଝିରେ ଲୁଚକାଳି ଖେଳୁଛି ଜୀବନ। ଆଜି ଅଛି, କାଲିକି ନାହିଁ। ମଲା ପରେ ହସକାନ୍ଦ, ଭଲମନ୍ଦ ସବୁକିଛି ଏକାକାର ହୋଇଯିବ। ସେଥିପାଇଁ ସବୁ ବିଭେଦକୁ ଭୁଲି ଜୀବ ଥିବା ଯାଏଁ ଦୁନିଆଁକୁ ସୁନ୍ଦର ମନେକରି ଜିଇବା ଲାଗି କବି ଆହ୍ୱାନ ଦିଅନ୍ତି 'ଜୀବନର ଲୁଚକାଳି' କବିତାରେ।

ପବିତ୍ର ଧରାବକ୍ଷରେ ଅହରହ ମଣିଷ ଜନ୍ମ ନିଏ, ମୃତ୍ୟୁବରଣ କରେ। ଜନ୍ମ ପରି ମୃତ୍ୟୁ ବି ଧ୍ରୁବସତ୍ୟ, ଚିରନ୍ତନ। ତଥାପି କାହିଁକି ମରିଯାଇଥିବା ମଣିଷଟିଏ ପାଇଁ

ପ୍ରତୀକ୍ଷାର ଅନ୍ତ ନ ଥାଏ। ଋତୁ ପରେ ଋତୁ ବିତିଯାଏ। ଆରପାରିରେ ମିଳନର ସବୁଜ ଆକାଙ୍‌କ୍ଷା ନେଇ ପ୍ରତୀକ୍ଷା କରେ କବି।

ତୁମ ସାଥେ ପୁଣି ହେବ ମୋର ଦେଖା,
ଜାଣେନି ସେ ଦିନ କେବେ ଯେ ଆସିବ
ଦିନ ପ୍ରତିଦିନ ସେ ପାଇଁ ପ୍ରତୀକ୍ଷା। (କବିତା - ପ୍ରତୀକ୍ଷା)

ସୁଦୂର ଟାହୋ ହ୍ରଦର କାଚକେନ୍ଦୁ ପାଣି କେବେ କବିଙ୍କୁ କରିଛି ଭାବାଚ୍ଛନ୍ନ ତ ଆଉ କେବେ ନାଏଗ୍ରାର ଝରରେ ସେ ଆଙ୍କିଛନ୍ତି ଇନ୍ଦ୍ରଧନୁର ସପ୍ତରଙ୍ଗ (କବିତା - ନାଏଗ୍ରାର ଧାରେ ଧାରେ)। ଜେଏନ୍‌ୟୁର କଦମ୍ବ ଓ କୃଷ୍ଣଚୂଡ଼ାରେ ମୁଗ୍ଧ ହୋଇଛି କବିପ୍ରାଣ (କବିତା - ଜେଏନ୍‌ୟୁ) ହିମାଳୟର ଦେବୋପମ ସୌନ୍ଦର୍ଯ୍ୟରେ ଆପ୍ଲୁତ ହୋଇଛି କବି-ହୃଦୟ। କେବେ ଆମେରିକା ମାଟିରେ ଭାରତୀୟଙ୍କ ଦୁର୍ଦ୍ଦଶାରେ ବିଚଳିତ କବିପ୍ରାଣରୁ ଝରିଯାଇଛି ‘ନୋ ଇଙ୍ଗ୍‌ଲିଶ୍, ଇଣ୍ଡିଆନ୍’ କବିତା, କେବେ ପୁଣି ଆଧୁନିକତା ନାଁରେ ଧସେଇ ପଶୁଥିବା ଅପସଂସ୍କୃତିକୁ ନେଇ କଟାକ୍ଷ କରିଛନ୍ତି କବି -

‘ଝିଅ ବୋହୂ ସଞ୍ଜେ ବାହାରିବେ ପିନ୍ଧି ସ୍କର୍ଟ୍ ମିଡି ନାଇଟି,
ବାହା ବାହାରେ ସ୍ମାଟ ସିଟି।’ (କବିତା - ସ୍ମାଟ ସିଟି)

ପ୍ରାଚୀନ ରୋମୀୟ କବି ଭର୍ଜିଲ୍ ଏକଦା କହିଥିଲେ- Love Conquers all things, let us surrender to love - ଅର୍ଥାତ୍, ପ୍ରେମ ସବୁକୁ ଜିତିପାରେ। ଚାଲ, ଆମେ ସବୁ ପ୍ରେମକୁ ସମର୍ପିତ ହୋଇଯିବା। ସାରା ପୃଥିବୀରେ ପ୍ରେମକୁ ଆଧାର କରି ଲେଖାଯାଇଛି ଅଜସ୍ର ପ୍ରେମ କବିତା। ଏଠି ସେମିତି କବିଙ୍କ ପ୍ରେମିକା ହେଉଛି ଉଆଁସୀ ରାତିର ଜହ୍ନ, ଫଗୁଣର ରଙ୍ଗ, ବାଟହୁଡ଼ା ନାବିକ ପାଇଁ ଆଶାର ଆଲୋକ-ବତୀଘର (କବିତା - ଉଆଁସୀ ରାତିର ଜୋଛନା)। କବିତା - ‘ତୁମ ପାଇଁ’ ଓ ‘ପ୍ରଭାତ’ରେ ପ୍ରେୟସୀ ପାଲଟିଯାଆନ୍ତି ଧୂସର ମରୁର ମରୁଦ୍ୟାନ। ପ୍ରେମର ମନ୍ଦାକିନୀରେ ଭିଜାଇଦିଅନ୍ତି କବିକୁ। ଧରା ଦିଅନ୍ତି କବିଙ୍କୁ କେବେ ଦେବୀ ଓ କେବେ ପରୀ କି ଅପ୍‌ସରା ରୂପରେ।

ବଗିଚାରେ ନୀଳ ଅପରାଜିତାର ଛଟା, ଶୁଭ୍ରମଲ୍ଲୀ ଫୁଲର ସୁଗନ୍ଧ, କୃଷ୍ଣଚୂଡ଼ା ଅଞ୍ଜଳିରେ ପ୍ରେମର ପସରା। ମାଳୀଟିଏ ସଜେଇ ଦେଉଛି ପ୍ରେମିକାକୁ ତା’ର ନାନାଦି ଫୁଲରେ।

‘ରକ୍ତଜବା ଯାଇ ଗୋରା ଗୋରା ପାଦେ
ବୋଳିଦେବ ଅଳତାରେ।’ (କବିତା - ମାଳୀ)

ପ୍ରେମିକାର ଉପସ୍ଥିତିରେ ଇନ୍ଦ୍ରଧନୁ ମୁଣ୍ଡେ ରଙ୍ଗର ବର୍ଣ୍ଣାଳୀ, କଲମରୁ ଝରିଯାଏ ପ୍ରଣୟ କବିତା। ସାରା ସଂସାର ବନିଯାଏ ସ୍ୱପ୍ନର ଯାଦୁଘର। କବିତା ‘ତୁମ

ଦରଶନେ'ରେ କବି କୁହନ୍ତି– ତୁମ ଦରଶନେ ତ୍ରିଭୁବନ ଦିଶେ ସପନ ରାଇଜ ପରି'।

ଅନାବିଳ ପ୍ରେମର ସେ ଅନୂଢ଼ା ଅନୁଭୂତି ପ୍ରତିବିମ୍ବିତ ହୁଏ 'ଶଶାଙ୍କ ଶର୍ବରୀ' କବିତାରେ। ପ୍ରିୟତମାର ସ୍ମୃତିକୁ ସାଇତି ରଖି ଶିଳ୍ପୀ ପଥରରେ ଜୀବନ୍ୟାସ ଦେବାରେ ମଗ୍ନ। ସେପଟେ ପ୍ରିୟତମା ଶର୍ବରୀର ଅନନ୍ତ ପ୍ରତୀକ୍ଷା ବାରମ୍ବାର ବିପର୍ଯ୍ୟସ୍ତ ହୁଏ। କୋଣାର୍କ ତ ଗଢ଼ାହୁଏ, କିନ୍ତୁ ପୂଜା ପାଆନ୍ତିନି ସେଠି ଦିଅଁ କି ଦେବା। (କବିତା - ଶଶାଙ୍କ ଶର୍ବରୀ)

ମଣିଷଟିଏ ଯେତେ ପାଠପଢ଼ି ଦେଶ ବିଦେଶରେ ରହିଲେ ବି ଭୁଲିପାରେନି ତା ଗାଁକୁ। ଗାଁର ବର୍ଷାଭିଜା ମାଟି, କାକରଛୁଆଁ ଘାସ, ଆମ୍ବ ବଉଳ, କୋଇଲିର କୁହୁଗୀତ - ମତୁଆଲା କରେ କବିଙ୍କୁ। ଗାଁ ମୁଣ୍ଡ ଝଙ୍କା ବରଗଛ ମୂଳ ବୁଢ଼ୀ ଠାକୁରାଣୀଙ୍କ ଗ୍ରାମବାସୀଙ୍କୁ ସମସ୍ତ ରୋଗବଇରାଗରୁ ଘଣ୍ଟ ଘୋଡ଼ାଇ ରଖନ୍ତି ବୋଲି ବିଶ୍ୱାସ କରନ୍ତି କବି।

'ଗଛମୂଳେ ଗାଆଁ ବୁଢ଼ୀ ଠାକୁରାଣୀ
ଅତୀବ ପ୍ରତ୍ୟକ୍ଷ ଦେବୀ,
ବ୍ୟାଧି କବଳରୁ ପାଇଥା'ନ୍ତି ମୁକ୍ତି
ଗ୍ରାମବାସୀ ତାଙ୍କୁ ସେବି।' (କବିତା - ବରଗଛ)

କବି ପ୍ରାଣକୁ ଆକୃଷ୍ଟ କରେ ଗାଁର କୁଆଁର ପୂନେଇଁ ଗୀତ, କାର୍ତ୍ତିକ ପୂନେଇଁର ତୁଳସୀ ଚଉଁରା, ଚଷାର ଧାନକ୍ଷେତ, ମାଣବସା, ଦୁର୍ଗାମଣ୍ଡପ, ହାଡ଼ିଆ ନନାର ଚା ଦୋକାନ, ମକରା ଭାଇ ସର୍ବୋପରି ଓଡ଼ିଆ ଘରର ପିଠାପଣା, ବାସି ପଖାଳର ସୁଆଦ, ଓଡ଼ିଆ ମାଟିର ମହକ। ଜୀବନର ସୁଖ ଦୁଃଖ ଓ ପ୍ରେମର ପ୍ରତିବେଦନାରେ ଭରପୂର କବିତା ସଂକଳନ 'ପ୍ରତିଛବି' ବାସ୍ତବରେ ଜୀବନର ହିଁ ପ୍ରତିଛବି।

■

ସହକାରୀ ଅଧ୍ୟାପିକା, (ଶିକ୍ଷା ବିଭାଗ)
ରମାଦେବୀ ମହିଳା ବିଶ୍ୱବିଦ୍ୟାଳୟ, ଭୁବନେଶ୍ୱର

ଗଗନ ବିହାରୀ ପାଣିଗ୍ରାହୀଙ୍କ କବିତା : ଏକ ଆକଳନ

ସୁନିତା ଦାଶ

ଗଗନ ବିହାରୀ ପାଣିଗ୍ରାହୀ ଓଡ଼ିଆ କବିତା ସାହିତ୍ୟ ଜଗତର ଜଣେ ସୁନାମଧନ୍ୟ କବି। ତାଙ୍କର 'ପ୍ରତିଛବି' କବିତା ସଂକଳନଟି ଆଲୋଚନାଯୋଗ୍ୟ। ଏହି ସଂକଳନଟିକୁ କବି ତିନି ଭାଗରେ ବିଭକ୍ତ କରିଛନ୍ତି। ୧) ପ୍ରତିଛବି (୧୨ଟି କବିତା), ୨) ପ୍ରୀତିର ମହକ (୨୫ଟି କବିତା), ୩) ପଲ୍ଲୀର କୁହୁକ (୨୬ଟି କବିତା)। ମୋଟ ଉପରେ ୬୩ଟି କବିତା ଏହି ସଂକଳନରେ ସନ୍ନିହିତ।

'ଅଲୌକିକ ସର୍ଜନା' କବିତାଟିରେ ପ୍ରକୃତି ଓ ଈଶ୍ୱରଙ୍କ ସୃଷ୍ଟି ବିଷୟରେ ବର୍ଣ୍ଣନା କରାଯାଇଛି। 'ଜୀବନର ଲୁଚକାଳି' ଏହି କବିତାରେ କବି ଚିରନ୍ତନ ଓ ଧ୍ରୁବ ସତ୍ୟ ଜନ୍ମ ଓ ମୃତ୍ୟୁର କଥା କହିଛନ୍ତି। ଏହା ଏକ ମୃତ୍ୟୁଚେତନାଧର୍ମୀ କବିତା। 'ପ୍ରତୀକ୍ଷା' ଏକ ରୋମାଣ୍ଟିକ୍ ମୃତ୍ୟୁଚେତନାଧର୍ମୀ କବିତା। ଏଠାରେ କବି ପ୍ରିୟା ଲୁଡମିଲାର ମୃତ୍ୟୁ ପରେ ତାଙ୍କର ଅନୁପସ୍ଥିତିକୁ ମନେ ପକେଇଛନ୍ତି। 'ଧନ୍ୟ ପୁରୁଷ ତୋ ପୁରୁଷ ପଣିଆ' କବିତାରେ କବି ସମାଜର କଥା କହିଛନ୍ତି। ଜଣେ ମଦୁଆ ସ୍ୱାମୀ ତା' ସ୍ତ୍ରୀକୁ କିପରି ନିର୍ଯାତନା ଦେଇଛି ତାହାହିଁ ଏହି କବିତାର ସାରମର୍ମ। ଏହା ଏକ ସମାଜଧର୍ମୀ କବିତା। 'ସୁପ୍ରଭାର ଚିଠି' କବିତାରେ କବି ବାଲ୍ୟଜୀବନର ସ୍ମୃତିକୁ ମନେପକାଇଛନ୍ତି। 'ଟାହୋ ହ୍ରଦ' କବିତାରେ କବି ଟାହୋ ହ୍ରଦର ପ୍ରାକୃତିକ ସୌନ୍ଦର୍ଯ୍ୟକୁ ଦେଖି ବିମୁଗ୍ଧ ହୋଇ ପଡ଼ିଛନ୍ତି। ତାହାହିଁ ଏହି କବିତାରେ ବର୍ଣ୍ଣନା

କରାଯାଇଛି। 'ଜେଏନ୍‌ୟୁ' କବିତାରେ କବି ଜବାହାରଲାଲ ନେହେରୁ ବିଶ୍ୱବିଦ୍ୟାଳୟର ପ୍ରାକୃତିକ ପରିବେଶ ଓ ବିଦ୍ୟାଳୟକୁ ଘେରି ରହିଥିବା ପାହାଡ଼, ପର୍ବତ, ନଈ, ପ୍ରସିଦ୍ଧ ସ୍ଥାନ ବିଷୟରେ ବର୍ଣ୍ଣନା କରିଛନ୍ତି। 'ବିନା ଅପରାଧେ ମୃତ୍ୟୁ ଦଣ୍ଡ' କବିତାରେ କବି ଜଙ୍ଗଲରେ ବାସ କରୁଥିବା ବନ୍ୟଜନ୍ତୁଙ୍କ ବିଷୟରେ ଆଲୋଚନା କରିଛନ୍ତି। କବି ପଶୁସୁଲଭ ମନ ନେଇ ବନ୍ୟଜନ୍ତୁ ପ୍ରତି ସହାନୁଭୂତି ଦେଖାଇଛନ୍ତି। 'ନୋ ଇଙ୍ଗ୍‌ଲିସ ଇଣ୍ଡିଆନ' କବିତାଟି ଆମେରିକାର ଆଲବାମା ରାଜ୍ୟରେ ଘଟିଥିବା ଏକ ସତ୍ୟ ଘଟଣା ଉପରେ ଆଧାରିତ। ସୁରେଶ ପଟେଲଙ୍କ ସହିତ ଘଟିଥିବା ଘଟଣାକୁ କବି କବିତାରେ ପ୍ରକାଶ କରିଛନ୍ତି। ଆମେରିକାର ପୋଲିସ୍ ସୁରେଶ ଭାଇଙ୍କୁ ଠିକଣା ପଚାରିବାରୁ ସେ 'ନୋ ଇଙ୍ଗିଲିସ ଇଣ୍ଡିଆନ' କହି ଚୁପ୍ ରହିଲେ। 'ଶହୀଦ ନାଥାନ' କବିତାରେ କାନାଡାର ଜଣେ ସିପାହୀ 'ନାଥାନ'ଙ୍କ ଶହୀଦ ଘଟଣା ବର୍ଣ୍ଣନା କରାଯାଇଛି। ନାଥାନ୍ କିପରି ସନ୍ତ୍ରାସବାଦୀଙ୍କ ଗୁଳିକୁ ଖାତିର ନ କରି ନିଜ ଜୀବନକୁ ଦେଶ ମାତୃକା ପାଇଁ ଉତ୍ସର୍ଗ କରିଛନ୍ତି, ତାହାହିଁ ବର୍ଣ୍ଣନା କରାଯାଇଛି। କବିଙ୍କ ଭାଷାରେ-

"ଦେଖିଲେ ସରବେ ନୀରବେ ନିସ୍ତବ୍ଧେ
ଶହୀଦ ନାଥାନ୍ ରହିଛି ଶୋଇ।"

'ହିମାଳୟ' କବିତାରେ କବି ହିମାଳୟର ପ୍ରାକୃତିକ ସୌନ୍ଦର୍ଯ୍ୟ ଓ ଅବସ୍ଥିତି ବିଷୟରେ ବର୍ଣ୍ଣନା କରିଛନ୍ତି। 'ସ୍ମାର୍ଟସିଟି' କବିତାଟି ଏକ ରମ୍ୟ କବିତା। ଏହି କବିତାରେ କବି ସରକାରକୁ ବ୍ୟଙ୍ଗ କରିଛନ୍ତି।

"କୋଟି କୋଟି ଟଙ୍କା
ହେଲା ଆୟୋଜିତ ସିଟି ସ୍ମାର୍ଟ
ହେବା ପାଇଁ
ରିକ୍ସାବାଲା ଦୁଃଖୀ ଗରୀବ ଭୋକିଲା
ନ ରହିବେ ଆଉ କେହି

X X X

'ପ୍ରତିଚ୍ଛବି' କବିତା ସଂକଳନର ଦ୍ୱିତୀୟ ଭାଗ 'ପ୍ରୀତିର ମହକ'। ଏଥିରେ ୨୫ଟି କବିତା ସ୍ଥାନ ଗ୍ରହଣ କରିଛି। ପ୍ରାୟତଃ କବିତାରେ ରୋମାଣ୍ଟିକ୍ ଭାବ ଦେଖିବାକୁ ପାଇବା।

'ବର୍ଷା ବିରହ' କବିତାରେ କବି ବର୍ଷା ଓ ବର୍ଷା ଆସିବା ଦ୍ୱାରା ପ୍ରକୃତି ରାଣୀ ନିଜକୁ କିପରି ସଜାଇଥାଏ ତାହାହିଁ ବର୍ଣ୍ଣନା କରାଯାଇଛି। 'ବସନ୍ତ ବିରହ'

କବିତାରେ କବି ବସନ୍ତ ଋତୁର ବର୍ଣ୍ଣନା କରିବା ସହିତ ପ୍ରେମିକାଠାରୁ ଦୂରେଇ ରହିବାର ବିରହ ବେଦନାକୁ ପ୍ରକାଶ କରିଛନ୍ତି। 'ଗୋଲାପ ପାଖୁଡ଼ା ଗୋଲାପି ଅଧର' ଏହି କବିତା ଏକ ରୋମାଣ୍ଟିକ୍‌ଧର୍ମୀ କବିତା। କବି ଏହି କବିତାରେ ଗୋଲାପର ପାଖୁଡ଼ାକୁ ପ୍ରେମିକାର ଓଠ ସହିତ ତୁଳନା କରିଛନ୍ତି। 'ନରାଗେନ୍ସ ବେ'ରେ ତୁମେ ଆଉ ମୁଁ' କବିତାଟି ଆମେରିକା ରୋଡ୍ ଆଇଲାଣ୍ଡ ରାଜ୍ୟର ଆଟଲାଣ୍ଟିକ୍ ମହାସାଗର କୂଳରେ ନିଉପାର୍ଟ ଏକ ସହର। ଜେସସ୍ ଟାଉନ୍ ଦ୍ୱୀପ ଓ ନିଉ ପାର୍ଟ ସହର ମଧ୍ୟବର୍ତ୍ତୀ ଉପସାଗରକୁ 'ନରାଗେନ୍ସ ବେ' କୁହାଯାଏ। ସେହି ନାମ ଅନୁସାରେ କବିତାଟିର ନାମକରଣ କରାଯାଇଛି। କବିତାରେ କବି ନିଜ ପତ୍ନୀଙ୍କ ସହିତ 'ନରାଗେନ୍ସ ବେ' କୂଳରେ ବିତାଇଥିବା ମୁହୂର୍ତ୍ତକୁ ବର୍ଣ୍ଣନା କରିଛନ୍ତି। 'ଉଆଁସୀ ରାତିର ଜୋଛନା' କବିତାରେ କବି ନିଜର ପ୍ରେମିକାକୁ ଉଆଁସୀ ରାତିର ଜୋଛନା ସହିତ ତୁଳନା କରିଛନ୍ତି। 'କବିତା ତୁମପାଇଁ' ଏକ ରୋମାଣ୍ଟିକ୍‌ଧର୍ମୀ କବିତା। ପ୍ରେମିକା ପାଖରେ ଥିଲେ ମନ ଭିତରେ ସୃଷ୍ଟି ହେଉଥିବା ଭାବନା ହିଁ ଏହି କବିତାର ସାରମର୍ମ। କବିଙ୍କ ଭାଷାରେ-

"ତୁମେ ଥିଲେ ପାଶେ ଉଆଁସୀ ଆକାଶେ
ଚନ୍ଦ୍ରମା ଆସଇ ଉଇଁ
ତୁମେଥିଲେ ପାଶେ ସକାଳ ପଉଷେ
ଚଇତାଳି ଯାଏ ବହି।"

'ଚୂତ ବୃକ୍ଷ ତଳେ' କବିତାରେ କବି ବାଲ୍ୟପ୍ରେମର କଥା କହିଛନ୍ତି। ତାଙ୍କ ପ୍ରିୟା ସହିତ କାଟିଥିବା ପ୍ରତ୍ୟେକ ମୁହୂର୍ତ୍ତକୁ ମନେପକାଇଛନ୍ତି। 'ଛଦ୍ମବେଶୀ ପ୍ରିୟା' କବିତାଟି ଏକ ରୋମାଣ୍ଟିକ୍‌ଧର୍ମୀ କବିତା। କବି ସ୍ୱପ୍ନରେ ପ୍ରେମିକାକୁ ଅନୁଭବ କରିଛନ୍ତି ଏବଂ ତାଙ୍କ ମନରେ ବିଭିନ୍ନ ପ୍ରକାରର ଭାବନା ଉଙ୍କି ମାରୁଛି। ଆଖି ଖୋଲି ଦେଖନ୍ତି ଯେ, ପ୍ରିୟା ଆଉ ନାହିଁ। ସେଥିପାଇଁ କବି ପ୍ରିୟାକୁ ଛଦ୍ମବେଶୀ ବୋଲି ସମ୍ବୋଧନ କରିଛନ୍ତି। 'ନଦୀତୀର' କବିତାରେ ନଦୀକୂଳରେ ସ୍ତ୍ରୀ ସହିତ ବିତାଇଥିବା ଅନୁଭୂତିକୁ ବର୍ଣ୍ଣନା କରିଛନ୍ତି। 'ନାଏଗ୍ରାର ଧାରେ ଧାରେ' କବିତାରେ ନାଏଗ୍ରା ଜଳପ୍ରପାତର ପ୍ରାକୃତିକ ପରିବେଶ ବର୍ଣ୍ଣନା କରିଛନ୍ତି। 'ଆଷାଢ଼ ବରଷା' କବିତାରେ ପ୍ରେମିକା ସହ ବର୍ଷାର ଅନୁଭୂତିକୁ ବର୍ଣ୍ଣନା କରିଛନ୍ତି। କବିଙ୍କ ଭାଷାରେ-

"ଫୁଟି ଉଠୁଥିଲା ଓଦା ଲୁଗାତଳୁ
ରୂପ ଯଉବନ ତୁମ
ଭାବିଦେଲେ ସେହି ଆଷାଢ଼ ବରଷା

(ଏବେ) ଶିହରି ଉଠେ ମରମ।"

'ପ୍ରଭାତ' କବିତାରେ ସକାଳର ପ୍ରାକୃତିକ ସୌନ୍ଦର୍ଯ୍ୟ ବର୍ଣ୍ଣନା ସହିତ ପ୍ରେମିକାର ଅଳସପଣକୁ ବର୍ଣ୍ଣନା କରିଛନ୍ତି। 'ପୀରତି ଫୁଲ' କବିତାରେ ପ୍ରେମର ସ୍ୱରୂପ ବର୍ଣ୍ଣନା କରାଯାଇଛି।

"ପୀରତି ତ ଅଟେ ତିନୋଟି ଅକ୍ଷର
ବୁଝେ ନାହିଁ ବେଳ କାଳ,
x x x।"

'ବସନ୍ତ' କବିତାରେ ବସନ୍ତ ଋତୁର ବର୍ଣ୍ଣନା ହୋଇଛି। ପ୍ରକୃତିର ମଧ୍ର ରୂପ ବର୍ଣ୍ଣନା ଦେଖିବାକୁ ମିଳେ। 'ଫୁଲ ଓ ମହୁମାଛି' କବିତାରେ ଫୁଲ ଓ ମହୁମାଛିର ମଧୁର ସଂପର୍କ ବିଷୟରେ ବର୍ଣ୍ଣନା ହୋଇଛି।

"ମହୁମାଛି ଚାହେଁ ଫୁଲକୁ ଯେପରି
ଫୁଲ ଚାହେଁ ମହୁମାଛି।'

'ମାଳୀ କବିତାରେ କବି ନିଜର ସଂସାରକୁ ବଗିଚା ଓ ନିଜକୁ ମାଳୀ ବୋଲି ଭାବିଛନ୍ତି। ମାଳୀ ଯେପରି ବଗିଚାର ଯତ୍ନ ନେଇ ନାନା ରଙ୍ଗର ଫୁଲରେ ଭରିଦେଇଥାଏ ଠିକ୍ ସେହିପରି କବି ସଂସାରର ବଗିଚାକୁ ଖୁସିର ରଙ୍ଗରେ ରଙ୍ଗମୟ କରିଛନ୍ତି। 'ରଜନୀଗନ୍ଧା ଗୋ' କବିତାରେ ରଜନୀଗନ୍ଧା ଫୁଲର ପ୍ରକୃତି ବର୍ଣ୍ଣନା କରିଛନ୍ତି। 'ସ୍ମୃତି ଏକ ଶ୍ରାବଣ ରାତ୍ରୀର' କବିତାରେ ଶ୍ରାବଣ ରାତ୍ରୀର ଅନୁଭୂତି ଓ ସ୍ମୃତିକୁ ବର୍ଣ୍ଣନା କରିଛନ୍ତି।

"ଘଡ଼ ଘଡ଼ି ଡାକେ ଡରିଯାଇ ତୁମେ
ଧରୁଥିଲ ମୋତେ ଭିଡ଼ି।"

'ଶୁଣିଛି ପ୍ରିୟା' କବିତାରେ କବି ପ୍ରିୟାର ଗୁଣ ବର୍ଣ୍ଣନା କରିଛନ୍ତି। 'ଶେଫାଳୀ ପଡ଼ନା ଝରି' କବିତାରେ କବି ପ୍ରେମିକାକୁ ଅପେକ୍ଷା କରିଛନ୍ତି। 'ପ୍ରଣୟ ରଜନୀ' କବିତାରେ ପ୍ରଣୟର କଥା କୁହାଯାଇଛି। 'ତୁମ ଦରଶନେ' କବିତା ଏକ ରୋମାଣ୍ଟିକ୍‌ଧର୍ମୀ କବିତା। ଏଥିରେ କବି ପ୍ରେମିକାକୁ ଦର୍ଶନ କଲାପରେ ତା ମନ ମଧ୍ୟରେ ଯେଉଁ ଭାବନା ସୃଷ୍ଟି ହୋଇଥିଲା ତାହାହିଁ ଏଠାରେ ବର୍ଣ୍ଣନା କରାଯାଇଛି। 'ରାକା ରଜନୀ' କବିତାରେ ପ୍ରେମିକା ସହିତ ବିତାଇଥିବା ରଜନୀ ଓ ପ୍ରାକୃତିକ ସୌନ୍ଦର୍ଯ୍ୟ ବିଷୟରେ ବର୍ଣ୍ଣନା କରିଛନ୍ତି।

'ପଲ୍ଲୀର କୁହୁକ' ଭାଗରେ ୨୬ଟି କବିତା ସନ୍ନିହିତ। 'ଆଦ୍ୟ ଆଷାଢ଼' କବିତାରେ ଆଷାଢ଼ ମାସରେ ପ୍ରାକୃତିକ ସୌନ୍ଦର୍ଯ୍ୟ ବର୍ଣ୍ଣନା କରିଛନ୍ତି। 'ଆମ୍ବତୋଟା' କବିତାରେ କବି ବାଲ୍ୟସ୍ମୃତିକୁ ମନେପକାଇବା ସହିତ ଆମ୍ବତୋଟାର ଦୃଶ୍ୟ ବର୍ଣ୍ଣନା

କରିଛନ୍ତି। 'ବରଗଛ' କବିତାରେ କବି ଗାଁର ମୂକସାକ୍ଷୀ ବରଗଛ ବିଷୟରେ ବର୍ଣ୍ଣନା କରିଛନ୍ତି। ଗଛ କିପରି ପିଢ଼ି ପରେ ପିଢ଼ି ଗ୍ରାମକୁ ଜଗିବସିଛି। 'ବର୍ଷାଅନ୍ତେ' କବିତାରେ 'ବର୍ଷା' ଋତୁରେ ପ୍ରାକୃତିକ ପରିବେଶ କଥା ବର୍ଣ୍ଣନା କରାଯାଇଛି।

"ପ୍ରକୃତିର ଲୀଳା କି ସୁନ୍ଦର ଆହା
ଲାଗିଅଛି ନିରନ୍ତର।"

'ଶରତ' କବିତାରେ କବି ଶରତ ଋତୁର ବର୍ଣ୍ଣନା କରିଛନ୍ତି। 'କାର୍ତ୍ତିକ ପୂନେଇଁ' କବିତାରେ କାର୍ତ୍ତିକ ମାସର ମାହାତ୍ମ୍ୟ ବିଷୟରେ ବର୍ଣ୍ଣନା କରାଯାଇଛି।

"ଧରମ ମାସରେ ପଞ୍ଚୁକ ଶେଷରେ
ନଦୀ ପୁଷ୍କରିଣୀ ଯାଇ
ବୁଡ଼ନ୍ତି ସଲିଳେ ଶୀତକୁ ନଡରି
ଧର୍ମ ଅରଜିବା ପାଇଁ।"

'ଆଜି କୁଆଁର ପୁନେଇଁ' କବିତାରେ କୁଆଁର ପୁନେଇଁରେ ଝିଅମାନେ କିପରି ଚାନ୍ଦ ପୂଜା କରନ୍ତି ତାହାହିଁ ବର୍ଣ୍ଣନା କରିଛନ୍ତି। କବିଙ୍କ ଭାଷାରେ-

"ନଡ଼ିଆ କାକୁଡ଼ି ଫଳମୂଳ ସାଥେ
ଚାନ୍ଦ ଚକଟାକୁ ଥୋଇ
ଚକୁଳି ସାଙ୍ଗକୁ ମଣ୍ଡାପିଠା କରି
ପରସିବା ତହିଁ ନେଇ।"

'ଧାନକଟା' କବିତାରେ କବି ମାର୍ଗଶିର ମାସର ବର୍ଣ୍ଣନା କରିବା ସହିତ ଧାନକଟାର ଦୃଶ୍ୟକୁ ବର୍ଣ୍ଣନା କରିଛନ୍ତି। 'ଦୁର୍ଗାପୂଜା' କବିତାରେ ମା' ଦୁର୍ଗାଙ୍କର ଆଗମନ, ଦୁର୍ଗାପୂଜାର ସାଜସଜ୍ଜା ପୂଜା ମଣ୍ଡପର ଦୃଶ୍ୟ ବର୍ଣ୍ଣନା କରାଯାଇଛି।

"କାରିଗର ଆସି ଗଢ଼ଇ ପ୍ରତିମା
ଗ୍ରାମର ପୂଜା ମଣ୍ଡପେ।"

'ଅବଧାନେ' କବିତାରେ କବି ଗାଁ ଅବଧାନେ ହରିମାଷ୍ଟରଙ୍କ ବେଶଭୂଷା, ତାଙ୍କର କାଇଦା କାନୁନ୍, ପାଠପଢ଼ାଇବାର ଶୈଳୀ କଥା ବର୍ଣ୍ଣନା କରିଛନ୍ତି। 'ଗାଁ ରେଳ ଷ୍ଟେସନ' କବିତାରେ କବି ରେଳ ଷ୍ଟେସନ ଦୃଶ୍ୟ ବର୍ଣ୍ଣନା କରିଛନ୍ତି। 'ହାଡ଼ିଆ ନନାର ଚା' କବିତାରେ କବି ହାଡ଼ିଆ ନନାଙ୍କର ଚା, ବେଶଭୂଷା, ଆଚାର ବ୍ୟବହାର ବିଷୟରେ ବର୍ଣ୍ଣନା କରିଛନ୍ତି। 'ଝିଅ ଯାଏ ଶାଶୂଘର' କବିତାରେ କବି ଝିଅ ବିବାହ ଠିକ୍ ହେବା ଠାରୁ ଝିଅ ବିଦା ହେବାର ଦୃଶ୍ୟକୁ ଅତି ନିଖୁଣ ଭାବରେ ବର୍ଣ୍ଣନା କରିଛନ୍ତି। 'ମକରା ଭାଇ' କବିତାରେ କବି ଗାଁ କେଉଟ ମକରା ଭାଇର ବେଶଭୂଷା ବର୍ଣ୍ଣନା

ସହିତ ତା'ର ବ୍ୟବହାର ଏବଂ ଅଳ୍ପ ପଇସାରେ କିପରି ଖୁସିରେ ଜୀବନ ବଞ୍ଚିହୁଏ ସେ କଥା ମକରା ଭାଇଠାରୁ ଶିଖିବା ଦରକାର। 'ମାଣବସା' କବିତାରେ କବି ମାର୍ଗଶିର ମାସରେ ପ୍ରଥମ ଗୁରୁବାର ପୂଜା, ନୀତି, ନିୟମ ଏବଂ ଘର କୁଳବଧୂ କିପରି ସକାଳୁ ସ୍ନାନ ସାରି ଶଙ୍ଖ, ହୁଳହୁଳି ଦେଇ ପୂଜା କରୁଛି ତାହାହିଁ ବର୍ଣ୍ଣନା ହୋଇଛି। କବି ଏଠାରେ ଆମ ପର୍ବପର୍ବାଣି, ଆମ ସଂସ୍କାର ଓ ସଂସ୍କୃତି କଥା କହିଛନ୍ତି -

"ମାଆଙ୍କ ଆରତୀ ଶଙ୍ଖ ହୁଳହୁଳି
ବାଜୁଅଛି ଘଣ୍ଟା ଘଡ଼ି
x x x।"

'ନହୁଲି ବୋହୂର ପହିଲି ସ୍ୱପ୍ନ' କବିତାରେ କବି ଏକ ନବବିବାହିତା ବୋହୂର ମନର ଭାବନାକୁ ପ୍ରକାଶ କରିଛନ୍ତି। ଝିଅଟିଏ ବୋହୂ ହୋଇ ଆସିଲେ ତା ମନରେ କେତେ ସ୍ୱପ୍ନ ଉଙ୍କି ମାରୁଥାଏ ଏବଂ ତା'ର ଆସିବା ଦ୍ୱାରା ଘର ଅଗଣାରେ ଯେଉଁ ଖୁସିର ମାହୋଲ ସୃଷ୍ଟି ହୁଏ ତାହାହିଁ କବି ଏହି କବିତାରେ ଉପସ୍ଥାପନ କରିଛନ୍ତି।

ଓଡ଼ିଆଣୀ ଘରେ ପିଠାପଣା କବିତାରେ କବି ଓଡ଼ିଶାରେ ତିଆରି ହେଉଥିବା ସୁଆଦିଆ ପିଠା ମାନ ବର୍ଣ୍ଣନା କରିଛନ୍ତି।

"ରଜ ସଂକ୍ରାନ୍ତିରେ ଚକୁଲି ଗଢ଼ଇ
ଚାଉଳ ବିରି ମିଶାଇ
କରଇ ପାଳନ ବଉଳ ଉଆଁସ
ଗଇଁଠା ଗୋଡ଼ି ବନାଇ।"

'ଛକଡ଼ି' କବିତାରେ କବି ଗାଁର ରିକ୍ସାବାଲା ଛକଡ଼ିର ବେଶଭୂଷା ଓ ଆତ୍ମକାହାଣୀ ବର୍ଣ୍ଣନା କରିଛନ୍ତି। 'ସରୋବର' କବିତାରେ କବି ଗାଁର ପ୍ରାକୃତିକ ସୌନ୍ଦର୍ଯ୍ୟକୁ ବର୍ଣ୍ଣନା କରିଛନ୍ତି। 'ସେଇ ମାଟି ସେଇ ସ୍ମୃତି' କବିତାରେ କବି ଗାଁ ମାଟିର ମନୋମୁଗ୍ଧକର ରୂପ, ଗାଁର ସୁନ୍ଦର ସବୁଜ ପରିବେଶ, ଋତୁ ଆଗମନ, ଗାଁ ଶ୍ମଶାନ ଇତ୍ୟାଦିକୁ ଅତି ଚମତ୍କାର ଭାବରେ ଉପସ୍ଥାପନା କରିଛନ୍ତି। 'ଶଙ୍କି ବିଲେଇ' କବିତାରେ କବି ବିଲେଇର ସ୍ୱଭାବ କଥା କହିଛନ୍ତି। 'ଅଭିସାରିକା' କବିତାରେ କବି କାଉକୁ ନିଜର ମନକଥା ଖୋଲି କହିଛନ୍ତି। ସକାଳର ଦୃଶ୍ୟ ଓ ସନ୍ଧ୍ୟାର ଦୃଶ୍ୟକୁ ବର୍ଣ୍ଣନା କରିଛନ୍ତି। 'ପଖାଳ ମାହାତ୍ମ୍ୟ' କବିତାରେ ଓଡ଼ିଆ ଘରର ଖାଦ୍ୟ ପଖାଳ ଭାତର ମାହାତ୍ମ୍ୟ ବର୍ଣ୍ଣନା କରିଛନ୍ତି। କବି ପଖାଳକୁ ଓଡ଼ିଆମାନଙ୍କ ପ୍ରାଣ ବୋଲି କବିତାରେ ଉପସ୍ଥାପନ କରିଛନ୍ତି। 'ମାଟିର ମଣିଷ' କବିତାରେ କବି ମାଟି ମାତୃକାର କଥା କହିଛନ୍ତି। ମାଟି ମା' ଆମର ଆବଶ୍ୟକ ଅନୁସାରେ ଠିକ୍ ସମୟରେ ସବୁକିଛି ଯୋଗାଇ ଦେଇଥାଏ

ମା’ ପରି। ସେ ତା’ର ଗର୍ଭରେ ଆମ ପାଇଁ ସବୁ ଜିନିଷ ସାଇତି ରଖିଥାଏ। ଏହାହିଁ ଏହି କବିତାର ଭାବବସ୍ତୁ। ‘ଶ୍ମଶାନ’ କବିତାଟି କବିଙ୍କର ‘ପ୍ରତିଚ୍ଛବି’ କବିତା ସଂକଳନର ଶେଷ କବିତା। କବି ଏହି କବିତାରେ ଯାହା ଜୀବନର ଅନିବାର୍ଯ୍ୟ ସତ୍ୟ ଘଟଣା ଉପସ୍ଥାପନା କରିଛନ୍ତି। ମଣିଷ ଯେତେ ସୁନ୍ଦର ଚାକଚକ୍ୟ ଘରେ ରହୁନା କାହିଁକି ତା’ର ଶେଷ ଠିକଣା ହେଉଛି ଶ୍ମଶାନ। କବି ଏହି କବିତାରେ ଶ୍ମଶାନର ଦୃଶ୍ୟ ବର୍ଣ୍ଣନା ସହିତ ଜୀବନ ଚିରନ୍ତନ ସତ୍ୟ ଓ ଦର୍ଶନର କଥା କହିଛନ୍ତି।

“ଦିନେ ନା ଦିନେ ହିଁ ସଭିଏଁ ହୋଇବେ
ଯାତ୍ରୀ, ଶମଶାନ ପଥେ,
ଏ ତ ଧ୍ରୁବସତ୍ୟ ଚିରଦିନ କେହି
ରହିବେନି ଏ ଜଗତେ।”

ବାସ୍ତବିକ ‘ପ୍ରତିଚ୍ଛବି’ ପ୍ରବାସୀ କବି ଗଗନ ବିହାରୀଙ୍କ ଗ୍ରାମ୍ୟ ଜୀବନର ଜୀବନ୍ତ ପ୍ରତିଲିପି।

■

ଗବେଷିକା,
ରମାଦେବୀ ମହିଳା ବିଶ୍ୱବିଦ୍ୟାଳୟ, ଭୁବନେଶ୍ୱର

ବାସ୍ନାୟିତ ଫୁଲ ଓ ବିଭୋର କବି: ଗଗନ ବିହାରୀ

ଡକ୍ଟର ବିରଂଚି କୁମାର ସାହୁ

ଫୁଲ ସବୁବେଳେ ସବୁ ସମୟରେ ସମସ୍ତଙ୍କୁ ବିଭୋର କରେ ତା'ର ରୂପଛଟାରେ, ତା'ର ମନମତାଣିଆ ବାସ୍ନାରେ। ଆଉ ଫୁଲ ବଗିଚାରେ ଯେତେବେଳେ ଜଣେ ପଶିଯାଏ ସେତେବେଳେ ସେ ନିଜକୁ ହୁଏତ ହଜାଇ ଦେଇପାରେ ତା'ର ମନୋଲୋଭା ଆକର୍ଷଣୀୟ ଛଟାରେ। ଶହ ଶହ ମନୋଲୋଭା ରୂପ, ତା'ର ବାସ୍ନାରେ ବିଭୋର ହୋଇଯାଏ ମଣିଷ। ଫୁଲର ବାସ୍ନାରେ ବିଭୋର ହୋଇଯାଏ କବିଟିଏ। କବିସୃଷ୍ଟିରେ ଫୁଲ - କେତେ କଣ କହିଯାଏ। ଆମ ସମୟର ବିଭୋର କବି ଗଗନବିହାରୀ ପାଣିଗ୍ରାହୀଙ୍କ 'ଫୁଲ ବଗିଚା' କବିତା ସଂକଳନଟି ଆତ୍ମପ୍ରକାଶ କରେ ୨୦୧୬ ମସିହାରେ, ବାଲେଶ୍ୱର ଫକୀରମୋହନ ସାହିତ୍ୟ ପରିଷଦ ଦ୍ୱାରା। କବି ଡକ୍ଟର ପାଣିଗ୍ରାହୀଙ୍କ ଫୁଲ ବଗିଚାରେ ଆତ୍ମପ୍ରକାଶ କରନ୍ତି ୩୪ ପ୍ରକାର ପ୍ରଜାତିର କବିତା ରୂପକ ଫୁଲ। ସବୁ ଫୁଲ ସୁଗନ୍ଧିତ; ଆମୋଦିତ ଆଉ ଉଦ୍‌ବେଳିତ ବି କରେ। ତା'ର ମହମହ ବାସ୍ନାରେ କବି ବିଭୋର ଆଉ ପାଠକ ବି। ସେ ଫୁଲ ଫୁଟିଛି ଟରଣ୍ଟୋ (କାନାଡା)ରେ ଆଉ ତା'ର ବାସ ଛୁଟିଛି ଓଡ଼ିଶାର ବାଲେଶ୍ୱର ପର୍ଯ୍ୟନ୍ତ। କବିତାର ଆରମ୍ଭ ହୋଇଛି 'ସୃଷ୍ଟି ଏ ଅନନ୍ତ'ରୁ ଏବଂ ଶେଷ ହୋଇଛି 'ପରିବର୍ତ୍ତନ'ରେ। ବାସ୍ତବିକ ସୃଷ୍ଟିକର୍ତ୍ତାଙ୍କ ସୃଷ୍ଟିକୁ କିଏ ବା କିପରି କଳି ପାରିବ ? ଏ ସୂର୍ଯ୍ୟ, ତାରା, ଚନ୍ଦ୍ର, ଗ୍ରହ, ନକ୍ଷତ୍ର, ଷଡ଼ଋତୁ ଓ ପ୍ରକୃତିର ଚାରୁ ଆଲେଖ୍ୟ - ଏସବୁକୁ ମଣିଷ କ'ଣ କଳନା

କରିପାରିବ ତା'ର ସାଧାରଣ ଜ୍ଞାନରେ! ଅନେକଙ୍କ ପରି କବି ମଧ୍ୟ ସେହି ସ୍ରଷ୍ଟାଙ୍କ ନିକଟରେ ନତଜାନୁ।

"ସୃଷ୍ଟି କେବେ, କିଏ ସ୍ରଷ୍ଟା ? ସବୁ ଅଗୋଚର
କାହିଁ ଆଦ୍ୟ ପ୍ରାନ୍ତ ତାର କେ ପାରିବ କହି
କୋଟି ବ୍ରହ୍ମାଣ୍ଡ ସମୀପେ ମାନବ ମୁଁ ଛାର
କଳିବାକୁ ବୁଦ୍ଧି ବୃତ୍ତି ମୋ ପାଶେ ବା କାହିଁ ?"

ସାଧାରଣ ମଣିଷଟିଏ, ଛାର ମଣିଷଟିଏ ପରି ସ୍ରଷ୍ଟାଙ୍କ ସୃଷ୍ଟିଙ୍କୁ ଆକଳନ କରିପାରିନାହିଁ ଆଜିଯାଏ। ସେହି ଭଗବାନଙ୍କ ସୃଷ୍ଟି ଭିତରେ ପ୍ରକୃତି ତା'ର ରୂପ ଲାବଣ୍ୟରେ ମୋହିତ କରେ ଏ ମଣିଷଙ୍କୁ। ଆକାଶରେ ଚନ୍ଦ୍ର, ପୁଣି ଚନ୍ଦ୍ରଚର୍ଚ୍ଚିତ ରଜନୀ, ବିଭିନ୍ନ ବୃକ୍ଷଲତା, ଫୁଲରେ ଶୋଭିତ ବଗିଚା, ପକ୍ଷୀମାନଙ୍କର କାକଳି, ସମୁଦ୍ରର ଉତ୍ତାଳ ତରଙ୍ଗ, ଝରଣାର ପାଣି, ଏ ସବୁଥିରେ ସେହି ସୃଷ୍ଟିକର୍ତ୍ତାଙ୍କ ସୌରଭ ହିଁ ନିହିତ। ଯେଉଁ ସୃଷ୍ଟିକର୍ତ୍ତା ଓ ବୃକ୍ଷରାଜି, ତରୁଲତାକୁ ସୃଷ୍ଟି କରିଛନ୍ତି ମଣିଷ ଓ ପ୍ରାଣୀଜଗତ ପାଇଁ, ସେହି ପ୍ରାଣୀ ହିଁ ଧ୍ୱଂସ ସାଧନ କରୁଛି ଭଗବାନଙ୍କ ସୃଷ୍ଟିକୁ। ବୃକ୍ଷକୁ ହାଣି, ସବୁଜ ବନାନୀକୁ ନଷ୍ଟ କରି ନିଜର ସ୍ୱାର୍ଥ ରଚନା କରୁଛି। ଚାରିଆଡ଼େ କଂକ୍ରିଟ୍ ସହର। ତାପମାତ୍ରା ବୃଦ୍ଧି ଘଟୁଛି। ସୁଶୀତଳ ଛାଇ ଆଉ ନାହିଁ, ଯୋଉ ଗଛମୂଳେ ଛାଇରେ ଶୋଇଗଲେ ନିଦ ଚାଲିଆସେ, ଦେହକୁ ଆରାମ ମିଳେ। ପକ୍ଷୀମାନଙ୍କର କିଚିରି ମିଚିରି ଶବ୍ଦ ବି ନିରବି ଗଲାଣି। ସବୁଠି ଗୋଟେ ପରିବର୍ତ୍ତନର ହଟଚମଟ। ଅଣନିଃଶ୍ୱାସୀ ମଣିଷ। କବିଙ୍କର ସେହିଦିନର କଥା ମନେପଡ଼ିଯାଇଛି। ପରିବର୍ତ୍ତନରେ ସେ ମୁହ୍ୟମାନ।

"ଗାଆଁ ଦାଣ୍ଡ ବକୁଳର ତରୁଛାୟା ତଳେ,
ଖେଳୁଥିଲୁ ଆନନ୍ଦରେ ଦିନେ ସାଥୀ ମେଳେ।
ବହୁଥିଲା ଚଇତିର ମୃଦୁ ଚଇତାଳି
ଶୁଭୁଥିଲା ନାନା ଜାତି ବିହଂଗ କାକଳି।
ପଡୁଥିଲେ ପବନରେ ଫୁଲ ଯେବେ ଝଡ଼ି
ରଖୁଥିଲୁ ସଯତନେ ଫୁଲମାନ ଭରି।'

ମଣିଷର ଏ ପରିବର୍ତ୍ତନ ସହିତ କବି ସହମତ ହୋଇପାରିନାହାନ୍ତି। ଅତୀତର ସ୍ମୃତିଚାରଣ ମାଧ୍ୟମରେ କବି ପରିବର୍ତ୍ତନକୁ ଗ୍ରହଣ କରିପାରିନାହାନ୍ତି ଯେମିତି, ତେଣୁ ସୃଷ୍ଟି ଆରମ୍ଭ ଭଗବାନଙ୍କ ଦ୍ୱାରା ଆଉ ପରିବର୍ତ୍ତନ ମଣିଷମାନଙ୍କ ଦ୍ୱାରା, ଯାହା ଗ୍ରହଣୀୟ ନୁହେଁ। ତେବେ ଆରମ୍ଭ ଆଉ ଶେଷ ମଧ୍ୟରେ ଯେଉଁ କବିତାଗୁଡ଼ିକ ରହିଛି ତାହା ବିବିଧ ଚେତନାରେ ଚିତ୍ରିତ। କେତୋଟି ପ୍ରେମ / ରୋମାଣ୍ଟିକ୍ ଚେତନାର କବିତା

ମଧ୍ୟ ଦେଖିବାକୁ ମିଳେ। କେତେବେଳେ କବିଚିତ୍ତ ଈଶ୍ୱରଙ୍କ ସୃଷ୍ଟିରେ ବିହ୍ୱଳିତ ହୋଇଛି, ପୁଣି କେତେବେଳେ ବ୍ୟକ୍ତିଗତ ପ୍ରେମରେ ମଜ୍ଜିଯାଇ ପ୍ରେମ ଗୀତ ଗାଇଛନ୍ତି, 'ଚିଠି' କବିତା ମାଧ୍ୟମରେ। ଗୁଲ୍‌ବର୍ଗଠାରୁ ବାଂଗାଲୋର ଯାଏଁ କବିତାରେ ଏକ ନୀରିହ ବାଳିକା ଦୁନିଆରେ କିପରି ବଡ଼ ହୋଇଛି ସେ ବିଷୟରେ ଆଲୋଚନା କରିଛନ୍ତି। ନିଜ ଜନ୍ମମାଟି ବାଲେଶ୍ୱରର ସ୍ମୃତିକୁ ମନେପକାଇଛନ୍ତି। ବାଲେଶ୍ୱର ମାଟି ଆଧୁନିକ ଓଡ଼ିଆ କବିତା ଓ ଗଦ୍ୟକୁ କରିଛି ରସାଣିତ। ରାଧାନାଥ, ଫକୀରମୋହନ, ବ୍ରଜନାଥଙ୍କ ପରି ମହାନ୍ ସାହିତ୍ୟ ସାଧକଙ୍କ ଜନ୍ମପୀଠ। ବାଲେଶ୍ୱରରେ ଜନ୍ମିତ କବି ଡକ୍ଟର ଗଗନ ବିହାରୀ ମଧ୍ୟ କବିତା କ୍ଷେତ୍ରରେ ଆତ୍ମପ୍ରକାଶ କରି ନିଜର ସ୍ୱତନ୍ତ୍ର ପରିଚୟଟିଏ ସୃଷ୍ଟି କରିପାରିଛନ୍ତି। ଦୁଇଜଣ ଓଡ଼ିଆ ଶିଳ୍ପୀ ଗଙ୍ଗାଧର ଓ ସୁଦର୍ଶନଙ୍କ ସଂପର୍କରେ ଦୁଇଟି କବିତା ରଚନା କରି ନିଜ ମାଟିର (ଓଡ଼ିଶାର) ଦୁଇ ବରପୁତ୍ରଙ୍କୁ ଶ୍ରଦ୍ଧା ନିବେଦନ କରିଛନ୍ତି। ପୁନଶ୍ଚ ପାଶ୍ଚାତ୍ୟ ଦେଶର ଚଳଣି, ଚାହାଣି, ଚମକ, ଋତୁଚକ୍ର, ଜୀବନଶୈଳୀ, ନୌକାବିହାର ଆଦିର ଚିତ୍ର ପ୍ରଦାନ କରିଛନ୍ତି।

'ହେ ମୋ ବାଲେଶ୍ୱର' କବିତାରେ କବିଙ୍କ ସ୍ମୃତିଚାରଣ ଘଟିଛି। ପ୍ରକୃତରେ ରାଧାନାଥ କହିଥିଲେ 'ସ୍ମୃତି ତ କଦାପି ନୁହେଁ ଫିଙ୍ଗିବାର / ପାରିଲେ ଫିଙ୍ଗି ମୁଁ ପାଆନ୍ତି ନିସ୍ତାର'। ଏହି ପଦଦ୍ୱାରା ବୋଧେ କବି ବେଶୀ ମାତ୍ରାରେ ପ୍ରଭାବିତ, ଯେଉଁଥିପାଇଁ 'ହେ ମୋ ବାଲେଶ୍ୱର' କବିତାଟି ରଚିତ। ଏଥିରେ ଅତୀତ ବାଲେଶ୍ୱର କେତେ ସମୃଦ୍ଧଶାଳୀ ଥିଲା ତା'ର ବର୍ଣ୍ଣନା ରହିଛି। ବୁଢ଼ାବଳଙ୍ଗ ନଦୀର ଅବସ୍ଥିତି, ଜାତି ବର୍ଣ୍ଣ ଧର୍ମ ସଂପ୍ରଦାୟର ଊର୍ଦ୍ଧ୍ୱରେ ବସବାସ କରୁଥିବା ମଣିଷମାନଙ୍କ ଭିତରେ ଥିବା ଏକତା, ସାତଦରିଆ ପାରିହୋଇ ଫରାସୀ, ଓଲନ୍ଦାଜ, ଦିନାମାର୍ ପ୍ରଭୃତି ବଣିକମାନେ ଏହି ବାଟେ ଜଳପଥରେ ପହଞ୍ଚିଥିଲେ ପୁଣି ମାରୱାଡି, ବଙ୍ଗାଳୀମାନେ କିପରି ଏକାଠି ମିଶି ରହନ୍ତି, ପୂଜା ପାର୍ବଣରେ ମିଳିତ ହୁଅନ୍ତି ସମସ୍ତେ, ସୁନହଟର ବୋଇତ ବନ୍ଦାଣ, ବିଭିନ୍ନ ସାଂସ୍କୃତିକ କାର୍ଯ୍ୟକ୍ରମର ବର୍ଣ୍ଣନାର ଚିତ୍ର ଏ କବିତାକୁ ପ୍ରାଣବନ୍ତ କରି ଗଢ଼ି ତୋଳିଛି। କେତେ କବି, ଲେଖକଙ୍କୁ ଜନ୍ମ ଦେଇ ଏହି ମାଟି ହୋଇଛି ଧନ୍ୟ। ପୁଣି ଏହି ମାଟିରେ ଜନ୍ମ ହୋଇ ଏମାନେ ମାଟିର ଯଶ ବି ବଢ଼ାଇଛନ୍ତି। ଏକ ଦୀର୍ଘ କବିତା ମାଧ୍ୟମରେ ଅତୀତର ସ୍ମୃତିଚାରଣ କରିଛନ୍ତି କବି ଶ୍ରୀଯୁକ୍ତ ପାଣିଗ୍ରାହୀ। ତା'ର ଗୋଟିଏ / ଦୁଇଟି ନମୂନା ନିମ୍ନରେ ପ୍ରଦାନ କରାଗଲା।

"ହେ ସୁନ୍ଦର ସହର ମୋ ବାଲେଶ୍ୱର
କେଉଁ କାଳୁ ଧୋଉଅଛି ପାଦ ତୋର

ବୁଢ଼ାବଳଂଗ ନଦୀ, କେହି ନ ପାରନ୍ତି କହି
ଅଟଇ ସଭିଙ୍କୁ ଅଗୋଚର।"
 x x x।"

ଭାଇଚାରାର କଥା ମଧ୍ୟ କହିଛନ୍ତି ଅନ୍ୟ ଏକ ପଙ୍‌କ୍ତିରେ। ଯଥା:-

"ହିନ୍ଦୁ ମୁସଲମାନ, ଖ୍ରୀଷ୍ଟିୟାନ
ସଭିଏଁ ଭାଇର ସମାନ
ମନ୍ଦିର, ମସଜିଦ୍, ଗୀର୍ଜା ତୋଳିଛନ୍ତି
ତୋ ବୁକେ, ସଭିଙ୍କ ପ୍ରାର୍ଥନାର ସ୍ଥାନ।"

ଏ ସଂକଳନର ଏକ ହୃଦୟସ୍ପର୍ଶୀ କବିତା ହେଉଛି 'ଆମେରିକା ଜ୍ୱାଇଁ'। ବିଦେଶ ପ୍ରତି ଆକର୍ଷଣ ଅନେକଙ୍କର ଥାଏ ପୁଣି ଯଦି ପୁଅଟି ଆମେରିକାରେ ବା ବିଦେଶରେ ଚାକିରି କରୁଥାଏ ତେବେ ଝିଅଟିଏ ଥିବା ବାପା-ମା' ଚାହାଁନ୍ତି ସେହିପରି ପୁଅ ସହିତ ଝିଅକୁ ବାହା ଦେବା ପାଇଁ। ଏମିତି ଏକ ଆମେରିକା ଜ୍ୱାଇଁ ପାଇଥିବା ଝିଅଟିର ଦୁଃଖ, ଯାତନାର ଚିତ୍ର ବର୍ଣ୍ଣିତ ହୋଇଥିବାବେଳେ କୋଉଠି କେମିତି ବ୍ୟଙ୍ଗାତ୍ମକ ଦୃଷ୍ଟିଟିଏ ପ୍ରତିଫଳିତ ହୋଇଛି।

"ବିଦେଶର ମାୟା ଘାରିଲା ସଭିଙ୍କୁ
  ହେଲା ବାହାଘର ସେହିଠାରେ ସ୍ଥିର
କପାଳ ଲିଖନ କେ କରିବ ଆନ
  ସେ ପାଇଁ ଏବେ ମୁଁ ଶିରେ ମାରେ କର।"

ଯେଉଁ ପୁରୁଷର ହାତ ଧରି ଆମେରିକା ଭଳି ସହରରେ ରହିଲେ, ଦୁଇ ଦୁଇଟି ସନ୍ତାନର ଜନନୀ ହେଲେ ମାତ୍ର କିଛିଦିନ ପରେ ସ୍ୱପ୍ନ ହୋଇଛି ଧୂଳିସାତ୍। ତାଙ୍କ ପରିବାରର ଆର୍ଥିକ ସ୍ଥିତି ସହିତ ଝିଅ ଘରର ଆର୍ଥିକ ସ୍ଥିତି କମ୍ ଥିବାରୁ ତାଙ୍କୁ ଘରୁ ତଡ଼ିଦିଆଗଲା। ପୁଅ ମନ ଭିତରେ ଭରି ରହିଥିଲା ଅହଂକାର। ନାରୀକୁ ସମ୍ମାନ ନ ଦେଇ, ଶ୍ରଦ୍ଧା ନ କରି, ନିଜ ହାତରେ ଦସ୍ତଖତ କରାଇ ଯିଏ ସ୍ତ୍ରୀକୁ ବାହାର କରିଦିଏ ସେ କି ପୁରୁଷ ବା ସ୍ୱାମୀରେ ଗଣା ହେବ?

"ଅଥଚ ହୃଦୟ ନୀଚ କଲୁଷିତ
  ବ୍ୟବହାର ଯାର ଅସୁର ସମାନ,
ଧିକ ସେ ଜୀବନ ଧିକ ସେ ମଣିଷ
  ନ ଦିଅଇ ଯିଏ ନାରୀକୁ ସମ୍ମାନ।"

ପୁଣି ଅନ୍ଧବିଶ୍ୱାସର ବଶବର୍ତ୍ତୀ ହୋଇଥିଲେ ତାଙ୍କ ବାପା-ମା। ଅର୍ଥାତ୍ ପୁଅର ବାପା-ମା। ତାଙ୍କର ଦରକାର ପୁଅ। ସେଥିପାଇଁ ଏ ଝିଅକୁ ଛାଡ଼ପତ୍ର ଦେଲେ। କାରଣ ଏ ଦୁଇଟି ଝିଅ ସନ୍ତାନ ଜନ୍ମ ଦେଇଥିଲେ।

"ଆଧୁନିକ ଯୁଗେ ଏ ଅନ୍ଧବିଶ୍ୱାସ
ଉଚ୍ଚଶିକ୍ଷିତଙ୍କ ମନେ ଭରି ଅଛି
ଯେତେ ପଢ଼ିଲେ ବି ସଂକୀର୍ଣ୍ଣତା ଭାବ
ଝିଅ ପୁଅ ଭେଦ ଏବେ ବି ରହିଛି।"

ତେଣୁ ଆମେରିକା ହେଉ ବା ବିଶ୍ୱର କେଉଁଠି ବି ହେଉ, ଯେଉଁଠି ରହିଲେ ବି ମଣିଷ ସହିତ ଉତ୍ତମ ସଂପର୍କ, ସ୍ୱାମୀ-ସ୍ତ୍ରୀ ଭିତରେ ଉତ୍ତମ ବୁଝାମଣା ରହିବା ଦରକାର। ଏକ ଚମତ୍କାର କବିତା ଭିତରେ କଟାକ୍ଷ, ବ୍ୟଙ୍ଗ ପୂରି ରହିଛି। ଏତଦ୍‌ଭିନ୍ନ ଆମେରିକା, କାନାଡା ପ୍ରଭୃତି ଦେଶର ପ୍ରକୃତି ବର୍ଣ୍ଣନା ମାଧ୍ୟମରେ କବି ପ୍ରକୃତିର ଋତୁଚକ୍ର ପ୍ରଦାନ କରିଛନ୍ତି ଯାହା ଏ କବିତା ସଂକଳନର ଅନ୍ୟ ଏକ ବିଶେଷତ୍ୱ ଭାବେ ଦୃଷ୍ଟିକୁ ଆସେ। କାଲିଫର୍ଣ୍ଣିଆ ଓ କାନାଡାର ଋତୁ ଯେ ଅତୀବ ରମଣୀୟ। ଆମ ଦେଶରେ (ରାଜ୍ୟରେ) ବସନ୍ତ ଆସିଲେ ପତ୍ର କଅଁଳେ, କୋଇଲି ଗାଏ, ଆମ୍ବ ଗଛରେ ବଉଳ ହୁଏ, ହୋଲି-ଦୋଳଯାତ୍ରା ହୁଏ, ଶୀତ ଧୀରେ ଧୀରେ ଅପସରି ଯାଏ, ପବନର ମୃଦୁ ଗୁଂଜନ ଅନୁଭବ କରିହୁଏ - ଚମତ୍କାର ଋତୁ, ଶ୍ରେଷ୍ଠ ଋତୁ, ଋତୁରାଜ ବସନ୍ତ। କାନାଡାର ଋତୁଚକ୍ରର ଅନୁଭବକୁ କବି ପରଶି ଦେଇଛନ୍ତି ଆମକୁ ଅନୁଭବ କରିବା ପାଇଁ।

"ବିହଗ କୁଜନେ କଳ କଳ ସ୍ୱନେ
ଚଉଦିଗ ମୁଖରିତ
ଡେଇଁ ଡେଇଁ ଡାଳେ ପତ୍ର ଆଢୁଆଳେ
ରବିନ୍ ଗାଇଲା ଗୀତ।
ଉଦ୍ୟାନ ଭିତର ଭୂଇଁରୁ ବାହାର
ହୋଇଲେ ବିବିଧ ଫୁଲ
ଟୁଲିପ କ୍ରୋକସ ଡେଜି ଆଇରିସ୍
ହାୟା ସିନ୍ଥ ଡାଫୋଡିଲ୍।"

ଏହା ବସନ୍ତ ଋତୁର ଛବି, ପୁଣି ଗ୍ରୀଷ୍ମ, ଶୀତ ଋତୁର ବର୍ଣ୍ଣନା ରହିଛି। ଓଡ଼ିଆ ପ୍ରାଚୀନ ସାହିତ୍ୟ ଓ ମଧ୍ୟକାଳୀନ ସାହିତ୍ୟରେ ଋତୁ ବର୍ଣ୍ଣନା ଏକ ପ୍ରାସଙ୍ଗିକ କଥା। ପ୍ରାୟ ପ୍ରତ୍ୟେକ କବିଙ୍କ ଲେଖାରେ ଋତୁ ଚିତ୍ର ପ୍ରଦାନ କରିଥାନ୍ତି। କବି ପାଣିଗ୍ରାହୀ

ବିଦେଶରେ ଥାଇ ମଧ୍ୟ ବିଦେଶର ଋତୁଚକ୍ର ସମ୍ବନ୍ଧରେ ଆମକୁ ଜଣାଇଛନ୍ତି। କବିଙ୍କ କାଲିଫର୍ଣ୍ଣିଆ ଓ ନାଏଗ୍ରା ଜଳପ୍ରପାତ ଦୁଇଟି ପ୍ରକୃତି ସମ୍ବଳିତ କବିତା। ଏଥିରେ କାଲିଫର୍ଣ୍ଣିଆ ଓ ନାଏଗ୍ରାର ସୌନ୍ଦର୍ଯ୍ୟ, ଚାରୁ ଆଲେଖ୍ୟ ବର୍ଣ୍ଣିତ। 'ଚିଲିକା'ର ରୂପଶୋଭାରେ ମୁଗ୍ଧ ହୋଇ କବି ରାଧାନାଥ ଯେପରି ଶ୍ରେଷ୍ଠ ପ୍ରକୃତି ମୂଳକ କାବ୍ୟ 'ଚିଲିକା' ରଚନା କରି ପ୍ରଥମ ଧାଡ଼ିରେ ଚିଲିକାର ରୂପ ସୌନ୍ଦର୍ଯ୍ୟ ବର୍ଣ୍ଣନା କରିଛନ୍ତି, ଏହି କବିତାରେ କବି କାଲିଫର୍ଣ୍ଣିଆର ସୌନ୍ଦର୍ଯ୍ୟକୁ ଠିକ୍ ସେହିପରି ବର୍ଣ୍ଣନା କରିଛନ୍ତି।

"ତୁମେ ଗୋ ରୂପସୀ ରାଣୀ କାଲିଫରଣିଆ
ରୂପ ଯଉବନ ତବ ମୋହୁଛି ଦୁନିଆ
ମସ୍ତକେ ମୁକୁଟ ସମ 'ସିଏରା ନେଭାଡ଼ା'
ତୁଷାରାବୃତ ଶିଖର ହୋଇଅଛି ଛିଡ଼ା।"

ଏଥି ସହିତ ପଶୁପକ୍ଷୀ, ସମୁଦ୍ର, ଶୈବାଳ ଲତିକା, ବିଭିନ୍ନ ଋତୁ, ଜଳବାୟୁ, ଲସଏଞ୍ଜେଲସ, ଡିସ୍‌ନି, ହଲିଓଡ ପ୍ରଭୃତି ଦେଶର ଚିତ୍ର ମଧ୍ୟ ବର୍ଣ୍ଣିତ। ସୌନ୍ଦର୍ଯ୍ୟ ବର୍ଣ୍ଣନା ଅତୀବ ଚମତ୍କାର। କବିତାଟି ପାଠ କଲେ ସେହି କାଲିଫର୍ଣ୍ଣିଆର ଚିତ୍ର ଆଖି ସାମ୍ନାକୁ ଚାଲିଆସେ ଯେମିତି।

'ମାଟିମନସ୍କତା' ଏବେ କବିତାରେ ବା ସାହିତ୍ୟରେ ଦେଖାଯାଉଛି। ନିଜ ମାଟି, ଗାଁ, ବା ଗ୍ରାମ୍ୟ ସଂସ୍କୃତିର ଚିତ୍ର ସାହିତ୍ୟରେ ପ୍ରତିଫଳିତ କରାଇ ଅତୀତର ସେଇ ସ୍ମୃତିକୁ ଉଜ୍ଜୀବିତ କରାଇଛନ୍ତି କବି। କବି ଗାଁକୁ ନେଇ ଦୁଇଟି କବିତା ରଚନା କରିଛନ୍ତି ଯାହା ଏ ସଂକଳନରେ ସ୍ଥାନିତ ହୋଇଛି। ଗୋଟିଏ ହେଉଛି 'ଅଭୁଲା ଗାଁ' ଅନ୍ୟଟି ହେଉଛି 'ଗ୍ରାମ୍ୟ ଭ୍ରମଣ'। ଏହି ଦୁଇଟି କବିତାରେ ଗାଁର ଚିତ୍ର ପ୍ରତିଫଳିତ ହୋଇଛି। ଯେଉଁ ଗାଁରେ ଜନ୍ମ ହୋଇଥିଲେ, ସେହି ଗାଁକୁ ଭୁଲିପାରିନାହାନ୍ତି କବି। ବିଦେଶରେ ଥାଇ ବି ଗାଁର ଦୃଶ୍ୟ ଗୋଟି ଗୋଟି କରି ତାଙ୍କର ମନେପଡ଼ିଯାଇଛି। ଏଇଠି ସ୍ମୃତିକୁ ଆସନ୍ତି କବି ସଚ୍ଚି ରାଉତରାୟଙ୍କ 'ଛୋଟ ମୋର ଗାଁଟି' କବିତା। ଭୂଗୋଳ ପୋଥି ପତରରେ ନାଁ ନ ଥିଲେ ବି କବିଙ୍କ ସ୍ମୃତିରେ ସତେଜ ହୋଇ ରହିଛି ଗାଁର ଛବି। ଏବେ କବି ପାଣିଗ୍ରାହୀ ଆମକୁ ସେହି ଗ୍ରାମ୍ୟମନସ୍କ କରାଇଛନ୍ତି।

"ଘର ମୋ ବରୁଣ ସିଂହ ଜିଲ୍ଲା ବାଲେଶ୍ୱର
ପୂର୍ବଦିଗ ଗ୍ରାମ ପ୍ରାନ୍ତେ ପାଣିଗ୍ରାହୀ ବଂଶ,
ବସତି ଆନୁମାନିକ ଦଶ ପୁରୁଷର
ବାଜଇ ନାମ ଯାହାର ହେବ ଦଶ କୋଶ।"

ଗାଁର ଅପୂର୍ବ ବର୍ଣ୍ଣନା କବିତାକୁ ପ୍ରାଣବନ୍ତ କରି ଗଢ଼ି ତୋଳିଛି। ଅନ୍ୟ କବିତା

'ଗ୍ରାମ୍ୟ ଭ୍ରମଣ'ରେ ଗାଁର ପରିବର୍ତ୍ତନ, ଗାଁର ଚଳଣି, ଚାହାଣି, ଚମକରେ ଆସିଛି ଅନେକ ପରିବର୍ତ୍ତନ। ପ୍ରକୃତରେ କୌଣସି ଗାଁ ଆଉ ଗାଁ ହୋଇ ନାହିଁ। ସବୁଠି କୃତ୍ରିମ ଚଳଣି। ଅନେକ ବର୍ଷ ପରେ ଗାଁକୁ ଯାଇଥିବା କବି ଗାଁର ପରିବର୍ତ୍ତନରେ ଖୁସି ହୋଇଛନ୍ତି କିନ୍ତୁ ଅନେକ ସ୍ଥାନରେ ଧନୀ-ଗରିବର ଭେଦଭାବ ବି ରହିଛି। କବି ତଥାପି ଭାବିଛନ୍ତି, ଅନୁଭବ କରିଛନ୍ତି ଗାଁରେ ଆହୁରି ଦାରିଦ୍ର୍ୟ ଅଛି, ସଂପୂର୍ଣ୍ଣ ଭାବେ ଲୋପ ପାଇନାହିଁ। କବି ଭାବୁଛନ୍ତି-

"ପିନ୍ଧିବାକୁ ଖଣ୍ଡେ ଖାଇବାକୁ ଗଣ୍ଡେ
ଯଦି ମିଳିଯାନ୍ତା ସଭିଙ୍କୁ ଗାଆଁରେ
ଅତି ସୁଖକର ଅତି ପ୍ରୀତିକର
ଏ ଗ୍ରାମ୍ୟ ଜୀବନ ହେବ ଦୁନିଆରେ।"

ନିଜ ମାଟିର ତଥା ସମଗ୍ର ଓଡ଼ିଶା ଭୂଖଣ୍ଡର ଗର୍ବ ଓ ଗୌରବ, ଆମର ଅସ୍ମିତା ଫକୀର ମୋହନଙ୍କୁ ନେଇ କବିତା - 'ଭାଷାର ଜନକ ଫକୀରମୋହନ' କବିତାଟି କବି, ଗାଳ୍ପିକ, ଔପନ୍ୟାସିକ, ଗଦ୍ୟ ସାହିତ୍ୟର ଜନକ ଫକୀରମୋହନଙ୍କୁ ସମର୍ପିତ। ତାଙ୍କର କାର୍ଯ୍ୟାବଳୀର ଗୁଣଗାନ କରାଯାଇଛି ଏଥିରେ। ଉତ୍କଳ ଜନନୀର ଏହି ବରପୁତ୍ରଙ୍କୁ ଯେତେ ଶ୍ରଦ୍ଧା, ସମ୍ମାନ ଜଣାଇଲେ ତାହା ନିଅଣ୍ଟ ପଡ଼ିବ। ତଥାପି ସେହି ମାଟିର ଅନ୍ୟତମ ସୁଯୋଗ୍ୟ ସନ୍ତାନ କବି ଉକ୍ତର ପାଣିଗ୍ରାହୀ ଲେଖିଛନ୍ତି-

"ମକର ସଂକ୍ରାନ୍ତି ଦିନ ଆସିଥିଲ
ଚାଲିଗଲ ତୁମ୍ଭେ ପଣା ସଂକ୍ରାନ୍ତିରେ
ନେଇ ନାହଁ କିଛି ଦେଖେଇଛ ମାର୍ଗ
ଉତ୍କଳୀୟ ଭାଷା ବଞ୍ଚି ରହିବାରେ।"

ପ୍ରଥମରୁ ଉଲ୍ଲେଖ କରିଛି ୩୪ ଗୋଟି ଭିନ୍ନ ଭିନ୍ନ କିସମର, ପ୍ରଜାତିର କବିତା ରୂପକ ଫୁଲ - ତାଙ୍କ ଫୁଲ ବଗିଚାରେ ଫୁଟି ସାହିତ୍ୟ ବଗିଚାକୁ କରିଛି ରମଣୀୟ। ଏକବିଂଶ ଶତାବ୍ଦୀରେ ଏପରି କବିତା ରଚିତ ହେବା ନିଶ୍ଚିତ ଭାବେ ସ୍ୱାଗତଯୋଗ୍ୟ ପଦକ୍ଷେପ। ସବୁ କବିତାରେ ଅଛି ଭାଷାର ଲାଳିତ୍ୟ, ପଦମିଳନ, ଛନ୍ଦର ଚମତ୍କାର ପ୍ରୟୋଗ। ଗଗନ ବିହାରୀ ପାଣିଗ୍ରାହୀଙ୍କ ଏ କବିତା ସଂକଳନ ଫୁଲ ବଗିଚାର ସମସ୍ତ ଫୁଲ ବାସ୍ନାରେ ବିଭୋର କରିବାରେ ସାମର୍ଥ୍ୟ ରଖିଛନ୍ତି। କବିତାଗୁଡ଼ିକ ଆଗାମୀ ପିଢ଼ି ପାଇଁ ସ୍ମରଣୀୟ ହୋଇ ରହିବ ଏଥିରେ ଦ୍ୱିମତ ନାହିଁ।

■

ଅଧ୍ୟାପକ, ସ୍ନାତକୋତ୍ତର ଓଡ଼ିଆ ବିଭାଗ, ଉଦୟନାଥ ସ୍ୱୟଂଶାସିତ ମହାବିଦ୍ୟାଳୟ
ଅଡ଼ଶପୁର, କଟକ, ମୋ: ୯୯୩୭୧୯୯୮୦୦

'ଯାହା କଲି, ଯାହା ପାଇଲି' : ବୃତ୍ତି ଓ ପ୍ରବୃତ୍ତିର ସୁନ୍ଦର ସିମିଲି

ଡକ୍ଟର ଦେବାଶିଷ ମହାପାତ୍ର

କୁହାଯାଏ, ଜୀବନ ଗୋଟିଏ ଯାତ୍ରା (Life is a journey)। କେତେ ଉଠାଣି ଗଡ଼ାଣି, ଭଲମନ୍ଦ, ହାନିଲାଭର ସମାହାର ଏହି ଯାତ୍ରା। ସବୁର ଭାଗମାପ, ହିସାବନିକାଶ କରି ଏହି ଯାତ୍ରାପଥରେ ଅଗ୍ରସର ହୁଏ ମଣିଷ। ଜୀବନକୁ ଅନୁଭବ କରେ। ଜୀବନକୁ ଉପଭୋଗ କରେ। ଜୀବନର ଆଭିମୁଖ୍ୟ ଓ ଆବଶ୍ୟକତାକୁ ତର୍ଜମା କରେ। ଜୀବନର ଜୟଗାନ କରେ। ଜୀବନକୁ ନେଇ କେତେ କଥା, ପୁଣି କେତେ କବିତା। ସେମିତି ଗୋଟିଏ ଜୀବନାବୃତ୍ତ- 'ଯାହା କଲି, ଯାହା ପାଇଲି'। ପ୍ରବାସୀ ଭାରତୀୟ ବୈଜ୍ଞାନିକ ଡକ୍ଟର ଗଗନ ବିହାରୀ ପାଣିଗ୍ରାହୀଙ୍କ ଏକ ବାସ୍ତବଧର୍ମୀ ଜୀବନାବୃତ୍ତ- 'ଯାହା କଲି, ଯାହା ପାଇଲି'। ତିନିଶହ ସତାନବେ ପୃଷ୍ଠାର ଏହି ବିଶାଳ ବହି ବୃତ୍ତି ଓ ପ୍ରବୃତ୍ତିର ଏକ ସୁନ୍ଦର ଆଲେଖ୍ୟ। ବୃତ୍ତିରେ ବୈଜ୍ଞାନିକ ହେଲେ ପ୍ରବୃତ୍ତି ତାଙ୍କର ସୃଜନଶୀଳତା। ବିଜ୍ଞାନ ଓ ସାହିତ୍ୟର ବ୍ୟକ୍ତିତ୍ୱ ଗଗନ ବିହାରୀ। ଏହା କିଛି କମ୍ କଥା ନୁହେଁ। ଉଭୟ ଭିତରେ ଭାଗମାପ, ଭାରସାମ୍ୟ ରଖି ଅଗ୍ରସର ହୋଇଛନ୍ତି ସେ। ଜୀବନର ରୂପକାର ଗଗନବିହାରୀ। କେତେ କଥା, କେତେ ବ୍ୟଥା, ସବୁକୁ ମାଳଟିଏ ଭଳି ଗୁନ୍ଥି ଦେଇଛନ୍ତି। ଜୀବନର ବନ୍ଦନା କରିଛନ୍ତି। ଏହି ବନ୍ଦନା କେତେବେଳେ ବିଶ୍ୱକବି ରବୀନ୍ଦ୍ରନାଥଙ୍କ ଭଳି ହୋଇଛି ଅହଂଶୂନ୍ୟ - "ଆମାର୍ ମାଥାନତ କରି ଦାଓ ହେ / ତୋମାର୍ ଚରନ୍ ଧୂଲାର୍ ତଲେ / ସକଲ ଅହଂକାର ହେ ଆମାର୍ ଡୋବାଓ ଚଖେର୍ ଜଲେ" ତ ଆଉ

କେତେବେଳେ ସବୁଜକବି ବୈକୁଣ୍ଠନାଥ ପଟ୍ଟନାୟକଙ୍କ ଭଳି ହୋଇଛି ଜୀବନବାଦୀ- "ଜୀବନପାତ୍ର ମୋ' ଭରିଛ କେତେ ମତେ / ନଦେଲ କିଛି ବୋଲି କହିବି କି ହେ ଆଉ / ଜୀବନ ପ୍ରିୟତମ, ହରିଛ ମୋ' ଭରମ / ତରଣୀ ମୋ'ର ତବ ସାଗରେ ବହିଯାଉ..." ଏ ସ୍ୱୀକାରୋକ୍ତି, ଏ ଘୋଷଣାନାମାକୁ ନେଇ 'ଯାହା କଲି, ଯାହା ପାଇଲି'ର ବକ୍ତବ୍ୟ। ପ୍ରବାସରେ ଥାଇ ବି ମାଟିର ମହକ, ମାଟିର ମିଠାପଣକୁ ବାଣ୍ଟିଦେବାର ପ୍ରୟାସ ଟିକକ କରିଛନ୍ତି ବୈଜ୍ଞାନିକ ଗଗନବିହାରୀ। ମୁକ୍ତ କଣ୍ଠରେ ଘୋଷଣା କରନ୍ତି ସେ- "ଜୀବନ ସୁନ୍ଦର। ଏ ସୁନ୍ଦରପଣ ପଛରେ ଅଛି ମା', ମାଟି, ମାତୃଭୂମିର ଅବଦାନ। ଏ ଅବଦାନ ଅଭୁଲା, ଅମଳିନ। ଶରୀର ହୁଏତ ବିଦେଶରେ, ମନ ଏ ମାଟିରେ।

ଦୁଇ ଭାଗରେ ବିଭକ୍ତ ଏହି ବହିଟିର ପ୍ରଥମ ଭାଗରେ ଅଛି 'ବିନା ଟିକେଟରେ କଟକ', 'ନିଜ ଭାଗ୍ୟ ଡୋରି ନିଜ ହାତେ, ଅଧ୍ୟାପକତ୍ୱ - ଏକ ଯାତ୍ରା', 'ଆରାବଳୀର ଧାରେ ଧାରେ' ଏବଂ 'ବାଳକ ଓ ବରକୋଳି'। ପ୍ରଥମ ଭାଗର ଶୀର୍ଷକ ରହିଛି 'ପ୍ରଥମ ପାହାଚ'। ସେହିଭଳି ଦ୍ୱିତୀୟ ଭାଗର ଶୀର୍ଷକ 'ପ୍ରିୟାର ଅନ୍ୱେଷଣ'। ଏଥିରେ ସଂଯୋଜିତ ହୋଇଛି 'ମଧୁଲଗ୍ନର ମୁହୂର୍ତ୍ତ', 'ସବିତା ! କାନାଡା ଯିବା ଆସ', 'ଚାରୁକଳା ଓ ମୁଁ', 'ପଞ୍ଝୁଆଇ', 'ବାପାଙ୍କ ତୈଳଚିତ୍ର', 'ବାଲିବନ୍ତର ମଣିଷ', 'ଘର', 'ଓସା-ଆମେରିକାରେ ଓଡ଼ିଶା', 'ନାଟକ ସନ୍ଧ୍ୟା' ଓ 'ଗବେଷଣାରେ ଘୋଡ଼ାଦୌଡ଼'। ପ୍ରତ୍ୟେକ ପ୍ରସଙ୍ଗ ଭାବ ଓ ଭାଷା ଦୃଷ୍ଟିରୁ ଖୁବ୍ ମନଛୁଆଁ। 'ଉତ୍ସର୍ଗ'ରୁ ଆରମ୍ଭ କରିବା- ସାଦରେ ପତ୍ନୀ ସବିତାଙ୍କ ଆଞ୍ଜୁଳାରେ ଭରିଦେଲି ସ୍ମୃତିପୁଷ୍ପର ପାଖୁଡ଼ାଗୁଡ଼ିକ। ଏହି ହୃଦୟସ୍ପର୍ଶୀ ଉତ୍ସର୍ଗ ପରେ ବହିଟିରେ ପ୍ରଚ୍ଛଦ, ଆମ ପରିବାର, କଥା ପଦେ, ଏ ପୁସ୍ତକ କାହିଁକି ଓ କିପରି ସମ୍ଭବ ହେଲା, କୃତଜ୍ଞତା କ୍ରମାନ୍ୱୟରେ ସ୍ଥାନ ପାଇଛି। ବହିଟିର ପ୍ରଚ୍ଛଦ ପ୍ରତୀକାତ୍ମକ। ଏ ବିଷୟରେ କୁହାଯାଇଛି ଯେ, ମଣିଷ ଜୀବନ ଦେଖିବାକୁ ଗଲେ ସତରେ ସାପ-ଶିଡ଼ି ଖେଳ ସହ ସମାନ। ଜୀବନ ଚଲାପଥରେ କେତେବେଳେ ଉତ୍‌ଥାନ ତ କେତେବେଳେ ପତନ। ତା' ଭିତରେ ଖେଳାଳି ହୋଇ ସମସ୍ତ ଉତ୍‌ଥାନ ପତନକୁ ସାମ୍ନା କରି ମଣିଷ ନିଜର ଲକ୍ଷ୍ୟସ୍ଥଳରେ ପହଞ୍ଚିବାକୁ ଚେଷ୍ଟା କରେ। ଏ ପୁସ୍ତକର ଗଳ୍ପ ସମାରୋହକୁ 'ସାପ-ଶିଡ଼ି' ଖେଳ ସହିତ ତୁଳନା କରି ଏ ପ୍ରଚ୍ଛଦପଟର ପରିକଳ୍ପନା। ଲେଖକ କଥାଟିକୁ ଆଉ ଟିକେ ସରଳ ଭାବରେ ବୁଝାଇ ଦେଇଛନ୍ତି, ପ୍ରଥମେ ଜଳରଙ୍ଗ ମାଧ୍ୟମରେ ଓ କମ୍ପ୍ୟୁଟର ସାହାଯ୍ୟରେ ମୁଁ ଏହାକୁ ଅଙ୍କନ କଲି। ତା'ପରେ ସେଥିରୁ ଅନେକ ଫଟୋ ତୋଳାହେଲା। କେଉଁ ଫଟୋଟି ପ୍ରଚ୍ଛଦପଟ ପାଇଁ ଉପଯୁକ୍ତ ତାହା ଚୟନ କରିବାରେ

ପତ୍ନୀ ସବିତା ଓ କନ୍ୟା ଇନିକା ସାହାଯ୍ୟ କଲେ। ଶେଷକୁ ପୁତ୍ର ସୋମନ କମ୍ପ୍ୟୁଟର ମାଧ୍ୟମରେ ଓଡ଼ିଆ ଅକ୍ଷର ଲେଖି ବହିର ଆଭରଣକୁ ସଂପୂର୍ଣ୍ଣ କରିଛନ୍ତି। ଏ ସ୍ୱୀକାରୋକ୍ତିରୁ ସ୍ପଷ୍ଟ ହୁଏ ଯେ ବହିଟିକୁ ସଜାଇ ସୁଦୃଶ୍ୟ କରିବାରେ ତାଙ୍କୁ ତାଙ୍କ ପତ୍ନୀ, କନ୍ୟା ଓ ପୁତ୍ର ସହଯୋଗ କରିଛନ୍ତି। ଅବସର ସମୟରେ ନାଟକରେ ଅଭିନୟ ଓ ଚିତ୍ର ଆଙ୍କିବା ଆଦିରେ ରୁଚି ରଖିଥିବା ବୈଜ୍ଞାନିକ ଗଗନ ବିହାରୀ ସତରେ ଜଣେ ବହୁମୁଖୀ ପ୍ରତିଭାର ଅଧିକାରୀ।

ବାଲେଶ୍ୱର ଜିଲ୍ଲାର ବରୁଣ ସିଂ ଗ୍ରାମନିବାସୀ ଗୋବିନ୍ଦ ଚନ୍ଦ୍ର ପାଣିଗ୍ରାହୀ ଓ ମାଧବୀ ପାଣିଗ୍ରାହୀଙ୍କ ସୁପୁତ୍ର ଗଗନ ବିହାରୀ ନୀଳଗିରି ରୋଡ୍ ହାଇସ୍କୁଲ୍‌ରୁ କୃତିତ୍ୱର ସହ ମାଟ୍ରିକ୍ ପାସ୍ କରି ବାଲେଶ୍ୱର ଫକୀରମୋହନ ମହାବିଦ୍ୟାଳୟରୁ ପ୍ରାଣୀ ବିଜ୍ଞାନରେ ସମ୍ମାନ ସହ ବି.ଏସ୍‌ସି. ଓ ଉତ୍କଳ ବିଶ୍ୱବିଦ୍ୟାଳୟ ସ୍ନାତକୋତ୍ତର ପ୍ରାଣୀବିଜ୍ଞାନ ବିଭାଗରୁ କୃତିତ୍ୱର ସହ ଏମ୍.ଏସ୍‌ସି ପାସ୍ କରି ପରବର୍ତ୍ତୀ କାଳରେ ଜବାହରଲାଲ ନେହେରୁ ବିଶ୍ୱବିଦ୍ୟାଳୟ, ନୂଆଦିଲ୍ଲୀରୁ ଜେନେଟିକ୍ସରେ ଏମ୍.ଫିଲ୍. ଓ ପିଏଚ୍.ଡି. ଉପାଧି ପାଇ ସୁଦୂର କାନାଡ଼ାକୁ ଉଚ୍ଚତର ଗବେଷଣା ପାଇଁ ଛୁଟିଯାଇଥିଲେ। ସଂପ୍ରତି ସେ କାନାଡ଼ାର ଟରୋଣ୍ଟୋସ୍ଥିତ ପୃଥିବୀ ପ୍ରସିଦ୍ଧ ହସ୍‌ପିଟାଲ୍ ଫର୍ ସିକ୍ ଚିଲ୍‌ଡ୍ରେନ୍‌ସ୍‌ରେ କାର୍ଯ୍ୟରତ। ଯାହା କହୁଥିଲି ବୃତ୍ତି ଓ ପ୍ରବୃତ୍ତିର ସୁନ୍ଦର ସମନ୍ୱୟ କରିଥିବା ଏହି ବହୁମୁଖୀ ବ୍ୟକ୍ତିତ୍ୱଙ୍କ ଓଡ଼ିଆ ଭାଷା ଓ ସାହିତ୍ୟ ପ୍ରତି ଗଭୀର ଶ୍ରଦ୍ଧା ଓ ସମ୍ମାନ ରହିଛି। କବିତାରେ ସେ ନିଜ ଗାଁର ମାଟି-ପାଣି-ପବନ କଥା ସହ ଉତ୍କଳୀୟ ପରଂପରା ଓ ସଂସ୍କୃତିର ଜୟଗାନ କରିଛନ୍ତି। ପ୍ରବାସରେ ଥାଇ ବି ସ୍ୱଦେଶର ମହକ ଓ ମିଠାପଣକୁ ଭୁଲିନାହାନ୍ତି। ତାଙ୍କର ଦୁଇଟି କବିତା ବହି 'ଫୁଲବଗିଚା' ଓ 'ପ୍ରତିଛବି' ଏବେ ବି ଦେଶବିଦେଶର ଓଡ଼ିଆପ୍ରେମୀ ପାଠକପାଠିକାଙ୍କ ହୃଦୟରେ ସ୍ୱତନ୍ତ୍ର ସ୍ଥାନର ଅଧିକାରୀ ହୋଇ ରହିଛି। ଉତ୍ତର ଆମେରିକାରେ ଓଡ଼ିଆ କଳା, ସଂସ୍କୃତି ଓ ସାହିତ୍ୟର ପ୍ରସାରଣ ହେଉ କି ନାଟକରେ ନିଖୁଣ ଅଭିନୟ ହେଉ ସବୁଥିରେ ଗଗନବିହାରୀ ସ୍ୱତନ୍ତ୍ର। ସେଥିପାଇଁ ତ ତାଙ୍କୁ 'ଓଡ଼ିଶା ସୋସାଇଟି ଅଫ୍ ଆମେରିକା' ତରଫରୁ 'କଳାଶ୍ରୀ' ଉପାଧିରେ ଭୂଷିତ କରାଯାଇଛି। ବିଜ୍ଞାନର ବିଭିନ୍ନ ଦିଗ ଉପରେ ଗବେଷଣା କରି ତାଙ୍କର ଅନେକ ଗବେଷଣାମୂଳକ ଲେଖା ପୃଥିବୀ ପ୍ରସିଦ୍ଧ ପତ୍ରପତ୍ରିକାରେ ପୃଷ୍ଠାମଣ୍ଡନ କରିଛି, ଏହା ଆମ ପାଇଁ ଗୌରବ। କହିବାବାହୁଲ୍ୟ ବୃତ୍ତିରେ ବୈଜ୍ଞାନିକ ଓ ପ୍ରବୃତ୍ତିରେ ସୃଜନଶୀଳ ସ୍ରଷ୍ଟା ଗଗନବିହାରୀଙ୍କ ବିଜୟ ବୈଜୟନ୍ତୀ ଓଡ଼ିଶା ଓ ଓଡ଼ିଆଙ୍କ ପାଇଁ ଗର୍ବର ବିଷୟ। ତାଙ୍କ ବ୍ୟକ୍ତିତ୍ୱ ଓ କୃତିତ୍ୱ ସତରେ ଅମଳିନ ଓ ଅତୁଳନୀୟ। ଏଥର ଆସନ୍ତୁ ଆମେ ତାଙ୍କ ସୃଜନଶୀଳତାର ସ୍ୱାକ୍ଷର - 'ଯାହା କଲି, ଯାହା ପାଇଲି' ଭିତରକୁ ପ୍ରବେଶ

କରିବା । ଭାବ ଓ ଭାଷାର ଏହି ଅନନ୍ୟ କୃତିର ସ୍ୱାତନ୍ତ୍ର୍ୟ ଅନୁଭବ କରିବା । କୁହାଯାଏ ଯେ, ସ୍ୱାଧୀନତା ପରବର୍ତ୍ତୀ ଆଧୁନିକ ଭାରତୀୟ ସାହିତ୍ୟ ଭାଷା ନିର୍ବିଶେଷରେ ଆମ ପ୍ରାଚୀନ ପରଂପରା, ସଂସ୍କୃତି ଓ ଧାରଣାର ପ୍ରତିବାଦ ଏବଂ ମମତ୍ୱବୋଧର ସମନ୍ୱୟ । ଏକ ନୂତନ ଦୃଷ୍ଟିଭଙ୍ଗୀ ସହ ବିପ୍ଳବ, ବିଦ୍ରୋହ ଓ ସଂସ୍କୃତିର ଓଁକାର ଏହି ସାହିତ୍ୟରେ ସୁଲଭ । ଏହି ନୂଆ ସାହିତ୍ୟ ହିଁ ଭାରତୀୟ ସାହିତ୍ୟର ରେନାଁସା ବା ନବଜାଗରଣର ଆବାହନ । ଏଥିରେ ଭାରତୀୟ ପରଂପରା ସହ ଆଧୁନିକତା ମଧ୍ୟରେ ସମନ୍ୱୟ ସ୍ଥାପନ କରି ଭାରତୀୟ ଲେଖକଲେଖିକା ଖୁବ୍ ଦକ୍ଷତାର ସହ ଭାରତୀୟ ସାହିତ୍ୟକୁ ବଳିଷ୍ଠ କରିବା ସହ ଏହାକୁ ଜାଗ୍ରତ, ସ୍ୱତନ୍ତ୍ର ଓ ସଚେତନ କରିବାରେ ସମର୍ଥ ହୋଇଛନ୍ତି । ଗଗନ ବିହାରୀ ସେଭଳି ଜଣେ ସତ୍ୟଶୀଳ, ସଚେତନ, ସ୍ୱତନ୍ତ୍ର ସ୍ରଷ୍ଟା । ବହିର ପ୍ରାରମ୍ଭରେ 'କଥାପଦେ' ଛଳରେ ଚମତ୍କାର କଥା କେଇପଦ କହିଛନ୍ତି 'ପଗଡ଼ି ପୁରୁଷ'ର ଲେଖକ ତଥା କଥାଶିଳ୍ପୀ ଦାଶ ବେନହୁର - ଆପଣା ଅନୁଭୂତି ନିଗିଡ଼ା କାହାଣୀ ପଢ଼ି ଏକ ମନୋରମ ସଂକଳନ ଭାବେ ବହିଟିକୁ ବିଚାର କରି ସେ କହନ୍ତି ଗଗନ ବିହାରୀଙ୍କ ଚିତ୍ର ସାବଲୀଳ, କବିତା ଛନ୍ଦୋବଦ୍ଧ ଓ ଗଦ୍ୟ ସ୍ୱାଭାବିକ ଭାବେ ସହଜ ପୁଣି ଅନ୍ତରଙ୍ଗ । ସେ ମଧ୍ୟ କହନ୍ତି ଯେ, ଆତ୍ମଜୀବନୀମୂଳକ ଗଳ୍ପଗୁଡ଼ିକ ସବୁବେଳେ ପ୍ରଥମ ପୁରୁଷରେ ବ୍ୟକ୍ତ । ସେଥିରେ ଯେଉଁ ଅନୁଭବ ଥାଏ ତାହା ଗୋଟିଏ ନିର୍ଦ୍ଦିଷ୍ଟ ସମୟର କଥା କହେ, ସ୍ଥାନର ଚରିତ୍ରକୁ ମୂର୍ତ୍ତିମନ୍ତ କରେ । ସେଥିପାଇଁ ସେଭଳି ସୃଷ୍ଟିରେ ସ୍ରଷ୍ଟା ଗୌଣ । ତହିଁରେ ଥିବା ମୂଲ୍ୟବୋଧ ହିଁ ଗୁରୁତ୍ୱପୂର୍ଣ୍ଣ । ଡକ୍ଟର ଗଗନବିହାରୀ ପାଣିଗ୍ରାହୀ ଆପଣା ପରିବେଷଣରେ ସତ୍ୟଶୀଳ ଯେମିତି ଅନ୍ତରଙ୍ଗ ବି ସେମିତି । ଦାଶ ବେନହୁରଙ୍କ ଏହି କଥା କେଇପଦ ଏ ବହିଟିର ଦର୍ପଣ । ଏଥିରେ ପ୍ରତିଫଳିତ ହୋଇଛି ସାମଗ୍ରିକ ଭାବେ ଲେଖକଙ୍କ ବ୍ୟକ୍ତିତ୍ୱ ଓ କୃତିତ୍ୱ । ବହିଟି ଯେ ଭିଡ଼ ଭିତରୁ ଅଲଗା ବାରିହୋଇପଡୁଥିବା ବହି ଏବଂ ଗଗନବିହାରୀ ଯେ ବୃତ୍ତି ଓ ପ୍ରବୃତ୍ତିରେ a face in the crowd ପରିଚୟ ବହନକାରୀ ବ୍ୟକ୍ତି । ଏହା ତାଙ୍କ ସତ୍ୟଶୀଳତା ଓ ଅନ୍ତରଙ୍ଗତା, ଭାବ ଓ ଭାଷା, ଆଭିମୁଖ୍ୟ ଓ ଅଭିବ୍ୟକ୍ତିକୁ ଆକଳନ, ଅନୁଶୀଳନ କଲେ ଅନୁଭବ କରିହୁଏ ।

ଏ ପୁସ୍ତକ କାହିଁକି ଓ କିପରି ସମ୍ଭବ ହେଲା ? ଏଭଳି ପ୍ରଶ୍ନଟିଏ ପାଠକ ପାଠିକାଙ୍କ ପାଖରେ ଥୋଇ ନିଜେ ଗଗନବିହାରୀ ଖୁବ୍ ପ୍ରାଞ୍ଜଳ ଭାବେ ବୁଝାଇ ଦେଇଛନ୍ତି । ସେ କହନ୍ତି, କଥାରେ ଅଛି ମଣିଷ ପରିସ୍ଥିତିର ଦାସ । ପରିସ୍ଥିତିକୁ ମୁକାବିଲା କରିବା ମଣିଷର କାମ । ପରିସ୍ଥିତି କେତେବେଳେ ନିଜ ଆୟତ୍ତରେ ରହେ ତ କେତେବେଳେ ଅଣଆୟତ୍ତ । କର୍ମକରି ସୁଦ୍ଧା ପରିସ୍ଥିତି ବେଳେବେଳେ ଅଣଆୟତ୍ତକୁ ଚାଲିଯାଏ, ଯାହାକି ଆମେ ଭାଗ୍ୟ ବୋଲି କହିଥାଉ । ତେଣୁ ମୁଁ ଭାବେ ଜୀବନ

ହେଉଛି କର୍ମ ଓ ଭାଗ୍ୟ ଭିତରେ ଚାଲିଥିବା ଏକ ଖେଳ। ଭାଗ୍ୟ ଯେ ସବୁବେଳେ ବିପରୀତ ହୁଏ ତା' ନୁହଁ, ବେଳେବେଳେ ଜଟିଳ ପରିସ୍ଥିତିରେ ଭାଗ୍ୟ ଅନୁକୂଳ ଅବସ୍ଥା ସୃଷ୍ଟି କରି ନିରାପଦ ସ୍ଥାନକୁ ବାଟ କଢ଼େଇନିଏ। ସେମିତି ଅନେକ କିଛି ଘଟଣା ମୋ ଜୀବନରେ ଘଟିଛି, କେତେବେଳେ ତାହା ଆୟତ୍ତରେ ରହିଛି, କେତେବେଳେ ପୁଣି ଅଣଆୟତ୍ତ। କର୍ମ ଓ ଭାଗ୍ୟର ସମ୍ମିଶ୍ରଣରେ ସାପ ଓ ଶିଡ଼ି ଖେଳ ଭଳି ଜୀବନ ଉତ୍‌ଥାନ ପତନ ଦେଇ ଗତି କରିଛି। ତେଣୁ ମୋ ଜୀବନ ଏକ ଊର୍ଦ୍ଧ୍ୱଗାମୀ ସରଳରେଖା ବୋଲି କହି ହେବନି, ବରଂ ଉତ୍‌ଥାନ-ପତନ ସମ୍ବଳିତ ଏକ ବକ୍ରରେଖା। ଏହି ଉତ୍‌ଥାନ-ପତନ ସହିତ ମୋର କେତେଜଣ ଶୁଭାକାଙ୍‌କ୍ଷୀ ଓ ଅନ୍ତରଙ୍ଗ ବନ୍ଧୁ ପରିଚିତ ଥିଲେ ହେଁ ଲୋକଲୋଚନକୁ ଆଣିବାକୁ ଯାଇ ଏ ଲେଖାର ପ୍ରୟାସ ମାତ୍ର। ପ୍ରଥମରୁ ମୁଁ କହିରଖେ ଏହା ଏକ ଆତ୍ମଜୀବନୀ ନୁହଁ। ଆତ୍ମଜୀବନୀ ଲେଖିବାର ଧୃଷ୍ଟତା ମୋର କରିବାର ନାହିଁ। ଜୀବନରେ ପାରିବାରିକ, ସାମାଜିକ ଓ ଅର୍ଥନୈତିକ ଝଡ଼ଝଞ୍ଜାକୁ ମୁଁ କିପରି ସାମ୍ନା କରିଛି ଓ ମୋର ପରିବାର ଲୋକେ କେମିତି ମୋ ସହିତ ସହଯୋଗ କରିଛନ୍ତି ସେଗୁଡ଼ିକ ଗଳ୍ପ ମାଧ୍ୟମରେ ଏଥିରେ ଲେଖିଦେଇଛି। ଲେଖକଙ୍କ ଏତିକି ସ୍ୱୀକାରୋକ୍ତି ତାଙ୍କୁ ତାଙ୍କ ଜୀବନର ଚଲାପଥର ଉଠାଣିଗଡ଼ାଣି କିଭଳି ସମ୍ମୁଖୀନ ହେବାକୁ ପଡ଼ିଛି ତାହା ସୂଚାଇଦିଏ। ବୃତ୍ତିରେ ଜଣେ ବୈଜ୍ଞାନିକ, ପ୍ରବୃତ୍ତିରେ ସାହିତ୍ୟ-ସଂସ୍କୃତିକୁ ଭଲପାଇ ସୃଜନଶୀଳତାକୁ ଆପଣେଇ ନେଇଥିବା ଡକ୍ଟର ଗଗନ ବିହାରୀ ପାଣିଗ୍ରାହୀ ଜୀବନରେ ଯାହା କରିଛନ୍ତି ଓ ଯାହା ପାଇଛନ୍ତି ତାକୁ ଖୁବ୍ ସତ୍ୟଶୀଳ ଭାବେ ନିଷ୍ଠାର ସହ ଏ ବହିରେ ଉପସ୍ଥାପନ କରିଛନ୍ତି। କର୍ମ ଓ ଭାଗ୍ୟ ଭିତରେ ମତେ ଛୁଁ ଖେଳ ହେଉ ଅବା ସାପଶିଡ଼ି ଖେଳ ଭଳି ଉଠାପକା ହେଉ, ସେ ଅନୁଭବ କରିଛନ୍ତି ଯେ ଜୀବନ ଊର୍ଦ୍ଧ୍ୱଗାମୀ ସରଳରେଖା ନୁହେଁ, ବରଂ ଉତ୍‌ଥାନ ପତନ ଭରା ଗୋଟିଏ ବକ୍ରରେଖା। ତାଙ୍କର ଏହି କାବ୍ୟିକ, ଦାର୍ଶନିକ ଅନୁଭବଟି ତାଙ୍କୁ ଜୀବନର ଆଭିମୁଖ୍ୟ ଓ ଆବଶ୍ୟକତା ସହ ଜୀବନର ଯାବତୀୟ କଥା ଓ ବ୍ୟଥାକୁ ଭଲଭାବେ ବୁଝାଇ ଦେଇଛି।

ବୈଜ୍ଞାନିକ ଗଗନବିହାରୀ ଯେତେ ଉଚ୍ଚ ସୋପାନକୁ ଅତିକ୍ରମ କରି ଆହୁରି ଆଗକୁ ଅଗ୍ରସର କରୁଥିଲେ ବି ନିଜ ମାଟି, ନିଜ ପରିବାରକୁ ଭୁଲିନାହାନ୍ତି। ଏ ବହିରେ ବି ସେ ସମସ୍ତଙ୍କୁ ଯଥୋଚିତ ସମ୍ମାନ ଦେଇଛନ୍ତି। ଯେମିତିକି – ଗୋବିନ୍ଦ ଚନ୍ଦ୍ର ପାଣିଗ୍ରାହୀ (ବାପା), ମାଧବୀ ପାଣିଗ୍ରାହୀ (ମାଆ), ଗୋପାଳଚନ୍ଦ୍ର ପାଣିଗ୍ରାହୀ, (କକା, ଯାହାଙ୍କୁ ସେ 'ଇସ୍କୁଲ ବାପା' ବୋଲି ସମ୍ବୋଧନ କରୁଥିଲେ), ସର୍ବେଶ୍ୱରୀ ପାଣିଗ୍ରାହୀ (ଖୁଡ଼ୀ), କରୁଣାକର (ବଡ଼ନନା), ରୁକ୍ମିଣୀ (ବଡ଼ବୋଉ), ପ୍ରଭାକର (ପବୁ ନନା), ମନୋରମା

(ବୋଉ), ହେମଲତା (ନାନୀ), ରତ୍ନାକର ପତି (ବଡ଼ ଭିଣୋଇ), ଦିବାକର (ଦଇନନନା), ନଳିନୀପ୍ରଭା (କୁନି ଭାଉଜ), ମଞ୍ଜୁଲତା (ମଞ୍ଜୁ), ଗଙ୍ଗାନାରାୟଣ ପଣ୍ଡା (ସାନ ଭିଣୋଇ), ରତ୍ନାକର (ବାବୁଲି), ସଙ୍ଗୀତା (ଟିକି), ଭଗବାନ (ଭଗ), ନିହାରୀକା, ସୁଧାକର (ମାନା), ଶୋଭାରାଣୀ (ମାଣିକ) ପ୍ରମୁଖ। ଏ ବହି ସମସ୍ତଙ୍କୁ ସ୍ଥାନିତ କରି ସୂଚାଇ ଦେଇଛି ଯେ, ବୈକୁଣ୍ଠ ସମାନ ଆହା ଅଟେ ସେହି ଘର, ପରସ୍ପର ପ୍ରେମ ଯହିଁ ଥାଏ ନିରନ୍ତର। ଘର ପରିବାର, ଜ୍ଞାତିକୁଟୁମ୍ବଙ୍କଠୁ ନେଇ ଦେଶ ବିଦେଶର କେତେ କଥା, କେତେ ବ୍ୟଥାକୁ ସାଦରେ ଉପସ୍ଥାପନ କରି ବହିଟିକୁ ବହୁ ଦୃଷ୍ଟିରୁ ବର୍ଣ୍ଣାଢ୍ୟ କରିଛନ୍ତି ଲେଖକ। ବୃତ୍ତି ଓ ପ୍ରବୃତ୍ତି ଭିତରେ ଭାରସାମ୍ୟ ରକ୍ଷା କରି ଏକ ବୃହତ୍ତର ଜୀବନକୁ ବଖାଣିଛନ୍ତି ସେ। ଏଥିରେ କୃତ୍ରିମତା ନାହିଁ। ଏଥିରେ କାଳ୍ପନିକତା ନାହିଁ। ଯାହା ଅଛି, ତାହା ଅଙ୍ଗେନିଭା କଥା। ଅନୁଭୂତି ଓ ଅଭିଜ୍ଞତାର କଥା। ସତ୍ୟ ଓ ସଂଘର୍ଷର କଥା। ଲେଖକ ସ୍ୱପ୍ନ ଦେଖିଛନ୍ତି, ସ୍ୱପ୍ନକୁ ସତ୍ୟରେ ପରିଣତ କରିଛନ୍ତି। ଉଚ୍ଚାଭିଳାଷୀ ହୋଇଛନ୍ତି। ଅଭିଳାଷକୁ ସଫଳ କରିଛନ୍ତି। ଉଠାପକା, ଉଠାଣି ଗଡ଼ାଣିର ଜୀବନପଥ। ସବୁକୁ ସହଜରେ ଗ୍ରହଣ କରିଛନ୍ତି। ଭାଗ୍ୟ ଓ କର୍ମ, ଉଭୟକୁ ସମ୍ମାନ ଦେଇଛନ୍ତି। ତାଙ୍କର ଏ ବହିଟିରେ ଭାବ ଓ ଭାଷାର ଯେଉଁ ଗୁମ୍ଫନ ହୋଇଛି ତାହା କେତେବେଳେ ଲୋତକ ଝରାଇ ଦିଏ ତ କେତେବେଳେ ଓଠରେ ଅମଳିନ ହସର ଫଲ୍‌ଗୁ ଝରାଏ। ଜୀବନ ଯେମିତି ଠିକ୍ ସେମିତି ବର୍ଣ୍ଣନା କରିଛନ୍ତି। ଏଥିରେ କିଛି ପ୍ରଲେପ କି ପ୍ରଳାପକୁ ସେ ସ୍ଥାନ ଦେଇନାହାନ୍ତି। ଜୀବନ ଯେ ସତ୍ୟ-ଶିବ-ସୁନ୍ଦରର ତ୍ରିବେଣୀ ତାହା ହିଁ ବଖାଣିଛନ୍ତି।

୩୧୮ ପୃଷ୍ଠାର ଏ ବହିର ପ୍ରଥମାର୍ଦ୍ଧରେ ଲେଖକ ନିଜେ କିଛି କିଛି ପ୍ରସଙ୍ଗର ସରଳାର୍ଥ କରି ବୁଝାଇ ଦେଇଛନ୍ତି। ଯେମିତିକି ସେ କହନ୍ତି ଯେ, 'ପ୍ରଥମ ପାହାଚ' ପର୍ଯ୍ୟାୟରେ ଆମ ପିଲାବେଳେ ଘରର ଅର୍ଥନୈତିକ ପରିସ୍ଥିତି, ଅଧ୍ୟୟନର ସୁବିଧା-ଅସୁବିଧା ଓ ପାରିପାର୍ଶ୍ୱିକ ଅବସ୍ଥା କ'ଣ ଥିଲା ତାହା ଲେଖାଯାଇଛି। ଅଭାବ ଅନଟନ ଭିତରେ ବାପା ମା' ନିଜର ବହୁ ସନ୍ତାନସନ୍ତତିଙ୍କୁ ନେଇ ଜୀବନତରୀ ବାହିବାକୁ ଚେଷ୍ଟା କରିଥିଲେ। ବିନା ଚାକିରିରେ ବାପା ନିଜର ସ୍ୱଳ୍ପ ପୈତୃକ ଜମିଜମା ଚାଷବାସ କରି ନିଜର ପରିବାର ଯେନତେନ ଚଳଉଥିଲେ। ଦାରିଦ୍ର୍ୟ ସତ୍ତ୍ୱେ ବି ସେ ସବୁବେଳେ ଆମକୁ ଉଚ୍ଚଶିକ୍ଷା ପାଇଁ ଏବଂ ସର୍ବୋପରି ଦୁନିଆରେ ଭଲ ମଣିଷଟିଏ ହେବା ପାଇଁ କଥା ମାଧ୍ୟମରେ ପ୍ରୋତ୍ସାହିତ କରୁଥିଲେ। କେତୋଟି ବାଲ୍ୟକାଳର ଚପଳତା ଏଇଥିରେ ସାମିଲ କରିଛି। ସେଗୁଡ଼ିକ ମୋର ଅପରିପକ୍ୱ କୌତୂହଳମୟ ସମୟର ଅଭିଜ୍ଞତା। ସେଥିରୁ ବି ଅନେକ ଶିକ୍ଷାମୋତେ ମିଳିଛି ଯାହାକି ପରବର୍ତ୍ତୀ ଜୀବନକାଳରେ ମୋର

ସହାୟ ହୋଇଛି। ଉଦାହରଣସ୍ୱରୂପ, ଚାର୍‌ମିନାର ସିଗାରେଟ୍‌ର ଅଭିଜ୍ଞତା ପରେ ଜୀବନରେ ନିଶାଦ୍ରବ୍ୟ ପାଖକୁ ପୁଣିଥରେ ଯିବାକୁ ମୋର କେବେହେଲେ ଇଚ୍ଛା ହୋଇନି। ଏମିତି କେତେ ଶ୍ଲେଷୋକ୍ତି, କେତେ ସ୍ୱୀକାରୋକ୍ତି। ଏହି ଖୋଲା ହୃଦୟର ଭାଷା, ଏ ବହିର ଗହଣା। ସେ ପୁଣି ଲେଖନ୍ତି ଯେ, 'ବିନା ଟିକେଟରେ କଟକ' ଗଳ୍ପ କୈଶୋରିକ ମାନସିକ ପ୍ରତିକ୍ରିୟାର ଏକ ଉଦାହରଣ। କିଏ କ'ଣ କହିଲା ତା' ଉପରେ ଆଧାର କରି ଆଉ ଦିନେ ଦି' ଦିନ ଅପେକ୍ଷା ନ କରି ଏତେ ଶୀଘ୍ର ଏଡ଼େ ଗୁରୁତର ପଦପେକ୍ଷ ନେବାଟା କେତେଦୂର ସମୀଚୀନ ତାହା ଆଲୋଚନାର ବିଷୟ। ଏହି ଗଳ୍ପର ଶେଷ ଆଡ଼କୁ ମାଆ ଯେତେବେଳେ ମୋତେ କହିଛି, ଜୀବନରେ କେତେ କ'ଣ ଆସିବ, ବାପାରେ, ଏତେ ଅଧୈର୍ଯ୍ୟ ହେଲେ ହବ? ଏଇ ବାକ୍ୟଟି ମୁଁ ମୋ ଜୀବନସାରା ଭୁଲିପାରିନି। ଏହାକୁ ଜୀବନର ଚଲାପଥରେ ଅନେକ ସମୟରେ 'ରକ୍ଷାକବଚ' ହିସାବରେ ବ୍ୟବହାର କରିଛି। କୁହାଯାଏ, 'ଚକ୍ରବତ୍ ପରିବର୍ତ୍ତେତେ ଦୁଃଖାନି ଚ ସୁଖାନି ଚ।' (Life is a mixture of pleasure and pain)। ତେଣୁ ସୁଖଦୁଃଖ, ହସକାନ୍ଦ ଭରା ଜୀବନକୁ ସମୟାନୁସାରେ, ପରିସ୍ଥିତି ଅନୁସାରେ ଚଳାଇ ନେଇ କେବେ ଭାଙ୍ଗି ନ ପଡ଼ି 'ଚରୈବତୀ ଚରୈବତୀ' ନ୍ୟାୟରେ ଆଗକୁ, ଆହୁରି ଆଗକୁ ଅଗ୍ରସର ହୋଇଛନ୍ତି ଲେଖକ। ତାଙ୍କ ପାଇଁ ମନ୍ତ୍ର ଭଳି କାମ ଦେଇଛି ସ୍ୱାମୀ ବିବେକାନନ୍ଦଙ୍କ ଉକ୍ତି, "ଉତ୍ତିଷ୍ଠତ ଜାଗ୍ରତ ପ୍ରାପ୍ୟବରାନ୍ନିବେଦତଃ"।

ସତ୍ୟଶୀଳ ଗଗନ ବିହାରୀଙ୍କ ସ୍ପଷ୍ଟ ସୂଚନା ଅନେକ ସମୟରେ ପାଠକପାଠିକାଙ୍କୁ ବିସ୍ମିତ କରେ। ସତ୍ୟକୁ ଭଲପାଉଥିବା ଲେଖକଙ୍କ ଏହି ବହିର ଅନେକ ଉଦାହରଣ ଦିଆଯାଇପାରେ। ଯେମିତିକି – 'ଚାର୍‌ମିନାର୍ ସିଗାରେଟ୍'ର ଅଭିଜ୍ଞତା ପରେ ଜୀବନରେ ନିଶାଦ୍ରବ୍ୟ ସେବନ ନିମନ୍ତେ ପୁଣିଥରେ ଯିବାକୁ ମୋର କେବେହେଲେ ଇଚ୍ଛା ହେଇନି। 'ବିନା ଟିକଟରେ କଟକ' ଗଳ୍ପ ମାନସିକ ପ୍ରତିକ୍ରିୟାର ଏକ ଉଦାହରଣ। କିଏ କ'ଣ କହିଲା ତା' ଉପରେ ଆଧାର କରି ଦିନେ ଦି' ଦିନ ଅପେକ୍ଷା ନ କରି ଏତେ ଶୀଘ୍ର ଏଡ଼େ ଗୁରୁତର ପଦକ୍ଷେପ ନେବାଟା କେତେଦୂର ସମୀଚୀନ ତାହା ଆଲୋଚନାର ବିଷୟ। ସେ ଏହି ଗଳ୍ପର ଶେଷ ଭାଗ କଥା ଆଉ ଟିକେ ବୁଝାଇବାକୁ ଯାଇ କହନ୍ତି ଯେ, ଏହି ଗଳ୍ପର ଶେଷ ଆଡ଼କୁ ମାଆ ଯେତେବେଳେ ମୋତେ କହିଛି, ଜୀବନରେ କେତେ କ'ଣ ଆସିବ, ବାପାରେ, ଏତେ ଅଧୈର୍ଯ୍ୟ ହେଲେ ହବ? ଏଇ ବାକ୍ୟଟିକୁ ସେ ତାଙ୍କ ଜୀବନସାରା ଭୁଲିପାରିନାହାନ୍ତି। ଏହାକୁ ଜୀବନର ଚଲାପଥରେ ଅନେକ ସମୟରେ ସେ ରକ୍ଷା କବଚ ଭାବେ ବ୍ୟବହାର କରିଛନ୍ତି। 'ନିଜ ଭାଗ୍ୟ ଡୋରି ନିଜ ହାତେ'ରେ ସେ ଲେଖିଛନ୍ତି ସମାଜରେ ଘଟୁଥିବା ଅନ୍ୟାୟ ଅନୀତିକୁ

ନେଇ। ତାଙ୍କ ସହିତ କଲେଜରେ ଅନର୍ସ ନେବା ନେଇ, ବଛାବଛି ବେଳେ ଯାହା ଘଟିଥିଲା ତାହା ସମାଜରେ ହେଉଥିବା ଅନେକ ପାତର ଅନ୍ତର, ହେରାଫେରିର ଗୋଟିଏ ମାତ୍ର ଜ୍ୱଳନ୍ତ ଉଦାହରଣ। କଥାଟି ଯେମିତି ଘଟିଥିଲା ତାହା ହୁଏତ ଅନେକଙ୍କୁ ଅବିଶ୍ୱାସଯୋଗ୍ୟ ହୋଇପାରେ। ହେଲେ ଯେ ପର୍ଯ୍ୟନ୍ତ ଆମ ନିଜ ସହିତ ଏପରି ଘଟଣାଟେ ନ ଘଟିଛି, ସେତେବେଳ ଯାଏଁ ଆମେ କେବେହେଲେ ଏସବୁକୁ କେବେ ବିଶ୍ୱାସ କରିପାରୁନା। ମୂଳରୁ ଏହା ଯଦି କୌଣସି ପ୍ରକାରେ ମୋ କାନକୁ ଆସି ନ ଥାନ୍ତା, ହୁଏତ ମୋତେ ଆଉ ମୋ ଜୀବନରେ ଉଚ୍ଚଶିକ୍ଷା କରିବାର ସୁଯୋଗ ମିଳି ନ ଥାନ୍ତା ବୋଲି ଲେଖକ କହି ଏମିତି ଶହ ଶହ ହେରାଫେରି ନିଶ୍ଚିତ ଭାବରେ ସମାଜରେ ଘଟୁଥିବ ଯାହାକି ଲୋକଲୋଚନକୁ ଆସିପାରୁ ନ ଥିବ ବୋଲି ମତ ଦେଇ ସମସ୍ତଙ୍କୁ ସଜାଗ ରହିବାକୁ ଆହ୍ୱାନ ଦେଇଛନ୍ତି। ନିଜ ସ୍ୱପ୍ନ, ଅଭିଳାଷକୁ ବର୍ଣ୍ଣନା କରିବାକୁ ଯାଇ ସେ କହିଛନ୍ତି ଯେ, କଲେଜରେ ଯୋଗ ଦେବା ଦିନରୁ ହିଁ ଉଦ୍ଭିଦ ବିଜ୍ଞାନ ବା ପ୍ରାଣୀ ବିଜ୍ଞାନ ଅଧ୍ୟାପକ ହେବାକୁ ତାଙ୍କର ଭାରି ଇଚ୍ଛା ଥିଲା। ପରିସ୍ଥିତି ଏପରି ହେଲା ଯେ, ଗୋଟେ ସମୟରେ କଥାଟି ଆକାଶ କଇଁଆ ଚିଲିକା ମାଛ ଭଳି ମନେ ହେଉଥିଲା। ତେବେ ସବୁ ବାଧାବନ୍ଧନକୁ ଏଡ଼ାଇ ଶେଷରେ କଥାଟି ସମ୍ଭବ ହୋଇଥିଲା। 'ଅଧ୍ୟାପକତ୍ୱ ଏକ ଯାତ୍ରା' ପ୍ରସଙ୍ଗରେ ଲେଖକ ଏକଥା ବୁଝାଇଦେବା ସହ ଦୁନିଆରେ କିଏ କେତେ ପ୍ରକାର କଥା କହିପାରନ୍ତି, ସେ ସବୁରେ ପ୍ରତିକ୍ରିୟା ନ ଦେଖାଇ ବରଂ ସେସବୁକୁ ନିଜ ଆଖି ଆଗରେ ରଖି କାମ କରି ଦୁନିଆରେ ଆଗେଇବାକୁ ପଡ଼ିବ ବୋଲି କହିଛନ୍ତି। ଯୌତୁକ ଯେ ଏକ ସାମାଜିକ କଳଙ୍କ ତାହା ଲେଖକ ଭାବେ ପ୍ରକାଶ କରି ସମାଜ ପରିବର୍ତ୍ତନରେ ସାହିତ୍ୟିକର୍ ଭୂମିକା କିଭଳି ଗୁରୁତ୍ୱ ବହନ କରେ ତାହା ଦର୍ଶାଇଛନ୍ତି। ତାଙ୍କ ବିବାହ ବେଳେ ଯୌତୁକ ପ୍ରଥା ସମାଜରେ ଗୋଟାଏ ବଡ଼ ସମସ୍ୟା ଭାବେ ମୁଣ୍ଡ ଟେକିଥିଲା। ଏହାକୁ ସମାଜର କଳଙ୍କ ହିସାବରେ ଗଣାଯାଉଥିଲା। ତଥାପି ଅନେକେ ଶ୍ୱଶୁର ଘରକୁ ତଳିତଳାନ୍ତ କରି ଯୌତୁକ ଆଣି ନିଜ ନିଜ ବାହାଦୁରୀ ଦେଖାଉଥିଲେ। ଲେଖକଙ୍କର ଏହି ବହିରେ ସ୍ଥାନିତ 'ପ୍ରିୟାର ଅନ୍ୱେଷଣେ', 'ମଧୁଲଗ୍ନର ମୁହୂର୍ତ୍ତ ଓ ସବିତା', 'କାନାଡ଼ା ଯିବା ଆସ' - ଏ ତିନିଟି ଲେଖିବାର ଉଦ୍ଦେଶ୍ୟ ଥିଲା ସେ ସମୟରେ ଚାଲିଥିବା ସମାଜରେ କଳୁଷିତ ଯୌତୁକ ପ୍ରଥା ଯେମିତିକି ବିବାହ ବେଳେ ଲୋକଦେଖାଣିଆ ପ୍ରଚୁର ବଦ୍‌ଖର୍ଚ୍ଚ, ଏସବୁ ଉପରେ ଆଲୋକପାତ କରିବା, ସମାଜକୁ ଦିଗ୍‌ଦର୍ଶନ ଦେବା। ଜୀବନର ଚଲାପଥରେ ଲେଖକ ଅନେକ ଲୋକଙ୍କୁ ଅଚାନକ ଭେଟିବାର ସୁଯୋଗ ପାଇଛନ୍ତି। ସ୍ୱାର୍ଥ ନ ଥାଇ ବି ବହୁ ଲୋକ ଅନ୍ୟକୁ ସାହାଯ୍ୟ କରିବା ପାଇଁ ଦଉଡ଼ି ଆସିବାର

ଅନୁଭବ କରିଛନ୍ତି। ସେମାନଙ୍କ ସହ ସାକ୍ଷାତ ପରେ ହୃଦୟକୁ ହୃଦୟ ମେଳି ହୋଇ ଯାଇଛି। ଏ ବହିରେ ସେମିତି ଦୁଇଟି ଚରିତ୍ରକୁ ନେଇ ଲେଖା ଅଛି – 'ପଞ୍ଚୁଆଇ' ଓ 'ବାଲିବନ୍ତର ମଣିଷ'। 'ପଞ୍ଚୁଆଇ' ଲେଖାରେ ପଞ୍ଚାନନ ଜେନାଙ୍କ ଜୀବନ ସହ ତାଙ୍କ ଘରର ସଂପର୍କର ଘନିଷ୍ଠତା ଗଳ୍ପଛଳରେ କୁହାଯାଇଛି। ଦୀର୍ଘଦିନ ଧରି ଲେଖକଙ୍କ ଘରେ କାମ କରିଆସୁଥିବା ଜଣେ ବାହାର ଲୋକ କେମିତି ତାଙ୍କ ପରିବାରର ସଦସ୍ୟ ହୋଇ ଯାଇଛନ୍ତି, କେବଳ ସଦସ୍ୟ ନୁହେଁ, ପଞ୍ଚାନନଙ୍କ କଥା କିଭଳି ପଞ୍ଚାମୃତ ଭଳି ଲେଖକଙ୍କୁ ପିଲାବେଳେ ପ୍ରେରଣା ପ୍ରଦାନ କରିଛି ତାହା ଏଥିରେ ଉଲ୍ଲେଖ ଅଛି। ସେହିଭଳି ଆଉ ଗୋଟେ ଲେଖା 'ବାଲିବନ୍ତର ମଣିଷ'ରେ ଜଣେ ନିଷ୍ଠାପର ଶିକ୍ଷକଙ୍କ କଥା ପ୍ରାଞ୍ଜଳ ଭାବେ କୁହାଯାଇଛି। ଜଣେ ଶିକ୍ଷକ କେବଳ ବିଦ୍ୟାଳୟ ପରିସରରେ ନୁହେଁ, ଛାତ୍ରମାନଙ୍କର ଉତ୍ତରୋତ୍ତର ଉନ୍ନତି ପଥରେ କିଭଳି ଆଲୋକବର୍ତ୍ତିକା ତାହା କୁହାଯାଇଛି। ସ୍ନେହ ଶ୍ରଦ୍ଧା ଆଶୀର୍ବାଦ ଅଜାଡ଼ି ଦେଇ ଜୀବନର ପ୍ରତି ଅନ୍ଧକାର ମୁହୂର୍ତ୍ତକୁ ଆଲୋକିତ କରି ପଥପ୍ରଦର୍ଶକ ଭାବେ ଭୂମିକା ନିର୍ବାହ କରନ୍ତି ଶିକ୍ଷକ। ଏ ଗଳ୍ପର ଅନେକ ସ୍ଥାନରେ ଶିକ୍ଷକଙ୍କର ଛାତ୍ରବତ୍ସଳତା ମୁଖରିତ ହୋଇ ଉଠିଛି। ସରଳ ଜୀବନଯାପନ କରି ସଂସାରର ସମସ୍ତ ଦାୟିତ୍ୱ ତୁଲାଇବା ପରେ ଜୀବନର ସାୟାହ୍ନରେ ଶାନ୍ତିରେ ଜୀବନଯାପନ କରିବା ସମସ୍ତଙ୍କର ଅଭିଳାଷ। ଏହା ଏ ଗଳ୍ପରେ କୁହାଯାଇଛି। ସେହିଭଳି ଗାଁରେ କିଭଳି ଭଲ ଘରଟିଏ ତୋଳିବା ତାଙ୍କ ଲକ୍ଷ୍ୟ ଥିଲା ତାହା 'ଘର' ଗଳ୍ପରେ ସ୍ଥାନିତ। ନିଜ ବୃତ୍ତି ପ୍ରବୃତ୍ତି କଥା ବି ପ୍ରାଞ୍ଜଳ ଭାବେ ବୁଝାଇଛନ୍ତି ଗଗନବିହାରୀ, ତାଙ୍କ ମତରେ, "ବୃତ୍ତିରେ ମୁଁ ଜଣେ ଗବେଷକ, ବିଜ୍ଞାନରେ ଗବେଷଣା କରିବା ମୋ କାମ। ଜଣେ ବୈଜ୍ଞାନିକକୁ ଅନୁସନ୍ଧିତ୍ସୁ ମନର କୌତୂହଳ ମେଣ୍ଟେଇବା ପାଇଁ ଅନେକ ସମୟରେ ଅନିଶ୍ଚିତତା ଭିତର ଦେଇ ଗତି କରିବାକୁ ପଡ଼ିଥାଏ। କେତେବେଳେ ସମୟ ଜଟିଳ ହୋଇପଡ଼େ, କେତେବେଳେ ଫଳ ମିଳେ, କେତେବେଳେ ମିଳେନି। ତଥାପି ସେ ସେଥିରୁ ନିବୃତ୍ତ ନ ହୋଇ ବାଧାବିଘ୍ନ ସତ୍ତ୍ୱେ ଆଗେଇ ଚାଲେ। ଏମିତି ଅନେକ ମୁହୂର୍ତ୍ତରେ ମୋ ଜୀବନରେ ଆସିଛି। 'ଗବେଷଣାରେ ଘୋଡ଼ାଦୌଡ଼' ପ୍ରସଙ୍ଗ ମାଧ୍ୟମରେ ଏଇଥିରୁ ଗୋଟିଏ ମାତ୍ର ଉଦାହରଣ ଦିଆଯାଇଛି। ଲେଖକ ଅନ୍ୟତ୍ର ନିଜର ରୁଚିକୁ କହିଛନ୍ତି, ବୃତ୍ତି ବାହାରେ ଅବସର ସମୟରେ ମନୋରଞ୍ଜନ ନିମନ୍ତେ ଚିତ୍ର ଆଙ୍କେ, ଫଟୋ ଉଠାଏ, ନାଟକରେ ନିର୍ଦ୍ଦେଶନା ଦିଏ ବା ଅଭିନୟ କରେ। ଯେକୌଣସି ସର୍ଜନାତ୍ମକ କଳା ପ୍ରତି ମୋର ବାଲ୍ୟକାଳରୁ ଆଗ୍ରହ। 'ଚିତ୍ରକଳା ଓ ମୁଁ' ଏବଂ 'ନାଟକ ସନ୍ଧ୍ୟା'ରେ ଏସବୁର ବର୍ଣ୍ଣନା ଅଛି। ଲେଖକ ଏ ପୁସ୍ତକର କଳେବରକୁ ଆୟତ୍ତରେ ରଖିବା ପାଇଁ ଆହୁରି ଅନେକ ଉତ୍ତର ଆମେରିକାରୀୟ ଜୀବନର ଅଭିଜ୍ଞତାକୁ

ପରବର୍ତ୍ତୀ ସଂସ୍କରଣ ପାଇଁ ରଖିଛନ୍ତି। ବହିର ବଡ଼ କଥା ହେଉଛି ପ୍ରତି ଲେଖା ପଛରେ ଅଛି କିଛି ନା କିଛି ବାର୍ତ୍ତା। ସେ କହିଛନ୍ତି ଯେ ଏ ପୁସ୍ତକରେ ଯାହାସବୁ ଗଳ୍ପ ମାଧ୍ୟମରେ ଲେଖାଯାଇଛି ଆଶା କରୁଛି ତାହା ମୋ ଜୀବନର ମୂଲ୍ୟବୋଧ ଯଥା: ଜାତିପ୍ରଥା, ବିଭିନ୍ନ ଧର୍ମ ଉପରେ ମୋର ମତ, ସମାଜର ସବୁ ଶ୍ରେଣୀର ଲୋକଙ୍କ ସହିତ ମିଶ୍ରଣ, ନିଶାଦ୍ରବ୍ୟ ନିଷେଧ ଓ ନିଶା ନିବାରଣ, ସମାଜ ସେବା, ଯୌତୁକ ପ୍ରଥାର ବିରୋଧ, ବିବାହ ସମୟରେ ଅଯଥା ଅପବ୍ୟୟ ନ କରିବା, କଳା-ସାହିତ୍ୟ ଓ ସଂସ୍କୃତି ଉପରେ ଆଗ୍ରହ ରଖିବା, ଏ ସବୁ ଉପରେ ଆଲୋକପାତ କରିବାକୁ ସକ୍ଷମ ହେବ। ପ୍ରଥମ ପାହାଚରୁ ଯିବା - ଗୋଟିଏ ଆକସ୍ମିକ, ଅପ୍ରତ୍ୟାଶିତ ସଂଳାପରୁ ଆରମ୍ଭ କରିବା - ଏ ପଞ୍ଚୁଆ, ଏ ପୁରିଆ ! କିଏ କେଉଁଠି ଅଛ ? ଧାଇଁ ଆସରେ, ଧାଇଁ ଆସ, ମୋ ଛୁଆ ଖସିପଡ଼ିଲା।" ସଂଳାପଟି ଯେତିକି ନାଟକୀୟ, ସେତିକି ବାସ୍ତବଧର୍ମୀ। ଲେଖକଙ୍କ କହିବାନୁସାରେ, ଦିନେ ଅପରାହ୍ଣରେ ମାଆ ହାଉଳି ଖାଇ କାନ୍ଦୁଣୁ ମାନ୍ଦୁଣୁ ହେଇ ବାଡ଼ିରେ କାମ କରୁଥିବା ମୂଲିଆମାନଙ୍କୁ ଡାକ ପକେଇଲା। ନିଜେ ଶାଢ଼ି କାନିକୁ ଅଣ୍ଟାରେ ଭିଡ଼ି ଦେଇ ଧଇଁସଇଁ ହେଇ ଧାଇଁଆସି ଆମ୍ବଗଛ ମୂଳରେ ପହଞ୍ଚିଲା।" ଏହି 'ପ୍ରଥମ ପାହାଚ' ପ୍ରସଙ୍ଗରେ ଆମ୍ବ ଅଭିଯାନ, ଗାଁ ସ୍କୁଲ୍, ବାପାଙ୍କ ଅଭିଯୋଗ ତାଲିକା, ନନାଙ୍କ ଅଣ୍ଡର ଓ୍ୱାୟର, କୁରୁତା ଓ ପ୍ୟାଣ୍ଟ୍, କଲମ, ନଟୁ ଓ ଆଠଣି, ଶ୍ୟାମ ଓ ଘନ, ବଉଳ ବୃକ୍ଷ, କାଛୁ, ଲଣ୍ଠନ, ଅବଦଲ-ଗବଦଲ, ଚିଠା ଅଦଳବଦଳ, କିଆବୁଦା ପୋଡ଼ି, ଚାରମିନାର ସିଗାରେଟ୍, ଘରକାମ, ପାଠ, ଗାଁରେ ଏକୁଟିଆ, ପଞ୍ଚାବନ ବର୍ଷ ପରେ ଏମିତି କେତେ ଛୋଟ ଛୋଟ କଥା ଏଥିରେ ସଂଯୋଜିତ ହେଇ ଅଧ୍ୟାୟକୁ ଅନନ୍ୟ କରିଛି। ଏ ପ୍ରସଙ୍ଗରେ ବିଶ୍ୱବିଖ୍ୟାତ ଆମେରିକୀୟ ଭାଷାବିଜ୍ଞାନୀ ଲିଓନାର୍ଡ ବ୍ଲୁମ୍‌ଫିଲଡଙ୍କ କଥା ମନେପଡ଼େ। ସେ ତାଙ୍କର ପ୍ରସିଦ୍ଧ ପୁସ୍ତକ "Language (1933)"ରେ କହିଛନ୍ତି ଯେ, "Selection of words and coinage of words are very crucial in any narration."। ଶବ୍ଦଚୟନ ଓ ଶବ୍ଦ ସଜ୍ଜୀକରଣ, ଉଭୟରେ ଲେଖକ ସତରେ ଅନନ୍ୟ। ଛୋଟ ଛୋଟ କଥାକୁ ବାଗେଇ ସଜେଇ ଯେମିତି ଲେଖିଛନ୍ତି ତାହା ଯେ କୌଣସି ପାଠକଙ୍କ ହୃଦୟକୁ ଛୁଇଁବ। ଏ ବହିର ବଡ଼ କଥା ହେଉଛି, ବହୁ ଘଟଣାକୁ ଲେଖକ ମନେରଖି ଏମିତି ବୁଝାଇ ଉପସ୍ଥାପନ କରିଛନ୍ତି ଯେ ମନେହେବ ସେ ସତରେ ଆମ ସାମ୍ନାରେ ବସି, ଆଇମା' ଆମକୁ କାହାଣୀ ଶୁଣାଇଲା ଭଳି, କହୁଛନ୍ତି। କଥା ତ ଅସରନ୍ତି। କେତେ ବର୍ଣ୍ଣନାର ଛଟା, କେତେ ଶୈଳୀଗତ ସ୍ୱାତନ୍ତ୍ର୍ୟ, କେତେ ଭାବନା ଓ କଳ୍ପନାର କକ୍‌ଟେଲ୍, କେତେ ଅଭିଳାଷ ଓ ଆଶାର ଉଲ୍ଲେଖ - ଏ ବହିକୁ କରିଛି ବହି ଭଳି ବହିଟିଏ। ପ୍ରବାସୀ ଭାରତୀୟ

ଭାବେ ଜୀବନ ଯାପନ କରି ଆସିଥିବା ଗଗନବିହାରୀଙ୍କ ଜୀବନଶୈଳୀ, ଆମ ଭଳି ସାଧାରଣ ଅଥଚ ଆଦର୍ଶ ସ୍ଥାନୀୟ। ଅନ୍ୟ ପାଇଁ ଆଲୋକବର୍ତ୍ତିକା ସଦୃଶ ତାଙ୍କ ଜୀବନ, ଏହା ସତ୍ୟ। ଜୀବନର ଅନୁଭୂତି ଓ ଅଭିଜ୍ଞତାକୁ ଖୁବ୍ ସୁନ୍ଦର ଭାବେ ଉପସ୍ଥାପନା କରିଛନ୍ତି ଲେଖକ।

'ଯାହା କଲି, ଯାହା ପାଇଲି' ବହିର ଭାଷା ଅପୂର୍ବ। ଖୁବ୍ ହୃଦୟସ୍ପର୍ଶୀ ଭାଷାରେ ଲେଖକ କଥାତକ ବର୍ଣ୍ଣନା କରିଛନ୍ତି। ପ୍ରତି ପୃଷ୍ଠାରେ ଶବ୍ଦଚୟନ ଓ ଶବ୍ଦଗୁମ୍ଫନର ଆକର୍ଷଣ ପାଠକ ନଜରରେ ପଡ଼େ। କଥିତ ଭାଷା ସହ ଲିଖିତ ଭାଷାର ସୁନ୍ଦର ସମନ୍ୱୟ ବହିଟିକୁ ବର୍ଣ୍ଣାଢ଼୍ୟ କରିପାରିଛି। ଅନେକ ଉଦାହରଣ ଦିଆଯାଇପାରେ –

୧. "ଶୀତ ଯିବା ଅନ୍ତେ ବସନ୍ତ ଆସିଲେ ବାଡ଼ିପଟ ଆମ୍ବଗଛମାନଙ୍କରେ ବଉଳ ଲେସି ହେଇଯାଏ।" (ପୃ:୩୧)

୨. "ଆମ ଗାଁ ଗୋହିରିର ପ୍ରିୟ ବଉଳ ଗଛଟି ଗାଆଁକୁ ପ୍ରଥମ କରି ବିଦ୍ୟୁତ୍ ସରବରାହ ହେବାବେଳେ ଧାରୁଆ କରତ ଦାଢ଼ ମୁହଁରୁ ପାର ପାଇପାରିଲାନି।" (ପୃ:୬୧)

୩. "ଏକ୍ସପ୍ରେସ୍ ଟ୍ରେନ୍‌ରେ ପ୍ରଥମ ଥର ପାଇଁ ଚଢ଼ିବା ପରେ ହୃଦୟଙ୍ଗମ କଲି ତା' ଗତି କେଡ଼େ ପ୍ରଖର।" (ପୃ:୬୫)

୪. "ରାସ୍ତାରେ ସାଇକେଲ ଗଲେ ଭିତରକୁ 'ସର୍‌ର ସର୍‌ର' ଶବ୍ଦ ଶୁଭୁଥାଏ। ତା' ସହିତ ସାଇକେଲ୍‌ର କ୍ରିଂ କ୍ରିଂ ଘଣ୍ଟି ଓ ହାତଟଣା ରିକ୍ସାର ପେଁ ପେଁ ଆବାଜ।" (ପୃ:୯୨)

୫. "ଗ୍ରୀଷ୍ମ ରାତ୍ରି। ବାଆ ବତାସ ବୋଲି ଟିକିଏ ହେଲେ ନ ଥାଏ। ପ୍ରବଳ ଗୁଳୁଗୁଳି, ଚାରିଆଡ଼ ଗୁମ୍। ଲେସି, ଦାଢ଼, ସର୍‌ର ସର୍‌ର, ପେଁ ପେଁ, ଗୁମ୍ ଭଳି ବହୁ ଶବ୍ଦ ଏ ବହିରେ ଦେଖାଯାଏ।" (ପୃ:୧୦୨)

କଥିତ ଓ ଲିଖିତ ଶବ୍ଦ ମଧ୍ୟରେ ସମନ୍ୱୟ ସ୍ଥାପନ କରି ସେ ଯେଉଳି ବର୍ଣ୍ଣନା ଚାତୁରୀରେ ଘଟଣାଗୁଡ଼ିକୁ ଉପସ୍ଥାପନ କରିଛନ୍ତି ତାହା ଉଦାହରଣ ସ୍ଥାନୀୟ। କେତେ କଥା, କେତେ ବ୍ୟଥା ଭରା ଏ ଜୀବନ। ସେଥିପାଇଁ ତ 'ଆନନ୍ଦ' ସିନେମାରେ ଅଭିନେତା ରାଜେଶ ଖାନ୍ନାଙ୍କ କଥା ଯେତେଥର ଶୁଣିଲେ ବି ନୂଆ ଲାଗେ, ଚିରସବୁଜ ସେ ସଂଳାପ – "ବାବୁ ମୋସାଏ! ଜିନ୍ଦେଗୀ ବଡ଼ି ହୋନି ଚାହିଏ, ଲମ୍ବି ନେହିଁ।" କେତେ ସତକଥା ସତରେ! ଆମେ କେତେଦିନ ଜିଇଁଲେ ତାହା ବଡ଼ କଥା ନୁହେଁ। କେମିତି ଜିଇଁଲେ, କାହାକୁ ପ୍ରେରଣା ଦେଲେ, କାହା ପାଇଁ ଆଦର୍ଶ ହେଲେ ସେ କଥା ହିଁ ବଡ଼। ଏହା ଅନୁଭବ କରିଛନ୍ତି ବୋଲି ତ ଗଗନବିହାରୀଙ୍କ ଜୀବନବୃତ୍ତାନ୍ତ

ଉପନ୍ୟାସ ଭଳି ଅନୁଭୂତ ହୁଏ। ଉପନ୍ୟାସ ଭଳି ସୁଖପାଠ୍ୟ ଏ ବହି। ବର୍ଣ୍ଣନାଚାତୁରୀ ସହ ଭାବ ଓ ଭାଷାର ଗୁମ୍ଫନ ଆମକୁ ଏ ବହି ପଢ଼ିବାର ପ୍ରେମରେ ପକାଇଦିଏ। ବହି ଯେ ଆମକୁ ଜଣକର ବ୍ୟକ୍ତିତ୍ୱ ଓ କୃତିତ୍ୱର ବିଶାଳତା ସହ ପରିଚିତ କରାଇ ଜୀବନ କିଭଳି ମଧୁମୟ ତାହା ଅବଗତ କରାଏ। ନିଜକୁ ଜଣେ ସାଧାରଣ ମଣିଷ ଭାବେ ବାରମ୍ବାର ଉପସ୍ଥାପନ କରି ସଂଘର୍ଷମୟ ଜୀବନରେ ସଫଳତା କିଭଳି ପୁରସ୍କାର ସ୍ୱରୂପ ହାସଲ ହୁଏ ସେ କଥା କହିଛନ୍ତି ଲେଖକ। ଏଇ ନିକଟରେ 'ହିନ୍ଦୁ' ଖବରକାଗଜର କଳା ସମୀକ୍ଷକ ତଥା ବିଶିଷ୍ଟ ହିନ୍ଦୀ କବି କୁଲଦୀପ କୁମାର ତାଙ୍କ ଅନୂଦିତ ଓଡ଼ିଆ ବହି 'ଜୀଇଁ ନ ଥିବା ଜୀବନ'ର ଲୋକାର୍ପଣ ବେଳେ କହିଥିଲେ ଯେ, "କବିତା ବିନା ଜୀବନ, ଜୀବନ ନୁହେଁ।" ଏଇ ପଦେ କଥାର ଅର୍ଥ ବଡ଼ ବ୍ୟାପକ। ଆମର ବୃତ୍ତି ଯାହା ହେଉନା କାହିଁକି ଜୀବନରେ ଯଦି ସାହିତ୍ୟ ନାହିଁ, ସାହିତ୍ୟ ଯଦି ଜୀବନକୁ ପ୍ରଭାବିତ କରି ନାହିଁ ତେବେ ଜୀବନ, ଜୀବନ ନୁହେଁ। ଜୀବନ ସାର୍ଥକ ନୁହେଁ, ନିରର୍ଥକ। ଉତ୍କଳମଣି ଗୋପବନ୍ଧୁ ଦାସ ଯାହା ଲେଖିଥିଲେ କବିତାରେ- "ମାନବ ଜୀବନ ନୁହଁଇ କେବଳ, ବର୍ଷ-ମାସ-ଦିନ-ଦଣ୍ଡ / କର୍ମେ ଜୀଏଁ କର୍ମ ଏକା ତା'ର, ଜୀବନର ମାନଦଣ୍ଡ" ସେହି କଥାକୁ ଅକ୍ଷରେ ଅକ୍ଷରେ ଅନୁଭବ କରି ନିଜ ଜୀବନରେ କାର୍ଯ୍ୟକାରୀ କରିବା ସହ ଜୀବନକୁ ଅମଳିନ ଆଲୋକ କରିବାରେ ସଫଳ ପ୍ରୟାସ କରିଛନ୍ତି ବୈଜ୍ଞାନିକ - ଲେଖକ ଗଗନବିହାରୀ। ପରିଣତ ବୟସ ହେବା ହୁଏତ ଜୀବନର ଏକ ଅଧ୍ୟାୟ ହୋଇପାରେ, ହେଲେ ପରିଣତ ବୟସରେ ପହଞ୍ଚିବା ପାଇଁ ପାହାଚ ପରେ ପାହାଚ ଚଢ଼ିବାର ଯେଉଁ ପ୍ରୟାସ ଥାଏ ତାହା ବାସ୍ତବିକ ଅନ୍ୟମାନଙ୍କୁ ଶିକ୍ଷା ଦିଏ, ପ୍ରେରଣା ଦିଏ। ଏ କଥାକୁ ସେ ପ୍ରାରମ୍ଭରୁ ସ୍ପଷ୍ଟ କରିଛନ୍ତି ଯେ, ଏ ବହି ପାଇଁ ସେ ଯେତେବେଳେ ଲେଖା ଆରମ୍ଭ କଲେ ଏହା କୌଣସି ପ୍ରକାରେ ତାଙ୍କ ପାଇଁ ସହଜ ନ ଥିଲା। ସାହିତ୍ୟ ପ୍ରତି ତାଙ୍କର ଅନୁରାଗ ଥିଲା ସତ, ହେଲେ ପେସାରେ ତ ସେ ବୈଜ୍ଞାନିକ। ଓଡ଼ିଆରେ ଗଳ୍ପ ଲେଖିବା ତାଙ୍କର ପେସା ନ ଥିଲା, ତେଣୁ ତାଙ୍କୁ ପ୍ରଥମେ ପ୍ରଥମେ ବହୁ ପରିଶ୍ରମ କରିବାକୁ ପଡ଼ିଥିଲା। ତଥାପି ସେ ଅଟକି ନ ଯାଇ ନଈ ଅମଡ଼ା ମାଡ଼ି, ପଥର-ଖାଲ-ଢିପ ଅଟକି ନ ଯାଇ କିଛି ନ ମାନି ଚିରସ୍ରୋତା ନଈଟେ ଭଳି ବହିଯାଇଛନ୍ତି, କଷ୍ଟ ସହି। ବହିଟିଏ ଲେଖିବା ଯେ କେତେ କଷ୍ଟକର କଥା ସେ ଲେଖା ଆରମ୍ଭ କରିବା ପରେ ଅନୁଭବ କଲେ ଓ ଜାଣିଲେ ଯେ ଲେଖାଲେଖି ପାଇଁ ପ୍ରେରଣା କେତେ ଦରକାର। ଏ ବହିରେ ସେ କୃତଜ୍ଞତାର ସହ ସ୍ୱୀକାର କରିଛନ୍ତି ଜୀବନର ଚଲାପଥ ଯେତେବେଳେ ଅନ୍ଧକାରମୟ ହୋଇଉଠେ ସେ ସମୟରେ ଯେଉଁମାନେ ଆଲୋକ ଦେଖାଇଥିଲେ ସେମାନଙ୍କର ଋଣ ସେ ଶୁଝିପାରିବେ ନାହିଁ।

ବହିର ଛୋଟ ଛୋଟ ବର୍ଣ୍ଣନା ଖୁବ୍ ବୈଚିତ୍ର୍ୟମୟ - ଆମ୍ବ ଅଭିଯାନ, ଗାଁ ସ୍କୁଲ୍, ବାପାଙ୍କ ଅଭିଯୋଗ ତାଲିକା, ନନାଙ୍କ ଅଣ୍ଡର ୱ୍ୟର୍, କୁରୁତା ଓ ପ୍ୟାଣ୍ଟ, କଲମ, ନଟୁ ଓ ଆଠଣି, ଶ୍ୟାମ ଓ ଘନ ବଉଳ ବୃକ୍ଷ, କାଚ୍ଛୁ, ଲଣ୍ଠନ, ଅବ୍‌ଦଲ-ଗବ୍‌ଦଲ, ଚିଠା ଅଦଳବଦଳ, କିଆବୁଦା ପୋଡ଼ି, ଚାରମିନାର ସିଗାରେଟ୍, ଘରକାମ, ପାଠ, ଗାଁରେ ଏକୁଟିଆ, ପଞ୍ଚାବନ ବର୍ଷ ପରେ ଇତ୍ୟାଦି। ଗୋଟେ ଗୋଟେ ଧାଡ଼ି ତ ଲେଖକ ସ୍ମରଣଶକ୍ତି ଓ ସ୍ୱାଭାବିକତାକୁ ଖୁବ୍ ସୁନ୍ଦର ଭାବେ ବୁଝାଇଦିଏ - ଏକ୍ସପ୍ରେସ୍ ଟ୍ରେନ୍‌ରେ ପ୍ରଥମ ଥର ପାଇଁ ଚଢ଼ିବା ପରେ ହୃଦୟଙ୍ଗମ କଲି ତା' ଗତି କେତେ ପ୍ରଖର (ପୃ:୬୫), ନଭଶ୍ଚୁମ୍ବୀ କୁତୁବ୍‌ମୀନାର ଉହାଡ଼ରେ କନକ କିରଣ ବିଚ୍ଛୁରି ସେ ଦିନର ସୂର୍ଯ୍ୟ ଅସ୍ତାଚଳରେ ଅସ୍ତ ଯାଉଥିଲେ (ପୃ:୧୩୪), ଦିଲ୍ଲୀ ରହଣି ବେଳେ ଅନେକ ଉଲ୍ଲେଖନୀୟ ଘଟଣା ଘଟିଲା। ୧୯୮୦ ମସିହା ଜୁନ୍ ମାସ ତେଇଶ ତାରିଖରେ ସଞ୍ଜୟ ଗାନ୍ଧୀଙ୍କ ବିମାନ ଦୁର୍ଘଟଣାରେ ଅକାଳ ମୃତ୍ୟୁ ହେଲା। ୧୯୮୨ ନଭେମ୍ବର ମାସରେ ଏସିଆନ୍ ଗେମ୍ସ ଦିଲ୍ଲୀରେ ଅନୁଷ୍ଠିତ ହେବାରୁ ଆମକୁ ବହୁତ ଓ ବିଭିନ୍ନ ପ୍ରକାରର ଖେଳ ଦେଖିବାକୁ ସୁଯୋଗ ମିଳିଲା। ମୁଁ ନୂଆଦିଲ୍ଲୀରେ ଥିବାବେଳେ ୧୯୮୩ ଜୁନ୍ ମାସ ପଚିଶ ତାରିଖରେ ଭାରତ ଶକ୍ତିଶାଳୀ ୱେଷ୍ଟଇଣ୍ଡିଜ କ୍ରିକେଟ୍ ଦଳକୁ ହରେଇ ବିଶ୍ୱକପ୍ ହାସଲ କଲା। ସବୁଠୁଁ ଗୁରୁତ୍ୱପୂର୍ଣ୍ଣ ଘଟଣା ୧୯୮୪ ମସିହା ଅକ୍‌ଟୋବର ଏକତିରିଶ ତାରିଖରେ ଇନ୍ଦିରା ଗାନ୍ଧୀଙ୍କ ନିଧନ। (ପୃ:୧୫୯) ୧୯୯୫ ମସିହା ଅକ୍‌ଟୋବର ସତର ତାରିଖରେ ମୋର ପିଏଚ୍.ଡି. ଡିଫେନ୍‌ସ ସ୍କୁଲ୍‌ର ସମଗ୍ର ଛାତ୍ରଛାତ୍ରୀ ଓ ପ୍ରଫେସରମାନଙ୍କ ସମ୍ମୁଖରେ ମୋ ଗବେଷଣା ଉପରେ ବକ୍ତବ୍ୟ ଦେବାର ସ୍ଥିର ହେଲା (ପୃ:୧୬୨) ଏସବୁ କଥା ଇତିହାସରେ ସାଇତା। ସବୁ ସ୍ମରଣୀୟ, ଅମିଳନ। ବହିରେ ଠାଏ ଲେଖକ ପଦେ କବିତା ଲେଖିଛନ୍ତି-

"ଧନ୍ୟରେ ଜେଏନ୍‌ୟୁ ତୁହି, ସର୍ବୋତ୍କୃଷ୍ଟ ଶିକ୍ଷା ପାଇଁ
ସର୍ବାଗ୍ରେ ରହୁ ସର୍ବଦା ନାମ ତୋହର
ପାଇ ତୋର ସୁକଲ୍ୟାଣ ଜ୍ଞାନୀ ଗୁଣୀ ହୋଇ ଜନ
ଗାଆନ୍ତୁ କାଳ କାଳକୁ ଗାଥା ତୋହର
ପ୍ରାପ୍ତ କରି ତୋ ଆଶୀର୍ବାଦ
ଅରଜନ୍ତୁ ଜନେ ଶିକ୍ଷା ସୁଖ ସଂପଦ।"

ନିଜେ ଯୋଉଠି ଉଚ୍ଚଶିକ୍ଷା ଲାଭ କରିଛନ୍ତି ତାହାକୁ କୃତଜ୍ଞତା ଜଣାଇବାକୁ ତାଙ୍କର ଏ କବିତା। ସମୁଦାୟ ୩୯୮ ପୃଷ୍ଠାର ଏହି ସୁଖପାଠ୍ୟ ବହିରେ ଲେଖକ, କବି ନିଜ କଥା, ନିଜ କୃତଜ୍ଞତା ସହ ସଫଳତା-ବିଫଳତା ବଖାଣିଛନ୍ତି। ୩୯୬

ପୃଷ୍ଠାରେ ଘଟଣାଟିଏ ବର୍ଣ୍ଣନା କରି ସେ ଲେଖିଛନ୍ତି ଯେ, "ଜୀବନରେ ବିଜ୍ଞାନ କ୍ଷେତ୍ରରେ ଏହିପରି ଘଟିଥିବା ଅଗଣିତ ପ୍ରତିଯୋଗିତା, ଅନିଶ୍ଚିତତା। ସଫଳତା ଓ ବିଫଳତା ମଧ୍ୟରୁ ଏହା କେବଳ ଗୋଟିଏ ମାତ୍ର ଉଦାହରଣ। ଏହି କାମର ସଫଳତା ପରେ ମୋତେ ଗଡ଼ଟିଏ ଜିଣିଯିବା ପରି ମନେ ହେଉଥିଲା। ମନରେ ଗର୍ବ ଆସୁଥିଲା ଆମେ ପରିଶ୍ରମ କରି ପ୍ରତିଯୋଗିତାରେ ଶେଷକୁ ସଫଳକାମୀ ହେଲୁ। ସଫଳତାର ସୋପାନ ଚଢୁଥିବା ଗଗନବିହାରୀଙ୍କ 'ଯାହା କଲି, ଯାହା ପାଇଲି' ଯାହାକି ଏକ ବାସ୍ତବଧର୍ମୀ ଜୀବନୀବୃତ୍ତ ତାହା ଯେ ବୃତ୍ତି ଓ ପ୍ରବୃତ୍ତିର ସୁନ୍ଦର ସିମିଳି ଏହା କହିବାବାହୁଲ୍ୟ ମାତ୍ର।

■

ବରିଷ୍ଠ ଗବେଷକ, ଶାସ୍ତ୍ରୀୟ ଓଡ଼ିଆ ଉତ୍କର୍ଷ ଅଧ୍ୟୟନ କେନ୍ଦ୍ର,
ଶିକ୍ଷା ମନ୍ତ୍ରାଳୟ, ଭାରତ ସରକାର, ସର୍ଦ୍ଦାର ପଟେଲ୍ ହଲ୍,
ଭୁବନେଶ୍ୱର- ୭୫୧୦୦୯

ବ୍ୟକ୍ତିକ ଭାବପକ୍ଷର ମହନୀୟ ମହକ : 'ଫୁଲ ବଗିଚା'

ଦୀପ୍ତିମୟୀ ସାହୁ

ସ୍ୱତଃସ୍ଫୂର୍ତ୍ତ ଭାବେ ହୃଦୟରୁ ନିଗିଡ଼ି ପଡ଼ିଥିବା ତାଜା ଅନୁଭବର ଶବ୍ଦରୂପ ହେଉଛି 'କବିତା'। ହୃଦୟରୁ ଝରିଥାଏ ବୋଲି ତାହା ଅନ୍ୟର ହୃଦୟକୁ ଛୁଇଁଯାଏ। ମସ୍ତିଷ୍କ ଚଳାଇ ଝରିପଡ଼ିଥିବା କବିତା, କବିର ମନକୁ ସାନ୍ତ୍ୱନା ଦେଇପାରେ ସତ; ମାତ୍ର ପାଠକର ପ୍ରାଣକୁ ସ୍ପର୍ଶ କରିପାରେ ନାହିଁ। ନାନା ଛାନ୍ଦ ରାଗରାଗିଣୀରେ ନିରସ ଜୀବନ ବି ସରସ ହୋଇଉଠେ। ଜୀବନର ବାସ୍ନାରେ ବାସ୍ନାୟିତ ହୋଇଯାଏ ତା' ହୃଦୟର ଅଗଣା। ଯାନ୍ତ୍ରିକ ଜୀବନ ଜୀଉଁଥିବା ଆଜିର ମଣିଷ ପରିବେଶ, ପରିସ୍ଥିତି, ନାନା ବିବର୍ତ୍ତନ ମଧ୍ୟରେ କବିତାର ଛନ୍ଦୋବଦ୍ଧତା ଏବଂ ଅନ୍ତରୀଣ ସାଙ୍ଗୀତିକତା ଆଡ଼କୁ ମୁହଁ ଫେରାଉଛି। ସମାଲୋଚକ ଡକ୍ଟର ଦିଲୀପ କୁମାର ସ୍ୱାଇଁଙ୍କ ମନ୍ତବ୍ୟ ଏ କ୍ଷେତ୍ରରେ ବେଶ୍ ତାତ୍ପର୍ଯ୍ୟପୂର୍ଣ୍ଣ। ଯଥା:- "୧୯୮୦ ପରବର୍ତ୍ତୀ ଓଡ଼ିଶା ତଥା ଭାରତୀୟ ବ୍ୟବସ୍ଥା ନଗରୀକରଣର ଭ୍ରାନ୍ତିରୁ ମୋହ ତୁଟାଇ ଗ୍ରାମ୍ୟାଭିମୁଖୀ ହୋଇଛି। ଏହି କ୍ରମରେ ଓଡ଼ିଆ କବିତାରେ ଏକ ନୂଆ ଆଧୁନିକତା ଆସିଛି। ପାଶ୍ଚାତ୍ୟ ଆଧୁନିକତା ଅପେକ୍ଷା ଏହି ସ୍ୱଦେଶୀ ଆଧୁନିକତାର ପ୍ରଭାବ ଆମ ଜୀବନଧାରା ଓ ସାହିତ୍ୟରେ ପ୍ରତିଫଳିତ ହୋଇଛି। ଜହ୍ନିଫୁଲ ଠୋ ଠା, କଙ୍କି ଧରଣ ମା' ମରଣ ଗାଇ ଗାଇ କବିତାରେ ପିଲାଦିନ, ଗାଁ, ମାଆ, ନଈ, ପ୍ରେମ, ସୌନ୍ଦର୍ଯ୍ୟବୋଧ ଫେରିଆସିଛି। ଫେରି ଆସିଛନ୍ତି ମୃତ ଈଶ୍ୱର।

ପକ୍ଷୀମାନଙ୍କର କୂଜନରେ ବିଭୋର ଦିଶିଛି ଧୂସର ବୃକ୍ଷ। କବିତା ଜହ୍ନିଫୁଲ ପାଖରୁ ଜେରୁଜେଲମ୍ ଯାଏଁ ପ୍ରସରି ଯାଇଛି।" (୧) ପରିବର୍ତ୍ତିତ ଧାରା ପ୍ରବାହ ଭିତରେ ଆଜିର କବି ବିବିଧ ଭାବକଳ୍ପକୁ ନେଇ କବିତା ରଚନାରେ ନିମଗ୍ନ ରହିଛି। ଦେଶୀୟ କବି ହୁଅନ୍ତୁ ଅବା ପ୍ରବାସୀ କବି, ସେମାନେ ନିଜ ଅତୀତ ବର୍ତ୍ତମାନର ସ୍ମୃତିକୁ ଚିପୁଡ଼ି ଆଞ୍ଜୁଳା ଆଞ୍ଜୁଳା ଭାବସ୍ପନ୍ଦନକୁ ସ୍ୱ କବିତାରେ ବୁଣି ଦେଉଛନ୍ତି। ମାଆ ମାଟି ଓ ମାତୃଭାଷାର ସେବାରେ ମାଆର ପଣତ, ଗାଁର ମହକ, ନାନା ନାନ୍ଦନିକ ଅନୁଭବ ସବୁ ସଜୀବ ହୋଇଉଠୁଛି। ଅନୁଭୂତିର ବିଭୋର ଇଲାକାକୁ କବିତାରେ ଆବେଗପୂର୍ଣ୍ଣ କରି ଗଢ଼ି ତୋଳୁଥିବା ଜଣେ ପ୍ରବାସୀ କବି ପ୍ରତିଭା ହେଲେ ଡକ୍ଟର ଗଗନ ବିହାରୀ ପାଣିଗ୍ରାହୀ। ବୃତ୍ତିରେ ଜଣେ ବୈଜ୍ଞାନିକ ତଥା ବିଜ୍ଞାନର ଗବେଷକ ହେଲେ ମଧ୍ୟ ନିଶା ହେଲା ତାଙ୍କର ସାହିତ୍ୟ ଜରିଆରେ ନିଜ ଗାଁ ମାଟି ପାଣି ପବନର କଥାକୁ ମାତୃଭାଷାରେ ପରିପ୍ରକାଶ କରିବା। ତାଙ୍କର 'ଫୁଲ ବଗିଚା' (୨୦୧୬) ଓ 'ପ୍ରତିଛବି' (୨୦୧୭) ଦୁଇଟି କବିତା ପୁସ୍ତକ ସହିତ ଏକ ବାସ୍ତବଧର୍ମୀ ଜୀବନାବୃତ୍ତ ଆତ୍ମଜୀବନୀ 'ଯାହା କଲି ଯାହା ପାଇଲି' ମାତୃଭାଷା ପ୍ରତି ଅନୁରାଗ ଓ ଶ୍ରଦ୍ଧାକୁ ଦର୍ଶାଇଥାଏ। ଓଡ଼ିଶାର ବାଲେଶ୍ୱର ଜିଲ୍ଲାରୁ ଯାଇ କାନାଡାର ଟରୋଣ୍ଟୋ ସହରରେ ଅବସ୍ଥାପିତ ହେବା ପରେ ମଧ୍ୟ ନିଜର ପ୍ରଦେଶ ତଥା ଭାଷାସାହିତ୍ୟ ପ୍ରତି ସମର୍ପଣ ମନୋଭାବ ଅକ୍ଷୁଣ୍ଣ ରହିଛି। ନାଟ୍ୟାଭିନୟ, ଚିତ୍ରକଳାରେ ରୁଚି ସାଙ୍ଗକୁ ବିଦେଶରେ ସୁଦ୍ଧା ଓଡ଼ିଆ ଭାଷାର ପ୍ରଚାର ପ୍ରସାର କ୍ଷେତ୍ରରେ ତାଙ୍କ ଉଦ୍ୟମ ତଥା ଅବଦାନକୁ ଓଡ଼ିଆ ସାହିତ୍ୟ ମନେ ରଖିବ ନିଶ୍ଚୟ।

ଡକ୍ଟର ପାଣିଗ୍ରାହୀଙ୍କର ଓଡ଼ିଆ କବିତା କ୍ଷେତ୍ରକୁ ପ୍ରଥମ ଉପହାର ହେଲା 'ଫୁଲ ବଗିଚା' କବିତା ପୁସ୍ତକ। ୨୦୧୬ ମସିହାରେ 'ଫକୀରମୋହନ ସାହିତ୍ୟ ପରିଷଦ', ବାଲେଶ୍ୱର ଦ୍ୱାରା ଏହା ପ୍ରକାଶିତ। ଏଥିରେ ସଂକଳିତ ଥିବା ୩୪ଗୋଟି କବିତା ବିବିଧ ଭାବସୌନ୍ଦର୍ଯ୍ୟକୁ ନେଇ ବର୍ଣ୍ଣିତ। ସେହି କବିତା ଗୁଡ଼ିକ ହେଲା:- 'ସୃଷ୍ଟି ଏ ଅନନ୍ତ', 'ତା'ରେ ମୁହିଁ କରେ ନମସ୍କାର', 'କୋଣାର୍କ ପ୍ରିୟାସାଥେ', 'ମୋତେ ତୁମେ କ୍ଷୁଦ୍ର କର', 'ପ୍ରେମ ଗୀତି', 'ଚିଠି', 'ତୂଳିକାର', 'ଗୁଲବର୍ଗଠାରୁ ବାଙ୍ଗାଲୋର ଯାଏଁ', 'ହେ ମୋ ବାଲେଶ୍ୱର', 'କଣ୍ଟକ ଓ କୁସୁମ', 'କର୍ଣ୍ଣ - କୁନ୍ତି', 'ମା ମନ ପରା', 'ନୃତ୍ୟ ଗୁରୁ ଗଙ୍ଗାଧର', 'ବାଲୁକା ଚିତ୍ରଶିଳ୍ପୀ ସୁଦର୍ଶନ', 'ଆମେରିକା ଜ୍ୱାଇଁ', 'ଜେମା', 'ପୁଅ ପାଇଁ ଝିଅ ଖୋଜା', 'ପିଂପୁଡ଼ି - ଝିଣ୍ଟିକା ଉପାଖ୍ୟାନ', 'ସ୍ୱର୍ଗରୁ ମୋ ଜମାନବନ୍ଦୀ', 'କାନାଡାର ଋତୁଚିତ୍ର', 'ଜର୍ଜିଆନ୍ ବେ ରେ ନୌକାବିହାର', 'ଜେନିଫର', 'କାଲିଫର୍ଣ୍ଣିଆ', 'ନାଏଗ୍ରା ଜଳପ୍ରପାତ',

'ରତୁକାନ୍ତ', 'ଅଭୁଲା ଗାଁ', 'ଭିକାରୀ', 'ଗୋଧୂଳି କନ୍ୟା', 'ଗ୍ରାମ୍ୟ ଭ୍ରମଣ', 'ଆକାଶ କଇଁୟା ଚିଲିକା ମାଛ', 'ଟ୍ରାଫିକ୍ ସମାଚାର', 'ତୁମେ ବିନା ପ୍ରିୟେ ଅନ୍ୟ ଗତି ନାହିଁ', 'ଭାଷାର ଜନକ ଫକୀର ମୋହନ' ଓ 'ପରିବର୍ତ୍ତନ'। ଏ ସମସ୍ତ କବିତା ମଧ୍ୟରେ ବ୍ୟକ୍ତିବୋଧ ସାଙ୍ଗକୁ ବିଶ୍ୱବୋଧକୁ ପାଠକେ ଲକ୍ଷ୍ୟ କରିପାରିବେ। ସମଗ୍ର 'ଫୁଲ ବଗିଚା' କବିତା ପୁସ୍ତକ ମଧ୍ୟରେ ପାଠକ ବିବିଧ ଚେତନାକୁ ଭେଟିବେ। ଯଥା:-

- ନାରୀ ବିମର୍ଶ ଦୃଷ୍ଟିକୋଣ।
- ବିଭୁକୈନ୍ଦ୍ରିକ ନିର୍ମଳ ଅନୁଭବ ଏବଂ ଆତ୍ମସମର୍ପଣତା ଭାବ।
- ପ୍ରେମ, ପ୍ରଣୟମୂଳକ ରୋମାଣ୍ଟିକ୍ ଚେତନା।
- ସ୍ୱଦେଶ ଏବଂ ବିଦେଶର ସ୍ଥାନଗତ ଚିତ୍ରରୂପ।
- ମାଟିମନସ୍କ ଦୃଷ୍ଟିକୋଣ।
- ପ୍ରକୃତିମୂଳକ ସହଜାତ ବିଭୋର ଅନୁଭବ।
- ବ୍ୟକ୍ତିସର୍ବସ୍ୱ ନିରୁତା ଆଦର୍ଶବୋଧ।
- ଐତିହ୍ୟ ଏବଂ ମିଥ୍ ସର୍ବସ୍ୱ ପରୀକ୍ଷାଧର୍ମିତା।
- ଭ୍ରମଣକୈନ୍ଦ୍ରିକ ଓ ବିମୁଗ୍ଧ ଗ୍ରାମ୍ୟ ଜୀବନ।
- ସମ୍ବେଦନଶୀଳ ବିୟୋଗାନ୍ତକ ଅଶ୍ରୁସିକ୍ତ ଆବେଗ।
- ସାଂପ୍ରତିକ ସମସ୍ୟା ଆଧାରିତ ଦୁଃସ୍ଥିତି। ଇତ୍ୟାଦି।

'ଫୁଲ ବଗିଚା' ବିବିଧ ଭାବପୁଷ୍ପର ଏକ ମଞ୍ଜୁଳ ପରିବେଶ। ତନ୍ମଧ୍ୟରେ ଈଶ୍ୱରମନସ୍କପଣ ଏବଂ ତାଙ୍କଠାରେ କୃତଜ୍ଞତା ଭାବ ପ୍ରକାଶ ପାଇଛି, 'ସୃଷ୍ଟି ଏ ଅନନ୍ତ', 'ତା'ରେ ମୁହିଁ କରେ ନମସ୍କାର', 'ମୋତେ ତୁମେ କ୍ଷୁଦ୍ରକର' କବିତାଗୁଡ଼ିକରେ। ବିଜ୍ଞାନର ସକଳ ଅଗ୍ରଗତି ପରେ ମଧ୍ୟ ଅଦ୍ଭୁତ ଏ ସୃଷ୍ଟିର ରହସ୍ୟ କେହି ଭେଦ କରିପାରିନାହାନ୍ତି। ବିଶାଳ ପୁଣି ମନୋରମ ମଞ୍ଜୁଳ ମଞ୍ଜୁଳ ଏ ରହସ୍ୟମୟ ସଂସାରକୁ ଦେଖି ଯୁଗେ ଯୁଗେ ଜ୍ଞାନୀ-ବିଜ୍ଞାନୀ-କବିକୁଳ ବିସ୍ମୟ ଚକିତ ହୋଇଛନ୍ତି। ସେହି ଅଦୃଶ୍ୟ ଅଦେହୀ ଈଶ୍ୱରଙ୍କର ଏ ଜଗତକୁ କଳ୍ପନାରେ ସୁଦ୍ଧା କଳିବା ନିମନ୍ତେ ଅକ୍ଷମ ହୋଇଛନ୍ତି। ଅନୁରୂପ ଭାବରେ କବି ଡକ୍ଟର ପାଣିଗ୍ରାହୀ ସୃଷ୍ଟିର ଅନନ୍ତ ରୂପକୁ ଦେଖି ବିସ୍ମିତ ହୋଇଛନ୍ତି। ତନ୍ମଧ୍ୟରେ ଈଶ୍ୱରଙ୍କ ନିଖୁଣ ସର୍ଜନାକୁ ଦେଖି ଆଶ୍ଚର୍ଯ୍ୟ ଚକିତ ଭାବେ ମଥାନତ ହୋଇ ବିନମ୍ର ପ୍ରଣତି ଢାଳିଛନ୍ତି -

"ନିଦ୍ରା ଭାଜିବାରୁ ଦେଖେ ବାତାୟନ ଦେଇ
ଅନନ୍ତ ଅମ୍ବର ଦୂରେ ଦିଶେ କୃଷ୍ଣକାୟ,

ତମସ ଯାମିନୀ ଦେହେ ରହିଛି ବିଛାଇ
ଅମ୍ବରେ ନକ୍ଷତ୍ର ପୁଞ୍ଜ ହୀରକ ପରାୟ ।

X X X

କିପରି କଳନ୍ତି ପ୍ରଭୁ ? ସୃଷ୍ଟି ଯେ ଅନନ୍ତ !
ବିନମ୍ରେ ମସ୍ତକ ମୋର ହୋଇଯାଏ ନତ ।" (୨)

ଚତୁର୍ଦ୍ଦଶପଦୀ କବିତା ଶୈଳୀରେ ରଚିତ ଏହି କବିତା ମାଧ୍ୟମରେ କବିଙ୍କ ଅନାବିଳ ଭକ୍ତିମତ୍ତା ଏବଂ ରହସ୍ୟମୟ ବିଶ୍ୱପ୍ରତି ପ୍ରଣତି ଭାବ ଅତି ଚିତ୍ତାକର୍ଷକ ଭାବେ ପ୍ରକାଶିତ । ତାଙ୍କର ଏହି ଚମତ୍କାର କବିତାଟି ୨୦୧୩ ମସିହା ଅକ୍‌ଟୋବର ମାସରେ 'ଯୁଗଶ୍ରୀ ଯୁଗନାରୀ' ପତ୍ରିକାରେ ପ୍ରକାଶ ପାଇଥିଲା ।

ଈଶ୍ୱରଙ୍କ ମହିମାଗାନ ଶୁଣାଯାଏ ତାଙ୍କର ଅନ୍ୟତମ ଭକ୍ତି କବିତା - 'ତା'ରେ ମୁହିଁ କରେ ନମସ୍କାର'ରେ । 'ପରଂବ୍ରହ୍ମ' ବିଭିନ୍ନ ନାମରେ ପରିଚିତ । ସେ ସର୍ବସଂହା ଅଟନ୍ତି । ଭାଗ୍ୟର ନିୟାମକ ହୋଇ ସକଳଙ୍କ ଭାଗ୍ୟ ନିର୍ଣ୍ଣୟ କରନ୍ତି । ମହାକାଶ, ଅନ୍ତରୀକ୍ଷ, ଆଲୋକ, ଅନ୍ଧାର, ଦିବା, ନିଶି, ଜନ୍ମ-ମୃତ୍ୟୁ, ଗିରି, କନ୍ଦର, ନଦନଦୀ, ରମଣୀୟ ପ୍ରକୃତି ଫଳପୁଷ୍ପ, ବୃକ୍ଷଲତା, ଜୀବ-ଜଡ଼ ସବୁକିଛିର ସ୍ରଷ୍ଟାପୁରୁଷ ସେ ଅଟନ୍ତି । ପରମାତ୍ମାଙ୍କ ବିଚିତ୍ର ଲୀଳା ଏବଂ ନିୟମରେ ଆଶ୍ଚର୍ଯ୍ୟ କବିଙ୍କ ଲେଖନୀରୁ ଝରିପଡ଼ିଛି-

"କିପରି ଗଢୁଛ ପ୍ରଭୁ ? କି ଅବା ପ୍ରଣାଳୀ ?
ଛୋଟ ମୋର ମଥା ବସି ହେଉଥାଏ ଭାଳି ।
କେମିତି ରୂପ ତୁମର ? କେଉଁଠି ନିବାସ ?
କିପରି ରଖୁଛ ଏତେ ହିସାବ ନିକାଶ ?
କ୍ଷୁଦ୍ର ମୁହିଁ ଏ ସଂସାରେ କ୍ଷୀଣ ବୁଦ୍ଧି ମୋର,
କଳି ନ ପାରଇ ପ୍ରଭୁ ସୃଷ୍ଟିକୁ ତୁମ୍ଭର ।" (୩)

ବିଶ୍ୱର ସର୍ଜନା, ତନ୍ମଧ୍ୟରେ ଜୀବ-ଜୟର ସୁନ୍ଦର ଅବସ୍ଥିତି କାଳେ କାଳେ ଜ୍ଞାନୀଙ୍କର ବୁଦ୍ଧିକୁ ମଧ୍ୟ ବଣା କରିଦେଇଛି । ସୃଷ୍ଟିର ରହସ୍ୟଭେଦ କରିବା ତା' ପାଇଁ ହୋଇଛି ଦୁଷ୍କର । ଶେଷରେ ନିରୁପାୟ ଅନୁସନ୍ଧାନୀ ମନ ସେହି ମହାଶକ୍ତିଶାଳୀ ଈଶ୍ୱରଙ୍କ ଶରଣାପନ୍ନ ହୋଇ ତାଙ୍କ ବିଚିତ୍ର ଲୀଳା ସର୍ଜନାର ଦେଖି ଆଶ୍ଚର୍ଯ୍ୟରେ ବିନମ୍ର ପ୍ରଣତି ଜଣାଇଛନ୍ତି କେବଳ ।

କ୍ଷୁଦ୍ରର ସମାବେଶରେ ବିରାଟର ପରିକଳ୍ପନା ହୁଏ ସମ୍ଭବ । ଯେମିତିକି କ୍ଷୁଦ୍ରାଦିକ୍ଷୁଦ୍ର ସୂକ୍ଷ୍ମ 'ପରମାଣୁ' ସହିତ 'ପରମାଣୁ' ମିଶି 'ଅଣୁ' ହୁଅନ୍ତି । ପୁଣି ସେହି

'ଅଣୁ' ଅନ୍ୟ 'ଅଣୁ'ମାନଙ୍କ ସହ ମିଳିତ ହୋଇ କ୍ଷୁଦ୍ର 'ବାଲୁକାରେଣୁ'ରେ ପରିଣତ ହୋଇଥାଏ। ସେହି କ୍ଷୁଦ୍ର ବାଲିକଣା ସହ ବାଲିକଣା ମିଶି ଅଖଣ୍ଡ ବାଲୁକାଖଣ୍ଡ ତିଆରି ହେବା ପରି କ୍ଷୁଦ୍ର ଭିତରେ ବିରାଟର ସମ୍ଭାବନା ହୋଇଥାଏ। ପ୍ରକୃତିର କ୍ଷୁଦ୍ରାତିକ୍ଷୁଦ୍ର ମଧ୍ୟରେ ବିରାଟ ଶକ୍ତି ଆତ୍ମଗୋପନ କରି ରହିଥାଏ। ଏହି କ୍ଷୁଦ୍ର ଭିତରେ ବିରାଟକୁ ଉପଲବ୍ଧି କରି କବି ନିଜ କ୍ଷୁଦ୍ର ମଣିଷ ଜନ୍ମ ମଧ୍ୟରେ ମଧ୍ୟ ବୃହତ୍ କାମ ପାଇଁ ପ୍ରେରିତ ହେବାକୁ ଈଶ୍ୱରଙ୍କୁ ମାଗୁଣି କରିଛନ୍ତି 'ମୋତେ ତୁମେ କ୍ଷୁଦ୍ର କର' କବିତା ମଧ୍ୟରେ। ନିଜର ସକଳ ଅହମିକାକୁ ବିନାଶ କରି ନିଜକୁ ଈଶ୍ୱର କ୍ଷୁଦ୍ର କରନ୍ତୁ ବୋଲି ଏଥିରେ ଯେଉଁ ବିକଳ ପ୍ରାର୍ଥନା ରହିଛି ତନ୍ମଧ୍ୟରୁ କବିଙ୍କ ମହତ୍ତର ଭାବନାକୁ ପଢ଼ିହୁଏ।

ଈଶ୍ୱର ଚେତନା ସାଙ୍ଗକୁ ତାଙ୍କର ଏ 'ଫୁଲ ବଗିଚା' କବିତା ପୁସ୍ତକରେ ରୋମାଣ୍ଟିକ୍ ଚେତନା ଖୁବ୍ ସୁନ୍ଦର ଭାବେ ରୂପାୟିତ। 'କୋଣାର୍କ ପ୍ରିୟା ସାଥେ', 'ଗୋଧୂଳି କନ୍ୟା', 'ପ୍ରେମଗୀତି', 'ଚିଠି', 'ତୂଳୀକାର' କବିତାଗୁଡ଼ିକ ଏ ପର୍ଯ୍ୟାୟରେ ଆସନ୍ତି। ଏକଦା ନିଜ ପ୍ରଣୟିନୀଙ୍କ ସହିତ କବି କୋଣାର୍କ ପରିଭ୍ରମଣରେ ଯାଇଛନ୍ତି। ରାସ୍ତାରେ ନିଜ ପ୍ରେୟସୀଙ୍କୁ ଦେଖି ତାଙ୍କ ସୌନ୍ଦର୍ଯ୍ୟରେ ଚମତ୍କୃତ ହୋଇ ହୃଦରେ ରୋମାନ୍‌ସ ଭାବ ଅଙ୍କୁରିତ ହୋଇଛି। ନବବିବାହିତା ପତ୍ନୀଙ୍କ ରୂପ ସୌନ୍ଦର୍ଯ୍ୟର ବର୍ଣ୍ଣନା ପ୍ରଥମ ପର୍ଯ୍ୟାୟରେ ଅତୀବ ଚମତ୍କାର। ତନ୍ମଧ୍ୟରୁ ଗୋଟିଏ ଦୃଷ୍ଟାନ୍ତ ଦିଆଯାଇପାରେ –

"ନୂଆ କରି ତୁମେ ମୋ ପାଶେ ଥିବାରୁ
ମୋ' ହୃଦ କମ୍ପନ ଯାଉଥିଲା ବଢ଼ି,
ଶୁଖିଲା ବାଲିରେ ପୂର୍ଣ୍ଣିମା ଜୁଆର
ସତରେ ଯେପରି ଆସୁଥିଲା ମାଡ଼ି।

x x x

ସରୁ ହାତକଟା ମ୍ୟାଚିଂ ବ୍ଲାଉଜ
ପିନ୍ଧିଥିଲ ତୁମେ ଅତି ଯତନରେ,
ସାମ୍ପୁକରା କେଶ ଫର ଫର ଉଡ଼ି
ବାଜିଯାଉଥିଲା କେବେ ମୋ ମୁହଁରେ।" (୪)

ଏହି କବିତାରେ ଦ୍ୱିତୀୟ ପର୍ଯ୍ୟାୟରେ କବି ଅପୂର୍ବ କମକୁଟା କଳା-ନୈପୁଣ୍ୟ କୋଣାର୍କ ମନ୍ଦିରର ଶ୍ରୀ ସୌନ୍ଦର୍ଯ୍ୟ ଦେଖି ବିସ୍ମିତ ହୋଇଛନ୍ତି। ବାରଶହ କୁଶଳୀ କାରିଗରୀଙ୍କ ଅଭୁତପୂର୍ବ କଳାପରିପାଟୀ ଦେଖି ଚମତ୍କୃତ ହୋଇଛନ୍ତି ସେ। ନିଜର

ସାଙ୍ଗରେ ଥିବା ପ୍ରିୟାର ସୌନ୍ଦର୍ଯ୍ୟ ଏବଂ ସେଠାରେ ପ୍ରସ୍ତରରେ ଅଙ୍କିତ ନୃତ୍ୟନଟୀକାଙ୍କ ସୌନ୍ଦର୍ଯ୍ୟ ମଧ୍ୟରେ ପାର୍ଥକ୍ୟ ଦେଖିପାରି ନାହାନ୍ତି କବି। ବିଗତ ଦିନର ଉତ୍କଳ କଳାର ଅଲିଭା କୀର୍ତ୍ତିରେ ଚକିତ କବିଙ୍କ ଭାବନା ଗାଇଉଠିଛି-

"କୁଶଳୀ ବଢ଼େଇ ଲେଖିଛି କୌଶଳେ
ନିରସ ପାଷାଣେ ପ୍ରଣୟ କବିତା,
ଦେଖିଲାରୁ, କର୍ଣ୍ଣେ ବାଜିଯାଉଥିଲା
ଲାଳିତ୍ୟ ସୁଗମ ଯୌବନର ଗାଥା।" (୫)

ଏହି ସୁନ୍ଦର ପ୍ରଣୟ ତଥା ଅତୀତ କୀର୍ତ୍ତି ଦର୍ଶନର ମୁଗ୍ଧ ବର୍ଣ୍ଣନା ଭିତ୍ତିକ କବିତାଟି 'ଯୁଗଶ୍ରୀ ଯୁଗନାରୀ' ପତ୍ରିକାରେ ୨୦୧୪ ମସିହା ଡିସେମ୍ବର ସଂଖ୍ୟାରେ ପ୍ରକାଶ ପାଇଥିଲା। ପରେ ଏ କବିତା ସଂକଳନରେ ହୋଇଥିଲା ସଂକଳିତ। 'ସମ୍ବାଦ' ଦୈନିକ ଖବରକାଗଜ ୨୦୦୯ ମସିହା ନଭେମ୍ବର ୧୫ ତାରିଖରେ ପ୍ରକାଶ ପାଇଥିବା ଅନ୍ୟତମ କବିତା 'ପ୍ରେମଗୀତି' ମଧ୍ୟରେ ସାନ୍ଧ୍ୟ ରଜନୀ ଏବଂ ପ୍ରିୟା ପ୍ରତି ପ୍ରେମର ଛନ୍ଦୋବଦ୍ଧ ସଂଗୀତ ଛଟାର ଅଭୂତପୂର୍ବ ପ୍ରକାଶ ଦେଖାଯାଏ। ସେହିପରି 'ଚିଠି' କବିତା ମଧ୍ୟରେ ପୁରୁଣା ଚିଠିରୁ ନିଜର ଅତି ପ୍ରିୟ ମଣିଷଟିଙ୍କୁ ଝୁରି ହୋଇଛନ୍ତି କବି। ଯିଏ ଦିନେ ଚିଠି ଲେଖିବାକୁ ପ୍ରତିଶ୍ରୁତି ଦେଇଥିଲେ ମଧ୍ୟ ପ୍ରତିଜ୍ଞାକୁ ଭୁଲିଯାଇଛନ୍ତି। ଚିଠି ଲେଖୁଥିବା ବ୍ୟକ୍ତି ପ୍ରତି କବିଙ୍କ କରୁଣ ଆବେଗ, ଚିଠିରେ ଲେଖା ଅକ୍ଷରର ସୁନ୍ଦରତା, ନିଜର ସେହି ପ୍ରିୟତମ ବ୍ୟକ୍ତିର ମୁହଁ ଚିଠିରେ ଦିଶିବାର ଲୋତକାପ୍ଲୁତ ଆବେଗାଚ୍ଛନ୍ନ ବର୍ଣ୍ଣନା ଏଥିରେ ଦେଖାଯାଏ। ରୋମାଣ୍ଟିକ୍ ଭାବୋଚ୍ଛ୍ୱାସକୁ ନେଇ ତାଙ୍କର 'ଗୋଧୂଳି କନ୍ୟା' ଏକ ତରଳ ଭାବମୂର୍ତ୍ତିକି ଅଙ୍କନ କରିଥାଏ।

କବି ଜଣେ ସମର୍ଥ ତୂଳୀକାର। ତୂଳୀରେ ଚିତ୍ରକୁ ନାନା ରଙ୍ଗ ଦେବାବେଳେ ନିଜ ନାୟିକାଙ୍କ ସୌନ୍ଦର୍ଯ୍ୟ ତାଙ୍କ ଆଖିରେ ନାଚି ଉଠିଛି। ରଙ୍ଗ ମଧ୍ୟରେ ଉଲ୍ଲସି ଉଠିଛନ୍ତି। ନିକଟରେ ଥିବାର ଅନୁଭବ ଭିତରେ କବିଙ୍କ ରୋମାଣ୍ଟିକ୍ ଭାବ ଗୁଞ୍ଜରି ଉଠିଛି 'ତୂଳୀକାର' କବିତା ମଧ୍ୟରେ।

କବି ପାଣିଗ୍ରାହୀଙ୍କର 'କବିତା' ଗୋଟିଏ ଗୋଟିଏ କାହାଣୀକୁ ଆଧାର କରି ରଚିତ। କାହାଣୀଧର୍ମୀ କବିତାଗୁଡ଼ିକୁ ପାଠକଲାବେଳେ କବିଙ୍କ ଅନୁଭବର ଶାବ୍ଦିକ ଧ୍ୱନିରେ ପାଠକର ହୃଦୟ ମଧ୍ୟ ବେଳେ ବେଳେ କରୁଣ ରସରେ ଦ୍ରବୀଭୂତ ହୋଇଯାଏ। 'ଗୁଲବର୍ଗ ଠାରୁ ବାଙ୍ଗାଲୋର ଯାଏ' ଏହିଭଳି ଧରଣର ଏକ କବିତା। ସୁଧାମୂର୍ତ୍ତୀଙ୍କ "ବମ୍ବେ ଟୁ ବାଙ୍ଗାଲୋର" ଇଂରାଜୀ ଗଳ୍ପ ଆଧାରରେ ଏହି କବିତାଟି

ପରିକଳ୍ପିତ। ଜୀବନର ଏକ ସତ୍ୟ ଘଟଣା ଉପରେ ଏହା ଆଧାରିତ। ଗ୍ରୀଷ୍ମକାଳରେ ଏକ ସକାଳରେ ଗୁଲବର୍ଗଠାରୁ ବାଙ୍ଗାଲୋର ଅଭିମୁଖେ ଯାତ୍ରା କରିବା ନିମନ୍ତେ ଟ୍ରେନ୍‌ରେ ଚଢ଼ିଲେ ଭଦ୍ର ମହିଳା। ବିନା ଟିକେଟ୍‌ରେ ଯାତ୍ରା କରୁଥିବା ନିଜ ପରିବାର ଦ୍ୱାରା ଅବହେଳିତା 'ଚିତ୍ରା'କୁ ବାଙ୍ଗାଲୋର ଯାଏଁ ଟିକଟ କାଟି ଟିକେଟ ଯାଞ୍ଚକାରୀ କଲେକ୍ଟରଙ୍କର ଆକ୍ରୋଶରୁ ରକ୍ଷା କରିଥିଲେ। ଗୋଟେ ଅଜଣା ଦୁନିଆରେ ମାନବିକତାର ଶୀର୍ଷସୀମାକୁ ଟପିଯାଇ ସେ ଭଦ୍ରମହିଳା ଦେବୀ ହୋଇ ସେ ଝିଅର ନିରୀହ ସରଳ ମୁହଁ ସାଙ୍ଗକୁ ପରିବାରର ଆକ୍ରୋଶରୁ ଉଦ୍ଧାର କରିବାକୁ ଯାଇ ତାଙ୍କ ବନ୍ଧୁଙ୍କ ଦ୍ୱାରା ନିର୍ମିତ ଏକ ନିରାଶ୍ରୟଙ୍କ ଆଶ୍ରୟ ସ୍ଥଳରେ ରଖାଇଥିଲେ। ତା'ର ସକଳ ସୁବିଧା ଅସୁବିଧାଠାରୁ ଉଚ୍ଚଶିକ୍ଷା ପାଇଁ ସମସ୍ତ ଖର୍ଚ୍ଚ ସେ ବହନ କରିଥିଲେ। ଧୀରେ ଧୀରେ 'ଚିତ୍ରା' ଭଲ ପାଠ ପଢ଼ି ଡିପ୍ଲୋମା କମ୍ପ୍ୟୁଟରରେ ସଫଳତା ପାଇ ପ୍ରଥମେ ବାଙ୍ଗାଲୋରଠାରେ ଭଲ ବେତନରେ ଚାକିରି ପାଇଥିଲା। ପରବର୍ତ୍ତୀ ସମୟରେ ବାଙ୍ଗାଲୋର ଛାଡ଼ି ଆମେରିକା ଚାକିରି ପାଇଁ ଯାଇ ସେଠାର ସ୍ଥାୟୀ ବାସିନ୍ଦା ହୋଇ ଜୀବନରେ ଉନ୍ନତି କରିଛି। ସେହି ଭଦ୍ର ମହିଳା ଜଣକ ଆମେରିକାରେ ଏକ ସମ୍ମିଳନୀରେ ଯୋଗଦାନ କରିବାକୁ ଯାଇ ଏକ ପଞ୍ଚତାରକା ହୋଟେଲରେ ଅବସ୍ଥାନ କରିଛନ୍ତି। ସେଠାରେ ସେଇ ହୋଟେଲ୍‌ର ସମସ୍ତ ରହଣି ଖର୍ଚ୍ଚ 'ଚିତ୍ରା' ଭରି ଭଦ୍ର ମହିଳାଙ୍କୁ ଚମତ୍କୃତ କରିଦେଇଛନ୍ତି। ପୂର୍ବର ସେହି ଘଟଣାକୁ ସ୍ମରଣ କରି ତାଙ୍କଠାରେ କୃତ୍ୟ କୃତ୍ୟ ହୋଇଯାଇଛି ଚିତ୍ରା। କବିଙ୍କ ଶବ୍ଦରେ –

> "କୁହ ତୁମେ ଆକ୍କା ଭୁଲିକି ପାରିବି ?
> ସେ କଣ୍ଟକ ପଥ ଜୀବ ଥିବା ଯାଏଁ,
> କିଣିଥିଲ ପରା ମୋ ପାଇଁ ଟିକଟ
> ଗୁଲବର୍ଗଠାରୁ ବାଙ୍ଗାଲୋର୍ ଯାଏ !" (୬)

ସମାଜରେ ଏମିତି ବି ମଣିଷ ଥାଆନ୍ତି ଭାବି ଆଶ୍ଚର୍ଯ୍ୟ ଲାଗେ। ଏହା ମଣିଷପଣିଆ ଏବଂ ମାନବିକତା ପ୍ରଦର୍ଶନର ଏକ ସର୍ବଶ୍ରେଷ୍ଠ କାବ୍ୟରୂପ।

'ହେ ମୋ ବାଲେଶ୍ୱର !' କବିଙ୍କର ଅନ୍ୟତମ ସାର୍ଥକ କବିତା। ସ୍ଥାନୀୟତାର ସ୍ୱର ଏଥିରେ ଶୁଭେ। ଏକବିଂଶ ଶତାବ୍ଦୀରେ ପ୍ରଥମ ଦଶକ ଏବଂ ଦ୍ୱିତୀୟ ଦଶକ ମଧ୍ୟରେ ମା-ମାଟି ଏବଂ ଗାଁ ତଥା ନିଜର ସହରର ଚିତ୍ରକୁ କବିମାନେ ନିଛକ ଭାବେ କବିତା ମାଧ୍ୟମରେ ଚିତ୍ରିତ କରିଛନ୍ତି। ତନ୍ମଧ୍ୟରେ ଡକ୍ଟର ଗଗନ ବିହାରୀଙ୍କ ନିଜର ଜିଲ୍ଲା ବାଲେଶ୍ୱରକୁ ନେଇ ନିଛକ ବର୍ଣ୍ଣନା ଏଥିରେ ପ୍ରକାଶ ପାଇଛି। ବୁଢ଼ାବଳଙ୍ଗ ନଦୀର ପ୍ରବାହ ସାଙ୍ଗକୁ, ନାନା ଜାତି ଧର୍ମର ଆବାସଭୂମି ବାଲେଶ୍ୱର

ଏକ ଐତିହାସିକ ପୀଠସ୍ଥଳୀ। ତା'ର ପର୍ବପର୍ବାଣି, ଯାନିଯାତ୍ରା, ସାଂସ୍କୃତିକ କାର୍ଯ୍ୟକ୍ରମ, ସ୍ୱାଧୀନତା ସଂଗ୍ରାମର ପଦଧ୍ୱନି, କଥା ସମ୍ରାଟ ଫକୀର ମୋହନଙ୍କ ଓଡ଼ିଆ ସାହିତ୍ୟକୁ ଅବଦାନ, ତାଙ୍କର ଭାଷା ପାଇଁ ସେ ଭୂମିରେ ଜାଗରଣ, ଫକୀରମୋହନ ଜୟନ୍ତୀ, ବିଭିନ୍ନ ଐତିହାସିକ ତଥା କଳା ସଂସ୍କୃତିର ଉତ୍ସବ ସ୍ଥଳୀ, ନୃତ୍ୟ, ସଂଗୀତ ଆଦିକୁ ପ୍ରବାସରେ ଥାଇ କବି ଝୁରି ହୋଇଛନ୍ତି। ଦୀର୍ଘ ତିରିଶ ବର୍ଷ ତଳର ବାଲେଶ୍ୱରକୁ ସ୍ମରଣ କରି କବିଙ୍କ ହୃଦୟ ବିଦୀର୍ଣ୍ଣ ହୋଇଛି। ସମୟର ତୀବ୍ର ପଦଚାଳନା ପରେ ଅତୀତ ପୃଷ୍ଠାଗୁଡ଼ିକ ଓଲଟାଇଲାବେଳେ ନିଜର ପ୍ରିୟ ବାଲେଶ୍ୱରର କୋଳରେ ଶେଷ ଜୀବନ କଟାଇବାକୁ ବ୍ୟାକୁଳ ହୋଇ ଉଠିଛନ୍ତି କବି। ତାଙ୍କ ଶବ୍ଦରେ –

"ତଥାପି ବି ଆଶା କରୁଛି ପୋଷଣ,
ତୋର କୋଳେ କଟାଇବି ମୋ ଶେଷ ଜୀବନ
ଦେଖିବି ମୁଁ ପୁଣିଥରେ
ଅତୀତର ହଜିଲା ସପନ।" (୭)

କବି କୈଶୋର ସମୟରେ ଛାଡ଼ି ଆସିଥିବା ନିଜ ଜନ୍ମସ୍ଥାନ ପ୍ରତି ଗଭୀର ସମବେଦନା ପ୍ରକାଶ କରିଛନ୍ତି ଏଥିରେ। ୨୦୦୭ ମସିହା ଜୁନ୍ ୮ ତାରିଖ ଦିନ 'ସମ୍ବାଦ' ଖବରକାଗଜରେ ଏହି କବିତାଟି ପ୍ରକାଶ ପାଇଥିଲା।

'କଣ୍ଟକ' ଓ 'କୁସୁମ'ର ବାର୍ତ୍ତାଳାପ ମଧ୍ୟରେ ଭଲ ଏବଂ ମନ୍ଦ ଗୁଣକୁ ଅତି ଚମତ୍କାର ଭାବରେ ଦର୍ଶାଯାଇଛି 'କଣ୍ଟକ ଓ କୁସୁମ' କବିତାରେ। ମନ୍ଦ ସ୍ୱଭାବ ମଣିଷକୁ ସମାଜ ପ୍ରାଣୀଙ୍କଠାରୁ ଦୂରକୁ ନେଇଯାଏ ମାତ୍ର ଉତ୍ତମ ସ୍ୱଭାବଯୁକ୍ତ ମଣିଷମାନେ ଅନ୍ୟର ହୃଦୟରୁ ପ୍ରେମର ପରଶ ପାଆନ୍ତି। ସେ ସମସ୍ତଙ୍କର ପ୍ରିୟ ହୁଏ। ସମସ୍ତଙ୍କ ଖୁସି ତଥା ଆନନ୍ଦ ପାଇଁ ନିଜ ଜୀବନକୁ 'କୁସୁମ' ପରି ସୁବାସ, ସୌନ୍ଦର୍ଯ୍ୟ ତଥା ଆତ୍ମସମର୍ପଣ ଦ୍ୱାରା ଧନ୍ୟ କରିବାକୁ କବିଙ୍କର ପରୋକ୍ଷ ଅଭୀପ୍ସାକୁ ଅନୁଭବ କରିହୁଏ।

ମହାଭାରତର ରାଜମାତା କୁନ୍ତୀ ଏବଂ ତାଙ୍କର କୁମାରୀ ପୁତ୍ର କର୍ଣ୍ଣଙ୍କ କାହାଣୀ ହୃଦୟକୁ ଦୁଃଖରେ ହଲ୍‌ଚଲ୍ କରିଦିଏ। ବିଡ଼ମ୍ବିତ ସମୟର କଥା ମଧ୍ୟରେ ମାତା-ପୁତ୍ରଙ୍କର ଅନାବିଳ ମମତ୍ୱର ଫଲ୍‌ଗୁ ଧାର ଦର୍ଶନରେ ପାଠକର ଆଖିରେ ବି ଲୁହ ଜକେଇ ଆସେ। ଭୟଙ୍କର ମହାଭାରତ ଯୁଦ୍ଧର ଏକ ବୀଭତ୍ସ ରଜନୀରେ ଶ୍ୱାନଶ୍ୱାପଦ ମରଶରୀର ଗହଣରେ ତୃତୀୟ ପାଣ୍ଡବ ଅର୍ଜୁନ ଦ୍ୱାରା ନିଜର ମୃତ ପୁତ୍ର ମହାରଥୀ, ମହାଦାନୀ କର୍ଣ୍ଣଙ୍କୁ ବୁକୁରେ ଜଡ଼େଇ ଧରି ଏକାକୀ ଉଚ୍ଚସ୍ୱରରେ ବିଳପୁଛନ୍ତି ମାତା କୁନ୍ତୀ। ସମାଜ କଳଙ୍କ ଭୟରେ ନିଜ ପୁତ୍ରକୁ ନିଜଠାରୁ ଦୂରେଇ ଦେଇଥିଲେ ସୁଦ୍ଧା

ପ୍ରତ୍ୟେକ କ୍ଷଣ ନିଜ ଅନ୍ତର ଭିତରେ ସ୍ନେହାଶୀର୍ବାଦ ଢାଳିଦେଉଥିବା ମାଆର ଦୁରବସ୍ଥା, ବ୍ୟାକୁଳ କ୍ରନ୍ଦନ ତଥା ଅସହାୟପଣ, ଆର୍ତ୍ତିବୋଧର ବିକଳ ସ୍ୱର ଶୁଣାଯାଏ 'କର୍ଣ୍ଣ-କୁନ୍ତି' କବିତା ମଧ୍ୟରେ। କବିଙ୍କର ଅନ୍ୟତମ ମମତ୍ୱଝରା କବିତା ହେଉଛି - 'ମା' ମନ ପରା' କବିତା। ଛୋଟରୁ ବଡ଼ କରିବାର ନିଃସ୍ୱାର୍ଥପର ପ୍ରତିଜ୍ଞା କରେ ମାଆଟିଏ ନିଜ ସନ୍ତାନ ପାଇଁ। ସକଳ ଅଳି ଅର୍ଦ୍ଦଳୀ ସହି କୁନି ଶିଶୁକୁ ତା'ର ମଣିଷ କରେ, ହାତକୁ ଦି' ହାତ କରି ପୁଅର ଖୁସିପାଇଁ ଆଖିରୁ ଲୁହକୁ ଆଖିରେ ମାରି ହସିହସି ବିଦେଶକୁ ପଠାଇଦିଏ। ଅନ୍ୟର ମଙ୍ଗଳ ପାଇଁ ନିଜର ଆବେଗକୁ, ମମତ୍ୱକୁ ତିଳ ତିଳ କରି ଜାଳି ଦେଉଥିବା ନିଜ ମାଆଙ୍କୁ ନେଇ କବିଙ୍କର "ମା' ମନ ପରା" କବିତାର ପରିକଳ୍ପନା। ଏଥିରେ ମାଆର ମନକୁ ଅତି ଚମତ୍କାର ଭାବରେ ଶବ୍ଦରେ ତୋଳି ଧରିଛନ୍ତି କବି।

ପଦ୍ମଶ୍ରୀ ନୃତ୍ୟଗୁରୁ ଗଙ୍ଗାଧରଙ୍କ ବିୟୋଗ ଉପଲକ୍ଷେ ରଚିତ କବିତା ହେଉଛି 'ନୃତ୍ୟ ଗୁରୁ ଗଙ୍ଗାଧର'। ତାଙ୍କ ନୃତ୍ୟ ଉତ୍କଳରୁ ସମଗ୍ର ଆମେରିକା ପର୍ଯ୍ୟନ୍ତ ଭୂମିକୁ ଉଲ୍ଲସିତ କରିଦେଇଥିଲା। ତାଙ୍କର ଓଡ଼ିଶୀ ନୃତ୍ୟ କଳା ପ୍ରତି ଅବଦାନ ତାଙ୍କୁ ଚିରକାଳ ପାଇଁ ଅମର କରି ରଖିବ ବୋଲି ଏହି କବିତା ମାଧ୍ୟମରେ କବି ଉଲ୍ଲେଖ କରିଛନ୍ତି।

କୁଶଳୀ ଶିଳ୍ପ କାରିଗରୀ ପାଇଁ ଓଡ଼ିଆ ପୁଅର ନାଁ ବିଶ୍ୱରେ ଗୁଞ୍ଜରି ଉଠେ। ଉତ୍କର୍ଷ କଳା ଦେଶ ସେହି ଓଡ଼ିଶାର ସୁଯୋଗ୍ୟ ସନ୍ତାନ ବାଲୁକାଶିଳ୍ପୀ ସୁଦର୍ଶନ। ଦେଶ ବିଦେଶରେ ତାଙ୍କ ବାଲୁକା କଳା କାରିଗରୀ ଦର୍ଶକଙ୍କ ଆଖିକୁ ବିସ୍ଫାରିତ କରିଦିଏ। ନିର୍ଜୀବ ବାଲୁକା ଯାହାଙ୍କ କଳାର ସ୍ପର୍ଶରେ ଜୀବନ ପାଇ ହସିଉଠେ, ସେହି ପ୍ରତିଭାଧାରୀ 'ସୁଦର୍ଶନ'ଙ୍କୁ ନେଇ କବିଙ୍କର 'ବାଲୁକା ଚିତ୍ରଶିଳ୍ପୀ ସୁଦର୍ଶନ' କବିତାର ପରିକଳ୍ପନା। ଓଡ଼ିଶା ପାଇଁ ସମଗ୍ର ବିଶ୍ୱରୁ ଗୌରବ ଆଣିଥିବା ସୁଦର୍ଶନ ନିଜ ପ୍ରତିଭା ପାଇଁ ରାଷ୍ଟ୍ରପତିଙ୍କ ଦ୍ୱାରା ମଧ୍ୟ ସମ୍ମାନିତ। ତାଙ୍କ ଉପରେ ରଚିତ କବିଙ୍କର ଏହି କବିତାଟି ତାଙ୍କ ଉଦ୍ଦେଶ୍ୟରେ ସଂଘଟିତ କାନାଡାର କାନାଡା-ଓଡ଼ିଶା ସୋସାଇଟି ଅଫ୍ ଆମେରିକାଜ୍ ଦ୍ୱାରା ଓଡ଼ିଆମାନଙ୍କ ଦ୍ୱାରା ଟରୋଣ୍ଟୋର ସମ୍ବର୍ଦ୍ଧନା ସଭାରେ ୨୦୧୦ ଅଗଷ୍ଟ ୨୪ ତାରିଖରେ କବିଙ୍କ ଦ୍ୱାରା ଆବୃତ୍ତି ହୋଇଥିଲା। ତନ୍ମଧ୍ୟରେ ପ୍ରତିଭା-ପୂଜାର ମହକ ଅତି ନିଖୁଣ ଭାବରେ ଅନୁଭବ କରିପାରିବେ ଆପଣମାନେ।

'ଫୁଲ ବଗିଚା' ସଂକଳନର ଅନ୍ୟତମ ସାର୍ଥକ ଉଚ୍ଚାରଣ 'ଆମେରିକା ଜ୍ୱାଇଁ'। ଏହା ଏକ ବ୍ୟଙ୍ଗ କବିତା। ୨୦୧୪ ମସିହାରେ 'ଓଡ଼ିଶା ସୋସାଇଟି ଅଫ୍ ଆମେରିକାଜ' (ଓସା) ଜରନାଲ 'ଉର୍ମି'ରେ ପ୍ରକାଶ ପାଇ ପାଠକୀୟ ଆଦୃତି ଲାଭ କରିଥିଲା। ଆମ ଭାରତୀୟ ସମାଜର ପିତାମାତାମାନେ ନ ବୁଝି ନ ଶୁଝି

କିଭଳି ଆମେରିକା ଜ୍ୱାଇଁ ପ୍ରତି ପ୍ରଲୋଭିତ ହୋଇ ନିଜର କୋମଳମତି ଝିଅମାନଙ୍କ ପାଇଁ ଦୁର୍ଗତିକୁ ଡାକି ଆଣନ୍ତି ତା'ର ଏକ ଜୀବନ୍ତ ପ୍ରତିଛବି ଏ କବିତାରେ ପ୍ରକାଶ ପାଇଛି। ଏହି କବିତାଟି କାହାଣୀ ଆକାରରେ ରଚିତ। ଅତି ଲୋଭ ତଥା ଅତ୍ୟଧିକ ଧନୀ ବ୍ୟକ୍ତିକୁ ବିବାହ ଦେବାର ବିଚାରଶୂନ୍ୟ କାର୍ଯ୍ୟର ଦୁଃଖଦାୟକ ନିଷ୍ଠୁର ସତ୍ୟ ଏହି ଦୀର୍ଘ କବିତା ମଧ୍ୟରେ ବର୍ଣ୍ଣିତ।

ଜ୍ୱାଇଁବଛା ସମସ୍ୟା ପରି ସମାଜରେ ଅତି ଭଦ୍ର ବୋଲାଉଥିବା ମଣିଷର ଶଠତାକୁ ଚମତ୍କାର ଭାବରେ ବର୍ଣ୍ଣନା ଦିଆଯାଇଛି 'ଜେମା' କବିତାରେ। ନିଜର ପଡ଼ୋଶୀ, ନିଜର ଦେଶବାସୀ, ଅତି ଧାର୍ମିକ ଦେଖାଉଥିବା ମଣିଷ କିଭଳି ପଶୁ ଭଳି ବିଧର୍ମୀ ପାଲଟି ଯାଆନ୍ତି ଏଥିରେ ନିଛକ ଭାବରେ ଚିତ୍ରିତ। ଗୋକୁଳାନନ୍ଦ କାନାଡାରେ ନିଜର ନବବିବାହିତା ସୁନ୍ଦରୀ ସ୍ତ୍ରୀ ଜେମା ସହ ରହୁଥିଲା। ସେଠାରେ ନିଜର ଜାତିଭାଇଙ୍କ ସହ ସେମାନଙ୍କର ଆତ୍ମୀୟତା ବଢ଼ିଛି। ନିଜ ଦେଶଭାଇଙ୍କ ସହ ସେମାନଙ୍କର ଭୋଜିଭାତ କରି ମଉଜ କରନ୍ତି ସେମାନେ। ସେଠାରେ ପିଆଜ ସୁଦ୍ଧା ସ୍ପର୍ଶ କରୁ ନ ଥିବା, ଦିବାନିଶି ପୂଜାପାଠରେ ନିମଗ୍ନ ରହୁଥିବା ଅଗଣି ଦାସଙ୍କ ସହିତ ପରିଚୟ ହୁଏ। ସେହି ଅଗଣି ଅନ୍ୟାନ୍ୟ ଭାରତୀୟଙ୍କ ସହିତ ପରିଚୟ କରାଇ ନବଦମ୍ପତିଙ୍କର ନିକଟତର ହୁଅନ୍ତି। ଦିନେ ଗୋକୁଳି ଅଫିସ୍ ଯାଇଥିବା ସୁଯୋଗରେ ନିଜର ଅସଲ ରାକ୍ଷସ ରୂପ ଦର୍ଶାଇ ଜେମାକୁ ଧର୍ଷଣ କରେ ଅଗଣି। ନିଜ ସ୍ତ୍ରୀଠାରୁ ଏକଥା ଶୁଣିବା ପରେ ଅଗଣି ବିରୋଧରେ ପଦକ୍ଷେପ ନେବାକୁ ଆଗେଇଛି ସେ। ମାତ୍ର ଧର୍ମଭୀରୁ ତା'ର ପଡ଼ୋଶୀଏ ନିରୀହ ଦମ୍ପତିଙ୍କ ଅପେକ୍ଷା ସେ ଶଠ ମଣିଷଟି ପ୍ରତି ଉଦାର ଏବଂ ଭୟ ଭାବ ରଖି ସବୁ ଭୁଲିଯିବାକୁ ସେମାନଙ୍କୁ ପ୍ରବୋଚିତ କରିଛନ୍ତି। ନିରୀହ ନବବିବାହିତ ପତିପତ୍ନୀ ଅକସ୍ମାତ୍ ଝଡ଼ିଯାଇଛନ୍ତି। ଅଗଣି ଦାସ ଛାତି ଫୁଲାଇ ଧର୍ମଭୀରୁଙ୍କ ସହ ଆନନ୍ଦରେ କାଳ କାଟିଲେ। ସମାଜରେ ଘଟୁଥିବ ଏଭଳି ନିଷ୍ଠୁର ସତ୍ୟର କାରୁଣ୍ୟ ବିଜଡ଼ିତ କବିତା ରୂପ ବାସ୍ତବରେ ହୃଦୟ ବିଦାରକ ହୋଇଛି। କାହାଣୀଧର୍ମିତା ଦୃଷ୍ଟିରୁ ଏହାକୁ ଏକ ସାର୍ଥକ ଗାଥା-କବିତା କୁହାଯାଇପାରେ।

ଏ ସଂକଳନସ୍ଥ ଅନ୍ୟତମ ବ୍ୟଙ୍ଗ କବିତା 'ପୁଅ ପାଇଁ ଝିଅ ଖୋଜା'। ବଡ଼ କଂପାନୀରେ ଚାକିରି କରୁଥିବା ବିଦେଶ ଫେରନ୍ତା ଯୋଗ୍ୟ ପାଇଁ ଯୋଗ୍ୟ ପାତ୍ରୀ ସନ୍ଧାନରେ ବାପା ମାଆ ତତ୍ପର ହୋଇଉଠିଛନ୍ତି। ଅନିନ୍ଦ୍ୟ ସୁନ୍ଦରୀ ପୁଣି ବିଦେଶ ଫେରନ୍ତା ପୁଅର ସମାସ୍କନ୍ଦ ଜାଣି ଏମ୍ଏ ପାସ୍ କରିଥିବା ଝିଅଟିଏ ପାଇଁ ସମ୍ବାଦପତ୍ରରେ ସୁଦ୍ଧା ବିଜ୍ଞାପନ ଛାପିଛନ୍ତି। ମାତ୍ର ସବୁ ଫସର ଫାଟିଯାଇଛି। ସେମିତି କନ୍ୟାର

ସନ୍ଧାନ ପାଇନାହାନ୍ତି । ଶେଷରେ ସେ ଜ୍ୟୋତିଷଙ୍କ ଠାରୁ ସେ ଯାହା ଶୁଣିଛନ୍ତି ଉପାୟଶୂନ୍ୟ ହୋଇଯାଇଛନ୍ତି ଯୋଗ୍ୟ ପୁତ୍ରର ପିତା -

"ଚଷମାକୁ ଟେକି କହିଲେ ଜ୍ୟୋତିଷ
କୁଆଡୁ ମିଳିବେ ଝିଅ ?
ଅଲଟ୍ରାସାଉଣ୍ଡ ଦିଅଁଙ୍କ କୃପାରୁ
ଘରେ ଘରେ ପରା ପୁଅ !" (୮)

'କନ୍ୟାଭ୍ରୁଣ ହତ୍ୟା'ର ବିଷମ ପରିଣତି ଭବିଷ୍ୟ ପିଢ଼ିଙ୍କ ପାଇଁ କେତେ ଭୟଙ୍କର ହେବ ତା'ର ଏକ ସତର୍କମୂଳକ କବିତା ରୂପ ହେଉଛି ଏହି କବିତା ।

ଅଳସୁଆ ଏବଂ ପରିଶ୍ରମୀଙ୍କ ମହତ୍ତ୍ୱ ବାଢ଼ିବାକୁ ଯାଇ କବିଙ୍କର ଅନ୍ୟତମ ବ୍ୟଙ୍ଗ କବିତା ହେଉଛି 'ପିଂପୁଡ଼ି ଝିଣ୍ଟିକା ଉପାଖ୍ୟାନ' । ଏଥିରେ କଠୋର ପରିଶ୍ରମୀ ସବର୍ଣ୍ଣ ଶ୍ରେଣୀଙ୍କୁ 'ପିଂପୁଡ଼ି' ଭାବରେ ଏବଂ ବିନା ପରିଶ୍ରମରେ ଆରାମ ପାଇଁ ସ୍ୱପ୍ନ ଦେଖୁଥିବା ଅସବର୍ଣ୍ଣ ଶ୍ରେଣୀଙ୍କ ପାଇଁ କବି 'ଝିଣ୍ଟିକା'କୁ ପ୍ରତୀକ ଭାବରେ ଗ୍ରହଣ କରିଛନ୍ତି । ଜନ୍ମରୁ ପିଂପୁଡ଼ି ପରିଶ୍ରମ କରି ଦୁର୍ବିପାକ ସମୟରେ ନିଜ ପରିବାରକୁ ସୁରକ୍ଷା ଯୋଗାଇଥାଏ ଧନ ସଞ୍ଚିକି । ଏକାଠି ବାସ କରୁଥିଲେ ମଧ୍ୟ ପିମ୍ପୁଡ଼ି ଅପେକ୍ଷା ଝିଣ୍ଟିକା ଅୟେସ୍ ଆରାମରେ ପିଂପୁଡ଼ିକୁ ଉପହାସ କରି ଦିନ କାଟେ । ମାତ୍ର ପିଂପୁଡ଼ି ସୁଖରେ ବଞ୍ଚିବା ସମୟରେ ନିଜେ ଦୁଃଖରେ ଥାଇ ତାକୁ ଈର୍ଷା କରେ । ସାମ୍ବାଦିକ, ରାଜନୈତିକ ନେତାମାନେ ପିଂପୁଡ଼ି ପ୍ରତି ଶ୍ରଦ୍ଧା ପରିବର୍ତ୍ତେ ନିଜ ପାଇଁ ନିଜେ କଷ୍ଟ ଭୋଗୁଥିବା ଝିଣ୍ଟିକା ପାଇଁ ସକଳ ସୁବିଧା ଦେବାକୁ ଆଗେଇ ଆସନ୍ତି । ତାକୁ ଦୁର୍ବଳ କହି ସମବେଦନା ଢାଳିଦିଅନ୍ତି । ତା' ପକ୍ଷରେ ସକଳ ସରକାର ଛିଡ଼ା ହୁଅନ୍ତି । ଅଳସୁଆକୁ ଖାଦ୍ୟ, ବସ୍ତ୍ର, ଗୃହ ଏବଂ ଚାକିରି ପାଇଁ ସ୍ୱତନ୍ତ୍ର ସ୍ଥାନ ସଂରକ୍ଷିତ କରି ବାଃ ବାଃ ନିଅନ୍ତି ସକଳେ । ସମାଜର ଝିଣ୍ଟିକାଙ୍କ ପ୍ରତି ଏଭଳି ଉଦାର ଏବଂ ପରିଶ୍ରମୀ ପିମ୍ପୁଡ଼ି ପ୍ରତି ଅନାଦାର ପିମ୍ପୁଡ଼ିକୁ ସ୍ୱଦେଶ ଛାଡ଼ି ବିଦେଶରେ ସଂସ୍ଥା ଗଢ଼ିବାକୁ ପଡ଼େ । ସବର୍ଣ୍ଣ ଏବଂ ଅସବର୍ଣ୍ଣଙ୍କ ପ୍ରତି ସରକାରଙ୍କର ଏଭଳି ବୈମାତୃକ ମନୋଭାବ ପ୍ରତି କଠୋର ସମାଲୋଚନା ହୋଇଛି ଏଥିରେ । ନିଜ ଦେଶରେ ଚାକିରି, ସମ୍ମାନ, ଉନ୍ନତିର ରାସ୍ତା ନ ପାଇ ଅନ୍ୟ ଦେଶକୁ ରୋଜଗାରର ଭୂମି ବାଛି ନିଅନ୍ତି ପିମ୍ପୁଡ଼ିମାନେ । ଆମ ସରକାର ତଥା ବ୍ୟବସ୍ଥା ପ୍ରତି ଏଥିରେ ହୋଇଥିବା ପ୍ରଚଣ୍ଡ ବ୍ୟଙ୍ଗ ପାଠକର ଆଖି ସୁଦ୍ଧା ଖୋଲି ଦେଇପାରେ ।

କବି ପାଣିଗ୍ରାହୀଙ୍କ 'ସ୍ୱର୍ଗରୁ ମୋ ଜମାନବନ୍ଦି' ଅନ୍ୟତମ କରୁଣ ରସାତ୍ମକ, ବ୍ୟଙ୍ଗ କବିତା । ଏହି କବିତାଟି ୨୦୧୩ ମସିହା ବିଷୁବ ସଂଖ୍ୟାରେ 'ଅକ୍ଷର'

ସାହିତ୍ୟ ପତ୍ରିକାରେ ପ୍ରକାଶ ପାଇଥିଲା। ଏକାକୀ ନିଜର ପୁରୁଷ ବନ୍ଧୁ ସହ ଫେରୁଥିବା ୨୩ ବର୍ଷର ତରୁଣୀକୁ ଯେଉଁଭଳି ନୃଶଂସ ଭାବରେ ଧର୍ଷଣ କରି ତାକୁ ଚଳନ୍ତା ବସ୍‌ରୁ ରାଜରାସ୍ତାକୁ ଫୋପାଡ଼ି ଦିଆଯାଇଥିଲା। ସେଭଳି ଲୋମହର୍ଷଣକାରୀ ଘଟଣାକୁ ବହୁ କବି ତାକୁ ଶବ୍ଦ ଚିତ୍ର ଦେଲାବେଳେ ଥରି ଉଠିଛି ସେମାନଙ୍କ ଲେଖନୀ। କବି ପାଣିଗ୍ରାହୀଙ୍କ କଲମରେ ସେ ଘଟଣା ଅଧିକ ତାଜା ହୋଇ ଉଠିଛି। ବ୍ୟଥା ଜର୍ଜର ହୃଦୟ ନେଇ ସେ ଧର୍ଷିତ। ମୃତା କନ୍ୟାର ମୁଖରେ ସେହି ଆତଙ୍କିତ ମୁହୂର୍ତ୍ତକୁ ବଖାଣିଛନ୍ତି। ତା'ର ମୃତ୍ୟୁରେ ପାପୀଙ୍କୁ ଫାଶୀ, ସକଳ ନାରୀ ନିର୍ଯାତନା ସମାଜରୁ ଦୂର ହୋଇ ଚାରିଆଡ଼େ ଜାଗୃତି ଆଣିପାରିଲେ ସେ ମରି ମଧ୍ୟ ସ୍ୱର୍ଗରେ ତୃପ୍ତି ପାଇବାର ଅଭିଳାଷ ରଖିବାର ବାର୍ତ୍ତା ପାଠକର ଆଖିରେ ସୁଦ୍ଧା ଅଶ୍ରୁ ଭରିଦିଏ। ସେହି ତରୁଣୀ ମୁଖରେ ବ୍ୟଥାଜର୍ଜର କବିପ୍ରାଣ ଗାଇ ଉଠିଛି -

"ମୋ ରକ୍ତେ ରଞ୍ଜିତ ଦିଲ୍ଲୀ ସରଣୀ
ଏବେ ବି ସତେଜ କହିବ କଥା,
ସାକ୍ଷୀ ମୋର ଦେବ ଦନ୍ତ ନିଶାଣ
ଡିସେମ୍ବର ରାତ୍ରୀ ପାଶବିକତା,
ଫାଶୀ ଦଣ୍ଡ ପାଏ ବର୍ବର ଯଦି,
ସାକାର ହୁଅନ୍ତା ସ୍ୱର୍ଗ ପୁରୀରୁ
ନିର୍ଭୟା ତରୁଣୀ ଜମାନ୍ ବନ୍ଦି।" (୯)

କେବଳ ଭାରତର ସୌନ୍ଦର୍ଯ୍ୟ ଏବଂ ତା'ର ସମସ୍ୟାକୁ ସୁନ୍ଦର ଭାବେ କବି ସ୍ୱ କବିତାରେ ତୋଳି ଧରିଛନ୍ତି। ତାହା ନୁହେଁ ବିଦେଶର ପରିବେଶ ଏବଂ ସମାଜ ଜୀବନକୁ ଅତି ଆକର୍ଷଣୀୟ ଭାବରେ କବିତାରେ ସଜାଇ ପାରିଛନ୍ତି କବି। ବିଦେଶର ପ୍ରକୃତି ସୁଦ୍ଧା ହସି ଉଠିଛି ତାଙ୍କ କବିତାରେ। 'କାନାଡାର ଋତୁଚିତ୍ର' ମଧ୍ୟରେ 'ବସନ୍ତ', 'ଗ୍ରୀଷ୍ମ', 'ଶରତ', 'ଶୀତ' ଋତୁର ରମଣୀୟ ବର୍ଣ୍ଣନା କରାଯାଇଛି। ଯହିଁରେ ପ୍ରକୃତିସ୍ଥ ହୋଇ ଉଠିଛି ଧରାର ପରିବେଶ।

ଆମ ଓଡ଼ିଆ ସାହିତ୍ୟର ରୋମାଣ୍ଟିକ୍ କବି ମାୟାଧର ମାନସିଂହଙ୍କ ବହୁଚର୍ଚ୍ଚିତ କବିତା 'ମହାନଦୀରେ ଜ୍ୟୋତ୍ସ୍ନାବିହାର' ଅନୁରୂପ କବି ପାଣିଗ୍ରାହୀଙ୍କ ପାଠକାଦୃତ କବିତା ହେଉଛି 'ଜର୍ଜିଆନ ବେ'ରେ ନୌକାବିହାର'। ଜର୍ଜିଆନ୍ ବେ' ହ୍ରଦରେ ନୌବିହାର ସମୟରେ ତା'ର ସୌନ୍ଦର୍ଯ୍ୟକୁ କଳନା କରିପାରିନାହାନ୍ତି କବି। ପ୍ରାକୃତିକ ସୁଷମାର ମୁଗ୍ଧ ପ୍ରଶଂସାରେ ମଗ୍ନ ଏଥିରେ କବିପ୍ରାଣ। କାନାଡାର ଶୋଭା ମଞ୍ଜରୀ ନଦୀ ହ୍ରଦ ବଣ ପର୍ବତ କବିଙ୍କ ମାନସପଟରେ ଅଭୁଲା ସ୍ମୃତି ହୋଇ ରହିବ ବୋଲି

ପ୍ରଗଲ୍‌ଭ ଭାବରେ ସେ ସ୍ୱୀକାର କରିଛନ୍ତି। କବି ଶବ୍ଦରେ ସେହି ସୁଷମାକୁ ଆପଣମାନେ ନିଜେ ଅନୁଭବ କରନ୍ତୁନା -

"କି ଶୋଭା ଦେଖଇ ନୟନ ରମ୍ୟ ସୁଷମା ଭରା,
ଅଳକାପୁରୀରୁ ଆସିଛି ଯେହ୍ନେ ରୂପ ପସରା।
ଜର୍ଜିଆନ୍ ବେ' ଗରଭେ ନାବ ଦ୍ରୁତ ଗତିରେ,
ହୁଏ ଧାବମାନ ଲହରି କାଟି ଦୁଇ ପାର୍ଶ୍ୱରେ।

x x x

ସୁନୀଳ ଆକାଶେ ଭାସଇ ଖଣ୍ଡ ଖଣ୍ଡ ବାଦଲ,
ଲାଗେ ସତେ ନାବ ଭାସନ୍ତି ଟାଣି ଧବଳ ପାଲ।
ବତୀଘର ଜଳ ଭିତରେ ଉଚ୍ଚ ପ୍ରସ୍ତରେ ରହି,
ଅନ୍ଧକାର ରାତ୍ରେ ବିପଦ, ନାବେ ଦିଏ ସୂଚାଇ।" (୧୦)

ଏହି ମଞ୍ଜୁଳ ପ୍ରକୃତି ବର୍ଣ୍ଣନାତ୍ମକ କବିତାଟି ୨୦୧୨ ମସିହାରେ କାନାଡାର କାନଓସା ଜରନାଲରେ ବିଷୁବ ମିଳନରେ ପ୍ରକାଶ ପାଇ ପାଠକୀୟ ଶ୍ରଦ୍ଧା ସାଉଁଟିଥିଲା।

ବିଦେଶ ଜୀବନକୁ ତୋଳି ଧରିବାରେ କବି ବେଶ୍ ଅଙ୍ଗୀକାରବଦ୍ଧ। କେବଳ ସୌନ୍ଦର୍ଯ୍ୟକୁ ନୁହେଁ, ବିଦେଶର ସମସ୍ୟା, ଘଟଣା, ଦୁର୍ଘଟଣାକୁ ମଧ୍ୟ କବିତା ମାଧ୍ୟମରେ ରୂପାୟିତ କରିଛନ୍ତି କବି। ଏହିଭଳି ସେଠାକାର ଏକ ଦୁର୍ଘଟଣାରେ କରୁଣ ଶବ୍ଦଚିତ୍ର ହେଉଛି 'ଜେନିଫର' କବିତା। ନଭେମ୍ବର ମାସର ଏକ ଶୀତ ସକାଳରେ ନିଜ ପୁତ୍ରକୁ ସ୍କୁଲ୍‌କୁ ଆଣିବାକୁ ଯିବାବେଳେ ଟ୍ରକ୍ ଧକ୍କାରେ 'ଜେନିଫର୍' ନାମ୍ନୀ ମହିଳାର ମୃତ୍ୟୁ ହୋଇଛି। ତା'ର ଦୁର୍ଘଟଣାର ରକ୍ତାକ୍ତ ପରିବେଶ, ସ୍ୱାମୀ, ଚାରି ବର୍ଷୀୟା ପୁତ୍ରର ବିକଳାର୍ତ୍ତକୁ ଜୀବନ୍ତ ଭାବେ ତୋଳି ଧରିଛନ୍ତି କବି। ନିତିଦିନ ସେହିଭଳି ଛାତିଥରା ଦୁର୍ଘଟଣାରେ ହଜାର ହଜାର ନରନାରୀ ଆଖି ବୁଜୁଥିଲେ ସୁଦ୍ଧା ସେ ଦିଗ ପ୍ରତି ଯାନ୍ତ୍ରିକ ସମାଜର କୌଣସି ପଦକ୍ଷେପ ଦେଖିବାକୁ ମିଳେ ନାହିଁ। ନିଜ ରୋଜଗାରରେ କିଛିଦିନ ପୂର୍ବରୁ ସ୍ୱାମୀଙ୍କୁ ଦୁରାବ୍ୟାଧି କର୍କଟ ରୋଗରୁ ବଞ୍ଚେଇଥିବା ଘରର ପ୍ରତିପୋଷଣକାରୀ 'ଜେନିଫର' ପରି ହଜାର ହଜାର ଜେନିଫର ରାସ୍ତାରେ ଚିରଦିନ ପାଇଁ ଶୋଇଯାଉଛନ୍ତି। ଅତି ମାର୍ମିକ କବିଙ୍କର ଏ କବିତା।

'ଜର୍ଜିଆନ୍ ବେ'ରେ ନୌକା ବିହାର' ଅନ୍ୟତମ ପ୍ରାକୃତିକ ସୁଷମା କୈନ୍ଦ୍ରିକ କବିତା ହେଉଛି 'କାଲିଫର୍ଣ୍ଣିଆ'। ବର୍ଷସାରା ହରିତ୍ ରଙ୍ଗର ଶାଢ଼ୀ ପରିହିତା ପ୍ରକୃତି ସୁନ୍ଦରୀ କାଲିଫର୍ଣ୍ଣିଆର ଅନେକ ସମୃଦ୍ଧ ନଗରୀର କେନ୍ଦ୍ରସ୍ଥଳୀ। କବି ଏ କବିତା

ମାଧ୍ୟମରେ ତାକୁ 'ଭୂ-ସ୍ୱର୍ଗ' ନାମରେ ନାମିତ କରି ନିଜ ପ୍ରକୃତି ତଥା ସୌନ୍ଦର୍ଯ୍ୟପ୍ରାଣତାକୁ ପରିପ୍ରକାଶ କରିଛନ୍ତି। କବିଙ୍କର ଅନ୍ୟତମ ପ୍ରକୃତିମୂଳକ କବିତା ହେଉଛି 'ନାଏଗ୍ରା ଜଳପ୍ରପାତ'। ପୃଥିବୀ ପ୍ରସିଦ୍ଧ 'ନାଏଗ୍ରା ଜଳପ୍ରପାତ' ଭୀଷଣକାୟ ପୁଣି ଅପୂର୍ବ ଲାବଣ୍ୟମୟୀ ରୂପ ଏବଂ ପରିବେଶର ବର୍ଣ୍ଣନା କବିଙ୍କ ଲେଖନୀରେ ଛଳଛଳ ହୋଇ ଉଠିଛି। ସ୍ୱଦେଶ ହେଉ ଅବା ବିଦେଶ ପ୍ରକୃତିପ୍ରେମୀ ଈଶ୍ୱରଙ୍କ ସୃଷ୍ଟ ପ୍ରକୃତି ଦେଖିଲେ ଆପେ ଆପେ ତା'ର ସୌନ୍ଦର୍ଯ୍ୟର ଜୟଗାନରେ ତଲ୍ଲୀନ ହୋଇ ଉଠନ୍ତି। ଯେମିତି 'ନାଏଗ୍ରା ଜଳପ୍ରପାତ'ର ବର୍ଣ୍ଣନାରେ ଶତମୁଖ ହୋଇ ଉଠିଛନ୍ତି ଆମ କବି।

ଏହିପରି ଭାବରେ ୨୦୧୨ ମସିହା ଏପ୍ରିଲ୍ ୧୫ ତାରିଖ ଦିନ 'ସମାଜ' ସମ୍ବାଦପତ୍ରରେ ପ୍ରକାଶିତ କବିତା 'ଆଜି ଏ ଗ୍ରୀଷମ କାଳେ' ପୁଣି 'ବରଷା', 'ଶରତ', 'ହେମନ୍ତ', 'ଋତୁରାଜ ଆଗମନେ' (୨୦୧୨ ମସିହାରେ ଆମେରିକାରୁ ପ୍ରକାଶିତ ଓଡ଼ିଆ 'ପ୍ରତିଶ୍ରୁତି'ରେ ପ୍ରକାଶିତ) ପରି ପାଞ୍ଚଗୋଟି କବିତା 'ଋତୁଚକ୍ର' ପର୍ଯ୍ୟାୟରେ ଅନ୍ତର୍ଭୁକ୍ତ। ପ୍ରକୃତି, ପରିବେଶ ଏହି ଋତୁମାନଙ୍କରେ ମାନବର ମନୋଦଶା ପ୍ରେମ, ବିରହର ମଧୁର ଚିତ୍ର ପ୍ରକାଶ ପାଇଛି। ଏ ସମସ୍ତ କବିତା ପାଠକ ଶ୍ରେଣୀଙ୍କ ମନ ପ୍ରାଣକୁ ଛୁଇଁପରେ।

ଗାଁ ପ୍ରତ୍ୟେକଙ୍କ ପାଇଁ ପ୍ରିୟ। ଗାଁର ପାରସ୍ପରିକ ସ୍ନେହ, ସହାନୁଭୂତି ଓ ମିତ୍ରତାର ମହନୀୟ ଭାବରେ ସକଳେ ବାନ୍ଧି ହୋଇଯାଆନ୍ତି। ଗାଁକୁ ଛାଡ଼ି ଜୀବନ-ଜୀବିକା ପାଇଁ ମଣିଷ ସହରମୁହାଁ ହୁଏ ସତ, ମାତ୍ର ସହରର ଯାନ୍ତ୍ରିକ ସର୍ବସ୍ୱ ଧାଁଦଉଡ଼ ଜୀବନ ମଧ୍ୟରେ ଅନ୍ତରରେ ତଥା ନିଜ ଅନୁଭବରେ ନିବିଡ଼ ଆଲିଙ୍ଗନକୁ ଅନୁଭବ କରି ଆତ୍ମପ୍ରସାଦ ଲାଭ କରେ। ତା' ପାଇଁ ସହର ଶରୀର ହେଲେ, ଗାଁ ତା' ଆତ୍ମା। ନିଜର ପୁରୁଷ ପୁରୁଷର ଭିଟାମାଟି, ପ୍ରିୟ ପରିଜନ, ବାଲ୍ୟ ସାଙ୍ଗସାଥୀ, ଭାଇଚାରା, ମଧୁର ବାଲ୍ୟସ୍ମୃତିର ସ୍ମରଣରେ ଆଉଟି ହୋଇଯାଏ ହୃଦୟ। ସହର ଅପେକ୍ଷା ଗାଁ ତା' ପାଇଁ ବେଶି ଆପଣାର ମନେହୁଏ। ଚିତ୍ରଶିଳ୍ପୀ ଚିତ୍ରରେ ତା' ପ୍ରିୟ ଗାଁକୁ ରୂପ ଦେଲା ପରି କବିଟିଏ ନିଜ ଗାଁର ମନୋରମ ଛବିକୁ କବିତାରେ ରୂପ ଦେଇ ଆତ୍ମପ୍ରସାଦ ଲାଭ କରେ। ପ୍ରବାସୀ କବି ଗଗନ ବିହାରୀ ପ୍ରବାସରେ ରହି ଗାଁ ମାଟିକୁ ଝୁରି ହୋଇଛନ୍ତି। 'ସ୍ମୃତି' ହୋଇ ତାଙ୍କ ମନ ଓ ହୃଦୟକୁ ମୁହୂର୍ତ୍ତେ ମୁହୂର୍ତ୍ତେ ରୋମାଞ୍ଚିତ କରିଛି। ସେହିଭଳି ଏକ ରୋମାଞ୍ଚିତ, ଉଦ୍‌ବେଳିତ ମୁହୂର୍ତ୍ତରୁ ଜନ୍ମ ନେଇଛି 'ଅଭୁଲା ଗାଁ କବିତା'। ବାଲେଶ୍ୱର ଜିଲ୍ଲାର ବରୁଣ ସିଂହ ଗ୍ରାମର ପୂର୍ବଦିଗରେ ଗ୍ରାମ ଶେଷ ମୁଣ୍ଡରେ ଦଶ ପୁରୁଷର ପାଣିଗ୍ରାହୀ ବଂଶର ସୁନାମ ରହିଛି। ସେହି ଗାଁରେ

ନାରିକେଳ, ବଟବୃକ୍ଷ, ବୁଢ଼ୀବାସୁଲୀ ମନ୍ଦିର, ସ୍ୱର୍ଣ୍ଣଚୂଡ଼ ପର୍ବତ, ପଶ୍ଚିମରେ ପଞ୍ଚଲିଙ୍ଗେଶ୍ୱର ପର୍ବତ, ଉତ୍ତରରେ 'ମାଳ' ନଦୀ, ରେଲଓ୍ୱେ ଷ୍ଟେସନ, ନାଲି ଗୋଡ଼ି ମାଟିର ଅଙ୍କାବଙ୍କା ରାସ୍ତା, ଧାଡ଼ି ଧାଡ଼ି ହୋଇ ଥିବା କାଦୁଅ ନଡ଼ା ଛପର ଘର, ତାଳଗଛ, ପକ୍ଷୀଙ୍କ କିଚିରି ମିଚିରି ଶବ୍ଦ ଆଦି କବିଙ୍କ ହୃଦୟରେ ବାଲ୍ୟସ୍ମୃତିକୁ ଛଳଛଳ କରିଦେଇଛି। ଗାଁର ସରଳ ଜୀବନ, କୃଷି - କୃଷକର ଚିତ୍ର, ପୂଜାପାର୍ବଣ, ମିଞ୍ଜି ମିଞ୍ଜି ଲଣ୍ଠନର ଆଲୁଅରେ ପାଠପଢ଼ା, ଗାଁରେ ଷଡ଼ଋତୁଙ୍କର ବାରମାସକୁ ନେଇ ଆଗମନ ଆଦି ବହୁ ଉଦ୍‌ବେଳିତ ଅନୁଭବର ଶବ୍ଦଚିତ୍ର ଏ କବିତା ମାଧ୍ୟମରେ ଭାସି ଉଠିଛି। ଏହି ସୁନ୍ଦର କବିତାଟି ୨୦୧୩ ମସିହାରେ ଆମେରିକାରୁ ପ୍ରକାଶିତ ଓଡ଼ିଆ ପତ୍ରିକା 'ପ୍ରତିଶ୍ରୁତି'ର ଦ୍ୱିତୀୟ ଖଣ୍ଡରେ ପ୍ରକାଶ ପାଇଥିଲା।

ପିଲାବେଳେ ଦେଖିଥିବା ଗାଁକୁ କବି ବଡ଼ ହୋଇ ପ୍ରବାସରୁ ଦୀର୍ଘ ବର୍ଷ ପରେ ଯେବେ ପରିଭ୍ରମଣରେ ଯାଇଛନ୍ତି, ସେହି ପ୍ରତ୍ୟକ୍ଷ ଅନୁଭବକୁ 'ଗ୍ରାମ୍ୟ ଭ୍ରମଣ' କବିତାରେ ତୋଳି ଧରିଛନ୍ତି କବି।

ମାର୍ଗଶିର ମାସ ଶେଷ ଗୁରୁବାରରେ ଗାଁରେ ପହଞ୍ଚିଛନ୍ତି କବି। ତନ୍ମଧ୍ୟରେ ଗାଁର ଅନେକ ପରିବର୍ତ୍ତନକୁ ଲକ୍ଷ୍ୟ କରିଛନ୍ତି ସେ। ଚାଳଘର ସ୍ଥାନରେ ପକ୍କାଘର, ନାଲି ଗୋଡ଼ିମାଟି ରାସ୍ତା ବଦଳରେ ଢଳେଇ ପିଚୁ ସଡ଼କ, ଲଣ୍ଠନ, ଡିବି ଆଲୁଅ ସ୍ଥାନରେ ବିଜୁଳି ଆଲୋକକୁ ସେ ଦେଖିଛନ୍ତି। ଡିବି ଓ ଲଣ୍ଠନର ବ୍ୟବହାର ଅଦ୍ୟପି ବିଜୁଳି କଟିବା ସମୟରେ ବ୍ୟବହାର ହେଉଥିବା କଥା କବିତା ମାଧ୍ୟମରେ ସେ ଦର୍ଶାଇଛନ୍ତି। ଜଗତୀକରଣ ତଥା ରାଜନୀତିର ପ୍ରବାହ ଗାଁକୁ କୃତ୍ରିମ ସହରୀ ସଦୃଶ କରିଦେଇଛି। ଏକ ପରିବର୍ତ୍ତିତ ରୂପରେ ନିଜ ଗାଁକୁ ଦେଖିଛନ୍ତି କବି। ତାଙ୍କ ଶବ୍ଦରେ -

"ତନ୍ତୀ ଭାଇ ଘରେ ଚାଲେ ନାହିଁ ତନ୍ତ
ଲିଭିଲାଣି ନିଆଁ କମାର ଶାଳରୁ,
ଟ୍ରାକଟର କରେ ଜମି ହଳ ଏବେ
ଲଙ୍ଗଳ ଜୁଆଳି ଗଲାଣି ସଙ୍ଗାରୁ।
ଦେଖିଲି ଗାଁରେ କ୍ରିକେଟ ଖେଳରେ
ମାତିଥିଲେ ଗାଆଁ ପିଲେ ଡିହ ପରେ,
କବାଡ଼ି, ବାଗୁଡ଼ି ବୋହୂ ଚୋରୀ ଖେଳ
ନାହିଁ କହିଲେ ବି ଚଳିବ ଗାଁରେ।" (୧୧)

ତଥାପି ନିଜର ଆତ୍ମୀୟଙ୍କୁ ଭେଟି, ପୁରୁଣା ଧର୍ମ ସଂସ୍କୃତିକୁ ଜାବୁଡ଼ି ରଖିଥିବା

ପ୍ରିୟ ଗାଁ ପରସ୍ପର ମଧ୍ୟରେ ଭାଇଚାରାର ଜୀବନ ଜୀଉଁଥିବା ମଣିଷଙ୍କୁ ଦେଖି, ଗାଁର ଅକ୍ଷୁଣ୍ଣ ସୌନ୍ଦର୍ଯ୍ୟକୁ ଉପଭୋଗ କରିଛନ୍ତି କବି। ଗାଁ ମଣିଷଙ୍କୁ ଖାଦ୍ୟ, ବସ୍ତ୍ର, ଗୃହ, ଉଚିତ ଶିକ୍ଷା ଦେଇ ପାରିଲେ ଦୁନିଆରେ ଏ ଗାଁ ସମସ୍ତଙ୍କ ପାଇଁ ଅତି ସୁଖକର ବା ଅତି ପ୍ରୀତିକର ମନେହେବ ବୋଲି କବିତା ଜରିଆରେ କବି ପ୍ରକାଶ କରିଛନ୍ତି। କବିଙ୍କର ଏହି ମନୋରମ କବିତାଟି ୨୦୧୦ ମସିହାରେ ଓଡ଼ିଶା ସୋସାଇଟି ଅଫ୍ ଆମେରିକାଜ୍ (ଓସା) ଜରନାଲ୍‌ରେ ପ୍ରକାଶ ପାଇଥିଲା।

'ଫୁଲ ବଗିଚା' ସଂକଳନସ୍ଥ ଅନ୍ୟାନ୍ୟ କବିତାଗୁଡ଼ିକ ମଧ୍ୟରେ 'ଆକାଶ କଇୟାଁ ଚିଲିକା ମାଛ', 'ଟ୍ରାଫିକ୍ ସମାଚାର', 'ତୁମ ବିନା ପ୍ରିୟେ ଗତି ନାହିଁ ଆଉ' ଏକ ଏକ ସାର୍ଥକ ବ୍ୟଙ୍ଗ କବିତା। ସାଧାରଣ ଗାଉଁଲି ପିଲାଟିଏ କଲେଜରେ ଛାତ୍ରବୃତ୍ତି ପାଇ ଏକ ଝିଅ ପାଇଁ ନିଜକୁ ସହରିଆଙ୍କ ପରି ସଜେଇ ପତ୍ର ଦ୍ୱାରା ପ୍ରେମ ନିବେଦନ କରିବା, ତା'ର ଭାଇର ଗୁଣ୍ଡାମାନଙ୍କୁ ଦେଖି ପ୍ରେମ ଜ୍ୱର ଥଣ୍ଡା ହେବାର ମଧୁର ଅଥଚ ହାସ୍ୟରସାତ୍ମକ ବର୍ଣ୍ଣନା 'ଆକାଶ କଇୟାଁ' କବିତା ମଧ୍ୟରେ ଆପଣମାନେ ଦେଖିପାରିବେ। ଓଡ଼ିଶାରେ ଟ୍ରାଫିକ୍ ବେନିୟମ୍ ଅବ୍ୟବସ୍ଥାର ହାସ୍ୟାସ୍ପଦ ବର୍ଣ୍ଣନ 'ଟ୍ରାଫିକ୍ ସମାଚାର'ରେ ରହିଛି। ସେହିପରି ନିଜ ପତ୍ନୀଙ୍କ ଉତ୍ପାତରେ ଅସହ୍ୟ ପତି ନିଜ ସନ୍ତାନମାନଙ୍କ ସହ ଆରାମରେ ରହିଛନ୍ତି ପତ୍ନୀ ଇଣ୍ଡିଆ ନିଜ ଭାଇ ବାହାଘର ଯିବା ପରେ। ମାତ୍ର ଏ ଆନନ୍ଦ ପାଣିଫୋଟକା ପରି ମିଳେଇ ଯାଇଛି ନିଜ ହାତରନ୍ଧା ପୋଡ଼ାଖାଦ୍ୟ ଖାଇବା ପରେ। ନିଜ ଶିଙ୍ଘରେ ମାଟି ତାଡ଼ିବାକୁ ଭାବିଥିବା ବିଚରା ସ୍ୱାମୀର ଦୁରବସ୍ଥା ଏବଂ ଇଚ୍ଛା ନ ଥିଲେ ମଧ୍ୟ ସ୍ତ୍ରୀ ନିକଟରେ ପରାଧୀନ ଜୀବନକୁ ଆଦରିବାକୁ ସ୍ତ୍ରୀଙ୍କୁ ବାଧ୍ୟ ହୋଇ କାନାଡାକୁ ଶୀଘ୍ର ଆମନ୍ତ୍ରଣ କରିଛନ୍ତି। ଏହା ମଧ୍ୟ ଏକ ମଧୁର ହାସ୍ୟ ରସାତ୍ମକ କବିତା।

ଭିକାରୀର ଦୁରବସ୍ଥା ଓ ତା'ର ଦୁର୍ଭାଗ୍ୟରେ କବିଙ୍କ ବ୍ୟଥିତ ସ୍ୱର ଶୁଣାଯାଏ, ଏ ସଂକଳନସ୍ଥ 'ଭିକାରୀ' କବିତା ମଧ୍ୟରେ। ଗାଁର ପ୍ରଗତି, ରାସ୍ତାଘାଟ ମରାମତି ତଥା କଞ୍ଚାମାଲ୍ ଉତ୍ପାଦନ ପାଇଁ ମଣିଷ ନିଷ୍ଠୁର ଭାବରେ ବୃକ୍ଷକୁ ଧରାଶାୟୀ କରୁଛି। କବିଙ୍କ ଦୁଃଖରେ ସେହିଭଳି ବୃକ୍ଷକୁ ନେଇ ଏକ କରୁଣାକ୍ତ ଅନୁଭବ 'ପରିବର୍ତ୍ତନ' ମଧ୍ୟରେ ରହିଛି। ପିଲାବେଳେ ସାଙ୍ଗସାଥୀଙ୍କ ସହ ଯେଉଁ ଗଛମୂଳେ ଖେଳ ଖେଳୁଥିଲେ, ତା'ର ଫୁଲକୁ ମାଳା କରି ସଜେଇ ହେଉଥିଲେ, ଫଳକୁ ଆନନ୍ଦରେ ଖାଉଥିଲେ; ଯାହା ମୂଳରେ ରାମ-ସୀତା ସାଜି ଅଭିନୟ କରୁଥିଲେ, ସେହି ବକୁଳ ବୃକ୍ଷଟିକୁ ଗ୍ରାମରେ ବିଜୁଳି ବତୀ ସ୍ଥାପନ ପାଇଁ କାଟି ଦିଆଯାଇଥିଲା। ଛାଇ, ଫଳ, ଫୁଲରେ ଶ୍ରଦ୍ଧା ଅଜାଡ଼ି ଦେଉଥିବା ବୃକ୍ଷଟିକୁ କାଟିଲାବେଳେ କବିଙ୍କ ବାଲ୍ୟକାଳର

କୋମଳ ହୃଦୟ କାନ୍ଦି ଉଠିଥିଲା। ଏବେବି ଯେବେ ବିଦେଶରୁ ଗାଁକୁ ଯାଆନ୍ତି ସେ ସ୍ଥାନଟିକୁ ଦେଖି ତାଙ୍କ ଆଖି ଆର୍ଦ୍ର ହୋଇଯାଉଥିଲା। ତା' ସ୍ଥାନରେ ଥିବା ଲୌହ ଖମ୍ବଗୁଡ଼ିକ ତାଙ୍କ ବାଲ୍ୟସ୍ମୃତିକୁ ଉପହାସ କରୁଥିଲା। ଏଭଳି ପୁରୁଣାକୁ ଭାଙ୍ଗି ନୂଆ କଂକ୍ରିଟ୍ ଜୀବନର ପରିବର୍ତ୍ତିତ ସମୟକୁ ଦେଖି ସ୍ପର୍ଶକାତର ହୋଇଉଠିଛନ୍ତି କବି ଏହି କବିତା ମାଧ୍ୟମରେ।

'ଭାଷାର ଜନକ ଫକୀର ମୋହନ' କବିତାଟି ୨୦୧୬ ମସିହାରେ ଫକୀର ମୋହନଙ୍କ ୧୭୪ତମ ଜୟନ୍ତୀ ଉପଲକ୍ଷେ ବାଲେଶ୍ୱରର ସାହିତ୍ୟ ବାହିକା ପତ୍ରିକାରେ ପ୍ରକାଶ ପାଇଥିଲା। ଫକୀର ମୋହନଙ୍କ ପୁଣ୍ୟ ଜନ୍ମତିଥିରେ ତାଙ୍କର ଜନ୍ମ-ଜୀବନ, ଓଡ଼ିଆ ଭାଷା-ସାହିତ୍ୟକୁ ଉନ୍ନତି ପଥେ ନେବାକୁ ଶତ ଉଦ୍ୟମ, ଶତ ଝଡ଼ଝଞ୍ଜା ସତ୍ତ୍ୱେ କାଳଜୟୀ ଗଳ୍ପ-ଉପନ୍ୟାସ ଭେଟି ଦେଇ ଜ୍ଞାନ ଆଲୋକ ଜାଳିଥିବା ଭାଷା ପୂଜାରୀ କଥା ସମ୍ରାଟ୍‌ଙ୍କ ପ୍ରତି କବିତା ମାଧ୍ୟମରେ ଶବ୍ଦ-ପ୍ରଣାମ ବାଢ଼ିଛନ୍ତି କବି। ତାଙ୍କ ଦ୍ୱାରା ରୋପିତ ଓଡ଼ିଆ ଭାଷାର ମଞ୍ଜିଟି ଆଜି ବିଶାଳ ଦ୍ରୁମରେ ପରିଣତ ହୋଇ ଶାସ୍ତ୍ରୀୟ ଭାଷାର ଗୌରବମୟ ମାନ୍ୟତା ପାଇଛି। ନିଜ ମାଟିର ଯୁଗଜୟୀ ମହାପୁରୁଷଙ୍କ ପୁଣ୍ୟତିଥିରେ ତାଙ୍କର ମହାନତାକୁ ଯେଭଳି କବିତା ମଧ୍ୟରେ ବର୍ଣ୍ଣନା କରିଛନ୍ତି, ବିଦେଶରେ ଥିଲେ ମଧ୍ୟ ସେହି ଓଡ଼ିଆ ଭାଷାକୁ ବଞ୍ଚାଇ ରଖି ପ୍ରଚାର ପ୍ରସାରର ଗୁରୁଦାୟିତ୍ୱ ନିର୍ବାହ ପାଇଁ ଶପଥ ନେଇଛନ୍ତି ଓଡ଼ିଆଗଣ! କବିଙ୍କ ଭାଷାରେ-

"କରୁଅଛି ଆଜି ଓଡ଼ିଆ ସଦମ୍ଭେ
ତୁମ୍ଭ ଆଗେ ପଣ, ଫକୀର ମୋହନ!
ଓଡ଼ିଶା ଭୂଇଁରେ ଦେଶ ଓ ବିଦେଶେ
କରିବ ଓଡ଼ିଆ ଭାଷା ପ୍ରସାରଣ।" (୧୨)

ଓଡ଼ିଶାର କବିକୁଳମଣି ରାଧାନାଥ ରାୟ, ଫକୀରମୋହନ ସେନାପତି, ଛାନ୍ଦସିକ କବି ରାଧାମୋହନ ଗଡ଼ନାୟକ, କୁନ୍ତଳା କୁମାରୀ, ମାୟାଧର ମାନସିଂହ, ନନ୍ଦକିଶୋର ପ୍ରମୁଖଙ୍କ ଦ୍ୱାରା ବହୁ ଭାବରେ କବି ପାଣିଗ୍ରାହୀ ପ୍ରଭାବିତ ହୋଇଛନ୍ତି। ତାଙ୍କ କବିତାଗୁଡ଼ିକର ନିର୍ମାଣ କୌଶଳ ତା'ର ଦୃଷ୍ଟାନ୍ତ ଦେଇଥାଏ। ସହଜ ସରଳ ଭାଷା ଏବଂ ଭାବ ପରିପାଟୀରେ ସମଗ୍ର କବିତା ମଧ୍ୟରେ କବିତା ପୁସ୍ତକଟିକୁ ସ୍ୱତନ୍ତ୍ର ପରିଚୟ ଦେଇଛି। ସାମଗ୍ରିକ ଭାବରେ କବି ଗଗନ ବିହାରୀ ପାଣିଗ୍ରାହୀଙ୍କ ଏ କବିତା ପୁସ୍ତକରୁ ତାଙ୍କ କାବ୍ୟିକପଣର ବିଶେଷତ୍ୱକୁ ଆପଣଙ୍କ ଦୃଷ୍ଟି ଆକର୍ଷଣ ପାଇଁ ଦିଆଯାଇପାରେ।

- ସହଜ ସରଳ ଭାଷା ଶୈଳୀରେ କବିତାର ପରିପ୍ରକାଶ କରିବା।

- କବିତାରେ ଛନ୍ଦ ଓ ଲାଳିତ୍ୟ ପ୍ରତି ଗୁରୁତ୍ୱାରୋପ।

- କବିତାରେ ଘଟଣାଧର୍ମିତା ତଥା କାହାଣୀଧର୍ମିତା ତାଙ୍କ କବି ଜୀବନର ଅନ୍ୟତମ ବିଶେଷତା।

- ନିଜ ଦେଶ ଏବଂ ଅନ୍ୟ ଦେଶ (ଆମେରିକା, କାନାଡା) ମଧ୍ୟରେ ସାହିତ୍ୟିକ ଯୋଗସୂତ୍ର ସ୍ଥାପନ।

- ମାତୃଭାଷା ପ୍ରତି ଗଭୀର ମମତ୍ୱବୋଧ।

- ଅନାବିଳ ସରସ ସୁନ୍ଦର ଜୀବନର ବାସ୍ନା ବୁଣିବା ଇତ୍ୟାଦି।

ସାମଗ୍ରିକ ଭାବରେ ଦେଖିଲେ, 'ଫୁଲ ବଗିଚା'ରେ ସାଂପ୍ରତିକ ସମସ୍ୟାର କଥା କୁହାଯାଇଛି। ତା' ଭିତରେ ମଧ୍ୟ ଆଧୁନିକ ମଣିଷର ମନୋଭାବ, ଘଟଣା, ଦୁର୍ଘଟଣା ଆଦି ନିଛକ ଭାବେ ହୋଇଛି ରୂପାୟିତ। ଅନୁଭବର ତତଲା ହାଣ୍ଡିରେ କବିତା ସବୁ ଧାନରୁ ଖଇ ହୋଇ ଫୁଟି ଯାଇଛନ୍ତି। ତନ୍ମଧ୍ୟରେ ପ୍ରେମ ଅଛି, ବିଷାଦ ଅଛି, ପ୍ରତାରଣାର ଚାପୁଡ଼ା ଅଛି, ଜୀଇଁବା ପାଇଁ ଛଳନାଶୂନ୍ୟ ସଂପର୍କର ଖିଅଟିଏ ଅଜାଣତରେ ଲମ୍ବିଯାଇଛି କବିତାର ଅନେକ ପୃଷ୍ଠାରେ। ଦେଶ ଏବଂ ବିଦେଶର ସଂଯୋଗ ସେତୁଟିଏ ପରି ସାହିତ୍ୟକୁ ମାଧ୍ୟମ କରିଛନ୍ତି। ଯେଉଁ ସେତୁରେ ଦେଶୀୟ ମଣିଷର ଦୃଷ୍ଟି ବିଦେଶକୁ ଦେଖିପାରୁଛି ଆଉ ବିଦେଶୀର ଆଖି ଆମ ଭାରତକୁ ଦେଖିଛି। ପରସ୍ପର ସାହିତ୍ୟ ମାର୍ଗ ଦେଇ ସତେ ଯେମିତି ନିବିଡ଼ ହୋଇ ଉଠିଛନ୍ତି। ସେ କହନ୍ତି- "ମୋ ମତରେ ଯଦି କବିତା ଚାଷୀ ଭାଇ କଣ୍ଠରୁ ଆରମ୍ଭ କରି, ଅନ୍ଧ ପିଲା ଓ ଶିକ୍ଷାୟତନ ଦେଇ ଉଚ୍ଚ ସମାଜରେ ପହଞ୍ଚେ ତେବେ ଯାଇ ଓଡ଼ିଆ ଭାଷା ତିଷ୍ଠି ରହିବ।" (୧୩) ବାଲ୍ୟକାଳରୁ ପ୍ରାଚୀନ ସାହିତ୍ୟ ଧର୍ମପୁରାଣ ପ୍ରତି ଅନୁରାଗ ବିଳମ୍ବରେ ହେଉ ପଛେ ଯେଉଁ ଲେଖନୀରେ ସାରସ୍ୱତ ରୂପ ଲାଭ କରିଛି, ତାହା ଅବିଶ୍ରାନ୍ତ ଭାବରେ ଚାଲୁ ରହି ଓଡ଼ିଆ ସାହିତ୍ୟକୁ ସମୃଦ୍ଧ କରୁ ଏତିକି ମହାପ୍ରଭୁଙ୍କଠାରେ ପ୍ରାର୍ଥନା।

ପ୍ରାନ୍ତଟୀକା:

୧. ସ୍ୱାଇଁ, ଡକ୍ଟର ଦିଲୀପ କୁମାର (ଲେଖକ) ଉତ୍ତର ଅଶୀ ଓଡ଼ିଆ କବିତାରେ ଜଗତୀକରଣର ପ୍ରଭାବ (ବିଷୟ), ପୁସ୍ତକ - ସମୀକ୍ଷକଙ୍କ ଦୃଷ୍ଟିରେ ଉତ୍ତର ଅଶୀ ଓଡ଼ିଆ ସାହିତ୍ୟ, ସଂପାଦକ- ଡକ୍ଟର ଅଜିତ୍ କୁମାର ଦାସ। ପ୍ରକାଶକ - ବିଦ୍ୟା ପ୍ରକାଶନ, କଟକ। ପ୍ରଥମ ସଂସ୍କରଣ-୨୦୨୧। ISBN - 81-7703-148-1, ପୃ-୩୧

୨. ପାଣିଗ୍ରାହୀ, ଗଗନ ବିହାରୀ - ଫୁଲ ବଗିଚା, ସୃଷ୍ଟି ଏ ଅନନ୍ତ, ଫକୀର ମୋହନ ସାହିତ୍ୟ ପରିଷଦ, ବାଲେଶ୍ୱର, ୧ମ ସଂସ୍କରଣ-୨୦୧୬, ପୃ-୧୪

୩. ତତ୍ରୈବ, ତା'ରେ ମୁହିଁ କରେ ନମସ୍କାର, ପୃ-୧୬

୪. ତତ୍ରୈବ, କୋଣାର୍କ ପ୍ରିୟା ସାଥେ, ପୃ-୧୭-୧୮

୫. ତତ୍ରୈବ, ପୃ-୧୯

୬. ତତ୍ରୈବ, ଗୁଲବର୍ଗଠାରୁ ବାଙ୍ଗାଲୋର ଯାଏଁ, ପୃ-୩୩

୭. ତତ୍ରୈବ, ହେ ମୋ ବାଲେଶ୍ୱର, ପୃ-୩୮

୮. ତତ୍ରୈବ, ପୁଅ ପାଇଁ ଝିଅ ଖୋଜା, ପୃ-୭୬

୯. ତତ୍ରୈବ, ସ୍ୱର୍ଗରୁ ମୋ ଜମାନ ବନ୍ଦି, ପୃ-୮୬

୧୦. ତତ୍ରୈବ, ଜର୍ଜିଆନ ବେ'ରେ ନୌକାବିହାର, ପୃ-୯୧-୯୨

୧୧. ତତ୍ରୈବ, ଗ୍ରାମ୍ୟ ଭ୍ରମଣ, ପୃ-୧୨୬

୧୨. ତତ୍ରୈବ, ଭାଷାର ଜନକ ଫକୀରମୋହନ, ପୃ-୧୫୦

୧୩. ତତ୍ରୈବ, ପଦେ ଅଧେ, ପୃ-୦୮

■

ଅଧ୍ୟାପିକା, ଓଡ଼ିଆ ଭାଷା-ସାହିତ୍ୟ ବିଭାଗ
ଅଳକା ମହାବିଦ୍ୟାଳୟ, ଜଗତସିଂହପୁର

ପରାଶର ମିଶ୍ର

ପରାଶର ମିଶ୍ର (୧୯୫୮): ବିଶିଷ୍ଟ ପ୍ରବାସୀ ସାହିତ୍ୟିକ ଶ୍ରୀ ପରାଶର ମିଶ୍ର ଓଡ଼ିଆ ସାହିତ୍ୟର ଏକ ବିଶ୍ୱସ୍ତ ଉଚ୍ଚାରଣ। ସ୍ୱନାମଧନ୍ୟ ସାହିତ୍ୟିକ ପ୍ରଫେସର ଗୋପାଳଚନ୍ଦ୍ର ମିଶ୍ରଙ୍କ ସୁପୁତ୍ର ଏବଂ ଜଣେ ନିଷ୍ଠାପର ଓଡ଼ିଆ ଭାବେ ଆଧୁନିକ ଓଡ଼ିଆ କବିତା କ୍ଷେତ୍ରରେ ତାଙ୍କର ସିଦ୍ଧି ଉଲ୍ଲେଖନୀୟ। ୧୯୫୮ ମସିହାରେ ପ୍ରଫେସର ଗୋପାଳଚନ୍ଦ୍ର ମିଶ୍ର ଏବଂ ମାତା ଯଶୋଧାରା ମିଶ୍ରଙ୍କ କୋଳମଣ୍ଡନ କରି କଟକ ଜିଲ୍ଲାରେ ସେ ଭୂମିଷ୍ଠ ହୋଇଥିଲେ। ସମ୍ବଲପୁର ଜିଲ୍ଲା ବିଦ୍ୟାଳୟ, ରେଭେନ୍‌ସା ମହାବିଦ୍ୟାଳୟ ଓ ଦିଲ୍ଲୀ ବିଶ୍ୱବିଦ୍ୟାଳୟରୁ ଶିକ୍ଷାଲାଭ କରିଥିବା ଶ୍ରୀ ମିଶ୍ର ଦିଲ୍ଲୀ ବିଶ୍ୱବିଦ୍ୟାଳୟର ହିନ୍ଦୁ ମହାବିଦ୍ୟାଳୟରେ ୧୯୭୯ ମସିହାରୁ ୧୯୮୮ ମସିହା ପର୍ଯ୍ୟନ୍ତ ରାଜନୀତି ବିଜ୍ଞାନ ବିଭାଗରେ ଅଧ୍ୟାପନା କାର୍ଯ୍ୟ ନିର୍ବାହ କରିଥିଲେ। ୧୯୮୯ ମସିହାରୁ କମନ୍‌ୱେଲ୍‌ଥ ସ୍କଲାର୍ ଭାବେ ଟରୋଣ୍ଟୋ ୟର୍କ ବିଶ୍ୱବିଦ୍ୟାଳୟର ରାଜନୀତି ବିଜ୍ଞାନ ତଥା ସମାଜ ବିଜ୍ଞାନ ବିଭାଗରେ କିଛି ବର୍ଷ ଗବେଷଣା କାର୍ଯ୍ୟ କରିଥିଲେ। ସଂପ୍ରତି ଶ୍ରୀ ମିଶ୍ର କାନାଡାର ମୂକ, ବଧିର, ବୟସ୍କ ସଶକ୍ତିକରଣ ଓ ଅଭିଗମ୍ୟତା ପ୍ରକଳ୍ପରେ କାର୍ଯ୍ୟରତ। ଶ୍ରୀ ମିଶ୍ର ବୃତ୍ତିରେ ରାଜନୀତି ବିଜ୍ଞାନ ଓ ସମାଜ ବିଜ୍ଞାନର ଗବେଷକ ହେଲେ ହେଁ ପ୍ରବୃତ୍ତିରେ ଜଣେ ସଚ୍ଚୋଟ-ସ୍ୱାଭିମାନୀ ଓଡ଼ିଆ। ତାଙ୍କ ଦ୍ୱାରା ରଚିତ 'ଶୂନ୍ୟତାର ଶେଷକଥା' କବିତା ସଂକଳନ ପରାଶରୀୟ କାବ୍ୟିକତାର ଏକ ସ୍ୱତନ୍ତ୍ର ଅଭିବ୍ୟକ୍ତି। ଅନୁଭବର ତୀବ୍ରତା, ଦର୍ଶନର ଦିବ୍ୟତା ତଥା ଆତ୍ମାନ୍ୱେଷଣରେ ନିବିଷ୍ଟ ଶ୍ରୀ ମିଶ୍ରଙ୍କ 'ଶୂନ୍ୟତାର ଶେଷକଥା' କବିତା ସଂକଳନର କାବ୍ୟିକ ଶୈଳୀ, ଶବ୍ଦ ସଂଯୋଜନା ଓ ଭାବୁକତା ସମଗ୍ର ଓଡ଼ିଆ ସାହିତ୍ୟ ପାଇଁ ଏକ ଅସାଧାରଣ କୃତି ନିଶ୍ଚୟ।

'ଶୂନ୍ୟତାର ଶେଷକଥା'ରେ ସ୍ଥାନୀୟତାର ଚିତ୍ର

ଡକ୍ଟର ଅମ୍ବରୀଶ ଶତପଥୀ

ଜନୈକ ଶିଳ୍ପୀ ପ୍ରିନ୍ସି ପ୍ରାଡାଫ୍‌ଙ୍କ ଶବ୍ଦରେ - "Native is a place where you can find your own paradise." ପ୍ରତ୍ୟେକଙ୍କ ପାଇଁ ସେମାନଙ୍କ ଜନ୍ମଭୂମି ସ୍ୱର୍ଗ ଠାରୁ ମଧ୍ୟ ଗରୀୟସୀ। ତେଣୁ ସେହି ଜନ୍ମଭୂମିର ମାଟି ହିଁ ଆଜୀବନ ନିଜ ଆଡ଼କୁ ଚୁମ୍ବକ ଭଳି ଆହ୍ୱାନ କରେ ଏବଂ ସେହି ଆହ୍ୱାନ ମଣିଷକୁ ଭାବପ୍ରବଣ କରେ। ସେମିତି ନିଜ ଜନ୍ମମାଟିର ଚୁମ୍ବକୀୟ ଆକର୍ଷଣ ଓ ଆହ୍ୱାନରେ ଆବେଗପ୍ରବଣ ମାଟିମନସ୍କ ହୋଇଛନ୍ତି ପ୍ରବାସୀ ଓଡ଼ିଆ କବି ଅଧ୍ୟାପକ ପରାଶର ମିଶ୍ର।

କବିତା ନିଜେ ଗୋଟିଏ ଚେତନା। ଏହାକୁ ଅନ୍ୟର ଚୈତନ୍ୟ ଓ ଭାବକଳ୍ପ ସହ ବୁଝି ହେବ କିପରି? ପୁଣି କବିତା ଗୋଟିଏ ଅପୂର୍ଣ୍ଣ କଳା। କବି ନିଜ ସୃଷ୍ଟିର ପୂର୍ଣ୍ଣାଙ୍ଗ ଅନୁଭବକୁ ପ୍ରକାଶ କରିଥିଲେ ହେଁ ରସିକ ପାଠକ ସେଥିରେ ନିଜ ସର୍ଜନଶୀଳତାକୁ ଫେଣ୍ଟି ଅସଲ କାବ୍ୟରସ ଆସ୍ୱାଦନ କରିଥାଏ। ସେଥିପାଇଁ କବିତାକୁ ଅନ୍ୟ କଥାରେ, ଅନ୍ୟ ଦୃଷ୍ଟିରେ ବୁଝାଯିବ ନାହିଁ। ନିଜେ ଯେତେବେଳେ ପାଠକ ନିଜ ଅବବୋଧ ଦ୍ୱାରା କବିତାକୁ ଗ୍ରହଣ କରିବ ସେତେବେଳେ ସେ କାବ୍ୟାଲୋକରେ ଆଲୋକିତ ହେବ। ଏଇଥିପାଇଁ କୁହାଯାଇପାରେ କବିତାକୁ ବୁଝିବା ପାଇଁ ସୃଜନଶୀଳ ହୃଦୟର ଆବଶ୍ୟକତା ଅଛି। କବିତା ଲେଖିହୁଏ କିନ୍ତୁ ଲେଖେଇ ହୁଏ ନାହିଁ। କବିତା ରଚନା କରିବା ପାଇଁ କୌଣସି ଧରାବନ୍ଧା ନିୟମ ଅନୁସୃତ ହୁଏ ନାହିଁ। ସେହିପରି

କବିତାର କୌଣସି ଗତାନୁଗତିକ ସଂଜ୍ଞା ଏହାର ପରିବ୍ୟାପ୍ତିକୁ ପ୍ରକାଶ କରିବାରେ ଅସମର୍ଥ ହୁଏ।

'ଶୂନ୍ୟତାର ଶେଷକଥା'ରେ କବି ଅଧ୍ୟାପକ ପରାଶର ମିଶ୍ର ବୟାଳିଶଟି କବିତା ଭେଟି ଦେଇ ଶୂନ୍ୟତାକୁ ପୂର୍ଣ୍ଣତାରେ ସତେ ଅବା ପରିଣତ କରିଛନ୍ତି। ସୁଯୋଗ୍ୟ ପିତାଙ୍କର ସେ ସୁଯୋଗ୍ୟ ପୁତ୍ର। ପିତା ପ୍ରଫେସର ଗୋପାଳ ଚନ୍ଦ୍ର ମିଶ୍ରଙ୍କ ପ୍ରେରଣାରେ କବିତା ଲେଖି ତାଙ୍କୁ ସେ ଉତ୍ସର୍ଗ କରିଛନ୍ତି। ସ୍ଥାନୀୟତାର ସ୍ୱର, ପିଲାଦିନ ସ୍ମୃତି ଐତିହାସିକ କଟକ ସହର ଯେଉଁଠି ତାଙ୍କର ବାଲ୍ୟକାଳ, ପାଠପଢ଼ା କଟିଥିଲା, ତା'ର ସ୍ମୃତିରେ ସେ ଲେଖିଛନ୍ତି 'କଟକରେ ପୂଜାଛୁଟି', 'କଟକ-୧୯୭୮', 'କଟକରେ ଖରା'। କଟକର ମାଟି, ପାଣି, ପବନକୁ ମନେପକେଇଛନ୍ତି କବି। ତାଙ୍କ ଭାଷାରେ-

"କଟକ କେବଳ ମୁହଁ ଟେକି ଚାହେଁ
ଏବଂ ଛେପ ଢୋକି କହେ
'ସ୍ୱାଗତମ୍'
ଏଠିକି ଆସିଲେ ସିନା ଦେଖନ୍ତୁ
ପ୍ରତ୍ୟେକ ସଂଖ୍ୟାର ମୂଲ୍ୟ ଓ ମାନ
ଗ୍ରାଫ୍‌ରେ ଦେଶର ସ୍ଥିତି
ଅର୍ଥନୀତି-ରାଜନୀତିର ବୁଢ଼ିଆଣୀ ଜାଲ...
ସବୁକଥାକୁ ଏକଦମ୍ ବନ୍ଦ କରି କଟକରେ ପୂଜାଛୁଟି
କେମିତି ଶୁଝିଦିଏ ସମସ୍ତଙ୍କ ବକେୟା ଋଣ।" (କଟକରେ ପୂଜାଛୁଟି)

ବିଭିନ୍ନ ସ୍ଥାନ ଯାଇ ଦେଶ ବିଦେଶ ବୁଲି ତଥାପି ସେ ହଜିଲା ସ୍ମୃତିକୁ ମନେପକାଇ ଲେଖିଛନ୍ତି-

"୧୯୭୮ ପହଞ୍ଚିଲା ବେଳକୁ
ଶୀତ ବାଧ ଛାତ୍ରଟିଏ ସାଜି ବସି ସାରିଥିଲା
ଚୁପ୍‌ଚାପ୍
କଟକ ସହରରେ, କଥା କ'ଣ ନା "ନୂଆବର୍ଷ"।
ପାଣିରେ ବୁଡ଼ିବୁ ତ ବୁଡ଼ିଯା
ଉପରେ ଉଡ଼ିବୁ ତ ଉଡୁଥା' - କଟକ କାହା ପାଇଁ
ଶୋଭା କି ନ ଦେବ ଯେ
ଏତେ ରସ ଏତେ ଭାଷ୍ୟ, ଏତେ ଗୁଣଗାନ।" (ବିଶ୍ଳେଷଣ - କଟକ-୧୯୭୮)

କଟକକୁ ଭଲପାଉଥିବା କବି, କଟକର ଖରା ବର୍ଷା ଶୀତ ସହିତ ସତେ ଯେପରି ଏକୀଭୂତ ହୋଇଯାଇଥିଲେ-

"ମୁକ୍ତିର ସମୟ ହେଲା ପ୍ରଜାଙ୍କ ପାଇଁ
ଦୁଃଖକୁ ସାମ୍ନାସାମ୍ନି ଥଟ୍ଟା କରି ଆନନ୍ଦ ପାଆନ୍ତି ସଂକୀର୍ଣ୍ଣ
କଟକରେ ଲାଳିତପାଳିତ।" (କଟକରେ ଖରା)

ଓଡ଼ିଶାର ବିଭିନ୍ନ ସ୍ଥାନ, ମହାପୁରୁଷ, ବିଭିନ୍ନ ଘଟଣା ସହିତ ଜଡ଼ିତ ଥିବା କବି ପରାଶର ମିଶ୍ର ଲେଖନୀ ଚାଳନା କରି ଚୁମ୍ବକରେ ସମଗ୍ର ଓଡ଼ିଶାକୁ ତାଙ୍କ ଲେଖନୀ ମୁନରେ ସ୍ପର୍ଶ କରି ଚିରଜୀବନ୍ତ କରି ଦେଇଛନ୍ତି। ଉତ୍କଳମଣି ଗୋପବନ୍ଧୁ ଦାସଙ୍କ ଉଦ୍ଦେଶ୍ୟରେ କବିଙ୍କ ଭାବପୂର୍ଣ୍ଣ ଶବ୍ଦ ହେଉଛି -

"ତୁମେ ସେଦିନ ଆସିଥିଲ ଏବଂ ପୁଣି ଦିନେ ଚାଲିଗଲ
ଯିବାଟା ଯଦିଓ ନିହାତି ବିସ୍ମୟ ନୁହେଁ!
କିନ୍ତୁ ଏମିତି କ'ଣ ଛାଡ଼ିଗଲ ଏଇ ଇଲାକାରେ ତମ ପରେ
ପବନ ତା ଇସ୍ତାହାର ଫର୍ଦ୍ଦସବୁ
ଚିରିଦେଲା ଟିକ୍‌ଟିକ୍ କରି
ଆକାଶଟା କାନ୍ଦି କାନ୍ଦି
ଆଖି ଫୁଲାଇଲା, ଆଉ ପୃଥିବୀ
ସେ ତ ଛାତି ତା'ର ଫଟାଇଲା ଅଭିମାନେ ଭିଜା ମୁହୂର୍ତ୍ତରେ...।" (ସ୍ମୃତି ତର୍ପଣ - ଗୋପବନ୍ଧୁଙ୍କ ସ୍ମୃତିରେ)

ନିଜ ଗାଁ, ନିଜ ସହର, ଏଇ ମାଟି ପାଣି ପବନର ଜୀବନ୍ତ ପୃଥିବୀକୁ ଭଲପାଉଥିବା ମଣିଷଟେ କବି ପରାଶର ନିଜର ଆତ୍ମୀୟଙ୍କ ପାଇଁ ମଧ୍ୟ କବିତା ଲେଖିଛନ୍ତି। ଭଣଜା 'ବିଟୁବାବୁ' ପାଇଁ ମଧ୍ୟ କବିତା ଲେଖିଛନ୍ତି, ଗୋପବନ୍ଧୁ, ପ୍ଲାଟୋ କେହି ବାଦ୍ ପଡ଼ିନାହାନ୍ତି।

ବନ୍ଧୁବିୟୋଗ ଜନିତ କବିତା 'ଦୁଃଖୀ ନାୟକ' ହୃଦୟରେ ଦୁଃଖ ଓ ଶୋକ ଜାଗ୍ରତ କରେ। ଓଡ଼ିଶାର ଅନ୍ୟତମ ସୁପ୍ରସିଦ୍ଧ ସହର ସମ୍ବଲପୁରର ସୌନ୍ଦର୍ଯ୍ୟ ତଥା ସ୍ମୃତି ତାଙ୍କ କବିପ୍ରାଣକୁ ଆକର୍ଷିତ କରିପାରିଛି। ତେଣୁ ସେ "ଅତି ଆପଣାର ସମ୍ବଲପୁର" କବିତାରେ ଲେଖିଛନ୍ତି-

"ଗଙ୍ଗାର ପାଣିରେ ଧୋଇ ହେଲେ
ପାପର ନାଶ ହୋଇ ପାରେ
ବିବର୍ଣ୍ଣ ପବନକୁ ପିଇ ପାପର ବର୍ଦ୍ଧନ

ମୋ ସହରରେ
ସଂପୂର୍ଣ୍ଣ ମିଥ୍ୟା କିନ୍ତୁ ପାଲଟିଯାଏ !
ସମୁଦ୍ରରେ ମୁକ୍ତା ମିଳିବା ସତ ହେଲେ ସମ୍ବଲପୁର
ସହରେ ସ୍ୱପ୍ନ ସବୁ ପହଁରିବା ମିଛ ନୁହେଁ।" (ଅତି ଆପଣାର ସମ୍ବଲପୁର)

ତତ୍କାଳୀନ ଓଡ଼ିଶାର ବିଭିନ୍ନ ଘଟଣାବଳୀ ମଧ୍ୟରେ ଖଇରୀ ନଦୀ (ମୟୂରଭଞ୍ଜ, ଶିମିଳିପାଳ) କୂଳରୁ ଉଦ୍ଧାର ହୋଇଥିବା ଖଇରୀ ବାଘ ସମଗ୍ର ଦେଶରେ ଚାଞ୍ଚଲ୍ୟ ସୃଷ୍ଟି କରିଥିଲା। ସତୁରି ଦଶକରେ ଏହି ଖଇରୀ ବାଘ ବହୁଚର୍ଚ୍ଚିତ ହୋଇଥିଲା। ବାଘଟି ହିଂସ୍ର ନ ଥିଲା ଓ ପୋଷାବାଘ ରୂପେ ରହିଥିଲା। ତା' ବିଷୟରେ ମଧ୍ୟ କବିଙ୍କ ଲେଖନୀରୁ ନିଃସୃତ ହୋଇଥିଲା-

"ଖଇରୀ ଲୋ !
ତୋ ଦେହରେ ଖଇଫୁଟା ତାତି ସବୁ ସତେ କଣ
ମରିଗଲେ, ମଣିଷର କଳାଛାଇ ତଳେ
କେମିତି ଜାଣିବି ମୁଁ, ତୋର ସେଇ ଗୋଲ ଗୋଲ
ଆଖି ଦୁଇଟାରେ ଏବେ ଖାଲି
ସ୍ୱପ୍ନର ଜାହାଜମାନ ଲଙ୍ଗର ପକାନ୍ତି...।" (ଖଇରୀ)

ଦେଶାତ୍ମବୋଧ ଭାବକୁ ନେଇ କବି ଲେଖିଛନ୍ତି "ସ୍ୱାଗତମ୍ ଅଗଷ୍ଟ ପନ୍ଦର"।

"କୃତାର୍ଥ ଆଖିରେ ସ୍ୱାଗତ ଜଣାଉଛି ୧୯୭୭
ଅଗଷ୍ଟ ପନ୍ଦର ପାଇଁ, ତଥାପି ପୃଥକ୍ ଦିଶେ
ଏଥରର ଶୋଭାଯାତ୍ରା, ଉଦ୍‌ବେଗ ଓ ଆନନ୍ଦର
ଅବକ୍ଷୟ ଅବତାର : ପ୍ରାପ୍ତିର ଶୂନ୍ୟତା ନୁହେଁ
ପଛକୁ ଚାହିଁଲେ ଉପାୟହୀନ ନିଆଁଝୁଲ
ପବନରେ ଆକାଶକୁ ଛିଟିକି ପଡୁଛି...।" (ସ୍ୱାଗତମ୍ ଅଗଷ୍ଟ ପନ୍ଦର)

ଜୀବନର ଚଲାପଥରେ ହାସ୍ୟ, ନୈରାଶ୍ୟ, ସଫଳତା, ବିଫଳତା ସବୁକିଛିକୁ ସେ କବିତାରେ ଫୁଟାଇଛନ୍ତି। ବିନ୍ଦୁ ମଧ୍ୟରେ ସିନ୍ଧୁର କଳ୍ପନା ପରି ଜୀବନର ବିଭିନ୍ନ ଦିଗ ବିଷୟରେ ବର୍ଣ୍ଣନା କରିବା ସହ ଘଟଣାବହୁଳ ଦୈନନ୍ଦିନ ଘଟଣାବଳୀକୁ ମଧ୍ୟ ସ୍ଥାନିତ କରିଛନ୍ତି ତାଙ୍କର କବିତାଗୁଡ଼ିକରେ।

କବିଙ୍କ ଭାଷାରେ କବି ଆଶାବାଦୀ, କାମନା ରଖିଛନ୍ତି, ସ୍ୱପ୍ନ ଦେଖିଛନ୍ତି,

'କାମନାର ବିନାଶରେ ଦୁଃଖର ବିନାଶ' ଠିକ୍ କିନ୍ତୁ କବି ନିଜେ କାମନାବିହୀନ ନୁହନ୍ତି, ଆଶାବାଦୀ। ସେ ସମୟରେ କବିତାଗୁଡ଼ିକ 'ଝଙ୍କାର', 'ସପ୍ତର୍ଷି', 'ଧରିତ୍ରୀ ସାପ୍ତାହିକୀ' ଇତ୍ୟାଦିରେ ପ୍ରକାଶିତ ହୋଇ ପାଠକୀୟ ସ୍ୱୀକୃତି ଲାଭ କରିଥିଲା। ପ୍ରତ୍ୟେକଟି କବିତା ହୃଦୟଗ୍ରାହୀ ଓ ପ୍ରେରଣାଦାୟୀ ତଥା ଆବେଗଧର୍ମୀ। କବିଙ୍କ ସାରସ୍ୱତ ଜୀବନର ଉନ୍ନତି କାମନା କରିବା ସହ ଲେଖନୀର ଯଶସ୍ୱିତା କାମନା କରୁଛି।

■

ବରିଷ୍ଠ ଗବେଷକ, ଶାସ୍ତ୍ରୀୟ ଓଡ଼ିଆ ଉତ୍କର୍ଷ ଅଧ୍ୟୟନ କେନ୍ଦ୍ର
ଭାରତ ସରକାର, ଭୁବନେଶ୍ୱର
ମୋ: ୯୬୬୮୭୧୫୫୬୩

ବିପନ୍ନ ବ୍ୟାକୁଳତା ଓ ଅସୀମିତ ଶୂନ୍ୟତା : କବି ପରାଶରଙ୍କ 'ଶୂନ୍ୟତାର ଶେଷକଥା'

ଡକ୍ଟର ସଂଘମିତ୍ରା ଭଞ୍ଜ

ଅଣାକାର ଅଶବ୍ଦ ଶବ୍ଦରେ- ନିଃସଙ୍ଗ ପୃଥିବୀକୁ ପରିକ୍ରମା କରୁଥିବା ପ୍ରବାସୀ କବି ପରାଶର ମିଶ୍ର ଓଡ଼ିଆ କବିତା ରାଜ୍ୟର ଜଣେ ସଶ୍ରଦ୍ଧ ଉଚ୍ଚାରଣ। ଅତୀତକୁ ଛାଡ଼ିଦେଇ ଜୀବନ ସମୁଦ୍ରର ସଫେଦ ବାଲିରେ ମିଛେ ମିଛେ ପାଦ ଚିହ୍ନ ଖୋଜିବାର ଅଭିନୟ ତାଙ୍କ କବିତାକୁ ସାମର୍ଥ୍ୟ ଦିଏ। କବି ପରାଶର ମିଶ୍ର ତାଙ୍କ କବିତାରେ ସତ୍ୟ-ଅସତ୍ୟ, ନ୍ୟାୟ-ଅନ୍ୟାୟ, ପାପ-ପୁଣ୍ୟର ପାଞ୍ଜିକାଠି ଧରି ଅନନ୍ତ ଆକାଶର ଅନିଦ୍ରିତ ଅନେକ ତାରାଙ୍କୁ ଏକୁଟିଆ ସାଉଁଟିଛନ୍ତି। ମନେହୁଏ ଯୌବନର ପ୍ରଥମ ଯନ୍ତ୍ରଣା, ଜୀବନର ପ୍ରଥମ ଭୁଲ୍, ଦେହର ଅଜସ୍ର କ୍ଷୁଧା ତଥା ଆଖିର ପ୍ରଥମ ବହ୍ନିକୁ ପାଥେୟ କରି କବି ଶ୍ରୀ ମିଶ୍ର ନିଃସଙ୍ଗ ପୃଥିବୀର ଛାତି ଉପରେ ଆଉଜି ପଡ଼ିଛନ୍ତି ଯେମିତି ! ଜୀବନର ସୁନାକ୍ଷେତ ଆରପାଖେ ଥିବା ସୁବିସ୍ତୃତ ବାଲିସ୍ତୂପ ଉପରେ ସେ ଅନ୍ୱେଷା କରିଛନ୍ତି ସମୟର ଚିହ୍ନ, ଜୀବନର ଅନୁଭବ, ପ୍ରେମର ଭିନ୍ନ ମାନଚିତ୍ର ତଥା ଅନୁଭବ-ଅନୁଭୂତିର ବ୍ୟାପକ ଗୁମ୍‌ସୁମ୍ ଉପଲବ୍ଧିକୁ।

ବୃତ୍ତିରେ ରାଜନୀତି ବିଜ୍ଞାନର ବିଶେଷଜ୍ଞ ପୁଣି ମଧ୍ୟ ଜଣେ ଚିନ୍ତାନାୟକ କିନ୍ତୁ ପ୍ରବୃତ୍ତିରେ ବେଶ୍ ସମ୍ବେଦନଶୀଳ-ଦରଦୀ ପରାଶର ମିଶ୍ର ଆମ ସମୟର ଜଣେ ଦାୟବଦ୍ଧ କବି। ତାଙ୍କର ଉଦ୍‌ଗତ ଭାବନା ଓ ନୀତିନିଷ୍ଠ ବିଚାର ତାଙ୍କ ଲେଖନୀକୁ ସ୍ୱତନ୍ତ୍ର ଶବ୍ଦ ଛାଞ୍ଚ ଦେଇଥିବା ମନେହୁଏ। କବିତା ତାଙ୍କ ହୃଦୟର ଉଚ୍ଛ୍ୱାସ। 'ଶୂନ୍ୟତାର ଶେଷକଥା' ପରେ ଥିବା ଶୂନ୍ୟତାକୁ ସେ ତାଙ୍କ ଦାର୍ଶନିକ ଦୃଷ୍ଟିଭଙ୍ଗୀ ନେଇ ବିଚାର କରିଛନ୍ତି।

ଏକମାତ୍ର କବିତା ପୁସ୍ତକ 'ଶୂନ୍ୟତାର ଶେଷକଥା' କବି ପରାଶର ମିଶ୍ରଙ୍କ 'ପୂର୍ଣ୍ଣାତ୍ ପୂର୍ଣ୍ଣ ମୁଦଚ୍ୟତେ' ଓ 'ଚରୈବତି ଚରୈବତି'ର ମହତ୍ତର ଅନୁଚିନ୍ତାକୁ ପ୍ରତିଷ୍ଠା କରେ। ସ୍ୱତନ୍ତ୍ର ତାଙ୍କର ଚେତନା ଏବଂ ସଶକ୍ତ ତାଙ୍କର କାବ୍ୟିକ ଶବ୍ଦ ପଟୁଆର। ଏକମାତ୍ର କବିତା ପୁସ୍ତକ ତାଙ୍କ କ୍ରାନ୍ତଦର୍ଶୀ ତଥା କ୍ରାନ୍ତିକାରୀ ଆଭିମୁଖ୍ୟକୁ ସ୍ପଷ୍ଟ କରେ। ଗ୍ରୀକ୍ ଦାର୍ଶନିକ ପ୍ଲେଟୋ ତଥା ପ୍ରାଚ୍ୟ ମନୀଷୀ ଗୋପବନ୍ଧୁ ତାଙ୍କ ଆଦର୍ଶ, ତେଣୁ ସ୍ୱାଭାବିକ ଭାବରେ ଶ୍ରୀ ମିଶ୍ରଙ୍କ କବିତାରେ ନୀତି-ଧର୍ମ-ମାନବତାବାଦ-ସଦ୍‌ଭାବ-ମୈତ୍ରୀ ତଥା ବିଶ୍ୱକଲ୍ୟାଣର ଆକାଙ୍‌କ୍ଷା ଅନୁଭବ ସୁସ୍ପଷ୍ଟ।

କବି ଶ୍ରୀ ପରାଶର ମିଶ୍ର ଓଡ଼ିଆ ଭାଷା-ସାହିତ୍ୟର ଜଣେ ନିଷ୍ଠାପର-ସ୍ୱାଭିମାନୀ ସାଧକ। ଓଡ଼ିଶାର ମୂର୍ଦ୍ଧନ୍ୟ ସାହିତ୍ୟକାର ଶ୍ରୀ ଗୋପାଳଚନ୍ଦ୍ର ମିଶ୍ରଙ୍କ ସଚ୍ଚୋଟ ଉତ୍ତରଦାୟାଦ ସେ। କବିତା ଶ୍ରୀ ମିଶ୍ରଙ୍କ ଆନ୍ତରିକ। ଉଚ୍ଛ୍ୱାସର ଉଚ୍ଚାରଣ ମାତ୍ର। କବି ଶ୍ରୀ ମିଶ୍ର ତାଙ୍କ କବିତା ପୁସ୍ତକର ମୁଖବନ୍ଧରେ ଉଲ୍ଲେଖ କରିଛନ୍ତି- "କବି ନିଜର ସଂଗୁପ୍ତ ମନର ଭାବରାଜିରେ କଳ୍ପନାର ସ୍ପର୍ଶ ଓ ମୌଳିକତାର ପୁଟ ଦେଇ ସୁନ୍ଦର କାବ୍ୟପ୍ରତିମାଟିଏ ଗଢ଼ିବାକୁ ସର୍ବଦା ଅଭିଳାଷୀ। ନିଜର ଅନୁଭବ ଓ ଅନୁଭୂତି ବଳରେ ସେ କବିତା ରଚନା କରିଥାନ୍ତି। ତାହା ମିଳନାନ୍ତକ ବା ବିଚ୍ଛେଦାତ୍ମକ ଶ୍ରେଣୀର କବିତା ହେଉ - କବିର ସେଥିରେ କିଛି ଯାଏ ଆସେ ନାହିଁ। ହୃଦୟର ଆବେଗ, ଉତ୍କଣ୍ଠା, ଅଭୀପ୍‌ସା, ଅନୁଭବ ଓ ଅନୁଭୂତିକୁ କବି ସୃଷ୍ଟିରେ ଅଭିବ୍ୟକ୍ତ କରିବାକୁ ସର୍ବଦା ବ୍ୟାକୁଳ ହୋଇଉଠେ ଏବଂ ପରିଣତିରେ ତା'ର ସୃଷ୍ଟିକୁ ଅବଲୋକନ କରି ଆତ୍ମତୃପ୍ତି ଲାଭ କରେ।"

'ଶୂନ୍ୟତା' ଏକ ଭାରତୀୟ ଦାର୍ଶନିକ ଅବଧାରଣା, ଯାହା ବାସ୍ତବତା ଏବଂ ଲୌକିକ-ଭ୍ରମର ଏକ ସ୍ଥିତି। ଅପୂର୍ଣ୍ଣତା ଭିତରେ ପୂର୍ଣ୍ଣତାର, ନିଃଶବ୍ଦ ରହିବା ଭିତରେ ବହୁତ କିଛି କହିବାର ସ୍ୱର ମୂର୍ତ୍ତ ହୋଇଛି ପରାଶରଙ୍କ 'ଶୂନ୍ୟତାର ଶେଷ କଥା' କବିତା ସଂକଳନରେ। ଦାର୍ଶନିକତା, ଆଧ୍ୟାତ୍ମିକତା ଏବଂ ବାସ୍ତବବାଦୀ ଚେତନାର ତ୍ରିଗୁଣାତ୍ମକ ସମୀକରଣ ଘଟିଛି ତାଙ୍କର ବୟାଳିଶ ଗୋଟି କବିତାରେ। ଆର୍ଥର ଏରିକ୍‌ସନ୍‌ଙ୍କ ଶବ୍ଦରେ- "Illusion is needed to disguise the emptiness within" ଭିତରର ଅସହାୟ ଶୂନ୍ୟତାକୁ ଲୁକ୍‌କାୟିତ କରିବାକୁ ବେଳେବେଳେ ଭ୍ରମାତ୍ମକ ପରିବେଶ ଲୋଡ଼ା ଥାଏ, ଯେଉଁ ଭ୍ରମକୁ ନେଇ ମଣିଷ ଜୀବନର ପ୍ରତିଯୋଗିତା ଚାଲେ ଏବଂ ଶେଷରେ ସେ ଅନୁଭବ କରେ ଅସାର-ଅଳୀକ ଜୀବନ ଛନ୍ଦକୁ। ହୃଦୟର ଆବେଗ ତାଙ୍କର ସ୍ୱପ୍ନଭର୍ତ୍ତି ମାଠିଆ ଓ ସୁନାର ହରିଣ ସମ୍ମୁଖରେ ତ୍ରସ୍ତ-ତଟସ୍ଥା, ହଜିଥିବା ଆତ୍ମୀୟଙ୍କୁ ଖୋଜିବାରେ ତାଙ୍କର ବିରାମ ନାହିଁ। କବିଙ୍କର ପ୍ରଶ୍ନ-

"କେଉଁଠି ମିଳିବେ ସବୁ ହଜିଥିବା ମୁହଁମାନେ, ଆତ୍ମୀୟଙ୍କ ଦେହମାନେ ? ହାତ ମୁଠା ଭର୍ତ୍ତି ମୋର ଶହ ଶହ ଆଶାଙ୍କ ଶବରେ।" (ଶୂନ୍ୟତାର ଶେଷକଥା - ପୃ:୬)

ଅଧ୍ୟାପକ ପରାଶର ମିଶ୍ରଙ୍କ 'ଶୂନ୍ୟତାର ଶେଷକଥା' ସଂକଳନସ୍ଥ ବୟାଳିଶ ଗୋଟି କବିତାରେ କବିଚିନ୍ତାର ମୁଖ୍ୟତଃ ଦୁଇଟି ରୂପ ହୃଦ୍‌ବୋଧ ହୁଏ।

(୧) ଜୀବନମୂଲ୍ୟ ଏବଂ ଆତ୍ମାନ୍ୱେଷଣର ସ୍ୱର

(୨) ସ୍ଥାନୀୟତାର ସ୍ୱର

'ଶୂନ୍ୟତାର ଶେଷକଥା', 'ଉଦ୍ଧତ ଉବାଚ', 'ବିସ୍ଫୋରଣ', 'ବିଟୁବାବୁ' ଇତ୍ୟାଦି କବିତାରେ ସମକାଳୀନ ସମୟର ଚିତ୍ର ବେଶ୍ ମର୍ମରିତ ହୋଇଛି। କବି ଖୁବ୍ ସମ୍ବେଦନଶୀଳ ହୋଇଥିବାରୁ ନାରୀତ୍ୱ, ଭ୍ରାତୃତ୍ୱ, ମନୁଷ୍ୟତ୍ୱକୁ ମହତ୍ତ୍ୱ ଦେଉଛନ୍ତି। କବିଙ୍କୁ ସାମାଜିକ ଅବ୍ୟବସ୍ଥା, ଅନୀତି, ଦୁର୍ନୀତି କ୍ଷତାକ୍ତ କରୁଛି। କବିଙ୍କ ଶବ୍ଦରେ-

"ଏଇ ଯେ ଆତଙ୍କ
ହିଂସାର ଜରାୟୁ ଧର ପଲା ନୀତିରେ
ଜୈବିକ କର୍ମକାଣ୍ଡି ହାଣକାଟ
ଶୋଷଣ, ଧର୍ଷଣ, ଲୁଣ୍ଠନ, ବୋମା ବିସ୍ଫୋରଣ

x x x

ଫାଶୀଖୁଣ୍ଟରୁ ରାଜପ୍ରାସାଦ ଯାଏ
ଲହୁ ଲୁହ ରକ୍ତର ନିଆଁ
ଧାଇଁଥାଏ ଶୂନ୍ୟ ସିଂହାସନ ନୂତନ ରାଜା
ଓ ତା' ଅନୁଶାସନର ପର୍ବ ଦେଖିବାକୁ।" (ବିସ୍ଫୋରଣ - ପୃ:୭)

'ଭିନ୍ନ ସ୍ୱରେ : ଭଦ୍ରଲୋକ' କବିତାରେ କବିଙ୍କ ଦାର୍ଶନିକ-ମନସ୍ତତ୍ତ୍ୱ ପାଠକଙ୍କ ହୃଦୟରେ ରେଖାପାତ ଓ ଦର୍ଶନର ଯୁଗଳବନ୍ଦୀ କରିଛନ୍ତି। ଏକ ପାର୍ଶ୍ୱରେ ଅହଂକାରର ନିବୁଜ କୋଳପ ଭିତରେ ମଣିଷ ଦୈହିକ ତଥା ବିଷୟକୈନ୍ଦ୍ରିକ ମାୟା ତାକୁ ଗତିଶୀଳ କରିଛି। ଅପର ପାର୍ଶ୍ୱରେ କେବଳ ଆଦର୍ଶର ଦ୍ୱାହି ଦେଇ ମାନବବାଦର ହତ୍ୟା ଚାଲିଛି। କବିଙ୍କ ଶବ୍ଦରେ-

"ମୋ ମୁଣ୍ଡ ଭିତରେ ବୃକୋଦର, ବ୍ୟାସ, ଗାନ୍ଧୀ
ମାର୍କସ, ମାଓର ଦର୍ଶନ, ବାଇବେଲ୍, କୋରାନ
ଗୀତାର ତତ୍ତ୍ୱ।
ବିପ୍ଳବ ପୁଣି ଝପଟି ଆସେ ସହର ଇଲାକାକୁ
ଘଡ଼ିର ନିର୍ଦ୍ଧାରିତ ସତର୍କ ଧ୍ୱନିରେ।" (ଭିନ୍ନ ସ୍ୱରେ : ଭଦ୍ରଲୋକ)

'ବିଟୁବାବୁ' କବିତାରେ ପୃଥିବୀର ପ୍ରତିଟି ମଣିଷକୁ ନିରୀହ-ନିଷ୍ପାପ ଶିଶୁ କରିଦେବା ନିମନ୍ତେ ଈଶ୍ୱରଙ୍କ ନିକଟରେ ଅନୁରୋଧ ସହିତ ଅସତ୍ୟରୁ ସତ୍ୟକୁ ଏବଂ ଅନ୍ଧକାରରୁ ଆଲୋକ ଆଡ଼କୁ ଗତିଶୀଳ ହେବାର ଆଶାନ୍ୱିତ ଆହ୍ୱାନ ରହିଛି ।

ରାଜନୀତି ବିଜ୍ଞାନର ଛାତ୍ର ଭାବରେ ଶ୍ରୀ ପରାଶର ମିଶ୍ର ତାଙ୍କ କବିତାରେ ଓଡ଼ିଶାର ରାଜନୀତିକ ପ୍ରେକ୍ଷାପଟକୁ ସ୍ୱାଭାବିକ ଭାବରେ ଆପଣେଇ ନେଇଛନ୍ତି । 'ବିଟୁବାବୁ' କବିତାରେ କୁଆଁ କୁଆଁ ଡାକ ଦେବ ଜୀବନ ଆରମ୍ଭ କରୁଥିବା ପ୍ରତ୍ୟେକ ଶିଶୁଙ୍କ ଜୀବନ କିପରି ଅଭିଭାବକମାନଙ୍କ ଉଚ୍ଚ ଆକାଙ୍‌କ୍ଷା ମଧ୍ୟ ଦେଇ ଆତ୍ମପ୍ରତିଷ୍ଠାର ଅନ୍ତଃସାରଶୂନ୍ୟତା ଭିତରେ ବିଭ୍ରାନ୍ତ ହୋଇଯାଏ, ତା'ର ମାର୍ମିକ ଚିତ୍ର ପ୍ରଦାନ କରିଛନ୍ତି । 'ବିଟୁ' ଏକ ନିଷ୍ପାପ, ନିରହଂକାର ଚେତନାର ଉତ୍ସ । ଯାହା ଛଳନା, ଫିସାଦି, ଜିଦ୍, ଅଭିମାନ ଓ ଅହଂକାରର ଖୁବ୍ ଊର୍ଦ୍ଧ୍ୱରେ । କବି ମିଶ୍ର ପୃଥିବୀର କୋଟି କୋଟି ଭୋକିଲା ମଣିଷଙ୍କ ପାଇଁ ସଂବେଦନଶୀଳ । ସ୍ନେହ, ପ୍ରେମ, ଦୟା, ଅନୁକମ୍ପା, କରୁଣା, ପ୍ରୀତିର ସବୁଜତା ଓ ଶୀତଳତାର ଆକାଙ୍‌କ୍ଷା ନେଇ ଆଗାମୀ ସମୟକୁ ପ୍ରତୀକ୍ଷା କରିଛନ୍ତି । ସାଂପ୍ରତିକ ସମୟର ଗୋଲକଧନ୍ଦା ଭିତରେ ଏତେ ବୀଭତ୍ସତା, ନିଷ୍ଠୁରତା, ହିଂସ୍ରତା, ବୋମା ବିସ୍ଫୋରଣ, ସଂଘର୍ଷ ଓ ଶୋଷଣକୁ କବି ସହ୍ୟ କରିପାରୁ ନାହାନ୍ତି । ବୈଦିକ ମନ୍ତ୍ରର ଉଚ୍ଚାରଣ - 'ଅସତୋ ମା ସଦ୍‌ଗୋମୟା'ର ମହାନ ବାର୍ତ୍ତାର ଅନୁଭବୀ ଥିବା କବି ଈଶ୍ୱରଙ୍କୁ ମାଗୁଛନ୍ତି-

"ପଙ୍ଗୁକୁ ଅଙ୍ଗ ଦିଅ
ନୀରବ ମଣିଷକୁ ଶବ୍ଦ ଦିଅ
ରଥି, ସାରଥିର ଦ୍ୱନ୍ଦ୍ୱ ହିଁ ନ ଉଠାଅ ।" (ଆଗାମୀ - ପୃ:୧୭)

କବିଙ୍କ 'ଆଗାମ' କବିତାରେ ନିଜ ଚିତାଗ୍ନିର ବିଫଳତାରୁ ଏକ ଉଜ୍ଜ୍ୱଳମୟ ପରିଧିର ସନ୍ଧାନ, ପିଞ୍ଜରା ଭାଙ୍ଗି ମୁକ୍ତି ପାଇବା, ଅନ୍ୟାୟ ଅତ୍ୟାଚାର ବିରୋଧରେ ସ୍ୱର ଉଠାଇବା, ହାତକୁ ହାତ ମିଶାଇ, କାନ୍ଧରେ କାନ୍ଧ ପକାଇ ଅଗ୍ରସର ହେବାର ଆହ୍ୱାନ ଅଛି ।

ଜଣେ ସଂବେଦୀ କବି ଭାବରେ ପରାଶର ମିଶ୍ରଙ୍କ 'ଦୁର୍ଘଟଣା' କବିତାରେ ଅକାଳରେ ଝରି ପଡ଼ିଥିବା ବନ୍ଧୁ ପ୍ରଫୁଲ୍ଲ ଦାଶଙ୍କ ପ୍ରତି ଶ୍ରଦ୍ଧାଞ୍ଜଳି ପୂର୍ଣ୍ଣ ଶବ୍ଦ କବିଙ୍କ ଦୃଷ୍ଟିରେ ତାଙ୍କର ବନ୍ଧୁ ପ୍ରଫୁଲ୍ଲ ଦାଶ ଥିଲେ, "ଏକ ଅହଂଶୂନ୍ୟ ମହାକାବ୍ୟର ମୁଖବନ୍ଧ ।" ସଂସାର, ଜଗତ ଏବଂ ପ୍ରିୟ ପରିଜନଙ୍କୁ ବେଖାତିର କରି ଏକ ନିର୍ଦ୍ଦିଷ୍ଟ ଇଲାକାରେ ସେ ଅନ୍ତର୍ହିତ ହୋଇଗଲେ ।

ଭାବପ୍ରବଣ କବି ଶ୍ରୀ ପରାଶର ମିଶ୍ରଙ୍କ ବ୍ରହ୍ମଣ୍ୟ ଚେତନାର ଏକ ମନସ୍ତାତ୍ତ୍ୱିକ ଅଭିବ୍ୟକ୍ତି ହେଉଛି 'ନିସଂଗ' କବିତା। ଯେଉଁଥିରେ ବ୍ରହ୍ମଚର୍ଯ୍ୟରୁ ବାନପ୍ରସ୍ଥ, ନିଷ୍କାମରୁ ଆପ୍ତକାମ, ଅନ୍ତୁଡ଼ିଶାଳରୁ ଶ୍ମଶାନ ଭଳି ପର୍ଯ୍ୟାୟର ପ୍ରସଙ୍ଗ ରହିଛି। ନାହଂ କର୍ତ୍ତାର ସମର୍ପଣ ଭାବ କବିଙ୍କୁ ଏକ ଉତ୍ତରିତ ଚେତନା ପ୍ରଦାନ କରିଛି। ଯେଉଁଠି କବିଙ୍କୁ ଏ ସଂସାର ମାୟା ମିରିଗର ପ୍ରଲୋଭନ, କାମ-କ୍ରୋଧ-ଲୋଭର ଯନ୍ତ୍ରଣା, ମିଛ ମାୟାର ଅଭିଯାନ ଭଳି ମନେ ହୋଇଛି।

'ଛାଇ' କବିଙ୍କ ଦାର୍ଶନିକତାର ଏକ ସୁନ୍ଦର ଅଭିବ୍ୟକ୍ତି। ସମୟ-ରୂପୀ ଛାଇ ଗତାୟୁ ହୁଏ। ସେ ଛାଇ ନେପୋଲିୟନ୍, ହିଟ୍‌ଲର, ମାର୍କ୍ସ, ଗାନ୍ଧୀ ଅବା କେଉଁ ମଣିଷର ବୋଲି ଚିହ୍ନ ରହେ ନାହିଁ। କବିଙ୍କ ଶବ୍ଦରେ ଛାଇ ଦିଏ ପ୍ରତିଶ୍ରୁତି, କାମନାର ବିନାଶରେ ଦୁଃଖର ବିନାଶ। କବିଙ୍କ ଦୃଷ୍ଟିରେ ସବୁ ଅବଧାରଣଶ, ସବୁ ଇଜମ୍, ସମସ୍ତ ସଂପର୍କ, ପୃଥିବୀର ବେଶ ଓ ମଣିଷର ସ୍ଥିତି ନିରର୍ଥକ ଅସାର। କେବଳ ଆତ୍ମାର ଛାଇ ହିଁ ତାଙ୍କର ଏକାନ୍ତ ସହଚର।

କବି ପରାଶର ମିଶ୍ର ଜଣେ ନିରହଂକାରୀ-ଆବେଗପ୍ରବଣ କବି। 'ନୀରବତାରେ ଈଶ୍ୱର ଏକ / ଦୁଇ' କବିତା ଦ୍ୱୟରେ କବିଙ୍କର ଆଧ୍ୟାତ୍ମିକତ ଆସ୍ପୃହାର ଦୃଷ୍ଟି ଓ ଦର୍ଶନ ଅତ୍ୟନ୍ତ ସମୁଚ। କବି ଅଦୃଶ୍ୟ ଅସ୍ତିତ୍ୱ-ନିରୁଦ୍ଦେଶ୍ୟ ସତ୍ୟ ପାଖରେ ସମର୍ପିତ। ସେ ଉଲ୍ଲେଖ କରିଛନ୍ତି-

"ସତର୍କ ପ୍ରତିଛବିରେ ଲମ୍ବିଯାଏ ନୀରବତାର ଲତାଟିଏ; ସର୍ବଧର୍ମାନ୍ ପରିତେଜ୍ୟ
ମାମେକଂ ଶରଣଂ ବ୍ରଜ-ହାତ ଯୋଡ଼ିଲେ ଏଇମିତି
କେନ୍ଦ୍ରୀଭୂତ ମୋ ଦେହର ସବୁ ଶକ୍ତି
ଛିଟ୍‌କି ପଡ଼େ ଖୋଲା ଇଲାକାକୁ
ଜନ୍ମ ନିଏ ବିକୃତ ସୈଶ !

x x x

ଛବିଟିଏ ନାମ ତାଙ୍କର ଈଶ୍ୱର।"

କବିଙ୍କ ପାଇଁ ଈଶ୍ୱର 'ନିରାପତ୍ତାର ନୀଡ଼ ଭିତରେ ନୀରବତାର ଆଲିଙ୍ଗନଟିଏ।' ପୁଣି ମଧ୍ୟ ବଞ୍ଚିବାର ବିଶ୍ୱାସ। କବିଙ୍କ 'ଅପରିବର୍ତ୍ତିତ ସମୟର ବିଦାୟ ପର୍ଯ୍ୟାୟ : ୧୯୭୭', 'ନିଂସଗ ପୃଥିବୀ', 'ସ୍ୱାଗତଂ ଅଗଷ୍ଟ ୧୫' ଇତ୍ୟାଦି କବିତାରେ ସାମୟିକ, ସାମାଜିକ ତଥା ରାଜନୀତିକ ଘଟଣାବଳୀର ନିଛକ ଚିତ୍ର ରହିଛି। ପ୍ରତ୍ୟେକ କବିତାରେ କବି ଏକ ସମ୍ଭାବନାମୟ ସୁନ୍ଦର ପୃଥିବୀର ସ୍ୱପ୍ନ ଦେଖିଛନ୍ତି। କବିଙ୍କ 'ସ୍ମୃତି ତର୍ପଣ' ଓ 'ପ୍ଲାଟୋ' କବିତାରେ ପ୍ରାଚ୍ୟ ଓ ପାଶ୍ଚାତ୍ୟର ଦୁଇ ମନୀଷୀଙ୍କ ପ୍ରତି ନିବିଡ଼

ଶ୍ରଦ୍ଧାର ସ୍ୱର ମର୍ମରିତ ହୋଇଛି । ଅନୁରୂପ ଭାବରେ ସମ୍ବଲପୁର, ଖଇରୀ, କଟକ ଭଳି ସ୍ଥାନୀୟ ଅଞ୍ଚଳଗୁଡ଼ିକ ମଧ୍ୟ ତାଙ୍କ କବିତାକୁ ଶବ୍ଦ ଯୋଗାଇଛନ୍ତି । ବିଶେଷ କରି 'କଟକ : ୧୯୭୮', 'କଟକରେ ଖରା', 'ନିଜ ଗାଁ ଇଲାକାରେ', 'ନିଜ ଘର' ଇତ୍ୟାଦିରେ କବିଙ୍କର ସ୍ମୃତି ବିଗଳିତ ସମୟ ରସୋଜ୍ଜ୍ୱଳ ହୋଇଛି ।

'କଥା' ଏକ ଭଙ୍ଗା ସିଲଟ'ର କବିତାରେ କବି ମିଶ୍ରଙ୍କ 'ଆତ୍ମାନ୍ୱେଷଣ'ର ସ୍ୱର ମର୍ମରିତ । ଭଙ୍ଗା ସିଲଟ ପରି ଗତାୟୁ ସ୍ମୃତି ଓ ସଂଗ୍ରାମ ଭିତରୁ ସେ ନିଜ ପରିଚିତ ଚେହେରାକୁ ଖୋଜୁଛନ୍ତି । କବିଙ୍କ ଶବ୍ଦରେ-

"ମୁଁ ଏକ ଭଙ୍ଗା ମଣିଷ ।
ଅନିୟମିତ ଛନ୍ଦରେ ସେ ତେବେ ନିୟମିତ
ସୁର ଦେଇ ମୋରା ଅକ୍ଷତ ସ୍ମୃତିକୁ
ବିକ୍ଷତ କରିବାକୁ ଭଲପାଏ (କେଜାଣି କାହିଁକି ?)
ମୁଁ ଜାଣେ ସେ କିନ୍ତୁ ପ୍ରେମ କରେ ଅତି ଜୋରେ
ଏଇ ଅବୁଝା ପାଞ୍ଚଫୁଟ ଦୁଇ ଇଞ୍ଚ ଉଚ୍ଚତାର
ପରାଶର ମିଶ୍ରକୁ ।" (କଥା ଏକ ଭଙ୍ଗା ସିଲଟର- ପୃ:୩୦)

ପ୍ରବୃତ୍ତିର ଦଉଡ଼ିରେ ବନ୍ଧା ପ୍ରତ୍ୟେକ କବି ଭିତରେ ଚଣ୍ଡାଶୋକ-ଧର୍ମାଶୋକ, ସାକ୍ୟସିଂହ-ସିଦ୍ଧାର୍ଥର ଉଭୟବିଧ ସ୍ୱରୂପକୁ କବି ନିଜ ବୌଦ୍ଧିକ ଚେତନାରେ ଅନୁଭବ କରନ୍ତି । ପରିଶେଷରେ କବିଙ୍କ ଆତ୍ମସମର୍ପଣ ମୃତ୍ୟୁର ଚିରନ୍ତନ ପରିଧି ନିକଟରେ । ଯେଉଁଠି କବି କହନ୍ତି-

"ମୋର ଅବା କେତେ ଜାଗା ଲୋଡ଼ା
ଛଅ ଫୁଟରେ ଚାରି ଫୁଟ ଆବଦ୍ଧ ଇଲାକା
ବାହାରେ ପୃଥିବୀର ପାଟିତୁଣ୍ଡ ଡାକହାକ -
ଗାଁ ପାଖ ମଶାଣିର ।
ମଶାଣିର ଦେହ ଆଡ଼େ ମୁହଁ କରି ଠିଆହେବା ପରେ
ଆତ୍ମାର ଛାଇ ଦିଶେ ନିଆଁ ଆଉ ଧୂଆଁଙ୍କର
ମିଶ୍ରିତ କ୍ରସ୍‌ରେ ।" (ଜୀବନ ସଂପର୍କିତ - ପୃ:୩୨)

ପାପ ପାଇଁ ପ୍ରାୟଶ୍ଚିତ୍ତ, ସ୍ୱାର୍ଥପରତାର ଶେଷ, ମରଣ ହିଁ ଧ୍ରୁବସତ୍ୟ, ନିର୍ବାଣର ପଥ କବି ମିଶ୍ରଙ୍କ ଦର୍ଶନର ସମୁଚ୍ଚ ରୂପ ଯାହା ତାଙ୍କ କବିତ୍ୱକୁ ସମୃଦ୍ଧ କରିଛି । ମୁଠାଏ ଶୂନ୍ୟତା ଓ ପୁଞ୍ଜାଏ ଅନ୍ଧାରକୁ ଭୋଗିଥିବା କବିଙ୍କୁ ଶୂନ୍ୟତା ଓ ଅନ୍ଧାର ଭଲ ଲାଗେ । କବିଙ୍କ ଶବ୍ଦରେ-

ଏ ଶୂନ୍ୟତାଟା ଭାରି ଭଲ - ଯେଣୁ ସେ ନୀରବ
ତଥାପି ଏ ଅନ୍ଧାରଟା ଭାରି ଭଲ - ଯେଣୁ ସେ ନିଥର
ଶୂନ୍ୟତା ଓ ଅନ୍ଧାର - ଅନ୍ଧାର ଓ ଶୂନ୍ୟତା ଦୁଇଟି
ପରସ୍ପର ସମାନ୍ତରାଳ ସରଳରେଖା ହୋଇ ମଧ୍ୟ
ଏକାକାର ହୁଅନ୍ତି x x x
ଏ ସହରେ - ସେ ସହରେ - ସାରା ଦୁନିଆରେ।" (ମୁଠାଏ ଶୂନ୍ୟତା ଓ ପୁଞ୍ଜାଏ ଅନ୍ଧାର ସଂପର୍କରେ - ପୃ:୬୪)

କବି ପରାଶର ମିଶ୍ରଙ୍କ ଜୀବନବୋଧକୁ ଶକ୍ତିଶାଳୀ କରିଛି ତାଙ୍କର ଗ୍ରାମ୍ୟପ୍ରୀତି ଯାହା ସଂଗୁପ୍ତ ପୁଣି ନିବିଡ଼। ତାଙ୍କ ଶବ୍ଦରେ-

"ସହରଠୁଁ ସାମୟିକ ବିଦାୟ ହିଁ ଏଇଆ:
ଫର୍ଦ୍ଦ ଫର୍ଦ୍ଦ ତିକ୍ତ ଅନୁଭୂତିର ବହୁ ଦୂରରେ
ଅନ୍ତରଙ୍ଗତାର ନିର୍ଦ୍ଦିଷ୍ଟ ସୂଚନା - ଅସରନ୍ତି ଉତ୍ସର
ଊର୍ଦ୍ଧ୍ୱସ୍ଥିତି : ମୋ ଗାଁର ପୃଥକ୍ ଇଲାକା।" (ନିଜ ଗାଁ ଇଲାକାରେ - ପୃ:୪୨)

କବି ମିଶ୍ରଙ୍କୁ ତାଙ୍କ ଜନ୍ମମାଟି ପ୍ରଚୁର ଆତ୍ମୀୟତାପୂର୍ଣ୍ଣ ପରିସର ତଥା ନିରାପତ୍ତା ପ୍ରଦାନ କରେ। ସେଇ ମାଟି ହିଁ ତାଙ୍କୁ ପ୍ରିୟ-ପରିଜନଙ୍କ ସଂପର୍କକୁ ଚିହ୍ନାଇଛି। ତେଣୁ ସେ ଗାଁକୁ ବିଶ୍ୱାସ କରି କହନ୍ତି-

"ଆପେକ୍ଷିକ ନିରାପତ୍ତା ଗାଁ ଜୀବନ ଦେଖେଇଦେବ
ଉପରେ ନଙ୍ଗଳା ଆକାଶ ଅଥୟ ପବନଙ୍କ ଆମନ୍ତ୍ରଣ
ତଳେ ରଜସ୍ୱଳା ମାଟିର ଆହ୍ୱାନ।" (ତତ୍ରୈବ)

'ଘର' କବିତାର ଏକ ମନୋଜ୍ଞ ପରିଭାଷା ପ୍ରଦାନ କରିବାକୁ ଯାଇ କବିଙ୍କ ଭାବ ଛଳଛଳ ଶବ୍ଦ ବେଶ୍ ହୃଦ୍ୟ ମନେହୁଏ -

"ଜୀବନ ନିଃସଙ୍ଗ ଲାଗେ ରେ
ବୋଲି ତ ଗଢ଼ାଯାଏ ପିଲାଙ୍କ
କଳରୋଳରେ ଉଠ୍‌ପଡ଼
ହେଉଥିବା ଘର।
x x x
ନିଜ କଥା ନିଜେ ଶୁଣି ନିଜକୁ ନିଜେ ଲୁଚାଇ
ସଚ୍ଚୋଟପଣିଆ ଦେଖାଇବା ପାଇଁ
ଘରଟିଏ ଲୋଡ଼ା 'ନିଜ ଘର'।" (ନିଜର ଘର - ପୃ:୪୬)

ଚିତ୍ରକଳ୍ପର ପ୍ରୟୋଗ:

ଅଠାମୁଦା ଜୀବନ, ଅନ୍ଧାରି ଦେହ, ସୁନାର ହରିଣ, ସ୍ୱପ୍ନଭର୍ତ୍ତି ମାଠିଆ, ଅନ୍ଧାରର ନରମ ଶେଯ, ବର୍ଷାର ଲମ୍ବା ଆରିସି, ଅଲାଜୁକୀ ଝିଅ ପରି ଜଳଜଳ ଚାହୁଁଥିବା ପୃଥିବୀଟା, ସତୀତ୍ୱର ଲମ୍ବା ଓଢ଼ଣ, ସଂପର୍କର ରୁମାଲ, ପ୍ରଣୟର ସମାଧି ମନ୍ଦିର, ଅପାର୍ଥିବ ଉଜ୍ଜ୍ୱଳତା, ବିବର୍ଣ୍ଣ ପବନ, ସ୍ନେହଭର୍ତ୍ତି କଂକ୍ରିଟ ଛାତି, ସହାନୁଭୂତିର ପକ୍ଷୀ, ଶାମୁକାର ବିପ୍ଳବ, ଯନ୍ତ୍ରଣାର ପ୍ୟାରେଡ୍, ଉତ୍ତେଜନାର ଅନ୍ଧକାର, ଆତ୍ମପ୍ରତାରଣାର ସୋପାନ, ଶବବୁହା କଫିନ୍, ଅପରିଚିତ ଅନ୍ଧାର, ଗ୍ରୀଷ୍ମର କରେଣ୍ଟ୍‌ଦିଆ ଚାବୁକ, ଆତ୍ମାର ଦର୍ପଣ, ବାଦଲ ଚାଦର ଇତ୍ୟାଦି।

ଗ୍ରାମୀଣ ଶବ୍ଦ:

ତେ ବିରି, ଝପଟି, ରେଜା, ଉତୁରା ଇତ୍ୟାଦି।

ଯୁଗ୍ମ ଶବ୍ଦ:

କୁଆଁ କୁଆଁ, ଫିନ୍‌ଫିନ୍, କୋଟି କୋଟି କୋଟି, ଖୋଜି ଖୋଜି, କୁତୁକୁତୁ, ଭଙ୍ଗା ଭଙ୍ଗା, ମୁଣ୍ଡା ମୁଣ୍ଡା, ଥୁଣ୍ଟା ଥୁଣ୍ଟା, ଥରି ଥରି, ପ୍ରସ୍ତ ପ୍ରସ୍ତ, ପୁଞ୍ଜା ପୁଞ୍ଜା ଇତ୍ୟାଦି।

ପ୍ରବାସୀ କବି ପରାଶର ମିଶ୍ର ଓଡ଼ିଆ ଭାଷା-ସାହିତ୍ୟର ଜଣେ ଦାୟବଦ୍ଧ ସଂରକ୍ଷକ। 'ଶୂନ୍ୟତାର ଶେଷକଥା' ତାଙ୍କର ଏକ ପ୍ରୟୋଗବାଦୀ କବିତା ସଂକଳନ କହିଲେ ଭୁଲ୍ ହେବ ନାହିଁ। ଦର୍ଶନ-ଜୀବନ ତଥା ମନନର ଅଦ୍ଭୁତ ସମନ୍ୱୟ ତାଙ୍କ କବିତାକୁ ଋଦ୍ଧିମନ୍ତ କରିଛି। ଏହି ମାତ୍ର ଗୋଟିଏ କବିତା ସଂକଳନ କବି ପରାଶର ମିଶ୍ରଙ୍କ କବିପଣର ଯେ ସାର୍ଥକ ଇସ୍ତାହାର ଏଥିରେ ସନ୍ଦେହ ନାହିଁ।

■

ବିଭାଗ ମୁଖ୍ୟ, ଓଡ଼ିଆ ଭାଷା-ସାହିତ୍ୟ ବିଭାଗ
ରମାଦେବୀ ମହିଳା ବିଶ୍ୱବିଦ୍ୟାଳୟ, ଭୁବନେଶ୍ୱର

ସତ୍ୟ ପଟ୍ଟନାୟକ

ସତ୍ୟ ପଟ୍ଟନାୟକ (୧୯୬୨): ସତ୍ୟ ପଟ୍ଟନାୟକ ଏକାଧାରରେ ଜଣେ କବି, ଗାଳ୍ପିକ, ଅନୁବାଦକ, ସଂପାଦକ ତଥା ପ୍ରକାଶକ। ବୃତ୍ତିରେ ସେ ସୂଚନା ଓ ପ୍ରାଦ୍ୟୋଗିକ ବିଭାଗର ବିଶେଷଜ୍ଞ କିନ୍ତୁ ପ୍ରବୃତ୍ତିରେ ଜଣେ କବି ଏବଂ ଓଡ଼ିଆ ଭାଷା-ସାହିତ୍ୟର ପ୍ରଚଣ୍ଡ ସମର୍ଥକ। ୧୯୬୨ ମସିହା ଅକ୍ଟୋବର ୨୧ ତାରିଖରେ ଢେଙ୍କାନାଳ ଜିଲ୍ଲାର କୋରିଆଁ ଗ୍ରାମରେ ପିତା ହରେକୃଷ୍ଣ ପଟ୍ଟନାୟକ ଏବଂ ମାତା ରମାମଞ୍ଜରୀ ପଟ୍ଟନାୟକଙ୍କ କୋଳମଣ୍ଡନ କରି ଭୂମିଷ୍ଠ ହୋଇଥିଲେ। ଲକ୍ଷ୍ମୀଧର ମ୍ୟୁନିସ୍‌ପାଲ ହାଇସ୍କୁଲ୍ ଢେଙ୍କାନାଳରୁ କୃତିତ୍ୱର ସହ ଉତ୍ତୀର୍ଣ୍ଣ ହୋଇ ଗଣିତରେ ଢେଙ୍କାନାଳ ମହାବିଦ୍ୟାଳୟରୁ ସ୍ନାତକ ତଥା ରେଭେନ୍‌ସା ମହାବିଦ୍ୟାଳୟରୁ ସ୍ନାତକୋତ୍ତର ଶିକ୍ଷା ସମାପ୍ତ କରି ଦିଲ୍ଲୀରେ କାର୍ଯ୍ୟରତ ଥିଲେ। ସେଠାରୁ ୧୯୯୮ ମସିହା ଅକ୍ଟୋବର ୨୧ ତାରିଖରେ ସେ ଆମେରିକା ଗସ୍ତ କରିଥିଲେ। ସାହିତ୍ୟପ୍ରାଣ ସତ୍ୟ ପଟ୍ଟନାୟକ ତାଙ୍କ ଛାତ୍ର ଜୀବନରୁ ହିଁ ଗଳ୍ପ, କବିତା ଲିଖନରେ ଅନୁବ୍ରତୀ ଥିଲେ। ୧୯୮୪ ମସିହାର ଏପ୍ରିଲ୍ ସଂଖ୍ୟା 'ଇସ୍ତାହାର' ପତ୍ରିକାରେ ତାଙ୍କର ପ୍ରଥମ କବିତା ଏବଂ ୨୦୧୭ ମସିହା 'କଥା' ପତ୍ରିକାରେ 'ବୁନ୍ଦାଏ ଲୁହର ତାଜମହଲ' ନାମରେ ପ୍ରଥମ ଗଳ୍ପ ପ୍ରକାଶ ପାଇଥିଲା। ଓଡ଼ିଶା ସୋସାଇଟି ଅଫ୍ ଆମେରିକାଜ୍‌ରୁ ପ୍ରକାଶ ପାଉଥିବା ତ୍ରୈମାସିକ ପତ୍ରିକା 'ଉତ୍କର୍ଷ'ର ସେ ସଂପାଦନା ଦାୟିତ୍ୱ ନିର୍ବାହ କରିଥିଲେ। ଆମେରିକାର ପାଠାଗାରରେ ଓଡ଼ିଆ ପୁସ୍ତକ ପ୍ରଦର୍ଶନୀର ଆୟୋଜନ ସହିତ ୨୦୧୪ ମସିହାରେ 'ଓସା' କନ୍‌ଭେନ୍‌ସନ୍‌ର ଆୟୋଜକ ଭାବରେ ସେ ନିଜର ଗୁରୁଦାୟିତ୍ୱ ସଂପନ୍ନ କରିଛନ୍ତି। ପ୍ରବାସୀ କବି ସତ୍ୟ ପଟ୍ଟନାୟକଙ୍କ ସୃଷ୍ଟି ମଧ୍ୟରେ ରହିଛି 'ପାଷାଣର ପ୍ରେମ ସଂଗୀତ', 'ଝର୍କା ଖୋଲା ଥାଉ' (ଦୁଇଟି କବିତା ସଂକଳନ), 'କ୍ଷୁଦ୍ର ଗଳ୍ପର ମୃତ୍ୟୁ ଓ ଅନ୍ୟାନ୍ୟ ବିଶ୍ୱ ଗଳ୍ପ' (ଅନୂଦିତ ଗଳ୍ପ ସଂକଳନ), 'ଆମ ନିଜର ମାଟି ଓ ଅନ୍ୟାନ୍ୟ ବିଶ୍ୱ କବିତା' ଅନୂଦିତ କବିତା ସଂକଳନ। ସେ ଆମେରିକାରୁ ପ୍ରକାଶିତ ଓଡ଼ିଆ ପତ୍ରିକା 'ପ୍ରତିଶ୍ରୁତି'ର ସମ୍ପାଦନା କରନ୍ତି। ସଂପ୍ରତି ସେ ଆମେରିକାର ଓ୍ୱହିଓ ରାଜ୍ୟର ଡବ୍‌ଲିନ୍ ସହରରେ ଅବସ୍ଥାନ କରୁଛନ୍ତି।

ସୃଜନ ଓ ସଂଗଠନର ପୃଥକ୍ ପରିଭାଷା ସତ୍ୟ ପଟ୍ଟନାୟକ

ଡକ୍ଟର ଗୌରହରି ଦାସ

ବିଂଶ ଶତାବ୍ଦୀର ଶେଷଭାଗ ଏବଂ ଏକବିଂଶ ଶତାବ୍ଦୀର ଆଦ୍ୟ ଦୁଇ ଦଶନ୍ଧି ଭିତରେ ଯେଉଁ କେତେଜଣ ପ୍ରବାସୀ ଓଡ଼ିଶାର ସାରସ୍ୱତ ମଣ୍ଡଳକୁ ନିଜ ନିଜ ପ୍ରତିଭାରେ ଦୀପ୍ତିମନ୍ତ କରିଛନ୍ତି ସେମାନଙ୍କ ମଧ୍ୟରୁ ସତ୍ୟ ପଟ୍ଟନାୟକଙ୍କ ନାମ ସର୍ବାଗ୍ରେ ରହିବ। ସାହିତ୍ୟ ରଚନା, ପତ୍ରିକା ସଂପାଦନା, ପୁସ୍ତକ ପ୍ରକାଶନ, ବିଶ୍ୱସାହିତ୍ୟର ଧ୍ରୁପଦ ସୃଷ୍ଟିଗୁଡ଼ିକୁ ଓଡ଼ିଆ ସାହିତ୍ୟରେ ଉପଲବ୍ଧ କରିବାଲାଗି ନିଷ୍ଠାପର ଉଦ୍ୟମ, ସଂଗଠନ ଏବଂ ବିଦେଶ ଭୂଇଁରେ ଶ୍ରୀଜଗନ୍ନାଥ ସଂସ୍କୃତିର ପ୍ରଚାର-ପ୍ରସାର କ୍ଷେତ୍ରରେ ତାଙ୍କର ଐକାନ୍ତିକ ନିରବଚ୍ଛିନ୍ନ ପ୍ରଚେଷ୍ଟା ବାସ୍ତବିକ ପ୍ରଶଂସନୀୟ। ତାଙ୍କ ଆଗରୁ ଅନ୍ୟ କୌଣସି ଓଡ଼ିଆ ବ୍ୟକ୍ତି ଦରିଆ ସେପାରିରେ ଥାଇ ଏଭଳି ଏକ ବିଶାଳ ପ୍ରକାଶନ ସଂସ୍ଥା ପ୍ରତିଷ୍ଠାର ଦୁଃସାହସ କରି ନ ଥିଲେ। ଆଉ କୌଣସି ଓଡ଼ିଆ ପ୍ରକାଶକ ନେରୁଦାଙ୍କ ଠାରୁ ଆରମ୍ଭ କରି ଇଲିଅଟ୍‌ଙ୍କ ପର୍ଯ୍ୟନ୍ତ - ବିଖ୍ୟାତ ବିଦେଶୀ ଲେଖକଙ୍କ ପୁସ୍ତକ ପ୍ରକାଶନର ଅଧିକାର ହାସଲ କରି ନ ଥିଲେ। ଏ କ୍ଷେତ୍ରରେ ତାଙ୍କର ଦୂରଦୃଷ୍ଟି, ସ୍ୱପ୍ନ ଏବଂ ସାଧନା ତାଙ୍କୁ ଓଡ଼ିଶାର ବୌଦ୍ଧିକ ବଳୟରେ ସ୍ମରଣୀୟ କରି ରଖିବ।

ସତ୍ୟ ପଟ୍ଟନାୟକଙ୍କ ଭୂମିକାକୁ ମୁଖ୍ୟତଃ ତିନି ଭାଗରେ ବିଭକ୍ତ କରାଯାଇପାରେ। ପ୍ରଥମଟି ସୃଜନ, ଯାହା ଭିତରେ ସଂପାଦନା-ଅନୁସୃଜନ ମଧ୍ୟ ଅନ୍ତର୍ଭୁକ୍ତ। ଦ୍ୱିତୀୟଟି ହେଲା ପୁସ୍ତକ ପ୍ରକାଶନ ଓ ପ୍ରସାର ଏବଂ ତୃତୀୟଟି ହେଲା

ସାଂଗଠନିକ। ଏସବୁ ଭିତରେ ତାଙ୍କର ଗୋଟିଏ ଆଭିମୁଖ୍ୟ ସୁସ୍ପଷ୍ଟ। ଓଡ଼ିଆ ସାହିତ୍ୟକୁ ବିଶ୍ୱ ଦରବାରରେ ପହଞ୍ଚାଇବା, ପ୍ରତିଟି ଓଡ଼ିଆ ଲେଖକଙ୍କୁ ତାଙ୍କର ସାହିତ୍ୟ ପ୍ରକାଶିତ ହେବା ଦିଗରେ ଭିତ୍ତିଭୂମି ଯୋଗାଇବା, ଓଡ଼ିଶା ବାହାରେ ଥିବା ଓଡ଼ିଆମାନଙ୍କୁ ସେମାନଙ୍କର ମାତୃଭାଷା ସମ୍ବନ୍ଧରେ ସଚେତନ କରାଇବା, ବିଶ୍ୱସ୍ତରୀୟ ସାହିତ୍ୟର ଅନୁବାଦ ଆଣି ଓଡ଼ିଆ ପାଠକଙ୍କ ପାଖେ ପହଞ୍ଚାଇବା, ଶ୍ରେଷ୍ଠ ଓଡ଼ିଆ ସାହିତ୍ୟକୁ ଅନୁବାଦ ମାଧ୍ୟମରେ ଭିନ୍ନ ଭିନ୍ନ ଦେଶରେ ପହଞ୍ଚାଇବା, ସୃଜନ ଓ ଅନୁସୃଜନ ଜରିଆରେ ନିଜେ ଓଡ଼ିଆ ସାହିତ୍ୟକୁ ନିର୍ଦ୍ଦିଷ୍ଟ ଅବଦାନ ଦେଇଯିବା ଏବଂ ସର୍ବୋପରି ଓଡ଼ିଆଭାଷୀ ଓ ଓଡ଼ିଶାବାସୀଙ୍କୁ ଏକ ଗର୍ବ-ଗୌରବରେ ଅଭିଷିକ୍ତ କରିବାଲାଗି କ୍ଷେତ୍ର ପ୍ରସ୍ତୁତି କରିବା। ଏସବୁ କାର୍ଯ୍ୟ ପାଇଁ ନିଜର ଶ୍ରମ-ସମୟ-ସମ୍ବଳ ବିନିଯୋଗ କରି ସତ୍ୟ ପଟ୍ଟନାୟକ ଜଣେ ବିଦଗ୍ଧ ଓଡ଼ିଆପ୍ରାଣ ସାରସ୍ୱତ ସ୍ରଷ୍ଟା ଭାବରେ ନିଜକୁ ପ୍ରତିଷ୍ଠିତ କରିପାରିଛନ୍ତି। ତାଙ୍କର ଏହି ଭୂମିକା ଯେ ଆଗାମୀ ସମୟରେ ପୃଥିବୀର ଭିନ୍ନ ଭିନ୍ନ ଦେଶରେ ରହିଥିବା ଓଡ଼ିଆ ଯୁବକଯୁବତୀଙ୍କୁ ନିଜର ମାତୃଭୂମି ଓ ମାତୃଭାଷା ପାଇଁ କିଛି କାର୍ଯ୍ୟ କରିଯିବା ଲାଗି ଉଦ୍‌ବୁଦ୍ଧ କରିବ, ଏଭଳି ସ୍ୱପ୍ନ ଦେଖିବା ଅମୂଳକ ନୁହେଁ। ଥରୁଟିଏ ଲାଗି ଚିନ୍ତା କରାଯାଉ – ଜାତିସଂଘର ସଦସ୍ୟ ଥିବା ୧୯୩ ଦେଶ ମଧ୍ୟରୁ ଯଦି ଅନ୍ୟୂନ ୧୦୦ଟି ଦେଶରେ ସତ୍ୟ ପଟ୍ଟନାୟକଙ୍କ ପରି ଜଣେ ଜଣେ ଓଡ଼ିଆ ଲେଖକ-ପ୍ରକାଶକ-ସଂପାଦକ ବାହାରିବେ ଏବଂ ପୃଥିବୀର ଶହେ ଦେଶରେ ରହୁଥିବା ଓଡ଼ିଆ ଲୋକଙ୍କ ପାଖରେ ଓଡ଼ିଆ ବହି ପହଞ୍ଚିବ ତାହାହେଲେ ଓଡ଼ିଆ ଭାଷା ସାହିତ୍ୟର ପରିସର କେତେ ପ୍ରଶସ୍ତ ଓ ବ୍ୟାପକ ନ ହେବ! ଯଦି ଭବିଷ୍ୟତରେ କୌଣସି ଦିନ ଏଭଳି ସ୍ୱପ୍ନ ବାସ୍ତବତାର ରୂପ ନିଏ, ତାହାହେଲେ ତାହା ପଛରେ ଏହି ବିରଳ ଓଡ଼ିଆ ସତ୍ୟ ପଟ୍ଟନାୟକଙ୍କର ଭୂମିକା ଯେ ଅବଶ୍ୟ ରହିବ – ଏହାକୁ ଅତିଶୟୋକ୍ତି କୁହାଯାଇ ନ ପାରେ।

ଜଣେ କବି ଭାବରେ ନିଜେ ପରିଚିତ ହେବାକୁ ଚାହୁଁଥିଲେ ମଧ୍ୟ ଶ୍ରୀ ସତ୍ୟ ପଟ୍ଟନାୟକଙ୍କ ବ୍ୟକ୍ତିତ୍ୱ ବହୁମୁଖୀ। ସେ ଜଣେ ପ୍ରତିଷ୍ଠିତ କବି, ଦକ୍ଷ ଅନୁବାଦକ, ସଂପାଦକ, ପ୍ରକାଶକ ଏବଂ ସଂଗଠକ। ବୈଷୟିକ ବିଶ୍ୱ ତାଙ୍କର ଜୀବିକା, ସାଂସ୍କୃତିକ ସଂସାର ତାଙ୍କର ଜୀବନ। ବୃତ୍ତି ଆଉ ପ୍ରବୃତ୍ତି ଭିତରେ ସାର୍ଥକ ସମନ୍ୱୟର ଆଉ ଗୋଟେ ଉଦାହରଣ – ସତ୍ୟ ପଟ୍ଟନାୟକ। ତାଙ୍କର ଅନୁବାଦ ଏବଂ ସଂପାଦନା କର୍ମ ବହୁ ଭାବେ ଓଡ଼ିଆ ସାହିତ୍ୟକୁ ସମୃଦ୍ଧ କରିଛି। 'ପ୍ରତିଶ୍ରୁତି'ର ସଂପାଦକ ଭାବରେ ସେ ସମସାମୟିକ ଓଡ଼ିଆ ସାହିତ୍ୟକୁ ଯୁକ୍ତରାଷ୍ଟ୍ର ଆମେରିକାରେ ବସବାସ କରୁଥିବା ଓଡ଼ିଆଭାଷୀଙ୍କ ପାଖରେ ପହଞ୍ଚାଇଥିବାବେଳେ 'ଆମ ନିଜର ମାଟି ଓ ଅନ୍ୟାନ୍ୟ

ବିଶ୍ୱକବିତା' ଏବଂ 'କ୍ଷୁଦ୍ରଗଳ୍ପର ମୃତ୍ୟୁ ଓ ଅନ୍ୟାନ୍ୟ ବିଶ୍ୱଗଳ୍ପ' ପରି ଦୁଇଖଣ୍ଡ ପୁସ୍ତକର ଅନୁବାଦକ ଭାବେ ସେ ପୃଥିବୀର ବିଭିନ୍ନ ଦେଶର କବିତା ଏବଂ ଗଳ୍ପ ସହ ଓଡ଼ିଆଭାଷୀ ପାଠକପାଠିକାଙ୍କୁ ପରିଚିତ କରାଇଛନ୍ତି। ତାଙ୍କ ଆଗରୁ ଆଉ କୌଣସି ସଂପାଦକ-ଅନୁବାଦକ ଏହି କାମଟିକୁ ଏଭଳି ବିସ୍ତୃତି ପଟ୍ଟଭୂମିରେ ନିର୍ବାହ କରିଥିବା ଏଇ ଆଲୋଚକର ଦୃଷ୍ଟିକୁ ଆସିନାହିଁ। ଆଦାନ-ପ୍ରଦାନର ଏହି ମାର୍ଗରେ ସତ୍ୟ ପଟ୍ଟନାୟକ ଜଣେ ନିଷ୍ଠାପର ପ୍ରତିଭା ହୋଇ ଦୃଶ୍ୟମାନ ହୁଅନ୍ତି।

୨୦୧୭ ମସିହାରେ ପ୍ରକାଶିତ ହୋଇଥିବା 'ଆମ ନିଜର ମାଟି ଓ ଅନ୍ୟାନ୍ୟ ବିଶ୍ୱ କବିତା' ଓ 'କ୍ଷୁଦ୍ରଗଳ୍ପର ମୃତ୍ୟୁ ଓ ଅନ୍ୟାନ୍ୟ ବିଶ୍ୱଗଳ୍ପ' ବହି ଦୁଇଟିର ପରିକଳ୍ପନା ଦୀର୍ଘଦିନର। ବହି ଯୋଡ଼ିକର ପ୍ରସ୍ତୁତି ପାଇଁ ଆଗ୍ରହର ପୃଷ୍ଠଭୂମି ସଂବନ୍ଧରେ ସତ୍ୟ ପଟ୍ଟନାୟକ 'ଏହି ସଂକଳନ ପଛର କାହାଣୀ' ଶୀର୍ଷକରେ ଲେଖିଛନ୍ତି, "ପଚିଶ ଡିସେମ୍ବର ୨୦୧୪। କ୍ରିସମାସ ସକାଳ। ବିଗତ କୋଡ଼ିଏ ବର୍ଷର ଆମେରିକା ରହଣିରେ ଯେଉଁ କେତୋଟି ଚଳଣି ଅଭ୍ୟାସରେ ପଡ଼ିଯାଇଥିଲା, ସେଥିରୁ ଗୋଟିଏ ହେଲା କ୍ରିସମାସ ଦିନ ପରିବାରର ପ୍ରତ୍ୟେକ ସଦସ୍ୟ ଅନ୍ୟକୁ ଉପହାର ଦେବା। ସକାଳୁ ଉଠି ପ୍ରଥମେ ଆମକୁ ଯିବାକୁ ହେଉଥିଲା ଫାମିଲି ରୁମରେ ସଜା ଯାଇଥିବା କ୍ରିସ୍‌ମାସ ଗଛ ପାଖକୁ। ପୂର୍ବଦିନ ରାତିରେ ସମସ୍ତେ ସମସ୍ତଙ୍କୁ ଲୁଚେଇ ଉପହାର ପ୍ୟାକିଂ କରୁଥିଲେ ଓ ସାନ୍ତାକ୍ଲଜ ନାଁରେ କ୍ରିସ୍‌ମାସ ଗଛ ତଳେ ରଖି ଦେଉଥିଲେ। ସେଦିନ ସକାଳେ ମୁଁ ଯେତେବେଳେ ମୋର ଉପହାର ଖୋଲିଲି, ମୋ ଝିଅ ସଦ୍ୟସ୍ନାତାର ମୋ ପାଇଁ ଉପହାର ଥିଲା ତିନୋଟି କବିତା ସଂକଳନ- ରବର୍ଟ ଫ୍ରଷ୍ଟ, ଏମିଲି ଡିକେନ୍‌ସନ୍ ଏବଂ ରୁମିଙ୍କର। ମୁଁ ଅତ୍ୟନ୍ତ ଖୁସି ହୋଇଥିଲି ଏଥିପାଇଁ ଯେ ମୋର କବିତା ସହିତ ଥିବା ଆବେଗିକ ସମ୍ପର୍କକୁ ମୋ ଝିଅ ବୁଝି ପାରିଥିଲା।

"ପ୍ରବାସରେ ରହୁଥିବା ମୋ ପରି ଜଣେ ଓଡ଼ିଆ କବିତା ପ୍ରେମୀ ପାଇଁ କବିତା ପଢ଼ିବାର ଏକମାତ୍ର ଉପାୟ ହେଲା ଖବରକାଗଜମାନଙ୍କରେ ବାହାରୁଥିବା ସାପ୍ତାହିକ ସାହିତ୍ୟ ପୃଷ୍ଠା। ମୋତେ ଛୁଇଁଲା ପରି କବିତା କିନ୍ତୁ କମ୍ ମିଳିଥାଏ ସେଥିରେ। ସେଥିପାଇଁ ମୋତେ ଅନ୍ୟ ଦେଶର କବିମାନଙ୍କର ଇଂରାଜୀ କବିତା ଉପରେ ନିର୍ଭର କରିବାକୁ ପଡ଼ିଥାଏ। ସ୍ଥାନୀୟ ଲାଇବ୍ରେରୀରେ ଅନେକ ଦେଶର କବିତା ସଂକଳନ ମିଳିଯାଏ। ଏହା ବ୍ୟତୀତ ପ୍ରତିଦିନ ପ୍ରକାଶିତ ହେଉଥିବା କବିତା ୱେବ୍‌ସାଇଟ୍‌ମାନଙ୍କରୁ ମଧ୍ୟ ମୁଁ କବିତା ପଢ଼େ। କବିତାଟିଏ ପଢିଲା ପରେ, ଯଦି ସେ କବିତା ମୋତେ ଛୁଏଁ, ମୁଁ ସେ କବିଙ୍କ ସମ୍ପର୍କରେ ଜାଣିବାକୁ ଚେଷ୍ଟା କରେ ଓ ତାଙ୍କର ଆଉ କିଛି କବିତା ପଢ଼ିଥାଏ। ୨୦୧୪ର ସେଇ କ୍ରିସ୍‌ମାସ ସକାଳେ ରବର୍ଟ ଫ୍ରଷ୍ଟ, ଏମିଲି ଡିକିନ୍‌ସନ୍ ଏବଂ

ରୁମିଙ୍କ ସଂକଳନ ଉପରେ ଥରେ ଆଖି ବୁଲାଇ ନେଲାପରେ, କେଜାଣି କାହିଁକି, ପ୍ରଥମ ଥର ପାଇଁ ସେଇ କବିତାକୁ ଓଡ଼ିଆରେ ପଢ଼ିବାକୁ ଇଚ୍ଛା ହେଲା। ରୁମିଙ୍କର ଗୋଟିଏ କବିତା ଅନୁବାଦ କରି ପଢ଼ିଲି। ସ୍ଥିର କଲି ଯେ, ପ୍ରତି ସପ୍ତାହରେ ଗୋଟିଏ ଗୋଟିଏ କବିତା ଅନୁବାଦ କରି ଫେସ୍‌ବୁକ୍‌ରେ ପୋଷ୍ଟ କରିବି। ତେଣୁ ବର୍ଷ ୨୦୧୫ରେ ନିଜର ମୌଳିକ ଲେଖାକୁ କମ୍ ସମୟ ଦେଇ ଅନୁବାଦ ଉପରେ ଧ୍ୟାନ ଦେଲି ଓ ପ୍ରତି ଶନିବାର ଗୋଟିଏ ନୂଆ ଅନୁବାଦ କବିତା ଫେସ୍‌ବୁକ୍‌ରେ ପୋଷ୍ଟ କଲି। କହିବା ବାହୁଲ୍ୟ ଯେ କିଛି ପାଠକ ଏହାକୁ ନିୟମିତ ଭାବରେ ପଢ଼ିଲେ ଓ ପସନ୍ଦ କଲେ। ଏହି ବାଉନ ସପ୍ତାହର ଯାତ୍ରା ମୋ ପାଇଁ ଖୁବ୍ ରୋମାଞ୍ଚକର ତଥା ମହତ୍ତ୍ୱପୂର୍ଣ୍ଣ ଥିଲା। ଯେହେତୁ ମୁଁ ବିଭିନ୍ନ ଦେଶ, ବିଭିନ୍ନ ବର୍ଗ, ବିଭିନ୍ନ ବୟସର କବିମାନଙ୍କୁ ଅନୁବାଦର ପରିସରକୁ ଆଣୁଥିଲି, ସେମାନଙ୍କ ଜୀବନ, ସାହିତ୍ୟ, ସଂସ୍କୃତି ଇତ୍ୟାଦି ବିଷୟରେ ଜାଣିଲା ପରେ ମୋତେ ଲାଗୁଥିଲା ଯେମିତି ମୁଁ କାବ୍ୟ ସାହିତ୍ୟର ବିଶାଳ ମହାସମୁଦ୍ରରେ ଶୁଖିଲା ପତ୍ର ପ୍ରାୟ ଭାସୁଛି। ପୃଥିବୀରେ ବିଭିନ୍ନ ଶୈଳୀରେ ବିଭିନ୍ନ ପ୍ରକାରର କବିତା ସବୁ ନିରନ୍ତର ଲେଖାଯାଉଛି, ଥରେ ତା' ଭିତରେ ପଶିଲା ପରେ ଆଉ ବାହାରିବାକୁ ମନ ଚାହୁଁନି।"

କବି-ଅନୁବାଦକ ସତ୍ୟ ପଟ୍ଟନାୟକ କବିତାଗୁଡ଼ିକର ଅନୁବାଦ କରିବା ସମୟରେ ଏହି କର୍ମର ଭିନ୍ନ ଭିନ୍ନ ଦିଗ ନେଇ ଖୁବ୍ ଗମ୍ଭୀରତାର ସହ ବିଚାର କରିଛନ୍ତି। ଯେକୌଣସି ସାହିତ୍ୟ ସୃଷ୍ଟିର ଅନୁବାଦ କଷ୍ଟକର ହେଲେ ମଧ୍ୟ କବିତାର ଅନୁବାଦ ସବୁଠାରୁ କଷ୍ଟକର। ତାହାର କାରଣ ପ୍ରତ୍ୟେକ ଭାଷାର ଭିନ୍ନ ଭିନ୍ନ ପ୍ରକାଶ-ଦକ୍ଷତା ଅଛି, ଭିନ୍ନ ଭିନ୍ନ ବାକ୍‌ଧାରା ଓ ରୁଢ଼ି ଅଛି। କୌଣସି ଦେଶର କବିତା ସେହି ଦେଶର ଭାଷାରେ ଯେମିତି ଫୁଟିଉଠେ, ତାହା ଅନୂଦିତ ଭାଷାରେ ଅବିକଳ ସେମିତି ଫୁଟିଉଠିବା ସମ୍ଭବ ନୁହେଁ। ଏହା ସତ୍ତ୍ୱେ ଅନୁବାଦ ଅପରିହାର୍ଯ୍ୟ, ଅନିବାର୍ଯ୍ୟ। ସତ୍ୟ ପଟ୍ଟନାୟକ କବିତା ଗୁଡ଼ିକର ଅନୁବାଦ କରୁଥିବାବେଳେ ଏହି କର୍ମ ସଂପର୍କରେ କିଏ କଣ କହିଛନ୍ତି ତାହା ଅତ୍ୟନ୍ତ ମନନଶୀଳ ଢଙ୍ଗରେ ଲକ୍ଷ୍ୟ କରିଛନ୍ତି। ତାଙ୍କର ଏହି ଲେଖାରେ ସେ ଯେଉଁସବୁ ମତ-ମନ୍ତବ୍ୟ ଉଦ୍ଧାର କରିଛନ୍ତି ତାହାକୁ ଏଠାରେ ଅବିକଳ ଉପସ୍ଥାପନ କରାଯାଉଛି।

"ରବର୍ଟ ଫ୍ରଷ୍ଟ କହିଥିଲେ, 'କବିତା ଯାହା ଅନୁବାଦ ପ୍ରକ୍ରିୟାରେ ହଜିଯାଏ।' ନିଶ୍ଚିତ ଭାବେ ସେ ଏହି ସନ୍ଦର୍ଭରେ କହିଥିବେ ଯେ କବିତାର ଧ୍ୱନି, ବାକ୍ୟ-ବିନ୍ୟାସ, ସଂକେତାର୍ଥ, ତାଳ, ଛନ୍ଦ, ଲୟ ଇତ୍ୟାଦି ବିଶେଷ ଗୁଣସବୁକୁ ଗୋଟିଏ ଭାଷାରୁ ଆଉ ଗୋଟିଏ ଭାଷାକୁ ନେବା ସମ୍ଭବ ନୁହେଁ। ଏହାର ମୁଖ୍ୟ କାରଣ ହେଲା, ଗୋଟିଏ

ଭାଷା ଅନ୍ୟ ଭାଷାର ପ୍ରତିବିମ୍ବ ନୁହେଁ। କିଛି ସମୀକ୍ଷକ ମତ ରଖନ୍ତି ଯେ ଯେହେତୁ କବିତାକୁ ଶତକଡ଼ା ଶହେ ଭାଗ ଅନୁବାଦ କରି ହୁଏନା ଏପରି କରିବା ମୂଳ କବିତା ପ୍ରତି ଏକ ପ୍ରକାରର ବିଶ୍ୱାସଘାତ। ଏପରି ମତ ସତ୍ତ୍ୱେ ବି ଅନୁବାଦକମାନେ ସାହିତ୍ୟର ଏହି ଦୁରୂହ ଅଥଚ ମହତ୍ତ୍ୱପୂର୍ଣ୍ଣ କାମକୁ ବନ୍ଦ କରିନାହାନ୍ତି।

"ଅନୁବାଦ ସିଦ୍ଧାନ୍ତବାଦୀମାନେ ଅନୁବାଦ ପ୍ରକ୍ରିୟାକୁ ନେଇ ଭିନ୍ନ ମତ ରଖିଥାଆନ୍ତି। ବିଶିଷ୍ଟ ବ୍ରିଟିଶ କବି, ସମୀକ୍ଷକ, ଅନୁବାଦକ ଜନ୍ ଡ୍ରାଇଡେନ୍ (୯ ଅଗଷ୍ଟ ୧୬୩୧ - ୧ ମେ, ୧୭୦୦) କୁହନ୍ତି, "ଗୋଟିଏ ସମୟରେ ଅନୁବାଦକକୁ ଅନେକ ସମସ୍ୟାର ସମ୍ମୁଖୀନ ହେବାକୁ ପଡ଼ିଥାଏ। ମୂଳ ଲେଖକର କବିତା ପଛରେ ଥିବା ଚିନ୍ତାଧାରା ଓ ଶବ୍ଦକୁ ଆଣି ନିଜ ଭାଷାରେ ଠିକ୍ ସେମିତି ରଖିବା, ଅନୁବାଦକ ପାଇଁ ପ୍ରାୟତଃ ଅସମ୍ଭବ ହୋଇଥାଏ।" ପ୍ରସିଦ୍ଧ ଆର୍ମେନିଆ କବି ଓ ଲେଖକ ଯେଘିଶେ ଚାରେଣ୍ଟ୍ସଙ୍କ (୧୩ ମାର୍ଚ୍ଚ ୧୮୯୭ - ୨୭ ନଭେମ୍ବର ୧୯୩୭) ମତରେ 'କବିତା କେବଳ ଆଉ ଜଣେ କବିଙ୍କ ଦ୍ୱାରା ଅନୁବାଦ ହେବା ଉଚିତ।' ଡ୍ରାଇଡେନ୍ ମଧ୍ୟ ଠିକ୍ ଏପରି ମତ ରଖିଥାନ୍ତି, ସେ କୁହନ୍ତି, "କବିତା ଯେହେତୁ ଏକ କଳା, ଏହି କଳାରେ ପ୍ରବୀଣ ବ୍ୟକ୍ତି ହିଁ ଅନୁବାଦ କରିବାର ସାମର୍ଥ୍ୟ ରଖିଥାଏ। ଅନୁବାଦକର ତା' ନିଜ ଭାଷା ସହିତ ମୂଳ ଲେଖକର ଭାଷା ଉପରେ ମଧ୍ୟ ଗଭୀର ଜ୍ଞାନ ଥିବା ଆବଶ୍ୟକ।" ପ୍ରଖ୍ୟାତ ଜର୍ମାନ ଦାର୍ଶନିକ, ଧର୍ମଶାସ୍ତ୍ରୀ ତଥା ଅନୁବାଦ ସିଦ୍ଧାନ୍ତବାଦୀ ଫ୍ରିଏଡ୍ରିକ୍ ସ୍ଲେଇରମେକର (୨୧ ନଭେମ୍ବର ୧୭୬୮ - ୧୨ ଫେବ୍ରୁଆରି ୧୮୩୪) କବିତାର ଧ୍ୱନି ଉପରେ ମହତ୍ୱ ଦେଇ କୁହନ୍ତି, "ଭାଷାରେ ଥିବା ଧ୍ୱନି ତଥା ସଙ୍ଗୀତ ତତ୍ତ୍ୱ କବିତାକୁ ସୁନ୍ଦର ଓ ମାର୍ମିକ କରିଥାଏ। ଅନୁବାଦକକୁ କବିତାର ଏହି ଦିଗକୁ ବଡ଼ କୁଶଳତାର ସହିତ ତା'ର ନିଜ ଭାଷାକୁ ଆଣିବାକୁ ପଡ଼ିଥାଏ। ଅନୁବାଦର ସଫଳତା ଅନୁବାଦକର ଏହି କୁଶଳତା ଉପରେ ବହୁଳ ଭାବରେ ନିର୍ଭର କରେ।" ଆମେରିକୀୟ କବି, ସମୀକ୍ଷକ ଓ ଅନୁବାଦକ ଏଜରା ପାଉଣ୍ଡ (୩୦ ଅକ୍ଟୋବର ୧୮୮୫ - ୧ ନଭେମ୍ବର ୧୯୭୨) ସବୁକିଛି ଅନୁବାଦକ ଉପରେ ନିର୍ଭର କରେ ବୋଲି ବିଶ୍ୱାସ କରନ୍ତି ଏବଂ କୁହନ୍ତି, ମୂଳ କବିତା ଭିତରେ କେଉଁ ଜାଗାରେ ଅସଲ ସମ୍ପଦ ରହିଛି, ତାହାକୁ କେବଳ ଅନୁବାଦକ ହିଁ ଦେଖାଇପାରେ ଏବଂ କବିତାକୁ କେଉଁ ଅର୍ଥରେ ଗ୍ରହଣ କରିବାକୁ ହେବ, ସେ ତାହା ପାଠକକୁ ଦର୍ଶାଇପାରେ।" ତାଙ୍କ ମତରେ ଅନୁବାଦ ପ୍ରକ୍ରିୟା ଦୁଇ ପ୍ରକାରର- ପ୍ରଥମ ପ୍ରକାର ଯେଉଁଥିରେ ମୂଳ କବିର ବିଚାରଧାରାକୁ ସିଧାସିଧା କୁହାଯାଏ, ଦ୍ୱିତୀୟ ପ୍ରକାରରେ ମୂଳ କବିତାର ବିଚାରଧାରା ଉପରେ ଆଧାର କରି ନୂତନ ବିଚାରଧାରାକୁ କୁହାଯାଇଥାଏ। ସେ ଏହାକୁ "ବ୍ୟାଖ୍ୟାକୃତ ଅନୁବାଦ"

କୁହନ୍ତି। ସେ ପୁଣି କୁହନ୍ତି, "ଯେଉଁ ଅନୁବାଦ କବିତାର ଶୈଳୀ ଓ ତଥ୍ୟକୁ ମୂଳ ଭାଷାରୁ ଅନୁବାଦିତ ଭାଷାକୁ ଆଣିବାରେ ସକ୍ଷମ ହୁଏ, ତାହା ସଫଳ ଅନୁବାଦ।" ଆମେରିକୀୟ ଆଧୁନିକ ଅନୁବାଦ ସାହିତ୍ୟର ପ୍ରତିଷ୍ଠାତା ତଥା ବାଇବେଲ୍ ଅନୁବାଦ ସିଦ୍ଧାନ୍ତରେ 'ଡାଇନାମିକ୍ ଇକ୍ୱିଭାଲେନ୍ସ' ପ୍ରକ୍ରିୟାକୁ ବିକଶିତ କରିଥିବା ପ୍ରସିଦ୍ଧ ଭାଷାବିତ୍ ଇଉଜିନ୍ ନିଡ଼ା (୧୧ ନଭେମ୍ବର ୧୯୧୪- ୨୫ ଅଗଷ୍ଟ ୨୦୧୧) ଶୈଳୀ ଉପରେ ଗୁରୁତ୍ୱ ଦେଇ କୁହନ୍ତି, "କ୍ୱଚିତ୍ ଅନୁବାଦରେ ଉଭୟ ଶୈଳୀ ଓ ତଥ୍ୟକୁ ସଫଳତାର ସହିତ ଅନୁବାଦିତ ଭାଷାକୁ ଅଣାଯାଇଥାଏ। ଅଧିକାଂଶ ସମୟରେ ତଥ୍ୟକୁ ରକ୍ଷା କରିବାକୁ ଯାଇ ଶୈଳୀକୁ ଛାଡ଼ିଦେବାର ଲକ୍ଷ୍ୟ କରାଯାଏ।"

"ପୁଲିଜର ପୁରସ୍କାର ପ୍ରାପ୍ତ ପ୍ରସିଦ୍ଧ ଆମେରିକୀୟ କବି ୱାଲେସ୍ ଷ୍ଟିଭେନ୍ସ (୨ ଅକ୍ଟୋବର ୧୯୭୯ - ୨ ଅଗଷ୍ଟ ୧୯୫୫) କୁହନ୍ତି, "ପ୍ରତ୍ୟେକ କବିତା ଭିତରେ ଆଉ ଗୋଟିଏ କବିତା ଥାଏ, ଭାବ ଓ ଶବ୍ଦର କବିତା। ଭାବ ବିନା ଶବ୍ଦ ଅର୍ଥହୀନ, ଶବ୍ଦ ବିନା ଭାବ ଅର୍ଥହୀନ।" ଅନୁବାଦରେ ସଫଳତା ଆଣିବାକୁ ହେଲେ ଅନୁବାଦକକୁ ଏହି ଅର୍ଥହୀନତାକୁ ବର୍ଜନ କରିବାକୁ ପଡ଼ିଥାଏ। ବିଶିଷ୍ଟ ଋଷୀୟ-ଆମେରିକୀୟ ଭାଷାବିତ୍ ତଥା ସାହିତ୍ୟ ସିଦ୍ଧାନ୍ତବାଦୀ ରୋମାନ ଜାକବସନ (୧୧ ଅକ୍ଟୋବର ୧୮୯୭- ୧୮ ଜୁଲାଇ ୧୯୮୨) ତାଙ୍କ ବହୁ ଚର୍ଚ୍ଚିତ ଆଲେଖ୍ୟ ଅନୁବାଦର ଭାଷାଗତ ଦୃଷ୍ଟିକୋଣରେ କୁହନ୍ତି କବିତା ଅନୁବାଦ ନିମନ୍ତେ ଉପଯୁକ୍ତ ନୁହଁ, କେବଳ ସୃଜନାତ୍ମକ ରୂପାନ୍ତର ହିଁ ସମ୍ଭବ।"

"ଅନ୍ୟତମ ଅନୁବାଦ ସିଦ୍ଧାନ୍ତବାଦୀ, ଆନ୍ଦ୍ରେଇ ଲେଫେଭିଅର (୧୯୪୫- ୨୭ ମାର୍ଚ୍ଚ ୧୯୯୭) କବିତା ଅନୁବାଦ ପ୍ରକ୍ରିୟାକୁ ନେଇ ସାତଟି ଉପାୟରେ କବିତା ଅନୁବାଦ କରାଯାଇପାରେ ବୋଲି ମତ ରଖିଛନ୍ତି। ଫୋନେମିକ୍ ଅନୁବାଦ ଦ୍ୱାରା ମୂଳ ଭାଷାର ଧ୍ୱନିକୁ ଅନୁବାଦିତ ଭାଷାରେ ସୃଷ୍ଟି କରିବାକୁ ପ୍ରଚେଷ୍ଟା କରାଯାଇଥାଏ। ତାହା ସହିତ କବିତାର ଅର୍ଥକୁ ମଧ୍ୟ ସ୍ଥାନାନ୍ତରିତ କରାଯାଇଥାଏ। ଏହି ପ୍ରକ୍ରିୟାରେ ମୂଳ କବିତାର ଅର୍ଥ କେତେକାଂଶରେ ରହିଯିବାର ସମ୍ଭାବନା ଥାଏ। ଲିଟେରାଲ୍ ଅନୁବାଦରେ ମୂଳ ଭାଷାର ପ୍ରତ୍ୟେକ ଶବ୍ଦ ପାଇଁ ଅନୁବାଦିତ ଭାଷାରେ ଗୋଟିଏ ଶବ୍ଦର ବ୍ୟବହାର। ଏହି ପ୍ରକ୍ରିୟା ଅନୂଦିତ ଭାଷାରେ ଉକ୍ତି ଏବଂ ବାକ୍ୟ ଗଠନ ମୂଳ ଭାଷାର ଅର୍ଥକୁ ଧାରଣ କରିବାରେ ଅସମର୍ଥ ହୋଇଥାଏ। ମେଟ୍ରିକାଲ୍ ଅନୁବାଦ ପ୍ରକ୍ରିୟାରେ ମୂଳ ଭାଷାର ଛନ୍ଦକୁ ଅନୂଦିତ ଭାଷାରେ ଠିକ୍ ଭାବରେ ରୂପାନ୍ତର କରିବା ଉପରେ ମହତ୍ତ୍ୱ ଦିଆଯାଇଥାଏ। ଯେହେତୁ ପ୍ରତ୍ୟେକ ଭାଷାର ନିଜସ୍ୱ ଉଚ୍ଚାରଣ ଶୈଳୀ ରହିଛି, ଏହି ପ୍ରକ୍ରିୟାରେ ଅର୍ଥ ତଥା ଗଠନ ଶୈଳୀ ଠିକ୍ ଭାବରେ ରୂପାନ୍ତର ହୋଇପାରେ

ନାହିଁ। ଭର୍ସ-ଟୁ-ପ୍ରୋଜ୍ ଅନୁବାଦ ପ୍ରକ୍ରିୟାରେ କବିତାର ଆତ୍ମିକ ଅର୍ଥକୁ ମହତ୍ତ୍ୱ ନ ଦେଇ ବ୍ୟାକରଣ ଓ ଶୈଳୀକୁ ଅନୂଦିତ ଭାଷାରେ ରୂପାନ୍ତରିତ କରାଯାଇଥାଏ। ଏହି ପ୍ରକ୍ରିୟାରେ ଅନୂଦିତ କବିତାରେ ମୂଳ କବିତାର ସୌନ୍ଦର୍ଯ୍ୟ ହାନି ଘଟିଥାଏ। ରାଇମ୍ଡ ଅନୁବାଦ ପ୍ରକ୍ରିୟାରେ ମୂଳ କବିତାର ଲୟକୁ ପ୍ରାଧାନ୍ୟ ଦିଆଯାଇଥାଏ। ଅନୂଦିତ ଭାଷାରେ ଏହାର ଲୟ ଅତୁଟ ଥିଲେ ମଧ୍ୟ ଗଠନ ଶୈଳୀ ବିଗିଡ଼ିଯାଇଥାଏ। ଫ୍ରି ଭର୍ସ ଅନୁବାଦ ପ୍ରକ୍ରିୟାରେ ଅନୂଦିତ ଭାଷାରେ ମୂଳ ଭାଷାର ଅର୍ଥ ସମାନ ଥିଲେ ମଧ୍ୟ ଛନ୍ଦ ଓ ଲୟ ଠିକ୍ ନ ଥାଏ। ଇଣ୍ଟରପ୍ରିଟେସନ୍ ଅନୁବାଦ ପ୍ରକ୍ରିୟାରେ କବିତାର ଭାବ ଓ ଶୈଳୀକୁ ନେଇ ଏକ ନୂତନ କବିତା ଲେଖାଯାଇଥାଏ। ତାଙ୍କ ମତରେ କେଉଁ ଅନୁବାଦ ପାଇଁ କେଉଁ ପ୍ରକ୍ରିୟାକୁ ବ୍ୟବହାର କରାଯିବା ଉଚିତ ତାହା ମୁଖ୍ୟତଃ କବିତା ଏବଂ ଅନୁବାଦକଙ୍କ ଉପରେ ନିର୍ଭର କରେ।"

'ଆମ ନିଜର ମାଟି ଓ ଅନ୍ୟାନ୍ୟ ବିଶ୍ୱ କବିତା'ରେ ୩୩ ଦେଶର ୬୬ ଜଣ କବିଙ୍କର କବିତା ରହିଛି। ଶ୍ରୀ ପଟ୍ଟନାୟକ ବହୁ ପରିଶ୍ରମ କରି କବିତାଗୁଡ଼ିକର ଅନୁବାଦ କରିବା ସହ ସବୁ କବିଙ୍କ ସଂକ୍ଷିପ୍ତ ପରିଚିତ ବହିର ଶେଷଭାଗରେ ସଂଯୁକ୍ତ କରିଅଛନ୍ତି। ଏ ସଂକଳନରେ କବିମାନଙ୍କ ଭିତରେ ଅଛନ୍ତି ଆମେରିକାର ୱାଲଟ୍ ହୁଇଟ୍‌ମାନ୍, ଲାଙ୍ଗଷ୍ଟନ୍, ହ୍ୟୁଜ୍, ସିଲ୍‌ଭିଆ ପ୍ଲାଥ୍, ମାୟା ଏଞ୍ଜେଲୁ, ରବର୍ଟ ଫ୍ରଷ୍ଟ, ଏଜରା ପାଉଣ୍ଡ, ଚିଲିର ପାବ୍‌ଲୋ ନେରୁଦା, ସ୍ୱିଡେନ୍‌ର ଟୋମାସ ଟ୍ରାନ୍ସଟେମର, ରୁଷିଆର ଆନ୍ନା ଆଖ୍‌ମାଟୋଭା, ସିରିଆର ଆଦୋନିସ୍, ଫିନ୍‌ଲାଣ୍ଡର ସୋଲ୍ଭେଗ ମାର୍ଗାରିଟା ଭନ୍ ଶୋଲଜ, ଆଫଗାନିସ୍ତାନ୍‌ର ରୁମି, ଗ୍ରୀସ୍‌ର ସାଫୋ, ଜାପାନର ରିଓ କାନ୍, ପର୍ତ୍ତୁଗାଲର ସୋଫିଆ ଡି ମେଲୋ ବ୍ରେଇନର, ଜର୍ମାନୀର ୟେହୁଦା ଆମିସାଇ, ବ୍ରାଜିଲର ଜେ.ଡି.ଡି. ଆରାଉଜୁ ଜର୍ଜ, କାନାଡାର ମାର୍ଗାରେଟ ଆଟ୍‌ଉଡ୍, ଚେକୋସ୍ଲୋଭାକିଆର ଭ୍ଲାଦିମିର ହୋଲାନ ପ୍ରମୁଖ ବିଖ୍ୟାତ କବି। ଅବିଭକ୍ତ ଭାରତରେ ଜନ୍ମ ହୋଇଥିବା ବିଖ୍ୟାତ ଉର୍ଦ୍ଦୁ କବି ଫୈଜ୍ ଅହମଦ ଫୈଜଙ୍କ କବିତା ଏଥିରେ ଅଛି ଏବଂ ଶେଷରେ ଅଛି ନୋବେଲ ବିଜେତା ବବ୍ ଡିଲାନ୍‌ଙ୍କ କବିତା ଯାହାଙ୍କର ପିତୃଦତ୍ତ ନାମ ଥିଲା ରବର୍ଟ ଏଲେନ୍ ଜିମରମାନ୍। ସତ୍ୟ ପଟ୍ଟନାୟକ ସ୍ୱୀକାର କରିଛନ୍ତି ଯେ "ଅନୁବାଦ ସଂକ୍ରାନ୍ତୀୟ ବିଭିନ୍ନ ଯୁକ୍ତି ଓ ସିଦ୍ଧାନ୍ତ ପଢ଼ିଲାପରେ ମୁଁ ଏହି ସିଦ୍ଧାନ୍ତରେ ଉପନୀତ ହେଲି ଯେ ଅନୁବାଦ କବିତାରେ ମୂଳ କବିତାର ପ୍ରଭାବ ରଖିବାକୁ ହେଲେ ମୋତେ ମୂଳ କବିତାର ଶୈଳୀ, ଆବେଗ, କବିର ଅଦୃଶ୍ୟ ବାର୍ତ୍ତା ଇତ୍ୟାଦିକୁ ସୁରକ୍ଷିତ ରଖିବାକୁ ହେବ। ମୋର ଅନୁବାଦ ପ୍ରକ୍ରିୟାକୁ ଏହି ଦର୍ଶନ ଉପରେ ଭିତ୍ତି କରି ମୁଁ ଅନୁବାଦ କରିଚାଲିଲି। ଏହି ପ୍ରକ୍ରିୟାରେ ମୋତେ ଯେଉଁ ଅସୁବିଧାର ସମ୍ମୁଖୀନ ହେବାକୁ ପଡ଼ିଲା, ସେଥିରେ

ମୁଖ୍ୟତଃ ଥିଲା ଶବ୍ଦର ସୂକ୍ଷ୍ମତାକୁ ବୁଝିବା, ଅନେକ ସମୟରେ ଶବ୍ଦର ଏକାଧିକ ଅର୍ଥ ମଧ୍ୟରୁ କେଉଁ ଅର୍ଥରେ ଶବ୍ଦକୁ ପ୍ରୟୋଗ କରାଯାଇଛି (ମୁଖ୍ୟାର୍ଥ ଅଥବା ସଙ୍କେତାର୍ଥ) ଏବଂ ଅନ୍ୟ ସମୟରେ ଓଡ଼ିଆରେ ତା'ର ଉପଯୁକ୍ତ ଶବ୍ଦକୁ ବାଛିବା, ମୂଳ କବିତାରେ ବ୍ୟବହୃତ ଅଳଙ୍କାର, ଚିତ୍ରକଳ୍ପ, ଉକ୍ତି ଇତ୍ୟାଦି ଓଡ଼ିଆରେ ନମିଳିବା, ମୂଳ କବିତାରେ ବ୍ୟବହୃତ ସ୍ଥାନୀୟକରଣ ବର୍ଣ୍ଣନା ଓଡ଼ିଆରେ ବ୍ୟବହୃତ ନ ହେବା ଇତ୍ୟାଦି। ଆଉ ଏକ ପ୍ରକାରର ଅସୁବିଧା ହେଲା ବ୍ୟାକରଣଜନିତ– ମୂଳ ଭାଷାରେ ବ୍ୟବହୃତ ବ୍ୟାକରଣ ଯାହା ଓଡ଼ିଆରେ ଠିକ୍ ଲାଗୁ ନ ଥିଲା। ବେଳେବେଳେ ମୂଳ କବିତାରେ ବ୍ୟବହୃତ କବିର କଳ୍ପନାପ୍ରସୂତ ଅସାମାନ୍ୟ ଓ ଆଶ୍ଚର୍ଯ୍ୟଜନକ ସୃଜନକୁ ଅନୁବାଦ କରିବା କଷ୍ଟ ହେଉଥିଲା। ସାଂସ୍କୃତିକ ଅସମାନତା ମଧ୍ୟ ବେଳେ ବେଳେ ଅନୁବାଦ ସମୟରେ ଅସହାୟ ଅବସ୍ଥାରେ ପକାଉଥିଲା। ଏସବୁ ପ୍ରତିକୂଳ ଅବସ୍ଥାକୁ ସାମ୍ନା କରିବା ସତ୍ତ୍ୱେ ବି ମୁଁ ସ୍ଥିର କଲି ଯେ ଏଭଳି ସଂକଳନ ପ୍ରକାଶ ପାଇବା ଦରକାର।"

ସତ୍ୟ ପଟ୍ଟନାୟକଙ୍କର ଅନୁବାଦ ସାବଲୀଳ ଏବଂ ପ୍ରକାଶଭଙ୍ଗୀ ସ୍ୱଚ୍ଛ। ଏହାର କେତୋଟି ଉଦାହରଣ ନିଆଯାଇପାରେ:-

"ରାତି ଦୁଇ: ଜହ୍ନ ଆଲୁଅ
ଉପତ୍ୟକାର ମଝିଆମଝି ଛିଡ଼ା ହୋଇଛି ଟ୍ରେନ୍
ସହରର ବତି ମିଂଜିମିଂଜି ଜଳୁଛି
ଅନେକ ଦୂରରେ, ଦିଗ୍‌ବଳୟରେ।"

(ରେଳ ଧାରଣା: ଟୋମାସ ଟ୍ରାନ୍ସଟ୍ରୋମର)

"ମୋର ମହମବତୀ ଜଳୁଛି ଦୁଇ ପାଖରୁ
ଏ ହୁଏତ ଜଳିବନି ସାରା ରାତି
କିନ୍ତୁ ହେ ମୋର ଶତ୍ରୁମାନେ
ଏବଂ ମୋର ବନ୍ଧୁମାନେ -
ଏ ଦିଏ ଖୁବ୍ ମନୋରମ ଆଲୋକ।"

(ପ୍ରଥମ ଫଳ: ଏଡ୍‌ନା ଭିନ୍‌ସେଣ୍ଟ ମିଲେ)

"ସବୁଠୁ ଜୀବନ୍ତ ମୁହୂର୍ତ୍ତ ଆସେ
ଯେବେ ପରସ୍ପରକୁ ପ୍ରେମ କରୁଥିବା ଦୁଇଜଣ
ଭେଟନ୍ତି ପରସ୍ପରର ଆଖିରେ
ଏବଂ ସେଇ ମୁହୂର୍ତ୍ତରେ ସେମାନଙ୍କ ମଧ୍ୟରେ
ପ୍ରବାହିତ ଭାବନାର ସ୍ରୋତରେ।" (ସବୁଠୁ ଜୀବନ୍ତ ମୁହୂର୍ତ୍ତ: ରୁମି)

"ସବୁକିଛି ନେଇଗଲେ ଚୋରମାନେ
ଛାଡ଼ିଗଲେ ଗୋଟିଏ ବସ୍ତୁ
ମୋ ଝର୍କାରେ ଦିଶୁଥିବା ଜହ୍ନ।" (ହାଇକୁ: ରିଓକାନ)
ଏବଂ
ତୁମେ ତୁମର ଆଖି ଫେରେଇ ନେବା ପରେ
ଏମିତି ଗୋଟେ ମୁହୂର୍ତ୍ତ ଆସେ
ଯେତେବେଳେ ତୁମେ ଭୁଲିଯାଅ
ତୁମେ କେଉଁଠି ଅଛ
ବୋଧହୁଏ ତୁମେ ଆଉ କେଉଁଠି ରହୁଥାଅ
ରାତ୍ରି ଆକାଶର ନିରବତାରେ।" (ଟେଲିସ୍କୋପ୍: ଲୁଇଜ ଗ୍ଲୁକ୍)

ସତ୍ୟ ପଟ୍ଟନାୟକଙ୍କର ଅନ୍ୟତମ ସାର୍ଥକ ଅନୁବାଦ ସଂକଳନ ହେଲା 'କ୍ଷୁଦ୍ରଗଳ୍ପର ମୃତ୍ୟୁ ଓ ଅନ୍ୟାନ୍ୟ ବିଶ୍ୱଗଳ୍ପ'। ଯୁକ୍ତରାଷ୍ଟ୍ର ଆମେରିକାରେ ଦୀର୍ଘ ରହଣି ତାଙ୍କୁ ଏକ ବିଶ୍ୱଦୃଷ୍ଟି ଦେଇଛି, ଯାହାଫଳରେ ସେ ଇଗଲ୍ ପରି ଉଚ୍ଚ ଆକାଶରୁ ବିଶ୍ୱର ବିଭିନ୍ନ ଦେଶର ସାହିତ୍ୟକୁ ନିରୀକ୍ଷଣ କରିଛନ୍ତି। ଏଇ ସଂକଳନର ପରିକଳ୍ପନା ସଂପର୍କରେ ସେ ତାଙ୍କର ମୁଖବନ୍ଧ 'ଏହି ସଂକଳନ ପଛର କାହାଣୀ'ରେ ଲେଖିଛନ୍ତି, "ମୁଁ ଗପ ପଢ଼େନା। ଏଥିପାଇଁ ଯେ, କବିତା ପଢ଼ିବା ପାଇଁ ଯେତିକି ସମୟ ଲୋଡ଼ା ମୋ ପାଠକୀୟତା ସେତିକି ମାତ୍ର ନିଷ୍କପଟ ସମୟ ମତେ ଦେଇଥାଏ। ତା'ପରେ ଧୈର୍ଯ୍ୟଚ୍ୟୁତି ଘଟେ। ଗଳ୍ପ ସହିତ ସହୃଦୟତା ଦେଖାଇ ପାରେନା। ଜାନୁଆରୀ ୨୦୧୬ର ପ୍ରଥମ ସପ୍ତାହ। ଘରପାଖ ଲାଇବ୍ରେରୀରେ ବହି ଖେଳୋଉ ଖେଳୋଉ "ଫ୍ଲାସ୍ ଫିକ୍ସନ୍ ଇଣ୍ଟରନେସନାଲ୍ - ଭେରି ସର୍ଟ୍ ଷ୍ଟୋରିଜ୍ ଫ୍ରମ୍ ଆରାଉଣ୍ଡ ଦି ୱ୍ୱର୍ଲଡ" ବହିଟି ହଠାତ୍ ନଜରକୁ ଆସିଲା। ଭିତରେ ଆଖି ପକେଇଲି। ପ୍ରଥମଥର ପାଇଁ ଛୋଟ ଛୋଟ ଗପ ଦେଖି ଖୁସି ଲାଗିଲା। ସେଇଠି ଛିଡ଼ା ହୋଇ ଦୁଇ ତିନୋଟି ଗପ ପଢ଼ିଲି। ହୃଦୟକୁ ଛୁଇଁଲା। ବହିଟି ସାଥିରେ ଆଣିଲି ଓ ଦୁଇ ସପ୍ତାହ ଭିତରେ ଛୟାଅଶୀଟି ଗପ ପଢ଼ି ବହିଟିକୁ ସାରିଦେଲି। ତା' ଭିତରୁ ଯେଉଁ କିଛି ଗପ ଖୁବ୍ ଭଲ ଲାଗିଲା - ଦୁଇଥର ପଢ଼ିଲି। ଗପ ପଢୁନଥିବା କବିତାପ୍ରେମୀ ପାଠକଟିଏ ହଠାତ୍ ଗପର ମାୟାଜାଲରେ ବନ୍ଦୀ ହୋଇଗଲା। ଭାବିଲି, ହୁଏତ ମୋ ପରି ଏମିତି କିଛି ପାଠକ ଥିବେ ଯେଉଁମାନେ ଏମିତି ଛୋଟ ଗପ ପସନ୍ଦ କରିବେ, ସେମାନଙ୍କ ପାଇଁ ଏଇ ଗପରୁ କିଛି ଅନୁବାଦ କଲେ କେମିତି ହୁଅନ୍ତା ! ମୋ ସାମ୍ନାରେ ଏବେ ଦୁଇଟି ଚ୍ୟାଲେଞ୍ଜ୍- କଥା ସାହିତ୍ୟ ଓ ଅନୁବାଦ ସାହିତ୍ୟ। ସାହିତ୍ୟର ଏହି ଦୁଇ ଦିଗର ଗରିମା ତଥା

ଦାୟିତ୍ୱବୋଧକୁ ହୃଦୟଙ୍ଗମ କରି ପ୍ରଥମେ ନିଜକୁ ପ୍ରସ୍ତୁତ କଲି। ଅନୁବାଦର କୌଶଳକୁ ଉଚିତ ରୂପେ ଜାଣିବା ପାଇଁ ଦୁଇଟି ବହି ପଢ଼ିଲି ଓ ଫ୍ଲାସ୍ ଫିକ୍ସନ୍ (ଝଲକ ଗଳ୍ପ)କୁ ନେଇ ବିଗତ ତିରିଶ ବର୍ଷରେ ହୋଇଥିବା ଘଟଣାକ୍ରମ ଉପରେ ପ୍ରକାଶିତ ଅନେକ ନିବନ୍ଧ ମଧ୍ୟ ପଢ଼ିଲି।

"ଝଲକ ଗଳ୍ପର ଅନେକ ନାମ ରହିଛି। ମାଇକ୍ରୋ ଫିକ୍ସନ୍, ମାଇକ୍ରୋ ନ୍ୟାରେଟିଭ୍, ମାଇକ୍ରୋ ଷ୍ଟୋରି, ପୋଷ୍ଟକାର୍ଡ ଫିକ୍ସନ୍, ସର୍ଟ ସର୍ଟ ଷ୍ଟୋରି, ଭେରି ସର୍ଟ ଷ୍ଟୋରି, ସଡନ୍ ଫିକ୍ସନ୍ ଇତ୍ୟାଦି। ବିଂଶ ଶତାବ୍ଦୀର ଆଦ୍ୟଭାଗରୁ ଚଳି ଆସୁଥିବା "ସର୍ଟ ସର୍ଟ ଷ୍ଟୋରି"କୁ ୨୦୦୦ ମସିହା ବେଳକୁ ନୂଆ ନାଆଁ ଦିଆଗଲା - ଫ୍ଲାସ୍ ଫିକ୍ସନ୍। ୧୯୯୨ରେ ଜେମସ୍ ଥୋମାସଙ୍କ ସମ୍ପାଦନାରେ ବାସ୍ତରୀଟି ଗପକୁ ନେଇ "ଫ୍ଲାସ୍ ଫିକ୍ସନ୍ - ସେଭେଣ୍ଟି ଟୁ ଭେରି ସର୍ଟ ଷ୍ଟୋରିଜ" ନାମରେ ସଙ୍କଳନ ପ୍ରକାଶିତ ହେଲା। ତାଙ୍କର ସମ୍ପାଦକୀୟରେ ସେ "ଫ୍ଲାସ୍ ଫିକ୍ସନ୍"କୁ ବର୍ଣ୍ଣନା କରିବାକୁ ଯାଇ କହିଲେ ଯେ ଡାଇଜେଷ୍ଟ ସାଇଜ ପତ୍ରିକାର ପାଖାପାଖି ଦୁଇ ପୃଷ୍ଠାରେ ଯେଉଁ ଗପଟି ଠିକ୍ ଭାବରେ ରହିଯାଏ, ତାକୁ ଝଲକ ଗଳ୍ପ କୁହାଯାଇପାରେ। ଚୀନ୍‌ରେ ଏପରି ଗପକୁ "ସ୍ମୋକ୍ ଲଙ୍ଗ୍" କିମ୍ବା "ପାମ୍ ସାଇଜ୍" ଗପ କୁହାଯାଏ। "ସ୍ମୋକ୍ ଲଙ୍ଗ୍"ର ଅର୍ଥ ହେଲା ସିଗାରେଟ୍‌ଟିଏ ପିଇସାରିବା ପୂର୍ବରୁ ଗପଟିଏ ସରିଯାଏ। କ୍ଷୁଦ୍ରଗଳ୍ପର ଅସ୍ତିତ୍ୱ ପ୍ରାଗ୍‌ଐତିହାସିକ ସମୟରୁ ଦେଖାଯାଏ। ପଶ୍ଚିମରେ ଫେବଲ୍ ବା ପାରାବଲ୍ (ଏଓସୋପ୍ ଫେବଲ୍-୫୫୦ ବି.ସି.) ଓ ଭାରତରେ ପଞ୍ଚତନ୍ତ୍ର ତଥା ଯାତକ ଗଳ୍ପ ଏହାର ଉଦାହରଣ। ପ୍ରାକଆଧୁନିକ ସମୟରେ ଊନବିଂଶ ଶତାବ୍ଦୀରେ ୱାଲ୍ଟ ହୁଇଟମାନ୍, ଆମ୍ବ୍ରୋଜ୍ ବାୟାର୍ସ, କେଟ୍ ଚପିନ୍ ଆଦି ଆମେରିକୀୟ ଲେଖକମାନେ ମଧ୍ୟ ଅତି କ୍ଷୁଦ୍ରଗଳ୍ପ ଲେଖିଛନ୍ତି। ଆଧୁନିକ ଯୁଗରେ, ଆମେରିକାର ସବୁ ପୁରୁଣା ପତ୍ରିକା କସ୍ମୋପଲିଟାନ (୧୮୮୬ରୁ ଏଯାବତ୍ ପ୍ରକାଶିତ) ୧୯୨୦ ମସିହା ବେଳକୁ ପ୍ରଥମେ ଅତି କ୍ଷୁଦ୍ରଗଳ୍ପକୁ ପ୍ରୋତ୍ସାହନ ଦେଲେ। ନୋବେଲ ବିଜେତା ୱିଲିୟମ୍ ସମରସେଟ୍ ମମ୍‌ଙ୍କର ଅନେକ ଅତି କ୍ଷୁଦ୍ରଗଳ୍ପ ୧୯୨୦ରୁ ୧୯୩୦ ଭିତରେ କସ୍ମୋପଲିଟାନ୍‌ରେ ନିୟମିତ ଭାବରେ ପ୍ରକାଶିତ ହେଲା। ୧୯୩୦ରେ ଆମେରିକାର ପ୍ରଥମ ଅତି କ୍ଷୁଦ୍ରଗଳ୍ପର ସଙ୍କଳନ "ଦି ଆମେରିକାନ୍ ଶର୍ଟ ଶର୍ଟ ଷ୍ଟୋରି" ପ୍ରକାଶିତ ହେଲା। ସମରସେଟ୍ ମମ୍‌ଙ୍କ ପ୍ରଥମ ଅଥି କ୍ଷୁଦ୍ରଗଳ୍ପ ସଂକଳନ ୧୯୩୬ରେ ପ୍ରକାଶିତ ହେଲା। ଧୀରେ ଧୀରେ ଏ ପ୍ରକାରର ଗଳ୍ପର ଲୋକପ୍ରିୟତା ବଢ଼ିବାରେ ଲାଗିଲା ଓ ପୃଥିବୀର ଅନ୍ୟ ଭାଗରେ ମଧ୍ୟ ଗାଳ୍ପିକମାନେ ଏ ପ୍ରକାରର ଗଳ୍ପ ଲେଖିବାରେ ଲାଗିଲେ। ଯେଉଁ ଗାଳ୍ପିକକାନେ ଏ ପ୍ରକାରର ଗଳ୍ପ ଲେଖି ଲୋଚଲୋଚନକୁ ଆସିଲେ, ସେମାନଙ୍କ ମଧ୍ୟରେ ରୁଷ୍‌ର ଆଣ୍ଟନ ଚେଖଭ,

ଯୁକ୍ତରାଷ୍ଟ୍ର ଆମେରିକାରୁ ଆର୍ନେଷ୍ଟ ହେମିଙ୍ଗ୍‌ୱେ, ଓ ହେନେରି, ଚେକୋସ୍ଲୋଭାକିଆରୁ ଫ୍ରାଞ୍ଜ୍ କାଫ୍‌କା, ଜାପାନରୁ ଯାସୁନାରି କାୱାବାତା ପ୍ରମୁଖ। ଆଉ କିଛି ଉଲ୍ଲେଖ୍ୟଯୋଗ୍ୟ ବିଶ୍ୱ ଗାଳ୍ପିକଙ୍କ ମଧ୍ୟରେ ଯୁକ୍ତରାଷ୍ଟ୍ର ଆମେରିକାରୁ ରବର୍ଟ ଓଲେନ୍ ବଟଲର, ଇଂଲଣ୍ଡରୁ ଡେଭିଡ୍ ଜାଫ୍ରନେ, ଇଟାଲିରୁ ଇଟାଲୋ କାଲଭିନୋ, ଆର୍ଜେଣ୍ଟିନାରୁ ଜର୍ଜ ଲୁଇସ୍ ବୋର୍ଗେସ, ଫ୍ରାନ୍‌ସରୁ ଜାକ୍ୱେସ୍ ଫୁଣ୍ଟାଲ୍‌ଦା, ଜର୍ମାନରୁ ବର୍ଟୋଲଟ ବ୍ରେସଟ, ଇଜିପ୍ଟରୁ ନାଗିବ୍ ମେହଫୁଜ୍, ସିରିଆରୁ ଜାକାରିଆ ଟେମର୍, ରୁଷିଆରୁ ଲିନର ଗୋରାଲିକ।

ଝଲକ ଗଳ୍ପର ବୈଶିଷ୍ଟ୍ୟ ହେଲା ସଂକ୍ଷିପ୍ତତା। ବଡ଼ ଗପକୁ ସଂକ୍ଷେପରେ ଛୋଟ କରିଦେଲେ ସେ ଝଲକ ଗପ ହୁଏନା। ବରଂ ସ୍ଥୁଳତମ, ଗଭୀରତମ ତଥା ଜଟିଳ କଥାକୁ କମ୍ ଶବ୍ଦ ମଧ୍ୟରେ ସୁଚାରୁରୂପେ ଦର୍ଶେଇବାରେ ଝଲକ ଗଳ୍ପର ବାହାଦୁରି। ଗାଳ୍ପିକ କେବଳ ନିହାତି ଦରକାରୀ ଶବ୍ଦମାନଙ୍କୁ ଗପ ଭିତରେ ରଖିଥାଏ। ଯେତେ ସବୁ ଅଦରକାରୀ ବର୍ଣ୍ଣନା ତଥା ଶବ୍ଦ ପ୍ରୟୋଗକୁ ଗପରୁ ଚାଛି ଦିଆଯାଏ। କଙ୍କାଳ ଉପରେ ଯେତିକି ମାଂସ ରହିଲେ ସୁନ୍ଦର ଦେଖାଯାଏ - ସେତିକି ମାଂସ ରଖାଯାଏ। ଏହାର ଆଉ ଏକ ଦିଗ ହେଲା - ଉଚିତ ବିଷୟବସ୍ତୁର ଚୟନ। ଏହି ପ୍ରକାର ଗଳ୍ପରେ ଆରମ୍ଭ, ମଧ୍ୟ ଓ ଅନ୍ତିମ ଭାଗକୁ ଦକ୍ଷତାର ସହିତ ଗଢ଼ାଯାଇଥାଏ। ଗଳ୍ପରେ ସମ୍ପୂର୍ଣ୍ଣତା ଥାଏ। ଗଳ୍ପର ଅନ୍ତିମ ଭାଗ ପାଠକକୁ ବିସ୍ମିତ କରାଏ। ଅନେକ ଝଲକ ଗଳ୍ପରେ କିଛି ନା କିଛି ମହତ୍ୱପୂର୍ଣ୍ଣ ସନ୍ଦେଶ ଥାଏ। ପ୍ରାୟ ପାଞ୍ଚଶହରୁ ହଜାରେ ଶବ୍ଦ ମଧ୍ୟରେ ସମସ୍ତ ଦରକାରୀ ବିଷୟକୁ ଧ୍ୟାନ ଦେଇ ଗପଟିଏ ସୃଷ୍ଟି କରାଯାଏ।

ଏହି ସଙ୍କଳନରେ ନିଆଯାଇଥିବା ଗପଗୁଡ଼ିକୁ ବଡ଼ ଯତ୍ନର ସହିତ ବଛାଯାଇଅଛି। ଗପଟିଏ ଅନୁବାଦ କରିବା ପୂର୍ବରୁ ଗାଳ୍ପିକଙ୍କ ଜୀବନ ତଥା ସୃଜନ ବିଷୟରେ ବିସ୍ତାର ଭାବରେ ଅଧ୍ୟୟନ କରିଛି ଓ ଚମତ୍କୃତ ହୋଇଛି। ପଚାଶଟି ଗପକୁ ଅନୁବାଦ କରିବାରେ ଏହି ଏକ ବର୍ଷର ଯାତ୍ରା ମୋ ପାଇଁ ଯେତିକି ରୋମାଞ୍ଚକର ଓ ସୁଖପ୍ରଦ ହୋଇଛି ତା'ଠୁ ଅଧିକ ସାହାଯ୍ୟ ପାଇଛି ବିଶ୍ୱସାହିତ୍ୟକୁ ନେଇ ମୋର ଦୃଷ୍ଟିଭଙ୍ଗୀକୁ ବିସ୍ତାରିତ କରିବାରେ। ବିଶ୍ୱସାହିତ୍ୟ ଯେ ଏତେ ଋଦ୍ଧିମନ୍ତ, ମୁଁ ପ୍ରଥମଥର ପାଇଁ ଆବିଷ୍କାର କରିଛି। ସାହିତ୍ୟ ସମୁଦ୍ରରେ ଅଣନିଃଶ୍ୱାସୀ ହୋଇ ପହଁରୁ ପହଁରୁ ଆତ୍ମହରା ହୋଇଛି। ସେ ଅନୁଭୂତିକୁ ବର୍ଣ୍ଣନା କରିବା କଷ୍ଟ, କେବଳ ଅନୁଭବ କରିହୁଏ ଯାହା।"

'କ୍ଷୁଦ୍ରଗଳ୍ପର ମୃତ୍ୟୁ ଓ ଅନ୍ୟାନ୍ୟ ବିଶ୍ୱ ଗଳ୍ପ'ରେ ସତ୍ୟ ପଟ୍ଟନାୟକ ଖୋଜି ଖୋଜି ସୁନ୍ଦର ଗଳ୍ପଗୁଡ଼ିଏ ଓଡ଼ିଆ ପାଠକଙ୍କୁ ଭେଟି ଦେଇଛନ୍ତି। ପ୍ରେମ, ବିରହ, ଦାରିଦ୍ର୍ୟ, ଅସମାନତା, ବର୍ଣ୍ଣବୈଷମ୍ୟ, ଯୁଦ୍ଧ, ରକ୍ତପାତ, ନିର୍ଯାତନା, ଅସହାୟତା, ସ୍ୱପ୍ନ-ସ୍ୱପ୍ନଭଙ୍ଗ

ଏବଂ ତ୍ୟାଗ-ତିତିକ୍ଷା ଆଦି ବିଭିନ୍ନ ପ୍ରସଙ୍ଗ ଉପରେ ଲିଖିତ ଏହି ଗଳ୍ପଗୁଡ଼ିକ ପାଠକ ଛାତିରୁ କେତେବେଳେ ଦୀର୍ଘଶ୍ୱାସ ତ ଆଉ କେତେବେଳେ ଓଠରୁ ହସ ସାଉଣ୍ଟିଆଣନ୍ତି। ଭିନ୍ନ ଭିନ୍ନ ଦେଶର ଗପ ପଢ଼ିବାବେଳେ ପାଠକ ଜାଣିପାରେ, କେଉଁ ଦେଶର ସଂସ୍କୃତି କିଭଳି। ମଣିଷର ବିଭିନ୍ନ ପ୍ରକାର ବ୍ୟବହାରକୁ ବିଭିନ୍ନ ଦେଶ କିଭଳି ଦେଖିଥାନ୍ତି। ଆମେରିକାର ସ୍ୱାଭାବିକ ମୁକ୍ତ ଯୌନ ଆଚରଣ ହୁଏତ ଏସୀୟ ଦେଶ ପାଇଁ ସ୍ୱାଭାବିକ ହୋଇ ନ ପାରେ। ସେହିପରି ସମକାମୀ ସଂପର୍କ ଆଉ ଗୋଟିଏ ଦିଗ। ନିଃସଙ୍ଗତା ଏବଂ ଖାପଛଡ଼ା ପାରିବାରିକ ସମ୍ବନ୍ଧ ପୁଣି ଗୋଟେ ଦିଗ। ମାତ୍ର ଆଚାର, ଆଚରଣ ଓ ଉଚ୍ଚାରଣର ନେପଥ୍ୟରେ ଯେଉଁ ଚିରନ୍ତନ ମୂଲ୍ୟବୋଧ, ଜାତି-ଧର୍ମ-ବର୍ଣ୍ଣ ନିର୍ବିଶେଷରେ ଓ ଭାଷା ଓ ଭୂଗୋଳ ଉର୍ଦ୍ଧ୍ୱରେ ସବୁ ମଣିଷଙ୍କୁ ଗୋଟିଏ ସୂତାରେ ବାନ୍ଧିଥାଏ ସେଇ କଥାକୁ ଏହି ଗଳ୍ପଗୁଡ଼ିକ ପାଠକ ସମ୍ମୁଖରେ ସୁନ୍ଦର ଭାବରେ ଉପସ୍ଥାପିତ କରନ୍ତି। ବହିଟିକୁ ପଢ଼ିସାରିବା ପରେ ପୃଥିବୀର ବିଭିନ୍ନ ଦେଶର ଭୂଗୋଳ, ସମାଜ, ମଣିଷ, ସଂସ୍କାର ଓ ଦର୍ଶନ ସମ୍ବନ୍ଧରେ ଗୋଟିଏ ସ୍ଥୁଳ ଧାରଣା ମିଳିଯାଏ। ଏହି ପରିପ୍ରେକ୍ଷୀରେ ସଂକଳନର କେତେକ ଗପ ଅଧିକ ଚର୍ଚ୍ଚାର ଅପେକ୍ଷା ରଖନ୍ତି।

ଶୀର୍ଷକ ଗଳ୍ପ 'କ୍ଷୁଦ୍ରଗଳ୍ପର ମୃତ୍ୟୁ'ର ଆରମ୍ଭ ଏହିପରି – "ଗଳ୍ପର ମୃତ୍ୟୁ ଆମକୁ ଆଶ୍ଚର୍ଯ୍ୟରେ ପକାଇଥିଲା। ଆମେ କବିତାକୁ ଦେଖିବାରେ ଏମିତି ମଗ୍ନ ଥିଲୁ ଯେ ଗଳ୍ପର ମୃତ୍ୟୁ ସମ୍ବନ୍ଧରେ ଆସୁଥିବା ସମସ୍ତ ଚେତାବନୀକୁ ଆମେ ଅଣଦେଖା କରିଥିଲୁ। ଦିନେ ଗପ ଏଇଠି ଥିଲା, ଫୁଟ୍‌ବଲ୍ ଖେଳ ଦେଖୁଥିଲା, ବାର୍ ଯାଉଥିଲା, କେକ୍ ତିଆରି କରୁଥିଲା। ପରଦିନ ଉଭାନ୍। ସକାଳୁ ସକାଳୁ 'ଟାଇମ୍‌ସ' ପତ୍ରିକାରେ ତାର ମୃତ୍ୟୁ ବିଷୟରେ ପଢ଼ିଲୁ, ବ୍ରେକ୍‌ଫାଷ୍ଟ ଟେବୁଲ ଉପରେ ଆମର ଟୋଷ୍ଟ ସେମିତି ରହିଗଲା ଓ କଫି କପ୍ ଉପରେ ସର ପଡ଼ିଗଲା।"

ଯୁକ୍ତରାଷ୍ଟ୍ର ଆମେରିକାର ଲେଖକ ଜେ. ଡେଭିଡ୍ ଷ୍ଟିଭେନ୍‌ସ ଲେଖିଥିବା ଏହି ଗଳ୍ପ ଆମେରିକାର ସାଂସ୍କୃତିକ ପ୍ରେକ୍ଷାପଟ ପାଇଁ ଯେତିକି ପ୍ରାସଙ୍ଗିକ, ଭାରତୀୟ ପ୍ରେକ୍ଷାପଟ ଲାଗି ମଧ୍ୟ ସେତିକି। ଏହାକୁ ଅଧିକ ବ୍ୟାଖ୍ୟା କରିବା ଅନାବଶ୍ୟକ।

ଇସ୍ରାଏଲର ଏଟ୍‌ଗାର କେରେଟ୍‌ଙ୍କ 'ଈଶ୍ୱର ହେବାକୁ ଚାହୁଁଥିବା ବସ୍‌ଚାଳକ' ଏକ ସର୍ବକାଳୀନ ଶ୍ରେଷ୍ଠ ଗଳ୍ପ। ନିଷ୍ପାପର ପ୍ରେମ ଆଗରେ ନୋଇଁ ପଡ଼ିଥିବା ନିର୍ମମ ସମୟାନୁବର୍ତ୍ତିତା ଯେମିତି ପାଠକ ପ୍ରାଣକୁ ସ୍ପର୍ଶ କରେ ସେମିତି ଝିଅଟି ଦ୍ୱାରା ଏଡିର ପ୍ରେମକୁ ପ୍ରତ୍ୟାଖ୍ୟାନ ପାଠକର ହୃଦୟକୁ ଦ୍ରବୀଭୂତ କରେ। ଗପଟିର ପରିଣତି ଅସ୍କାର ୱାଇଲଡ୍‌ଙ୍କ 'ଦ ନାଇଟିଙ୍ଗେଲ ଆଣ୍ଡ ଦ ରେଡ୍ ରୋଜ୍' ଗପ କଥା ମନେପକାଇଦିଏ। ଚୀନ୍‌ର ହାଜିନ୍‌ଙ୍କ ଗପ 'ଇଣ୍ଟରନେଟ୍‌ର ଅଭିଶାପ'ର କାହାଣୀ ତାର ଶୀର୍ଷକରୁ ହିଁ

ଜଣାପଡ଼ିଯାଏ। ଇଣ୍ଟରନେଟ୍ ଆସିବା ପରେ ଆମର ଜୀବନ କିଭଳି ପ୍ରଭାବିତ ହୋଇଛି – ଯାହା ଆମେ ସବୁଦିନେ ଅନୁଭବ କରୁଛୁ ତାହା ଏହି ଗଳ୍ପର କାହାଣୀ। ବସ୍ତୁସର୍ବସ୍ୱ ଜୀବନ ଓ ଆତ୍ମବିଜ୍ଞାପନ ପରି ସମସାମୟିକ ସମସ୍ୟାର ଏହା ଅନାସକ୍ତ ବ୍ୟବଚ୍ଛେଦ।

ନାଇଜିରିଆର ଲେଖକ ଓକାଫର ଏମାନୁଏଲ ଟୋଚୁକୁଙ୍କର 'ଆମେରିକା ଆମେରିକା' ଗଳ୍ପରେ ପୁରୁଷ ପୁରୁଷ ମଧ୍ୟରେ ସମକାମୀ ସଂପର୍କ ପ୍ରସଙ୍ଗରେ ଆଫ୍ରିକା ଏବଂ ଆମେରିକା ଜୀବନର ପାର୍ଥକ୍ୟକୁ ଲେଖକ ଉଲ୍ଲେଖ କରିଛନ୍ତି ଯେଉଁଠି ନାଇଜିରିଆର ସରଳ ମାଆ ଦୃଷ୍ଟିରେ ଆମେରିକା ହେଉଛି ସବୁ ପ୍ରକାର ବିକୃତିର ଉଦାହରଣ – ଆମେରିକା ଗୋଟେ ବ୍ୟାଧି। ଯୁବକ ପୁଅ ଦୃଷ୍ଟିରେ କିନ୍ତୁ ଆମେରିକାର ଅର୍ଥ ସ୍ୱାଧୀନତା ଏବଂ ସ୍ୱାଚ୍ଛନ୍ଦ୍ୟ। ଇଟାଲିର ଲେଖକ ଲୁଇଗି ପିରାଣ୍ଡେଲୋଙ୍କ 'ଯୁଦ୍ଧ' ଗଳ୍ପ ରଣବିଭୀଷିକା ନେପଥ୍ୟର କରୁଣ କାହାଣୀର ସୁନ୍ଦର ଶବ୍ଦଲିପି। ରାଷ୍ଟ୍ରମୁଖ୍ୟ ମାନଙ୍କର ଅହଙ୍କାରର ପରିପୂର୍ତ୍ତି ପାଇଁ କେତେ ପିତାମାତା ସନ୍ତାନ ହରାନ୍ତି, ପତ୍ନୀ ହରାଏ ପତି ଏବଂ ଶିଶୁମାନେ ପିତୃମାତୃହରା ହୁଅନ୍ତି ତାହାର ସଜଳ ଚିତ୍ର ଏ ଗପ। ନିଜର ପୁଅକୁ ହରେଇଥିବା ବାପାମାନେ ମୁହଁରେ ଦେଶପ୍ରେମର କଥା କହିବା ସମୟରେ ଛାତିତଳେ କି ମର୍ମାନ୍ତିକ ବେଦନା ଭୋଗନ୍ତି ସେଇ କଥା ଅଛି ଏଇ ଗପରେ। ଆଫଗାନିସ୍ତାନ୍‌ର ମୋହିବୁଲ୍ଲା ଜେଘାମଙ୍କର ଛୋଟ ଗଳ୍ପ 'ବାଘ' ଏବଂ ବାଂଲାଦେଶର ଶବନମ୍ ନାଦିୟାଙ୍କର 'ହାଡ଼' ଦୁଇଟି ଅଦ୍ଭୁତ କାଳଜୟୀ ଗଳ୍ପ। ମଣିଷ ଅବଚେତନର ହୀନମଣ୍ୟତା ଏବଂ ଅଭାବବୋଧକୁ ନୂଆ ଢଙ୍ଗରେ ଏ ଦୁଇଟି ଗପ ଆମ ଆଗରେ ଥୋଇଥାନ୍ତି।

କବିତା ବହିଟି ପରି ଏ ବହିର ଶେଷରେ ମଧ୍ୟ ଅନୁବାଦକ ସତ୍ୟ ପଟ୍ଟନାୟକ ବିଭିନ୍ନ ଦେଶର ଲେଖକଲେଖିକାଙ୍କ ସଂକ୍ଷିପ୍ତ ପରିଚୟ ଦେଇଛନ୍ତି, ଯୋଉଥିରୁ ଜଣେ ସଫଳ ସଂପାଦକ ଭାବରେ ତାଙ୍କର ବିଶେଷତ୍ୱ ଜଣାପଡ଼ିଥାଏ। ଏ ସଂକଳନର ଅଧିକାଂଶ ଗଳ୍ପ ସୁନ୍ଦର, ଏଠି କେବଳ କେତୋଟି ଗଳ୍ପର ଉଦାହରଣ ଦିଆଗଲା। କ୍ରୋଏସିଆର ମିମା ସିମିକଙ୍କ 'ମୋ ପ୍ରେମିକା' ଗପଟି ସଂପର୍କ ଓ ପ୍ରେମର ନୂଆ ଉଦାହରଣ ଉପସ୍ଥାପନ କରେ। ଅନ୍ଧପତ୍ନୀ ଓ ତାର ଚକ୍ଷୁଷ୍ମାନ ପ୍ରେମିକ ସ୍ୱାମୀ ଭିତରେ ଥିବା ସଂପର୍କ ଏ ଗଳ୍ପର କାହାଣୀ। କ୍ୟାଥିଫିଂସ (ଆମେରିକା) ଗଳ୍ପ 'ନଦୀ'ରେ ନଈ ଏକ ଦାର୍ଶନିକ ଅନୁଭବର ପରିଭାଷା ପାଲଟି ଯାଇଛି। 'ସିରିଆ'ର ଜାକାରିଆ ଟେମର ଗଳ୍ପର 'ପାଞ୍ଚପୁଅ' ଏ ସଂକଳନରେ ଆଉ ଏକ ଅଦ୍ଭୁତ ଗଳ୍ପ ଯୋଉଠି ପତ୍ନୀଟିଏ ଜେଲ୍‌ରୁ ଫେରିଥିବା ତା ସ୍ୱାମୀ ଆଗରେ ନିଜର ପାଞ୍ଚପୁଅଙ୍କ ଜନ୍ମ ରହସ୍ୟ କୁଣ୍ଠାହୀନ ଭାବରେ କହିଯାଇଛି। ଏ ଗଳ୍ପର ନେପଥ୍ୟରେ, ଏକାକିନୀ ନାରୀ ପ୍ରତି ପ୍ରତିବେଶୀମାନଙ୍କର ସମ୍ଭୋଗର କାହାଣୀ ଅଛି, ତାର ଅସହାୟତା ଅଛି, ଅଛି ପୁଣି ଶରୀରର ଭୋକ ଏବଂ ବୁଝାମଣାର ଅନିବାର୍ଯ୍ୟତା।

ଗଳ୍ପର ପରିଣତି ଅତି ମର୍ମସ୍ପର୍ଶୀ । କାରାଗାରରୁ ଫେରିଥିବା ସ୍ୱାମୀ ସଂସାର ବୁଝିପାରେ ନାହିଁ, ସେ ଏବେ ଯୋଉଠି ଆସି ପହଞ୍ଚିଛି ସେଇଟି ତାର ପରିବାର ନା ଆଉ ଏକ ଅସ୍ୱସ୍ତିକର କାରାଗାର । ଏହି ପ୍ରକାର ଗଳ୍ପଗୁଡ଼ିକ ଯୋଗୁଁ 'କ୍ଷୁଦ୍ରଗଳ୍ପର ମୃତ୍ୟୁ ଓ ଅନ୍ୟାନ୍ୟ ବିଶ୍ୱ ଗଳ୍ପ' ସଂକଳନଟି ପାଠକ ଆଗରେ କ୍ଷୁଦ୍ରଗଳ୍ପର ଜୟଯାତ୍ରା ଓ ଗାଳ୍ପିକମାନଙ୍କ ବିଶ୍ୱଦୃଷ୍ଟିକୁ ଆମ ଆଗରେ ଉପସ୍ଥାପିତ କରିଥାଏ ।

'ପ୍ରତିଶ୍ରୁତି'ର ସଂପାଦକ ଏବଂ ସଂପାଦକଙ୍କ ପ୍ରତିଶ୍ରୁତି

ଦୀର୍ଘବର୍ଷ ଧରି ଯୁକ୍ତରାଷ୍ଟ୍ର ଆମେରିକାରେ ରହୁଥିଲେ ସୁଦ୍ଧା ନିଜର ମାତୃଭୂମି ଓ ମାତୃଭାଷାକୁ ମୁହୂର୍ତ୍ତକ ପାଇଁ ଭୁଲି ନ ଥିବା ଜଣେ ଆସକ୍ତ ଓଡ଼ିଆ ହେଉଛନ୍ତି 'ପ୍ରତିଶ୍ରୁତି'ର ସଂପାଦକ ସତ୍ୟ ପଟ୍ଟନାୟକ । ତାଙ୍କ କବିତାରେ ଯେମିତି ସେ ଓଡ଼ିଶାକୁ ଭୁଲିନାହାନ୍ତି, ସଂପାଦକୀୟ ଦାୟିତ୍ୱ ନିର୍ବାହ କଲାବେଳେ ସେମିତି ନିଜର ଆଭିମୁଖ୍ୟଠାରୁ ବିଚ୍ୟୁତ ହୋଇନାହାନ୍ତି । 'ପ୍ରତିଶ୍ରୁତି'ର ତୃତୀୟ ବର୍ଷ ପ୍ରଥମ ସଂଖ୍ୟା (୨୦୧୫)ରେ ସତ୍ୟ ପଟ୍ଟନାୟକ ଲେଖିଥିବା ସଂପାଦକୀୟ ତାଙ୍କ ଆଭିମୁଖ୍ୟର ଅକପଟ ଇସ୍ତାହାର । 'ଓଡ଼ିଆ ସାହିତ୍ୟ ଓ ପ୍ରବାସୀ ଓଡ଼ିଆ' ଶୀର୍ଷକ ଏହି ସଂପାଦକୀୟରେ ସେ ପ୍ରବାସରେ ରହୁଥିବା ଓଡ଼ିଆମାନଙ୍କ ସମ୍ବନ୍ଧରେ ଲେଖିବା ସହ ଓଡ଼ିଆ ଭାଷା କିପରି ସାର୍ବଭୌମ ହେବ ସେ ନେଇ ନିଜର ସ୍ୱପ୍ନ କଥା ଉଲ୍ଲେଖ କରିଛନ୍ତି । ପ୍ରାୟ ସାଢ଼େ ଚାରିକୋଟି ଲୋକଙ୍କର ବାସଭୂମି ଓଡ଼ିଶା ଭାରତର ସର୍ବପ୍ରଥମ ଭାଷାଭିତ୍ତିକ ପ୍ରଦେଶ ହୋଇଥିଲେ ମଧ୍ୟ ମାତୃଭାଷା ପ୍ରୀତି କ୍ଷେତ୍ରରେ ଏଇ ରାଜ୍ୟର ପରିଚୟ ଉତ୍ସାହଜନକ ନୁହେଁ । ନିଜ ମାଟିରେ ଉନ୍ନାସିକତାର ଶିକାର ହେଉଥିବା ଓଡ଼ିଆ ଭାଷାକୁ ସୁଦୂର ଆମେରିକାରେ ରହିଥିବା ଜଣେ ସଂପାଦକ ନିଜ ଉଦ୍ୟମରେ ବୃହତ୍ତର ପାଠକଙ୍କ ପାଖେ ପହଞ୍ଚାଇବାର ଉଦ୍ୟମ କରିବା ନିଶ୍ଚୟ ଅଭିନନ୍ଦନୀୟ । ବିଦେଶ ଯାଇଥିବା ଓଡ଼ିଆମାନଙ୍କ ଇତିହାସ ସଂପର୍କରେ ସତ୍ୟ ପଟ୍ଟନାୟକ ଲେଖିଛନ୍ତି, "ୟେ କେବଳ ମୋ କଥା ନୁହଁ । ମୁଁ ଏଠି ପ୍ରତିନିଧିତ୍ୱ କରୁଛି ଶହ ଶହ, ହଜାର ହଜାର ଓଡ଼ିଆ ପ୍ରବାସୀଙ୍କୁ ଯେଉଁମାନେ ଜୀବନର ମୁଖ୍ୟଭାଗ ହରାଇବା ଓ ପାଇବାର ଅସ୍ତବ୍ୟସ୍ତତା ମଧ୍ୟରେ ଅତିବାହିତ କରୁଛନ୍ତି । ଆମ ପୂର୍ବପିଢ଼ି ସେ ସମୟରେ ବ୍ୟାପାର ପାଇଁ ଜାଭା, ସୁମାତ୍ରା ଆଦି ଦେଶମାନଙ୍କୁ ଯାଉଥିଲେ ଓ ଫେରିଆସୁଥିଲେ । ସେମାନଙ୍କ ମଧ୍ୟରୁ ଯେ କାଁ ଭାଁ ସେଠି କେହି ରହିଯାଇନଥିବେ ତାହା ନୁହେଁ । ଭାରତର ସ୍ୱାଧୀନତା ପରବର୍ତ୍ତୀ ସମୟରେ ମେଧାବୀ ଛାତ୍ରମାନେ ଉଚ୍ଚଶିକ୍ଷା ପାଇଁ ବିଦେଶ ଆସୁଥିଲେ । ସେତେବେଳେ ଖବରକାଗଜରେ ସେମାନଙ୍କର ଫଟୋ ବାହାରୁଥିଲା । ସେମାନଙ୍କ ମଧ୍ୟରୁ କେହି ଫେରିଯାଉଥିଲେ ଓ କେହି ରହିଯାଉଥିଲେ । ଯୁକ୍ତରାଷ୍ଟ୍ର ଆମେରିକାର ଓଡ଼ିଆ

ସମ୍ପ୍ରଦାୟର ଇତିହାସକୁ ଦେଖିଲେ ଜଣାପଡ଼େ ଯେ ୧୯୫୫ ରେ କଟକ ମେଡ଼ିକାଲ କଲେଜ (ଏସ୍.ସି.ବି)ର ପ୍ରଥମ ବ୍ୟାଚ୍‌ର ପାଞ୍ଚଜଣ ଛାତ୍ର ଉଚ୍ଚଶିକ୍ଷା ପାଇଁ ପ୍ରଥମେ ଆମେରିକା ଆସିଥିଲେ। ଶତାବ୍ଦୀର ଶେଷଭାଗକୁ ଆସିଲା ସୂଚନା ବିଜ୍ଞାନରେ କ୍ରାନ୍ତି ଯାହା ବିଶ୍ୱର ସାମାଜିକ ତଥା ଆର୍ଥିକ ବ୍ୟବସ୍ଥାକୁ ବିଶେଷ ପ୍ରଭାବିତ କଲା। ଓଡ଼ିଶାର ଯୁବପିଢ଼ି ସେଥିରୁ ବାଦ୍ ପଡ଼ିଲେନି। ରୋଜଗାର ପାଇଁ ଓଡ଼ିଆ ଯୁବପିଢ଼ି ବହୁ ସଂଖ୍ୟାରେ ଓଡ଼ିଶା ତଥା ଭାରତ ବାହାରକୁ ସ୍ଥାନାନ୍ତରିତ ହେଲେ। ବିଗତ ପନ୍ଦର ବର୍ଷର ଓଡ଼ିଆମାନେ ଭାରତୀୟମାନଙ୍କ ସହ ବିଶ୍ୱର ପ୍ରାୟ ପ୍ରତ୍ୟେକ ଦେଶରେ ପହଞ୍ଚିଗଲେ ଓ ବସବାସ କରିବାକୁ ଲାଗିଲେ। ସେମାନଙ୍କ ସହ ଓଡ଼ିଆ ସଂସ୍କୃତି ମଧ୍ୟ ଓଡ଼ିଶା ତଥା ଭାରତୀୟ ପରିସୀମାକୁ ପାର ହୋଇ ବିଶ୍ୱ ସ୍ତରରେ ପହଞ୍ଚିଲା। ଆମେରିକାରେ ବର୍ତ୍ତମାନ ଅନେକ ତୃତୀୟ ପିଢ଼ି ଓଡ଼ିଆ ଅଛନ୍ତି। ବନ୍ଧୁତ୍ୱ ତଥା ବିବାହ ମାଧ୍ୟମରେ ଓଡ଼ିଆ ସଂସ୍କୃତି ଓ ବିଶ୍ୱର ଅନେକ ସଂସ୍କୃତି ସହ ଆଦାନ ପ୍ରଦାନ ହେଲା। ବିଶ୍ୱଗ୍ରାମରେ ଓଡ଼ିଆ ସଂସ୍କୃତି ନିଜର ଉପସ୍ଥିତିକୁ ପ୍ରାଞ୍ଜଳଭାବେ ଦୃଷ୍ଟିଗୋଚର କରାଇ ପାରିଲା। ଏବେ କେବଳ ଆମେରିକାରେ ପ୍ରାୟ ପଚିଶଟି ମନ୍ଦିରରେ ଶ୍ରୀ ଜଗନ୍ନାଥ ପରିବାର ଅଛନ୍ତି-ତାହା ଓଡ଼ିଆ ସଂସ୍କୃତିର ବ୍ୟାପକତାର ପରିଚୟ ଦିଏ।

ବର୍ତ୍ତମାନ ପ୍ରଶ୍ନ ଉଠେ ଯେ ଓଡ଼ିଆ ସାହିତ୍ୟ କ'ଣ ସାର୍ବଭୌମ ହୋଇ ପାରିଛି ? ମହାନଦୀ ଓ କାଠଯୋଡ଼ିର ପରିସୀମାରୁ ମୁକୁଳି ଓଡ଼ିଆ ସାହିତ୍ୟ କ'ଣ ବିଶ୍ୱଗ୍ରାମରେ ଅନ୍ୟ ସାହିତ୍ୟ ସହ ସମକକ୍ଷ ହୋଇପାରିଛି ? ଓଡ଼ିଆ ସାହିତ୍ୟ ଏଇ ଶହ ଶହ ହଜାର ହଜାର ପ୍ରବାସୀଙ୍କ ଜୀବନକଥାକୁ ଶବ୍ଦରୂପ ଦେଇପାରିଛି ? ଯେଉଁ ଓଡ଼ିଆମାନେ ମିସିସିପି, ଅମାଜନ୍ କି ନୀଳ ନଦୀତଟରେ ବସବାସ କରିଗଲେଣି, ସେମାନଙ୍କ କଥା ବି ଓଡ଼ିଆ ସାହିତ୍ୟରେ ରହିବାର ଆବଶ୍ୟକତା ଅଛି। କୋରାପୁଟର ହଳଦୀ ବଗିଚା କଥା ଲେଖିଲାବେଳେ ଫ୍ଲୋରିଡାର କମଳାବଗିଚା କି କାଲିଫର୍ଣ୍ଣିଆର ଅଙ୍ଗୁରବଗିଚା କଥା କେମିତି ଭୁଲିଯିବା ? ସେଠି ବି ଆମର ଓଡ଼ିଆ ପରିବାର ବସବାସ କରିଛନ୍ତି। ବାଙ୍ଗାଲୋରର ଓଡ଼ିଆ ଦାଦନ କଥା କହିଲା ବେଳେ ଆଫ୍ରିକାର ସୁନାଖଣି କି ପେନ୍‌ସିଲ୍‌ଭାନିଆର କୋଇଲାଖଣିରେ ଖଟୁଥିବା ଓଡ଼ିଆ କଥାବି କୁହାଯାଉ। ନାଇନ୍ ଇଲେଭେନ୍‌ରେ ହୋଇଥିବା ଟ୍ରେଡ୍ ଟାୱାର ଦୁର୍ଘଟଣାରେ ମୃତ୍ୟୁଲାଭ କରିଥିବା ଓଡ଼ିଆଙ୍କ ବିଷୟରେ ଓଡ଼ିଆ ସାହିତ୍ୟତ କିଛି କହିନି। ଓଡ଼ିଆ ସାହିତ୍ୟରେ ଏ ଦିଗକୁ ଆଲୋକପାତ କରାଯାଉ। ଉପନ୍ୟାସ, ଗଳ୍ପ ଓ କବିତାରେ ପ୍ରବାସୀ ଓଡ଼ିଆର ଅନ୍ତଃସ୍ୱର ଶୁଣାଯାଉ। ଯେ ନିଶ୍ଚିତ ଭାବେ ଓଡ଼ିଆ ସାହିତ୍ୟର ସାର୍ବଭୌମ ହେବାର କ୍ଷମତାକୁ ସାକାର କରି ଓଡ଼ିଆ ସାହିତ୍ୟକୁ ଉଚ୍ଚସ୍ତରକୁ ନେଇପାରିବ ଏଥିରେ ଦ୍ୱିମତ ନାହିଁ।"

ସତ୍ୟ ପଟ୍ଟନାୟକଙ୍କ ସଂପାଦନାର ଦୁଇଟି ଦିଗ ଲକ୍ଷଣୀୟ - ଗୋଟିଏ ହେଲା ଭାରତୀୟ ବା ନିର୍ଦ୍ଦିଷ୍ଟ ଭାବରେ ଓଡ଼ିଆ ସାହିତ୍ୟର ପ୍ରଚାର-ପ୍ରସାର ଏବଂ ଦ୍ୱିତୀୟଟି ହେଲା ଯେଉଁ ଭାରତୀୟ ଲେଖକମାନେ ଜୀବିକା ଦାୟରେ ବାହାରେ ବିଶେଷତଃ ଆମେରିକା ଓ କାନାଡାରେ ଅଛନ୍ତି ସେମାନଙ୍କର ମୂଳ ଖୋଜି ତାଙ୍କୁ ଏକାଠି ବାନ୍ଧି ରଖିବା। ଆମେରିକାରେ ପ୍ରତିଷ୍ଠିତ ଏକାଧିକ ଜଗନ୍ନାଥ ମନ୍ଦିର ଏହି ସାଂସ୍କୃତିକ ଐକ୍ୟ ପ୍ରତିଷ୍ଠା ଦିଗରେ କାମ କରୁଛି ଏବଂ ଶ୍ରୀ ପଟ୍ଟନାୟକ ମଧ୍ୟ ଗୋଟିଏ ମନ୍ଦିର ସହ ଅନ୍ତରଙ୍ଗ ଭାବେ ସଂପୃକ୍ତ। ଏହା ଭିନ୍ନ ସେ 'ପ୍ରତିଶ୍ରୁତି ପତ୍ରିକା ଜରିଆରେ 'ଇମିଗ୍ରାଣ୍ଟ୍ ଲିଟରେଚର'ର ପ୍ରଚାର ପ୍ରସାର ପାଇଁ ସ୍ୱତନ୍ତ୍ର ପଦକ୍ଷେପ ନେଇଛନ୍ତି ଏବଂ କାଳକ୍ରମେ ତାଙ୍କର ଏହି ସାହିତ୍ୟିକ ଅଭିରୁଚି 'ବ୍ଲାକ୍ ଇଗଲ' ପରି ଏକ ପ୍ରକାଶନ ସଂସ୍ଥାକୁ ଜନ୍ମ ଦେଇଛି। 'ଇମିଗ୍ରାଣ୍ଟ ସାହିତ୍ୟ' ସମ୍ବନ୍ଧରେ ଶ୍ରୀ ପଟ୍ଟନାୟକ ୨୦୧୫ରେ 'ପ୍ରତିଶ୍ରୁତି' ସଂପାଦକୀୟରେ ସେ ତାଙ୍କର ଆଭିମୁଖ୍ୟକୁ ସ୍ପଷ୍ଟ ଭାବରେ ଉଲ୍ଲେଖ କରିଥିଲେ। ସେ ଲେଖିଥିଲେ- "ଦୁଇଟି ମୌଳିକ ଲକ୍ଷ୍ୟ ନେଇ ୨୦୧୨ରେ 'ପ୍ରତିଶ୍ରୁତି'କୁ ରୂପରେଖ ଦିଆଯାଇଥିଲା। ପ୍ରଥମରେ, ଯୁକ୍ତରାଷ୍ଟ୍ର ଆମେରିକା ଓ କାନାଡ଼ାରେ ବସବାସ କରୁଥିବା ଓଡ଼ିଆମାନଙ୍କ ପଢ଼ିବା ନିମନ୍ତେ ଉଚ୍ଚମାନର ଓଡ଼ିଆ ସାହିତ୍ୟ ପରିବେଷଣ କରାଇବା ଓ ଦ୍ୱିତୀୟରେ, ଏହିବର୍ଷ ଦେଶରେ ଓଡ଼ିଆ ସାହିତ୍ୟ ଲେଖାରେ ରୁଚି ରଖୁଥିବା ଓଡ଼ିଆମାନଙ୍କ ନିମନ୍ତେ ଏକ ମଞ୍ଚ ଉପଲବ୍ଧ କରିବା। ଏହି ଦୁଇ ମୌଳିକ ଲକ୍ଷ୍ୟକୁ ସାମ୍ନାରେ ରଖି 'ପ୍ରତିଶ୍ରୁତି'କୁ ଏକ ନନ୍-ପ୍ରଫିଟ୍ ସଂସ୍ଥା ଭାବରେ ଓ୍ୱାହିଓ ରାଜ୍ୟରେ ପଞ୍ଜୀକୃତ କରାଗଲା ଓ ଏଥିନିମନ୍ତେ ସମସ୍ତ ଆର୍ଥିକ ସହାୟତାକୁ ସରକାର 'ଆୟ କରମୁକ୍ତ' ଦର୍ଜା ଦେଲେ। 'ପ୍ରତିଶ୍ରୁତି'ର ବିଗତ ସଂଖ୍ୟାକୁ ଆମେରିକାରେ ଦୁଇଶହ ପଚାଶ ପରିବାର କ୍ରୟ କଲେ। ଓଡ଼ିଆ ସାହିତ୍ୟର ବୃହତ୍ତର ପାଠକଗୋଷ୍ଠୀ ଭିତରେ ଏଇ ପାଠକମାନଙ୍କୁ ଅନ୍ତର୍ଭୁକ୍ତ କରାଗଲା। ଯେତେବେଳେ ଓଡ଼ିଆ ସାହିତ୍ୟରେ ପାଠକ ସଂଖ୍ୟା କମିଯାଉଥିବାର ଆଶଙ୍କାରେ ଆମେ ଆଗକୁ ବଢୁଛେ, ଦୁଇଶହ ପଚାଶ ପରିବାରକୁ ନୂତନ ପାଠକ ଭାବେ ଓଡ଼ିଆ ସାହିତ୍ୟ ସହ ଯୋଡ଼ିବା ନିଶ୍ଚିତ ଭାବେ ପ୍ରୋତ୍ସାହନର ବିଷୟ। ଗଲା ତିନି/ ଚାରିବର୍ଷରେ ଅନେକ ଆମେରିକୀୟ ଓଡ଼ିଆ ଲେଖକ ବିଭିନ୍ନ ପତ୍ରପତ୍ରିକା ତଥା ଖବରକାଗଜମାନଙ୍କରେ ନିୟମିତ ପ୍ରକାଶିତ ହେବାର ଦେଖାଯାଉଛି। 'ପ୍ରତିଶ୍ରୁତି'ର ଏହି ସଂଖ୍ୟାରେ ଦଶଜଣ ଆମେରିକୀୟ ଓଡ଼ିଆ କ୍ଷୁଦ୍ରଗଳ୍ପ ଲେଖିଛନ୍ତି, ଏହା ପ୍ରମାଣିତ କରେ ଯେ ଆମର ଦ୍ୱିତୀୟ ଲକ୍ଷ୍ୟ ନିକଟରେ ଆମେ ପହଞ୍ଚି ପାରିଛୁ।

"ମୁଁ କହିବାକୁ ଦ୍ୱିଧା କରୁନାହିଁ ଯେ ଓଡ଼ିଆ ଜାତିର ଦୀର୍ଘ ଇତିହାସରେ ଯଦିଓ 'ଇମିଗ୍ରେସନ୍' ବିଷୟ ରେକର୍ଡ଼ ଦୃଷ୍ଟିରୁ ବେଶୀ ପୁରୁଣା ନୁହେଁ, ତଥାପି ଏହାକୁ ବିଷୟବସ୍ତୁ

କରି ଯେତିକି ସାହିତ୍ୟ ସୃଷ୍ଟି କରାଯିବା କଥା ତା ହୋଇନାହିଁ। ସ୍ୱାଧୀନତାର ପରବର୍ତ୍ତୀ ସମୟରେ, ୧୯୫୦ ଦଶକରୁ ଓଡ଼ିଆମାନେ ଉଚ୍ଚଶିକ୍ଷା ପାଇଁ ଯଦିଓ ବିଦେଶ ଯାଇ ବସବାସ କରିବାର ପ୍ରମାଣ ରହିଛି। କିନ୍ତୁ ବହୁପୂର୍ବରୁ ଆମର ପୂର୍ବପୁରୁଷମାନେ ଜାଭା, ସୁମାତ୍ରା, ସିଂହଳ ଆଦି ଦେଶକୁ ଯାଇ ଯେଉଁ ବେପାର ବାଣିଜ୍ୟ କରୁଥିଲେ, ହୁଏତ ତାଙ୍କ ମଧ୍ୟରୁ କେହି କେହି ରହି ବି ଯାଇଥିବେ। ଐତିହାସିକମାନଙ୍କ ନିକଟରେ ହୁଏତ ଏ ତଥ୍ୟ ଉପଲବ୍ଧ ଥାଇପାରେ। ତେବେ ଆମେ କେବଳ ଆଧୁନିକ ସମାଜ କଥା ହିଁ ଆମ ବିଚାରରେ ରଖିବା। ମୋର ମନେଅଛି ଆମ ପିଲାଦିନେ ଖବରକାଗଜରେ ବିଦେଶଯାତ୍ରା ଜନିତ ଖବର ଦେଖିଲେ ଆମେ ଉତ୍‌ଫୁଲ୍ଲିତ ହୋଇଥାଉ। ଏବେ ପ୍ରତ୍ୟେକ ଦିନ ଓଡ଼ିଆମାନେ ବିଦେଶ ଯାତ୍ରା କରୁଛନ୍ତି, ବିଭିନ୍ନ କାରଣରୁ। ଓଡ଼ିଆ ଛାତ୍ରମାନେ ସାରା ବିଶ୍ୱର ଭଲ ବିଶ୍ୱବିଦ୍ୟାଳୟମାନଙ୍କରେ ପଢ଼ିଲେଣି। ଓଡ଼ିଆମାନେ ବିଶ୍ୱର ସବୁ ଦେଶରେ ରହିବାକୁ ଲାଗିଲେଣି। ଆମେ ଯେଉଁଠି ରହିଲେବି ଆମର ସଂସ୍କୃତି, ସାହିତ୍ୟ ଓ ଭାଷାକୁ ସାଥିରେ ଧରି ରଖିବାକୁ ହେବ। ସେଥିପାଇଁ ଏକ ଗୁରୁଦାୟିତ୍ୱ ହେଲା ଏଇ ଇମିଗ୍ରାଣ୍ଟମାନଙ୍କ ପାଇଁ ଉନ୍ନତମାନର ସାହିତ୍ୟ ନିୟମିତ ଭାବେ ଉପଲବ୍ଧ କରିବା। ସେମାନଙ୍କର ଜୀବନକୁ ନେଇ ନୂତନ ସାହିତ୍ୟ ସୃଷ୍ଟି କରିବା। ମୁଁ ବେଳେବେଳେ ଭାବେ ଯେ ସେପ୍‌ଟେମ୍ବର ୧୧, ୨୦୦୧ ଘଟଣାରେ, ୱାର୍ଲଡ ଟ୍ରେଡ୍ ସେଣ୍ଟର ଦୁର୍ଘଟଣାରେ ଯେଉଁ ଲୋକମାନେ ମୃତ୍ୟୁବରଣ କଲେ, ହୁଏତ ତା ଭିତରେ କେହି ଜଣେ ଓଡ଼ିଆ ଥାଇପାରେ, ତାଙ୍କୁ ନେଇ ଲେଖିବା ଆମର ଏକ ଦାୟିତ୍ୱ ଯାହା ଆମେ ଏଯାଏ ସମ୍ପନ୍ନ କରିନେ। ଭବିଷ୍ୟତରେ ଯେଉଁ ଓଡ଼ିଆ ପିଲାଟି ଆମାଜନ କୁଳର କେଉଁ ଗାଆଁରେ କି ଆଲାସ୍କାର କେଉଁ ଇଗଲୁରେ ଜନ୍ମ ନେବ, ତା' ପାଇଁ ବର୍ଣ୍ଣବୋଧ ଖଣ୍ଡିଏ ପଠେଇବା ମଧ୍ୟ ଆମର କର୍ତ୍ତବ୍ୟ।

ଇମିଗ୍ରେସନ୍ ଅନୁଭୂତି, ନୂତନ ସଂସ୍କୃତିର ବିଭିନ୍ନ ସ୍ୱରୂପ ତଥା ଶୈଳୀ ଆଦିକୁ ଆପଣେଇବାର ଅସ୍ୱାଭାବିକତା ଇତ୍ୟାଦିକୁ ନେଇ 'ଇମିଗ୍ରାଣ୍ଟ ସାହିତ୍ୟ'ର ସୃଷ୍ଟି। 'ଇମିଗ୍ରାଣ୍ଟ ସାହିତ୍ୟ'କୁ ପ୍ରକଟିତ ହେଉଥିବା ଚିତ୍ର ସଂକଳ୍ପ, ସଫଳତା, ବିଜନତା, ପରିତ୍ୟକ୍ତତାର ସମ୍ମିଶ୍ରଣ। ମାତୃଭୂମି ପ୍ରତି ଅନୁରକ୍ତିର ତୀବ୍ର ଇଚ୍ଛା ସାଙ୍ଗକୁ ନୂତନତାକୁ ସ୍ୱୀକାର କରିବା ସମ୍ପର୍କରେ ଅନିଶ୍ଚିତତା ମଧ୍ୟରେ ଥିବା ଅନ୍ତର୍ନିହିତ ଦ୍ୱନ୍ଦ୍ୱ 'ଇମିଗ୍ରାଣ୍ଟ ସାହିତ୍ୟ'ର ବିଷୟବସ୍ତୁ। ସାଂସ୍କୃତିକ ରୂପାନ୍ତରଣର ଜଟିଳତାକୁ ସୃଷ୍ଟି ହେଉଥିବା ପରିଚୟ ସଙ୍କଟ ମଧ୍ୟରେ ଇମିଗ୍ରାଣ୍ଟ ଲଗାତାର ଯୁଝୁଥାଏ ଓ ତାହା 'ଇମିଗ୍ରାଣ୍ଟ ସାହିତ୍ୟ'ର ଏକ ଦୃଢ଼ ବିଷୟବସ୍ତୁ। ଇମିଗ୍ରାଣ୍ଟ ସାହିତ୍ୟର ଅନ୍ୟ ଏକ ବିଷୟ ହେଲା ଭାଷା। ଭାଷାକୁ ନେଇ ଅନେକ ପ୍ରକାରର ଦ୍ୱନ୍ଦ୍ୱ ଉପୁଜି ଥାଏ ଇମିଗ୍ରାଣ୍ଟର ଜୀବନରେ। ଅନେକ ସମୟରେ

ଦେଖାଯାଏ ଯେ ପିଲାମାନେ ବାପା ମା'ଙ୍କ ଠାରୁ ବେଶ୍ ଭଲ ଭାବରେ ସ୍ଥାନୀୟ ଭାଷାକୁ ଆପଣେଇଛନ୍ତି। ପିଲାମାନେ ଯଦିଓ ସବୁଠୁ ବେଶୀ ଦ୍ୱନ୍ଦ୍ୱ ଭିତରେ ଜୀବନ କାଟନ୍ତି, ଘରେ ଏକପ୍ରକାରର ସଂସ୍କୃତି ଓ ବାହାରେ ଅନ୍ୟପ୍ରକାରର, ସେମାନେ ଅନେକ ସମୟରେ ଭାବିପାରନ୍ତିନି ଯେ କେଉଁ ସଂସ୍କୃତିକୁ ଆପଣେଇବେ ଅଥବା ଦୁଇ ସଂସ୍କୃତି ମଧ୍ୟରେ ତାଳମେଳ କେମିତି ରଖିବେ।

ଏଥିମଧ୍ୟରେ ଅନେକ ଭାରତୀୟ ବଂଶୋଦ୍ଭବ ଲେଖକ ଆମେରିକୀୟ ସାହିତ୍ୟର ମୁଖ୍ୟସ୍ରୋତ ଭିତରେ ନିଜର ସ୍ଥାନ ସହଜ କରିସାରିଲେଣି। ସେମାନଙ୍କର (ଏବଂ ଅନ୍ୟ ଦେଶର ଇମିଗ୍ରାଣ୍ଟ ଲେଖକଙ୍କର) ଲେଖା ମାଧ୍ୟମରେ ଆମେରିକୀୟ ସାହିତ୍ୟରେ 'ଇମିଗ୍ରାଣ୍ଟ ସାହିତ୍ୟ' ଏକ ଦିଗ ବା ଜେନର ଭାବେ ପରିଗଣିତ ହୋଇ ସାରିଛି। ଭାରତୀୟ-ଆମେରିକୀୟ ପ୍ରଫେସର ଅଖିଳ ଶର୍ମାଙ୍କ ଅଟୋବାୟଓଗ୍ରାଫିକାଲ୍ ଉପନ୍ୟାସ 'ଫାମିଲି ଲାଇଫ୍' (୨୦୧୬ ଇମ୍ପାକ୍ ପୁରସ୍କାର ପ୍ରାପ୍ତ) 'ଇମିଗ୍ରାଣ୍ଟ ସାହିତ୍ୟ'ର ଏକ ସଫଳ କାହାଣୀ।"

ସତ୍ୟ ପଟ୍ଟନାୟକ ଜଣେ ନିଷ୍ଠାପର ସଂପାଦକ। ତାଙ୍କର ନିଷ୍ଠା କେବଳ ସମସାମୟିକ ସାହିତ୍ୟର ପ୍ରଚାର ପ୍ରସାର ମଧ୍ୟରେ ସୀମିତ ନୁହେଁ, ପଛରେ ଛାଡ଼ି ଆସିଥିବା ସାହିତ୍ୟ-ସଂସ୍କୃତିର ସଂରକ୍ଷଣ କ୍ଷେତ୍ରରେ ମଧ୍ୟ ତାହା ପ୍ରତିଫଳିତ। କେବଳ ଗୋଟିଏ ଉଦାହରଣ ଦିଆଯାଇପାରେ। ତାଙ୍କ ସଂପାଦିତ 'ପ୍ରତିଶ୍ରୁତି'ରେ ସେ କାଲିଫର୍ଣ୍ଣିଆରେ ରହୁଥିବା ସ୍ୱର୍ଗତ ଓଡ଼ିଆ ଲେଖକ ବାମାଚରଣ ମିତ୍ରଙ୍କ ପୁଅଙ୍କ ପାଖରୁ ଖୋଜି ଖୋଜି ସ୍ୱର୍ଗତ ମିତ୍ରଙ୍କର 'ସୂଚନା: ତତ୍ତ୍ୱ ଓ ଲୀଳା, ସାହିତ୍ୟ ଓ କଳା' ଶୀର୍ଷକ ପ୍ରବନ୍ଧ ଆଣି ପ୍ରକାଶ କରିଛନ୍ତି।

ଓଡ଼ିଶା ଠାରୁ ଅନେକ ଦୂରରେ ଥାଇ ପତ୍ରିକା ସଂପାଦନା କରିବା ସହଜ କାମ ନୁହେଁ। ଏହା କେବଳ ଅଭେଦ୍ୟ ପ୍ରୀତି ଯୋଗୁଁ ସମ୍ଭବ ଯାହାକୁ କବିସମ୍ରାଟ ଉପେନ୍ଦ୍ର ଭଞ୍ଜ ପ୍ରେମର ପରିଭାଷା ପରିପ୍ରେକ୍ଷୀରେ 'କେତେ ଦୂରେ ଚାନ୍ଦ, କେତେ ଦୂରେ କୁମୁଦିନୀ' ବୋଲି ଲେଖିଥିଲେ। ସତ୍ୟ ପଟ୍ଟନାୟକ ସେହି ଶାବ୍ଦିକ ପରିଭାଷାର ଜୀବନ୍ତ ଉଦାହରଣ। ଏ ଦିଗରେ ତାଙ୍କର ଅବଦାନ ଓଡ଼ିଆ ସାହିତ୍ୟ ଓ ସଂପାଦନା ଇତିହାସରେ ଉଲ୍ଲେଖନୀୟ ହୋଇ ରହିବ।

■

'ଅନୁଭବ', ୩୭୮ ବରମୁଣ୍ଡା ଗାଁ, ଭୁବନେଶ୍ୱର-୭୫୧୦୦୩
ମୋ: ୯୪୩୭୦୭୭୨୮
gourahari60@gmail.com

ଡାଏସ୍‌ପୋରା କବି ଓ ପ୍ରକାଶକ ସତ୍ୟ ପଟ୍ଟନାୟକଙ୍କ କୃତିର ଦିଗନ୍ତ

ଡକ୍ଟର ଆଦ୍ୟାଶା ଦାସ

ସତ୍ୟ ପଟ୍ଟନାୟକ ଜଣେ ବିଶିଷ୍ଟ ଓଡ଼ିଆ କବି ଓ ଲେଖକ, ଯିଏ ବହୁ ବର୍ଷ ଧରି ଆମେରିକାରେ ରହୁଥିଲେ ମଧ୍ୟ ତାଙ୍କ ଭାବ ପ୍ରକାଶର ମାଧ୍ୟମ ହେଉଛି ମାତୃଭାଷା ଓଡ଼ିଆ। ଜଣେ ଲେଖକ ଭାବରେ ସେ ଆମେରିକାସ୍ଥ ଡାଏସ୍‌ପୋରା ଓଡ଼ିଆ ସମାଜର ଜଣେ ଅଗ୍ରଣୀ ପ୍ରତିନିଧି। ତାଙ୍କ ସାରସ୍ୱତ କୃତିର ପରିସୀମା ପ୍ରବାସ ଜୀବନର ବସ୍ତୁବାଦର ସୀମା ଡେଇଁ ମଣିଷ ଜୀବନର ସରଳ ସତ୍ୟରୁ ଚିତ୍ରିତ କଳ୍ପନା ପର୍ଯ୍ୟନ୍ତ ବ୍ୟାପ୍ତ। ତାଙ୍କ ଲେଖାର ଚମତ୍କାରିତା ହେଉଛି ସାବଲୀଳ ଭାଷାର ଚାତୁର୍ଯ୍ୟ, ସ୍ୱତଃସ୍ଫୂର୍ତ୍ତ ଭାବପ୍ରକାଶ ଏବଂ ସୂକ୍ଷ୍ମାନୁଭବର ହୃଦୟସ୍ପର୍ଶୀ ଶୈଳୀ ଓ ବିରଳ ଉପମା। ତାଙ୍କ ଭାବ ଓ ଭାଷାରେ ଛନ୍ଦିତ ସୁନ୍ଦର ସୂକ୍ଷ୍ମ କାରୁକାର୍ଯ୍ୟଭରା କବିତାରେ ସେ ନିଜକୁ ଆବିଷ୍କାର କରନ୍ତି। କୃତିର ଦର୍ପଣରେ ସମୟ, ସମାଜ ଓ ସଂସ୍କୃତିର ମୁହଁ ଝଟ ଝଟ ଦିଶେ। ତେଣୁ ପାଠକର ହୃଦୟକୁ ସ୍ପର୍ଶ କରେ। ତାଙ୍କ ମୌଳିକ ଶୈଳୀ ଅନୁକରଣୀୟ ନୁହେଁ, କିନ୍ତୁ ଅନୁସରଣୀୟ। ଉତ୍ତରିତ ଚେତନାରେ ଉତ୍କୀର୍ଣ୍ଣ କବିତାଗୁଡ଼ିକ ସ୍ପଷ୍ଟ ବାରିହୋଇଯାଏ ତେଣୁ କବିଙ୍କର ଏକ ସ୍ୱତନ୍ତ୍ର ପରିଚିତି ସୃଷ୍ଟି କରିଥାଏ। ତାଙ୍କ କାବ୍ୟ କବିତାର ଦିଗଦିଗନ୍ତ ଚିତ୍ରିତ କରେ ମଣିଷର ମନ, ଲୋକସଂସ୍କୃତି, ପ୍ରେମ, ସାଂପ୍ରତିକ ସମୟର ବିବିଧ ଘଟଣାବଳୀ ଓ ସାଂସାରିକ ଜୀବନର ଅନୁଭବରୁ ସାର୍ବଜନୀନ ଦାର୍ଶନିକତା ପର୍ଯ୍ୟନ୍ତ। ଶ୍ରୀ ପଟ୍ଟନାୟକଙ୍କ କବିତା ସୂକ୍ଷ୍ମ ଉପଲବ୍ଧିର ତୀବ୍ର ଭାବଗ୍ରନ୍ଥିରେ ଛନ୍ଦିତ ହୋଇ ମାଟିର ସୁଗନ୍ଧରେ ଅତ୍ୟନ୍ତ

ହୃଦ୍ୟ । କବିଙ୍କ ସାହିତ୍ୟ ସମଗ୍ରର କାନ୍‌ଭାସ୍ କବିତା, ଗଳ୍ପ, ଅନୁବାଦ, ସାହିତ୍ୟ ସମ୍ପାଦନା ଏବଂ ପୁସ୍ତକ ପ୍ରକାଶନ ପର୍ଯ୍ୟନ୍ତ ପରିବ୍ୟାପ୍ତ ।

କବିଙ୍କ ଡାଏସ୍‌ପୋରା ସାହିତ୍ୟ, ପଛରେ ଛାଡ଼ିଆସିଥିବା ମାତୃଭୂମିର ସକଳ ଚିତ୍ର ଚରିତ୍ରର ପୁନଃନିର୍ମାଣ କରୁ କରୁ ନିଜ ଭାଷା ଓ ଭୂଗୋଳର ଚତୁଃପାର୍ଶ୍ୱରେ ଭ୍ରମଣ କରୁଥାଏ । ସତ୍ୟ ପଟ୍ଟନାୟକ ଡାଏସ୍‌ପୋରା ସାହିତ୍ୟର ସମୁଜ୍ଜ୍ୱଳ ସ୍ୱର । ତାଙ୍କ କବିତାରେ ଛାଡ଼ିଯାଇଥିବା ଘର, ଗାଁ, ସହର ଓ ମାତୃଭୂମି ପ୍ରତି ପ୍ରେମ ଛଳଛଳ ନିର୍ଝର ପରି ପ୍ରବାହିତ । ତାଙ୍କ ଲେଖାରେ ନିସଂଗତା, ଦେଶାନ୍ତରର ସୁଖ, ଦୁଃଖ, ଦ୍ୱନ୍ଦ୍ୱ, ଅତୀତ ସ୍ମୃତିର ଆବେଗ, ପରିଚିତି ହଜିଯାଉଥିବା ଓ ନିଜକୁ ପୁନଃ ଆବିଷ୍କାର କରିବାର ନିୟତ ଅନ୍ୱେଷା ପ୍ରତିଫଳିତ । ବହୁବର୍ଷ ଧରି ଆମେରିକାର ବାସିନ୍ଦା ଭାବରେ ସେ ସାଂପ୍ରତିକ ସମସ୍ୟା ଓ ମିଶ୍ରସଂସ୍କୃତିରେ ପାଇବା ହରାଇବା ଓ ବିଭାଜିତ ମାନସର ବ୍ୟଥାକୁ ସାହିତ୍ୟରେ ପ୍ରତୀକ୍ଷିତ କରିଛନ୍ତି ।

ବହୁ ଚର୍ଚ୍ଚିତ 'ଜେନିଫର' ସିରିଜ କବିତାରେ ପ୍ରାଚ୍ୟ ପାଶ୍ଚାତ୍ୟ ମିଳନ ଏବଂ ଏକ ଅଦୃଶ୍ୟ ବନ୍ଧନର ଚିତ୍ରଣ ଦେଖିବାକୁ ମିଳେ ।

"କଥା ଦିଅ ଆଜି ସନ୍ଧ୍ୟାରେ, ତୁମେ କିଛି ବି ପଚାରିବନି ଜେନିଫର୍
ପଚାରିବନି ପରସ୍ପରକୁ ନଜାଣି କିଏ କେମିତି ପୁଅ ଝିଅ ବିବାହ କରନ୍ତି ଆମ ଦେଶରେ
ବିବାହ ପରେ ପ୍ରେମ କେମିତି ଧୀରେ ଧୀରେ ଗଭୀର ହୁଏ
ପଚାରିବନି ଗୋଟିଏ ଛାତ ତଳେ ତିନି ପୁରୁଷ କେମିତି ଏକାଠି ରୁହନ୍ତି
ପଚାରିବନି ବିବାହିତା ନାରୀର ମଥାରେ ସିନ୍ଦୂରଟୋପାର ମାନେ କ'ଣ
ପଚାରିବନି ଗାଈକୁ ଆମେ ମା' ବୋଲି କାହିଁକି ସମ୍ବୋଧନ କରୁ
ତୁମର ସେ ଚିରାଚରିତ ପ୍ରଶ୍ନମାନଙ୍କୁ ଆଉ କେଉଁ ସଂନ୍ଧ୍ୟା ପାଇଁ ସ୍ଥଗିତ ରଖିବା ।"

– ଜେନିଫର୍

ନିଜ ଗାଁ' ଘର ପାଇଁ ଅତୀତ ସ୍ମୃତିର ତୀବ୍ର ଆଲୋଡ଼ନ ବାରମ୍ବାର ସଂଗଠିତ ହୁଏ ପଟ୍ଟନାୟକଙ୍କ ପ୍ରବାସୀ ସାହିତ୍ୟରେ । ପଟ୍ଟନାୟକଙ୍କ କବିତାଗୁଡ଼ିକ ଧରି ରଖିଥାଏ ଏବଂ କବିତାର ଛତ୍ରେ ଛତ୍ରେ ମୁକୁଳାଇ ଦିଏ ମଧ୍ୟ ଘର ଛାଡ଼ିଆସିବା ବେଳର ମାନସିକ ଆଘାତ, ଛାଡ଼ି ଆସିଥିବା ବନ୍ଧୁପରିଜନ, ସାଙ୍ଗସାଥୀ, ଗଛବୃଛ, ଦିଅଁଦେବତା, ମନ୍ଦିର ଓ ଶ୍ମଶାନର ଆବେଗପ୍ରବଣ ସ୍ମୃତିମାନଙ୍କର ବିଧୁର ବ୍ୟଥା । ଘର ସବୁବେଳେ ତାଙ୍କର ଏକ ପ୍ରେରଣାର ଉତ୍ସ ହୋଇ ରହିଛି, ଯାହା ପ୍ରତିଫଳିତ କରିଛି ପଛଦିନକୁ ଏବଂ ପୁନର୍ବ୍ୟାଖ୍ୟାୟିତ ନିଜ ମାତୃଭୂମିରେ ଲେଖକଙ୍କର ପରିଚିତିକୁ–

"ଅନ୍ଧାରକୁ ତ୍ୟାଗ, ଆଲୁଅର କୋଳକୁ ଫେରିଯା'
ସେଇ ଯାହା ଦେଖୁଛୁ ଦୂରରେ,

ହାଲ୍‌କା ହାଲ୍‌କା ସବୁଜ ରଙ୍ଗର ପାହାଡ଼
ଅସରନ୍ତି ଆକାଶ
ଆକାଶରେ ନୀଳ ନୀଳ ମେଘର ମହଲ
ସେଇ ତୋର ମାଟି, ସେଇ ତୋର ଘର, ସେଇଠି ସବୁ ତୋର
ଯୁଇର ନିଆଁ ବି ତୋର, ତୋର ପାଣି, ତୋର ଶୋଷ
ନିଃଶ୍ୱାସରେ ଅହରହ ପ୍ରେମର ବିଶ୍ୱାସ।"

ପଟ୍ଟନାୟକଙ୍କ 'ଝର୍କା ଖୋଲାଥାଉ' ସଂକଳନର କବିତାଗୁଡ଼ିକ ହେଉଛି ଆନନ୍ଦଦାୟକ। କବିତାର ନିଷ୍କପଟ ଶୈଳୀ, ସତ୍ୟାନୁବନ୍ଧ ବିଶ୍ଳେଷଣ, ଅନ୍ତର୍ନିହିତ ଇନ୍ଦ୍ରିୟାନୁଭବ ହେଉଛି ଏହି ପୁସ୍ତକର ଆକର୍ଷଣ। ଓଡ଼ିଆ ଜୀବନର ଅନ୍ତରଙ୍ଗ ଭାବସମ୍ପର୍କ ସୁନ୍ଦର ଭାବରେ ଅନେକ କବିତାରେ ପ୍ରତିଫଳିତ। ସାହିତ୍ୟ ଏବଂ ପୁରାଣର ଉପଲବ୍ଧି, ଜୀବନର ଜଟିଳତା ଓ ସଂସ୍କୃତିର ବିବିଧତା ଉପରେ ଗଭୀର ଦୃଷ୍ଟି ରଖି କବିତାଗୁଡ଼ିକ ବର୍ଷାର ତଟିନୀ ପରି ମୁଖର। ଏହି ବିବିଧ ସଂସ୍କୃତିର ଭିନ୍ନ ଭିନ୍ନ ରୂପ, କବିଙ୍କ ନିଜ ଭିତର ଏବଂ ତାଙ୍କ ଚତୁଃପାର୍ଶ୍ୱରେ ଥିବା ପରିବେଶ ସହ ଆଳାପ, ସଂଳାପ ଓ ପ୍ରଶ୍ନୋତ୍ତର କବିତାଗୁଡ଼ିକୁ ସ୍ନିଗ୍ଧ-ମଧୁର-ସୁଖପାଠ୍ୟ କରିଥାଏ।

କବିଙ୍କର ପ୍ରେମକବିତାଗୁଡ଼ିକ ହେଉଛି ତାଙ୍କର ଉଲ୍ଲେଖନୀୟ କୃତି। ହୃଦୟର ନିଗୂଢ଼ ପ୍ରେମ ଓ ହତାଶା ଏବଂ ନିତିଦିନିଆ ଜୀବନରେ ଭଲପାଇବାର ଗଭୀର ଅନୁଭବକୁ ପ୍ରକାଶ କରିବାରେ କବି ଚିରକାଳ ନିର୍ଭୟ। ଏହି ପ୍ରେମକବିତାଗୁଡ଼ିକରେ ରହିଛି ଚମତ୍କାର ଉପମା ସବୁ, ଯାହା ସେ ପାଇଛନ୍ତି ପଛରେ ଛାଡ଼ିଆସିଥିବା ବାଲ୍ୟକାଳ, କୈଶୋରର ଅନୁଭୂତିରୁ, ଗାଁ' ମାଟିରୁ ଓ ନଈପଠାର କାଶତଣ୍ଡୀ ବଣରୁ।

ରୋମାଣ୍ଟିକ୍ ପ୍ରେମ ସହ ଦେଶପ୍ରେମର ଅଦ୍‌ଭୂତ ମିଳନ ଦେଖିବାକୁ ମିଳେ କବିତାଗୁଡ଼ିକରେ। ପ୍ରେମର ଅନୁଭବ ଏବଂ ଘରକୁ ବାହୁଡ଼ିଯିବାର ତୀବ୍ର ଇଚ୍ଛା ପ୍ରତ୍ୟେକ କବିତାରେ ଅଙ୍ଗାଙ୍ଗୀଭାବେ ଜଡ଼ିତ। କବିତାଗୁଡ଼ିକ ମାଟି, କଳା ଏବଂ ପ୍ରେମର ଇତିହାସ ଓ ଭୂଗୋଳକୁ ହାତରେ ଧରି ଚାଲିଥାଏ। (ତୁମ ଗାଁ ନଈ ଓ ଜହ୍ନରାତିର ସନେଟ୍, ଜୀବନର ସନେଟ୍, ଆଜି ସଂଧ୍ୟାର ସନେଟ୍, ଋତୁପର୍ଣ୍ଣା ଓ ଶରତର ସନେଟ୍ ଇତ୍ୟାଦି।)

ଅୟୁତ ଜନ୍ମର ଶୋଷ ଭରିଥାଏ ଯେତେବେଳେ
ମୋ ଗାଁ ମାଟିର ଓଠରେ,
ତୁମ ଗାଁ ମେଘ ଆଣେ ସଜଳ ଚୁମ୍ବନ ଧାରେ
ତା' ପାଇଁ ଅତି ସରାଗରେ।
ସମସ୍ତେ ଖୋଜନ୍ତି ଏଠି ଶରତର ଜହ୍ନରାତି

ଆଣ ପୁଣି ଫାଲ୍‌ଗୁନର କାଉଁରୀ ପରଶ
ମୁଁ କିନ୍ତୁ ଖୋଜୁଥାଏ ଶ୍ରାବଣ ମାଟିର ବାସ୍ନା
ତୁମ ଗାଁ' ରତୁ ମେଘ ମାସ।

(ରତୁ ମେଘ ମାସ, ସତ୍ୟ ପଟ୍ଟନାୟକ)

କବି କବିତାଗୁଡ଼ିକ ସହ ଏପରି ଅନ୍ତରଙ୍ଗତା ସ୍ଥାପନ କରିଥା'ନ୍ତି ଯେ ତା'ର ଗଭୀରତା ମାପିବା କଷ୍ଟ। ତାଙ୍କ କବିତାଗୁଡ଼ିକ ବ୍ୟକ୍ତିଗତରୁ ଊର୍ଦ୍ଧ୍ୱକୁ ଯାଇ ବ୍ୟାପକ ଏବଂ ସାର୍ବଜନୀନ। ତାଙ୍କ ପ୍ରେମକବିତାଗୁଡ଼ିକ ବିଶ୍ୱବିଖ୍ୟାତ ସ୍ପାନିସ୍ କବି ପାବ୍ଲୋ ନେରୁଦାଙ୍କ କବିତା ସହ ତୁଳନୀୟ। ନେରୁଦା ଜାଣିଶୁଣି କବିତାକୁ ସୁନ୍ଦର କରିବାକୁ ଚେଷ୍ଟା କରନ୍ତି ନାହିଁ କିନ୍ତୁ କବିତାରେ ଆବେଗର ପବିତ୍ରତାକୁ ଏପରି ଜଡ଼ାଇ ଦେଇଥା'ନ୍ତି ଯେ ତାଙ୍କ କବିତାଗୁଡ଼ିକ ସମୁନ୍ନତ ହେବା ସହ ଅତୁଳନୀୟ ସୌନ୍ଦର୍ଯ୍ୟକୁ ପ୍ରକଟ କରିଥାଏ। ନେରୁଦାଙ୍କ କବିତାର ଭାଷା ଏପରି ମାର୍ମିକ ଯେ, ତାହା ଅନୁଭବର ଦ୍ୱାରକୁ ଖୋଲି ଧରେ। ନେରୁଦା ଏତେ ସ୍ୱଷ୍ଟ ଯେ, ଭାବପ୍ରକାଶରେ କିଛି ବି ଗୋପନୀୟ ନଥାଏ। ପ୍ରେମ, ମୃତ୍ୟୁ, ଏକାକୀତ୍ୱ, ପ୍ରକୃତିର ସୁନ୍ଦରତା ଏବଂ ନିଷ୍ଠୁରତାକୁ ସେ ସ୍ୱଷ୍ଟଭାବରେ ବର୍ଣ୍ଣନା କରିଥାନ୍ତି, ଯେଉଁଥିରେ ଯଥାଯଥ ଦୁଃଖ ଓ ଉଲ୍ଲାସକୁ ସେ ପ୍ରକଟ କରିଥାନ୍ତି।

ଏତିକିରେ ପଟ୍ଟନାୟକଙ୍କର ସୃଷ୍ଟିସମ୍ଭାରର ସମାପ୍ତି ଘୋଷଣା କରାଯାଇ ପାରିବ ନାହିଁ। ନଦୀ ପରି ବହିଯିବା ହେଉଛି ସାହିତ୍ୟର ଧର୍ମ। ଭାଷା ଭୌଗୋଳିକତାର ଊର୍ଦ୍ଧ୍ୱରେ ସାହିତ୍ୟର ଗତି ଓ ପ୍ରକୃତି। ସତ୍ୟ ପଟ୍ଟନାୟକ ବିଶ୍ୱସାହିତ୍ୟ (କବିତା ଓ ଉପନ୍ୟାସ)ର ଜଣେ ବିଦଗ୍ଧ ପାଠକ। ତେଣୁ ସେ ବାଛି ବାଛି ବିଶ୍ୱସାହିତ୍ୟର ଶ୍ରେଷ୍ଠ କୃତିଗୁଡ଼ିକ ଅନୁବାଦ କରି ଓଡ଼ିଆ ପାଠକଙ୍କ ହାତରେ ଦେଇଥା'ନ୍ତି। ଏହା ହେଉଛି ଓଡ଼ିଆ ସାହିତ୍ୟକୁ ସମୃଦ୍ଧ କରିବାର ଏକ ବଡ଼ ମାଧ୍ୟମ। ସାହିତ୍ୟ ଯେଉଁ ଭାଷାକୁ ଅନୁଦିତ ହୁଏ ସେହି ଭାଷା ହିଁ ସମୃଦ୍ଧ ହୁଏ। ଅନୁବାଦ ମାଧ୍ୟମରେ ବିଶ୍ୱର ବିବିଧତାରେ ଏକତା ଆଣିବା ତାଙ୍କର ଲକ୍ଷ୍ୟ। ଅନୁବାଦ କରିବାବେଳେ ଗୋଟିଏ ଭାଷାକୁ କେବଳ ଅନୁବାଦ କରାଯାଏ ନାହିଁ ବରଂ ଗୋଟିଏ ସଂସ୍କୃତିକୁ ଅନୁବାଦ କରିବାକୁ ହୁଏ। ତେଣୁ ଅନୁବାଦ ଏକ କଠିନ ଓ ଜଟିଳ ସାରସ୍ୱତ କାର୍ଯ୍ୟ। ସେହି କାର୍ଯ୍ୟରେ ଶ୍ରୀ ପଟ୍ଟନାୟକ ସଫଳ କାରଣ, ତାଙ୍କର ଅନୁବାଦଗୁଡ଼ିକ ମୌଳିକ ସାହିତ୍ୟ ଭଳି ମନେହୁଏ। ସେହି ଦୃଷ୍ଟିରୁ ସେ ଅଭିନନ୍ଦନୀୟ।

ଆମେରିକାରେ ପୁସ୍ତକ ପ୍ରକାଶନ :

ଶ୍ରୀ ପଟ୍ଟନାୟକଙ୍କର ସାହିତ୍ୟପ୍ରୀତି ଏତେ ଗଭୀର ଯେ, ସେ ଆମେରିକାରେ ଏକ ପୁସ୍ତକ ପ୍ରକାଶନ ସଂସ୍ଥା ସ୍ଥାପନ କରିବାର ନିର୍ଭିକ ପଦକ୍ଷେପ ନେଇଛନ୍ତି। 'ବ୍ଲାକ୍

ଈଗଲ୍ ବୁକ୍‌ସ' ପବ୍ଲିକେଶନ ଆରମ୍ଭ ହୁଏ ୨୦୧୯ ମସିହାରେ। ଯେତେବେଳେ ସେ ଆମେରିକାରେ ପ୍ରଥମେ ଓଡ଼ିଆ ପୁସ୍ତକର ପ୍ରକାଶନ ଆରମ୍ଭ କରନ୍ତି, ସେତେବେଳେ ବିଶ୍ୱାସ କରିହେଉନଥିଲା ଯେ ତାହା ଏତେ କମ୍ ସମୟ ମଧ୍ୟରେ ଏତେଗୁଡ଼ିଏ ଭାଷାର ପୁସ୍ତକ ପ୍ରକାଶ କରିପାରିବ ବୋଲି। ଏବେ 'ବ୍ଲାକ୍ ଈଗଲ୍ ବୁକ୍‌ସ' ହେଉଛି ଏକ ନିର୍ଭରଶୀଳ, ବିଶ୍ୱସନୀୟ, ଅନ୍ତର୍ଜାତୀୟ ପ୍ରକାଶନ ସଂସ୍ଥା। ଆଉ ଏକ କଥା, ଏହି ପ୍ରକାଶନ ମାଧ୍ୟମରେ ଅନେକ ଲେଖକ/ଲେଖିକା ବିଶ୍ୱସ୍ତରରେ ପ୍ରକାଶନର ସୌଭାଗ୍ୟ ପାଇଥିବାରୁ ସେମାନଙ୍କର ପୁସ୍ତକଗୁଡ଼ିକ ଅନେକ ବିଦେଶୀ ପାଠକଙ୍କ ପାଖରେ ପହଞ୍ଚିଥାଏ। ଫଳରେ ସେମାନେ ଅଧିକ ଲେଖିବା ପାଇଁ ପ୍ରେରଣା ପାଇଥା'ନ୍ତି। ଏଯାବତ୍ 'ବ୍ଲାକ୍ ଈଗଲ୍ ବୁକ୍‌ସ' ସବୁ ଭାଷାକୁ ମିଶାଇ ଶତାଧିକ ପୁସ୍ତକ ପ୍ରକାଶ କରିସାରିଲେଣି। ଏହା କମ୍ କଷ୍ଟସାଧ୍ୟ ବ୍ୟାପାର ନୁହେଁ। କେବଳ ଆନ୍ତରିକ ଇଚ୍ଛା ଏବଂ ଗଭୀର ସାହିତ୍ୟାନୁରାଗ ନଥିଲେ ଏହା ସମ୍ଭବ ହୋଇନଥାନ୍ତା।

ଶ୍ରୀ ସତ୍ୟ ପଟ୍ଟନାୟକ, ଡାଏସ୍‌ପୋରା ଲେଖକ ଓ ପ୍ରକାଶକ ଭାବରେ ପ୍ରଶଂସାର ଯୋଗ୍ୟ ଏବଂ ଅଭିନନ୍ଦନୀୟ।

■

ଆସୋସିଏଟ୍ ପ୍ରଫେସର (ଆଇ.ଆଇ.ଟି.ଟି.ଏମ୍), ଭୁବନେଶ୍ୱର

ସତ୍ୟ ପଟ୍ଟନାୟକଙ୍କ ପ୍ରେମବିଧୁର ପ୍ରବାସ

ରେବତୀ ମୁଦୁଲି

ଆବେଗ ବତୁରା କବିପ୍ରାଣର କମନୀୟ କଳାତ୍ମକ ଅଭିବ୍ୟକ୍ତି ହେଉଛି କବିତା। କବିତା କବି କଳ୍ପନାର ଫୁଲ। କବିତାରେ କବିର ଭାବାବେଗ ଯେତିକି ନିବିଡ଼ ଓ ସାନ୍ଦ୍ର ହୁଏ, ସେ କବିତା ହୁଏ ସେତିକି ଉଚ୍ଚକୋଟୀର ଓ ହୃଦୟସ୍ପର୍ଶୀ। ପ୍ରେମର ପୃଥିବୀ ପରିବ୍ୟାପ୍ତ। ସେ ପ୍ରେମ ବ୍ୟକ୍ତିଗତ ହୋଇପାରେ, ହୋଇପାରେ ପୁଣି ସାର୍ବଜନୀନ। ତେବେ କବିଟିଏ ପ୍ରେମମନସ୍କ ହେବା ସ୍ୱାଭାବିକ। ପ୍ରେମ ହିଁ ତ ସୃଷ୍ଟିର ମୂଳଉତ୍ସ। ଭାବରେ ଥାଇ ବି ଅଭାବରେ ଘାରିହୁଏ କବିଟିଏ ବାରମ୍ବାର। ଏହି ଅସନ୍ତୋଷ ଓ ଅଭାବବୋଧର ଦିବ୍ୟ ହାହାକାର ଭିତରୁ ସୃଷ୍ଟି ହୁଏ କାଳଜୟୀ କବିତା।

ସାମ୍ପ୍ରତିକ ଓଡ଼ିଆ ସାହିତ୍ୟରେ ସତ୍ୟ ପଟ୍ଟନାୟକ ଜଣେ ଅସାଧାରଣ କବି ପ୍ରତିଭା। ଯୁକ୍ତରାଷ୍ଟ୍ର ଆମେରିକାରୁ ପ୍ରକାଶିତ ଏକମାତ୍ର ସାହିତ୍ୟ ପତ୍ରିକା 'ପ୍ରତିଶ୍ରୁତି'ର ସେ ସୁଯୋଗ୍ୟ ସମ୍ପାଦକ। "ଆମର ନିଜର ମାଟି ଓ ଅନ୍ୟାନ୍ୟ ବିଶ୍ୱ କବିତା", "କ୍ଷୁଦ୍ରଗଳ୍ପର ମୃତ୍ୟୁ ଓ ଅନ୍ୟାନ୍ୟ ବିଶ୍ୱ ଗଳ୍ପ" ପୁସ୍ତକର ସେ ସଫଳ ସ୍ରଷ୍ଟା। "ପାଷାଣର ପ୍ରେମ ସଂଗୀତ" ଓ "ଝର୍କା ଖୋଲା ଥାଉ" କବିଙ୍କ ରଚିତ ଦୁଇଟି କବିତା ସଂକଳନ। "ପାଷାଣର ପ୍ରେମ ସଂଗୀତ" କବିତା ସଂକଳନଟି ପ୍ରଥମେ ୨୦୧୩ ମସିହାରେ "ଭାରତଭାରତୀ" ଓ ପରେ ୨୦୧୯ ମସିହାରେ ନିଜସ୍ୱ ମୌଳିକ ପ୍ରକାଶନ ସଂସ୍ଥା 'ବ୍ଲାକ୍ ଇଗଲ୍ ବୁକ୍ସ' ଦ୍ୱାରା ପୁନର୍ବାର ପ୍ରକାଶିତ। ମନରେ, ପ୍ରାଣରେ କବି ଜଣେ ଖାଣ୍ଟି ଓଡ଼ିଆ। ସେ ଅବସ୍ଥାପିତ ଆମେରିକାରେ। ବିଦେଶର ପ୍ରାଚୁର୍ଯ୍ୟଭରା ଭବ୍ୟ ବିଳାସମୟ ବାଦଶାହୀ ଜୀବନ କବିଙ୍କୁ ତୃପ୍ତି ଦେଇପାରିନି ପରନ୍ତୁ ସ୍ୱଦେଶକୁ ନେଇ ଅସାଧାରଣ ଅତୃପ୍ତିରେ ଘାରିହୋଇଛି କବିଙ୍କ ମନପ୍ରାଣ। ନିଜ ଜନ୍ମଭୂମି ଜନ୍ମମାଟିକୁ

ନେଇ ଆବେଗ ଜୁଡୁବୁଡୁ ବେଦନା ବିଧୁରିତ ପ୍ରାଣରଅନନ୍ୟଅଭିବ୍ୟକ୍ତି ‘ପାଷାଣର ପ୍ରେମ ସଂଗୀତ’। ବିଦେଶରେ ଥାଇ ବି ସ୍ୱଦେଶ ପ୍ରତି ଅସୀମ ଅନୁରକ୍ତି ସତ୍ୟ ପଟ୍ଟନାୟକଙ୍କ ନିଆରା କବିପଣର ମହିମାକୁ ପ୍ରକୀର୍ତ୍ତିତ କରେ। ଆବେଗପ୍ରବଣ ମଣିଷଟିଏ ହୋଇଛନ୍ତି କବି। ଜନନୀ, ଜନ୍ମଭୂମି ଓ ଜନ୍ମମାଟିର ମହକ କବିପ୍ରାଣକୁ ବିଚଳିତ କରିଛି, ଆବେଗରେ ଆର୍ଦ୍ର କରିଛି। ପ୍ରିୟ ପରିଜନଙ୍କଠାରୁ ଦୂରେଇ ରହିବାର ଯେଉଁ ଅପ୍ରକାଶ୍ୟ ଅନୁଭବ, ଅବ୍ୟକ୍ତବେଦନା ତାହା ଶବ୍ଦରୂପେ ସତ୍ୟ ପଟ୍ଟନାୟକଙ୍କ କବିତାରେ ହୋଇଛି ରୂପାୟିତ। ସମୁଦାୟ ୬୧ଟି କବିତା ଏହି ସଂକଳନରେ ସ୍ଥାନିତ। ‘ପାଷାଣର ପ୍ରେମ ସଂଗୀତ’ କବିତା ସଂକଳନର ପ୍ରଥମ କବିତା ହେଉଛି ‘ବୋଉ’। ଏହି କବିତାଟିରେ କବି ବୋଉର ସ୍ମୃତିଚାରଣ କରିଛନ୍ତି। ବାସ୍ତବରେ ତା’ର ଅନାବିଳ ବାତ୍ସଲ୍ୟ ମମତାକୁ କଲମ କାଳିରେ ଶବ୍ଦରୂପ ଦେବାପାଇଁ ଅସମର୍ଥ ହୋଇପଡ଼ିଛନ୍ତି କବି। କବି ବୋଉକୁ ଈଶ୍ୱରଙ୍କ ଦର୍ଜା ଦେଇଛନ୍ତି। ବୋଉ ଏବେ କେଉଁଠି କବି ଜାଣନ୍ତି ନାହିଁ। ମାତ୍ର ବୋଉର ଅସ୍ତିତ୍ୱକୁ ଅନୁଭବ କରି କହନ୍ତି –

“ମୁଁ ଜାଣେନା ତୁ ଏବେ କେଉଁଠି
ଆକାଶରେ ନୂଆ ଏକ ତାରା
ଅଥବା ଫୁଲରେ ନୂଆ ଏକ ମହକ
ସମୁଦ୍ରରେ ନୂଆ ଏକ ଢେଉ
ଅଥବା ସଙ୍ଗୀତରେ ନୂଆ ଏକ ସ୍ୱର
ମୋ ଭିତରେ ତୁ ସେଇଠି ଅଛୁ
ଯେଉଁଠି ଅଛନ୍ତି ଈଶ୍ୱର।”(୧)

ଜନନୀର ସେଇ ଯଶୋଦିତ ସ୍ନେହ ପ୍ରବାସରେ ଥିବା ପୁତ୍ରକୁ କବଚ ପରି ସୁରକ୍ଷା ପ୍ରଦାନ କରିଥାଏ। ଯେମିତି ଯଶୋଦାଙ୍କ ମମତା ଥିଲା ଅଝଟିଆ-କାହ୍ନା ପାଇଁ। ମା’ପାଇଁ କବିତା ଲେଖିବାବେଳେ କବିଙ୍କ କଲମରୁ କାଳି ଶୁଖିଯାଏ ଅଥଚ କବିଙ୍କ ଆଖିପତା ଓଦା ହୋଇଯାଏ। ମା’ର ସେଇ ମହିମାକୁ କବିତାରେ ରୂପ ଦେବାକୁ ଅସମର୍ଥ କବି ଶେଷରେ ସବୁ ଜନ୍ମରେ ମା’କୁ ଝିଅ ରୂପେ କାମନା କରି କହନ୍ତି –

“ଯେଉଁଠି ଅଛୁ ଥା
ଆସନ୍ତା ଜନ୍ମ
ତା’ ପରଜନ୍ମ
ଏବଂ ଆଗାମୀ ସବୁ ଜନ୍ମରେ
ମୋ ଝିଅ ହୋଇ ଆ”। (୨)

'ଚେତନା' କବିତାରେ କବି ପ୍ରକୃତ ଓଡ଼ିଆର ଗରିମାକୁ ବର୍ଣ୍ଣନା କରିଛନ୍ତି। ନାଁ ପଛପଟେ ମହାନ୍ତି କି ମହାପାତ୍ର ଲାଗିଗଲେ କେହି କେବେ ଓଡ଼ିଆ ହୋଇପାରେନା। ପଇତା ପିନ୍ଧିଲେ ଯେମିତି ଚଣ୍ଡାଳ ବ୍ରାହ୍ମଣ ହୋଇଯାଏନା। ଓଡ଼ିଆ ହେବା ପାଇଁ ସାହସ ଦରକାର। କବିଙ୍କ ଭାଷାରେ 'ଜିଗର' ଦରକାର। ସାହସ ଓ ସ୍ୱାଭିମାନ ହିଁ ଓଡ଼ିଆର ପ୍ରକୃତ ପରିଚୟ, ଯାହା ଧରମା, ବାଜିରାଉତ, ଖୋର୍ଦ୍ଧାର ପାଇକପୁଅ ପାଖରେ ଥିଲା। ସ୍ଥାନ ପରିବର୍ତ୍ତନରେ ସୀମା ବଦଳିଯାଏ କିନ୍ତୁ ସଂସ୍କୃତି, ମଣିଷର ମଣିଷପଣିଆ, ହୃଦୟ ବଦଳେନି ବୋଲି କବି ମତବ୍ୟକ୍ତ କରନ୍ତି। ଗେରୁଆ ବସ୍ତ୍ର ପରିଧାନ କରି ପାଷାଣ୍ଡ, ପୁରୁଷୋତ୍ତମ ହୋଇପାରେ ନାହିଁ। ଭକ୍ତ ହେବାପାଇଁ ଲୋଡ଼ା ହୁଏ ସାଲବେଗ ଭଳି ପ୍ରାର୍ଥନା ଓ ଧ୍ରୁବର ବିଶ୍ୱାସ । କବିଙ୍କର ସ୍ୱୀକାରୋକ୍ତି–

"ଭକ୍ତ ହେବା ପାଇଁ ଭାବ ଦରକାର
ସଂସ୍ଥା ନୁହେଁ ଆସ୍ଥା ଦରକାର
ସାଲବେଗର ପ୍ରାର୍ଥନା ଦରକାର
ଧ୍ରୁବର ବିଶ୍ୱାସ ଦରକାର।" (୩)

ଦେଶର ପରିବର୍ତ୍ତନରେ କାନୁନ୍ ବଦଳିଯାଏ ମାତ୍ର ବିଶ୍ୱାସ, ଚେତନା, ସ୍ଥିତି, ସମ୍ପର୍କ, କି ଜୀବନର ମୌଳିକତା ବଦଳେ ନାହିଁ। ପ୍ରବାସୀ ହେଲେ ବି ପରମ୍ପରା, ସଂସ୍କୃତି, ଅପରିବର୍ତ୍ତିତ ରହେ ସ୍ମୃତିରେ ସତେଜ ହୋଇ। ପ୍ରବାସରେ ଥାଇ କବି ସତ୍ୟ ପଟ୍ଟନାୟକ ମାର୍ଗଶୀର ଝୋଟିଚିତା, ପ୍ରଥମାଷ୍ଟମୀରେ ମା' ହାତ ତିଆରି ଏଣ୍ଡୁରିପିଠାର ମହକ ଭିତରେ ନିଜ ସଂସ୍କୃତି ଓ ପରମ୍ପରାକୁ ଖୋଜି ପାଇଛନ୍ତି।

"ଡ୍ରଇଂରୁମ୍‌ରେ ଜଗନ୍ନାଥ ମୂର୍ତ୍ତି ସଜେଇ
ଯେବେ ଓଡ଼ିଆ ସଂସ୍କୃତିକି ଭକ୍ତିର ସଂଜ୍ଞା ବଦଳାଅ
ତେବେ ଆଖିବୁଜି ଦେଖ;
ଦେଖ ପିଲାମାନେ ମା' ପକେଇଥିବା
ମାର୍ଗଶୀର ଗୁରୁବାର ଝୋଟି ଏବେବି କେତେ ଉଜ୍ଜ୍ୱଳ
ଦେଖ ମା'ର ପ୍ରଥମାଷ୍ଟମୀ ଏଣ୍ଡୁରି ପିଠା
ଏବେ ବି କେତେ ସତେଜ।"(୪)

ଜଞ୍ଜାଳଗ୍ରସ୍ତ ଜୀବନର ବ୍ୟସ୍ତତା ଭିତରୁ ମୁକୁଳି ସ୍ମୃତିସାଉଁଟି ସ୍ୱପ୍ନରେ ହଜିଯିବା ପାଇଁ କବି ଇଚ୍ଛା ପ୍ରକାଶ କରିଛନ୍ତି। ବହୁଦିନ ପରେ ଆକାଶରେ ଜହ୍ନର ସୌନ୍ଦର୍ଯ୍ୟ ଓ ପବନର ସତେଜତାକୁ ଅନୁଭବ କରିଛନ୍ତି। 'ନୀଳ ଉପତ୍ୟକା' କବିତାରେ ଜନ୍ମମାଟି ପ୍ରତି ମୋହ, ଅସମ୍ଭବ ଆକର୍ଷଣ ଦେଖିବାକୁ ମିଳେ। କବିଙ୍କ ପାଇଁ ତାଙ୍କ ଜନ୍ମମାଟି

ଧରା ସ୍ୱର୍ଗ। ସବୁତକ ସମ୍ଭାବନା ସେଇଠି, ସେଇ ଧରା ସ୍ୱର୍ଗରେ। ଅନନ୍ୟ, ଅତୁଳନୀୟ ସେ ମାଟିର ମହକ । କବିଙ୍କ ଦୃଷ୍ଟିରେ ଅନାବିଷ୍କୃତ ଉପତ୍ୟକା ଭଳି ମନେହେଉଥିବା ଜନ୍ମମାଟିରେ ଫୁଟୁଥିବା ପଦ୍ମଫୁଲ ନୀଳ, ଆକାଶର ଜହ୍ନ ନୀଳ, ବିରହର ଭାଷା, ସବୁ କିଛି ନୀଳ।

କବିଙ୍କ ବର୍ଣ୍ଣନାରେ ଏହା ଅତି ଚମତ୍କାର -

"ଅନାବିଷ୍କୃତ ଏକ ଉପତ୍ୟକା
ନୀଳ ତା'ର ରଙ୍ଗ
ତା' ଛୁଆଁରେ ଅଦ୍‌ଭୁତ ତରଙ୍ଗ
ଜହ୍ନ ତା'ର ନୀଳ, ପଦ୍ମ ନୀଳ,
ବିରହର ଭାଷା ବି ନୀଳ
ଏବଂ ନୀଳ ତା'ର ପ୍ରୀତିର କଜ୍ଜ୍ୱଳ, ସବୁ ନୀଳନୀଳ।"(୫)

ତା' ଭିତରେ କବି ଦେଖନ୍ତି ଅତୀତ, ବର୍ତ୍ତମାନ ଏବଂ ଭବିଷ୍ୟତକୁ, ଅନୁଭବ କରନ୍ତି ସେଇ ଉପତ୍ୟକା ରୂପକ ଜନ୍ମମାଟି ବାହୁ ପ୍ରସାରି ଯେମିତି ଆଲିଙ୍ଗନ କରିବାକୁ ଆମନ୍ତ୍ରଣ କରୁଛି। ମୁକ୍ତି, 'ଦେବୀ' ଭଳି କବିତାରେ କବି ପାରମ୍ପରିକ ଜୀବନବୋଧର ଚିତ୍ର ଆଙ୍କିଛନ୍ତି। ପ୍ରେମର ଚିରନ୍ତନୀ ରୂପ ଦେଖିବାକୁ ମିଳେ ଦେବୀ କବିତାରେ। ସମର୍ପଣର ଦର୍ପଣରେ ଯିଏ ଅହରହ ଚମକୁଥାନ୍ତି, ପ୍ରେମର ମହୋଦଧିରେ ଅବଗାହନ କରିବା ପାଇଁ ଯିଏ କବିଙ୍କୁ ଆହ୍ୱାନ ଦିଅନ୍ତି, ପବିତ୍ର ଚିନ୍ତନରେ ଯିଏ ସର୍ବଦା ଆସନ୍ତି, କବିଙ୍କ ପାଇଁ ସିଏ 'ଦେବୀ', କେବଳ 'ଦେବୀ'। ଦେବୀଙ୍କ ପାଇଁ କବିଙ୍କର ଆତ୍ମ ଅଭିବ୍ୟକ୍ତି -

"ଦେବୀ !
ତୁମେ କୋଳାହଳରେ
ତୁମେ ନୀରବତାରେ
ତୁମେ ମୋର ଅତୀତ
ବର୍ତ୍ତମାନ ଓ ଭବିଷ୍ୟତର
ପ୍ରତ୍ୟେକ ଆବହନୀ ମୁହୂର୍ତ୍ତରେ।" (୬)

ବିରହ ବେଦନାରେ କାତର ଭାବ ବିମୁଗ୍ଧ କବି 'ଜନ୍ମମାଟିକୁ' ପ୍ରେମିକାର ଆସନରେ ଅଳଂକୃତ କରିଛନ୍ତି। ସମ୍ପର୍କ ଯେଉଁଠି ନିବିଡ଼ ଓ ଗଭୀର ସେଠି ନୀରବତା ସର୍ବଶ୍ରେଷ୍ଠ ଭାଷା। କବି ସତ୍ୟ ପଟ୍ଟନାୟକ ନିଜ ଭାବନାକୁ, ପ୍ରେମକୁ, ବିରହ ବେଦନାକୁ, ଜନ୍ମମାଟି ଏବଂ ପ୍ରିୟ ପରିଜନଙ୍କ ନିକଟରେ ପହଞ୍ଚାଇବା ପାଇଁ ପ୍ରୟାସ

କରିଛନ୍ତି। ଏଥିପାଇଁ ସେ ଜହ୍ନ ଆଉ ପବନକୁ ମାଧ୍ୟମ କରିଛନ୍ତି। ପ୍ରେମିକା ଯିଏ ବିନା ଶବ୍ଦରେ ବୁଝିପାରେ ପ୍ରେମିକର ମନକଥା। ତା'କୁ ଶବ୍ଦରାଗରେ ପତ୍ର ଲେଖିବାର ପ୍ରୟୋଜନ ନାହିଁ।

"ଶବ୍ଦଟିଏ ବିନା ଯିଏ ବୁଝିପାରେ ସବୁକିଛି
କେଉଁ ଶବ୍ଦ ରାଗେ ତାକୁ ପତ୍ର ଲେଖିଥାନ୍ତି।" (୭)

"କବିର ଯାତ୍ରା ମଧ୍ୟ ସବୁବେଳେ କଣ୍ଟକିତ ଓ ନିର୍ଜନ। ତା'ର ବ୍ୟକ୍ତିଗତ ପୀଡ଼ାର ସତ୍ ଉପଲବ୍ଧି ହିଁ ତା' ପାଇଁ ସାମୂହିକ ପୀଡ଼ାବୋଧର ଦ୍ୱାର ଉନ୍ମୋଚନ କରେ। ସେତେବେଳେ ତା' ଆତ୍ମାର ସ୍ୱତଃସ୍ଫୁର୍ତ୍ତ ପ୍ରେମ ଓ ବିଦ୍ରୋହର ସଂଗୀତ ଅନ୍ୟ ସମଦୁଃଖୀମାନଙ୍କର ହୃଦୟରେ ପ୍ରତିଧ୍ୱନିତ ହୁଏ।(୮)

ଜନ୍ମମାଟି ହିଁ କବିଙ୍କର ରୂପସୀ, ମାନସୀ, ପ୍ରେୟସୀ, ଅନନ୍ୟ ତା'ର ରୂପଶୋଭା, ଅନିନ୍ଦ୍ୟ ତା'ର ସୌନ୍ଦର୍ଯ୍ୟ। ଜନ୍ମମାଟିର ଅତୁଳନୀୟ ରୂପସମ୍ଭାର କବିଙ୍କୁ ଅସମ୍ଭବ ଭାବେ ମୋହଗ୍ରସ୍ତ କରିଛି। କବିଙ୍କ ଭାଷାରେ -

"ତୁମକୁ ଦେଖିନି କେବେ ତୁମକୁ ଜାଣିନି
ପଦ୍ମତୋଳାର କେଉଁ ମୋହନ ରାଗରେ
ବଶୀଭୂତ କରିଛ ଯେ ମୋତେ
ଏମିତି ମୋହଗ୍ରସ୍ତ ଆଗରୁ ହୋଇନି।
ମୋର ଶରୀରର ଅଙ୍ଗରେ
ତୁମ ସଙ୍ଗେ ମିଶିବାର ଅସୀମ ଇଚ୍ଛାର ଜ୍ୱାଳା
ହେ ମୋର ଅଜ୍ଞାତ ପ୍ରେୟସୀ
ପ୍ରବାସର ଜଞ୍ଜାଳରେ ବି ତମକୁ ଭୁଲିନି।"(୯)

ଶବ୍ଦଙ୍କୁ ସାଉଁଟି କବି କବିତାରେ ବିଶ୍ୱାସ ଓ ସ୍ୱପ୍ନର ଫୁଲରେ ମାଳା ଗୁନ୍ଥି ପ୍ରେମିକାକୁ ପ୍ରେମଅର୍ଘ୍ୟ ବାଢ଼ିଛନ୍ତି। ଅନ୍ଧାରରେ ଥିବା ବ୍ୟକ୍ତି ଆଲୋକର ମହତ୍ତ୍ୱକୁ ବୁଝିପାରେ। ପ୍ରବାସୀ ବ୍ୟକ୍ତିଟିଏ ବୁଝିପାରେ ସ୍ୱଦେଶର ମାହାତ୍ମ୍ୟ ଓ ମହତ୍ତ୍ୱକୁ। ପ୍ରବାସୀ ପାଇଁ ପ୍ରବାସର ଫଗୁଣ ନିଜ ଗାଁ ବୈଶାଖୀ ଝାଂଜିଠାରୁ ଆହୁରି ଅଧିକ ଯନ୍ତ୍ରଣାଦାୟକ ମନେହୁଏ।

"ପ୍ରବାସର ଫଗୁଣ,
ତୁମ ଗାଁ ବୈଶାଖଠୁ
ଆହୁରି ଗଞ୍ଜଣା ଦିଏ
ନିଃଶ୍ୱାସର ନିଆଁରେ ତାହାର
ଦେହ ମନ ଜାଳିଦିଏ

ତମେ ସେଠି ବସନ୍ତର ପ୍ରୀତିରେ ଭିଜୁଛ
ମତେ ଫଗୁଣ ମାଗୁଛ ?" (୧୦)

କବି ସତ୍ୟ ପଟ୍ଟନାୟକ ଶୋକ ପ୍ରକାଶ କରିଛନ୍ତି। ତାଙ୍କ ଶୋକାଚ୍ଛନ୍ନ ପ୍ରବାସୀ ଜୀବନର ଅକୁହା ବ୍ୟଥା ବେଦନାକୁ କେହି ବୁଝିପାରି ନାହାନ୍ତି। ଗୋଟିଏ ପଟେ ପ୍ରବାସର ଜୀବନ ଜଞ୍ଜାଳ ଅନ୍ୟପଟେ ସ୍ମୃତିସଜଳ ପିଲାଦିନ, ଗାଁ ଦାଣ୍ଡ ଧୂଳିଖେଳ। ଯାବତୀୟ ଝଡ଼ଝଞ୍ଜା ସତ୍ତ୍ୱେ ଅଭିଶପ୍ତ ଆହତ ନାଉରୀ ଭଳି ଅଥଳ ନୀଳ ଦରିଆର ଉତ୍ତାଳ ତରଙ୍ଗ ମଧ୍ୟରେ ସଂଶୟାଚ୍ଛନ୍ନ ଜୀବନ ତରୀକୁ ବାହିନେବା ପାଇଁ ଚେଷ୍ଟା କରିଛନ୍ତି। କବିଙ୍କର ମନକଥା -

"କେବେ ତୁମେ ବୁଝିବନି ପ୍ରବାସୀର ଅଧାଜଳା ମନ
ଅହରହ ଶୋକରେ ଆଚ୍ଛନ୍ନ
ଦ୍ୱନ୍ଦ୍ୱର ଢେଉରେ ଭାସେ ପ୍ରବାସୀ ଜୀବନ
କେବେ ଦେଖେ ଏ କୂଳରେ କେବେ ଆର କୂଳ
ଦୋଛକିରେ ପାଦ ତା'ର ହୁଏ ଟଳମଳ
ଏକ ପାଖେ ଡାକେ ତାକୁ ଜୀବନ ଜଂଜାଳ
ଆରପାଖେ ପିଲାଦିନ ଦାଣ୍ଡଧୂଳି ଖେଳ
ଅସୁମାରୀ ସ୍ମୃତିର ସକାଳ।" (୧୧)

ମୁଗ୍ଧ ଅନୁଭବ କବିତାରେ କବି ସ୍ୱଦେଶର ପ୍ରେୟସୀକୁ ଆମନ୍ତ୍ରଣ କରିଛନ୍ତି। ଅକାତରେ ଅଜସ୍ର ଭଲପାଇବା ଅଜାଡ଼ିଦେଇ ଭାବ ବିମୁଗ୍ଧ କରିବାକୁ କଥା ଦେଇଛନ୍ତି। କବି ସତ୍ୟ ପଟ୍ଟନାୟକ ମା', ମାଟିକୁ ଭଲପାଉଥିବା ନିରୋଳା ପ୍ରେମିକ କବି। ଯିଏ ପ୍ରେମିକା ପାଇଁ ବୈଶାଖରୁ ତାତି, ଜହ୍ନରୁ ଶୀତଳତା ଆଣିପାରନ୍ତି। ନିଜ ଜନ୍ମମାଟିକୁ ଫେରିଯିବାର ମୋହରୁ କବି ମୁକ୍ତ ହୋଇପାରି ନାହାନ୍ତି। ପ୍ରବାସରେ ମନ, ଆତ୍ମା ସବୁକିଛି ଜଂଜିରରେ ବନ୍ଧାପଡ଼ିଛି। ସେଠି ମନପକ୍ଷୀକୁ ସ୍ନେହର ଦାନା ଦେବାକୁ କେହି ନାହାନ୍ତି। ବିଦେଶରେ ଈଶ୍ୱର ବି ନିଜର ନୁହନ୍ତି। ମାଟି ମନସ୍କ କବି ଶ୍ରୀଯୁକ୍ତ ପଟ୍ଟନାୟକ ସ୍ୱଦେଶକୁ ଫେରିଯିବା ପାଇଁ ମନବଳାଇଛନ୍ତି-

"ଯେତେ ଦୂରକୁ ଯାଇପାରିବୁ ଯା'
ଦିଗ୍‌ବଳୟ ସେ ପାରିରେ ଯାହା ଦିଶୁଛି।
ସେଇ ତୋର ଗାଁ।" (୧୨)

'ଜୀବନ ଛନ୍ଦ' କବିତାରେ ମାୟାରହିତ ଅନୁରାଗୀ ଅମିତ ଓଁକାର ମହାପ୍ରଭୁ ଜଗନ୍ନାଥଙ୍କର ମହିମା ବର୍ଣ୍ଣିତ। ଭକ୍ତ ଭାବେ କବିଙ୍କର ଆତ୍ମସମର୍ପଣ ଭାବ ସହିତ

ଅସହାୟତାର କଥା ସୂଚିତ। କବିଙ୍କର ଆତ୍ମା ଅଭିବ୍ୟକ୍ତି ପ୍ରଭୁ ଜଗନ୍ନାଥଙ୍କ ଉଦ୍ଦେଶ୍ୟରେ -

“ତମେ ହସ୍ତଶୂନ୍ୟ ପଦଶୂନ୍ୟ
ଅସଂପୂର୍ଣ୍ଣତା ଭିତରେ ବି ସୁନ୍ଦର ସମ୍ପୂର୍ଣ୍ଣ
ମୁଁ ସବୁଥାଇ ବି ଏକ ଶୂନ୍ୟସ୍ଥାନ, ଯିଏ
ଜନ୍ମରୁ ମୃତ୍ୟୁ ପର୍ଯ୍ୟନ୍ତ, ଲୋଡୁଥାଏ ସାହାଯ୍ୟ ଅନ୍ୟର।”(୧୩)

ସତ୍ୟ ପଟ୍ଟନାୟକ(୧) ଓ (୨) କବିତାରେ ବିରହବେଦନା ତଥା ପ୍ରେମ ଚେତନା ଦେଖିବାକୁ ମିଳେ। ଶବ୍ଦ ଭିତରେ କବି ମାଟିର ସ୍ୱର ଶୁଣିବାକୁ ପାଇଛନ୍ତି। ଆଶଙ୍କିତ ପ୍ରାଣରେ କବି ମୁଗ୍ଧ ଅତୀତର ସ୍ମୃତିଚାରଣ କରି କହୁଛନ୍ତି -

“ତମେ ପ୍ରବାସରେ ଥିଲେ
ଚାରିପାଖ ପବନରେ ଶୁଭୁଥାଏ
ତମ ପାଦ ପାଉଁଜିର ମଧୁର ସଂଗୀତ
ଲାଗେ ସତେ ଏଇମାତ୍ର ଆସିଯିବ
ଦୁଃଖର ଏ ଶୀତଋତୁ ସରିଯିବ
ତମେ ମୋର ଫାଲ୍‌ଗୁନର ମୃଦୁପଦପାତ।”(୧୪)

ସ୍ୱଦେଶକୁ ଫେରିଯିବା ପାଇଁ କବିଙ୍କର ଅଛି ଦୁର୍ବାର ଆକାଂକ୍ଷା । ଅଥଚ ଜଂଜାଳର ଜ୍ୱାଳାରେ କବି ଭରସା କରି ସେ ଚିର ଆକାଂକ୍ଷିତ ଅନିନ୍ଦ୍ୟ ମୁହୂର୍ତ୍ତକୁ ଆମନ୍ତ୍ରଣ କରିପାରି ନାହାନ୍ତି। ଅପରନ୍ତୁ ‘ପ୍ରବାସୀ’ବୋଲି ନିଜ ନାମରେ କଳଙ୍କର କଳାଦାଗ ବୋଲି ହୋଇଛନ୍ତି। କବିଙ୍କ ଭାଷାରେ-

“ସେଥିପାଇଁ ମୋ ନାଆଁରେ
ପ୍ରବାସୀ ହେବାର କଳଙ୍କ ବୋଳିଲ
ମୋ ସରଳ ପଣର ମଝିରେ ଦୂରତାର
ହିମାଳୟ ଛିଡ଼ା କଲ।
ମୋତେ ସୂତ୍ରରୁ ସୂତ୍ରଧର କରିଦେଲ।”(୧୫)

ଆଲୋଚ୍ୟ କବିତା ସଂକଳନର ଶୀର୍ଷକ କବିତା ‘ପାଷାଣର ପ୍ରେମ ସଂଗୀତ’। କବି ନିଜକୁ ପାଷାଣ ବୋଲି ଅଭିହିତ କରିଛନ୍ତି। ପାଷାଣ ଭିତରେ ରକ୍ତ-ମାଂସ-ହାଡ଼ରେ ଗଢ଼ା ମଣିଷଟେ ଅଛି, ସେ ମଣିଷ ଭିତରେ ଅନୁରାଗ, ଅନୁଭବ, ଅଭିମାନ ଅଛି । ପାଷାଣର ମଣିଷ ବି କଥା କହିପାରେ, ଗୀତ ଗାଇପାରେ। କବିଙ୍କ ଭାଷାରେ -

"ପାଷାଣର ମଣିଷ ବି କଥା କହେ, ଗୀତ ପାରେ ଗାଇ
କରିପାରେ ପାପୁଲିକୁ ପଦ୍ମପତ୍ର, ହୃଦୟକୁ ହୀରାକୁଦ
କାଳେ ଲୁହ ତୁମ ବହିଯିବ ନଦୀଟିଏ ହୋଇ।"(୧୬)

ବିଶ୍ୱପ୍ରେମ ବା ସମାଜ କଲ୍ୟାଣ ଉପରେ ଆଧାରିତ କବିଙ୍କର 'ସାନ୍ତାକ୍ଲଜ୍' କବିତା। ଏହି କବିତାରେ କବି ବିଶ୍ୱବାସୀଙ୍କୁ ସ୍ୱାର୍ଥପର ନ ହୋଇ ବିଶ୍ୱର ମଙ୍ଗଳ ପାଇଁ ମୁହୂର୍ତ୍ତଟିଏ ପ୍ରାର୍ଥନା କରିବାକୁ ଆହ୍ୱାନ ଦେଇଛନ୍ତି। 'ପାଠକୀୟ' ଏହି ସଂକଳନରେ ସ୍ଥାନିତ ଶେଷ କବିତା। ଏହି କବିତାରୁ ଯଦି ସୁଧୀ ପାଠକଗଣ କିଛି ଅମୃତର ସନ୍ଧାନ ପାଇଥାଆନ୍ତି ତେବେ ତାହାକୁ ବିଶ୍ୱର କଲ୍ୟାଣ ପାଇଁ ଦିଗବିଦିଗରେ ବିଚ୍ଛୁରିତ କରନ୍ତୁ ବୋଲି ଆଶା ପ୍ରକାଶ କରିଛନ୍ତି । ଯେମିତି-

"ମତେ ଯଦି ଭଲପାଅ
ମୋର ମୃତ୍ୟୁ ପରେ
ମୋ କବିତାମାନଙ୍କୁ
ଆଞ୍ଜୁଳାରେ ଧରି
ଫିଙ୍ଗି ଦେବ ସଂଜ ଆକାଶକୁ।
ପ୍ରତିଟି ଶବ୍ଦ
ଗୋଟେ ଗୋଟେ କୁଆଁତାରା ହୋଇଯିବେ
ଓ ଚିରକାଳ ତୁମକୁ
ଆଲୋକିତ କରୁଥିବେ।" (୧୭)

ମା', ମାଟି ପ୍ରତି ମୋହ ବ୍ୟତୀତ ପ୍ରେମ ଚେତନା ବା ବିରହ ବେଦନା, ଜଞ୍ଜାଳଗ୍ରସ୍ତ ଜୀବନ, କବିର ଭାବାବେଗ, ବିଶ୍ୱପ୍ରେମ ତଥା ଜୀବନଦର୍ଶନ ଆଦି ବିଭିନ୍ନ ଭାବନାକୁ ନେଇ ରଚିତ ହୋଇଛି 'ପାଷାଣର ପ୍ରେମ ସଂଗୀତ' କବିତା ଗ୍ରନ୍ଥ। ବ୍ୟକ୍ତିଗତ ଜୀବନର ଅନୁଭୂତି କବିତାରେ ରୂପାୟିତ। କବିଙ୍କ ଜୀବନରେ ସ୍ୱଦେଶପ୍ରାଣତାର ରହିଛି ଗୁରୁତ୍ୱପୂର୍ଣ୍ଣ ଭୂମିକା। ବିଦେଶରେ ଥାଇ ପ୍ରତିନିୟତ କବି ଝୁରି ହୋଇଛନ୍ତି ନିଜ ଜନ୍ମମାଟିକୁ। ପ୍ରିୟ ଜନ୍ମମାଟି, ଆତ୍ମୀୟସ୍ୱଜନଙ୍କ ଠାରୁ ଦୂରେଇ ରହିବାର ଦୁଃଖରେ କବି କାତର ହୋଇପଡ଼ିଛନ୍ତି। ବ୍ୟଥାତୁର ପ୍ରାଣର ଆକୁଳତାରୁ ଜନ୍ମ ନେଇଛି 'ପାଷାଣର ପ୍ରେମ ସଂଗୀତ'। ଏ ପରିପ୍ରେକ୍ଷୀରେ ଏକ ଉଦ୍ଧୃତି ଏଠାରେ ଉଲ୍ଲେଖଯୋଗ୍ୟ- "୧୯୮୦ ପରବର୍ତ୍ତୀ କବିତାର ଭାବଭୂମି ତାନ୍ତ୍ରିକର କୃଚ୍ଛ୍ର ସାଧନ ନହୋଇ ହେଲା ମାନ୍ତ୍ରିକର ମଗ୍ନ ତପସ୍ୟା। କବିତା ହେଲା ଛଳଛଳ ଢଳଢଳ ଆବେଗ ବିଧୁର। ଜଟିଳ ପ୍ରପଂଚତାର ପାମରଗଣକୁ ପଛ କରି କବିତା ପୁଣିଥରେ ପହଁରିଲା ଗାଁ ଗୋହିରୀ, କିଆବଣ, ନଈକୂଳ, ତୋଟାମାଳ,

ପିଲାଦିନ ଓ ମଗୁଶିର ଶୀତ ସକାଳର ଶିଶିର ବିନ୍ଦୁରେ।"(୧୮) କବିତାର ଏହି ଆଭିମୁଖ୍ୟ ସତ୍ୟ ପଟ୍ଟନାୟକଙ୍କ 'ପାଷାଣର ପ୍ରେମ ସଂଗୀତ'ରେ ପ୍ରତିଭାତ। ସରଳ ନିଷ୍କପଟ କବି ହୃଦୟର ଭାବ ଉଚ୍ଛ୍ୱାସକୁ ବହନ କରି କବିତାଗୁଡ଼ିକ ପ୍ରବାସୀ କବି ସତ୍ୟ ପଟ୍ଟନାୟକଙ୍କୁ ଭିଡ଼ ଭିତରେ ବି ଭିନ୍ନ ପରିଚିତି ଦିଏ।

ପାଦଟୀକା :

୧. ପଟ୍ଟନାୟକ, ସତ୍ୟ - ପାଷାଣର ପ୍ରେମ ସଂଗୀତ 'ବୋଉ' - ବ୍ଲାକ୍ ଇଗଲ୍ ବୁକ୍ସ, ପ୍ରଥମ ସଂସ୍କରଣ-୨୦୧୩, ISBN-978-1-64560-027-5 ପୃ.-୧୭।

୨. ତତ୍ରୈବ, ପୃ.୧୮।

୩. ତତ୍ରୈବ, ପୃ.୧୮।

୪. ତତ୍ରୈବ, ଚେତନା, ପୃ.୧୯।

୫. ତତ୍ରୈବ, ନୀଳ ଉପତ୍ୟକା, ପୃ.୨୩।

୬. ତତ୍ରୈବ, ଦେବୀ, ପୃ.୨୨।

୭. ତତ୍ରୈବ, ବାର୍ତ୍ତା, ପୃ.୩୦।

୮. ନାୟକ ଅର୍ଚ୍ଚନା - କବିଙ୍କର ଦହନ ଓ ମନ୍ଥନ - କାବ୍ୟଲୋକ, ଶାରଦୀୟ ବିଶେଷାଙ୍କ-୨୦୨୧, ପୃ.-୨୦

୯. ତତ୍ରୈବ, ପଦ୍ମତୋଳା, ପୃ.୩୧।

୧୦. ତତ୍ରୈବ, ମତେ 'ଗୁଣ ଯାଚୁଛ ପୃ.୩୩।

୧୧. ତତ୍ରୈବ, ଚିତ୍ର, ପୃ.୩୪।

୧୨. ତତ୍ରୈବ, ଉଡ଼ିଯାରେ ପକ୍ଷୀ, ପୃ.୭୯।

୧୩. ତତ୍ରୈବ, ଜୀବନର ଛନ୍ଦ, ପୃ.୬୦।

୧୪. ତତ୍ରୈବ, ତମେ ପ୍ରବାସରେ ଥିଲେ, ପୃ.୭୭।

୧୫. ତତ୍ରୈବ, ସୂତ୍ରଧର, ପୃ.୭୮।

୧୬. ତତ୍ରୈବ, ପାଷାଣର ପ୍ରେମ ସଂଗୀତ, ପୃ.୯୨।

୧୭. ତତ୍ରୈବ, ପାଠକୀୟ, ପୃ.୧୨୩।

୧୮. ପାଢ଼ୀ ଡଃ ବେଣୁଧର - ଓଡ଼ିଆ ସାହିତ୍ୟର ଇତିହାସ ପ୍ରାଚୀ ସାହିତ୍ୟ ପ୍ରତିଷ୍ଠାନ - ବିନୋଦବିହାରୀ, କଟକ, ପୃ.୫୧୬।

■

ଅଧ୍ୟାପିକା, ଓଡ଼ିଆ ଭାଷା ଓ ସାହିତ୍ୟ ବିଭାଗ
ଅଳକା ମହାବିଦ୍ୟାଳୟ, ଜଗତସିଂହପୁର

ପ୍ରବାସରେ ଜାତୀୟତାର ବାହକ କବି ସତ୍ୟ ପଟ୍ଟନାୟକ

ଡକ୍ଟର ସଂଘମିତ୍ରା ଭଞ୍ଜ

ଅତୀତର ମାନସିକ ପରିକ୍ରମା ହିଁ ସ୍ମୃତିଚାରଣ ଏବଂ ଅପ୍ରାପ୍ତିର ପ୍ରତ୍ୟେକଟି ଅବସୋସ ସ୍ମୃତିର ପ୍ରାଣବିନ୍ଦୁ। ଖୋଜୁଥିବା ଜିନିଷଟି ନ ମିଳିଲେ ମଣିଷ ବ୍ୟାକୁଳ ହୁଏ। ଏହି 'ବ୍ୟାକୁଳତା' ୧୯୮୦ ମସିହା ପରବର୍ତ୍ତୀ କବିତାଧାରାର ଏକ ସ୍ୱତନ୍ତ୍ର ଅନୁଭବ। ନିଃସଙ୍ଗତା, ବ୍ୟାକୁଳତା ଏବଂ ଅତୀତ ଉନ୍ମୁଖତା ଆଜିର କବିତାର ଉପାଦାନ। ବିନ୍ଦୁ ବିନ୍ଦୁ ହୋଇ ଅତୀତ ଗର୍ଭକୁ ଚାଲିଯାଉଥିବା ଜୀବନର କ୍ଷଣମାନଙ୍କୁ ଯଦି କେହି ନିଜ ହାତ ପାପୁଲିରେ ମୁଠା କରି ରଖିବାକୁ ଚାହାନ୍ତି ତେବେ ସେ ହେଉଛନ୍ତି ପ୍ରବାସୀ କବି ସତ୍ୟପ୍ରକାଶ ପଟ୍ଟନାୟକ। କାରଣ ସେ ଏଲିୟଟୀୟ 'କିଛି ନୂଆ' (Something New)ର ସନ୍ଧାନରେ ବିଶ୍ୱାସୀ। ଅସ୍ମିତାର ଅନୁସନ୍ଧାନ କରି ଦୂର ବିଦେଶରେ ଅନିର୍ଦ୍ଦିଷ୍ଟ ଜୀବନକୁ ବଞ୍ଚୁଥିବା ମାଟିମନସ୍କ କବି ସେ। ଜୀବନକୁ ଦେଖିବାର ଦୃଷ୍ଟିକୋଣ ତାଙ୍କର ସ୍ୱତନ୍ତ୍ର। ତାରୁଣ୍ୟର ଉନ୍ମାଦନାକୁ ପାଥେୟ କରି ଢେଙ୍କାନାଳର ଅଖ୍ୟାତ କୋରିଆଁ ଗାଁର ସୀମାତିକ୍ରମଣ ପରେ ସେ ନିଜକୁ ପାଆନ୍ତି ବିଦେଶରେ। କୋଶ କୋଶ ଦୁର୍ଲ୍ଲଂଘ୍ୟ ଦୂରତାରେ ଥିବା ତାଙ୍କ ଗ୍ରାମ୍ୟ ଜୀବନ, ମାଟିଡିହ, କଅଁଳିଆ ଶୈଶବର ସେଇ ଅଙ୍ଗେନିଭା ଗାଁ ସ୍ମୃତି ଯେବେ ତାଙ୍କୁ ନିଷ୍ପ୍ରଭ ଓ ଦୁରନ୍ତ ମନେହୁଏ ସେତେବେଳେ ସୂଚନା ପ୍ରାଦ୍ୟୋଗିକ ବିଶେଷଜ୍ଞ ସତ୍ୟ ପଟ୍ଟନାୟକ ହଠାତ୍ କବି ପାଲଟିଯାଆନ୍ତି। ଆଖି ପାଉ ନ ଥିବା ତାଙ୍କ ମାତୃଭୂମିର ଭୌଗୋଳିକ ସୀମାନ୍ତକୁ ସେ ଆଙ୍କିବସନ୍ତି ତାଙ୍କ

ମନୋଲୋକରେ। ସେଇଠି କେବେ ତାଙ୍କୁ ଚୈତ୍ରର ନୂପୁର ନିକ୍ୱଣ ଶୁଭେ ତ ପୁଣି କେବେ ବେଦନାଦଗ୍ଧ-ଉଦାସଘେରା ପାଚେରୀ ସେପାଖ ପ୍ରିୟ ପରିଜନଙ୍କ ମିଠା ଆହ୍ୱାନ୍ ଶୁଭେ। କବି ସତ୍ୟ ପଟ୍ଟନାୟକଙ୍କ କବିତାର ବେହାଗ ବଳୟରେ 'ଗାଁ' ଗୋଟିଏ ଶବ୍ଦ ପ୍ରତିମାର ରୂପ ନିଏ। 'ଗାଁ' ତାଙ୍କର ପ୍ରିୟତମା ଜେନିଫର୍ ହୋଇ ତାଙ୍କୁ ରୂପ ପିପାସାରେ ମୁଗ୍ଧ କରେ ପୁଣି ସେ ମେଟାଫର୍ ଗୁଡ଼ିକ ବିଦେଶିନୀର ପ୍ରେମ ପରି ତାଙ୍କୁ ଅସ୍ପର୍ଶ୍ୟ-ଅନାକର୍ଷଣୀୟ ମନେ ହୁଅନ୍ତି ମଧ୍ୟ।

ପ୍ରବାସର ସେଇ କର୍ମବହୁଳ ଜୀବନ କବିଙ୍କୁ ବାଧ୍ୟ କରିଛି ନିଜକୁ ଆବେଗମୁକ୍ତ ରଖିବାକୁ। ସତ୍ୟ ପଟ୍ଟନାୟକଙ୍କ କ୍ଷୋଭପୂର୍ଣ୍ଣ ଶବ୍ଦରେ-

"କବିତା ଲେଖିବାକୁ କହୁଛ ଜେନିଫର?
ନା ମନ ଅଛି ନା ମନସା
ନା ପ୍ରେମ ଅଛି ନା ପ୍ରତ୍ୟାଶା
ମଣିଷର ପ୍ରତିଟି ଆନ୍ତରିକ ଅନୁଭବକୁ
ତମ ଦେଶରେ କେବଳ ବ୍ୟାପାର ବୁଝନ୍ତି ଜେନିଫର୍!
କିଏ ଏଠି ମାପୁଛି କାହା ପେଟରେ କେତେ ଭୋକ
କିଏ ଏଠି ଦେଖୁଛି କିସ୍ତି ନ ଦେଇ
କାହା ଘରେ ପଡ଼ିଯାଉଛି ତାଲା
କିଏ ଏଠି କାନ୍ଦୁଛି ଯଦି କେଉଁ ପିଲାର
ବନ୍ଦ ହେଇଯାଉଛି ସ୍କୁଲ୍
କାହାର ଯାଏ ଆସେ କେତେ?
ସମସ୍ତେ ତ ନିଜ ନିଜ ଯାତ୍ରାର ଯାତ୍ରୀ
ବସ୍ତୁବାଦର ପ୍ରାର୍ଥୀ।" (ଜେନିଫର୍)

ପ୍ରିୟତମାର ସ୍ଥିତି କବିଙ୍କ ପାଇଁ କୌଣସି ନାରୀସତ୍ତା ନୁହେଁ ବରଂ କିଛି ଭାବପୂର୍ଣ୍ଣ ମିଠା ଶବ୍ଦ, କାହାର ଆନ୍ତରିକ ସଦିଚ୍ଛା, ଯତ୍ନ ଓ ନିଷ୍କପଟ ବନ୍ଧନ, ଯାହା ବସ୍ତୁବାଦୀ ଆବଶ୍ୟକତା, ପ୍ରାପ୍ତି ଓ ପ୍ରତ୍ୟାଶାରୁ ଖୁବ୍ ଊର୍ଦ୍ଧ୍ୱରେ। ତେଣୁ କବିଙ୍କ ପାଇଁ କେବଳ ଜେନିଫରକୁ ଛାଡ଼ିଦେଲେ, ସେ ଦେଶର ସବୁକିଛି ଫିକା ଫିକା। କବିଙ୍କ ଆବେଗଭରା ଶବ୍ଦ ଉଚ୍ଚାରଣ କିଛି ଏମିତି ଶୁଭେ -

"ଏ ଦେଶର ସବୁ କିଛି ଫିକା ଫିକା
ସବୁକିଛି ଅନ୍ଧାର ଅନ୍ଧାର
ଆବେଗର ସ୍ୟାହିରେ ଲେଖା

ତମେ କିଛି ଉଜ୍ଜ୍ୱଳ ଅକ୍ଷର
ତମେ ସତରେ ଥାଅ କି କବିତାରେ
ତମେ ମୋର ପ୍ରିୟତମା,
ଜେନିଫର ତମେ ମୋର ଅତି ଆପଣାର।" (ଜେନିଫର୍)

ସତ୍ୟ ପଟ୍ଟନାୟକ ନୀତିନିଷ୍ଠ-ଆଦର୍ଶବାଦରେ ବିଶ୍ୱାସୀ। ଜୀବନର ମୂଳଭୂତ ତତ୍ତ୍ୱକୁ ସେ ଆଦର୍ଶ ମନେ କରନ୍ତି। ବିଦେଶରେ ଥାଇ ସଂପର୍କର ଅର୍ଥକୁ ଅହରହ ସଂଜ୍ଞାୟିତ କରୁଛନ୍ତି ସେ। ବିଦେଶରେ ସଂପର୍କ କେବଳ ଏକ ଶବ୍ଦ ଓ ପାଣିର ବୁଦ୍ ବୁଦ୍। ଚାରିଟା କାନ୍ଥ ଓ ଗୋଟେ ଛାତକୁ ସେ ଘର ବୋଲି ମନେ କରନ୍ତିନି ଏବଂ ହିସାବ-କିତାବ ଥାଇ ମସ୍ତିଷ୍କର ଯୋଜନାରେ ପ୍ରେମ କି ସଂପର୍କ ଦୃଢ଼ ହୁଏନି ବୋଲି ସେ ବୁଝନ୍ତି। ତଥାପି ଆତ୍ମୀୟତା, ମଣିଷପଣିଆର ସେଇ ରୂପକ 'ଜେନିଫର୍' କବିଙ୍କ ପାଇଁ ତାଙ୍କ ଚେତନାର ଏକ ବତୀଘର। କବି ସତ୍ୟ ପଟ୍ଟନାୟକ ଜେନିଫର ରୂପୀ ଆତ୍ମସଖୀ ଭାବରେ ସମର୍ପଣର ଭାବପୂର୍ଣ୍ଣ ଶବ୍ଦ କୁଢ଼େଇଛନ୍ତି -

"ତମେ ମୋର ଚେତନାର ଆକାଶରେ ଭାସୁଅଛ
ଦୀପଟିଏ ହୋଇ ଜଳୁଅଛ
ଆଲୋକିତ କରୁଅଛ
ଅନ୍ଧାରରେ ଘେରା ଏକ ଅନ୍ଧ ଜୀବନକୁ।" (ଜେନିଫର)

କବି ସତ୍ୟଙ୍କୁ ପ୍ରବାସର ଅଣନିଃଶ୍ୱାସୀ ପରିବେଶ ଛଟପଟ କରେ। କିନ୍ତୁ ସେଥିରୁ ନ ମୁକୁଳି ପାରିବାର ଅବସୋସ ତାଙ୍କୁ କ୍ଷତ ଆଉ ଅଶ୍ରୁ ଦିଏ। କେବେ କେବେ କବି ମିଛିମିଛିକା ଶୋଇବାର ଅଭିନୟ କରନ୍ତି ଏବଂ ରାତିର ପ୍ରହରରେ ସ୍ୱପ୍ନ ବୁଣନ୍ତି। ପ୍ରବାସରୁ ମୁକୁଳି ଆସିବାର ଅଦମ୍ୟ ନିଶା ଭିତରେ ସେ ଝୁରିହୁଅନ୍ତି। ଏଠାରେ ମାଥ୍ୟୁ ଆର୍ଣ୍ଣୋଲ୍‌ଡଙ୍କ ପଙ୍‌କ୍ତି ମନେପଡ଼େ-

'Come to me in my dreams,
and then by day I shall be well again
For so the night will more than pay
the hopeless longing of the day.'

ପ୍ରବାସୀ କବି ସତ୍ୟ ପଟ୍ଟନାୟକ ଖାଣ୍ଟି ଓଡ଼ିଆ ପୁଅ। ତାଙ୍କ ଆତ୍ମାରେ ସେ ଓଡ଼ିଶାର ଭୂଗୋଳ ତଥା ଓଡ଼ିଆମାନଙ୍କ ଜୀବନର ମାନଚିତ୍ରକୁ ଧାରଣ କରନ୍ତି। 'ଓଡ଼ିଆ ହେବା ପାଇଁ ଜିଗର ଦରକାର' ବୋଲି ସତ୍ୟ ପଟ୍ଟନାୟକ ସର୍ବାନ୍ତକରଣରେ ଜଣେ ସଚ୍ଚା ଜାତୀୟତବାଦୀ କବି। ରାଜା ପୁରୁଷୋତ୍ତମ, ଭକ୍ତ ସାଲବେଗ, ଓଡ଼ିଆ ପୁଅ

ଧରମା, ବାଜିରାଉତ, ଖୋର୍ଦ୍ଧା ପାଇକପୁଅଙ୍କ ଗୁଣ ବଖାଣିବାରେ ସେ ଶତମୁଖର। କବିଙ୍କ 'ଚେତନା' କବିତା ପ୍ରକୃତରେ ପ୍ରତ୍ୟେକ ସ୍ୱାଭିମାନୀ ଓଡ଼ିଆମାନଙ୍କର ଚେତନାଗତ ଭାବମୂଲ୍ୟ ହେବା କଥା। କବିଙ୍କ ଶବ୍ଦରେ-

"ଦେଶ ବଦଳିଲେ ସୀମା ବଦଳେ,
ସଂସ୍କୃତିର ସଂଜ୍ଞା ବଦଳେନା
ପାଣି ବଦଳେ, ପବନ ବଦଳେ, ଦୃଶ୍ୟ ବଦଳେ
ହୃଦୟ ବଦଳେନା, ମଣିଷପଣିଆ ବଦଳେନା
ଭାଷା ନ ଶିଖି ସମ୍ରାଟ ହୋଇଯାଏ ମଣିଷ
ଓଡ଼ିଆ ହୋଇପାରେନା।" (ଚେତନା)

କବିଙ୍କର ନୈତିକ ମୂଲ୍ୟବୋଧ ସମଗ୍ର ଓଡ଼ିଆ ସମାଜର ଚେତନାକୁ ସ୍ପର୍ଶ କରିପାରିଲେ ଓଡ଼ିଶାର ଏବଂ ଓଡ଼ିଆମାନଙ୍କର ସ୍ୱରୂପ ବଦଳିପାରନ୍ତା। ଗାଁ ମାଟି କବିଙ୍କ ପାଇଁ ପୁଣି କେବେ ଜେନିଫର୍ ସାଜିଯାଏ। ନିଜ ଦେଶ, ନିଜ ପ୍ରିୟ ପରିଜନମାନଙ୍କ ପାଖକୁ ଫେରିଆସିବାର ଉତ୍କଣ୍ଠା ଓ ବ୍ୟାକୁଳତା ତାଙ୍କୁ ଯନ୍ତ୍ରଣା ଦିଏ। ତେଣୁ ଭାବପ୍ରବଣ ହୋଇ ଲେଖନ୍ତି-

"ଜେନିଫର୍!
ତୁମକୁ ନେଇ କ'ଣ
କେବେ କିଛି ଲେଖିହୁଏ ଗପ କି କବିତା?
ଅମାନିଆ ମନର ଭିତରେ
ତୁମେ ଏକ ଅସରନ୍ତି ଗାଥା
ତୁମେ କେବଳ କଳ୍ପନାର ଦର୍ପଣରେ
ହୃଦୟକୁ ଛୁଉଁଥିବା ମିଠା ମିଠା ବ୍ୟଥା!" (ଜେନିଫର୍)

କବି ନିଜ ହୃଦୟର ସଂଗୁପ୍ତ ଇଲାକାରେ ନିଜ ଜାତିର ଗରିମାକୁ ଅଭିଷିକ୍ତ କରିଛନ୍ତି। ପ୍ରବାସର କୁହୁକପୂର୍ଣ୍ଣ ସୁନାମୃଗ ତଥା ବୈଷୟିକ ସୁଖର ମାୟାଞ୍ଜନ ବୋଲି ଅନ୍ତତଃ ସତ୍ୟ ପଟ୍ଟନାୟକଙ୍କ ମନ-ମସ୍ତିଷ୍କ ଓ ହୃଦୟକୁ ଆୟତ୍ତ କରିପାରିନି। ଶୈଶବରୁ ତାରୁଣ୍ୟ ପର୍ଯ୍ୟନ୍ତ ହୃଦ୍ୟ ସ୍ମୃତିପଖଳା ମୁହୂର୍ତ୍ତମାନଙ୍କୁ ବିଦେଶ ଭୂମିରେ ମଧ୍ୟ ସେ ଆନ୍‌ସିକ ସ୍ତରରେ ଅହରହ ପରିକ୍ରମା କରନ୍ତି। ସେଇ ତାଙ୍କ ମନସ୍କ୍ରିୟା ମଧ୍ୟରେ ସୁସଜ୍ଜିତ ଥାଏ ଗାଁର ସକାଳ-ସଂଜ, ରତ ରତ ଗୋଧୂଳିବେଳାରେ ଦିଶିଯାଏ ଗାଈଆଳ ପିଲାର ଚଞ୍ଚଳ ମୁହଁ, କବି ସତ୍ୟଙ୍କ ଗାଁ-ଦେଶ ଓ ଜନ୍ମଦାତ୍ରୀର ଚେହେରା ସମାନ ଭଳି ଏକ ବୃହତ୍ତର ଲାବଣ୍ୟ ବିନ୍ଦୁ ପାଲଟିଯାଏ। ବିଦେଶରେ ଥାଇ ମଧ୍ୟ ଏ ପ୍ରାଚ୍ୟ-ଭୂଖଣ୍ଡ

ଯାହାକୁ ସେ ଭାରତ ଓ ଜନ୍ମଭୂମି ମନେ କରନ୍ତି ତାହା ତାଙ୍କୁ ମୋହଗ୍ରସ୍ତ କରେ। ସ୍ଥାନୀୟତାର ମୋହ ତାଙ୍କ ଭିତରେ ପ୍ରଚୁର। ମାତ୍ର କୁହୁକପୁରୀ ବିଦେଶର ମାୟାଜାଲ ମଧ୍ୟରେ କବି ସତ୍ୟ ପଟ୍ଟନାୟକ ସ୍ୱପ୍ନ ଓ ଜୀବନଜିଜ୍ଞାସା ତାଙ୍କର ଘନୀଭୂତ ପୀଡ଼ାକୁ ଦ୍ୱିଗୁଣିତ କରେ। ଚନ୍ଦ୍ରମଣ୍ଡଳର ଔଜ୍ଜ୍ୱଲ୍ୟ ଓ ସ୍ତୂପସ୍ତୂପ ସ୍ତିମିତ ତାରାଖଚିତ ଆକାଶ ତାଙ୍କୁ ଉଦ୍ଦୀପନାରେ ଭରିଦିଏ ସୂର୍ଯ୍ୟ, ଚନ୍ଦ୍ର, ନକ୍ଷତ୍ର ହିଁ ତ ତାଙ୍କର ପ୍ରତ୍ୟେକଟି ଆବେଗର ମୂକସାକ୍ଷୀ। ସେଇମାନେ ହିଁ ତାଙ୍କ ପାଖରେ ତାଙ୍କ ଜନ୍ମଭୂମିର ବାର୍ତ୍ତାକୁ ତାଙ୍କ ପାଖରେ ଅଦୃଶ୍ୟରେ ପହଞ୍ଚାନ୍ତି ଏବଂ ସେଇମାନେ ହିଁ ତାଙ୍କ ମନୋଜଗତର ଅଦୃଶ୍ୟ ସାରଥୀ ଯିଏ, ମୁହୂର୍ତ୍ତକ ମଧ୍ୟରେ ଜନ୍ମଭୂମି ସହିତ ବିଦେଶଭୂମିର ଦୂରତାକୁ ହ୍ରାସ କରି ଛାତି ଭିତରେ ସାଉଁଟି ପାରିବାର ଖୋରାକ ଦିଅନ୍ତି।

ସତ୍ୟ ପଟ୍ଟନାୟକ କବିତାର ଇମେଜ୍ ପାରମ୍ପରିକ ନୁହେଁ। ତାଙ୍କ ପାଇଁ ଇଲିଅଟ୍‌ଙ୍କ କଥନ– 'Poetry should be felt before it is understood, ପ୍ରଯୁଜ୍ୟ। କାରଣ ପ୍ରବାସୀ ଜୀବନ ହିଁ ତାଙ୍କ ଆଖିରେ ଆଖିଏ ସ୍ୱପ୍ନ, ଆଶା, ଆଗ୍ରହ, ସ୍ଫୁର୍ତ୍ତି ଓ ନୂତନ ଚେତନା ଦେଇଛି। ପ୍ରବାସୀର ଅଧାଜଳା-ଦ୍ୱନ୍ଦ୍ୱାୟିତ ଓ ଶୋକାଚ୍ଛନ୍ନ ମନ ନେଇ ସେ ସନ୍ତପ୍ତ। ତାଙ୍କ ଶବ୍ଦରେ –

କେବେ ତମେ ବୁଝିବନି
ପ୍ରବାସୀର ଅଧାଜଳା ମନ
ଅହରହ ଶୋକରେ ଆଚ୍ଛନ୍ନ
xxxx
ଏକ ପାଖେ ଡାକେ ତାକୁ ଜୀବନ ଜଞ୍ଜାଳ
ଆରପାଖେ ପିଲାଦିନ ଦାଣ୍ଡଧୂଳି ଖେଳ
ଅସୁମାରୀ ସ୍ମୃତିର ସକାଳ।"

କବିଙ୍କର ବିରହର ଭାଷା ଓ ପ୍ରୀତିର କଜ୍ଜ୍ୱଳ ରଙ୍ଗ ନୀଳ। ପ୍ରବାସର ଦୁନିଆରୁ ନିଜ ଦେଶକୁ ବାହୁଡ଼ି ଯିବାକୁ ତାଙ୍କର ପ୍ରବଳ ଇଚ୍ଛା। ତାଙ୍କୁ ମନେ ହୁଏ ସତେ ଯେମିତି ଏକ ଅନାବିଷ୍କୃତ ଉପତ୍ୟକା ତାଙ୍କୁ ନିଜ ଦେଶକୁ ନେଇଯିବାକୁ ଆହ୍ୱାନ କରୁଛି। କବି ସେହି ଉପତ୍ୟକାରେ ମଧ୍ୟ ନିଜ ଗାଆଁକୁ ଖୋଜିପକାନ୍ତି। ତାଙ୍କ ଶବ୍ଦରେ –

"ତା' ଭିତରେ ମୁଁ ଦେଖେ
ମୋ ଗାଆଁ
ଗାଆଁ ଦାଣ୍ଡ

ଧାନକ୍ଷେତ
ଆକାର ହାତଛୁଆଁ
ମେଘ ମାଳମାଳ।"

ପ୍ରବାସୀ କବି ସତ୍ୟ ପଟ୍ଟନାୟକ ଆଶାବାଦର ଆବାହନୀ ମନ୍ତ୍ର ଉଚ୍ଚାରଣ କରନ୍ତି। ଏକାଗ୍ର ସାହିତ୍ୟ ସାଧନା ତାଙ୍କୁ ଅନ୍ତର୍ନିହିତ ଶକ୍ତି ପ୍ରଦାନ କରେ। ଶବ୍ଦକୁ ଧାରଣ କରି ସେ ନିଜ ଭିତରେ ଅଫୁରନ୍ତ ଆହ୍ଲାଦ ଅନୁଭବ କରନ୍ତି। ତାଙ୍କରି ଶବ୍ଦରେ -

"ଯେତେଦିନ ଶବ୍ଦମାନେ ଆଖେପାଖେ ରହିଥିବେ
ସେତେଦିନ ଶୁଭୁଥିବ କବିତାର କଲ୍ଲୋଳିନୀ
ସେତେଦିନ ଚାହୁଁଥିବ ମନ ମୋର
ପ୍ରବାସର ବନ୍ଧନରୁ ହେବା ପାଇଁ ମୁକ୍ତ।"

କବି ସତ୍ୟ ପଟ୍ଟନାୟକ ଓଡ଼ିଆ ଜାତୀୟ ଚେତନାର ବାହକ। ଦେଶପାଇଁ ଶହୀଦ୍ ହେବାର ସେ ଯୁଦ୍ଧକାଳୀନ ଘନଘଟା ଆଉ ନାହିଁ ହେଲେ ଭାରତୀୟ ମୂଲ୍ୟବୋଧକୁ ବଞ୍ଚାଇବାର ସମୟ ଆଜି ଉପନୀତ। ବିଶ୍ୱ ସ୍ତରରେ ଓଡ଼ିଶାର ପରମ୍ପରା-ସଂସ୍କୃତି ତଥା ଭାଷା-ସାହିତ୍ୟକୁ ପ୍ରତିଷ୍ଠା ଦେବାର ତାଙ୍କ ଆଭିମୁଖ୍ୟ କେତେ ଯେ ମହତ୍ତର ତାହା କେବଳ ଅନୁଭବ କରିହୁଏ। ଅନ୍ତର୍ଜାତୀୟ ସ୍ତରରେ ଓଡ଼ିଆ ଭାଷା-ସାହିତ୍ୟକୁ ପହଞ୍ଚାଇବା ଓ ତା'ର ପ୍ରଚାର-ପ୍ରସାର ନିମନ୍ତେ ବ୍ଲାକ୍ ଈଗଲ୍ ଭଳି ପ୍ରକାଶନୀ ସଂସ୍ଥାର ସ୍ଥାପନା ତାଙ୍କର ସେହି ମହତ୍ତର ମାନସିକତାର ସଂଭୂତ। କବିଙ୍କୁ ମାତ୍ର ଦୁଇଟି ତତ୍ତ୍ୱ ସୃଜନଶୀଳ କରିଛି। ପ୍ରଥମଟି ତାଙ୍କ ବ୍ୟତୀତ ସ୍ମୃତି ଏବଂ ଅନ୍ୟଟି ତାଙ୍କ ଜାତିପ୍ରୀତି। ମା', ମାଟି ଓ ଭାଷାକୁ ସୁରକ୍ଷିତ ରଖିବାପାଇଁ ତାଙ୍କର ଦାୟବଦ୍ଧ ପ୍ରୟାସରୁ ହିଁ ଆମେରିକାର ପାଠାଗାରରେ ଆଜି ଅସଂଖ୍ୟ ଓଡ଼ିଆ ପୁସ୍ତକ ସ୍ଥାନ ପାଇ, ଓଡ଼ିଆ ଜାତିର ଗୌରବକୁ ଦ୍ୱିଗୁଣିତ କରିଛି। 'ଭାଷା ବଞ୍ଚିଲେ ହିଁ ଜାତି ବଞ୍ଚେ' ବୋଲି ହୃଦୟଙ୍ଗମ କରିଥିବା ସାହିତ୍ୟିକ ସତ୍ୟ ପଟ୍ଟନାୟକଙ୍କ ଭାଷା ଓ ଜାତିପ୍ରୀତି ପ୍ରଶଂସାର୍ହ।

ପ୍ରତି ମୁହୂର୍ତ୍ତରେ କବିଙ୍କ ପାଇଁ ବିଦେଶର ବେଷ୍ଟନୀ କଷ୍ଟ ଦେଉଛି। ଦୂରର ଆଖି ପାଉନଥିବା ହାଲ୍‌କା ହାଲ୍‌କା ସବୁଜ ରଙ୍ଗର ପାହାଡ଼, ଅସରନ୍ତି ଆକାଶ, ଆକାଶରେ ନୀଳନୀଳ ମେଘଖଣ୍ଡ ଥାଇ ଯେଉଁ ପରିମଣ୍ଡଳଟି ଦିଶେ ସେଇ ତାଙ୍କର ଗାଁ ହିଁ ତାଙ୍କୁ ଏକାନ୍ତ ନିଜର ମନେ ହେଉଛି। ପ୍ରବାସର କୁହୁକକୁ ଅତିକ୍ରମ କରିପାରିଥିବା ସତ୍ୟଙ୍କ କବିମାନସ ଯନ୍ତ୍ରଣା ଓ କ୍ଷୋଭରେ ଅନୁଭବ କରୁଛି-

"ଏଠି ଯେତେ ଚିତ୍କାର କଲେବି
କେହି ନାହାନ୍ତି ଆହା କହିବାକୁ

କେହି ନାହାନ୍ତି
ଦୁଆର ଖୋଲି ସ୍ନେହର ତଣ୍ଡୁଳ ରଖିବାକୁ ।
ଏଠି ତୋର ମନ ଆତ୍ମା
ସବୁକିଛି ଜଞ୍ଜିରରେ ବନ୍ଧା
କିଛି ବୋଲେ କିଛି ତୋର ନୁହଁ
ଏଠି ଈଶ୍ୱର ବି ତୋର ନୁହଁ
ନିଃଶ୍ୱାସରେ ସାଇଁ ସାଇଁ ବିଷାକ୍ତ ପବନ
ପରବାସର ଜୀବନ ।' (ଉଡ଼ିଯା'ରେ ପକ୍ଷୀ)

କବି ବୁଝନ୍ତି ପ୍ରବାସ ଏକ ସୁନାର ପଞ୍ଜୁରି, ଉଡ଼ିବାର ମୁକ୍ତ ଆକାଶ ନୁହେଁ । ବିଦେଶରେ ଚାଲିବା ଆଗରୁ ଅନ୍ୟର ସ୍ୱୀକୃତି ଲୋଡ଼ାହେବାର ଅସହାୟତା ଠାରୁ ଆଉ ଅଧିକ ଦୁଃଖଦ କ'ଣ ହୋଇପାରେ ।

କବିଙ୍କ ଦୁଃଖ- "ଭାଷା ବି ତୋର ନୁହଁ
ଆଶା ବି ତୋର ନୁହଁ
ଯେଉଁ ରାସ୍ତାରେ ଚାଲୁଛୁ, ସେ ରାସ୍ତା ବି ତୋର ନୁହଁ । (ଉଡ଼ିଯା'ରେ ପକ୍ଷୀ)

ପ୍ରବାସୀଟିଏ ନିଜ ଭିଟାମାଟିର ମୁଗ୍ଧ ସ୍ତାବକ ହେବା ସ୍ୱାଭାବିକ ମାତ୍ର ତା'ର ବିଡମ୍ବନା ସେତିକିବେଳେ ବୃଦ୍ଧିପାଏ ଯେତେବେଳେ ତା'ର ଆନ୍ତରିକ ଆବେଗ ନିଷ୍ଫଳ ହୋଇଯାଏ । କବି ସତ୍ୟ ନିଜ ମାନସ ପ୍ରେମିକାର ସୌନ୍ଦର୍ଯ୍ୟକୁ ଦ୍ୱିଗୁଣିତ କରିବାପାଇଁ ଯେତେ ଉପହାର, ଯେତେ ପ୍ରଯତ୍ନ କଲେ ମଧ୍ୟ ସେ ପ୍ରବାସୀ ବୋଲି ତାଙ୍କୁ ସ୍ୱୀକାର କରିବାକୁ ନାରାଜ । କବିଙ୍କ ଶବ୍ଦରେ-

"ତୁମକୁ ପାଖକୁ ଡାକିଲି
କହିଲି, ଆସ ଉଡ଼ନ୍ତା ବାଦଲ ଆଣି
ତୁମ ବେଣୀ ବାନ୍ଧିଦେବି
xxxx
କହିଲି, ଆସ ଜହ୍ନରୁ ଶୀତଳତା ଆଣି
ତୁମ ଆଖିରେ ଅଞ୍ଜନ ଲେପିବି
xxxx
ଆଉ କିଛି କହିବା ଆଗରୁ
ମୁରୁକି ହସିଲ
କହିଲ,

ଯାଅମ
ଏକେତ ପ୍ରବାସୀ
ଦ୍ୱିତୀୟରେ ଇଏ ଯେତେ କବିତାର ଭାଷା
ମୋର କିଛି ବୋଲେ କିଛି ନାହିଁ ଲୋଡ଼ା।" (ମୁଗ୍ଧ ଅନୁଭବ)

ସତ୍ୟ ପଟ୍ଟନାୟକଙ୍କ ପାଇଁ ବିଦେଶ ଏକ ସୁନାମୃଗ। ସବୁ ସଂପର୍କକୁ କାଟି ସାତସମୁଦ୍ର- ତେରନଈ ପାରହୋଇ ଯୋଜନ ଯୋଜନ ଦୂର ବିଦେଶକୁ ଆସିବାକୁ ପଡିଛି ତାଙ୍କୁ। ପଛରେ ସେ ଛାଡ଼ି ଆସିଛନ୍ତି ପିଲାଦିନ, ଧୂଳିଘର, ସବୁଜ ଫସଲ, ନଈକୂଳ, କାଶତଣ୍ଡୀ ବଣ, ମନ ପ୍ରୀତି ଓ ଆଖିର ସ୍ୱପ୍ନ।

ଦୂର ପ୍ରବାସରେ ଥାଇ କବି ଝୁରି ହେଉଛନ୍ତି ନିଜ ଭିଟାମାଟିକୁ।

ତାଙ୍କ ଶବ୍ଦରେ - "କିଛି ଆଉ ଲୋଡ଼ା ନାହିଁ
ସବୁ କାଳେ ମାୟା, ପ୍ରହେଳିକା
ପାରିବ ତ ଫେରାଇ ଦିଅ
ମୋର ଅପନ୍ତରା ଜନ୍ମ ଭିଟାମାଟି। (ସୁନାମୃଗ)

'ପଡ଼ୋଶୀ' କବିତାରେ କବି ବିଶ୍ୱର ଭୌଗୋଳିକ ଚିତ୍ରକୁ ନିଜ ଜୀବନ ସହିତ ସଂଯୋଗ କରିଛନ୍ତି ଆମେରିକାର ପଡ଼ୋଶୀ ରାଜ୍ୟ ଭାବରେ ଥିବା ଭିଏତ୍‌ନାମ, ମେକ୍ସିକୋ, ନାଇଜେରିଆ ପ୍ରଭୃତି ଖଣ୍ଡ ତାଙ୍କ ପାଇଁ ଚିର ପରିଚିତ। ମାତ୍ର ସେଇ ବିଦେଶୀ ରାଜ୍ୟର ପତାକା ଭିତରେ କବିଙ୍କୁ ଦିଶିଯାଏ ତ୍ରିରଙ୍ଗା। କବିଙ୍କ ଶବ୍ଦରେ-

"ମୁଁ, ବୌଦ୍ଧିକ ଅପ୍ରବାସୀ ସମୂହର ପ୍ରତିନିଧି
ଯା'ର ପାସ୍‌ପୋର୍ଟସ ଗୋଟିଏ ପଟେ ତ୍ରିରଙ୍ଗା
ଆରପଟେ ପଚାଶଟି ତାରା ଓ ତେରଟି
ଲାଲ୍ ପଟିଥିବା ଆମେରିକୀୟ ପତାକାର ଚିତ୍ର।
xxxx
ସାମ୍ନାରେ ଖୋଲା ପୃଥିବୀ
ଏବଂ ମୁକ୍ତିର ଏକ କଳ୍ପିତ ଲମ୍ବାରାସ୍ତା
ଯାହା ପଡିଛି ମୋ ଘର ସାମ୍ନାକୁ
ଦିଗ୍‌ବଳୟ ପର୍ଯ୍ୟନ୍ତ।" (ପଡ଼ୋଶୀ)

'ମାନ୍‌ହାଟାନ୍‌ରେ ସନ୍ଧ୍ୟା' କବିତାରେ କବିଙ୍କ ବ୍ୟାକୁଳତାର ଇୟତ୍ତା ନାହିଁ। ବିଦେଶୀ ଆବହାୱା ଭିତରେ ନିଜ ସ୍ଥିତି ସନ୍ଧାନ ତାଙ୍କୁ ଦୁରୂହ ମନେ ହୁଏ। ତାଙ୍କ ଶବ୍ଦରେ-

'ମାନ୍‌ହାଟାନ୍‌ରେ ସନ୍ଧ୍ୟା ହେଲେ
ବିଲିଆର୍ଡ ବଲ୍‌ପରି
ଦେଶମାନେ ସ୍ଥିତି ହରାନ୍ତି
ରମି ଟେବୁଲ୍ ଉପରେ
ରାତାରାତି କେଉଁ ଦେଶର ଭାଗ୍ୟ ବଦଳିଯାଏ
ତ ଆଉ କେଉଁ ଦେଶ
ସର୍ବହରା ହୋଇଯାଇ ସକାଳକୁ।"

ପ୍ରବାସୀ ସତ୍ୟ ପ୍ରକାଶ ବିଦେଶର ଆଲୋକିତ ଦିଗଗୁଡ଼ିକୁ ଅଗ୍ରାହ୍ୟ କରି ନାହାନ୍ତି। ଏକ ପାର୍ଶ୍ୱରେ ଅନ୍ଧାରର ସହରରେ ମଧ୍ୟ ମୂଲ୍ୟବୋଧର ଆଲୋକିତ ଶୁଭ୍ରସ୍ରୋତ, ଗଭୀର ସମୁଦ୍ର ତଳେ ଚିକ୍‌ମିକ୍ ମୁକ୍ତାକୁ କବି ଅନୁଭବ କରିପାରୁଥିବାବେଳେ ଦୀର୍ଘ କବିତା 'ଜେନିଫର୍'ରେ ଆଫଗାନିସ୍ତାନ ଓ ଇରାନ ଯୁଦ୍ଧର ଭୟାବହ ଚିତ୍ର ଅଙ୍କନ କରି ଏହାକୁ ଆଦିମ ଅହଂକାର, ଶିକାରୀର ଭୋକ, ନରସଂହାରୀ ଯୁଦ୍ଧ ବୋଲି କହିବାକୁ ପଶ୍ଚାତ୍‌ପଦ ହୋଇନାହାନ୍ତି। ଜୀବନରେ ବୈଷୟିକ ପ୍ରଗତି ଅର୍ଥହୀନ ବୋଲି ଦର୍ଶାଇ କବି ଯୋଉପୂର୍ଣ୍ଣ ଶବ୍ଦରେ ଉଲ୍ଲେଖ କରିଛନ୍ତି-

"ନର ସଂହାର, ଯୁଦ୍ଧ ଏସବୁ ତୁମ ଦେହର
ଗହଣା ହୋଇଗଲାଣି ଜେନିଫର!
ସେଇ ପୁରୁଣା କଥାର ପୁନରାବୃତ୍ତି
ମଣିଷର ରକ୍ତ ତୁମକୁ ଧର୍ମାଶୋକ କରିପାରିଲାନି
ତୁମ ହୃଦୟକୁ କୋମଳ କରିପାରିଲାନି
କେବେବି ପାଟହାତୀ ସୁନାକଳସି କାଳକାଳ
ତୁମ ମୁଣ୍ଡରେ ଢାଳିବନି ଜେନିଫର୍!
ସମୟର ସୁଅରେ ସବୁକିଛି ଧୋଇ ହୋଇଯିବ।" (ଜେନିଫର)

କବିଙ୍କ ପାଶ୍ଚାତ୍ୟ ଭୂମିର ନକାରାତ୍ମକ ଦିଗ ଅପେକ୍ଷା ସକାରାତ୍ମକ ଓ ସମ୍ଭାବନାମୟ ଆଲୋକିତ ଦିଗ ଅଧିକ ମହତ୍ତ୍ୱ ରଖେ। ପ୍ରବାସୀ ଜୀବନରେ କବି ସତ୍ୟ ପଟ୍ଟନାୟକ ପ୍ରାଚ୍ୟ-ପାଶ୍ଚାତ୍ୟର ସମନ୍ୱୟରେ ବିଶ୍ୱାସୀ ଉଦାର- ମାନବବାଦ, ସମ୍ବେଦନା, ମୂଳଭୂତ ମୂଲ୍ୟବୋଧ ସହିତ ଜନ୍ମଭୂମିର ନିରାଜନା, କାଳଖଣ୍ଡରେ ପ୍ରଗତି ଓ ବିକାଶର ସେ ଜଣେ ଦୃଢ଼ ସମର୍ଥକ। ଘରଠାରୁ, ପ୍ରିୟପରିଜନଙ୍କଠାରୁ ଦୂରରେ ରହିଥିବାରୁ ତାଙ୍କ ହୃଦୟରେ ନିଃଶବ୍ଦ ବେଦନା ସାଜି ସ୍ତିମିତ ଦୀପ ହୋଇ ଜଳିଥାଏ। ନିଷ୍ପ୍ରଭ ଉଦାସ ଘେରା ବଳୟଟିଏ ତାଙ୍କୁ ପ୍ରତ୍ୟାବର୍ତ୍ତନ ପାଇଁ ଉସ୍‌କାଉଛି ଓ ଆହ୍ୱାନ

କରୁଛି। ଗ୍ରାମୀଣ ପରିଚିତ ପରିଧିର ରୂପ, ରସ, ଗନ୍ଧ ତାଙ୍କୁ ଅତୀତୋନ୍ମୁଖୀ କରିବାବେଳେ ପାଶ୍ଚାତ୍ୟ ଜୀବନର ନିଃସଙ୍ଗ, ଅସହାୟତା, ଗ୍ଲାନିବୋଧ ତାଙ୍କୁ ପହଞ୍ଚାଇ ଦେଇଛି 'ଜେନିଫର୍' ପାଖରେ। କଳ୍ପିତ ନାୟିକା ଜେନିଫର୍ ତାଙ୍କ ନିଃସଙ୍ଗ ହୃଦୟର ଏକ ପ୍ରମୁଖ ମେଟାଫର୍, ତାଙ୍କର ଏହି ରୂପକଟି ପାରମ୍ପରିକ ନୁହେଁ କି ତାଙ୍କର ପ୍ରେମିକା ଶରୀର ଧାରିଣୀ ନାୟିକା ନୁହେଁ। ବରଂ ନିଜକୁ ଅସ୍ତିତ୍ୱକୁ ବଞ୍ଚେଇ ରଖିବା ପାଇଁ 'ଜେନିଫର୍' ଭଳି ରୂପକ - ପ୍ରିୟତମାର ସହାୟତା ଲୋଡ଼ିଛନ୍ତି। ଉଭୟ ବିଦେଶ ଓ ନିଜ ଜନ୍ମସ୍ଥାନ ପ୍ରତି ତାଙ୍କର ଅହେତୁକ ମମତ୍ୱବୋଧ। କିନ୍ତୁ ଯେଉଁଠି ତାଙ୍କୁ ମୂଲ୍ୟବୋଧର ଅବକ୍ଷୟମାଣ ସ୍ଥିତିର ଆଭାସ ମିଳିଛି ସେଇଠି ସେ ଉଭୟ ସ୍ଥାନର ତୁଳନା କରି ବସିଛନ୍ତି। ସେତିକିବେଳେ ଖୋଜାପଡ଼ିଛି ତାଙ୍କ କଳ୍ପଲୋକର ଚିତ୍ରିତ ନାୟିକା 'ଜେନିଫର୍'। 'ଜେନିଫର୍' କବି ସତ୍ୟ ପଟ୍ଟନାୟକଙ୍କ ପ୍ରବାସ ଯନ୍ତ୍ରଣାର ମୂକସାକ୍ଷୀ ଓ ପ୍ରମୁଖ ରୂପକଳ୍ପ (major metaphor) କବି ସେହି ପ୍ରବାସ ବୃତ୍ତରୁ ବାହାରି ଆସି 'ଜେନିଫର୍'କୁ ଖୋଜିଛନ୍ତି...

ଏଲିୟଟୀୟ unification of sensibility ସତ୍ୟଙ୍କ କଳ୍ପନାରେ ଅନୁଭବକୁ ଜୀବନପ୍ରତି ମୋହମେଦୁର-ରୋମାଣ୍ଟିକ୍ ଭାବନା ସତ୍ୟଙ୍କ କବିତାକୁ ଶକ୍ତିଶାଳୀ କରିଛି। ଅନୁଭୂତିସିଦ୍ଧ ମୂର୍ତ୍ତ ରୂପଚିତ୍ର ଅଙ୍କନରେ (static image) କବି ସିଦ୍ଧହସ୍ତ। ସତ୍ୟଙ୍କ ଶବ୍ଦର ପ୍ରେଷଣୀୟତା (communicability) ତାଙ୍କ କବିତାର ସାମର୍ଥ୍ୟ। ତାଙ୍କ ବ୍ୟକ୍ତିକୁ ଆବେଗ ଜନ୍ମମାଟିର ପ୍ରେମରେ ତଲ୍ଲୀନ। ସତ୍ୟ ପଟ୍ଟନାୟକଙ୍କ ନିଃଶବ୍ଦ ବେଦନା ତଥା ପ୍ରେମର ଯନ୍ତ୍ରଣା ଇମର୍ସନଙ୍କ 'Delicious Torment' ପରି ଆନନ୍ଦପୂର୍ଣ୍ଣ। ପ୍ରବାସୀ କବି ସତ୍ୟ ପଟ୍ଟନାୟକ ଆମ ସମୟର ଜଣେ ଦାୟବଦ୍ଧ ଓଡ଼ିଆ ତଥା ଜଣେ ଜାତି-ମାଟି-ସାହିତ୍ୟ ପାଇଁ ସମର୍ପିତ ଏକନିଷ୍ଠ ସାଧକ। ସତ୍ୟଙ୍କ କାବ୍ୟ ସଂରଚନା ଓ ଶିଳ୍ପରୀତି ସ୍ୱତନ୍ତ୍ର ଓ ନୂତନ। ଶବ୍ଦ ବିମ୍ବର ବର୍ଣ୍ଣିତ ଶୋଭା ସହିତ ସନେଟୀୟ ସୌଷ୍ଠବ ତାଙ୍କୁ ସ୍ୱତନ୍ତ୍ର ପରିଚିତି ଦେଇଛି। ପ୍ରେମ ମହୋଦଧି, ଅସୂୟାର ରଙ୍ଗଖେଳ, ଆତ୍ମୀୟତାର ସପ୍ତବର୍ଣ୍ଣୀ ରଙ୍ଗ, ସମ୍ବୋଧନର ପରିସୀମା, ନିଃଶ୍ୱାସର ନିଆଁ, କୃଷ୍ଣଚୂଡ଼ାର କାଉଁରି ପରଶ, ପଳାଶର ରଙ୍ଗଝରା ହସ, ଝିଙ୍କାରିଙ୍କ ବେସୁରା ଗଜଲ୍ ଭଳି ଅନେକ ଚିତ୍ରମୟୀ ଶବ୍ଦକୁ ନେଇ ଚିତ୍ରିତ ତାଙ୍କର କବିତା ଜଗତ।

ଚିକ୍‌ମିକ୍ ମୁକ୍ତାର ଝଲକ, ବିଷାଦର ରାତ୍ରୀ, ସୁହାଗିନୀ ଆଶା, ଇଥିଓପିଆର ମଣିଷ, ନିଅନ୍ ଆଲୁଅ, ଆଇରିଶ୍ ନର୍ତ୍ତକୀ, ପ୍ରଶାନ୍ତ ମହାସାଗରର ନୀଳ ନିର୍ଜନତା, ଅଧାଗୁନ୍ଥା ଶ୍ୱେତ ମଲ୍ଲୀମାଳ, ପବନର ବୋହୁଚୋରୀ ଖେଳ, ଢଳଢଳ ସ୍ୱପ୍ନ, ପ୍ରବାସର କଂସ କାରାଗାର, ବୈଶାଖର ତାତି।

ସତ୍ୟପ୍ରକାଶୀୟ ଜୀବନଜିଜ୍ଞାସାର ଅନ୍ୟତମ କଳାତ୍ମକ ରୂପକୁ ପାଠକମାନେ ଅନୁଭବ କରିପାରିବେ ତାଙ୍କର କ୍ଷୁଦ୍ରଗଳ୍ପଗୁଡ଼ିକରେ। ଯେଉଁଥିରେ ପ୍ରବାସୀ ଜୀବନର ଅନୁଭବ ଓ ମାନସିକ ଅନ୍ତର୍ଦାହର ସୂକ୍ଷ୍ମରୂପ ଦୃଶ୍ୟାୟିତ ହୋଇଛି। ବିଦେଶରେ ଥାଇ ସେଠିକାର ପରିବେଶ, ପରିସ୍ଥିତି, ଚରିତ୍ର ତଥା ଅଙ୍ଗେନିଭା ଅନୁଭୂତିର ଟେଲିସ୍କୋପିକ୍ ଚିତ୍ର ଅଙ୍କନ ଖୁବ୍ ମନୋଜ୍ଞ।

'ପ୍ରେମ' ଅପ୍ରାପ୍ତିର ଏକ ଯନ୍ତ୍ରଣାପୂର୍ଣ୍ଣ ଅନୁଭବ ପରବର୍ତ୍ତୀ 'ବୁନ୍ଦାଏ ଅଶ୍ରୁ' ବୋଲି ଗାଳ୍ପିକ ଦର୍ଶନ ବାଢ଼ିଛନ୍ତି ତାଙ୍କର 'ବୁନ୍ଦାଏ ଲୁହର ତାଜମହଲ' ଗଳ୍ପରେ। ନିଛକ ପ୍ରେମର ଜୟଗାନ ଅଛି ଏଥିରେ। ଗଳ୍ପର କଥାବସ୍ତୁ ଭାବରେ ରହିଛି ବୋଷ୍ଟନ ବିଶ୍ୱବିଦ୍ୟାଳୟର ବୀମା ବିଜ୍ଞାନର ପ୍ରଫେସର ଅରୁଣ ମିଶ୍ର ଓ ପଚିଶ ବର୍ଷ ତଳ ରେଭେନ୍ସା ମହାବିଦ୍ୟାଳୟରେ ଗଣିତ ବିଭାଗର ସହପାଠିନୀ ଅପର୍ଣ୍ଣା ମହାପାତ୍ରଙ୍କର ନାମହୀନ ପ୍ରେମ କାହାଣୀ। ପ୍ରବାସୀ ପ୍ରଫେସର ଅରୁଣ ମିଶ୍ରଙ୍କ ପାଖକୁ ରେଭେନ୍ସା ମହାବିଦ୍ୟାଳୟରୁ ବୀମା ବିଜ୍ଞାନ ଉପରେ ପ୍ରେଜେଣ୍ଟେସନ୍ ଦେବା ନିମନ୍ତେ ଆସିଥିବା ନିମନ୍ତ୍ରଣ ପତ୍ର ପାଇବା ପରେ କାହାଣୀର କଥାକ୍ରମ ଆଗକୁ ଗତିଶୀଳ ହୋଇଛି। ଗାଳ୍ପିକ ଫ୍ଲାସ୍‌ବ୍ୟାକ୍ ଦେଇ ସୂଚିତ କରି ସ୍ମୃତିଚାରଣ କରିଛନ୍ତି। ଅରୁଣ ଏବଂ ଅପର୍ଣ୍ଣା ପାଠ ପଢୁଥିବା ବେଳେ ଉଭୟଙ୍କ ମଧ୍ୟରେ ଗଢ଼ିଉଠିଥିବା ଆବେଗିକ ଅନୁଭବକୁ ପରସ୍ପରଠାରୁ ବିଦାୟ ନେବା ପର୍ଯ୍ୟନ୍ତ ବୁଝିପାରିନଥିବା ଏବଂ ବିଦାୟକାଳୀନ ମୁହୂର୍ତ୍ତରେ ପରସ୍ପରଠାରୁ ସାମାନ୍ୟ ମଧ୍ୟ ବିଦାୟ ନେବାକୁ ଇଚ୍ଛା ନ କରିବାରେ ଟ୍ୱିଷ୍ଟ୍ ଭିତରେ ଗଳ୍ପଟି ଶେଷ ହେବା ହିଁ ତାର ସାର୍ଥକତା। ପରବର୍ତ୍ତୀ ସମୟରେ ହୁଏତ ଅପର୍ଣ୍ଣାର ମୃତ୍ୟୁ ଗଳ୍ପରେ ଭରିଛି ମୂଳ ସଂପର୍କ ଓ ଆବେଗିକ ବନ୍ଧନରୁ ମୁକ୍ତ ହେବାର ବାଧ୍ୟତା ଭିତରେ 'ପ୍ରବାସ'ର ଚିତ୍ର ହୃଦ ହୁଏ। ସେଇ ବର୍ଷା ରାତି ସତ୍ୟ ପଟ୍ଟନାୟକଙ୍କ ଅନ୍ୟ ଏକ ଭିନ୍ନ ସ୍ୱାଦର ଗଳ୍ପ। ଯେଉଁଥିରେ ପ୍ରବାସରେ ଥାଇ ମଧ୍ୟ ନିଜ ସଭ୍ୟତା, ସଂସ୍କୃତିର ସ୍ତାବକ ହୋଇଛନ୍ତି ଯେ। କବିପ୍ରାଣ ସତ୍ୟ ନାୟିକା ଜେନିଫରକୁ ନିଜ ଭିତରେ ପାଇଛନ୍ତି। ପ୍ରାଚ୍ୟ ସଂସ୍କୃତିର ସ୍ନାତକୋତ୍ତର ଛାତ୍ରୀ ଜେନିଫର। ଯେ କି ତା'ର ପାଠପଢ଼ା ଖର୍ଚ୍ଚ ତୁଲେଇବାକୁ ଯାଇ ଏୟାରପୋର୍ଟର ଏକ କଫିସ୍‌ପରେ ବିଳମ୍ବିତ ରାତି ପର୍ଯ୍ୟନ୍ତ କାମ କରେ ତା' ସହିତ ଏୟାରପୋର୍ଟରେ ଏକ ବର୍ଷଣୋନ୍ମୁଖୀ ରାତିରେ ଜଣେ ସଫ୍ଟୱେର ଇଞ୍ଜିନିୟରଙ୍କ ସହ ସାକ୍ଷାତ ହୁଏ। ଉଭୟଙ୍କ ଭିତରେ ଭାବର ଆଦାନପ୍ରଦାନ ମାଧ୍ୟମରେ ଗାଳ୍ପିକ ସତ୍ୟପଟ୍ଟନାୟକ ପ୍ରାଚ୍ୟ ସଂସ୍କୃତିର ଜୟଗାନ କରିଛନ୍ତି। ଯେଉଁଠି ନାୟିକା ଜେନିଫର୍ ବିଦେଶରେ ଥାଇ ମଧ୍ୟ ଭାରତୀୟ ସଂସ୍କୃତିର ମହତ୍ତ୍ୱକୁ ବୁଝେ। ତା' ଶବ୍ଦରେ– 'ଭାରତୀୟ ସଂସ୍କୃତି ସହ ମୁଁ ବେଶ ପରିଚିତ। ବେଦ, ଉପନିଷଦ, ଗୀତାରୁ କିଛି

ଶ୍ଳୋକ ଉଦ୍ଧୃତ କରି ତୁମକୁ ଚମକେଇ ଦେଲି। ରାଧାକୃଷ୍ଣଙ୍କ ସ୍ୱର୍ଗୀୟ ପ୍ରେମକାହାଣୀକୁ ନେଇ ମୋର ଅନୁଭବ ବ୍ୟାଖ୍ୟା ତୁମର ନିଦ ହଜାଇ ଦେଇଥିଲା। ପ୍ରଥମେ ତୁମେ ବିଶ୍ୱାସ କରିପାରିଲନି ଯେ ମୁଁ ପ୍ରାଚ୍ୟ ସଂସ୍କୃତିର ସ୍ନାତକୋତ୍ତର ଛାତ୍ରୀ।" xxxxx ଧୀରେଧୀରେ ପାଶ୍ଚାତ୍ୟ ସଂସ୍କୃତିର ଶିକୁଳିରୁ ମୁକୁଳି ମୁଁ ତୁମର ପ୍ରାଚ୍ୟ ସଂସ୍କୃତିକୁ ଆପଣେଇବାକୁ ଲାଗିଲି।" ଆଲୋଚ୍ୟ 'ସେଇ ବର୍ଷା ରାତି' ଗଳ୍ପରେ ଜେନିଫର୍ ରୂପକଳ୍ପ ମାଧ୍ୟମରେ ପ୍ରାଚ୍ୟ ଓ ପାଶ୍ଚାତ୍ୟ ମଧ୍ୟରେ ସଂସ୍କୃତିଗତ ପାର୍ଥକ୍ୟ ଏବଂ ପ୍ରବାସରୁ ପ୍ରତ୍ୟାବର୍ତ୍ତନ କରି ନ ପାରିବାର ଯନ୍ତ୍ରଣାକୁ ଗାଳ୍ପିକ ଚିତ୍ରଣ କରିଛନ୍ତି।

ମାସାଚ୍ୟୁସେଟ୍‌ର ରାଜ୍ୟର ଛୋଟ ସହର ଡାଲ୍‌ଟନ୍‌ରୁ ପେନସିଲଭାନିଆ ରାଜ୍ୟର ହୋମଷ୍ଟେଡ୍ ସହରରେ କାର୍ଯ୍ୟରତ ଏକ ଭାରତୀୟ ଯୁବକର ଏକ ବୃଦ୍ଧ ଦମ୍ପତି ଓ ସେମାନଙ୍କର କର୍ତ୍ତବ୍ୟନିଷ୍ଠ ପୁତ୍ର ସ୍ମିଥ୍‌ଙ୍କ ସହିତ ଗଢ଼ି ଉଠିଥିବା ଆନ୍ତରିକତାର ସ୍ୱର ମର୍ମରିତ ହୋଇଛି 'ସଂପର୍କ' ଗଳ୍ପରେ। ବିଦେଶରେ ଥିବା ସ୍ମିଥ୍‌ଙ୍କ ଭିତରେ ପାରିବାରିକ ଜୀବନ ଓ ପ୍ରୌଢ଼ ମାତା-ପିତାଙ୍କ ପ୍ରତି ଥିବା ଆନୁଗତ୍ୟର ଚିତ୍ର 'ସଂପର୍କ' ଗଳ୍ପକୁ ଯଥାର୍ଥ କରିଛି।

ସତ୍ୟ ପଟ୍ଟନାୟକଙ୍କ ଗଳ୍ପରେ କାବ୍ୟିକ ଛଟା ଖୁବ୍ ସୁନ୍ଦର। 'ସେଇବର୍ଷା ରାତି' ଗଳ୍ପରେ ସେ ଉଲ୍ଲେଖ କରିଛନ୍ତି- "ଜେନିଫର, ସିଆଟ୍ଲର ବର୍ଷା ତୁମର ଅସରନ୍ତି ଅଭିମାନ ପରି ଲାଗେ ଯେମିତି ଅସରାଏ ବର୍ଷିଗଲେ ଫାଲ୍‌ଗୁନ ଫେରିବ, ରୋମାଣ୍ଟିକ କବିତାର ଧାଡ଼ିସବୁ ଆଖେପାଖେ ଶୁଣାଯିବ, ଅଥଚ କେଉଁଠୁ କେଜାଣି ମୁହଁ ଫୁଲେଇ ଘୋଟି ଆସନ୍ତି ପାଉଁଶିଆ ମେଘଖଣ୍ଡମାନ, ପୁଣିଥରେ ଭିଜିଯାଏ ପୃଥିବୀ।"

"ପର୍ଦ୍ଦା ଆଡ଼େଇ କାଚ ଝର୍କା ଦେଇ ବାହାରକୁ ଚାହିଁଥିଲି। ଯେମିତି ଆକାଶରୁ ଏକାସାଥେ ଓହ୍ଲେଇ ପଡ଼ିଛନ୍ତି ସମସ୍ତ ମେଘଖଣ୍ଡ। ପାଉଁସିଆ କଳା ଠିକ୍ ମୋ ଝର୍କାକୁ ଲାଗି। ବାହାରେ ଭୀଷଣ ବର୍ଷା। ତା'ସାଙ୍ଗକୁ ବିଜୁଳି ଓ ଘଡ଼ଘଡ଼ି। ଝାପ୍‌ସା ବିଜୁଳି ଆଲୁଅରେ ତୁମ ଆପାର୍ଟମେଣ୍ଟକୁ ଚାହିଁଲି। ତୁମ ଝର୍କା ବନ୍ଦଥିଲା। ଲାଗିଲା ଯେମିତି ମେଘସବୁ ମୋତେ ଆଖିମିଟିକା ମାରି ଇସାରାରେ ଡାକୁଛନ୍ତି।" (ସେଇ ବର୍ଷା ରାତି)

"ମୋତେ ବର୍ଷାର ଅବିଶ୍ରାନ୍ତ ଧାରା ହାତଠାରି ଡାକୁଥିଲା, ବ୍ୟାକୁଳ କରୁଥିଲା। ତୁମ ସହ ବର୍ଷାରେ ଭିଜିବାର ଅଭିଳାଷ ଆଚ୍ଛନ୍ନ କରି ରଖିଥିଲା। ମୋ ଭିତରର ମୟୂର ପୁଚ୍ଛ ବିସ୍ତାରି ସାରିଥିଲା। ମୁଁ ସାତ ଶୃଙ୍ଗାରରେ ନିଜକୁ ସଜେଇଲି। (ସେଇ ବର୍ଷା ରାତି)

'ଅନେକ ପ୍ରକାରର ସଂପର୍କ ଏବଂ ପ୍ରତିଟି ସଂପର୍କରେ ପୂର୍ଣ୍ଣତା।' (ସଂପର୍କ)

ଉତ୍ତର ଆଧୁନିକ ଗଳ୍ପ ସାହିତ୍ୟର ସ୍ୱାତନ୍ତ୍ର୍ୟ ହେଉଛି ଏହାର ଶବ୍ଦ ବିଭବ।

ଗାଳ୍ପିକ ସତ୍ୟପଟ୍ଟନାୟକଙ୍କ ଗଳ୍ପ ଗୁଡ଼ିକରେ ଚଳନ୍ତି ସମୟର ନିତ୍ୟବ୍ୟବହୃତ ଶବ୍ଦାବଳୀ ରହିଛି । ଯେମିତି- କମ୍ପ୍ୟୁଟର, ଫର୍ମ, ଆପାର୍ଟମେଣ୍ଟ, ହ୍ୟାଣ୍ଡେଲ୍, ହେଲୋ, ମାଇକ୍ରୋୱେଭ୍, ଷ୍ଟିଲ୍ କାରଖାନା, ମିଲ୍ ମ୍ୟାନେଜ୍‌ମେଣ୍ଟ, ପାରାଲିସିସ୍, କମ୍ପାନୀ, ଏୟାରପୋର୍ଟ, ମାଇକ୍ରୋସଫ୍ଟ, ସଫ୍ଟଓୟାର୍, କଲ୍. ଡ୍ରାଇଭ୍ ଇତ୍ୟାଦି ।

ଗାଳ୍ପିକ ସତ୍ୟ ପଟ୍ଟନାୟକ ପ୍ରାଚ୍ୟ-ପ୍ରାଶ୍ଚାତ୍ୟର ଭାବଗତ-ଭାଷାଗତ ତଥା ସାଂସ୍କୃତିକ ଚେତନାର ସଂଯୋଗ ସେତୁ । ଅତ୍ୟାଧୁନିକ ଜୀବନଶୈଳୀ ତଥା ପରିବେଶ ଆଜିର ସମୟପାଇଁ ବାହ୍ୟଦୃଷ୍ଟିରୁ ହୁଏତ ପ୍ରଭାବଶାଳୀ ହୋଇପାରିଥାଏ, ମାତ୍ର ଜୀବନର ପ୍ରକୃତ ଅର୍ଥ ରହିଛି ଆମର ମହତ ମାନସିକତା, ନୈତିକତା ତଥା ସାଂସ୍କୃତିକ ମୂଲ୍ୟବୋଧ ଭିତରେ । ଜଣେ ପ୍ରବାସୀ ସାହିତ୍ୟିକ ଭାବରେ ସତ୍ୟ ପଟ୍ଟନାୟକ ଆମ ସମୟର ତଥା ଏହି ମୂଲ୍ୟବୋଧର ଯଥାର୍ଥ ବାହକ ।

ଓହିଓ ରାଷ୍ଟ୍ରସ୍ଥିତ କଲମ୍ବସ୍ ମେଟ୍ରୋପଲିଟାନ୍ ଲାଇବ୍ରେରୀରେ ବ୍ଲାକ୍ ଇଗଲ୍ ବୁକ୍‌ସ ପ୍ରକାଶନ ସଂସ୍ଥା ତରଫରୁ ଆମେରିକାରେ ଓଡ଼ିଆ ପୁସ୍ତକ ମେଳାର ଆୟୋଜନ, ସତ୍ୟ ପଟ୍ଟନାୟକଙ୍କ ଏକନିଷ୍ଠ ସାହିତ୍ୟ ପ୍ରେମର ପରିଚାୟକ । ଆଗାମୀ ପିଢ଼ିକୁ ଧର୍ମ, ସଂସ୍କୃତି ଓ ପ୍ରଥା ସଂପର୍କରେ ପରିଚିତ କରାଇବା କ୍ଷେତ୍ରରେ ସତ୍ୟ ପଟ୍ଟନାୟକଙ୍କର ଏହି ସାରସ୍ୱତ ପ୍ରୟାସ ଓଡ଼ିଆ ଜାତିପାଇଁ ଗର୍ବ ଏବଂ ଗୌରବର ବିଷୟ ।

■

ବିଭାଗ ମୁଖ୍ୟ, ଓଡ଼ିଆ ଭାଷା ସାହିତ୍ୟ ବିଭାଗ
ରମାଦେବୀ ମହିଳା ବିଶ୍ୱବିଦ୍ୟାଳୟ, ଭୁବନେଶ୍ୱର

ଝୁରାପଣର ଅନ୍ୱେଷଣ : ସତ୍ୟ ପଟ୍ଟନାୟକଙ୍କ କାବ୍ୟଜଗତ

ଦୀପ୍ତିମୟୀ ସାହୁ

ଜୀବନାନୁଭୂତିର ପ୍ରସାରିତ କ୍ଷେତ୍ର କବିର 'କବିତା'। କଠିନ ମାଟି ଭେଦି ମଞ୍ଜିଟିଏ ଅଙ୍କୁରିତ ହୋଇ କୁଆଁ ମେଲିବା ପରି ଶତ ସଂଘର୍ଷର -ଶକ୍ତ ପଥର ଭିତରେ କୋମଳ ମର୍ମାନୁଭବ 'କବିତା' ରୂପରେ ଅଙ୍କୁରୋଦ୍‌ଗମ ହୋଇଥାଏ। କବିପାଇଁ ତା' କବିତା ଆତ୍ମପ୍ରସନ୍ନତାର ଶୀତଳ ଆହ୍ଲାଦ। ତା' ପାଇଁ ଅତୀତ ଏବଂ ବର୍ତ୍ତମାନଙ୍କୁ ପିଠିରେ ଲଦିଥିବା ଯାଯାବର ମନର ତୃଷାର୍ତ୍ତ ଭୂମିକୁ ଅସରାଏ ବର୍ଷାରେ ବତୁରାଇ ଦେବାର ମଧୁର ରୋମାଞ୍ଚ। ଛିଟିକା ସ୍ମୃତିର ରୁଗୁରୁଗୁ ମିଠା ଯନ୍ତ୍ରଣା 'କବିତା'। ତା' ମଧ୍ୟରେ ସକଳ ଅସହାୟପଣ ବେଦନା ବିଧୁର-କାଳିକୁ ବର୍ଣ୍ଣରେ ଚିତ୍ରରୂପ ଦେଇ, ନପାଇ ପାଇବାର ଆନନ୍ଦକୁ ଭେଟୁଥିବା ନିରୀହ ଚିତ୍ରକାରଟିଏ କବି। ତୃଷାର୍ତ୍ତ ଚାତକଟିଏ ପରି ଆତ୍ମୀୟସ୍ୱଜନ, ଜାତିଭାଇଙ୍କଠାରୁ ସ୍ନେହ ସମ୍ବେଦନାର କେଇଟୋପା ବର୍ଷାବିନ୍ଦୁ ପାଇଁ ଯାହାଙ୍କର ଆତ୍ମା ସର୍ବଦା ଆକାଂକ୍ଷିତ। ସତରେ କବିଟିଏ ପ୍ରେମର ପାରିଜାତ ପୁଷ୍ପ ଫୁଟାଇ ପାରିବା ପରି ନିଜ କବିତାରେ ବିଚ୍ଛେଦର ଧ୍ୱସ୍ତମରୁଦ୍ୟାନରେ ବିକଶିତ କରିପାରନ୍ତି ମର୍ମଭେଦୀ କରୁଣ ରାଗିଣୀ। ସାଇପଡ଼ିଶା, ଜାତିଭାଇ, ଆତ୍ମୀୟ ସ୍ୱଜନ ତଥା ନିଜ ପ୍ରଦେଶ-ଦେଶ ମଧ୍ୟରେ ନିବାସ କରୁଥିବା କବିଙ୍କ ଅପେକ୍ଷା ପ୍ରବାସରେ ଥିବା ପ୍ରବାସୀକବିର ଲେଖନୀରେ ଏ ସ୍ୱର ଅଧିକ ତୀବ୍ର ଶୁଭେ। ନିଜ ଭିଟାମାଟିଠାରୁ ସୁଦୂର ବିଦେଶ ପର୍ଯ୍ୟନ୍ତ ତାଙ୍କ ଦୃଷ୍ଟି ହୋଇଯାଏ ପ୍ରଲମ୍ବିତ। ପାଖରେ ଥିବା ବସ୍ତୁ

ଅପେକ୍ଷା ପାଖରେ ନଥିବା ବସ୍ତୁକୁ ମଣିଷ ଅହରହ ଝୁରି ହେଲାପରି ପ୍ରବାସୀ-କବି ନିଜ ଜନ୍ମଭୂମି, ମାଆ, ଗାଁ, କ୍ଷେତ, ଦେଶକୁ ଝୁରି ହୁଅନ୍ତି। "ଯେତେ ଦୂରେ ଥିଲେ ଯେ ଯାହାର, ସେ ତାହାର" ନ୍ୟାୟରେ ଆତ୍ମୀୟଙ୍କ ପ୍ରତି ଅକଳନ ଉଦଗ୍ର ବ୍ୟାକୁଳତା, ମମତା, ଶ୍ରଦ୍ଧା, ଅନୁରାଗର ନିରୋଳା ମୁହୂର୍ତ୍ତକୁ କବିତାରେ ଅଜାଡ଼ି ଦିଅନ୍ତି ପ୍ରବାସୀ କବି। ବିଶ୍ୱ ସହସ୍ର-ପ୍ରଦେଶକୁ ତଥା ଭିଟାମାଟିକୁ ସେତୁ ଭଳି ଅଭୂତପୂର୍ବ ଭାବରେ ଆପଣାପଣରେ ଯୋଡ଼ି ରଖନ୍ତି କବିତାରେ। ଏହିଭଳି ଜଣେ ପ୍ରଭାବଶାଳୀ ପ୍ରବାସୀ କବି ପ୍ରତିଭା ହେଲେ ସତ୍ୟ ପଟ୍ଟନାୟକ। ପ୍ରବାସୀ କବି ପ୍ରତିଭାମାନଙ୍କ ମଧ୍ୟରେ ସେ ଏକ ନମ୍ର ଉଚ୍ଚାରଣ। ପ୍ରାକୃତିକସୁଷମାରେ ବିମଣ୍ଡିତା ଓଡ଼ିଶାର ଢେଙ୍କାନାଳରୁ ବୈଭବର ଦେଶ ସୁଦୂର ଆମେରିକାରେ ଯାଇ ଅବସ୍ଥାପିତ ହୋଇଛନ୍ତି ସେ। "ସେ ଏକା ଧାରାରେ ଜଣେ କବି, କଥାକାର, ଅନୁବାଦକ, ସଂପାଦକ ତଥା ସଂଗଠକ। ଯୁକ୍ତରାଷ୍ଟ୍ର ଆମେରିକାରେ ଗଣିତ ବିଶାରଦ ସତ୍ୟ ପଟ୍ଟନାୟକ ସୂଚନା ଓ ପ୍ରାଦ୍ୟୋଗିକ ବୃତ୍ତିରେ ଅବସ୍ଥାପିତ। ଓଡ଼ିଶାରେ ନ ଥାଇ ମଧ୍ୟ ଓଡ଼ିଶାର ବିଭିନ୍ନ ଖବର କାଗଜ ଏବଂ ପତ୍ରପତ୍ରିକାମାନଙ୍କରେ ସେ ଜଣେ ନିୟମିତ ଲେଖକ। ମୌଳିକ କବିତା ବ୍ୟତିତ ବିଶ୍ୱସାହିତ୍ୟର ଅନୁବାଦ ତଥା ବିଶ୍ୱ ସାହିତ୍ୟ ଓ ସାହିତ୍ୟିକମାନଙ୍କୁ ନେଇ ଅନେକ ଫିଚର ସେ ରଚନା କରିଛନ୍ତି। ତାଙ୍କର ଦୁଇଗୋଟି କବିତା ସଂକଳନ ବ୍ୟତିତ 'ଆମ ନିଜର ମାଟି ଓ ଅନ୍ୟାନ୍ୟ ବିଶ୍ୱକବିତା', 'କ୍ଷୁଦ୍ରଗଳ୍ପର ମୃତ୍ୟୁ ଓ ଅନ୍ୟାନ୍ୟ ବିଶ୍ୱଗଳ୍ପ' ଉଲ୍ଲେଖଯୋଗ୍ୟ। ଯୁକ୍ତରାଷ୍ଟ୍ର ଆମେରିକାରୁ ଏକମାତ୍ର ଓଡ଼ିଆ ସାହିତ୍ୟ ପତ୍ରିକା 'ପ୍ରତିଶ୍ରୁତି'ର ସେ ସଂପାଦନା କରିଛନ୍ତି।"(୧) ଏତଦ୍‌ବ୍ୟତିତ 'ବ୍ଲାକ୍ ଇଗଲ୍ ବୁକ୍ସ' ପୁସ୍ତକ ପ୍ରକାଶନ ସଂସ୍ଥାର ପ୍ରକାଶକ ଭାବରେ ମଧ୍ୟ ସେ ସୁପରିଚିତ। ଓଡ଼ିଆ କାବ୍ୟଜଗତକୁ ତାଙ୍କର ସୁମହତ ଅବଦାନ ହେଲା- 'ପାଷାଣର ପ୍ରେମ ସଂଗୀତ'(୨୦୧୩) ଏବଂ 'ଝର୍କା ଖୋଲାଥାଉ'(୨୦୧୮) ଦ୍ୱୟ କବିତାପୁସ୍ତକ। ତାଙ୍କ କବିତାରେ ପ୍ରବାସ ଜୀବନବୋଧ ସାଙ୍ଗକୁ ଜନ୍ମଭୂମି ତଥା ନିଜ ପ୍ରଦେଶକୁ ଝୁରିହେବାର ସ୍ୱପ୍ନାଭିଭୂତ ମୁଗ୍ଧ-ବିଧୂର ମୁହୂର୍ତ୍ତଗୁଡ଼ିକୁ ପାଠକଙ୍କ ଦୃଷ୍ଟି ଆକର୍ଷଣ କରିବା ଏ ଆଲୋଚନାର ମୁଖ୍ୟ ଉଦ୍ଦେଶ୍ୟ। କବିତାର ଭାବପକ୍ଷ ସାଙ୍ଗକୁ କଳାପକ୍ଷକୁ ନିଖୁଣ ରୂପ ପ୍ରଦାନ ନିମନ୍ତେ ତାଙ୍କ କାବ୍ୟଜଗତ ଉପରେ ନିମ୍ନରେ କିଞ୍ଚିତ ଦୃଷ୍ଟିପାତ କରାଗଲା।

ପ୍ରବାସୀକବି ସତ୍ୟ ପଟ୍ଟନାୟକଙ୍କ କାବ୍ୟଜଗତର ଭାବପକ୍ଷ :

ସମ୍ଭାବନା ଭିତରେ ବିଫଳତାକୁ ସାଉଁଟି ମଧ୍ୟ ଜୀବନ ପ୍ରତି ନିର୍ଲିପ୍ତ ଅନୁସନ୍ଧିତ୍ସୁ ଭାବରଖେ ତାଙ୍କ କାବ୍ୟପ୍ରତ୍ୟୟ। ଯଥାର୍ଥରେ ସମାଲୋଚିକା ଡ. ସଂଘମିତ୍ରା ଭଞ୍ଜଙ୍କ

ଶବ୍ଦରେ – "ଝୁମର୍ ଭଳି ସ୍ମୃତିର ତୋରଣ, ଅନେକ ବିସ୍ମୃତି ଗର୍ଭରୁ ଚକ୍‌ମକ୍ ସୁବର୍ଣ୍ଣ ମୁହୂର୍ତ୍ତ, ବୁଦ୍‌ବୁଦ୍ ଓ ତରଙ୍ଗ ତୋଳୁଥିବା ତାରୁଣ୍ୟର ଆର୍ଦ୍ର ପ୍ରହର ସବୁକୁ ଶବ୍ଦର ସୂକ୍ଷ୍ମ କୋଷରେ ସଂପୁଟ କରିଥିବା ଭାବପ୍ରବଣ କବି ହେଉଛନ୍ତି ସତ୍ୟ ପଟ୍ଟନାୟକ ଯାହାଙ୍କ ପ୍ରତ୍ୟେକ ଶବ୍ଦରେ ଆତ୍ମାର ନମ୍ର ଉଚ୍ଚାରଣ, ସ୍ମୃତିବିଭୋର କୋମଳ ମୁହୂର୍ତ୍ତଙ୍କ ଆସର ଏବଂ ଅଶ୍ରୁସଜଳ-ବ୍ୟଥାକୁ ତାଙ୍କ ପ୍ରୀତିର କିଶଳୟ ଛାୟାମୟ ଆଶ୍ୱାସନା ଓ ଆହ୍ଲାଦରେ ଭରିଦିଏ। ଜୀବନର ଅଙ୍କାବଙ୍କା ନକ୍ସାକୁ ତଦନୁରୂପ ଚିତ୍ରିତ କରିଥିବା ତାଙ୍କ କାବ୍ୟିକତାର ଆଟୋପହୀନ ଉଚ୍ଚାରଣ ପାଠକ ହୃଦୟକୁ ବିହ୍ୱଳିତ କରେ। ପ୍ରତିଟି ମୁହୂର୍ତ୍ତ ତାଙ୍କର ସ୍ମୃତି-ପ୍ରୀତି-'ଗୁଣ ଓ ପଲ୍ଲୀଜୀବନକୁ ନେଇ ଆବେଗସିକ୍ତ।"(୨) ମାଟିପ୍ରୀତି ସାଙ୍ଗକୁ ବିଶ୍ୱପ୍ରୀତି ତାଙ୍କ କାବ୍ୟ ସାହିତ୍ୟର ଅନ୍ୟତମ ସମ୍ମୋହନ ଭାବରୂପ। ବିଶ୍ୱକବିଗଣଙ୍କ ସାଂପ୍ରତିକ ଦୃଷ୍ଟି-ଦର୍ଶନ, ଗାଠନିକ ପରିପ୍ରକାଶ, ଗଭୀର ଅବବୋଧ, ଅନ୍ତର୍ମନସ୍କ, ବିଚ୍ଛିନ୍ନତା ବୋଧ, ରୋମାଣ୍ଟିକ୍ ଆବେଗପ୍ରବଣ, ଆତ୍ମିକଦ୍ୱନ୍ଦ୍ୱ, ସମୟର ନିଷ୍ଠୁର ବାସ୍ତବତା, ସ୍ୱପ୍ନବାଦୀ ଦୃଷ୍ଟିକୋଣ ସାଙ୍ଗକୁ ଆତ୍ମୀୟତାପୂର୍ଣ୍ଣ ଖଟାମିଠା କୋଳାହଳର ଭାବାଭିଭୂତ ପରିପ୍ରକାଶ ହେଉଛି ତାଙ୍କ କାବ୍ୟଭୂମି।

କବିଙ୍କ 'ପାଷାଣର ପ୍ରେମ ସଂଗୀତ' (୨୦୧୩) ଏକ ପାଠକାଦୃତ କବିତା ପୁସ୍ତକ। ଏହା ପ୍ରଥମେ ୨୦୧୩ ଜାନୁଆରୀ ମାସରେ 'ଭାରତ ଭାରତୀ' ପ୍ରକାଶନ ସଂସ୍ଥା ଦ୍ୱାରା ପ୍ରକାଶ ପାଇଥିଲା। ଦ୍ୱିତୀୟରେ ଆନ୍ତର୍ଜାତିକ ପୁସ୍ତକ ପ୍ରକାଶନ ସଂସ୍ଥା 'ବ୍ଲାକ୍ ଇଗଲ ବୁକ୍ସ' ଦ୍ୱାରା ୨୦୧୯ ମସିହାରେ ପୁନର୍ବାର ପ୍ରକାଶିତ। 'ବୋଉର ଚିରନ୍ତନ ସ୍ମୃତି' ଉଦ୍ଦେଶ୍ୟରେ ଉତ୍ସର୍ଗୀକୃତ ଏହି ପୁସ୍ତକର ଆରମ୍ଭରେ ନିଜ ବୋଉଙ୍କୁ ଝୁରି ହେବାର ନିର୍ମଳ, ଚିରନ୍ତନ ଅଥଚ ସତେଜ ଶାବ୍ଦିକ ଅଭିବ୍ୟକ୍ତି ପ୍ରକାଶ ପାଇଛି। ତାଙ୍କ ଶବ୍ଦରେ- "ପ୍ରତ୍ୟେକ ପ୍ରବାସୀ ଜୀବନରେ ବୋଧହୁଏ ସବୁଠୁ ଅଧିକ ବ୍ୟଥା ହେଲା ନିଜର ପରିଜନଙ୍କଠାରୁ ଦୂରରେ ରହିବାର ଅବସ୍ଥା। ଏ ବ୍ୟଥାକୁ କାହାକୁ ଦେଖାଇ ହୁଏନି, କେବଳ ଭୋଗିବାକୁ ହୁଏ। ଯେତେବେଳେ ଦେଶରୁ କେଉଁ ଆତ୍ମୀୟ ସ୍ୱଜନଙ୍କ ଚାଲିଯିବାର ଖବର ଆସେ, ପାଦତଳୁ ପୃଥିବୀ ଖସିଯାଏ। କିଛି ନ କରିପାରିବାର ପଶ୍ଚାତାପ ଦଂଶନ କରେ। ତା' ଭିତରୁ ପ୍ରବାସୀ ନିଜକୁ କୌଣସି ମତେ ମୁକୁଳାଏ ଓ ଆଗକୁ ପାଦ ବଢ଼ାଏ।" (୩) ଅନୁରୂପ କବି ଆପଣାର ଆତ୍ମୀୟଙ୍କଠାରୁ ଦୂରରେ ରହିବାର ବ୍ୟଥା ସାଙ୍ଗକୁ ନିଜର ପ୍ରିୟ ବୋଉଙ୍କୁ ହରାଇ ଦେବାର ମର୍ମବେଦନାରେ ବ୍ୟଥିତ। ସମଗ୍ର କବିତା ପୁସ୍ତକର ଅଧିକାଂଶ କବିତା ଏହି ଭାବ ଚେତନାକୁ ପ୍ରତ୍ୟକ୍ଷ କରାଏ। ଏଥିରେ ସଂକଳିତ ୬୧ଟି କବିତା ସ୍ୱତନ୍ତ୍ର ଅନୁଭବ, ଅନୁଭୂତିକୁ ନେଇ ପରିକଳ୍ପିତ। ସେହି କବିତା ଗୁଡ଼ିକ ହେଲା- ୧. ବୋଉ, ୨.

ଚେତନା, ୩. ଆସ ଟିକେ ବାହାରେ ବସିବା, ୪. ନୀଳ ଉପତ୍ୟକା, ୫. ମୁକ୍ତି, ୬. ଦେବୀ, ୭. ରଙ୍ଗଖେଳ, ୮. ବାର୍ତ୍ତା, ୯. ପଦ୍ମତୋଳା, ୧୦. ମତେ ଫଗୁଣ ମାଗୁଛ, ୧୧. ଚିତ୍ର, ୧୨. ମୁଗ୍ଧ ଅନୁଭବ, ୧୩. ବିଶ୍ୱାସ, ୧୪. ରିଙ୍ଗ୍‌ଟୋନ୍, ୧୫. ଏମିତି ସମ୍ବୋଧନ, ୧୬. ସନ୍ଦେହ, ୧୭. ଝଡ଼ ପୂର୍ବର କବିତା, ୧୮. ରାଧା, ୧୯. ଶୂନ୍ୟାପାଇଁ, ୨୦. ଅନ୍ଧାର, ୨୧. ଦୁଃଖ ସହିତ ମୁହାଁମୁହିଁ ବେଳେ କବି, ୨୨. ଦୃଶ୍ୟାନ୍ତର, ୨୩. ସେଇ ସମୟ, ୨୪. ବର୍ଷା, ୨୫. ବସନ୍ତ। ୨୬. ବୈଶାଖ, ୨୭. ବିନ୍ଦୁ, ୨୮. ଜତୁଗୃହ, ୨୯. ଜୀବନ ଛନ୍ଦ, ୩୦. ଶବ୍ଦମୋହ, ୩୧. ଆବାହନୀ, ୩୨. ହାଇୱେ କଡ଼ର ଗଛ, ୩୩. ସତ୍ୟ ପଟ୍ଟନାୟକ(୧), ୩୪. ସତ୍ୟ ପଟ୍ଟନାୟକ(୨), ୩୫. ସ୍ୱପ୍ନ ସ୍ୱପ୍ନାତୀତ, ୩୬. ତମ ପାଦ ଛୁଇଁବାର ପରେ, ୩୭. ତମେ ପ୍ରବାସରେ ଥିଲେ, ୩୮. ସୂତ୍ରଧର, ୩୯. ଉଡ଼ିଯାରେ ପକ୍ଷୀ, ୪୦. ଶବ୍ଦ ମାଗିଥିଲି, ୪୧. କିଛି ଶବ୍ଦ ଦିଅ, ୪୨. ଅନ୍ତଃ ସ୍ରୋତ, ୪୩. ଜଞ୍ଜିର, ୪୪. ଶବ୍ଦନାରୀ, ୪୫. ପାଷାଣରେ ପ୍ରେମସଂଗୀତ, ୪୬. କାଲି ସାରା ରାତି, ୪୭. ପୁରୁଷ, ୪୮. ସତ୍ୟ ପଟ୍ଟନାୟକ (୩), ୪୯. ମହାକାବ୍ୟ, ୫୦. ରାତ୍ରିର ତିନୋଟି ସ୍କେଚ୍, ୫୧. ନିଃସଙ୍ଗତା, ୫୨. ଜନ୍ମଦିନ, ୫୩. ତୁମ ପାଇଁ ଶବ୍ଦ ସ୍ୱପ୍ନ, ୫୪. ଅନ୍ତର୍ଧାନ, ୫୫. ଫେରିବାକୁ ହେବ, ୫୬. ଅବିଶ୍ୱସ୍ତତା, ୫୭. ଶୀତରତୁରୁ ହାଇକୁ, ୫୮. ସାଣ୍ଟାକ୍ଲଜ୍, ୫୯. କବିତାର ସଂଜ୍ଞା, ୬୦. ଅବାଞ୍ଛିତ ଓ ୬୧. ପାଠକୀୟ।

ସତ୍ୟ ପଟ୍ଟନାୟକଙ୍କ 'ପାଷାଣର ସଂଗୀତ' କବିତା ପୁସ୍ତକର ପ୍ରଥମ କବିତା ହେଉଛି 'ବୋଉ'। ନିଜ ବୋଉ ପ୍ରତି କବିଙ୍କର ଏହା ଏକ ନିରୋଳା ଆବେଗିକ ଅନୁଭବ। କବିଙ୍କ ପାଇଁ ସେ ଏକ ଇଶ୍ୱରୀୟ ପ୍ରତିରୂପ। ବୋଉର ଆଶିର୍ବାଦ ଭଲପାଇବା, ସ୍ନେହ ସବୁ ଅଶୁଭ ପରିସ୍ଥିତିରେ ସୁଦ୍ଧା ତାଙ୍କପାଇଁ ଏକ ଶକ୍ତ-ରକ୍ଷାକବଚ। ଯେଉଁଥିପାଇଁ କବିଙ୍କ ମାତୃସ୍ନେହର ସମ୍ମୋହନ ତାଙ୍କୁ ଝିଅରୂପେ ପାଇବାପାଇଁ କୋମଳ ନିମନ୍ତ୍ରଣ ରହିଛି ନିମ୍ନରେ ଦେଖନ୍ତୁ- "ଯେଉଁଠି ଅଛୁ ଥା/ ଆସନ୍ତା ଜନ୍ମ/ ତା'ପର ଜନ୍ମ/ଏବଂ ଆଗାମୀ ସବୁ ଜନ୍ମରେ ମୋ ଝିଅ ହୋଇ ଆ।" (୪)

ସ୍ୱ-ସଂସ୍କୃତିକୁ ନେଇ କବି ଗର୍ବିତ ଓ ଉତ୍‌ଫୁଲ୍ଲିତ। ପରିବର୍ତ୍ତିତ ଗାଁ ବି କବିଙ୍କୁ ମହାର୍ଘ ଦିଶିଛି। ନିଜ ଚେତନାରେ ଗାଁ ତାଙ୍କୁ ହାତଠାରି ଡାକିବାର କୋମଳ ଆମନ୍ତ୍ରଣକୁ ସ୍ୱ କବିତାରେ ବାଢ଼ି ଦେଇଛନ୍ତି। ତାଙ୍କରି ଶବ୍ଦରେ -

"ବାହୁ ମେଲାଇ ଡ଼ାକେ
ଆ, ଛୁଉଁ ମୋତେ।
କହେ ହଜିଯା ମୋ ଭିତରେ

ପ୍ରବାସର ଦୁନିଆରୁ
ନେଇଯିବି ତୋତେ ମୁଁ ନିଜ ଦେଶରେ,
ତା' ଭିତରେ ମୁଁ ଦେଖେ
ମୋ ଗାଆଁ
ଗାଆଁ ଦାଣ୍ଡ
ଧାନକ୍ଷେତ
ଆକାଶର ହାତଛୁଆଁ
ମେଘ ମାଳ ମାଳ
ଆକାଶ ମଲ୍ଲୀର ଡ଼ାଳେ ଝୁଲୁଥା'ନ୍ତି
ମେଞ୍ଚା ମେଞ୍ଚା 'ଟନ୍ତା ତମାଳ।"(୫)

କବିଙ୍କପାଇଁ ଜନ୍ମମାଟି ତାଙ୍କର ପ୍ରିୟା-ପ୍ରେୟସୀ, ବନ୍ଧୁ-ବାନ୍ଧବୀ। ଏକାନ୍ତରେ ମନର ଦରଜାକୁ ଉନ୍ମୁକ୍ତ କରି ଗାଁ ମାଟିକୁ ଶବ୍ଦର ଚିଠି ପ୍ରେରଣର ନିଶା ଆହୁରି ସଜଳ। କବିଙ୍କ ମୁଗ୍ଧ ଅନୁଭବର ବାର୍ତ୍ତା ତାଙ୍କ ଲେଖନୀରେ ଆହୁରି ରସୋତ୍ତୀର୍ଣ୍ଣ।

"କେବେ ତୁମେ ବୁଝିବନି ପ୍ରବାସୀର ଅଧାଜଳା ମନ
ଅହରହ ଶୋକରେ ଆଚ୍ଛନ୍ନ
ଦ୍ୱନ୍ଦ୍ୱର ଢ଼େଉରେ ଭାସେ ପ୍ରବାସୀ ଜୀବନ
କେବେ ଦେଖେ ଏ କୂଳରେ କେବେ ଆରକୂଳ
ଦୋଛକିରେ ପାଦ ତା'ର ହୁଏ ଟଳମଳ
ଏକ ପାଖେ ଡାକେ ତାକୁ ଜୀବନ ଜଞ୍ଜାଳ
ଆରପାଖେ ପିଲାଦିନ ଦାଣ୍ଡ ଧୂଳି ଖେଳ
ଅସୁମାରି ସ୍ମୃତିର ସକାଳ।"

'ଦେବୀ', 'ରାଧା', 'ବୋଉ' ପରି କବିତା ପାଠକପ୍ରାଣକୁ ଯେତିକି ସୁମହତ ଉପଲବ୍ଧି ଦେଇଥାଏ, କିବିଟିଏର ଅନୁଭବ 'ଶବ୍ଦ ମାଗିଥିଲି', 'କିଛି ଶବ୍ଦ ଦିଅ', 'ଶବ୍ଦନାରୀ', 'କବିତାର ସଂଜ୍ଞା', 'ପାଠକୀୟ' ଆଦିରେ ତାଙ୍କ ସ୍ୱଚ୍ଛଳ କବିପ୍ରାଣଟିକୁ ପାଠକେ ଦେଖନ୍ତି। ସବୁଠି ନିଜେ କାବ୍ୟନାୟକ-କବି ବଡ଼ ଆକୁଳ ପ୍ରାଣ ନେଇ ତନ୍ମଧ୍ୟରେ ମହତ୍ତର ଶାଶ୍ୱତ-ସୁଖ ସନ୍ଧାନରେ ନିମଗ୍ନ ହୋଇଥିବା ଦେଖାଯାଏ। ବୋଉମୟ ଜୀବନ ଭିତରେ ପ୍ରାୟ ଦୀର୍ଘ ୨୫ ବର୍ଷ ବିଦେଶରେ ରହିବା ପରେ ମଧ୍ୟ କବିଙ୍କର ବାଲ୍ୟସ୍ମୃତି ଓ ବୋଉ ପ୍ରତି ଅନାବିଳ ଶ୍ରଦ୍ଧାକୁ ଜାବୁଡ଼ି ରଖି ଝୁରି ହୋଇଛନ୍ତି ସେ। ତାଙ୍କ ଆବେଗରୁ -

"କାହାକୁ ହରେଇବାର ଭୟ ପ୍ରଥମଥର ପାଇଁ ଯେତେବେଳେ ଆଚ୍ଛନ୍ନ କରି ରଖିଥିଲା ମୁଁ ମାତ୍ର ଚାରି ବର୍ଷର ଥିଲି। ବୋଉ ପାଖରେ ବସି ରାମାୟଣ ଅପେରା ଦେଖୁଥିଲି। ଯେତେବେଳେ ବସୁଧା ଫାଟିବାର ଦୃଶ୍ୟ ଆସିଲା ଓ ସୀତା ମେଦିନୀର ବକ୍ଷଭିତରକୁ ଓହ୍ଲେଇଗଲେ ଓ ଷ୍ଟେଜ୍‌ରେ ଆଲୁଅ ଲିଭି ଯାଇଥିଲା, ଲବକୁଶ ଦୁହେଁ ଢ଼େର କାନ୍ଦିଲେ। ମୁଁ ମ୍ନ ବୋଉକୁ ଜାବୁଡ଼ି ଧରି କାନ୍ଦି ଉଠିଥିଲି। ବଡ଼ ହେଲାପରେ ବୋଉ ଅନେକଥର ଏ ଘଟଣାକୁ ମୋତେ କିହିଛି ଏବଂ ପ୍ରତ୍ୟେକଥର ମୋଠାରେ ବୋଉକୁ ହରେଇବାର ଡର ପୁନର୍ଜୀବିତ ହୋଇଛି।" (୭)

ସମଗ୍ର ପୃଥିବୀରେ ମାଆ-କୋଳ ସନ୍ତାନପାଇଁସବୁଠାରୁ ଶ୍ରେଷ୍ଠ ଆଶ୍ରୟସ୍ଥଳୀ। ବୋଉର ପଣତକାନିରୁ ମୁହଁ କାଢ଼ି ଅନିଚ୍ଛା ସତ୍ତ୍ୱେ ମ୍ନ ସନ୍ତାନଟିକୁ ବୃହତ୍ତର ସମାଜ ଆଗରେ ଛିଡ଼ା ହେବାକୁ ହୁଏ ସାହସର ସହ। ତାହା କରିଛନ୍ତି କବି। ଇଚ୍ଛାଶୂନ୍ୟ ଭାବେ ବାନ୍ଧି ହୋଇଛନ୍ତି ଜଞ୍ଜାଳର ଜଞ୍ଜିରରେ ଶକ୍ତ ଭାବରେ। ସେ ନିଜ ବୋଉଙ୍କ ସ୍ମୃତି ପରି ଓଡ଼ିଆ ସଂସ୍କୃତି ଓ ପରମ୍ପରାକୁ ଏବେବି ଶ୍ରଦ୍ଧା ଓ ପୂଜା କରନ୍ତି। ତାଙ୍କ ଗାଁ ତାଙ୍କ ପାଇଁ ଭୂ-ସ୍ୱର୍ଗ। ପ୍ରଥମାଷ୍ଟମୀ, ଗୁରୁବାର ଝୋଟି, ଏଣ୍ଡୁରି ପିଠା, ବଡ଼ ଓଷାର ଅଟକାଳି ତାଙ୍କ ଗାଁ ପ୍ରତି ମମତାକୁ ପୁନର୍ଜୀବିତ କରେ। ନିଜ ଜନ୍ମମାଟି ପ୍ରତି କବିଙ୍କର ପରସ୍ତ ପରସ୍ତ ଆଶ୍ଲେଷ କବିତାର ପୃଷ୍ଠାରେ ପୃଷ୍ଠାରେ ବୁଣି ହୋଇଯାଇଛି। ତନ୍ମଧ୍ୟରୁ ଗୋଟିଏ-

"ତୁମକୁ ଦେଖିନି କେବେ ତୁମକୁ ଜାଣିନି
ପଦ୍ମତୋଳାର କେଉଁ ମୋହନ ରାଗରେ
ବଶୀଭୂତ କରିଛ ଯେ ମୋତେ
ଏମିତି ମୋହଗ୍ରସ୍ତ ଆଗରୁ ହୋଇନି।
ମୋ ଶରୀରର ଅଙ୍ଗରେ ଅଙ୍ଗରେ
ତୁମ ସଙ୍ଗେ ମିଶିବାର ଅସୀମ ଜ୍ୱାଳା
ହେ ମୋର ଅଜ୍ଞାତ ପ୍ରେୟସୀ !
ପ୍ରବାସର ଜଞ୍ଜାଳରେ ବି ତୁମକୁ ଭୁଲିନି।"(୮)

'ଉଡ଼ିଯାରେ ପକ୍ଷୀ' ଭିତରେ ନିଜମାଟି ଓ ସଂସ୍କୃତି ପ୍ରତି କବିଙ୍କ ଝୁରିବାପଣ ଆହୁରି ତୀବ୍ର। ଝୁରିଝୁରି ମ୍ରିୟମାଣ କବି ଆତ୍ମାପକ୍ଷୀକୁ ସୁଦୂରରୁ ଲମ୍ବା ଉଡ଼ାଣ ଭରି ଗାଁକୁ ଦେଖିବାର ତୀବ୍ର ବ୍ୟାକୁଳତା ଭିତରେ ଆବୋରି ହୋଇ ରହିଛନ୍ତି।

କବିଙ୍କର ଏ ସମଗ୍ର କବିତା ଭିତରେ ନିଜର ଜୀବନ ଦର୍ଶନ, ଜଞ୍ଜାଳ ଜୀବନ, ବିଶ୍ୱପ୍ରେମ, ପ୍ରେମସୂଚକ ବିରହ ବେଦନା, ସାମ୍ପ୍ରତିକ ଜୀବନବୋଧ, ବିଦେଶର ଚିତ୍ର,

ସମାଜ ମଙ୍ଗଳ ଦୃଷ୍ଟି, ଗାଁ ପ୍ରେମ, ଈଶ୍ୱରମନସ୍କ ପବିତ୍ର ଦୃଷ୍ଟି, ଜୀବନପାଇଁ ମୁଠାମୁଠା ସ୍ୱପ୍ନିଳ ଅଥଚ ଉତ୍ତାଳ ବିଶ୍ୱାସବୋଧ 'ବୋଉ' କବିତାଠାରୁ ଶେଷ କବିତା 'ପାଠକୀୟ' ପର୍ଯ୍ୟନ୍ତ କବିତାଗୁଡ଼ିକରେ ସପ୍ତରଙ୍ଗ ଅବିରପରି ବୁଣି ହୋଇଯାଇଛି। ନିଜର ଲୋକଙ୍କୁ, ନିଜର ଦେଶକୁ, ନିଜର ମାଟି ଓ ଆତ୍ମୀୟଙ୍କୁ ଛାଡ଼ି ଆସିବା ପରେ, ହୃଦୟ ତାଙ୍କର ପାଷାଣ ପରି ଅହରହ ସ୍ଥିର, ନିଶ୍ଚଳ ହୋଇଯାଇଛି। ସେଇ ନିଶ୍ଚଳ ହୃଦୟରୁ, ସେମାନଙ୍କୁ ଝୁରିହେବାର ନିର୍ମଳ ସଂଗୀତ ଉତ୍ତୁରି ପଡ଼ିଛି। ଯାହା 'ପାଷାଣର ସଂଗୀତ' ପୁସ୍ତକାକାରରେ ଆଜି ପୁନର୍ଜୀବନର ଦଲକାଏ ଆଶ୍ୱାସନା ହୋଇ ଓଡ଼ିଆ ପାଠକଙ୍କ ନିକଟରେ ଉପଲବ୍ଧ ହେଉଛି। ପାଷାଣୀ-ଅହଲ୍ୟାକୁ ପୁନର୍ଜୀବନ, ପୁନଃସୌନ୍ଦର୍ଯ୍ୟ ଦେଇ କୃତାର୍ଥ କରିଥିବା ପ୍ରଭୁ ଶ୍ରୀରାମଚନ୍ଦ୍ରଙ୍କପାଇଁ ଯେମିତି ତା'ର ମନ୍ମୟ ମଙ୍ଗଳସ୍ତୁତିର ଔଜ୍ଜ୍ୱଲ୍ୟତା, ଝରିଆଡ଼େ ପ୍ରକାଶ ପାଇଥିଲା; ଅନୁରୂପ ଭାବରେ 'ଏ ପାଷାଣର ସଂଗୀତ' ଭିତରେ ଫୁଟି ଉଠିଥିବା ଆତ୍ମିକ-ଅନ୍ୱେଷାଭାବ ଏବଂ ପ୍ରାଣପ୍ରିୟ ଜନ୍ମଭୂମି ପ୍ରତି ପ୍ରେମନ୍ମୁଖ ଝୁରାପଣ ଏବଂ ଅନ୍ୱେଷା ଦୃଷ୍ଟିରୁ ଭୁରୁଭୁରୁ ମନଲୋଭା ଶାଶ୍ୱତ ସୁଗନ୍ଧି ପ୍ରିୟ ପାଠକପ୍ରାଣଙ୍କୁ, ନିଜ ଜାତିଭାଇ ଓଡ଼ିଆଙ୍କ ହୃଦୟକୁ ମଧୁର-ଶାଶ୍ୱତ-ଶୀତଳତାର ପ୍ରେମ-ସ୍ପର୍ଶ ଦେବ ବୋଲି ମୋର ବିଶ୍ୱାସ।

'ପାଷାଣର ପ୍ରେମ ସଂଗୀତ' କବିତା ପୁସ୍ତକରେ କବିଙ୍କର ଯେଉଁ ବାହ୍ୟିକ ତଥା ଅନ୍ତର୍ନିହିତ ଦୃଷ୍ଟିକୋଣ ରହିଛି, ସେଥିମଧ୍ୟରୁ କେତୋଟିକୁ ଦୃଷ୍ଟାନ୍ତ ସ୍ୱରୂପ ଏଠାରେ ଉପସ୍ଥାପନ କରାଯାଇପାରେ। ଯଥା-

⇨ ଓଡ଼ିଆ ଭାଷା ଓ ସାହିତ୍ୟର କ୍ରମୋନ୍ନତି ଏବଂ ବିକାଶପାଇଁ ପ୍ରଚ୍ଛନ୍ନ ଉଦ୍ୟମ।

⇨ ଜନ୍ମଦାତ୍ରୀ ମାଆଙ୍କ ଶ୍ରଦ୍ଧା ସ୍ନେହର ଅନାବିଳ ଆଶୀର୍ବାଦପାଇଁ ସେଝିଅ ରୂପେ ଜନ୍ମ ହେଉ ବୋଲି ନିର୍ମଳ ସମ୍ମୋହନ।

⇨ 'ଓଡ଼ିଆ ହେବା ପାଇଁ ଜିଗର' ଦରକାରର ସ୍ଲୋଗାନ୍ ଦେଉଥିବା କବିଙ୍କର ଓଡ଼ିଆ ସଂସ୍କୃତିକୁ ମନ-ପ୍ରାଣ-କର୍ମ-ରେ ଆପଣେଇବାର ଓଡ଼ିଆତ୍ୱ ବା ଓଡ଼ିଆ-ପ୍ରୀତି।

⇨ ଶାଶ୍ୱତ ପ୍ରେମର ସଂଗୀତ ଭିତରେ ଗାଁ ମାଟି-ମାଆ, ପ୍ରିୟା, ପ୍ରଣୟିନୀ, କନ୍ୟା ପ୍ରତି ଅଜସ୍ର ନିର୍ମଳ, ସୁନ୍ଦର ଅନୁଭବ।

⇨ 'ସ୍ମୃତି' ଶରବିଦ୍ଧ ଯନ୍ତ୍ରଣା ଭିତରୁ ନିସ୍ତାର ପାଇଁ କବିଙ୍କ ଆକୁଳ କାକୁତି।

⇨ ମେଟାଫିଜିକାଲ ଶୈଳୀ ଭିତରେ ଈଶ୍ୱର, ପ୍ରେମ, ମୃତ୍ୟୁ, ଜୀବନକୁ କଳାତ୍ମକ ରୂପ ଦେବାର ଅଦ୍ଭୁତ ଓ ମନନଧର୍ମୀ ପ୍ରଯତ୍ନ।

⇨ ପ୍ରତିକ୍ଷିତ, ବିବସ ପ୍ରେମିକପଣର ଉଦାସ ଆତ୍ମ-ସଂଗୀତ।

⇨ ବୋଉ ପ୍ରତି ଅନାବିଳ ଶୋକାଚ୍ଛନ୍ନ ମମତ୍ୱ ଓ ଭାକ୍ତିକ-ଶାବ୍ଦିକ ଶ୍ରଦ୍ଧାଞ୍ଜଳି।

⇨ ଅନିଶ୍ଚିତତା ଭିତରେ ସମ୍ପର୍କକୁ ଜାବୁଡ଼ି ରଖିବାର ବିକଳପଣ।

⇨ ବିଶ୍ୱାସ ଭିତରେ ସଂଶୟାଚ୍ଛନ୍ନ ଅବିଶ୍ୱାସବୋଧ।

⇨ ସ୍ମୃତିବିଜଡ଼ିତ କବି ହୃଦୟର ନିରୁତା ଭାବ-ଭାଷାର କାଉଁରି ସ୍ପର୍ଶ।

⇨ ଶୋକାଚ୍ଛନ୍ନ ପ୍ରବାସୀ ପ୍ରାଣର ସନ୍ଦିଗ୍ଧ ଭାବବଳୟ।

⇨ ସ୍ୱଦେଶ ଏବଂ ପ୍ରବାସ ମଧ୍ୟରେ ଜୀବନ ଜଞ୍ଜାଳ ସାଙ୍ଗକୁ ଅତୀତସ୍ମୃତିର ଛକାପଞ୍ଝା ଖେଳ।

⇨ ନିଜର ଜନନୀଠାରେ ଦେବୀର ଶକ୍ତିକୁ ଅନୁଭବ କରି ଆବାହନୀ କରିବାର ପବିତ୍ର ଚିନ୍ତନ।

⇨ ପ୍ରବାସରେ ରହି ମଧ୍ୟ ଓଡ଼ିଆ ପରମ୍ପରା ଓ ସଂସ୍କୃତିକୁ ଉଦ୍‌ଜୀବିତ କରି ରଖିବାପାଇଁ ହାର୍ଦ୍ଦିକ ପ୍ରୟାସ।

⇨ ଦୁଃଖୀ କୃଷକ ଓ ଅସହାୟଙ୍କର ଦୁର୍ଦ୍ଦଶା ଦୂର ପାଇଁ ମାନବାଦୀ ହୃଦୟବତ୍ତା। ଇତ୍ୟାଦି।

କବି ସତ୍ୟ ପଟ୍ଟନାୟକଙ୍କ ଦ୍ୱିତୀୟ ମୌଳିକ କବିତା ପୁସ୍ତକ 'ଝର୍କା ଖୋଲାଥାଉ'। ଆଉଟା ହୃଦୟର ଉତ୍ତାଳ ତରଙ୍ଗାୟିତ ଭାବନାର ଏହା ଏକ ସ୍ନିଗ୍ଧ-ଗମ୍ଭୀର-ସମୁଦ୍ର ପରି ଉଦ୍ଧାଉ। ପରିବର୍ତ୍ତିତ ମୂଲ୍ୟବୋଧ ଭିତରେ ସାମ୍ପ୍ରତିକ ସମାଜର ଦୌରାତ୍ମ୍ୟ, ହିଂସ୍ର ମନୋବୃତ୍ତି, ମୁକ୍ତ ଦୁର୍ନୀତି, ଉଗ୍ର ସାମ୍ରାଜ୍ୟବାଦର ଦେଶ ଦେଶ ମଧ୍ୟରେ ବିଭୀଷିକାର ତାଣ୍ଡବ, ଆଜି ପାଠକ ତଥା ଲେଖକଙ୍କୁ ବାସ୍ତବତା ଆଡ଼କୁ ଫେରାଇ ଆଣୁଛି। କବି ଏଭଳି ସ୍ଥିତିରେ ଚତୁର୍ଦ୍ଦିଗରେ ଶାନ୍ତି ଫେରାଇ ଆଣିବା ନିମନ୍ତେ 'ହୃଦୟକୁ ଉନ୍ମୋଚନ' ରଖିବାର କୋମଳ ଅଥଚ ଚେତନାକୁ ପ୍ରସାରି ଦେବାର ବିମଳ ମାନସିକତାପ୍ରତି ସକଳଙ୍କୁ ଆହ୍ୱାନ ଜଣାଇଛନ୍ତି। ବିଶିଷ୍ଟ ସମାଲୋଚିକା ଡକ୍ଟର ସଂଘମିତ୍ରା ଭଞ୍ଜଙ୍କ ଭାଷାରେ- "ସତ୍ୟ ପଟ୍ଟନାୟକଙ୍କ କବିତା ଅସରନ୍ତି ଉର୍ଜା ଓ ଉଚ୍ଛ୍ୱାସରେ ପରିପୂର୍ଣ୍ଣ।"(୯) 'କବିତାର କଳା' କବିତା ମୂଳରେ ସତ୍ୟଙ୍କ ପ୍ରତି ସମାଲୋଚିକାଙ୍କ ଶାବ୍ଦିକ ସମ୍ବୋଧନର ସତ୍ୟତା ଆପଣମାନେ ନିମ୍ନ ଦୃଷ୍ଟାନ୍ତରେ ଦେଖନ୍ତୁନା-

"କବିତା ଭିତରେ ଲୁଚି ରହିଛି
ସମୁଦ୍ର ସମୁଦ୍ର ଢେଉ
ଅଥଚ ତୁମେ
ବେଳାରୁ ଢେଉ ଦୂରରେ ପଡ଼ିଥିବା

ପଥର ଉପରେ ବସି
ପୟାସ କରୁଛ ମୁକ୍ତା ଖୋଜିବାର।
ଆକାଶରେ ନିରବଧି ଉଡୁଥିବା
ଅୟସ୍କ ପକ୍ଷୀ କବିତା
ଯିଏ ଜନ୍ମନିଏ ଉଦୟ ସୂର୍ଯ୍ୟର ଆଭାରୁ।" (୧୦)

ମାଟିର କବି ସତ୍ୟ ପଟ୍ଟନାୟକ। 'ପାଷାଣର ସଂଗୀତ କବିତା'ରେ ଯେଉଁ ମୁଗ୍ଧ-ବିଧୂର ଅନ୍ୱେଷଣକୁ ପାଠକ ଭେଟିଥାଆନ୍ତି ତାଙ୍କର ଦ୍ୱିତୀୟ କବିତା ସଂକଳନ 'ଝର୍କା ଖୋଲାଥାଉ'ରେ ଚେତନାର ପ୍ରସାରିତ ବଳୟକୁ ପ୍ରତ୍ୟକ୍ଷ କରନ୍ତି। ମାଟିରେ ପାଦଥାପି ବିଶ୍ୱକୁ ଗଢ଼ିବାର ସ୍ୱପ୍ନ ତାଙ୍କ ଶବ୍ଦରେ ଶୁଣନ୍ତୁ-

"ତୁମେ ଭାବନି ଯେ
ମୁଁ ପାଦ ଚିହ୍ନ ଲିଭେଇ ଆସିଛି
ମୋ ମାଟିରୁ।
XXX
ମନେରଖ,
ଯେତେବେଳେ ଧାନପାଚେ
ଅମଳର ଋତୁ ଆସେ
କାହାର ଆବାହନୀ ସ୍ୱର ଶୁଣାଯାଏ କାନକୁ,
ଇମିଗ୍ରା ପୁଣି ଥରେ ଫେରିଆସେ
ମାଟିର କୋଳକୁ।"(୧୧)

ଇମିଗ୍ରା ପରି ମାଟିର ସମ୍ମୋହନୀ ଆମନ୍ତ୍ରଣ ଶୁଣିପାରନ୍ତି କବି ଏବଂ ପାଠକର ହୃଦୟକୁ ମଧ୍ୟ ସେ ଅଦୃଶ୍ୟ ଧ୍ୱନିକୁ ଶୁଣାଇପାରିଛନ୍ତି। କବିଙ୍କର ଏ ସଂକଳନର କବିତାର ଭାବ ଅଧିକ ପ୍ରସାରିତ। ଅଧିକ ବାସ୍ତବମୁଖୀ। ବାସ୍ତବତା ମଝିରେ ବର୍ଷା ବତୁରା ପଲ୍ଲୀ ମାଟିର ମହମହ ବାସ୍ନାରେ ବିମୁଗ୍ଧ କବିଆତ୍ମା। ବିଦେଶ ତାଙ୍କ ପାଇଁ ପ୍ରାଚୁର୍ଯ୍ୟର ସୁନାମୃଗ, ଯାହାର ଅନ୍ୱେଷଣ ପାଇଁ ତାଙ୍କୁ ଛାଡ଼ିବାକୁ ହୋଇଛି ନିଜର ପ୍ରାଣଠୁଁ ପ୍ରିୟ ଜନ୍ମମାଟିକୁ। ସକଳ ସମ୍ପର୍କକୁ ଛିନ୍ନ କରି ନିଜର ଅପନ୍ତରା ଜନ୍ମମାଟିଠୁଁ ସେ ଆଜି ଯୋଜନ ଯୋଜନ ଦୂରରେ। ସବୁ ଐଶ୍ୱର୍ଯ୍ୟ, ପ୍ରତିପତ୍ତି ମାୟା ପ୍ରହେଳିକାର ଅସାର ଅନୁଭବ ଦେଇଛି କବିଙ୍କୁ। ଗାଁ, ମାଆ ସ୍ମୃତିକୁ ଝୁରି ହୋଇଛନ୍ତି କବି।

"ସୁନାମୃଗ ମାଗିଲ ବୋଲି ତ
ପଛରେ ଛାଡ଼ିଆସିଲି ପିଲାଦିନ,

ଧୂଳିଘର ସବୁଜ ଫସଲ
ପବନରେ ଝୁଲୁଥିବା
ନେନ୍ଥା ନେନ୍ଥା ତମାଳ ଟଗର
ଲଙ୍ଗଳ ମୁନରେ ଲେଖା
କେରା କେରା ମାଟିର ସିଆର।

XXX

ପଛରେ ଛାଡ଼ି ଆସିଲି ନଈକୂଳ
କାଶତଣ୍ଡୀ ଓ ପବନର ବହୁରେରି ଖେଳ,
ଶ୍ରାବଣୀର ପାଦେ ବନ୍ଧା
ନୂପୁରର ଉଛାଙ୍ଗ ଝଙ୍କାର
ବୋଉର ପଣତକାନି
ଗାଆଁର କିଶୋରୀ ମନ
ସେ ମନର ଦର୍ପଣରେ
ଦିଶୁଥିବ ସ୍ୱପ୍ନ ଢଳଢଳ।”(୧୨)

ସମଗ୍ର ୬୯ଟି କବିତା କବିଙ୍କ ଆବେଗାନୁଭୂତିର ମିଶ୍ରରାଗ ତୋଳେ। ଗାଁ ମାଆଙ୍କୁ ଝୁରିହେବା, ନିଜକୁ ତା’ ସ୍ମୃତିରେ ପଖାଳି ଆତ୍ମାକୁ ଗାଁମୟ କରିଦେବାର ନିଃସ୍ୱାର୍ଥପର ଅଭିଳିପ୍ସା ପ୍ରକାଶିତ। ଗାଁରେ ନଗରୀ ଜୀବନର ଅନୁପ୍ରବେଶ, କୃତ୍ରିମ ଅଗ୍ରଗତି, ଗାଁର ଜହ୍ନରାତିର ଲାବଣ୍ୟକୁ ମଳିନ କରିଛି। ଯେଉଁଥିପାଇଁ ଅଭିମାନୀ କବିକଣ୍ଠରୁ ଅଭିମାନମିଶା ଅନୁରକ୍ତି ଝରିଯାଇଛି ନିଃଶବ୍ଦରେ-

“କହି ଆସିଥିଲି - ସରାଗରେ ସାଇତିବ
ଏଇ ଗାଁ ଏଇ ମାଟି ମୋର ଅତିପ୍ରିୟ,
ଦେହ ସିନା ଅଛି ପ୍ରବାସରେ
ମନକୁ ଆସିଛି ବାନ୍ଧି
ସେ ଗାଁର ନରମ ମାଟିରେ।”(୧୩)

ଭାବପ୍ରବଣ ଦରଦୀ କବିଙ୍କର ଗାଁପାଇଁ କେବଳ ନୁହେଁ ଦରଦୀ ମାନବବାଦୀ କବି ଭାବରେ ଅଭାବୀ ଗରିବ ଝିଅପାଇଁ କବିତାର ପରିକଳ୍ପନା ଅତୀବ ହୃଦୟସ୍ପର୍ଶୀ। ଅଭାବବୋଧର ଯନ୍ତ୍ରଣା ଭିତରେ ଆଶାର ସ୍ୱପ୍ନ ଦେଖି ଦୁଃଖିଲା ଜୀବନ ଭିତରେ ନିଜକୁ ସାନ୍ତ୍ୱନା ଦେଉଥିବାର ସ୍ପର୍ଶକାତର ପଦଧ୍ୱନି ରହିଛି। ‘ଗରିବ ଝିଅର ଗୀତ : ଆଶା’, ‘ଗରିବ ଝିଅର ଗୀତ : ଦୁଃଖ’, ‘ଗରିବ ଝିଅର ଗୀତ : ସ୍ୱପ୍ନ’, ‘ଗରିବ

ଝିଅର ମନ : ମନ' ଆଦି କବିତାଗୁଡ଼ିକ ଏକଶ୍ରେଣୀୟ। ବିଦେଶର ଜୀବନାନୁଭୂତି ('ମାନ୍ ହଟାନ୍‌ରେ ସନ୍ଧ୍ୟା'), ପଡ଼ୋଶୀଙ୍କ ସହିତ ପ୍ରବାସୀ କବିର ସମ୍ପର୍କ ('ପଡ଼ୋଶୀ'), ବିଦେଶୀ କବି ସିଲ୍‌ଭିଆ ପ୍ଲାଥ୍‌ଙ୍କ ପ୍ରତି ଶ୍ରଦ୍ଧାଞ୍ଜଳି ('ସରିଆସୁଥିବା ଗପ'), ନିଜତ୍ୱକୁ ଖୋଜିବା ଭିତରେ ଅସହାୟପଣ ('ମାନ୍‌ହଟାନ୍‌ରେ ସନ୍ଧ୍ୟା), ପ୍ରେମ, ସମର୍ପଣ, ପ୍ରିୟ ପ୍ରେମିକା ପ୍ରତି ଗୀତିମୟ ରସୋଜ୍ଜ୍ୱଳ ବିଭୋରପଣ ('ଅନିୟନ୍ତ୍ରିତ ସନେଟ୍', 'ପୌଷ ସଞ୍ଚାର ସନେଟ୍', 'ଆଜି ସନ୍ଧ୍ୟାର ସନେଟ୍' ପ୍ରଭୃତି ଆଠଗୋଟି ସନେଟ୍‌ରେ), ଦେଶ ଓ ମାଟିପାଇଁ ଅନୁରାଗର ଦୀପ୍ତସ୍ୱର ('ତୁମ ସହ କାଳ କାଳ', 'ତୁମ କଥା', 'ଲାଜ', 'ସେଇଠି ଡୋଳନ୍ତି ଘର', 'ପ୍ରେମ ସରେନା କେବେ' ପ୍ରଭୃତିରେ), ଗାନ୍ଧୀଙ୍କ ପ୍ରତି ଶ୍ରଦ୍ଧା ଓ ଗାନ୍ଧି ଦର୍ଶନ (ନିଜ ଭିତରେ ନିଜେ), ଆନ୍ତରିକତାର ତୀବ୍ର ସମ୍ମୋହନ ବିଦେଶରୁ ମାଟିକୁ ପୁଣି ମାଟିରୁ ଆକାଶ ପର୍ଯ୍ୟନ୍ତ ପ୍ରଲମ୍ବିତ। ସବୁଠି ସମାହିତ ହୋଇଯିବାର ଆଉ ନିଜ ଭିତରେ ସବୁକୁ ଆଦରି ନେବାର ବିରଳ ଆଶ୍ୱାସନା ଏ ସମସ୍ତ କବିତା। ମନର ଝର୍କା, କବିତ୍ୱର ଝର୍କା, ହୃଦୟର ଝର୍କାକୁ ଖୋଲାକରି ବିଶ୍ୱକୁ ଦୃଷ୍ଟିତୋଳିବାହିଁ ପ୍ରକୃତ କବିତ୍ୱର ସିଦ୍ଧି। ସୁସମାଲୋଚକ ପ୍ରଫେସର ମଣୀନ୍ଦ୍ର କୁମାର ମେହେର ଯଥାର୍ଥରେ କୁହନ୍ତି- "ଝର୍କା ଖୋଲା ରଖିବାରେ ହିଁ ରହିଛି ପ୍ରକୃତ କବିତ୍ୱ।" ଯହିଁରେ ବ୍ୟକ୍ତିରୁ ବିଶ୍ୱକୁ ପ୍ରସାରିତ ହୋଇଯିବାର ଏବଂ ବିଶ୍ୱର ଆଶା, ବିଶ୍ୱାସକୁ ତୋଳି ଧରିବାର ମହନୀୟ ଭାବାବେଗର ସ୍ୱାତନ୍ତ୍ର୍ୟ ଏହାର ଛତ୍ରେଛତ୍ରେ ପ୍ରତିଫଳିତ। ସମଗ୍ର କବିତା ପୁସ୍ତକ ମଧ୍ୟରେ ଆପଣମାନେ ପ୍ରତ୍ୟକ୍ଷ କରିବାରିବେ –

⇨ 'ମୁଁ'ମୟ ଜୀବନ ପରିଧିରୁ 'ବିଶ୍ୱ'ମୟ ପରିଧିକୁ ଛୁଇଁବାର ଅଭୂତପୂର୍ବ ଉଡ଼ାଣ।

⇨ ଅନ୍ୟକୁ ଶ୍ରଦ୍ଧାରେ ଆଦରି ଆତ୍ମୀୟତାରେ ବାନ୍ଧି ରଖିବାର କୋମଳ ଶ୍ରଦ୍ଧା ନୈବେଦ୍ୟ।

⇨ ନିରାଶା ଜର୍ଜର ପ୍ରାଣର ବିକଳ ଆର୍ତ୍ତି।

⇨ ଅସରନ୍ତି ପ୍ରେମର ବିମୋହନ ସ୍ୱର୍ଗୀୟ ଦୀପ୍ତି।

⇨ ଦୁଃଖୀ, ଦରିଦ୍ର ମଣିଷ ପ୍ରତି ସମ୍ବେଦନଶୀଳ ମନୋଭାବ।

⇨ ବିଷାଦବୋଧର ଗ୍ଲାନି ଭିତରେ ଐଶ୍ୱରୀୟ ଚେତନା ପ୍ରତି ମୋହାଚ୍ଛନ୍ନ ଦୃଷ୍ଟି।

⇨ ସ୍ୱାଭିମାନ ଓ ଗାନ୍ଧୀ ଆଦର୍ଶ ପ୍ରତି ସମ୍ମାନ ଏବଂ ଶ୍ରଦ୍ଧା ଉଚ୍ଚାରଣ।

⇨ ଗାଁ ନଈ, ଜହ୍ନରାତି, ବିଲବଣ, ପ୍ରିୟ ପରିଜନଙ୍କ ପାଇଁ ଝୁରାପଣ।

⇨ ନିଃସଙ୍ଗତାବୋଧ ଓ ସାମ୍ପ୍ରତିକ ହତାଶାଭାବ ଭିତରେ ନିରୋଳା ଗାଁ ଜୀବନର ଆବାହନ।

⇨ ନାରୀ ଭିତରେ ମମତ୍ୱ, ସଂଘର୍ଷ, ବିଜୟ ଏବଂ ସମ୍ବେଦନଶୀଳ ଦୃଷ୍ଟିଭଙ୍ଗୀ।

⇨ ଅତୀତରେ ମିଠା ସ୍ମୃତିକୁ ଝୁରି, ତାକୁ ଖୋଜିପାଇବାର ବିଶ୍ୱସ୍ତ ସ୍ୱପ୍ନିଳ ଦୃଷ୍ଟିଭଙ୍ଗୀ ଇତ୍ୟାଦି।

କବିଙ୍କର ଅନ୍ୟତମ ଚର୍ଚ୍ଚିତ କବିତା 'ଜେନିଫର୍' ଭିତରେ ଗାଁ ପ୍ରେମର ପରୋକ୍ଷ ମଧୁର ସ୍ମୃତିର ଅନୁଭବ ପ୍ରକାଶ ପାଇଛି। ତାଙ୍କର ବିରହ-ଯନ୍ତ୍ରଣା, ପ୍ରେମ ଭିତରେ ଗାଁର ପାଉଁଶିଆ ଚିତ୍ର ଅତୀବ ଉଜ୍ଜ୍ୱଳ। ଯେଉଁଠି ସେ ଆବେଗହୀନ ହୃଦୟ, ଶୀତଳତାଶୂନ୍ୟ ପବନ, ମଧୁରହୀନ ମେଘ, କଂକ୍ରିଟ୍‌ଭରା ଜୀବନ ଭିତରେ ନଶ୍ୱରତାର କଥା କହିଛନ୍ତି। 'ଜେନିଫର' କବିଙ୍କର ଗାଁ, ଦେଶ, ମାଟିର ଏକ ପ୍ରତୀକାତ୍ମକ ସମ୍ମୋହନ। 'ସମ୍ପର୍କ' କେବଳ ଏକ ଶବ୍ଦ ନୁହେଁ, କି ପାଣିର ବୁଦ୍‌ବୁଦ୍ ନୁହେଁ। ତାହା ଜୀବନର ଏକ ମନ୍ତ୍ର। ସ୍ନେହ-ଶ୍ରଦ୍ଧା ଆତ୍ମୀୟତାରେ ପରିପୂର୍ଣ୍ଣଘର ବୈକୁଣ୍ଠ ସହ ସମାନ। କବିଙ୍କର ଅଭିମାନ, ସନ୍ତର୍ପଣ, କ୍ଷୋଭ, ଆହ୍ୱାନ, ସମର୍ପଣ, ଅଭିବ୍ୟକ୍ତି ଭିତରେ 'ଜେନିଫର୍' କବିତା ତାଙ୍କ ପ୍ରଚଣ୍ଡ ଓଡ଼ିଆତ୍ୱକୁ ଉଖାରି ଦେଖାଇଦିଏ।

କବିଙ୍କର ଅନ୍ୟତମ ଅନୂଦିତ କବିତା ପୁସ୍ତକ 'ଆମ ନିଜର ମାଟି ଓ ଅନ୍ୟାନ୍ୟ ବିଶ୍ୱ କବିତା' ଭିତରେ କବି ବିଭିନ୍ନ ଦେଶର କବିଙ୍କ ଅନ୍ତଃସତ୍ତାକୁ ଉନ୍ମୋଚନ କରି ସ୍ୱସଂସ୍କୃତି ତଥା ଭାଷାକୁ ତନ୍ମଧ୍ୟରେ ଢାଳିଦେବାର ଅଭିନବ ପ୍ରୟାସ କରିଛନ୍ତି। ଜୀବନ, ପ୍ରେମ, ସମ୍ପର୍କ, ମାଟି ପ୍ରତି ମୋହ, ଉଦାରତାରେ ଜଡ଼ସଡ଼ ପ୍ରତ୍ୟେକଟି କବିତା। "ଆଧୁନିକ ସ୍ଥିତିବାଦୀ ମଣିଷର ଆଶା, ଆକାଂକ୍ଷା, ଜୀବନଶୈଳୀ, ବିଶ୍ୱମୁଖୀ ଚିନ୍ତା ଚେତନା, ଦୁର୍ନୀତି ପ୍ରତି କଡ଼ା ଜବାବ, ଶିକ୍ଷା-ସଂସ୍କୃତିର ସୃଜନ ଚିତ୍ର, ଶୋଷଣ ପ୍ରବଞ୍ଚନା, ଉଦ୍‌ବାସ୍ତୁ ମଣିଷର ଦୁଃସ୍ଥିତି ପ୍ରତି ସମ୍ବେଦନଶୀଳ କବିସତ୍ତା ପ୍ରତ୍ୟେକ କବିତାରେ ଲକ୍ଷଣୀୟ।"(୧୪)

ବିଶ୍ୱମୁଖୀ ଅବବୋଧ, ଗ୍ରାମ୍ୟଜୀବନ ପ୍ରତି ମୋହାଚ୍ଛନ୍ନ ସ୍ନିଗ୍ଧ ଦୃଷ୍ଟି, ବିଷାକ୍ତ ବଳୟ ଭିତରେ ପ୍ରେମର ଅମୃତ ଆବାହନୀ, ଦୁଃସ୍ଥିତି ଭିତରେ ସୁସ୍ଥିତିର ମନୋବାଞ୍ଛା, ଆତ୍ମସ୍ୱାର୍ଥ ଅପେକ୍ଷା ବିଶ୍ୱସ୍ୱାର୍ଥର ମହନୀୟ ଅଭିବ୍ୟକ୍ତିରେ ସତ୍ୟ ପଟ୍ଟନାୟକଙ୍କ କାବ୍ୟଜଗତ ସୁନିର୍ମଳ, ସ୍ୱଚ୍ଛ ପୂର୍ଣ୍ଣମୀର ଚନ୍ଦ୍ରିକା ପରି ଛଳଛଳ ଏବଂ ଆହ୍ଲାଦକାରୀ। ସବୁ ଭିତରେ ମଧ୍ୟ ଅତୀତ, ଗାଁ, ମା', ପ୍ରେମ, ସୋହାଗଶ୍ରଦ୍ଧାଭର୍ତ୍ତି ଆତ୍ମୀୟଙ୍କୁ ଝୁରିହେବାର ପବିତ୍ର ଆବେଗର ସ୍ୱରରେ ଅଭିମନ୍ତ୍ରିତ କବିପ୍ରାଣ।

ପ୍ରବାସୀକବି ସତ୍ୟ ପଟ୍ଟନାୟକଙ୍କ କାବ୍ୟଜଗତର କଳାପକ୍ଷ :

କବି ସତ୍ୟ ପଟ୍ଟନାୟକଙ୍କ କାବ୍ୟଜଗତର ଭାବପକ୍ଷର ପ୍ରସ୍ତପ୍ରସ୍ତ ଆସ୍ତରଣ ଭିତରେ ଆବେଗ, ବ୍ୟକ୍ତିଗତ ପରିପ୍ରକାଶ, ଗଭୀର ମନନଶୀଳତା ଯେପରି ରହିଛି,

ଅନୁରୂପ ଭାବରେ ତାଙ୍କର କଳାପକ୍ଷ ମଧ୍ୟ ବେଶ୍ ସମୃଦ୍ଧ। ପ୍ରତୀକ, ଶବ୍ଦବିମ୍ବ, ଆପ୍ତବାକ୍ୟ, ସରଳ ସାବଲୀଳ ଭାଷା, ଶୈଳୀ ଆଦି ଦିଗରୁ ତାଙ୍କ କାବ୍ୟଜଗତ ସମର୍ଥ କାରିଗରୀ ଶକ୍ତିର ସଫଳ ପରୀକ୍ଷା ଭୂମି। 'ଶୁଦ୍ଧ-ଶକ୍ତିଶାଳୀ 'ଶବ୍ଦ ସଂରଚନା'ରେ କେବଳ ନୁହେଁ ଛନ୍ଦୋବଦ୍ଧ, ନୂତନ ପ୍ରୟୋଗ ପରୀକ୍ଷାରେ ମଧ୍ୟ ପାଠକର ଦୃଷ୍ଟି ଆବଦ୍ଧ ହୋଇଯାଏ। ଶବ୍ଦର ଅକୃତ୍ରିମ ବ୍ୟବହାରରେ କବି ସିଦ୍ଧହସ୍ତ। କେତୋଟି ଦୃଷ୍ଟାନ୍ତ ନିମ୍ନରେ ଦିଆଗଲା- 'ସୁଢ଼ଳ ପାଦ', 'ସ୍ଫୁରିତ ଆଖି', 'ପାପସିକ୍ତ ଯନ୍ତ୍ରଣା', 'ସମର୍ପଣର ଦର୍ପଣ', 'ପ୍ରେମର ମହୋଦଧି', 'ପବିତ୍ର ଚିନ୍ତନ', 'ଆବାହନୀ ମୁହୂର୍ତ୍ତ', 'ମୁଗ୍ଧ ଅନୁଭବ', 'ମରୁଭୂମିର ମାଟିକାନ୍ଥ', 'ପୂର୍ଣ୍ଣମୀର ପୂରନ୍ତା ଜହ୍ନ', 'ଅସମାପ୍ତ ଶୋଷ', 'ସବୁଜ ବିଶ୍ୱାସ', 'ମୁହୂର୍ତ୍ତକର ନିରବତା', 'ସୂର୍ଯ୍ୟସ୍ନାତ ସକାଳ', 'ଆକର୍ଷଣୀୟ ସମୟ', 'ଝିଲମିଲ୍ ତାରା', 'ଦୁର୍ବାର ପୌରୁଷ', 'ନିସ୍ତବ୍ଧତାର ଗହ୍ୱର', 'ଆକର୍ଷଣୀୟ ସମୟ', 'ଝିଲମିଲ୍ ତାରା', 'ଦୁର୍ବାର ପୌରୁଷ', 'ନିସ୍ତବ୍ଧତାର ଗହ୍ୱର', 'ଭିଜାମାଟିର ବାସ୍ନା', 'ସୂର୍ଯ୍ୟସ୍ନାତ ସକାଳ', 'ଶବ୍ଦର ଜୁଇ', 'ଶବ୍ଦ ବାହନ', 'ଆତ୍ମୀୟତାର ତୋରଣ', 'ମ୍ଳାନରାତ୍ରିର ସହସ୍ର ନିରବତା', 'ଜଞ୍ଜାଳର ପେଡ଼ିକା', 'ପ୍ରତିଶ୍ରୁତିର ସବୁଜପତ୍ର', 'ପ୍ରତ୍ୟୟର ରଜନୀଗନ୍ଧା', 'ବିଶ୍ୱାସର ଗହ୍ୱିକାଠି', 'ପରବାସର ଜୀବନ', 'ଶବ୍ଦର ଦର୍ପଣ', 'ରକ୍ତିମ ବେଦନା', 'ଶିଶୁର ନିଷ୍ପାପ ହସ', 'ଆଶ୍ୱାସନାର ଛାଇ', 'ଜଞ୍ଜାଳର ଜଞ୍ଜିର', 'ମେଘର ଥମ୍‌ଥମ୍ ନୀରବତା', 'କୁହୁକିନୀ ଶବ୍ଦନାରୀ', 'ପ୍ରଥମ ଶବ୍ଦର କୁଆଁ', 'ଉଷ୍ମ ଆଲିଙ୍ଗନ', 'ଉଦାରତାର ଅମୃତ କଳସୀ', 'ଆତ୍ମୀୟତାର ସୁଶୀତଳ ବିଭୂତି', 'ଜୀବନର ଉଜୁଡ଼ା କ୍ଷେତ', 'ରକ୍ତମଖା ଖଣ୍ଡା', 'ଅସଜଡ଼ା ଅନ୍ୟମନସ୍କତା', 'ବିଶ୍ୱାସର ହ୍ରଦ', 'କଅଁଳ ଧାନକ୍ଷେତର ସବୁଜିମା', 'ଫୁଙ୍ଗୁଳା ଦେହର ବାସ୍ନା', 'କୁମ୍ଭୀରର ଲାଲ ରକ୍ତ', 'ବିଶ୍ୱାସର ପ୍ରଦୀପ', 'ମୁଠା ମୁଠା ବିଷର୍ଣ୍ଣ ଅନ୍ଧାର', 'ତାରାଭରା ରାତି', 'କଳଙ୍କିତ ମେଘର ବାଦଲ', 'ଅନାହୂତ ଦୁଃଖର 'ସଲ', 'ଗୋଧୂଳିର ଲୋହିତ ରଙ୍ଗ', 'ଜହ୍ନର ରୋଷଣି', 'ବାଦଲଙ୍କ ପଟୁଆର', 'ମେଘର ଉପହାର' ଇତ୍ୟାଦି।

ପାଦ ପଂକ୍ତି: କବିତାରେ ଥିବା ଆକର୍ଷଣୀୟ କେତୋଟି ପାଦପଂକ୍ତିକୁ ଏଠାରେ ଦିଆଯାଇପାରେ-

⇨ 'ଅଧରରେ ପଳାଶର ରଙ୍ଗଝରା ହସ'।

⇨ 'କୃଷ୍ଣଚୂଡ଼ାର କାଉଁରି ପରଶ'।

⇨ 'ଅଧାଲେଖା ଅସ୍ପଷ୍ଟ ଅଞ୍ଜନ'।

⇨ 'ବଞ୍ଚିବାର ବାଟ ଦେଖାଉଥିବା ଆଙ୍ଗୁଠି'।

⇨ 'ଖିଆଲି ଲୁହର ସ୍ରୋତରେ ଅସହାୟ ଭାବେ'।

⇨ 'ଗୁରୁ କି ଉଠିବ ଅନୁରାଗର ପଦ୍ମ'।

⇨ 'ନିଃଶ୍ୱାସରେ ଅହରହ ପ୍ରେମ ଓ ବିଶ୍ୱାସ'।

⇨ 'ଶରତ ପାହାନ୍ତି ଅଳସୀ ଜହ୍ନର ନିସ୍ତେବ ଆଲୁଅ'।

⇨ 'ଫାଲଗୁନର ଅପାସୋରା ଅଭିସାର'।

⇨ 'ନିଃଶ୍ୱାସ ବି ସ୍ୟାହି ହୋଇଯାଏ ଟୁକୁଡ଼ା କାଗଜରେ'।

⇨ 'ଅସଜଡ଼ା ପାହାଡ଼ ଝରଣା'।

⇨ 'ପାହାଡ଼ରେ ମେଘର ମହ୍ଲାର'।

⇨ 'ନିଝାଟିଆ ଶବ୍ଦର କୁଟୀର'।

⇨ 'କାଶତଣ୍ଡୀର ଢେଉଢ଼େଉକା ମନଝେରା ଗୀତ'।

⇨ 'କୁଆଁରୀ ନଈର ଭରପୁର ଯୌବନ'।

⇨ 'ଅକସ୍ମାତ୍ ନିଦ୍ରାଯାଏ ସଂଗୋପିତ ଇଚ୍ଛାର ସହର'।

⇨ 'ଆଖି ତୁମ ଶବ୍ଦର ଦର୍ପଣ' ଇତ୍ୟାଦି।

କେତୋଟି ସ୍ମରଣୀୟ ପଦପଂକ୍ତି: ସତ୍ୟ ପଟ୍ଟନାୟକଙ୍କ କାବ୍ୟଜଗତ ବହୁଭାବପରିପାଟୀକୁ ନେଇ ସମୃଦ୍ଧ। ତନ୍ମଧ୍ୟରେ କେତେକ କବିତାର ପଦ ବେଶ୍ ସ୍ମରଣୀୟ ମନେହୁଏ। ପାଠକଙ୍କ ଉଦ୍ଦେଶ୍ୟରେ ତନ୍ମଧ୍ୟରୁ କେତୋଟି ଦୃଷ୍ଟାନ୍ତ ନିମ୍ନରେ ଦିଆଗଲା-

⇨ "ଦେଶ ବଦଳିଲେ ସୀମା ବଦଳେ / ସଂସ୍କୃତିର ସଂଜ୍ଞା ବଦଳେନା / ହୃଦୟ ବଦଳେନା, ମଣିଷ ପଣିଆ ବଦଳେନା" (୧୫)

⇨ "ଭାଷା ନ ଶିଖି ସମ୍ରାଟ ହୋଇଯାଏ ମଣିଷ / ଓଡ଼ିଆ ହୋଇପାରେନା।"(୧୬)

⇨ "ତମ ମଥା ସିନ୍ଦୂର ବିନ୍ଦୁରେ / ସ୍ତୂପୀକୃତ ମୋ ମନର ସକଳ ସନ୍ଦେହ।"(୧୭)

⇨ "ନରମ ପଣକୁ ନୁଆଁଣିଆ ଝଲ ସନ୍ଧିରେ / ଗୁଞ୍ଜିଦିଏ ଗରିବ ଝିଅ।"(୧୮)

⇨ "ଗରିବ ଝିଅକୁ ଜାବୁଡ଼ି ଧରେ ଅଭାବର ଅଜଗର।"(୧୯)

⇨ "ମରୁଭୂମିରେ ଶୁଣାଯାଉଛି ବିଶ୍ୱାସର ସ୍ୱର।"(୨୦)

⇨ "ଉଦୟନ ସୂର୍ଯ୍ୟ ସମ ତୁମେ ଅନୁପମ।"(୨୧)

⇨ "ଶବ୍ଦମାନେ ପଥର ନ ହୋଇ ହୁଅନ୍ତୁ କବିତା।"(୨୨)

⇨ "ସେ କବିତା ପୋଛିଦେଉ / ସାବିତ୍ରୀର ଆଖି ଲୁହ / ବାନ୍ଧିଦେଉ ଦ୍ରୌପଦୀ ଖୋଲା କେଶ / କରିଦେଉ ପଥରକୁ ମୁକ୍ତା।"(୨୩)

⇨ "ଆକାଶ ଛାତିରେ ଚିତ୍ରିଯିବ / କବିର ରକ୍ତିମ ବେଦନା।"(୨୪)

⇨ "ମୋ ମୃତ୍ୟୁର ପରୱାନା ବନ୍ଧାଅଛି / ତମର ସେ ବନ୍‌ସୀ କଣ୍ଟା ରେ।"(୨୫)

⇨ "ଓଠରୁ ଉତୁରି ଆସୁଥିବା ଅସରନ୍ତି ଶବ୍ଦମାଳା"।(୨୬)

⇨ "ଅନ୍ଧାରର ଆୟୁଷ ସରିବା ପୂର୍ବରୁ / ଲେଖିବାକୁ ହେବ ସକାଳର - କାନ୍ତ ପଦାବଳୀ।"(୨୭)ଇତ୍ୟାଦି।

ଶବ୍ଦ ସମ୍ଭାର: ବହୁତ ତତ୍ସମ, ତଦ୍ଭବ, ଦେଶଜ ଓ ବୈଦେଶିକ ଶବ୍ଦର ମଞ୍ଜୁଳ ବ୍ୟବହାର ଏଥିରେ ରହିଛି। ଶବ୍ଦବ୍ରହ୍ମଙ୍କୁ ଯଥୋଚିତ ବ୍ୟବହାର ବେଳେ ବିବିଧ ଭାଷାର ଶବ୍ଦ ଅଙ୍କୁରି ଉଠିଛି ମାନସ ପଟରେ। ଯାହାଙ୍କର ଉଚିତ ସମାହାରରେ କବିତାଗୁଡ଼ିକ ଜୀବନ୍ୟାସ ପାଇ ହସିଉଠିଛନ୍ତି। ନିମ୍ନରେ ବ୍ୟବହୃତ ଶବ୍ଦର ଦୃଷ୍ଟାନ୍ତ ପ୍ରଦାନ କରାଗଲା।

ତତ୍ସମ ଶବ୍ଦ: ଈଶ୍ୱର, ମୂର୍ତ୍ତିମନ୍ତ, ଭଣ୍ଡାର, ଉଜ୍ଜ୍ୱଳ, ସ୍ୱାଦିଷ୍ଟ, ସଂସ୍କୃତି, ସ୍ଥିରତା, ଅବଶିଷ୍ଟ, ସଂଗୋପିତ, ସ୍ଫୁରିତ, ବିକ୍ଷତ, ସ୍ଥପତି, କୋମଳତା, ମୋହଗ୍ରସ୍ତ, 'ବସ୍ତ୍ର', ବିସ୍ମୟ, ଶିହରଣ, ସମର୍ପଣ, ସମ୍ବୋଧନ, ମୁହୂର୍ତ୍ତିକ, ନିରବତା, 'ଉଦ୍ଧତ', 'ସ୍ମୃତି', 'ଅପହଞ୍ଚ' ନିଜସ୍ୱ, ସଂଳାପ, ନିଷିଦ୍ଧ, ଅସହାୟ, ପ୍ରସାରି, ଶିଥିଳ, ସ୍ଥିର, 'ଅଧାଫୁଟା ମଲ୍ଲୀକଢ଼', ଆନ୍ଦୋଳିତ, ଅସରନ୍ତି, ଆଲିଙ୍ଗନ ଉଷ୍ମ, ଅସ୍ତିତ୍ୱ, ଭୂଗୋଳ, ଶବ୍ଦ, ସମର୍ପଣ, ହତାଶ, ଘୋଷଣଶ, ପ୍ରତିଶ୍ରୁତି, ଶରବିଦ୍ଧ, ପ୍ରତ୍ୟୟ, ବିଭୋରତା, ପୁଲକ, ସୂର୍ଯ୍ୟୋଦୟ, ନିଃଶବ୍ଦ, କୃତଜ୍ଞତା ପ୍ରଭୃତି ତତ୍ସମ ଶବ୍ଦର ବ୍ୟବହାର ତାଙ୍କ କବିତାର ମାନକୁ ଦ୍ୱିଗୁଣିତ କରେ।

ତଦ୍ଭବ ଶବ୍ଦ: ଜାଗିଛି, ଆଖି, କମେଇବା, ଚଉଦିଗ, କଢ଼, ପଢ଼ିବି, ଫୁଟିଥିବି, ଅର୍ଜିତ, ଆଙ୍ଗୁଠି, କାକର, ନଈ, ନଡ଼ିଆ, ମାଟି, ଗାଁ ପ୍ରଭୃତି ତଦ୍ଭବ ଶବ୍ଦର ମନ୍ମୟ ବ୍ୟବହାର ହୋଇଛି।

ଦେଶଜ ଶବ୍ଦ: 'ଅଟକାଳି', 'ଗାଢ଼ା', 'ବେଢ଼ି', 'ଘୁମେଇ', 'ଜୁଆନ', ଲାଉ, ତୁମ୍ବା, ଥାଳ, 'ଥୁଣ୍ଟା', 'ଉତାରି', 'କାନ୍ଥ', ମଦୁଆ, ପେଜୁଆ, ପାହାନ୍ତି, ଜୁଡ଼ା, ମଉଳା, ଅଝଟ, ଘଡ଼ି, ଘୋଡ଼ି, ବହଳ, କାଚ, ଟୁକୁଡ଼ା ପ୍ରଭୃତି ଦେଶଜ ଶବ୍ଦ।

ବୈଦେଶିକ ଶବ୍ଦ: ଡ୍ରଇଂରୁମ୍, ରୁ, କପ୍, ଫଟୋ ଫ୍ରେମ୍, ଜେନିଫର୍, ମେହେଫିଲ୍, ରୋମାଣ୍ଟିକ୍, କଫି, ଫୁଟ୍‌ପାଥ୍, ଖ୍ରୀଷ୍ଟମାସ୍, ସାଣ୍ଟାକ୍ଲଜ୍, 'ଲିଭିଂରୁମ୍', ଅର୍ନାମେଣ୍ଟ, ନ୍ୟୁଟାଉନ୍, ମାକ୍ ଡ଼ୋନାଲ୍‌ଡ, 'କଲମ୍ବସ୍', ଓ୍ୱିକ୍‌ଏଣ୍ଡ, ମେକଙ୍ଗ୍, ଭିଏତ୍‌ନାମ, ନୁୟେନ୍, ରିଓଗ୍ରାଣ୍ଡ, ନାଇଜିରିଆନ୍, ନ୍ୟୁୟର୍କ, ମେକ୍ସିକାନ୍, କଲରାଡ଼ୋ, ମିସିସିପି, ଇମିଗ୍ରା, ଷ୍ଟକ୍, ଏକ୍ସଚେଞ୍ଜ, ରେଡ୍‌ମଣ୍ଡ, ଓ୍ୱାଇନ୍, ପେଣ୍ଡୁଲମ୍, କିକ୍ରିଟ୍, ଟ୍ରକ୍ସ ପିଆନୋ, ସନେଟ୍, ଡିସେମ୍ବର, ମେମ୍, ପାକେଟିଂ, ଫିତା, ସିଲ୍‌ଭିଆ, ପ୍ଲାଥ୍, ଗ୍ଲାସ୍, ଟ୍ରେନ୍, ଷ୍ଟାଡ଼ିୟମ୍, କ୍ୟାଟଓ୍ୱାକ୍, ବ୍ରଡ୍‌ଓ୍ୱେ, ସ୍କୋୟାର୍ ଇତ୍ୟାଦି।

ଯୁଗ୍ମ ଶବ୍ଦ: ଇଆଡ଼େସିଆଡ଼େ, ଦିନରାତି, ଖଣ୍ଡଖଣ୍ଡ, କାଳେକାଳେ, ଆହରହ, ଖୋଜିଖୋଜି, ପରସ୍ତ ପରସ୍ତ, ଜାକିଜୁକି, ଧାରଧାର, ହାଲ୍‌କାହାଲ୍‌କା, ନୀଳନୀଳ, ଗୁରୁଣ୍ଡୁଗୁରୁଣ୍ଡୁ, ଯୁଗଯୁଗ, ମାଇଲ୍ ମାଇଲ୍, ବୁନ୍ଦାବୁନ୍ଦା, କାଳକାଳ, ତନ୍ନତନ୍ନ, ଛୋଟଛୋଟ, ଠୋପାଠୋପା, ଝୁରୁଝୁରୁ, କୁଳୁକୁଳୁ, ପଟିପଟି, ଖୋଳିତାଡ଼ି, ମୁଠାମୁଠା, ଗୋଟେଗୋଟେ, ନେହ୍ଲାନେହ୍ଲା, କେରାକେରା, ଢଳଢ଼ଳ, ଫିକାଫିକା, ପଲପଲ, କୁନିକୁନି, ନୂଆନୂଆ, ଧଳାଧଳା ଇତ୍ୟାଦି।

ଧ୍ୱନ୍ୟାତ୍ମକ ଶବ୍ଦ: ଚିକ୍‌ଚିକ୍, ରାଉରାଉ, ସାଇଁସାଇଁ, ଘଡ଼ଘଡ଼ି, ପିଟିପିଟି, ରୁଣୁଝୁଣୁ, ହୁତ୍‌ହୁତ୍, ଫଡ୍‌ଫାଡ୍, ମଡ୍‌ମଡ, ଧଡ୍‌ଧଡ୍, ଟିଁଟିଁ, ଫଡ୍‌ଫଡ୍, ଝଣ୍‌ଝଣ୍, ଠଣ୍‌ଠଣ୍, ବୁଦ୍‌ବୁଦ୍, ଫର୍‌ଫର୍, ଢୋ ଢୋ ପ୍ରଭୃତି ଧ୍ୱନ୍ୟାତ୍ମକ ଶବ୍ଦର ଅଭିନବ ବ୍ୟବହାର ତାଙ୍କ କବିତାର ଅନ୍ୟତମ ସ୍ୱାତନ୍ତ୍ର୍ୟତା।

ବିଭିନ୍ନ ସ୍ଥାନର ନାମ : ଭିଏତ୍‌ନାମା, ନ୍ୟୁୟର୍କ, ନାଇଜେରିଆ, ମେକ୍ସିକୋ, କାର୍ସୋଲ, ୱାସିଂଟନ୍, ରେଡ୍‌ମଣ୍ଡ, ଇଣ୍ଡିଆ, ପିପିଲି, ନ୍ୟୁଟାଉନ୍, ନୂଆଦିଲ୍ଲୀ, ଢେଙ୍କାନାଳ ପ୍ରଭୃତି ସ୍ଥାନ ଗୁଡ଼ିକ ପ୍ରାସଙ୍ଗିକ ଭାବରେ ତାଙ୍କ କବିତାରେ ସ୍ଥାନିତ ହୋଇ କବିତାର ଭାବଧର୍ମ ଏବଂ କଳାପକ୍ଷକୁ ବାସ୍ତବଧର୍ମୀ କରିବା ଦିଗରେ ବେଶ୍ ସହାୟତା ହୋଇଥିବା ମନେହୁଏ।

ଛନ୍ଦୋବନ୍ଧ ମିତ୍ରାକ୍ଷର ପଦପଂକ୍ତି : ସତ୍ୟ ପଟ୍ଟନାୟକ ଛନ୍ଦରେ କବିତାକୁ ତୋଳି ଧରିଛନ୍ତି ଅତି ଚମତ୍କାର ଭାବରେ। ମିତ୍ରାକ୍ଷର, ପୂର୍ଣ୍ଣମିତ୍ରାକ୍ଷର ଯୁକ୍ତ ତାଙ୍କର ଅଧିକାଂଶ କବିତାର ଛନ୍ଦ ପାଠକ ପ୍ରାଣରେ ଗୀତିମୟତାର ଉଲ୍ଲାସ ଭରିଦିଏ। ତନ୍ମଧ୍ୟରୁ କେତୋଟିର ଦୃଷ୍ଟାନ୍ତ ନିମ୍ନରେ ଦିଆଗଲା। ଯଥା:-

୧- "ଜହ୍ନ ଶୋଇଗଲେ ପାହାଡ଼ କୋଳରେ ଲୁଚିଗଲେ ଜହ୍ନରାତି
ନଈ ବୁଡିଯାଏ ଅଦେଖା ଲୁହରେ ଝୁରି ଝୁରି ତା'ର ପ୍ରୀତି।"(୨୮)

୨- "ତୁମର ଆଖିର କଜଳ ଧାର ଯେ ଲୁହରେ ଯାଇଛି ଧୋଇ
ପୂର୍ବରାଗର ଲୋହିତ କବରେ ରାତି ଯାଇଅଛି ଶୋଇ।"(୨୯)

୩- "ଏ ପଟେ ଡାକୁଛି ଜୀବନର ରତୁ ହାଟରେ ଫଗୁଣ ଥାଳି
ମାୟା ମହଲରେ ଦୁଃଖ ପାଉଅଛି ରାଜକନ୍ୟା ଅଲିଅଳି।"(୩୦)

୪- "ଏକାଥରେ ଫୁଟିଯାଏ ସହସ୍ର ଗୋଲାପ,
ଲାଜ ତୁମ ଅସଜଡା ଶାଢ଼ୀର ସଂଳାପ।"(୩୧)

୫ - "ତୁମେ ଶିଳ୍ପୀ ଶାଣିତ ନିହାଣ ମୁଁ ଯେ କୋଣାରକ ଚାରୁକଳା।
ଦିବ୍ୟ ପଥର ଏକଲା ଯାତ୍ରୀ ମୁଁ । ପ୍ରେମ ମୋର ପାନ୍ଥଶାଳା।

ତୁମେ ତାଣ୍ଡବର ରୁଦ୍ର ଝଙ୍କାର ମୁଁ ଯେ ପ୍ରଭାତର ବେଦଧ୍ୱନୀ
ଜୀବନ ଯେଉଁଠି ଗ୍ରୀଷ୍ମ ପ୍ରବାହ ସ୍ପର୍ଶ ତୁମର ସଂଜୀବନୀ।"(୩୨)

'ତୁମ ଗାଁ ନଈ ଓ ଜହ୍ନରାତିର ସନେଟ୍', 'ଏଇ ରାତିର ସନେଟ୍', 'ଜୀବନର ସନେଟ୍', 'ନାରୀର ଛଅଟି ଚିତ୍ର', 'ଆଜି ସନ୍ଧ୍ୟାର ସନେଟ୍', 'ଆମ ଗାଁ ସୂର୍ଯ୍ୟୋଦୟ', 'ସ୍ୱପ୍ନର ସନେଟ୍', 'ପ୍ରେମ ଗୀତିକା', 'ଋତୁପର୍ଣ୍ଣା ଓ ଶରତର ସନେଟ୍' ପ୍ରଭୃତି କବିତାରେ ଏହିପରି ଅନେକ ଦୃଷ୍ଟାନ୍ତକୁ ଆପଣମାନେ ଉଦାହରଣ ପାଇଁ ନେଇପାରିବେ। ଗାଁର ବାସ୍ନାଥିବା କେତୋଟି କେତୋଟି ପଦ ତଥା ଶବ୍ଦକୁ ନିମ୍ନରେ ଉଲ୍ଲେଖ କରାଯାଇପାରେ। ଯଥା:-

- "କାଶତଣ୍ଡିର ଚଅଁର।"
- "ହଜିଯାଇଛି, ଗୋହିରୀରେ ଶଗଡ଼ ଚକର ଚିହ୍ନ।"
- "ମାଟିର ମହମହ ବାସ୍ନା।"
- "ମେଢ଼ିଖୁଣ୍ଟରେ ବଳଦ ପରି/ ସେ କିନ୍ତୁ ବାନ୍ଧିରଖେ ମନକୁ।"
- 'ତୁମ ଗାଁ ଜହ୍ନ'।
- 'ତୁମ ଗାଁ ମେଘ'।
- "ଗାଁ ସାରା ମୁଠା ମୁଠା ଗୋଲାପି ଅବିର।"
- "ଫିକା ଫିକା ପାଦର ଅଳତା।"
- 'ଅଳସୀ ଶୀତର ଧାରା'।
- 'ଖଳାବାରିରୁ ଅମାରଯାଏଁ।'
- 'ବୋଉ ଲେଖି ଦେଇଛି ଲକ୍ଷ୍ମୀପାଦ।'
- 'ଶୀତ ପାଦର ଦାଗ'।
- 'କୁଆତାର। ସଞ୍ଜ ଆକାଶ'।
- 'ମାର୍ଗଶୀର ଗୁରୁବାର ଝୋଟି'।
- 'ମା' ର ପ୍ରଥମାଷ୍ଟମୀ ଏଣ୍ଡୁରି ପିଠା'।
- 'ମା'ର ବଡ଼ଓଷା ଅଟକାଳି'।
- 'ଜଗନ୍ନାଥ ମୂର୍ତ୍ତି', 'ଓଡ଼ିଆ ସଂସ୍କୃତି', 'ମିଞ୍ଜି ମିଞ୍ଜିତାରାଙ୍କର ଭିଡ଼', 'ଆକାମାବୈର ମନଛୁଆଁ ସ୍ୱର ଇତ୍ୟାଦି।

ସେହି ମଲ୍ଟିପ୍ଲେକ୍ସ, ମୋବାଇଲ, ପପ୍‌କର୍ଣ୍ଣ, ହ୍ୱାଟ୍‌ସପ୍, ଫେସ୍‌ବୁକ୍, ପ୍ରଭୃତି କେତେ ଔପନିବେଶିକ ଶବ୍ଦାବଳୀର ବ୍ୟବହାର ମଧ୍ୟ ତାଙ୍କ କାବ୍ୟ କବିତାରେ ବ୍ୟବହାର

ହୋଇଥିବା ଦେଖିବାକୁ ମିଳିଥାଏ। ଗାଁ ମାଟି, ସ୍ଥାନ, ଭାବଭାବନା, ଚିତ୍ର ରୂପର ମନଲୋଭା ପରିପ୍ରକାଶ ତାଙ୍କ ସାହିତ୍ୟର ମୁଖ୍ୟ ଆକର୍ଷଣ ମଧ୍ୟ।

କବିତାରେ ଶବ୍ଦବିମ୍ବ: ସତ୍ୟ ପଟ୍ଟନାୟକଙ୍କ କବିତାରେ ଚମତ୍କାର ଭାବରେ ଶବ୍ଦବିମ୍ବ ଫୁଟିଉଠିଛି। ନାନା ଅବବୋଧ ତଥା ବହିଃଚେତନା ଓ ଅନ୍ତଃଚେନତାକୁ ତନ୍ମୟରେ କବି ପ୍ରତିବିମ୍ବିତ କରିଛନ୍ତି। କେତୋଟି ଶବ୍ଦବିମ୍ବର ଦୃଷ୍ଟାନ୍ତ ନିମ୍ନରେ ଦିଆଗଲା :-

୧- "ଏବେ ତୋର ସ୍ମୃତି/ଗିଳିଯାଉଛି ରାକ୍ଷସ ପରି ମୋର ଦିନ ଆଉ ରାତି/ମୋର ଅସରନ୍ତି ଭାବନାର ସମସ୍ତ ସମୟ।"(୩୩)

୨- "ଖଣ୍ଡିଆଭୂତ ପରି ଅକସ୍ମାତ୍ ଆସି/ଉଭା ହୋଇଯାଉଛୁ ସାମ୍ନାରେ/ଉଡ଼େଇ ନେଉଛୁ ମୋର ସମସ୍ତ ଅସହାୟତା"(୩୪)

୩- "ଶୀତଳ ଲହରୀର ସ୍ୱର୍ଗୀୟ ସ୍ପର୍ଶକୁ ତୃଷାର୍ତ୍ତ ଚାତକ ପରି ଚାହିଁ ରହିଥାଏ।"(୩୫)

୪- "ସୂର୍ଯ୍ୟସ୍ନାତ ସକାଳ ପରି ଶୁଭ୍ର/ଭିଜାମାଟିର ବାସ୍ନା ପରି ସତେଜ/ ତରୁଣୀର ମନ ପରି ଛଳଛଳ ଚଞ୍ଚଳ/ ଶିଶୁର ହସପରି ଛନ୍ଦମୟ/ଈଶ୍ୱରଙ୍କ ପରିସତ/ତମେ ଆସ/ଆଲିଙ୍ଗନ କର/କଥାହୁଅ।"(୩୬)

୫- "ପତ୍ରଝରା ଋତୁର ପତ୍ର ପରି/ ଶବ୍ଦମାନେ ବିଞ୍ଚି ହୋଇଯାଆନ୍ତି ସାରା ଦେହ।"(୩୭)

୬- "ଶବ୍ଦମାନେ ଆସନ୍ତି ଯାଆନ୍ତି ଋତୁଚକ୍ର ପରି / ବିନା ସଙ୍କୋଳାରେ, ବିନା ଆବାହନରେ।"(୩୮)

୭- "ଶ୍ରାବଣର ଅବିଶ୍ରାନ୍ତ ମେଘ ପରି/ଦୁଃଖ ବରଷିଯାଉଛି/ମୋର ଏଇ ଛୋଟ ସହରରେ।"(୩୯)

୮- "ଅନିଶ୍ଚିତତାର ଉତ୍ତାଳ ଲହରି/ ଅଦିନିଆ ଝଡ଼ପରି ପଶିଯାଉଛି/ଜୋର୍‌କରି ଏମନର ଖୋଲା ଝରକାରେ।"(୪୦)

୯- "ଅବାଞ୍ଛିତ ପଛେ ହୁଏ/ ସେଇ ଅଲରା ବେଶରୁ ଧାରେ/କଳଙ୍କର ଦାଗ ଭରି/ ତୁମ ଚାନ୍ଦ ମୁହଁରେ ଲଟକିଗଲେ/ ସୁନ୍ଦରତା ତୁମର ଜୀବନ୍ୟାସ ପାଏ।"(୪୧)

୧୦- "ପୋଖରୀର ନିର୍ମଳ ସ୍ଥିର ଜଳପରି/ ତା' ଜୁଳୁଜୁଳୁ ଆଖିରେ/ନିଜର ପ୍ରତିଛବି/ ସ୍ପଷ୍ଟ ଦୃଶ୍ୟମାନ ହୁଏ।"(୪୨)

୧୧- "ଗାଁ ଦାଣ୍ଡ ଋପାଥାଳି ପରି ଚକ୍‌ଚକ୍ କରୁଥିଲା"(୪୩)

୧୨- "ଗରିବ ଝିଅର ଓଠର ଧାରେ ହସ/ମେଘୁଆ ରାତିର ବିଜୁଳି ପରି ଝଲସି ଯାଏ।"(୪୪)

୧୩- "ନାଲି କଙ୍କଡ଼ାର ଦେହ ପରି ବିଦେଶିନୀର ଖୋଲା ପିଠି"(୪୫)

୧୪- "ସୂର୍ଯ୍ୟ ହାତରେ ଚକ୍‌ଚକ୍ / ବାରହାତି ଖଣ୍ଡା / ଛେଳିପରି ଓଲଟା ଲଟକିଛି ପୃଥିବୀ।"(୪୬)

ସାମଗ୍ରିକ ଭାବରେ ଦେଖିଲେ ପ୍ରବାସୀ କବି ସତ୍ୟ ପଟ୍ଟନାୟକଙ୍କ କାବ୍ୟଜଗତ ବିଭିନ୍ନ ଅନୁଭବ, ଉପଲବ୍ଧି ଓ ଅନ୍ୱେଷଣର ଏକ ଏକ ମୂଲ୍ୟବାନ ଦସ୍ତାବିଜ। ସମୃଦ୍ଧ ଭାବପକ୍ଷ ଭିତରେ ଗାଁକୁ, ମାଟିକୁ, ଦେଶକୁ ତଥା ଆତ୍ମୀୟଙ୍କୁ ଝୁରି ହେବାର ବିକଳପଣ ଯେଭଳି ରହିଛି, ଅନୁରପ ଭାବରେ ବୈଦେଶିକ ଦୃଷ୍ଟିଭଙ୍ଗୀ ଏବଂ ଦେଶୀୟ ଅନୁରାଗର ଚିତ୍ରଲିପି ମ୍ନ ଶାଣିତ ଭାବେ ଅଙ୍କିତ ହୋଇଛି। ଶବ୍ଦ, ଭାଷା, ଭାବର ସରଳ, ସହଜ ପଦମାଧୁରୀ ସାଙ୍ଗକୁ ନୂଆ ଶବ୍ଦ ନିର୍ମାଣରେ ତାଙ୍କ ଶବ୍ଦ-କାରିଗରୀ-କଲମର ସ୍ପର୍ଶ ଅତୀବ ମନଛୁଆଁ। ତାଙ୍କ ଲେଖନୀ ଅଜସ୍ରସ୍ରାବୀ ହେଉ। ଏତିକି ମହାବାହୁଙ୍କ ନିକଟରେ ବିନମ୍ର ପ୍ରାର୍ଥନା।

ପ୍ରାନ୍ତଟୀକା :

୧. ଭଞ୍ଜ, ଡକ୍ଟର ସଂଘମିତ୍ରା (ସମୀକ୍ଷିକା)- ପ୍ରୀତିସ୍ନିଗ୍ଧ ସ୍ମୃତିର ମୁଗ୍ଧ ସ୍ତାବକ: ପ୍ରବାସୀ କବି ସତ୍ୟ ପଟ୍ଟନାୟକ, ସତ୍ୟ ପଟ୍ଟନାୟକଙ୍କ ସାହିତ୍ୟର ମାଟି ଓ ଆକାଶ, ପୃ.୧୦୭-୧୦୮।

୨. ଭଞ୍ଜ, ଡକ୍ଟର ସଂଘମିତ୍ରା (ସମୀକ୍ଷିକା)- ପ୍ରୀତିସ୍ନିଗ୍ଧ ସ୍ମୃତିର ମୁଗ୍ଧ ସ୍ତାବକ: ପ୍ରବାସୀ କବି ସତ୍ୟ ପଟ୍ଟନାୟକ, ସତ୍ୟ ପଟ୍ଟନାୟକଙ୍କ ସାହିତ୍ୟର ମାଟି ଓ ଆକାଶ, ପୃ.୧୦୭।

୩. ପଟ୍ଟନାୟକ, ସତ୍ୟ- ପାଷାଣର ପ୍ରେମ ସଂଗୀତ, ପୃ.୦୭।

୪. ପଟ୍ଟନାୟକ, ସତ୍ୟ- ପାଷାଣର ପ୍ରେମ ସଂଗୀତ, ବୋଉ, ପୃ.୧୮।

୫. ପଟ୍ଟନାୟକ, ସତ୍ୟ- ପାଷାଣର ପ୍ରେମ ସଂଗୀତ, ନୀଳ ଉପତ୍ୟକା, ପୃ.୨୩-୨୪।

୬. ପଟ୍ଟନାୟକ, ସତ୍ୟ- ପାଷାଣର ପ୍ରେମ ସଂଗୀତ, ଚିତ୍ର, ପୃ.୩୪।

୭. ପଟ୍ଟନାୟକ, ସତ୍ୟ- ପାଷାଣର ପ୍ରେମ ସଂଗୀତ, ବୋଉର ଚିନ୍ତନ ସ୍ମୃତିକୁ "ପାଷାଣର ପ୍ରେମ ସଂଗୀତ"କୁ ଉତ୍ସର୍ଗ କରି, ପୃ.୦୬।

୮. ପଟ୍ଟନାୟକ, ସତ୍ୟ- ପାଷାଣର ପ୍ରେମ ସଂଗୀତ, ବାର୍ତ୍ତା, ପୃ.୩୧।

୯. ଭଞ୍ଜ, ଡକ୍ଟର ସଂଘମିତ୍ରା (ସମୀକ୍ଷିକା)- ପ୍ରୀତିସ୍ନିଗ୍ଧ ସ୍ମୃତିର ମୁଗ୍ଧ ସ୍ତାବକ: ପ୍ରବାସୀ କବି ସତ୍ୟ ପଟ୍ଟନାୟକ, ସତ୍ୟ ପଟ୍ଟନାୟକଙ୍କ ସାହିତ୍ୟର ମାଟି ଓ ଆକାଶ, ପୃ.୧୦୭-୧୦୮।

୧୦. ପଟ୍ଟନାୟକ ସତ୍ୟ - ଝର୍କା ଖୋଲାଥାଉ, କବିତାର କଳା, ପୃ.୧୧୮।

୧୧. ପଟ୍ଟନାୟକ ସତ୍ୟ - ଝର୍କା ଖୋଲାଥାଉ, ଇମିଗ୍ରା, ପୃ.୧୬-୧୭।
୧୨. ପଟ୍ଟନାୟକ ସତ୍ୟ - ଝର୍କା ଖୋଲାଥାଉ, ସୁନାମୃଗ, ପୃ.୨୦-୨୧।
୧୩. ପଟ୍ଟନାୟକ ସତ୍ୟ - ଝର୍କା ଖୋଲାଥାଉ, ପଚିଶ ବର୍ଷର ସମୟ, ପୃ.୪୭।
୧୪. ସାହୁ, ଦୀପ୍ତିମୟୀ - ଅନୁବାଦକୀୟ ସଂକଳ୍ପର ମନ୍ତ୍ରଧ୍ୱନି: ଆମ ନିଜର ମାଟି ଓ ଅନ୍ୟାନ୍ୟ ବିଶ୍ୱକବିତା, ସତ୍ୟ ପଟ୍ଟନାୟକଙ୍କ ସାହିତ୍ୟର ମାଟି ଓ ଆକାଶ, ପୃ.୧୯୭।
୧୫. ପଟ୍ଟନାୟକ, ସତ୍ୟ- ପାଷାଣର ପ୍ରେମ ସଂଗୀତ,ଚେତନା, ପୃ.୧୯।
୧୬. ପଟ୍ଟନାୟକ, ସତ୍ୟ- ପାଷାଣର ପ୍ରେମ ସଂଗୀତ,ଚେତନା, ପୃ.୧୯।
୧୭. ପଟ୍ଟନାୟକ, ସତ୍ୟ- ପାଷାଣର ପ୍ରେମ ସଂଗୀତ,ଚେତନା, ପୃ.୫୫।
୧୮. ପଟ୍ଟନାୟକ ସତ୍ୟ - ଝର୍କା ଖୋଲାଥାଉ,ଗରିବ ଝିଅର ଗୀତ : ଆଶା, ପୃ.୪୯।
୧୯. ପଟ୍ଟନାୟକ ସତ୍ୟ - ଝର୍କା ଖୋଲାଥାଉ,ଗରିବ ଝିଅର ଗୀତ : ଆଶା, ପୃ.୪୯।
୨୦. ପଟ୍ଟନାୟକ ସତ୍ୟ - ଝର୍କା ଖୋଲାଥାଉ,ଦୁଃଖପଦୀ, ପୃ.୧୦୯।
୨୧. ରାତ୍ରିର ପ୍ରଥମ ପର୍ବ, ଝର୍କାଖୋଲା ଥାଉ, ପୃ.୧୧୬।
୨୨. ପଟ୍ଟନାୟକ ସତ୍ୟ - ଝର୍କା ଖୋଲାଥାଉ,ଲେଖିଦିଅ ଏମିତି କବିତା, ପୃ.୧୩୫।
୨୩. ପଟ୍ଟନାୟକ ସତ୍ୟ - ଝର୍କା ଖୋଲାଥାଉ,ଲେଖିଦିଅ ଏମିତି କବିତା, ପୃ.୧୩୫।
୨୪. ପଟ୍ଟନାୟକ ସତ୍ୟ - ଝର୍କା ଖୋଲାଥାଉ,ଶବ୍ଦ ମାଗିଥିଲି, ପୃ.୮୨।
୨୫. ପଟ୍ଟନାୟକ, ସତ୍ୟ- ପାଷାଣର ପ୍ରେମ ସଂଗୀତ,ଶବ୍ଦନାରୀ, ପୃ.୮୯।
୨୬. ପଟ୍ଟନାୟକ, ସତ୍ୟ- ପାଷାଣର ପ୍ରେମ ସଂଗୀତ, ପାଷାଣର ପ୍ରେମସଙ୍ଗୀତ, ପୃ.୯୧।
୨୭. ପଟ୍ଟନାୟକ, ସତ୍ୟ- ପାଷାଣର ପ୍ରେମ ସଂଗୀତ, ଫେରିବାକୁ ହେବ, ପୃ.୧୧୧।
୨୮. ପଟ୍ଟନାୟକ ସତ୍ୟ - ଝର୍କା ଖୋଲାଥାଉ,ତୁମ ଗାଁ ନଈ ଓ ଜହ୍ନରାତିର ସନେଟ୍, ପୃ.୩୯।
୨୯. ପଟ୍ଟନାୟକ ସତ୍ୟ - ଝର୍କା ଖୋଲାଥାଉ,ଏଇ ରାତିର ସନେଟ୍, ପୃ. ୫୯।
୩୦. ପଟ୍ଟନାୟକ ସତ୍ୟ - ଝର୍କା ଖୋଲାଥାଉ,ଜୀବନର ସନେଟ୍, ପୃ. ୮୮।
୩୧ ପଟ୍ଟନାୟକ ସତ୍ୟ - ଝର୍କା ଖୋଲାଥାଉ,ଲାଜ, ପୃ. ୯୯।
୩୨. ପଟ୍ଟନାୟକ ସତ୍ୟ - ଝର୍କା ଖୋଲାଥାଉ,ଆଜି ସନ୍ଧ୍ୟାର ସନେଟ୍, ପୃ.୧୧୨।
୩୩. ପଟ୍ଟନାୟକ, ସତ୍ୟ- ପାଷାଣର ପ୍ରେମ ସଂଗୀତ,ଜତୁଗୃହ, ପୃ. ୫୯।
୩୪. ପଟ୍ଟନାୟକ, ସତ୍ୟ- ପାଷାଣର ପ୍ରେମ ସଂଗୀତ, ଜତୁଗୃହ, ପୃ.୫୭।
୩୫. ପଟ୍ଟନାୟକ, ସତ୍ୟ- ପାଷାଣର ପ୍ରେମ ସଂଗୀତ, ଜୀବନଛନ୍ଦ, ପୃ.୫୯।
୩୬. ପଟ୍ଟନାୟକ, ସତ୍ୟ- ପାଷାଣର ପ୍ରେମ ସଂଗୀତ, ଶବ୍ଦମୋହ, ପୃ.୬୧।

୩୭. ପଟ୍ଟନାୟକ, ସତ୍ୟ- ପାଷାଣର ପ୍ରେମ ସଂଗୀତ, ଆବାହନୀ, ପୃ.୬୩।
୩୮. ପଟ୍ଟନାୟକ, ସତ୍ୟ- ପାଷାଣର ପ୍ରେମ ସଂଗୀତ, ଆବାହନୀ, ପୃ.୬୩।
୩୯. ପଟ୍ଟନାୟକ, ସତ୍ୟ- ପାଷାଣର ପ୍ରେମ ସଂଗୀତ, ମହାକାବ୍ୟ, ପୃ.୯୯।
୪୦. ପଟ୍ଟନାୟକ, ସତ୍ୟ- ପାଷାଣର ପ୍ରେମ ସଂଗୀତ, ମହାକାବ୍ୟ, ପୃ.୯୯।
୪୧. ପଟ୍ଟନାୟକ, ସତ୍ୟ- ପାଷାଣର ପ୍ରେମ ସଂଗୀତ, ଅବାଞ୍ଛିତ, ପୃ.୧୨୧।
୪୨. ପଟ୍ଟନାୟକ ସତ୍ୟ - ଝର୍କା ଖୋଲାଥାଉ,ଭଲକବିତା, ପୃ.୨୭।
୪୩. ପଟ୍ଟନାୟକ ସତ୍ୟ - ଝର୍କା ଖୋଲାଥାଉ,ପଚିଶ ବର୍ଷର ସମୟ, ପୃ.୪୭।
୪୪. ପଟ୍ଟନାୟକ ସତ୍ୟ - ଝର୍କା ଖୋଲାଥାଉ,ଗରିବ ଝିଅର ଗୀତ : ସ୍ୱପ୍ନ, ପୃ.୫୪।
୪୫. ପଟ୍ଟନାୟକ ସତ୍ୟ - ଝର୍କା ଖୋଲାଥାଉ,ଖରାଦିନର ହାଇକୁ, ପୃ. ୭୨।
୪୬. ପଟ୍ଟନାୟକ ସତ୍ୟ - ଝର୍କା ଖୋଲାଥାଉ,ଖରାଦିନର ହାଇକୁ,ପୃ. ୭୪।

ସହାୟକ ଗ୍ରନ୍ଥସୂଚୀ :

୧. ରାଜୁ, ଡକ୍ଟର ଭି. ରାଜେନ୍ଦ୍ର (ସଂ), ଦାସ, ଡକ୍ଟର ରଶ୍ମି (ସଂ) - ସତ୍ୟ ପଟ୍ଟନାୟକଙ୍କ ସାହିତ୍ୟର ମାଟି ଓ ଆକାଶ, ପ୍ରକାଶକ- ବ୍ଲାକ୍ ଇଗଲ୍ ବୁକ୍ସ, ଯୁକ୍ତରାଷ୍ଟ୍ର ଆମେରିକା, ପ୍ରଥମ ପ୍ରକାଶ-୨୦୨୨, ISBN-978-I-64560-3276।

୨. ପଟ୍ଟନାୟକ, ସତ୍ୟ - ପାଷାଣର ପ୍ରେମ ସଂଗୀତ (କବିତା ପୁସ୍ତକ), ପ୍ରକାଶକ - ବ୍ଲାକ୍ ଇଗଲ ବୁକ୍ସ, ଯୁକ୍ତରାଷ୍ଟ୍ର ଆମେରିକା। ପ୍ରଥମ ଆନ୍ତର୍ଜାତିକ ସଂସ୍କରଣ-୨୦୧୯। ISBN-978-I-64560-027-5।

୩. ପଟ୍ଟନାୟକ, ସତ୍ୟ - ଝର୍କା ଖୋଲାଥାଉ (କବିତା ପୁସ୍ତକ), ପ୍ରକାଶକ - ପଶ୍ଚିମା ପବ୍ଲିକେଶନ, ଭୁବନେଶ୍ୱର, ପ୍ରଥମ ପ୍ରକାଶ-୨୦୧୮।

୪. ପଟ୍ଟନାୟକ, ସତ୍ୟ - ଆମ ନିଜର ମାଟି ଓ ଅନ୍ୟାନ୍ୟ ବିଶ୍ୱକବିତା (ଅନୂଦିତ କବିତା ପୁସ୍ତକ), ପ୍ରକାଶକ - ପଶ୍ଚିମା ପବ୍ଲିକେଶନ, ଭୁବନେଶ୍ୱର, ପ୍ରଥମ ପ୍ରକାଶ-୨୦୧୭।

■

ଅଧ୍ୟାପିକା, ଓଡ଼ିଆ ଭାଷା ଓ ସାହିତ୍ୟ ବିଭାଗ
ଅଳକା ମହାବିଦ୍ୟାଳୟ, ଜଗତସିଂହପୁର

ବିଜ୍ଞାନୀ ଦାସ

ବିଜ୍ଞାନୀ ଦାସ (୧୯୬୩): ପ୍ରବାସୀ ସାହିତ୍ୟିକା ବିଜ୍ଞାନୀ ଦାସ ଓଡ଼ିଆ ସାହିତ୍ୟର ଏକ ବିଶ୍ୱସ୍ତ ଉଚ୍ଚାରଣ। ବରୀ, ଯାଜପୁର ଜିଲ୍ଲାର ହଳଦୀବସନ୍ତ (ସୀମାନ୍ତମୁଣ୍ଡ) ଗ୍ରାମରେ ୧୯୬୩ ମସିହାରେ ସେ ଜନ୍ମଗ୍ରହଣ କରିଥିଲେ। କେନ୍ଦ୍ରାପଡ଼ା ହାଇସ୍କୁଲ୍ ଓ ରେଭେନ୍ସା ବାଳିକା ହାଇସ୍କୁଲ୍‌ରେ ଅଧ୍ୟୟନ ପରେ ସିଏ ଧାରପୁର ହାଇସ୍କୁଲ୍‌ରୁ ମାଟ୍ରିକୁଲେସନ୍ ପାସ୍ କରିଥିଲେ। ଏହାପରେ ସେ ଶୈଳବାଳା ମହାବିଦ୍ୟାଳୟରୁ ଗଣିତରେ ସ୍ନାତକ ଏବଂ ଉତ୍କଳ ବିଶ୍ୱବିଦ୍ୟାଳୟରୁ ସ୍ନାତକୋତ୍ତର ଅଧ୍ୟୟନ ସମାପ୍ତ କରିଥିଲେ। ଉତ୍କଳ ବିଶ୍ୱବିଦ୍ୟାଳୟରେ ସେ ଗଣିତରେ ସର୍ବୋଚ୍ଚ ସ୍ଥାନ ରଖି ସ୍ୱର୍ଣ୍ଣପଦକ ପ୍ରାପ୍ତ କରିଥିଲେ। ଏହାପରେ ସେ ବନାରସ ବିଶ୍ୱବିଦ୍ୟାଳୟରେ ଛ'ମାସ ଗବେଷଣା କରି ପରେ ଆଇଆଇଟି ବମ୍ବେରୁ ଗଣିତରେ ୧୯୯୧ ମସିହାରେ ପିଏଚ୍.ଡି. ଡିଗ୍ରୀ ପ୍ରାପ୍ତ କରିଥିଲେ। ୧୯୯୦ ମସିହାରେ ଯୁକ୍ତରାଷ୍ଟ୍ର ଆମେରିକାକୁ ଯାତ୍ରା କରି ୟୁନିଭର୍ସିଟି ଅଫ୍ ନିଉମେକ୍ସିକୋରେ ପୋଷ୍ଟ ଡକ୍ଟରାଲ୍ କାର୍ଯ୍ୟ ଆରମ୍ଭ କରିଥିଲେ। ପିଲାବେଳର ସାହିତ୍ୟାନୁରାଗ ତାଙ୍କ ପ୍ରବୃତ୍ତିଗତ ଚେତନାକୁ ବ୍ୟାପକ କରିଥିଲା। ସେ ଏକାଧାରରେ ଜଣେ କବି, ଗାଳ୍ପିକା ତଥା ଔପନ୍ୟାସିକା। ତାଙ୍କର ସୃଷ୍ଟିଗୁଡ଼ିକରେ ରହିଛି 'ସଂପର୍କ' (୨୦୦୧), 'ରହସ୍ୟ' (୨୦୧୩), 'ଅଣାୟତ୍ତ ଭାଗ୍ୟ' (୨୦୧୭), 'ମାନିଲେ ଦେବତା' (୨୦୧୯), 'ବଦଳିଯାଉଥିବା ପୃଥିବୀ' (୨୦୨୨), 'ବିଚିତ୍ର ମନ' (୨୦୨୨) ଇତ୍ୟାଦି ଗଳ୍ପ ପୁସ୍ତକ। 'ସଂପର୍କର ସେତୁ' (୨୦୧୫) ନାମରେ ଏକ କବିତା ସଂକଳନ ସହିତ 'ବସନ୍ତ ପଲ୍ଲବୀ' (୨୦୧୮) ତାଙ୍କର ଏକ ମନୋଜ୍ଞ ଉପନ୍ୟାସ। ଜଣେ ଗଣିତଜ୍ଞ ଏବଂ ବୈଜ୍ଞାନିକ ହୋଇ ସୁଦ୍ଧା ଡକ୍ଟର ବିଜ୍ଞାନୀ ଦାସଙ୍କର ବିଗତ ତିନି ଦଶନ୍ଧିର ନିରନ୍ତର ସାରସ୍ୱତ ସାଧନା ଅତ୍ୟନ୍ତ ପ୍ରଶଂସନୀୟ ଏବଂ ଅଭିନନ୍ଦନୀୟ। ସଂପ୍ରତି ସେ ଆମେରିକାର ମେରିଲ୍ୟାଣ୍ଡରେ ଅବସ୍ଥାନ କରୁଛନ୍ତି।

ଜୀବନାନୁଭବର ସୁବାସିତ ଛବି : ବଦଳି ଯାଉଥିବା ପୃଥିବୀ

ପ୍ରଫେସର ସଂଘମିତ୍ରା ମିଶ୍ର

ସତରେ କରୋନା ପୃଥିବୀକୁ ବଦଳେଇ ଦେଲା । ସ୍ୱାର୍ଥପରତାର ଅତଳ ଗହ୍ୱରକୁ ଠେଲିଦେଇ ଅବଲୀଳାକ୍ରମେ ଉଠାଇ ଆଣିଲା କରୁଣା ଓ ସହାନୁଭୂତିର ଦିବ୍ୟଧାମକୁ । ବଦଳିଗଲା ପାରିବାରିକ ଜୀବନ । ପିଢ଼ି ପିଢ଼ି ଭିତରେ ଥିବା ଫାଟ ଯୋଡ଼ି ହୋଇଗଲା । ମଣିଷ 'ଆଶା ଆଶଂକାର ରାତି'ରୁ 'ମନ ବଗିଚା'ର ଫୁଲ ଖୋଜିଲା ପରଦିନ ସକାଳେ । ଧାଡ଼ିରେ 'ଛିଡ଼ା ହୋଇଥିବା ମଣିଷ', 'ଲୋକେ କ'ଣ କହିବେ' ଭାବି ଅଯଥା କଷ୍ଟ ପାଇଲା । 'ଜେଜେ ମା'ର ଭାବ' ଭାଷା ନ ଥାଇ ବି ଭାବମୟ କରି ଦେଉଥିଲା ପରିବେଶକୁ । ଷୋହଳଟି କ୍ଷୁଦ୍ରଗଳ୍ପର ସଂକଳନ 'ବଦଳି ଯାଉଥିବା ପୃଥିବୀ' ବିଶିଷ୍ଟ ବୈଜ୍ଞାନିକା ଡକ୍ଟର ବିଜ୍ଞାନୀ ଦାସଙ୍କର ପଞ୍ଚମ କ୍ଷୁଦ୍ରଗଳ୍ପ ପୁସ୍ତକ । ସେ ଉପନ୍ୟାସ ଲେଖିଛନ୍ତି ଓ ସଂଗୀତ ମଧ୍ୟ ଲେଖିଛନ୍ତି । ଆମେରିକାର ଓଡ଼ିଆ ସଂସ୍ଥା (The Odisha Society of the Americas)ର ସେ ଦାୟିତ୍ୱସଂପନ୍ନା ସଦସ୍ୟା । ସେ 'ଯୋଗ' (Jagannath Organisation for Global Awareness)ର ସକ୍ରିୟ କର୍ମୀ । ଉଭୟ ସଂସ୍ଥାର ପତ୍ରିକା ସଂପାଦନା ସହିତ ସେ ଜଡ଼ିତ । ଜଣେ ଗଣିତଜ୍ଞ ଭାବରେ ସେ ମାପିଚୁପି ଲେଖନ୍ତି ଓ ଜଣେ ସର୍ଜନଶୀଳ ବ୍ୟକ୍ତି ଭାବରେ ସେ ସ୍ଥୁଳ ଓ ସୂକ୍ଷ୍ମକୁ ଯୋଡ଼ିବାର କଳା ଆୟତ୍ତ କରିଛନ୍ତି । ଏହି ବୈଶିଷ୍ଟ୍ୟକୁ ଆଖି ଆଗରେ ରଖି ଆମେ 'ବଦଳି ଯାଉଥିବା ପୃଥିବୀ'ର ଆଲୋଚନା କରିବା ।

କରୋନା ପରେ ବସନ୍ତ ଋତୁର ମାଦକତା ଊଣା ହୋଇଛି କାରଣ ସମସ୍ତେ ସାମାଜିକ ଦୂରତା ରକ୍ଷା କରି ନିଜ ନିଜ ଘରେ ବନ୍ଦୀ। ଏହିଭଳି ବିବ୍ରତ ମୁହୂର୍ତ୍ତରେ ଜଗନ୍ନାଥଙ୍କ ଫଟୋ ଉପରେ ଆଖି ପଡ଼ିଯିବାରୁ ସୁଜାତା ତାଙ୍କୁ ସବୁତକ ଅଶ୍ୱସ୍ତି ସମର୍ପଣ କରି ଦେଇଛି ଓ ପରବର୍ଷ ବସନ୍ତ ଆହୁରି ସୁନ୍ଦର ହେବ ବୋଲି ଆଶା କରିଛି। ଏଇ ଆଶା ହିଁ ବଞ୍ଚିବାକୁ କରିଛି ଅର୍ଥମୟ।

ଡାକ୍ତର ସୁଦାମ ଅବସର ପରେ ମଧ୍ୟ ରୋଗୀ ଦେଖନ୍ତି। ବନ୍ଧୁ ଶ୍ରୀ ଚରଣଙ୍କ ପ୍ରସ୍ତାବରେ ସେ ପୁଅମାନଙ୍କ ପାଖକୁ ଯିବାକୁ ମନ ସ୍ଥିର କରିପାରନ୍ତି ନାହିଁ ମାତ୍ର ବାନ୍ଧବୀ ସ୍ୱପ୍ନା ତାଙ୍କର ପତ୍ନୀ ଶିଖାଙ୍କୁ ବିଦେଶର ପ୍ରାଚୁର୍ଯ୍ୟ ସଂପର୍କରେ କହି ତାଙ୍କୁ ପ୍ରଭାବିତ କରନ୍ତି। ଶିଖାଙ୍କୁ ନେଇ ସେମାନେ ପୁଅ ପାଖକୁ ଯାଇଥିଲେ ଯେ ସେଠାରେ ବେଶିଦିନ ରହିପାରିଲେନି। ପୁଅ ଚାହେଁ ମା' କିଛିଦିନ ରହନ୍ତୁ। ପୁଅ ବାପୁର ପିଲା ହେବ ଶୁଣି ପତି ପତ୍ନୀ ଆନନ୍ଦିତ ମାତ୍ର କରୋନା ତାଙ୍କୁ ବିଦେଶ ଯିବାରୁ ବିରତ କରିଛି। ମା' ଜାଣନ୍ତି ବାପା ତାଙ୍କ ଉପରେ ନିର୍ଭରଶୀଳ। କରୋନା କିନ୍ତୁ ତାଙ୍କ ଆଗ୍ରହକୁ ଅଣଦେଖା କରି ସମଗ୍ର ମାନବ ଉପରେ ଦାଉ ସାଧିଛି। 'ମନ ବଗିଚା'ରେ ଇତି ଓ ଆକାଶ ଶରତ ଋତୁର ଶୋଭା ଦେଖିବାକୁ କନିଂଗହାମ୍ ଫଲ୍‌ସ ଆସିଛନ୍ତି। ସେମାନଙ୍କର ଅତୀତ କଥା ମନେପଡୁଛି। ଇତି ତାର ବାନ୍ଧବୀ ସ୍ୱର୍ଣ୍ଣଲତା ଓରଫ୍ ସୁନାର ନମ୍ବର ପାଇ ଫୋନ୍‌ରେ ଉଚ୍ଛ୍ୱସିତ ଆନନ୍ଦ ହୋଇ ଗପିଛି। ଇତି ଓ ଆକାଶ କିଭଳି ଅସୁବିଧାର ସମ୍ମୁଖୀନ ହୋଇ ପରସ୍ପରକୁ ପାଇଥିଲେ, ସେଦିନ ଆଜି ନାହିଁ। ମାତ୍ର ଖୁସିବାସିଆ ସୁନାର ସ୍ୱାମୀ ତିନିମାସ ତଳେ କୋଭିଡ୍‌ରେ ପ୍ରାଣତ୍ୟାଗ କରିଛନ୍ତି। ବିଦେଶରେ ଭାରତୀୟ ମହିଳାମାନେ କିଭଳି ପରସ୍ପରକୁ ଶ୍ରଦ୍ଧା କରନ୍ତି ତାହା 'ସ୍ମରଣ' ଗପର ମୂଳ କଥା। କୋଭିଡ୍‌ରେ ସମସ୍ତେ ନିଜ ନିଜ ଘରେ ବନ୍ଦୀ। ସମୟ କରି ଶାନ୍ତା କାହା ପାଖକୁ ଫୋନ୍ କରିଛି ଓ ତିଳ ଅପାଙ୍କ ଆତିଥ୍ୟ ମନେପକାଇଛି। କୋଭିଡ୍‌ରେ ତିଳ ଅପାଙ୍କ ମୃତ୍ୟୁ ଖବର ପାଇ ସେମାନେ ଜୁମ୍‌ରେ ମିଟିଂ କରି ତାଙ୍କର ସ୍ମୃତିଚାରଣ କରିଛନ୍ତି। 'କରୋନାରଜ'ର ପରିବେଶକୁ କଳାଧଳା ଭେଦଭାବ ନଷ୍ଟ କରି ଦେଇଛି। ସବିତାର ଝିଅମାନେ ବି କଳା ଲୋକଙ୍କ ସ୍ୱାର୍ଥ ପାଇଁ ବ୍ୟସ୍ତ। ସବିତା ବୁଝାଇଛି ଯେ ସେମାନେ ବାହାରକୁ ଗଲେ ନିହାତି ସଂଗରୋଧରେ ରହିବେ। ତେଣୁ ପିଲାଏ ବାହାରି ନାହାନ୍ତି। 'ଆଶା ଆଶଂକାର ରାତି' ଭ୍ରମରବର ପଣ୍ଡା (ବିବିପି) ଓ ସୁମନାଙ୍କ ଯୁଗ୍ମ ଜୀବନର କଥା କହେ। ଉଭୟଙ୍କର ଏହା ଦ୍ୱିତୀୟ ବିବାହ। ତଥାପି ସୁମନାକୁ ଜର ହେବା ଜାଣି ବିବିପିଙ୍କୁ ଭୟ ଗ୍ରାସ କରେ ଓ ପରଦିନ ସୁସ୍ଥ ସୁମନା ଏ ଆଶଂକା ଦୂର କରନ୍ତି। 'ଫୁଟାଣିଆ'ର ଅମରେଶ କରୋନା ବେଳେ ମଧ୍ୟ ଝିଅର ଆଡ଼ମ୍ବରପୂର୍ଣ୍ଣ ବିବାହ

ପାଇଁ ପ୍ରସ୍ତୁତ ହୁଏ। ଗାଁରେ ନିର୍ବନ୍ଧ ଭୋଜି ଦେଇ ବନ୍ଧୁ ଛନ୍ଦା ଓ ଆକାଶଙ୍କୁ ଖର୍ଚ୍ଚାନ୍ତ କରେ। ପରିଶେଷରେ ଭାବୀ ସମୁଦିଙ୍କ ସାନଭାଇଙ୍କୁ କରୋନା ହେବାରୁ ବିବାହ ସ୍ଥଗିତ ରହେ। 'ନିର୍ବାଚନ ଫାଟ'ରେ ବିଡେନ୍, କମଳା ହାରିସ; ଟ୍ରମ୍ପ ଓ ପେନ୍‌ସଙ୍କ ନିର୍ବାଚନ ସମ୍ବନ୍ଧୀୟ ଘଟଣା ବର୍ଣ୍ଣିତ। ଆଦିତ୍ୟ ଓ ଅର୍ଚ୍ଚନା ସେମାନଙ୍କ ପିଲାଦିନର ନିର୍ବାଚନୀ ହିଂସା ଓ ପାରିବାରିକ ଶତ୍ରୁତା କଥା ମନେପକାଇଥିଲେ। କୋଭିଡ୍ ଡୋଜ୍ ନେବାକୁ ଛନ୍ଦା ବିରାଟ ଧାଡ଼ିରେ ଠିଆ ହୋଇଛି। ପିଲାଦିନେ ବସ୍ ପାଇଁ ଧାଡ଼ି କରି ଠେଲାପେଲା ହେବାର ସ୍ମୃତି ତାର ମନେପଡ଼ିଛି। ପରଥର ଟିକା ପାଇଁ ଲମ୍ବା ଲାଇନ୍ ଦରକାର ପଡ଼ିନାହିଁ। ଏହା 'ଧାଡ଼ିରେ ଛିଡ଼ା ମଣିଷ'ର କାହାଣୀ। 'ଅଭିଲା କଥା'ରେ ମଧ୍ୟ Washington DCର Capitol Hill Building ଧ୍ୱଂସ ହୋଇଯିବା ଦେଖି ଛନ୍ଦା ଅତୀତକୁ ମନେପକାଉଛି। 'ଲଳିତା' ଗପର ସୁକାନ୍ତ ଓ ସୁମିତ୍ରା ଏକଦା ସବିତା ଓରଫ ଲଳିତା (ରାଧା କୃଷ୍ଣଙ୍କ ସଖା) କଥା ମନେପକାଇଛନ୍ତି ଓ ନିଜର ତିରିଶ ବର୍ଷରୁ ଊର୍ଦ୍ଧ୍ୱ ବୟସ୍କା କନ୍ୟାଦ୍ୱୟଙ୍କର ବିବାହ ଠିକ୍ କରିଛନ୍ତି। 'ଅନେକ ଭୁଲ୍' ଗଳ୍ପର ଆକାଶ କ୍ଷଣେ ରୁଷ୍ଟ କ୍ଷଣେ ତୁଷ୍ଟ ବ୍ୟକ୍ତିତ୍ୱ। ତା କଥା ସୌଦାମିନୀକୁ ବାଧେ। ତା'ର ବାନ୍ଧବୀ ସରୋଜିନୀ ମଧ୍ୟ ଏହାକୁ ଅତ୍ୟାଚାର ଆଖ୍ୟା ଦିଏ। ମାତ୍ର ଭାରତୀୟ ପାରିବାରିକ ଜୀବନର ସ୍ୱାଦ ଜାଣିଥିବା ସୌଦାମିନୀ ପାଇଁ ଆକାଶ ହିଁ ଠିକ୍ ମନେହୁଅନ୍ତି। ବିବାହ ବିଚ୍ଛେଦ ପରେ ଏକାକିନୀ ରହୁଥିବା ଅରୁନ୍ଧତୀ ପତି ପରେଶର ମୃତ୍ୟୁ ପରେ କ'ଣ କରିବ ବୁଝିପାରେ ନାହିଁ ଯଦିଚ ଘରୁ ବୟସ୍କମାନେ 'ଲୋକେ କ'ଣ କହିବେ' ଆଳରେ ତା ଉପରେ ବୈଧବ୍ୟ ଲଦି ଦେବାକୁ ଚାହାନ୍ତି। 'ବିଚିତ୍ର ଧାରା'ରେ ମଧ୍ୟ ଆକାଶ ଓ ଛନ୍ଦା ପାରସ୍ପରିକ ବୁଝାମଣା ରଖିପାରନ୍ତି ନାହିଁ। କେବେ ଭାରା ଦେଇ ପତ୍ନୀଙ୍କୁ ଉଠାଇବାକୁ ଆଗେଇ ଆସନ୍ତି ତ କେବେ 'ତୁ ଅଲଗାରାନ୍ଧି ଖାଇବୁ', 'ମୁଁ ଅଲଗା ରାନ୍ଧି ଖାଇବି' କହନ୍ତି। 'ଜେଜେମା'ର ଭାବ' - ଏ ସଂକଳନର ଭିନ୍ନ ତଥା ଆକର୍ଷଣୀୟ ଗପ। ଜେଜେମା ତାଙ୍କ ଗୁରୁଜନମାନଙ୍କ ନାଁ ନେବେନି ବୋଲି ଆଇଆଇଟି ବମ୍ବେର ଷ୍ଟାଫ୍ ହଷ୍ଟେଲ୍‌ର ଅନ୍ତେବାସିନୀମାନଙ୍କୁ ଭିନ୍ନ ନାମରେ (ଯେମିତି ପୁନମ୍ - ନୁନ) ଡାକନ୍ତି। ଘରକାମ କରୁଥିବା କାମବାଲୀ ସହିତ କଥା କହନ୍ତି। ମହାରାଷ୍ଟ୍ରିଆନ୍ ପରିବାରକୁ ପିଠା ଦିଅନ୍ତି। ତାଙ୍କର ବିଚାର ହେଲା ଭାଷା ଯାହାହେଲେ ମଧ୍ୟ ଭାବ ବୁଝିବା କଷ୍ଟକର ନୁହେଁ। କୋଭିଡ୍‌ରେ ଘରକୁ ଆସି ନ ପାରି, ଛନ୍ଦା ବିଦେଶର ଏକ ମନ୍ଦିରରେ ଜେଜେମା'ଙ୍କ ଏକାଦଶାହରେ ଏକ ଭଜନ ଓ ପ୍ରସାଦ କାର୍ଯ୍ୟକ୍ରମ ଆୟୋଜନ କରିଛି। ଭାଷା ବୁଝିବା ନ ବୁଝିବା ଦ୍ୱନ୍ଦ୍ୱର ସମାଧାନ କରି ଛନ୍ଦା କହେ, "ସମସ୍ତେ ନିଜ ନିଜ ଭାଷାରେ କଥାବାର୍ତ୍ତା କର। ସମସ୍ତେ ସବୁ ବୁଝିବେ। ମଣିଷ

ପରା ପଶୁ ପକ୍ଷୀଙ୍କର ଭାଷା ବି ବୁଝୁଛି। ଆଉ ଗୋଟିଏ ମଣିଷର ଭାଷା ବୁଝିପାରିବନି କେମିତି ?" (ବଦଳି ଯାଉଥିବା ପୃଥିବୀ – ପୃ:୧୫୧)

'ବଦଳି ଯାଉଥିବା ପୃଥିବୀ'ର ଛନ୍ଦା ଯେତେ ଆଗ୍ରହ କଲେ ବି କରୋନା କଟକଣାରେ ଭାରତ ଆସିପାରୁନାହିଁ। ଛନ୍ଦା ତାର ବଡ଼ ଭଉଣୀ ନନ୍ଦା ଦେଇ ବାହାଘରରେ ଭୟଙ୍କର ଝଡ଼ର ସମ୍ମୁଖୀନ ହୋଇଥିଲା। ତାଙ୍କ ଅଞ୍ଚଳ ବିଧ୍ୱସ୍ତ ହୋଇଯାଇଥିଲା। କରୋନା ବେଳେ ବିଦେଶରେ ଥିବା ଛନ୍ଦା ତା' ନିଜ ଅତୀତକୁ ମନେପକାଇଥିଲା ଓ ଚଉଦ ମାସ ପରେ ହୋମ୍ ଡିପୋ ଯାଇ କିଛି ଘରକରଣା ଜିନିଷ ଆଣିବାକୁ ବାହାରୁଥିଲା।

ସବୁ ଗପ ଭିତରେ ଓଡ଼ିଶାକୁ ଝୁରୁଥିବା ମଣିଷମାନେ ଦିଶନ୍ତି। ଆଜି ଘଟୁଥିବା ଘଟଣା ସହିତ ସମାନ୍ତରାଳ ଭାବରେ ଅତୀତର ଘଟଣାଟିଏ ପଶିଆସେ। ଟ୍ରମ୍ପ, ପେନ୍‌ସ, ବିଡେନ୍, ହାରିସ୍ ପ୍ରଭୃତିଙ୍କ ସମସ୍ୟା ହୁଏତ ଦୀର୍ଘସ୍ଥାୟୀ ନୁହେଁ ମାତ୍ର କଳା ଗୋରା ଭେଦଭାବର ସମସ୍ୟା ଓ ତହିଁରେ ଯୁବକମାନଙ୍କର ଧ୍ୱଂସାତ୍ମକ ମାନସିକତା ପାଠକକୁ ଚକିତ କରେ। ବିଦେଶର ଜଗନ୍ନାଥ ମନ୍ଦିରକୁ ଯିବା, ରଜ, ଦୋଳ, ଅକ୍ଷୟତୃତୀୟା ପ୍ରଭୃତି ପାଳନ କରିବା, ବିଦେଶରେ ବନ୍ଧୁ ଯୋଡ଼ି ଆତ୍ମୀୟତାର ହାତ ବଢ଼ାଇବା ଭଳି ଧନାତ୍ମକ ବିଚାର ସବୁ ଗପରେ ରହିଛି। ବୟସ୍କମାନଙ୍କର ନାତି ନାତୁଣୀଙ୍କ ପ୍ରତି ପ୍ରଗାଢ଼ ସ୍ନେହ ଭାବ କରୋନା ପାଇଁ ରୂପ ନେଇପାରିନାହିଁ। ଆଉ ଭାରତୀୟ ବୟସ୍କମାନେ ନିଜ ନିଜ ପୁଅବୋହୂ ଝିଅ ଜୋଇଁଙ୍କର ଖୋଲାମେଲା ପ୍ରେମ ଓ ଭାଗବାଣ୍ଟି କାମ କରିବାର ମାନସିକତା ଦେଖି ନିଜ ଅତୀତ ପାଇଁ ଦୁଃଖୀ ହୋଇଯାଆନ୍ତି। ଭାରତୀୟ ତରୁଣୀ ନିଜ ସ୍ୱାମୀଙ୍କର ଆଦେଶ ମାନିନିଏ। ପ୍ରତିବାଦ ଯେ ନ କରେ ତା ନୁହେଁ ହେଲେ ବିବାହ ବିଚ୍ଛେଦକୁ ଭୟ କରି ସ୍ୱାମୀଙ୍କ ଭିତରେ ଥିବା ଭଲ ଗୁଣ ଖୋଜିବସେ। 'ଆକାଶ ଭୁଲ' ଥାଇ ବି ସୌଦାମିନୀ ସ୍ୱାମୀଙ୍କଠାରୁ ଅଲଗା ହେବାର ଚିନ୍ତା ବି କରିପାରେନି। ବିବାହ ବିଚ୍ଛେଦ ପରେ 'ଲୋକେ କ'ଣ କହିବେ' ଭାବିପାରେନି ମୃତ୍ୟୁ ପରେ ତାଙ୍କ ପତ୍ନୀ ଅରୁନ୍ଧତୀ। କୌଣସି ପ୍ରେମ ନ ଥାଇ ମଧ୍ୟ ତାକୁ ବୈଧବ୍ୟ ଭୋଗିବାକୁ ଉପଦେଶ ମିଳେ। କେଉଁଠି ଦୀର୍ଘପଥ ଅତିକ୍ରମ କଲାବେଳେ ହିନ୍ଦୀ ଗଜଲ ବାଜୁଥାଏ ତ କେଉଁଠି ତ୍ରିଂଶ ବୟସରୁ ଊର୍ଦ୍ଧ୍ୱ ଅବିବାହିତା କନ୍ୟାଙ୍କ ପାଇଁ ମଧ୍ୟସ୍ଥି ଲୋଡ଼ା ପଡ଼େ। ଏସବୁ ଭାରତୀୟତାର ନିଦର୍ଶନ।

ଏ ଗପଗୁଡ଼ିକ ଜଣେ ବିଶିଷ୍ଟ ଗଣିତଜ୍ଞ ବୈଜ୍ଞାନିକଙ୍କ ଦ୍ୱାରା ରଚିତ। କରୋନା କାଳ ଏଗୁଡ଼ିକ ପାଇଁ ପ୍ରେରଣା ପାଲଟି ଯାଇଛି। ଡ. ଶ୍ରୀମତୀ ବିଜ୍ଞାନୀ ଦାସ ନିଜ ନାମ ସହିତ ସାମଞ୍ଜସ୍ୟ ରଖି ବିଜ୍ଞାନୀ ପାଲଟିଛନ୍ତି – ମଣିଷ ମନର ବ୍ୟବଚ୍ଛେଦ କରି ସେ

ପାଲଟିଛନ୍ତି ମନସ୍ତତ୍ତ୍ୱବିତ୍। ସମକାଳର ସମସ୍ୟାଗୁଡ଼ିକର ଉତ୍ଥାପନ କରି ସେ ପାଲଟିଛନ୍ତି ସମାଜଶାସ୍ତ୍ରୀ। ସର୍ବୋପରି ଭାରତ ବାହାରେ ରହି ଭାରତକୁ ଝୁରିବା, ଭାରତୀୟ ଜନଜୀବନର ଅସ୍ୱସ୍ତିକୁ ଜାଣି ସେଥିପାଇଁ ଉଦାର ମନୋଭାବ ପୋଷଣ କରିବା ତାଙ୍କ ଗପଗୁଡ଼ିକର ବିଶେଷତ୍ୱ। 'ଟାଇମ୍‌ପାସ୍' ଏଭଳି ଏକ ସୁନ୍ଦର ତଥା ଉଚ୍ଚମାନର ଗଳ୍ପ ସଂକଳନକୁ ପ୍ରକାଶ କରି ଆମର ଧନ୍ୟବାଦର ପାତ୍ର। ଲେଖିକା ଆହୁରି ଗପ ଲେଖନ୍ତୁ। କଳାତ୍ମକତା ଓ ବୈଜ୍ଞାନିକ ମନୋଭାବର ସୁନା ସୂତାରେ ପୃଥିବୀକୁ ବାନ୍ଧିବାର ଆଶା ରଖନ୍ତୁ। ପୁନର୍ବାର ଏ ପୃଥିବୀ ବଦଳିଯାଉ।

■

ଅବସରପ୍ରାପ୍ତ ପ୍ରଫେସର
ଓଡ଼ିଆ ବିଭାଗ, ଉତ୍କଳ ବିଶ୍ୱବିଦ୍ୟାଳୟ
ପ୍ଲଟ୍ ବି-୩୫, ଶହୀଦ ନଗର, ଭୁବନେଶ୍ୱର- ୭୫୧୦୦୭

ଶାଶ୍ୱତ ପ୍ରେମର ଛବି : ଗାଳ୍ପିକା ବିଜ୍ଞାନୀ ଦାସଙ୍କ 'ବସନ୍ତ ପଲ୍ଲବୀ'

ଶୁଭଲକ୍ଷ୍ମୀ ବେହେରା

ଓଡ଼ିଆ ସାହିତ୍ୟରେ ପ୍ରେମର ଋତୁ ବସନ୍ତ। ମିଳନର ଋତୁ, ରୋମାଞ୍ଚର ଋତୁ ଏବଂ ଛନଛନ କୁନି କଅଁଳ ଡେଣା ମେଲାଇବାର ଋତୁର ନାଁ ହେଉଛି ବସନ୍ତ। ତେବେ ପୁରାଣ ପରମ୍ପରାଠାରୁ ମଧ୍ୟକାଳୀନର ରସିକ ପଣ୍ଡିତ ଗୁଣଗ୍ରାହକ ତଥା ବିବେକ ପଣ୍ଡିତମାନଙ୍କ ନିକଟରେ ବସନ୍ତ ମର୍ମେ ମର୍ମେ ଅନୁଭୂତ। ନାୟକ-ନାୟିକା କେଳୀ ହେଉ କିମ୍ବା ସେମାନଙ୍କର ଅନୁରାଗ ଏବଂ ବିରାଗର ଋତୁ ହେଉଛି ବସନ୍ତ। ଶୀତର ହାବୁକା ମାଡ଼ରୁ ନୂଆ ରଙ୍ଗ, ଢଙ୍ଗ ନେଇ ଫୁଟେ ବସନ୍ତ। ରଙ୍ଗର ଉତ୍ସବ ବସନ୍ତ; ନୂଆ ଆଶା ଏବଂ ଉନ୍ମାଦନାର ନାମ ବସନ୍ତ।

ରସିକ-ପ୍ରେମିକମାନଙ୍କ ପାଇଁ ଏଇ ଋତୁ ସତେ ଯେଭଳି ଦେବତାମାନଙ୍କର ଆଶୀର୍ବାଦ। ବିରହୀ ବିରହ ଭୁଲି ନୂଆ ନୂଆ ପଲ୍ଲବିବା ହେଉଛି ଏଇ ବସନ୍ତର ଆଗମନୀ। ତେବେ ଲେଖିକା ବିଜ୍ଞାନୀ ଦାସଙ୍କ ଲେଖାର ସ୍ୱାତନ୍ତ୍ର୍ୟ ଏଇ ଉପରୋକ୍ତ ପ୍ରସଙ୍ଗକୁ ଆଚ୍ଛାଦିତ କରିଛି। ଲେଖିକା ଦାସଙ୍କ ଉପନ୍ୟାସ ଯାହା ତାଙ୍କର 'ବସନ୍ତ ପଲ୍ଲବୀ' ଉପନ୍ୟାସରେ ମର୍ମେ ମର୍ମେ ଅନୁଭୂତ। ଲେଖିକା ଦାସଙ୍କ ଆଲୋଚିତ ଉପନ୍ୟାସ 'ବସନ୍ତ ପଲ୍ଲବୀ'କୁ ଆମେ କେତେଗୁଡ଼ିଏ ବିନ୍ଦୁ ମାଧ୍ୟମରେ ଆଲୋଚନା କରିପାରିବା। ଯଥା -

- ପ୍ରେମ ଏବଂ ମିଳନର ଅପୂର୍ବ ଆଲେଖ୍ୟ
- ଓଡ଼ିଶାର ସଂସ୍କୃତି (ରକ୍ଷଣଶୀଳ ମନୋଭାବ)

- ବିଷୟବସ୍ତୁ ଉପସ୍ଥାପନା
- ରଚନାଶୈଳୀ
- ବର୍ଣ୍ଣନାଶୈଳୀ
- ବିଷୟର ନାମକରଣ।

ପ୍ରାରମ୍ଭିକ ପର୍ଯ୍ୟାୟରେ ଆମେ ଉପନ୍ୟାସର କଥାଭାଗକୁ ଆଲୋଚନା ପରିସର ଭୁକ୍ତ କରିବା ଯାହାଦ୍ୱାରା ଆମ ଆଲୋଚନା ବୋଧଗମ୍ୟ ହେବ। ଲେଖକ ଉପନ୍ୟାସରେ ଦର୍ଶାଇଥିବା ପ୍ରେମ ଏବଂ ମିଳନକୁ ଭିନ୍ନ ଦୃଷ୍ଟିକୋଣରୁ ଆକଳନ କରିଛନ୍ତି। ଆଧୁନିକ ମାନସିକତାଠାରୁ ଭିନ୍ନ ଏକ ଶାଶ୍ୱତ ପ୍ରେମର ବର୍ଣ୍ଣନା ଏଠାରେ ଆମେ ଲକ୍ଷ୍ୟ କରିବା। ଦୈହିକ ବ୍ୟାପାର ଠାରୁ ଭିନ୍ନ ଅମଳିନ ଏବଂ ଚିର ବସନ୍ତ ପ୍ଲାବିତ ଏବଂ ଦିବ୍ୟ ପ୍ରେମର ବର୍ଣ୍ଣନା କରିଛନ୍ତି। ଉପନ୍ୟାସର ପ୍ରାରମ୍ଭିକ କାହାଣୀର ଶୀର୍ଷକ ହେଉଛି 'ନରେ ବା ଗୁଞ୍ଜରେ'। ମହାଭାରତୀୟ ଏକ କଥାକୁ ଉପନ୍ୟାସର ଗତି ଶୈଳୀରେ ଲେଖିକା ଏଠାରେ ନୂତନ ଢଙ୍ଗରେ ପ୍ରକାଶ କରିଛନ୍ତି। ଏକ ଗୁଜବ ଘଟଣା ଦ୍ୱାରା କାହାଣୀର ନାୟକ ରବିର ବିବାହ ପ୍ରସ୍ତାବକୁ ନେଇ ଆଲୋଚନାର ବିଷୟ ଆରମ୍ଭ ହୋଇଛି। ନାୟକ 'ରବି' ଓଡ଼ିଆ ପୁଅ ମାତ୍ର ସେ ଆମେରିକାରେ ପଦାର୍ଥବିଜ୍ଞାନ ପ୍ରଫେସର ଭାବରେ ଚାକିରି କରିଛି। ସେ ଆମେରିକାରେ ରହେ। କାହାଣୀର ନାୟକ ରବି, ପଦ୍ମାବତୀକୁ ପ୍ରେମ କରେ ମାତ୍ର ସେ ତା'ର ପରିବାରକୁ ଏ ସଂପର୍କରେ ଜଣାଇବା ପାଇଁ ଅକ୍ଷମ। ପଦ୍ମାବତୀ ଜାତିରେ ଗଉଡ଼ ଏବଂ ରବି ଜାତିରେ କରଣ। ସେହି କାରଣରୁ ରବି ଘରେ ଏକଥା ପ୍ରକାଶ କରେ ନାହିଁ। ଭାରତୀୟ ରକ୍ଷଣଶୀଳ ପରିବେଶରେ ପ୍ରେମ ବିବାହ ପାଇଁ ତାକୁ ଅନୁମତି ମିଳିବା ସହଜ ନୁହେଁ। ତେଣୁ ରବି ପ୍ରଚାର କରେ ସେ ଆମେରିକାର ଏକ ଗୋରୀ ଏବଂ ସ୍ମାର୍ଟ ଝିଅକୁ ପସନ୍ଦ କରେ। ତା'ପରେ ଘରେ ଶୋକାକୁଳ ପରିବେଶ। କାହାଣୀ କ୍ରମେ ଭୁଲ୍ ବୁଝାମଣା ପାଇଁ ରବିର ମନରେ ଥିବା ପ୍ରେମ ସେ ତା'ର ମନରେ ମାରିଦେଇଛି। ମୁହଁ ଖୋଲି ପ୍ରତିବାଦ କରେ ନାହିଁ। କୌଣସି ଭୁଲ୍ ବୁଝାମଣା ବଶତଃ ପଦ୍ମାବତୀର ଅନ୍ୟ ଏକ ସ୍ଥାନରେ ବିବାହ ହୋଇଛି। ରବି ଏହା ଜାଣିପାରି ତା'ର ମନ ଭାଙ୍ଗିଯାଇଛି। ତା'ର ମନ ମରୁଭୂମି ସାଜିଛି। ଥୁଣ୍ଟା ଏବଂ ବେସାହାରା।

ପଦ୍ମାବତୀ ଏକ କଥାର ଉଦ୍‌ଘାଟନ ପରେ ସେ ତା'ର ଚେଷ୍ଟା ମାଧ୍ୟମରେ ରହି ମନରେ ପୁଣି ନୂଆ ଗଛ ପଲ୍ଲବିଛି। ତିଲୁ ମାଧ୍ୟମରେ କାହାଣୀରେ ଆସିଛି ଏକ ନୂଆମୋଡ଼। ରବିର ମନମରୁରେ ବସନ୍ତ ଆସିଛି। କୋଇଲି ଗାଇଛି; ନୂଆ କିରଣ ଖେଳିଯାଇଛି। ଦୁହିଁଙ୍କର ମିଳନ ତଥା ବିବାହ ଥିଲା ଦୈବିକ। ଦୁହିଁଙ୍କର ବିବାହ ଫଳରେ ସେମାନଙ୍କର ମନରେ ପ୍ରେମର ପ୍ଲାବନ ଫୁଟିଛି।

ଲକ୍ଷ୍ୟ କରିବାର ବିଷୟ। ଆମର ଆଧୁନିକ ଜୀବନରେ ଏବଂ ପାଶ୍ଚାତ୍ୟ ଦେଶରେ ଭାଙ୍ଗିପଡୁଥିବା ବୈବାହିକ ସଂପର୍କ ଏବଂ ଭୁଲ୍ ବୁଝାମଣା ଯୋଗୁଁ ଆତ୍ମୀୟତା ହଜିଯାଉଛି। ଯୌଥ ପରିବାର ଭାଙ୍ଗିପଡୁଛି। ପରସ୍ପର ମଧ୍ୟରେ ଆତ୍ମୀୟତା ରହୁନାହିଁ। ମାତ୍ର ଏହି କାହାଣୀଟି ସେସବୁଠାରୁ ସଂପୂର୍ଣ୍ଣ ଭିନ୍ନ। ଗୁରୁଜନମାନଙ୍କୁ ଆଦର, ସ୍ନେହ ଏବଂ ସମ୍ମାନ ଯଥୋଚିତ ଭାବରେ ଲେଖିକା ବ୍ୟାଖ୍ୟା କରିଛନ୍ତି। ପାଶ୍ଚାତ୍ୟ ମାନସିକତା ଆମକୁ କବଳିତ କରୁଥିବା ସ୍ଥଳେ ରବି ଏବଂ ତିଲୁର ବିବାହ ଐଶ୍ୱରିକ ପ୍ରେମ, ଯାହା ଶାଶ୍ୱତ ଏବଂ ଚିରନ୍ତନ। ଲେଖିକା ଶେଷ ବେଳକୁ ରାଧା ଏବଂ କୃଷ୍ଣଙ୍କ ପ୍ରେମକୁ ଏକ ପ୍ରତୀକାତ୍ମକ ଭାବରେ ଦର୍ଶାଇ କାହାଣୀର ଶେଷ କରନ୍ତି।

ଉପନ୍ୟାସର କାହାଣୀ ଭାଗରେ ଲେଖିକା ଓଡ଼ିଆ ପରମ୍ପରା ଏବଂ ସଂସ୍କୃତିର ଯେଉଁ ପ୍ରକାର ବ୍ୟାଖ୍ୟା କରିଛନ୍ତି ତାହା ଆଲୋଚ୍ୟ ବିଷୟ। କାହାଣୀରେ ଆମେ ମୁଖ୍ୟତଃ ରକ୍ଷଣଶୀଳ ଓଡ଼ିଆ ପରମ୍ପରା ଏବଂ ପ୍ରଥାକୁ ଦର୍ଶାଇ ଅଛନ୍ତି। କାହାଣୀର ନାୟକ ରବି, ପଦ୍ମାବତୀକୁ ଭଲପାଇଥିଲେ ମଧ୍ୟ ଭିନ୍ନ ଜାତିର ହୋଇଥିବା କାରଣରୁ ଘରେ ଏ ସଂପର୍କରେ କହିବାର ସାହସ ସେ ଜୁଟାଇପାରୁନାହିଁ। ତେବେ ବିବାହ ପ୍ରସଙ୍ଗକୁ ଟାଳିବାକୁ ଯାଇ ସେ ଆମେରିକାରେ କୌଣସି ଗୋରୀକୁ ପସନ୍ଦ କରିବା କଥା କହିଛି। ଘରଲୋକ ଏହାକୁ ସ୍ୱୀକାର କରିପାରିନାହାନ୍ତି। ଆଖପାଖ ଗାଁ ଗହଳିରେ ମଧ୍ୟ ଏ ପ୍ରସଙ୍ଗ ପ୍ରଚାରର ବିଷୟ ପାଲଟି ଯାଇଛି - ତୁଣ୍ଡ ବାଇଦ ସହସ୍ର କୋଶ ନ୍ୟାୟରେ।

ଲେଖିକାଙ୍କର ବିଷୟବସ୍ତୁର ଉପସ୍ଥାପନା ଶୈଳୀ ବଡ଼ ଚମତ୍କାର ବା ଭିନ୍ନ ପ୍ରକାରର। ଚରିତ୍ରମାନଙ୍କର ଭାବୋଚ୍ଛ୍ୱାସକୁ ସେ ଯେଉଁ ପ୍ରକାରେ ବର୍ଣ୍ଣନା କରିଛନ୍ତି ତାହା ବିଚାର୍ଯ୍ୟ। ପ୍ରତ୍ୟେକ ଚରିତ୍ର ତା'ର ଠିକ୍ ମୂଲ୍ୟ ପ୍ରତିପାଦନ କରେ। ଭାଷା ଶୈଳୀ ସ୍ୱଚ୍ଛ। ସରଳ ଏବଂ ପ୍ରାଦେଶିକ ଶବ୍ଦମାନଙ୍କର ବ୍ୟବହାର ଆମେ ଖୁବ୍ ସୁନ୍ଦର ଭାବରେ ଲକ୍ଷ୍ୟ କରିପାରିବା।

ତେବେ ସବୁଠାରୁ ଆଲୋଚ୍ୟ ପ୍ରସଙ୍ଗ ବିଷୟର ନାମକରଣ। ଏଯାବତ୍ ପଠନ କରାଯାଇଥିବା ଉପନ୍ୟାସର ରଚନା ଶୈଳୀଠାରୁ ଏହାର ଶୈଳୀ ସଂପୂର୍ଣ୍ଣ ଭିନ୍ନ। ଅଧ୍ୟାୟମାନଙ୍କର ନାମକରଣ କିମ୍ବା ପରିଛଦ ଗୁଡ଼ିକରେ ନାମକରଣ ଏଠାରେ ସଂପୂର୍ଣ୍ଣ ନୂତନତ୍ୱ ଦେଖିବା ପାଇଁ ମିଳିଥାଏ। କୌଣସି ପ୍ରକାର ପରିଚ୍ଛେଦ ବା ଅଧ୍ୟାୟର ସୂଚନା ନ ଦେଇ ଗଳ୍ପର ପର୍ଯ୍ୟାୟ ଭାବରେ ଏହାର ନାମକରଣ କରାଯାଇଛି।

ମୋଟ ଉପରେ କହିବାକୁ ଗଲେ ଲେଖିକା ଦାସ ଏଠାରେ ଏକ ନୈସର୍ଗିକ ପ୍ରେମକୁ ଦର୍ଶାଇବା ପାଇଁ ତତ୍ପର। ସେ ଦୈହିକ ବ୍ୟାପାର ଠାରୁ ଭିନ୍ନ ଶାଶ୍ୱତ ପ୍ରେମର

ଉଦାହରଣ ଦେଇଛନ୍ତି। ଆଧୁନିକ ଯୌନଚର୍ଯ୍ୟାଠାରୁ ସଂପୂର୍ଣ୍ଣ ଭିନ୍ନ। ପ୍ରେମରେ ଅଧିକାର କିମ୍ବା ବଳପୂର୍ବକ କୌଣସି ବ୍ୟାପାର ସମ୍ଭବ ନୁହେଁ। ମନର ମିଳନ, ମନମୁତାବକ ସାଥୀର ସନ୍ଧାନ ଏହାର ମୁଖ୍ୟ ଉପଜୀବ୍ୟ। ନାୟକ ନାୟିକାଙ୍କ ପ୍ରେମ ସତେ ବସନ୍ତର ଆଗମନୀ ଏବଂ ରଙ୍ଗର ଉଚ୍ଛ୍ୱାସ। ପ୍ରେମର ଚିର ମନ୍ଦାକିନୀ ଧାରର ପ୍ଲାବନ ସତେ ଯେମିତି କାହାଣୀକୁ କରିଛି ସଂପୂର୍ଣ୍ଣ ଜୀବନ୍ତ।

■

ଗବେଷିକା,

ରମାଦେବୀ ମହିଳା ବିଶ୍ୱବିଦ୍ୟାଳୟ, ଭୁବନେଶ୍ୱର

ମାନିଲେ ଦେବତା ଆଉ ନ ମାନିଲେ...

ଡକ୍ଟର ରଶ୍ମି ଦାସ

ଡକ୍ଟର ବିଜ୍ଞାନୀ ଦାସ ବିଶେଷ ଭାବରେ ଜଣେ ଗଣିତଜ୍ଞ। ସେହି ପ୍ରକ୍ରିୟାରୁ ସେ ଖୋଜିବାର ମନୋବୃତ୍ତି ରଖନ୍ତି। ସୂକ୍ଷ୍ମ ଓ ସ୍ଥୁଳ ଜଗତର ରହସ୍ୟକୁ ଗାଣିତିକ ସୂତ୍ର ମାଧ୍ୟମରେ ବୁଝିବାର ଜିଜ୍ଞାସା ଥାଏ ତାଙ୍କ ପାଖରେ। ତଥାପି ଈଶ୍ୱରଙ୍କ ଉପରେ ତାଙ୍କର ଦୃଢ଼ ଆଶା। 'ଈଶ୍ୱର ଯାହା କରନ୍ତି ପ୍ରାଣୀର ମଙ୍ଗଳ ପାଇଁ' - ଏ ବିଶ୍ୱାସରେ ସେ ବିଶ୍ୱାସ ରଖନ୍ତି। ତାଙ୍କର ପୂର୍ବରୁ ୩ ଗୋଟି ଗଳ୍ପ ସଂକଳନ, କବିତା ଓ ଉପନ୍ୟାସ ସଂକଳିତ ହୋଇ ସାରିଛି। 'ମାନିଲେ ଦେବତା' ଗଳ୍ପଗୁଡ଼ିକ ଇଣ୍ଟରନେଟ୍, ଓଡ଼ିଆ ମାଗାଜିନ୍ ବେଦାନ୍ତୀରେ ପ୍ରତି ମାସର ସଂଖ୍ୟା ତଥା କିଛି 'ଓସା' ସଂସ୍ଥାର ବାର୍ଷିକ ସୋଭେନିୟରରେ ପ୍ରକାଶିତ ହୋଇଛି। ଏ ଗଳ୍ପଗୁଡ଼ିକୁ ଏକତ୍ରିତ କରି ଝିଅର ଶୁଭ ପରିଣୟରେ ଅର୍ପଣ କରିବାର ଗୋଟିଏ ଆବେଗାତ୍ମକ ଶୁଭେଚ୍ଛା ବାର୍ତ୍ତା ଛଡ଼ା ଆଉ କିଛି ହୋଇ ନ ପାରେ। ଏଥିରେ ୧୫ଟି ଗଳ୍ପକୁ ଏକତ୍ରିତ କରି ୧୬.୦୮.୨୦୧୯ରେ ବ୍ଲାକ୍ ଇଗଲ୍ ପବ୍ଲିକେଶନ୍ ସଂସ୍ଥା ଗୋଟିଏ ପୁସ୍ତକର ମାନ୍ୟତା ପ୍ରଦାନ କରି ଓଡ଼ିଆ ସାହିତ୍ୟ ଜଗତକୁ ସମୃଦ୍ଧ କରି ତୋଳିଛି।

ପ୍ରଥମରେ 'ବଣଫୁଲ' ଗଳ୍ପଟିକୁ ସମ୍ବୋଧନମୟ କରି ଗଢ଼ି ତୋଳିଛନ୍ତି ଡକ୍ଟର ଦାସ। ରମେଶ ଗାଁର ସରଳ ନିରୀହ ଗାଉଁଲି ପିଲାଟିଏ। ଗଣିତ ଶିକ୍ଷକ ତା'ର ତେଜସ୍ୱୀ ମାନସିକତାକୁ ଦେଖିପାରିଥିଲେ ଆଉ କହିଥିଲେ, 'ଏ ପିଲାଟି ଆମ ଗାଁର ଗୌରବ। ଦେଖିବୁ ଦିନେ ସେ ବଡ଼ଲୋକ ହୋଇ ଆମ ଗାଁର ସୁନାମ ଆଣିଦେବ। ମାତ୍ର ଆମ ସାହାଯ୍ୟ ବିନା ସେ ବଣଫୁଲ ପରି ଝରିଯିବ।' ପ୍ରକୃତରେ ରମେଶର ପାଠପଢ଼ା

ବେଶ୍ ଉଚ୍ଚତାରେ। ରେଭେନ୍‌ସା, ବିଜେବିରେ ବି.ଏସ୍‌ସି. ବାଣୀବିହାରରେ ଏମ୍.ଏସ୍‌ସି. ପରେ ଉଚ୍ଚଶିକ୍ଷା ପାଇଁ ଆମେରିକା ଯିବା ପଛରେ ଅନେକ ସାହାଯ୍ୟ ଦେବେନ୍ଦ୍ରଙ୍କ ଦ୍ୱାରା ସାଧିତ ହୋଇଛି। ପାରିବାରିକ ସମସ୍ୟା ଅନେକ ଅଛି। ତାହା ଗାଳ୍ପିକାଙ୍କର ଗଳ୍ପର ଏକ ସୁନ୍ଦର ବ୍ୟାଖ୍ୟା ଅଟେ। ଯାହାକୁ ନେଇ ଗଳ୍ପ ଗତିଶୀଳ। ମାତ୍ର ପରେ ବାସ୍ତବରେ ଜଣାପଡ଼ିଛି ଯେ ଯଦି ସେଦିନ ଦେବେନ୍ଦ୍ର ରମେଶକୁ ପ୍ରାଣଭରି ସାହାଯ୍ୟ କରି ନ ଥାନ୍ତେ ରମେଶର ପ୍ରତିଭା ବଣଫୁଲ ପରି ବଣରେ ଝରିପଡ଼ିଥାନ୍ତା। ରମେଶ ଆମେରିକାରେ ଜଣେ ଜଣାଶୁଣା ବୈଜ୍ଞାନିକ। ଯାହାଙ୍କ ପାଖରେ ଅନେକ ତାଲିମପ୍ରାପ୍ତ ହୋଇଛନ୍ତି। ତାଙ୍କର ଭୁରି ଭୁରି ପ୍ରଶଂସା ଶୁଣି ଦେବ ଆତ୍ମବିଭୋର ହୋଇଯାଇଛନ୍ତି। ସେତେବେଳେ ଦେବେନ୍ଦ୍ର ଭାବୁଛନ୍ତି ଯଦି ବାସ୍ତବରେ ରମେଶକୁ ଯଥା ସମୟରେ ସହାୟତାର ହାତ ବଢ଼େଇ ନ ଥାନ୍ତେ ତା'ହେଲେ ସେ ବଣଫୁଲ ପରି ଝରିପଡ଼ିଥାଆନ୍ତା। ଏମିତି ଅନେକ ବଣଫୁଲ ଫୁଟି ଝରୁଛନ୍ତି, ତା'ର ହିସାବ କାହାରି ପାଖରେ ନାହିଁ। ଏହା ବାସ୍ତବିକ କଥା।

'ପଞ୍ଚସଖା' ଗଳ୍ପଟିରେ ଆମେରିକାର ରହଣୀ ସହଣୀ, ପରିଚର୍ଯ୍ୟା, ଭାଷା ସବୁ କିଛିର ପରିବର୍ତ୍ତନ ରହିଛି ଆମ ଭାରତ ସହିତ। ଏହି ପଞ୍ଚସଖା ପଞ୍ଚଦଶ/ ଷୋଡ଼ଶ ଶତାବ୍ଦୀର ପଞ୍ଚସଖା ନୁହନ୍ତି। ଏମାନେ ପାଶ୍ଚାତ୍ୟ ସଂସ୍କୃତିର ପରିଚାୟକ। ସେମାନେ ଯଦିଓ ପାଶ୍ଚାତ୍ୟର ସ୍ରୋତରେ ଭାସିଯାଇ ଗୋଟିଏ ନୂଆ ଜୀବନ ଜିଇଁବାର ଇଚ୍ଛା ପ୍ରକାଶ କରିଥିଲେ ପରେ ଫେରିଆସିବାର ଖୁବ୍ ଆନନ୍ଦୋପଲବ୍ଧି ଥିଲା ସେମାନଙ୍କର। ସେମାନେ ହେଲେ ପ୍ରଫେସର ବିକାଶ ପଟ୍ଟନାୟକ, ଡାକ୍ତର ସଦାନନ୍ଦ ରାଉତ, ଇଞ୍ଜିନିୟର ରତିକାନ୍ତ ପଣ୍ଡା, ବ୍ୟବସାୟୀ ଅନନ୍ତ ମିଶ୍ର ଓ ବୈଜ୍ଞାନିକ ଆଶୁତୋଷ ଦାସ। ଆମେରିକା ବୁଲିବା ପରେ ଦେଶକୁ ଫେରିଛନ୍ତି। ଓଡ଼ିଶା ମାଟିର ଅନ୍ଦିକନ୍ଦି ବୁଲିବା ଲକ୍ଷ୍ୟ ନେଇ। ପୁରୀ, ଭୁବନେଶ୍ୱର, ସମ୍ବଲପୁର, ବରଗଡ଼, ଢେଙ୍କାନାଳ, ବରହମ୍ପୁର, ରାଉରକେଲା ଇତ୍ୟାଦି। ଓଡ଼ିଶା ଫେରି ମଠ, ମନ୍ଦିର ଆଶ୍ରମ ଭ୍ରମଣରେ ସେ ନୂଆ ରୂପରେ ଭେଟିଛନ୍ତି ଆଶ୍ରମ ଗୁଡ଼ିକୁ। ଆଶ୍ରମ ଗୁଡ଼ିକ ଆଉ ବଣ ଜଙ୍ଗଲ ଘେରା ବନାନୀର ସୁଶୀଳତ ଛାୟାତଳେ ନ ହୋଇ ଗେଷ୍ଟହାଉସ୍‌ରେ ୟୁରୋପୀୟ ଷ୍ଟାଇଲର ଗାଧୁଆ ଘର ଓ ରୁମ୍‌ର ଡିଜାଇନ୍ ସବୁ। ଡାଇନିଙ୍ଗ୍ ହଲ୍ ସଫାସୁତରା। କାଚର କାରୁକାର୍ଯ୍ୟ। ସଂସ୍ଥାର ଯିଏ ସର୍ବୋଚ୍ଚ ଧର୍ମଯାଜକ ସେ ଜଣେ ଇଞ୍ଜିନିୟର। ମାତ୍ର ସବୁ ଛାଡ଼ି ଏଠାରେ ଯୋଗଦାନ କରିଛନ୍ତି ଓ ସଂସ୍ଥାର ଜଣେ ସ୍ୱାଧ୍ୱୀକୁ ଧର୍ମ ବିବାହ କରିଛନ୍ତି। ଏହା ନିଶ୍ଚିତ ଆଜିକାଲିର ପରିବର୍ତ୍ତିତ ସମାଜର ବ୍ୟବସ୍ଥା। ଅର୍ଥାତ୍ ଗାଳ୍ପିକା ନିଜ ଦେଶର ବ୍ୟବସ୍ଥାର ପରିବର୍ତ୍ତନ କଥା ଆଦୌ ଭୁଲି ନାହାନ୍ତି। ତାଙ୍କର

ଚେତନାଶୀଳ ମାନସିକତାରେ ଓଡ଼ିଶାର ପ୍ରତ୍ୟେକଟି ସ୍ଥାନ ଓ ସାମାଜିକ ବ୍ୟବସ୍ଥାର ପରିବର୍ତ୍ତନ କଥା ସେଥିରେ ବେଶ୍ ସଚେତନ। ଅନ୍ୟ ଗୋଟିଏ କଥା ହେଲା - ନିଜ ଦେଶର ପାଣି, ପବନ ଆଉ ପ୍ରେମ ସବୁବେଳେ ଅଭୁଲା, ଅବିସ୍ମରଣୀୟ। ଏହା ମଧ୍ୟ ପଞ୍ଚସଖା ଗଳ୍ପଟିରୁ ସ୍ପଷ୍ଟ।

ଅଧୁନା ସମାଜରେ ଘଟୁଥିବା 'ପ୍ରେମ', ଯାହା ଈଶ୍ୱରୀୟ ବୋଲି କୁହାଯାଇ ପାରେନା। ସ୍କୁଲ୍‌ରେ ପଢୁଥିବାବେଳେ ଗାର୍ଲଫ୍ରେଣ୍ଡ୍ ପରବର୍ତ୍ତୀ ସମୟରେ କଲେଜ ପରିବର୍ତ୍ତନରେ ଆଉ କାହାକୁ ବୟଫ୍ରେଣ୍ଡ କରି ଚାଲିଯାଉଛନ୍ତି। ସାଙ୍ଗହୋଇ ମିଶିବା, ବସିବା, ଖାଇବା, ଆଉଟିଂରେ ଯିବା ସବୁ ଠିକ୍ ମାତ୍ର ପ୍ରପୋଜ କରିବା ଆଗରୁ, ତାହା ମଧ୍ୟ ଚେଞ୍ଜ। ଏମିତି ଏକ ସମୟକୁ ନେଇ ଜଣେ ସାଧାରଣ ମା' ମନରେ ଆସିଛି 'ଶୁଭସ୍ୟ ଶୀଘ୍ରମ'। ଯାହା ନିଷ୍ପତ୍ତି ଦେବାର କଥା ଯେତେ ଶୀଘ୍ର ଦେବ। ତାହା ସବୁବେଳେ ସବୁ ସମୟରେ ମଙ୍ଗଳକାରକ ହୋଇଥାଏ। ସେ ବିବାହ କାର୍ଯ୍ୟରେ ହେଉ ବା ପିଲାଛୁଆ କରିବାର ନିଷ୍ପତ୍ତିରେ ହେଉ। 'କାଲ କରେସୁ ଆଜ କର, ଆଜ କରେସୁ ଅବ, ପଲ ମେଁ ପ୍ରଳୟ ହୋୟେଗା, ବହୁରି କରେଗା କବ୍।' ଏହି ଗଳ୍ପଟି ଗୋଟିଏ ପାରିବାରିକ ଘଟଣା ଉପରେ ଆଧାରିତ।

ସେମିତି ଓଡ଼ିଆ ଲୋକକଥା ଆଧାରିତ 'କହିଦେଲା କଥା ବହିଗଲା ପାଣି' ସୁନ୍ଦର ଏକ ଉପାଖ୍ୟାନ। ଆଜିକାଲି ସମାଜରେ ଘଟୁଥିବା ଛୋଟ ଛୋଟ କାହାଣୀ ଆଧାରିତ କଥାବସ୍ତୁ ରୋଶନୀ ନାମକ ତରୁଣୀକୁ ଆଧାର କରି ଗତିଶୀଳ। ସାଧାରଣ ଅମାୟିକ ଓ ଭଲ ବ୍ୟବହାରଯୁକ୍ତ ତରୁଣୀ ରୋଶନୀ, ପିତାଙ୍କର ମୃତ୍ୟୁପରେ ଧୀରେ ଧୀରେ ତାର ଆଚାର, ବ୍ୟବହାର ପରିବର୍ତ୍ତନ, ଅଫିସ୍ କର୍ମଚାରୀ ତଥା ପ୍ରତ୍ୟେକ କାର୍ଯ୍ୟ ପାଇଁ ଉପଯୁକ୍ତ ମତ ହେଉଥିବା, ଆତ୍ମୀୟତା ପ୍ରକାଶ କରୁଥିବା ବୀଣାଠାରୁ ମଧ୍ୟ ପୂରାପୂରି ଅଲଗା ହୋଇଯାଇଛନ୍ତି। ଗାଳ୍ପିକାଙ୍କ ଉକ୍ତିରେ "ବ୍ୟବସାୟିକ ଜୀବନରେ ସର୍ବଦା ନିଜ ଭାବନାକୁ ନିୟନ୍ତ୍ରଣରେ ରଖି କଥା କହିବ ଆଉ ଏବେ ଏ ଯେଉଁ ଇ-ମେଲ୍ ଯୁଗ ହୋଇଛି ସେଥିପାଇଁ ଇ-ମେଲ୍‌ରେ ଲେଖୁଥିବା ସମସ୍ତ କଥା ଭାବିଚିନ୍ତି ଲେଖିବ।" ପ୍ରତ୍ୟେକ କଥା ଓ କାମର ମର୍ଯ୍ୟାଦା ଅଛି, ଯାହାକୁ ଠିକ୍ ଭାବରେ ଉପଯୁକ୍ତ ସ୍ଥାନରେ ଉପସ୍ଥାପନ କଲେ ଆମେ ଅସୁବିଧାରେ ସମ୍ମୁଖୀନ ହେବାର ଭୟ ମଧ୍ୟ ରହିଛି। ସୁନ୍ଦର ଆଉ ଯୁଗୋପଯୋଗୀ କାହାଣୀଟିଏ ଗାଳ୍ପିକାଙ୍କୁ କଲମରୁ ନିଃସୃତ।

ସେହିପରି 'ବାହାଘର ନିମନ୍ତ୍ରଣ' ସଂପୂର୍ଣ୍ଣ ଭାବରେ ଆଧୁନିକ ସଭ୍ୟତାର ନିମନ୍ତ୍ରଣକୁ ନେଇ ଗତିଶୀଳ। ଗୋଟିଏ ଘରୁ ଦୁଇଜଣ କରି ସୌଜନ୍ୟତା ଦୃଷ୍ଟିରୁ ବିବାହ କାର୍ଯ୍ୟରେ ଯୋଗଦାନ କରିବା ନିହାତି କଦର୍ଥପୂର୍ଣ୍ଣ ମନୋଭାବ। ଆତ୍ମୀୟତା

ଦୃଷ୍ଟିରୁ ଯେଉଁ ଦୁଇଟି ପରିବାର, ଗୋଟିଏ ହୋଇ ଚଳୁଥିଲେ ସମୟକ୍ରମେ ସେମାନେ ବି ପର ହୋଇଯାଇଛନ୍ତି। ସମ୍ପର୍କ ଗୋଟିଏ ସମ୍ବେଦନଶୀଳ ଶବ୍ଦ। ତାହା ଶବ୍ଦରେ ବ୍ୟାଖ୍ୟା କରାଯାଇ ନ ପାରେ। ମାତ୍ର ଏମିତି ସ୍ଥିତିରେ ଅନେକ ସଂପର୍କରେ ଆଘାତ ଲାଗେ ଓ ପରେ ନିଃଶବ୍ଦରେ ତାହା ଭାଙ୍ଗିରୁଜି ଛାରଖାର ହୋଇଯାଇଥାଏ। ଅଧୁନା ବିବାହ ଭୋଜିର ସାମାଜିକ ବ୍ୟବସ୍ଥା ଖୁବ୍ ଯତ୍ନଶୀଳ ହୋଇ ଗାଳ୍ପିକା ପରିପ୍ରକାଶ କରିଛନ୍ତି ଏହି ଗଳ୍ପଟିରେ।

'ଝିଅ ଘିଅ' - ଅନୁରୂପ ଭାବରେ ଓଡ଼ିଶାର ଲୋକକଥା ସାଧାରଣତଃ ଝିଅମାନଙ୍କୁ ସ୍କୁଲ୍ ସମୟରୁ ପୁଅମାନଙ୍କ ସହିତ ମିଶିବା ପାଇଁ ଦିଆଯାଇ ନ ଥାଏ, ମାତ୍ର ବିଦେଶ ମାଟିରେ ଝିଅର ପୁଅପିଲାମାନଙ୍କ ସହିତ ଅବାଧ ମିଳାମିଶାକୁ ମା' ଅନୁରାଧା ସହ୍ୟ କରିପାରନ୍ତି ନାହିଁ, ଯଦ୍ୱାରା ତାଙ୍କର ରକ୍ତଚାପ ବଢ଼ିଯାଏ। ବିଦ୍ୟାଳୟକୁ ଯିବାକୁ ଇଚ୍ଛା କରନ୍ତି ଏହାର ବିରୋଧ କରିବା ପାଇଁ, ମାତ୍ର ସ୍ୱାମୀ ଓ ଝିଅର ଚାପ। ଆଜିକାଲି ଏସବୁ ସମ୍ଭବ। ଝିଅ ଲୋପାର ଉକ୍ତି 'ଆଚ୍ଛା ମାମା ତମେ କ'ଣ ଜାଣନି ଯେ - ପୁଅ ସହିତ ପ୍ରୋଜେକ୍ଟ କରିବା ଯେତିକି ବିପଦଜନକ, ଝିଅ ସହିତ ସେହିପରି ବିପଦଜନକ ହୋଇପାରେ। ତମେ କ'ଣ ଚାହୁଁଛ ତୁମ ଝିଅ ପୁଅକୁ ବାହା ନ ହୋଇ ଝିଅକୁ ବାହା ହେଉ ବୋଲି।" ଅର୍ଥାତ୍ ଯୁଗ ବଦଳି ଯାଇଛି। ପରିବର୍ତ୍ତନଶୀଳ ସମାଜରେ ଅନୁରାଧା ଅଙ୍ଗେ ନିଭାଉଥିବା କଥା - ନ ଦେଖିବା କଥା ଦେଖୁଛି ଓ ନ ଶୁଣିବା କଥା ଶୁଣୁଛି ମଧ୍ୟ। ମଣିଷର ଢଙ୍ଗରଙ୍ଗ ସବୁ ବଦଳିଯାଉଛି। ସମୟକ୍ରମେ ଲୋପା ତାର ନିଷ୍ପତ୍ତି ଅନୁଯାୟୀ ବିବାହ କରିଛନ୍ତି ଓ ଅନୁରାଧାର ହୃଦୟ ଆକାଶରେ ଦୁଃଖର ଛାୟା ଦୂରୀଭୂତ ହୋଇଛି।

'ପିଲାପିଲି' ଗଳ୍ପଟିରେ ଅନୁରୂପ ଭାବରେ ପିଲାଙ୍କର ମାନସିକତା କଥା ହିଁ ବର୍ଣ୍ଣିତ। ଯେତେବେଳ ପର୍ଯ୍ୟନ୍ତ ସ୍ୱାମୀ-ସ୍ତ୍ରୀ ପିଲାର ଦାୟିତ୍ୱ ନିର୍ବାହ କରିବାର ଯୋଗ୍ୟତା ନ ରଖିଛନ୍ତି ବା ଇଚ୍ଛା ପ୍ରକାଶ ନ କରିଛନ୍ତି ସେତେଦିନ ପର୍ଯ୍ୟନ୍ତ ପିଲାପିଲି ପାଇଁ ନିଜ ଆଉ ନିଜେ ପ୍ରସ୍ତୁତ ନୁହନ୍ତି। 'ଦ୍ୱିତୀୟ ସୁଯୋଗ' ଗଳ୍ପଟିରେ ଶୋଭନା ଓ ଅଭିଜିତ କିପରି ଦ୍ୱିତୀୟ ବିବାହ କରନ୍ତି ଗୋଟିଏ ମନକୁ ନେଇ। ଦୁହିଁଙ୍କ ଜୀବନରେ ଦ୍ୱିତୀୟ ସୁଯୋଗ ହିଁ ଜୀବନକୁ ପରିପ୍ରକାଶ କରିବାର ରାହା ଖୋଜି ଦେଇଛି। ସବୁ କଥା ଜୀବନର ଶେଷ କଥା ନୁହେଁ, କିଛି ଆରମ୍ଭ ମଧ୍ୟ ଥାଏ। ଏହି ଗଳ୍ପଟିରୁ ବେଶ୍ ସ୍ପଷ୍ଟ। 'ଘରୋଇ ଉପଚାର' ଗଳ୍ପଟିରେ ଅନେକ ସମୟରେ ଘରୋଇ ଉପଚାର ପରେ ମଣିଷ ମୃତ୍ୟୁମୁଖରେ ପଡ଼ିଥାଏ। 'ତୁମା'ର ମୃତ୍ୟୁ କେବଳ ଡାକ୍ତରଖାନା ନ ଯାଇ ହୋଇଥିଲା। ଆଉ ଆଦିତି କାନ ବିନ୍ଧାର କାରଣ ଇୟରଫୋନ୍‌ର କିଛି ଅଂଶ। ଯାହାକୁ ଡାକ୍ତର

ସ୍ୱତନ୍ତ୍ର ଲାଇଟ୍ ପକାଇ ଦେଖିଲେ। ମାତ୍ର ଆଦିତି ବହୁତ ଦିନ ଘରୋଇ ଉପଚାର କରି କରି ବିଫଳ ହୋଇଥିଲା। ଯାହାକୁ ଗାଳ୍ପିକା ଅତି ସୁନ୍ଦର ଭାବରେ ଗଳ୍ପ ମାଧ୍ୟମରେ ଅବଗତ କରାଇଛନ୍ତି।

ଇସ୍ତାନ୍‌ବୁଲ କବାବ ଓ ବୁଦାପେଷ୍ଟର କାହାଣୀ ଏକ ଭ୍ରମଣ କାହାଣୀ। ନିଜ ଅଭିଜ୍ଞତାକୁ ପରସ୍ତ ପରସ୍ତ କରି ସାଉଁଟିଛନ୍ତି, ପାଠକକୁ ଗଳ୍ପ କଥନ ମାଧ୍ୟମରେ ବାଢ଼ିଛନ୍ତି। ପ୍ରଥମରୁ ଗାଳ୍ପିକା କହିସାରିଛନ୍ତି ଯେ ବହିରେ ପଢ଼ିବା ଆଉ ଇତିହାସ ଭୂଗୋଳକୁ ଜାଣିବା ପରେ ନିଜେ ସେସବୁ ଆଖିରେ ଦେଖିବା, ଆଉ ତା'ର ପବନର ସ୍ପର୍ଶ ଲାଭ କରିବା, ସେ ଲୋକଙ୍କ ସହିତ କଥାବାର୍ତ୍ତା କରିବା, ଏସବୁ ଅତ୍ୟନ୍ତ ସ୍ୱପ୍ନିଳ ଓ ବିଶିଷ୍ଟ ମୁହୂର୍ତ୍ତ। କେତେବେଳେ ସେମାନଙ୍କର ବୁଲିବା ଆନନ୍ଦ ପ୍ରଦାୟକ ଥିଲା ତ କେତେବେଳେ କଷ୍ଟସାଧ୍ୟ। ଖାଇବା, ପିଇବା ମଧ୍ୟ ଅନୁରୂପ ଭାବରେ ସେହିପରି। ତଥାପି ଗାଳ୍ପିକଙ୍କ ଉକ୍ତିରେ 'ନଦୀ ସେପଟରୁ ବୁଦା କାସ୍‌ଲ୍ ଦିଶୁଥିଲା ଏକ ଅପ୍‌ସରୀ ଭଳି। ଆଲୋକମାଳାରେ ସଜ୍ଜିତ ହୋଇ ଚମକୁଥିଲା ସେ। ସେ ଦୃଶ୍ୟ ଅତ୍ୟନ୍ତ ମନୋରମ, ରୋମାଣ୍ଟିକ୍।

ଦେଶ ବିଦେଶ ବୁଲି ଈଶ୍ୱରଙ୍କ ଏ ସୃଷ୍ଟିର ସମସ୍ତ ଐଶ୍ୱର୍ଯ୍ୟକୁ ଅନୁଭବ କରିବା ପାଇଁ ସେମାନଙ୍କର ଭ୍ରମଣ। ବୁଦାପେଷ୍ଟର ନଦୀର ତୀରେ ତୀରେ ସେମାନେ ଚାହୁଁଥିଲେ। ନଦୀ କୂଳରେ ଚାଲି ଚାଲି ତାର ସୌନ୍ଦର୍ଯ୍ୟ ଉପଭୋଗ କରାଯାଇପାରେ। ଆଉ ଯାହା କରୁଥିଲେ ସ୍ୱପ୍ନା ଓ ଅମର। ସେମାନେ ଚାଲୁ ଚାଲୁ ଜୋତା ସ୍ମାରକୀ (ସୁ ମେମୋରିଆଲ୍) ସ୍ଥାନଟିକୁ ଦେଖିଲେ। ଦ୍ୱିତୀୟ ବିଶ୍ୱଯୁଦ୍ଧ ସମୟରେ ଅନେକ ବ୍ୟକ୍ତିଙ୍କୁ ଜୋତା ଖୋଲିବାକୁ କୁହାଯାଇ ଗୁଳିବିଦ୍ଧ କରାଯାଇଥିଲା ଆଉ ସେଇ ଜୋତାଗୁଡ଼ିକୁ ଚମତ୍କାର ଭାବରେ ସଜାଯାଇ ରଖାଯାଇଥିଲା। ନଦୀକୂଳର ଶୋଭାବର୍ଦ୍ଧନ କରୁଥିଲା ଏଇ ଜୋତା ସ୍ମାରକୀ।

'ରିଗା' ସହର ବୁଲିବା ଘଟଣା। ଅନେକ ଲ୍ୟାଣ୍ଡମାର୍କସ ବୁଲି ସାରିଲେ ମଧ୍ୟ ଆହୁରି ଅନେକ। ଏଠାରେ ଗାଳ୍ପିକା ଭଗବାନଙ୍କୁ ବିଶ୍ୱାସ ରଖିଥିବାର କଥା କୁହାଯାଇଛି। ତାଙ୍କର ଏକ କାହାଣୀ 'ମାନିଲେ ଦେବତା'କୁ ନେଇ ଗଳ୍ପ ସଂକଳନଟି ଆଧାରିତ। ଓଡ଼ିଶାର ଲୋକମାନଙ୍କ କଥାକୁ ନେଇ ଏକ ଅନ୍ଧବିଶ୍ୱାସ ପ୍ରବାଦଟି ବାରମ୍ବାର ତାଙ୍କର ଗଳ୍ପରେ ଆସେ। ଧୂପ ଦେଉଥିବା ବେଳେ ଧୂପ କାହିଁକି ଲିଭିଯାଏ କିଛି ଖରାପ ଘଟିବାର ଅନୁମାନ ଆସେ। ଚିଲା ଆଖିର ସ୍ତ୍ରୀ ଲୋକଟି ଡାହାଣୀ - ଏହା ମଧ୍ୟ କି ପ୍ରକାର ଭାବନା। କଣ୍ଢେଇ ନାମକ ଝିଅଟିର ମୃତ୍ୟୁ କେବଳ ଫୁଲଗୁଡ଼ିଆଣୀ (ଡାହାଣୀର ଖାଇବା ଫଳରେ ହୋଇଥିଲା। ନଜର ଲାଗିଯିବା କଥାଟା ବି କିଛି କମ୍ ଅନ୍ଧବିଶ୍ୱାସ

ନୁହେଁ ବୋଲି ସ୍ୱୀକାର କରିବାକୁ ହେବ। ପ୍ରତିମା ପିଲାମାନଙ୍କୁ କହନ୍ତି 'କେତେବେଳେ ବି କୌଣସି କଥା ନେଇ ଦେଖେଇ ହେବନି କି ଅହଙ୍କାର କରିବନି, ନ ହେଲେ ସେ ଦେଖେଇ ହେବା ଗୁଣ ଉପରେ କି ଦକ୍ଷତା ଉପରେ କାହାର ନଜର ପଡ଼ିଯିବ ଓ ସେ ଗୁଣ ଓ ଦକ୍ଷତାର ହ୍ରାସ ହେବ।"

ଅନେକ କଥା ପୂଜାର ଫଳ ବୋଲି ପ୍ରତିମା ବିଶ୍ୱାସ କରନ୍ତି। ସମସ୍ୟାର ସମାଧାନ ପାଇଁ ଭଗବାନଙ୍କ ପାଖରେ ସମର୍ପିତା ନାରୀ ପ୍ରତିମା - ମାନିଲେ ଦେବତା, ନ ମାନିଲେ ପଥର। ତେଣୁ ସେ ଏହି ଗଳ୍ପଗୁଚ୍ଛରେ ପ୍ରତିମା, ଆଦିତି, କଳ୍ପନା, ଗୀତା, ମମତା, ଅନୁରାଧା ସବୁ ଚରିତ୍ର ଭିତରେ ଈଶ୍ୱରଙ୍କ ବିଶ୍ୱାସ ଭରି ଦେଇଛନ୍ତି। ସ୍ୱପ୍ନା ବୁଦାପେଷ୍ଟରେ ବୁଦାକାସଲ୍ ଭିତରେ ହଙ୍ଗେରିଆନ୍ ରାଜାମାନଙ୍କ ପାଇଁ ଉଦ୍ଦିଷ୍ଟ ମହଲ ବୁଲି ଦେଖିବାକୁ ଯାଇଥିଲେ। ଯେଉଁଠି ୧୯୮୭ ମସିହାରେ ବୁଦାକାସ୍‌ଲକୁ ଏକ ବିଶ୍ୱ ଐତିହ୍ୟ ସ୍ଥାନ ଭାବରେ ଘୋଷିତ କରାଯାଇଛି। କାସେଲ୍‌ରେ ପହଞ୍ଚି, ସେଠୁ ଡାନୁବେ ନଦୀକୁ ଦେଖୁ ଦେଖୁ ସ୍ୱପ୍ନା ଆଖିରେ ଲୁହ ଆସିଥିଲା। ଆଉ ସେ ବିଶ୍ୱନିୟନ୍ତା ଜଗନ୍ନାଥଙ୍କୁ ପ୍ରଣାମ କରି ଆଶୀର୍ବାଦ ଅନୁଭବ କରୁଥିଲେ ଯେ ଓଡ଼ିଶା ମାଟିର ଅଜଣା ଅଶୁଣା ଗାଁର ଝିଅଟିଏ ଏକ ମର୍ଯ୍ୟାଦାସଂପନ୍ନ ଐତିହାସିକ ସ୍ଥଳୀରେ ଠିଆ ହୋଇଛି। ସେହିପରି 'ରିଗା'ରେ ବର୍ଷା ନ ହେବା ଜଗନ୍ନାଥଙ୍କ କରୁଣା ବୋଲି ଶୁଭ୍ରା ଅନୁଭବ କରିଛନ୍ତି। ପ୍ରତ୍ୟେକଟି ଗଳ୍ପରେ କେଉଁଠି ନା କେଉଁଠି ଲୋକକଥା, ଲୋକାଚାର, ବିଶ୍ୱାସ, ଅନ୍ଧବିଶ୍ୱାସ ଆଦିକୁ ନେଇ ଗାଳ୍ପିକା ଓଡ଼ିଆତ୍ୱକୁ ଜାହିର କରିଛନ୍ତି। ଯଦିଓ ସେ ବିଦେଶ ମାଟିରେ ଜଣେ କର୍ତ୍ତବ୍ୟନିଷ୍ଠ କର୍ମଚାରୀ ତଥା ନାଗରିକ ଭାବେ ବସତି ସ୍ଥାପନ କରିଛନ୍ତି ତଥାପି ତାଙ୍କର ଦେଶୀ ହୃଦୟ ଓ ପ୍ରାଣରେ ଏ ମାଟିକୁ ସେ ସମ୍ମାନ ଦେବା ଭୁଲି ନାହାନ୍ତି। ଆଜି ବି ତାଙ୍କ ହୃଦୟରେ ମାଟିର ଦେବତା ପୂଜା ପାଉଛନ୍ତି। ଆଉ ଏ ସଂସ୍କୃତି ଭିତରେ ତାଙ୍କର ପ୍ରାଣ ପ୍ଳାବିତ। ଗାଳ୍ପିକା ଏମିତି ଆଗକୁ ଅନେକ କିଛି ଦାନ କରନ୍ତୁ, କଲମ ସକ୍ରିୟ ଥାଉ, ଏହି ପ୍ରାର୍ଥନା ମୋର ଆମ ବିଶ୍ୱନିୟନ୍ତା ଜଗନ୍ନାଥଙ୍କ ନିକଟରେ। ଦୀର୍ଘ ତଥା ନିରାମୟ ଜୀବନର କାମନା କରୁଛି।

■

ଅଧ୍ୟାପିକା,

ସେଣ୍ଟ୍ ଜାଭିୟର ମହାବିଦ୍ୟାଳୟ, ପଟିଆ

ମୋ: ୮୮୯୫୨୧୦୧୦୬

'ବଦଳି ଯାଉଥିବା ପୃଥିବୀ'ର ମାନଚିତ୍ର

ଡକ୍ଟର ପ୍ରିୟଦର୍ଶିନୀ ସ୍ୱାଇଁ

ବିଦେଶ ଭୂଇଁରେ ଶରୀର ଥିଲେ ହେଁ ମନଟି ସବୁବେଳେ ଜନ୍ମମାଟିରେ। ମଣିଷକୁ ଭଲପାଉଥିବା, ପାରିବାରିକ ସମ୍ପର୍କକୁ ସମ୍ମାନ ଦେଉଥିବା, ସାଂପ୍ରତିକ ଘଟଣାଗୁଡ଼ିକୁ ନିଜ ଚତୁଃପାର୍ଶ୍ୱ ପରିବେଶକୁ ଅତି ସଚେତନ ଭାବରେ ଗଳ୍ପ ମାଧ୍ୟମରେ ପରିପ୍ରକାଶ କରିପାରୁଥିବା ଲେଖିକା ହେଉଛନ୍ତି ପ୍ରବାସୀ ଡକ୍ଟର ବିଜ୍ଞାନୀ ଦାସ।

ଡକ୍ଟର ଦାସ ଜଣେ ସୁପ୍ରତିଷ୍ଠିତ କଥାକାର, ତାଙ୍କ ଗଳ୍ପର ଚରିତ୍ରମାନେ ମନସ୍ତାତ୍ତ୍ୱିକତାର ଛାଇ ଆଲୁଅ ଖେଳରେ ଚିତ୍ରାୟିତ ତ ପୁଣି ସାଂପ୍ରଦାୟିକତା ଦଙ୍ଗା ଆଦିରେ ବିଦ୍ରୋହୀ ହୋଇ ଉଠିଛନ୍ତି। କେଉଁଠି ପଲ୍ଲୀ ପ୍ରକୃତିର ଆତ୍ମାରେ ତଲ୍ଲୀନ ହେବାକୁ ଚାହିଁଛନ୍ତି। କେଉଁଠି ଆଧ୍ୟାତ୍ମିକତାର ଉତ୍ତରଣ ଘଟିଛି ତ କେଉଁଠି ମାନବିକତାର ଜୟଗାନ କରିଛନ୍ତି। କେଉଁଠି ଜନ୍ମମାଟି ଓଡ଼ିଶାର ସଂସ୍କୃତିକୁ ଉଜ୍ଜୀବିତ କରି ରଖିବା ପାଇଁ ବିଦେଶ ଭୂଇଁରେ ପ୍ରୟାସ କରିଛନ୍ତି। ସୁଦୂର ଆମେରିକାରେ ରହୁଥିବା ଲେଖିକା ଡକ୍ଟର ବିଜ୍ଞାନୀ ଦାସଙ୍କ ଗଳ୍ପର ମୁଖ୍ୟ ଚରିତ୍ର ହେଉଛନ୍ତି ନାରୀ।

୨୦୨୦ ମସିହାରେ କରୋନା ମହାମାରୀର ତାଣ୍ଡବଲୀଳାର ବିଭୀଷିକାରେ ସମଗ୍ର ବିଶ୍ୱ ଥରହର ହୋଇଛି। ଅନେକ ମନୁଷ୍ୟଙ୍କ ପ୍ରାଣହାନୀ ଘଟିଛି। ଏଥିପାଇଁ ଅନେକ ନିଜ ଆତ୍ମୀୟମାନଙ୍କୁ ହରାଇଛନ୍ତି। ସମଗ୍ର ବିଶ୍ୱରେ ତାଲାବନ୍ଦ। ସେଥିପାଇଁ ଯୋଗାଯୋଗର ବାଧା ସୃଷ୍ଟି ହୋଇଛି। ଦୀର୍ଘଦିନ ଧରି ନିଜ ପ୍ରିୟଜନଙ୍କଠାରୁ ଦୂରରେ ରହିବାକୁ ପଡ଼ିଛି ତ କେଉଁଠି ପରିବାର ଲୋକେ ଏକାଠି ଘରେ ରହି କାର୍ଯ୍ୟ କରିବାର ସୁଯୋଗ ଲାଭ କରିଛନ୍ତି। ଏହି ସମୟରେ ଅନେକ ଲୋକ ରୋଜଗାର ହରାଇଛନ୍ତି

କରୋନା ଯୋଦ୍ଧାମାନଙ୍କର ଅହର୍ନିଶି କାର୍ଯ୍ୟ କରିବା ଦକ୍ଷତା, ଲୋକମାନଙ୍କ ମଧ୍ୟରେ ନାହିଁ ନ ଥିବା ଆତଙ୍କର ଚିହ୍ନ। ଏହି ସ୍ପର୍ଶକାତର ମୁହୂର୍ତ୍ତମାନଙ୍କୁ ନେଇ ଡକ୍ଟର ବିଜ୍ଞାନୀ ଦାସଙ୍କ ଗଳ୍ପ ସଂକଳନ 'ବଦଳି ଯାଉଥିବା ପୃଥିବୀ'ର ଏକ ଆକଳନ।

'ଅଚିହ୍ନା ବସନ୍ତ' ଗଳ୍ପରେ ମିଥ୍‌ର ଅବତାରଣା ଘଟିଛି। "ଯେତେବେଳେ କଂସ ମହାରାଜ ସାଧାରଣ ଜନତାଙ୍କୁ ନିର୍ଯାତନା ଦେଉଥିଲା, ସେତେବେଳେ ପିଲା ମନରେ ଜାଗିଥିଲା ଗୋଟିଏ ସ୍ୱପ୍ନ, ଗୋଟିଏ ଉଦ୍ଦେଶ୍ୟ, ଦୁର୍ଦ୍ଧର୍ଷ କଂସର ମରଣ।" (୧) ଏଠାରେ କଂସକୁ ଅଦୃଶ୍ୟ କରୋନା ଭୂତାଣୁ ସହ ତୁଳନା କରିଛନ୍ତି। ସମଗ୍ର ପୃଥିବୀରୁ କିପରି ଏହାର ମୂଳୋତ୍ପାଟନ ହେବ ତା'ର ପରିକଳ୍ପନା ଏହି ମିଥ୍‌ଟି।

କରୋନା ମହାମାରୀର ତାଣ୍ଡବଲୀଳା ସମଗ୍ର ବିଶ୍ୱରେ ଅଗୋଚର ନାହିଁ। ମୁଖ୍ୟ ଚରିତ୍ର ସୁଜାତା ଜଣେ କର୍ମଜୀବୀ ହୋଇ ଘରେ ରହି କିପରି କାର୍ଯ୍ୟାଳୟର କାର୍ଯ୍ୟ, କନ୍‌ଫରେନ୍‌ସ ଆଦି ଆଟେଣ୍ଡ କରିବା ସହ ଘରର ସମସ୍ତ କାର୍ଯ୍ୟ ତୁଲାଉଛନ୍ତି, ନିଜର ପିଲା ଦୁଇଜଣ ନ୍ୟୁୟର୍କରୁ ବାପା ମା'ଙ୍କ ପାଖକୁ ଆସିଥିଲେ ମଧ୍ୟ ସେମାନେ ସାମାଜିକ ଦୂରତା ରକ୍ଷା କରିବା ପାଇଁ ୧୪ ଦିନ ପାଇଁ ସଙ୍ଗରୋଧରେ ଅଛନ୍ତି। ପିଲାମାନେ ଏତେଦିନ ପରେ ଘରକୁ ଆସିଲେ ମଧ୍ୟ ସେମାନଙ୍କୁ ଟିକେ ଗେହ୍ଲା କରିପାରୁ ନାହାନ୍ତି ସୁଜାତା ଏବଂ ସୁମନ୍ତ। ସେଥିପାଇଁ ସେମାନଙ୍କ ମନରେ କ୍ଷୋଭ। ପିଲାମାନେ ଏଇ କରୋନା ରୋଗର ଭୟ ପାଇଁ ବୟସାଧିକ୍ୟ ହୋଇଥିବାରୁ ବାପା ମା'ଙ୍କୁ କାଳେ ଆକ୍ରାନ୍ତ କରିବ ସେଥିପାଇଁ ସେମାନେ ନିଜକୁ ଦୂରେଇ ରଖିଛନ୍ତି। ଏ ବର୍ଷର ବସନ୍ତ ପାଇଁ ସାଂସ୍କୃତିକ କାର୍ଯ୍ୟକ୍ରମ ସ୍ଥିରୀକୃତ ହୋଇଥିଲା। ଯଥା- ମାର୍ଚ୍ଚ ୧୪ ହୋଲି ଉତ୍ସବ, ୱାଶିଂଟନ୍ ଡି.ସିରେ ଚେରିବ୍ଲସମ୍ ଫେଷ୍ଟିଭାଲ୍ - ଏପ୍ରିଲ୍ ୧ମ ଶନିବାର। ଏପ୍ରିଲ ୨ୟ ଶନିବାର - ବିଷୁବ ମିଳନ, କବିତା ପାଠୋତ୍ସବ। ୩ୟ - ହିନ୍ଦୁ ମନ୍ଦିରରେ ଭଜନ କାର୍ଯ୍ୟକ୍ରମ। ୪ର୍ଥ ଶନିବାର - ବସନ୍ତ ଉତ୍ସବରେ ଆର୍ଯ୍ୟାନାଚ କଂପାନୀ ତରଫରୁ ନାଚିବା ପ୍ରୋଗ୍ରାମ୍। କିନ୍ତୁ ଏସବୁ ହଠାତ୍ ବନ୍ଦ ହୋଇଗଲା। ସମସ୍ତେ ତାଲାବନ୍ଦ। ମୃତ୍ୟୁର କରାଳ ଚିତ୍ରମାନ ଟିଭି ପରଦାରେ ଭାସି ଉଠିଲା। ଇଟାଲୀର ଭୟଙ୍କର ସଂକଟର ଛବି। ନ୍ୟୁୟର୍କ ସହରର ଦାରୁଣ ଦୃଶ୍ୟ ଡାକ୍ତର ଓ ନର୍ସମାନଙ୍କର ଦୁରାବସ୍ଥା, ଭେଣ୍ଟିଲେଟର ଅଭାବ ଆଦି। ସାଙ୍ଗସାଥୀ ମିଳାମିଶା ସବୁ ବର୍ଜନୀୟ। ସମସ୍ତେ ସମସ୍ତଙ୍କର ଘରେ ଆବଦ୍ଧ। ଏତେ ସବୁ ଦୁଃଖମୟ ସ୍ଥିତି ମଧ୍ୟରେ ଗୋଟିଏ ଭଲ କଥା ଘଟିଲା। କରୋନା ପରିବାରରେ ସମସ୍ତେ ଲୋକଙ୍କୁ ଏକତ୍ରିତ କରିବା ଶିଖାଇଲା। ସ୍ୱାମୀ, ସ୍ତ୍ରୀ, ପିଲାଛୁଆ, ଜେଜେମା ଆଦି ପରିବାରେ ଏକତ୍ରିତ ହେବାଦ୍ୱାରା ସ୍ନେହ, ସୌହାର୍ଦ୍ଦ୍ୟ ବୃଦ୍ଧି ଘଟିଲା। ସୁଜାତା ବି ଜଗନ୍ନାଥଙ୍କ ପାଖରେ ଏତେ ସବୁ ସ୍ୱଗୋକ୍ତି ମଧ୍ୟରେ ଶେଷରେ ଏକ

ମିନତି - "ଏ ବର୍ଷର ବସନ୍ତ ସିନା ଅଚିହ୍ନା ହୋଇ ରହିଲା। ଆସନ୍ତା ବର୍ଷର ବସନ୍ତ ନିଶ୍ଚୟ ଅଧିକ ମାଦକତା ନେଇ ଆସିବ।" (୨) ସାଂପ୍ରତିକ ଘଟଣାବଳୀକୁ ନେଇ ରଚିତ 'ଅଚିହ୍ନା ବସନ୍ତ' ଗଳ୍ପଟି ବେଶ୍ ଜୀବନ୍ତ ଏବଂ ମର୍ମସ୍ପର୍ଶୀ ହୋଇପାରିଛି।

'ଅବ୍ୟକ୍ତ ପ୍ରତିବାଦ' ଗଳ୍ପରେ ସୁଦାମା ଏବଂ ଶିଖା ଦମ୍ପତି ଦ୍ୱୟ କିଭଳି ଅପଦସ୍ଥ ହୋଇଛନ୍ତି ବାନ୍ଧବୀ ଦମ୍ପତିଙ୍କ ଦ୍ୱାରା ତାର ନମୁନା। ସ୍ୱପ୍ନା ଏବଂ ଶ୍ରୀଚରଣ ବାବୁ ନିଜ ଜୀବନକୁ କିଭଳି ଖୁସିରେ ଅୟସ, ଆରାମରେ ବିତାଉଛନ୍ତି ସେହିଭଳି ଜୀବନ ଜିଇଁବାକୁ ପରାମର୍ଶ ଶିଖା ଏବଂ ସୁଦାମ ବାବୁଙ୍କୁ। ବୟସ୍କ 'ଶିଖା' ଚରିତ୍ରର ମନସ୍ତତ୍ତ୍ୱ ବେଶି ପ୍ରତିଫଳିତ। "ଏ ପର୍ଯ୍ୟନ୍ତ ସ୍ୱାମୀଙ୍କର ପ୍ରେମ ଜିନିଷଟା ସିଏ ଅନୁଭବ କରିନାହାନ୍ତି କେବେ। ସେ ଯେଉଁ ପ୍ରେମ ନିଜ ପୁଅ, ବୋହୂଙ୍କ ଭିତରେ, ନିଜ ଝିଅ ଜ୍ୱାଇଁଙ୍କ ଭିତରେ ଦେଖନ୍ତି, ସେଭଳି ପ୍ରେମ ସିଏ ବି କାମନା କରିଥିଲେ ତାଙ୍କ ତରୁଣୀ ବୟସରେ ହେଲେ ସେମିତି ପ୍ରେମିକ ନ ଥିଲେ ସୁଦାମ। ସବୁବେଳେ କଥାବାର୍ତ୍ତାରେ ହୁକୁମ ଦେବା ଭଳି କଣ୍ଠସ୍ୱର, ଯେମିତି ଶିଖା ତାଙ୍କର ଜଣେ ଚାକରାଣୀ। ସିଏ ଯାହା କହିବେ, ଶିଖା ମାନିବାକୁ, କରିବାକ ବାଧ୍ୟ।" (୩) ଶିଖା ଭଳି ନିର୍ଭୀକ ଚରିତ୍ରଟି ବିବାହ ପରେ ବଦଳି ଯାଇଛନ୍ତି। ପିଲା ଦୁହିଁଙ୍କି ମଣିଷ ପରି ମଣିଷ କରି ଗଢ଼ି ତୋଳିଛନ୍ତି। କିନ୍ତୁ ସ୍ୱାମୀ ସୁଦାମ ପ୍ରେମିକ ଭଳି ରୋମାଣ୍ଟିକ୍ ହୋଇ ପାରିନାହାନ୍ତି। ସେଥିପାଇଁ ଶଇଖା ମନରେ ଟିକେ ଅବସାଦ ଆସେ। ନିଜର ଏକମାତ୍ର ପୁଅ ବାପୁ ବିବାହର ୫ ବର୍ଷ ପରେ ପିତୃତ୍ୱ ଲାଭ କରେ। ସେ ସୁଖରେ ମଧ୍ୟ ଶିଖା ଏବଂ ସୁଦାମ ବାବୁ ଭାଗିଦାର ହୋଇ ପାରିନାହାନ୍ତି କରୋନା ଭାଇରସ୍ ପାଇଁ। ଶିଖାଙ୍କର ଅବ୍ୟକ୍ତ ପ୍ରତିବାଦ ଶେଷରେ ଈଶ୍ୱରଙ୍କ ନିମନ୍ତେ ଥିଲା, "ଭଗବାନ, ତମେ ବି ଶେଷକୁ ଥିଲ ମୋ ସୁଖ ଉପରେ ଦାଉ ସାଧିବାକୁ। ଏତେଦିନ ପରେ ଏ ସୁଖ ଦେଲ, ଅର୍ଥାତ୍ ସୁଖକୁ ଭୋଗିବାକୁ, ଛୁଇଁବାକୁ ଦେଖିବାକୁ ଏମିତି ଘଟଣା ଘଟେଇଲ।" (୪) 'ମନ ବଗିଚା' ଗଳ୍ପଟିରେ କାବ୍ୟିକତା ବେଶ୍ ରସୋତ୍ତୀର୍ଣ୍ଣ। ଗଛର ପତ୍ରରେ ସବୁ ରଙ୍ଗ ଭରି ଯାଇଥିଲା। ସବୁଜ, ନାଲି, ହଳଦିଆ, ଗୋଲାପି, ନାରଙ୍ଗୀ ଏମିତି ଅନେକ ରଙ୍ଗରେ ଧାଡ଼ି ଧାଡ଼ି ହୋଇ ସଜେଇ ରହିଥିଲେ ରାସ୍ତାକଡ଼ର ଗଛ ସମସ୍ତ। ଫାଙ୍କା ରାସ୍ତା। ସୁନ୍ଦର ସୂର୍ଯ୍ୟ କିରଣ ରଙ୍ଗର ମେଖଳା ଛୁଟାଇଥିଲା। ଯେମିତି ପ୍ରକୃତି ନିଜକୁ ସଜେଇ ଆଜି ସେମାନଙ୍କ ମିଳନକୁ ସ୍ୱାଗତ କରୁଛି।" (୫) ଡକ୍ଟର ଦାସଙ୍କ 'ମନ ବଗିଚା' ଗଳ୍ପଟିରେ ଜାତିଆଣ ଭେଦଭାବ, ଉତ୍ତର ଆଧୁନିକତାର ଛାପ ଦେଖିବାକୁ ମିଳେ। ଗଳ୍ପର ନାୟକ ଆକାଶ ପଞ୍ଜାବୀ ଯୁବକ ଏବଂ ନାୟିକା ଇତି ଓଡ଼ିଆ ଝିଅ ପ୍ରେମ ବିବାହ ପାଇଁ ପରିବାରର ବିରୋଧର ଶିକାର ହୋଇଛନ୍ତି। ଜାତି, ଧର୍ମ ଭିନ୍ନ ଭିନ୍ନ ବୋଲି। କିନ୍ତୁ ସେମାନଙ୍କ

ପିଲାମାନେ ବା ଆଜିର ଯୁବପିଢ଼ି ଡେଟିଙ୍ଗ୍ ଆପ୍‌ରେ ପ୍ରେମିକ ପ୍ରେମିକା ପାଉଛନ୍ତି। ଫେସ୍‌ଟାଇମ୍, ଗୁଗୁଲ୍ ମିଟ୍ ଆଦିରେ ଘଣ୍ଟା ଘଣ୍ଟା ପ୍ରେମୀ ସହିତ ଗପିବା, ଫଟୋ ସେୟାର୍ କରିବା, ଖାଇବା, ପିଇବା, ବସିବା, ଉଠିବା ସହ ବିବାହ ପୂର୍ବରୁ ପ୍ରେମୀମାନେ ଏକାସାଙ୍ଗରେ ସ୍ୱାମୀ, ସ୍ତ୍ରୀ ଭଳି ରହି ଦେଶ ବିଦେଶ ବୁଲିବାର ସୁଯୋଗ ଲାଭ କରୁଛନ୍ତି। ଗଳ୍ପରେ ଅନ୍ତିମ ପର୍ଯ୍ୟାୟରେ 'ଇତି' ତା'ର ବାଲ୍ୟ ବାନ୍ଧବୀ ସୁନା ସହ ଟେଲିଫୋନ୍‌ରେ ବାର୍ତ୍ତାଳାପରେ ସେମାନଙ୍କ ଅତୀତ ସ୍ମୃତି, ବାଲ୍ୟ, ଆଦ୍ୟ ଯୌବନର ଚିତ୍ରମାନ ଚିତ୍ରିତ ହୋଇ ଉଠିଛନ୍ତି।

'ସ୍ମରଣ' ଗଳ୍ପଟି ପ୍ରବାସୀମାନଙ୍କର ବନ୍ଧୁତ୍ୱର ଜ୍ୱଳନ୍ତ ଉଦାହରଣ। ରାଜଦ୍ୱାର ଠାରୁ ଶ୍ମଶାନ ପର୍ଯ୍ୟନ୍ତ ଯେଉଁ ବ୍ୟକ୍ତି ପାଖରେ ଥାଏ, ସେ ପ୍ରକୃତ ବନ୍ଧୁ। "ବିଦେଶ ଭୂମିରେ, ସ୍ୱଦେଶର ଲୋକ ଯେତେ ଅଜଣା ହେଲେ ବି ଆପଣାର। ସେମାନଙ୍କ ଦୁଃଖ ସୁଖରେ ଯେମିତି ହେଲେ ବି ଆମେ ଉପସ୍ଥିତ ରହିବାକୁ କର୍ତ୍ତବ୍ୟ ବୋଲି ଭାବି ନେଇଛି। ଆଉ ଏଇଟା ଆମେ ଶିଖିଛୁ ଆମ ପ୍ରତି ସହୃଦୟତା ଦେଖାଇଥିବା କିଛି ବନ୍ଧୁଙ୍କଠାରୁ। ଦୟା, ବନ୍ଧୁତା ଓ ସହଭାଗିତା ସବୁ ସଂକ୍ରାମକ ଅଟେ।" (୬) ତିଳଅପା ଭଳି ସହୃଦୟ, ସ୍ନେହଶୀଳା ମହିଳାଙ୍କ ମୃତ୍ୟୁରେ ପ୍ରବାସୀ ଓଡ଼ିଶାରେ ଶାନ୍ତା ଚରିତ୍ର ଜୁମ୍ ଆପ୍‌ରେ କିଭଳି ୧୧ ଦିନ ଧରି ପ୍ରାର୍ଥନା ସଭା ପରିଚାଳନା କରିଛନ୍ତି ଏଥିରେ ପୂଜାରୀଠାରୁ ପୃଥିବୀର କୋଣ ଅନୁକୋଣରେ ପ୍ରବାସୀ ଓଡ଼ିଆମାନେ ଯୋଗ ଦେଇଛନ୍ତି।

'କରୋନା ରଜ' ଗଳ୍ପଟି ସଂସ୍କୃତି, ଦଙ୍ଗା, ଜାତିଆଣ ମନୋଭାବ, ପାରିବାରିକ ମିଳନର ପର୍ବ। ସୁବ୍ରତ ଏବଂ ସବିତା ଏବଂ ତାଙ୍କ ୩ ଝିଅଙ୍କୁ ନେଇ 'କରୋନା ରଜ' ଗଳ୍ପ ଗତିଶୀଳ। ରଜ ପାଳନ ପାଇଁ ବାପ, ମା' ଦୁଇ ଭଉଣୀଙ୍କ ପାଖକୁ ବଡ଼ ଝିଅ ଜ୍ୱାଇଁ ୱାଶିଂଟନ୍ ଡି.ସି ସହରରୁ ଆସିଥିଲେ ମଧ୍ୟ ସେମାନଙ୍କୁ ସଙ୍ଗରୋଧରେ ରହିବାକୁ ପଡ଼ିଛି। ତା'ପରେ ମଧ୍ୟ ଓଡ଼ିଶାର ପିଠାପଣା, ରଜ ଖେଳ ଆଦି ଆମେରିକାରେ ସବୁ ରାଜ୍ୟରେ ପାଳିତ ହୋଇଛି। ୩ ଝିଅ ବାପ ମା'ଙ୍କ ସହ ଫେସ୍ ଟାଇମ୍‌ରେ ସର୍ବଦା ଆମେରିକାରେ ଘଟିଯାଉଥିବା ସାଂପ୍ରଦାୟିକ ଦଙ୍ଗା, ଆଦି ଉପରେ ଆଲୋଚନା କରି ସେମାନଙ୍କ ମତ ମାନ ଦିଅନ୍ତି।

ଶ୍ୱେତକାୟଙ୍କର କୃଷ୍ଣକାୟଙ୍କ ପ୍ରତି ବର୍ଷେ ବର୍ଷର ଅତ୍ୟାଚାର, ଅବିଚାର, କୃଷ୍ଣକାୟ ବ୍ୟକ୍ତି ଜର୍ଜ ଫ୍ଲଏଡ୍‌ର ମୃତ୍ୟୁ ଏକ ଶ୍ୱେତାଙ୍ଗ ପୋଲିସ୍ ହାତରେ। ଏହିଭଳି ଜାତିଆଣ, ବର୍ଣ୍ଣ ବିଚାରକୁ ନେଇ ସବୁବେଳେ ନ୍ୟୁୟର୍କ, ୱାଶିଂଟନ୍, ମିନିଆପାଲିସ୍ ଆଦି ସହର ଠାରୁ ସମଗ୍ର ଦେଶରେ ବିଦ୍ରୋହର ବହ୍ନି ଜଳି ଉଠେ। କେତେ ଯେ ନାରକୀୟ ହତ୍ୟାକାଣ୍ଡମାନ ଘଟୁଥିଲା। ଏହି ବିଦ୍ରୋରେ ସାମିଲ ହେବା ପାଇଁ ସବିତାଙ୍କ ଝିଅମାନେ

ମଧ୍ୟ ଆଗେଇ ଆସିଥିଲେ। 'ଆଶା ଓ ଆଶଙ୍କାର ରାତି' - ଜୀବନରେ ପ୍ରେମ ଥରେ ମାତ୍ର ହୁଏ, ଏହି ଭାବନାକୁ ଗଣ୍ଠୁଳି କରିଥିବା ପରିତ୍ୟକ୍ତ ପତି ପତ୍ନୀଙ୍କ ଜୀବନରେ ପୁନଃ ନୂତନ ପ୍ରେମର ବୀଜ ଅଙ୍କୁରିତ ହୋଇଛି। ସେମାନେ ବିବାହ ବନ୍ଧନରେ ବାନ୍ଧି ହୋଇଛନ୍ତି। କରୋନା ମହାମାରୀ ବ୍ୟାପିବା ଦ୍ୱାରା ଦମ୍ପତି ପରସ୍ପରକୁ ସମୟ ଦେଇଛନ୍ତି। ଏହିଭଳି କାହାଣୀର ଉପଜୀବ୍ୟ 'ଆଶା ଓ ଆଶଙ୍କାର ରାତି' ଗଳ୍ପ।

'ଫୁଟାଣିଆ' ଗଳ୍ପଟି ଭାରତୀୟ ବଂଶୋଦ୍ଭବ ଦୁଇ ଭାଇ ଆମେରିକାରେ ଭିନ୍ନ ଭିନ୍ନ ସହରରେ ବସତି ସ୍ଥାପନ। ସେମାନଙ୍କ ପୁଅ ଝିଅଙ୍କ ବିବାହ ଆମେରିକାରେ। କିନ୍ତୁ ଅମରେଶଙ୍କ ଝିଅର ନିର୍ବନ୍ଧ ପାଇଁ ଓଡ଼ିଶା ଫେରିଛନ୍ତି। ତାଙ୍କ ସମୁଦି ସମୁଦୁଣୀଙ୍କୁ ମଧ୍ୟ ଆଣିଛନ୍ତି। ବର୍ତ୍ତମାନର ଗାଁର ଚିତ୍ର ଅବତାରଣା କରାଯାଇଛି, ଗାଁରେ କିପରି ରୋଷେଇବାସ ପାଇଁ ମହୋତ୍ସବ ଆୟୋଜନ ସଂସ୍ଥା ମାନ ରହିଛି। ସେମାନଙ୍କୁ ଜଣାଇ ଅର୍ଥ ବନ୍ଦୋବସ୍ତ କରିଥିଲେ ସମସ୍ତ କାର୍ଯ୍ୟ ସୁରୁଖୁରୁରେ ହୋଇଯାଉଛି। ଅମରେଶ ବାବୁଙ୍କ ଦେଖାଇହେବା ଢଙ୍ଗ ହେଉ ବା ଆଭିଜାତ୍ୟର ପ୍ରତୀକ ସେ ଓଡ଼ିଶାର ବନ୍ଧୁବାନ୍ଧବଙ୍କୁ ଶଙ୍ଖୁଳିଛନ୍ତି। ଡିଷ୍ଟ୍ରିକ୍ଟ କଲେକ୍ଟର, କେଉଁ ସଂସ୍ଥା ଡାଇରେକ୍ଟର ଆଦି ବନ୍ଧୁମାନଙ୍କୁ ସେ ନିମନ୍ତ୍ରଣ କରିଛନ୍ତି, ଅପରପକ୍ଷରେ ଭାଇବୋହୂ ଛନ୍ଦା ମୁହଁରେ ଯୌଥ ପରିବାର ଜଟିଳତା ସଂପର୍କର ବର୍ଣ୍ଣନା କରିଛନ୍ତି ଲେଖକ। ଓଡ଼ିଆ ଘରର ଯୌଥ ପରିବାରର ଚାଲିଚଳଣିର ଏକ ନିଛକ ଚିତ୍ର ଏହି 'ଫୁଟାଣିଆ' ଗଳ୍ପ।

'ନିର୍ବାଚନ ଫାଟ' ଗଳ୍ପରେ ଆମେରିକାର ନିର୍ବାଚନ ଏବଂ ଓଡ଼ିଶା ମାଟିର ନିର୍ବାଚନର ଏକ ଚିତ୍ର ପ୍ରଦାନ କରିଛନ୍ତି ଗାଳ୍ପିକା। କରୋନା ମହାମାରୀ ସମୟରେ ଭୋଟର ପେପର ଅନ୍‌ଲାଇନ୍‌ରେ ଆଣି ସମସ୍ତ ତଥ୍ୟ ପୂରଣ କରି ଭୋଟ କେନ୍ଦ୍ରରେ ଥିବା ଭୋଟବାକ୍ସରେ ପୋଷ୍ଟ କରିବା ଆମେରିକାରେ ଏ ଆଉ ଏକ ଅଭିନବ ପ୍ରୟାସ। ଆମେରିକାରେ ନିର୍ବାଚନୀ ହିଂସା କୋର୍ଟ କେସ୍ କରି ଫୈସଲା କରିବାକୁ ଓକିଲମାନେ ଯୁକ୍ତିତର୍କ କରନ୍ତି। ଅନେକ ଅର୍ଥ ବ୍ୟୟ ହୁଏ ହେଲେ ମଣିଷ ମଣିଷ ଉପରେ ବ୍ୟକ୍ତିଗତ ଭାବେ ଯାଇ ଲଢ଼େଇ କରେନି କି କିଛି ହିଂସା ଦେଖାଏନି। ଦୁଇ ପଡ଼ୋଶୀ ଭିନ୍ନ ରାଜନୀତି ଦଳର ହୋଇଥିଲେ ମଧ୍ୟ କିଏ କାହାର ବ୍ୟକ୍ତିଗତ କ୍ଷୟକ୍ଷତି କରନ୍ତିନି କି କରାନ୍ତିନି। ହେଲେ ଓଡ଼ିଶାର ଭାଇ ଭାଇଙ୍କ ମଧ୍ୟରେ ଲାଗିଯାଏ ଯୁଦ୍ଧ। ବନ୍ଧୁ ବନ୍ଧୁଙ୍କ ଭିତରେ ଲାଗିଯାଏ ଯୁଦ୍ଧ। ଘରେ ଘରେ ଛକାପଞ୍ଝା ଚାଲିଥାଏ। ଏହିଭଳି ପାରିବାରିକ ନିର୍ବାଚନୀ ହିଂସାରେ ଅଙ୍ଗେଲିଭା କାହାଣୀ ଡକ୍ଟର ଦାସ ଏହି ଗଳ୍ପରେ ଅବତାରଣା କରିଛନ୍ତି।

'ଧାଡ଼ିରେ ଛିଡ଼ା ମଣିଷ' ଗଳ୍ପଟିରେ ଆମେରିକାର ଲୋକମାନଙ୍କର ଶୃଙ୍ଖଳିତ

ଜୀବନ ସହ ଓଡ଼ିଶାରେ ଲୋକମାନେ କିଭଳି ବିଶୃଙ୍ଖଳିତ ତା'ର ଏକ ଚିତ୍ର ପ୍ରଦାନ କରିଛନ୍ତି। 'ଅଭିଲା କଥା' ଗଳ୍ପଟି ଆମେରିକା ଏବଂ ଓଡ଼ିଶାର ରାଜନୀତିକୁ ନେଇ ଢଗଟିର ଅବତାରଣା ଘଟାଇଛନ୍ତି ଲେଖକ। "ନିଜ ସ୍ୱାମୀ ପଛେ ମରୁ, ସଉତୁଣୀ ରାଣ୍ଡ ହେଉ" ଏଭଳି ନ୍ୟାୟରେ ବାଇଡେନ୍ ଏବଂ ଟ୍ରମ୍ପଙ୍କ ମଧ୍ୟରେ ହୋଇଥିବା ନିର୍ବାଚନରେ ବାଇଡେନ୍‌ଙ୍କ ଜିତାପଟରେ ଟ୍ରମ୍ପ ଏବଂ ତାଙ୍କର ସଥର୍କମାନେ ବାଇଡେନ୍ ବିରୋଧୀ ନାରା ଦେଇ କିପରି ଦେଶ ମଧ୍ୟରେ ଆତଙ୍କରାଜ, ହିଂସା, ଦ୍ୱେଷର ଲୀଳା ଖେଳାଇ ଦେଇଥିଲେ ତା'ର ନମୁନା ଏ ଗଳ୍ପ। ଦିନ ଦିନ ଧରି କ୍ଷୁଧାରେ ରହିଥିବା ଶ୍ୱାନପଲ ଯେମିତି ମଶାଣିରେ ଶବଟିଏ ଦେଖିଲେ ହିଂସ୍ର ହୋଇ ବେଗରେ ଦଉଡ଼ିଆସନ୍ତି, ସେ ବିଦ୍ରୋହୀ ପଲ ସେମିତି ହିଂସ୍ରମୁଖା ହୋଇ କୋଠରି ପରେ କୋଠରି ଭିତରକୁ ପଶୁଥାନ୍ତି, ଭଙ୍ଗାରୁଜା କରୁଥାନ୍ତି ଓ ତା'ପରେ ବୀର ଦର୍ପରେ ଆଗକୁ ବଢୁଥାନ୍ତି। ଏ ସ୍ୱପ୍ନର ଦେଶ, ସୁଯୋଗର ଭୂମି, ସମୃଦ୍ଧଶାଳୀ ଶକ୍ତିଶାଳୀ ଦେଶରେ ଏମିତି ଅବକ୍ଷୟ କାହିଁକି ? ଏ ଦେଶ, ଯିଏ ପୃଥିବୀର ଅନ୍ୟ ଦେଶମାନଙ୍କୁ ନେତୃତ୍ୱ ଦେଉଛି, ସେ ଦେଶର ସବୁଠାରୁ ସୁରକ୍ଷା ବଳୟ ଭିତରେ ରହିଥିବା କ୍ୟାପିଟାଲ୍ ହିଲ୍ ବିଲଡିଙ୍ଗରେ ଆଜି ଅନୁପ୍ରବେଶକାରୀମାନଙ୍କର ଏମିତି ଆତଙ୍କ ଘଟାଇବା ସମ୍ଭବ ହେଲା କେମିତି ?" (୭) ଟ୍ରମ୍ପଙ୍କ ବିଜୟକୁ ଚୋରି କରାଯାଇଛି, ଠିକ୍ ସେହିପରି ଲେଖିକା ନିଜ ଜନ୍ମମାଟିର ଓଡ଼ିଶାର ରାଜନୀତିକୁ ମନେପକାଇଛନ୍ତି। ସ୍ୱୟଂ ରକ୍ଷାକର୍ତ୍ତା ସାଜି ପୁଣି ଭକ୍ଷକ ସାଜିଛନ୍ତି କିଭଳି ହିଂସ୍ର ହେଉଛନ୍ତି ତା'ର ନମୁନା। ଲେଖିକାଙ୍କର ଅସ୍ତିତ୍ୱବାଦୀ ଚେତନାର ପରିଚୟ ମିଳିଛି ଏହି ଗଳ୍ପରେ। ଯେପରି- "ହେ ଭଗବାନ! ଏଇ କ'ଣ ସଭ୍ୟ ମଣିଷର ବ୍ୟବହାର। ଦେଶଭକ୍ତ ବୋଲାଉଥିବା ବଡ଼ପଣ୍ଡାମାନେ କିପରି ଦେଶଦ୍ରୋହର କାର୍ଯ୍ୟ କରିଚାଲିଛନ୍ତି, ତା'ର ଏକ ନିଦର୍ଶନ ଏ ଗଳ୍ପ। 'ଲଳିତା' ଗଳ୍ପଟି ଏକ ଆକର୍ଷଣୀୟ ଗଳ୍ପ। ପ୍ରତି କାର୍ଯ୍ୟରେ ଯେପରି ଜଣେ ଜଣେ ମାଧ୍ୟମ ଥାନ୍ତି, ଠିକ୍ ସେହିପରି ସୁମିତ୍ରା ଓ ସୁକାନ୍ତଙ୍କ ଜୀବନରେ ଲଳିତା ଯୋଗସୂତ୍ର ହୋଇ ଆସିଛି। ସେମାନଙ୍କ ପ୍ରେମ ଠାରୁ ବିବାହ ପର୍ଯ୍ୟନ୍ତ ସବୁକିଛିରେ ସିଏ ସାହାଯ୍ୟ କରିଛି। ସେମାନଙ୍କ ଝିଅକୁ ମଧ୍ୟ ବିବାହ କରାଇଛନ୍ତି। 'ଅନେକ ଭୁଲ୍' ଗଳ୍ପଟି ଦମ୍ପତିଙ୍କୁ ନେଇ, ପାରିବାରିକ କଳହ, ହିଂସା ଆଦି କିପରି ଟିକିଏ ବୁଝାମଣା ଅଭାବରୁ ସମ୍ପର୍କ ଭାଙ୍ଗିଯାଉଛି ତା'ର ନିଛକ ଚିତ୍ର। ପରସ୍ପର ବୁଝାମଣା, ସମ୍ମାନବୋଧ, ରାଗରୁଷାରେ ଆଦର୍ଶ ଜୀବନ ଗଢ଼ିହୁଏ। ଏହିଭଳି ଏକ ଗଳ୍ପ 'ଅନେକ ଭୁଲ୍'। 'ଲୋକ କ'ଣ କହିବେ' ଗଳ୍ପଟିରେ ଅରୁନ୍ଧତୀ ନାମ୍ନୀ ନାରୀ ଚରିତ୍ରର ମାନସିକତା ବର୍ଣ୍ଣନା କରାଯାଇଛି। ଅନ୍ଧାର ନ ଥିଲେ ଆଲୋକର ମହାନ୍ ତେଜକୁ ଅନୁଭବ କରିହୁଏନି। ଠିକ୍ ସେହିପରି ଅରୁନ୍ଧତୀ ନାମକ ବିବାହିତା

ନାରୀର ସ୍ୱାମୀ ନିଶାସକ୍ତ ହେବାରୁ ଚାକିରି ହରେଇଛି। ରୋଗରେ ପୀଡ଼ିତ ଅଛି। ସେବେଠାରୁ ଅରୁନ୍ଧତୀ ଦୁନିଆକୁ ନିଜ ଆଖିରେ ଦେଖିଲା ନିଜେ ରୋଜଗାରକ୍ଷମ ହୋଇ ପରିବାର ଚଳେଇଲା। ସେ ପ୍ରମାଣ କଲା ସେ ସ୍ୱୟଂସମ୍ପୂର୍ଣ୍ଣା, ସ୍ୱୟଂସିଦ୍ଧା।

'ବିଚିତ୍ର ଧାରା' ଗଳ୍ପରେ ମନୁଷ୍ୟର ମନ, ତା'ର ସମ୍ପର୍କ କିପରି ପରିବର୍ତ୍ତନୀୟ ତା'ର ଚିତ୍ର ଫୁଟି ଉଠିଛି। ବହିଗଲା ପାଣି, ଧନୁରୁ ତୀର, ଜିହ୍ୱାରୁ କଥା ବାହାରିଗଲେ ଆଉ ଫେରେନି। ଛୋଟ ଛୋଟ କାରଣରୁ ବଡ଼ ବଡ଼ ଘଟଣାମାନ ଘଟିଥାଏ। କିଏ ଆତ୍ମହତ୍ୟା କରେ ତ କିଏ ଅନ୍ୟକୁ ମାରିଦିଏ କିଏ ପିଲାଙ୍କ ଉପରେ ପ୍ରତିଶୋଧ ନିଏ ତ କିଏ ସମ୍ପର୍କ ଛାଡ଼ିଦିଏ। ମନୁଷ୍ୟ ସମ୍ପର୍କରେ ମନୋମାଳିନ୍ୟ ଘଟିଲେ ତା'ର ସମାଧାନ ଅଛି। ତା'ର ସମାଧାନ ପାଇଁ ସଂଯତ ନ ହେଲେ କରୋନା ଭୂତାଣୁ ଭଳି ଏହା ଅଣାୟତ୍ତ ହୋଇଯିବ।

'ଜେଜେମା' ଗଳ୍ପଟିରେ ଜେଜେମା'ଙ୍କର ଚରିତ୍ର ବର୍ଣ୍ଣନା ଅନନ୍ୟ। ଜେଜେମା' ଓଡ଼ିଶାର ନିପଟ ଗାଉଁଲି ଚରିତ୍ର ହୋଇ ମଧ୍ୟ କିପରି ଆମେରିକା ଭଳି ସ୍ଥାନରେ ନାତୁଣୀ କର୍ମଜୀବୀ ଛନ୍ଦାର କୁନି ଝିଅର ଲାଳନପାଳନ କରି ପଡ଼ୋଶୀଙ୍କ ସହ ଉତ୍ତର ବ୍ୟବହାର କରନ୍ତି, ଓଡ଼ିଆ ବ୍ୟତୀତ ଅନ୍ୟ କୌଣସି ଭାଷା ନ ଜାଣି ମଧ୍ୟ ସେ ସମସ୍ତ ଭାଷାକୁ ଭାବନାକୁ ସହଜରେ ବୁଝିପାରନ୍ତି। ସମାଧାନର ବାଟ ମଧ୍ୟ ବତାଇ ଦିଅନ୍ତି। ଜେଜେମା'ଙ୍କ ମୁହଁରେ ଗାଳ୍ପିକା କୁହାଇଛନ୍ତି, "ଆଗେ ଯେତେବେଳେ ଭାଷା ନ ଥିଲା, ଲୋକ ତ ପୁଣି ଠରାଠରି, ହଲାହଲି କରି କଥାବାର୍ତ୍ତା ହଉଥିଲେ। ଇଏ କି ଭାଷା ବାହାରିଲା ଯେ, ହିନ୍ଦୀ, ବଙ୍ଗଳା ସବୁ ହେଇଗଲା। ସବୁ ତ ସେଇ ଓଡ଼ିଆ ଭାଷା। କ'ଣ ଇଆଡୁ ସିଆଡୁ ସବୁ ମିଶାଇ ତାକୁ ହିନ୍ଦୀ, ବଙ୍ଗଳା କରିଦେଇଛନ୍ତି।" (୮) 'ବଦଳିଯାଉଥିବା ପୃଥିବୀ' ଗଳ୍ପରେ ସାରମର୍ମ ହେଉଛି ଅତ୍ୟଧିକ ଖୁସିରେ ଖୁସି ହେବା, ମନ ମଧ୍ୟରେ ଅହଂଭାବ ରଖିଲେ ତା' କିଭଳି ନିମିଷକେ ଚୂନା ହୋଇଯାଏ ତା'ର ଏକ ଚିତ୍ର ଏହି ଗଳ୍ପରେ ପ୍ରଦର୍ଶିତ। ଏହା ସହ ଓଡ଼ିଆ ଘର ବାହାପୁଆଣି ପର୍ବର ପରମ୍ପରାର ନିଛକ ଚିତ୍ର ପ୍ରଦର୍ଶିତ। ଭବବତ୍‌ବିଶ୍ୱାସୀ ଲେଖିକା କିଭଳି ଭଗବାନଙ୍କୁ ପ୍ରତି କର୍ମରେ ଧନ୍ୟବାଦ ଅର୍ପଣ କରିଛନ୍ତି "ହେ ଭଗବାନ, ଏ ଖୁସିର ମୁହୂର୍ତ୍ତ ପାଇଁ ଆପଣଙ୍କୁ ଅଶେଷ ଧନ୍ୟବାଦ। ଏ ସଫଳତା ପ୍ରାପ୍ତି କେବଳ ଆପଣଙ୍କ ଆଶୀର୍ବାଦର ଫଳ। ଯଦିଓ ମୁଁ ସବୁ ପରିଶ୍ରମ କରିଛି, ତେବେ ସେ ପରିଶ୍ରମର ଫଳ ଆପଣଙ୍କ ଆଶୀର୍ବାଦ ବିନା କେବେ ବି ପ୍ରାପ୍ତ ହୋଇ ନ ଥାନ୍ତା।" (୯)

'ଲଳିତା' ଗଳ୍ପରେ ଗାଳ୍ପିକା ପୁରାଣର ଲଳିତାକୁ ମିଥ୍ ଭାବରେ ଗ୍ରହଣ କରି ଆଧୁନିକ ଜୀବନ ଶୈଳୀରେ ତା'ର ଆରୋପ କରିଛନ୍ତି। ଗାଳ୍ପିକା ଡକ୍ଟର ବିଜ୍ଞାନୀ

ଦାସ ଜଣେ ଉଚ୍ଚକୋଟୀର ଗାଳ୍ପିକା । ତାଙ୍କ ଗଳ୍ପଗୁଡ଼ିକରେ ପାଠକ ଦେଖିବାକୁ ପାଇବେ ମଣିଷ ପ୍ରତି ସମବେଦନା ଭାବ । ପାରିବାରିକ ଶୃଙ୍ଖଳାବୋଧ, ନାରୀର ମନସ୍ତାତ୍ତ୍ୱିକ ଭାବନା, ଆଧ୍ୟାତ୍ମିକ ଚିନ୍ତନ ସହ ସମୂହ ଭାବେ ଏକ ବିକାଶଶୀଳ ସମାଜବାଦୀ, ସାମ୍ୟବାଦୀ ରାଷ୍ଟ୍ର ଗଠନର ମନ୍ତ୍ର ।

ପ୍ରାନ୍ତଟୀକା:

୧. ଦାସ ଡକ୍ଟର ବିଜ୍ଞାନୀ 'ଅଚିହ୍ନା ବସନ୍ତ' ଟାଇମ୍ ପାସ୍ ୯୫୦ (ପି) ନୀଳକଣ୍ଠେଶ୍ୱର ମାର୍ଗ, ବରମୁଣ୍ଡା, ଭୁବନେଶ୍ୱର, ଓଡ଼ିଶା ୧ମ ପ୍ରକାଶ-୨୦୨୨, ପୃ-୧୦

୨. ତତ୍ରୈବ, ପୃ-୧୮

୩. ତତ୍ରୈବ, ଅବ୍ୟକ୍ତ ପ୍ରତିବାଦ, ପୃ-୨୩

୪. ତତ୍ରୈବ, ପୃ-୨୬

୫. ତତ୍ରୈବ, ମନବଗିଚା ପୃ-୨୭-୨୮

୬. ତତ୍ରୈବ, ସ୍ମରଣ, ପୃ-୪୫

୭. ତତ୍ରୈବ, ଅଭିଳା କଥା, ପୃ-୧୦୧

୮. ତତ୍ରୈବ, ଜେଜେମା'ର ଭାବ, ପୃ-୧୪୬

୯. ତତ୍ରୈବ, ବଦଳି ଯାଉଥିବା ପୃଥିବୀ, ପୃ-୧୫୭

■

ଅଧ୍ୟାପିକା, ଓଡ଼ିଆ ଭାଷା ସାହିତ୍ୟ ବିଭାଗ
ଇମର୍ତ୍ତୀ ଦେବୀ ମହିଳା ମହାବିଦ୍ୟାଳୟ
ନୟାସଡ଼କ, କଟକ

ବିଜ୍ଞାନୀ ଦାସଙ୍କ 'ମାନିଲେ ଦେବତା' : ଏକ ଦୃଷ୍ଟିପାତ

ଡକ୍ଟର ରେବତୀ ମୁଦୁଲି

ଉର୍ଦ୍ଧ୍ୱତର ଚେତନାର ଅସୀମ ପରିବ୍ୟାପ୍ତି ହେଉଛି 'ସାହିତ୍ୟ'। 'ସାହିତ୍ୟ' ଜଣେ ସାଧାରଣ ମଣିଷକୁ ଅସାଧାରଣ ସ୍ରଷ୍ଟାରେ ପରିଣତ କରିପାରେ। ସାହିତ୍ୟର ବିଭିନ୍ନ ବିଭାଗ ମଧ୍ୟରୁ 'ଗଳ୍ପ'ର ସ୍ଥାନ ସ୍ୱତନ୍ତ୍ର। ଆଧୁନିକ ବ୍ୟସ୍ତବହୁଳ ଜଞ୍ଜାଳଗ୍ରସ୍ତ ମଣିଷର ସାହିତ୍ୟିକ ରସ ପିପାସାକୁ ଚରିତାର୍ଥ କରିବାର ଏକ ପ୍ରମୁଖ ମାଧ୍ୟମ ହେଉଛି ଗଳ୍ପ। ଯେଉଁ ଶିଳ୍ପକଳା ପାଠକର ପ୍ରାଣକୁ ଅନାୟାସରେ ଉଦ୍‌ବେଳିତ ତଥା ଆନ୍ଦୋଳିତ କରିପାରେ, ଅନ୍ତହୀନ ଉତ୍କଣ୍ଠାରେ ପରିଣତି ପର୍ଯ୍ୟନ୍ତ ପାଠକର ପ୍ରାଣକୁ ଅଟିରେ ବାନ୍ଧି ରଖିପାରେ, ତାହା ହିଁ ଯଥାର୍ଥରେ ସାର୍ଥକ ଗଳ୍ପ। ରାଜନୀତି, ଅର୍ଥନୀତି, ଧାର୍ମିକ ଭାବନା, ସମାଜ ଜୀବନର ବହୁବିଧ ସମସ୍ୟା ତଥା ଆଧ୍ୟାତ୍ମିକ ଚିନ୍ତନ ଆଜିର କଥାକାରଗଣଙ୍କ ଲେଖନୀରେ ଅତି ନିଖୁଣ ଭାବରେ ରୂପାୟିତ ହୋଇଛି। "ବିଶ୍ୱାସେ ମିଳଇ ହରି, ତର୍କେ ବହୁଦୂରେ" କଥାଟି ସାଂପ୍ରତିକ ସମୟର ପ୍ରଥିତଯଶା ଗାଳ୍ପିକା ବିଜ୍ଞାନୀ ଦାସଙ୍କ ବହୁ ଚର୍ଚ୍ଚିତ ଗଳ୍ପ ପୁସ୍ତକ 'ମାନିଲେ ଦେବତା'ର ଭାବବସ୍ତୁ ସହିତ ବହୁ ପରିମାଣରେ ସାମଞ୍ଜସ୍ୟ ରକ୍ଷାକରେ। ଜଣେ ପ୍ରବାସୀ ସାହିତ୍ୟିକା ହେଲେ ମଧ୍ୟ ଓଡ଼ିଆ ସମାଜ ଜୀବନ, ଧର୍ମ, ସଂସ୍କୃତି, ପରମ୍ପରା ତଥା ଓଡ଼ିଆ ଚଳଣିକୁ ହୃଦୟରେ ସାଇତି ରଖି ତାକୁ ଗଳ୍ପରେ ପରିପ୍ରକାଶ କରିବାର ମହତ୍ତ୍ୱପୂର୍ଣ୍ଣ ଦାୟିତ୍ୱ ତୁଲାଇବାରେ ଡ.ଦାସ ସକ୍ଷମ

ହୋଇପାରିଛନ୍ତି। ଯେଉଁ ସମୟରେ ଧର୍ମ ତଥା ଈଶ୍ୱରଙ୍କ ଅସ୍ତିତ୍ୱକୁ ନେଇ ସମଗ୍ର ମଣିଷ ସମାଜ ସନ୍ଦିଗ୍ଧ ସେହିଭଳି ଏକ ସମୟରେ ଅବସ୍ଥାନ କରି ମଧ୍ୟ ଧର୍ମୀୟ ଭାବନାକୁ ପୁନର୍ଜୀବିତ କରିବା ଲକ୍ଷ୍ୟରେ ଡ.ବିଜ୍ଞାନୀ ଦାସ ଏହି ପୁସ୍ତକରେ ଅଭିନବ ପ୍ରୟାସ କରିଛନ୍ତି କହିଲେ କିଛି ଭୁଲ୍ ହେବନାହିଁ।

ସାଂପ୍ରତିକ ଓଡ଼ିଆ କଥା ସାହିତ୍ୟରେ ସମ୍ଭାବନାର ଶ୍ରେଷ୍ଠ ଉଚ୍ଚାରଣ ଡ. ବିଜ୍ଞାନୀ ଦାସ ବୃତ୍ତିରେ ଜଣେ ଗାଣିତିକ ବିଜ୍ଞାନୀ। ଅବସ୍ଥାନ କରନ୍ତି ଆମେରିକାରେ ଅଥଚ ଲେଖନୀ ତାଙ୍କର ଚଳଚଞ୍ଚଳ ଓଡ଼ିଆ ସାହିତ୍ୟ ସୃଜନରେ। 'ସଂପର୍କ', 'ରହସ୍ୟ', 'ଅଣାୟତ୍ତ ଭାଗ୍ୟ', ସଂପର୍କର ସେତୁ' ଆଦି ଗଳ୍ପ ସଂକଳନର ପରେ 'ମାନିଲେ ଦେବତା' ଡ. ଦାସଙ୍କର ଚତୁର୍ଥ ଗଳ୍ପ ସଂକଳନ। ସମୁଦାୟ ପନ୍ଦରଟି ଗଳ୍ପକୁ ନେଇ ଏହି ସଂକଳନଟି ରଚିତ। 'ବଣଫୁଲ', 'ପଞ୍ଚସଖା', 'ଶୁଭସ୍ୟ ଶୀଘ୍ରମ୍', କହିଦେଲା କଥା, ବହିଗଲା ପାଣି', ବାହାଘର ନିମନ୍ତ୍ରଣ, ଝିଅଘିଅ, 'ପିଲାପିଲି', ଦ୍ୱିତୀୟ ସୁଯୋଗ, ହାସ୍ୟକବି ସମ୍ମେଳନ, ଜରୁରୀ ଚିକିତ୍ସା, ଘରୋଇ ଉପଚାର, ମାନିଲେ ଦେବତା' 'ଷ୍ଟାନ୍‌ବୁଲ୍ କବାବ୍, ବୁଦାପେଷ୍ଟ, ଗୋବିନ୍ଦ ଭୋଜନାଳୟ, ବୁଦାପେଷ୍ଟ ରିଗା, ବର୍ଷା, ଇଣ୍ଡିଆନ୍ ରାଜା ଓ ଜଗନ୍ନାଥ ଇତ୍ୟାଦି କ୍ରମରେ ଗଳ୍ପଗୁଡ଼ିକ ସ୍ଥାନିତ।

ଆଲୋଚ୍ୟ ଗଳ୍ପ ସଂକଳନର ପ୍ରଧାନ ଗଳ୍ପ 'ବଣଫୁଲ'। ବଣଫୁଲ ବଣରେ ଫୁଟି ଯେମିତି ମଉଳିଯାଏ, ତା'ର ମହକରେ କାହାକୁ ମୋହିତ କରିପାରେନା, ସେମିତି ପ୍ରଚେଷ୍ଟା, ପ୍ରୋତ୍ସାହନ ତଥା ସହଯୋଗ ଅଭାବରୁ ଅକାରଣରେ ଅନେକ ସମୟରେ ବହୁ ପ୍ରତିଭାର ଅପମୃତ୍ୟୁ ହୁଏ, ମାତ୍ର ପ୍ରେରଣା, ଉଦ୍‌ଯୋଗ ଓ ନିଷ୍ଠାବଳରେ ଗାଁର ଛାତ୍ରଟିଏ ଆମେରିକାର ବିଶ୍ୱବିଦ୍ୟାଳୟରେ 'ଡିନ୍' ରୂପେ ଦାୟିତ୍ୱ ନିର୍ବାହ କରିପାରେ, ରମେଶ ଚରିତ୍ରରୁ ତାହା ପ୍ରମାଣିତ। ଆମେରିକାରେ ବାସ କରି ଦୀର୍ଘ ୪୦ ବର୍ଷର ବ୍ୟବଧାନ ପରେ ରମେଶ ତା'ର ଦେବୁ କକେଇ ଓ କାକୀଙ୍କୁ ଯେପରି ସମସ୍ତଙ୍କ ସମ୍ମୁଖରେ ପରିଚିତ କରାଇଛି ତାହା ତା' ଚରିତ୍ରର ମହତ୍ତ୍ୱ ପୂର୍ଣ୍ଣ ଦିଗକୁ ପ୍ରତିପାଦିତ କରେ।

'ପଞ୍ଚସଖା' ଏହି ସଂକଳନସ୍ଥ ଦ୍ୱିତୀୟ ଗଳ୍ପ। ଆମେରିକାରେ ରହୁଥିବା ପାଞ୍ଚଜଣ ପ୍ରବାସୀ ଓଡ଼ିଆ, ପ୍ରଫେସର ବିକାଶ ପଟ୍ଟନାୟକ, ଡାକ୍ତର ସଦାନନ୍ଦ ରାଉତ, ଇଞ୍ଜିନିୟର ରତିକାନ୍ତ ପଣ୍ଡା, ବ୍ୟବସାୟୀ ଅନନ୍ତ ମିଶ୍ର, ବୈଜ୍ଞାନିକ ଆଶୁତୋଷ ଦାସଙ୍କ ମଧ୍ୟରେ ନିବିଡ଼ ବନ୍ଧୁତ୍ୱ। ପ୍ରବାସୀ ହେଲେ ବି ଅନ୍ତରାତ୍ମାରେ ଖାଣ୍ଟି ଓଡ଼ିଆ। ନିଜ ଜନ୍ମମାଟି ଓଡ଼ିଶା ପ୍ରତି ଅତୁଟ ଭଲପାଇବା, ଅଜସ୍ର ଶ୍ରଦ୍ଧା। ନିଜ ନିଜ ପତ୍ନୀମାନଙ୍କର ଆକ୍ଷେପ, ବାରଣ ସତ୍ତ୍ୱେ ଆପଣାର ଜନ୍ମମାଟି ପାଇଁ କିଛି କରିବାର ଆଗ୍ରହ ସେହି ପଞ୍ଚସଖାଙ୍କୁ

ଟାଣି ଆଣିଛି ଜ୍ଞାନଦେବ ମହାରାଜାଙ୍କ ଆଶ୍ରମକୁ। ଆଶ୍ରମର ପରିଷ୍କାର ପରିଚ୍ଛନ୍ନ ପରିବେଶ, ଶାକାହାରି ସୁସ୍ୱାଦୁ ଖାଦ୍ୟ, ନିରାମୟ ଜୀବନ, ସବୁକିଛି ସେମାନଙ୍କ ମନକୁ ମୋହିତ କରିଛି। ଡାକ୍ତର ସଦାନନ୍ଦ ଆଶ୍ରମର ନିର୍ମଳ ପରିବେଶ ଭିତରେ ସେ ପ୍ରେମିକା ଚାରୁର ସ୍ମୃତିକୁ ରୋମନ୍ଥନ କରିଛନ୍ତି। ଚାରୁକୁ ନେଇ ସେ ଲେଖିଛନ୍ତି କବିତା 'ମୋ ଚାରୁର ସ୍ୱପ୍ନ'। ପରିଶେଷରେ ଆଶ୍ରମର ତତ୍ତ୍ୱବଧାରିକା 'ଚାରୁ'କୁ ଦେଖି ପାଞ୍ଚବନ୍ଧୁ ବିସ୍ମିତ ହୋଇଯାଇଛନ୍ତି। ଗାଳ୍ପିକାଙ୍କ ଲେଖନୀରେ ସ୍ୱାଧ୍ୱୀ ଚାରୁଙ୍କ ରୂପ ବର୍ଣ୍ଣନା ଅତୀବ ମନୋରମ- "ପ୍ରକୃତରେ ରାଧାରାଣୀ ଦେବୀ ଓରଫ୍ ଚାରୁର ଚେହେରାରେ ଜମା ବି କିଛି ପରିବର୍ତ୍ତନ ହୋଇନଥିଲା। ତା' କେଶ ସେମିତି କଳାଥିଲା, ଚେହେରା ସେମିତି ଆଙ୍କିଦେବା ଚିତ୍ରଟିଏ ଭଳି। ଆଖି ସେମିତି ଦୀପ୍ତ ଓ ମୁହଁ ସେମିତି ହସ ହସ।" (୧)

ଡ. ବିଜ୍ଞାନୀ ଦାସଙ୍କ ଅନ୍ୟତମ ସଫଳ ଗଳ୍ପ 'ଶୁଭସ୍ୟ ଶୀଘ୍ରମ୍'। ଭଲକାମରେ ବିଳମ୍ବ କରିବା ଅନୁଚିତ୍ ତାହା ହିଁ ଆଲୋଚ୍ୟ ଗଳ୍ପରେ ପ୍ରତିପାଦିତ। ତିଳୋତ୍ତମା ତିରିଶ ବର୍ଷରେ ପଦାର୍ପଣ କରିଥିବା ପୁଅ ପ୍ରମୋଦର ବାହାଘର ନେଇ ବ୍ୟଗ୍ରତା ପ୍ରକାଶ କରୁଥିଲେ। ପ୍ରଥମେ ପ୍ରାଞ୍ଜଲ, ପରେ ସୋନା ଯିଏକି ଦିନେ ପୁଅ ପ୍ରମୋଦର ବାଳିକା ବନ୍ଧୁଥିଲେ, ସେ ଦୁଇଜଣଙ୍କ ମଧ୍ୟରୁ କାହାକୁ ହେଲେ ଜଣେ ବୋହୂ କରିବାର ସ୍ୱପ୍ନ ଦେଖୁଥିବା ତିଳୋତ୍ତମାଙ୍କ ସ୍ୱପ୍ନ ଅଚାନକ ଭାଙ୍ଗି ଯାଇଥିଲା। ତେଣୁ ସେ ପୁଅର ଭବିଷ୍ୟତକୁ ନେଇ ବେଶ୍ ଚିନ୍ତିତ ହୋଇପଡିଥିଲେ। ଅଚାନକ ଦିନେ ପ୍ରମୋଦ ଆମାଣ୍ଡାକୁ ପ୍ରପୋଜ୍ କରି ବିବାହର ପ୍ରତିଶ୍ରୁତି ଦେଇ ଘରକୁ ନେଇ ଆସିଛି। ସର୍ବଦା ବିବାହ ପାଇଁ ଅରାଜି ହେଉଥିବା ପୁଅର ଏପରି ନିଷ୍ପତ୍ତି ଓ କାର୍ଯ୍ୟକଳାପରେ ଆଶ୍ଚର୍ଯ୍ୟ ହୋଇଯାଇଛି ତିଳୋତ୍ତମା। ଭାବି ଶାଶୁଙ୍କ କଥାରେ ପ୍ରରୋଚିତ ହୋଇ ସେ କିପରି ନିଜ ଥେସିସ୍ କାମ ଶୀଘ୍ର ସାରିଦେଲେ ଏମିତିକି ବିବାହ ବାର୍ଷିକୀ ପୂର୍ବରୁ ମା' ହେବାର ନିଷ୍ପତ୍ତି ନେବା କଥା ମଧ୍ୟ ଜଣାଇ ଦେଲେ। ଆମାଣ୍ଡାର ଏଭଳି ନିଷ୍ପତ୍ତିରେ ଅଜିତେଶ ଓ ତିଳୋତ୍ତମା ବେଶ୍ ଖୁସି ଜଣାଯାଉଥିଲେ। ଗାଳ୍ପିକାଙ୍କ ଭାଷାରେ- "ଅଜିତେଶ ବାବୁ ଆମାଣ୍ଡାକୁ ସ୍ନେହିଳ ଦୃଷ୍ଟିରେ ଚାହିଁ ମନ୍ତବ୍ୟ ଦେଲେ- ହଁ ମା, ଶୁଭସ୍ୟ ଶୀଘ୍ରମ୍! ଏଇଟା ତମମାନଙ୍କ ବହୁତ ଭଲ ନିଷ୍ପତ୍ତି।"(୨)

'ମାନିଲେ ଦେବତା' ଆଲୋଚ୍ୟ ଗଳ୍ପ ସଂକଳନସ୍ଥ ଶୀର୍ଷକ ଗଳ୍ପ। ଈଶ୍ୱର ବିଶ୍ୱାସ ଓ ଭରସା ଏହି ଗଳ୍ପର ମୁଖ୍ୟ ଭାବବସ୍ତୁ। ମଣିଷ ଯେତେ ଶିକ୍ଷିତ ହେଲେ ମଧ୍ୟ ସର୍ବଶକ୍ତିମାନ୍ ଅଦୃଶ୍ୟ ସତ୍ତା ନିକଟରେ ସମର୍ପିତ, ତାଙ୍କର ଶରଣାଗତ। ପୂଜା ଅର୍ଚ୍ଚନାରେ କିଛି ଭୁଲ୍ ଭଟ୍‌କା ହେଲେ ଅମଙ୍ଗଳ ଆଶଙ୍କା କରି ମନ ଚହଲି ଉଠେ, ଯାହା ଘଟିଛି ପଦାର୍ଥ ବିଜ୍ଞାନରେ ଗବେଷଣା କରିଥିବା ପ୍ରତିମାଙ୍କ ଜୀବନରେ। ଦୀପାବଳିରେ ଦୀପ

ଲିଭିଯିବା ପରେ ମନ୍ଦିର ଯାଇ ସେ ବିଷ୍ଣୁ, ଗଣେଶ ତଥା ନବଗ୍ରହଙ୍କୁ ପୂଜା କରି ଆଶ୍ୱସ୍ତିରେ ଘରକୁ ଫେରିଛନ୍ତି। ମଝିଆ ଝିଅର ପେଟ ରୋଗରୁ ଖୁବ୍ ଶୀଘ୍ର ଆରୋଗ୍ୟ ଲାଭ କରିବାପାଇଁ ଭଗବାନଙ୍କର ଶରଣାପନ୍ନ ହୋଇଛନ୍ତି ପ୍ରତିମା। ଈଶ୍ୱର ସବୁ ବିପଦକୁ ଟାଳି ଦେବେ। ସବୁ ବାଧାବିଘ୍ନକୁ ଖଣ୍ଡନ କରିବେ ପ୍ରତିମାଙ୍କର ଏଭଳି ଧାରଣା ଦୃଢ଼ ହୋଇଛି। ଗାଳ୍ପିକାଙ୍କ ବର୍ଣ୍ଣନାରେ- "ମାନିଲେ ଦେବତା, ନ ମାନିଲେ ପଥର ଏଇ ଉପଦେଶ ଛୋଟବେଳୁ ମିଳିଛି। ମନରେ ବିଶ୍ୱାସ ଥିଲେ ପଥର ବି ଦେବତା ହୋଇ ଆଶୀର୍ବାଦ କରିବ।" (୩)

ଜ୍ଞାନ ବିଜ୍ଞାନର ଦ୍ରୁତ ଅଗ୍ରଗତି ସତ୍ତ୍ୱେ ଈଶ୍ୱର ବିଶ୍ୱାସ, ଆସ୍ତିକ ଭାବ ପଥହୁଡ଼ିଥିବା ମଣିଷ ପ୍ରାଣରେ ପରମ ଶାନ୍ତି ଭରିଦିଏ, ସବୁ ସମସ୍ୟାର ସମାଧାନ ପାଇଁ ମନରେ ନୂତନ ଆଶାର କିରଣ ବୁଣିଦିଏ ତାହା ହିଁ ଏହି ଗଳ୍ପର ଅନ୍ତସ୍ୱର।

'ବାହାଘର ନିମନ୍ତ୍ରଣ' ଏକ ଭିନ୍ନ ସ୍ୱାଦର ଗଳ୍ପ। ବନ ପୋଡିଗଲେ ସଭିଏଁ ଜାଣନ୍ତି, ମନ ପୋଡିଗଲେ କେହି ନ ଜାଣେ। ଏକଦା ପଡ଼ୋଶୀ ହୋଇ ରହୁଥିବା ମମତାର ଝିଅ ଅନୁର ବାହାଘର ଭୋଜିରେ ସପରିବାରେ ଯୋଗଦେବା ପାଇଁ ମନ ବଳାଇଥିଲେ ସବିତା ମାତ୍ର ମମତାଙ୍କ ପରିବାର ତରଫରୁ କେବଳ ସବିତା ଓ ସୁମନ୍ତଙ୍କୁ ନିମନ୍ତ୍ରଣ କରାଯାଇଥିଲା। ଝିଅ ମିନୁ ଓ ରିନୁ ମଧ୍ୟ ଅନିମନ୍ତ୍ରିତ ଥିଲେ। ଏହି କଥାଟା ସବିତାଙ୍କୁ ମାନସିକ ସ୍ତରରେ ବେଶ୍ ଆଘାତ ଦେଇଥିଲା; ଗଭୀର ଭାବେ ମର୍ମାହତ କରିଥିଲା। ଗାଳ୍ପିକାଙ୍କ ଭାଷାରେ- 'ସଂପର୍କ ସବୁ ଏମିତି, ଆଜିକାଲିର କୌଣସି ସଂପର୍କରେ ଗଭୀରତା ନାହିଁ, କି ଭାବନା ନାହିଁ। ଗଭୀରତା ଓ ଭାବନା ଦୁଃଖର କାରଣ। ବରଂ ପରିସ୍ଥିତି ସହିତ ବୁଝାମଣା କରିଦେଲେ ମନଭଲ ରହିବ।'(୪)

ସୁବ୍ରତ ଏହି କଥାକୁ ହାଲ୍‌କା ଭାବେ ଗ୍ରହଣ କରି ସ୍ୱାଭାବିକ ହୋଇଯାଇଛନ୍ତି ମାତ୍ର ସବିତା ଦୁଃଖରେ ଭାଙ୍ଗିପଡ଼ିଛି। ପୁରୁଷ ଯେଉଁ କଥାକୁ ସହଜ ଭାବେ ଭୁଲିଯାଏ ନାରୀ ତାକୁ ହୃଦୟରେ ଲଗାଇ ବହୁତ କଷ୍ଟ ପାଏ ଯାହା ସୁମନ୍ତ, ସବିତା ଚରିତ୍ର ମାଧ୍ୟମରେ ପ୍ରତିଫଳିତ।

ଝିଅଟିଏ ବଡ଼ ହୋଇଗଲା ପରେ ଯଦି କୌଣସି କାମରେ ବାହାରକୁ ଗୋଡ଼କାଢ଼େ, ତେବେ ତା'ର ମା' ଝିଅର ଫେରିବା ବାଟକୁ ଅପଲକ ଦୃଷ୍ଟିରେ ଚାହିଁ ବସିଥାଏ। ମା' ହିଁ ତ ବୁଝିପାରେ ଆଜିର ସମାଜରେ ଝିଅଟିଏ ବାହାରେ ଏକାକୀ ଆଦୌ ସୁରକ୍ଷିତ ନୁହେଁ। କେତେବେଳେ କିଛି ବି ଅଘଟଣ ଘଟି ପାରେ। ସେହିଭଳି ଏକ ମା' ହେଉଛନ୍ତି ଅନୁରାଧା। ଲୋପା, ଅନୁରାଧାର ଏବଂ ଆକାଶଙ୍କର ଏକମାତ୍ର ଅଲିଅଳି କନ୍ୟା। ସବିତା ଲୋପା ସ୍କୁଲ୍ ଜୀବନରେ ପୁଅମାନଙ୍କ ସହିତ ମିଶି ପ୍ରୋଜେକ୍ଟ

କାମ କରିବାକୁ ପସନ୍ଦ କରୁନଥିଲେ। ଲୋପାର ଘରକୁ ଫେରିବାର ସାମାନ୍ୟ ବିଳମ୍ବ ହେଲେ ଅନୁରାଧା ବିଚଳିତ ହୋଇ ପଡୁଥିଲେ। ମନେ ପଡ଼େ ଅନୁରାଧାଙ୍କର ନିଜ ମା'ଙ୍କ କଥା। ମା' କେମିତି ବ୍ୟସ୍ତ ହୋଇ ଅନୁରାଧାଙ୍କୁ ଏମ୍.ଏସ୍.ସି ପଢ଼ିବାକୁ ନ ଦେଇ ଆକାଶଙ୍କ ସହିତ ବିବାହ କରାଇଦେଇଥିଲେ ଆଉ କହିଥିଲେ , 'ପାଠପଢ଼ି କ'ଣ ଚାକିରି କରିବୁ', ସେ କଥା ତ ହେବାର ନାହିଁ ତେବେ ଏତେ ପାଠ ପଢ଼ି କାହିଁକି ପଢ଼ିବୁ, ଝିଅଘିଅ, ତୋ ବାହାଘର ନ ହେଲା ପର୍ଯ୍ୟନ୍ତ ଆମର ଚିନ୍ତା ରହିବ।"(୫)

ଲୋପାର ବିବାହକୁ ନେଇ ଚିନ୍ତିତ ଥିବା ଅନୁରାଧା ଦିନେ ଦେଖିଲେ ବିନିର ପୁତ୍ର କମଲେଶ କିପରି ଲୋପାକୁ ପ୍ରିୟତମାର ଆସନରେ ବସାଇ ପ୍ରେମ ଯାଚନା କରୁଛି। ଏହା ଦେଖି ଚମତ୍କୃତ ହୋଇଛନ୍ତି ଅନୁରାଧା। ମନରେ ଭାବିଛନ୍ତି- "ସଂପର୍କ ସବୁ ଏମିତି ହୁଏ। ହଠାତ୍ ଆକସ୍ମିକ ଭାବେ, ଯେମିତି ଆକାଶରୁ ଖସି ପଡ଼ିବା ଭଳି, ପୁଷ୍ପ ବରଷିବା ଭଳି। ପ୍ରେମ ଏମିତି କେଉଁଠୁ ଆସି କାହା ଜୀବନରେ ପ୍ରବେଶ କରିଯାଏ। ହଠାତ୍ ଥୁଣ୍ଟା ଗଛ ପଲ୍ଲବିତ ହୋଇଯାଏ, ଫୁଲ ଫୁଟିଯାଏ, ବାସ ମହକିଯାଏ।" (୬)

ପୁତ୍ରର ବିବାହ ପରେ ପିତାମାତା ସେମାନଙ୍କ ଠାରୁ ନାତି କି ନାତୁଣୀଟିଏ ଆଶା କରନ୍ତି, ସେଥିପାଇଁ ବ୍ୟଗ୍ରତା ପ୍ରକାଶ କରନ୍ତି ଯାହା ଆଲୋଚ୍ୟ ଗଳ୍ପ 'ପିଲାପିଲି' ରେ ବର୍ଣ୍ଣିତା ଡାକ୍ତରାଣୀ ମମତା ନିଜ ପୁତ୍ର ଓ ପୁତ୍ରବଧୂଠାରୁ ସଂତାନଟିଏ କାମନା କରନ୍ତି। ଦୀର୍ଘ ୧୨ ବର୍ଷ ବିତିଯାଇଥିଲେ ମଧ୍ୟ ନାତି କି ନାତୁଣୀଟିଏ ହୋଇନଥିବାରୁ ମନେ ମନେ ଦୁଃଖ କରନ୍ତି ମମତା। ଅବିବାହିତ ଝିଅ ମନିର ଗର୍ଭପାତ କରାଇବା ବେଳେ ଅବ୍ୟକ୍ତ ବେଦନାରେ ତାଙ୍କ ଅନ୍ତରାତ୍ମା ବିଳପି ଉଠେ। କାହିଁକିନା, ଆମ ସମାଜ କୁମାରୀ ମାତୃତ୍ୱକୁ ସ୍ୱୀକୃତି ଦିଏନା। ଦିନପରେ ଦିନ ବିତି ଗଲେ। ମମତା ଭୀଷଣ ଭାବେ ଉଦାସୀନ ହୋଇପଡନ୍ତି। ଏହି ସମୟରେ ପୁଅର ଫୋନ୍ ଆସିଲା। ପୁଅ କହିଲା- 'ମା' ଏବେ ପ୍ରସ୍ତୁତ ହୋଇଯାଅ, ଆମେରିକା ଆସି ଛ'ଅ ମାସ ରହିବ। ତମ ବୋହୂ ପ୍ରେଗ୍‌ନେଣ୍ଟ ଅଛି। ଏଇଟା ଚାରିମାସ ଚାଲିଲା।" (୭) ଫୋନ୍‌ରେ ପୁଅଠାରୁ ଏକଥା ଶୁଣି ମମତା ନିଜ କାନକୁ ବିଶ୍ୱାସ କରିପାରୁନଥିଲେ। ତାଙ୍କ ପୁଅର ପିଲାପିଲି ହେବ ଏଇ ଖୁସିରେ ମମତା ଆତ୍ମହରା ହୋଇ ପଡୁଥିଲେ।

'ଦ୍ୱିତୀୟ ସୁଯୋଗ' ଗଳ୍ପଟି ବେଶ୍ ମନଛୁଆଁ, ଆଉ ହୃଦୟସ୍ପର୍ଶୀ। ଷ୍ଟାଟିଷ୍ଟିକ୍‌ସରେ ମାଷ୍ଟରସ ଡିଗ୍ରୀ କଲାପରେ ଆମେରିକାରେ ଫେଡେରାଲ୍ ଗଭର୍ଣ୍ଣମେଣ୍ଟ ଚାକିରି କରେ ଶୋଭନା। ଯିଏ ଦିନେ ବିବାହ କରିଥିଲା ସୁବ୍ରତଙ୍କୁ। ଆଗାମୀ ଭବିଷ୍ୟତକୁ ନେଇ ତା' ଆଖିରେ ଥିଲା ଅସୁମାରୀ ସ୍ୱପ୍ନ। ଅଥଚ ସ୍ୱପ୍ନ ସବୁ ମିଳାଇ ଯାଇଥିଲା। ପାଣି

ଫୋଟକା ଭଳି ଯେବେ ଚତୁର୍ଥୀ ରାତିରେ ସ୍ୱାମୀ ସୁବ୍ରତ ମୁହଁରୁ ଶୁଣିବାକୁ ପାଇଲା-

"ମୁଁ ଆଉ ଜଣକୁ ଭଲପାଏ ଓ ତାକୁ ମନ୍ଦିରରେ ବାହା ହୋଇସାରିଛି କେବଳ ବାପା ମା'ଙ୍କ ବାଧ୍ୟରେ ମୁଁ ତମକୁ ବିବାହ କରିଛି। ତମେ ବୋହୂ ହୋଇ ଖୁସିରେ ରୁହ, ହେଲେ ମୋଠାରୁ ଆଉ ବେଶି କିଛି ଆଶା କରିବ ନାହିଁ।"(୮)

ସୁବ୍ରତର ଏପରି ଅନ୍ୟାୟକୁ ବରଦାସ୍ତ କରି ନ ପାରି ଶୋଭନା ନିଜ ବାପା ମା'ଙ୍କ ନିକଟକୁ ଫେରି ଆସିଥିଲା। ଏହା ତା' ବିଗତ ଜୀବନର କଥା। ଆମେରିକାରେ ସେ ରହୁଥିବା ଆପାର୍ଟମେଣ୍ଟ ପାଖରେ ଅଭିଜିତ୍ ସହିତ କେବେ କେମିତି ତା'ର ବାର୍ତ୍ତାଳାପ ହୁଏ। ପରେ ଅଭିଜିତ୍‌ର ମା' ସଂସ୍ପର୍ଶରେ ଆସି ତା'ଙ୍କ ଠାରୁ ମା'ର ସ୍ନେହ ପାଇ ଧୀରେଧୀରେ ଶୋଭନା ଅଭିଜିତ୍‌ର ନିକଟତର ହୁଏ। ଶୋଭନା ପରି ଅଭିଜିତ୍ ଜୀବନରେ ଅନୁରୂପ ଘଟଣା ଘଟିଛି। ସୁପର୍ଣ୍ଣା। ଅଭିଜିତକୁ ବିବାହ ନ କରି ତା' ପ୍ରେମିକ ସହିତ ଫେରାର୍ ହୋଇଯାଇଛି। ସେବେଠୁ ଅଭିଜିତ୍ ବିବାହ ନ କରିବାକୁ ସ୍ଥିର କରିଦେଇଛି। ତେବେ ଗୀତା ମାଉସୀ ଅଭିଜିତ୍‌କୁ ବିବାହ ପାଇଁ ରାଜି କରାଇବାର ଗୁରୁଦାୟିତ୍ୱ ଦେଇଛନ୍ତି ଶୋଭନାକୁ। ଶୋଭନା ଯେତେବେଳେ ଅଭିଜିତ୍‌କୁ ତମେ ବିବାହ କରିବାକୁ କାହିଁକି ଅରାଜି ହେଉଛ ବୋଲି ପ୍ରଶ୍ନ କରିଛି – ଉତ୍ତରରେ ଅଭିଜିତ୍ କହିଛି –

"ଦେଖନ୍ତୁ ଶୋଭନା, ମୁଁ ସେଭଳି ବାହାଘରରେ କେବେ ବି ରାଜି ନୁହେଁ। ହେଲେ ଯଦି ତମେ ପ୍ରପୋଜ କରିବ ତ ମୁଁ ରାଜି ହୋଇଯିବି। (୯)

ଅଭିଜିତ୍‌ର କଥା ଶୁଣି ଶୋଭନା ମୁହଁରେ ମିଛ ରାଗ ଫୁଟାଇ ଏହା ମଜା କରିବାର ସମୟ ନୁହେଁ କହିଲାବେଳେ ଅଭିଜିତ୍ ମନ୍ତବ୍ୟ ଦେଇ କହିଛି – "ମୁଁ ମଜା କରୁନି, ତମ ଭଳି ସିରିୟସ୍ ହୋଇ କହୁଛି। ତମ ନିଜ ସ୍ୱପ୍ନକୁ ତମ ନିଜ ଜୀବନକୁ ଆଉଥରେ ଦ୍ୱିତୀୟ ସୁଯୋଗ ତ ଦେଇକରି ଦେଖ। ତମ ବାପା, ମା' କ'ଣ ତମ ପାଇଁ ଚିନ୍ତିତ ନୁହନ୍ତି ? (୧୦)

ଏହି ବାର୍ତ୍ତାଳାପ ପରେ ଉଭୟ ପରସ୍ପରର ଅନ୍ତରଙ୍ଗ ହୋଇପାରିଛନ୍ତି। ଜଣେ ଜଣକୁ ପ୍ରାଣଭରି ଭଲପାଇବା, ସ୍ନେହ କରିବାର ଯେଉଁ ଅଦମ୍ୟ ଇଚ୍ଛା ଥିଲା ତାହା ଏବେ ପୂର୍ଣ୍ଣ ହୋଇପାରିଛି। ଉଭୟ ବିବାହିତ, ଉଭୟ ପତି-ପତ୍ନୀ ଛଡ଼ା। ଏଇ ମିଳନ ହିଁ ସେମାନଙ୍କ ପାଇଁ ଦ୍ୱିତୀୟ ସୁଯୋଗ। ଚ଼କିରି କରୁଥିବା ମଣିଷମାନେ ସର୍ବଦା କଥାବାର୍ତ୍ତାରେ ସଂଯମତା ରକ୍ଷା କରିବା ଉଚିତ। ଥରେ ପାଟିରୁ କିଛି କଥା ବାହାରିଗଲେ ତାହା ଆଉ ଫେରେନା। ଯେମିତିକି ଇ-ମେଲ୍‌ରେ ପଠାଇଥିବା ଗୋଟିଏ ମେସେଜ୍ ପାଇଁ ରୋଶନୀକୁ ଚ଼କିରିରୁ ବହିଷ୍କାର କରିଦିଆଯାଇଛି। ଏପରି ଏକ କଥାବସ୍ତୁକୁ

ନେଇ, 'କହିଦେଲା କଥା, ବହିଗଲା ପାଣି ଗଳ୍ପଟି ରଚିତ।

ଗାଁର ନିରୀହ ଝିଅ ଚିତ୍ରା ଅପା ଯିଏ ଦିନେ ପ୍ରେମିକର ଅକାଳ ମୃତ୍ୟୁରେ ମର୍ମାହତ ହୋଇ ପାଗଳୀ ପାଲଟି ଯାଇଥିଲା, ପରବର୍ତ୍ତୀ ସମୟରେ ମିଲିଟାରୀର ସର୍ବନିମ୍ନସ୍ତରର ସୈନିକଙ୍କ ସହିତ ବିବାହ କରି ସାଧାରଣ ଜୀବନ ଯାପନ କରୁଥିବା ବେଳେ କେମିତି ଚମତ୍କାର ଘଟଣା ଘଟିଲା, ସାଧାରଣରୁ ଅସାଧାରଣ ହାସ୍ୟ କବି ପାଲଟିଗଲା ଚିତ୍ରା ଅପା, ତାହାହିଁ 'ହାସ୍ୟକବି ସମ୍ମେଳନ' ଗଳ୍ପରେ ବର୍ଣ୍ଣିତ। ଆଜିର ଇଣ୍ଟରନେଟ୍ ଯୁଗର ମହତ୍ତ୍ୱ ଉପଲବ୍ଧି କରି ଗାଳ୍ପିକ କହିଛନ୍ତି-

'ହଁ, ଇଣ୍ଟରନେଟ୍ ଆଉ ୟୁଟ୍ୟୁବ୍‌ର ଯୁଗ ଇଏ। ଏଠି କ୍ଷଣକରେ ଶବ୍ଦସବୁ ଯୋଜନ ଯୋଜନ ରାସ୍ତା ଅତିକ୍ରମ କରିପାରେ। ସାତ ସମୁଦ୍ର ତେର ନଈ ପାର ହୋଇ ଗୋଟିଏ ମଣିଷର ଭାବନା ଆଉ ଗୋଟିଏ ମଣିଷ ପାଖରେ ପହଞ୍ଚିଯାଏ। ଏ ଯୁଗର ମାନବକୁ ଅତି ମାନବ ହୋଇଯିବାକୁ କେବଳ ଛୋଟିଆ ଯୋଗାଯୋଗ ଦରକାର, ବେଶି କିଛି ନୁହେଁ।"(୧୧)

ଜ୍ୱରରେ ଆକ୍ରାନ୍ତ ଝିଅ ଲୋପାକୁ ଡାକ୍ତରଖାନା ନିଆଯାଇଛି। ସେଠାରେ ଜରୁରୀ ଚିକିତ୍ସାର ଯେଉଁ ଅବ୍ୟବସ୍ଥା ଦୃଷ୍ଟିରେ ପଡ଼ିଛି ଆଦିତି ଓ ଆନନ୍ଦଙ୍କର ତାହା 'ଜରୁରୀ ଚିକିତ୍ସା' ଗଳ୍ପର ବିଷୟବସ୍ତୁ। ଜୀବନରେ ପ୍ରତ୍ୟେକଟି ରୋଗର ନିରାକରଣ ପାଇଁ ଘରୋଇ ଉପଚାର ଯଥେଷ୍ଟ ନୁହେଁ, ଏହି କଥାକୁ ଗାଳ୍ପିକା ଡଃ ଦାସ ଆଦିତି ଚରିତ୍ର ମାଧ୍ୟମରେ ପ୍ରକାଶ କରିଛନ୍ତି। ତନ୍ତୀଘରର ପୁଅ ଲୁମାକୁ ସାପ କାମୁଡ଼ିଲା ପରେ ଯଦି ତାକୁ ଘରୋଇ ଉପଚାର ନକରି ମେଡ଼ିକାଲ୍ ନିଆଯାଇଥାନ୍ତା ହୁଏତ ସେ ବଞ୍ଚିଯାଇ ପାରିଥାନ୍ତା। ଘରୋଇ ଚିକିତ୍ସା ଯେ ସର୍ବୋତ୍ତମ, ସବୁଠୁ ଭଲ ଏପରି ଧାରଣା ମନରୁ ଦୂରେଇ ଦେବା ଉଚିତ।

ସ୍ୱପ୍ନା ଓ ଅମରଙ୍କର ବୁଦା କ୍ୟାସେଲ୍‌ର ଭ୍ରମଣ ଜନିତ ଅନୁଭୂତିକୁ ନେଇ 'ଇସ୍ତାନବୁଲ୍ କବାବ ଓ ବୁଦାପେଷ୍ଟ' ଗଳ୍ପଟି ରଚିତ। ବୁଦା କ୍ୟାସେଲ୍‌ର ସ୍ୱର୍ଗୀୟ ସୁଷମା, ତା' ଆରପାରିରେ ଥିବା ତାଜମହଲ, ବଡ଼ବଡ଼ ହୋଟେଲ, ପାର୍ଲିଆମେଣ୍ଟ ଆଦିର ଦୃଶ୍ୟ ଅମର ଓ ସ୍ୱପ୍ନାଙ୍କ ପାଇଁ ବେଶ୍ ଉପଭୋଗ୍ୟ ଥିଲା। ଭ୍ରମଣ ପରେ କ୍ଷୁଧା ନିବାରଣ ପାଇଁ 'ଇସ୍ତାନ୍‌ବୁଲ୍ କବାବ୍' ଭୋଜନାଳୟରେ ଉଭୟ ପତି-ପତ୍ନୀ ଯେଉଁ ଦହି ବାଇଗଣ ଖାଇଥିଲେ ତାହା କେବେ ଭୁଲିବାର ନୁହେଁ। ଗାଳ୍ପିକାଙ୍କ ଭାଷାରେ- "ଖାଦ୍ୟ ଦେଇ ଆପ୍ୟାୟିତ କରିଥିବା ମଣିଷକୁ କି ପରିବେଶକୁ ସହଜେ ଭୁଲିହୁଏ ନାହିଁ ଆଉ ଭୋକିଲା ପେଟରେ ଯେଉଁ ଖାଦ୍ୟ ପେଟରେ ପଡ଼େ, ତା'ର ସ୍ୱାଦ ଅଧିକ ହୋଇଯାଏ।(୧୭)

ବାହାରକୁ ବୁଲିବାକୁ ଯାଇ ଭୋକିଲା ସମୟରେ ନିଜ ରୁଚିର ଖାଦ୍ୟ,

ମନପସନ୍ଦର ଖାଦ୍ୟ ଯୋଗାଡ଼ କରିବା ପାଇଁ ଅନେକ ସମୟରେ ସମୟର ଅପଚୟ ହୁଏ ତାହା ଏହି 'ଗୋବିନ୍ଦ ଭୋଜନାଳୟ, ବୁଦାପେଷ୍ଟ' ଗଳ୍ପର ସାରାଂଶ।

"ରିଗା, ବର୍ଷା, ଇଣ୍ଡିଆନ୍‌ରାଜା ଓ ଜଗନ୍ନାଥ" ଗଳ୍ପରେ ଶୁଭ୍ରାର ମହାପ୍ରଭୁ ଜଗନ୍ନାଥଙ୍କ ଉପରେ ଥିବା ଅତୁଟ ବିଶ୍ୱାସକୁ ଗାଳ୍ପିକା ବର୍ଣ୍ଣନା କରିଛନ୍ତି। ଇଉରୋପର ଲାଟ୍‌ଭିଆ ଦେଶର ଏକ ସହର ରିଗା, ସେହି ସୁନ୍ଦର ରମଣୀୟ ସ୍ଥାନକୁ ବୁଲିଯାଇଛନ୍ତି ଶୁଭ୍ରା ଓ ତା'ର ସ୍ୱାମୀ ସୁବ୍ରତ। ବାଟରେ ଯିବା ରାସ୍ତାରେ ବର୍ଷା ହୋଇଛି। କିପରି ଆଉ ବର୍ଷା ନ ହେବ, ସେମାନେ ଭଲରେ ଭଲରେ ରିଗା ସହର ବୁଲି ଦେଖିପାରିବେ ସେପାଇଁ ଶୁଭ୍ରା ଜଗନ୍ନାଥଙ୍କୁ ପ୍ରାର୍ଥନା କରିଛି। ଖାଲି ଏତିକି ନୁହେଁ ଆହୁରି ଅନେକଥର ଜଗନ୍ନାଥଙ୍କୁ ଡାକି ସେ ବିପଦମୁକ୍ତ ହୋଇଛି। ଇଣ୍ଡିଆନ୍ ରାଜା ରେଷ୍ଟୁରାଣ୍ଟରେ ଲଞ୍ଚ କରିଥିଲେ, ଶୁଭ୍ରା ଓ ସୁବ୍ରତ। ଜଗନ୍ନାଥଙ୍କ ଉପରେ ଅତୁଟ ବିଶ୍ୱାସ ରଖିଥିବା ଶୁଭ୍ରା କହିଥିଲା- "ଜଗନ୍ନାଥ ସିନା ଦୟା କଲେ ବୋଲି ରିଗାରେ ବର୍ଷା ଛାଡ଼ିଗଲା। ଇଣ୍ଡିଆନ ରାଜା ରେଷ୍ଟୁରାଣ୍ଟ ମିଳିଗଲା ଓ ସେମାନେ ଭଲରେ ଯାଇ ଭଲରେ ଫେରିଆସିଲେ।"(୧୩)

ବିଭିନ୍ନ ଭାବବସ୍ତୁକୁ ନେଇ ଡଃ ବିଜ୍ଞାନୀ ଦାସଙ୍କ "ମାନିରେ ଦେବତା" ଗଳ୍ପ ପୁସ୍ତକଟି ବିରଚିତ। ନୈତିକତା, ଧର୍ମୀୟ ଭାବନା, ଈଶ୍ୱର ବିଶ୍ୱାସ, ନାରୀ ଓ ପୁରୁଷର ପରସ୍ପର ପ୍ରତି ଥିବା ଚିରନ୍ତନ ଆବେଗ, ବିଗତ ଦିନର ସ୍ମୃତି ରୋମନ୍ଥନ, ସମ୍ପର୍କରେ ବିଶ୍ୱାସ ହେଇପାରିବାର ଆଭାସ, ପାରସ୍ପରିକ ବୁଝାମଣା ତଥା ମଧୁର ଦାମ୍ପତ୍ୟ ଆଦିର ସୂଚନା ଗାଳ୍ପିକାଙ୍କ ଗଳ୍ପଗୁଡ଼ିକରେ ପ୍ରତିଭାତ।

"ଭାବପକ୍ଷର ଭୂମି ଏବଂ ବିସ୍ତାର ଉପରେ ବସ୍ତୁତଃ ନିର୍ଭରଶୀଳ ହୋଇଥାଏ କଥା ପକ୍ଷର ପ୍ରବିଧି ପ୍ରକରଣ ଜନିତ ସ୍ୱାତନ୍ତ୍ୟ।"(୧୪)

ମୋଟ୍ ଉପରେ ଭାଷା, ଭାବ, ଶୈଳୀ, ଉପସ୍ଥାପନା ଦୃଷ୍ଟିରୁ ପ୍ରାୟ ପ୍ରତ୍ୟେକ ଗଳ୍ପର ସ୍ୱାତନ୍ତ୍ୟ ରହିଛି। ଏହା ଆମେରିକାର ଓସା ସଂସ୍ଥା ତରଫରୁ "ବିଶିଷ୍ଟ ଓଡ଼ିଆ" ଭାବେ ସମ୍ମାନିତା ଡଃ ଦାସଙ୍କ ବିଚକ୍ଷଣ ଗ୍ରହିତାର ପରିଚୟ ପ୍ରଦାନ କରେ।

ପ୍ରାନ୍ତଟୀକା:

୧. ଦାସ, ବିଜ୍ଞାନୀ - ମାନିଲେ ଦେବତା, ପଞ୍ଚସଖା, ବ୍ଲାକ୍ ଇଗଲ ବୁକ୍‌ସ, ପ୍ରଥମ ସଂସ୍କରଣ-୨୦୧୯। ISBN-978-1-64560-040-4। ପୃ.୨୬।

୨. ତତ୍ରୈବ, ଶୁଭସ୍ୟ ଶୀଘ୍ରମ୍, ପୃ.୩୫।

୩. ତତ୍ରୈବ, ମାନିଲେ ଦେବତା, ପୃ.୧୧୬।

୪. ତତ୍ରୈବ, ବାହାଘର ନିମନ୍ତ୍ରଣ, ପୃ.୪୯।
୫. ତତ୍ରୈବ, ଝିଅ ଘିଅ, ପୃ.୫୮।
୬. ତତ୍ରୈବ, ପୃ.୬୧।
୭. ତତ୍ରୈବ, ପିଲାପିଲି, ପୃ.୭୧।
୮. ତତ୍ରୈବ, ଦ୍ୱିତୀୟ ସୁଯୋଗ, ପୃ.୭୪।
୯. ତତ୍ରୈବ, ପୃ.୭୯।
୧୦. ତତ୍ରୈବ, ପୃ.୭୯।
୧୧. ତତ୍ରୈବ, ହାସ୍ୟକବି ସମ୍ମେଳନ, ପୃ.୯୦।
୧୨. ତତ୍ରୈବ, ଇସ୍ତାନବୁଲ୍‌କବାବ ଓ ବୁନ୍ଦାପେଷ୍ଟ, ପୃ.୧୨୪।
୧୩. ତତ୍ରୈବ, ରିଗା, ବର୍ଷା, ଇଣ୍ଡିଆନ ରାଜା ଓ ଜଗନ୍ନାଥ, ପୃ.୧୪୫।
୧୪. ପାଢ଼ୀ, ଡକ୍ଟର ବେଣୁଧର - ଓଡ଼ିଆ ସାହିତ୍ୟର ଇତିହାସ, ପୃ.୬୩୧।

■

ଅଧ୍ୟାପିକା, ଓଡ଼ିଆ ଭାଷା ଓ ସାହିତ୍ୟ ବିଭାଗ
ଅଳକା ମହାବିଦ୍ୟାଳୟ, ଜଗତସିଂହପୁର

ଧୀରେନ୍ଦ୍ର କର

ଧୀରେନ୍ଦ୍ର କର (୧୯୬୯): ପ୍ରବାସୀ ସାହିତ୍ୟିକ ଧୀରେନ୍ଦ୍ର କର ଜଣେ ସମ୍ବେଦନଶୀଳ ସାହିତ୍ୟପ୍ରେମୀ, ସମାଜସେବୀ ତଥା ସୂଚନା ପ୍ରାଦ୍ୟୋଗିକ ବିଶେଷଜ୍ଞ। ୧୯୬୯ ମସିହା ଅଗଷ୍ଟ ଆଠ ତାରିଖରେ ଯାଜପୁର ଜିଲ୍ଲାସ୍ଥ ଘୋଲପୁରରେ ସେ ଭୂମିଷ୍ଠ ହୋଇଥିଲେ। ବୃତ୍ତିରେ ସେ ଜଣେ ଗଣିତଜ୍ଞ ହେଲେ ହେଁ ଓଡ଼ିଆ ଭାଷା ସାହିତ୍ୟ ପ୍ରତି ତାଙ୍କ ଆନ୍ତରିକତା ଅଭୁତ। ପ୍ରିୟ ବନ୍ଧୁ ପ୍ରଶାନ୍ତ ଭୂୟାଁଙ୍କ କବିତାଗୁଡ଼ିକୁ ଏକତ୍ର କରି ସେ 'ପ୍ରଭୂ' ନାମକ କବିତା ପୁସ୍ତକ ସଂକଳନ କରିଛନ୍ତି। 'ବସୁଧୈବ କୁଟୁମ୍ବକମ୍' ତଥା ଜଗନ୍ନାଥ ସଂସ୍କୃତିର ମୂଲ୍ୟବୋଧ ଏହି କବିତା ପୁସ୍ତକର ଅନ୍ତଃସ୍ୱର। ସଂପ୍ରତି ସେ ଆମେରିକାର ନର୍ଥ କାରୋଲିନାରେ ଅବସ୍ଥାନ କରୁଛନ୍ତି।

ପ୍ରଭୂ - ଏକ ଅନ୍ତର୍ଦୃଷ୍ଟି

ପଣ୍ଡିତ ଅନ୍ତର୍ଯ୍ୟାମୀ ମିଶ୍ର

ଶ୍ରୀମାନ୍ ଧୀରେନ୍ଦ୍ର କରଙ୍କ ସଙ୍କଳିତ ଭିନ୍ନ ସ୍ୱାଦର କବିତାବଳୀ "ପ୍ରଭୂ" ପାଠକରି ଅତ୍ୟନ୍ତ ପ୍ରୀତ ହେଲି। ଓଡ଼ିଆ ସାହିତ୍ୟର ଇତିହାସରେ ଏହା ହେଉଛି ପ୍ରଥମ କବିତା ସଂକଳନ, ଯେଉଁଥିରେ ଜଣେ ସଶ୍ରଦ୍ଧ ପାଠକ ଜଣେ ସୃଜନଶୀଳ ସ୍ରଷ୍ଟାଙ୍କର ମନନଶୀଳ କବିତାସମୂହକୁ ଶ୍ରୀଜଗନ୍ନାଥ, ଓଡ଼ିଶା, ମାଟି ପ୍ରକୃତି ଗାଁ ସହର, ଭାଷା ଭାବନା ଶବ୍ଦ ସାହିତ୍ୟ, ଜୀବନଦର୍ଶନ ପ୍ରେମ ବିପ୍ଳବ ମହୋତ୍ସବ ପରିବାର ପ୍ରଭୃତି ପାଞ୍ଚଗୋଟି ପରିଚ୍ଛେଦରେ ବିଭାଜନ କରି ପାଠକଙ୍କ ନିକଟରେ ପରିବେଷଣ କରିଛନ୍ତି। କବିତା ସଂକଳନଟିର ଉପୋଦ୍‌ଘାତ ସଂକଳକ ଧୀରେନ୍ଦ୍ର କରଙ୍କ "କଲ୍ୟାଣ"ରୁ ଆରମ୍ଭ ହୋଇଛି, ଯେଉଁଥିରେ ସେ ସ୍ରଷ୍ଟା ପ୍ରଶାନ୍ତ ଭୂୟାଁ ବା ସଂକ୍ଷେପରେ "ପ୍ରଭୂ"ଙ୍କର ସଂକ୍ଷିପ୍ତ ପରିଚୟ, କବିତା ରଚନାର ପୃଷ୍ଠଭୂମି, ଜନ୍ମମାଟି ଭଞ୍ଜଭୂମିର ମହକ, ଓଡ଼ିଆ ପ୍ରାଣତା, ଭାଷା ସାହିତ୍ୟ ଚେତନା, ଜୀବନାନୁଭୂତି, ବିଶ୍ୱାସଚେତନା ଓ ସମର୍ପଣ ସ୍ୱରୂପକୁ ପ୍ରାଞ୍ଜଳ ଭାଷା, ଛଳଛଳ ମୋହ ଓ ତରଳ ଭାବରେ ବ୍ୟକ୍ତ କରିଛନ୍ତି। ଅନୁପମ କବିତାଗୁଡ଼ିକର ସ୍ରଷ୍ଟା ପ୍ରଶାନ୍ତ ଭୂୟାଁ ବା ପ୍ରଭୂଙ୍କର ନିଛକ ଅଭିବ୍ୟକ୍ତିର ପରିପ୍ରକାଶ ଘଟିଛି "କଲ୍ୟାଣୀ"ର ପରବର୍ତ୍ତୀ "ଅୟମାରମ୍ଭ"ରେ ନିଜସ୍ୱ ଅନୁଭୂତି ଓ ଅନୁଭବ, ସଙ୍କଳକଙ୍କ ସ୍ୱକୀୟ ଆତ୍ମୀୟତା, ଓଡ଼ିଶାର ସୌରଭ ଆଳାପ, ଓଡ଼ିଆଙ୍କ ହୀନମନ୍ୟତା, ଉଦାର ଚେତନା ଓ ଆପଣାର ସୃଷ୍ଟିସୃଜନକୁ ଶ୍ରଦ୍ଧାରେ ସଂକଳକଙ୍କୁ ଅର୍ପଣ କରିବାର ମାର୍ମିକ ଆତ୍ମକଥା ସାବଲୀଳ ଧାରାରେ ଅଭିବ୍ୟକ୍ତ। ବାସ୍ତବରେ "ପ୍ରଭୂ" ଏକବିଂଶ ଶତାବ୍ଦୀର ଓଡ଼ିଆ ସାହିତ୍ୟର ପ୍ରଥମ ସଂକଳନ, ଯହିଁରେ ଜଣେ ପାଠକ ତାର ପ୍ରିୟ

ସ୍ରଷ୍ଟାଙ୍କ ମନୋରମ ଓ ହୃଦୟହ୍ଲାଦକର କବିତାବଳୀକୁ ଅନ୍ୟ ଅଗଣିତ ପାଠକଙ୍କ ଚିନ୍ତନ ଚେତନକୁ ପ୍ରଶସ୍ତ ଓ ଉଦାର କରିବା କାମନାରେ ପରିବେଷଣ କରିଛନ୍ତି। ଓଡ଼ିଆ ସାହିତ୍ୟର ଏହି ବିରଳ ଅନନ୍ୟ ଧାରାର ମହନୀୟତା ହେଉଛି ଏଥିରେ ପାଠକ ଓ ସ୍ରଷ୍ଟା ଉଭୟ ଓଡ଼ିଆ ସାରସ୍ୱତ ପରଂପରାର ପରିଧିରେ ଆତ୍ମିକ ସନନ୍ଦ ଭାବରେ ପ୍ରତିଭାତ ନିତ୍ୟନୂତନ ଧାରାରେ ପ୍ରକାଶିତ ହୋଇଛନ୍ତି। ସାହିତ୍ୟରେ ତିନିଜଣଙ୍କର ଭୂମିକା ଆଲୋଚ୍ୟ। ଜଣେ ସାହିତ୍ୟର ସ୍ରଷ୍ଟା ବା ଲେଖକ, ଜଣେ ପୋଷଣକର୍ତ୍ତା ପ୍ରକାଶକ ବା ସଂପାଦକ ତଥା ଅନ୍ୟ ଜଣକ ହେଉଛନ୍ତି ଉପଭୋକ୍ତା ବା ପାଠକ। ଶଂସିତ ସଂକଳନରେ ଉପଭୋକ୍ତା ଓ ସ୍ରଷ୍ଟା ଚଳଚଞ୍ଚଳ, ପୋଷଣକର୍ତ୍ତା ଗୌଣ। ଉପଭୋକ୍ତା ନ ଚାହିଁଲେ ସାହିତ୍ୟର ସମୃଦ୍ଧି ଅସମ୍ଭବ। ପ୍ରତିବର୍ଷ ଓଡ଼ିଆରେ ପ୍ରାୟ ଦୁଇ ହଜାର ପୁସ୍ତକ ପ୍ରକାଶିତ ହେଉଛି, କିନ୍ତୁ ମାତ୍ର ପଚାଶଟିରୁ କମ୍ ଉପଭୋକ୍ତାଙ୍କର ଆଦୃତି ଲାଭ କରୁଛି। ଏହାହିଁ ସାଂପ୍ରତିକ ଓଡ଼ିଆ ସାହିତ୍ୟର ଦୁରବସ୍ଥା। ଏ କ୍ଷେତ୍ରରେ ଜଣେ ପାଠକ ବା ଉପଭୋକ୍ତା ପ୍ରକାଶନ ନିମିତ୍ତ ଅନାଗ୍ରହ ରଖୁଥିବା ତାର ପ୍ରିୟ ସୃଜନଶୀଳ ସ୍ରଷ୍ଟାଙ୍କ ରଚିତ ଉଚ୍ଚକୋଟୀର କବିତା ସମଗ୍ରକୁ ଅନ୍ତର୍ଜାତୀୟ ସ୍ତରରେ ପହଞ୍ଚାଇବାର ପ୍ରଚେଷ୍ଟା କରିଛନ୍ତି। ଏହା ଓଡ଼ିଆ ସାହିତ୍ୟ ପାଇଁ କମ୍ ଗୌରବର କଥା ନୁହେଁ। ଆଶା ଓ ବିଶ୍ୱାସ ରହିଛି ଓଡ଼ିଆ ଭାଷାର ଏହି ଅନ୍ତର୍ଦୃଷ୍ଟିସଂପନ୍ନ କବିତାଗୁଡ଼ିକ ବିଶ୍ୱର ଅନ୍ୟାନ୍ୟ ଭାଷାରେ ଅନୂଦିତ ହୋଇ ସାରସ୍ୱତ ଜଗତରେ ଆଲୋଡ଼ନ ସୃଷ୍ଟି କରିବ। ଏହି ସଂକଳନଟିକୁ ପାଠକ, ଲେଖକ ଓ ପ୍ରକାଶକ ଭାବାଦର୍ଶ ସ୍ୱରୂପରେ ଗ୍ରହଣ କରିବା ଏକ କ୍ରାନ୍ତିକାରୀ ପଦକ୍ଷେପ ମନେହୁଏ।

ସଂକଳନଟିର ପ୍ରଥମ ପରିଚ୍ଛେଦ ଆରମ୍ଭ ହୋଇଛି ଏଗାରଗୋଟି କବିତା ଗ୍ରନ୍ଥିତ "ଶ୍ରୀଜଗନ୍ନାଥ"ରୁ। ମହୋଦଧି ତଟରେ ବିରାଜିତ ନଭଶ୍ଚୁମ୍ବୀ ମନ୍ଦିର, ଶୀର୍ଷକରେ ନୀଳଚକ୍ରରେ ଫରଫର ହୋଇ ଉଡୁଛି ପତିତପାବନ ବାନା ଓ ଗର୍ଭଗୃହରେ ରତ୍ନସିଂହାସନରେ ବିଜେ ହୋଇଛନ୍ତି ଚତୁର୍ଦ୍ଧା ମୂର୍ତ୍ତି। ସେ ଦାରୁବ୍ରହ୍ମ ଅର୍ଥାତ୍ ଦାରୁ ଅର୍ଥାତ୍ ନଶ୍ୱର ଓ ବ୍ରହ୍ମ ଅର୍ଥାତ୍ ଈଶ୍ୱରଙ୍କର ସମ୍ମିଳିତ ସ୍ୱରୂପ। ସେ ହେଉଛନ୍ତି ସୂକ୍ଷ୍ମତମ ଅଦୃଶ୍ୟ ବ୍ରହ୍ମଙ୍କର ଏକ ସ୍ଥୁଳ ତଥା ଦୃଶ୍ୟମାନ ପରିପ୍ରକାଶ। ପ୍ରତିମାବାଦର ଝଲକରେ ପ୍ରତୀକବାଦର ରହସ୍ୟ ରୂପରେ ବ୍ରହ୍ମ ଓ ଆତ୍ମାର ଏକତା ପ୍ରତିପାଦିତ ପୂର୍ବକ ସେ ଅନାଦିକାଳରୁ ପୂଜିତ। ଯୁଗ ଯୁଗ ଧରି ଅଗଣିତ ଜ୍ଞାନୀ, ସିଦ୍ଧ, ପ୍ରାଜ୍ଞ, ପଣ୍ଡିତ, ଯୋଗୀ, ବେଦାନ୍ତୀ, ସାଂଖ୍ୟଶାସ୍ତ୍ରୀ, ଜୈନପନ୍ଥୀ, ବୌଦ୍ଧପନ୍ଥୀ, ଦାର୍ଶନିକ, ବୈଷ୍ଣବାଚାର୍ଯ୍ୟ ଓ ଗବେଷକ ଅନିର୍ବଚନୀୟ ଦାରୁବ୍ରହ୍ମଙ୍କ ଦାରବୀଲୀଳାର ଆଦିଅନ୍ତ ନିର୍ଣ୍ଣୟ କରିପାରିନାହାନ୍ତି। ମହନୀୟତା ହେଉଛି, ସେ ହେଉଛନ୍ତି ଓଡ଼ିଆ ଜାତିର ପ୍ରାଣର ପ୍ରାଣ କଳାଠାକୁର। ତାଙ୍କ ଦର୍ଶନରେ ସ୍ୱର୍ଗୀୟତା ନାହିଁ, ଉପାସନାରେ ଶାସ୍ତ୍ରୀୟତା ନାହିଁ ଏବଂ

ଧ୍ୟାନରେ ବୈଭୂତିକ ଚିନ୍ତା ନାହିଁ। ସେ ଓଡ଼ିଆଙ୍କ ଦ୍ୱାରା ନଶ୍ୱର କ୍ଷୟଶୀଳ ଦାରୁ ରୂପରେ ମାନବୀୟ ଚେତନାରେ ପୂଜିତ। ଓଡ଼ିଆ ଜାତି ତାଙ୍କୁ ଏକାନ୍ତ ଆପଣାର ମନେ କରିଛି, ତାଙ୍କ ବଳିୟାର ଭୂଜର ଅଭୟପ୍ରଦ ସୁରକ୍ଷା ବଳୟରେ ରହି ନିଜକୁ ଧନ୍ୟ କରିପାରିଛି ଏବଂ ଜନ୍ମଠାରୁ ଅନ୍ତିମ ସଂସ୍କାର ପର୍ଯ୍ୟନ୍ତ ଜୀବନର ପ୍ରତିଟି ସ୍ତରରେ ତାଙ୍କୁ ସ୍ମରଣ, ମନନ ଓ ଭଜନ ପୂର୍ବକ ଶେଷରେ ତାଙ୍କରି ନିର୍ମାଲ୍ୟ କଣିକାକୁ ଆଶ୍ରା କରିଛି। ତାଙ୍କରି ଭାବ ଓ ଆତ୍ମୀୟତାରେ ବିଭୋରିତ ସ୍ରଷ୍ଟାଙ୍କ ଲେଖନୀରୁ ଝରି ପଡ଼ିଛି ପ୍ରଥମ ନିବେଦନ "ପ୍ରଭୁ", ତୁ ଜ୍ଞାନ ତୁ ଜ୍ଞେୟ, ତୁ ଗମ୍ୟ ତୁ ଗ୍ରାହ୍ୟ... ତୁ ନାଥ ଶ୍ରୀଜଗନ୍ନାଥ। ଜ୍ଞାନ, କର୍ମ ଓ ଭକ୍ତି ତ୍ରିବେଣୀଧାରାରେ ପ୍ଲୁତ ଏହି ନିବେଦନଟି। "ନବକଳେବର" କବିତାଟିରେ ଦାରୁବ୍ରହ୍ମଙ୍କର ଅଲୌକିକ ଲୀଳାର ମହକ, "ଶ୍ରୀକ୍ଷେତ୍ର" କବିତାରେ ନୀଳାଚଳଧାମର ମହିମା, "ଆ'ରେ କାଳିଆ"ରେ କଳା ଶ୍ରୀମୁଖଙ୍କ ମହତ୍ତ୍ୱ, "ଚରଣୋ ଶରଣ"ରେ ସମର୍ପଣର ସାର୍ଥକତା, "ନାରୀଶ୍ୱର"ରେ ନାରୀତ୍ୱର ନିଷ୍କର୍ଷ, "କଳାଯାତ୍ରା"ରେ ପତିତପାବନ ଯାତ୍ରାର ପାବନତ୍ୱ, "ସାଇଁ ହେ"ରେ ସତ୍‌ଚରିତ୍ରବତ୍ତାର ସନ୍ଦେଶ, "ଈଶ୍ୱର"ରେ ପରଂବ୍ରହ୍ମଙ୍କ ସ୍ୱରୂପ ଓ ଲୀଳା ଏବଂ "ଶ୍ରୀରାଧା ଉବାଚ"ରେ କୃଷ୍ଣ ଭକ୍ତିରସ ସଂକ୍ଷିପ୍ତ ତଥା ସାରୋଦ୍ଧାର ଭାବରେ ସାବଲୀଳ ଧାରାରେ ପରିବେଷିତ। ପ୍ରତ୍ୟେକ କବିତାରୁ ଭାବୋଚ୍ଛ୍ୱାସର ଅମୃତଧାରା ଝରିତ।

ଦ୍ୱିତୀୟ ପରିଚ୍ଛେଦ "ଓଡ଼ିଶା"ରେ ଛଅଗୋଟି ଓଡ଼ିଆ ପ୍ରାଣର ବ୍ୟଥା ଓ ବେଦନାସିକ୍ତ କବିତା ସ୍ଥାନିତ। "ଓଡ଼ିଶା" ପ୍ରଥମ କବିତାରେ ଗୌରବଗାଥା, "ଓଡ଼ିଶା" ଦ୍ୱିତୀୟ କବିତାରେ ସୌରଭ, "ଓଡ଼ିଆ ଦର୍ଶନ"ରେ ଐତିହ୍ୟ ଓ ସଂସ୍କୃତିର ସ୍ଫୁରଣ, "ପଞ୍ଚତତ୍ତ୍ୱ"ରେ ଶକ୍ତିତତ୍ତ୍ୱ, "ମାତୃଭାଷା"ରେ ଭାଷାଗୌରବ ଏବଂ "ମାତୃଭୂମି"ରେ ଜାତୀୟତାର ଆହ୍ୱାନ ଅଙ୍କିତ। ଜଣେ ଖାଣ୍ଟି ଓଡ଼ିଆ କଲମରୁ ଏତାଦୃଶ ଜାତିପ୍ରାଣ, ଭାଷାପ୍ରାଣ ଓ ସଂସ୍କୃତିପ୍ରାଣ କବିତା ଝରିଥାଏ। ଏହା ସତ୍ୟ ଯେ, ଏକଦା ଆଗଙ୍ଗାଗୋଦାବରୀ ଓଡ଼ିଆଙ୍କ ଶୌର୍ଯ୍ୟବୀର୍ଯ୍ୟରେ ପ୍ରକମ୍ପିତ ହେଉଥିଲା। ଓଡ଼ିଆ ସାଧବପୁଅମାନେ ଦରିଆପାରି ଦେଶମାନଙ୍କରୁ ଅସରନ୍ତି ଧନଦୌଲତ ବୋହିଆଣି ଓଡ଼ିଶାକୁ ସମୃଦ୍ଧ କରିଥିଲେ, ଓଡ଼ିଆ ଶିଳ୍ପୀଙ୍କ ନିହାରମୁନର ସାର୍ଥକତାରେ ଆଜି ବି ବିଶ୍ୱ ସ୍ତମ୍ଭିତ ତଥା ଓଡ଼ିଆ ଭାଷା ଏକ ପ୍ରାଚୀନ, ପୂର୍ଣ୍ଣାଙ୍ଗ, ରକ୍ଷଣଶୀଳ, ମଧୁର, କୋମଳ, ଉତ୍କୃଷ୍ଟ ଓ ଶାସ୍ତ୍ରୀୟ ଭାଷା, ଅଥଚ ଅଗଣିତ ଓଡ଼ିଆଙ୍କ ଚେତନାରେ ସେହି ଗୌରବାବହ ସ୍ମୃତି ବିସ୍ମୃତ, ଯାହାକି କବିଙ୍କ କବିତାରେ ପରୋକ୍ଷରେ ବ୍ୟକ୍ତ। ଅଗଣିତ ଓଡ଼ିଆଙ୍କ ନିଜ ମାତୃଭୂମି ଓ ମାତୃଭାଷାର ଗୌରବରେ ଉତ୍‌ଫୁଲ୍ଲିତ କରିବା ନିମିତ୍ତ କବିଙ୍କର ଏହା ସଫଳ ପ୍ରୟାସ। ସୁଦୂର ଆମେରିକାରେ ରହି ମଧ କବିଙ୍କର ଓଡ଼ିଆ ସ୍ୱପ୍ନ

କବିତାଗୁଡ଼ିକୁ ରସମୟ, ଭାବମୟ, ପ୍ରେମମୟ, ଆବେଗମୟ କରିବା ସହିତ ଜାତୀୟତାର ମହାମନ୍ତ୍ରରେ ପାବନ କରିପାରିଛି।

ସଂକଳନଟିର ତୃତୀୟ ପରିଚ୍ଛେଦ ହେଉଛି "ମାଟି ପ୍ରକୃତି ଗାଁ ସହର" ଯହିଁରେ ଏଗାରଗୋଟି ମାଟିପ୍ରାଣ କବିତା ସ୍ଥାନିତ। କବି ଗଞ୍ଜାମ ଜିଲ୍ଲା ଭଞ୍ଜଭୂମିର ଜଗନ୍ନାଥପ୍ରସାଦ ଗ୍ରାମରେ ଜନ୍ମିଛନ୍ତି ତଥା ବାଲ୍ୟ ଓ କୈଶୋର ସେହିଠାରେ କଟାଇଛନ୍ତି। ଭଞ୍ଜଭୂମିର ମହକରେ କବି ବିଭୋରିତ ହୋଇ ଏହି କବିତାଗୁଡ଼ିକ ରଚନା କରିଛନ୍ତି। ପ୍ରଥମ କବିତା "ମାଟି"ରେ ମାଟିର ମହତ୍ତ୍ୱ, ଦ୍ୱିତୀୟ କବିତା "ଜଗନ୍ନାଥ ପ୍ରସାଦ"ରେ ଜନ୍ମଭୂମିକୁ ଦେବତୁଲ୍ୟ ପରିକଳ୍ପନା, ତୃତୀୟ କବିତା "ମୋ ଗାଁ"ରେ ଗାଁର ବାଲ୍ୟସ୍ମୃତି, ଚତୁର୍ଥ କବିତା "ସୁପ୍ରଭାତ"ରେ ପ୍ରଭାତ ବର୍ଣ୍ଣନା, ପଞ୍ଚମ କବିତା "ଅଦ୍ୱିତୀୟା"ରେ ସାର୍ଥକ ସୃଷ୍ଟିର ଚିରନ୍ତନୀ, ଷଷ୍ଠ କବିତା "ଅରୁନ୍ତୁଦ"ରେ ବିପନ୍ନ ଓ ବିବର୍ଣ୍ଣ ବସୁଧା, ସପ୍ତମ କବିତା "ଶରତ୍କାଳ"ରେ ଶାରଦୀୟ ଶୋଭାସମ୍ଭାର, ଅଷ୍ଟମ କବିତା "ଶୈଶିର"ରେ ଶିଶିର ସୌରଭ, ନବମ କବିତା "ବସନ୍ତରାସ"ରେ ମଧୁଚିନ୍ତନ, ଦଶମ କବିତା "ବ୍ରହ୍ମପୁର"ରେ ରେଶମ ନଗରୀର ସଜଳସ୍ମୃତି ଏବଂ ଏକାଦଶ କବିତା "ରାଜଧାନୀ"ରେ କଙ୍କ୍ରିଟ ନଗରୀର ପ୍ରହେଳିକା କବିଙ୍କୁ ବିଭୋର କରିଛି। ସେହି ନିଛକ ସତ୍ୟ ଅସତ୍ୟର ସନ୍ଦେଶକୁ ସାଉଁଟି ଆଣି ସେ ପରଶିଛନ୍ତି ପାଠକଙ୍କ ନିକଟରେ।

ଚତୁର୍ଥ ପରିଚ୍ଛେଦ "ଭାଷା ଭାବନା ଶବ୍ଦ ସାହିତ୍ୟ" କବିଙ୍କ ଲେଖନୀ ନିଃସୃତ ଛଅଗୋଟି ସାରସ୍ୱତ କଥନର ଅପୂର୍ବ ସମାହାର। ଧ୍ୱନି ହେଉଛି ଭାଷାର ଆତ୍ମା ଓ ଶବ୍ଦ ହେଉଛି ଭାଷାର ଶରୀର, ଯାହାକୁ ନେଇ କବିଙ୍କ ପ୍ରଥମ କବିତା "ଶବ୍ଦସ୍ୱର୍ଗଙ୍ଗା" ନିଃସୃତ। କବିଙ୍କ ଦୃଷ୍ଟିରେ ବିଶ୍ୱ ଶବ୍ଦମୟ, ଯାହା ବ୍ୟାକରଣ ଦର୍ଶନରେ ଶବ୍ଦବ୍ରହ୍ମ। ଦ୍ୱିତୀୟ କବିତା "ଗ୍ରନ୍ଥୀ"ରେ କବି ଶବ୍ଦକୁ ଗୁନ୍ଥି କିପରି ଚତୁର୍ବେଦ, ଉପନିଷଦ୍, ତନ୍ତ୍ର, ଦର୍ଶନ ପଲ୍ଲବିତ, ପୁଷ୍ପିତ ଓ ସୁରଭିତ ତହିଁର ସାରମର୍ମ ବ୍ୟକ୍ତ କରିଛନ୍ତି। "କବିସେବ ପ୍ରଜାପତି" ଏହି ଉକ୍ତିର ସାର୍ଥକତା ପ୍ରତିପାଦନ କରିଛନ୍ତି କବି ସ୍ୱରଚିତ ତୃତୀୟ କବିତା "କବି"ରେ। ଚତୁର୍ଥ କବିତା "କବିତାର କବି"ରେ କବି କବିତ୍ୱର ପରିଭାଷା ମାର୍ମିକ ଭାଷାରେ ପରିବେଷଣ କରିଛନ୍ତି। ପଞ୍ଚମ କବିତା "କବିର କବିତା"ରେ କବିତାର ଧର୍ମ, ସ୍ୱର ଓ ସ୍ୱାକ୍ଷର ନିଆରା ଢଙ୍ଗରେ ପ୍ରତିପାଦିତ। ମାତୃଭାଷାର ଉତ୍ତରଣରେ ଉତ୍‌ଫୁଲ୍ଲ ହେବାକୁ କବି ନିବେଦନ କରିଛନ୍ତି ଷଷ୍ଠ କବିତା "ଅଳମତି ବିସ୍ତରେଣ"ରେ।

ସଂକଳନଟିର ଅନ୍ତିମ ପରିଚ୍ଛେଦ ହେଉଛି "ଜୀବନ, ଦର୍ଶନ, ପ୍ରେମ, ବିପ୍ଳବ, ମହୋତ୍ସବ ଓ ପରିବାର"ର ବିଚିତ୍ର ସମାହାର। କବି ଆପଣାର ଦାର୍ଶନିକ ବିଚାରବୋଧରେ ଜୀବନର ଏକ ବିଚିତ୍ର ବିଶ୍ଳେଷଣ କରିଛନ୍ତି ଏହି କବିତାଗୁଚ୍ଛରେ,

ଯାହା ପାଠକ ଧୀରେନ୍ଦ୍ରଙ୍କ ପରିଚ୍ଛେଦ ପରିଚୟରେ ସୁସ୍ପଷ୍ଟ। "ଅନ୍ତିମ ଇଚ୍ଛା"ରେ କବି ଜନ୍ମମୃତ୍ୟୁର ଯାତ୍ରାପଥକୁ ଜୀବନ ନାମରେ ଅଭିହିତ କରି ମୃତ୍ୟୁରେ ଅମୃତତ୍ୱର କାମନା କରିଛନ୍ତି। "ପ୍ରାଣ ପଞ୍ଜୁରି"ରେ ବେଦାନ୍ତ ଦର୍ଶନର ଅଧ୍ୟାତ୍ମତତ୍ତ୍ୱ ସରଳ ଭାଷାରେ ବ୍ୟକ୍ତ। "ମୁଁ" କବିତାରେ ଦୁଃଖାତୀତ ଜୀବନର ମର୍ମବେଦନା ଅଭିବ୍ୟକ୍ତ। ଅକୃତ୍ରିମ ଅନାବିଳ ଦିବ୍ୟଭାବ ହିଁ "ପ୍ରେମ" କବିତାର ସାରମର୍ମ। ଅପୂର୍ବ ଶବ୍ଦ ସଂଯୋଜନା ହିଁ "ବର୍ଷା" କବିତାଟିକୁ ସୁଖପାଠ୍ୟ କରିଛି। ସରାଗ, ହସ, ମିଠାକଥା, ପ୍ରେମ ଓ ସୌଭାଗ୍ୟ ଏକ ଭିନ୍ନ ରୂପ ନେଇଛି "ପଞ୍ଚାମୃତ" କବିତାରେ। ଅପାସୋରା ସ୍ମୃତି, ଅସରା ଦିନ ଓ ଅକୁହା କଥା ଅସୁମାରୀ ସ୍ୱପ୍ନରେ "ମୋତେ ନେଇଚାଲ" କବିତା ରସସିକ୍ତ। କଥା, ବ୍ୟଥା, ରାଗ, ରୁଷା, ମନ, ହୃଦୟ, ଲୁହ ଓ ଲହୁକୁ ଆଧାର କରି କବି ରଚନା କରିଛନ୍ତି "କେତେ ପ୍ରେମ" କବିତା। "କଥା ରହିଯିବ କାଳକାଳକୁ" ଏହି ଉକ୍ତିଟି ରଙ୍ଗ ଓ ରୂପ ଧାରଣ କରିଛି "ଆଉ ଦୁଇପଦ" କବିତାରେ। ପ୍ରେମ ଏକ ସ୍ୱର୍ଗୀୟ ବସ୍ତୁ ହେଲେହେଁ ଲୌକିକ ରୂପଧାରଣ କରିଛି "ପ୍ରେମରଙ୍ଗ" କବିତାରେ। "ଅଢ଼େଇ ଅକ୍ଷର" ଏକ ପ୍ରତୀତଧର୍ମୀ କବିତା, ଯହିଁରେ ପ୍ରେମର ସଂଜ୍ଞା ସଂକ୍ଷିପ୍ତ ଅଥଚ ପରିବ୍ୟାପ୍ତ ମାତ୍ର ଚାରିଗୋଟି ପଙ୍‌କ୍ତିରେ। "ବାର୍ଣ୍ଣିକ" କବିତାରେ ସାଂପ୍ରତିକ ବର୍ଣ୍ଣବହୁଳ ଘଟଣା ବର୍ଣ୍ଣହୀନ ସ୍ୱରୂପରେ ପ୍ରତିଭାତ। ସାବଧାନ ଧ୍ୱନି "ହୁସିଆର" କବିତାରେ ଚେତାବନୀ ସ୍ୱରୂପରେ ପ୍ରକାଶିତ। "ଏଯାବତ" କବିତାରେ ସ୍ୱାଧୀନତାର ମୂଲ୍ୟହୀନ ଚିତ୍ର ଚିତ୍ରିତ। "ଅଧଃପାତ" କବିତାଟି ମଧ୍ୟ କର୍ତ୍ତବ୍ୟନିଷ୍ଠା ଓ ସମୃଦ୍ଧିର ଅନ୍ୟ ଏକ ପଥ। ସଂସାର ଦୁଃଖାଳୟ ଓ ଧ୍ୱଂସମୁଖୀ ବୋଲି "ମାୟାବଜାର" କବିତାରେ କବି ଚେତାଇ ଦେଇଛନ୍ତି। ବିଶ୍ୱର ସର୍ବକନିଷ୍ଠ ସହିଦ ବାଜିରାଉତର ଦେଶପ୍ରେମ ଓ ବଳିଦାନକୁ ନେଇ "ବାଜିରାଉତ" କବିତା ଋଦ୍ଧିମନ୍ତ। ବ୍ୟକ୍ତି ନୁହେଁ ଜାତି ବଡ଼ ଏହାର ନିଚ୍ଛକ ଚିତ୍ର ଅଙ୍କନ ପୂର୍ବକ "ଧର୍ମପଦ" କବିତା ରଚନା କରିଛନ୍ତି ଏବଂ ଧରମାକୁ ଅମର କରିଦେଇଛନ୍ତି। "ନାରୀଟିଏ" କବିତାରେ କବି ପରୋକ୍ଷରେ ବ୍ୟକ୍ତ କରିଛନ୍ତି ନାରୀ ହେଉଛି ପବିତ୍ରତାର ଗଙ୍ଗା, ଶାନ୍ତିର ଯମୁନା ଓ ସହିଷ୍ଣୁତାର ଧରଣୀ। ନିଃସ୍ୱାର୍ଥ ଦେଶସେବା ଓ ଆତ୍ମ ବଳିଦାନର ଅନ୍ୟ ନାମ "ସୈନିକର ଭାଷା" କବିତା। "ପିଆଲା" କବିତା ଆଧୁନିକ ସଭ୍ୟତାର ରଙ୍ଗିନ ଦୁନିଆର ରଙ୍ଗରେ ରଞ୍ଜିତ, ଯେଉଁଠାରେ ମାନବିକତା ମୂଲ୍ୟହୀନ। ଅତୀତ, ବର୍ତ୍ତମାନ ଓ ଭବିଷ୍ୟତର ଆଶା ଆଶଙ୍କା ସ୍ପନ୍ଦିତ ହୋଇଛି "ହନୁ ମୋର ନାଟ କରିବ" କବିତାରେ। ସାଂପ୍ରତିକ ବିଶ୍ୱର ଚିତ୍ର ସାମାଜିକ ଚେତନାର ଉତ୍ତରଣ କାମନାରେ କବି "ଆଜିର ହାଲଚାଲ" କବିତାରେ ରୂପାଙ୍କନ କରିଛନ୍ତି। ଜୀବନର ପରିବର୍ତ୍ତିତ ସ୍ୱରୂପକୁ ନେଇ "ଋତୁରଙ୍ଗ" କବିତାରେ ବ୍ରହ୍ମାଣ୍ଡକୁ ରଙ୍ଗମୟ

ଭାବରେ ଚିତ୍ରଣ କରିଛନ୍ତି କବି। ରଙ୍ଗିନ ଦୁନିଆର ସକଳ ରଙ୍ଗରେ ହଜିଯାଇ "ବସୁଧୈବ କୁଟୁମ୍ବକମ୍"ର ସ୍ୱପ୍ନ ଦେଖିଛନ୍ତି କବି "ରଙ୍ଗବିରଙ୍ଗ" କବିତାରେ। ଦୀପାବଳିର ଆଲୋକରେ ମଧ୍ୟ ଅନ୍ଧାରରେ ରହିଯାଇଛନ୍ତି ଅନେକ, ଯେଉଁମାନଙ୍କ ଅଜ୍ଞାନ ଜ୍ଞାନ ଓ ମିଥ୍ୟା ସତ୍ୟର ପରିମାନ ହୋଇଛି "ଦୀପାବଳି" କବିତାରେ। ମାତୃତ୍ୱର ଅଲିଅଳ ସ୍ନେହ ନିଚ୍ଛକ ପରିପ୍ରକାଶ ହେଉଛି "କୋଡ଼ପୋଛା" କବିତା। "ବାପା" କବିତାରେ କବି ପିତୃତ୍ୱ, ପିତୃବୋଧ ଓ ପିତୃଦେବର ଯଥାର୍ଥ ସଂଜ୍ଞା ନିରୂପଣ କରିପାରିଛନ୍ତି। "କନ୍ୟାରତ୍ନ"ର ସାର୍ଥକତା ପ୍ରମାଣ କରିବା ପାଇଁ କବି ଶେଷ କବିତା "ମୋ ଝିଅ ପାଇଁ ଗୀତଟିଏ" ରଚନା କରିଛନ୍ତି, ଯହିଁରେ କନ୍ୟାପ୍ରତି ସ୍ନେହ, ସୋହାଗ ଓ ସନ୍ଦେଶ ପ୍ରଦତ୍ତ।

କବି ଓ ପାଠକ ଉଭୟ ଓଡ଼ିଆ ଏବଂ ନିବାସ କରୁଛନ୍ତି ସୁଦୂର ଆମେରିକାରେ। ସଶ୍ରଦ୍ଧ ପାଠକ ଧୀରେନ୍ଦ୍ର ନିଜର ପ୍ରିୟ କବି ପ୍ରଶାନ୍ତଙ୍କର ଦୁର୍ଲଭ କବିତାସମଗ୍ରକୁ ପରଶିଛନ୍ତି ଏହି ସଂକଳନରେ। କବିତାଗୁଡ଼ିକ ପାଞ୍ଚଗୋଟି ପରିଚ୍ଛେଦରେ ବିଭାଜନ କରି ପରିବେଷଣ କରିଥିଲେହେଁ ପ୍ରତ୍ୟେକ ପରିଚ୍ଛେଦରେ ସ୍ଥାନିତ ଉପୋଦ୍‌ଘାତରୁ ପାଠକଙ୍କ ଆବେଗ ସ୍ୱଷ୍ଟ ବାରିହୋଇ ପଡୁଛି। କବିତାଗୁଡ଼ିକର ପରିଚୟୋକ୍ତି ଛଳହୀନ ନିଷ୍କପଟ ଭାଷାରେ ବ୍ୟକ୍ତପୂର୍ବକ ପାଠକ ଗାଇଛନ୍ତି:-

"ସାତ ସମୁଦ୍ରର ତେର ନଈ ସିନା ମୋ ପାଇଁ ଅତି ଗହନ,
ଅଣୁ ପ୍ରତିକୋଣେ ଜଗତ ଈଶ୍ୱର ତୁମ୍ଭେତ ବିରାଜମାନ।"

ଏହି ଦୁଇପଦରେ ଭରି ରହିଛି ସୁଦୂରରେ ରହିବାର ବ୍ୟଥା ଓ ଈଶ୍ୱରୀୟ ଶ୍ରଦ୍ଧା, ଯାହାକି ତାଙ୍କର ପାଥେୟ। ମହାବାହୁ ସେମାନଙ୍କୁ କରୁଣା କରନ୍ତୁ, ଏତିକି ପ୍ରାର୍ଥନା। ଅନ୍ୟ ଏକ ପରିଚ୍ଛେଦର ଉପୋଦ୍‌ଘାତରେ ପାଠକ ସମଗ୍ର ଓଡ଼ିଶାବାସୀ ଏକ ମନ ଏକ ପ୍ରାଣରେ ଓଡ଼ିଶାକୁ ଆଗେଇ ନେବା ଲାଗି ନିବେଦନ କରିଛନ୍ତି। ଅନ୍ୟ ଗୋଟିଏ ପରିଚ୍ଛେଦରେ ସେ ମାଟି, ମା' ଓ ମମତାକୁ ସ୍ୱର୍ଗୀୟ ସ୍ପର୍ଶ ବିବେଚନା କରିଛନ୍ତି। ଅନ୍ୟ ପରିଚ୍ଛେଦରେ ସେ କବିସର୍ଜନାର ଉତ୍କର୍ଷକୁ ଆଦରି ନେବା ପାଇଁ ବିଶ୍ୱବାସୀଙ୍କୁ ଅନୁରୋଧ କରିଛନ୍ତି। ଅନ୍ୟ ପରିଚ୍ଛେଦରେ ସେ ଦେଶ, ଜାତିର ଦୁଃଖ ଏବଂ ଜ୍ଞାନ, ଧର୍ମ, ଦର୍ଶନରେ ସମୃଦ୍ଧ ରାଷ୍ଟ୍ରର ସଂକଟ ପ୍ରତି ସଚେତନ ରହିବାକୁ ଆଶା ପୋଷଣ କରିଛନ୍ତି। ପାଠକଙ୍କ ଏହି ସବୁ ଉକ୍ତିର ପ୍ରତିଫଳନ କବିତାରେ ପରିଦୃଷ୍ଟ ହୋଇଥାଏ। କବି ଓ ପାଠକଙ୍କର ଓଡ଼ିଆତ୍ୱ ବିସ୍ମିତ କରେ ତଥା ସେମାନଙ୍କ ନବୀନ ସାହିତ୍ୟ ପ୍ରକାଶନ ଧାରା ଅନ୍ୟମାନଙ୍କୁ ପ୍ରଭାବିତ କରିବ, ଏଥିରେ ସନ୍ଦେହ ନାହିଁ।

ଭାଷା ପ୍ରଜ୍ଞାର ଐଶ୍ୱର୍ଯ୍ୟମୟ ଆଭାସରେ ଉଦ୍‌ଭାସିତ ହେଲେ ସାହିତ୍ୟର ସ୍ୱରୂପ ଧାରଣ କରେ। ବିଶ୍ୱର ସକଳ ଭାଷାର ପ୍ରଥମ ସାହିତ୍ୟ ହେଉଛି କବିତା। ଓଡ଼ିଆ ଭାଷାର ପ୍ରଥମ ସାହିତ୍ୟ ହେଉଛି ଚର୍ଯ୍ୟାଗୀତିକା। ଏଗୁଡ଼ିକ ଷଷ୍ଠ ଶତାବ୍ଦୀଠାରୁ ନବମ ଶତାବ୍ଦୀ ମଧ୍ୟରେ ରଚିତ ଓ ପ୍ରାଚୀନ ଓଡ଼ିଆ ଗୀତିକବିତା ସ୍ୱରୂପରେ ପ୍ରତିଭାତ। ସେହିଦିନରୁ ଓଡ଼ିଆ କବିତା କ୍ରମବିକଶିତ ଧାରାରେ ସଂପ୍ରତି ଏକବିଂଶ ଶତାବ୍ଦୀରେ ଉପନୀତ। ଏକବିଂଶ ଶତାବ୍ଦୀର ଓଡ଼ିଆ କବିତାର ଜଣେ ସାର୍ଥକ କବି ପ୍ରଶାନ୍ତ ଭୂୟାଁ। ତାଙ୍କର ପ୍ରତ୍ୟେକଟି କବିତା ମନୋଜ୍ଞ ଓ ସ୍ୱକୀୟ ସୃଜନଧର୍ମୀ ପରିପକ୍ୱତାରେ ପାଠକଙ୍କର ସଶ୍ରଦ୍ଧ ଦୃଷ୍ଟି ଆକର୍ଷଣ କରିପାରିଛି। ସେ ସାରସ୍ୱତ ପ୍ରତିଭାର କାଉଁରୀ ସ୍ପର୍ଶରେ ଭାଷା ଓ ଭାବକୁ ରସୋଦୀପ୍ତ କରି ପାରିଛନ୍ତି। କବି ଭାବ ଓ ଶୈଳୀର ସଂଯୋଗରେ କବିତାଗୁଡ଼ିକ ସୁନ୍ଦର ସୁଗମ କରିପାରିଛନ୍ତି। ଅନେକ କବିତାରେ କବି ଅନୁଭୂତିର ମଧୁର ମୂର୍ଚ୍ଛନାରେ କଳାତ୍ମକ ପ୍ରକାଶନ ଘଟାଇ ସୁନିୟୋଜିତ ଶବ୍ଦାବଳୀରେ ଭାବର ସଂପ୍ରେଷଣ ସକାଶେ ଯେଉଁ ଉପାଦାନଗୁଡ଼ିକୁ ଗ୍ରହଣ କରିଛନ୍ତି ସେଗୁଡ଼ିକ ଶୈଳୀତତ୍ତ୍ୱ ରୂପେ ପାଠକଙ୍କୁ ଆକର୍ଷଣ କରିପାରିଛି। ପ୍ରତିଭାବନ୍ତ କବି ପ୍ରଶାନ୍ତ ଯୁଗୋପଯୋଗୀ ଭାଷା ପ୍ରୟୋଗ ପୂର୍ବକ କବିତାଗୁଡ଼ିକୁ ସରଳ ଓ ସ୍ୱଚ୍ଛନ୍ଦ କରିବା ସହିତ ଆବେଗପ୍ରାଣତା ଭରିଦେଇଛନ୍ତି। କବିଙ୍କ ଆବେଗାତ୍ମକ ଭାବଭିତ୍ତିରେ ବର୍ଣ୍ଣନାତ୍ମକ ଭାଷାର ବିନ୍ୟାସ କବିତାଗୁଡ଼ିକୁ ପାଠକପ୍ରିୟ କରିପାରିଛି। କବି ଅନେକ କବିତାରେ ବୁଦ୍ଧିଦୀପ୍ତ ଭାବସଂଚାର ପୂର୍ବକ ପାଠକ ପ୍ରାଣରେ ପ୍ରଜ୍ଞାର ତରଙ୍ଗ ସୃଷ୍ଟି କରିପାରିଛନ୍ତି। କେତେକ ସ୍ଥଳରେ ଧ୍ୱନ୍ୟାତ୍ମକ ଶବ୍ଦର ସଂପୃକ୍ତି କବିତାଗୁଡ଼ିକୁ ଶ୍ରୁତିମଧୁର କରିପାରିଛି। ଉଲ୍ଲେଖଯୋଗ୍ୟ ଯେ, ସେ ମାର୍ମିକ ବାକ୍‌ରୀତି ପ୍ରୟୋଗ କରି କବିତାଗୁଡ଼ିକୁ ସୂଚନାଧର୍ମୀ କରିବା ସହିତ ପାଠକର ମନ ଓ ମଗଜକୁ ଆନ୍ଦୋଳିତ କରିପାରିଛନ୍ତି। କବିତାରେ ପରଂପରା, ସଂସ୍କୃତି ଓ ପ୍ରତୀକର ପ୍ରୟୋଗ ଅତ୍ୟନ୍ତ ପ୍ରଭାବଶାଳୀ ଓ ବ୍ୟାପକ ଏବଂ ଚିତ୍ରକଳ୍ପ ଋଦ୍ଧିମନ୍ତ ଓ ପ୍ରାଣବନ୍ତ। ଏଗୁଡ଼ିକର ଆବେଦନ ଓ ଔଜ୍ଜ୍ୱଲ୍ୟ ପାଠକକୁ ଅଭିଭୂତ କରିଥାଏ। ଜୀବନର ଗଭୀରତମ ଅନୁଭବ ତାଙ୍କ ଲେଖନୀରେ କବିତା ରୂପେ ଆତ୍ମପ୍ରକାଶ କରି ଅଗଣିତ ପାଠକଙ୍କୁ ମୋହାବିଷ୍ଟ କରିଛି। ଜୀବନ, ଜଗତ ଓ ବ୍ୟକ୍ତିସତ୍ତାର ବର୍ଣ୍ଣନାରେ ତାଙ୍କ କବିତା ଶତମୁଖୀ। ଅଳଙ୍କରଣ ପରିବର୍ତ୍ତେ ଆତ୍ମିକ ଅଭିବ୍ୟକ୍ତି, ତତ୍ତ୍ୱ ପରିବର୍ତ୍ତେ ଜୀବନ ତଥା ଅନ୍ତରଙ୍ଗ ଆଳାପଧର୍ମୀ ଶୈଳୀ ହିଁ ତାଙ୍କର ବୈଶିଷ୍ଟ୍ୟ। ଦୁଃଖ, ଦୈନ୍ୟ, ଦୁର୍ବିପାକ, ଯନ୍ତ୍ରଣା, ପ୍ରବଞ୍ଚନା ଓ ପ୍ରତାରଣା ଭିତରେ ଏକ ନୂତନ ସୃଷ୍ଟିଶୀଳ ସମୟର ପୁନରାବର୍ତ୍ତନ ନିମିତ୍ତ ସେ ଆଶାବାଦୀ। ବିଶେଷତଃ ଓଡ଼ିଆ ଭାଷା, ଜାତି ଓ ପ୍ରଦେଶକୁ ଆନ୍ତର୍ଜାତୀୟ ସ୍ତରରେ ପ୍ରତିଷ୍ଠିତ କରିବାକୁ ତାଙ୍କ ସାଧୁ ଉଦ୍ୟମ ପ୍ରଶଂସନୀୟ। ତାଙ୍କର ପ୍ରତ୍ୟେକଟି କବିତା

ଗଭୀର ମନନ ପ୍ରକ୍ରିୟାରୁ ଜାତ ଓ ପ୍ରାଣବନ୍ତ ତଥା ଅନ୍ତଃ ଓ ବାହ୍ୟ ସୌନ୍ଦର୍ଯ୍ୟରେ ଝଲମଲ। କବିଙ୍କ ଶବ୍ଦଗୁମ୍ଫନ ଶୈଳୀ, ବାକ୍ୟବିନ୍ୟାସ, ଚିତ୍ରଚାତୁରୀ, ବର୍ଣ୍ଣନାବିଳାସ ଓ ପରିବେଷଣର ପରିଚ୍ଛନ୍ନତା ପ୍ରତ୍ୟେକ ସ୍ୱତନ୍ତ୍ର ଆଲୋଚନା ପ୍ରତୀକ୍ଷା କରିଥାଏ। ସଂକ୍ଷେପରେ ଉଲ୍ଲେଖ କଲେ, ସଂକଳନଟିରେ ସ୍ଥାନିତ ତାଙ୍କର ପ୍ରତ୍ୟେକଟି କବିତାର ରଚନା ଶୈଳୀ, ଭାଷା ସୌନ୍ଦର୍ଯ୍ୟ, ଭାବଗାମ୍ଭୀର୍ଯ୍ୟ, ରୂପମାଧୁର୍ଯ୍ୟ, ଆଳଙ୍କାରିକ ବିଦଗ୍ଧତା, ବୌଦ୍ଧିକ ବିଶ୍ଳେଷଣ, ଶବ୍ଦ ସଂଯୋଜନା, ବାକ୍‌ରୀତି ତଥା ପ୍ରତୀକ ଓ ଚିତ୍ରକଳ୍ପର ପ୍ରୟୋଗ ଅନନ୍ୟ ଓ ଅନୁପମ। ଶ୍ରୀଜଗନ୍ନାଥଙ୍କ କରୁଣାରୁ ତାଙ୍କ ଲେଖନୀରେ ପୁଷ୍ପ ଚନ୍ଦନ ବୃଷ୍ଟି ହେଉ, ଏତିକି କାମନା।

■

ଆନନ୍ଦ ନଗର, କାଠଗଡ଼ା, ଢେଙ୍କାନାଳ- ୭୫୯୦୦୧
ମୋ: ୮୮୯୫୨୩୦୭୨୨

ଧୀରେନ୍ଦ୍ରଙ୍କ ଓଡ଼ିଶା

ଡକ୍ଟର ଗୌରହରି ଦାସ

ବିଶିଷ୍ଟ ସ୍ତମ୍ଭକାର ଓ ସୁସାହିତ୍ୟିକ ଗୌରହରି ଦାସଙ୍କ 'ଜୀବନର ଜଳଛବି' ସମୟ, ସମାଜ ଓ ଓଡ଼ିଶାର ପ୍ରତିନିଧିତ୍ୱ କରେ। ତାଙ୍କର ପ୍ରତ୍ୟେକଟି ସ୍ତମ୍ଭ ମଧ୍ୟରେ ଥାଏ ଗୋଟାଏ ଜୀବନ୍ତ ଚରିତ୍ର ଓ ଘଟଣା। ପ୍ରବାସୀ ସାହିତ୍ୟିକ ଓ ସମାଜସେବୀ ଧୀରେନ୍ଦ୍ର କରଙ୍କୁ ନେଇ ଗୌରହରି ଦାସଙ୍କ ସାକ୍ଷୀପୁରୁଷ ସିଦ୍ଧାର୍ଥ କିଛି ଆବେଗ ଓ ଅନୁଭୂତିକୁ ବାନ୍ଧି ରଖିବା ସହିତ ଧୀରେନ୍ଦ୍ରଙ୍କ ପରି ବ୍ୟକ୍ତିତ୍ୱର ମହନୀୟତାକୁ ପ୍ରତିଷ୍ଠା ଦେଇଛି।
ଓଡ଼ିଆ ସାହିତ୍ୟକୁ ଅନ୍ତରରୁ ଭଲପାଉଥିବା ପ୍ରବାସୀ ସାହିତ୍ୟିକ ଧୀରେନ୍ଦ୍ର କର ଜଣେ ପ୍ରତିଭାସଂପନ୍ନ ସାହିତ୍ୟିକ। ତାଙ୍କ ବ୍ୟକ୍ତିତ୍ୱ ସଂସ୍ପର୍ଶରେ ଆସିଥିବା ବିଶିଷ୍ଟ କଥାକାର ଗୌରହରି ଦାସ ତାଙ୍କର 'ଜୀବନର ଜଳଛବି'ରେ ସିଦ୍ଧାର୍ଥର ଗଜ୍ଜନାୟକ ମାଧ୍ୟମରେ ଧୀରେନ୍ଦ୍ରଙ୍କର ମନର କଥାକୁ ଅଭିବ୍ୟକ୍ତ କରିଛନ୍ତି। ଗୌରହରି ଦାସଙ୍କ ଦୃଷ୍ଟିରେ ଧୀରେନ୍ଦ୍ର କରଙ୍କ ଓଡ଼ିଶାର ଚିତ୍ର କିଛି ଏମିତି।

"ଓଡ଼ିଶାର କୁଆଁଖିଆଠାରୁ ଆମେରିକାର ବଲଟିମୁର ବହୁତ ଦୂର। ବହୁତ ଦୂର ବଙ୍ଗୋପସାଗରର ଏ କୂଳରୁ ଆଟଲାଣ୍ଟିକ୍ ଓ ପ୍ରଶାନ୍ତ ମହାସାଗରର ଉପକୂଳ। ଚାହିଁଲେ ଆଖି ପାଏ ନାହିଁ। କିନ୍ତୁ ଧୀରେନ୍ଦ୍ର ସେସବୁକୁ ମୁହୂର୍ତ୍ତକରେ ଅତିକ୍ରମ କରିବାକୁ ଚେଷ୍ଟା କରିଥିଲା ତା'ର ଅନ୍ତରଙ୍ଗ ଆଳାପରେ। ତା' ଗପରେ ଆମେରିକାର ପ୍ରାଚୁର୍ଯ୍ୟ କିମ୍ବା ସଂଭ୍ରାନ୍ତ ଜୀବନଚର୍ଯ୍ୟାର ବିବରଣୀ ନ ଥିଲା; ଥିଲା ମୁଗପାଳର ମଲାକଇଁ ଓ ମୁଠିଶାଗ, ଭିକାରି ବଳ ଏବଂ ଅକ୍ଷୟ ମହାନ୍ତିଙ୍କର ଗୀତ, ଭଦ୍ରକର ସଂଘର୍ଷମୟ ଜୀବନ- ଯେତେବେଳେ ଗୋଟିଏ ସିଗାରେଟ୍‌କୁ ଦି'ଖଣ୍ଡ କରି ସେ ଏବଂ ତା'ର ବନ୍ଧୁ ବିତଉଥିଲେ

ସଞ୍ଜୀର ସଉକ, ଗୋଟିଏ ସିଝା ଅଣ୍ଡାକୁ ସୂତା ଖଣ୍ଡକରେ ଦି'ଭାଗ କରି ମେଣ୍ଟଉଥିଲେ ପ୍ରାତଃରାସର ଚାହିଦା। ଧୀରେନ୍ଦ୍ରର କଥାବାର୍ତ୍ତା ଆମେରିକାର ଅପରିଚିତ ପରିବେଶରେ ସୁଦ୍ଧା ମାଟି ହାଣ୍ଡିରେ ରନ୍ଧା ଉଷୁନା ଭାତର ପରିଚିତ ବାମ୍ଫ ପରି ମହକି ଯାଉଥିଲା।

ସେଇଥିପାଇଁ ଆମେରିକାରେ ରହୁଥିବା ଅନ୍ୟ ବନ୍ଧୁଙ୍କ ତୁଳନାରେ ଧୀରେନ୍ଦ୍ରର ବ୍ୟକ୍ତିତ୍ୱ ସିଦ୍ଧାର୍ଥକୁ ଅଧିକ ପ୍ରଭାବିତ କରିଥିଲା। ତା'ର ଚଳଚଞ୍ଚଳ ଓ ହସ-ଅଭ୍ୟସ୍ତ ଚେହେରା ବାସ୍ତବରେ ଥିଲା ଆକର୍ଷଣୀୟ। ବଲ୍‌ଟିମୁର୍‌ରୁ ବିଦାୟ ନେବା ଦିନ ସେଇ ଧୀରେନ୍ଦ୍ର ତାଙ୍କୁ ଅନୁରୋଧ କରିଥିଲା, ସେ ଓଡ଼ିଶାରେ ଥିବା ବେଳେ ସିଦ୍ଧାର୍ଥ ଯେମିତି ଦିନଟିଏ ଲାଗି କୁଆଖିଆ ପାଖ ତାଙ୍କ ଗାଁ ଘୋଳପୁରକୁ ଯାଏ।

ଧୀରେନ୍ଦ୍ରର ଘର ଖୋଜି ପାଇବାକୁ ବେଶି କଷ୍ଟ ହେଲାନାହିଁ। ମଇଁଷିଆ ଦଳଭର୍ତ୍ତି ପୋଖରୀ ଆଢ଼ି ଉପରେ ଗାଡ଼ିଟିର ଉପସ୍ଥିତି ହିଁ ସେଇ ଘରର ସନ୍ଧାନ ଦେଉଥିଲା। ସିଦ୍ଧାର୍ଥ ଚାହିଁଲା, ମଫସଲର ଗ୍ରାମୀଣ ପରିବେଶରେ ଗାଡ଼ିଟିର ଉପସ୍ଥିତ କିଞ୍ଚିତ୍ ଅପ୍ରାସଙ୍ଗିକ ମନେ ହେଉଥିଲା। ଗାଡ଼ିଯୋଗ୍ୟ ପିଚୁ ରାସ୍ତା ଅନେକ ଦୂରରେ ରହିଲାଣି, ପୁଣି ବୁଲା ଗାଈ ଓ ବଳଦଙ୍କ ଗହଣରେ ଏପରି ଛିଡ଼ାହେବାଟାକୁ ଦାମୀ ଗାଡ଼ିଟି କଦାପି ପସନ୍ଦ କରୁନଥିବ।

ଧୀରେନ୍ଦ୍ର ଖୁବ୍ ଖୁସି ହେଲା। ତା'ର କୁନି ଝିଅ ଓ ପତ୍ନୀ ସାଙ୍ଗରେ ସିଦ୍ଧାର୍ଥ ପରିଚୟ କରେଇଦେଲା। ସେଦିନ ଥିଲା ତା' ଝିଅର ଜନ୍ମଦିନ। ବାପା, ମା', ଭାଇ, ଭଉଣୀ ଓ ସାଙ୍ଗସାଥୀଙ୍କ ମେଳରେ ତାଙ୍କ ଘର ଉଚ୍ଛୁଳି ଉଠୁଥିଲା।

ସିଦ୍ଧାର୍ଥ ଗୋଟେ ଘରୋଇ ଟେଲିଭିଜନ୍ ଚ୍ୟାନେଲ୍ ପାଇଁ କାମ କରେ। ଅନେଶତ ବାତ୍ୟା ସମୟର କରୁଣ ଦୃଶ୍ୟକୁ ତାଙ୍କ ଚ୍ୟାନେଲ ଅତ୍ୟନ୍ତ ପ୍ରାଣସ୍ପର୍ଶୀ ଢଙ୍ଗରେ ସାରା ବିଶ୍ୱ ଆଗରେ ପ୍ରଦର୍ଶନ କରିଥିଲା। ଏରସମାର ପଚାପାଣି ଉପରେ ଭାସୁଛି ପଶୁ ଓ ମଣିଷଙ୍କ ଶବ, ତାଆରିଠାରୁ ହାତେ ଦୂରରେ ସେଇ ପାଣି ପିଉଛି ତୃଷାର୍ତ୍ତ, କଙ୍କାଳସାର ମଣିଷ। ମାଇଲ୍ ମାଇଲ୍ ବ୍ୟାପୀ ଫସଲ କ୍ଷେତ ଉଜୁଡ଼ି ଯାଇଛି, ଉପକୂଳ ଓଡ଼ିଶା ଦିଶୁଛି ସ୍ୱପ୍ନର ସମାଧି ଭଳି।

ଭିଡ଼ ଭିତରୁ ତାକୁ ଭିଡ଼ିନେଇ ଧୀରେନ୍ଦ୍ର ପଚରିଲା, "ଓଡ଼ିଶାକୁ ଏଭଳି କାଙ୍ଗାଳ ବେଶରେ ନ ସଜେଇଲେ କ'ଣ ଚଳନ୍ତା ନାହିଁ?"

ଧୀରେନ୍ଦ୍ର ସହ ପୂର୍ବବର୍ତ୍ତୀ କଥାବାର୍ତ୍ତାର ଚରିତ୍ର ସହ ବର୍ତ୍ତମାନର ଏ ବିରୋଧାଭାସକୁ ଅନୁଭବ କରି ସିଦ୍ଧାର୍ଥ ବିସ୍ମିତ ହେଲା। ତା' ପରି ଦକ୍ଷ ସାମ୍ବାଦିକ ସବୁବେଳେ ପ୍ରତିପକ୍ଷକୁ ପ୍ରଶ୍ନ ପଚାରିଥାନ୍ତି, କାହାକୁ ଉତ୍ତର ଦେବା ତା'ର ଅଭ୍ୟାସ-ବିରୋଧୀ ଥିଲା।

ଧୀରେନ୍ଦ୍ର କହିଲା, 'ମୁଁ ଜାଣେନି ଏହାଦ୍ୱାରା ଆପଣମାନଙ୍କର କ'ଣ ଲାଭ ହୋଇଛି, କିନ୍ତୁ ସାମଗ୍ରିକ ଭାବରେ ଓଡ଼ିଶାର ବହୁତ କ୍ଷତି କରିଛନ୍ତି ଆପଣ। ଓଡ଼ିଶାକୁ ଆଜି ପର୍ଯ୍ୟଟକ ଆସିବାକୁ ଚାହୁଁନାହାନ୍ତି। ଗହଣା, ଗାଡ଼ି ଓ ବିଳାସପୂର୍ଣ୍ଣ ସାମଗ୍ରୀର

ବିଜ୍ଞାପନ ଯୋଜନାରୁ ଓଡ଼ିଆ ଖବରକାଗଜଗୁଡ଼ିକ ବାଦ୍ ପଡ଼ିଯାଇଛନ୍ତି। ଓଡ଼ିଶାର ନାଁ ଶୁଣିଲେ ବାହାର ଲୋକଙ୍କ ଆଗରେ ଏମିତି ଏକ ଚେହେରା ଭାସିଉଠୁଛି, ସତେ କି ସେ ରାଜ୍ୟ ଇଥିଓପିଆର ପଡ଼ୋଶୀ। ଆଗରୁ କଳାହାଣ୍ଡି ଜରିଆରେ ଆପଣ ଓଡ଼ିଶା ପିଲାଙ୍କୁ ବିକ୍ରିଯୋଗ୍ୟ ସାମଗ୍ରୀରେ ପରିଣତ କରିଥିଲେ, ଏବେ ଏରସମା ମାଧ୍ୟମରେ ଆପଣମାନେ ଓଡ଼ିଶାର ଲୋକଙ୍କୁ ଭିକାରି କରିଦେଲେ।'

ଏଭଳି ଏକ ପରିସ୍ଥିତି ପାଇଁ ସିଦ୍ଧାର୍ଥ ପ୍ରସ୍ତୁତ ନ ଥିଲା। ସେ ଟିକିଏ ଗମ୍ଭୀର ହୋଇଗଲା। ବାତ୍ୟା ସମୟର ଘଟଣାକୁ କରୁଣତମ ଭାବେ ଚିତ୍ରଣ କରିବା ଲାଗି ହୁଏତ ସେ କ୍ୟାମେରାର ସହଯୋଗ ଲୋଡ଼ିଛି। ମାତ୍ର ସେଥିରେ ତା'ର ଦୋଷ ବା କ'ଣ? ସତକୁ ସତ ଭାବରେ ଚିତ୍ରଣ କରିବାରେ ଅପରାଧ କୋଉଠି?

କିଛି ଦିନ ତଳର ଦୃଶ୍ୟଟିଏ ତା'ର ସ୍ମୃତିକୁ ଆସୁଥିଲା।

ବନ୍ୟାଗ୍ରସ୍ତ ଗାଁରେ ରିଲିଫ୍ ବଣ୍ଟନର ଦୃଶ୍ୟ ଉତ୍ତୋଳନ କରିବାକୁ ସେ ଯାଇଥିଲା। ରାସ୍ତା ଉପରେ ବୁଢ଼ୀଟିଏ ଫେରୁଥାଏ ରିଲିଫ୍ କ୍ୟାମ୍ପରୁ। ସିଦ୍ଧାର୍ଥ ପ୍ରଶ୍ନ କରିଥିଲା, "ମାଉସୀ, ତୁମକୁ ଠିକ୍ ରୂପେ ରିଲିଫ୍ ମିଳୁଛି ତ?' ତା' ପ୍ରଶ୍ନ ଶୁଣି ବୁଢ଼ୀଟି ହାତ ହଲେଇ ଉତ୍ତର ଦେଇଥିଲା, 'ନା ବାବୁ କିଛି ମିଳୁନାହିଁ।'

ସେତିକିବେଳେ ସିଦ୍ଧାର୍ଥର ଦୃଷ୍ଟି, ବୁଢ଼ୀ ପିଠିପଟେ ଲୁଚେଇଥିବା ବୁଜୁଳା ଉପରେ ପଡ଼ିଥିଲା। ସେଇକଥା ବୁଢ଼ୀକୁ ବତେଇ ଦେବାରୁ ଚୋରି କରି ଧରାପଡ଼ିଥିବା ପିଲାର ବିମର୍ଷ ଭଙ୍ଗୀରେ ସେ କହିଥିଲା, 'ରିଲିଫ୍ ମିଳିଛି ଯେ, କିନ୍ତୁ ସାହି ପିଲାଏ କହିଥିଲେ- ବାହାର ଲୋକ ଯିଏ ପଚାରିଲେ କହିବୁ, 'ନାଇଁ ବାବୁ କିଛି ମିଳୁନାହିଁ। ମୁଁ ସେଇଥଲାଗି ନାଇଁ କଲି।'

ସେଦିନ ସତ୍ୟର ବିବଶ ଚେହେରା ଦେଖି ସିଦ୍ଧାର୍ଥ ବିବ୍ରତ ହେଇଥିଲା। ସରଳ ଓ ଅସହାୟ ବୁଢ଼ୀଟିକୁ ଏଭଳି ମିଛ କହିବା ପାଇଁ ଯେଉଁ କର୍ମୀ ଓ ନେତାମାନେ ତାଲିମ ଦେଇଥିଲେ, ସେମାନେ ଅସହାୟ କିମ୍ବା ସରଳ ନ ଥିଲେ। କିନ୍ତୁ ସେମାନେ ଏଭଳି ମିଛ କହିବାକୁ ସଂକୋଚ କରୁ ନଥିଲେ। ସେ ଘଟଣାର କିଛିଦିନ ପରେ ସେ ପଢ଼ିଥିଲା ଆଉ ଗୋଟେ ଦୃଶ୍ୟର ବିବରଣୀ। ସେ ଦୃଶ୍ୟରେ, ବାତ୍ୟାଗ୍ରସ୍ତ ଅଞ୍ଚଳରେ ରନ୍ଧାଖାଦ୍ୟ ପରଶିବାକୁ ପଞ୍ଜାବରୁ ଆସିଥିବା ସ୍ୱେଚ୍ଛାସେବୀ ଦଳ ଦ୍ୱାରା ଦୁଇ ଦିନ ଧରି ଉପକୃତ ସ୍ଥାନୀୟ ଶିକ୍ଷିତ ଯୁବକର ଲଜ୍ଜାଜନକ ପ୍ରଶ୍ନ ଥିଲା, ଆଜିର 'ମେନ୍ୟୁ' କ'ଣ? ଆଇଁଷଫାଇଁଷ ଟିକେ କରନ୍ତୁ?' ଲଜ୍ଜା ଓ ଘୃଣାରେ ପଞ୍ଜାବରୁ ଆସିଥିବା ସାହାଯ୍ୟକାରୀଙ୍କ ମୁହଁ ତଳକୁ ହୋଇଯାଇଥିଲା ଓ ପରଦିନ ସେମାନେ ଓଡ଼ିଶାରୁ ଫେରିଯାଇଥିଲେ।

ଧୀରେନ୍ଦ୍ର କହୁଥିଲା, 'ମୁଁ ଜାଣେନି, ନିଜକୁ ଭିକାରି ଓ ଦରିଦ୍ର ବେଶରେ

ସଜେଇ ଆପଣମାନେ କେତେ ରିଲିଫ୍ ବା ସାହାଯ୍ୟ ପାଆନ୍ତି। କିନ୍ତୁ ଆମେ ଯେଉଁମାନେ ବାହାରେ ରହୁ, ସବୁଦିନ ଲାଗି ହୀନମନ୍ୟତାରେ ସଢୁଥାଉ। ଓଡ଼ିଶାର ନାଁ ଶୁଣିଲାକ୍ଷଣି ବାହାର ଦେଶର ଲୋକେ ବିବ୍ରତ ହୋଇପଡ଼ନ୍ତି। ସତେକି ସେମାନେ ସାମ୍ନାରେ କୁଷ୍ଠ ବା ଏଡ୍‌ସ ରୋଗାକ୍ରାନ୍ତ ଲୋକଟାକୁ ଦେଖୁଛନ୍ତି। ଆମର ପ୍ରତିଭା, ମେଧା, ଜ୍ଞାନ ଗାରିମା ତେଣିକି ଗୌଣ ହୋଇପଡ଼େ। ସେମାନେ ବାଢ଼ି ବସନ୍ତି ଗୋଟାକ ପରେ ଗୋଟାଏ ଅଦ୍ଭୁତ ଓ ଅସ୍ୱସ୍ତିକର ପ୍ରଶ୍ନ :

: ଓଡ଼ିଶାରେ କମ୍ପ୍ୟୁଟର ଅଛି ?

: ଓଡ଼ିଶାର ପିଲାମାନେ ଗବେଷଣା କରିବାର ସୁଯୋଗ ପାଆନ୍ତି ?

: ଓଡ଼ିଶାରେ ହସ୍‌ପିଟାଲ୍ ଅଛି ? ଏୟାରପୋର୍ଟ ଅଛି ?

ସିଦ୍ଧାର୍ଥ ବାଧାଦେଇ ପଚାରିଲା, 'ଆଉ ପୁରୀ, କୋଣାର୍କ ଓ ଲିଙ୍ଗରାଜ ମନ୍ଦିରର ସ୍ଥାପତ୍ୟ ?'

: ସେସବୁ ଇତିହାସ ପାଲଟିଗଲାଣି। ସତ୍ୟର ଯଥାର୍ଥ ଚିତ୍ରଣ ପାଇଁ କେହି ଆପଣଙ୍କୁ ମନା କରୁନାହିଁ। କିନ୍ତୁ ଦୟାକରି ଆମକୁ ପଙ୍ଗୁ, ବିକଳାଙ୍ଗ, ଦୁଃସ୍ଥ ଓ ଦରିଦ୍ରର ମୋହର ଦିଅନ୍ତୁ ନାହିଁ।

ପ୍ରଥମ ସାକ୍ଷାତରେ ଧୀରେନ୍ଦ୍ର ତାକୁ ଲାଗିଥିଲା ଗୋଟେ ଚପଳମତି ଯୁବକ, ଯିଏ ଏଇ ଅଳ୍ପ ଦିନ ହେଲା ଚିନ୍ତାହୀନ କୈଶୋରକୁ ଛାଡ଼ି ଆସିଛି। କିନ୍ତୁ ତା' ଭିତରେ ଯେ ଏମିତି ଏକ ଯୁକ୍ତିନିଷ୍ଠ, ସ୍ୱାଭିମାନୀ ଓ ଉଚ୍ଚାଭିଳାଷୀର ଚେହେରା ଛପି ରହିଛି ସେକଥା ସେ ଚିନ୍ତା କରି ନ ଥିଲା।

ଧୀରେନ୍ଦ୍ର କହୁଥିଲା, 'କିଛି ଖରାପ ଭାବିବେ ନାହିଁ। ଏୟାରପୋର୍ଟ, ଷ୍ଟେସନ କି କୌଣସି ସଭା ସମ୍ମିଳନୀରେ ବସିଥିବାବେଳେ କେହି ଆମର ଦାରିଦ୍ର୍ୟକୁ ନେଇ ପରିହାସ କଲେ ଖୁବ୍ ଲାଜମାଡ଼େ।'

'ମୁଁ ଜାଣିଛି ଆମର ଜନନେତା, ଅଭିଭାବକ ଓ ପ୍ରଶାସକ ଆମକୁ ବିଫଳ କରିଛନ୍ତି, ଯେଉଁମାନେ ସବୁ ସଜାଡ଼ି ଦେବାରେ ପ୍ରତିଶ୍ରୁତି ଦେଇ ଆମଠୁଁ ଅଧିକାରକୁ କୌଶଳରେ ଛଡ଼ାଇ ନେଇଛନ୍ତି, ସେଇମାନେ ସବୁ ଉଜୁଡ଼ିଯିବାର ଯଜ୍ଞର ପୂର୍ଣ୍ଣାହୁତି ଦେଉଛନ୍ତି। ଆପଣ ତାକୁ ସଜାଡ଼ି ପାରିବେ ଯଦି କିଛି କରନ୍ତୁ, କିନ୍ତୁ ଆଉ ଏହାର ନଙ୍ଗଳା ମଣିଷ, ଫୁଙ୍ଗୁଳା କ୍ଷେତବାଡ଼ିକୁ ବିକିଭାଙ୍ଗି ସଉଦା କରନ୍ତୁ ନାହିଁ।'

ଧୀରେନ୍ଦ୍ର ତା'ର ଟାଣକଥାଗୁଡ଼ିକ ପାଇଁ ଦୁଃଖ ପ୍ରକାଶ କରୁଥିଲା। ମାତ୍ର ସିଦ୍ଧାର୍ଥ ଆହତ ହେଉ ନ ଥିଲା, ବରଂ ଗୋଟାଏ ବିରଳ ଉପଲବ୍ଧିରେ ସେ ରୋମାଞ୍ଚିତ ହେଉଥିଲା।

■

ଲିପିକା ମହାପାତ୍ର

ଲିପିକା ମହାପାତ୍ର (୧୯୭୪): ପ୍ରବାସୀ ସାହିତ୍ୟିକା ଲିପିକା ମହାପାତ୍ର ଜଣେ ଯୁବ ଲେଖିକା। ୧୯୭୪ ମସିହା ଏପ୍ରିଲ୍ ୨୧ ତାରିଖରେ କଟକ ସହରରେ ସେ ଭୂମିଷ୍ଠ ହୋଇଥିଲେ। ବିଜ୍ଞାନରେ ସ୍ନାତକ ତଥା ମ୍ୟାନେଜମେଣ୍ଟରେ ସ୍ନାତକୋତ୍ତର ଶିକ୍ଷା ସମାପ୍ତ କରି ବିବାହ ପରେ ସ୍ୱାମୀ ଦୀପକ ତ୍ରିପାଠୀଙ୍କ ସହ ସେ ଆମେରିକା ଆସିଥିଲେ। ସମ୍ପ୍ରତି ସେ କାଲିଫର୍ଣ୍ଣିଆରେ କାର୍ଯ୍ୟରତ। ତାଙ୍କର ପ୍ରଥମ ଗଳ୍ପ ସଂକଳନ 'କାଲିଫର୍ଣ୍ଣିଆରେ ସୂର୍ଯ୍ୟାସ୍ତ' (୨୦୧୭) ପରେ 'ସ୍ପର୍ଶ' (୨୦୨୨) ଦ୍ୱିତୀୟ ଗଳ୍ପ ସଂକଳନ ବ୍ଲାକ୍ ଇଗଲ ବୁକ୍ସ ଦ୍ୱାରା ପ୍ରକାଶିତ। ଦୈନନ୍ଦିନ ସାଧାରଣ ଘଟଣାବଳି ଏବଂ ବସ୍ତୁ ସମୂହକୁ ସ୍ୱତନ୍ତ୍ର ଦୃଷ୍ଟିରେ ଦେଖିବା ଓ ଉପଲବ୍ଧି କରିବା ହିଁ ଲିପିକାଙ୍କୁ ସାହିତ୍ୟିକାର ମାନ୍ୟତା ପ୍ରଦାନ କରିପାରିଛି। ମାଂସବିକାଳୀ, ସ୍ପର୍ଶ, ରଣୀ ପ୍ରଭୃତି ଗଳ୍ପ ସମ୍ବାଦ, ପ୍ରମେୟ ଆଦି ସମ୍ବାଦପତ୍ରରେ ପ୍ରକାଶ ପାଇଛି। ଦୀର୍ଘ ୧୫ ବର୍ଷ ଧରି ସେ କାଲିଫର୍ଣ୍ଣିଆରେ ଅବସ୍ଥାନ କରିଆସୁଛନ୍ତି।

'ସ୍ପର୍ଶ' ଏକ ଅନୁଭବ

ସସ୍ମିତା ପାଣି

(୧) ଚିଠି

ଗାଳ୍ପିକା ଲିପିକା ମହାପାତ୍ରଙ୍କ 'ଚିଠି' ଗଳ୍ପର ମୁଖ୍ୟ ଉପଜୀବ୍ୟ ହେଉଛି ଏକ ଅକ୍ଷର ବିହୀନ ଚିଠି। ନାୟିକାର ନାୟକ ପାଖକୁ ପଠେଇଥିବା ଚିଠି ହିଁ ଏହି ଗଳ୍ପର ମୁଖ୍ୟ ବିଷୟବସ୍ତୁ। ବୟସର ଅପରାହ୍ଣରେ ଉଭୟଙ୍କ ପ୍ରେମ ଆଜି ବି ସଦ୍ୟ ପ୍ରସ୍ଫୁଟିତ ପୁଷ୍ପ ପରି ସଜ ସଜ ଲାଗୁଛି। ଏକଦା ପରସ୍ପରକୁ ଅତି ନିବିଡ଼ ଭାବେ ଭଲପାଉଥିବା ଦୁଇଟି ପ୍ରେମପକ୍ଷୀ ଯେ ଦିନେ ଅଲଗା ହୋଇଯିବେ ସେ କଥା ବିଶ୍ୱାସ ହେଉ ନ ଥାଏ। ମାତ୍ର ସମୟର ବିଡ଼ମ୍ବନାରେ ନାୟକ ଚାକିରି ନ ପାଇ ଉଚ୍ଚଶିକ୍ଷା ପାଇଁ ନିଜର ଭଲପାଇବାକୁ ପଛରେ ପକାଇ ଚାଲିଯାଏ ବିଦେଶକୁ। ପଛରେ ଛାଡ଼ିଯାଏ ନିଜର ପ୍ରିୟତମା ଶିଳ୍ପୀକୁ, ଯିଏ ତାକୁ ଅପେକ୍ଷା କରିଥାଏ ସ୍ୱାମୀ ରୂପରେ ପାଇବା ପାଇଁ। ସେଥିପାଇଁ ବହୁ ପ୍ରସ୍ତାବକୁ ମଧ୍ୟ ଅସ୍ୱୀକାର କରିଥାଏ ଶିଳ୍ପୀ, ମାତ୍ର ଏହାର ଫଳ କିଛି ମିଳି ନ ଥିଲା। ମାତ୍ର କେବେ ନିଜର ପ୍ରେମିକକୁ ବାଧ୍ୟ କରିନି ଫେରି ଆସିବାକୁ ବରଂ ନିଜକୁ ନିଜ ଭିତରେ ଜାଳି ଜାଳି ବାଛି ନେଇଛି ଭାଗ୍ୟର ନିର୍ଦ୍ଦେଶକୁ। ପ୍ରେମ ହେଉଛି ଶାଶ୍ୱତ ଓ ଚିରନ୍ତନ। ବୟସର ଅପରାହ୍ଣରେ ଦେଖାହେବାର ପ୍ରତିଶ୍ରୁତି ରଖିଥିଲା ଶିଳ୍ପୀ। ନାୟକଙ୍କର ଏପରି ଶିଳ୍ପୀ ସହିତ ଭେଟ ହେବ ବୋଲି କଳ୍ପନା ବି କରି ନ ଥିଲେ ମାତ୍ର ଏହାର ଆରମ୍ଭ ହୋଇଥିଲା ସେହି ଅକ୍ଷରବିହୀନ ଚିଠିରୁ। ଗାଳ୍ପିକା ଏଠାରେ ନାୟିକା ଓ ନାୟକଙ୍କର ସାକ୍ଷାତ କରେଇଛନ୍ତି ବୟସର ଅପରାହ୍ଣରେ ତଥାପି ପ୍ରେମ ଆଜି ବି ଆଗ ପରି ରହିଛି। ମାତ୍ର କେହି କାହାର ମନୋଭାବକୁ ପରିପ୍ରକାଶ କରିବାରେ

ସମର୍ଥ ନୁହନ୍ତି। ନାୟକ ନିଜର ଅତୀତକୁ ନେଇ ଅନୁତପ୍ତ ଆଉ ଅପରାଧବୋଧରେ ନିଜକୁ ସଂକୁଚିତ ମନେ କରୁଥିବାବେଳେ ନାୟିକା ନିଜର ଭଲପାଇବା ନାୟକ ଆଗରେ ବ୍ୟକ୍ତ କରିବା ଅର୍ଥହୀନ ଭାବି ଅଭିମାନରେ ରହିଛି। ସେଥିପାଇଁ ତ ପଠେଇଦେଇଛି ସାଦା ଚିଠିଟିଏ। ଶିଳ୍ପୀର ଚିଠିରେ ଭଲପାଇବାର ଚିହ୍ନ ସ୍ପଷ୍ଟ ବାରିହୋଇପଡୁଥିଲା। ନାୟକ ସ୍ପଷ୍ଟ ଭାବରେ ପଢ଼ିପାରୁଥିଲେ ଶିଳ୍ପୀ ହୃଦୟର ଆବେଗ ଓ ଭଲପାଇବାକୁ ଯଦିଓ ତାହା ଅକ୍ଷରବିହୀନ ଥିଲା।

(୨) ଅନ୍ତର୍ଦ୍ୱନ୍ଦ୍ୱ

ଇଂରାଜୀ ଅଧ୍ୟାପକ ଶ୍ରୀନିବାସ ବାବୁ ଯାହାଙ୍କ ଶିକ୍ଷାଦାନର ଶୈଳୀ ପାଇଁ ଦୂରଦୂରାନ୍ତରୁ ଛାତ୍ରଛାତ୍ରୀମାନେ ଛୁଟି ଆସିଥାନ୍ତି ଇଂରାଜୀ ଶିକ୍ଷା ପାଇଁ। ଜଣେ ଶିକ୍ଷକଙ୍କର ପାଠ ପଢ଼େଇବାର ଆନ୍ତରିକତା ହିଁ ଟାଣି ଆଣିଥାଏ କାହାଣୀମାନଙ୍କୁ। ତାହା ଶ୍ରୀନିବାସ ବାବୁ ପ୍ରମାଣ କରି ଦେଖେଇଥିଲେ। କାହାଣୀ ଭିନ୍ନ ମୋଡ଼ ନିଏ ଯେତେବେଳେ ଅଧ୍ୟାପକ ବାବୁ ହଠାତ୍ ଦିନେ ନାରୀ ରୂପରେ ପଢ଼ାଇବାକୁ ଆସନ୍ତି। ଏଇଠୁ ଆରମ୍ଭ ହୁଏ ଦ୍ୱନ୍ଦ୍ୱ। ନିଜର ପୁଅ ଓ ଝିଅମାନେ ଏପରି ପରିବର୍ତ୍ତନକୁ ଗ୍ରହଣ କରିପାରୁ ନ ଥିଲେ ବରଂ ନିଜକୁ ଲଜ୍ଜିତ ଅନୁଭବ କରୁଥିଲେ। ମାତ୍ର ନିଜର ଛାତ୍ରଛାତ୍ରୀମାନେ ସାର୍‌ରୁ ମ୍ୟାଡାମ୍ ବୋଲି ସମ୍ବୋଧନ କରିବାରେ କୁଣ୍ଠା ପ୍ରକାଶ କରି ନ ଥିଲେ। ଗୋଟିଏ କୋମଳମତି ନାରୀ ଶ୍ରୀନିବାସ ବାବୁଙ୍କ ଭିତରେ ସୁପ୍ତ ହୋଇ ରହିଥିଲା। ପିଲାବେଳେ ଯଦିଓ ନିଜକୁ ଝିଅ ବେଶରେ କେବେ କେବେ ସଜେଇ ହୁଅନ୍ତି କିନ୍ତୁ ବାପାଙ୍କ ଗାଳିମାଡ଼ ଯୋଗୁଁ ତାହା ଭୁଲିଯାଇଥିଲେ। ଆଜି ପୁଣି ସେହି ସୁପ୍ତ ରୂପଟି ଜାଗ୍ରତ ହୋଇଛି। ସ୍ତ୍ରୀ ପ୍ରଥମେ ପ୍ରଥମେ ଏ ରୂପ ଦେଖି ଆଶ୍ଚର୍ଯ୍ୟ ହୋଇଥିଲେ ମଧ୍ୟ ପରେ ନିଜକୁ ବୁଝେଇ ଦେଇ ସମର୍ଥନ କରିଛନ୍ତି। ମୁକ୍ତ ବିହଙ୍ଗ ପରି ସେ ବଞ୍ଚିବାକୁ ଲାଗିଲେ ନିଜ ବାଗରେ।

(୩) ଆସ୍ଥା

ଜୀବନର ଅସୁମାରି ସ୍ୱପ୍ନକୁ ପୂରା କରିବାକୁ ଶଙ୍କର ବାଛି ନେଇଥିଲା ସହରୀ ଜୀବନକୁ ଏବଂ ସ୍ତ୍ରୀ ସୁଚରିତାକୁ ମଧ୍ୟ ବୁଝେଇଲା ସହରୀ ସଭ୍ୟତାର ସୁବିଧା ବାବଦରେ। କନ୍‌ଭେଣ୍ଟ୍ ସ୍କୁଲ୍‌ର ପାଠ ଓ ଇଂରେଜୀ ଶିକ୍ଷା କେବଳ ସହରରେ ହିଁ ସମ୍ଭବ, ଏହା ଥିଲା ତା'ର ଧାରଣା। ମାତ୍ର ଶଙ୍କରର ସ୍ତ୍ରୀ ସେଥିରେ ପୂରାପୂରି ଏକମତ ନ ଥିଲା। ଝିଅ ମେଘାକୁ ସହରର ଚାକଚକ୍ୟ ସ୍କୁଲ୍‌ରେ ପାଠ ପଢ଼େଇ

ମଣିଷ କରିବାର ସ୍ୱପ୍ନ ଥିଲା ଶଙ୍କରର। ପରେ ଟ୍ୟୁସନ୍ ପାଇଁ ଟ୍ୟୁସନ୍ ମାଷ୍ଟ୍ରଙ୍କ ମଧ୍ୟ ଖୋଜା ପଡ଼ିଲା। ସ୍କୁଲ୍ ଓ ଟ୍ୟୁସନ୍ ଭିତରେ ଟିକିଏ ଫୁରୁସତ ପାଉ ନ ଥିବା ମେଘା କେବେ ମନଖୋଲି କହିପାରେନି ନିଜ କଥା। ମତେ ଯେମିତି ପିଲାମାନେ ଭୁଲିଯାଇଛନ୍ତି ଏସବୁ ବାହାରେ ମଧ୍ୟ ଗୋଟିଏ ଜୀବନ ଅଛି। ବାପା ମା'ଙ୍କ ଇଚ୍ଛା ପୂରଣ କରିବା ପାଇଁ ସେମାନେ ନିଜର କୋମଳ ବୟସକୁ ଜଳାଞ୍ଜଳି ଦେଇ ଦେଉଛନ୍ତି। ଟ୍ୟୁସନ୍‌କୁ ବ୍ୟବସାୟ ବୋଲି ଭାବି ନେଇଥିବା ଜଣେ ଶିକ୍ଷକଙ୍କ ପାଖରେ ପଡ଼ିଥିଲା ମେଘାର ଭାଗ୍ୟ। ମାତ୍ର ଘଟିଥିଲା ଓଲଟା। ମେଘାରେ କୌଣସି ପ୍ରକାରର ଆଶାନୁରୂପ ବିକାଶ ହୋଇଥିଲା। ଗୋଟିଏ ଶକ୍ତ ଧକ୍କା ଲାଗିଥିଲା ଶଙ୍କର ଓ ସଚରିତାକୁ ଯେତେବେଳେ ଜାଣିଲେ ମେଘାର ଟ୍ୟୁସନ୍ ମାଷ୍ଟ୍ର ପଡ଼ୋଶୀ ଝିଅ ପ୍ରୀତିକୁ ନେଇ ଫେରାର ହୋଇଯାଇଛନ୍ତି। ପ୍ରୀତି ଯିଏ ଦିନେ ଟ୍ୟୁସନ୍ ହେଉଥିଲା ତାକୁ ନେଇ ମାଷ୍ଟ୍ରେ କୁଆଡ଼େ ଉଭାନ୍ ହେଇଗଲେ ତାର କୌଣସି ପତ୍ତା ମିଳି ନ ଥିଲା। ଘୃଣା ଓ ଲଜ୍ଜାରେ ନିଜକୁ ଧିକ୍କାର କଲା ଗୋଟିଏ ବାପାର ହୃଦୟ। ନିଜ ପିଲା ପାଇଁ ପ୍ରକୃତ ଗୁରୁ ନିଜ ବାପା ଓ ମା'। ଆଉ ମେଘାର ଭବିଷ୍ୟତ ତ ତା' ନିଜ ଘରେ ଥିଲା ଏକଥା ଶଙ୍କର ବୁଝିପାରିଥିଲା। ତୁଟିଯାଇଥିବା ଆସ୍ଥା ଓ ବିଶ୍ୱାସର ରୂପ ହେଉଛି 'ଆସ୍ଥା'।

(୪) କଫି କପ୍‌ରେ ସ୍ୱପ୍ନ

'କଫି କପ୍‌ରେ ସ୍ୱପ୍ନ' ଗଳ୍ପରେ ଗାଳ୍ପିକା ସାଂପ୍ରତିକ ଶିକ୍ଷା ବ୍ୟବସ୍ଥାର ନିଛକ ରୂପ ଉପସ୍ଥାପନ କରିଛନ୍ତି। ପ୍ରକୃତିକୁ ଭଲପାଉଥିବା ମଣିଷ ହେଲେ କାଲିଫର୍ଣ୍ଣିଆର ରିଟାୟାର୍ଡ ପ୍ରଫେସର ସୁଧୀର ବାବୁ। ହଠାତ୍ ଦେଖାହୁଏ ନିଜର ଛାତ୍ର ଜନ୍ ସହିତ ଯାହାର ବୟସ ଅଠେଇଶ ବର୍ଷ। ଜଣେ ଉଚ୍ଚଶିକ୍ଷିତ ଯୁବକ ଜନ୍‌ର ଭବିଷ୍ୟତ ଅନ୍ଧାର ହୋଇଯାଇଛି ଯେତେବେଳେ ତା'ର ଛଟେଇ ହୋଇଯାଇଛି ଗୋଟିଏ ନାମକରା କମ୍ପାନୀରୁ। ଉଚ୍ଚଶିକ୍ଷିତ ଯୁବକ ଯେତେବେଳେ ଚାକିରି ପାଇଁ ସଂଘର୍ଷ କରୁଥାଏ ତାର କଷ୍ଟ କେବଳ ସେ ହିଁ ସେତେବେଳେ ଅନୁଭବ କରିପାରେ। ଏହି ସଂଘର୍ଷ ମଧ୍ୟରେ ଯେମିତି ତା'ର ଯୋଗ୍ୟତା ଓ ଅଭିଜ୍ଞତା ସବୁରେ କଳଙ୍କ ଲାଗିଯାଇଛି। ଗୋଟିଏ ଭ୍ୟାନ୍‌କୁ ବାଛି ନେଇଛି ନିଜର ବାସସ୍ଥାନ ଭାବରେ। ବହୁ ସଂଘର୍ଷ ଓ ହତାଶାବୋଧ ପରେ ପାଇଛି ଗୋଟିଏ ଚାକିରି। ଖୁସିହୋଇ ନିଜର ଶିକ୍ଷକ ସୁଧୀରବାବୁଙ୍କ ଠାରୁ ବିଦାୟ ନେଇଛି। ଶିକ୍ଷିତ ବେକାରୀ ହୋଇ ବୁଲିବା କେତେ ଯେ କଷ୍ଟ ତାହା ଜନ୍ ପରି ଯୁବକ ଓ ଯୁବତୀମାନେ ଠିକ୍ ଉପଲବ୍ଧି କରିପାରିବେ।

(୫) ଦୀକ୍ଷା

ବର୍ତ୍ତମାନର ସମାଜରେ ଅନ୍ଧବିଶ୍ୱାସ ଓ କୁସଂସ୍କାର ବଶବର୍ତ୍ତୀ ହୋଇ ଶିକ୍ଷିତ ସମାଜ କିପରି ଭଣ୍ଡବାବାଙ୍କର ବଶବର୍ତ୍ତୀ ହେଉଛନ୍ତି ତାହା ହେଉଛି 'ଦୀକ୍ଷା' ଗଳ୍ପର ବିଷୟବସ୍ତୁ। ବର୍ତ୍ତମାନ ସମାଜରେ ଏପରି ନିଜକୁ ଭଗବାନ ବୋଲି କହି ନିଜର ବାସନା, କାମନାକୁ ଚରିତାର୍ଥ କରୁଥିବା ଲୋକଙ୍କ ଅଭାବ ନାହିଁ। କେତେକ ମଣିଷ ଏହାକୁ ବ୍ୟବସାୟ ଭାବରେ ଗ୍ରହଣ କରି ନେଲେଣି। ମଣିଷର ଶାନ୍ତି ନିଜ ମନ ମଧ୍ୟରେ ରହିଛି। ନିଜେ ନିଜକୁ ହିଁ କେବଳ ଶାନ୍ତି ଦେଇପାରେ, ବାହାରେ ଖୋଜିଲେ ଆସିବ କେଉଁଠି? ସାଂପ୍ରତିକ ପରିସ୍ଥିତିରେ ଲୋକମାନଙ୍କର ବାବାମାନଙ୍କ ଉପରେ ଅଧିକ ଆସ୍ଥା ଓ ବିଶ୍ୱାସ ଆଉ ନିଜ ଉପରେ ଯଥେଷ୍ଟ କମ୍। ଘର, ପିଲା ଓ ନିଜର ସମସ୍ୟାକୁ ନେଇ ବାବାଙ୍କ ପାଖରେ ପହଞ୍ଚି ସେମାନଙ୍କୁ ସୁଯୋଗ ଦିଆଯାଉଛି ସମାଜ ଆଖିରେ ଧୂଳି ଦେବା ପାଇଁ। ଏହି ଗଳ୍ପରେ ସମାଜ ସଚେତନତାର ବାର୍ତ୍ତା ବେଶ୍ ସ୍ପଷ୍ଟ।

(୬) ରେସ୍ତୋରାଁ ଝରାପତ୍ର

ମଣିଷ ଯେଉଁ କାମ ଆନ୍ତରିକତା ସହିତ କରେ ସେହି କାମରେ ସେ ବହୁତ ଆଗକୁ ପାଇପାରେ, ଏହା ପ୍ରମାଣ କରିପାରିଛି ରତ୍ନୁ। ଏକଦା ନାମୀ ରେସ୍ତୋରାଁରେ କାମ କରୁଥିବା ରତ୍ନୁ ବାଛି ନେଇଛି ନିଜର କର୍ମସ୍ଥଳୀ 'ଝରାପତ୍ର'ରେ ରହୁଥିବା ପାଞ୍ଚଜଣ ବୃଦ୍ଧା ଅନ୍ତେବାସିନୀଙ୍କ ସହ। ନିଜକୁ ଜଣେ କୁକ୍ ଭାବେ ପରିଚୟ ଦେବା ହେଉଛି ତା'ର ସ୍ୱପ୍ନ। ପୁରୁଣା ଓ ନୂଆ ପ୍ରକାରର ସୁସ୍ୱାଦୁ ବ୍ୟଞ୍ଜନ ସହିତ ସାଜସଜ୍ଜାରେ ସେ ବେଶ୍ ପାରଙ୍ଗମ। ସମସ୍ତଙ୍କୁ ଚକିତ କରିଦେବା ପରି ତା'ର ହାତରନ୍ଧା। ନିଜ ହାତରନ୍ଧାର ପ୍ରଶଂସା ଶୁଣିଦେଲେ ଆଖି ମୁଦି ହୋଇଯାଏ ଆତ୍ମତୃପ୍ତିରେ। ରାଧା ଅପାଙ୍କ ପ୍ରେରଣାରେ ସେ ଖୋଲିଲା କୁକିଙ୍ଗ୍ କ୍ଲାସ୍। ପିଲାମାନଙ୍କୁ ରାନ୍ଧଣା ଶିଖାଇ ବେଶ୍ ନାଁ କଲା ରତ୍ନୁ। ନିଜ କାମକୁ ଭଲପାଉଥିବା ରତ୍ନୁ କେବେ ସାନ କି ବଡ଼ ନ ଦେଖି ନିଜ ଲକ୍ଷ୍ୟସ୍ଥଳରେ ପହଞ୍ଚିବା ପାଇଁ ଆଗେଇ ଆସିଥିଲା। ଜୀବନର ମୋଡ଼ ବଦଳେଇ ଦେଇଥିଲା, ଏମିତି ଏକ ବ୍ୟକ୍ତିତ୍ୱ ଯାହା ପାଇଁ ସେ ପରେ ଛାଡ଼ି ଆସିଥିଲା ଫ୍ଲେମିଙ୍ଗୋ ରେସ୍ତୋରାଁର ହେଡ୍ ସେଫର ପଦକୁ। 'ଅଭିଜିତ୍' ଫ୍ଲେମିଙ୍ଗୋ ରେସ୍ତୋରାଁର ମାଲିକ ନିଜ କର୍ମ ପାଇଁ ଅନୁତପ୍ତ ହୋଇ 'ଝରାପତ୍ର'କୁ 'ରେସ୍ତୋରାଁ ଝରାପତ୍ର'ରେ ପରିଣତ କରିଦେଇଥିଲେ। ରତ୍ନୁର ହୃଦୟ କୃତଜ୍ଞତାର ଭରିଯାଇଥିଲା ଅଭିଜିତ୍ ବାବୁଙ୍କ ପାଖରେ।

(୭) ସ୍ପର୍ଶ

ବିବାହର ମାତ୍ର ଆଠ ଦିନରେ ସ୍ୱାମୀ 'ମାୟା' ପ୍ରତି ଯୌତୁକ ନିର୍ଯାତନା ହିଁ ତା'ର ବିଷାଦର କାରଣ। ଏହି ବିଷାଦକୁ ଦୂର କରିବାଲାଗି ମାୟା ବାଛି ନେଇଛି ଆମେରିକାକୁ ଭାଇର ଅନୁରୋଧ କ୍ରମେ। ବିବାହ ପରେ ରଙ୍ଗିନ ସ୍ୱପ୍ନ ଦେଖୁଥିବା ଏକ ବିବାହିତା ବୋହୂଟି ଯଦି ଲୋଭୀ ସ୍ୱାମୀର ସମ୍ମୁଖରେ ପଡ଼େ ତା'ହେଲେ ତା'ର ସ୍ୱପ୍ନ ଛାରଖାର ହେବା ସ୍ୱାଭାବିକ କଥା। ତାହା ଘଟିଥିଲା ମାୟା କ୍ଷେତ୍ରରେ। ମନ ଭିତର ବିଷାଦକୁ ଦୂର କରିବା ପାଇଁ ସେ ପରାମର୍ଶ କରେ ମିଷ୍ଟର ସାଇମନ୍ ଟିଙ୍ଗ୍‌କୁ। ତାଙ୍କ ସ୍ପର୍ଶରେ କ'ଣ ଥିଲା କେଜାଣି, ମାୟା ଖୋଲିଦେଲା ତା' ଜୀବନର ସବୁ କୋହଭରା ଦୁଃଖକୁ। ସର୍ବଶେଷରେ ସେ ନିଜକୁ ହାଲୁକା ମନେକରି ନିଜ ଭିତରେ ପରିବର୍ତ୍ତନ ଅନୁଭବ କରିପାରିଲା। ଏହାହିଁ 'ସ୍ପର୍ଶ' ଗଳ୍ପର ମୁଖ୍ୟ ବିଷୟବସ୍ତୁ।

(୮) ଅବାସ୍ତବ ପୃଥିବୀ

ସୋସିଆଲ୍ ମିଡିଆର ଉପକାର ଠାରୁ ଅପକାରିତାକୁ ବର୍ତ୍ତମାନ ସମାଜର ମଣିଷ ଅଧିକ ଆପଣେଇ ନେଇଛି। ପ୍ରକୃତ ଉଦ୍ଦେଶ୍ୟରୁ ଦୂରେଇ ଯାଇ ନିଜର ଆମୋଦପ୍ରମୋଦର ସବୁ ସୁବିଧା ସୁଯୋଗକୁ ନିଜ ହିସାବରେ ଚଳେଇଲେ ଏହାର ପରିଣାମ ଯେ, ନିହାତି ଭୟଙ୍କର ଏହି ଗଳ୍ପରେ ସ୍ପଷ୍ଟ ଭାବେ ଚିତ୍ରିତ। ବର୍ତ୍ତମାନର ଯୁବପିଢ଼ିଙ୍କ ଠାରୁ ଆରମ୍ଭ କରି ବୟସ୍କ ଲୋକମାନଙ୍କ ପର୍ଯ୍ୟନ୍ତ ସମସ୍ତେ ସୋସିଆଲ୍ ମିଡିଆର ଦାସଦାସୀ। ସତେ ଯେମିତି ତା'ର ନିୟନ୍ତ୍ରଣରେ ମଣିଷ ସମାଜ! ସ୍ୱଳ୍ପ ସମୟର ଖୁସି ପାଇଁ ବ୍ୟବହାର କରାଯିବା ଜିନିଷକୁ ଯଦି ଦରକାରଠାରୁ ଅଧିକ ବ୍ୟବହାର କରାଯାଏ ତା'ର ପରିଣାମ ନିହାତି ଭୟଙ୍କର, ଯାହା ଏଠାରେ ଦେଖାଦେଇଛି। ଗାଳ୍ପିକା ସାଂପ୍ରତିକ ପରିସ୍ଥିତିରେ ଘଟୁଥିବା ନିଛକ ସତ୍ୟ ଘଟଣାବଳୀକୁ ରୂପ ଦେଇଛନ୍ତି 'ଅବାସ୍ତବ ପୃଥିବୀ' ଗଳ୍ପ ମଧ୍ୟରେ। ଫେସ୍‌ବୁକ୍‌ରେ ବନ୍ଧୁ ବନେଇବା ଓ ସମୟ କାଟିବା ବର୍ତ୍ତମାନର ସଙ୍ଗହୀନ ମଣିଷ ପାଇଁ ବେଶ୍ ଦରକାରୀ ହୋଇପଡ଼ିଛି। ମାତ୍ର ତାକୁ ଭୁଲ୍ ବାଟରେ ଉପଯୋଗ କଲେ ସବୁ ସଂପର୍କ ଖରାପ ହୋଇଯାଏ। ଈର୍ଷା, ପରଶ୍ରୀକାତରତା ପରି ଖରାପ ଗୁଣ ନିଜ ଭିତରକୁ ନେଇ କେତେ ଯେ ଅପ୍ରୀତିକର ପରିସ୍ଥିତି ସୃଷ୍ଟି ହେଉଛି ତାହା ବର୍ତ୍ତମାନ ସମାଜରେ ପ୍ରତିଫଳିତ ହେଉଛି।

(୯) ଋଣୀ

ବର୍ତ୍ତମାନର ବସ୍ତୁବାଦୀ ଦୁନିଆରେ କିଏ ବା କାହାର ଉପକାରକୁ ମନେ ରଖୁଛି ! ସ୍ନେହ ଓ ଶ୍ରଦ୍ଧା ବଦଳରେ ସ୍ନେହ-ଶ୍ରଦ୍ଧା ଆଶା କରିବା ବର୍ତ୍ତମାନର ସ୍ୱାର୍ଥପର ମଣିଷ ପାଖରୁ ବୋକାମୀ ଛଡ଼ା ଆଉ କିଛି ନୁହେଁ। ମାତ୍ର ପଶୁଜାତି କେତେ ଯେ ସମର୍ପିତ ତାହା ଏହି ଗଳ୍ପରୁ ସ୍ପଷ୍ଟ ଜଣାଯାଏ। ମଣିଷକୁ ବର୍ଷ ବର୍ଷ ଧରି ଉପକାର କଲେ ମଧ୍ୟ ନିଜର ସ୍ୱାର୍ଥ ପାଇଁ ସେ ଧୋକା ଦେଇପାରେ, କିନ୍ତୁ ପଶୁମାନେ ଉପକାର ଭୁଲନ୍ତି ନାହିଁ। 'ବିଠଲ'ର ଗୋ-ସେବାରେ ଯେଉଁ ଆତ୍ମୀୟତା ଓ ସମର୍ପଣ ଭାବ ଥିଲା ତା'ର ଫଳ ସେ ପାଇଲା। ନିଜ ମା'କୁ ସେ ମୃତ୍ୟୁମୁଖରୁ ଫେରିପାଇଲା ଗୋ ସେବା ବଦଳରେ। ଶେଷକର ଗାଈ ମଧ୍ୟ ନିଜ ଜୀବନ ଦେଇଦେଲା ଅନ୍ୟର ଜୀବନକୁ ଫେରାଇ ଆଣିବା ପାଇଁ। ଗୋଟିଏ ମାତାକୁ ହରାଇ ଆଉ ଜଣେ ମାଆର ଜୀବନ ପାଇବା ପରେ ଅନ୍ତରର କୋହକୁ ସମ୍ଭାଳିପାରିନି। ସତରେ ସୃଷ୍ଟିର ଏହି ବିଚିତ୍ର ନିୟମକୁ ତଥାପି ବୁଝିପାରୁ ନ ଥିଲା ବିଠଲ୍। ସତରେ ଋଣୀ କିଏ ? ବିଠଲ୍ ନା ଗାଈ ?

(୧୦) ବ୍ୟର୍ଥ ପ୍ରତୀକ୍ଷା

ଦୀର୍ଘଦିନର ପ୍ରତୀକ୍ଷାରେ ଛଟପଟ ହେଉଥିବା ଜଣେ ଅସହାୟ ପିତୃତ୍ୱ, ଯିଏ ନିଜର ଝିଅର ଫେରିବା ବାଟକୁ ଅନାଇ ବସିଛି, ସେହି କାହାଣୀ ହେଉଛି 'ବ୍ୟର୍ଥ ପ୍ରତୀକ୍ଷା'। ଅଠଷଠି ବର୍ଷର ଜନାର୍ଦ୍ଦନ ବାବୁ, ଦେହରେ ବଳ ନାହିଁ କି କାନକୁ ଶୁଭୁ ନାହିଁ; ମାତ୍ର ସୁନୟନାର ଆସିବା ବାଟକୁ ଚାତକ ପରି ଚାହିଁ ବସିଛନ୍ତି। ମନ ଭିତରେ କେତେ କ'ଣ ଆଶା ଓ ଆଶଙ୍କା ଉଙ୍କି ମାରୁଛି। କଳ୍ପନାରେ ଝିଅ, ଜ୍ୱାଇଁ, ନାତିନାତୁଣୀଙ୍କ ପାଇଁ ସ୍ନେହ, ଶ୍ରଦ୍ଧା ଓ ମମତା ଅଜାଡ଼ି ହେଇପଡୁଛି। ବିଡ଼ମ୍ବନାର ବିଷୟ, ଯାହାର ଆସିବା ବାଟକୁ ଏତେ ଉତ୍ସୁକତାର ସହ ଅପେକ୍ଷା କରିଛନ୍ତି ତା'ର ଚେହେରା କେବେ ଦେଖିନାହାନ୍ତି। 'ସୁନୟନା' ହେଉଛି ଜନାର୍ଦ୍ଦନ ବାବୁ ଓ ପ୍ରେମିକା ଦେବୀର ଭଲପାଇବାର ସନ୍ତକ। ପରିବାରର ଇଚ୍ଛା ପାଇଁ ଦୁହେଁ ଅଲଗା ହୋଇଥିଲେ ମଧ୍ୟ ଭଲପାଇବା ସଜୀବିତ ହୋଇ ରହିଥିଲା। ଦେବୀ କଥା ଦେଇଥିଲା ସୁନୟନାକୁ ପଠେଇବ ଦିନେ ନା ଦିନେ। ଆଜି ଝିଅ ଆସିବ ଭାବି ଭାବୁକ ହୋଇଯାଉଛନ୍ତି ଜନାର୍ଦ୍ଦନବାବୁ।

ନିଜର ଅପରାଧ ପାଇଁ ଝିଅକୁ ଭୁଲ୍ ମାଗିବା ପାଇଁ ମଧ୍ୟ ସେ ପ୍ରସ୍ତୁତ। ହଠାତ୍ କଲିଂବେଲର ଶବ୍ଦରେ ଭାବନାରାଇଜରୁ ଫେରିଆସି କବାଟ ଖୋଲିଲେ ପରେ ସବୁ ସ୍ୱପ୍ନ ଭାଙ୍ଗି ଚୂରମାର୍ ହୋଇଗଲା। ନିଜ ଝିଅ ସୁନିତାର ଫୋନ୍‌କୁ ସୁନୟନାର ଭାବି

ଏତେ କଳ୍ପନା କରିଥିଲେ ସେ? କିଛି ସମୟ ପୂର୍ବରୁ ଶବ୍ଦହୀନ ମଣିଷଟି ସୁନୟନାର ଆସିବା ଖବର ପାଇ ଯେଉଁ ଶକ୍ତି ପାଇଥିଲେ ଧୀରେ ଧୀରେ ତାହା ଶକ୍ତିହୀନ ହୋଇଗଲା। ସାମ୍ନାରେ ଠିଆହୋଇଛି ସୁନିତା ମାତ୍ର ମନ ଖୋଜୁଥିଲା ସୁନୟନାକୁ ତଥାପି। ମୁହଁରେ ଖୋଜିଲା ଖୋଜିଲା ଭାବଟିଏ – ଆସିବ କି ସୁନୟନା?

(୧୧) ନର୍ତ୍ତକୀ

'ସ୍ୱରା' ଜଣେ ନୃତ୍ୟଶିଳ୍ପୀ। ନୃତ୍ୟକୁ ଜୀବନ ବୋଲି ବାଛି ନେଇ ମଞ୍ଚରେ ଉପସ୍ଥାପନ କରି ଦର୍ଶକମାନଙ୍କର ବେଶ୍ ପ୍ରିୟଭାଜନ ହୋଇପାରିଛି। ପ୍ରଶଂସକମାନଙ୍କ ଭିତରେ ଭିଡ଼ ଜମେଇଥାନ୍ତି ଟିକେ ସ୍ୱରାକୁ ଦେଖାହେବା ପାଇଁ। କିନ୍ତୁ ପ୍ରଶଂସାଠାରୁ ଦୂରେଇ ରହି ନୃତ୍ୟକୁ ଗୁରୁତ୍ୱ ଦେଉଥିବା ସ୍ୱରା ବହୁତ କମ୍ ଦେଖାକରେ ପ୍ରଶଂସକମାନଙ୍କୁ। ରଙ୍ଗମଞ୍ଚକୁ ମନ୍ଦିର ଆଉ ନୃତ୍ୟକୁ ଈଶ୍ୱର ବୋଲି ଭାବି ନେଇଛି। ଜୀବନ ବି ବେଶ୍ ଲୁଚକାଳି ଖେଳ ଖେଳେ। କେତେବେଳେ ଜୀବନର ମୋଡ଼ ବଦଳାଇଦିଏ ତାହା କାହାକୁ ବା ଜଣା? ଜଣେ ପ୍ରଶଂସକର ଅନୁରୋଧ କ୍ରମେ ନୃତ୍ୟଶିଳ୍ପୀ ବେଶରେ ପାଇଥିଲା ସ୍ୱରା ତାଙ୍କ ବୃଦ୍ଧା ମା'ଙ୍କ ପାଖକୁ ଦେଖା କରିବା ପାଇଁ ମାତ୍ର ଏ କ'ଣ? ଏତେ ବଡ଼ ଧୋକା ସେ ପାଇବ ତାହା କଳ୍ପନାରେ ସୁଦ୍ଧା ଭାବି ନ ଥିଲା! ମଣିଷକୁ ଯେତେ ସରଳ ଭାବିବ ପ୍ରକୃତରେ ସେ ସେତେ ସରଳ ନୁହେଁ। ତା' ଉପରେ କେତେ ଯେ କୁଟିଳ ଚିନ୍ତାଧାରା ବସା ବାନ୍ଧିଥାଏ ତାହା ସ୍ପଷ୍ଟ ବୁଝିସାରିଥିଲା ସେ। ଘର ଭିତରକୁ ପଶୁ ପଶୁ ଏକ ଅସାମାଜିକ ବାତାବରଣ ତାକୁ କଳୁଷିତ କରିବାକୁ ଆଗଭର ହେଉଥିବାବେଳେ ସେ ସେଠାରୁ ଖସି ଆସିଛି। ଆଉ ସେ ପିଶାଚରୂପୀ ମଣିଷମାନଙ୍କର ମୁହଁ ମନେ ପଡ଼ିଗଲେ ତା' ଦେହ ଶୀତେଇ ଉଠୁଥିଲା। ସେଦିନର ଘଟଣା ଏତେ ଗଭୀର ଆଘାତ ଦେଇଛି ଯେ, ନିଜ ଝିଅର ନୂପୁର ଶବ୍ଦରୁ ମଧ୍ୟ ସେ ଅତୀତକୁ ଦେଖିପାରିଛି। କୋଟି କୋଟି ମଣିଷମୁଖା ପିନ୍ଧା ରାକ୍ଷସକୁ ଚିହ୍ନିବା ସତରେ କ'ଣ ସହଜ? 'ନର୍ତ୍ତକୀ' ଗଳ୍ପରେ ଗୋଟିଏ ନୃତ୍ୟଶିଳ୍ପୀ ଜୀବନର ଅନ୍ଧକାର ଅତୀତକୁ ନେଇ ଗଳ୍ପଟି ରଚିତ।

(୧୨) ଉପହାର

'ସେବା' ଗୋଟିଏ ବେସରକାରୀ ଅଫିସ୍‌ରେ ଚାକିରି କରୁଥିବା କର୍ମଚାରୀଟିଏ। ଫାଇଲ୍ କାମକୁ ବ୍ୟସ୍ତ ହୋଇ ସାରିବା ପାଇଁ ଚେଷ୍ଟା କରୁଥିଲେ ମଧ୍ୟ ସାରିପାରୁ ନ ଥାଏ ସେବା। ସବୁଦିନ ବିଳମ୍ବରେ ଘରକୁ ଫେରେ ସେ। ମାତ୍ର ଆଜି ଦିନଟି ହେଉଛି

ପୁଅ ବିଟୁର ଜନ୍ମଦିନ। ଆଜି ତାକୁ ପାଞ୍ଚବର୍ଷ ପୂରିବ। ଅଫିସ୍‌ରୁ ଗଲେ କେକ୍ କାଟିବା ପାଇଁ ପୁଅ ଅନେଇଥିବ। ବାପଛେଉଣ୍ଡ ପୁଅର କେବଳ ମା' ହିଁ ସାହା। ଆଜି ପରି ଦିନରେ ବିଟୁକୁ ନିରାଶ କରିବାକୁ ଚାହୁଁ ନ ଥିଲା ସେ। ବାପ ନ ଥିବା ଛୁଆକୁ ଗୋଟିଏ ମା' କେମିତି ଛୋଟରୁ ବଡ଼ କରିଛି କେବଳ ଜଣେ ଅନୁଭବୀ ମା' ହିଁ କହିପାରିବ। ବାପାର ଅଭାବ ଯେମିତି ଆଜିପରି ଦିନରେ ନ ହେଉ ପୁଅକୁ। ଅଫିସ୍‌ରୁ କାମ ସାରି ତରତର ହୋଇ ସିଧା ବାହାରିଗଲା ସେ ବିଟୁର ପସନ୍ଦ ଥିବା ସାଇକେଲ୍‌ଟିଏ କିଣିବାକୁ। ସ୍ୱଳ୍ପ ଦରମାରେ ଘର ଚଳିବା କଷ୍ଟ ହେଲେ ମଧ୍ୟ ପୁଅର ଖୁସି ପାଇଁ ସେ ସବୁକିଛି କରିବାକୁ ପ୍ରସ୍ତୁତ। 'ଉପହାର' ଛୋଟ ହେଉ କି ବଡ଼, ଦାମୀ ହେଉ କି ଶସ୍ତା, ତାହା ବଡ଼ କଥା ନୁହେଁ; ବଡ଼ କଥା ହେଲା ଦବା ଲୋକର ଭାବନା ଓ ଆନ୍ତରିକତା। ସବୁଦିନ ଟାଇଗର୍ ବିସ୍କୁଟ୍‌ଟିଏ ଦେଇ ଅଫିସ୍ ଚାଲିଯାଉଥିବା ମମିର ଆଜି ସାଇକେଲ୍ ଉପହାର କିଣିବା ଛୋଟିଆ କଥା ନୁହେଁ। ପୁଅ ମୁହଁରେ ହସ ଟିକକ ଦେଖିବା ପାଇଁ କେତେ ଯେ ଅପେକ୍ଷା କରିବ ସିଏ ଭାବି ଭାବି ଆଗେଇ ଚାଲିଛି ଶ୍ୟାମ ବାବୁଙ୍କ ସାଇକେଲ୍ ଦୋକାନକୁ। ଶ୍ୟାମବାବୁ ହେଉଛନ୍ତି ସେବାର ପଡ଼ୋଶୀ। ସୁଖଦୁଃଖରେ ପାଖରେ ଛିଡ଼ା ହୁଅନ୍ତି। ହଠାତ୍ ଭାବନାରାଜ୍ୟରୁ ଫେରିଆସି ଦେଖେ ତ ଶ୍ୟାମବାବୁଙ୍କ ଦୋକାନ ବନ୍ଦ ହୋଇଗଲାଣି। ମନ ଭାଙ୍ଗିଗଲା ସେବାର। ନିଜକୁ ବହୁତ ଦୋଷୀ ମନେକଲା। ଅନୁତାପ ଓ ଦୁଃଖରେ କେତେବେଳେ ଘର ଆଗରେ ପହଞ୍ଚିଗଲାଣି ଜାଣିନି ସେ। କଲିଂବେଲ୍ ମାରିବା ଆଗରୁ କବାଟ ଆପେ ଖୋଲିଲା ଆଉ ଗୋଟିଏ କୋଳାହଳରେ ଆଲୁଅ ଜଳିଉଠିଲା। ଆଶ୍ଚର୍ଯ୍ୟ ହୋଇଗଲା ସେବା ସମସ୍ତଙ୍କୁ ଏକାଠି ଦେଖି ବିଟୁର କେକ୍ ପାଖରେ। ଅଧିକ ଆଶ୍ଚର୍ଯ୍ୟ ହେଲା ସେ ବାଛିଥିବା ସାଇକେଲ୍‌କୁ ଦେଖି ଯାହା ଶ୍ୟାମବାବୁ ଆଣି ଦେଇଥିଲେ ବିଟୁପାଇଁ। ଅପ୍ରତ୍ୟାଶିତ ମୁହୂର୍ତ୍ତ ପ୍ରତି କୃତଜ୍ଞତାରେ ଭରିଗଲା ତାର ଅନ୍ତର ଆଉ ଆଖି ଛଳଛଳ ହୋଇଗଲା 'ଉପହାର' ଦେଖି।

(୧୩) ଅଦୃଶ୍ୟ ସଂପର୍କ

'ଦୀପ୍' ଓ 'ସମ୍ୟକ' ଦୁଇଜଣଙ୍କର ପ୍ରେମ କାହାଣୀକୁ ନେଇ 'ଅଦୃଶ୍ୟ ସଂପର୍କ'ର ପରିକଳ୍ପନା। ଏ ପ୍ରେମ ହେଉଛି ଏମିତି ଏକ ପ୍ରେମ ଯାହାକୁ ସମାଜ କେବେ ଗ୍ରହଣ କରିପାରିନି। ସ୍ତ୍ରୀ ଓ ପୁରୁଷଙ୍କ ଭଲପାଇବାକୁ ସମାଜ ଗ୍ରହଣ କରିଛି କିନ୍ତୁ ଦୁଇ ପୁରୁଷ ମଧ୍ୟରେ ଯଦି ପ୍ରେମ ରହିବ ତେବେ ସମାଜ ତାକୁ ଗ୍ରହଣ କରିପାରିବ ତ? ଭଲପାଇବା ଦୈହିକ ହେଉ ବା ଆତ୍ମିକ ତାହା ଦେଖୁଛି କିଏ? କେବଳ

ସମାଲୋଚନା କରିବାରେ ସମାଜ ଆଗଭର। ଦୀପ୍ ଓ ସମ୍ୟକ୍‌ର ପ୍ରେମକୁ ମଧ୍ୟ ବହୁ ତାଚ୍ଛଲ୍ୟ ଓ ସମାଲୋଚନା କରୁଥିଲେ। ସମାଜ ଆଖି ଆଗରେ ବହୁ ସମାଜବିରୋଧୀ କଥା ଚାଲୁଛି ତଥାପି ସେଥିପ୍ରତି ଭ୍ରୁପେକ୍ଷ ନ କରି ଅନ୍ୟର ଦୋଷକୁ ଖୋଜିବାରେ ଲାଗିପଡ଼ନ୍ତି। ସମାଲୋଚନା କରୁଥିବା ବ୍ୟକ୍ତି କେବେ ନିଜ ଦୋଷ ଦେଖେନି। ସବୁବେଳେ ଚାଲୁଣି ଛୁଞ୍ଚିକୁ କହିବା ପରି ଖୁଣିବାରେ ଲାଗିଥାନ୍ତି। ସେମିତି ଜଣେ ଚରିତ୍ର ଡେଉଛନ୍ତି ମିସେସ୍ ଆହୁଜା। ନିଜର ଚାରିତ୍ରିକ ତ୍ରୁଟି ଥିଲେ ମଧ୍ୟ ଅନ୍ୟକୁ ସମାଲୋଚନା କରିବାକୁ ପଛାନ୍ତିନି। ଦୀପ୍ ଓ ସମ୍ୟକ୍‌ର ସଂପର୍କ ଥିଲା ଅଦୃଶ୍ୟ, କାରଣ ତାହା ଥିଲା ଆତ୍ମିକ। ତେଣୁ 'ଅଦୃଶ୍ୟ ସଂପର୍କ'କୁ ବୁଝିବା ପାଇଁ ବର୍ତ୍ତମାନର ସମାଜରେ ସଚେତନତା ଆବଶ୍ୟକ।

(୧୪) ଯାତ୍ରା

'ଯାତ୍ରା' ଗଳ୍ପଟି ଦୀନବନ୍ଧୁ ମାଷ୍ଟ୍ରେଙ୍କ ଆମେରିକା ଯାତ୍ରାର ଘଟଣାବଳୀ ଉପରେ ପରିବେଷ୍ଟିତ। ଦିନେ ଉଡ଼ାଜାହାଜ ସଂପର୍କିତ ଯାବତୀୟ ସାଧାରଣ ଜ୍ଞାନ ବିତରଣ କରୁଥିବା ଦୀନବନ୍ଧୁ ମାଷ୍ଟ୍ରେ ଯେ ଦିନେ ଉଡ଼ନ୍ତା ଯାନରେ ବସିବାକୁ ଡରୁଥିଲେ ଏକଥା କେହି କେବେ ଭାବି ନ ଥିଲେ। ପତ୍ନୀଙ୍କ ବିୟୋଗ ପରେ ପୁଅ ଶାନ୍ତନୁର ଇଚ୍ଛା ବାପା ଆମେରିକା ଆସିବେ ତାଙ୍କ ପାଖକୁ। ମାତ୍ର ଉଡ଼ନ୍ତା ଯାନକୁ ଡରୁଥିବା ଦୀନବନ୍ଧୁ ବାବୁ ପ୍ରଥମେ ଯିବା ପାଇଁ ରାଜି ହେଉ ନ ଥିଲେ ମଧ୍ୟ ପରେ ଯିବାକୁ ବାଧ୍ୟ ହୋଇଥିଲେ। ଯାତ୍ରା ସମୟରେ ଭୟଭୀତ ହେବାର କୌଣସି କାରଣ ନ ଥିଲେ ମଧ୍ୟ ତାଙ୍କ ଭିତରେ ଭୟ ବସାବାନ୍ଧି ରହିଥିଲା; ମାତ୍ର କେତେବେଳେ ଯେ ପ୍ଲେନ୍ ଲ୍ୟାଣ୍ଡିଙ୍ଗ୍ କଲା ସେ ଜାଣିପାରି ନ ଥିଲେ। ଆମେରିକାର ପରିବେଶକୁ ଦେଖି ତାଜୁବ୍ ହୋଇଗଲେ ଦୀନବନ୍ଧୁ ବାବୁ। ଆମେରିକାର ରାସ୍ତା, ଲାଇବ୍ରେରୀ, ସମୁଦ୍ରକୂଳ ସବୁଠି ଶୃଙ୍ଖଳିତ ପରିବେଶ। ଦୀନବନ୍ଧୁ ବାବୁଙ୍କର ମନେପଡ଼ିଯାଏ ନିଜର ଅତୀତ। ଏଠି ତ ଯିଏ ଯେଉଁ ବିଦ୍ୟାରେ ନିପୁଣ ତାକୁ ମିଳିଯାଉଛି ସେ ପରିବେଶ; ମାତ୍ର ଆମ ଭାରତରେ ତ ରଙ୍ଗମଞ୍ଚ ଅଭାବରୁ କେତେ ଯେ ପ୍ରତିଭା ଝରିପଡ଼ିଥାନ୍ତି ବଣମଲ୍ଲୀ ପରି ତା'ର ହିସାବ ନାହିଁ। ନିଜର ଛାତ୍ର 'ଗୋପ' ପରି ଅଭାବୀ ଘରର ପିଲା, ଯାହାର ଘରେ ପେଟ ପାଇଁ ଦାନା ଟିକିଏ ମିଳିପାରୁ ନ ଥିଲା ସେଠି ସେ ପାଠପଢ଼ି କରିଥାନ୍ତା ବା କ'ଣ ? ଗୋପ ପରି ଅନେକ ଛାତ୍ର ବହି ଛାଡ଼ି ବିଲ ଆଡ଼କୁ ମୁହାଁଇଛନ୍ତି ପେଟର ଭୋକ ପାଇଁ। ଭାରତର କେତେ ଯେ ମେଧାବୀଙ୍କୁ ଆମେରିକା ସୁଯୋଗ ଦେଉଛି ତା'ର ହିସାବ ନାହିଁ। ଦୀନବନ୍ଧୁ ଭାବୁଥାନ୍ତି ଯେ ଛାତ୍ରଙ୍କ ସଫଳତା ଶିକ୍ଷକର କାମ୍ୟ, ରଙ୍ଗମଞ୍ଚ ଯେଉଁଠି ହେଉନା କାହିଁକି !

(୧୫) ବୟସ୍କ

ପରିଣତ ବୟସରେ ମଣିଷ କେତେ ଅସହାୟ ହୋଇପଡ଼େ ତାହାର କରୁଣ କାହାଣୀ ହେଉଛି 'ବୟସ୍କ' ଗଳ୍ପ। ଶମ୍ଭୁନାଥ ବାବୁ ସ୍ତ୍ରୀକୁ ହରାଇଲା ପରେ ଏକମାତ୍ର ସୁଖଦୁଃଖର ସାଥୀ ଥିଲେ ଦୁଇ ବନ୍ଧୁ। ମାତ୍ର ଦୁଇ ବନ୍ଧୁଙ୍କ ଦେହାନ୍ତ ପରେ ବିଷାଦଗ୍ରସ୍ତ ହୋଇ ମାନସିକ ଦୁଶ୍ଚିନ୍ତାରେ ରହୁଥିଲେ। ସ୍ତ୍ରୀ ପ୍ରଭାର ଗୋଟିଏ ସନ୍ତକ ସବୁଜ ରଙ୍ଗର ସ୍ୱେଟରକୁ ସବୁବେଳେ ତକିଆ ତଳେ ରଖିଥାନ୍ତି ସ୍ମୃତି ଭାବରେ। ଯେପରି ସ୍ୱେଟର ନୁହେଁ, ସ୍ତ୍ରୀ ପ୍ରଭା ହିଁ ତାଙ୍କ ପାଖରେ ଅଛନ୍ତି। ପରିଣତ ବୟସରେ ଏହି କଷ୍ଟକୁ ସହ୍ୟ କରିବା ବହୁତ ଅସହ୍ୟ। ଆଜିକାଲି ସମସ୍ତେ ନିଜ ନିଜ କର୍ମରେ ବ୍ୟସ୍ତ, କାହାର ବା ସମୟ ଅଛି ଜେଜେବାପା ଆଉ ଜେଜେମା'ଠାରୁ କଥାଟିକେ ଶୁଣିବା ପାଇଁ! ସ୍ୱାର୍ଥପର ଦୁନିଆରେ ସମସ୍ତେ ନିଜ ସ୍ୱାର୍ଥ ପାଇଁ ଚିକ୍‌କଣ କଥା କହି କାମ ହାସଲ କରିବାକୁ ଚାହାନ୍ତି। ବୋହୂ ଶମ୍ଭୁନାଥଙ୍କ ପାଦ ମାଲିସ୍ କଲାବେଳେ, ସ୍କୁଲ୍ ଜମି ଖଣ୍ଡିକ ବିକ୍ରି ପାଇଁ ଯେତେବେଳେ ପ୍ରସ୍ତାବ ଦେଲା, ସେତେବେଳେ ଶମ୍ଭୁନାଥଙ୍କୁ କେମିତି ଗୋଟିଏ ଅସହାୟତା ଘୋଟି ଆସିଲା ପରି ଲାଗିଲା। ଯେଉଁ ଜମିରେ ସ୍ତ୍ରୀ ପ୍ରଭାବର ଅସ୍ଥି ଅଛି ସେ ଜମି ପୁଣି ବିକ୍ରି ହେବ? ତାଙ୍କର ଇଚ୍ଛା ନିଜ ମୃତ୍ୟୁ ପରେ ଶବ ଦାହ ହେବେ। ମାତ୍ର ଏଠି ତ କେହି ତାଙ୍କୁ ଅନୁମତି ମାଗୁନାହାନ୍ତି ବରଂ ନିଷ୍ପତ୍ତି ଶୁଣାଉଛନ୍ତି। ଉତ୍ତର ଦେବା ଅପେକ୍ଷା ନିରୁତ୍ତର ରହିବା ବେଳେବେଳେ ଶ୍ରେୟସ୍କର ଭାବି ଚୁପ୍ ରହିଲେ। ଅସହାୟତାକୁ ଶମ୍ଭୁନାଥ ଅଧିକରୁ ଅଧିକ ଅନୁଭବ କରୁଥିଲେ ଆଉ ଖୋଜୁଥିଲେ ପ୍ରଭାଙ୍କର ହାତବୁଣା ସବୁଜ ସ୍ୱେଟରଟି। ବୋଧହୁଏ ତାହା ପାଇଗଲେ ତାଙ୍କୁ ମିଳିଯିବ ଟିକିଏ ଆଶ୍ୱସ୍ତି ଆଉ ସାଙ୍ଗରେ କେହି ତ ନିଜର ଜଣେ ଅଛି ବୋଲି ଉପଲବ୍ଧି କରିପାରିବେ।

(୧୬) ସାନ୍ ଫ୍ରାନ୍‌ସିସ୍‌କୋ - ସୁନା ହାତକଡ଼ି

ଏହି ଗଳ୍ପରେ ଗାଳ୍ପିକା ସାନ୍ ଫ୍ରାନ୍‌ସିସ୍‌କୋର ସୌନ୍ଦର୍ଯ୍ୟ ବର୍ଣ୍ଣନା ବେଶ୍ ମନୋରମ ହୋଇଛି। ନୋବେଲ୍ ବିଜେତା ଆମେରିକାନ୍ ଲେଖକ ଜନ୍ ଷ୍ଟାଇନ୍‌ବେକ୍ କହିଥିଲେ- "ସାନ୍ ଫ୍ରାନ୍‌ସିସ୍‌କୋ ହେଉଛି ସେହି ସୁନା ହାତକଡ଼ି ଯାହାର ଚାବି ଫିଙ୍ଗି ଦିଆଯାଇଛି।" ଏହି ନଗରଟି ମନୋରମ ଓ ଆଧୁନିକତାର ଏକ ବିରଳ ପ୍ରଦର୍ଶନ। ବର୍ଷର ସବୁ ସମୟରେ କୁହୁଡ଼ି ପଡ଼ିଥାଏ, ତେଣୁ ଏହାକୁ ଫଗ୍ ସିଟଇ ବୋଲି ମଧ୍ୟ କୁହାଯାଏ। ଆକାଶଚୁମ୍ବୀ ଅଟ୍ଟାଳିକା ମଧ୍ୟରେ ସୂର୍ଯ୍ୟକିରଣ ଲୁଚିଯାଏ। ପର୍ଯ୍ୟଟକଙ୍କ ମୁଖ୍ୟ ଆକର୍ଷଣ ଫିସରମ୍ୟାନ୍ ରାଫ୍, ପିଅର ୩୯, ସମୁଦ୍ର କୂଳର ରେସ୍ତୋରାଁ, ସୋଭିଅର

ଦୋକାନ, ମହମ ମ୍ୟୁଜିୟମ୍, ଗିରାଡେଲି ଚକୋଲେଟ୍ କମ୍ପାନି ଆଦି ବହୁ ଚମତ୍କାର ପରିବେଶ। ସାନ୍ ଫ୍ରାନ୍‌ସିସ୍‌କୋ ସହରର ବର୍ଣ୍ଣନା ଗାଳ୍ପିକା ଏତେ ଚମତ୍କାର ଓ ଜୀବନ୍ତ ଭାବରେ କରିଛନ୍ତି ଯେ, ପାଠକଙ୍କୁ ଲାଗିବ ସତେ ଯେପରି ସେ ନିଜେ ସେହି ଜାଗାରେ ଅଛନ୍ତି।

(୧୭) 'ଲେକ୍ ତାହୋ' ଯେଉଁଠି ପ୍ରକୃତି ଗୀତ ଗାଏ

'ଲେକ୍ ତାହୋ'ରେ ଗାଳ୍ପିକାଙ୍କ ଅନୁଭୂତି ଏହି ଗଳ୍ପରେ ବର୍ଣ୍ଣନା କରିଛନ୍ତି। ଲେକ୍ ତାହୋର ସ୍ୱଚ୍ଛ ନୀଳ ଜଳରାଶି, ଦିଗନ୍ତବ୍ୟାପୀ ପାଇନ୍ ଅରଣ୍ୟ ଆଉ ପ୍ରଦୂଷଣମୁକ୍ତ ପବନର ବାସ୍ନା। ଯେ ସାଧାରଣ ମଣିଷର ଚେତନାକୁ କାହିଁ କେତେ ଉଚ୍ଚ ସ୍ତରକୁ ନେଇଯାଏ, ତାହା ବୁଝିହୁଏ ସେଠାରେ ବିଚରଣ କରୁଥିବା ଲୋକଙ୍କ ମୁହଁରେ ନିରୋଳା ପ୍ରଶାନ୍ତି ଦେଖିଲେ। ଆମେରିକାନ୍ ଲେଖକ ମାର୍କ ଟ୍ୱାଇନ୍ କହିଥିଲେ, "ଲେକ୍ ତାହୋର ଜଳ ଏଠାର ପବନଠୁଁ ବି ନିର୍ମଳ ଯେଉଁ ପବନକୁ ପରୀମାନେ ନିଃଶ୍ୱାସରେ ନିଅନ୍ତି।" ରାସ୍ତାକଡ଼ର ତୁଷାର ଗଦା ଉପରେ ସୂର୍ଯ୍ୟକିରଣ ପଡ଼ି ସଜ ଟଗର ଫୁଲର ଶୁଭ୍ରତା ନେଇ ଝଟକୁଥାଏ। ଲେକ୍ ତାହୋ ହେଉ କି ପୃଥିବୀର ସବୁଠାରୁ ବିଶାଳ ସ୍ୱଚ୍ଛଳ ଜଳର ହ୍ରଦ। ଏହି ହ୍ରଦର ପାଣିତଳେ ଯଦି ଗୋଟିଏ ଧଳା ଗୋଲାକାର ଟେବୁଲ୍ ରଖାଯାଏ ତାହା ଅଶୀଫୁଟ ତଳୁ ମଧ୍ୟ ସ୍ପଷ୍ଟ ଦିଶିବ। ପରିଷ୍କାର ପରିଚ୍ଛନ୍ନତା ସହିତ ସୁନ୍ଦର ଓ ମନୋରମ ପରିବେଶର ବର୍ଣ୍ଣନା ଗାଳ୍ପିକା ବେଶ୍ ଜୀବନ୍ତ ଭାବରେ କରିଛନ୍ତି।

ଗାଳ୍ପିକା ଲିପିକା ମହାପାତ୍ରଙ୍କ ଗଳ୍ପରେ ପ୍ରେମ ଓ ସୌନ୍ଦର୍ଯ୍ୟର ବର୍ଣ୍ଣନା ସହିତ ସମାଜ ସଚେତନତାର ବାର୍ତ୍ତା ମଧ୍ୟ ବେଶ୍ ସ୍ପଷ୍ଟ। ସାଂପ୍ରତିକ ସମାଜର ସମସ୍ୟା ସଂପର୍କରେ ସେ ବେଶ୍ ଅବଗତ। ପରିବେଶ ବର୍ଣ୍ଣନାରେ ମଧ୍ୟ ପାରଙ୍ଗମ। ଗଳ୍ପଗୁଡ଼ିକ ପାଠକଙ୍କ ହୃଦୟକୁ ଛୁଇଁପାରିଲା ପରି ବିଷୟବସ୍ତୁଗୁଡ଼ିକ ବର୍ଣ୍ଣିତ ହୋଇଛି।

■

ଗବେଷିକା, ଓଡ଼ିଆ ଭାଷା ସାହିତ୍ୟ ବିଭାଗ
ରମାଦେବୀ ମହିଳା ବିଶ୍ୱବିଦ୍ୟାଳୟ, ଭୁବନେଶ୍ୱର

ଲିପିକା ମହାପାତ୍ରଙ୍କ 'କାଲିଫର୍ଣ୍ଣିଆରେ ସୂର୍ଯ୍ୟାସ୍ତ' : ଏକ ଆକଳନ

ସୁନିତା ଦାଶ

ଲିପିକା ମହାପାତ୍ରଙ୍କ 'କାଲିଫର୍ଣ୍ଣିଆରେ ସୂର୍ଯ୍ୟାସ୍ତ' ଏକ ନିଆରା ଗଳ୍ପ ସଂକଳନ। ଏଥିରେ ଦଶଟି ଛୋଟ ଛୋଟ ଗଳ୍ପ ରହିଅଛି। (୧) ମାୟା, (୨) ଭବିଷ୍ୟତ ଏକ ନିଷ୍ପତ୍ତିର, (୩) ଅବ୍ୟକ୍ତ, (୪) କାଲିଫର୍ଣ୍ଣିଆରେ ସୂର୍ଯ୍ୟାସ୍ତ, (୫) ବାରମ୍ବାର ବିପନ୍ନ ହେଉଥିବା ଝିଅଟିଏ, (୬) ଆବେଗ, (୭) ହୋମ୍‌ଲେସ୍‌, (୮) ମଗ୍ନ ଜୀବନ, (୯) ସକଳ ଘଟେ ନାରାୟଣ, (୧୦) ମାଂସବିକାଳୀ।

'କାଲିଫର୍ଣ୍ଣିଆରେ ସୂର୍ଯ୍ୟାସ୍ତ' ଗଳ୍ପ ସଂକଳନର ପ୍ରଥମ ଗଳ୍ପ 'ମାୟା'। ଏହି ଗଳ୍ପରେ ଆମେ ନିଛକ ସାମାଜିକ ଚିତ୍ର ଦେଖିବାକୁ ପାଉ। ଆଜିର ସମାଜରେ ଯାହା ଘଟୁଛି ତା'ର ମାତ୍ର କିଛି ଝଲକ ଏହି ଗଳ୍ପରେ ଦେଖାଇବାକୁ ଗାଳ୍ପିକା ପ୍ରୟାସ କରିଛନ୍ତି। ଆଜିର ଉତ୍ତର ଆଧୁନିକ ସମାଜରେ ଘରର ମୁରବି ବୁଢ଼ା, ବୁଢ଼ୀ ହୋଇଗଲେ ସେମାନେ କିପରି ପୁରୁଣା ଲୁଗାପରି ଅଲୋଡ଼ା ହୋଇଯାଆନ୍ତି, ତାହାହିଁ ଏହି ଗଳ୍ପର ଭାବବସ୍ତୁ। ଗଳ୍ପଟିକୁ ଗାଳ୍ପିକା ପୁଅ ବୋହୂ ଓ ନାତିଙ୍କୁ ନେଇ ଏକ ଛୋଟ ପରିବାର। ବୁଢ଼ୀ କେବେଠାରୁ ଆରପାରିରେ। ଜେଜେଙ୍କୁ ସତୁରି ବର୍ଷରୁ ଅଧିକ। ଜେଜେ କିନ୍ତୁ ଘରକାମ ଅତି ଖୁସିରେ କରିଦିଅନ୍ତି। ବୟସ ବଢ଼ିବା ସହିତ ଜେଜେ ଆଉ କିଛି କରିପାରୁ ନାହାନ୍ତି। ଏବେ ସେ ଅଲୋଡ଼ା ହେଲେଣି, କେବେ କେବେ ଚିଣ୍ଟୁର ବାପା ବିରକ୍ତ ହୋଇ କହିପକାନ୍ତି- "ଘରେ କି ବା କାମ ଟିକେ କରିଦିଅନ୍ତ ନାହିଁ।" ଜେଜେ

ବହୁଥର ଚିନ୍ତା କରିଛନ୍ତି, ଏହି ଅଲୋଡ଼ା ମଣିଷର ଏଠି କାମ କ'ଣ? ମୁଁ ଏଠୁ ଚାଲିଯିବା ଭଲ। କିନ୍ତୁ ଚିଣ୍ଟୁର ନିରୀହ ହସ ଓ ନିଃସ୍ୱାର୍ଥ ଭଲପାଇବା ଆଗରେ ହାର୍ ମାନିଛି ତାଙ୍କ ଭାବନା।

ବୟସ ହେବାରୁ ଏହି ଅମାନିଆ ଆଣ୍ଠୁଗଣ୍ଠି ବାତ ଦେହଟାକୁ ଅଥର୍ବ କରିଦେଲାଣି। କେବେ କେବେ ପୁଣି ବିଛଣାରେ ପରିସ୍ରା ହୋଇଯାଉଛି। କାଳେ ପୁଅ ବୋହୂ ବିରକ୍ତ ହେବେ ସେଥିଲାଗି ଜେଜେ ରାତି ନ ପାହୁଣୁ ଶେଯ ସଫା କରିଦିଅନ୍ତି। ଖଣ୍ଡିକାଶ ଜମା ବୋଲ ମାନୁନାହିଁ। ରାତିସାରା କାଶି କାଶି ବେଦମ୍। ଏଣେ ବୋହୂ ଚିଡ଼ିଉଠି କହୁଛି- "ଓଃ ଘରଟାରେ କେତେ ଡିଷ୍ଟର୍ବ ହେଉଛି। ପୁଅ ଉଠିଆସି ଚଢ଼ାଗଳାରେ କହୁଛି, ଓହୋ କେତେଥର କହିଲିଣି ସନ୍ଧ୍ୟାରେ ସେଇ ନାଲି ଟାବଲେଟ୍‌ରୁ ଦି'ଟା ଖାଇଦବ ବୋଲି, ରାତିରେ ଆଉ କାଶ ହବନି।" କାଶ ନାଲି ଟାବଲେଟ୍‌ର ବୋଲ ମାନୁନାହିଁ।

ଜେଜେ ଆଉ ପାପା, ମାମାଙ୍କ ଅସୁବିଧା ସହିପାରୁନାହାନ୍ତି। ସହିବେ ବା କିପରି? ସେ ପରା ବାପା। ସେଥିପାଇଁ ଜେଜେ ଚିନ୍ତା କରୁଛନ୍ତି ଅନାଥ ଆଶ୍ରମକୁ ଯିବା କଥା। କିନ୍ତୁ ଚିଣ୍ଟୁ କଥା ଭାବି ବିହ୍ୱଳ ହୋଇପଡୁଛନ୍ତି। ଜେଜେ ଘରର ଯାବତୀୟ କାର୍ଯ୍ୟ କରନ୍ତି। ବାସନ ସଫା କରିବାଠାରୁ ଲୁଗାସଫା କରି ଶୁଖାଇବା ପର୍ଯ୍ୟନ୍ତ। କାଳେ ବୋହୂର ନଖ ଭାଙ୍ଗିଯିବ ବା ଥଣ୍ଡା ଧରିବ।

ଜେଜେ ମନସ୍ଥ କରିଛନ୍ତି ଆଜି ବୃଦ୍ଧାଶ୍ରମ ଚାଲିଯିବେ। ଯୋଗକୁ ତାରିଣୀ ବୃଦ୍ଧାଶ୍ରମଟା ପାଖରେ ସେଠାରେ ପହଞ୍ଚି ଜଣାଇଦେବେ, କାଳେ ପୁଅ ଖୋଜିବ। ଆଜିର ସମାଜରେ ପିଲାମାନେ ବାପାଙ୍କୁ ମୃତ୍ୟୁକୁ ଅପେକ୍ଷା କରିପାରୁନାହାନ୍ତି। ମରିବା ପୂର୍ବରୁ ତାକୁ ଶବ କରି ଦେଉଛନ୍ତି। ଯାଠାରୁ ଦୁଃଖ ଘଟରା କଣ ହୋଇପାରେ! ଆଜିର ଦୁନିଆରେ ସବୁ ମାୟାରେ ବାୟା।

ପରବର୍ତ୍ତୀ ଗଳ୍ପ 'ଭବିଷ୍ୟତ ଏକ ନିଷ୍ପତ୍ତିର' ଗଳ୍ପରେ ଆମେ ଏକ ନାରୀ ମନସ୍ତତ୍ତ୍ୱ ଦେଖିବାକୁ ପାଇବା। ନାରୀଟିଏ କିପରି ସବୁ ଜାଣିଶୁଣି ସ୍ୱାମୀର ପ୍ରତିପତ୍ତି ଓ ପ୍ରତିଷ୍ଠା ପାଇଁ ସବୁ ସହିଯାଇଛି ଏବଂ ନିଜର ପିଲାଙ୍କ ପାଇଁ ଶଙ୍ଖା ସିନ୍ଦୂରକୁ ପରନାରୀ ହାତରେ ଟେକି ଦେଇଛି, ପ୍ରତିବାଦ ସ୍ୱର ଶୁଭିବା ପୂର୍ବରୁ ବନ୍ଦ ହୋଇଯାଇଛି।

ରେଣୁ ସବୁ ଜାଣି ଚୁପ୍ ରହିଛି। ଘରର ଚାକରାଣୀ, କଲୋନିର ଲୋକ ଫୁସ୍‌ଫୁସ୍ ହେଉଛନ୍ତି। ପୁଅ ପାଇଁ ମୁହଁକୁ ଚାହିଁ ବଞ୍ଚିରହିଛି। ସ୍ୱାମୀର ପରକୀୟା ପ୍ରୀତିକୁ ସହିଯାଇଛି। ଭାବୁଛି ପିଲା ମଣିଷ ହୋଇଗଲେ ସବୁ ଠିକ୍ ହୋଇଯିବ। କିନ୍ତୁ ସମୟ ସହିତ କିଛି ଠିକ୍ ହୋଇନାହିଁ। ବୟସ ବଢ଼ିବା ସହିତ ପରନାରୀ ସହ

ମିଳାମିଶା ବଢ଼ି ବଢ଼ି ଚାଲିଲା ବିନୋଦର। ପ୍ରତିବାଦ କରିବାକୁ କେହି ନାହିଁ। ବିନୋଦର ପରନାରୀ ସହ ମିଳାମିଶାକୁ ଆଉ ସହ୍ୟ କରିପାରିନାହିଁ ରେଣୁ। ପ୍ରତିବାଦ କରିବାକୁ ଚେଷ୍ଟା କରିଛି ଆଗରୁ ବହୁବାର, କିନ୍ତୁ ଚୁପ୍ ରହିଛି। ତା' ଭିତରେ ଥିବା ମା'ର ମମତା ତାକୁ ଟାଣି ଧରିଛି।

ପୁଅ ଦୁଇଜଣ ସଫଳ ମଣିଷ ହୋଇଗଲେଣି। ବୁଝିଲା ପରି ହୋଇଗଲେଣି। ବଡ଼ ପୁଅ ଟିକନ୍ ସ୍ଥାନୀୟ କଲେଜରେ ଅଧ୍ୟାପକ ଅଛି। ବବ୍‌ଲୁ ବାଙ୍ଗାଲୋରରେ ଇଞ୍ଜିନିୟରିଂ ଶେଷ ବର୍ଷ। ରେଣୁ ଭାବୁଛି ତା'ର ନିଷ୍ପତ୍ତିଟିକୁ ଦୁହେଁ ସମର୍ଥନ କରିବେ ନିଶ୍ଚୟ। ରେଣୁ ଏସବୁ ଚିନ୍ତା କରୁ କରୁ ବାର ବର୍ଷ ତଳର କଥା ତା'ର ଚିତ୍ରପଟରେ ଉଙ୍କି ମାରିଛି। ସେଦିନ ଦ୍ୱିପ୍ରହରେ ବିନୋଦ ସିପ୍ରାକୁ ନେଇ ଘରକୁ ଆସିଲେ। କିନ୍ତୁ ସମୟର ତାଳେ ତାଳେ ସିପ୍ରା ଓ ବିନୋଦଙ୍କ ସଂପର୍କ ଘନିଷ୍ଠ ହେବାକୁ ଲାଗିଲା। କିଛିଦିନ ପରେ ସିପ୍ରା ବିବାହ କଲା ସତ; କିନ୍ତୁ ଶାଶୂଘରୁ ଆସି ବିନୋଦ ସହ ରହିବାକୁ ଲାଗିଲା। ରେଣୁ ସବୁ ଦେଖି ସବୁ ଶୁଣି ଚୁପ୍ ରହିଲେ କେବଳ ପିଲା ଦୁହିଁଙ୍କ ପାଇଁ। କିନ୍ତୁ ସମୟ ସହିତ ପିଲା ଦୁହେଁ ଆଜି ପରିପକ୍ୱ ହୋଇଗଲେଣି। ରେଣୁ ନିଷ୍ପତ୍ତି ନେଇଛି ପିଲାଙ୍କ ପାଖରେ ସବୁ କଥା କହିବ। ବଡ଼ପୁଅ କଲେଜରୁ ଫେରିବା ପରେ ମା' ପୁଅ ବସି ଚା' ପିଉଥିବା ସମୟରେ ରେଣୁ ମନ ଭିତରେ ଶକ୍ତି ସଞ୍ଚୟ କରି ପୁଅକୁ ସବୁକଥା କହିଛି, କିନ୍ତୁ ଉତ୍ତରରେ ମା' ମର୍ମାହତ ହୋଇଛି।

ବଡ଼ପୁଅ ଟିକନ ବାପାଙ୍କର ସବୁକଥା ଜାଣେ। ମା'ଙ୍କ ନିଷ୍ପତ୍ତି ମାନ୍ୟବର ମୁଖ୍ୟମନ୍ତ୍ରୀ ଆଗରେ ଅଭିଯୋଗ କରିବେ, ତାହା ଶୁଣି ଟିକନ୍ ପ୍ରତିବାଦ କରିଛି, ମା'ଙ୍କର ନିଷ୍ପତ୍ତିକୁ ପ୍ରତ୍ୟାଖ୍ୟାନ କରିଛି ଏବଂ ମା'ଙ୍କୁ ତାଗିଦ୍ କରିଛି ଯାହା ଯେମିତି ଚାଲିଛି ତାକୁ ଚାଲିବାକୁ ଦିଆଯାଉ। ଏହା ଶୁଣି ମା' ଭୂମିରେ ତାଳ ପଡ଼ିଲା ପରି ବସିପଡ଼ିଲେ। ରେଣୁ କଣ କରିବେ କିଛି ବୁଝିପାରୁନାହାନ୍ତି। ସ୍ୱାମୀଙ୍କ ପ୍ରତାରଣାକୁ ସହିଯିବେ ? ବାପାଙ୍କ ପଦବି ଯୋଗୁଁ ପୁଅ ଦୁହେଁ ଅସତ୍ ଉପାୟରେ ହାସଲ କରୁଥିବା ସୁବିଧା ସୁଯୋଗକୁ ସମର୍ଥନ କରି ନିଜ ନିଷ୍ପତ୍ତିରୁ ଓହରିଯିବେ ନା ଅଟଳ ରହିବେ ? ଦୀର୍ଘବର୍ଷର ଅପେକ୍ଷା ପରେ ଆଜି ତାଙ୍କ ନିଷ୍ପତ୍ତିଟି ନ୍ୟାୟ ଭିକ୍ଷା କରୁଛି। ଅନ୍ୟାୟ, ଅବିଚାରର ପ୍ରତିବାଦ ନ କରି ପ୍ରଶ୍ରୟ ଦେବା ଅନ୍ୟାୟ ନୁହେଁ କି ? ଶେଷରେ ରେଣୁ ମନୋବଳ ଦୃଢ଼ କରିଛନ୍ତି। କଲୋନିରେ ଥିବା ମହିଳା କମିଶନର ଜଣେ ସଦସ୍ୟା ସନ୍ଧ୍ୟା ସାମନ୍ତରାୟଙ୍କ ପାଖରେ ଅଭିଯୋଗ କରିଛନ୍ତି ଏବଂ ଘର ଛାଡ଼ି ଚାଲିଯିବାର ନିଷ୍ପତ୍ତି ନେଇଛନ୍ତି। ଜୀବନରେ ଯେଉଁ ନିଷ୍ପତ୍ତି ନେଇ ସେ ଭୁଲ୍ କରିଥିଲେ ସେ ଭୁଲ୍‌କୁ ଆଉ ଦୋହରାଇବାକୁ ଚାହିଁନାହାନ୍ତି।

ଅନ୍ୟ ଏକ ଗଳ୍ପ 'ଅବ୍ୟକ୍ତ', ଯାହା କେବେ ବ୍ୟକ୍ତ କରିହୁଏ ନାହିଁ। ଆଜିର ସମାଜରେ ଅନାଥ ଆଶ୍ରମ ଖୋଲି ବାହାରକୁ ଭଦ୍ରମୁଖା ପିନ୍ଧି କିପରି ଝିଅମାନଙ୍କ ପ୍ରତି ଅବ୍ୟଭିଚାର ଓ ଅତ୍ୟାଚାର କରୁଛନ୍ତି ତାହାହିଁ ଏହି ଗଳ୍ପର କଥାବସ୍ତୁ। ସୁଶାନ୍ତ ସାର୍ ଅନାଥ ଆଶ୍ରମର ମାଲିକ। ତାଙ୍କର କିଛି ସ୍ୱତନ୍ତ୍ର ନିୟମ ଏବଂ କଠୋର ଅନୁଶାସନରେ ଆଶ୍ରମ ଚାଲେ। ଆଶ୍ରମରେ ଥିବା ପିଲାଙ୍କ ସମେତ ଦିଦି ଓ ସାର୍‌ମାନେ ମଧ୍ୟ ଡରନ୍ତି। କଡ଼ା ଶାସନରେ ସୁଶାନ୍ତ ସାର୍ ପାଠ ପଢ଼ାନ୍ତି। କିନ୍ତୁ ରୂପାଦିଦି ଏହି ଅନାଥ ଆଶମ୍ରରେ ମା' ପରି ସେ ପିଲାମାନଙ୍କୁ ଶ୍ରଦ୍ଧା ଓ ସ୍ନେହରେ ପାଠ ପଢ଼ାନ୍ତି, ଭଲମନ୍ଦ ବୁଝାନ୍ତି ନିଜର ସନ୍ତାନ ପରି। ଅନାଥ ଆଶ୍ରମ ଖୋଲି ସମାଜକୁ ସଚ୍ଚୋଟ ସମାଜସେବକ ଦେଖାଉଥିବା ସୁଶାନ୍ତ ସାର୍ ଭିତରେ ଯେ ଏତେ ଅମାନୁଷିକତା ଓ ନୃଶଂସତା ଭରି ରହିଛି ତାହା କଳ୍ପନା କରିହେବ ନାହିଁ। ସମାଜରେ ଭଦ୍ରମୁଖା ପିନ୍ଧି ନାରୀମାନଙ୍କୁ ଧର୍ଷଣ କରି କୁକର୍ମ କରିବାକୁ ପଛାଇ ନାହିଁ ସେ। ରୂପାଦିଦିକୁ ଧର୍ଷଣ କରି ତାକୁ ମାରିଦେଇ ମର୍ଡରର ଆଖ୍ୟା ଦେଇ ଦିଆଯାଇଛି। ସମସ୍ତେ ସବୁ ଜାଣି ମଧ୍ୟ ଅବ୍ୟକ୍ତ ଭାବରେ ଚାହିଁ ରହିଛନ୍ତି। ରୂପାଦିଦିକୁ ଶେଷଥର ଦେଖି ଫୁଲମାଳ ଦିଆଯାଉଛି। ଗଳ୍ପଟିର ଏହିପରି ଭାବରେ ଅନ୍ତ ହୋଇଛି।

'କାଲିଫର୍ଣ୍ଣିଆରେ ସୂର୍ଯ୍ୟାସ୍ତ' ଗଳ୍ପରେ ମାତୃଭୂମି ପ୍ରତି ଭଲପାଇବାର ଉତ୍ତାଳ ତରଙ୍ଗ ହୃଦ୍ୟ ହୁଏ। ମଣିଷ ଯେତେ ଦୂରେ ଯେତେ ବର୍ଷ ରହିଲେ ମଧ୍ୟ ମା'ର କୋଳକୁ ଲୋଡ଼ିଥାଏ। ଠିକ୍ ସେହିପରି ସଦାନନ୍ଦ ମିଶ୍ରଙ୍କ ମନ ଶେଷରେ ମାତୃଭୂମିକୁ ଲେଉଟି ଆସିବାକୁ ବ୍ୟାକୁଳ ହୋଇଛି। ଶେଷରେ ସେ ମା' କୋଳକୁ ଫେରି ଆସିଛନ୍ତି।

ସଦାନନ୍ଦ ମିଶ୍ର ଆମେରିକାର ଚାକଚକ୍ୟ ଦେଖି ଭାରତକୁ ଭୁଲିଯାଇଛନ୍ତି। ଭାରତ ତାଙ୍କୁ ଅପରିଷ୍କାର ଲାଗୁଛି। ଗାଁର ଲୋକମାନେ ତାଙ୍କୁ ଭଲ ଲାଗୁନାହାନ୍ତି। ଯେଉଁ ପାଣି ପବନରେ ପଢ଼ିଛନ୍ତି, ଆଜି ସେ ପାଣିପବନରେ ସଦାନନ୍ଦ ଅଣନିଃଶ୍ୱାସୀ ହୋଇ ପଡ଼ିଛନ୍ତି। କିନ୍ତୁ ତାଙ୍କ ଝିଅ ଟୁଇଙ୍କିଲ୍ ଆମେରିକାରେ ଜନ୍ମ ହେଲେ ମଧ୍ୟ ମାତୃଭୂମି ପ୍ରତି ତା'ର ପ୍ରଗାଢ଼ ସ୍ନେହ ଓ ଭଲପାଇବା। ସେ ଭାରତକୁ ଆସି ଗାଁ ଗହଳିର ଲୋଶକଙ୍କ ପାଇଁ କିଛି କରିବାକୁ ଚାହିଛି। କିନ୍ତୁ ସଦାନନ୍ଦ ତାକୁ ନାପସନ୍ଦ କରିଛନ୍ତି। ତାଙ୍କ ମତରେ ଲୋକ କାମ ପାଇଁ ଆମେରିକା ଆସୁଛନ୍ତି, ମାତ୍ର ତାଙ୍କ ଝିଅ ଆମେରିକାରୁ ଭାରତକୁ ଯାଉଛି। ସଦାନନ୍ଦଙ୍କ ଭାବନା ବୀରେନ (ବାଲ୍ୟବନ୍ଧୁ ପୁଅ ସହ ପଢ଼ି ତାଙ୍କ ଝିଅ ଏପରି କଳ୍ପନା କରୁଛି। ଝିଅ ଭାରତର ବିଭିନ୍ନ ସ୍ଥାନ ବୁଲି ପୋଖରୀର କଇଁଫୁଲ, ବଣ, ଜଙ୍ଗଲ, ଗାଁ ଗହଳିର ଲୋକ, ପର୍ବପର୍ବାଣି ଇତ୍ୟାଦିର ଫଟୋ ଉଠାଇ ବାପାଙ୍କୁ ଦେଖାଉଛି, ଏକ କୌତୂହଳପୂର୍ଣ୍ଣ ଚକ୍ଷୁରେ କିନ୍ତୁ ବାପା ସଦାନନ୍ଦ ଫେରିଯାଉଛନ୍ତି

ସେଦିନକୁ ଯେବେ ଆମେରିକା ଆସିଥିଲେ, ତାଙ୍କୁ ଠିକ୍ ସେହିପରି ଅନୁଭବ ହେଉଥିଲା। ଟୁଇଙ୍କିଲ୍‌ର ଏପରି ଭାବନା ତାଙ୍କ ହୃଦୟକୁ ବ୍ୟଥିତ କରିଛି। ସେ ଆଉ ଶାନ୍ତିରେ ରହିପାରିନାହାନ୍ତି ଏବଂ ଶୋଇପାରିନାହାନ୍ତି। ଶେଷରେ ସେ ମାତୃଭୂମି ମୁହାଁ ହୋଇଛନ୍ତି।

'ବାରମ୍ବାର ବିପନ୍ନ ହେଉଥିବା ଝିଅଟିଏ' ଗଳ୍ପରେ ନାରୀଟିଏ କିପରି ବାରମ୍ବାର ବିପନ୍ନ ହେଉଛି ତାହାର ନିଖୁଣ ବର୍ଣ୍ଣନା କରାଯାଇଛି। ରାଣୀର ଥିଲା ଗୋଟେ ସୁଖ ପରିବାର। ବାପା, ମା' ଆଉ ରାଣୀ ସୁରୁଖୁରୁରେ ଜୀବନ ବିତାଉଥିଲେ। କିନ୍ତୁ ବାପାଙ୍କ ମୃତ୍ୟୁପରେ ରାଣୀ ଜୀବନର ପରିପାଟୀ ବଦଳିଗଲା। ରାଣୀର ମା' ପରଘରେ କାମ କରି ପେଟ ପୋଷୁଥିଲା। ମା' ମୁଣ୍ଡରେ ଚଡ଼କ ପଡ଼ିଥାଏ ରାଣୀ ବାହାଘର ପାଇଁ। ମା' ବୀରଦାଦା ପାଖରେ ଚାଳିଆଟିକୁ ବନ୍ଧାପକାଇ ଟଙ୍କା ଆଣିଲା ରାଣୀର ବାହାଘର କରିବାପାଇଁ। ବୀରଦାଦାର ସେବେଠାରୁ ଯିବାଆସିବା ଲାଗି ରହିଲା।

ଦିନେ ସନ୍ଧ୍ୟାରେ ବୀରଦାଦା ଚାଉଳ ଓ ଶୁଖୁଆ ଆଣି ଆସିଛି। ଏହା ଭିତରେ ରହିଛି ଏକ ମହାନ ରହସ୍ୟ। ସାଙ୍ଗରେ ଆଣିଛି ଦିଲେର୍ ଖାନ୍ ପରି ରାକ୍ଷସକୁ। ଶୁଖୁଆ ବାସ୍ନାରେ ରାଣୀର ମା' ସବୁକିଛି ଭୁଲିଯାଇଛି। ରାଣୀକୁ ଦେଖି ପ୍ରସ୍ତାବ ଦେବା ବଦଳରେ ରାଣୀ ଜୀବନର ସମସ୍ତ ସ୍ୱପ୍ନ ଭାତହାଣ୍ଡିର ଉତୁରା ଫେଣ ପରି ସବୁ ମାଟିରେ ମିଶିଗଲା। ବୀର ଦାଦାର ଏତିକିରେ ମନଶାନ୍ତି ହେଲା ନାହିଁ। ବାରମ୍ବାର ବିପନ୍ନ ହେବାକୁ ପଡ଼ିଲା ରାଣୀକୁ। ଏବେ ସେ ସହରାଭିମୁଖୀ। ରାଣୀକୁ ଏକ କ୍ୟାଶିଓରେ କାମ କରିବାର ସୁଯୋଗ ମିଳିଛି। ସେଠି ଯଦିଓ ସେ ଦେହ ବେପାର କରୁଛି କିନ୍ତୁ ସ୍ୱାଧୀନ ଭାବରେ। ଗରାଖ ପସନ୍ଦ ନ ହେଲେ ସେ ବସୁ ନ ଥିଲା। ଗାଁ ଜୀବନ ଓ ସହର ଜୀବନ ମଧ୍ୟରେ ଏତିକି ପାର୍ଥକ୍ୟ ଥିଲା ସ୍ୱାଧୀନତାର।

ହଠାତ୍ ତା'ର ଜୀବନରେ ଅନ୍ୟ ଏକ ପରିବର୍ତ୍ତନ ଆସିଲା। ଯେତେବେଳେ ତା'ର କ୍ୟାଶିଓରେ ଡାକ୍ତର ବାବୁଙ୍କ ସହିତ ଦେଖା ହୋଇଥିଲା। ଡାକ୍ତର ବାବୁ ମା'ଙ୍କ ଦେଖାଶୁଣା କରିବା ପାଇଁ ରାଣୀ କିଛିଦିନ ପାଇଁ କହିଥିଲେ। ମାତ୍ର ପରବର୍ତ୍ତୀ ସମୟରେ ତାକୁ ଦଶ ହଜାର ଟଙ୍କା ଦରମାରେ କାମ କରିବାକୁ କହିଲେ। କାମ କରିବାର କିଛିଦିନ ପରେ ଡାକ୍ତର ବାବୁ ରାଣୀକୁ କହିଲେ ମୋର କିଛି ସାଙ୍ଗ ଆସିବେ। ଖାଇବା ପିଇବା କରିବା ପାଇଁ। ରାଣୀ ଜାଣି ନ ଥାଏ ସେ ରାତି ତା' ଜୀବନର ସବୁଠାରୁ ଅନ୍ଧାର ରାତି। ରାଣୀ ଡାକ୍ତରଙ୍କୁ ନେଇ ତା'ର ସ୍ୱପ୍ନରାଜ୍ୟରେ ବିରଚଣ କରୁଥାଏ। ହଠାତ୍ ସେ ନିଜକୁ ପାଏ ଏକ ବରଗଛମୂଳେ। ଡାକ୍ତର ବାବୁ ତାକୁ ଠକି ଦେଇଛନ୍ତି। କିଡ୍‌ନୀଟିକୁ କାଢ଼ି ନେଇଛନ୍ତି। ରାଣୀ କିନ୍ତୁ ନିରୁପାୟ। ଡାକ୍ତରଙ୍କ ବିରୋଧରେ ତା'

ପାଖରେ କିଛି ପ୍ରମାଣ ନାହିଁ। ଜୀବନର ଛକାପଞ୍ଝା ଭିତରେ ରାଣୀକୁ ବାରମ୍ବାର ବିପନ୍ନ ହେବାକୁ ପଡ଼ିଛି।

'ଆବେଗ' ଗଳ୍ପର ନାୟିକା ଲୋପା ଓ ନାୟକ ସିଦ୍ଧାର୍ଥ ଦୁହେଁ ବିବାହ ବନ୍ଧନରେ ବାନ୍ଧି ହୋଇଛନ୍ତି ସତ; କିନ୍ତୁ ସେମାନଙ୍କ ମଧ୍ୟରେ କୌଣସି ଦୈହିକ ସଂପର୍କ ସ୍ଥାପନ ହୋଇପାରି ନ ଥିଲା। ଏହି ନିଃସଙ୍ଗତାର ଫାଇଦା ଉଠାଇଛି ଅଫିସର ମ୍ୟାନେଜର ରଞ୍ଜନ। ଦୁହିଁଙ୍କ ମଧ୍ୟରେ ବନ୍ଧୁତ୍ୱ ଗଢ଼ି ଉଠିଥିଲେ ମଧ୍ୟ ପରେ ସେମାନେ ତା'ର ସୀମାକୁ ଅତିକ୍ରମ କରିଛନ୍ତି। ଶେଷରେ ଲୋପା ଓ ସିଦ୍ଧାର୍ଥ ଦୁହେଁ ଦୁହିଁଙ୍କ ଭୁଲ୍‌କୁ ବୁଝିପାରିଛନ୍ତି ଓ ସୁଖରେ ଘରସଂସାର କରିଛନ୍ତି।

'ହୋମ୍‌ଲେସ୍' ଗଳ୍ପରେ ଏକ ହତଭାଗିନୀ ମା'ର ହୃଦୟବିଦାରକ କାହାଣୀ ଶୁଣିବାକୁ ପାଇବା। ମା'ଟିଏ କିପରି ସାରା ଜୀବନ ତା'ର ପିଲାକୁ ଅପେକ୍ଷା କରିପାରେ ତାହା ହିଁ ଏହି ଗଳ୍ପର କଥାବସ୍ତୁ।

ବୁଢ଼ୀଟିର ସୁଖର ପରିବାର ଥିଲା। ଦୁର୍ଭାଗ୍ୟବଶତଃ ତା'ର ସ୍ୱାମୀ ତାକୁ ଛାଡ଼ିଦେବା ସହିତ ତା'ର ଝିଅ ରାସ୍ତା ଦୁର୍ଘଟଣାରେ ମୃତ୍ୟୁବରଣ କରିଛି। ବୁଢ଼ୀ ଝିଅର ମୃତ୍ୟୁକୁ ଗ୍ରହଣ କରିପାରିନାହିଁ। ଶେଷରେ ସେ ପାଗଳୀ ହୋଇଯାଇଛି। ସେଥିପାଇଁ ସେ ପ୍ରତିଦିନ ଥଣ୍ଡା, ଶୀତକୁ ଖାତିର ନ କରି ବସ୍‌ଷ୍ଟପ୍‌ରେ ସ୍କୁଲ୍ ବ୍ୟାଗ୍, ଟିଫିନ୍, ପାଣିବୋତଲ ଧରି ଅପେକ୍ଷା କରିବସେ ତା'ର ଝିଅକୁ। ବସ୍ ଆସେ ଯାଏ। ଯାତ୍ରୀ ଚଢ଼ନ୍ତି, ଓହ୍ଲାନ୍ତି; କିନ୍ତୁ ବୁଢ଼ୀର ଝିଅ ଆସେ ନାହିଁ। ବୁଢ଼ୀ କ'ଣ ବୁଝୁଛି ତା'ର ଝିଅ ଅଫେରା ରାଇଜକୁ ଚାଲିଯାଇଛି ? ମିତାଲି ସବୁ କଥା ଜାଣିଲା ପରେ ତା'ର ଆଖିରୁ ଅଜାଣତରେ ଦୁଇଧାର ଲୁହ ବୋହିଆସିଛି ଏବଂ ସେ ଫୁଲଟିଏ ନେଇ ବସ୍‌ଷ୍ଟପ୍‌ର ସେହି ସ୍ଥାନରେ ଥୋଇ ଦେଇଛି, ଯେଉଁ ସ୍ଥାନରେ ବୁଢ଼ୀଟି ବସି ବସି ମୃତ୍ୟୁବରଣ କରିଥିଲା।

'ମଗ୍ନ ଜୀବନ' ଗଳ୍ପରେ ଏକ ବସ୍ତି ଜୀବନର କାହାଣୀ, ନିଃସ୍ୱାର୍ଥ ପ୍ରେମ, ନିଃସ୍ୱାର୍ଥ ବନ୍ଧୁତ୍ୱ ଦେଖିବାକୁ ପାଇବା। ଏହି ଗଳ୍ପରେ ଏକ ସାନ୍ଧ୍ୟକାଳୀନ ଟ୍ରେନ୍‌ଲାଇନ୍‌ରେ ବୋତଲ ଗୋଟାଉଥିବା ସଲିମ୍ ଚରିତ୍ରର କାହାଣୀ ଉପସ୍ଥାପନା କରାଯାଇଛି। ଅବାସ୍ତବତାକୁ ବାସ୍ତବତାର ରୂପ ଦେବାକୁ ଚେଷ୍ଟା କରିଛନ୍ତି ଗାଳ୍ପିକା। ବସ୍ତିରେ ରହୁଥିବା ପିଲାମାନେ ଯେ କେତେ ଦୁଃଖ, କଷ୍ଟରେ ଜୀବନ ବିତାଉଛନ୍ତି, କେହି କେବେ ଚିନ୍ତା କରିପାରିବେ ନାହିଁ। ସେହି ରେଳଷ୍ଟେସନ୍ ତାଙ୍କ ପାଇଁ ସବୁକିଛି। ରେଳଡବା ତାଙ୍କ ପାଇଁ ଶୋଇବା, ଖାଇବା, ହସିବା, ଖେଳିବାର ସ୍ଥଶନ, ତାହା ମଧ୍ୟ ସ୍ୱପ୍ନ ଦେଖିବାର ସ୍ଥାନ, ପୁଣି ସ୍ୱପ୍ନ ଭିତରେ ହଜିଯିବାର ସ୍ଥାନ। ନା ସେଠି ଅଛି ମା'

ବାପାଙ୍କର ନାଲିଆଖିର ଭୟ, ନା ସ୍କୁଲ୍‌ର ପାଠପଢ଼ାର ଝାମେଲା। ସମସ୍ତେ ମିଶିଯାଆନ୍ତି ଗୋଟିଏ ଗୋଠରେ। ବର୍ଷାରେ ଭିଜନ୍ତି, ଶୀତରେ ନିଆଁ ପୁଅଁନ୍ତି। ଏଇତ ବସ୍ତିର ଜୀବନ !

ଶୁଖା ହରେଇଛି ସାଙ୍ଗକୁ, ପ୍ରେମିକାକୁ। ଜୀବନ ତାକୁ ବ୍ୟର୍ଥ ଲାଗିଛି। କିଛି ନାହିଁ ତା' ପାଖରେ କିନ୍ତୁ ତାକୁ ଶୂନ୍ୟତା ଅନୁଭବ ହୋଇଛି। ଏହି ଶୂନ୍ୟତାକୁ ଭଙ୍ଗକରି ସାମ୍ନାରୁ ସଲିମ୍ ଆସୁଛି। ପଛକୁ ଦୀପା, ସୁଶୀଲ୍, ଛୋଟୁ, ପାଣ୍ଡୁ... ସମସ୍ତେ ଏକସ୍ବରରେ ଆ... ଚାଲିଆ... ଆମ ସହ କହି ଶୁଖାଙ୍କୁ ଘେରି ଗଲେଣି। ସେ କନକନ ହୋଇ ଇଆଡ଼େ ସିଆଡ଼େ ଚାହିଁଲା। ଶେଷରେ ମିଶିଗଲା ସେମାନଙ୍କର ଗହଣରେ। ଆଉ ଭୋକ ନାହିଁ, ଶୋଷ ନାହିଁ, ଦେହ ନାହିଁ, କଷ୍ଟ ନାହିଁ।

'ସକଳ ଘଟେ ନାରାୟଣ' ଗଳ୍ପରେ ଗାଳ୍ପିକା ମଣିଷର ଅମଣିଷପଣିଆକୁ ଦେଖାଇଛନ୍ତି। ଯାହାକୁ ଦୁନିଆର ସର୍ବଶ୍ରେଷ୍ଠ ପ୍ରାଣୀ ଭାବରେ ମାନ୍ୟତା ମିଳିଛି। ଯାହାର ବୁଦ୍ଧି ଓ ବିଚାର କରିବାର କ୍ଷମତା ଅଛି। ସେ ମଣିଷ ଆଜି ମଣିଷପଣିଆ ହରେଇ ନିର୍ଦ୍ଦୟ ସାଜିଛି। ନିଜର ସ୍ଵାର୍ଥ ପାଇଁ ମା' କୋଳରୁ ଛୁଆକୁ ଛଡ଼ାଇ ନେଇଛି।

ମୋନାର ଛୁଆର ସବୁ ପୁଣି ଏତେ ଗୁଲୁଗୁଲିଆ ହୋଇ ପାରନ୍ତି, ସେ ଜୀବନରେ ପ୍ରଥମ ଥର ପାଇଁ ଦେଖୁଥିଲା। ମୋନା ଉପରେ ଖୁସି ଏମିତି ସବାର ହୋଇଥାଏ ନା ତାକୁ କିଛି ଶୁଭୁଥାଏ ନା କିଛି ବୁଝୁଥାଏ। ବାତ୍ସଲ୍ୟ ମମତାରେ ଆଖି ଦୁଇଟି ଚକ୍‌ଚକ୍ କରୁଥାଏ। ପ୍ରସବର ଯନ୍ତ୍ରଣାକୁ ସେ ନିମିଷକରେ ଭୁଲିଯାଇଥାଏ। ଛୁଆକୁ ଚାଟି ପକାଉଥାଏ। ଗୋଟିଏ ମିଠା ମିଠା ବାସନା ତା' ଚାରିପାଖେ ଚକ୍କର କାଟୁଥାଏ। ତତ୍‌କ୍ଷଣାତ୍ ମୋଟା ଲୋକଟା ଆସି ଛୁଆମାନଙ୍କର ମୂଲଚାଲ କରି ମୋଟା ଟଙ୍କାବିଡ଼ାଟା ହାତରେ ଧରାଇ ନେଇଗଲା ପିଲାଗୁଡ଼ାଙ୍କୁ। ମୋନା ପ୍ରତିବାଦ କରିପାରିଲା ନାହିଁ। କାରଣ ସେ ମା' ହେଲେ ବି ପଶୁଟିଏ। ଆଜିର ସମାଜରେ ମୋନା ପରି କୁକୁରଙ୍କର ପ୍ରତିବାଦ କରିବାର ଅଧିକାର ଛଡ଼ାଇ ନିଆଯାଇଛି। ତା ମୁହଁରେ ତୁଣ୍ଡି ବାନ୍ଧି ଦିଆଯାଇଛି।

ଲୋକଟା କହୁଥିଲା ପରା ଜୀବଜନ୍ତୁଙ୍କଠି ଆତ୍ମା ନ ଥାଏ, କିନ୍ତୁ ଯାହାର ଆତ୍ମା ଥାଏ ସେ କ'ଣ ଲୋକଟା ପରି ଏତିକି ନିର୍ଦ୍ଦୟ ହୋଇପାରେ? ସେଦିନ ନିଃଶବ୍ଦ ରାତି ବି ମନେ ହେଉଥିଲା ଶୋକରେ ଆତୁର ଦୁଃଖିନୀଟିଏ ଭଳି।

'ମାଂସ ବିଳାପ' ଗଳ୍ପରେ ଜେମା ଟଙ୍କା ଲୋଭରେ ମାତୃପଣିଆର ତଣ୍ଟି ଚିପି ଝିଅମାନଙ୍କୁ ସତମିଛ କହି ନର୍କକୁ ଠେଲି ଦେଉଥିଲା। ଅନ୍ୟମାନଙ୍କ ପାଇଁ ଯେଉଁ ଗାତ ଜେମା ଖୋଳିଥିଲା ସେଇ ଗାତରେ ସେ ନିଜେ ପଡ଼ିଗଲା। ଅଜାଣତରେ ରିତା ବଦଳରେ ସୋଲିକୁ ସେ ନର୍କକୁ ଠେଲି ଦେଇଛି। ନିଶାର୍ଦ୍ଧରେ ଚତୁର୍ଦ୍ଦିଗ ଅନ୍ଧାରର ବହଳିଆ ଆସ୍ତରଣ। ମାତୃପଣିଆର ଗଳା ଚିପି ଜେମା ଅଣ୍ଡାଳିଲା ରିତାକୁ। ରିତାକୁ

ଆସ୍ତେ କରି ଟେକି ଆଣିଲା। କିଟ୍‌କିଟ୍ ଅନ୍ଧାରରେ ପାଦଚିପି ଅଗଣାରେ ଶୋଇଥିବା ମୂଲିଆମାନଙ୍କୁ ଟପି ଆଗେଇଲା କାଠ ମିଲ୍ ସାମ୍ନା ରାସ୍ତାକୁ। ଗଛଲତା ସବୁ ନିଃଶବ୍ଦ। ମାତୃତ୍ୱ ଯେମିତି ଆଜି ଜୁଇରେ ଜଳୁଛି ଦପ୍‌ଦପ୍ ହୋଇ। ଅନ୍ଧାରରେ ଝଙ୍କାଳିଆ ଗଛମାନଙ୍କ ସହ ରାସ୍ତାଟା ମନେ ହେଉଥାଏ ପ୍ରେତପୁରି ପରି। ଜେମା ତା' ଅଭ୍ୟସ୍ତ ହାତରେ ମାଲ୍‌କୁ ଟ୍ରକ୍‌ରେ ଚଢ଼େଇଦେଲା। ଜେମା ଫେରିଆସି ନିଶାକରି ନିଶ୍ଚିନ୍ତ ନିଦରେ ଶୋଇଗଲା। ଜେମା ଉଠି ଦେଖେତ ସୋଲି ନାହିଁ, ସେ ରିତା। ଭୂତ ଦେଖିଲା ପରି ଚମକି ପାଗଳୀପ୍ରାୟ ଖୋଜି ଚାଲିଲା ସୋଲିକୁ। ସେ ଜାଣିବାକୁ ପାଇଲା ରିତାକୁ ସୋଲି ଭାବି ଟ୍ରକ୍‌ରେ ଚଢ଼ାଇ ଦେଇ ଆସିଛି।

ଯେତେ ଚେଷ୍ଟା କରି ମଧ ସେ ସୋଲିକୁ ଫେରି ପାଇନି। ନିଶାର୍ଦ୍ଧରେ କେବେ କେମିତି ଅଶାନ୍ତ ମଦ୍ୟପ ଜେମା ମାଂସର ସ୍ୱାଦ ଲୋଭରେ ଦେଖିଯାଏ ତା' ଶରୀରକୁ। ପରେ ପରେ ପାଟି ଚାକୁଳାଇ ମିଳେଇଯାଏ ଅନ୍ଧାରରେ। ଅଦୂରରେ ଶୂନ୍ୟ ବୋତଲଟା ଗଡୁଥାଏ ଯାହା ସେଇ ରାସ୍ତା ଉପରେ। ଜେମା ହୁଙ୍କାର ଛାଡ଼େ - ସ୍ୱାଦ ନିଅ ବାବୁମାନେ... ମାଂସ ବିକାଳି ନିଜ ଦେହର ମାଂସ। ବିରଳ ମାଂସ।

ଲିପିକା ମହାପାତ୍ରଙ୍କ 'କାଲିଫର୍ଣ୍ଣିଆରେ ସୂର୍ଯ୍ୟାସ୍ତ' ଗଳ୍ପ ସଂକଳନରେ ସ୍ଥାନିତ ଥିବା ଦଶଟି ଗଳ୍ପ ଖୁବ୍ ହୃଦୟସ୍ପର୍ଶୀ। ଗାଳ୍ପିକା ଆଜିର ସମାଜରେ ଘଟୁଥିବା ଘଟଣାକୁ ଗଳ୍ପର ରୂପ ଦେଇ ଅତି ସୁନ୍ଦର ଭାବରେ ପାଠକମାନଙ୍କୁ ଭେଟି ଦେଇଛନ୍ତି।

■

ଗବେଷିକା, ଓଡ଼ିଆ ଭାଷା ସାହିତ୍ୟ ବିଭାଗ
ରମାଦେବୀ ମହିଳା ବିଶ୍ୱବିଦ୍ୟାଳୟ, ଭୁବନେଶ୍ୱର

ଲିପିକା ମହାପାତ୍ରଙ୍କ 'କାଲିଫର୍ଣ୍ଣିଆରେ ସୂର୍ଯ୍ୟାସ୍ତ' : ଏକ ଆଲୋକପାତ

ରମେଶ ପ୍ରସାଦ ମହାନ୍ତି

ଆମେରିକା ତଥା କାଲିଫର୍ଣ୍ଣିଆରେ ଦୀର୍ଘବର୍ଷ ହେବ ବସବାସ କରୁଥିବା ଗାଳ୍ପିକା ଲିପିକା ମହାପାତ୍ରଙ୍କ ଗଳ୍ପ ସଂକଳନ 'କାଲିଫର୍ଣ୍ଣିଆରେ ସୂର୍ଯ୍ୟାସ୍ତ' ଆଖିରେ ପଡୁ ପଡୁ ଗୋଟିଏ ଧାରଣା ସୃଷ୍ଟି ହେଲା ଯେ ବୋଧହୁଏ ସେ ସେଠାକାର କେତେଗୁଡ଼ିଏ ସାମାଜିକ ସମସ୍ୟାମାନଙ୍କୁ ଆଧାର କରି ଏହି ପୁସ୍ତକଟି ରଚନା କରିବା ସଙ୍ଗେ ସଙ୍ଗେ ସେଗୁଡ଼ିକୁ ଓଡ଼ିଆ ପାଠକ ପାଠିକାମାନଙ୍କ ମଧ୍ୟରେ ପହଞ୍ଚାଇବା ପାଇଁ ଚେଷ୍ଟା କରିଛନ୍ତି। ତେବେ ବର୍ତ୍ତମାନ ସମୟରେ ମୋ ନିଜ ମନରୁ ଭୁଟୁଭୁଟୁ ହୋଇ ଫୁଟି ଆସୁଥିବା ଅନେକ ଗୁଡ଼ିଏ ସମସ୍ୟା ଭିତରେ ଆମେମାନେ ଉବୁଟୁବୁ ହେଉଥିବା ବେଳେ ବିଦେଶ ତଥା କାଲିଫର୍ଣ୍ଣିଆର ସମସ୍ୟାଭିତ୍ତିକ ଗଳ୍ପମାନଙ୍କୁ ପାଠ କରିବା ପାଇଁ ମନ ସେତେଟା ଆକୃଷ୍ଟ ହୋଇପାରିଲା ନାହିଁ। ଫଳତଃ ପୁସ୍ତକଟିକୁ ସମୀକ୍ଷା କରିବା ପାଇଁ ମୋତେ ସୁଯୋଗ ମିଳିଥିଲେ ମଧ୍ୟ ଏହା ମୋ ଟେବୁଲ୍ ଉପରେ କିଛିଦିନ ପଡ଼ିରହିଲା। ତଥାପି ଦିନେ ଖଟ ଉପରେ ଗଡୁଗଡୁ କାଲିଫର୍ଣ୍ଣିଆ ଅଞ୍ଚଳର ସମସ୍ୟାଗୁଡ଼ିକୁ ଗାଳ୍ପିକା ଗଳ୍ପ ମାଧ୍ୟମରେ କିପରି ପରିପ୍ରକାଶ କରିଛନ୍ତି ତାହା ଜାଣିବା ପାଇଁ ମନ ଚଞ୍ଚଳ ହେବା ଉପରାନ୍ତେ ଏହି ପୁସ୍ତକରେ ସ୍ଥାନୀତ ସର୍ବମୋଟ ଦଶଗୋଟି କ୍ଷୁଦ୍ରଗଳ୍ପ ମଧ୍ୟରୁ ପ୍ରଥମ ଗଳ୍ପ 'ମାୟା'ର ପ୍ରାରମ୍ଭିକ କେଇଧାଡ଼ି ଯଥା "ତମେ ଆମକୁ ଛାଡ଼ଇ ପଳାଇବନି ତ ଜେଜେ? - ନାଇଁରେ ଧନ କୁଆଡ଼େ ଯିବି ତତେ ଛାଡ଼ି।" (ପୃ:୭) ଇତ୍ୟାଦି ଉପରେ

ମୋ ନଜର ପଡ଼ିବାକ୍ଷଣି ଭାବିଲି ଏ ତ ମୋ ନିଜ ମାଟିର କଥା... ନ ହେଲେ କାଲିଫର୍ଣ୍ଣିଆରେ ପୁଣି 'ଜେଜେ' ଆଉ 'ଧନ' ଇତ୍ୟାଦି ଶବ୍ଦ ଆସିବ କେଉଁଠୁ? ଅସମ୍ଭବ। ଏପରି ଭାବନା ଉଦ୍ରେକ ହେଉଥିବା ସମୟରେ ଏ ଦୁଇଟିଯାକ ଶବ୍ଦ ସାଥୀ ହୋଇ କେଉଁ ବିଜୁଳି ବେଗରେ ମୋ ମନକୁ ପଚାଶ ବର୍ଷ ତଳର ମୋ ନିଜ ଜେଜେଙ୍କ ପାଖକୁ ଟାଣି ନେଇ ଯାଇଥିଲେ ତା ମୁଁ ଜାଣିନି। ଜେଜେ ମୋର ଆରପାରିକୁ ଯାଇସରିଲେଣି ପ୍ରାୟ ପଇଁଚାଳିଶ ବର୍ଷ ତଳୁ। ତଥାପି ସେ ହଠାତ୍ ମନ ଭିତରେ ମୋର ବଞ୍ଚି ଉଠିଛନ୍ତି ଆଉ ମୁଁ ସ୍ପଷ୍ଟ ଭାବେ ଶୁଣିପାରୁଛି ତାଙ୍କ ବଙ୍କୁଲିବାଡ଼ିର ଠକ୍ ଠକ୍ ଶବ୍ଦ। ଅନୁଭବ କରିପାରୁଛି ତାଙ୍କ ସାଥିରେ ଗୋଟିଏ ବିଛଣାରେ ଶୋଇବା, ଏକାଠି ନଦୀକୁ ଗାଧୋଇଯିବା, ଗାଧୋଇସାରି ଗାଁ ଠାକୁର ଦର୍ଶନ କରିବା, ଏକାଠି ଗୋଟିଏ ଥାଳିରେ ଭୋଜନ କରିବା, ତାଙ୍କ ଆଙ୍ଗୁଠି ଧରି ହାଟକୁ ଯିବା, ଗାଁ ଦୋକାନରେ ଆକଣ୍ଠ ବରା-ଘୁଘୁନି ଖାଇବା, ତାଙ୍କର କାନ୍ଧରେ ବସି ନଦୀ ପାର ହେବା ଇତ୍ୟାଦି ଓ ଏପରି ଆହୁରି କେତେ ନା କେତେ ଭାବନାରେ ବୁଡ଼ି ବୁଡ଼ି ଯାଉଥିବା ସମୟରେ ସନ୍ତରଣରତ ହଂସରାଜ ପକ୍ଷଯୁଗଳରୁ ପର ଫଡ଼ଫଡ଼ କରି ହଲାଇଦେଇ ଦେହରୁ ତାର ଜଳବିନ୍ଦୁଗୁଡ଼ିକୁ ଖସାଇ ପୁନର୍ବାର ସନ୍ତରଣ ଆରମ୍ଭ କଲା ପରି ମୁଁ ମୋ ଭାବନାଗୁଡ଼ିକୁ ଝାଡ଼ିଝୁଡ଼ି ଦେଇ ଗଳ୍ପଟିକୁ ଏକ ନିଃଶ୍ୱାସରେ ଶେଷ ପର୍ଯ୍ୟନ୍ତ ପଢ଼ିବାକୁ ଆରମ୍ଭ କଲି। ଅନୁଭବ ହେଲା ଏ ଗଳ୍ପଟି କେବେହେଲେ କାଳ୍ପନିକ ନୁହେଁ ବରଂ ମୋ ନିଜ ମାଟିର ବାସ୍ତବତା। ଆଜିକାଲି ଘରେ ଘରେ ଘଟୁଥିବା ଘଟଣାମାନଙ୍କ ମଧ୍ୟରୁ ଏହା ଗୋଟିଏ ଜୀବନ୍ତ ଉଦାହରଣ।

ଏହି ଗଳ୍ପଟିରେ ଗାଳ୍ପିକା ଖୁବ୍ କମ୍ ଭାଷାରେ ଅତି ନିଖୁଣ ଭାବେ ବାସ୍ତବତାକୁ ବର୍ଣ୍ଣନା କରିବାକୁ ଯାଇ କହିଛନ୍ତି ସହରରେ ପୁଅ, ବୋହୂ ଆଉ ନାତି। ବାର୍ଦ୍ଧକ୍ୟଜନିତ ରୋଗ ଏବଂ ଏକାକିତ୍ୱ ପାଇଁ ଜେଜେ ମଧ୍ୟ ସେମାନଙ୍କ ସାଥିରେ। ସେ ଛ' ବର୍ଷର ନାତି ଚିଣ୍ଟୁ ସହ ଅତି ନିବିଡ଼ ଭାବରେ ଜଡ଼ିତ। କାରଣ ଏକେ ତ ସେ ତାଙ୍କର ଏକମାତ୍ର ନାତି ଏବଂ ଦ୍ୱିତୀୟରେ ତାଙ୍କର ପଡ଼ିଶା ବା ସାଙ୍ଗସାଥୀ କହିଲେ ସେ ନାତିକୁ ହିଁ ବୁଝାଏ। ଜେଜେ ତାକୁ ଶୁଆଇ ଦିଅନ୍ତି, ସ୍କୁଲ୍ ଯିବା ପାଇଁ ପ୍ରସ୍ତୁତ ମଧ୍ୟ କରାଇ ଦିଅନ୍ତି ତାଙ୍କ ନିଜ ହାତରେ। ଏସବୁ କାର୍ଯ୍ୟ ସେ ଦୁଇଟି କାରଣ ପାଇଁ କରନ୍ତି। ପ୍ରଥମଟି ହେଲା ତାଙ୍କର ନାତିକୁ ଭଲପାଇବା ତାଙ୍କୁ ଏସବୁ କାର୍ଯ୍ୟ ସ୍ୱତଃପ୍ରବୃତ୍ତ କରାଇଦିଏ ଏବଂ ଅନ୍ୟ କାରଣଟି ହେଲା ବାପା ମନର ଚିରନ୍ତନ ସ୍ୱଭାବ ଆତ୍ମୀୟ ତଥା ପୁଅ ବୋହୂଙ୍କର ଶ୍ରମ ଲାଘବ କରିବା। ବାପା ଜାଣନ୍ତି ସେ ଶକ୍ତିହୀନ। ତଥାପି ସେ ଯଦି ଗୃହକାର୍ଯ୍ୟରେ ତାଙ୍କର ସେଇ ଶକ୍ତିହୀନ ହାତ ଦୁଇଟିକୁ ଯେନତେନ ଲଗାଇ

ଦିଅନ୍ତି ଚାକିରିଆ ପୁଅ ବୋହୂମାନଙ୍କ ପାଇଁ, ତାହା ନିଶ୍ଚିନ୍ତ ରୂପେ କିଛି ନା କିଛି ସାହାଯ୍ୟ ତ ହୋଇଯିବ। ଅନ୍ୟପକ୍ଷରେ କିନ୍ତୁ ପୁଅ ବୋହୂ ଦୁଇଜଣଯାକ ତାଙ୍କଠାରୁ ଆହୁରି ଅଧିକ କିଛି କାର୍ଯ୍ୟ ଆଶା କରନ୍ତି। ତେଣୁ ସେମାନେ ତାଙ୍କ ଉପରେ ଅନେକ ଗୁଡ଼ିଏ ଗୃହକାର୍ଯ୍ୟ ଲଦି ଦିଅନ୍ତି। ସେ ଯଦି ସେଗୁଡ଼ିକୁ ତୁଲାଇ ପାରନ୍ତି ନାହିଁ ବୋହୂ ବରାବର ତାଙ୍କ ଉପରେ ଚିଡ଼ିଚିଡ଼ି ହୁଏ। ପୁଅ ମଧ୍ୟ ଅନେକ ସମୟରେ ତାଗିଦ କରି ଉଠେ। ଏସବୁ ଅନ୍ୟାୟ, ବେଦନାକୁ ଗିଳିଦେବା ତାଙ୍କର ସାର ହୁଏ। କୁଆଡ଼େ ବା ଯିବେ? କାହାକୁ ବା ମନକଥା କହିବେ? ଗାଁକୁ ତ ଫେରିବାର ବାଟ ନାହିଁ। ତେଣୁ ପାଖରେ ଥିବା ବୃଦ୍ଧାଶ୍ରମକୁ ପଳାଇଯିବା କଥା ମନକୁ ବାରମ୍ବାର ଅକ୍ତିଆର କରେ। ବ୍ୟାଗ୍ ବସ୍ତାନି ବାନ୍ଧନ୍ତି, କିନ୍ତୁ ପୁଣି ମନ ଟାଣେ ନାତି ପାଖକୁ। ସେ ପଳାଇଗଲେ ନାତିର ପରୀକ୍ଷା ଖରାପ ହୋଇପାରେ। ପୁଅ ବୋହୂ ଅସୁବିଧାରେ ପଡ଼ିବା ସହିତ ଲୋକହସା ମଧ୍ୟ ହୋଇପାରନ୍ତି। ତେଣୁ ମନକୁ ବୁଝାଇ ପୁଣି ବ୍ୟାଗ୍‌ରୁ ତାଙ୍କ ଲୁଗାପଟା ଖୋଲନ୍ତି, ସବୁଦିନ ପରି ଗାଧୁଆଘରେ ପୁଅ, ବୋହୂ ବଦଳାଇଥିବା ପାଲଟା ଲୁଗାପଟାଗୁଡ଼ିକୁ ଧୁଆଧୋଇ କରି ଶୁଖାନ୍ତି ଏବଂ ସବୁଯାକ ଅଇଁଠା ବାସନକୁସନତକ ମଧ୍ୟ ସଫା କରନ୍ତି। ନଚେତ୍ ସେ ଦୁଇଜଣଯାକଙ୍କର ଗଞ୍ଜଣା ସନ୍ଧ୍ୟା ବେଳକୁ ଅସହ୍ୟ ହୋଇପାରେ। ତେଣୁ ବାର୍ଦ୍ଧକ୍ୟଜନିତ ଆଣ୍ଠୁଗଣ୍ଠି ବାତ ବଢ଼ି ବଢ଼ି ଚାଲିଥିଲେ ମଧ୍ୟ ସେ ତାକୁ ଭ୍ରୂକ୍ଷେପ ନ କରି ଏ ସମସ୍ତ କାର୍ଯ୍ୟରେ ଆଗେଇ ଯାଆନ୍ତି। କିନ୍ତୁ ବୋଝ ଉପରେ ନଳିତା ବିଡ଼ା ପରି ବେଳେବେଳେ ବିଛଣାରେ ତାଙ୍କର ଆପେ ଆପେ ପରିଶ୍ରା ହୋଇଯାଏ। ସେ ଜାଣିପାରନ୍ତି ନାହିଁ। ପୁଅ ବୋହୂ ଅଫିସ୍‌କୁ ଚାଲିଗଲା ପରେ ସେ ସସବୁକୁ ମଧ୍ୟ ଧୁଆଧୋଇ କରନ୍ତି। ପୁଅବୋହୂଙ୍କୁ ଏ କଥା କ'ଣ ବା କହିବେ? କାହିଁକି ବା କହିବେ? କି ଉତ୍ତର ବି ସେ ସେମାନଙ୍କଠାରୁ ଆଶା କରିବେ? ବାର୍ଦ୍ଧକ୍ୟ ଗ୍ରାସିଲେ ଗୋଟାଏ ପରେ ଆଉ ଗୋଟାଏ ରୋଗ ମାଡ଼ିବସେ। ଏହା ସ୍ୱାଭାବିକ। ତେଣୁ ଅର୍ଦ୍ଧରାତ୍ରିରେ ଖଣ୍ଟିଆ କ'ଣ ମଧ୍ୟ ତାକୁ ଆକ୍ରମଣ କରେ। ସେ ତାକୁ କାବୁ କରିପାରନ୍ତି ନାହିଁ। ଫଳତଃ ପୁଅ ବୋହୂଙ୍କର ସୁଖନିଦ୍ରା ଭଙ୍ଗ ହୁଏ। ବୋହୂ ହୁଁକାର ମାରି ମାଡ଼ିଆସି ଆଉ ନ କରିବା ପାଇଁ ତାଗିଦ କଲାବେଳେ ପୁଅର ମଧ୍ୟ ତଦନୁରୂପ କଥା। ଏସବୁ ମଧ୍ୟରେ ଜୀବନ ଜିଇବା ଦୁର୍ବିଷହ ହୋଇପଡ଼େ। ନିକଟସ୍ଥ ବୃଦ୍ଧାଶ୍ରମ ବୋଧହୁଏ ଏକମାତ୍ର ବିକଳ୍ପ। ବୃଦ୍ଧ କାଳର ଅଲୋଡ଼ା ଜୀବନକୁ କାହିଁକି ବା ସେ ଆଉ ତାଙ୍କ ପୁଅ ବୋହୂମାନଙ୍କ ଉପରେ ଲଦିଦେବେ? ପୁଣି ତାଙ୍କ ମନକୁ 'ମାୟା'ଠାରୁ ମୁକ୍ତ କରାଇବା ପାଇଁ ଚେଷ୍ଟା କରନ୍ତି। ତାଙ୍କ ବେଡିଂ ବାନ୍ଧନ୍ତି। ପୁଅ ବୋହୂ ଅଫିସ୍‌ରେ ଥିବାବେଳେ ଦିନ ପ୍ରାୟ ତିନିଘଟିକା ସମୟରେ ତାଙ୍କର ଗୃହତ୍ୟାଗ କରି ବୃଦ୍ଧାଶ୍ରମକୁ

ପଳାଇବାର ଯୋଜନା ଚପଳ ବୟସର ନାତି ଅନୁଭବ କରେ। ଜେଜେ ବି ଭାବିଛନ୍ତି ଯଦି ସେ ବୃଦ୍ଧାଶ୍ରମକୁ ପଳାଇଯାଆନ୍ତି ଏହା ନାତିକୁ ଖୁବ୍ ମାନସିକ ଆଘାତ ଦେଇପାରେ। ଫଳତଃ ତାର ଆଗାମୀ ପରୀକ୍ଷାରେ ଏହା ପ୍ରତିକୂଳ ପ୍ରଭାବ ମଧ୍ୟ ପକାଇବାଟା ନିଶ୍ଚିନ୍ତ। ତେଣୁ ସେ ତାଙ୍କ ବେଡିଂ ଖୋଲି ତାଙ୍କ ଲୁଗାପଟାକୁ ଆଲଣାରେ ରଖିଛନ୍ତି। ପରବର୍ତ୍ତୀ ସମୟରେ ସେଇ ବୃଦ୍ଧାଶ୍ରମକୁ ଯିବା ପାଇଁ ପୁନର୍ବାର ବ୍ୟାଗ୍ ମଧ୍ୟ ସଜାଇଛନ୍ତି ସତ କିନ୍ତୁ ପୁଣିଥରେ ତାଙ୍କ ଅନିଚ୍ଛାକୃତ ଇଚ୍ଛାକୁ ମାରି ବ୍ୟାଗ୍ ଭିତରୁ ତାଙ୍କର ଜାମାପଟା ଇତ୍ୟାଦି କାଢ଼ିଆଣି ଆଲଣାରେ ସଜାଡ଼ିଛନ୍ତି। ମାୟା ମୋହର ସଂସାର। ତାର ଚୁମ୍ବକୀୟ ବଳୟ ଭିତରୁ ନିଜକୁ ନିଜ ଆଡୁ ଅଲଗା କରିବା ବୋଧହୁଏ ଖୁବ୍ କଷ୍ଟକର ବ୍ୟାପାର। ଶେଷରେ ସେ ନିଷ୍ପତ୍ତି ନେଇଛନ୍ତି ତାଙ୍କୁ ଯେତେ କଷ୍ଟ ହେଲେ ହେଉ ପଛେ ସେ କିନ୍ତୁ ସେ ପର୍ଯ୍ୟନ୍ତ ସେଠାରେ ନିଜର ରକ୍ତମାନଙ୍କ ସାଥିରେ ରହିବେ ଯେ ପର୍ଯ୍ୟନ୍ତ ପୁଅ ତାଙ୍କର ନିଜେ ତାଙ୍କୁ ସେଠାରୁ ପଳାଇବା ପାଇଁ କହିନାହାନ୍ତି। ଗଳ୍ପଟିରେ ରକ୍ତ ଛାଡୁଛି ରକ୍ତକୁ। ମାୟା ଆଉ ମୋହ ଛାଡୁନାହିଁ ଜେଜେଙ୍କୁ। କିନ୍ତୁ ଏସବୁ ଭିତରେ ଧସେଇ ପଶିଛି ଏକାନ୍ନବର୍ତ୍ତୀ ପରିବାରର ନିଜେ ନିଜ ପାଇଁ ବଞ୍ଚିବାର ମାନସିକତା ବା ପ୍ରଥା। ଭାଙ୍ଗିଛି ଯୌଥ ପରିବାରର ଆବଶ୍ୟକତା। ସମାଜ ବୋଧହୁଏ ନିମ୍ନଗାମୀ ହେବାରେ ଲାଗିଛି। ଏହାହିଁ ଗଳ୍ପରେ ସାରକଥା।

ଏ ପ୍ରକାର ଏକ ଜୀବନ୍ତ ଘଟଣାକୁ ଗଳ୍ପ ମାଧ୍ୟମରେ ପାଠ କରିସାରିବା ପରେ ଗାଳ୍ପିକାଙ୍କ ବିଷୟରେ ଜିଜ୍ଞାସା ବୃଦ୍ଧି ପାଇଲା। ତେଣୁ ସଂକଳନର ପ୍ରାରମ୍ଭିକ ପୃଷ୍ଠାଗୁଡ଼ିକୁ ଓଲଟାଇ ଚାଲିଲି। ଜାଣିବାକୁ ପାଇଲି ଯେ ତାଙ୍କ ବାପାଙ୍କର ସାହିତ୍ୟ ପ୍ରତି ଥିବା ଅହେତୁକ ରୁଚି ତାଙ୍କୁ ଲେଖାଲେଖି କରିବାକୁ ଖୁବ୍ ପ୍ରେରଣା ଯୋଗାଇଥିଲା ଏବଂ ପିଲାଦିନୁ ସେ ଲେଖାଲେଖି କରି ଖୁବ୍ ଆତ୍ମସନ୍ତୁଷ୍ଟି ମଧ୍ୟ ପାଉଥିଲେ। ସେ କୁହନ୍ତି ଜଣେ ଲେଖିକା ବନିଯିବା ପାଇଁ ସେ କେବେହେଲେ ଚାହିଁ ନ ଥିଲେ। କିନ୍ତୁ ତାଙ୍କର ପିଲାଦିନରୁ ପ୍ରଚୁର ପରିମାଣରେ ଗଳ୍ପ, ପ୍ରବନ୍ଧ ଇତ୍ୟାଦି ପାଠ କରିବାର ଅଭ୍ୟାସ ଥିବାରୁ ଗଳ୍ପମାନେ ତାଙ୍କ ମନରେ ଆପେ ତିଆରି ହୋଇଯାଆନ୍ତି। ଅପର ପକ୍ଷରେ ବିବାହ ପରେ ତାଙ୍କର ସ୍ୱାମୀ ମଧ୍ୟ ତାଙ୍କୁ ଗଳ୍ପ ଇତ୍ୟାଦି ଲେଖାଲେଖି କରିବାକୁ ଖୁବ୍ ପ୍ରେରଣା ଏବଂ ପ୍ରୋତ୍ସାହନ ଦିଅନ୍ତି। ଫଳରେ ଏ ଦିଗରେ ସେ ଆଗେଇ ଯାଆନ୍ତି। ପ୍ରାରମ୍ଭିକ ସମୟରୁ ତାଙ୍କର ପିତାଙ୍କର ସାହିତ୍ୟ ପ୍ରତି ଥିବା ଆସକ୍ତି ତାଙ୍କୁ ଗାଳ୍ପିକା ବନାଇବାରେ ବିଶେଷ ସହାୟକ ହୋଇଥିବାରୁ ପୁସ୍ତକଟିକୁ ସେ ତାଙ୍କ ସ୍ମରଣାର୍ଥେ ଉତ୍ସର୍ଗ କରିଛନ୍ତି। ଏ ପୁସ୍ତକଟି ତାଙ୍କର ପ୍ରଥମ ଗଳ୍ପ ସଂକଳନ ଏବଂ ଏହାର ପ୍ରଥମ ସଂସ୍କରଣଟି ୨୦୧୭ ମସିହାରେ ଟାଇମ୍‌ପାସ୍ ପ୍ରକାଶନ ସଂସ୍ଥା ଦ୍ୱାରା ପ୍ରକାଶିତ।

ସଂକଳନଟିର ଦ୍ୱିତୀୟ ଗଳ୍ପ 'ଭବିଷ୍ୟତ ଏକ ନିଷ୍ପତ୍ତିର' ଅନ୍ୟ ଏକ ବାସ୍ତବ ଘଟଣା ପରି ଉପଲବ୍ଧି ହୁଏ। 'ଅଦେଖା ଜାଗା ଘା' ଦେଖିହୁଏ ନାହିଁ କି ଦେଖେଇ ହୁଏ ନାହିଁ' ଅର୍ଥରେ ଏ ଗଳ୍ପଟିର ବିଷୟବସ୍ତୁ ମଧ୍ୟ ସମାନ। ଗାଳ୍ପିକା ସମାଜରେ ଘଟୁଥିବା ଅନେକ ଗୁଡ଼ିଏ ଘଟଣା ଯେଉଁଗୁଡ଼ିକ ଲୋକଲୋଚନକୁ ଆସିପାରେ ନାହିଁ ବା ଜଣେ ଏସବୁ ବିଷୟରେ ପ୍ରକାଶ କରିବାକୁ ଚାହିଁଲେ ମଧ୍ୟ ସେଗୁଡ଼ିକ କିପରି ନିଜ ପ୍ରତି ଘାତକ ହୋଇପାରେ ସେ ବିଷୟରେ ଏକ ନାଟକୀୟ ଭଙ୍ଗୀରେ ତଥା ଖୁବ୍ ଚତୁରତାର ସହିତ ସଂକ୍ଷିପ୍ତରେ ପ୍ରକାଶ କରିବାକୁ ଚେଷ୍ଟା କରିଛନ୍ତି। ମୋଟାମୋଟି ଭାବେ ଜଣେ ନାରୀକୁ ପରକୀୟା ପ୍ରୀତିରେ ବୁଡ଼ି ରହୁଥିବା ତାଙ୍କର ପ୍ରଭାବଶାଳୀ ତଥା ଏକ ମନ୍ତ୍ରୀ ପଦରେ ଅଧିଷ୍ଠିତ ଥିବା ସ୍ୱାମୀଙ୍କର ଚରିତ୍ର କିପରି ତାଙ୍କ ପ୍ରତି ନିରବ ଘାତକ ହୁଏ ଏବଂ ସେ କିପରି ତାଙ୍କ ସ୍ୱାମୀ ଏବଂ ପୁତ୍ରମାନଙ୍କ ଦ୍ୱାରା ଘଟଣାକୁ ଚପାଇ ରଖିବା ପାଇଁ ବାଧ୍ୟ ହୁଅନ୍ତି ତାହା ଏ କାହାଣୀରେ ଖୁବ୍ ସ୍ପଷ୍ଟ।

ରେଣୁଙ୍କର ସ୍ୱାମୀ ଦିନେଶ ମଙ୍ଗରାଜ ସମାଜରେ ଜଣେ ପ୍ରତିଷ୍ଠିତ ବ୍ୟକ୍ତିତ୍ୱ। ଏକ ମନ୍ତ୍ରୀପଦରେ ଅଧିଷ୍ଠିତ। କିନ୍ତୁ ପରକୀୟା ପ୍ରୀତିରେ ଲିପ୍ତ ରହିବା ତାଙ୍କର ଅଭ୍ୟାସ। ନିଜ ହାତରେ ତାଙ୍କର ଖୁବ୍ ଶକ୍ତି ଅଛି। ସେ କାହିଁକି ବା ଡରିବେ କାହାକୁ! ବିବାହର ବାର ବର୍ଷରେ ରେଣୁ ସ୍ୱାମୀଙ୍କର ଏ ସ୍ୱଭାବ ବିଷୟରେ ଅବଗତ ହୁଅନ୍ତି। ସ୍ୱାମୀଙ୍କୁ କିନ୍ତୁ ବାଟକୁ ଆଣିବା ଅସମ୍ଭବ। ପିଲା ଦୁଇଟା ଛୋଟିଆ। ମୁହଁ ଖୋଲିଲେ ସ୍ୱାମୀଙ୍କର ତଥା ପରିବାରର ଇଜ୍ଜତ ମାଟିରେ ମିଶିବା ସହିତ ପିଲା ଦି'ଟାଙ୍କର ମଧ୍ୟ ଭବିଷ୍ୟତ ନଷ୍ଟ ହୋଇପାରେ। ଏଣେ ସାଇପଡ଼ିଶାଙ୍କ ମଧ୍ୟରେ ଟୁପୁରୁଟାପୁରୁ ଶବ୍ଦ। ଲଜ୍ୟା, ଖୁବ୍ ଲଜ୍ୟାକର ଘଟଣା। କାନରେ ଶୁଣିହେବ ନାହିଁ। ନିଜ ଇଜ୍ଜତକୁ ତ ରକ୍ଷା କରିବାକୁ ପଡ଼ିବ। ତେଣୁ ସେସବୁ କଥାକୁ ଶୁଣି ନ ଶୁଣିଲା ପରି ଅଭିନୟ କରିବା ସେ କେବେଠୁ ଶିଖିଗଲେଣି। ଇତିମଧ୍ୟରେ ବିତିଛି ପ୍ରାୟ ପଚିଶ ବର୍ଷ। ଦାମ୍ପତ୍ୟ ଜୀବନର ସମସ୍ତ ସୁଖକୁ ସେ ଭୁଲିସାରିଲେଣି କେଉଁ କାଳୁ। ନିଃସଙ୍ଗତା ହୋଇଛି ତାଙ୍କର ଜୀବନସାଥୀ। ପୁଅ ଦି'ଟାଯାକଙ୍କର ବି ପର ଲାଗିସାରିଲାଣି। ସେମାନେ ଏବେ ମା' କାନି ତଳୁ ବାହାରି ମୁକ୍ତ ଆକାଶରେ ଏକା ଏକା ଉଡ଼ିବା ଶିଖି ବି ଗଲେଣି। ବାପାଙ୍କ ଅହେତୁକ ଶକ୍ତି। ମନ୍ତ୍ରୀଟି! କଣ ଛୋଟିଆ କଥା? ତାଙ୍କ ସୁପାରିଶ ଯୋଗୁଁ ବଡ଼ ପୁଅ ଏକ କଲେଜରେ ଅଧ୍ୟାପକ ଏବଂ ସାନ ମାଙ୍ଗାଲୋରର ଏକ ପ୍ରତିଷ୍ଠିତ ଇଞ୍ଜିନିୟରିଂ କଲେଜରେ ଶେଷବର୍ଷର ଛାତ୍ର। ପୁଅ ଦି'ଟାଯାକ ବୟସ୍କ ହୋଇଯାଇଥିଲେ କ'ଣ ହେବ ଦିନେଶ ବାବୁଙ୍କର ପରକୀୟା ପ୍ରୀତିରେ ଅନ୍ତ ନାହିଁ। ଏବେ ସମୟ ଆସିଛି। ରେଣୁ ଘଟଣାଟିକୁ ନେଇ ମୁଖ୍ୟମନ୍ତ୍ରୀଙ୍କ ଆଗରେ ଉପସ୍ଥାପନ କରିବେ। ସ୍ୱାମୀଙ୍କୁ ବାଟକୁ

ଆଣିବେ। ନଚେତ୍ ଦିନେ ନା ଦିନେ ହଠାତ୍ ଦୈନିକ ଖବରକାଗଜରେ ତାଙ୍କ ସ୍ୱାମୀଙ୍କର ପରକୀୟା ପ୍ରୀତିକୁ ନେଇ ଏକ ଲଜ୍ୟାକର ଶୀର୍ଷକ ତାଙ୍କ ଆଖିରେ ପଡ଼ିପାରେ। ତଥାପି ଆଶଙ୍କିତ ବି ହୋଇଛନ୍ତି - ସେ ଏପରି କଲେ ସ୍ୱାମୀଙ୍କ ସଙ୍ଗେ ଗୋଟିଏ ଛାତତଳେ ରହିବା ଅସମ୍ଭବ ହୋଇଯିବ। ତେଣୁ ସେ ତାଙ୍କ ଭାଇଙ୍କ ଘରେ କ'ଣ ବାକିତକ ଜୀବନ କାଟିପାରିବେ ? ଅନ୍ୟପକ୍ଷେ ପୁଅ ଦି'ଟାକର ମଧ୍ୟ ଭବିଷ୍ୟତ ଅଛି। ଏଇଥିପାଇଁ ନିଷ୍ପତ୍ତି ସ୍ଥଗିତ। ଯନ୍ତ୍ରଣା କିନ୍ତୁ ଅଣାୟତ୍ତ। ତେଣୁ ପୁଅମାନେ ତ ଏବେ ଜାଣିବାର ହୋିଗଲେଣି। ସେମାନଙ୍କୁ ଏ ପଚିଶ ବର୍ଷ ପୁରୁଣା ଘା'କୁ ଦେଖାଇ ଟିକିଏ ଆଶ୍ୱସ୍ତି ପାଇବେ ଏବଂ ମୁଖ୍ୟମନ୍ତ୍ରୀଙ୍କ ପାଖକୁ ଯାଇ ସ୍ୱାମୀଙ୍କ ଏତାଦୃଶ ସ୍ୱଭାବ ବିଷୟରେ ଅବଗତ କରାଇବେ କଥା କହିଲେ ବଡ଼ ପୁଅକୁ। ପୁଅ କିନ୍ତୁ ଏ କଥା ଶୁଣୁ ଶୁଣୁ ରେଣୁଙ୍କ ଉପରେ ନିଆଁବାଣ। କାରଣ ବାପାଙ୍କ ଯୋଗୁଁ ହାତେଇଥିବା ଚାକିରି ଖଣ୍ଡକ ଚାଲିଯାଇପାରେ। ସେ ମା'ଙ୍କୁ ରୋକ୍‌ଠୋକ୍ ଶୁଣାଇଲା– "ଖବରଦାର ଯଦି ବାପାଙ୍କ ଚରିତ୍ରକୁ ନେଇ ମୁହଁ ଖୋଲ। ମନେରଖ ଆମେ ଦୁହେଁ ବାପାଙ୍କୁ ହିଁ ସମର୍ଥନ କରିବୁ। ଭଲ ଲାଗୁନି ଯଦି ଛାଡ଼ି ପଳାଇଯାଉନ। କାହିଁକି ପଡ଼ି ରହିଛ ?" ରେଣୁ ଅବାକ୍। "ସ୍ୱାମୀଙ୍କ ପ୍ରତାରଣାକୁ ସହିଯିବେ। ବାପାଙ୍କ ପ୍ରଭାବ ଯୋଗୁଁ ପୁଅ ଦୁହେଁ ଅସତ୍ ଉପାୟରେ ହାସଲ କରୁଥିବା ସୁବିଧା ସୁଯୋଗକୁ ସମର୍ଥନ କରି ନିଜ ନିଷ୍ପତ୍ତିରୁ ଓହରିଯିବେ ନା ଅଟଳ ରହିବେ ?" ମନରେ ତାଙ୍କର ଉଙ୍କିମାରିଛି ଗୋଟିଏ ପ୍ରଶ୍ନ। ଅନ୍ୟାୟ ଓ ଅବିଚାରକୁ ପ୍ରତିବାଦ ନ କରିବା ଆଉ ଗୋଟାଏ ଅନ୍ୟାୟ। ତେଣୁ ରେଣୁ ଧରିଲେ କାଗଜ କଲମ। ଲେଖିଚାଲିଲେ ସ୍ୱାମୀଙ୍କର ପରକୀୟା ପ୍ରୀତିର ଇତିହାସ ଏବଂ ସର୍ବଶେଷରେ ପହଞ୍ଚିଲେ ଯାଇ ମହିଳା କମିଶନରଙ୍କ ଘରେ। ଏହିପରି ମାଧ୍ୟମରେ ଗାଳ୍ପିକା ପରକୀୟା ପ୍ରୀତିରେ ମାତିଥିବା ସ୍ୱାମୀମାନଙ୍କର ପତ୍ନୀମାନଙ୍କ ପାଇଁ ଏକ ଦୃଢ଼ ନିଷ୍ପତ୍ତି ନେଇ ସମାଜକୁ ସୁଧାର କରିପାରିବାର ପଦକ୍ଷେପକୁ ଦର୍ଶାଇଛନ୍ତି।

ପରବର୍ତ୍ତୀ ଗଳ୍ପ 'ଅବ୍ୟକ୍ତ'ରେ ଲେଖିକା ଏକ ଅନାଥାଶ୍ରମରେ ରହୁଥିବା କୋମଳମତି ଶିଶୁକନ୍ୟାମାନେ କିପରି ବିଭିନ୍ନ ଲୋକମାନଙ୍କ ଦ୍ୱାରା ଯୌନ ନିର୍ଯାତନାର ଶିକାର ହୁଅନ୍ତି ଏବଂ ସେମାନେ ବଞ୍ଚିରହିବା ପାଇଁ ଅନ୍ୟ ଉପରେ ନିର୍ଭରଶୀଳ ହୋଇଥିବାରୁ ସେ ବିଷୟରେ ପ୍ରଶ୍ନ ତଥା କରିପାରନ୍ତି ନାହିଁ ତାହା ଦର୍ଶାଇଛନ୍ତି। ଏତଦ୍‌ବ୍ୟତୀତ ଅନାଥାଶ୍ରମର ଅନ୍ତେବାସୀମାନଙ୍କ ପାଇଁ ମିଳୁଥିବା ସହାୟତା ସାମଗ୍ରୀଗୁଡ଼ିକ କିପରି ପରିଚାଳକ ମଣ୍ଡଳୀ ଦ୍ୱାରା ହରଣଚାଳ ହୋଇଥାଏ ଏବଂ ଅନ୍ତେବାସୀମାନେ ଏହାର ଶିକାର ହୋଇଥାନ୍ତି ତାହା ମଧ୍ୟ ଏହି ଗଳ୍ପରେ ଅତି ସ୍ପଷ୍ଟ।

'କାଲିଫର୍ଣ୍ଣିଆରେ ସୂର୍ଯ୍ୟାସ୍ତ' ଗଳ୍ପରେ ଗାଳ୍ପିକ ନିଜ ମାଟିର ଆକର୍ଷଣ କଥା

ବିଭିନ୍ନ ଚରିତ୍ରମାନଙ୍କ ମାଧ୍ୟମରେ ପରିପ୍ରକାଶ କରିବାକୁ ଚେଷ୍ଟା କରିଛନ୍ତି। ଏହି ପରିପ୍ରେକ୍ଷୀରେ ସଦାନନ୍ଦ, ଯେ କି ଅଶୀ ଦଶକରେ ଭାରତରେ ବୈଷୟିକ ଶିକ୍ଷା ଲାଭ କରିସାରିବା ପରେ ଆମେରିକାର ତାଙ୍କର ସ୍ୱପ୍ନ ପୂରଣ କରିବାର ଆଶା ନେଇ କାଲିଫର୍ଣ୍ଣିଆ ଯାଇଥିଲେ ଏବଂ କିପରି ଧୀରେ ଧୀରେ ଆତ୍ମୀୟସ୍ୱଜନ ତଥା ନିଜ ମାଟିର ମୋହକୁ ଭୁଲିଯାଇଛନ୍ତି ତାହା ଦର୍ଶାଇଥିବା ସମୟରେ ସଦାନନ୍ଦଙ୍କ ବନ୍ଧୁ ବୀରେନ୍ ଦାଶ ଦୀର୍ଘ ତିରିଶ ବର୍ଷ ପରେ ନିଜ ମାଟି ତଥା ଭାରତକୁ ଫେରିଆସିବା ପାଇଁ କିପରି ଛଟପଟ ହୋଇଛନ୍ତି ତାହା ଦର୍ଶାଯାଇଛି। ଅନ୍ୟପକ୍ଷରେ ସେଠାରେ ଆଇ.ଟି. କମ୍ପାନିମାନଙ୍କରେ କାର୍ଯ୍ୟ କରୁଥିବା କର୍ମଜୀବୀମାନଙ୍କ ଜୀବନସଂଗ୍ରାମ କିପରି କେବଳ ସେହି କାର୍ଯ୍ୟ ପାଇଁ କେନ୍ଦ୍ରୀଭୂତ ହୋଇଥାଏ ସେ କଥା ମଧ୍ୟ କୁହାଯାଇଛି।

'ବାରମ୍ବାର ବିପନ୍ନ ହେଉଥିବା ଝିଅଟିଏ' ଗଳ୍ପରେ ବାପଛେଉଣ୍ଡ ଅସହାୟା ଗରିବ ଝିଅଟିଏ ରାଣୀ କିପରି ସମାଜରେ ଥିବା ବିଭିନ୍ନ ପ୍ରକାରର ଦଲାଲମାନଙ୍କ ଦ୍ୱାରା ଯୌନ ଶିକାର ହୋଇଛି ତାହା ସୁସ୍ପଷ୍ଟ। ବାପାଙ୍କର ଅକାଳ ମୃତ୍ୟୁ ପରେ ସେ ଚୋରାବାଲିରେ ଧୀରେ ଧୀରେ ପୋତି ହୋଇଯାଉଛି। ବୟସ ତାର ପନ୍ଦର ବେଳକୁ ମା' ତାକୁ ବିବାହ ଦେବାକୁ ଛଟପଟ ହୋଇଛି। ତେଣୁ ଲେଖାଯୋଖା ବୀରଦାଦାଙ୍କ ପାଖରେ ଚାଲିଆ ଘଣଟି ତାଙ୍କର ବନ୍ଧା ପଡ଼େ। ଝିଅକୁ ବାହା କରାଇଦେବା ବାହାପରେ ବୀର ଦାଦାର ବାରମ୍ବାର ଯିବାଆସିବା ହୁଏ। ସମୟାନୁକ୍ରମେ ଦିଲେର୍ ଖାଁ ବୋଲି ଏକ ବ୍ୟକ୍ତିକୁ ବୀରଦାଦା ରାଣୀ ପାଖକୁ ଆଣି ଅର୍ଥ ଉପାର୍ଜନ କରିବାର ଲୋଭ କରୁ କରୁ ସେ ନିଜେ ମଧ୍ୟ ରାଣୀର ଶରୀର ପ୍ରତି ଆକୃଷ୍ଟ ହୁଏ। ରାଣୀର ଦେହରେ ସେମାନେ ମିଶିଯିବା ପାଇଁ ରାଣୀକୁ ବାଧ୍ୟ କରନ୍ତି। ରାଣୀ ଏବଂ ତା ମା' ଚୁପ୍ ରହିବା ସାର ହୁଏ। ପରେ ପରେ ଏ ଜାଲରୁ ମୁକ୍ତି ପାଇବା ପାଇଁ ରାଣୀ ଶତଚେଷ୍ଟା କଲେ ମଧ୍ୟ ମୁକ୍ତି ପାଇପାରେ ନାହିଁ। କାରଣ ଘର ତାଙ୍କର ବନ୍ଧା ପଡ଼ିଛି। କିବା ଉପାୟ ସେମାନଙ୍କର! ପରେ ପରେ ଦାଦନ ଦଲାଲ ଅଶୋକ ଭୀଙ୍କ ପ୍ରସ୍ତାବରେ ରାଣୀ ଚାଲିଆସେ ଗୋଆ। ସେ ସେଠାରେ ଏକ କ୍ୟାଶିନୋରେ ବିକ୍ରୀ ହୁଏ। ଅର୍ଦ୍ଧନଗ୍ନ ହୋଇ ନୃତ୍ୟ କରିବାକୁ ବାଧ୍ୟ ହୁଏ। ଚାଲିଆଟା ତାଙ୍କର ପରା ମୁକୁଳାଇବାର ଅଛି!

ଏହିପରି ଭାବରେ 'ଆବେଗ', 'ହୋମ୍‌ଲେସ୍', 'ମଗ୍ନ ଜୀବନ', 'ସକଳ ଘଟେ ନାରାୟଣ' ଇତ୍ୟାଦି ଗଳ୍ପ ଖୁବ୍ ମାର୍ମିକ ଏବଂ ପ୍ରତ୍ୟେକଟି ଗଳ୍ପରେ ବାସ୍ତବତା ଥିବାର ଅନୁବ କରାଯାଏ। ଶେଷ ଗଳ୍ପ ସବୁ ଗଳ୍ପ ପରି ଏକ ଗଳ୍ପର ରୂପ ଧାରଣ କରିଥିଲେ ମଧ୍ୟ ଏକ ସତ୍ୟ ଘଟଣା ବୋଲି ଜଣାପଡ଼େ। ରାଜରାସ୍ତା କଡ଼ରେ ଏକ କାଠଗୋଲା। କେଉଁ ଅଜଣା ଜାଗାରୁ କାଠଗୋଲାକୁ କାଠଗଣ୍ଡି ଯୋଗାଇବା ପାଇଁ

ଗୋଟାକ ପରେ ଗୋଟାଏ ଟ୍ରକ୍ ସନ୍ଧ୍ୟାବେଳୁ ଧାଡ଼ି ଲାଗନ୍ତି ଏବଂ ଅନ୍ଧାର ଘୋଟି ଆସିଲା ପରେ ଫେରନ୍ତି କିନ୍ତୁ କେଉଁଠାକୁ ତାହା କେବଳ ସେଇ ଟ୍ରକ୍ ଡ୍ରାଇଭରମାନଙ୍କୁ ଜଣାଥାଏ। ଏ ଜାଗାରେ ଜେମାର ଗୋଟିଏ ହୋଟେଲ୍। ପଟେଲ୍ ତାର ବନ୍ଧୁ। ସେ ସାଥୀ। ନ ହେବେ ବା କେମିତି ? ଦୁହିଁଙ୍କର ବେପାରୀ ମନ। ପଇସା ହାତକୁ ଆସିଲେ ହେଲା। କିନ୍ତୁ ଏ ହୋଟେଲ ବେପାର ତାଙ୍କ ମୁଖ୍ୟ ବେପାରର ମୁଖଶାଳା। ଜେମା ଶିଶୁ କନ୍ୟା ଏବଂ ଯୁବତୀମାନଙ୍କୁ ମାତୃତୁଲ୍ୟ ସ୍ନେହ ଦେଇ ଫସାଇବାରେ ସିଦ୍ଧହସ୍ତ। ପରେ ପରେ ଫେରନ୍ତା ଟ୍ରକ୍ ଡ୍ରାଇଭର ମାନଙ୍କୁ ଜଣକ ପରେ ଜଣେ ଯୁବତୀକୁ ଟେକିଦିଏ ଅଣ୍ଟିରେ ଅଣ୍ଟିଏ ଟଙ୍କା ବଦଳରେ। ଏଥିରେ ପଟେଲ ତାକୁ ସହାୟକ ହୁଏ। ପରେ ପରେ ପ୍ରତ୍ୟେକ କିଣାବିକା ସେମାନଙ୍କ ମଧ୍ୟରେ ଭାଗବଣ୍ଟା। ଜେମାର ଗୋଟିଏ ମାତ୍ର ଝିଅ ବୟସ ପ୍ରାୟ ଦଶବର୍ଷ। ନାଁ ତାର ସୋଲି। ଲକ୍ଷ୍ୟ ସଞ୍ଚିତ ଅର୍ଥରାଶିରେ ସେ ସୋଲିଙ୍କୁ ଏକ ଅଫିସର ବିବାହ ଦେବ।

ସୋଲିର ସାଥୀ ରୀତା। ତା ବୟସ ମଧ୍ୟ ସୋଲିର ବୟସ ପାଖାପାଖି। ସ୍ୱାସ୍ଥ୍ୟ ମଧ୍ୟ ପ୍ରାୟ ଏକାପରି। ଦୁଇଜଣ ଯାକ ଦୁଇ ଭଉଣୀ ପରି ମନେ ହୁଅନ୍ତି। ହୁଏତ ଦିନେ ପଟେଲର ମନ ଭିତରେ ରୀତାକୁ ଚାଲାଣ କରିନେବା କଥା ଧସେଇ ପଶିଲା। ସେ ପ୍ରସ୍ତାବଟା ଜେମାକୁ ଦେଲା। ଜେମାର ଖୁସି କହିଲେ ନ ସରେ। ସୋଲି ମାଧ୍ୟମରେ ରୀତା ଜେମା ପାଖେ ପହଞ୍ଚିଲା। ପାଠପଢ଼ି ବଡ଼ ମଣିଷ ହେବାର ଆଶା ଆଉ ନିଶା। ସହରରେ ଆଶ୍ରମ ସ୍କୁଲ୍ ଅଛି। ସେଠି ଯାଇ ପଢ଼ିବାର ଅଛି ତ ସେଦିନ ରାତିରେ ତାକୁ ସହରକୁ ଯିବାକୁ ପଡ଼ିବ। ତେଣୁ ରୀତାକୁ ସୋଲି ପାଖରେ ଶୋଇବାକୁ ପଡ଼ିବ। ରୀତା ପ୍ରସ୍ତୁତ। ସହରରେ ପାଠ ପଢ଼ିବାର ଆଶଶ। ଦୁହେଁ ଗୋଟିଏ ଜାଗାରେ ଶୋଇଲେ। କିନ୍ତୁ ବେପାର ତ କିଟିମିଟି ଅନ୍ଧାରରେ ହୁଏ। ତେବେ ରୀତା ଆଉ ସୋଲି ମଧ୍ୟରେ ଫରକ କରିବା ପାଇଁ କିଛି ଗୋଟିଏ ଉପାୟ କରିବାକୁ ହେବ। ଜେମା ସୋଲି ମୁଣ୍ଡରେ ଗୋଟିଏ ବେଣୀ ଗୁନ୍ଥିଦେଲା ଏବଂ ରୀତା ମୁଣ୍ଡରେ ଦୁଇଟି। ପୁଣି ଆଉ ଅନ୍ଧାର ତାକୁ ରୀତାକୁ ଚାଲାଣ କରିବାରେ ବାଧକ ହୋଇପାରିବନି।

ସନ୍ଧ୍ୟା ଆସିଲା। ଗୋଟାଏ ପରେ ଆଉ ଗୋଟାଏ ଟ୍ରକ୍ ଉପରୁ କାଠଗଣ୍ଡି ଖାଲି ହେଲା। ନିଦୁଆ ଅନ୍ଧାର ଆଣିଲା ପରେ। ଜେମା ଦରାଣ୍ଡିଲା ଦୁଇ ବେଣୀ ଥିବା ମୁଣ୍ଡକୁ। ଜେମା କାଖେଇ ନେଲା ହତାକୁ - ଟେକିଦେଲା ଟ୍ରକ୍ ଡାଲା ଭିତରକୁ। ଅଣ୍ଟିରେ ଅଣ୍ଟିଏ ଟଙ୍କା ବିଡ଼ା ଧରି ଫେରିଲା। ମହା ଆନନ୍ଦରେ ବୋତଲ ଠିପି ଖୋଲି ଢକଢକ କରି ଚାରି ପାଞ୍ଚ ଢୋକ ମାରିଦେଇ ଗଡ଼ିଗଲା ଖଟ ଉପରେ। ସୂର୍ଯ୍ୟ ଉଇଁଲେ। ଜେମା ନିଦ ମଳମଳ ଆଖିରେ ସୋଲି ବଦଳରେ ରୀତାକୁ ସାମ୍ନାରେ ପାଇଲା। ଭାବିଲା

ଟ୍ରକ୍ ବାଲାଙ୍କ ବୋଧେ ଗଲାନି। ହଠାତ୍ ରୀତାର ବେଣୀ ଉପରେ ତା'ର ଆଖି ପଡ଼ିଲା। ସେ ତ ତା' ମୁଣ୍ଡରେ ଦୁଇଟି ବେଣୀ ଗୁନ୍ଥିଥିଲା। ଏବେ ଗୋଟିଏ କ'ଣ ? ଜାଣିବାକୁ ପାଇଲା ଅନ୍ଧାର ରାତିରେ ସୋଲି ରୀତା ମୁଣ୍ଡରେ ଦୁଇଟି ଯାକ ବେଣୀ ଖୋଲିଦେଇ ତା' ପରି ଗୋଟିଏ ବେଣୀ ଗୁନ୍ଥି ଦେଇଥିବା ସମୟରେ ରୀତା ସୋଲି ମୁଣ୍ଡରେ ଗୋଟିଏ ବେଣୀକୁ ତାର ଦୁଇଟି ବେଣୀ ପରି ଦୁଇଟି ବେଣୀରେ ପରିଣତ କରିଥିଲା। ସେସବୁ ବେପାର ବଳ। ଜେମା ଖୋଜୁଛି ଟ୍ରକ୍‌ର ଠିକଣା....।

■

ଗବେଷକ ଓ କବି

'କାଲିଫର୍ଣ୍ଣିଆରେ ସୂର୍ଯ୍ୟାସ୍ତ'ରେ ଲିପିକାଙ୍କ ମର୍ମବାଣୀ

ଲିଜାରାଣୀ ପାଇଟାଳ

'ସୂର୍ଯ୍ୟାସ୍ତ' ଜୀବନର ସାୟାହ୍ନକୁ ଇସାରା କରେ ପୁଣି ମଧ୍ୟ ଏକ ସମ୍ଭାବନାମୟ ଆଲୋକର ମହୋତ୍ସବକୁ ସ୍ୱାଗତ କରିବାର ପରିସର ସୃଷ୍ଟି କରେ। ଲିପିକା ମହାପାତ୍ରଙ୍କ ଦ୍ୱାରା ଲିଖିତ 'କାଲିଫର୍ଣ୍ଣିଆରେ ସୂର୍ଯ୍ୟାସ୍ତ' ଦୃଶ୍ୟଟି ଅତି ମନୋରମ ଓ ଖୁବ୍ ଆଶାରେ ଭରପୂର ରଙ୍ଗିନ୍ ବର୍ଣ୍ଣାଳି ପୁଣି ଆଞ୍ଜୁଳାଏ ନିରାଶାର କଳା ବାଦଲ ପରସ୍ତ ପରସ୍ତ ଉତ୍ସାହ ସହିତ ଗଭୀର କ୍ଷତର ଖାଲଖମା। ଦିନେ ସେହି ଉତ୍ସାହ ସଦାନନ୍ଦଙ୍କୁ ଟାଣି ନେଇଥିଲା ଆମେରିକା ଓ ତିନିଶହ ପାଞ୍ଚ ଫୁଟ ଉଚ୍ଚତାର ସେଇ "ଷ୍ଟାଚ୍ୟୁ ଅଫ୍ ଲିବର୍ଟି" କୁ ଦେଖି, ହାତରେ ଆଞ୍ଜୁଳାଏ ସ୍ୱପ୍ନକୁ ଦୁଇଗୁଣ କରିବାର ସ୍ୱପ୍ନ ନେଇ ସେ ତ୍ୟାଗ କରିଥିଲେ ନିଜ ଜନ୍ମଭୂମିକୁ ଓ ସୁପ୍, ସାଣ୍ଡୱିଚ୍ ଆଦି ଖାଦ୍ୟ ଭିତରେ ତାକୁ ବଡ଼ି, ଆଚାର, ପାମ୍ପଡ଼ ଇତ୍ୟାଦି ତୁଚ୍ଛ ମନେହେଲା ଓ ବାପାଙ୍କ ଯେଉଁ ତେଲଚିକିଟା ନାଲି ଗାମୁଛା ବର୍ଷାରେ କି ଖରାରେ ଝାଳ ସରସର ତାଙ୍କ ଦେହକୁ କେବେ ପୋଛିଦେବାରେ ହେଳା କରିନି, ସେଇ ଗାମୁଛା ଆଜି ତାଙ୍କୁ ଅସ୍ୱାସ୍ଥ୍ୟକର ମନେହେଉଛି। ଆମେରିକାର ସେଇ ଚାକଚକ୍ୟପୂର୍ଣ୍ଣ ପରିବେଶ ଆଖିରେ ତାର ଅନ୍ଧପୁଟୁଳି ବାନ୍ଧିଦେଇଛି। ଯେତେବେଳେ ତାର ସେଇ ଆଞ୍ଜୁଳାଏ ସ୍ୱପ୍ନ ଉପରେ ପ୍ରଶ୍ନବାଚୀ ଝୁଲିଛି, ଯେତେବେଳେ ସେଇ ଚାଖଣ୍ଡେ ସ୍ୱପ୍ନ ଓ ତାର ବାସ୍ତବତାର ପ୍ରଶ୍ନ ତା' ପାଦରେ ବେଡ଼ି ପକାଇଛି, ସେତେବେଳେ ସେ ବୁଝିଛି "ଷ୍ଟାଚ୍ୟୁ ଅଫ୍ ଲିବର୍ଟି" ଏକ ମିଥ୍ୟା, ସେତେବେଳେ ତାଙ୍କ ସ୍ୱପ୍ନ ସବୁ ମରୀଚିକା ପରି ଉଭେଇ ଯାଇଛି।

ତାଙ୍କ ଅନ୍ତଃମଧରେ ସୃଷ୍ଟି ହୋଇଛି ଏକ ନୀରବ କୋଳାହଳ। କିଛି ନୂଆ କରି ଦେଖେଇବାର ଉତ୍ସାହ ପଥରେ ଆଗେଇ ଶେଷରେ ରହିଯାଇଛି କେବଳ ଅବସୋସ। ସ୍ୱପ୍ନର ଚଢ଼େଇ ଧୀରେ ଧୀରେ ଡେଣା ଝଡ଼େଇଛି। ସେ ଆଜି କ୍ଳାନ୍ତ। ଚାହିଁଛନ୍ତି ମୁକ୍ତି, ହେଲେ ତୁଚ୍ଛ କରିଆସିଥିବା ମାତୃଭୂମିକୁ ଫେରିବାର ସାହସ ପାଇନି। ଷ୍ଟାଚ୍ୟୁ ଅଫ୍ ଲିବର୍ଟିର ସେହି ନାରୀ ମୂର୍ତ୍ତିଟି ତାଙ୍କୁ ଆଜି କହୁଛି –

"ହେ ମୋର ପ୍ରିୟ ପରଦେଶୀ ସମର୍ପି ଦିଅ ମତେ ତୁମ କ୍ଳାନ୍ତି, ଯାହା ଏଠି ଅର୍ଜନ କରିଛ,

ସମର୍ପି ଦିଅ ତୁମ ନିଃସଂଗତା, ଯାହା ଏ ଦେଶରେ ବର୍ଷ ବର୍ଷ ଧରି ତମ ସହ ସହାବସ୍ଥାନ କରିଛି।

ମୁଁ ମଶାଲ ଟେକି ଦେଇଛି, ସୁନାର ପଥ ଦେଇ ଫେରିଯାଅ ତୁମ ପ୍ରିୟ ଜନ୍ମଭୂମିକୁ।"

ସତେଅବା ତାଙ୍କ ପାଦରୁ ଶିକୁଳି ଖୋଲିଯାଇଛି। କେବେଠୁ ମୁକ୍ତି ପାଇଁ ଭିଡ଼ିମୋଡ଼ି ହେଉଥିବା ତାଙ୍କ ପାଦକୁ ସେ ଆଗକୁ ବଢ଼ାଇଛନ୍ତି। ସମସ୍ତ କୋଳାହଳ ମଧ୍ୟରୁ ଏକ ଦୃଢ଼ କଣ୍ଠସ୍ୱର ଭାସିଆସିଛି "ଫେରିଯିବି", ବିପୁଳ ଉତ୍ସାହର ସହିତ ସେ କହିଉଠିଲେ "ମୁଁ ଇଣ୍ଡିଆ ଫେରିଯିବି"। ମରୀଚିକା ପଛରେ ଧାଇଁ ଯେଉଁ ବାସ୍ତବତାକୁ ସେ ଏଡ଼ାଇ ଦେଇ ଆସିଥିଲେ ସତରେ କ'ଣ ସେ ବାସ୍ତବତାକୁ ଏଡ଼ାଇ ହେବ? ଜନ୍ମଭୂମିର ମୂଲ୍ୟକୁ କିଏ ଅବା କିପରି ଭୁଲିପାରିବ! ଆଲୋଚ୍ୟ 'କାଲିଫର୍ଣ୍ଣିଆରେ ସୂର୍ଯ୍ୟାସ୍ତ' ଗଳ୍ପର ଗାଳ୍ପିକା ହେଉଛନ୍ତି ଲିପିକା ମହାପାତ୍ର। ଜନ୍ମ ତାଙ୍କର କଟକ ଜିଲ୍ଲାରେ ୨୪ ଏପ୍ରିଲ୍ ୧୯୭୪ରେ। ପ୍ରାୟ ୧୬ ବର୍ଷ ପ୍ରବାସରେ ବିତାଇବା ପରେ ମଧ୍ୟ ନିଜର ମାତୃଭାଷାକୁ ସେ ଭୁଲିନାହାନ୍ତି। 'ମୁଁ ଇଣ୍ଡିଆ ଫେରିଯିବି' କଥା ମଧ୍ୟରେ ସଦାନନ୍ଦ ଚରିତ୍ରର ଯେଉଁ ଅନ୍ତଃବେଦନା ରହିଛି ତାକୁ ପ୍ରକୃତରେ ଗାଳ୍ପିକାଙ୍କ ଅନ୍ତଃବେଦନା କହିବାରେ ଅତ୍ୟୁକ୍ତି ହେବନାହିଁ। ଏଥିରୁ ମାତୃଭୂମି ପ୍ରତି ଥିବା ତାଙ୍କ ଦୁର୍ବଳତା ବାରିହୋଇପଡ଼େ। ପ୍ରବାସରେ ରହି ମଧ୍ୟ ବ୍ୟସ୍ତବହୁଳ ଜୀବନ ମଧ୍ୟରେ ମାତୃଭୂମି, ମାତୃଭାଷା ପ୍ରତି ତାଙ୍କ ହୃଦୟର ଶୂନ୍ୟତାକୁ ସେ ଚିତ୍ରିତ କରିଛନ୍ତି ସଦାନନ୍ଦ ବାବୁଙ୍କ ଝିଅ ଟ୍ୱିଙ୍କିଲ୍‌ର ଇଣ୍ଡିଆ ଯିବା ଘଟଣାରେ। ଗାଳ୍ପିକା ମହାପାତ୍ର ନିଜର ଅନୁଭୂତିକୁ ଅଜାଡ଼ି ଦେଇଛନ୍ତି ଟ୍ୱିଙ୍କିଲ୍ ଚରିତ୍ରରେ। ରାସ୍ତାକଡ଼ର ସେ ଆଖୁରସ, ରାସ୍ତାରେ ଲଙ୍ଗଳା କୁନି କୁନି ପିଲାଙ୍କ ସହିତ ବର୍ଷାରେ ଭିଜିବା, ପଖାଳ ଖାଇ କୃତ୍ୟ କୃତ୍ୟ ହେବା, ପୋଖରୀରେ ଫୁଟିଥିବା କଇଁଫୁଲ ପ୍ରତି ଆକର୍ଷିତ ହେବା ଘଟଣା ଗାଳ୍ପିକାଙ୍କ ଅନୁଭବ, ଅନୁଭୂତିର ଏକ ବାସ୍ତବ ରୂପାୟନ।

ଆମେରିକାରେ ରହି ମଧ୍ୟ ଭାରତବର୍ଷର ମାଟିର ବାସ୍ନା ତାଙ୍କୁ ଆକର୍ଷିତ କରିଛି ଯାହାକୁ ସେ ପ୍ରକାଶ କରିଛନ୍ତି ଆଲୋଚ୍ୟ ଗଳ୍ପରେ। ପ୍ରଭା ଚରିତ୍ରରେ ଗାଳ୍ପିକା ଲିପିକା ମହାପାତ୍ରଙ୍କ ଛଟା, ସଦାନନ୍ଦଙ୍କ ଚରିତ୍ରରେ ମାତୃଭୂମିକୁ ଫେରିଯିବାର ସ୍ପୃହା। ଟ୍ୱିଙ୍କଲ୍ ଚରିତ୍ରଟିକୁ ମାତୃଭୂମିକୁ ଫେରିଯିବାର ମାଧ୍ୟମ ଭାବରେ ସେ ରୂପାୟିତ କରିଛନ୍ତି।

କେବଳ ସେତିକି ନୁହେଁ, ଆଲୋଚ୍ୟ 'କାଲିଫର୍ଣ୍ଣିଆରେ ସୂର୍ଯ୍ୟାସ୍ତ' ଗଳ୍ପ ପୁସ୍ତକରେ ଥିବା ସମସ୍ତ ଗଳ୍ପକୁ ଅନୁଧ୍ୟାନ କଲେ ଜଣାଯାଏ ସେଥିରେ ଗାଳ୍ପିକା ଅଜାଡ଼ି ଦେଇଛନ୍ତି ତାଙ୍କ ଜୀବନର ନିରୁତା ଅନୁଭବ, ତୀବ୍ର ଅନ୍ତଃଦୃଷ୍ଟି ସମ୍ବେଦନା ସମ୍ବଳିତ ଜୀବନର ଭରପୂର ଏକ ଚାଙ୍ଗୁଡ଼ି। ସମସ୍ତ ଗଳ୍ପ ନିଜ କାଳର ଜୀବନକୁ ଛାୟା ରୂପେ ଧାରଣ କରିଛନ୍ତି। ବସ୍ତୁମୟ ଜୀବନଭୂମିରେ ଲିପିକା ମହାପାତ୍ର ବ୍ୟକ୍ତିଗତ ଉପଲବ୍ଧିର ବ୍ୟଞ୍ଜନା ଜୀବନବେଦନାରେ ରୂପାନ୍ତରିତ କରି ଗଳ୍ପଗୁଡ଼ିକୁ ପ୍ରାଣବନ୍ତ କରିବାରେ ସଫଳ ହୋଇପାରିଛନ୍ତି। ନିଜ ଚତୁଃପାର୍ଶ୍ୱରେ ଘଟୁଥିବା ସାଧାରଣ ଘଟଣା ସହିତ କେତେକ ବାସ୍ତବ ଚରିତ୍ରର ସ୍ଥାନ ରହିଛି ତାଙ୍କ ଗଳ୍ପ ପୁସ୍ତକରେ। ସେସବୁ ପଢ଼ିଲା ସମୟରେ ଏମିତି ଲାଗେ ଏଇ ଯେ ଚରିତ୍ର ଗୁଡ଼ିକ ଆଖିଆଗରେ ନାଚି ଯାଉଛି। ଦେଖୁନ କେମିତି ଚକ୍‌ଚକ୍ କରୁଛି ଦର୍ପଣ ପରି। ହେଲେ ସେହି ଦର୍ପଣ ଯେ କେତେ ଅମାନୁଷିକ ବ୍ୟକ୍ତିଙ୍କ ଦ୍ୱାରା ଚୂର୍ଣ୍ଣ ତାର ହିସାବ କାହା ପାଖରେ ନାହିଁ। ହେଲେ ସେମାନେ ଭାଙ୍ଗି ମଧ୍ୟ କେବେ କାହାକୁ କ୍ଷତାକ୍ତ କରିଥିବାର ଦେଖାଯାଇନି ବରଂ ସେମାନେ ନୀରବ ହୋଇଯାଇଛନ୍ତି ସମୟ ଚାପରେ ମଶାଣି ଭୂଇଁରେ। ସମାଜରେ ଘଟୁଥିବା କେତେକ ନିଛକ ଘଟଣାକୁ ସେ ରୂପ ଦେଇଛନ୍ତି ତାଙ୍କ ଲେଖନୀ ମାଧ୍ୟମରେ। "ମାୟା" ଗଳ୍ପରେ ପାରିବାରିକ ଜୀବନର ମାୟା ସହିତ ପିତୃସ୍ନେହ, "ହୋମ୍‌ଲେସ୍", "ସକଳ ଘଟେ ନାରାୟଣ" ଗଳ୍ପରେ ମାତୃହୃଦୟର କରୁଣ ଦୃଶ୍ୟ, ପ୍ରେମାକାଙ୍‌କ୍ଷା। ହୃଦୟର କାରୁଣ୍ୟ ପୂର୍ଣ୍ଣ ଆଲୋଡ଼ନ, ସ୍ୱାମୀ ଉପେକ୍ଷିତା ଚରିତ୍ର ପ୍ରକାଶ ପାଇଛି "ଭବିଷ୍ୟତ ଏକ ନିଷ୍ପତ୍ତିର" ଓ "ଆବେଗ" ଗଳ୍ପରେ। ସମାଜରେ କେତେକ ଦୁରାଚାରୀ ଓ ଅବହେଳିତ ଚରିତ୍ରକୁ ନେଇ ସୃଷ୍ଟି "ଅବ୍ୟକ୍ତ", "ବାରମ୍ବାର ବିପନ୍ନ ହେଉଥିବା ଝିଅଟିଏ", "ମଗ୍ନ ଜୀବନ" ଓ "ମାଂସ ବିକାଳୀ" ଇତ୍ୟାଦି ଗଳ୍ପ।

ପାରିବାରିକ ଜୀବନ ସହିତ ପିତୃହୃଦୟର ସ୍ନେହପ୍ରେମର ଏକ ନିଛକ ଚିତ୍ର ଦେଖିବାକୁ ମିଳେ "ମାୟା" ଗଳ୍ପରେ। ଜେଜେଙ୍କ ମନର ଅନ୍ତଃର୍ଦ୍ୱନ୍ଦ୍ୱ ମଧ୍ୟରେ ଗଳ୍ପର ସମାପ୍ତି। ବାର୍ଦ୍ଧକ୍ୟରେ ଗଣ୍ଠିବାତ ଦେହଟାକୁ ଅଥର୍ବ କରାଇବା ସହିତ, ଖଣ୍ଡି କାଶଟା

ରାତିରେ ଆଉ କଥା ମାନୁନି। ଯୋଉଥିପାଇଁ ପୁଅ ବୋହୂଙ୍କୁ ଡିଷ୍ଟର୍ବ ହେଉଛି। ତେଣୁ ଜେଜେ ନିଷ୍ପତ୍ତି ନେଇଛନ୍ତି ନିଜର ବାର୍ଦ୍ଧକ୍ୟକୁ କାହା ଉପରେ ବୋଝ ନକରି ବୃଦ୍ଧଶ୍ରମକୁ ଚାଲିଯିବେ। ହେଲେ ସେଠି ଚଳିବା ପାଇଁ ଟଙ୍କା ଦରକାର, ଅବଶ୍ୟ ତାଙ୍କ ପେନ୍‌ସନ୍‌ରେ ସେ ଚଳିଯିବେ, ହେଲେ ପୁଅବୋହୂ କେମିତି ଚଳିବେ? ସବୁ ତିକ୍ତତା ମଧ୍ୟରେ ଏଇ ଗୋଟିଏ ପ୍ରଶ୍ନରୁ ଭାସିଆସେ ପିତୃହୃଦୟର ବାତ୍ସଲ୍ୟତା। ମନର ସଂଘର୍ଷ ଶେଷରେ ଜେଜେ ଗୋଟେ ନିଷ୍ପତ୍ତିରେ ପହଞ୍ଚିଲେ, ତାଙ୍କ ଖର୍ଚ୍ଚ ପରେ ଯାହା ବଳିବ ସେ ତାକୁ ନେଇ ପୁଅକୁ ଦେଇ ଆସିବେ। କ୍ଷୀଣ ଶରୀର, ଦୁର୍ବଳ ମନରେ ସଂସାରର ମୋହ ତୁଟାଇବାର ସାହସ ନେଇ, ସଂସାର ରୂପକ ବନ୍ଧନକୁ ଛାଡ଼ି ଯିବାର ନିଷ୍ପତ୍ତିରେ ଧୋତି, କୁର୍ତ୍ତାର ଛୋଟିଆ ବ୍ୟାଗ୍‌ଟିଏ ଧରି ଜେଜେ ଘରୁ ପାଦ କାଢ଼ିଛନ୍ତି। ଗନ୍ତବ୍ୟ ସ୍ଥଳୀ ତାରିଣୀ ବୃଦ୍ଧାଶ୍ରମ। ତଥାପି ସେ ମାୟା ତାଙ୍କୁ ଟାଣି ଧରୁଛି, ମନ ମସ୍ତିଷ୍କକୁ ଆଚ୍ଛନ୍ନ କରୁଛି। ତଥାପି ଜେଜେ ପାଦ ପକାଇ ଚାଲିଛନ୍ତି ନାକସିଧା। କ୍ରମେ ସୂର୍ଯ୍ୟାସ୍ତ ହୋଇଛି। ପକ୍ଷୀମାନେ କିଚିରିମିଚିରି କରି ବସାକୁ ଫେରିବାର ଦୃଶ୍ୟ ଜେଜେ ଦେଖିଛନ୍ତି। ପାଖରେ ଥିବା ଧଳା ଗୋଲାପଟିକୁ ଛୁଇଁଦିଅନ୍ତେ ତାଙ୍କ ନାତି ମୁହଁଟା ତାଙ୍କ ଆଖି ଆଗରେ ନାଚିଯାଉଛି। ପାଖ ବେଞ୍ଚଉପରେ ବସିଥିବା ବୃଦ୍ଧଙ୍କୁ ତାଙ୍କ ନାତିଙ୍କ ପ୍ରଶ୍ନ "ଜେଜେ, ଆଜି ତୁମ ବିନା ମୁଁ କେମିତି ଶୋଇବି?" ତାଙ୍କ ହୃଦୟକୁ କୋଳାହଳ କରିଦେଲା। ବୁକୁ ଭିତରଟା କୋରିବିଦାରୀ ହୋଇଗଲା। ସେ ଟିଉସନ୍‌ରୁ ଫେରିବଣି, ଅଧୈର୍ଯ୍ୟ ହୋଇ ଜେଜେଙ୍କୁ ଖୋଜୁଥିବ। ସନ୍ଦେହରେ ବାରମ୍ବାର ପଚାରୁଥିବ ସେଇ ପ୍ରଶ୍ନଟି "ଜେଜେ ତୁମେ ଆମକୁ ଛାଡ଼ି ଚାଲିଯିବନି ତ?" ଏବେ କେଉଁ ମୋଡ଼ ନେଉଥିବ, ଭାବି ଭାବି ଜେଜେ ନିଜର ପୁଟୁଳି ଧରି ପୁଣି ଚାଲିଲେ ଘରମୁହାଁ ହୋଇ। ଶେଷରେ ସଂସାରର ମାୟା ଓ ପିତୃ ହୃଦୟର ହେଲା ଜୟ। ଅନେକ କୋଳାହଳ ଭିତରେ ଲୁଚିଗଲା ଜେଜେଙ୍କ ମନର ଅନ୍ତଃସଂଘର୍ଷ। ବାସ୍ତବରେ ବଡ଼ ବିଚିତ୍ର ଏ ମାୟା! ତେବେ କିଏ କ'ଣ ଏ ମାୟାକୁ ତୁଟେଇ ପାରେ! ବୋଧେ ନା। ସେଥିପାଇଁ ତ ଜେଜେ ଫେରିଆସିଛନ୍ତି। ଗାଳ୍ପିକା ମହାପାତ୍ର ବୁଝିଛନ୍ତି ସଂସାରର ତିକ୍ତତା, ସତ୍ୟର କଠୋରତା, ରାତ୍ରିର ଅନ୍ଧକାର ମଧ୍ୟରେ କିପରି ଆଲୋକର ଉପଲବ୍ଧି କରିବାକୁ ହୁଏ। ଯେମିତି ପୁଅ ବୋହୂଙ୍କ କଠୋରତା, ତିକ୍ତତା ମଧ୍ୟରେ ଲେଖିକା ବାଢ଼ିଦେଇଛନ୍ତି ଜେଜେଙ୍କ ଆଗରେ ନାତିର ଖିଲିଖିଲି ହସ। ତାର ସେଇ ଆଦରର ଜେଜେ ଡାକକୁ ସେ ଏଡ଼ାଇ ଦେଇପାରିନାହାନ୍ତି।

"ହୋମ୍‌ଲେସ୍" ଓ "ସକଳ ଘଟେ ନାରାୟଣ" ଗଳ୍ପରେ ମାତୃ ହୃଦୟର କାରୁଣ୍ୟ ସହିତ ମନୁଷ୍ୟର ପଶୁମାନଙ୍କୁ ନେଇଥିବା ମନୋଭାବକୁ ଦର୍ଶାଇଛନ୍ତି ଗାଳ୍ପିକା ମହାପାତ୍ର। କାଲିଫର୍ଣ୍ଣିଆର ବସ୍‌ଷ୍ଟପ୍‌ରେ ଅପେକ୍ଷାରତ ବୁଢ଼ୀ ଓ ନିଜ ଛୁଆଙ୍କୁ ନଦେଖି ବିଚାରୀ ମୋନା ବନ୍ଧା ଜାଗାରୁ ଟାଣି ଭିଡ଼ି ହେବା ଇତ୍ୟାଦି ମାତୃହୃଦୟର ବ୍ୟାକୁଳତାକୁ ଦର୍ଶାଉଛି। "ହୋମ୍‌ଲେସ୍" ଗଳ୍ପରେ ବସ୍ ଷ୍ଟପ୍‌ରେ ଲକ୍ଷ୍ୟହୀନ ଭାବେ ଅପେକ୍ଷାରତ ବୁଢ଼ୀ, ସ୍ୱାମୀ ଉପେକ୍ଷିତା ନାରୀଟିଏ। ପେଟ ପୋଷିବା ପାଇଁ ପାଖ ପଡ଼ୋଶୀ ଘରେ କେୟାରଟେକର କାମ କରେ। ପ୍ରତିଦିନ ସେ ଏଇ ବସ୍‌ଷ୍ଟପ୍‌ରୁ ନିଜ ଝିଅକୁ ନେବା ଆଣିବା କରେ। ଈଶ୍ୱରଙ୍କ ଦୃଷ୍ଟି ସବୁବେଳେ ଦୁଃଖୀ ଲୋକଙ୍କ ଉପରେ ଥାଏ, ସେମାନଙ୍କୁ ଅଧିକ ଦୁଃଖ ଦେଇ ସେ ଖୁସି ପାଆନ୍ତି। ଦିନେ ବସ୍ ବଦଳରେ ଖବର ଆସିଲା ବସ୍ ଦୁର୍ଘଟଣାର। ଦୁର୍ଘଟଣାରେ ବୁଢ଼ୀର ଝିଅଟି ଚକାତଳେ ପଡ଼ି ସ୍ପଟ୍‌ରେ ମୃତ୍ୟୁବରଣ କରିଛି। ହେଲେ ଦୀର୍ଘ ତିରିଶ ବର୍ଷ ପରେ ମଧ୍ୟ ସେ ସେହି ମିଥ୍ୟା ଧାରଣାରେ, ଲକ୍ଷ୍ୟହୀନ ଅପେକ୍ଷାରେ ବସ୍‌କୁ ଅନେଇ ବସିଥାଏ। ତାର ବାକିଥିବା ଜୀବନକୁ ବଞ୍ଚିବାପାଇଁ ଗାଳ୍ପିକା ସାଉଁଟିଛନ୍ତି ତା ପାଇଁ ସେଇ ମିଥ୍ୟା ଆଶା, ଆଶ୍ୱାସନା ଯାହା ଥିଲା ଏକମାତ୍ର ଉପାୟ। ଗୋଟେ ପଟେ ଗାଳ୍ପିକା ବାଢ଼ିଦେଇଛନ୍ତି ଲକ୍ଷ୍ୟହୀନ ଅପେକ୍ଷା ତା ସହିତ ଅନ୍ୟପଟେ "ସକଳ ଘଟେ ନାରାୟଣ" ଗଳ୍ପରେ ପଶୁ ମନତଳେ ଥିବା ମାତୃହୃଦୟକୁ ସମାଜରେ ପରିଚିତ କରାଇବାକୁ ଚେଷ୍ଟା କରିଛନ୍ତି ଲେଖିକା। ମୋନା (ଏକ କୁକୁର) ହେଲେ ମଧ୍ୟ ମଣିଷପରି ତା ହୃଦୟରେ ମଧ୍ୟ ମାତୃପ୍ରେମର ବାସନା ରହିଛି ଯାହା ଗାଳ୍ପିକା ଲିପିକା ମହାପାତ୍ର ଦର୍ଶାଇବାକୁ ଯାଇ ବର୍ଣ୍ଣନା କରିଛନ୍ତି ଉକ୍ତ ଗଳ୍ପଟିକୁ। ମୋନାର ଛଅଟି ଛୁଆ। ତାଙ୍କୁ ଦେଖି ମୋନା ଉପରେ ଖୁସିର ଢେଉ ଲହଡ଼ି ଭାଙ୍ଗୁଥାଏ। ଛୁଆମାନଙ୍କ ଗୁଲୁଗୁଲୁ ଚେହେରାକୁ ଦେଖି ତାର ଆଖିଦୁଇଟା ବାତ୍ସଲ୍ୟର ମମତାରେ ଚକ୍‌ଚକ୍ କରୁଥାଏ। ଛୁଆଙ୍କୁ ଚାଟି ସେ ଗେଲ କରି ପକାଉଥାଏ। ଏଠି ପଶୁମାନଙ୍କ ପ୍ରତିଥିବା ଗାଳ୍ପିକାଙ୍କ ପ୍ରେମ ମଧ୍ୟ ଅଜାଡ଼ି ହୋଇ ପଡ଼ିଛି। ହେଲେ ମୋନାର ସେ ପ୍ରସନ୍ନତା ବେଶୀ ସମୟ ପାଇଁ ନଥିଲା। ସେଇ ଗେଟମ କାଳିଆ ଲୋକଟା ଉପର ତଳ ପରଖି ତାର ସବୁ ଛୁଆଙ୍କୁ ନେଇ ଚାଲିଗଲା। ମା' ପାଖରୁ ସନ୍ତାନର ଦୂର ହେବା ଦୁଃଖକୁ ଲେଖିକା ପ୍ରକାଶ କରିଛନ୍ତି ତାଙ୍କର ଗଳ୍ପ ମଧ୍ୟରେ। ମଣିଷ ହେଉ କି ସେ ପଶୁ ହେଉ ମା'ର ମନୋଭାବ ସବୁବେଳେ ସମାନ। ସମାଜରେ ଘଟୁଥିବା ଏହିପରି କେତେକ ଘଟଣାକୁ ଆଖିରେ ରଖି ଗାଳ୍ପିକା ମହାପାତ୍ର କ୍ଷୋଭ ପ୍ରକାଶ କରିଛନ୍ତି ମୋନା ଚରିତ୍ର ମାଧ୍ୟମରେ। ପଶୁମାନଙ୍କର କ'ଣ ଆତ୍ମା

ନଥାଏ ଯଦି ମଣିଷ ସହ ଏମିତି ଘଟଣା ଘଟିଥାନ୍ତା ? ମଣିଷ ହେଉ କି ଜୀବଜନ୍ତୁ ମା' ତା ମା' ନା'।

"ଆବେଗ" ଗଳ୍ପରେ ଭଲ ପାଇବାର ଦର୍ଶନ ଓ ପ୍ରକୃତ ପ୍ରେମର ସ୍ୱରୂପକୁ ପ୍ରକାଶିତ କରିଛନ୍ତି ଗାଳ୍ପିକା ଲିପିକା ମହାପାତ୍ର। ସାର୍ଥକ ପ୍ରେମର ଅନ୍ୟ ଏକ ପ୍ରକାର ବ୍ୟାଖ୍ୟା କରିଛନ୍ତି ସିଦ୍ଧାର୍ଥ ଚରିତ୍ରରେ। ମନର ଆବେଗ ଓ ଅବ୍ୟକ୍ତ ପ୍ରେମର ପରିପ୍ରକାଶ ପାଇଛି ସିଦ୍ଧାର୍ଥ ଓ ଲୋପା ଚରିତ୍ରରେ। ଲୋପା ମନରେ ସିଦ୍ଧାର୍ଥକୁ ନେଇ ଅନେକ ଉତ୍କଣ୍ଠା। ହେବା ମଧ୍ୟ ସ୍ୱାଭାବିକ, ଦୀର୍ଘବର୍ଷର ଅପେକ୍ଷା ପରେ କୁଆଁରୀ ଜୀବନର ବହୁ ପ୍ରତୀକ୍ଷିତ ରାତିଟି। ଛାତି ତଳେ ଆବଦ୍ଧ କରି ରଖିଥିବା କେତେ କୋମଳ ଆବେଗକୁ ଅଜାଡ଼ି ଦେବ ସେ ଆଜି ସିଦ୍ଧାର୍ଥ ପାଖରେ। ଦୀପର ଆଲୋକରେ ଛାଇ ଆଲୁଅର ଖେଳ। ଝରକା ବାଟୁ ଜହ୍ନକୁ ଚାହିଁ କାହିଁ କେତେ କ'ଣ ମନରେ ଭାବିଛି। ହେଲେ ତାର ସେଇ ସୁନ୍ଦର କଳ୍ପନା ବାସ୍ତବରେ କେଡ଼େ ମଳିନ, ଦୀପଶିଖା ତଳେ ଚାପି ହୋଇଗଲା ତାର କୁଆଁରୀ ମନ ଓ ଅତୃପ୍ତ ମନ। ପ୍ରଚୁର ଅଭିମାନରେ ରାତି ପାହିଗଲା ତାର। ଗୋଟେ ଛାତ ତଳେ ରହି ମଧ୍ୟ ଦୁହେଁ ଦୁହିଁଙ୍କ ପାଖରେ ଅଚିହ୍ନା। ଲୋପା ବିଚାରରେ ସିଦ୍ଧାର୍ଥ ତାର ଇଚ୍ଛା ଅନିଚ୍ଛା ପଢ଼ିବାକୁ ଅସକ୍ଷମ, ଅସମର୍ଥ। ସବୁଝିଅଙ୍କ ପରି ତା ମନରେ ମଧ୍ୟ ଅନେକ ସ୍ୱପ୍ନ। ଦିନ ତମାମ କାର୍ଯ୍ୟବ୍ୟସ୍ତତାରେ ଅତିବାହିତ ହେବା ପରେ ସେ ଚାହେଁ ସିଦ୍ଧାର୍ଥଙ୍କ ପରସ। ହେଲେ ସବୁର ନିୟତି ଶୁଣେଇ ଦେଇ ସେ କୁହନ୍ତି, ଶୋଇପଡ଼ ଲୋପା। ରାତ୍ରିର ଅନ୍ଧକାର ଭିତରେ ସେ ହଜେଇ ସାରିଲାଣି ତାର ଇଚ୍ଛାଶକ୍ତିକୁ। ଫଳବଶତଃ ସେ ହଜିଯାଇଛି ପରକୀୟା ପ୍ରୀତିରେ। ରଞ୍ଜନଙ୍କ ଆଧିପତ୍ୟରେ ସେ ଅନୁଭବ କରିଛି ଅଦ୍ଭୁତ ଶିହରଣ। ପାପ ପୁଣ୍ୟର ସଂଜ୍ଞାକୁ ଭୁଲି ସେ ପାରିହୋଇଛି, ସାମାଜିକ ଶୃଙ୍ଖଳାର ଲକ୍ଷ୍ମଣରେଖାକୁ। ରଞ୍ଜନଙ୍କ ପାଖରୁ ପାଇଛି ସେ ମୁଠାଏ ଆବେଗ। ସେ ତାର ସବୁ ଗୋପନ ଅଭିଳାଷକୁ ଚରିତାର୍ଥ କରୁଥାନ୍ତି। ପ୍ରେମ ପ୍ରାଚୁର୍ଯ୍ୟର ମୁହୂର୍ତ୍ତମାନଙ୍କୁ ଆକଣ୍ଠ ପାନ କରୁଥିଲା, ସ୍ୱପ୍ନର ସହରରେ ଘୂରିବୁଲୁଥିଲା ଲୋପା। ହଠାତ୍ ଗୋଟେ ଅପରିଚିତ କଣ୍ଠସ୍ୱରରେ ତାର ସ୍ୱପ୍ନ ଭାଙ୍ଗିଗଲା। ସେହି କଣ୍ଠସ୍ୱର ହେଉଛି ରଞ୍ଜନଙ୍କର "ଲୋପା, ମତେ ଭୁଲ୍ ବୁଝିବନି। ମୋର ବଦଳି ଅର୍ଡର ଆସିଛି। କାଲି ସୁଦ୍ଧା ଜଏନ୍ କରିବାକୁ ପଡ଼ିବ। ତୁମକୁ କିଏ ବି ମିଳିଯିବେ ଏଠି...।" ଏତେଦିନ ପର୍ଯ୍ୟନ୍ତ ଲୋପା ଯାହାକୁ ପ୍ରେମ ଭାବୁଥିଲା, ସେ ଆଜି ତା ଚରିତ୍ର ଉପରେ ଆଙ୍ଗୁଠି ଉଠେଇ ଦେଇ ଚାଲିଗଲା। ଆଜି ମନ ଭିତରେ ବୁଝିଛନ୍ତି ସେ ସିଦ୍ଧାର୍ଥଙ୍କ ପ୍ରେମକୁ। ବାହାରକୁ ଦେଖାଣିଆ ନୁହେଁ ମନ ଭିତରେ କେତେ ଭଲପାନ୍ତି ସେ ଲୋପାକୁ। ଲେଖିକା ଗୋଟେ ସାର୍ଥକ,

ନିଃସ୍ୱାର୍ଥ ପ୍ରେମର ଚିତ୍ରକୁ ଆଙ୍କିଛନ୍ତି ଉକ୍ତ ଗଳ୍ପରେ। ପରିଶେଷରେ ସିଦ୍ଧାର୍ଥ ମଧ୍ୟ ତଥାକଥିତ ସମାଜର ମେଲ୍ ଇଗୋ ଭିତରୁ ବାହାରିଆସି ପାପୁଲିରେ ଟୋଳିଧରିଛନ୍ତି ଲୋପାଙ୍କ ମୁହଁକୁ। ଦୈହିକ ତୃପ୍ତି ଯେ କେବଳ ପ୍ରେମ ତାହା ନୁହେଁ, ପ୍ରେମର ଅର୍ଥ ସମ୍ମାନ, ସମାନତା, ବୁଝାମଣା, ବିଶ୍ୱାସ। ଯାହାକି ସୁସ୍ଥ ଜୀବନ ବଞ୍ଚିବାର ଖୋରାକ ଯୋଗାଇବା ସହିତ ସବୁ ସମୟରେ, ସବୁସ୍ଥାନରେ ଆଗକୁ ବଢ଼ିବାପାଇଁ ପ୍ରେରଣା ଦିଏ। ତାହା ହେଉଛି ସାର୍ଥକ ପ୍ରେମ। ହେଲେ "ଭବିଷ୍ୟତ ଏକ ନିଷ୍ପତ୍ତିରେ ରେଣୁ ହୋଇଛି ଉପେକ୍ଷିତା"। ତାଙ୍କ ଆଖି ସାମ୍ନାରେ ତାର ସ୍ୱାମୀ ବିନୋଦ ବାବୁ ଚାଲିଯାନ୍ତି ସିପ୍ରା ସହିତ। ପ୍ରତିବାଦ କରିବାକୁ ଚାହିଁ ମଧ୍ୟ ପୁଅ ଦୁହିଁଙ୍କ ଭବିଷ୍ୟତକୁ ଆଖି ଆଗରେ ରଖି ସେ ନିଷ୍ପତ୍ତିଟିକୁ ସ୍ଥଗିତ ରଖିଛନ୍ତି। ହେଲେ ଦୀର୍ଘ ବାରବର୍ଷ ପରେ ଆଜି ପୁଣି ତା' ମନରେ ଝଡ଼ ଉଠିଛି। ତାଙ୍କର ବିଶ୍ୱାସ ତାଙ୍କ ଦୁଇ ପୁଅ ତାଙ୍କୁ ସମର୍ଥନ କରିବେ। ହେଲେ ସେ ମଧ୍ୟ ବାଧ କରିଛନ୍ତି ତାଙ୍କୁ ପ୍ରତାରଣା ସହିବା ପାଇଁ। ବିନୋଦ ବାବୁଙ୍କ ପଲିଟିକାଲ୍ କ୍ୟାରିଅର ଉପରେ ଆଞ୍ଚ ଆସିଲେ ପୁଅ ଦୁହେଁ ଅସତ୍ ଉପାୟରେ ହାସଲ କରିଥିବା ସୁବିଧା ସୁଯୋଗକୁ ହରାଇ ବସିବେ। ତେଣୁ ସେ ଦୁହିଁଙ୍କର ନିଷ୍ପତ୍ତି ସେମାନେ ବାପାଙ୍କୁ ସମର୍ଥନ କରିବେ। ଦୀର୍ଘ ବର୍ଷର ଅପେକ୍ଷା ପରେ ଆଜି ଯେତେବେଳେ ତାଙ୍କ ନିଷ୍ପତ୍ତିଟି ନ୍ୟାୟଭିକ୍ଷା କରୁଛି, ଅନ୍ୟାୟର ପ୍ରତିବାଦ ନକରି ତାକୁ ସହିଯିବାଟା କ'ଣ ଅନ୍ୟାୟ ନୁହେଁ? ଏହିପରି ଏକ ଅନ୍ତଃର୍ଦ୍ୱନ୍ଦ୍ୱ ମଧ୍ୟରେ ରହିଯାଇଛନ୍ତି ରେଣୁ। ସମାଜରେ କେବଳ ରେଣୁ ନୁହେଁ, ଏହିପରି ଅନେକ ନାରୀ ସ୍ୱାମୀ ଉପେକ୍ଷିତ ହୋଇ ମଧ୍ୟ ସମୟ ଚାପରେ ନୀରବ ରହିବାକୁ ବାଧ୍ୟ ହୁଅନ୍ତି।

ମଣିଷ ସଭ୍ୟତାର ଅପରିଚ୍ଛନ୍ନତା ଭିତରୁ ଗାତ୍ତିକା ମହାପାତ୍ର ଚିତ୍ରିତ କରିଛନ୍ତି କେତେକ ବାସ୍ତବ ଚରିତ୍ରକୁ। ଲେଖିକା ପ୍ରକାଶ କରିଛନ୍ତି "ଆଜିକାଲି ଶୁଣାଯାଉଛି ସଭ୍ୟ ସମାଜରେ କାଳେ ଆତ୍ମୀୟତା କମି କମି ଯାଉଛି, ହେଲେ ଏଇ ବସ୍ତିପିଲାଙ୍କୁ ଦେଖ। ଗୋଟେ ଅଦୃଶ୍ୟ ଆତ୍ମୀୟତାରେ ବନ୍ଧା ଏମାନେ।" ସହରର ଚାକଚକ୍ୟତା ମଧ୍ୟରେ ଗାତ୍ତିକା ଖୋଜି ପାଇଛନ୍ତି ଶୁଖା, ସଲିମ୍ ଇତ୍ୟାଦି କେତୋଟି ଚରିତ୍ରକୁ। ଯାହାକି ଗଳ୍ପ ହେଲେ ବି ବାସ୍ତବ। ବହୁ ସଂସ୍କାର ଓ ପରିବର୍ତ୍ତନର ପାହାଚ ଚଢ଼ି ମଣିଷ ହେଲା ସଭ୍ୟ ଓ ଉନ୍ନତ। ହେଲେ ମଧ୍ୟ ସଭ୍ୟତାର ଘନ ଅନ୍ଧକାର ଆକାଶରେ ଲୁଚି ରହିଛନ୍ତି କେତେକ ଚରିତ୍ର। "ମଗ୍ନ ଜୀବନ" ଗଳ୍ପରେ ଲିପିକା ମହାପାତ୍ର ଖୋଜି ପାଇଛନ୍ତି ବସ୍ତିଟିଏ। ଟ୍ରେନ୍ ଲାଇନ ତଳକୁ କେତେଟା ଦରଭଙ୍ଗା ଘର, ବୁଲା କୁକୁରମାନଙ୍କ ସହିତ କିଛି ମଣିଷଙ୍କ ସମଷ୍ଟି। ବସତି ତାଙ୍କର ଖୋଲା ଆକାଶ ତଳେ। ରାତ୍ରିର ଅନ୍ଧକାରରେ ଆକାଶରେ ତାରାମାନଙ୍କ ଗହଣରେ ନିଶା ଜୁଡୁବୁଡୁ

ହୋଇ ଶୁଖା ଜହ୍ନକୁ ଦେଖୁଛି। ତାରି ଭିତରେ ସେ ଖୋଜେ ମୀରା ମୁହଁକୁ। କେଇ ଘଣ୍ଟା ତଳେ ତାର ସାଙ୍ଗ ସଲିମ୍‌କୁ ଟ୍ରେନ ଟାଣିନେବାରୁ ସେ ମରିଗଲା। ତାର ପ୍ରେତ ସହିତ ଭେଟ ହୁଏ ଶୁଖାର। ସଲିମ୍ ପୁଣି ବର୍ଣ୍ଣନା କରେ ତା ପରି ପଡ଼ି ମରିଥିବା କେତେକ ଚରିତ୍ର ବିଷୟରେ ଶୁଖା ସାମ୍ନାରେ "ଶୁଣ ଦୋସ୍ତ ହେଲା ମୁଁ ମରିଗଲି, କିନ୍ତୁ ଭେଟିଲି ସେଇମାନଙ୍କୁ ବେ, ସେଇ ଦୀପା ଆଉ ସୁଶିଲ। ଛୋଟୁ, ପାଣୁ ଆଉ ସେ ଯେଉଁ ଛୋଟିଆ ଟୋକାଟା ଯାହାର ନାଁ ନଥିଲା। ଶଳେ ସବୁ ଏଠି ଅଛନ୍ତି। ଭାରି ମଜା ବେ। ତୁ ଥରେ ଆସେ ଦେଖିବୁ।" ତିରିଶ ଟଙ୍କା ବିନିମୟରେ ବିନୁ ବଢ଼ାଇଦେଲା ଶୁଖା ହାତକୁ କିଛି ନୂଆ ଜିନିଷ, ସେ ତାକୁ ପ୍ରସାଦ ପରି ନାକ ବାଟେ ଶୋଷାଡ଼ି ନେଲା। ଚିରନିଦ୍ରାରେ ଶୋଇଗଲା ସେ। କାଳ୍ପନିକ ହେଲେ ମଧ୍ୟ ଗଳ୍ପଟି ବାସ୍ତବତା ଉପରେ ଗଢ଼ିଉଠିଛି। କେତେ ଯେ ଶୁଖା, ସଲିମ୍ ବସ୍ତିର ସେଇ ଅପରିଚ୍ଛନ୍ନତା ଭିତରେ ଜୀବନ ହରାଇ ଦେଉଛନ୍ତି ତାର ହିସାବ କାହା ପାଖରେ ନାହିଁ। "ବାରମ୍ବାର ବିପନ୍ନ ହେଉଥିବା ଝିଅଟିଏ" ଗଳ୍ପରେ ରାଣୀ ଓ "ଅବ୍ୟକ୍ତ" ଗଳ୍ପରେ ରୂପା ପରି କେତେକ ଅତ୍ୟାଚାରିତ, ଶୋଷିତ ଚରିତ୍ର ସହିତ "ମାଂସ ବିକାଳୀ" ଗଳ୍ପରେ ଜେମା ପରି କେତେକ ଅମାନୁଷିକ ବ୍ୟକ୍ତିବିଶେଷଙ୍କୁ ଦେଖିବାକୁ ମିଳେ। ଜୀବନକୁ ସପ୍ତରଙ୍ଗରେ ରଙ୍ଗେଇବାର ସ୍ୱପ୍ନ ଦେଖେଇ କଅଁଳ ମାଂସ ସବୁ ପରଷିଦିଏ ବିଳାସୀ ଲୋକମାନଙ୍କ ପାଖରେ। ଜେମା ଝିଅ ଚାଲାଣ କରେ ସହରର ବିଳାସୀ ଲୋକମାନଙ୍କ ପାଖକୁ ପଟେଲ୍ ମାଧ୍ୟମରେ। ସହରରେ କାମ ଦେବାର ଲୋଭ ଦେଖାଇ, ସ୍ୱପ୍ନରେ ସେମାନଙ୍କୁ ହଜେଇ ବିକ୍ରୀ କରିଦିଏ ସେମାନଙ୍କୁ। ରିତା ତାର ଝିଅ ସୋଲି ସାଙ୍ଗର ହେବ। ତା ମା' ମଲାପରେ ସାବତ ମା' ଖଟଉଛି। ତା ଉପରେ ଦୃଷ୍ଟି ପଡ଼ିଲା ଜେମାର। ସହର ଯିବାର ସ୍ୱପ୍ନ ଦେଖେଇଛି ରିତାକୁ, ସେ ମଧ୍ୟ ରାଜି। ରାତିରେ ଯିବାକୁ ହେବ ବୋଲି ସେ ଆଜି ତାଙ୍କ ଘରେ ରହିଲା। ସୋଲି, ରୀତା ଏକାଠି ଶୋଇଥିଲେ। ଦୁହିଁଙ୍କ ମୁଣ୍ଡରେ ହାତ ବୁଲାଇ ଜେମା ଉଠାଇ ଆଣିଲା ରିତାକୁ। ଜେମା ତାର ଅଭ୍ୟସ୍ତ ହାତରେ ମାଲ୍‌କୁ ଟ୍ରକ୍‌ରେ ଚଢ଼େଇଦେଲା। ଫେରିଲା ଟଙ୍କାବିଡ଼ା ଧରି। ସଖାଳ ହେଲାରୁ ନିଦ ମଳମଳ ଆଖିରେ ଦେଖେ ରିତାକୁ। ଆତଙ୍କିତ ହୋଇଉଠିଲା ସେ। ବୁଝିବାକୁ ତାକୁ ବେଶୀ ସମୟ ଲାଗିଲାନି ଯେ ରାତ୍ରିର ଅନ୍ଧକାରର ପରଳ ଭିତରେ ରିତା ବଦଳରେ ନିଜ ଝିଅକୁ ଟ୍ରକ୍‌ରେ ଚଢ଼େଇ ଦେଇ ଆସିଛି। କୁଆଡ଼େ ଗଲା କ'ଣ କଲା ଜାଣିବାର ଉପାୟ ନାହିଁ। ପଟେଲ୍ ପାଖରେ କେତେ କାକୁତିମିନତି ହେଲା ସୋଲିର ସନ୍ଧାନ ପାଇବା ପାଇଁ। ହେଲେ ଜାଣିବାର ଉପାୟ ନାହିଁ। ଶେଷରେ ମଦ ନିଶାରେ ସେ ହୁଙ୍କାର ଛାଡ଼େ - ସ୍ୱାଦ ନିଅ

ବାବୁମାନେ...। ନିଜ ଝିଅର ମାଂସକୁ ବିକ୍ରି କରି ଶେଷରେ ସେ ପାଲଟି ଯାଇଛି ଏକ ବିରଳ ମାଂସ ବିକାଳୀ। ଗଳ୍ପର ସାରମର୍ମରେ ଗାଳ୍ପିକା ଦର୍ଶାଇଛନ୍ତି "ଯେସାକୁ ତେସା" ନୀତି। ଜେମା ପରି ମଣିଷ ଯିଏ ଅନ୍ୟମାନଙ୍କ ଝିଅ ବୋହୂର ମୂଲ୍ୟକୁ ବୁଝେନି, ନିଜ ସହ ଘଟିବା ପରେ ଯାଇ ତାର ମୂଲ୍ୟକୁ ବୁଝିବାରେ ସକ୍ଷମ ହୋଇପାରିଛି। ଜେମା ଚରିତ୍ରର ବାସ୍ତବତା ସମାଜର କୋଣ ଅନୁକୋଣରେ ଦେଖିବାକୁ ମିଳେ।

"ବାରମ୍ବାର ବିପନ୍ନ ହେଉଥିବା ଝିଅଟିଏ" ଓ "ଅବ୍ୟକ୍ତ" ଆଦି ଗଳ୍ପରେ ରାଣୀ ଓ ରୂପା ପରି କେତେକ ଅତ୍ୟାଚାରିତ ଚରିତ୍ର। ସମାଜ ସଭ୍ୟତାର ଅନ୍ଧକାର ଭିତରେ ହଜିଯାଇଛି ସେମାନଙ୍କ ସତ୍ତା। ପେଟ ପୋଷିବା ପାଇଁ ରାଣୀ ଗୋଟେ କ୍ୟାସିନୋରେ କାମ କରେ। ରାତିରେ କାମସାରି ଫେରିବା ପରେ ଖଟିଆରେ ପଡ଼ି ସ୍ୱପ୍ନର ସାହାରାରେ ସେ ଚାଲିଯାଏ ତାର ଗାଁକୁ। ସେଇ ଧୂଳିମାଟିରେ ଗଢ଼ା ତା ଶରୀର। ନିଜର ଜମି ନାହିଁ, ଅନ୍ୟ ବିଲରେ ବାପା ମା' କାମକରି ପେଟ ପୋଷନ୍ତି। ବାପାଙ୍କ ମୃତ୍ୟୁ ପରେ ମା'କୁ ଭରସି କେହି ଭାଗଚାଷ ପାଇଁ ଜମି ଦେଲେନି। ଅଭାବ ଅସୁବିଧାର ଛକାପଞ୍ଝା ଭିତରେ ବୀରଦାଦାଙ୍କୁ ମା' ଚାଲିଆଟା ବିକ୍ରି କରିଦେଲା। ସେତେବେଳେ ରାଣୀର ବୟସ ପନ୍ଦର। ସେଦିନ ସଞ୍ଜରେ ବୀରଦାଦା ଶୁଖୁଆ ଆଣି ଘରେ ପହଞ୍ଚିଲେ। ଏତେଦିନ ପରେ ଖାଦ୍ୟତକ ଖାଇବା ଆଶାରେ ରାଣୀର ଆଖି ଚକ୍‌ମକ୍ ହୋଇଉଠିଲା। ସାଙ୍ଗରେ ଆସିଥିଲେ ଆଉ ଜଣେ ଲୋକ ଯିଏ ତାକୁ ଦେଖିବା ବାହାନାରେ ଘରଭିତରକୁ ଡାକି ନେଇଥିଲେ। ଦେହର ଅଗଣିତ ଆଞ୍ଚୁଡ଼ା ଚପିଗଲା ଗରମ ଭାତ ଓ ଶୁଖୁଆ ପୋଡ଼ା ଗନ୍ଧରେ। ବୀରଦାଦାର ଲୋଭ ବଢ଼ିଲା ଓ ପରିସ୍ଥିତିକୁ ଆଖି ଆଗରେ ରଖି ମା' ଝିଅ କେବେ ପ୍ରତିବାଦ କରିବାର ସାହସ କରିନାହାନ୍ତି। ଅଶୋକ ଭାଇ ପାଖରୁ କାମ ମିଳିବାର ନିର୍ଭର ପ୍ରତିଶ୍ରୁତି ଶୁଣି ମା' ଝିଅ ଚାଲିଆସିଲେ ସହରକୁ। ତା ପାଇଁ ମୁକ୍ତିର ବାଟ ଖୋଲିଗଲା। ଚମତ୍କାର ଭାବରେ ସେ ସଜାଏ ନିଜକୁ। ଦିନେ ତାର ଦେଖା ହେଲା ଜଣେ ପଇସାବାଲା ବ୍ୟକ୍ତିଙ୍କ ସହ। ଆଖିରେ ତାଙ୍କର ସୁନା ଫ୍ରେମ୍‌ର ଚଷମା। ସେ ରାଣୀକୁ ତାଙ୍କ ଘରକୁ ଆସି ତାଙ୍କ ମା'ଙ୍କ କେୟାର୍ ନେବାକୁ କହିଲେ। ରାଣୀ ମଧ୍ୟ ଆପତ୍ତି କଲା ନାହିଁ। ବାବୁ ପେସାରେ ଜଣେ ଡାକ୍ତର, ବିରାଟ ବଡ଼ ଘର ତାଙ୍କର, ଘର ପାଖକୁ ଲାଗି ଉଦ୍ୟାନ ନାନା ଜାତିଜାତିକା ଫୁଲରେ ସୁବାସିତ ବାସ୍ନା ମହକି ପଡୁଛି। ରାଣୀ ସେଠି ରହି କାମ କଲା। ଇତିମଧ୍ୟରେ ବାବୁଙ୍କ ହାବଭାବରେ ସେ ପ୍ରବାହିତ ହୋଇ ମନରେ ଗୋଟେ ସ୍ୱତନ୍ତ୍ର ଜାଗା ସୃଷ୍ଟି କରିସାରିଲାଣି ତାଙ୍କ ପାଇଁ। ଆଜି ବାବୁ ତାକୁ କହିଛନ୍ତି

ଟିକେ ଲେଟ୍ କରି ଯିବା ପାଇଁ। ମନମୁତାବକ ସେ ସଜେଇଛି ନିଜକୁ। ବାବୁଙ୍କ ସହ ତାଙ୍କର କେତେଜଣ ସାଙ୍ଗ ଆସି ପହଞ୍ଚିଲେ ଘରେ। ରୋଷେଇଘରେ ଅପେକ୍ଷା କରି ତାର ଆଖି ଲାଗିଯାଇଛି। ହଠାତ୍ ସେ ଅନୁଭବ କଲା ଯେମିତି କିଏ ତାକୁ ଉଠେଇ ନଉଛି। ଆଖି ଖୋଲି ରାଣୀ ଦେଖିଲା ବସ୍ତିର ଲୋକଗୁଡ଼ା ତାକୁ କେମିତି ଅନେଇଛନ୍ତି। ସେ କିଛି କହିବା ଆଗରୁ ପିଲାଟି ହଠାତ୍ କହିଉଠିଲା। ଦିଦି ଡାକ୍ତର କହିଲା ତୋର ଗୋଟେ କିଡ୍‌ନି କିଏ କାଢ଼ି ନେଇଛି। ଗତ ରାତିର ଅପେକ୍ଷା ତା ଆଖି ଆଗରେ ନାଚିଗଲା। ଏବେ ବି ସେଇ ବିକଟାଳ ହସ ତାର ମନେପଡୁଛି। ବିପନ୍ନ ହେଉଥିବା ଝିଅଟିଏ ଯେତେବେଳେ ଜୀବନ ଆଡ଼କୁ ଆକୃଷ୍ଟ ହେଲା ସେତେବେଳେ ତା ଜୀବନର ଅବଶିଷ୍ଟ ଆୟୁଷକୁ ଛଡ଼େଇ ନେଲେ ଡାକ୍ତର ବାବୁ। ଏବେ ମଧ୍ୟ ତାର ସେଇ ବିକଟାଳ ଅତୀତ ତାର ପିଛା ଛାଡ଼ିଲାନି।

"ଅବ୍ୟକ୍ତ" ଗଳ୍ପର ରୂପାଦିଦିଙ୍କ ରୂପ ବର୍ଣ୍ଣନା କରିଛନ୍ତି ଗାଳ୍ପିକା ଲିପିକା ମହାପାତ୍ର ଏହିପରି "ଧଳା ଶାଢ଼ୀକୁ ମୁଣ୍ଡରେ ଲମ୍ବା ବେଣୀ, ରୂପାଦିଦି ଦିଶନ୍ତି ଠାକୁର ଘରେ ଥିବା ସରସ୍ୱତୀଙ୍କ ପ୍ରତିମା ପରି। ରୂପାଦିଦି ଅନାଥ ଆଶ୍ରମରେ ରୁହନ୍ତି। ସବୁବେଳେ ତାଙ୍କ ନଜର ଥାଏ ସେଇ ନାଳଟା ଉପରେ। ସେଠି ଛୁଆଙ୍କୁ ଫୋପାଡ଼ି ଦେଇ ବାପା ମା' ମୁହଁ ଲୁଚେଇ ଚାଲିଯାନ୍ତି। ସେ ସମସ୍ତଙ୍କୁ ମାତୃସୁଲଭ ପ୍ରେମ କରନ୍ତି। ଆଜି ଚାନ୍ଦର ଜନ୍ମଦିନ। ରୂପାଦିଦି ତାକୁ ପାଞ୍ଚଟଙ୍କା ଦେଇଛନ୍ତି ବିସ୍କୁଟ୍ କିଣି ଖାଇବାକୁ। ବିସ୍କୁଟ୍ କିଣି ନିରୋଳାରେ ଖାଇବା ପାଇଁ ସେ ଜାଗା ଖୋଜୁଛି। ଖୋଜି ଖୋଜି ସେ ପହଞ୍ଚିଛି ସୁଶାନ୍ତ ସାର୍‌ଙ୍କ ବାରିପଟ ବରଗଛମୂଳେ। ସେଠି ନିରୋଳାରେ ସେ ବିସ୍କୁଟ୍‌ତକ ଖାଇଦେଇ ଚାଲିଯିବ। ହଠାତ୍ ଗୋଟେ କଣ୍ଠସ୍ୱର ତାକୁ ଶୁଭିଲା "ମତେ ଛାଡ଼ିଦିଅ ପ୍ଲିଜ୍"। ଇଏତ ରୂପାଦିଦିଙ୍କ କଣ୍ଠ। ସୁଶାନ୍ତ ସାର୍ ରୂପାଦିଦିଙ୍କୁ ଟଣାଘୋଷରା କରୁଛନ୍ତି। ପର ମୁହୂର୍ତ୍ତରେ ଗୋଟେ ଶକ୍ତ ଗୋଇଠାରେ କାନ୍ଥରେ ମୁଣ୍ଡ ପିଟିହେଇ ଛିଟିକି ପଡ଼ିଲା ମେଞ୍ଚାଏ ରକ୍ତ। ରୂପାଦିଦିଙ୍କ ଶବକୁ ଦେଖି ପ୍ରଥମ ଥର ପାଇଁ ସେ ଅନୁଭବ କରିଥିଲା ମା'କୁ ହରାଇବାର ଦୁଃଖ। ସମାଜରେ ସୁଶାନ୍ତ ସାର୍‌ଙ୍କ ପରି କେତେକ ବ୍ୟକ୍ତି କ୍ଷମତାର ଅପବ୍ୟବହାର କରି କେତେ କେତେ ରୂପାର ମୁହଁକୁ ଚୁପ୍ କରାଇବାରେ ସକ୍ଷମତା ହାସଲ କରିଛନ୍ତି ତାହାର ଏକ ଛୋଟିଆ ଉଦାହାରଣ ଦେଇଛନ୍ତି ଗାଳ୍ପିକା ତାଙ୍କ ଗଳ୍ପ ମାଧ୍ୟମରେ।

ବାସ୍ତବିକ ଦେଖିବାକୁ ଗଲେ ସମଗ୍ର ଗଳ୍ପ ପୁସ୍ତକଟି ବାସ୍ତବତା ଉପରେ ଗଢ଼ିଉଠିଛି। ଯେଉଁଠି ମହାର୍ଘ୍ୟ ଜୀବନର ମହୀୟାନ ଘଟଣାବଳୀର ଅତି କଥନ ନାହିଁ। ଏଠି ଅଛି କଳ୍ପନା ଅପେକ୍ଷା ବାସ୍ତବତା, ବୈଚିତ୍ର ଅପେକ୍ଷା ବିସ୍ତାର, କୃତ୍ରିମତା

ଅପେକ୍ଷା ଆନ୍ତରିକତା ଭିତରେ ଛୋଟ ଛୋଟ ଘଟଣାର ସୂକ୍ଷ୍ମାତିସୂକ୍ଷ୍ମ ଅଭିବ୍ୟକ୍ତି। ସୁଖ-ଦୁଃଖ ଓ ବିଜୟ ବିଡ଼ମ୍ବନା, ସୁନ୍ଦର ଓ ଅଭାବନୀୟ ପ୍ରାଣରସରେ ପୃଷ୍ଟ ହୋଇଛି ଆଲୋଚ୍ୟ ଗଳ୍ପ "କାଲିଫର୍ଣ୍ଣିଆରେ ସୂର୍ଯ୍ୟାସ୍ତ" ପୁସ୍ତକଟି। ପ୍ରକୃତିର ଶିରାପ୍ରଶିରାରୁ ଗାଳ୍ପିକା ସାଉଁଟିଛନ୍ତି ଗଳ୍ପ ପୁସ୍ତକଟିକୁ। ଗାଳ୍ପିକା ମହାପାତ୍ର ପ୍ରବାସରେ ରହି ମଧ୍ୟ ଓଡ଼ିଆ ମାଟିରୁ ସାଉଁଟିଛନ୍ତି ଚରିତ୍ରକୁ। ଆମେରିକାର ଚାକଚକ୍ୟ, ବ୍ୟସ୍ତବହୁଳ ଜୀବନ ମଧ୍ୟରେ ରହି ମଧ୍ୟ ଓଡ଼ିଶା ମାଟିର ବାସ୍ନା ତାଙ୍କୁ ଆକର୍ଷଣ କରିଛି। ଗାଳ୍ପିକା ତାଙ୍କ ଗଳ୍ପ ରଚନାରେ ସମାଜର ବିମ୍ବକୁ ଦର୍ଶାଇଛନ୍ତି। ଗଳ୍ପର ଚରିତ୍ର ମାଧ୍ୟମରେ ଜୀବନର ଅନ୍ତଃସ୍ୱରକୁ ଉପସ୍ଥାପନା କରିଛନ୍ତି। ସାଧାରଣ ମଣିଷ ଜୀବନର ଅନୁଭବ ଅଧିକ ପ୍ରାଣବନ୍ତ ହୋଇଉଠିଛି ତାଙ୍କ ଗଳ୍ପ ପୁସ୍ତକରେ। ତାଙ୍କର ଗଳ୍ପ ଓ ଶବ୍ଦ ମାଧ୍ୟମରେ ଓଡ଼ିଆ ପାଠକମାନଙ୍କ ପାଖରେ ପହଞ୍ଚିବାର ଯେଉଁ ଆଶା ଓ ବିଶ୍ୱାସ ନେଇ ସେ ଗଳ୍ପ ରଚନା କରିଥିଲେ ବାସ୍ତବରେ ତାହା ସଫଳତାମୁଖୀ ହୋଇପାରିଛି।

■

ଗବେଷିକା

ସାନ୍ତ୍ୱନା ଦାଶ

ସାନ୍ତ୍ୱନା ଦାଶ (୧୯୮୩): ପ୍ରବାସୀ ଓଡ଼ିଆ ସାହିତ୍ୟ କ୍ଷେତ୍ରରେ ଯୁବ ସାହିତ୍ୟିକା ଓ ଭାଷାବିତ୍ ସାନ୍ତ୍ୱନା ଦାଶ ଏକ ବିଶ୍ୱସ୍ତ ଉଚ୍ଚାରଣ। ୧୯୮୩ ମସିହାରେ ସେ ଢେଙ୍କାନାଳ ଜିଲ୍ଲାରେ ଜନ୍ମଗ୍ରହଣ କରିଥିଲେ। ଉତ୍କଳ ବିଶ୍ୱବିଦ୍ୟାଳୟର ଦର୍ଶନଶାସ୍ତ୍ର ବିଭାଗରୁ ସ୍ନାତକୋତ୍ତରରେ ସ୍ୱର୍ଣ୍ଣପଦକ ବିଜୟିନୀ। ଶିକ୍ଷକତା କରିବାକୁ ସେ ଭଲପାଆନ୍ତି। ଓଡ଼ିଆ ଭାଷା ଓ ସାହିତ୍ୟ ପ୍ରତି ଅଗାଧ ନିଷ୍ଠା ଏବଂ ପ୍ରେମ। ତାଙ୍କର ଉଚ୍ଚକୋଟୀର ପ୍ରବନ୍ଧ ଓ କବିତା ବହୁ ପତ୍ରପତ୍ରିକାରେ ପ୍ରକାଶିତ ହୋଇଛି। ପ୍ରବାସରେ ରହି ପିଲାଙ୍କୁ ଓଡ଼ିଆ ଶିକ୍ଷା ଦେବା କ୍ଷେତ୍ରରେ ତାଙ୍କର ପ୍ରଚେଷ୍ଟା ଅଭିନନ୍ଦନୀୟ। 'ମୋ ଓଡ଼ିଆ ବହି' ଏବଂ 'ମୋ ଓଡ଼ିଆ ଅଭ୍ୟାସ ବହି' ତାଙ୍କର ଏହି ମହତ୍ ପ୍ରଚେଷ୍ଟାର ଫଳଶ୍ରୁତି। ସଂପ୍ରତି ସେ ଆମେରିକାର ଚିକାଗୋରେ ଅବସ୍ଥାନ କରୁଛନ୍ତି।

ସହଜ ଅକ୍ଷର ଶିକ୍ଷା : ମୋ ଓଡ଼ିଆ ବହି

ଡକ୍ଟର ହିମାଦ୍ରୀ ତନୟା ମିଶ୍ର

ମନୁଷ୍ୟ ଜୀବନରେ ଭାଷାର ଭୂମିକା କେତେ ଗୁରୁତ୍ୱପୂର୍ଣ୍ଣ ତାହା ସମସ୍ତେ ଜାଣନ୍ତି। ପଦଟିଏ ଉଚ୍ଚାରଣରେ ମଣିଷକୁ କ୍ରୋଧାନ୍ଧ ଶତ୍ରୁରେ ଓ ସ୍ନେହସିକ୍ତ ମିତ୍ରରେ ପରିଣତ କରିଦେଇପାରେ। ସମାଜରେ ଏକ ସ୍ୱଚ୍ଛନ୍ଦ ଜୀବନଯାପନ ପାଇଁ ମାତୃଭାଷାର ଆବଶ୍ୟକତା ଯଥେଷ୍ଟ ରହିଛି। ଭାଷା ପ୍ରବୀଣତା କେବଳ ସାହିତ୍ୟିକମାନଙ୍କର ପ୍ରୟୋଜନ ନୁହେଁ, ସଭିଙ୍କ ପାଇଁ ପ୍ରୟୋଜନ। ଭାଷାତତ୍ତ୍ୱର ଅନୁଶୀଳନ ଏକ ଆନନ୍ଦପ୍ରଦ ବ୍ୟାପାର। ଅକ୍ଷର ହେଉଚି ବ୍ରହ୍ମ ଓ ତା'ର ସଠିକ୍ ଉଚ୍ଚାରଣ ହେଉଛି ନାଦ ବ୍ରହ୍ମ। ଅକ୍ଷର ଶିଖିବା ଏକ ନିୟମିତ ସାଧନା। ନିଜ ମାତୃଭାଷାର ତତ୍ତ୍ୱନୁଶୀଳନ ତ ଅଧିକ ସୁଖଦ ଅନୁଭବ ଆଣେ ମନରେ। ଅବୋଧ ଶିଶୁଟି ନିଜ ମାତୃଭାଷାକୁ ପ୍ରଥମେ ଶିଖିଲା ବେଳେ ଅ.ଉ.ମ (ଓଁ) ଉଚ୍ଚାରଣରୁ ଆରମ୍ଭ କରିବା ଆମ ସଂସ୍କୃତିରେ ଏକ ବିଧି ରହିଛି। କାରଣ ସୃଷ୍ଟିର ସକଳ ଆଧାର ଓଁରେ ସମାହିତ। ଏହି ସାଧନା ଯାହାର ଯେତେ ତୀବ୍ର ତା'ର ଅକ୍ଷର ଶିକ୍ଷା ସେତେ ମାର୍ଜିତ ଓ ରୁଚିପୂର୍ଣ୍ଣ ହୋଇଥାଏ। ନିଜ ମାତୃଭୂମି ଓ ମାତୃଭାଷା ପ୍ରତି ଆବେଗଭରା ହୃଦୟଟିଏ ଅତି ସହଜରେ ଅକ୍ଷର ଶିକ୍ଷାପ୍ରତି ଆଗ୍ରହୀ ହେବା ସହ ନିଜ ଭାଷାର ବିକାଶ ଦିଗଟି ପ୍ରତି ଯତ୍ନବାନ ହୋଇଥାଏ। ବହୁଭାଷୀ ଆମ ଭାରତବର୍ଷରେ ଓଡ଼ିଆ ଭାଷା ଏକ ଶାସ୍ତ୍ରୀୟ ଭାଷା ରୂପେ ଷଷ୍ଠ ସ୍ଥାନ ଅଳଂକୃତ କରିଅଛି। ଏହା ପ୍ରତିଟି ଓଡ଼ିଆଙ୍କ ପାଇଁ ଗର୍ବ ଓ ଗୌରବର ବିଷୟ। ଆମ ଭାଷାର ମର୍ଯ୍ୟାଦା ଓ ଶାସ୍ତ୍ରୀୟତା ରକ୍ଷା କରିବା ଆମର ପରମ କର୍ତ୍ତବ୍ୟ ଓ ଦାୟିତ୍ୱ। ମାତୃଭୂମି ଓ ମାତୃଭାଷା ପ୍ରତି ଅନୁରକ୍ତି ରହି ଆସିଥିବା ଏହିପରି ଜଣେ ପ୍ରବାସୀ ଓଡ଼ିଆ ସାନ୍ତ୍ୱନା

ଦାଶ ଯିଏକି ଦେଶ ବିଦେଶରେ ରହିଥିବା ଓଡ଼ିଆପ୍ରେମୀ ମାନଙ୍କୁ ସହଜରେ ମାତୃଭାଷା ଶିଖାଇବାର ଯଥାସାଧ୍ୟ ପ୍ରୟାସ କରି ଆସିଛନ୍ତି ଯାହାକି ଓଡ଼ିଆ ବାଣୀ ଭଣ୍ଡାରକୁ ନୂଆ ଦିଶା ଦେଖାଇପାରିଛି। ଛୋଟ ଛୋଟ ପିଲାମାନଙ୍କୁ ଓଡ଼ିଆ ଅକ୍ଷର ଶିଖାଇବା ତାଙ୍କର ସବୁଠାରୁ ବଡ ଆଗ୍ରହ। ସୁଦୂର ଆମେରିକାର ଚିକାଗୋ ସହରରେ ଅବସ୍ଥାନ କରୁଥିଲେ ମଧ୍ୟ ମାତୃଭୂମି ପ୍ରତି ଅନାବିଳ ଶ୍ରଦ୍ଧା ତାଙ୍କୁ ଏ ଦିଗରେ ଯଥେଷ୍ଟ ପ୍ରେରଣା ଯୋଗାଇ ପାରିଛି। ବିଦେଶରେ ରହି ପାଠ ପଢୁଥିବା ପ୍ରବାସୀ ଓଡ଼ିଆ ସନ୍ତାନମାନେ କିପରି ନିଜ ବନ୍ଧୁ ପରିଜନଙ୍କ ସହ ସହଜରେ କଥାବାର୍ତ୍ତା କରିବେ ଏବଂ ସେମାନଙ୍କ କଥା ବୁଝିପାରିବେ ତାଙ୍କର ଚେଷ୍ଟା ରହିଆସିଛି। ଅତି ସହଜରେ ସରଳ ଶବ୍ଦରେ କିପରି ସେ ନିଜ ମାତୃଭାଷା କହିପାରିବେ ସେ ଦିଗରେ ସାନ୍ତ୍ୱନା ଦାଶ ଅତ୍ୟନ୍ତ ଯତ୍ନଶୀଳ। ପ୍ରବାସୀ ସାହିତ୍ୟିକ ସାନ୍ତ୍ୱନା ଦାଶଙ୍କ ରଚିତ 'ମୋ ଓଡ଼ିଆ ବହି' ସଂକଳନ ଦେଖିବା ଓ ପଢ଼ିବା ପରେ ଏତିକି ଅନୁଭବ ହେବ କି ଇଚ୍ଛାଶକ୍ତି ଥିଲେ ଦୁନିଆଁରେ କୌଣସି କାର୍ଯ୍ୟ ଅସମ୍ଭବ ନୁହେଁ। ସାହିତ୍ୟିକ ସାନ୍ତ୍ୱନା ଦାଶ ଦର୍ଶନଶାସ୍ତ୍ରରେ ଉତ୍କଳ ବିଶ୍ୱବିଦ୍ୟାଳୟରୁ ସ୍ୱର୍ଣ୍ଣ ଉପାଧି ଲାଭ କରିଥିଲେ ମଧ୍ୟ ନିଜ ଉତ୍କଳ ଭୂମିର ପ୍ରତିଟି ଯୋଗଜନ୍ମା ସାହିତ୍ୟ ସାରଥୀଙ୍କ ସାହିତ୍ୟ ସାଧନାକୁ ସମ୍ମାନ ଜଣାଇ ମାତୃଭାଷାକୁ ଉଚ୍ଚ ଆସନ ଦେଇଛନ୍ତି। ନିଜ ମାଟିର ପାଣି, ପବନ ଯେମିତି ତାଙ୍କୁ ପ୍ରଲୁବ୍ଧ କରିଛି ସେହିପରି ଆମ ମାଟିର ସଂସ୍କୃତି, ପରମ୍ପରା, ଶିକ୍ଷା, ନୀତିଶିକ୍ଷା, ଆଚାର, ବ୍ୟବହାର ଆଦିକୁ ମଧ୍ୟ ସରଳ ଉଦାହରଣ ମାଧ୍ୟମରେ ପ୍ରବାସୀ ସନ୍ତାନଙ୍କ ପାଖରେ ପହଞ୍ଚାଇ ପାରିଛନ୍ତି। ଏଥି ନେଇ ସେ କେବେ କଷ୍ଟ ଅନୁଭବ କରି ନାହାନ୍ତି। ବରଂ ଖୁବ୍ ସୁଖଦ ଅନୁଭବ ସାଉଁଟି ପାରିଛନ୍ତି ସେ ସ୍ୱୀକାର କରନ୍ତି।

'ମୋ ଓଡ଼ିଆ ବହି'ର ପ୍ରଥମ ଭାଗରେ ସାହିତ୍ୟିକା ସାନ୍ତ୍ୱନା ଦାଶ ପ୍ରଥମ କରି ମାତୃଭାଷା 'ଶିଖୁଥିବା ପିଲାଙ୍କ ପାଇଁ ଓଡ଼ିଆ ବର୍ଣ୍ଣମାଳାକୁ ଅକ୍ଷର କ୍ରମରେ ରଖିଛନ୍ତି। ସ୍ୱରବର୍ଣ୍ଣରେ ୧୨ଗୋଟି ଅକ୍ଷର ଯଥାକ୍ରମେ ଅ, ଆ, ଇ, ଈ, ଉ, ଊ, ର,ର, ଏ, ଐ, ଓ, ଔ, ରଖିଛନ୍ତି। ଅଭ୍ୟାସ ନିମିତ୍ତ ପ୍ରତି ଅକ୍ଷର ତଳେ କିଛି ସ୍ଥାନ ସଂରକ୍ଷିତ ରହିଛି। ବ୍ୟଞ୍ଜନ ବର୍ଣ୍ଣଗୁଡ଼ିକ ଯଥାକ୍ରମେ- କ, ଖ, ଗ, ଘ, ଙ, ଚ, ଛ, ଜ, ଝ, ଞ, ଟ, ଠ, ଡ, ଢ, ଣ, ତ, ଥ, ଦ, ଧ, ନ, ପ, ଫ, ବ, ଭ, ମ, ଯ, ର, ଳ, ବ, ଶ, ଷ, ସ, ହ, କ୍ଷ, ଡ଼, ଢ଼, ୟ, ଲ, ୱ ଏହିପରି ଅଭ୍ୟାସ ନିମିତ୍ତ ଲେଖାଯାଇଅଛି। ଏଥି ସହିତ ଓଡ଼ିଆ ବର୍ଣ୍ଣମାଳାକୁ ନେଇ ଛୋଟ ଛୋଟ ଶବ୍ଦର ତାଲିକା ପ୍ରସ୍ତୁତ କରିଛନ୍ତି ଯଥା: ଆଈ, ଉଇ, ଓଉ, ଆଉ, ଘର, କର, ଜଟ, ଚକ, ଫଳ, ସମୟ, କଟକ, ପଥର, ଖବର, ସାପ, ଚାଷ ଇତ୍ୟାଦି।

ଏଥି ସହିତ ଓଡ଼ିଆ ଶବ୍ଦମାନଙ୍କରେ ବ୍ୟବହୃତ ଚିହ୍ନଗୁଡ଼ିକୁ (ା, ି, ୀ, ୁ, ୂ, ୃ, େ, ୈ, ୋ, ୌ, ଂ, ଃ, ଁ ।) ଶବ୍ଦ ସହିତ ଯୋଡ଼ି ଅନେକ ପରିଚିତ ଶବ୍ଦର ତାଲିକା ତଳେ ଅଭ୍ୟାସ ନିମିତ୍ତ କିଛି ସ୍ଥାନ ଛଡ଼ାଯାଇଛି ଯାହା 'ଳରେ ଛୋଟ ପିଲାଟି ଶବ୍ଦ ସହ ପରିଚିତି ହେବା ଭିତରେ ସ୍ମୃତିରେ ମଧ୍ୟ ଶବ୍ଦଟି ରହିପାରିବ। ଉଦାହରଣ ସ୍ୱରୂପ- କାମ, ଚକି, ନଦୀ, ଧନୁ, ମୂଷା, ତୃଣ, ମେଘ, ଶୈବ, ରୋଗ, ନୌକା, କଂସ, ଦୁଃଖ, ମୁହଁ, ସତ୍, ଶୁକ୍ଳ, ପ୍ରଜାପତି, ପଦ୍ମ, ଯତ୍ନ ଏମିତି ଅସଂଖ୍ୟ ଶବ୍ଦର ତାଲିକା ରହିଛି ଯାହା ପ୍ରାୟ ସମସ୍ତେ ସହଜରେ ସ୍ମରଣରେ ରଖିପାରିବେ। ବହିଟିର ଦ୍ୱିତୀୟ ଭାଗରେ ବିନ୍ଦୁଗୁଡ଼ିକୁ ଯୋଡ଼ି ଛବିଟିକୁ ରଙ୍ଗ କରି ଚିହ୍ନାଇ ଲେଖିବାର ଜିଜ୍ଞାସା ରହିଛି। ବର୍ଣ୍ଣମାଳାରେ ଥିବା ଅକ୍ଷର ସଂଖ୍ୟାକୁ ଆଖିରେ ରଖି ଏହିପରି କ୍ରମରେ ସଜାଯାଇଚି ଯେପରି ପିଲାଟି ଛବିଟିକୁ ପୂରଣ କରିବା ଭିତରେ କ୍ରମାନ୍ୱୟରେ ଅକ୍ଷରଗୁଡ଼ିକ ସ୍ମରଣ କରିପାରିବ। ଶେଷରେ ତାହା ଏକ ମନଲୋଭା ଛବିଟିଏ ହୋଇଯାଉଛି ଯାହାକି ଶିଶୁ ମନଟି ଆନନ୍ଦରେ ପୁରି ଉଠିବା ସହ ନିଜ ଭାଷା ପ୍ରତି ଦୁର୍ବଳତା ଜାତ ହେବ। ଏହାପରେ କିଛି ଅକ୍ଷର କ୍ରମ ରହିଛି ଯାହାକୁ ପ୍ରଥମରେ ରଖି ଶବ୍ଦଗଢ଼ି ଲେଖିବାକୁ ପଡ଼ିବ ଯେମିତି ଉଦାହରଣ ସ୍ୱରୂପ: -ଆ- ଆଖି, ଓ-ଓଟ, ଗ-ଗଧ, ଡ-ଡଙ୍ଗା ଏହିପରି ସ୍ମୃତିଶକ୍ତିକୁ ବ୍ୟାପକ କରିବାର ଉଦ୍ଦେଶ୍ୟ ସଫଳ ହୋଇପାରିଛି। କିଛି ଘର କାଟି ଅକ୍ଷର ଲେଖାଯାଇଛି। ତାହା ଏପଟ ସେପଟ ରହିଛି। ସେଥିରୁ ଅକ୍ଷରଗଣି ସଂଖ୍ୟା ଲେଖିବାର ବିଧି ରହିଛି। କେଉଁ ଅକ୍ଷରରୁ କେତୋଟି ରହିଛି ପିଲାଟି ଲେଖିଲାବେଳେ ଅକ୍ଷର ସହ ପରିଚିତ ହେବା ସହ ଓଡ଼ିଆ ସଂଖ୍ୟା ସହ ମଧ୍ୟ ପରିଚିତ ହୋଇପାରିବ ଯଥେଷ୍ଟ ପ୍ରୟାସ ରହିଛି। ଶୂନ୍ୟସ୍ଥାନ ପୂରଣରେ ରହିଛି ଉଦାହରଣ ସ୍ୱରୂପ:- ଅ ଆ- ଇଉ- ଏହିପରି। ଅତି ସହଜରେ ପିଲାଟି ନିଜ ବୁଦ୍ଧି ଖଟାଇ ପୂରଣ କରିପାରିବା ଭଳି ଶବ୍ଦର ସଂକେତ ମଧ୍ୟ ଦିଆଯାଇଛି। ଯୋଡ଼ି ମିଳନର ସ୍ଥାନରେ ଶବ୍ଦ ସହ ଭିନ୍ନ ଭିନ୍ନ ଛବିର ପ୍ରକାଶ ରହିଛି ଯେପରି ପିଲାଟି ଶବ୍ଦ କହିବା ବେଳେ ଛବିଗୁଡ଼ିକୁ ମଧ୍ୟ ସ୍ମରଣ କରି ସଠିକ ଶବ୍ଦ ବସାଣ କରିପାରିବ ତାକୁ ଧ୍ୟାନ ରଖି ବହିଟିରେ ଚମତ୍କାର ରୀତିରେ ସ୍ଥାନିତ କରାଯାଇଛି। ଏହାପରେ ଧିରେଧିରେ ଦୁଇଟି ଶବ୍ଦ ଭିତରେ ଥିବା ପାର୍ଥକ୍ୟ ତା' ପରେ ସମାର୍ଥ ଏକାଧିକ ଶବ୍ଦର ବସାଣ, ଛୋଟ ଛୋଟ ବାକ୍ୟ ସହ ପ୍ରଶ୍ନ ଓ ଉତ୍ତରର ଖେଳ ମଧ୍ୟ ରହିଛି। ଉ:ସ୍ୱ: ତୁମ ନାମ କ'ଣ? / ମୋ ନାମ ମିନୁ। ତୁମ ପ୍ରିୟ ଖେଳର ନାମ କୁହ? / ମୋ ପ୍ରିୟ ଖେଳ କ୍ରିକେଟ। ଏହିପରି ପ୍ରଶ୍ନତଳେ ଉତ୍ତର ଲେଖିବା ପାଇଁ ସ୍ଥାନ ରହିଛି ଯାହାକି ପିଲାଟି ପ୍ରଶ୍ନ ଶୁଣି ଅବା ପଢ଼ି ଉତ୍ତର କହିବା ସହ ସହଜରେ ଲେଖିବା ଶିଖି ପାରିବାର ବ୍ୟବସ୍ଥା ରହିଛି। ଆହୁରି ମଧ୍ୟ କୋଠରୀରେ

ଅନେକ ଅକ୍ଷର ରହିଛି। ସେଥିରୁ ଅକ୍ଷରକୁ ଅକ୍ଷର ଯୋଡ଼ି ଅର୍ଥପୂର୍ଣ୍ଣ ଶବ୍ଦର ତାଲିକା ଲେଖିବାର ବିଧି ମଧ୍ୟ ରହିଛି। ଏହାଦ୍ୱାରା ପିଲାଟି ନୂଆ ଶବ୍ଦ ସହ ଜାଣିବାର ସୁବିଧାକୁ ସହଜରେ ଗ୍ରହଣ କରିପାରିବ ତା'ର ଯଥେଷ୍ଟ ପ୍ରୟାସ କରାଯାଇଛି। ଏଥିସହିତ କିଛି ଇଂରାଜୀ ଭାଷାର ଶବ୍ଦକୁ ଓଡ଼ିଆରେ ଅନୁବାଦ କରିବା ପାଇଁ ସ୍ଥାନ ରହିଛି। ଆହୁରି ମଧ୍ୟ କାଳଗତ ପାର୍ଥକ୍ୟକୁ ବୁଝାଇ ବାକ୍ୟ ପୂରଣ ନିମିତ୍ତ କିଛି ବାକ୍ୟର ଖଣ୍ଡିତାଂଶ ଛଡ଼ା ଯାଇଛି। ପିଲାଟି ସଠିକ୍ ଜାଣିବା ଉଦ୍ଦେଶ୍ୟରେ ବନ୍ଧନୀ ଭିତରେ କାଳ/ ସ୍ଥାନ/ ଏକ ବଚନ/ ବହୁ ବଚନ ଆଦିର ଅନେକ ଶବ୍ଦ ଦିଆଯାଇଛି। ପୁଣି ଓଡ଼ିଆରେ ଅନେକ ଶବ୍ଦର ତାଲିକା ରହିଛି ଯାହାର ଇଂରାଜୀ ଅନୁବାଦ କରିବାକୁ ହେବ ସ୍ଥାନ ଛଡ଼ାଯାଇଛି। ଶରୀରର ଅଙ୍ଗ ପ୍ରତ୍ୟଙ୍ଗ ସହ ବିଭିନ୍ନ ପନିପରିବା, 'ଳମୂଳ, ପଶୁପକ୍ଷୀ, ଉଦ୍ଭିଦ, ବାସଗୃହ, ଜଳାଶୟ, ସାଗର, ମହାସାଗର, ପର୍ବତ, ନିର୍ଝରିଣୀ, ପ୍ରକୃତି ଆଦିର ସମସ୍ତ ତଥ୍ୟକୁ ଅତି ସହଜରେ ବୁଝାଇ ଦିଆଯାଇଛି। ପରିବାର ଭିତରେ ଥିବା ଅନେକ ସମ୍ବନ୍ଧର ନିଗୂଢ଼ ତତ୍ତ୍ୱ ଓ ତଥ୍ୟକୁ ପିଲାଟିକୁ ବୁଝାଇବା ଉଦ୍ଦେଶ୍ୟରେ ଇଂରାଜୀ ସହ ଓଡ଼ିଆରେ ଶବ୍ଦର ପ୍ରୟୋଗ ହୋଇଛି। ସଂଖ୍ୟାର ଯୋଡ଼ି ମେଳନ, ମିଶାଣ, ଫେଡ଼ାଣ, ଗୁଣନ, ହରଣ, ଆକାର, ପ୍ରକାର, ସୌରମଣ୍ଡଳ, ସାତଟି ବାର, ଛ ଋତୁର ନାମ, ବାର ମାସର ନାମ, ବିଭିନ୍ନ ଜିଲ୍ଲାର ଅବସ୍ଥିତି ଓ ନାମ ଏମିତି ଅନେକ ଶିକ୍ଷଣୀୟ କଥାବସ୍ତୁକୁ ସ୍ଥାନିତ କରାଯାଇଛି। ନୀତିଶିକ୍ଷା ଛଳରେ ବିଲେଇ ଓ ପିଠା, ଏକତାର ବଳ ପ୍ରଭୃତି ଗପ ମାଧ୍ୟମରେ ନୈତିକ ଜ୍ଞାନର ବିକାଶକୁ ମଧ୍ୟ ପ୍ରାଧାନ୍ୟ ଦିଆଯାଇଛି। କିଛି ଜଣା ଅଜଣା କଥାର ସମ୍ଭାର, ଶବ୍ଦ ଜାଲର ଉଭୟ ଖେଳରେ ଖେଳରେ ପଢ଼ିବାର ବ୍ୟବସ୍ଥା ଖୁବ୍ ନିଆରା ଓ ଆକାର୍ଷଣୀୟ କରାଇଛି ପିଲାଙ୍କ ପଢ଼ିବା ପାଇଁ।

ମା'ପରି ମନୁଷ୍ୟର ଅତିପ୍ରିୟ ତା'ର ମାତୃଭାଷା। ମାତୃଭାଷାକୁ ସେ ଯେତେ ଆପଣାର ମନେ କରେ ଅନ୍ୟ ଭାଷାକୁ ସେପରି ଗ୍ରହଣ କରି ନଥାଏ। ଶିଶୁର ଓଠରୁ ସ୍ୱତଃସ୍ଫୂର୍ତ୍ତ ଭାବରେ ଝରି ଆସିଥାଏ ମା'ର ଭାଷା। ସେ ଦରୋଟି ଓଠରେ ଏହି ଭାଷାର ଉଚ୍ଚାରଣ ଯେତିକି ମଧୁର ସେତିକି ମନୋରମ। ହୃଦୟର ଆବେଗକୁ ପ୍ରତ୍ୟେକ ବ୍ୟକ୍ତି ମାତୃଭାଷା ମ୍ଧ୍ୟମରେ ଯେପରି ପ୍ରକାଶ କରିପାରନ୍ତି ଅନ୍ୟ ଭାଷା ମାଧ୍ୟମରେ ନ ହୁଏ ଏପରି ନୁହେଁ ମାତ୍ର ସେ ଅନାବିଳ ମୋହଟି କେଉଁଠି ଅଜାଣତରେ ଲୁଚିଯାଏ ପ୍ରକାଶ କଲାବେଳେ। ଭାବର ସ୍ୱାଭାବିକ ପ୍ରକାଶ ନିମିତ୍ତ ମାତୃଭାଷାର ପ୍ରୟୋଜନ ଏକାନ୍ତ ଅପରିହାର୍ଯ୍ୟ ଏହିକଥାଟି ସୁସାହିତ୍ୟିକା ପ୍ରବାସୀ ଓଡ଼ିଆ ସାନ୍ତ୍ୱନା ଦାଶ ମର୍ମେ ମର୍ମେ ବୁଝିପାରିଛନ୍ତି ଏଥିରେ ଆଦୌ ସନ୍ଦେହ ନାହିଁ। ସେଥିପାଇଁ ତାଙ୍କର ଏହି ସଂକଳିତ ପୁସ୍ତକ 'ମୋ ଓଡ଼ିଆ ବହି'ଟିର ପ୍ରଥମ ପୃଷ୍ଠାରେ ସେ ଲେଖିଛନ୍ତି ସ୍ୱଭାବ କବି ଗଙ୍ଗାଧର

ମେହେରଙ୍କ ମାତୃଭାଷା ଉପରେ ଆଧାରିତ ଅତି ସୁନ୍ଦର ଅମର ବାଣୀଟି ଯାହାକି ବହିଟିକୁ ଅନନ୍ୟ କରିପାରିଛି।

"ଉଚ୍ଚ ହେବା ପାଇଁ କର ଯେବେ ଆଶା
ଉଚ୍ଚ କର ଆଗେ ନିଜ ମାତୃଭାଷା ।"

ଓଡ଼ିଆ ମାଟିର କଥା କହୁ କହୁ ଅନେକ କିଛି କଥା ଶିଖାଇବା ସହ ସାହିତ୍ୟିକା ସାନ୍ତ୍ୱନା ଦାଶ ପ୍ରତିଟି ପ୍ରବାସୀ ଓଡ଼ିଆଙ୍କ ପାଇଁ ପ୍ରେରଣା ପାଲଟି ଯାଇଛନ୍ତି ଓ ପ୍ରତିଟି ଶିଶୁର ମନସ୍ତତ୍ତ୍ୱରେ ମାତୃଭାଷା ପ୍ରତି ଆଗ୍ରହ ସଞ୍ଚାର କରିପାରିଛନ୍ତି।

■

ଓଡ଼ିଆ ଭାଷା ଉତ୍କର୍ଷ ଅଧ୍ୟୟନ କେନ୍ଦ୍ର, ସହଯୋଗୀ ଗବେଷିକା
ଶିକ୍ଷା ମନ୍ତ୍ରଣାଳୟ, ଭାରତ ସରକାର, ଓଡ଼ିଶା, ଭୁବନେଶ୍ୱର
ମୋ: ୮୨୪୯୮୭୪୬୦୮

ମୋ ଓଡ଼ିଆ ବହି : ସାନ୍ତ୍ୱନା ଦାଶ

ଡକ୍ଟର ଜ୍ୟୋତିପ୍ରଭା ମହାନ୍ତି

ଭାଷା ଜାତୀୟତାର ପରିଚୟ । ଓଡ଼ିଆ ଜାତି ତା'ର ଭାଷାକୁ ନେଇ ସୁଦୃଢ଼ ଓ ପରିବ୍ୟାପ୍ତ । ଭାଷା ସାହିତ୍ୟର ଅସ୍ତିତ୍ୱ ଭାଷାର ବ୍ୟାକରଣ ସଂରଚନା ମଧ୍ୟରେ ଲିପିବଦ୍ଧ ଥାଏ । ବର୍ଣ୍ଣ, ଧ୍ୱନି, ପଦମାନଙ୍କର ସମାବେଶରେ ବାକ୍ୟ ସୃଷ୍ଟି ହୋଇଥାଏ । ବାକ୍ୟର ସମ୍ଭାର ସାହିତ୍ୟର କାୟାକୁ ବିସ୍ତାର କରିବା ସହ ଜାତିର କାମନା, ବାସନା, ଆକାଙ୍‌କ୍ଷା ସବୁକୁ ପ୍ରକାଶ କରିବାରେ ସମର୍ଥ ହୋଇଥାଏ । ଏହି ଭାଷା ସଂରଚନା ସୁଦୃଢ଼ ହୋଇ ପ୍ରାଚୀନରୁ - ଅର୍ବାଚୀନ ଆଡ଼କୁ ଆଗେଇ ଚାଲେ ଓ କାଳବକ୍ଷରେ ଲିପିବଦ୍ଧ ହୋଇ ରହିବାର ଗୌରବ ବହନ କରେ । ଏ ପରିପ୍ରେକ୍ଷୀରେ ଓଡ଼ିଆ ଭାଷା ଏକ ସମୃଦ୍ଧ ଭାଷା ପ୍ରାଚୀନତାର ସ୍ୱରୂପ ହାତୀଗୁମ୍ଫା ଶିଳାଲେଖଠାରୁ ଆରମ୍ଭ କରି ଏଯାବତ୍ ସେ କ୍ରମବିକଶିତ ହୋଇଛି । କାଳର କ୍ଷୟମାନ ସ୍ରୋତରେ ସେ ବିସ୍ମୃତିର ଗର୍ଭରେ ପ୍ରଭାବ ବିସ୍ତାର କରି ଅବକ୍ଷୟ, ଅମରତ୍ୱ ପ୍ରାପ୍ତ କରିଛି । ୨୦୦୦ ବର୍ଷରୁ ଏହା ଲିପିବଦ୍ଧ ହେବା ସଂଗେ, ପ୍ରାଚୀନ ସାହିତ୍ୟ ରଚନାର ପରଂପରା, ଅନ୍ୟ କୌଣସି ଭାଷା ଦ୍ୱାରା ପ୍ରଭାବିତ ନ ହୋଇ ମୌଳିକ ସୃଷ୍ଟି ସମ୍ଭାରରେ ସମୃଦ୍ଧ ହେତୁ ୨୦୧୪ରେ ଶାସ୍ତ୍ରୀୟ ମାନ୍ୟତା ପ୍ରାପ୍ତ କରିଛି । ଓଡ଼ିଆ ଭାଷାରେ ବ୍ୟବହୃତ ବର୍ଣ୍ଣମାଳା, ମାତ୍ରା, ଫଳା, ଯୁକ୍ତବର୍ଣ୍ଣର ବ୍ୟବହାର କୌଶଳ ଓ ପ୍ରୟୋଗର ପରଂପରା ସ୍ୱତନ୍ତ୍ର ଅଟେ । 'ଅ'ଠାରୁ 'କ୍ଷ' ପର୍ଯ୍ୟନ୍ତ ସ୍ୱରବର୍ଣ୍ଣ ଓ ବ୍ୟଞ୍ଜନବର୍ଣ୍ଣ ଆ କାର ଠାରୁ ଔ କାର ପର୍ଯ୍ୟନ୍ତ ମାତ୍ରା କ ଠାରୁ କ୍ଷ ପର୍ଯ୍ୟନ୍ତ ବ୍ୟଞ୍ଜନ ବର୍ଣ୍ଣର ଫଳାକୁ ନେଇ ଓଡ଼ିଆ ବର୍ଣ୍ଣମାଳା ସମୃଦ୍ଧ । ଓଡ଼ିଆ ଲିପି ସଂପର୍କରେ ଆଲୋଚନା କଲାବେଳେ ଏହା ବ୍ରାହ୍ମୀଲିପିରୁ ସୃଷ୍ଟି ହୋଇଛି । ବିଭିନ୍ନ ସମୟରେ ଏହା ବିଭିନ୍ନ ରୂପ

ଗ୍ରହଣ କରିଛି। ଏହାର ସ୍ୱାତନ୍ତ୍ର୍ୟ ହେଉଛି ପୁଡ଼ା, ପୁଚ୍ଛ, ବକ୍ରରେଖା ଓ ଅର୍ଦ୍ଧବୃତ୍ତାକାର ମଣ୍ଡଳୀ। ଲିପିତାତ୍ତ୍ୱିକ, ବର୍ଣ୍ଣତାତ୍ତ୍ୱିକନୁଯାୟୀ ଓଡ଼ିଆ ବର୍ଣ୍ଣମାଳାର ସଂରଚନା କରାଯାଇଥାଏ।

ବହୁଭାଷିକ ପରିବେଶ କଥା ବିଚାର କଲେ ପ୍ରତ୍ୟେକ ଲୋକ ଏକରୁ ଅଧିକ ଭାଷା ସଂପର୍କରେ ଜ୍ଞାନ ଆହରଣ କରି ଭାବ-ଆଦାନ କରିବା ସହ ଅନ୍ୟ ରାଷ୍ଟ୍ର ତଥା ଅଞ୍ଚଳର ଲୋକମାନଙ୍କର ସାଂସ୍କୃତିକ, ସାମାଜିକ, ଧାର୍ମିକ ତତ୍ତ୍ୱକୁ ବୁଝିବାରେ ସମର୍ଥ ହୋଇପାରିବେ। ଏହି ପରିପ୍ରେକ୍ଷୀରେ ବିଚାର କଲେ ବିଦେଶରେ ବାସ କରୁଥିବା ପ୍ରତିବେଶୀମାନଙ୍କର ଅନ୍ୟ ଭାଷା ଶିକ୍ଷା ଓ ପ୍ରଶିକ୍ଷଣ ବ୍ୟବସ୍ଥା ଏକ ଗୁରୁତ୍ୱପୂର୍ଣ୍ଣ କାର୍ଯ୍ୟ ଅଟେ।

ସାନ୍ତ୍ୱନା ଦାଶଙ୍କର 'ମୋ ଓଡ଼ିଆ ବହି' ପୁସ୍ତକଟି ଏକ ଉପାଦେୟ ପୁସ୍ତକ। ସାନ୍ତ୍ୱନା ଦାସ ବିଦେଶୀମାନଙ୍କୁ ଓଡ଼ିଆ ଭାଷା ସହଜ, ସରଳ ଓ ସାବଲୀଳ ଢଙ୍ଗରେ/ ଶୈଳୀରେ ଶିକ୍ଷାଦେବା ପାଇଁ ଯେଉଁ ପ୍ରୟାସ ଓ ପ୍ରଚେଷ୍ଟା କରିଛନ୍ତି ତାହା ବାସ୍ତବରେ ଅଭିନନ୍ଦନୀୟ। ଏଥିରେ ସେ ଓଡ଼ିଆ ବର୍ଣ୍ଣର ବିଭାଗୀକରଣ କରିବା ସହ ଏହାର phonic ଅଥବା ଉଚ୍ଚାରଣ ପାଇଁ ଯେଉଁ ସବୁ ବର୍ଣ୍ଣର ବ୍ୟବହାର ଓ ଧ୍ୱନିର ସମାହାର ଘଟିବ ଏବଂ 'ଅ'ଠାରୁ 'କ୍ଷ' ପର୍ଯ୍ୟନ୍ତ ଅକ୍ଷରକୁ ନେଇ ଶବ୍ଦଗୁଡ଼ିକୁ ତିଆରି କରିଛନ୍ତି ଏବଂ ଯାହାକୁ ଇଂରାଜୀ ଶବ୍ଦ ମାଧ୍ୟମରେ ତା'ର ଅର୍ଥକୁ ଶିକ୍ଷାପଯୋଗୀ କରିଛନ୍ତି। ଓଡ଼ିଆ ଆଦୌ ଜାଣି ନ ଥିବା ବିଦେଶୀମାନଙ୍କୁ ଏହି ବର୍ଣ୍ଣାକ୍ଷର ଶିକ୍ଷା ପାଇଁ ଏକାନ୍ତ ଉପଯୋଗୀ ଶବ୍ଦଗୁଡ଼ିକୁ ପ୍ରସ୍ତୁତ କରିଛନ୍ତି। ବର୍ଣ୍ଣକୁ ଲିପି ଆକାରରେ ଲେଖିବାର କୌଶଳ ଶିକ୍ଷା ପାଇଁ ହସ୍ତଲିପି ଅଭ୍ୟାସ କରି ଓଡ଼ିଆ ଲିପି ଶିକ୍ଷାର ମାଧ୍ୟମଟିଏ ପ୍ରସ୍ତୁତ କରିଛନ୍ତି। ସଂଗୀତର ତାଳେ ତାଳେ ଓଡ଼ିଆ ଶିକ୍ଷାର ଏକ ମହତ୍ତ୍ୱ ଓ ଗୁରୁତ୍ୱପୂର୍ଣ୍ଣ ଆବେଗ ଆଣି ଭାଷାକୁ ପରିବ୍ୟାପ୍ତ କରିବାର ପ୍ରଚେଷ୍ଟା ଅଭିନନ୍ଦନୀୟ। ମାତ୍ରା, ଫଳା ଓ ଯୁକ୍ତାକ୍ଷର ଆଦିର ପ୍ରୟୋଗ କରିବାର ଧାରାଟିରେ ବେଶ୍ କୁଶଳ କାରିଗରୀର ଅଭିସ୍ୱାକ୍ଷର ନିହିତ ହୋଇଛି। ପୁସ୍ତକଟି ବହୁଭାଷିକ ଶିକ୍ଷାଦାନ କ୍ଷେତ୍ରରେ ଏକ ଅମ୍ଳାନ ସୃଷ୍ଟି କହିଲେ ଅତ୍ୟୁକ୍ତି ହେବ ନାହିଁ।

■

ଓଡ଼ିଆ ଭାଷା ଉତ୍କର୍ଷ ଅଧ୍ୟୟନ କେନ୍ଦ୍ର
ସହଯୋଗୀ ଗବେଷିକା
ଶିକ୍ଷା ମନ୍ତ୍ରଣାଳୟ, ଭାରତ ସରକାର
ଓଡ଼ିଶା, ଭୁବନେଶ୍ୱର
ମୋ:୭୦୦୮୪୫୪୭୦୪

ଓଡ଼ିଆ ବର୍ଣ୍ଣମାଳାକୁ ଜୀବିତ ରଖିବାରେ ପ୍ରୟାସୀ ସାନ୍ତ୍ୱନା ଦାଶ

ରୁକ୍ମିଣୀ ସମର୍ଥା

ଈଶ୍ୱରଙ୍କ ସୃଷ୍ଟି ସୌନ୍ଦର୍ଯ୍ୟମୟ। ପ୍ରତ୍ୟେକ ବସ୍ତୁକୁ ସୃଷ୍ଟି କରିବା ପଛରେ ତାଙ୍କର ମହନୀୟତା ପ୍ରତିପାଦିତ ହୋଇଥାଏ। ପ୍ରତ୍ୟେକ ବସ୍ତୁର କିଛି ନା କିଛି ମୂଲ୍ୟ ରହିଛି। ଯାହାଦ୍ୱାରା ସେମାନଙ୍କ ସ୍ୱାତନ୍ତ୍ର୍ୟତା ପ୍ରକାଶ ପାଉଛି। ସୃଷ୍ଟି ଆରମ୍ଭ କାଳରୁ ଏଯାବତ୍ ଯେତେ ସବୁ ମହନୀୟ ବସ୍ତୁର ସୃଷ୍ଟି ହୋଇଛି ପ୍ରତ୍ୟେକ ଆମକୁ ସହାୟତା କରିବା ସହିତ ଏକ ନୂତନ ଦିଗ୍‌ଦର୍ଶନର ଆଶା ସଞ୍ଚାର କରାଉଥାନ୍ତି। ଆମ ଭିତରେଏକ ମହତ୍ତର ଉଦ୍ଦେଶ୍ୟକୁ ଚରିତାର୍ଥ କରିବାର ଆକାଂକ୍ଷା ଜନ୍ମ ନେଇଥାଏ। ସେହିପରି ଜଣେ ବ୍ୟକ୍ତିତ୍ୱ ହେଉଛନ୍ତି ସାନ୍ତ୍ୱନା ଦାସ। ନିଜ ଜନ୍ମଭୂମିଠାରୁ ଦୂରରେ ରହି ମଧ୍ୟ ଭୁଲି ନାହାନ୍ତି ସେ ମାଟିର ମହକ। ନିଜ ଭାଷାର ମଧୁର ବାରିଧାରା। ବିଦେଶରେ ସ୍ୱଭାଷାର ପରିଚୟକୁ ଉଚ୍ଚତର କରିବାର ଅଦମ୍ୟ ପ୍ରୟାସ ତାଙ୍କ ଭିତରେ ଫୁଟି ଉଠିଛି ବସନ୍ତର ପ୍ରେମପୂର୍ଣ୍ଣ ସ୍ପର୍ଶ ପରି।

ସୃଷ୍ଟିର ପ୍ରାରମ୍ଭ ଓଁ ରୁ ହୋଇଛି। ଜୀବଜଗତ ସୃଷ୍ଟି ହେବା ମୂଳରେ ଓଁ ର ଗୁରୁତ୍ୱ ରହିଥିବାର କଥା ଆମେ ବିଭିନ୍ନ ସୂତ୍ରରୁ ପ୍ରାପ୍ତ ହୋଇଥାଉ। ସୃଷ୍ଟିତତ୍ତ୍ୱ ସଂପର୍କରେ ଜଗନ୍ନାଥ ଦାସ ତାଙ୍କ ତୁଳାଭିଣା ଗ୍ରନ୍ଥରେ ପାର୍ବତୀଙ୍କୁ ଅତି ଚମତ୍କାର ଭାବରେ ବୁଝାଇ ଦେଇଛନ୍ତି ଯଥା-

'ମହାଶୂନ୍ୟ ଯେ ଜ୍ୟୋତିରୂପ

ଜ୍ୟୋତିରୁ ଜାତ ଠୁଳ ରୂପ
ଠୁଳରୁ ଅର୍ଦ୍ଧମାତ୍ରା କଳା
ମାତ୍ରାରୁ ଓଁ କାର ଜନ୍ମିଲା
ଓଁକାର ବ୍ରହ୍ମ ଏ ଜଗତ
ଶୁଣ ପାର୍ବତୀ ଦେଇ ଚିତ୍ତ।"

ଅର୍ଥାତ୍ ଏହି ଓଁ ହି ହେଉଛି ବ୍ରହ୍ମ। ଯାହାକି ଅ-ଉ-ମ ଏପରି ଭାବରେ ଅକ୍ଷରକୁ ନେଇ ସୃଷ୍ଟି ହୋଇଛି ଯାହା ମନ୍ତ୍ରରେ ସୃଷ୍ଟିର ସମସ୍ତ ତତ୍ତ୍ୱ ଅନ୍ତର୍ନିହିତ ଥାଏ। ପ୍ରତ୍ୟେକ ବର୍ଣ୍ଣକୁ ଦେବତାମାନଙ୍କର ପ୍ରତିନିଧି ଭାବରେ ବିବେଚନା କରାଯାଏ। ହିନ୍ଦୁ ଧର୍ମରେ ବେଦକୁ ଆଦିମତମ ଗ୍ରନ୍ଥ ଭାବରେ ଗ୍ରହଣ କରାଯାଇ ଏହାର ଭାଷାକୁ ଦେବଭାଷା ରୂପରେ ବିବେଚନା କରାଯାଇଛି। ଏହି ଭାଷାକୁ ବଞ୍ଚାଇ ରଖିବାର ସର୍ବୋତ୍କୃଷ୍ଟ ମାଧ୍ୟମ ହେଉଛି ବର୍ଣ୍ଣମାଳା।

ଭାରତବର୍ଷରେ ବର୍ଣ୍ଣମାଳାର ସୃଷ୍ଟି କେବେ ହୋଇଥିଲା ତାହା ଅଜ୍ଞାତ। ଆଦିମ ମଣିଷ ଅରଣ୍ୟ ମଧ୍ୟରେ ଗୁହାଗାତ୍ରରେ ଜୀବନଯାପନ କରୁଥିବା ସମୟରେ ଭାଷାର ଆବଶ୍ୟକତାକୁ ଅନୁଭବ କରିଥିଲା। ଭାବ ବିନିମୟ ନିମନ୍ତେ ସେ ଭାଷା ସୃଷ୍ଟି ଉପରେ ଗୁରୁତ୍ୱ ପ୍ରଦାନ କରିଥିଲା। ଗୁହାଗାତ୍ରରେ ବିଭିନ୍ନ ଚିହ୍ନ ସଙ୍କେତ, ଆକୃତି ଅଙ୍କନ କରି ନିଜ ମାନସପଟ୍ଟର ଅପ୍ରକାଶିତ ଭାବନାକୁ ଅନ୍ୟ ଆଗରେ ପରସି ଦେଇଥିଲା। ଚିହ୍ନ ସଙ୍କେତ ମାଧ୍ୟମରେ ଭାବ ବିନିମୟର ଅପାରଙ୍ଗମତାରୁ ସୃଷ୍ଟି ହେଲା 'ଭାଷା'। ବହୁ ବିବର୍ତ୍ତନ ମଧ୍ୟ ଦେଇ ଭାଷା ଏକ ନୂତନ ଜୀବନ୍ୟାସ ପାଇଛି। ଏହି ଭାଷାକୁ କେବଳ ମୁଖରୁ ମୁଖକୁ ପ୍ରବାହିତ କରି ବଞ୍ଚାଇ ରଖିବାର ବୃଥା ପ୍ରୟାସ ହୃଦବୋଧ ହେବା ଫଳରେ ବର୍ଣ୍ଣ ବା ଲିପିର ଆବିଷ୍କାର ଘଟିଛି। ଯାହା ଫଳରେ ଇତିହାସର ପ୍ରଚ୍ଛଦ ପୃଷ୍ଠାକୁ ଉତ୍ତର ପିଢ଼ି ପାଇଁ ସାଇତି ରଖିବାର ସଂକଳ୍ପ ଚରିତାର୍ଥ ହୋଇଛି।

ସଂସ୍କୃତରୁ ହିଁ ଭାରତୀୟ ଆର୍ଯ୍ୟ ଭାଷାଗୁଡ଼ିକର ନବ ଉନ୍ମେଷ ଘଟିଛି। ସେଥି ମଧ୍ୟରୁ ଓଡ଼ିଆ ଭାଷା ଅନ୍ୟତମ। ଓଡ଼ିଆ ଏକ ପ୍ରାଚୀନ ଭାଷା ଭାବରେ ସୁଖ୍ୟାତି ଅର୍ଜନ କରିଛି। ଭାରତ ବର୍ଷର ଷଷ୍ଠତମ ଶାସ୍ତ୍ରୀୟ ଭାଷାର ମାନ୍ୟତା ମଧ୍ୟ ଭାରତ ସରକାରଙ୍କଠାରୁ ପ୍ରାପ୍ତ ହୋଇଛି। ଏହି ଓଡ଼ିଆ ଭାଷାର ବର୍ଣ୍ଣମାଳା ମୁଖ୍ୟତଃ ପାଲି, ପ୍ରାକୃତ, ଅପଭ୍ରଂଶ ସ୍ତର ଦେଇ ଆଧୁନିକ ପର୍ଯ୍ୟାୟରେ ଦଣ୍ଡାୟମାନ। ଓଡ଼ିଆରେ ପ୍ରତ୍ୟେକ ବର୍ଣ୍ଣର ଏକ ସ୍ୱାତନ୍ତ୍ର୍ୟତା ରହିଛି। ଅନ୍ୟାନ୍ୟ ବର୍ଣ୍ଣ ଅପେକ୍ଷା ଏହା ଅଧିକ ସୁନ୍ଦର ଏବଂ ରମଣୀୟ। ଲିଖନ ଦୃଷ୍ଟିରୁ ମଧ୍ୟ ଏହା ଖୁବ୍ ସରଳ। ଓଡ଼ିଆ ବର୍ଣ୍ଣ ଗୁଡ଼ିକର ଲିଖନ ପ୍ରଣାଳୀ ଏତେ ଚମତ୍କାର ଭଙ୍ଗୀରେ ହୋଇଥାଏ ଯେ ଜଣେ ଶିଶୁ ବର୍ଣ୍ଣମାଳା ଶିକ୍ଷା କରିବା ସମୟରେ

ହିଁ ତା'ର ହାତ ଭିନ୍ନ ଭଙ୍ଗୀରେ ପରିଚାଳିତ ହେବା ଫଳରେ ତାକୁ ବିଭିନ୍ନ ଆକୃତି ଅଙ୍କନ କରିବାର ଦିଗ ସହଜ ହୋଇଥାଏ।

ବର୍ଣ୍ଣମାଳା ବିନା ଗୋଟିଏ ଜାତିର ଇତିହାସ ମୃତ କହିଲେ ଅତ୍ୟୁକ୍ତି ହେବନାହିଁ। ସାହିତ୍ୟ ଆଗାମୀ କାଲିର ଇତିହାସକୁ ନିଜ ଗର୍ଭରେ ସ୍ଥାନ ଦେଇଥାଏ। ତେଣୁ ଇତିହାସକୁ ବଞ୍ଚାଇ ରଖିବାର ଏକ ବଳିଷ୍ଠ ମାଧ୍ୟମ ବର୍ଣ୍ଣମାଳା। ଓଡ଼ିଆରେ ବର୍ଣ୍ଣମାଳାକୁ ସ୍ୱରବର୍ଣ୍ଣ, ବ୍ୟଞ୍ଜନ ବର୍ଣ୍ଣ ଭାବେ ଦୁଇ ଶ୍ରେଣୀରେ ବିଭକ୍ତ କରାଯାଇଛି। ସ୍ୱରବର୍ଣ୍ଣ ଗୁଡ଼ିକୁ ହ୍ରସ୍ୱ ସ୍ୱର ଓ ଦୀର୍ଘ ସ୍ୱର ଭାବେ ଦୁଇ ଭାଗରେ ବିଭକ୍ତ କରାଯାଉଥିବା ବେଳେ ବ୍ୟଞ୍ଜନ ବର୍ଣ୍ଣଗୁଡ଼ିକୁ ବର୍ଗ୍ୟ ବ୍ୟଞ୍ଜନ ବର୍ଣ୍ଣ, ଅବର୍ଗ୍ୟ ବ୍ୟଞ୍ଜନ ବର୍ଣ୍ଣ ଏବଂ ଅତିରିକ୍ତ ବ୍ୟଞ୍ଜନ ବର୍ଣ୍ଣ, ଅବର୍ଗ୍ୟ ବ୍ୟଞ୍ଜନ ବର୍ଣ୍ଣ ଏବଂ ଅତିରିକ୍ତ ବ୍ୟଞ୍ଜନ ବର୍ଣ୍ଣ ଭାବରେ ତିନି ଭାଗରେ ବିଭକ୍ତ କରାଯାଇଛି। ଯାହାଫଳରେ ଜଣେ ପାଠକ ଏହି ବର୍ଣ୍ଣଗୁଡ଼ିକୁ ଅତି ସହଜରେ ସ୍ମରଣ ରଖି ପାରିବେ। ବର୍ଣ୍ଣଗୁଡ଼ିକୁ ଏକତ୍ରିତ ଭାବରେ ପଢ଼ିବା ଦ୍ୱାରା ଆମେ ଏହାର କ୍ରମକୁ ଭୁଲି ଯାଇଥାଉ। ବିଭିନ୍ନ ବିଭାଗ କରି ଲେଖିବା ଦ୍ୱାରା ଏହା ସହଜରେ ମନେ ରହିଥାଏ। ବର୍ଣ୍ଣମାଳାର ସମୁଚିତ ପଠନ ଓ ଲିଖନ ଏକାନ୍ତ ଆବଶ୍ୟକ। କୌଣସି ଜାତିର ଭାଷାକୁ ବଞ୍ଚାଇ ରଖିବାକୁ ହେଲେ ଏହାର ବର୍ଣ୍ଣମାଳାକୁ ବଞ୍ଚାଇ ରଖିବା ଏକାନ୍ତ ଆବଶ୍ୟକ ନଚେତ୍ ଏହା କେତେବେଳେ ମୃତ ଭାଷାରେ ପରିଣତ ହୋଇଯିବ ତାହା ଅତ୍ୟନ୍ତ କଷ୍ଟଦାୟକ।ବର୍ଣ୍ଣମାଳାର ମୃତ୍ୟୁ ଘଟିବାର ଅର୍ଥ ଏକ ଜାତିର ମୃତ୍ୟୁ ଘଟିବା। ତେଣୁ ପ୍ରାଥମିକ ସ୍ତରରେ ସ୍ୱଭାବ ପ୍ରତି ଆନ୍ତରିକତା ରହିବା ଅନିର୍ବାର୍ଯ୍ୟ ଅଟେ।

ବର୍ଣ୍ଣମାଳା ଆମର ପରିଚୟ ବହନ କରିଥାଏ। ଆମ ନାମରେ ସ୍ୱାର୍ଥକତା ମୂଳରେ ବର୍ଣ୍ଣମାଳାର ଅପରିହାର୍ଯ୍ୟ ଭୂମିକା ରହିଛି। ଜଣେ ଶିଶୁକୁ ତାର ବାଲ୍ୟକାଳରୁ ସଠିକ୍ ଭାବରେ ବର୍ଣ୍ଣମାଳା ସହ ପରିଚୟ କରାଇବା ଆବଶ୍ୟକ। ଯାହା ଫଳରେ ବର୍ଣ୍ଣ ସମ୍ବନ୍ଧୀୟ ସଠିକ୍ ଧାରଣା ରହିପାରିବ। ବର୍ଣ୍ଣକୁ ନିର୍ଭୁଲ୍ ଭାବରେ ଲିଖନ ଓ ପଠନର କଳା ତା ମଧ୍ୟରେ ସୃଷ୍ଟି ହୋଇଥିବାରୁ ଆମେ ତାକୁ ସେହିଭଳି ହିଁ ରୂପ ଦେବା ଆବଶ୍ୟକ। ଆମ ମନମୁତାବକ ଲେଖିବା ଫଳରେ ବର୍ଣ୍ଣଗୁଡ଼ିକର ବିକୃତି ଘଟିଥାଏ। ଫଳରେ ସାହିତ୍ୟ ମଧ୍ୟ ବିକଳାଙ୍ଗ ରୂପ ଧାରଣ କରେ।

ଓଡ଼ିଆ ବର୍ଣ୍ଣମାଳାକୁ ପ୍ରବାସୀ ଓଡ଼ିଆମାନଙ୍କ ମନରେ ଉନ୍ମେଷ ତଥା ବିକାଶ କରାଉଥିବାର ଗୁରୁତ୍ୱପୂର୍ଣ୍ଣ ଭୂମିକା ବହନ କରିଛନ୍ତି ସାନ୍ତ୍ୱନା ଦାଶ। ତାଙ୍କର ଦୁଇଟି ପୁସ୍ତକ 'ମୋ ଓଡ଼ିଆ ବହି' ଏବଂ 'ଓଡ଼ିଆ ଅଭ୍ୟାସ ପୁସ୍ତିକା' ସାହାଯ୍ୟରେ ଓଡ଼ିଆ ବର୍ଣ୍ଣର ସହଜ ଓ ସଠିକ୍ ଲିଖନ ପ୍ରଣାଳୀ ସ୍ଥାନ ପାଇଛି। ଓଡ଼ିଆର ପ୍ରତ୍ୟେକ ବର୍ଣ୍ଣକୁ ନେଇ କେତେଗୁଡ଼ିଏ ଶବ୍ଦର ସମାହାର ରହିବା ଫଳରେ ଅମର ଶବ୍ଦ ଭଣ୍ଡାର ସଂପର୍କିତ

ଜ୍ଞାନବର୍ଦ୍ଧିତ ହୋଇପାରିବ। ମାତ୍ରା, ଫଳା, ବିରାମଚିହ୍ନ ଇତ୍ୟାଦିର ସଠିକ୍ ବ୍ୟବହାର କରିବା ଦ୍ୱାରା ଆମର ଲେଖା ସ୍ୱଚ୍ଛ ତଥା ପ୍ରାଞ୍ଜଳ ହୋଇଥାଏ। 'ଓଡ଼ିଆ ଅଭ୍ୟାସ ପୁସ୍ତିକା' ସାହାଯ୍ୟରେ ବିଭିନ୍ନ ବର୍ଣ୍ଣନା ସହଜରେ ଶିକ୍ଷା କରିବା ସହିତ ଅନେକ ଗୁଡ଼ିଏ ଦ୍ୱିବର୍ଣ୍ଣ ତଥା ତ୍ରିବର୍ଣ୍ଣ ସମାହିତ ଶବ୍ଦ ସଂପର୍କିତ ଧାରଣା ପ୍ରାପ୍ତ ହୋଇପାରିବା। ଏହାର ଦ୍ୱିତୀୟ ଭାଗରେ ଅଭିନବ ଢଙ୍ଗରେ ବର୍ଣ୍ଣ ନିକଟରେ ଥିବା ଏକଏକ ବିନ୍ଦୁକୁ ଗାରଟାଣି ଯୋଡ଼ି ଗୋଟିଏ ସୁନ୍ଦର ଚିତ୍ର ପ୍ରସ୍ତୁତ କରିପାରିବା। ଏହି ଚିତ୍ରକାରର କଳା ନିଦର୍ଶନ ଶିଶୁ ମନରେ ଫୁଟି ଉଠିଥାଏ। ବିଭିନ୍ନ ବର୍ଣ୍ଣକୁ ନେଇ ଗୋଟିଏ ଗୋଟିଏ ଚିତ୍ର ଅଙ୍କନ କରିବା ଦ୍ୱାରା ଶିଶୁର ସ୍ମରଣ ଶକ୍ତିର ପରିଚୟ ମିଳିଥାଏ। ଉଦାହରଣ ସ୍ୱରୂପ ଆମେ ଓଁ ବର୍ଣ୍ଣକୁ ନେଇପାରିବା। 'ଓ' ବର୍ଣ୍ଣ ଯୋଗରେ ଏକ ଶବ୍ଦ ଓଠ। ଏହି ଓଠକୁ ଅଙ୍କନ କରିବା ଦ୍ୱାରା ଶିଶୁର ଉଭୟ ଶବ୍ଦ ଏବଂ ଚିତ୍ରର ଅଭ୍ୟାସ ହୋଇଥାଏ। କେତେଗୁଡ଼ିଏ ଅକ୍ଷର ଏକତ୍ରିତ ଥିଲେ ତାକୁ ଗଣନା କରି ଲେଖିବା ଫଳରେ ଶିଶୁର ଗଣନ ପ୍ରକ୍ରିୟା ତ୍ୱରାନ୍ୱିତ ହୋଇଥାଏ। ଏହି ପୁସ୍ତକରେ ଜଣେ ଶିଶୁ ନିମନ୍ତେ ଅନେକ ଗୁଡ଼ିଏ ଅଭ୍ୟାସ କାର୍ଯ୍ୟ ଅଭିନବ ଶୈଳୀରେ ଅବତାରଣା କରାଯାଇଛି। ଏଗୁଡ଼ିକର ଅଭ୍ୟାସ କରିବା ଫଳରେ ଶିଶୁଟିର ବୌଦ୍ଧିକ ସ୍ତରରେ ବିକାଶଲାଭ ହେବା ସହ ମାନସିକ ଏବଂ ଇଂରାଜୀରୁ ଓଡ଼ିଆକୁ ଅନୁବାଦ କରିବା ଫଳରେ ଜଣେ ଶିଶୁର ଦ୍ୱୈତ ଭାଷାର ଶବ୍ଦାବଳୀ ପ୍ରତି ଜ୍ଞାନ ସୃଷ୍ଟି ହେବ। ଏହି ଅଭ୍ୟାସ ପୁସ୍ତିକାରେ ପଢ଼ିବା ଫଳରେ ବିଭିନ୍ନ ଆକୃତି, ସଂଖ୍ୟା ଇତ୍ୟାଦି ସଂପର୍କିତ ଧାରଣା ସୃଷ୍ଟି ହୋଇପାରିବ। ଏଥିରେ ଥିବା ଅନୁଚ୍ଛେଦଗୁଡ଼ିକ ପାଠ କରି ପ୍ରଶ୍ନର ଉତ୍ତର ଦେବା ଫଳରେ ଶିଶୁର ବୌଦ୍ଧିକ ବିକାଶ ତ୍ୱରାନ୍ୱିତ ହୋଇଥାଏ।

ତାଙ୍କର ଅନ୍ୟଏକ ଆକର୍ଷଣୀୟ ପୁସ୍ତକ 'ମୋ ଓଡ଼ିଆ ବହି' ଯେଉଁଥିରେ ଅନେକ ତଥ୍ୟ ଭରି ରହିଛି। ଅକ୍ଷର ଶିକ୍ଷାଠାରୁ ଆରମ୍ଭ କରି ସରଳ ବାକ୍ୟ ଲିଖନର କଳା ପ୍ରଦର୍ଶିତ ହୋଇଛି। ଅକ୍ଷର, ମାତ୍ରା, ଫଳା, ଇତ୍ୟାଦି ଶିକ୍ଷା କରିବାର ସହଜ ତଥା ସୁନ୍ଦର ମାଧ୍ୟମ ଏହି ପୁସ୍ତିକାଟି ଅଟେ। ଫଳରେ ଓଡ଼ିଆ ବର୍ଣ୍ଣମାଳା ଅନ୍ତର୍ଗତ ସମସ୍ତ ବର୍ଣ୍ଣ, ବର୍ଣ୍ଣର ସମାହାରରେ ଗଠିତ ଶବ୍ଦ ତଥା ମାତ୍ରା ଫଳାର ପ୍ରୟୋଗ ସଂକ୍ରାନ୍ତୀୟ ଜ୍ଞାନଲବ୍ଧ ହୋଇଥାଏ। ଓଡ଼ିଆରେ ଯୁକ୍ତାକ୍ଷର ଗୁଡ଼ିକର ଗଠନ ବିଧି ଅତି ଚମତ୍କାର ଭଙ୍ଗୀରେ ଦର୍ଶାଇ ଦିଆଯାଇଛି। ଯାହା ଜଣେ ଶିଶୁକୁ ସରଳ ଭାବରେ ମନେ ରଖିବା ପାଇଁ ସହାୟକ ହେବ। ଓଡ଼ିଆ ବାକ୍ୟଗଠନ ସମୟରେ ବିଭିନ୍ନ କାଳ ସଂପର୍କିତ ଧାରଣା ସୃଷ୍ଟି ହୋଇପାରିବ। ସଂଖ୍ୟାଗୁଡ଼ିକର ଲିଖନ ଓ ପଠନ ଶୈଳୀ ଅତି ଚମତ୍କାର ଭାବରେ ଅବତାରଣା କରାଯାଇଛି। ସପ୍ତାହର ସାତ ବାର, ବିଭିନ୍ନ ରଙ୍ଗ। ଚତୁର୍ଦ୍ଦିଗ,

ଷଡଋତୁ, ବାରମାସ ଇତ୍ୟାଦି। ସଂପର୍କୀୟ ତଥ୍ୟ ଏଥିରେ ସନ୍ନିବେଶିତ ହୋଇଛି ଫଳରେ ଜଣେ ଶିଶୁ ଅତି ସହଜ ଭାବରେ ଏଗୁଡ଼ିକ ସଂପର୍କରେ ଅବଗତ ହୋଇପାରିବ। ଶରୀରର ବିଭିନ୍ନ ଅଙ୍ଗ, ଫୁଲଫଳ, ପଶୁପକ୍ଷୀ, ପନିପରିବାଇତ୍ୟାଦି ସଂପର୍କିତ ଜ୍ଞାନ ଲବ୍ଧ ହେବା ସହିତ ଚିତ୍ର ମାଧ୍ୟମରେ ଏଗୁଡ଼ିକ ସହଜ ଭାବରେ ମନେ ରଖିପାରିବ। ଓଡ଼ିଶାର ସ୍ୱାଧୀନତା ସଂଗ୍ରାମୀମାନଙ୍କ ସଂପର୍କିତ ଧାରଣା ସୃଷ୍ଟି ହେବା ସହିତ ଓଡ଼ିଆ ଭାଷାର ପ୍ରମୁଖ ସ୍ରଷ୍ଟାମାନଙ୍କ ସଂପର୍କରେ ଜ୍ଞାନ ଲବ୍ଧ କରିପାରିବେ। ଏହିପରି ଭାବରେ ତାଙ୍କ ଦୁଇଟି ଯାକ ପୁସ୍ତକରେ ଶିଶୁମାନଙ୍କ ନିମିତ୍ତ ଅନେକ ଶିକ୍ଷଣୀୟ କଥା ରହିଛି। ଯାହା ତାଙ୍କର ଭାଷାଶିକ୍ଷାର ମୂଳଦୁଆକୁ ଅଧିକ ମଜବୁତ୍ କରି ଗଢ଼ି ତୋଳିବ।

ଓଡ଼ିଆ ଭାଷା ଏକ ଚମତ୍କାର ଭାଷା। ଏହାର ବର୍ଣ୍ଣଗୁଡ଼ିକ ଅତି ଆକର୍ଷଣୀୟ। ଶିଶୁକୁ ସଠିକ୍ ସମୟରେ ବର୍ଣ୍ଣମାଳା ସଂପର୍କିତ ଜ୍ଞାନ ପ୍ରଦାନ କରିବାଦ୍ୱାରା ସେ ତତ୍‌ଭାଷା ଜନିତ ବିଭିନ୍ନ ଜିନିଷ ସଂପର୍କରେ ଅବଗତ ହୋଇପାରିବ। ବର୍ଣ୍ଣମାଳା ବିନା ସାହିତ୍ୟ ସୃଷ୍ଟି ହୋଇପାରିବ ନାହିଁ। ଆମେ ଗର୍ବିତ ଯେ ଓଡ଼ିଆର ନିଜସ୍ୱ ବର୍ଣ୍ଣମାଳା ଅଛି। ଅନ୍ୟ କେତେକ ଭାଷା ପରି ଏହା କୌଣସି ବର୍ଣ୍ଣମାଳାକୁ ଉଦ୍ଧାର ଆଣି ସାହିତ୍ୟରେ ପ୍ରୟୋଗ କରିନାହି। ବର୍ଣ୍ଣଗୁଡ଼ିକ ମଣିଷର ଆବେଗ ସହିତ ଜଡ଼ିତ। ମଣିଷ ମଧ୍ୟରେ ଉତ୍‌ଫୁଲ୍ଲିତ ହେଉଥିବା ଅସୁମାରୀ ଆବେଗର ପ୍ରବାହରେ ବର୍ଣ୍ଣ ଗରିମାମଣ୍ଡିତ। ବର୍ଣ୍ଣମାଳା ସାହିତ୍ୟର ଅବିଚ୍ଛେଦ୍ୟ ଅଙ୍ଗ। ଏହାର ବ୍ୟତିରେକ ସାହିତ୍ୟ ଅପରିପୂର୍ଣ୍ଣ, ଅପରିପକ୍ୱ।

■

ଗବେଷିକା, ସ୍ନାତକୋତ୍ତର ଓଡ଼ିଆ ଭାଷା-ସାହିତ୍ୟ ବିଭାଗ
ରମାଦେବୀ ମହିଳା ବିଶ୍ୱବିଦ୍ୟାଳୟ
ମୋ: ୮୨୪୯୩୫୫୬୯୨

www.blackeaglebooks.org
info@blackeaglebooks.org

Black Eagle Books, an independent publisher, was founded as a nonprofit organization in April, 2019. It is our mission to connect and engage the Indian diaspora and the world at large with the best of works of world literature published on a collaborative platform, with special emphasis on foregrounding Contemporary Classics and New Writing.

www.ingramcontent.com/pod-product-compliance
Lightning Source LLC
Chambersburg PA
CBHW020005120726
47903CB00004B/1142

* 9 7 8 1 6 4 5 6 0 3 7 2 6 *